U0622133

清華大學志

1911—2010

第一卷

陈　旭　贺美英　张再兴　主编

清华大学出版社
北　京

内 容 简 介

《清华大学志（1911—2010）》回顾了清华大学从1911年建校至2010年的百年历程，上自1911年4月清华学堂建立，适当追溯到1905年“庚子赔款”退款办学的经过，下至2010年12月，忠实地记录了清华大学在每个阶段的发展进程。本书以志为主体，设章、节、目三个层次，文字采用记叙体，横分门类，纵写历史与现状，并辅以图表。前有《总述》，略述学校历史梗概；后加有附录，回顾百年校庆盛典。

本书为研究者提供了一份翔实可靠的宝贵资料，可作为国内外高校校史研究的参考。

图书在版编目（CIP）数据

清华大学志：1911—2010 / 陈旭，贺美英，张再兴主编．—北京：清华大学出版社，2018
ISBN 978-7-302-49042-5

Ⅰ．①清… Ⅱ．①陈… ②贺… ③张… Ⅲ．①清华大学-校史-1911—2010 Ⅳ．①G649.281

中国版本图书馆CIP数据核字（2017）第292623号

责任编辑：李艳青
封面设计：王红卫　朴香善　刘星池
责任校对：王荣静　王凤芝
责任印制：李红英

出版发行：清华大学出版社
网　　址：http：//www.tup.com.cn，http：//www.wqbook.com
地　　址：北京清华大学学研大厦A座　　**邮　　编：**100084
社 总 机：010-62770175　　**邮　　购：**010-62786544
投稿与读者服务：010-62776969，c-service@tup.tsinghua.edu.cn
质量反馈：010-62772015，zhiliang@tup.tsinghua.edu.cn
印 装 者：三河市铭诚印务有限公司
经　　销：全国新华书店
开　　本：210mm×297mm　**印　张：**193　　**字　　数：**4877千字
版　　次：2018年4月第1版　　**印　　次：**2018年4月第1次印刷
印　　数：1～1500
定　　价：1680.00元（全四册）

产品编号：061976-01

清华大学校史编辑委员会

《清华大学志（1911－2010）》编写组

前　言

2001年清华大学建校90周年之际，学校出版了《清华大学志》（清华大学出版社，2001年4月）。她回顾了清华大学从1911年建校至1993年的历程，忠实地记录了清华大学在每一个发展阶段的前进步伐，为研究者提供了一份翔实可靠的宝贵资料，受到清华师生、校友以及广大学者的关注，也成为这次编写出版《清华大学志（1911—2010）》的坚实基础。

2008年5月，清华大学党委启动了学校百年校志的编撰工作，成立了以时任党委书记陈希为组长的领导小组和校志编写组，确定了以合修的方式在2001年版校志基础上编写《清华大学志（1911—2010）》，制订了工作计划，并召集各院系、各单位相关领导和编写人员进行了动员和培训。2009年暑假前，校志各章节的结构安排和部分初稿确定，编写组进行了反复的讨论和修改。2011年4月百年校庆庆典后，领导小组组长由时任党委书记胡和平担任，根据校志编写进展情况进一步落实了工作进度。2011年底修订稿陆续完成，2012年校志进入统编修改阶段。2013年修改稿送交学校各主管领导和各单位、各部门审阅，提出修改意见，最后由主编统稿审定。

全书正文二十一章，所有事件和各类数据时间截至2010年12月底，个别事件为顾及记述的完整性而有所例外。

为了使读者对清华大学百年校庆前后的情况有比较完整的了解，本书增加了两个附录：一个是清华大学百年校庆纪实；一个是清华大学章程。此外本书不再收录2001年版《清华大学志》中的“大事记”，另有《清华大学一百年》（精装本）出版，可参阅。

校志编撰工作量浩大，全校参与此项工作的达300余人，在此特向所有关心和参加本书编写工作的同志表示衷心的感谢！向大力支持本书编写工作的清华大学校史研究室、档案馆和图书馆的全体工作人员表示衷心的感谢！特别向曾经参与2001年版《清华大学志》工作的所有人员表示崇高的敬意和深深的谢意！

由于编者的水平所限，以及过去有的资料不完整等原因，难免有遗漏和错误之处，欢迎读者批评指正。

编写组

2014年初

凡　例

一、本志以述而不论为原则，力求客观、准确地记述清华大学的历史，以达到“存史、资治、教化”的目的。

二、本志采用公元纪年。时间断限：上自1911年4月清华学堂建立，适当追溯到1905年“庚子赔款”退款办学的经过，下至2010年12月。由于是与《清华大学志》（清华大学出版社，2001年4月出版）合修而成，原志中1993年12月为时间节点的各类数据尽可能给予保留。

三、本志体裁有述、纪、志、传、图、表、录，以志为主体。志的结构设章、节、目三个层次。

四、本志人物收录形式分小传、简介、名录，以事系人。人物小传以“生不立传”为原则，其他形式不受此限。

五、称谓一律使用第三人称。人物直书其名，必要时在人名前加职务名称。各种名称在志书中第一次出现时一律使用全称，需简称的注明简称称谓。

六、本志资料主要来源于清华大学档案，部分取自上级文件、报刊、专著、讲话、回忆录等。

总 目 录

第一卷

第二卷

第三卷

第四卷

第一卷目录

总　述

清华大学，位于北京西北郊风景秀丽的清华园，是一所具有理学、工学、文学、艺术学、历史学、哲学、经济学、管理学、法学、教育学和医学等学科的综合性、研究型、开放式大学，是当代中国著名的高等学府。

一百年来，清华大学根植于中华民族优秀文化的沃土，秉承爱国奉献、追求卓越之传统，恪守“自强不息，厚德载物”之校训，形成中西融会、古今贯通、文理渗透之特色，倡导又红又专、全面发展之理念，在中国革命、建设和改革各个历史时期，为我国政治经济、科学技术、文化教育和社会发展作出了突出贡献，在中国近现代史上起了重要作用。

一、历史沿革

清华大学的前身是清华学堂，成立于 1911 年，是清政府用美国“退还”的一部分“庚子赔款”办起来的，原为一所留美预备学校。

1900 年，美国参加了“八国联军”对中国的侵略战争。1901 年，帝国主义列强胁迫清政府签订了丧权辱国的《辛丑条约》。按条约规定，中国向西方列强 14 个国家赔偿本金 4.5 亿两白银，分 39 年还清，年息 4 厘，届时本息合计将达 9.8 亿两，历史上称为“庚子赔款”。美国分得赔款额白银 3 200 多万两，当时约合 2 400 多万美元。数年之后，美国自认向中国索取的赔款“原属过多”，经清朝驻美大臣多方交涉，美国政府决定将庚子赔款中除去“实应赔偿”的款项外，多要部分从 1909 年 1 月起“退还”中国，要求中国政府将这笔退款用于派遣学生赴美留学。美国此举的真实意图，是要通过退款办学，把“中国学生的潮流”引向美国，以便“从知识上与精神上支配中国的领袖”，从而“控制中国的发展”。

1909 年 7 月，清政府在北京设立游美学务处，负责选派留美学生和筹建游美肄业馆。9 月，清政府将清华园拨给游美学务处，作为游美肄业馆馆址，开始兴建新校舍。从 1909 年至 1911 年，游美学务处先后选派三批直接留美生共 180 人，其中有梅贻琦、王士杰、秉志、张子高、赵元任、张彭春、钱崇澍、竺可桢、胡适、庄俊、周仁、杨光弼等。

1911 年 4 月，游美肄业馆改名为清华学堂，附属于游美学务处。清华学堂设正、副监督 3 人，由学务处总办周自齐和会办范源濂、唐国安分别兼任。同年 4 月 29 日，清华学堂开学，有学生 468 名，教师 30 多名。此后，学校规定每年 4 月最末的星期日为清华校庆纪念日。

辛亥革命后，游美学务处被撤销。1912 年 10 月，清华学堂改名为清华学校，唐国安任校长。

清华学校的学制定为八年，设高等科和中等科，各为四年。高等科毕业生全部资送赴美留学，一般插入美国大学二、三年级学习。

1916 年 7 月，清华学校校长周诒春上书外交部，提出将清华学校逐年扩充至大学程度，申请筹办大学，得到外交部的批准。此后，周诒春、张煜全、曹云祥等校长努力推进改办大学。

1925 年 5 月，清华学校正式成立大学部，增设研究院国学门（通称国学研究院），清华学校包括留美预备部、大学部和国学研究院三部分，开始向完全的综合大学过渡。1926 年，大学部设立 17 个学系，即国文学系、西洋文学系、历史学系、政治学系、经济学系、教育心理学系、物理学系、化学系、生物学系、农业学系、工程学系、哲学系、社会学系、东方语言学系、算学系、体育军事学系、音乐系，大学的初步基础已经形成。大学部学生不再是留美预备生，称新制生；留美预备部学生为旧制生。

1928 年 8 月，国民政府议决，清华学校更名为国立清华大学，任命罗家伦为校长。1929 年，最后一级旧制生毕业，留美预备部结束；国学研究院停办。1931 年 10 月，梅贻琦任清华大学校长，至 1948 年底，连续长校 17 年，广聘名师，民主治校，加强对外交流，积极引入世界最新科学技术，对清华大学的建设和发展作出重大贡献。梅贻琦是我国著名的教育家。

国立清华大学设有文学院、理学院、法学院（皆建于 1929 年）和工学院（建于 1932 年）共 16 个学系，即文学院有中国文学系、外国语文学系、哲学系、历史学系、社会学系；理学院有算学系、物理学系、化学系、生物学系、心理学系、地学系；法学院有政治学系、经济学系；工学院有土木工程学系、机械工程学系、电机工程学系。还设有理科、文科及法科 3 个研究所共 10 个学部和农业研究所。这一时期，清华大学倡导教育自主、学术独立与学术民主，重视教授在办学中的作用，治学严谨，注重基础理论教学与科学研究，及时吸收外国先进科学技术，又由于有庚款基金，办学经费相对充裕，仪器设备先进，为提高教学质量与学术水平、促进学校发展创造了有利条件。清华大学迅速成为全国一流的高等学府，学校规模也不断扩大，在校学生人数（不含研究生）由 1928 年度的 401 人增至 1936 年度的 1 338 人，教师达 227 人。

1937 年 7 月，抗日战争全面爆发，清华大学南迁至湖南长沙，与北京大学、南开大学合组国立长沙临时大学。长沙临时大学于 10 月 25 日开学，11 月 1 日上课。年底，南京沦陷，武汉震动，战火威逼长沙。1938 年 2 月，长沙临时大学西迁至云南昆明，4 月改名为国立西南联合大学，5 月 4 日开学。

西南联大设文学院（含中国文学系、外国语文学系、哲学心理学系、历史学系）、理学院（含算学系、物理学系、化学系、生物学系、地质地理气象学系）、法商学院（含政治学系、法律学系、经济学系、商学系、社会学系）、工学院（含土木工程学系、机械工程学系、电机工程学系、化学工程学系、航空工程学系、电讯专修科）、师范学院（含国文学系、英语学系、数学系、史地学系、理化学系、教育学系、公民训育学系、师范专修科），共计 5 个学院 26 个学系及 2 个专修科，还有 1 个大学先修班和进修班；在校学生约 3 000 人，是当时国内规模最大的高等学府。西南联大不设校长，由清华、北大、南开三校校长梅贻琦、蒋梦麟、张伯苓担任校务委员会常务委员，组成西南联大常委会领导学校，推举梅贻琦任常委会主席主持校务。

西南联大荟萃清华、北大、南开三校精英，在抗战的艰苦岁月里，和衷共济，弦歌不辍，继承和发扬三校风格各异的优良校风和学风，“五色交辉，相得益彰，八音合奏，终和且平”。在战时的特定情况下，“内树学术自由之规模，外来民主堡垒之称号”，以卓著的业绩，蜚声海内外，为我国的教育科学文化事业作出了重大贡献。

抗战期间，清华大学除参加西南联大外，还单独设立清华大学昆明办事处，以及清华大学研究院（设文科、理科、法科 3 个研究所共 12 个学部，招收研究生）和清华特种研究所（设农业、航空、无线电、金属和国情普查 5 个特种研究所，只研究专门学问，不招收研究生）。有关研究

院、特种研究所和招考留美公费生以及庚款基金使用等行政与教务事宜，由清华大学昆明办事处办理。

1945 年 8 月，抗日战争胜利。西南联大之战时使命完成，于 1946 年 5 月结束。同年夏秋，清华大学复员回到北平清华园，于 10 月 10 日开学。

清华园在北平沦陷期间，沦为日军兵营和伤兵医院，学校遭受了空前的洗劫，仪器、设备和家具损失达 90%以上，图书损失超过半数，图书馆、教学楼与实验室受到严重破坏。复员之初，清华大学进行了艰苦的修复工作，力图重整旗鼓，恢复战前清华旧观。

复员后的国立清华大学设有文、理、法、工、农 5 个学院 26 个学系和 23 个研究所，比战前增加了 10 个学系，即文学院增加了人类学系；理学院增加了气象学系；在联大时期附属于哲学心理学系的心理学组恢复独立设系；法学院增加了法律学系；工学院除在西南联大时已增设航空工程学系、化学工程学系外，又增设了建筑工程学系。同时，在原农业研究所的基础上新成立了农学院，包括农艺学、植物病理学、昆虫学和农业化学等 4 个学系。另外，还附设 1 个先修班。1946 年全校在校学生总数增至约 2 300 人；多数研究所未招生，研究生不足 50 人。由于教学设施、仪器设备与图书期刊在战时受到严重破坏和损失，战后又政治动荡、经济窘困，学校的教学与学术研究处于维持状态。

从 1911 年清华学堂成立，到 1929 年留美预备部结束，学校先后培养和选送留美生 1 100 人，其中，清华学校毕业生（留美预备生）968 人，幼年生 12 人，考取直接留美的女生（七批）53 人，直接留美的专科生（九批）67 人。此外，还有以庚款津贴的留美自费生 476 人，特别官费生 10 人，各机关转入清华的官费生 60 人和“袁氏后裔生”3 人。从 1925 年设立大学部到 1948 年清华园解放，学校共培养大学本科毕业生 5 500 余人（含西南联大时期的毕业生），招考公费留美生六届共 132 人，还有毕业的研究生 135 人。他们当中许多人成为我国各界，特别是科学、文化和教育界杰出的学术领导人与国内外著名学者。

1948 年 12 月 15 日，人民解放军进驻海淀，清华园解放，清华开始了历史的新纪元。

1948 年 12 月 15 日凌晨 2 时，毛泽东主席亲自起草、急电通知平津战役前线部队“注意保护清华燕京等学校及名胜古迹等”。12 月 18 日，进驻海淀的中国人民解放军第十三兵团政治部在西校门口贴出布告，庄严宣告：对清华大学“应本我党我军既定爱护与重视文化教育之方针，严加保护，不准滋扰，尚望学校当局及全体同学，照常进行教育，安心求学，维持学校秩序”。1949 年 1 月 10 日，中国人民解放军北平军事管制委员会文化接管委员会正式接管清华大学。5 月 4 日，成立清华大学校务委员会，任命叶企孙为主席，主持校务。

同年 9 月，华北高等教育委员会令清华大学农学院分出，与北京大学农学院及华北大学农学院合并，成立北京农业大学。1951 年 5 月，经政务院文化教育委员会批准，厦门大学、西北工学院、北洋大学三校的航空系并入清华大学航空系，成立清华大学航空工程学院。

1952 年 6 月，全国高等学校进行了大规模院系调整。在院系调整中，清华大学文学院、理学院和法学院并入北京大学。同时，又以清华大学某些院系和其他院校相关系科合并，成立了北京航空学院、北京矿业学院、北京地质学院、北京政法学院。另外，清华大学还有部分人员和系科分别调入中国科学院、中国人民大学、中央财经学院、中央民族学院和北京钢铁工业学院等单位；北京大学工学院和燕京大学机械工程学系、土木工程学系及化工组一部分并入清华。院系调整后，清华大学设有机械制造、动力机械、土木工程、水利工程、建筑、电机工程、无线电工程和石油工程等 8 个系共 22 个专业，还有 15 个专修科。1953 年，石油工程系又调出清华，成立了北京石油学院。

这次院系调整，清华大学为开创新中国高等教育事业作出了巨大贡献。清华自身则由延续 20 多年并已形成自己特点和优势的综合性大学转变为一所多科性工业大学，给学校发展带来新的挑战。

1952 年 12 月，经中央人民政府批准，教育部任命蒋南翔为清华大学校长。蒋南翔担任清华大学校长历时 14 年，积极探索适合中国国情的社会主义高等教育办学道路，卓有建树，对清华大学、对我国社会主义高等教育事业作出了巨大贡献，是新中国杰出的马克思主义教育家。

院系调整后，从 1952 年秋季起，学校进行了以学习苏联教育先进经验为主要内容的教学改革，学制由 4 年改为 5 年，取消学分制，实行学年制，每系建立若干专业，确定培养目标为工程师，开始分专业、有计划地培养工程技术人才。同时，结合中国和清华的实际情况，借鉴苏联经验，制订教学计划，设置新的教学机构，逐步建立了一套崭新的教学体制，教学质量日益提高。

1955 年起，根据世界科学技术发展趋势和我国社会主义建设对人才的需求，清华大学先后建立了原子能、半导体、远距离自动控制、燃气轮机、电子计算机等新技术专业，成立了工程物理、工程化学、工程力学数学、自动控制等系，并注意在这些新系内发展应用理科；又在昌平县内建立原子能技术利用研究试验基地（对外称试验化工厂），自行设计、建造了屏蔽试验反应堆。到 1966 年 6 月，清华大学设有土木建筑工程、水利工程、精密仪器及机械制造、动力机械、农业机械、冶金、电机工程、无线电电子学、自动控制、工程物理、工程化学、工程力学数学等 12 个系共 40 个专业；还有试验化工厂、水利水电勘测设计院、土建设计院、高坝结构和高速水流研究室、无线电电子学研究室和工程化学研究室等设计、研究机构。

1958 年至 1966 年，清华大学贯彻党和国家制定的教育方针，努力探索适合我国国情的高等教育办学道路，走上了新的发展道路。

随着学校发展，清华大学校园面积不断扩大，1960 年，原紧邻校园东侧的京包铁路路段迁移，校园向东延伸，为学校的发展创造了十分有利的条件和难得的契机。到 1966 年，校园面积由解放初期的 113.87 公顷增加到 212.5 公顷，扩大近一倍；学校建筑面积也大幅度增加，由解放初期的 11.2 万平方米增至 43.8 万平方米。在新扩大的东区建造了近 7.7 万平方米雄伟壮观的教学主楼、现代化的工程物理系馆和精密仪器大楼，以及东区学生宿舍楼群，校园面貌大为改观。

清华大学坚持德智体全面发展的培养目标，贯彻教育与生产劳动相结合的方针，实行教学、科研、生产三结合，陆续建设了一批教学、科研和生产的联合基地，强调理论联系实际，结合国家建设与生产实际进行“真刀真枪”的毕业设计，在许多方面创造了新的经验。学校积极落实《教育部直属高等学校暂行工作条例》（简称《高校六十条》），改革教学，贯彻“少而精”，开展因材施教，教学质量大幅度提高，科学研究也取得重大成果，学校各方面工作得到协调稳定的发展。到 20 世纪 60 年代中期，在校本科生和研究生总数达到万人规模，一批重要学科与当时国际水平相比，差距大大缩小，有的已接近当时世界先进水平。

在全国大形势的影响下，清华大学的发展有过曲折。“学苏”过程中的教条主义倾向，1958 年教育革命中劳动过多等，使学校工作受到不良影响。接连不断的政治运动，特别是 1957 年反右斗争，1959 年批判右倾思想，都曾伤害过不少学生、教师和干部。学校对一些“左”的做法与错误进行了认真总结和纠正。1962 年 8 月，蒋南翔校长指出，我们做过的好的要有勇气坚持，不合适的也要有勇气来否定。他明确提出了“三阶段，两点论”，对清华发展历史上的三个重要阶段（即 1952 年院系调整前的老清华、1953 年至 1957 年“学苏”和 1958 年贯彻党的教育方针以来三个阶段）都采取一分为二的态度，发扬成绩，纠正错误。

新中国成立后，清华大学主要培养社会主义经济建设急需的工程技术人才，被誉为“红色工程师的摇篮”。从清华园解放到1970年，清华大学本科毕业生共28 140人，专科毕业生934人。本科毕业生中在1949年至1966年毕业的有20 033人，1967年至1970年毕业的有8 107人。大批清华毕业生走向社会，成为各条战线、各个单位的骨干，有的成为国家栋梁之才，在社会主义建设中发挥了重大作用。

1966年至1976年，历时十年的“文化大革命”，给清华大学带来深重的灾难。“文革”初期清华园内的无政府主义与“百日武斗”，1968年工宣队进校后的“清理阶级队伍”与整党，1972年的“反对修正主义回潮”和1975年冬的“反击右倾翻案风”，使干部和教师反复受到批判。特别是大批教师和职工被派往江西鲤鱼洲农场劳动，“接受再教育”，使成千教工染上血吸虫病，身心受到严重摧残。广大干部和教师遭遇迫害，教学、科研和学校各项工作受到严重破坏。

清华大学自1966年夏停止招生后，于1970年下半年开始招收“工农兵学员”。从1970年至1976年，招收了六届“工农兵学员”，共毕业16 866人。

学校的系和专业设置有所调整，设机械制造、电力工程、水利工程、建筑工程、电子工程、工程力学、工程化学、工程物理、工业自动化、精密仪器等10个系；以原汽车专业和机械厂为基础办了汽车厂；无线电电子学系迁往四川，成立清华大学四川绵阳分校；水利系到河南三门峡“开门办学”，建立水利系三门峡办学基地。此外，还先后在江西鲤鱼洲和北京大兴县办农场，设立大兴农村分校。“文化大革命”结束后，学校撤回绵阳分校，恢复无线电电子学系，撤销水利系三门峡基地及大兴农村分校。

全校教职工在极其困难的条件下努力工作，采取许多措施，力图使学校工作能符合教育规律，少受损失。例如，恢复基础课教研组和实验室，给“文革”中留校的800多名新教师补基础课，为工农兵学员补习文化课，坚持抓教师队伍建设与教学质量的提高；开办了固体物理、激光、物质结构和催化4个应用理科研究班，培养了一批优秀的青年教师。许多教师虽身处逆境，仍克服困难顶着压力，开展科学研究和教学工作。

20世纪70年代末，共和国的历史发生了历史性的转变，党和国家的工作重点转到社会主义现代化建设上来，对教育事业提出了新的要求。1977年至1993年，全校师生员工奋起直追世界科学技术发展的先进水平，积极推进教学、科研工作的改革，学校各方面工作焕发出盎然生机与活力。

1977年4月，著名教育家刘达受中央委派到校任党委书记兼革委会主任，翌年任校长，领导清华大学完成了拨乱反正与恢复调整任务，为学校进一步的发展和提高打下了坚实的基础。此后，高景德与张孝文分别在1983年夏和1988年秋继任校长；林克、李传信、方惠坚分别于1982年7月、1984年2月、1988年9月相继任党委书记。

1982年，学校召开中国共产党清华大学第六次代表大会，明确地把清华大学的办学方针归结为“一个根本（学校的根本任务是培养人才），两个中心（既是教育中心，又是科学研究中心），三方面结合（教学、科研与社会主义建设实践相结合）”。1985年进一步提出了“着重提高，在提高中发展”的原则和“把清华大学逐步建设成为世界第一流的、具有中国特色的社会主义大学”的奋斗目标，作为清华大学在改革开放新时期的办学指导思想，深化教育改革，努力提高教育质量，培养高层次人才，提高科学研究与学术水平，提高学校管理水平和办学效益，对学校的发展与提高产生了重大影响。

清华大学按照“理工结合，文理渗透”的发展战略，陆续新建了一批高新技术专业与新兴学科，逐步恢复和增设了理科、文科、经济管理学科方面的院系，并对原有的工程系科和专业进行了适当的调整、更新和改造，完成了由多科性工业大学到以工科为主、理工结合、兼有人文社会科学学科和经济管理学科的新型综合大学的转变。到1993年12月，清华大学设有建筑学院（设建筑系和城市规划系）、理学院（设应用数学系、现代应用物理系、化学系、生物科学与技术系）、经济管理学院（设经济系、管理工程系、管理信息系统系、国际贸易与金融系）、人文社会科学学院（设哲学与社会学系、中国语言文学系、历史系）以及土木工程系、水利水电工程系、环境工程系、机械工程系、精密仪器与机械学系、热能工程系、汽车工程系、电机工程与应用电子技术系、电子工程系、计算机科学与技术系、自动化系、工程物理系、工程力学系、化学工程系、材料科学与工程系、外语系等，共计4个学院29个学系，还有研究生院和继续教育学院。至1993年底，全校有35个本科专业，7个第二学位专业，107个有权授予硕士学位的学科、专业（硕士点），64个有权授予博士学位的学科、专业（博士点），14个博士后科研流动站，形成了大学本科（兼有专科）—硕士研究生—博士研究生以及工程技术人员继续教育的多层次多类型的高等教育体系。

清华大学在进行系科设置与专业结构合理调整的基础上，推进教育体制的改革。在本科教学方面，大力开展教学内容、体系、方法的改革，加强专业与学科建设、课程建设、教学实践基地建设、学风建设等四项教学基本建设，整体优化教学过程，实行学分制，开展多种形式的因材施教，教学质量大面积提高。在研究生教育改革方面，1984年4月在国内高校率先成立了研究生院，并开辟多种招生渠道，调整研究生培养方案，丰富了学术研究型的培养模式，向着包括有基础理论研究、应用基础研究、工程实用研究等不同培养模式转变，形成了多渠道生源、多模式培养的研究生教育格局。

在“科研工作要面向经济建设，为国民经济发展需要服务”的方针指导下，清华大学确立了“一个主体（面向经济建设主战场的应用研究）、两个侧翼（基础研究和开发研究）”的科研工作总体布局。清华大学作为全国重点高等院校，成为国家的主要科技力量之一，在科学研究工作中形成明显优势。从1978年至1993年，全校承担科研项目4 800多项，其中“六五”国家攻关项目70项，“七五”国家攻关项目260项，“八五”国家攻关项目300项，“863”高技术项目125项。累计鉴定科研成果2 004项，获奖总数达1 897项，其中：国家级奖励186项，部委、省市级奖励918项，其他奖励793项。自1985年我国实施专利法至1993年，清华大学申请专利832项，获授权专利672项，其中获专利金奖4项。

清华大学与国际间的学术交流与科技合作不断发展，先后同多个国家和地区的多所大学、研究机构及大企业建立了稳定的双边交流与合作关系。清华毕业生的优秀质量和科研的高水平成果亦逐渐为世界所承认。

清华大学还积极为社会提供服务，大力开展在职工程技术人员与管理人员的继续教育，1985年5月成立我国第一个继续教育学院。

1977年至1993年，清华共培养本科毕业生22 307人，专科生487人。自我国颁布实施学位法以来，截至1993年，清华大学共授予学士学位22 285人、硕士学位6 504人、博士学位782人，不仅培育了众多工程技术人员、工程师、教授、学者，而且还造就了一批党政领导干部与企业管理骨干。

创建世界一流大学，为中国社会进步和人类文明发展作贡献是清华大学长期以来不懈追求。1985年8月，学校在第七次党代会上提出“把清华大学逐步建设成为世界第一流的、具有中国特

色的社会主义大学”。1993 年，又明确提出“到 2011 年，即清华大学建校 100 周年，争取把清华大学建设成为世界一流的、具有中国特色的社会主义大学”。1994 年以来，清华大学进入了建设世界一流大学的快速发展阶段。

1993 年、1998 年，国家启动“211 工程”和“985 工程”，学校在国家和社会的大力支持下进入了历史上发展最快的时期之一。“985 工程”的实施，标志着清华大学建设世界一流大学的努力上升为国家战略和政府行为。

1994 年 1 月、2003 年 4 月，王大中、顾秉林先后担任校长。1995 年 9 月、2002 年 2 月、2008 年 12 月，贺美英、陈希、胡和平先后担任党委书记。

党的十六大召开后，清华大学紧紧结合国家的战略部署和全面建设小康社会的目标，2003 年形成了建设世界一流大学“三个九年，分三步走”的总体发展战略：第一个九年（1994—2002），调整结构，奠定基础，初步实现向综合性的研究型大学过渡；第二个九年（2003—2011），重点突破，跨越发展，力争跻身世界一流大学行列；第三个九年（2012—2020），整体推进，全面提高，努力在总体上达到世界一流大学水平。而后继续努力，争取早日向世界顶尖大学看齐。随着建设一流大学各阶段目标的明确，进一步调动了广大师生的积极性、主动性、创造性。

1999 年，中央工艺美术学院并入清华大学，成为清华大学美术学院。成立于 1956 年的中央工艺美术学院，是国内规模最大、师资力量雄厚、专业设置齐备，集专业教学、创作设计、理论研究与社会实践于一体的综合性、多学科、高层次、享誉国内外的高等艺术设计学院。

学校按照“发展工科优势，加速理科和管理学科发展，完善人文、社科、艺术学科布局，争取在生命学科方面有所突破”的学科发展方针，调整和优化学科专业结构与布局。到 2010 年底，学校设有建筑学院（包括建筑系、城市规划系、建筑技术科学系、景观学系）、土木水利学院（包括土木工程系、水利水电工程系、建设管理系）、机械工程学院（包括机械工程系、精密仪器与机械学系、热能工程系、汽车工程系、工业工程系、基础工业训练中心）、航天航空学院（包括航空宇航工程系、工程力学系）、信息科学技术学院（包括电子工程系、计算机科学与技术系、自动化系、微电子学研究所/微电子与纳电子学系、软件学院）、环境科学与工程系、电机工程与应用电子技术系、材料科学与工程系、工程物理系、化学工程系、理学院（包括数学科学系、物理系、化学系、地球系统科学研究中心）、生命科学学院、医学院（包括生物医学工程系、基础医学系、公共健康研究中心）、经济管理学院（包括管理科学与工程系、经济系、金融系、会计系、技术经济及管理系、人力资源及组织行为系、企业战略与政策系、市场营销系）、人文社会科学学院（包括哲学系、中国语言文学系、外国语言文学系、历史系、社会学系、政治学系、国际关系学系、心理学系）、法学院、美术学院（包括工艺美术系、绘画系、雕塑系、工业设计系、环境艺术设计系、陶瓷艺术设计系、视觉传达设计系、染织服装艺术设计系、艺术史论系、信息艺术设计系）、公共管理学院、新闻与传播学院、马克思主义学院等 15 个学院、54 个系，以及核能与新能源技术研究院、高等研究院、周培源应用数学研究中心、教育研究院、交叉信息研究院、体育部、艺术教育中心等，覆盖理、工、文、艺术、历史、哲、法、经济、管理、教育和医等 11 个学科门类，一大批学科保持国内领先，若干学科已达到或接近世界先进水平。

学校大力推进教育教学改革，不断提高人才培养质量。学校提出“本科教育是基础、研究生培养上水平、继续教育增活力”的人才培养定位，确立“高素质、高层次、多样化、创造性”的人才培养目标及知识、能力、素质协调发展的原则，强调“厚基础、重实践、求创新”的育人特色，大力推进创新能力培养和学生个性发展。2009 年学校提出“优势转化战略”，强调保持和发展多种办学优势，并将其转化为人才培养的新优势。

学校着力加强基础科学研究，先后成立高等研究中心、周培源应用数学研究中心、数学科学中心，引进杨振宁、林家翘、姚期智、丘成桐等学术大师以及一批中青年优秀人才来校任教，使学校基础研究进入快速发展轨道。

学校积极发挥多学科优势，基础研究、应用研究、开发研究相互促进，国内研究项目与国外科技合作齐头并举，加速向研究型大学转变，承担并完成多项国家重大项目和具有世界科学前沿水平的高新技术研究项目。2000 年至 2005 年，学校 SCI 论文总数连续 6 年居全国高校之首。根据国际 ESI 数据库 2010 年 6 月发布的最近 11 年发表论文数据统计，清华大学以 29 509 篇论文总数居全球学术机构第 55 位。学校围绕国家战略需求注重部署和支持一批重大科研攻关项目。2010 年，全校科研经费收入由 1993 年的 1.79 亿元增至 36.02 亿元。1993 年至 2010 年，累计获得国家三大奖 236 项，专利授权数由 1994 年 59 项增至 2010 年 1 223 项。

学校注重发展高质量的继续教育。1997 年率先面向全国开展远程教育，2003 年启动远程教育扶贫项目，把教育培训资源输送到广大贫困地区。根据国家部署，2001 年开始对口支援青海大学，2010 年作为组长单位牵头对口支援新疆大学。

学校面向经济建设主战场，加强产学研合作。1995 年成立清华大学与企业合作委员会。2001 年建立国际技术转移中心。学校先后建立深圳清华大学研究院、北京清华工业开发研究院、河北清华发展研究院和浙江清华长三角研究院。还通过多种模式大力提升科技成果转化能力。到 2010 年底，与全国 20 余个省（市、自治区）和 80 多个地级市建立合作关系。

学校积极开展对外合作交流，国际影响力和竞争力显著提升。先后与哈佛大学等世界一流大学建立战略伙伴关系，与多家世界 500 强企业开展科研合作，参加环太平洋大学联盟（APRU）、东亚研究型大学协会（AEARU）等区域性多边大学合作组织，形成双边、多边和集群结合的全方位国际合作交流格局。截至 2010 年，学校共与 40 余个国家和地区的 220 余所大学和国际组织签订交流协议。

100 年来，清华坚持从国情与校情出发，为国家培养留美（预备）生、本科毕业生、专科生、研究生（含博士生和硕士生）约 17 万人，并提供了大量高水平的科学研究成果。清华大学的变迁与发展过程，是中国近现代高等教育的一个缩影，反映了中国近代学术和高等教育走向独立、面向现代化、面向世界的过程。

二、传统与特色

在百年办学过程中，清华大学逐步形成并发展了自己的具有巨大凝聚力的传统与特色，在中国近现代教育史上占有显著地位。

（一）以“自强不息，厚德载物”的校训、“行胜于言”的校风、“严谨、勤奋、求实、创新”的学风为核心的文化传统是清华大学弥足珍贵的精神财富

清华以“自强不息，厚德载物”为校训，校歌中有“自强，自强，行健不息须自强”勉励师生崇德修学、发愤图强。校训产生了强大的精神力量和巨大的凝聚力，激励清华师生爱国奉献，追求卓越，不断努力奋斗。清华早期，特殊建校背景所激发的爱国热情促使清华学生刻苦求学，报效祖

国。抗战时期，极端艰苦条件下，联大师生和衷共济、刚毅坚卓，坚持教学与科研，创造战时高等教育奇迹。院系调整后，学校创办新技术专业，服务国家经济建设、国防建设和尖端科学技术发展的迫切需要。改革开放后，创建让中华民族引以为豪的大学，为中华民族复兴肩负起科学救国、科教兴国的使命，清华努力探索建设世界一流大学，无不体现着校训精神的浸润和影响。

清华的校风是“行胜于言”。20 世纪 30 年代，朱自清先生提出清华精神的主要特点是实干。受校风影响，在校师生和从清华走出去的毕业生，从基层干起，工作中重视理论与实践紧密结合，敏于实践，不尚空谈，言行一致，勇于创新。

清华“严谨、勤奋、求实、创新”的优良学风，对学生的成长和优秀人才的培养产生了积极的影响。清华学生深知肩负的对国家、民族的责任，珍惜学习机会，学习、生活严肃而紧张。学校考试频繁而严格，淘汰率高，对学生既精挑细选又严格磨炼，保证了清华毕业生具有很高的素质。

清华大学十分重视对学生在政治、思想、道德、纪律、作风等方面的教育，引导他们确立正确的人生观，选择正确的成长道路，养成高尚的道德情操。清华重视体育，蜚声海内外的体育教育家马约翰毕生倡导“动是健康的源泉，要坚持天天运动”，并把健身与强国联系起来，激发了一代又一代清华学子强身报国的强烈意识和爱国心。解放后，蒋南翔校长响亮地提出“争取至少为祖国健康地工作五十年”的口号，深入人心，成为推动清华师生开展体育运动、促进全面发展的动力。清华重视美育教育，提高学生的艺术修养、欣赏水平和审美能力，丰富多彩的校园文化艺术活动，起到了净化灵魂、陶冶情操的积极作用。

在总结清华大学长期教育实践取得成功经验基础上，蒋南翔在 60 年代初期提出“要抓好三支代表队（政治，业务，文艺、体育），通过多种渠道殊途同归，向着又红又专、全面发展目标前进”。实践中，“三支代表队”生动活泼、全面发展，优秀人才脱颖而出，是因材施教的典型，是继承与发扬清华优良学风和校风的具体体现，为全校学生塑造了学习的样板。

在新的历史时期，学校解放思想，实事求是，坚持和倡导高尚的大学精神和与时俱进的先进大学文化，用清华大学优良的文化传统教育和感染学生，努力引导青年学生走全面发展的成长道路。

“自强不息，厚德载物”的校训，“行胜于言”的校风，“严谨、勤奋、求实、创新”的学风等所体现的文化，充分体现民族自觉、深刻反映时代风貌、高度凝聚大学使命，是学校发展进步的强大动力和不竭源泉。优良的精神和文化传统潜移默化、润物无声，不仅熏陶着广大青年学子，也深刻影响着中国社会。

（二）爱国奉献，与祖国共命运，清华大学形成了光荣的革命传统

1911 年，清华学堂带着民族屈辱的印记诞生在中华大地上。美丽的清华园并非世外桃源，全校师生同全国人民一样，生活在水深火热的民族灾难之中。他们明耻图强，渴望中华振兴，并没有受外人在“精神上支配”，而是汇入民族解放和人民革命的历史洪流。

在“五四”运动中，清华同学举行“国耻纪念会”，反对帝国主义列强在巴黎和会上损害中国主权和北洋政府的卖国政策，庄严宣誓：“愿牺牲生命以保护中华民国人民、土地、主权。”学生中的先进分子施滉、冀朝鼎等开始寻求革命真理，传播先进思想，探索救国道路。1926 年，大一学生韦杰三参加北平学生反帝爱国示威游行，在“三一八”惨案中被反动军警杀害。同年，清华大学第一个中共党支部成立，并不断发展壮大，从未间断，成为清华进步学生的核心。

在民族危难日益深重之际，清华学生“读书不忘救国，救国不忘读书”，时刻关心着国家的兴衰。

1931 年“九一八”事变后，清华学生积极行动起来，开展各种抗日救亡运动。张甲洲、于九公、冯仲云等一批共产党员投笔从戎，赴东北组织抗日游击队同日寇浴血奋战，成为著名的抗日将领。1935 年，北平爆发了震撼全国的“一二·九”抗日救亡爱国运动，清华大学是这次运动的发源地之一。中共清华地下党员姚依林（原名姚克广）是北平学联的领导骨干；蒋南翔是当时清华党支部书记，在他起草的清华大学学生救国会《告全国民众书》中发出了“华北之大，已经安放不得一张平静的书桌了”的愤怒吼声，激励无数热血青年投身于抗日救亡的生死斗争。经过“一二·九”运动的洗礼，清华大学涌现出一批优秀的共产党员，如杨学诚、黄诚、姚依林、蒋南翔、李昌（原名雷骏随）、纪毓秀、凌则之、康世恩、郑天翔、荣高棠、杨述（原名杨德基）等。无数清华学子与工农结合，为抗日救国和民族解放英勇奋斗，不少人甚至献出了年轻的生命。

1937 年抗战全面爆发后，清华南迁，与北大、南开合组西南联大，西南联大被誉为大后方的“民主堡垒”。1945 年 12 月，西南联大在即将结束之际，广大学生掀起了轰轰烈烈的反内战、争民主的“一二·一”运动。闻一多教授拍案而起，投身民主运动，1946 年 7 月在昆明被国民党特务杀害。

解放战争时期，清华学生又英勇地参加了“抗议美军暴行”“反饥饿、反内战、反迫害”等一系列斗争，站在第二条战线的前列。1948 年 8 月，朱自清教授“宁可饿死，不领美国的‘救济粮’”，被贫病夺去了生命。毛泽东高度称赞闻一多和朱自清，说“他们表现了我们民族的英雄气概”。

北平解放后，清华学生响应党的号召，有 250 多人参加解放军南下工作团支援全国解放。随后，广大同学又积极参加抗美援朝和各项社会主义改造运动。据不完全统计，在民族解放和人民民主革命时期，清华校友中的革命英烈有 51 位，他们永远是清华的骄傲。

清华校园内幽静的水木清华池畔，闻一多塑像旁的石碑上镌刻他那不朽的诗句：“诗人的主要天赋是爱，爱他的祖国，爱他的人民。”这不仅是对闻一多先生爱国情思的追忆，而且表达了全体清华师生的共同心声。

清华师生发扬革命传统，与祖国共命运，矢力同心，心系祖国。新中国诞生之初，华罗庚和一批在海外的清华学长毅然放弃国外的优厚待遇，冲破重重阻挠，返回祖国，为社会主义建设建功立业。五六十年代，几代清华学子和校友，听从祖国召唤，抱着“我愿以身许国”的决心，从不同岗位汇集到人迹罕至的戈壁滩，为中华民族的科技复兴奋力拼搏，为我国的“两弹一星”作出了不可磨灭的杰出贡献。广大清华毕业生服从祖国分配，要求到最艰苦和最需要的地方去，在基层辛勤实干，自强不息，以事业为重，以奉献为荣，自觉地报效祖国。

1978 年后，清华同学提出“从我做起，从现在做起”，不仅在校内产生了深远的影响，而且在社会上得到了广泛的认同。“爱国、成才、奉献”已成为鼓舞新一代清华学子在新时期健康成长的精神力量。清华大学学生把个人的理想追求与祖国人民的需要紧密结合起来，坚定理想信念，勇于吃苦，到国家最需要的地方建功立业，把自己的一生献给人民。

在新的时期，关注时代大势，肩负民族期望，清华大学光荣的革命传统不断发扬光大。

（三）名师云集，治学严谨，因材施教，桃李竞芳，清华大学成为我国最重要的高层次优秀人才培育中心之一

“所谓大学者，非谓有大楼之谓也，有大师之谓也。”这是梅贻琦在就职演说中阐发的精辟见解，在师生员工中达成共识。一大批学界泰斗云集清华，潜心治学、精育良才，不拘一格荐举录

用和培养造就富有潜质的学子，使他们从清华步入科学的殿堂。

治学严谨，教学认真，重视基础，训练严格，因材施教，全面发展，是清华大学的办学传统，在学校发展的每个阶段，都把培养高质量的人才作为办学之本。清华重视对学生“为学”的培养、更注重用优良的文化对学生进行“为人”的教育，这对清华学子今后一生的成长道路有着重大甚至决定性的影响。

清华学校时期，“以培植全才，增进国力为宗旨”，以“进德修业，自强不息”为教育方针，培养学生有“高尚完全之人格，为立足社会之准备”。早期的清华，学校重视英语训练和体育锻炼，对学生要求非常严格，当时清华素以要求严、学风好、外语好、体育好而著称。

国立清华大学把培养“为国家社会服务之健全品格”作为教育的目标。在业务上，梅贻琦校长等人提出“通识为本”“专识为末”，“使教育于适当的技术化外，应当取得充分的社会化和人文化”，要求学生对自然、社会与人文三方面都具有广泛的综合的知识，而“不贵乎有专技之长”。著名教授亲自讲授基础课和开设高质量课程，并编写出版高水平的大学教材。教学作风严谨认真，教学管理十分严格。清华招生严，新生录取率低、水平高；入学后，实行学分制，考试频繁，要求严格，淘汰率较高，学生勤奋学习已成风尚。

新中国成立后，清华大学坚持贯彻党的教育方针，重视学生德智体全面发展。蒋南翔校长认真贯彻毛泽东提出的“又红又专”和“身体好、学习好、工作好”的号召，对于具有不同特长的学生因材施教，鼓励大家做到全面发展。对于教师和学生中的骨干，形象地提出了“政治业务两个肩膀挑担子”（双肩挑）的要求，努力做到又红又专。

学校始终坚持人才培养是学校的根本任务，促进学生知识、能力、素质协调发展。学校强调创新能力培养和学生个性发展，致力构建研究型教育教学体系，通过完善培养制度、改革培养机制、营造学术创新氛围、加强国际交流合作等举措，提高学生培养质量，使优秀人才脱颖而出。

清华大学建校以来，为国家培养人才 17 万多人。广大清华校友，在学校打下坚实的知识基础，毕业后经过社会的培养、工作的锻炼和个人的努力，绝大多数成为各行各业的骨干，许多人已成为著名学者、教授、科学家、工程技术专家、艺术家、政治家、企业家和全国劳动模范，有的成为党和国家领导人以及省、自治区、直辖市和部委的负责人。1948 年选聘的第一届 81 位中央研究院院士中，清华校友有 46 位，占 56.8%。在 1955 年至 2010 年历次选聘的 1 205 名中国科学院院士（不含外籍院士）和 1994 年至 2010 年历次选聘的 831 名中国工程院院士（不含外籍院士）中，清华校友有 466 人，占 22.1%；另有外籍院士校友 5 人，合计校友院士为 471 人。1999 年国家表彰 23 位“两弹一星”功勋奖章获得者中，有 14 位清华校友。截至 2010 年，国家 18 位最高科学技术奖获得者中，有 7 位是清华校友。另外，有 1 名清华毕业生担任中共中央总书记、国家主席、中央军委主席，有 1 名清华毕业生担任国务院总理，有 1 名清华毕业生担任全国人大常委会委员长，有 12 名清华毕业生先后被选为中共中央政治局委员（其中 8 人为政治局常委），有 26 名清华毕业生担任国务院副总理、人大副委员长、全国政协副主席、最高人民法院院长和最高人民检察院检察长。

清华大学业已成为我国最重要的培育高层次优秀人才的教育中心之一。

（四）大力开展科学研究和技术创新，致力于思想文化的传承与创新，清华大学成为我国现代科学技术发展的生长点和辐射源、新思想新文化的重要发源地

清华大学积极提倡科学研究，科研条件较为优越，科研氛围浓厚，在诸多研究领域涌现出一

批有重要影响的科研成果。

解放前，清华在学术方面提倡高深专精，是我国近代学术研究的重要基地之一。1935年教育部批核准国内各大学成立27个研究所，其中，清华有10个。学校的物理学、数学、化学、文学、历史学、哲学、法学、机械、电机、航空等学科都达到相当高的学术水平，均涌现出一批高水平的学术成果，这些成果不仅为我国科技发展和抗战建国作出贡献，而且促进了教学活动的深入开展和教学质量的提高。

吴有训在清华关于X射线经气体原子散射实验研究成果，2篇论文在英国的*Nature*发表，创中国人国内物理研究工作在国际一流杂志发表之先河。赵忠尧和学生在清华完成的《硬γ射线与原子核的相互作用》和关于原子核内中子共振能级间距的实验，都在*Nature*杂志发表。此外，算学系熊庆来关于亚纯函数数论的研究、孙光远在微分几何方面的研究；化学系黄子卿关于热力学及等张比容之测定方面的研究；生物系李继侗关于植物生理、陈桢关于金鱼遗传方面的研究；地学系袁复礼对中国西北地理的研究，均达到了国内一流水平。机械系航空组的风洞研究在当时处于国内领先水平，1936年，机械系航空组自行研制成功国内第一个5英尺航空风洞。

农业研究所的刘崇乐教授是我国提倡利用现代科学知识进行生物防治害虫和害鼠的先驱者之一。他对我国昆虫分类的工作，为我国昆虫学文献的积累作出了巨大贡献。戴芳澜对真菌学的研究成果丰富，初步奠定了中国真菌分类学基础。

文学院继承和发展国学研究院的优良学风，在运用近代科学思想和方法阐释中国传统文化方面视野开阔、立论谨严，对中国历史、文化现象作出既符合当时情况又富于时代色彩的解释。朱自清强调兼取“京派与海派之长”，追求宏观上的开阔与微观上的谨严；闻一多对上古神话研究及诗经、楚辞的研究既富于历史感又具有鲜明的时代感。杨树达的汉字研究，俞平伯的红楼梦研究，许维遹的《管子》《尚书》研究和浦江清、余冠英的研究都显示出开阔与谨严相结合的特色。外文系的突出实绩是开拓了比较文学的教学与研究的先河。吴宓的“中西诗之比较”、瑞恰慈的“文学批评”“比较文学”课程都对中国比较文学研究具有里程碑意义，特别是吴宓的“文学与人生”，在中西文化的“相互阐释”方面有突破性贡献。哲学系强调横切面的哲学问题的研究，强调论证、逻辑和概念分析，这些都是中国传统所缺的，其中金岳霖的“逻辑”“论道”和冯友兰的“贞元六书”“中国哲学史”影响较大；历史学系在继承国学院传统倡导“新史学”的目标下，陈寅恪的《唐代政治史述论稿》和《隋唐制度渊源略论稿》、张荫麟的上古史研究、雷海宗的通史研究、吴晗的明史研究都在学术界具有较大影响。

1941年至1945年，在教育部连续举办的五届学术评奖活动中，全国共有293项学术成果获得三等奖以上奖励，其中清华和西南联大有32项，占11%。冯友兰的《新理学》、华罗庚的《堆垒素数论》、周培源的《激流论》、吴大猷的《多元分子振动光谱与结构》、汤用彤的《汉魏两晋南北朝佛教史》、陈寅恪的《唐代政治史述论稿》、杨钟健的《许氏禄丰龙》等7项学术成果获一等奖，占一等奖总数（15项）的46%。清华还在抗日战争的艰苦时期，建成了当时国内唯一可供试验研究的航空风洞，研制成功中国的第一个电子管，直接为抗战服务。

解放后，为了适应社会主义经济建设需要，清华大学坚持教学、科研、生产三结合，面向国家经济建设主战场，联系实际，结合教学积极开展科学研究，取得丰硕成果。

新中国成立之初，清华大学营建系梁思成等与国立北平艺专（1950年改为中央美术学院）张仃等一起，参与完成了中华人民共和国国徽和人民英雄纪念碑的设计，留下了永久的纪念。

20世纪50—60年代，清华大学完成了华北最大的水利工程——密云水库的设计，建造屏蔽

试验原子反应堆和溶剂萃取法核燃料后处理新工艺，研制程序控制机床和我国高校中第一台通用电子数字计算机等重大科研项目，并在参加新中国成立10周年北京十大建筑设计以及国防电子学研究等重点工程项目中作出了贡献。当时参加屏蔽试验原子反应堆设计与研制工作的教师和学生，平均年龄只有23岁半，大家群策群力，建成我国第一座自己设计、自己制造、自己调试的核反应堆，不仅在清华历史上史无前例，而且在全国高等学校中也是开创先河的。

1978年后，改革开放促进了清华大学科学研究的发展。梁思成（已故）等完成的“中国古代建筑理论及文物建筑保护的研究”获1987年国家自然科学一等奖；潘际銮等完成的“新型MIG焊接电弧控制法（QH-ARC法）的研究”和茅于海等完成的“自适应和数字电可控非相参频率捷变雷达系统”，均获1984年国家发明一等奖；吕崇德等完成的“大型火电机组模拟培训系统”和王大中等完成的“5兆瓦低温供热试验堆”，分别获1985年和1992年国家级科技进步一等奖；吴良镛主持设计的北京市菊儿胡同新四合院住宅工程，获1992年亚洲建筑师协会优秀建筑奖金奖和1993年联合国颁发的世界人居奖。

1993年以来，学校围绕国家科教兴国战略，按照“学校既是办教育的中心，也是办科研的中心”的指导思想，不断加快向研究型大学转变，充分发挥学校在国家科技创新体系中基础研究的主力军、应用研究的生力军和高科技产业化的方面军作用，将“顶天、立地、树人”作为新阶段的科研工作指导思想，瞄准国际学术前沿，大力支持基础研究，使学校的科学研究工作成为国家经济建设和科学技术发展的一个不可分割的组成部分。

1993年至2010年，累计获得国家三大奖236项，以清华为第一完成单位的国家科学技术进步奖一等奖、国家技术发明奖一等奖共4项。2010年专利授权数达1 223项。有15项成果入选年度的“中国高等学校十大科技进展”。2006年，国家中长期科技规划16个重大专项中，清华主持承担了高温气冷堆核电站的研制与建设，是唯一负责国家重大专项的高等学校。

学校致力于引领思想文化的传承与创新。清华大学取得《清华简》研究等一批优秀思想文化成果，《国情报告》累计受到中央领导批示逾百次，举办经济、社会、国际安全等论坛，推动教师开展政策咨询。

清华大学已成为国家可持续发展的知识创新和技术创新的基地之一，成为我国高新技术的重要辐射源、新思想新文化的重要发源地。

（五）开放办学，博采众长，与国内外建立广泛的学术交流与合作，清华大学的国际声誉和影响力不断提升

清华学校提倡“中西并重”，聘请一批外籍教师和国内硕学鸿儒到校执教，邀请泰戈尔、杜威、孟禄等世界著名学者、思想家来校交流访问，开阔了师生视野，让学生“明白现今世界思想之潮流”。

国立清华大学时期，一大批清华留美生学成归国回校任教，积极推进学术交流与合作，博采众长，及时将世界先进的科学技术知识引入清华，与国外建立了广泛联系与学术交往。清华教授定期轮流出国进修、考察，冯·卡门、维纳、华敦德、哈达玛、狄拉克、玻尔、兰茂尔、瑞恰慈、李约瑟等世界著名学者相继来校讲学、交流，清华大学成为沟通中外学术界的学术重镇，校园中“东西文化，荟萃一堂”。

新中国成立后，由于西方发达国家对我国进行封锁，清华大学与国外的学术交流和科技合作曾一度受到影响，但同国外科技界、学术界、教育界仍保持一定的联系。刘仙洲、周培源、钱伟

长、华罗庚、梁思成、张维、陈士骅等多位教授出国参加学会会议，保持了与国外的学术往来。

1950年，清华大学招收新中国成立后首批外国留学生。20世纪50—60年代，清华大学先后聘请苏联专家63名、东德专家4名和捷克专家1名来校工作；清华大学与莫斯科动力学院等院校建立了合作关系，还与苏联、东欧、亚非拉许多国家互派留学生。

1978年以来，清华大学积极开展多渠道、多层次、全方位的国际合作与交流。通过国际交流工作，为师生搭建高水平的交流平台，发掘教学与科研合作机会，拓展学生国际化培养渠道，策划并实施提升学校国际影响力的活动。

通过联合学位培养、海外实习、学分互认及学生交换、合作办学等多种形式，与国外大学合作培养学生。与一批世界知名大学和企业签订协议，通过联合学位培养等多种形式，开展学生的国际培养。目前，全年派出的学生数已超过3 000人次，实现30%本科生在学期间具有海外学习的经历；教职工出国（境）4 700余人次。学校国际影响力不断提升，来自122个国家的3 200多名在学外国留学生；每年来校访问的诺贝尔奖得主等知名学者和专家、各国元首及政要、国际大企业总裁近300人次；来自50多个国家和地区的829名海外专家来校讲学，其中在校6个月以上240人。广泛、紧密的国际合作与交流，促进了学校的建设和发展，丰富、活跃了校园文化氛围。

改革开放和广泛的对外交流与合作，增强了学校的活力，促进了学校发展，学校的国际声誉和影响力不断提升。

（六）严格管理，民主治校，实事求是，开拓进取，领导核心坚强团结，为学校持续发展提供有力保证

科学的管理制度是支撑学校落实理念、弘扬文化和实现大学各项功能的坚实基础和有力保证。清华大学的学校管理素以严格著称，不同历史发展时期都建有一整套规章制度。

清华自建校起，学校将严格管理作为实现育人目标的手段，教务、总务、斋务、游学、学生课外活动等方面的管理规定系统而完备，逐渐形成了守制度、讲效率、照章办事的传统与作风。20世纪20年代中期起，学校逐渐形成了校长主导、教授高度参与的民主治校管理模式。尤其是梅贻琦连续长校17年，充分发挥校务会、评议会、教授会和各专门委员会的作用，注意听取和尊重教授们的意见和建议，充分调动教师们教学、科研以及参与学校管理的积极性，促进了清华大学迅速崛起。

解放后，加强党对学校的领导，依靠全体教师和职工办好学校。蒋南翔校长在清华大学任职期间，精心培育，形成了一个坚强的、稳定团结的、又红又专的学校领导核心，这个核心对于加强党的领导、团结全校教职工实现社会主义办学目标，发挥了重要的凝聚作用。清华党委十分重视干部工作，尤其重视干部队伍的素质。清华干部比较年轻，既做党政工作，又承担业务工作，“两个肩膀挑担子”，又红又专。领导班子比较勤奋、谦虚谨慎，广大干部比较深入实际，联系群众，富于创造性，在思想、政治上团结一致，成为团结战斗的集体。

清华党委十分注意掌握党的知识分子政策，坚持正确地估量知识分子队伍。早在20世纪五六十年代，蒋南翔就提出“要争取团结百分之百的教师”，“各按步伐，共同前进”，在教师中扩大马克思主义思想阵地和组织阵地，促使“两种人会师”。在实践中，一方面重视发挥老教授作用，帮助非党教授、副教授提高政治思想水平，吸收其中一些符合党员标准的人入党；另一方面重视新一代专家、教授的培养，使新老知识分子沿着又红又专的方向会师，为清华高水平师资队伍的建设奠定了基础。清华不仅重视教师队伍建设，而且重视职工队伍建设，充分发挥教师和职工的

作用，成为推动学校工作前进的“两个车轮”，促进了清华大学的持续发展。

改革开放以来，党政领导班子紧紧围绕建设世界一流大学的奋斗目标，认清形势，不断增强政治意识、大局意识、责任意识和忧患意识，实事求是，抢抓机遇，发动群众，锐意改革。学校不断加强各级党组织的思想、组织、作风、制度和反腐倡廉建设，始终保持对党的基本路线方针政策认识一致，对教育方针、办学指导思想认识一致，对学校的历史、现状和未来认识一致；正确处理继承与发展、政治与业务、物质和精神、改革发展与稳定、民主与集中、党委与行政等重要关系，为提高人才培养质量和世界一流大学建设提供了坚强的领导核心和可靠的组织保证。

进一步健全思想政治工作制度，在学生中加强思想教育工作，开展“国情、道路、责任”等一系列主题教育活动，加强社会实践，提高学生的社会责任感。动员全体教职工做好“教书育人、服务育人、管理育人”，积极参与学生的教育工作。进一步加强对共青团工作的领导，充分发挥团组织作为党的忠实助手和后备军的作用，积极引导青年成长成才。重视离退休人员工作。建立、健全吸收教职工参加学校民主管理的制度，切实发挥工会和教代会在民主管理、民主监督以及推进校务公开方面的作用。加强新形势下的统一战线工作，认真做好群众工作，完善党外人士参与学校民主管理与监督的工作机制，做好民族宗教和港澳台及侨务工作。注意培养和选拔青年教师和青年干部，使一批优秀的青年教师脱颖而出，成为各学科的学术带头人和学术骨干。同时，加强党的建设，按照民主集中制的原则做好党的工作，加强基层支部建设，发扬党内民主，健全党内民主生活，发挥党组织的政治核心作用，为清华大学的教学、科研和学校建设的发展提供坚实的保障。

（七）校园优美，设备先进，图书丰富，具有良好的育人和治学环境

清华大学地处北京西北郊风景名胜区，是在几处清代皇家园林（清华园、近春园和长春园的一部分）的遗址上建成的。校园周围高等学校和名园古迹林立，环境优美；园内水木清华，景色秀丽，校歌中有“西山苍苍，东海茫茫，吾校庄严，巍然中央”之赞誉。

清华校园内不同时代的建筑物纷列沓陈，既有保存完好的工字厅、怡春院、古月堂等古建筑和清华学堂及早期四大建筑——大礼堂、图书馆、科学馆、体育馆，又有 20 世纪 60 年代雄伟壮观的中央主楼与东、西主楼，90 年代初建成的图书馆新馆，与老图书馆浑然一体，更使园景生辉。1993 年以来，主楼南区建筑群、理学院建筑群、综合体育馆、美术学院大楼、第六教学楼、紫荆学生公寓区陆续投入使用，为教学、科研、师生生活提供坚实保障。

1998 年，学校在国内高校率先实施“绿色大学”建设计划，倡导“绿色教育，绿色科技，绿色校园”。2010 年，《福布斯》杂志首次评出 14 个“全球最美丽的大学校园”，清华成为亚洲唯一上榜的大学。

清华大学重视实验室和实验研究、教学基地的建设，拥有一批设备先进、水平高、效益好的现代化实验室，并形成相当发展规模的实验研究、教学基地。解放前，清华经费相对充裕，实验设备先进。解放后，实验室发展迅速。改革开放以来，实验室建设的规模与水平获得前所未有的提高。至 2010 年，学校已经建成或正在建设信息科学与技术国家实验室（筹）、12 个国家重点实验室（或分室）、5 个国家工程实验室、6 个国家工程研究中心和国家工程技术研究中心、2 个国家大型科学仪器中心、17 个教育部重点实验室、3 个教育部人文社会科学重点研究基地、5 个北京市重点实验室、9 个国家级实验教学示范中心（建设单位）、13 个北京市级实验教学示范中心和 19 个校一级实验室。同时，在一些学科领域综合发展，形成了集团优势，建设了一批实验研

究、教学基地。这些国家重点实验室和实验研究、教学基地进一步使清华大学的科学研究与实验测试现代化，为教学和科研提供更好的物质条件。

清华大学拥有丰富的图书资料，馆藏超过634万册（件），其中电子图书238万册，形成以自然科学和工程技术科学文献为主体，兼有人文、经管、法律、美术、建筑、医学等多种类型、多种载体的综合性馆藏图书体系，并配有先进的信息基础设施。校内有多种学术刊物，经常举办各种学术活动和高水平的学术讲座，为人才培养和学术研究创造了良好的环境。

学校大力建设数字校园，清华大学校园网TUNET是我国第一个校园计算机网络，目前已建成万兆双栈主干网，是世界上规模最大的先进校园网之一，整体技术指标已达到国际先进水平，在教学、科研、管理、服务等各项工作中发挥了重要的支撑作用，成为学校人才培养不可或缺的基础环境。

100年来，广大清华师生始终与民族共命运、与时代同步伐，在中国人民追求独立、民主、富强而奋斗的史册上写下了自己的隽永篇章。展望未来，清华大学将不负国家的重托和人民的厚望，将继续不懈奋斗，力争在21世纪中叶进入世界一流大学前列，在中华民族伟大复兴和人类文明进步的浩荡洪流中，续写清韵华章，再创新的辉煌！

第一章

领导体制与行政管理

第一节 学校隶属关系

1909 年 7 月 10 日（清宣统元年五月廿三日），清朝皇帝批准外务部、学部关于《遣派学生赴美谨拟办法大纲》奏折。奏折称："拟在京师设立游美学务处，由外务部、学部派员管理……并附设肄业馆一所，选取学生入馆试验，择其学行优美、资性纯笃者，随时送往美国肄业。"游美学务处及其所属肄业馆隶属于外务部与学部共同管辖。1911 年 4 月 9 日，清朝皇帝批准外务部会同学部奏请，将游美肄业馆改名为清华学堂并订立章程，清华学堂于该年 4 月 29 日在清华园正式开学。《清华学堂章程》规定："本学堂监督，以游美学务处会办兼任，总理全堂一切事宜。"隶属关系未改变。1911 年 10 月辛亥革命爆发，1912 年 4 月 7 日，游美学务处致函外务部和学部，申请撤销游美学务处，其一应事务交由清华学堂办理；同时致函驻美学生监督通告此事。在此前后，时任北洋政府教育总长范源濂，提议清华归外交部管辖，而与教育部无隶属关系。1912 年 10 月，清华学堂改称清华学校。1928 年 6 月，北洋政府下台，南京国民政府势力进入北京。6 月 18 日，国民政府大学院宣布"统一全国教育学术机关"，清华也在其接管之列。国民政府外交部则坚持由其承袭北洋政府外交部对清华的管辖权力。几经磋商，大学院与外交部达成了共同管辖清华的协议，7 月 27 日南京国民政府会议决议照准。1928 年 8 月 17 日，清华学校改为国立清华大学。1928 年 9 月颁布的《国立清华大学条例》规定："国立清华大学由中华民国大学院会同国民政府外交部管理之。"学校隶属关系恢复了由外交、教育两部共管，共同聘任董事会管理学校。1929 年 4 月，清华评议会以董事会两度否定该会关于扩充学校的建议，宣布全体辞职。同时，学生会召开全体学生大会议决，要求政府取消董事会，并将清华直辖于教育部。5 月 2 日教授会议决，派教授代表 2 人赴南京，向国民政府面陈，主张清华应归教育部管辖。5 月 10 日，国民政府第 28 次国务会议通过国府委员戴传贤、陈果夫关于国立清华大学应改由教育部专辖的提案。5 月 20 日，教育部令清华大学遵照办理。1929 年 6 月 12 日颁布的《国立清华大学规程》总纲中第二条规定"国立清华大学，直辖于教育部"。这一隶属关系一直延续到 1948 年 12 月 15 日清华园解放。

1949 年 1 月 10 日，北平军管会文化接管委员会代表钱俊瑞来校宣布接管清华大学。1949 年 1 月 31 日，北平和平解放。1949 年 6 月，学校隶属华北高等教育委员会领导。1949 年 11 月 1 日，中央人民政府教育部成立，学校隶属于中央人民政府教育部领导。而后，随着国家教育主管机关的调整和名称改变，学校的隶属关系亦随之改变。1952 年 11 月 15 日，中央人民政府委员会决定成立高等教育部，学校隶属于高等教育部领导。1958 年 2 月 11 日，中华人民共和国第一届全国人民代表大会第五次会议通过《关于调整国务院所属组织机构的决定》，教育部和高等教育部合并为教育部，学校隶属教育部领导。1963 年 10 月 23 日，国务院又决定教育部分设为高等教育部和教育部，1964 年 3 月，两部正式分开办公，学校隶属高等教育部领导。1966 年“文化大革命”开始后，7 月 23 日，中共中央同意中共中央宣传部的建议，将高等教育部和教育部合并为教育部。1970 年 6 月 22 日，中共中央同意国务院报告，成立国务院科教组，主管国家科学技术委员会和教育部的行政工作，撤销教育部，学校隶属国务院科教组领导。1975 年 1 月 17 日，第四届全国人大第一次会议决定成立教育部，撤销国务院科教组，学校隶属教育部领导。1985 年 6 月 18 日，第六届全国人大常委会第十一次会议决定，设立国家教育委员会，撤销教育部，学校隶属国家教育委员会领导。1998 年 3 月 10 日，第九届全国人大常委会第一次会议通过《关于国务院机构改革的决定》，国家教育委员会更名为教育部，学校隶属教育部领导。

第二节　领导体制

一、1911 年—1948 年

从清华学堂建立至清华园解放(1948-12-15)，学校领导体制的变迁大体上经历了以下五个时期。

(一) 1911 年 4 月—1917 年 9 月，学校由校长（监督）统管全校事务

1909 年 7 月，清政府在北京设立了游美学务处，下设游美肄业馆。该处设总办 1 人，会办 2 人。1911 年 4 月，游美肄业馆改名为清华学堂。学堂设监督 1 人，副监督 2 人。由游美学务处总办周自齐兼任学堂监督，由会办范源濂、唐国安兼任学堂副监督。1911 年 2 月订立的《清华学堂章程》中规定由本学堂监督总理全堂一切事宜。学堂办公地点——工字厅被称为“衙门”。辛亥革命后，这种领导体制没有改变。1912 年 1 月，周自齐调离。4 月，唐国安被任命为学堂监督。1912 年 10 月，学堂改称为学校，唐国安被任命为清华学校校长，周诒春为副校长。一切校务都由校长统揽。1913 年 8 月，唐国安病故，外交部任命周诒春为校长，赵国材为副校长。

(二) 1917 年 9 月—1929 年 6 月，学校逐步推行董事会领导制，由董事会议决学校事务，校长统辖校务

1917 年 8 月 27 日，北洋政府外交部为加强对清华经费和校长职权的控制，颁令筹设清华学校基本金委员会。1917 年 9 月 13 日，外交部颁布《筹备清华学校基本金章程》，规定：“设清华学校董事会。董事员额定为十人，由外交总长遴员派充董事会董事，每年改派四人”；“董事会职权以稽核用途、增进利益、巩固基本为主，其关系教务方面不得干预”。1921 年 4 月 6 日《清华

学校基金保管委员会章程》开始施行，明确“清华学校基金保管委员会以外交总长、外交次长、驻京美国公使三人组成之”。

在 1917 年 10 月 25 日公布之《清华学校董事会章程》中规定：“美国退还赔款之收入，清华学校经费及游美监督处经费支出，董事会得随时稽核之”；“清华学校关于工程或购置及临时等费，每次支出数在二百元以上者，应由清华学校呈请部长交董事会核定后方得动支”；“清华学校基本金之存放、生息及一切财产之保管方法，由董事会筹议后呈请部长核夺办理”。1917 年 9 月，外交部派章祖申等 10 人为清华学校董事会董事。

1918 年 1 月 4 日，校长周诒春以“力微任重，劳顿成疾”为由恳请辞职，由副校长赵国材代理校长。1918 年 4 月，外交部任命张煜全为校长。1920 年 1 月，张煜全因不准成立全校性学生会，引起学生公愤，被迫辞职。外交部任命罗忠诒为校长，亦为学生拒绝，未能到校就任。

1920 年 1 月 10 日，外交部再次发布命令，提出：“前于民国六年设立清华学校董事会专司筹备基金，核算用款，近来体察情形，该校事务日益殷繁，必须将该会重行改组，辅助校长赞划一切方足以策进行而规久远。”并于 1920 年 2 月 5 日颁布修订后的《清华学校董事会章程》，其中规定：“清华学校董事会以外交部部员二人暨驻京美国使馆馆员一人组织之”；“董事会对于清华学校及游美监督处一切事务有协同校长管理之权，遇有清华学校或游美监督处发生各项问题，得由董事会处理。但须将议决情形，呈请外交部长核准，方可施行”。随即，外交部任命中国董事为严鹤龄、刁作谦；美国董事为裴克。

罗忠诒被学生拒绝未能到任后，1920 年 2 月 15 日，董事会议决“由会长严鹤龄暂行代理清华学校校长职务”。1920 年 8 月 28 日，外交部派金邦正为校长。1921 年 6 月 11 日，清华学生为支援北京 8 校教职员反对政府克扣教育经费请愿索薪而发生“六三”教潮后宣布罢课。金邦正与董事会议决，凡届时学生不赴大考者，一律留级一年。9 月 11 日，学校举行开学典礼，多数学生拒绝出席，以示抗议。金邦正无奈，将校务交教务处主任王文显暂行兼代。1922 年 4 月 18 日，外交部派曹云祥暂兼代理校长。1922 年 12 月，董事会议决并经外交部批准，撤销副校长一职。

1924 年 5 月 12 日外交部任命曹云祥为校长。

1927 年 9 月，外交部无视学校多方呼吁再次修订《清华学校董事会章程》，规定：“董事会议决并管理清华学校事务”。1928 年 1 月 11 日，曹云祥辞职。同日，外交部派严鹤龄代理校长，4 月 16 日，严鹤龄辞职。同日，外交部派温应星为校长，并聘定梁启超等 9 人为清华学校董事会董事。

1928 年 6 月，温应星辞职，余日宣代理校长。不久，南京国民政府大学院和外交部会同致电梅贻琦，委托他暂代校务。

1928 年 8 月，南京国民政府决定清华学校改名为国立清华大学。8 月 29 日，外交部公布国民政府任命罗家伦为校长。1928 年 9 月，国民政府大学院公布《国立清华大学条例》，规定设董事会，其职责为：推举校长候选人；议决有关重要章制、教育方针、预算、派遣及管理留学生之方针与留学经费之支配等事项；并审查决算及校长之校务报告。随即由大学院会同外交部聘任杨杏佛等 9 人为国立清华大学董事会董事。

1928 年 11 月与 1929 年 4 月，董事会两次否决校长及评议会提出的有关学校发展的规划与经费，引起学校师生极大不满。学校评议会、教授会及学生会均通过决议要求取消董事会。1929 年

4 月 30 日，行政院议决，将清华基金全部移交给 1924 年成立、负责保管和运筹美国第二次退还之庚款的“中华教育文化基金董事会”管理，同年 6 月 29 日教育部下令取消清华大学董事会。至此，清华大学董事会制宣告结束。

在这个时期，学校内陆续建立了“教授会”“评议会”，在大学部设“校务会议”。

(1) 教授会。1926 年 4 月 15 日制定的《清华学校组织大纲》中规定设立教授会：“以全体教授及行政部各主任组织之。由校长为主席，教务长为副主席。”其职权为：选举评议会及教务长；审定全校课程；议决向评议会建议事件；议决其他教务上公共事项。1926 年 4 月 19 日，清华学校举行第一次教授会，选举梅贻琦为教务长，并选举陈达等 7 人为评议员。1928 年 9 月颁布的《国立清华大学条例》中有关教授会的组成与职责和前者类同，唯不再由该会选举产生教务长。1928 年 11 月 2 日，举行国立清华大学第一次教授会，选举叶企孙等 4 人为评议员。

(2) 评议会。1926 年 4 月 15 日制定的《清华学校组织大纲》中规定：“本校设评议会，以校长、教务长及教授会互选之评议员七人组织之。校长为当然主席。”评议会职权为：规定教育方针；议决各学系、校内各机关之设立、废止及变更；制定校内各种规则；审定预算、决算；授予学位；议决教授、讲师与行政部各主任之任免等。1926 年 4 月 26 日，清华学校举行第一次评议会，议决大学部设立 17 个学系（建校伊始只有 11 个学系开课）。1928 年 9 月颁布的《国立清华大学条例》中有关评议会的规定，其职权缩小为：制定大学各部分之预算；审议科系之设立或废止；拟定校内各种规程等。

(3) 校务会议。1925 年 4 月颁布的《北京清华学校大学部暂行章程》中规定：学校大学部设校务会议，其组成为：“校长（主席）、普通科主任、专门科主任或筹备主任、研究院主任、大学部任课之教授互选四人，由校长选派之教授或职员二人。”其职权为拟定下列各事：教育方针；每年预算并经费之支配；建筑及设备之计划；教授以上教席之设置及教席之人选；出版事件；以及民国 17 年以后大学之组织等。校务会议组成人员为曹云祥（主席）、张彭春（副主席）等共 10 人。1928 年 9 月颁布的《国立清华大学条例》中没有设立校务会议的条款。

（三）1929 年 6 月—1937 年 7 月国立清华大学初期，学校由校长负责综理校务

1929 年 6 月 12 日颁布的《国立清华大学规程》中取消了有关设置董事会的章节。规定：“国立清华大学，置校长一人，综理校务，由教育部长提请国民政府任命之。”有关教授会及评议会的组成与职权方面基本内容和 1928 年 9 月《国立清华大学条例》有所改动，并设置了校务会议，规定：“由校长、教务长、秘书长及各院长组织之，议决一切通常校务行政事宜。”该规程并规定：“文理法三学院，各置院长一人……由校长就教授中聘任之。”

1930 年 5 月，阎锡山、汪精卫在北平另组政府，蒋介石在北方失势，罗家伦于 5 月 22 日提出辞职，校政暂由校务会议维持。1930 年 6 月，阎锡山任命乔万选为校长，6 月 25 日，乔带着武装卫兵及秘书长、庶务主任等人员进校，被学生拦阻。校务会议、教授会均发表宣言，支持学生行为，阎锡山被迫收回成命。由于出现南北对峙的局面，所以清华有 11 个月没有校长，一切校务皆由校务会议处理。

1931 年初，蒋介石重新稳定了对中国北方的统治。1931 年 3 月 19 日，教育部令，批准罗家伦辞职。4 月 3 日，教育部训令，国民政府任命吴南轩为校长。5 月，由于吴南轩任命了不是清华教授的钟鲁斋为文学院院长、陈石孚兼代法学院院长，受到教授会的坚决抵制。该会 5 月 28 日向教育部呈文，指出：“本校院长照原定规程系由校长就教授中聘任之，自此规程颁布以后，教授会与罗前校长商酌由教授会每院推荐二人，由校长择一聘任。于法律范围之中容纳

教授之意见……乃吴校长到校仅及月余，即将本校几经艰苦得来之良好基础，亦摧残之。……特请国府另简贤能，为本校校长。”吴南轩的行径引发了全校师生的极大愤慨，几经磋商斡旋无效，7月3日，教育部只得以吴“暑病时侵”为由，准其离职调养，并令翁文灏暂行代理清华校务。1931年9月，翁因事请假，校务由叶企孙代行。10月14日教育部令，免去吴南轩任职并任命梅贻琦为校长。梅贻琦于1931年12月3日到校就职视事。梅主持校政后，崇尚民主，善于借助教授会、评议会等组织机构治理学校；学校重要事宜及人事安排，注意接受教授会意见，各学院院长人选由教授会选举确定；校务事宜多通过评议会议决，有意见分歧时，采取少数服从多数或暂缓决定；同时，组织并发挥了各种常设委员会的作用，辅佐校政；学校领导体制相对稳定，校政建设日臻完善，教学、科研、校园建设均有较大发展。

（四）1937年10月—1946年7月西南联大时期，学校实行常务委员会领导制

1937年“七七”事变后，7月29日北平陷落。9月10日，教育部令北京大学、清华大学、南开大学在长沙联合组成长沙临时大学，设立筹备委员会，派定蒋梦麟、梅贻琦、张伯苓、杨振声、胡适、何廉、周炳琳、傅斯年、朱经农、皮宗石、顾毓琇等11人为筹备委员，指定蒋梦麟、梅贻琦、张伯苓为常委，杨振声为秘书主任。常委分工：蒋梦麟负责总务，梅贻琦负责教务，张伯苓负责建筑和设备。1937年10月，颁布《长沙临时大学筹备委员会组织规程》，规定常委会职权为依照筹备委员会决定之方针，商决：①校址之勘定；②经费之支配；③院系之设置；④师资之遴聘；⑤学生之收纳；⑥建筑设备之筹置；⑦其他应行筹备事项。1937年12月，南京陷落，武汉告急。1938年1月，决定长沙临大西迁昆明，4月改名为国立西南联合大学，其领导体制和长沙临时大学相同。1938年12月21日，常委会决议：常委会主席任期一年，由清华、北大、南开三校校长轮流担任，推梅贻琦为第一任主席。1939年9月26日，常委会决议仍请梅贻琦继任主席。随后，张伯苓长期在重庆任国民参政会副议长，蒋梦麟亦不常驻昆明，实际上常委会工作一直由梅贻琦主持。1945年4月，蒋梦麟调离，由胡适任北京大学校长，胡未到任前，由傅斯年代理。1945年10月，傅斯年接替蒋梦麟为西南联大常委会委员。1946年7月西南联大结束，三校分别复员。

西南联大时期，学校不设评议会，而设有校务会议、校务委员会及教授会。其组成和职权如下：

（1）校务会议。由常务委员、秘书主任、教务长、总务长、各学院院长以及教授、副教授互选之代表11人等组成。其职权为审议预算及决算、院系之设立及废止、各种规程、建筑及他项重要设备、校务改进事项以及常委会交议事项。开会时以常委会主席为主席。

（2）校务委员会。1938年4月19日常委会议决：①蒙自分校应设分校校务委员会，由文学院院长、法商学院院长、教务分处主任及文法两院教授代表4人组织之，处理文法两院院务及分校经常事务，并得互推一人任该会主席；②昆明本校应由理学院院长、工学院院长、教务长、总务长、建设长及理工两院教授代表4人组织校务委员会，处理理工两院院务及本校经常事务，并得互推一人任该会主席。

1938年5月，蒙自分校校务委员会委员为：胡适（冯友兰代）、陈序经、樊际昌、朱自清、赵迺抟、陈岱孙。昆明本校校务委员会委员为：吴有训、施嘉炀、潘光旦、周炳琳（杨振声代）、黄钰生、饶毓泰、杨武之、杨石先、曾昭抡、王裕光。

（3）教授会。由全体教授、副教授组成，常务委员及秘书主任为当然会员。其职权为审议教

学及研究事项改进之方案、学生导育之方案、学生毕业成绩及学位之授予等。开会时以常委会主席为主席。

这一时期，清华在昆明设有办事处，校长为梅贻琦，保留着学校原有的行政机构，负责处理清华自身事务。并仍然设有评议会、校务会议及教授会，其组成及职权与抗战前相同。

（五）1946 年 8 月—1948 年 12 月，学校复员北平后，校长负责统理校务

1947 年 5 月修订的《国立清华大学规程》中有关校长的设置与职权以及校务会议、评议会、教授会的组成人员及职权均与抗战前 1929 年 6 月所颁布《规程》类同。1948 年 12 月 14 日下午，梅贻琦最后一次在清华园主持校务会议后，驱车进北平城。12 月 15 日清华园解放。12 月 21 日，梅贻琦飞往南京。

历任校长任职时间见表 1-2-1，历任董事会董事名单见表 1-2-2，历任评议员名单见表 1-2-3。

表 1-2-1　校长任职时间表（1911—1948）

学校名称	职务	姓名	任职时间
清华学堂 1911-04—1912-10	监督	周自齐	1911-04*—1911-12
		唐国安	1912-05—1912-10
清华学校 1912-10—1928-08	校长	唐国安	1912-10—1913-08
		周诒春	1913-10—1918-01
		张煜全	1918-07—1920-01
		金邦正	1920-09—1922-04
		曹云祥	1924-05*—1928-01
		温应星	1928-04*—1928-06
国立清华大学 1928-08—1948-12	校长	罗家伦	1928-09—1931-03
		吴南轩	1931-04—1931-10
		梅贻琦	1931-12—1948-12

说明：① 1909 年 8 月至 1911 年 4 月周自齐任游美学务处总办，唐国安、范源濂任会办。
② 唐国安、范源濂于 1911 年 4 月至 1912 年 1 月任学堂副监督。
③ 颜惠庆于 1912 年 1 月至 1912 年 4 月任学堂代理监督。
④ 周诒春于 1912 年 10 月至 1913 年 8 月任副校长。
⑤ 赵国材于 1913 年 10 月至 1918 年 8 月任副校长，1913 年 8 月至 1913 年 10 月及 1918 年 1 月至 1918 年 7 月任代理校长。
⑥ 1920 年 1 月 30 日北洋政府外交部曾派罗忠诒为校长，未能到任。
⑦ 严鹤龄于 1920 年 2 月至 1920 年 8 月及 1928 年 1 月至 1928 年 4 月任代理校长。
⑧ 金邦正任期内，1921 年 9 月至 1922 年 4 月教务主任王文显兼代校长事务。
⑨ 曹云祥于 1922 年 4 月至 1924 年 5 月任代理校长。
⑩ 梅贻琦于 1928 年 6 月至 1928 年 9 月任校务代理。
⑪ 1930 年 5 月罗家伦离校后，将校务交与校务会议处理。
⑫ 1930 年 6 月 25 日，晋系军阀阎锡山曾派乔万选为校长，但为全校师生所拒绝。
⑬ 吴南轩于 1931 年 7 月离校，翁文灏于 1931 年 7 月至 1931 年 9 月任校务代理。
⑭ 叶企孙于 1931 年 9 月至 1931 年 12 月任校务代理。
⑮ 1937 年 9 月至 1938 年 4 月期间，国立长沙临时大学（北大、清华、南开合组）设筹备委员会，由北大、清华、南开三校校长蒋梦麟、梅贻琦、张伯苓任筹备委员会常务委员；国立西南联合大学（北大、清华、南开合组）期间，1938 年 9 月至 1946 年 7 月梅贻琦任常委会主席；1937 年 8 月至 1946 年 7 月长沙临大、西南联大时期，梅贻琦仍任国立清华大学校长。
⑯ 表中任职时间以就任时间为准，个别标有*者为任命时间。

表 1-2-2 历任董事会董事名单表（1917—1928）

任命时间	董事名单
1917-09	章祖申　周传经　张煜全　许同莘　吴　台　李殿璋　陈海超　吴佩洸　林则勋　饶衍馨
1920-02	严鹤龄[①]　刁作谦[①]　裴　克
1928-04	梁启超　章元善　李祖恩　张煜全　汤尔和　魏文彬　贝纳脱（C. R. Bennett） 戴士伟（John. K. Davis）　白良知（J. D. Branch）
1928-09	杨杏佛　唐悦良　张歆海　凌　冰　任鸿隽　李书华　余同甲　朱胡彬夏　司徒雷登[②]

注：① 严鹤龄、刁作谦曾先后改为王麟阁、黄宗法。② 司徒雷登辞职后改为蔡元培。

表 1-2-3 教授会选出的历任评议员名单表（1926—1948）

选出时间	评议员名单
1926-04-19	陈　达　孟宪承　戴　超　杨光弼　吴　宓　赵元任　陈福田
1927-05-12	戴志骞　吴　宓　杨光弼　赵元任　赵学海　朱君毅　余日宣
1928-05-10	戴志骞　吴　宓　杨光弼　赵学海　余日宣　郑之蕃　陈福田
1928-11-02	叶企孙　吴之椿　金岳霖　陈岱孙
1929-03-07	补选：　杨振声
1929-09-23	王文显　吴　宓　冯友兰　张子高　浦薛凤　熊庆来　陈福田
1930-06-12	王文显　冯友兰　浦薛凤　熊庆来　张子高　萧　蘧　蒋廷黻　王化成
1930-09-08	补选：　吴有训　陈　达　施嘉炀
1931-10-01	吴有训　萧　蘧　蒋廷黻　陈　达　浦薛凤　杨武之　王文显
1932-06-02	蒋廷黻　吴有训　浦薛凤　陈　达　施嘉炀　郑之蕃　杨武之
1933-05-22	陈岱孙　杨武之　蒋廷黻　萨本栋　吴　宓　张奚若　吴景超
1934-06-07	吴景超　朱自清　浦薛凤　陈福田　郑之蕃　萨本栋　吴有训
1935-06-07	施嘉炀　蒋廷黻　吴景超　吴有训　萧　蘧　陈福田　杨武之
1935-10-03	补选：　张子高
1936-04-02	补选：　朱自清
1936-06-04	吴有训　施嘉炀　萧　蘧　朱自清　刘崇鋐　萨本栋　张奚若
1937-02-18	补选：　叶企孙
1937-06-03	陈福田　萧　蘧　朱自清　施嘉炀　萨本栋　郑之蕃　刘崇鋐
1939-05-14	陈福田　刘崇鋐　张奚若　朱自清　李辑祥　张子高　杨武之　李继侗　王裕光
1940-06-08	周培源　任之恭　陈省身　王信忠　陈　铨　张奚若　苏国桢　李谟炽　戴世光
1941-09-17	陈省身　周培源　萧　蘧　张奚若　王裕光　陈福田　刘仙洲　王信忠　李辑祥
1942-07-30	萧　蘧　陈福田　王裕光　张奚若　任之恭　赵访熊　王信忠　黄子卿　杨武之
1943-09-01	萧　蘧　朱自清　黄子卿　雷海宗　张奚若　李辑祥　陈　达　赵访熊　陶葆楷
1944-08-24	张奚若　朱自清　雷海宗　陈福田　刘崇鋐　刘仙洲　赵访熊　金岳霖　黄子卿

续表

选出时间	评议员名单
1945-08-02	雷海宗　赵访熊　陈福田　李辑祥　张奚若　王裕光　朱自清　刘崇鋐　汤佩松
1946-05-15	李辑祥　朱自清　杨武之　刘崇鋐　汤佩松　雷海宗　赵访熊　袁复礼　陈福田
1946-12-05	补选：　王裕光　戴世光　李继侗
1947-07-03	朱自清　戴世光　潘光旦　周培源　王裕光　陈福田　李辑祥　王宪钧　吴景超　雷海宗
1948-06-10	周培源　李辑祥　刘仙洲　王裕光　陈福田　潘光旦　雷海宗　戴世光　戴芳澜　吴景超

说明：① 以上名单不包括校长、教务长等不经选举的当然评议员，先后排列以得票数为序。
② 评议员任期一般为一年。
③ 评议员中调离或调任当然评议员后，其空额即行补选。

二、1949 年—2010 年

1948 年 12 月 15 日清华园解放后，清华大学行政领导体制几经变化，大体上可分为以下几个时期。

（一）1948 年 12 月—1952 年 9 月，学校实行由校务委员会主持校务工作制

1948 年 12 月 17 日，第 95 次校务会议议决：校长尚未回校，公推冯友兰为校务会议临时主席。1949 年 3 月 18 日，北平市军管会代表吴晗到校视事。5 月 4 日，北平市军管会文化接管委员会通知："奉军管会决定，成立清华大学校务委员会，并以叶企孙等 21 人为校务委员会委员，并以叶企孙为主席、常务委员。自校务委员会成立之日起，旧有行政组织即行停止活动。"并附《大学校务委员会组织大纲》。大纲中规定："校委会为全校最高权力机关，主持全校校务，并商订全校应兴应革事宜。"任命叶企孙、陈岱孙、张奚若、吴晗、钱伟长、周培源、费孝通等 21 人为校务委员会委员，叶企孙任主席。1950 年 4 月，校务委员会委员有些调整，仍由叶企孙任主任委员。

1952 年 6 月，教育部通知成立"京津高等学校院系调整清华大学筹备委员会"（简称"清华筹委会"），任命的筹委会委员由 12 人组成（后又增加 4 人），刘仙洲任主任委员，钱伟长和陈士骅任副主任委员，由筹委会负责院系调整期间的学校行政领导。

1952 年 9 月，教育部通知，经中央人民政府主席同意，任命于毅夫为清华大学第一副校长（后未到任），刘仙洲为第二副校长。1952 年 12 月，清华筹委会工作结束。

（二）1952 年 10 月—1956 年 5 月，学校实行校长负责制

1952 年 10 月 30 日，学校呈报中央人民政府教育部谓："本校调整工作大体上业已完成。筹备委员会之工作亦已停止……亟应从速组成校务委员会，以便对于全校兴革大计作周密之研讨。"31 日教育部即予以批复"在校长人选未决定前，校委会主席由副校长暂代"等意见。1952 年 12 月，教育部函告，中央人民政府委员会于 11 月批准任命蒋南翔为校长，刘仙洲为副校长。1952 年 12 月 31 日蒋南翔校长到校任职。1953 年 2 月，中央人民政府高等教育部批准了新的校务委员会，蒋南翔兼任校务委员会主席。

1954 年 2 月，学校颁布《清华大学暂行规程》，其中规定：本校设校长一人，职责为：代表学校；领导全校一切教学工作、思想政治工作、教学研究工作及行政事宜；任免教师、职员及工警；批准校务委员会及校务行政会议的决议；支配经费及管理资产。设副校长一人，协助校长处理校务；设立在校长领导下的校务委员会，其职责为：审查行政各单位、各系、各教研组的工作计划和工作报告，通过全校预算和决算，讨论全校组织机构的变动和重要人员配备，通过重要制度及规章，议决有关学生重大奖惩事项，议决重大兴革事项等；并设校务行政会议。

1954 年 11 月，校务委员会成员有局部调整。

（三）1956 年 5 月—1966 年 6 月，学校领导体制先后经历了三个阶段

这一时期，学校先后实行党委领导下的校长负责制、党委领导下的校务委员会负责制以及党委领导下以校长为首的校务委员会负责制。

1956 年 5 月 19 日至 6 月 3 日，召开了中共清华大学第一次代表大会（简称党代会，下同）。选出党委委员 29 人，蒋南翔任书记，刘冰任第一副书记，陈舜瑶、胡健、何东昌、艾知生任副书记。根据上级有关规定，学校实行党委领导下的校长负责制。

1956 年 9 月，对校务委员会人员作了相应调整，由蒋南翔等 52 人组成。

1956 年 11 月，任命钱伟长、陈士骅、张维为副校长，陈舜瑶为校长助理。

1957 年 1 月，任命刘仙洲为第一副校长，4 月任命袁永熙为校长助理，9 月任命高沂为校长助理。1958 年 5 月 13 日，任命李寿慈为校长助理。

1959 年 2 月 16 日至 23 日召开第二次党代会，选出党委会委员 36 人、候补委员 9 人。蒋南翔任书记，刘冰任第一副书记，高沂任第二副书记，胡健、陈舜瑶、李寿慈、何东昌、艾知生任副书记。根据上级有关规定，学校实行党委领导下的校务委员会负责制。

1959 年，校务委员会委员由蒋南翔等 62 人组成。

1960 年 1 月，蒋南翔任教育部副部长，仍兼任清华大学校长、党委书记。

1960 年，校务委员会委员增补了刘小石等 12 人（原委员张儆去世），共 73 人。校务委员会实行民主集中制。其成员包括正副党委书记，正副校长，校长助理，各系、处、基础课工作委员会、工会、民主党派、共青团负责人及教职工代表。其职责为：贯彻执行党和政府的路线、方针、政策；拟订、审议、通过在教学、科学研究、生产劳动、基本建设、预算决算、人事机构、学生工作等各方面的计划并审查执行情况；决定全校性的组织机构、人事变动和重大奖惩事宜；制定和修改全校性的规章制度；讨论和决定学校行政上其他重大的工作事项；根据需要可设置各种常设性专门委员会，这些委员会对校务委员会负责。

1962 年 10 月 12 日至 19 日，召开第四次党代会，选出党委会委员 40 人。蒋南翔任书记，刘冰任第一副书记，高沂、胡健、李寿慈、何东昌、艾知生任副书记。根据上级有关规定，学校实行党委领导下的以校长为首的校务委员会负责制。

1962 年 11 月，任命张子高、赵访熊、高沂、李寿慈为副校长。

1962 年 11 月，校务委员会委员为蒋南翔等共 33 人。

1963 年 4 月，学校颁布《清华大学行政组织暂行规程》，规定："本校实行党委领导下的以校长为首的校务委员会负责制。校长是国家任命的学校行政负责人，对外代表学校，对内主持校务委员会和学校的经常工作。""校务委员会是学校行政工作的集体领导组织。学校工作中的重大问

题，应该由校长提交校务委员会讨论，做出决定，由校长负责组织执行。”

1963年—1964年，校务委员会委员为蒋南翔等33人。

1963年11月21日，中央批准蒋南翔继任清华大学党委书记。

1964年—1965年，校务委员会委员为蒋南翔等32人。

（四）1966年6月—1976年10月为“文化大革命”时期，从1969年1月开始，革命委员会全面领导学校工作

1966年6月12日，中共北京市委宣布派工作组进校，代行党委职权。工作组组长叶林，副组长周赤萍、杨天放。宣布党委书记、校长蒋南翔停职反省。

1966年7月29日，北京市委宣布撤销工作组。各系文革联席会议组成的校文革临时筹委会主持学校运动和日常工作。9月中旬改由校文革代表大会临时主席团领导。9月底主席团中主要成员相继自我罢官，外出串连。以蒯大富为首的清华大学红卫兵井冈山兵团，经过“夺权”，掌握了学校部分行政权力。1967年4月14日，该组织分裂为两派，称“清华大学红卫兵井冈山兵团总部”与“清华大学红卫兵井冈山兵团414总部”，简称“团派”和“414”派。1968年4月两派发生武斗，持续百日之久。

1968年7月27日，中共中央派工人、解放军毛泽东思想宣传队（简称“工宣队”）进校，制止了武斗，稳定了局势，接管了学校全部领导权。工宣队总指挥为张荣温。

1969年1月25日，清华大学革命委员会（简称“革委会”）成立，全面领导学校工作。主任为张荣温，副主任为阮世民、刘承能、韩银山、白喜善。

1970年1月8日，在工宣队的组织下选出清华大学党委会，委员47名，党委书记为杨德中，副书记为张荣温、迟群、刘承能、阮世民、刘冰。

1972年1月，革委会与党委会均进行了调整。革委会主任由迟群担任，副主任中阮世民、刘承能调离，增补刘冰、艾知生、吕方正、吕应中、张维、胡报清、惠宪钧为副主任。党委书记亦由迟群担任，副书记中张荣温、刘承能、阮世民调离，增补谢静宜、何东昌、胡健为副书记。

1973年11月，何东昌、艾知生受诬陷为“复辟回潮”被撤职，12月，增补惠宪钧、柳一安、张凤瑞为党委副书记。1974年7月，胡报清调离。1975年10月，张维被免职；11月，刘冰、吕方正、柳一安、惠宪钧因上书毛主席反映迟群的品质作风问题受诬陷被撤职。1976年3月，增补荣泳霖、夏镇英为党委副书记，增补刘夫山、陈栋豪、李士存、周家懿、裴全、张凤瑞、胡健为革委会副主任。

1976年10月，中共中央粉碎了“四人帮”反革命集团，以后在对“四人帮”反革命集团的审判中，迟群因积极参加反革命集团罪、反革命煽动罪、诬告陷害罪被开除党籍、公职，判处有期徒刑18年，剥夺政治权利4年；谢静宜因参与江青反革命集团阴谋活动，被从干部中除名，开除党籍，免予起诉。何东昌、艾知生、刘冰、柳一安、吕方正、惠宪钧先后得到平反。

（五）1976年10月—1988年9月，学校逐步实行党委领导下的校长分工负责制，并向校长负责制过渡

1976年10月16日，中共北京市委派联络组进校。1977年4月29日，中共中央组织部通过中共北京市委任命清华大学革命委员会主任、副主任及党委书记、副书记。刘达为清华大学党委

书记兼革委会主任，陆达、黄光、林克、田夫、来汉宣为党委副书记兼革委会副主任。刘达到校后，旋即宣布恢复何东昌党委副书记职务。陆达、田夫、来汉宣陆续离校。1977 年 8 月，汪家镠任党委副书记。1977 年 10 月，胡启立、张健任党委副书记兼革委会副主任。

1978 年 6 月，学校取消革命委员会体制，实行党委领导下的校长分工负责制，经中共中央批准，任命刘达为校长，何东昌、张健、胡启立、张维、井田、张光斗、高景德为副校长。1978 年 11 月，胡启立调离；12 月，任命赵访熊为副校长。

1978 年 10 月，教育部发出关于讨论和试行《全国重点高等学校暂行工作条例（试行草案）》的通知，规定："高等学校的领导体制是党委领导下的校长分工负责制"；"学校的教学、科学研究、后勤工作中的重大问题，一定要经党委会讨论，党委会做出决定后，由校长负责组织执行"。

1979 年 6 月，增补艾知生、滕藤、韩凯、罗征启为党委副书记。

1980 年 6 月，任命艾知生兼副校长。

1980 年 7 月 15 日至 19 日，召开第五次党代会，选出党委会委员 47 人。刘达任书记，林克、何东昌、汪家镠、艾知生、罗征启、张绪潭任副书记。

1981 年 2 月 17 日，任命滕藤、解沛基为副校长。

1981 年 9 月，汪家镠调离。

1982 年 1 月 21 日，任命李传信、张思敬为党委副书记。

1982 年 4 月，何东昌调离。

1982 年 7 月 15 日至 19 日，召开第六次党代会，选出党委会委员 47 人。林克任书记，艾知生、罗征启、张绪潭、张思敬任副书记。

1982 年 8 月，任命李传信为副校长。

1983 年 4 月，艾知生调离。同年，罗征启调离。

1983 年 5 月，任命刘达为名誉校长，高景德为校长。

1984 年 3 月，林克调离，从 2 月起由李传信代理党委书记。

1984 年 6 月，任命黄圣伦、王凤生为党委副书记，张思敬、张慕葏为副校长，张思敬不再担任党委副书记职务，张维、张光斗、赵访熊不再担任副校长职务。

1984 年 7 月，任命李传信为党委书记。

1984 年 4 月，学校重新成立校务委员会，委员为高景德等 17 人。高景德任主任委员，张维、张光斗、赵访熊、吕应中任副主任委员。

1984 年 8 月 18 日，校务委员会通过《清华大学校务委员会工作暂行条例》，规定：校务委员会是学校工作的咨询机构。其主要任务是：(1)根据党的教育方针、国家政策法令及学校的实际情况，讨论研究有关学校建设的重大问题；(2)审议学校主要工作计划；(3)对学校工作中某些专门问题进行调查研究，提出意见和建议；(4)校务委员受校长委托，代表学校进行接待、出访、参加国内外会议等活动。并规定：校务委员会成员的组成，由校党委书记、校长、部分副校长、一些学术上造诣较深、国内外有一定影响的教授和在学校思想政治建设、教育管理等各方面工作中有所建树的干部组成；校务委员会全体委员不超过 20 人，由校长兼主任委员，设副主任委员若干人。

1985 年 3 月，任命张孝文为副校长。

1985 年 4 月，任命方惠坚为副校长；校务委员会委员作局部调整和增补，滕藤调离，增补解沛基为副主任委员。

1985 年 5 月，《中共中央关于教育体制改革的决定》中规定："学校逐步实行校长负责制，有条件的学校要设立由校长主持的、人数不多的、有威信的校务委员会，作为审议机构。要建立和健全以教师为主体的教职工代表大会制度，加强民主管理和民主监督。"

1985 年 8 月 21 日至 24 日，召开第七次党代会，选出党委会委员 49 人。李传信任书记，张绪潭、黄圣伦、王凤生任副书记。根据上级有关规定，学校领导体制由党委领导下的校长负责制向校长负责制过渡。

1986 年 7 月，增补贺美英为党委副书记。

1987 年 9 月，任命梁尤能为副校长。

（六）1988 年 9 月—1997 年 2 月，学校实行校长负责制

1988 年 9 月 16 日至 20 日，召开第八次党代会，选出党委会委员 19 人。方惠坚任书记，黄圣伦、贺美英、王凤生任副书记。根据上级有关规定，确定学校领导体制实行校长负责制。

1988 年 10 月，任命张孝文为校长，梁尤能、倪维斗、张慕葏、贺美英为副校长。

1988 年 11 月，颁布《清华大学管理体制条例》，指出：清华大学实行校长负责制；中共清华大学委员会对党和国家的方针、政策在本校的贯彻执行和学校任务的完成负有保证监督责任；建立校长、党委书记联席会议制度，互通情况，交换意见，协调工作；校务委员会作为审议机构，负责审议校长提出的关系学校全局的决策和其他重大问题；实行教职工代表大会制度；实行校、系（所）或学院两级行政管理。

1988 年 11 月，校务委员会委员为张孝文等 25 人，另有特约校外委员朱镕基等 9 人。主任张孝文，名誉副主任张维、张光斗，副主任高景德、李传信、方惠坚、吕应中。

1990 年 2 月，任命周远清、杨家庆为副校长，增补孙继铭为党委副书记；7 月，孙继铭转任副校长。

1991 年 9 月 13 日至 17 日，召开第九次党代会，选出党委会委员 21 人，方惠坚任书记，黄圣伦、贺美英、胡显章任副书记。

1992 年 5 月，任命陶森为总会计师。

1992 年 7 月，任命余寿文为副校长。

1993 年 8 月，增补陈希为党委副书记。

1994 年 1 月，任命王大中为校长。张孝文调离。梁尤能、杨家庆、孙继铭、余寿文继续任副校长，倪维斗不再担任副校长职务，贺美英不再兼任副校长职务。

1994 年 3 月，校务委员会委员进行调整，王大中任主任，方惠坚、倪维斗任副主任，张维、张光斗、高景德为名誉副主任。

1994 年 12 月，任命关志成、何建坤为副校长。

1995 年 9 月 15 日至 19 日，召开第十次党代会，选出党委会委员 25 人，贺美英任书记，陈希、胡显章、张再兴任副书记。

1995 年 11 月，增补贺美英、陈希为校务委员会副主任。

（七）1997 年 2 月—2010 年 12 月，学校实行党委领导下的校长负责制

1997 年 2 月 19 日，中共清华大学第十届委员会第八次全体会议根据《中国共产党普通高

等学校基层组织工作条例》（中共中央1996年3月18日印发），通过了新的《清华大学管理体制条例（试行）》，明确规定学校自1997年春季学期开始，由校长负责制改为党委领导下的校长负责制。中共清华大学委员会统一领导学校工作，支持校长按照有关法规积极主动、独立负责地开展工作。党委常委、校长联席会议作为学校的决策机构，讨论决定学校工作中的重大问题。建立由校长主持的校务会议，就学校行政工作中的重要问题协助校长进行决策。根据工作需要，建立若干专门委员会，协助校长决策和负责某方面工作。校务委员会是学校的咨询审议机构，一般由学校党委书记任主任，根据党和国家的方针、政策，本着民主协商的精神审议校长提出的关系学校全局的决策。实行教职工代表大会制度；实行校、系（所）或学院两级行政管理。

1997年2月，根据《清华大学管理体制条例（试行）》的有关规定，校党委书记贺美英任校务委员会主任，校长王大中不再担任这一职务。

1997年4月，增补陶森为校务委员会副主任。

1998年3月，任命岑章志为总会计师（副校级），陶森不再担任总会计师职务。

1999年3月，校行政领导班子换届，王大中继续任校长，梁尤能、杨家庆、何建坤、郑燕康、胡东成、龚克任副校长，孙继铭、余寿文、关志成不再任副校长职务。

1999年3月，校务委员会委员作局部调整，主任仍由贺美英担任，副主任为陈希、孙继铭、关志成。

1999年5月，《清华大学管理体制条例（试行）》作部分修订，作为学校的决策机构，党委常委、校长联席会议改为党委常委（扩大）会议。

1999年，撤并院系下设的教研组，取消原教研组行政管理职能，人才培养及行政管理职能由院系承担。

1999年11月，任命王明旨为副校长。

2001年3月，任命顾秉林为副校长，梁尤能不再担任副校长职务；增补梁尤能为校务委员会副主任。

2001年4月，教育部批准撤销“总会计师”职务，改为任命副校长，岑章志由总会计师改任副校长。

2001年8月，杨家庆不再担任副校长职务；9月，增补杨家庆为校务委员会副主任；11月，增补叶宏开为校务委员会副主任。

2002年1月14日至17日，召开第十一次党代会，选出党委会委员25人，陈希任党委书记，张再兴、庄丽君、杨振斌任副书记。

2003年4月，任命顾秉林为校长，王大中不再担任校长职务。

2004年2月5日，校行政领导班子换届，顾秉林继续担任校长，任命何建坤为常务副校长，龚克、岑章志、康克军、汪劲松、张凤昌为副校长，郑燕康、胡东成、王明旨不再担任副校长职务。

2004年2月，校务委员会委员作局部调整，任命王明旨、郑燕康、胡东成为副主任，梁尤能、杨家庆、孙继铭不再担任副主任职务。

2004年6月，任命谢维和为副校长。

2004年10月，任命庄丽君为党委常务副书记。

2006 年 2 月，任命胡和平、陈吉宁为副校长。

2006 年 2 月，任命陈旭为党委副书记。杨振斌调离。

2006 年 3 月，任命荣泳霖、冯冠平为校务委员会副主任，叶宏开不再担任校务委员会副主任职务。

2006 年 6 月，任命庄丽君、张再兴、陈旭、孙道祥为校务委员会副主任。

2006 年 7 月，龚克调离。

2006 年 9 月 12 日至 15 日，召开第十二次党代会，选出党委会委员 29 人，陈希任党委书记，胡和平、陈旭、韩景阳、程建平任副书记。

2006 年 10 月，任命韩景阳、程建平为校务委员会副主任。

2007 年 12 月，任命史宗恺为党委副书记，陈旭不再担任党委副书记。

2007 年 12 月，校行政领导班子换届。顾秉林继续担任校长；任命陈吉宁为常务副校长，康克军、汪劲松、张凤昌、谢维和、陈旭、袁驷为副校长。何建坤不再担任常务副校长职务，岑章志、胡和平不再担任副校长职务。

2007 年 12 月，任命何建坤、岑章志、胡和平、史宗恺为校务委员会副主任，陈旭不再担任校务委员会副主任职务。

2008 年 12 月，任命胡和平为党委书记，陈希调离。

2009 年 3 月，任命胡和平为校务委员会主任，陈希不再担任校务委员会主任职务。

2009 年 6 月 12 日，任命陈旭为党委常务副书记。

2009 年 7 月，汪劲松调离。

2009 年 9 月 5 日，任命韩景阳为纪委书记，程建平不再担任党委副书记、纪委书记。

2009 年 9 月 5 日，任命程建平为副校长。

2009 年 12 月 31 日，任命邱勇为副校长，陈旭不再担任副校长职务。

2009 年 12 月 31 日，任命邓卫为党委副书记。

2010 年 1 月，任命陈旭为校务委员会副主任。

2010 年 4 月，关志成、郑燕康、荣泳霖不再担任校务委员会副主任职务。

解放后历任校长、副校长、校党委书记、副书记、校务委员会委员名单及任职时间见表 1-2-4、表 1-2-5 和表 1-2-6。

表 1-2-4　历任校长、副校长名单及任职时间表（1949—2010）

职　务	姓　名	任 职 时 间	职　务	姓　名	任 职 时 间
校务委员会主席	叶企孙	1949-05-04—1952-06			
校长	蒋南翔	1952-11—1966-06	副校长	刘仙洲	1952-09—1966-06
				钱伟长	1956-11—1958-01
				陈士骅	1956-11—1966-06
				张　维	1956-11—1966-06
				高　沂	1962-11—1964-10
				李寿慈	1962-11—1966-06
				张子高	1962-11—1966-06
				赵访熊	1962-11—1966-06

续表

职　务	姓　名	任职时间	职　务	姓　名	任职时间
校长	刘　达	1978-06—1983-05	副校长	高景德	1978-06—1983-05
				胡启立	1978-06—1978-11
				何东昌	1978-06—1982-04
				张　健	1978-06—1979-02
				井　田	1978-06—1981-06
				张　维	1978-06—1983-05
				张光斗	1978-06—1983-05
				赵访熊	1978-12—1983-05
				艾知生	1980-06—1983-05
				滕　藤	1981-02—1983-05
				解沛基	1981-02—1983-05
				李传信	1982-08—1983-05
校长	高景德	1983-05—1988-10	副校长	张　维	1983-05—1984-06
				张光斗	1983-05—1984-06
				赵访熊	1983-05—1984-06
				艾知生	1983-05—1983-09
				滕　藤	1983-05—1985-04
				解沛基	1983-05—1985-04
				李传信	1983-05—1984-07
				张思敬	1984-06—1988-10
				张慕葏	1984-06—1988-10
				张孝文	1985-03—1988-10
				方惠坚	1985-04—1988-10
				梁尤能	1987-09—1988-10
校长	张孝文	1988-10—1994-01	副校长	张慕葏	1988-10—1990-12
				梁尤能	1988-10—1994-01
				倪维斗	1988-10—1994-01
				贺美英	1988-10—1994-01
				周远清	1990-02—1992-07
				杨家庆	1990-02—1994-01
				孙继铭	1990-07—1994-01
				余寿文	1992-08—1994-01
校长	王大中		副校长	梁尤能	1994-01—2001-03
				杨家庆	1994-01—2001-08
				孙继铭	1994-01—1999-03

续表

职　务	姓　名	任职时间	职　务	姓　名	任职时间
校长	王大中	1994-01—2003-04 （1999 年 3 月校行政换届连任）	副校长	余寿文	1994-01—1999-03
				关志成	1994-12—1999-03
				何建坤	1994-12—2003-04
				郑燕康	1999-03—2003-04
				胡东成	1999-03—2003-04
				龚　克	1999-03—2003-04
				王明旨	1999-11—2003-04
				顾秉林	2001-03—2003-04
				岑章志	2001-04—2003-04
校长	顾秉林	2003-04— （2004 年 2 月校行政换届连任） （2007 年 12 月校行政换届连任）	副校长	何建坤	2003-04—2007-12
				王明旨	2003-04—2004-02
				郑燕康	2003-04—2004-02
				胡东成	2003-04—2004-02
				龚　克	2003-04—2006-07
				岑章志	2003-04—2007-12
				康克军	2004-02—
				汪劲松	2004-02—2009-07
				张凤昌	2004-02—
				谢维和	2004-06—
				胡和平	2006-02—2007-12
				陈吉宁	2006-02—
				陈　旭	2007-12—2009-12
				袁　驷	2007-12—
				程建平	2009-09—
				邱　勇	2009-12—

说明：① 1983 年 5 月，刘达任名誉校长。
② 梁尤能、杨家庆任副校长期间曾承担常务副校长工作。
③ 2004 年 2 月，何建坤任常务副校长。
④ 2007 年 12 月，陈吉宁任常务副校长。

表 1-2-5　历任校党委书记、副书记名单及任职时间表（1949—2010）

	职　务	姓　名	任职时间	职　务	姓　名	任职时间
党总支	书记	查汝强	1949-01—1949-03	副书记	孙仲鸣	1949-01—1949-03
	书记	彭珮云	1949-03—1950-03	副书记	何东昌	1949-03—1950-03
	书记	何东昌	1950-03—1951-02	副书记	杨朝俶	1950-03—1951-02
					廖叔俊	1950-03—1951-02
党委	书记	何东昌	1951-02—1953-09	副书记	杨朝俶	1951-02—1953-09
					艾知生	1951-02—1953-09

续表

	职　务	姓　名	任职时间	职　务	姓　名	任职时间
党委	第一书记	袁永熙	1953-09—1956-05	副书记	俞时模	1953-09—1956-05
	第二书记	何东昌	1953-09—1956-05		艾知生	1953-09—1956-05
第一届委员会	书记	蒋南翔	1956-06—1959-02	第一副书记	刘　冰	1956-06—1959-02
				副书记	陈舜瑶	1956-06—1959-02
					胡　健	1956-06—1959-02
					何东昌	1956-06—1959-02
					艾知生	1956-06—1959-02
第二届委员会	书记	蒋南翔	1959-02—1962-10	第一副书记	刘　冰	1959-02—1962-10
				第二副书记	高　沂	1959-02—1962-10
				副书记	陈舜瑶	1959-02—1962-10
					胡　健	1959-02—1962-10
					李寿慈	1959-02—1962-10
					何东昌	1959-02—1962-10
					艾知生	1959-02—1962-10
第四届委员会[①]	书记	蒋南翔	1962-10—1966-06	第一副书记	刘　冰	1962-10—1966-06
				副书记	高　沂	1962-10—1966-06
					胡　健	1962-10—1966-06
					李寿慈	1962-10—1966-06
					何东昌	1962-10—1966-06
					艾知生	1962-10—1966-06
“文革”期间（1966-06—1976-10）	书记	杨德中	1970-01—1972-01			
	书记	迟　群[②]	1972-01—1976-10			
1977-04—1980-07	书记	刘　达	1977-04—1980-07			
第五届委员会	书记	刘　达	1980-07—1982-07	副书记	林　克	1980-07—1982-07
					何东昌	1980-07—1982-04
					汪家镠	1980-07—1981-08
					艾知生	1980-07—1982-04
					罗征启	1980-07—1982-07
					张绪潭	1980-07—1982-07
					李传信	1982-01—1982-07
					张思敬	1982-01—1982-07

续表

<table>
<tr><th></th><th>职　务</th><th>姓　名</th><th>任职时间</th><th>职　务</th><th>姓　名</th><th>任职时间</th></tr>
<tr><td rowspan="6">第六届委员会</td><td rowspan="3">书记</td><td rowspan="3">林　克</td><td rowspan="3">1982-07—1984-03</td><td rowspan="6">副书记</td><td>艾知生</td><td>1982-07—1983-08</td></tr>
<tr><td>罗征启</td><td>1982-07—1983</td></tr>
<tr><td>张绪潭</td><td>1982-07—1985-08</td></tr>
<tr><td>代理书记</td><td>李传信</td><td>1984-02—1984-07</td><td>张思敬</td><td>1982-07—1985-08</td></tr>
<tr><td rowspan="2">书记</td><td rowspan="2">李传信</td><td rowspan="2">1984-07—1985-08</td><td>黄圣伦</td><td>1984-06—1985-08</td></tr>
<tr><td>王凤生</td><td>1984-06—1985-08</td></tr>
<tr><td rowspan="4">第七届委员会</td><td rowspan="4">书记</td><td rowspan="4">李传信</td><td rowspan="4">1985-08—1988-09</td><td rowspan="4">副书记</td><td>张绪潭</td><td>1985-08—1988-09</td></tr>
<tr><td>黄圣伦</td><td>1985-08—1988-09</td></tr>
<tr><td>王凤生</td><td>1985-08—1988-09</td></tr>
<tr><td>贺美英</td><td>1986-07—1988-09</td></tr>
<tr><td rowspan="4">第八届委员会</td><td rowspan="4">书记</td><td rowspan="4">方惠坚</td><td rowspan="4">1988-09—1991-09</td><td rowspan="4">副书记</td><td>黄圣伦</td><td>1988-09—1991-09</td></tr>
<tr><td>贺美英</td><td>1988-09—1991-09</td></tr>
<tr><td>王凤生</td><td>1988-09—1991-09</td></tr>
<tr><td>孙继铭</td><td>1990-02—1990-06</td></tr>
<tr><td rowspan="4">第九届委员会</td><td rowspan="4">书记</td><td rowspan="4">方惠坚</td><td rowspan="4">1991-09—1995-09</td><td rowspan="4">副书记</td><td>黄圣伦</td><td>1991-09—1995-09</td></tr>
<tr><td>贺美英</td><td>1991-09—1995-09</td></tr>
<tr><td>胡显章</td><td>1991-09—1995-09</td></tr>
<tr><td>陈　希</td><td>1993-08—1995-09</td></tr>
<tr><td rowspan="3">第十届委员会</td><td rowspan="3">书记</td><td rowspan="3">贺美英</td><td rowspan="3">1995-09—2002-01</td><td rowspan="3">副书记</td><td>陈　希[3]</td><td>1995-09—2002-01</td></tr>
<tr><td>胡显章</td><td>1995-09—2002-01</td></tr>
<tr><td>张再兴</td><td>1995-09—2002-01</td></tr>
<tr><td rowspan="4">第十一届委员会</td><td rowspan="4">书记</td><td rowspan="4">陈　希</td><td rowspan="4">2002-01—2006-09</td><td rowspan="4">副书记</td><td>庄丽君[4]</td><td>2002-01—2006-09</td></tr>
<tr><td>张再兴</td><td>2002-01—2006-09</td></tr>
<tr><td>杨振斌</td><td>2002-01—2006-01</td></tr>
<tr><td>陈　旭</td><td>2006-02—2006-09</td></tr>
<tr><td rowspan="7">第十二届委员会</td><td rowspan="5">书记</td><td rowspan="5">陈　希</td><td rowspan="5">2006-09—2008-12</td><td rowspan="3">副书记</td><td>胡和平[5]</td><td>2006-09—2008-12</td></tr>
<tr><td>陈　旭</td><td>2006-09—2007-12</td></tr>
<tr><td>陈旭[6]</td><td>2009-06—</td></tr>
<tr><td rowspan="2">副书记
兼纪委书记</td><td>韩景阳[7]</td><td>2006-09—</td></tr>
<tr><td>程建平</td><td>2006-09—2009-09</td></tr>
<tr><td rowspan="2">书记</td><td rowspan="2">胡和平</td><td rowspan="2">2008-12—</td><td rowspan="2">副书记</td><td>史宗恺</td><td>2007-12—</td></tr>
<tr><td>邓　卫</td><td>2009-12—</td></tr>
</table>

注：① 第三次党代会只选举出席中共北京市党代会代表，未改选党的委员会。本届委员会因“文革”开始，被迫停止工作。

② 迟群因参与江青反革命集团的阴谋活动，1983 年 11 月被开除党籍，判有期徒刑 18 年，剥夺政治权利 4 年。

③ 2000 年 7 月，陈希任常务副书记。

④ 2004 年 10 月至 2006 年 9 月，庄丽君任常务副书记。

⑤ 2006 年 9 月，胡和平任常务副书记。

⑥ 2009 年 6 月，陈旭任常务副书记。

⑦ 2009 年 9 月，韩景阳兼任纪委书记。

表 1-2-6　历任校务委员会委员名单及任职时间表（1949—2010）

时　间	委 员 名 单
1949-05	叶企孙　陈岱孙　张奚若　吴　晗　钱伟长　周培源　费孝通　陈新民　李广田　施嘉炀　汤佩松　冯友兰　戴芳澜　刘仙洲　屠守锷　潘光旦　张子高　张　儆　樊恭烋　吕应中（学生代表）　袁君孚
1950-03	叶企孙　周培源　吴　晗　费孝通　钱伟长　陈新民　施嘉炀　陈岱孙　金岳霖　张奚若　潘光旦　李广田　刘仙洲　张子高　郑林庆　胡祖炽　朱声绂　樊恭烋　黄宗煊　蔡荣业　张扬名（包括学生会代表 3 人）
1953-02	蒋南翔　刘仙洲　钱伟长　陈士骅　陈舜瑶　史国衡　张　儆　解沛基　周寿昌　俞时模　余兴坤　李辑祥　王永兴　邹致圻　庄前鼎　张　维　张　任　梁思成　章名涛　孟昭英　武　迟　施嘉炀　张子高　魏景昌　何东昌　滕　藤　储钟瑞　金　涛　李　欧　张继先　刘广钧　董　谓　沈　元（列席）　学生会代表 2 人（列席）
1954-11	蒋南翔　刘仙洲　钱伟长　陈士骅　陈舜瑶　何　礼　袁永熙　史国衡　张　儆　解沛基　周寿昌　俞时模　余兴坤　金　涛　李西山　邹致圻　何东昌　庄前鼎　张　维　张　任　梁思成　吴良镛　章名涛　孟昭英　施嘉炀　张子高　马约翰　艾知生　李　欧　储钟瑞　李恩元　滕　藤
1956-09	蒋南翔　刘仙洲　刘　冰　胡　健　钱伟长　陈士骅　张　维　陈舜瑶　高景德　张　儆　何　礼　袁永熙　周维垣　史国衡　艾知生　解沛基　周寿昌　李西山　庄前鼎　陶葆楷　张　任　梁思成　章名涛　孟昭英　施嘉炀　张子高　马约翰　赵访熊　刘弄潮　杜庆华　李辑祥　邹致圻　金希武　王遵华　何东昌　董树屏　宋镜瀛　吴仲华　钟士模　黄　眉　常　迵　杨式德　张光斗　夏震寰　吴良镛　汪　坦　李　欧　储钟瑞　李恩元　张守仪　朱荫章　阮　铭
1959	王遵明　王遵华　史国衡　刘　冰　刘仙洲　刘绍唐　关永利　艾知生　艾维超　朱成功　何介人　何东昌　吕应中　邢家鲤　汪　坦　汪家鼎　李西山　李寿慈　李恩元　李传信　李辑祥　李麟谟　李卓宝　李志忠　杜庆华　宋镜瀛　周昆玉　吴仲华　吴良镛　邹致圻　金希武　陈士骅　陈舜瑶　胡　健　施嘉炀　张　任　张　礼　张　维　张　儆　张子高　张光斗　张慕葏　庄前鼎　梁思成　马约翰　夏震寰　高　沂　高景德　徐静贞　陶葆楷　章名涛　黄　眉　钟士模　解沛基　滕　藤　董树屏　杨式德　杨曾艺　蒋南翔　赵访熊　裴　全　储钟瑞
1960	增补委员 12 人：刘小石　沈　钊　吴佑寿　周　昕　陈南平　郝根祥　张宪宏　庄前炤　陆大绘　唐泽圣　杨秉寿　庞家驹　（原委员张儆去世）
1962	史国衡　刘　冰　刘仙洲　刘绍唐　艾知生　汪家鼎　何东昌　李西山　李寿慈　李传信　李辑祥　李思问　李麟谟　金希武　陈士骅　胡　健　施嘉炀　张　任　张　维　张子高　张慕葏　庄前炤　梁思成　马约翰　高　沂　高景德　陶葆楷　章名涛　钟士模　蒋南翔　赵访熊　储钟瑞　谢祖培
1963	增补何介人为委员，免去李麟谟
1964	增补朱志武为委员，免去高沂、何介人
1984-04	高景德　李传信　张　维　张光斗　赵访熊　吕应中　滕　藤　解沛基　常　迵　汪家鼎　吴良镛　潘际銮　夏　翔　饶慰慈　李卓宝　李志坚　黄克智
1985	增补委员 5 人：　郑林庆、王补宣、何介人、万邦儒、刘桂生
1988-11	王大中　王补宣　方惠坚　吕应中　刘桂生　李传信　李志坚　李卓宝　李衍达　吴良镛　吴宗泽　汪家鼎　张　玫　张孝文　张克潜　张绪潭　陈　希　赵纯均　高景德　黄克智　梅祖彦　曹宝源　程慕胜　潘际銮　薛芳渝 特约校外委员：　叶如棠　朱镕基　李绪鄂　周光召　林宗棠　陈清泰　耿昭杰　曾培炎　黎　明 名誉副主任：　张　维　张光斗
1994-03	进行调整，王大中任主任 方惠坚、倪维斗任副主任 张维、张光斗、高景德为名誉副主任

续表

时　间	委员名单
1995-11	增补贺美英、陈希为副主任
1997-02	根据 1997 年 2 月通过的《清华大学管理体制条例（试行）》有关规定，党委书记贺美英任主任，校长王大中不再担任主任
1997-04	增补陶森为副主任
1999-03	贺美英为主任 陈希、孙继铭、关志成为副主任
1999-11	王大中　王保树　王维城　卢　强　关志成　关肇邺　刘光廷　孙家广　刘桂林　孙继铭　朱　静　过增元　张作义　李衍达　杨　岳　汪劲松　陈　希　罗　毅　郑君理　胡显章　柳百新　荣泳霖　贺美英　赵纯均　赵南明　饶子和　钱　易　顾秉林　曹　莉　曹振水　黄克智　葛兆光　廖沐真
1999-12	增补常沙娜为委员
2001-03	增补梁尤能为委员、副主任
2001-09	增补杨家庆为委员、副主任
2001-11	增补叶宏开为委员、副主任
2002-03	调整陈希为主任 贺美英、梁尤能、杨家庆、孙继铭、关志成、胡显章、叶宏开为副主任
2003-04	聘请王大中为名誉主任
2004-03	王大中　王光谦　王明旨　王晨光　王维城　卢　强　叶宏开　关志成　关肇邺　孙家广　朱　静　朱邦芬　过增元　吴清玉　张作义　李　强　李衍达　杨　卫　陈　希　陈伟强　陈皓明　罗　毅　郑浩峻　郑燕康　柳百新　胡东成　胡和平　胡显章　荣泳霖　贺美英　赵纯均　赵南明　饶子和　袁　驷　钱　易　顾秉林　常沙娜　章梅荣　葛兆光　薛　澜　薛芳渝
2005-04	贺美英、胡显章不再担任副主任
2006-03	增补荣泳霖为副主任，冯冠平为委员、副主任；叶宏开不再担任副主任
2006-06	任命庄丽君、张再兴、陈旭、孙道祥为委员、副主任
2006-10	任命韩景阳、程建平为委员、副主任
2008-04	王大中　王光谦　王明旨　王晨光　尤　政　卢　强　史宗恺　冯冠平　过增元　朱　静　朱文一　朱邦芬　庄丽君　关志成　关肇邺　孙家广　孙道祥　李　强　李当岐　李希光　李衍达　肖　杰　吴清玉　岑章志　何建坤　张　希　张再兴　张作义　陈　希　陈永灿　陈伟强　陈晔光　陈皓明　欧阳明高　罗毅　郑燕康　赵纯均　荣泳霖　胡东成　胡和平　柳百新　袁　驷　顾秉林　钱　易　钱颖一　韩景阳　程建平　熊　卓　薛　澜　薛芳渝
2009-03	胡和平任主任，陈希不再担任主任
2010-01	任命陈旭为副主任
2010-04	关志成、郑燕康、荣泳霖不再担任副主任

第三节　行政管理组织机构

一、1911 年—1948 年

1911 年 9 月，《清华学堂章程》中规定："本学堂设教务长一员，教员若干员，庶务长一员，文案员一员，英文案员一员，斋务长一员，监学员若干员，医员一员"；"教务长主任教授事宜，凡延订教员，厘定功课，考核成绩，皆商承监督办理"；"庶务长主任庶务会计事宜，以及凡教务、斋务以外之事，皆商承监督办理"；"斋务长主任管理事宜，凡延订监学员整饬考核一切管理之事，皆商承监督办理"。

1912 年至 1913 年，清华学校组织机构设置有：教务处（下设中文部、西文部、图书室），庶务处（下设会计处、校医院），斋务处，中文文案处，西文文案处以及驻美监督处。

1922 年，清华学校组织机构设置有：教务处（下设中文部、西文部、招考处），庶务处（下设会计处、守卫处、银行），斋务处，工程处，图书馆，职业介绍部以及驻美监督处。

1925 年至 1926 年清华学校行政组织机构设置有：校长处（下设机要部、中文文案部、西文文案部），教务处（下设注册部、招考部、学报编辑部），训育委员会（下设学监部、斋务处、课外作业部、职业指导部），庶务处（下设技术部、伙食部、采购部、物料部、工程部、农事试验场），会计处，图书馆（下设管理部、参考部、编目部、购置部、装订部），体育馆，校医院以及驻美监督处（见图 1-3-1）。

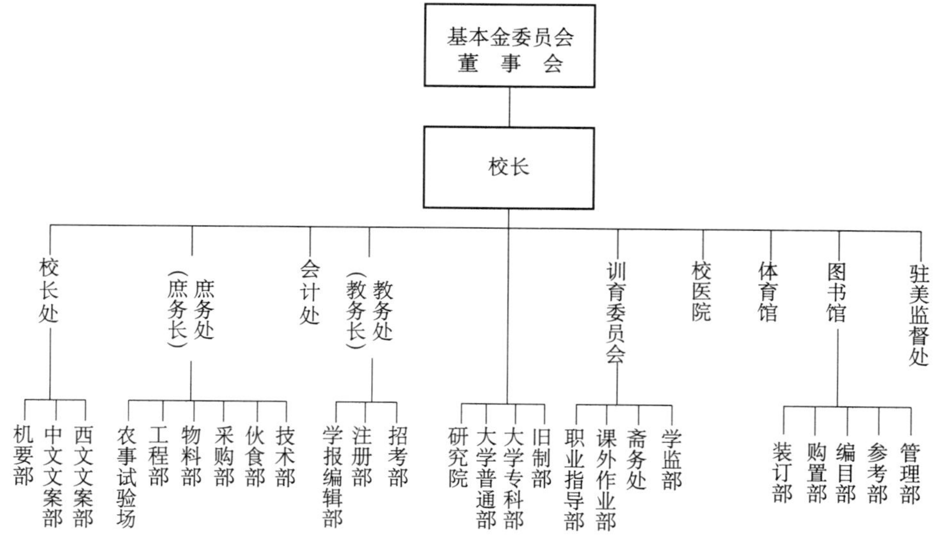

图 1-3-1　1925 年—1926 年清华学校行政组织机构设置

1929 年 6 月 12 日颁布的《国立清华大学规程》中规定："国立清华大学，置教务长一人，商承校长，管理关系大学全部之教务，并监督图书馆、注册部、军事训练部、体育馆等机关，由校长聘任之"；"国立清华大学，置秘书长一人，承校长之命，处理全校事务，管辖文书科、庶务科、会计科、医院等机关，由校长聘任之"；"国立清华大学，依行政及设备上需要而设之事务机关，得分置主任及事务员若干人，由校长任命之"。并规定："留美学生监督处置监督一人，承教育部部长及本大学校长之命，监督本大学留学美国或他国学生之求学事项，由校长呈请教育部部长任命之。"这一时期，对学校行政组织机构作了调整、合并和裁撤。至 1936 年，学校设有校长办公处、教务处以及秘书处（见图 1-3-2）。留美学生监督处于 1933 年夏被撤销，清华留美生事务改为委托中华教育文化基金董事会的会办机构——华美协进社代管。

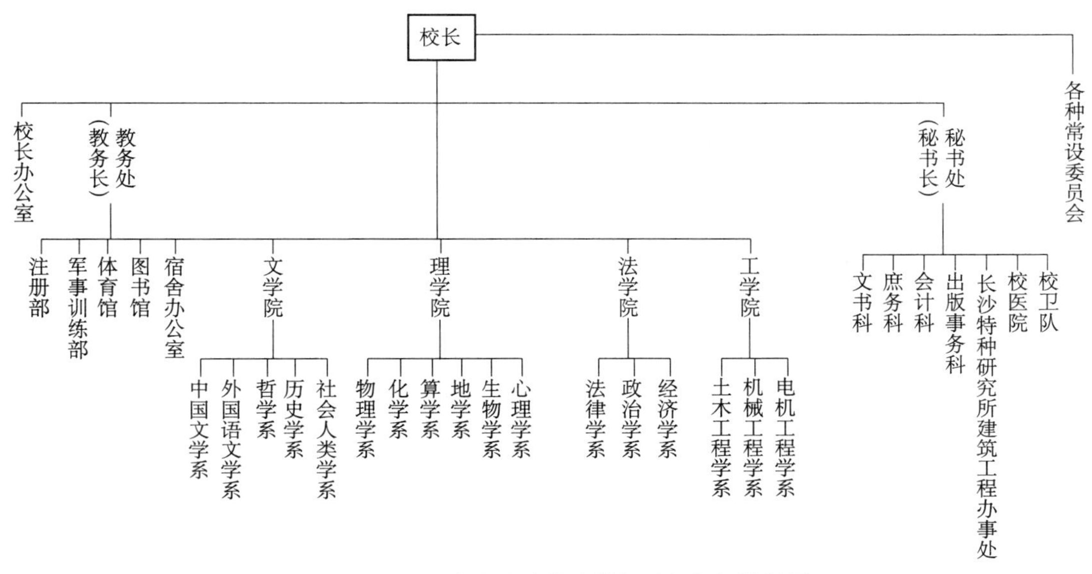

图 1-3-2　1936 年国立清华大学行政组织机构设置

西南联大时期，根据 1940 年 1 月颁布的《国立西南联合大学行政组织系统表》，学校设总务长、教务长、建设长（后撤销）和训导长。行政组织机构设有：总务处（下设校医室、事务组、文书组、出纳组），教务处（下设注册组、出版组、图书馆），训导处（下设生活指导组、军事管理组、体育卫生组），体育部，工程处（后撤销）及会计室（见图 1-3-3）。当时清华大学设有昆明办事处，保留有校长办公室，教务处（下设注册部、图书馆、体育部、医院），秘书处（下设会计科、庶务科、文书科），校友通讯部，长沙工程处以及各特种研究所（见图 1-3-4）。

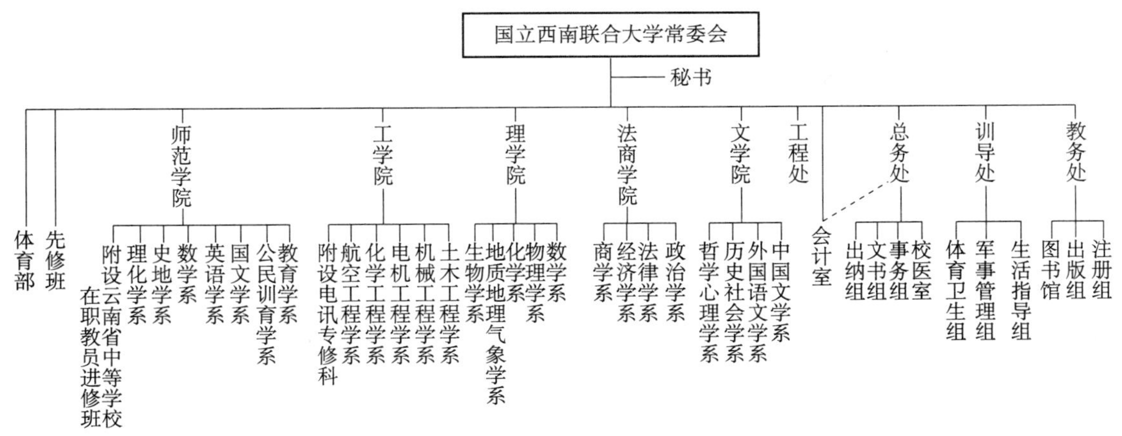

图 1-3-3　1940 年国立西南联合大学行政组织机构设置

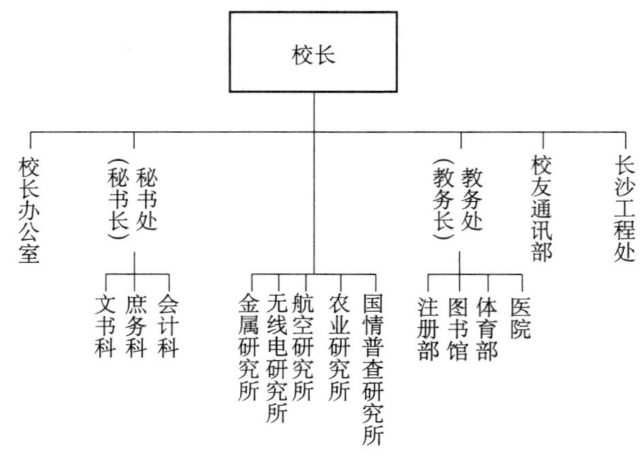

图 1-3-4　西南联大时期清华大学昆明办事处行政组织机构设置

1947 年 5 月颁布的《国立清华大学规程》中规定："国立清华大学，置教务长一人，商承校长，管理关系大学全部之教务，并监督图书馆、注册组及体育音乐等部门，由校长聘任之"；"置训导长一人，商承校长处理学生训导事宜，由校长聘任之"；"置秘书长一人，承校长之命，处理全校事务、管辖文书组、事务组、出纳组、校医室等部门，由校长聘任之"（见图 1-3-5）。并规定"国立清华大学，依行政及设备上需要而设之事务部门，得分置主任及事务员若干人，由校长任命之"。

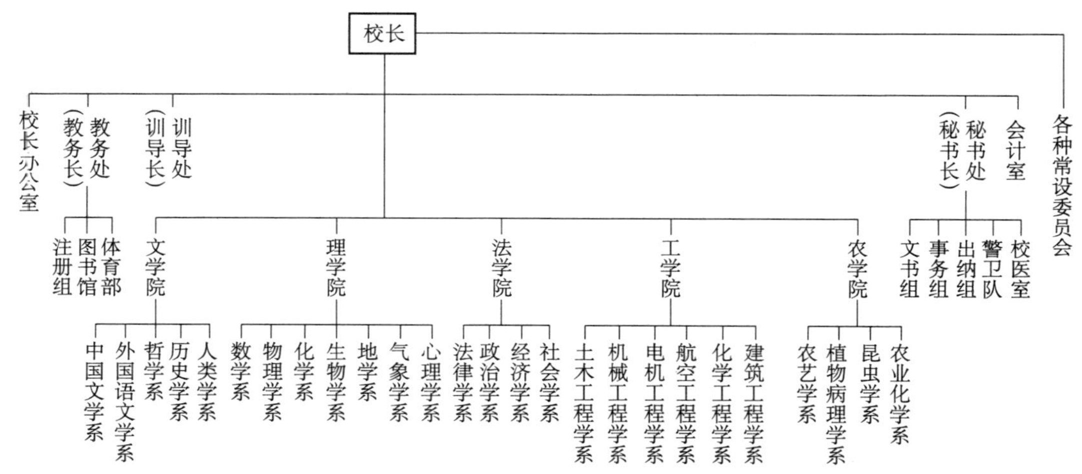

图 1-3-5　1947 年国立清华大学行政组织机构设置

1948 年 12 月 15 日以前历任教务长、秘书长、训导长任职情况见表 1-3-1。

表 1-3-1　历任教务长、秘书长、训导长任职时间表（1911—1948）

时　　期	教务长	任 职 时 间
清华学堂 清华学校 （1912 年 10 月起）	张伯苓	1911-04—1911-10
	周诒春	1912-04—1914
	赵国材	1915 年前后
	王文显	1916—1920
	张彭春	1923—1926-04
	梅贻琦	1926-04—1928-08

续表

时　期	教务长	任职时间
国立清华大学	杨振声	1928-08—1929-02
	吴之椿	1929-02—1930-09
	萧　蘧	1930-09—1931-04
	陈石孚	1931-04—1931-05
	张子高	1931-07—1934-07
	郑之蕃	1934-07—1935-09
	吴景超	1935-09—1936-01
	潘光旦	1936-01—1937-07
国立西南联合大学	潘光旦	1938-01—1938-10
	樊际昌	1938-10—1941-11
	周炳琳	1941-11—1943-09
	杨石先	1943-10—1946-08
国立清华大学	吴泽霖	1946-10—1948-08
	霍秉权	1948-09—1948-12
时　期	秘书长	任职时间
国立清华大学	冯友兰	1928-08—1929-03
	张广舆	1929-03—1930-06
	朱一成	1931-04—1931-05
	杨公兆	1931-07—1932-07
	沈　履	1933-07—1937-07
	沈　履	1946-10—1948-12
时　期	训导长	任职时间
国立西南联合大学	查良钊	1939-07—1946-07
国立清华大学	褚士荃	1946-10—1948-12

说明：① 西南联大时期，清华大学昆明办事处设有教务处，教务长为潘光旦。
② 西南联大不设秘书长，而设有总务长，先后担任总务长的有：周炳琳（1938-01—1938-04）、沈履（1938-06—1940-01）、郑天挺（1940-01—1946-07）。清华大学昆明办事处设有秘书处，秘书长为沈履。

二、1949 年—2010 年

随着学校领导体制的几经变化，行政部门组织机构的设置情况亦有所演变，现按以下几个时期，分述如下。

(一) 1948 年 12 月—1956 年 5 月

1949 年 1 月，根据上级部门通知，学校撤销训导处，该处例行事项由教务处、秘书处接管。学校行政组织机构共设有：校长办公室、教务处、秘书处、会计室、员工消费合作社。

1949 年 5 月，任命周培源为教务长，陈新民为秘书长。

1951 年 5 月，成立人事室，史国衡任主任。

1952 年 3 月，陈新民调离，任命张维为秘书长。

1952 年 6 月，成立京津高等学校院系调整清华大学筹备委员会，下设办公室，刘仙洲任主任，钱伟长、陈士骅、何东昌任副主任。办公室下设教学组（组长钱伟长）、人事组（组长李酉山）、校舍及设备组（组长张儆）。

1952 年 11 月，任命钱伟长为教务长，陈士骅为副教务长，史国衡为总务长。1952 年 10 月学校布告，由于新的教务处、总务处已经成立，筹委会办公室自即日起撤销。

1953 年 1 月，任命陈舜瑶为副教务长。

1953 年 1 月，学校设立校长办公室，解沛基任主任。

1953 年 2 月，学校设立政治辅导处，蒋南翔任主任，何东昌任副主任。4 月改由何礼任主任。

1953 年 9 月，《清华大学暂行规程》颁布并规定：本校行政单位设教务处、总务处、政治辅导处、校长办公室、人事室、图书馆。

教务处的职责为：(1)计划、组织、督导、检查全校各系科及各教研组的教学工作；(2)计划、组织、督导、检查全校的科学技术研究工作及教师的培养与提高；(3)计划教材的编译工作；(4)指导学生选择系科、专业和计划生产实习；(5)制定课程表和有关教学的各种规则；(6)检查教学质量，总结学生成绩。

总务处的职责为：(1)领导全校庶务、工程、宿舍、医药卫生及生活设备方面的一切工作；(2)负责编制全校之预算及决算草案；(3)负责全校一般建筑及修缮工作；(4)供应各教研组、各实验室、各资料室有关文化生活方面的器材用品及缮印条件；(5)负责全校各部门之整洁工作。

政治辅导处的职责为：(1)指导全体教职员工的政治理论学习；(2)协助教务处指导学生政治理论课程的教学；(3)指导全校教职工和学生的社会活动；(4)参加毕业学生的鉴定和分配工作；(5)协助教务处处理学生的退学、休学、转学等学籍问题及奖励与处分等问题。

校长办公室的职责为：(1)办理全校对内对外文牍事宜；(2)主持对校外校内的一般联络及参观事宜；(3)掌握全校一切重要资料及统计事宜；(4)主持校刊之编辑出版事宜；(5)协助校长研究及检查全校各行政部门之工作情况。

人事室职责为：主持全校一切人事事宜。

（二）1956 年 5 月—1966 年 6 月

1956 年 8 月，学校成立科学研究处，高景德任处长。人事室改名为人事处，胡健任处长。

1959 年 3 月，学校决定将总务处改名为行政处，史国衡任处长。将科学研究处与生产办公室合并，成立科学生产处，高景德任处长。决定成立基础课委员会，领导数学、物理、化学、理论力学、材料力学、俄文等 6 个教研组，李寿慈任主任。

1960 年 4 月，《清华大学现行规程》颁布并规定，本校现设下列行政单位：校长办公室、人事处、教务处、科学生产处、行政处、图书馆、基础课工作委员会、第一科。同时规定了行政单位的职责。

人事处的职责为：(1)协助校长处理全校教职工的任免、奖惩与处分问题；(2)协助教务处处理学生的退学、休学、转学等学籍问题及奖励与处分等问题；(3)负责毕业学生的鉴定和分配工作；(4)领导全校职工业余教育工作；(5)领导全校治安保卫工作；(6)领导附中、附小的行政工作；(7)领导校卫队工作。

科学生产处的职责为：(1)计划、组织、检查全校的科学研究及教师的培养与提高工作；(2)计划、组织、检查全校生产劳动及其安全工作；(3)掌握科学技术情报工作；(4)领导学校实验室并负责管理教学、科学研究及生产用设备、仪器、工具、材料的购置与制造工作；(5)负责全校研究生的培养及各兄弟学校教师和校外产业部门干部的进修工作；(6)出版学报及其他科学研究专集；(7)负责与校外有关部门的科学技术联系工作及科学技术情报工作。

基础课工作委员会的工作内容为：研究和促进基础课课程教学质量的提高，开展科学研究工作，并检查教学效果和组织经验交流；研究和组织基础课教师职工的进修和提高工作；研究和处理其他有关基础课的共同性的日常行政工作，包括基础课教研组内部关系的处理和对校内各系、各行政单位的联系工作。

第一科的职责为：负责学校各专业的保密工作；保密资料的索要与管理工作。

校长办公室、教务处、行政处（原总务处）的职责与1953年9月颁布的《规程》的基本内容相类同，只是作了部分的调整和补充。

1962年7月，学校决定将原属科学生产处的技术保安科并入学校第一科，该科直属校长领导，负责全校保安和保密工作。

1962年11月，学校决定将原归属行政处领导的校医室改为直属校长领导的校医院，谢祖培任院长。

1962年12月，学校决定将原行政处划分为两个处，即行政处与生活管理处。将原属科学生产处实验室科负责掌管的设备器材供应管理工作划归行政处掌管。两处的职责分工如下：行政处负责经费的预算、决算及财务管理，物资供应管理，建设规划及基本建设，房屋、水、电、暖等修缮，公用设施、房屋工程等的集中调配与技术管理；生活管理处负责粮食管理和伙食工作，生活管理和行政事务，农副业生产及克山农场，领导幼儿园。庄前焐任行政处处长，李思问任生活管理处处长。

1964年1月，学校决定成立档案室，任继世任主任。

1965年，清华大学行政组织机构设置见图1-3-6。

（三）1966年6月—1976年10月

“文革”初期，学校行政机构处于瘫痪或半瘫痪状态。1968年7月工宣队进校，接管学校领导权。1969年1月成立了革委会，1970年1月成立了党委会。革委会与党委会下面设置了党政合一的办事机构，计有政工组、教育革命组、校务组和办公室。政工组下设有：组织组、人事组、保卫组、宣传组、简报组和武装部。教育革命组下设有：教学组、科研生产组和组织计划组。校务组下设有：生活组、营房组、供应组、设备组、财务组、行政组。办公室下设有：保密室、打字室、收发室、值班室。

随着学校恢复招生工作及各项工作的开展，行政机构亦逐步增加、调整。至1973年7月学校党政合一的办事机构计有：政治部、武装部、保卫部、人事处、教改处、科研生产处、校务处和办公室。各部、处下面还设有科、组，分管各项工作，详见图1-3-7。

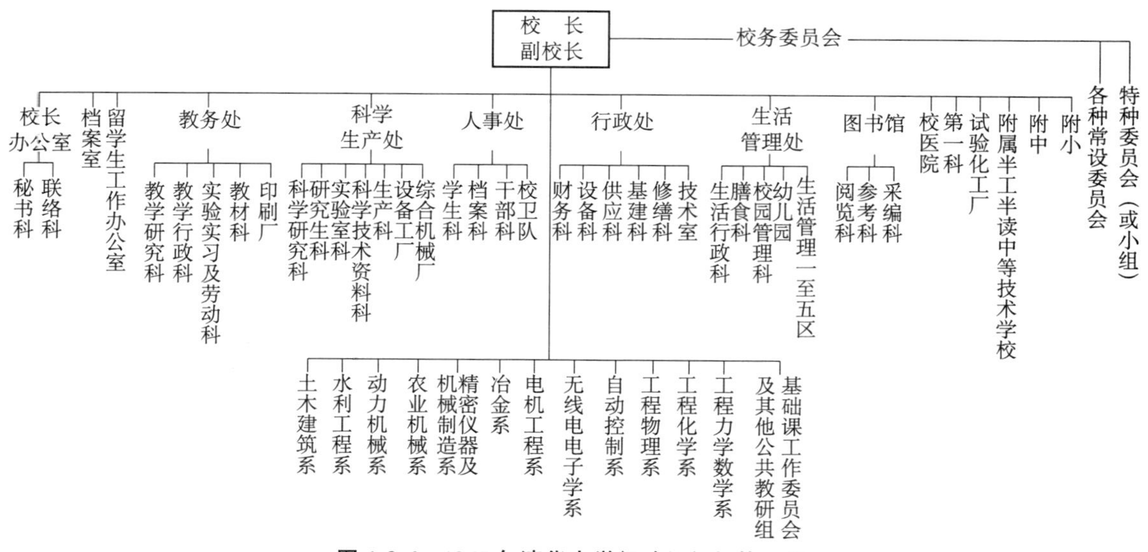

图 1-3-6　1965 年清华大学行政组织机构设置

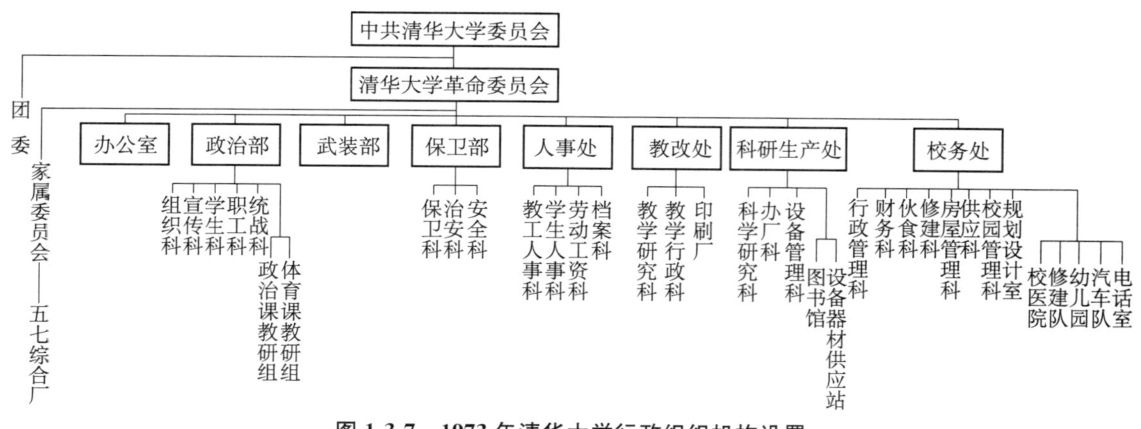

图 1-3-7　1973 年清华大学行政组织机构设置

（四）1976 年 10 月—1988 年 9 月

1977 年 4 月，刘达任党委书记兼革委会主任。整顿班子，逐步恢复行政机构组织，明确职责。1978 年 4 月，取消“革委会”体制。1979 年 5 月，任命解沛基为秘书长、李传信为教务长、李思问为总务长。1979 年 11 月，校级行政机构组织计有：校长办公室（主任刁会光）、教务处（处长李传信）、科学研究处（处长高景德）、生产设备处（处长姜锡华）、人事处（处长徐心坦）、外事办公室（主任方惠坚）、校务处（处长惠宪钧）、基建处（处长徐文通）、保卫处（处长郝根祥）、档案室（主任何介人）。随着学校教育改革和工作发展的需要，行政机构亦不断地调整和健全。

1980 年 5 月，成立研究生处，高景德兼任处长。7 月成立财务室（主任未设）、出版社（社长罗征启兼）、技术服务公司（经理刁会光）、街道办事处（主任张庆）。

1980 年 2 月 1 日成立校友联络处，何介人为负责人；1981 年 4 月 26 日清华校友总会正式成立，刘达、高景德担任第一届理事会会长。

1981 年 5 月，学校决定将校务处所属工程科调整到基建处，原基建处改名为基建修缮处（处长惠宪钧）；原校务处改名为行政生活处（处长裴全）。1981 年 12 月，任命吕森、邢家鲤为副教务长。

1982 年 10 月，财务室改名为财务处（处长蒋景华）。

1983 年 1 月，任命惠宪钧为总务长，裴全、宋尽贤为副总务长。同月，学校决定由科研处的实验室科和原生产设备处的设备科合并成立设备实验室处（处长蒋景华），原生产设备处改名为生产处（处长姜锡华）。

1984 年 4 月，撤销附校办公室，成立继续教育与附属学校部。同月，任命吕森为教务长。6 月，成立研究生院，滕藤兼任院长。11 月，科技开发服务部改名为科技开发部；继续教育与附属学校部改名为继续教育部。

1985 年 3 月，任命方惠坚为教务长，梁尤能、周远清为副教务长。4 月，学校决定调整后勤机构：撤销行政生活处、基建修缮处，组成行政事务处（处长李德来）、膳食处（处长裴全）、基建处（处长高冀生）、修缮校园管理处（处长王景厚）。同年 5 月，撤销继续教育部，成立继续教育学院，吕森任院长。7 月，撤销人事处下属的离退休干部办公室，成立离退休干部处（处长张静）；并决定撤销职工教育办公室及人事处下属的职工教育科，成立职工教育处（处长王祖健）。9 月，成立审计室（主任李有道）。图 1-3-8 为 1984—1985 学年度清华大学行政组织机构设置。

1986 年 3 月，任命沈振基为副总务长。1986 年 8 月，成立劳动服务公司（主任任予生）。1987 年 10 月，任命周远清为教务长，张益为副总务长。

1988 年 3 月，任命陶森为副秘书长。4 月，成立科技开发总公司，解沛基任董事长，王晶宇任总经理。9 月，成立学生勤工俭学指导中心。

（五）1988 年 9 月—1993 年 12 月

1988 年 9 月，学校领导体制由党委领导下的校长负责制转变为校长负责制。校行政机构组织亦进一步作相应的调整。

1988 年 10 月，成立经济管理办公室。同月，成立学生处（与党委学生部合署），陈希任处长，其职责为：学生的思想教育和形势政策教育；管理学生贷款、助学金、奖学金及部分学生活动经费；组织三好学生和先进集体的评定；学生的品行管理和违纪学生的处分；心理咨询中心的日常工作以及领导大一和毕业生工作委员会等。同月，成立监察工作委员会，张思敬任主任，孙继铭、李有道任副主任。同月，任命杨津光为副教务长。

1988 年 11 月，任命孙继铭为秘书长。同月，学校颁布《清华大学管理体制条例》，规定：“设总会计师，在校长领导下，全面掌管学校财经工作，直接对校长负责。”

1988 年 12 月，学校决定撤销职工教育处，成立附校办公室，负责附中、二附中、附小、中专、职校等附属学校工作，夜大、电大工作划归继续教育学院。成立人才交流中心。

1989 年 5 月，成立宣传教育处（与党委宣传部合署），王凤生兼任处长。其职责为：宣传党的路线、方针、政策，进行形势、政策教育；负责理论建设工作，组织理论工作队伍；负责校内外的宣传、通讯、报道工作；统一协调学校各种宣传机构，领导《新清华》、摄影组、广播站；负责校园文化建设，组织群众文化、体育生活，办好音乐室，指导有关社团、协会等。

1989 年 6 月，任命王晶宇为副秘书长；1990 年 2 月，任命其为秘书长。

1989 年 11 月，土木建筑设计研究院改名为建筑设计研究院。12 月，劳动服务公司改名为劳动服务管理办公室。

1990 年 3 月，成立管理信息中心，由校长办公室信息管理科和计算中心信息研究室组建。

1990 年 9 月，学校决定将科技开发部划归科研处领导，对外保留原名称。同时，成立科技产业管理办公室，集中管理校办公司及工厂，白洪烈兼任主任。

1990 年 12 月，研究生院成立研究生思想教育办公室，彭江德任主任。

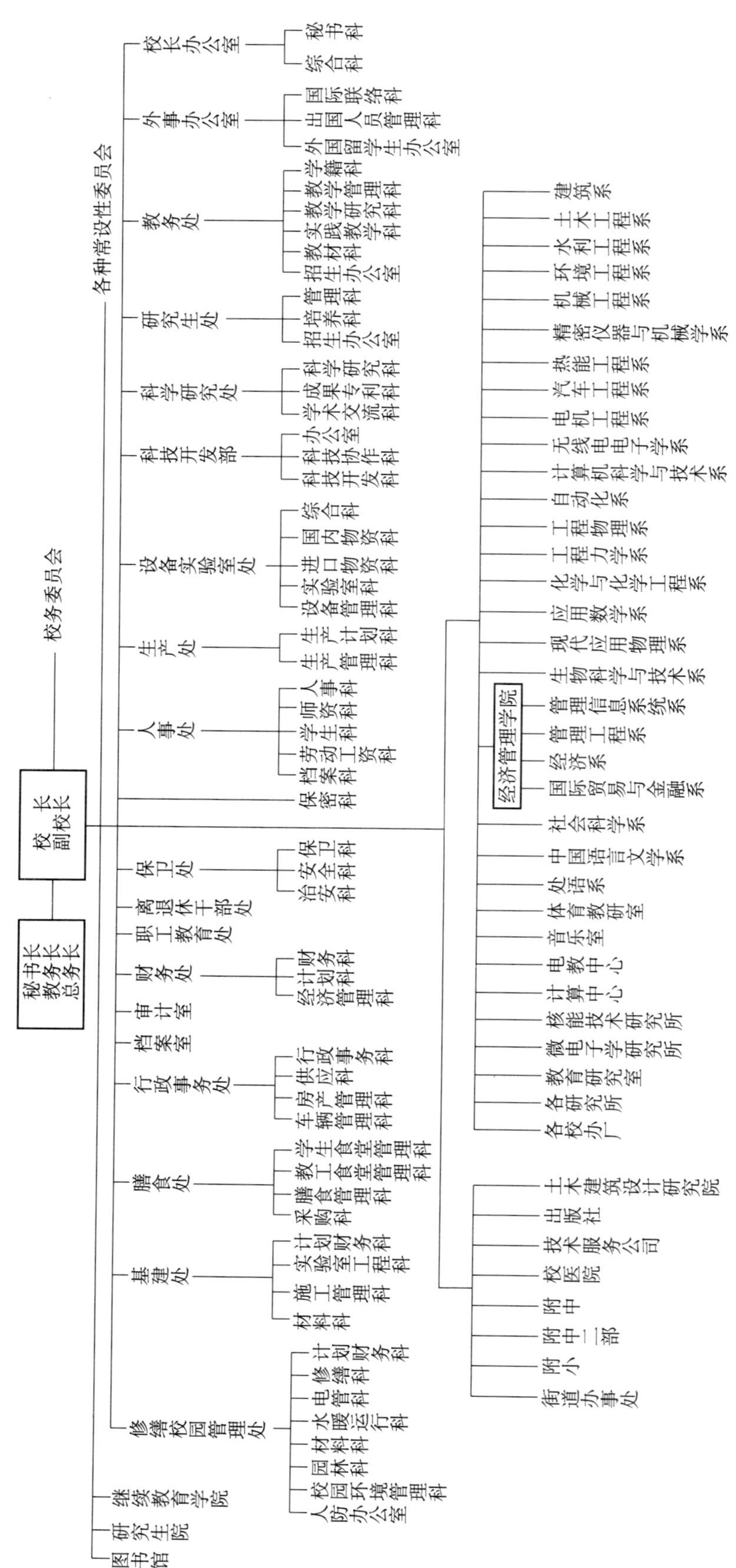

图1-3-8　1984—1985学年度清华大学行政组织机构设置

1991 年 1 月，成立房地产管理处，集中管理校内房地产，杜松澎任处长。

1991 年 10 月，成立档案馆，由原档案室和人事处档案科组成，张思敬任馆长。

1991 年 11 月，基建处改名为基建规划处，由原基建处与原属建筑设计研究院的规划设计室组成，苗日新任处长。同月，软件开发中心改名为软件技术中心。生产处与科技产业管理办公室合并成立产业管理处，白洪烈任处长。

1991 年 12 月，任命马祖耀为副教务长。1992 年 2 月，任命余寿文为教务长。同年 3 月，任命陈克金为副总务长。

1992 年 4 月，老干部处改名为离退休人员处，刘亶仁任处长。成立学校离退休工作领导小组，方惠坚任组长，张思敬、王晶宇任副组长。

1992 年 5 月，任命陶森为总会计师。

1992 年 12 月，撤销膳食处，成立饮食服务中心。科学研究处改名为科学技术处。

1991—1992 学年度清华大学行政组织机构设置见图 1-3-9。

1993 年 2 月，任命虞石民为副秘书长。

1993 年 3 月，撤销设备实验室处，将其职责相应调归新成立的"北京清华设备器材供应公司"和科技处新设的实验室科分管，并将原属该处的国有资产管理办公室转到房地产处。同时撤销外事办公室，成立"对外学术文化交流中心"，并将国际联络工作及出国出境管理工作分别调整到校长办公室和人事处。

1993 年 5 月，学校决定将校长办公室与党委办公室合署办公，保留校办、党办的机构名称和公章，下设秘书组、综合组和信息组。同时，将学生部、毕业生分配办公室与武装部合署办公，下设：学生事务工作办公室、毕业生就业办公室、国防教育办公室、思想教育办公室，还挂靠有德育研究室。

1993 年 5 月，学校决定将夜大学、职工培训中心（含职工学校）划归继续教育学院，该院下设继续教育部、夜大学、职工培训中心（含职工学校）和院办公室。

1993 年 9 月，任命鹿大汉为秘书长。

1993 年 11 月，学校追认设立校内银行。

（六）1994 年 1 月—2010 年 12 月

1994 年 3 月，鹿大汉调离，任命何建坤为秘书长。

1994 年 4 月 16 日清华大学教育基金会成立。

1994 年 6 月，体育教研室更名为体育教研部，为系级机构。

1994 年 9 月，成立大专部，并任命马祖耀兼任大专部主任。大专部负责全日制大专生的教学、教务等管理工作。

1994 年 9 月，余寿文兼任研究生院院长，梁尤能不再兼任研究生院院长职务。

1995 年 5 月 25 日，房地产管理处原"地产公用房管理科"和"集体宿舍管理科"合并成立"公房宿舍管理科"，负责维护学校房产、地产的合法权益，对公用房、地产的使用用途进行监督，对公用房和集体宿舍进行分配和管理。

1995 年 6 月 15 日，根据《中华人民共和国商业银行法》有关条款的规定，"清华大学内部银行"更名为"清华大学结算中心"。

1996 年 3 月 14 日，成立新闻中心，面向校内外，统筹策划、协调和实施学校的新闻宣传工

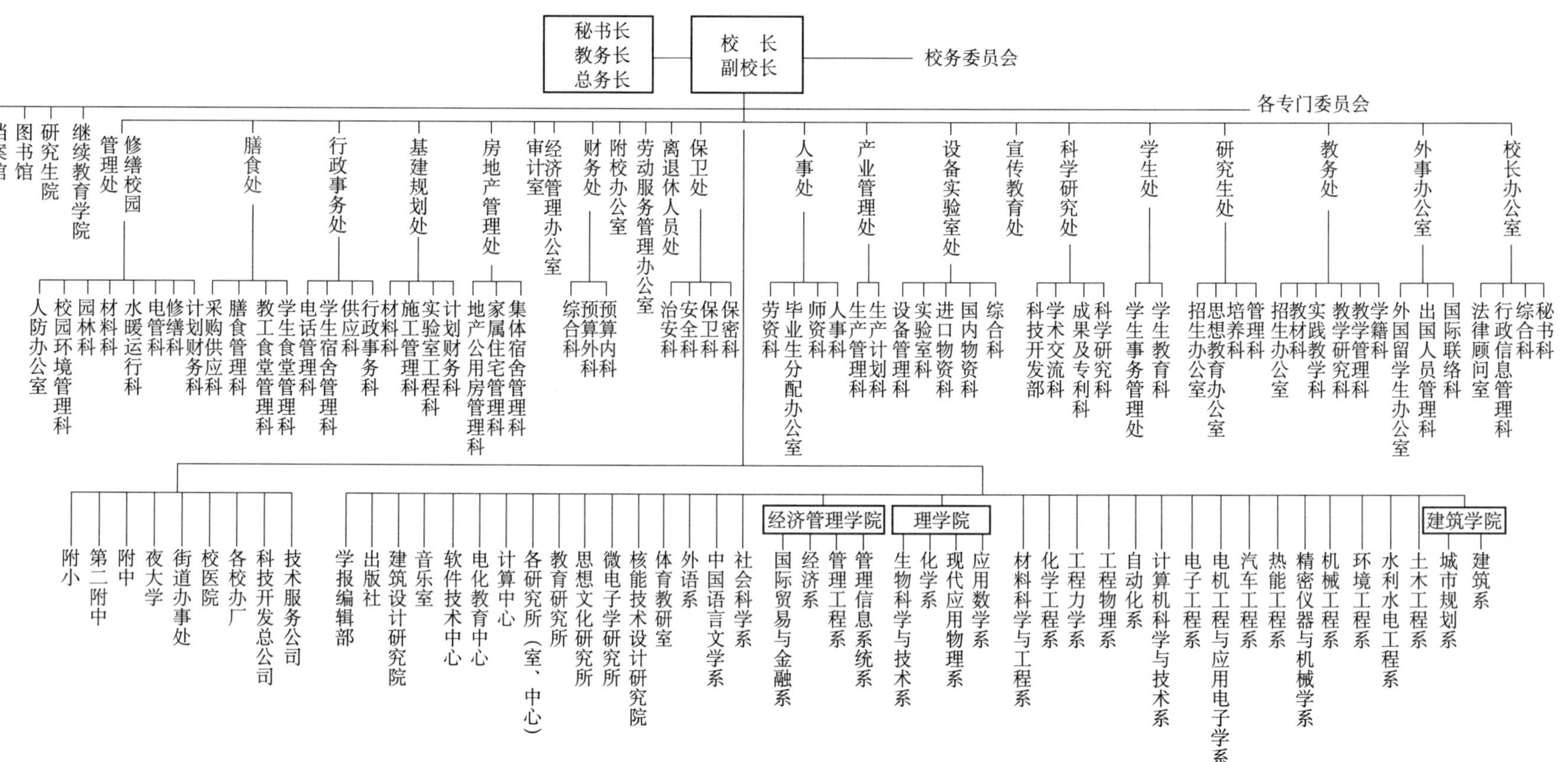

图1-3-9　1991—1992学年度清华大学行政组织机构设置

作。庄丽君兼任中心主任。新闻中心成立后，宣传教育处撤销。

1996年3月14日，成立军工办公室，任命刘通为军工办公室主任。

1996年3月28日，经国家教委批准，清华大学正式成立研究生院。学校调整研究生教育管理机构：撤销研究生处，改设研究生培养处、研究生管理处和研究生院办公室；原研究生思想教育办公室更名为研究生思想教育处，与党委研究生工作部合一建制。

“211工程办公室”更名为“211工程领导小组”。领导小组下设“211工程领导小组办公室”，挂靠研究生院。

1996年4月24日，成立基础工业训练中心。中心不单列编制，负责人由教务处直接设岗。

1996年5月，任命关志成兼任继续教育学院院长，马祖耀不再担任院长职务。

1996年7月9日，职工培训中心由继续教育学院调整到人事处。人事处设立职工科，统一负责全校职员、工人队伍建设的有关工作，与职工培训中心合一建制。

1996年9月12日，成立实验室与设备处，下设实验室科、设备科和国有资产管理办公室。其中，国有资产管理办公室为副处级单位。

1996年10月24日，成立公用房管理改革领导小组和公用房管理办公室（科级单位）。

1997年3月13日，成立资源开发与对外合作办公室，黄建华为主任。该办公室于1999年11月撤销。

1997年6月5日，出版社与音像出版社为同一实体，使用两个名称。

1997年8月28日，“校家属住宅房改领导小组”和“校公用房管理改革领导小组”合并，成立“校房屋管理与改革领导小组”。

1997年12月31日，清华大学北美教育基金会在美国注册登记，1998年10月宣布成立，设在纽约，王大中任理事长。

1998年8月31日，成立注册中心，行政管理隶属教务处，由主管校长和教务长协调中心业务工作。注册中心主要功能职责为：直接面向全校本科生和研究生履行注册手续；根据培养方案和教学计划，完成全校本科生、研究生的选课、排课和课程考试安排；完成本科生和研究生的学习成绩记录、统计和有关数据管理，提供本科生、研究生学习成绩单（卡）；提供从本科生中择优推荐研究生的相关学习数据；提供本科生、研究生毕业资格和学位资格审查的相关数据；负责有关学生学习事务的咨询和信息查询。

1998年9月24日，成立教学研究与培训中心，日常工作主要由教务处负责协调与联系。

1998年12月，任命胡东成为继续教育学院院长，关志成不再兼任院长职务。

按照“转变职能，精兵简政，强化服务”的原则，1998年10月至1999年初进行了校机关机构改革，精简校机关、后勤管理部门，撤销正处级机构4个，撤销副处级机构6个，合署办公机构3个，转变职能（变管理机构为服务为主的实体）的正处级机构3个，重新明确5个独立法人团体不纳入学校管理机构系列，精简后校机关共保留19个部、处、办公室，另有街道办事处、工会和校团委。19个部、处、办公室为：①党委组织部；②党委宣传部（新闻中心）；③党委统战部；④纪委、监委、审计室（合署）；⑤保卫部（处）；⑥学生部、武装部（合署）；⑦党委办公室、校长办公室（合署，简称“两办”）；⑧外事办公室；⑨教务处；⑩研究生工作部；⑪研究生院；⑫继续教育学院；⑬科学技术处（科技开发部）；⑭人事处；⑮离退休人员管理处；⑯财务处；⑰国有资产与实验设备处；⑱基建规划处；⑲房屋管理处。

1999年1月7日，为适应学校改革需要，校机关机构进行调整，撤销原研究生院培养处、管理处、院办公室、研究生思想教育处，设置培养办公室、学位评定委员会办公室、综合办公室、招生办公室、教育管理办公室；撤销知识产权办公室、军工办，有关工作划归科学技术处相关科室管理。

1994 年至 1999 年，学校后勤改革按照“小机关，大实体，优服务”的指导思想，根据“经营服务，有偿服务，管理服务”多种类型改革管理体制，后勤管理机构与经营服务实体进行分离。修缮处改为修缮中心，行政处改为学生社区服务中心和接待服务中心。

1999 年 4 月，杨家庆兼任研究生院院长，余寿文不再担任研究生院院长。

1999 年 5 月 20 日，外事办公室更名为国际合作与交流处，英文名称 Office of International Cooperation and Exchange，简称“国际合作处”（英文缩写 OICE）。

2000 年 3 月 23 日，离退休人员处更名为离退休工作处，简称“离退休处”。

2000 年 11 月 9 日，学校成立政策研究室和信息服务室挂靠两办。

2000 年 11 月 28 日，成立文科建设处，英文名称 Social Science Administration Office，简称“文科处”，与科学技术处合署办公。

2001 年 12 月 27 日，成立教育培训管理处，简称“教培处”，负责学校在非学历学位培训教育、远程教育和成人学历教育方面的管理工作。

2002 年 4 月 4 日，撤销学生社区服务中心。

2002 年 9 月 25 日，成立后勤会计核算中心，行政挂靠结算中心，业务接受财务处的指导和审计室的监督。

2003 年 8 月 21 日，成立会计核算中心（英文名称 Accounting Center，Tsinghua University，简称“核算中心”），行政挂靠校机关，为学校直属事业单位，负责对校内事业单位实施会计委派制度，提供会计服务，同时负责院系所及后勤各单位会计核算工作。

2003 年 12 月 11 日，成立科研院（英文名称 Office of Scientific Research and Development，Tsinghua University），撤销科学技术处的建制。科研院为学校科研管理机构。

2005 年 3 月 17 日，成立监察室，与纪委办公室合署办公，共同承担原纪监委办公室的全部职能。

2005 年 5 月 10 日，撤销后勤服务经营实体联合办公室。

2005 年 7 月 7 日，成立医院筹建指挥部，撤销医院筹建办公室。

2005 年 9 月 2 日，成立军工科研保密管理办公室，设在科研院，负责我校军工科研保密体系的建立和日常管理。

2006 年 3 月 10 日，成立经营性资产管理办公室（简称“经资办”）。经资办作为学校特设机构，同时也是学校经营资产管理委员会的办事机构，负责处理学校与经营性资产相关的日常事务。经营性资产管理办公室负责研究并就学校经营性资产的经营战略、发展和管理政策提出建议，具体负责学校以及学校经营资产管理委员会相关决策的组织实施；对学校相关企业、按企业模式进行管理的事业单位、与地方政府合建的研究院以及其他涉及经营性资产的相关机构进行归口管理、监督和考核。

2006 年 3 月 24 日，撤销毕业生分配办公室建制，原有职能由就业指导中心承担。

2006 年 7 月 4 日，对外学术文化交流中心并入继续教育学院。

2009 年 7 月 9 日，医院筹建指挥部更名为医院建设指挥部。

2009 年 10 月 28 日，成立信息化工作办公室，同时撤销信息服务室建制。

2009 年 11 月 11 日，成立学清苑建设办公室。成立八家建设办公室。学科建设办公室更名为学科规划与建设办公室。

2000—2001 学年度清华大学行政组织机构设置见图 1-3-10。

2009—2010 学年度清华大学行政组织机构设置见图 1-3-11。

1949 年后清华大学历任校长助理、教务长、秘书长、总务长、研究生院和继续教育学院正副院长、行政各处（室）处长（主任）名单及任职时间见表 1-3-2～表 1-3-13。

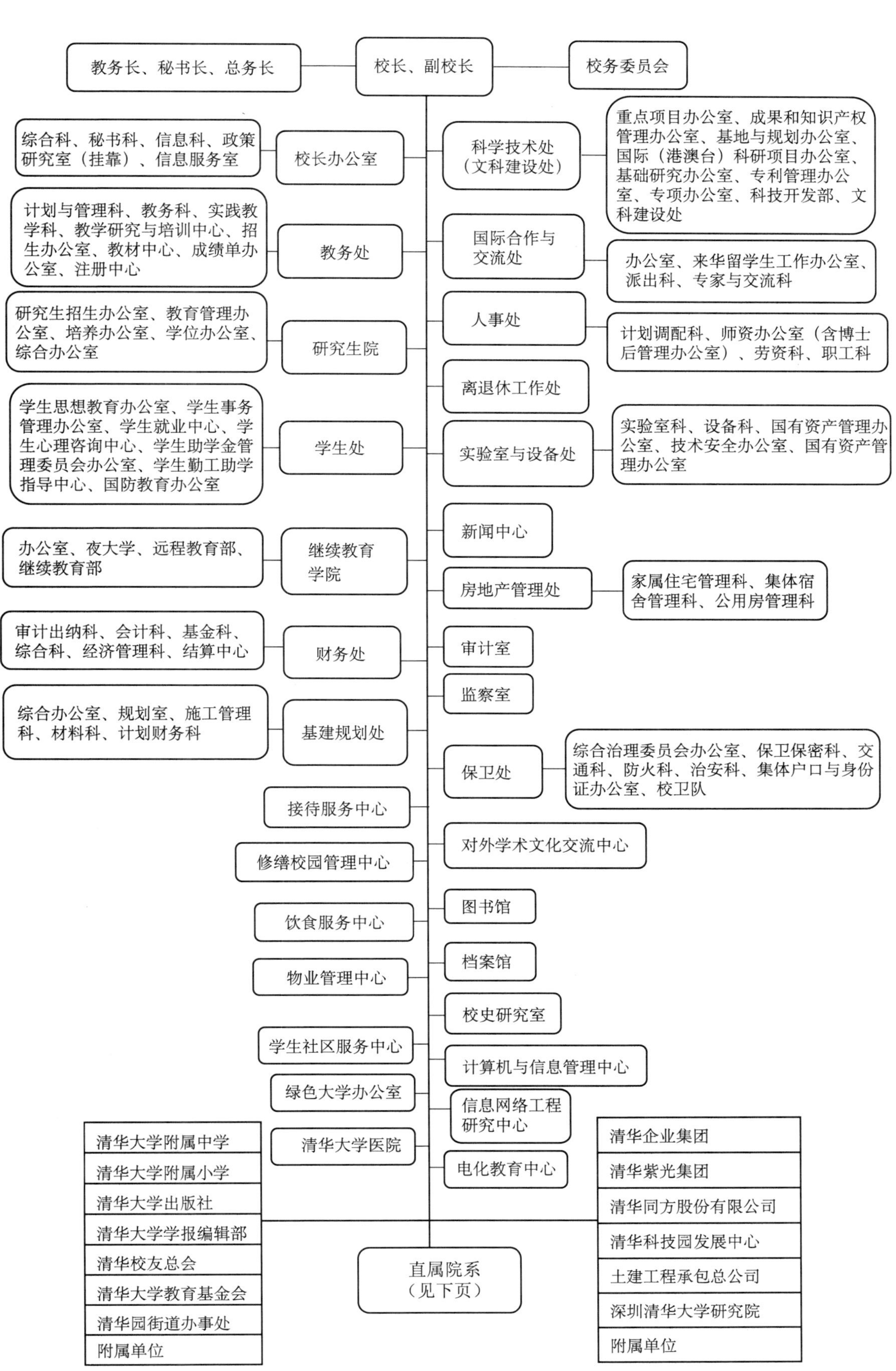

图 1-3-10　2000—2001 学年度清华大学行政组织机构设置

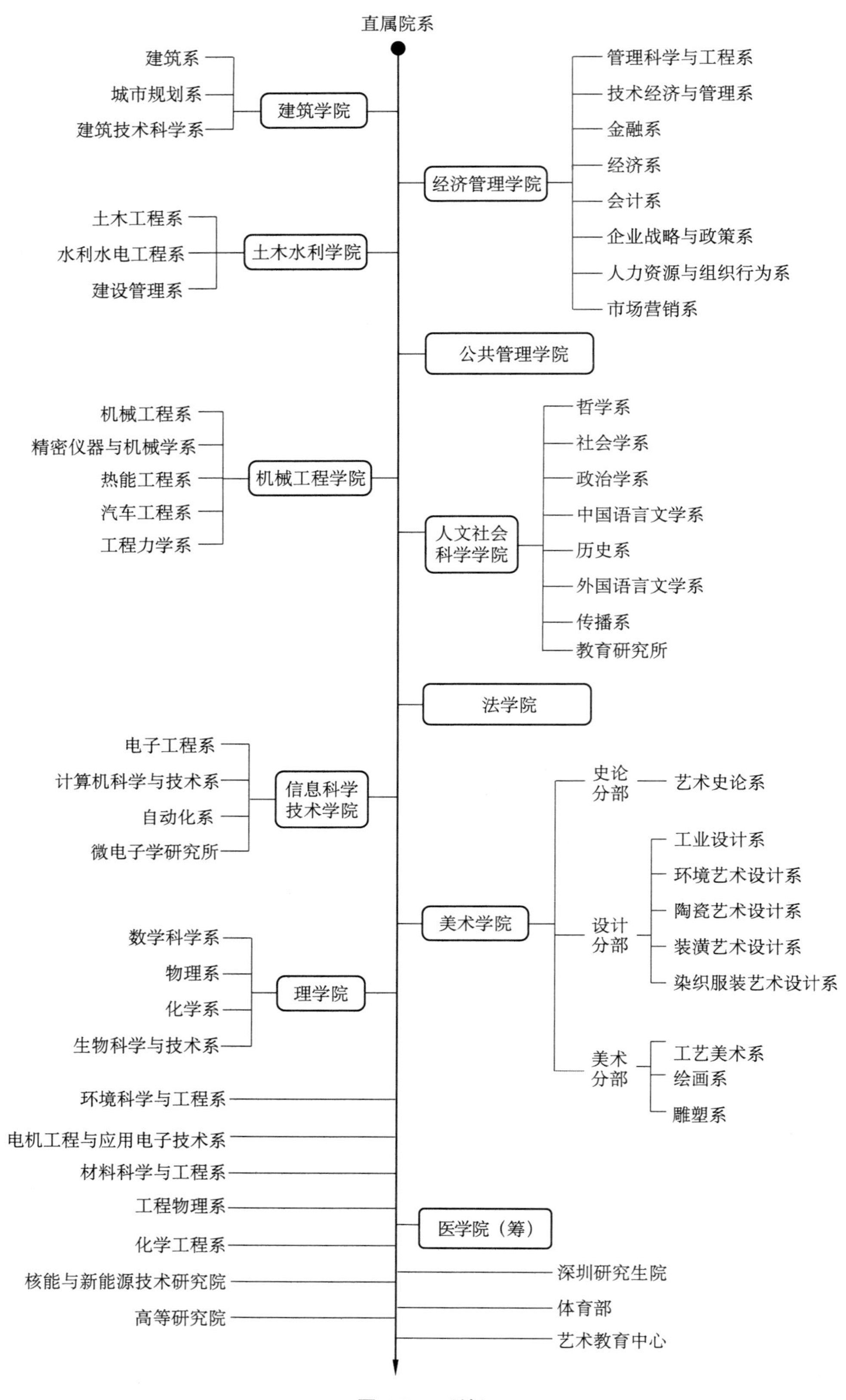
直属院系
建筑系
城市规划系
建筑技术科学系
建筑学院
经济管理学院
管理科学与工程系
技术经济与管理系
金融系
经济系
会计系
企业战略与政策系
人力资源与组织行为系
市场营销系
土木工程系
水利水电工程系
建设管理系
土木水利学院
公共管理学院
机械工程系
精密仪器与机械学系
热能工程系
汽车工程系
工程力学系
机械工程学院
人文社会科学学院
哲学系
社会学系
政治学系
中国语言文学系
历史系
外国语言文学系
传播系
教育研究所
法学院
电子工程系
计算机科学与技术系
自动化系
微电子学研究所
信息科学技术学院
美术学院
史论分部
艺术史论系
设计分部
工业设计系
环境艺术设计系
陶瓷艺术设计系
装潢艺术设计系
染织服装艺术设计系
美术分部
工艺美术系
绘画系
雕塑系
数学科学系
物理系
化学系
生物科学与技术系
理学院
环境科学与工程系
电机工程与应用电子技术系
材料科学与工程系
工程物理系
医学院（筹）
化学工程系
核能与新能源技术研究院
高等研究院
深圳研究生院
体育部
艺术教育中心

图 1-3-10（续）

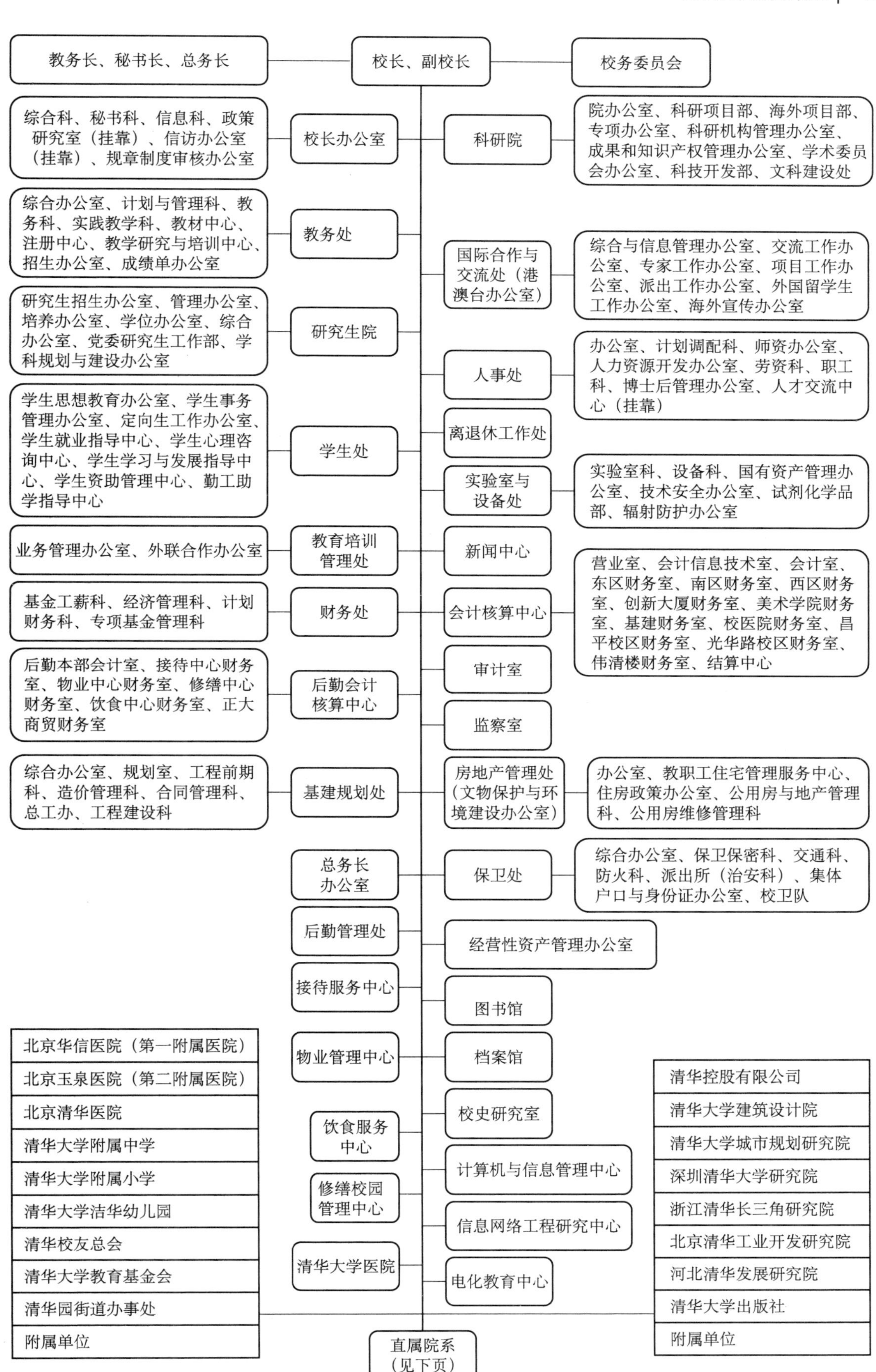

图 1-3-11　2009—2010 学年度清华大学行政组织机构设置

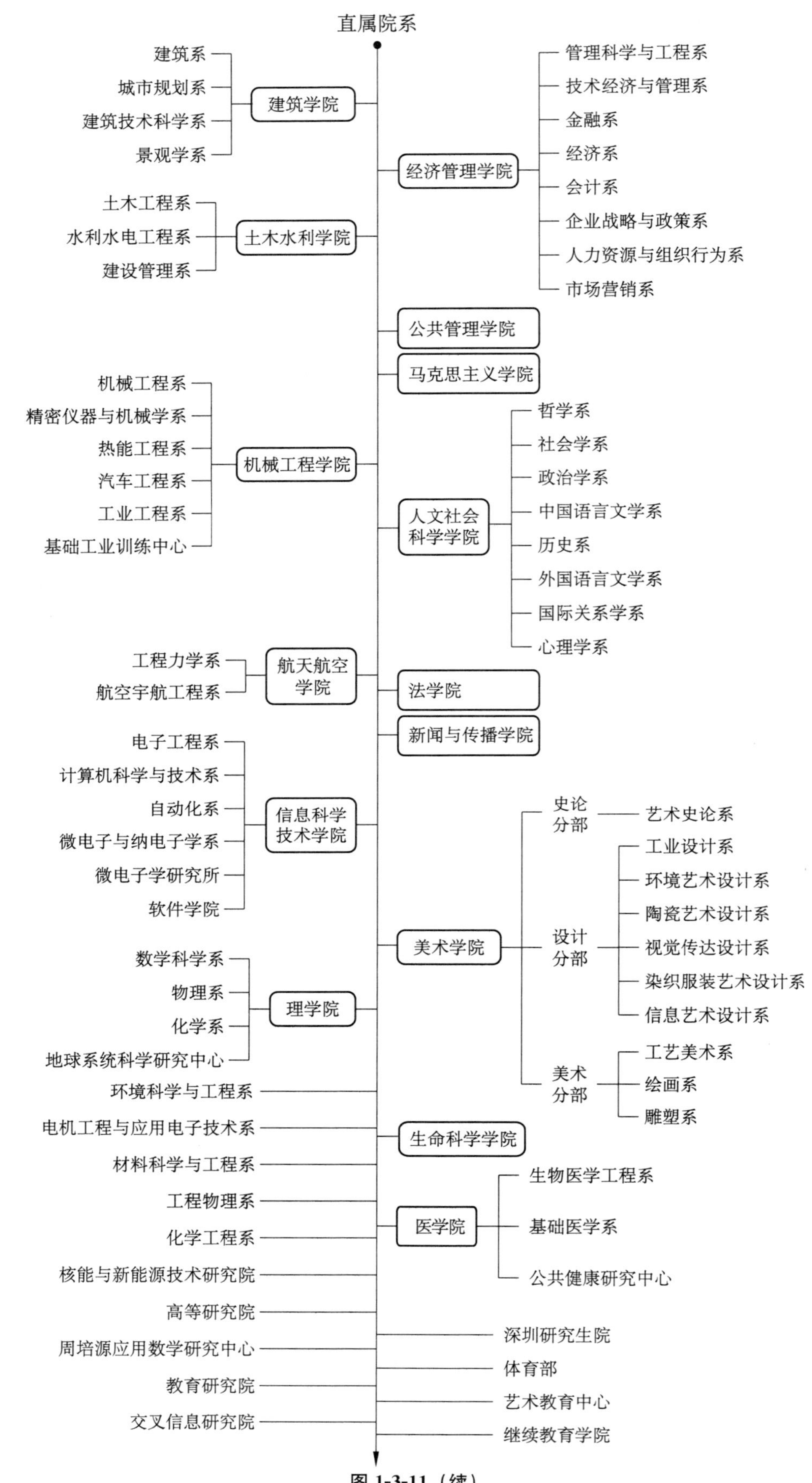
直属院系
建筑学院
建筑系
城市规划系
建筑技术科学系
景观学系
经济管理学院
管理科学与工程系
技术经济与管理系
金融系
经济系
会计系
企业战略与政策系
人力资源与组织行为系
市场营销系
土木水利学院
土木工程系
水利水电工程系
建设管理系
公共管理学院
马克思主义学院
机械工程学院
机械工程系
精密仪器与机械学系
热能工程系
汽车工程系
工业工程系
基础工业训练中心
人文社会科学学院
哲学系
社会学系
政治学系
中国语言文学系
历史系
外国语言文学系
国际关系学系
心理学系
航天航空学院
工程力学系
航空宇航工程系
法学院
新闻与传播学院
信息科学技术学院
电子工程系
计算机科学与技术系
自动化系
微电子与纳电子学系
微电子学研究所
软件学院
美术学院
史论分部
艺术史论系
设计分部
工业设计系
环境艺术设计系
陶瓷艺术设计系
视觉传达设计系
染织服装艺术设计系
信息艺术设计系
美术分部
工艺美术系
绘画系
雕塑系
理学院
数学科学系
物理系
化学系
地球系统科学研究中心
环境科学与工程系
电机工程与应用电子技术系
生命科学学院
材料科学与工程系
工程物理系
医学院
生物医学工程系
基础医学系
公共健康研究中心
化学工程系
核能与新能源技术研究院
高等研究院
深圳研究生院
周培源应用数学研究中心
体育部
教育研究院
艺术教育中心
交叉信息研究院
继续教育学院

图 1-3-11（续）

表 1-3-2　校长助理名单及任职时间表（1949—2010）

姓　名	任职时间	姓　名	任职时间
陈舜瑶	1956-12—1960-12	岑章志	1997-01—1998-04
袁永熙	1957-05—1957-07	顾秉林	2000-10—2001-03
高　沂	1957-09—1962-11	荣泳霖	2002-03—2006-03
李寿慈	1958-04—1962-11	张凤昌	2002-12—2003-11
陶　森	1988-10—1992-06	康克军	2003-09—2004-02
杨家庆	1988-10—1990-02	谢维和	2004-03—2004-06
关志成	1993-10—1994-12	宋永华	2009-04—2009-12
冯冠平	1994-05—2006-03	徐井宏	2009-11—
李树勤	1995-11—2002-03		

表 1-3-3　教务长、副教务长名单及任职时间表（1949—2010）

职　务	姓　名	任职时间	职　务	姓　名	任职时间
教务长	霍秉权	1949-01—1949-04	副教务长	费孝通	1950-04—1952-11
	周培源	1949-05—1952-11		钱伟长	1950-04—1952-11
	钱伟长	1952-11—1958-01		李广田	1951-04—1952-11
	李传信	1979-05—1983-09		陈士骅	1952-11—1956-12
	吕　森	1984-04—1985-03		陈舜瑶	1953-01—1960-12
	方惠坚	1985-03—1985-10		张　维	1955-07—1956-12
	梁尤能	1985-10—1987-10		吕　森	1981-12—1984-04
	周远清	1987-10—1992-02		邢家鲤	1981-12—1984-04
	余寿文	1992-02—1995-10		方惠坚	1984-04—1985-03
	吴敏生	1995-10—2003-02		梁尤能	1985-03—1985-10
	汪劲松	2003-02—2007-10		周远清	1985-03—1987-10
	袁　驷	2007-10—		杨津光	1988-10—1991-12
				马祖耀	1991-12—1994-02
				陈　智	1994-02—1999-01
				陈　刚	1999-01—2008-04
				陈永灿	2006-03—2009-12
				康飞宇	2006-03—2010-04
				张　毅	2007-12—2009-06

表 1-3-4　秘书长、副秘书长名单及任职时间表（1949—2010）

职　务	姓　名	任职时间	职　务	姓　名	任职时间
秘书长	陈新民	1949-05—1952-03	副秘书长	江剑平	1985-03—1988-10
	张　维	1952-03—1952-10		陶　森	1988-03—1988-10
	解沛基	1979-05—1985-03		王晶宇	1989-06—1990-02
	吕　森	1985-03—1988-11		虞石民	1993-02—2001-06
	孙继铭	1988-11—1990-02		曲德林	1994-05—1995-11
	王晶宇	1990-02—1993-09		宋　军	1997-02—
	鹿大汉	1993-09—1994-03		马　林	1997-06—1998-04
	何建坤	1994-03—2007-12		戴猷元	1998-12—2010-04
	陈吉宁	2007-12—		田　芊	2000-06—2002-03
					2003-02—2005-04
				黄贺生	2001-06—2005-04
				史宗恺	2002-03—2003-12
				周　立	2002-11—2004-02
				周海梦	2003-11—2009-09
				王　岩	2003-12—2006-12
				李一兵	2005-04—2006-10
				王志华	2005-07—
				唐　杰	2006-10—
				许庆红	2006-12—2007-11
				王进展	2007-11—
				张　毅	2009-06—
				胡海峰	2009-11—
				朱　赤	2010-04—

表 1-3-5　总务长、副总务长名单及任职时间表（1949—2010）

职　务	姓　名	任职时间	职　务	姓　名	任职时间
总务长	史国衡	1952-11—1959-03	副总务长	张　儆	1952-11—1959-03
	李思问	1979-05—1983-01		俞时模	1954-12—1957-08
	惠宪钧	1983-01—1993-09		裴　全	1983-01—1992-03
	王晶宇	1993-09—1997-12		宋尽贤	1983-01—1988-04
	郑燕康	1997-12—2003-11		沈振基	1986-03—1992-03
	张凤昌	2003-11—		张　益	1987-10—1995-03
				陈克金	1992-03—2005-04
				王景厚	1994-08—1997-06
				杜松澎	1995-03—1998-11
				成　洁	1998-11—2002-04

续表

职　务	姓　名	任职时间	职　务	姓　名	任职时间
			副总务长	赵　淳	2007-04—2007-05
				徐井宏	1997-06—2002-04
				张启明	1997-06—2002-04
				吉俊民	1999-12—
				朱　赤	2003-10—2010-04
				刘　贵	2007-05—

表 1-3-6　研究生院院长、副院长名单及任职时间表（1949—2010）

职务	姓　名	任职时间	职　务	姓　名	任职时间
院长	滕　藤	1984-06—1985-03	副院长	吴佑寿	1984-03—1985-03
	吴佑寿	1985-03—1988-10		方惠坚	1984-09—1985-03
				过增元	1985-03—1995-11
				杨家庆	1986-11—1988-10
				林功实	1986-11—2002-03
				梁尤能	1987-09—1988-10
	梁尤能（兼）	1988-10—1994-09		郑燕康	1995-11—1997-12
	余寿文（兼）	1994-09—1999-04		龚　克	1995-11—1997-04
				胡东成	1997-02—1999-04
	杨家庆（兼）	1999-04—2000-03		吴敏生	1998-12—2003-02
	顾秉林（兼）	2000-03—2005-04		陈皓明	1998-12—2006-12
				赵　伟	2000-11—2007-01
	汪劲松（兼）	2005-04—2010-01		汪劲松	2003-02—2004-02
	陈吉宁（兼）	2010-01—	常务副院长	陈皓明	1998-12—2006-12
				贺克斌	2006-12—

表 1-3-7　继续教育学院院长、副院长名单及任职时间表（1949—2010）

职务	姓　名	任职时间	职　务	姓　名	任职时间
院长	吕　森	1985-05—1992-09	副院长	黄安邦	1985-05—1993-08
	马祖耀	1992-09—1996-05		黄　智	1993-03—1996
	关志成（兼）	1996-05—1998-12	常务副院长	刘序明	1996-05—1999-03
	胡东成	1998-12—1999-03		严继昌	1998-12—2001-12
	胡东成（兼）	1999-03—2004-02		康飞宇	2001-12—2006-03
	胡东成	2004-02—		李家强	2010-12—

说明：1984 年 4 月成立继续教育与附属学校部，11 月改名为继续教育部，1985 年 5 月改为继续教育学院。

表 1-3-8　校长办公室、外事办公室、档案室（馆）等主任名单及任职时间表（1949—2010）

单位名称	职务	姓名	任职时间
校长办公室	主任	解沛基	1953-01—1959
		李麟谟	1959—1963-09
		何介人	1963-09—1965-02
		朱志武	1965-02—1966-06
		刁会光	1979-11—1980-12
		何介人	1980-12—1981-10
		钱锡康	1981-10—1984-03
		承宪康	1984-03—1986-05
		王晶宇	1986-05—1990-02
		梅　萌	1990-02—1993-03
		田　芊	1993-05—1994-09
		张启明	1994-09—1997-02
		马　林	1997-02—1998-01
		史宗恺	1998-01—2003-12
		王　岩	2003-12—2006-05
		许庆红	2006-05—2007-11
		王进展	2007-11—
政策研究室（2000-11-09 成立）	主任	白永毅	2000-11—2006-05
		王　岩	2006-05—
信息服务室 （2000-11-09 成立，2009-10-28 撤销）	主任	史宗恺 王　岩 许庆红 王进展	2000-11—2003-12 2003-12—2006-05 2006-05—2007-11 2007-11—2009-10
信息化工作办公室（2009-10-28 成立）	主任	吴建平	2010-03—
外事办公室 （1993-03 撤销，1994-11 恢复，1999-05 更名为国际合作与交流处）	主任	方惠坚	1979-03—1980-01
		刁会光	1980-01—1985-03
		崔国文	1985-03—1993-03
		曲德林	1994-11—1995-10
		张良平	1995-10—1998-11
	主任/处长	贺克斌	1998-11—2006-12
	处长	张　毅	2006-12—2008-04
		罗立胜	2008-04—
档案室	主任	任继世	1964-01—1966-06
		何介人	1979-11—1981-10
		钱锡康	1981-10—1984-12
		徐心坦	1984-12—1986-10
		王晶宇	1986-10—1991-10

续表

单位名称	职务	姓名	任职时间
档案馆（1991年设立）	馆长	张思敬	1991-10—1995-05
		陈秉中	1995-05—1998-11
		白永毅	1998-11—2008-10
		顾良飞	2008-10—

表 1-3-9　教务、科研、研究生、学科、教育培训、生产、实验室等处（室）处长（主任）名单及任职时间表（1949—2010）

单位名称	职务	姓名	任职时间
教务处	处长	李寿慈	1958-04—1962-11
		何东昌	1962-11—1966-06
		李传信	1979-11—1981-10
		王　森	1981-10—1983-11
		周远清	1984-03—1986-03
		周兆英	1986-03—1990-09
		陈　智	1990-09—1994-02
		吴敏生	1994-02—1998-12
		汪劲松	1998-12—1999-05
		黄贺生	1999-05—2001-06
		汪劲松	2001-06—2003-09
		胡和平	2003-09—2004-08
		陈永灿	2004-08—2008-04
		段远源	2008-04—
科学研究处	处长	高景德	1956-08—1959-03
科学生产处	处长	高景德	1959-03—1966-06
科学研究处	处长	高景德	1979-09—1980-05
		朱志武	1981-01—1984-06
		刘乃泉（代）	1983-05—1984-03
		梁尤能	1984-06—1985-01
		董在望	1985-03—1987-12
		张宏涛	1987-12—1990-02
		侯世昌	1990-02—1992-12

续表

单位名称	职务	姓名	任职时间
科学技术处（2003-12 撤销） 科研院（2003-12 成立）	处长	侯世昌	1992-12—1993-12
		冯冠平	1993-12—1998-10
		龚　克	1998-10—2000-03
		符　松	2000-03—2002-06
		王赞基	2002-06—2003-12
	院长	康克军（兼）	2003-12—
	常务副院长	王赞基	2003-12—2008-04
		姜培学	2008-04—
文科建设处	处长	蔡曙山	2000-11—2004-12
		苏　竣	2005-03—
研究生处	处长	高景德	1980-05—1981-10
		徐一新	1981-10—1985-03
		过增元	1985-03—1985-05
		杨家庆	1985-05—1986-11
		林功实	1986-11—1996-03
“211 工程”办公室	主任	郑燕康	1996-03—1998-04
		岑章志	1998-04—2001-04
		岑章志（兼）	2001-04—2001-09
“985”建设办公室		岑章志（兼）	2001-09—2002-03
学科与“985 计划”“211 工程”建设办公室		岑章志（兼）	2002-03—2006-05
		陈吉宁（兼）	2006-05—2009-11
学科规划与建设办公室（2009-11-11 更名）		陈吉宁（兼）	2009-11—
教育培训管理处（2001-12-27 成立）	处长	严继昌	2001-12—2006-11
		刁庆军	2006-11—2009-07
		邓丽曼	2009-07—
生产设备处	处长	姜锡华	1979-11—1983-01
生产处	处长	姜锡华	1983-01—1987-06
		白洪烈	1987-11—1991-11
产业管理处（1994-12 撤销）	处长	白洪烈	1991-11—1993-12
		荣泳霖	1993-12—1994-12
经营性资产管理办公室 （2006-03-10 成立）	主任	荣泳霖	2006-03—2010-04

续表

单位名称	职务	姓名	任职时间
设备实验室处 实验室与设备处 （1993-02 撤销，1996-09 恢复）	处长	蒋景华	1983-01—1985-11
		陶　森	1985-11—1991-09
		黄建华	1991-09—1993-03
		李德华	1996-09—2004-08
		李　明	2004-08—2008-04
		李家强	2008-04—

表 1-3-10　人事、离退休、职工教育等处（室）处长（主任）名单及任职时间表（1949—2010）

单位名称	职务	姓名	任职时间
人事室	主任	史国衡	1951-05—1952-10
		余兴坤	1952-10—1953-03
		俞时模	1953-03—1956-08
人事处	处长	胡　健	1956-08—1966-06
		徐心坦	1979-11—1984-10
		马祖耀	1984-10—1989-01
		杨家庆	1989-01—1990-01
		张宏涛	1990-02—1994-02
		关志成	1994-02—1994-10
		金善锟	1994-10—1997-11
		裴兆宏	1997-11—2004-08
		胡和平	2004-08—2006-05
		姜胜耀	2006-05—
离退休干部处	处长	张　静	1985-07—1986-04
老干部处	处长	张　静	1986-04—1991-01
		贺崇铃	1991-01—1992-04
离退休人员处	处长	刘亶仁	1992-04—1996-05
离退休工作处	处长	田芝瑞	1996-05—2003-03
		刘裕品	2003-03—2006-05
		邱显清	2006-05—2009-12
		刘秀成	2009-12—
职工教育处	处长	王祖健	1985-12—1989-12

表 1-3-11　政治辅导处、学生处、宣传教育等处（室）处长（主任）名单及任职时间表（1949—2010）

单位名称	职　务	姓　名	任职时间
政治辅导处	主任	蒋南翔	1953-02—1953-04
		何　礼	1953-04—1955
	副主任	何东昌	1953-02—1953-05
		袁永熙	1953-05—1955
学生处	处长	陈　希	1988-10—1990-02
		李凤玲	1990-02—1993-09
		刘裕品	1993-09—1995-01
		邓　勇	1995-01—1995-10
		宋　军	1995-10—1997-02
		吉俊民	1997-02—1999-12
		杨振斌	1999-12—2002-01
		束　为	2002-01—2003-06
		邱显清	2003-06—2006-05
		杜汇良	2006-05—2010-11
		过　勇	2010-11—
宣传教育处	处长	王凤生	1989-05—1990-12
		瞿振元	1991-01—1994-02
		庄丽君	1994-02—1996-03
新闻中心	主任	庄丽君	1996-03—2002-01
		韩景阳	2002-01—2003-09
		邓　卫	2003-09—2008-10
		向波涛	2008-10—

表 1-3-12　财务、审计等处（室）处长（主任）名单及任职时间表（1949—2010）

单位名称	职　务	姓　名	任职时间
财务物资管理处	处长	庄前焔	1978-01—1979-11
财务处	处长	蒋景华	1982-10—1985-03
		杜文渌	1985-03—1989-06
		陈华凯	1989-06—1998-11
		刘　贵	1998-11—2007-05
		王守军	2007-05—
会计核算中心	主任	刘　贵	2003-10—2007-05
		王守军	2007-05—
审计室	主任	李有道	1986-03—1996-03
		刘国光	1996-03—1998-11
		王　林	1998-12—2004-08
		朱守真	2004-08—

续表

单位名称	职　务	姓　名	任职时间
监察室	主任	李先耀	2005-03—2006-12
		赵庆刚	2006-12—2010-06

表 1-3-13　后勤、保卫、街道等处（室）处长（主任）名单及任职时间表（1949—2010）

单位名称	职　务	姓　名	任职时间
行政处	处长	史国衡	1959-03—1961-04
		庄前炤	1961-04—1966-06
生活管理处	处长	李思问	1962-12—1966-06
行政处	处长	裴　全	1977-10—1979-11
校务处	处长	惠宪钧	1979-11—1981-06
行政生活处	处长	裴　全	1981-05—1985-04
行政事务处	处长	李德来	1985-04—1989-06
		陈克金	1989-06—1994-05
		徐井宏	1994-05—1998-03
		刘全友	1998-03—1998-12
膳食处	处长	裴　全	1985-04—1990-04
		卢延斌	1990-04—1992-12
饮食服务中心	主任	赵　淳	1992-12—2002-04
		樊春起	2002-04—
学生社区服务中心	主任	刘全友	1998-12—2002-04
		崔素芹	2002-04—2004-04
接待服务中心	主任	严俭和	2004-04—2005-03
		朱　赤	2005-03—2006-10
		向　春	2006-10—
物业中心	主任	聂风华	2004-04—2005-03
		赵　淳	2005-03—2006-06
		聂风华	2006-06—
基建修缮处	处长	徐文通	1977-10—1979-11
基建处	处长	徐文通	1979-11—1981-06
基建修缮处	处长	惠宪钧	1981-05—1985-04
基建处	处长	高冀生	1985-04—1991-07
基建规划处	处长	苗日新	1991-07—1997-01
		梁永明	1997-01—2000-12
		谢树南	2000-12—2005-03
		龙奋杰	2005-03—

续表

单位名称	职务	姓名	任职时间
修缮校园管理处	处长	王景厚	1985-03—1994-08
修缮中心	主任	成　洁	1994-08—2002-04
		王志华	2002-04—2004-04
		赵满成	2004-04—
房产处 （房地产管理处）	处长	杜松澎	1991-01—1996-03
		孙毓仁	1996-03—1997-02
		张启明	1997-02—2005-03
		邓丽曼	2005-03—2009-07
		郁鼎文	2009-07—
保卫处	处长	郝根祥	1979-01—1989-01
		任予生	1989-01—1994-06
		陈玉新	1994-06—2002-05
		赵如发	2002-05—2006-10
		梁永明	2006-10—2009-12
		邱显清	2009-12—
劳动服务公司	主任	任予生	1986-08—1989-01
劳动服务管理办公室	主任	王志宣	1989-12—1991-12
街道办事处	主任	张　庆	1980-07—1985-09
		穆　刚	1985-09—1991-11
		高合林	1991-11—1995-03
		陈克金	1995-03—1995-11
		许积年	1995-11—1997-01
		赵如发	1997-02—2002-05
		孙　哲	2002-05—2004-03
		高　斌	2004-03—2010-10
		王京春	2010-10—

第四节　各种常设委员会的设置

一、1911 年—1948 年

1928 年 9 月颁布的《国立清华大学条例》及 1929 年 6 月 12 日颁布的《国立清华大学规程》均规定："国立清华大学，依校务之需要，得分设委员会，其委员由校长就教职员中聘任之。"此规定一直沿用到清华园解放。现择 1948 年 12 月 15 日以前各个时期中若干年份学校所设之委员会名称如下。

1929 年设：聘任委员会，招考委员会，学报编辑委员会，奖学金委员会，建筑财务委员会，建筑工务委员会，建筑图案审查委员会等。

1936 年设：聘任委员会，招考委员会，出版委员会，清华大学一览委员会，图书馆委员会，特购图书（关于社会科学之中外政府刊物及档案）委员会，校景设计委员会，集会典礼委员会，奖学资助委员会，学生生活指导委员会，卫生委员会，供电指导委员会，八家村建设工作计划委员会，职员体育训练委员会，特种研究事业筹划委员会，特种研究事业建筑工务委员会，特种研究事业建筑财务委员会等。

西南联大时期，1939 年设：校舍委员会，理工设备设计委员会，图书设计委员会，一年级学生课业指导委员会，赓白奖学金委员会，杨季豪先生纪念奖学金委员会，本校与北平图书馆合作之征辑中日战事史料委员会，本校机械工程系附设工厂管理委员会，本校机械工程系附设工厂稽核委员会，财务行政设计委员会等。

学校复员北平后，1948 年设：聘任委员会，财务委员会，图书委员会，仪器设备委员会，工程委员会，燃料暖气供应设备委员会，供电管制委员会，校景设计委员会，清华大学一览委员会，出版委员会，各种学术刊物编辑委员会（《清华学报》《科学报告》《社会科学》《工程学报》《农学》期刊），各项研究计划委员会（中国近百年史研究，社区比较研究，文化比较研究，应用科学研究，艺术史研究），招生计划委员会，训育委员会（学生食宿指导，公费及学生救济，学生课外活动），毕业生成绩审查委员会，一年级学生课业指导委员会，学生奖学金委员会，教职员住宅宿舍分配委员会，教职员医药补助委员会，校园巡防委员会，校产调查登录委员会，清洁检查委员会，附设初中小学委员会，校庆纪念委员会，教职员福利委员会，教职员配售公教人员日用必需物品委员会等。

二、1949 年—2010 年

新中国成立初至 1957 年，学校根据工作需要，陆续建立了校景、宿舍住宅、治安保卫、三校基本建设、学生课外文娱活动、教学法、保育所管理、出版学报及学报编辑、教师学习、工厂管理、爱国卫生等常设委员会。1958 年后，学校设立的常设委员会的名称、建立时间、委员人数及负责人见表 1-4-1。

表 1-4-1 清华大学常设委员会简表（1958-01—1966-06）

委员会名称	时　间	委员数	主　任	副主任
治安保卫委员会（调整）	1958-07-23	18	胡　健	史国衡
中苏友好工作委员会	1958-08-20	13	李寿慈	
基础课工作委员会	1959-03-27	11	李寿慈	刘绍唐
校史编辑委员会	1959-03-13	13	刘仙洲	陈舜瑶　李辑祥
职工业余教育委员会	1960-03-18	12	胡　健	周昆玉　唐腾义　张家瑞　张继先
电化教育委员会	1960-04-18	15	张　维	
技工技术培训和考核委员会	1962-05	16	刘仙洲	何东昌　李辑祥
教学工作委员会	1962-10	13	陈士骅	赵访熊　李寿慈
科学研究工作委员会	1962-10	11	张　维	何东昌　高景德
经济管理工作委员会	1962-10		高　沂	李辑祥　李麟谟　庄前炤　李思问
基础课工作委员会（调整）	1963-01-12	20	赵访熊	刘绍唐　李卓宝　周　昕
学报及学术著作编审委员会	1963-01-12	20	刘仙洲	张　维　赵访熊
图书委员会	1963-01-12	18	陈士骅	史国衡　徐静贞　李志忠
校史编辑委员会（调整）	1962-01	19	刘仙洲	李辑祥　何东昌
基本建设委员会	1963-01-12	16	高　沂	胡　健　梁思成
治安保卫委员会（调整）	1963-01-12	9	胡　健	郝根祥
爱国卫生运动委员会（调整）	1963-01-12	22	高　沂	马约翰　谢祖培　李思问
职工业余教育委员会（调整）	1963-01-12	11	胡　健	周昆玉　单计新
福利委员会	1963-05-10		张继先	朱庆爽　李国鼎
实验技术工作委员会	1963-09-26	17	张　维	何东昌　储钟瑞
计划生育委员会	1963-12-02	17	胡　健	史国衡　汪　坦　周昆玉　单计新　谢祖培
体育运动委员会	1964-01-03	16	高　沂	马约翰　夏　翔　艾知生
半工半读工作委员会	1965-05	13	高　沂	何东昌　金希武
女生工作委员会	1965-06-10	18	李卓宝	朱志武　方惠坚

1976 年 10 月“文化大革命”结束至 2010 年 12 月，学校陆续重建、新建或调整各类专门委员会，协助校长决策和负责某方面工作。一般设有 30 多个委员会，全校 500 余名专家教授职员参与管理和监督工作。各种常设委员会的名称、建立及调整时间、委员人数及负责人见表 1-4-2～表 1-4-25。

表 1-4-2 清华大学学术委员会历届简表（1978—2010）

届　次	时　间	委员数	主　任	副主任
第一届	1978-07-10	30	张　维	吕应中
第二届	1984-12-14	86	张　维	张光斗　赵访熊　高景德　汪家鼎　吴佑寿

续表

届 次	时 间	委员数	主 任	副主任
第三届	1986-01-02	64	潘际銮	张孝文　黄克智　李志坚
第四届	1988-11-18	69	潘际銮	倪维斗　黄克智　李志坚　王大中
第五届	1991-10-15	66	潘际銮（　—1994-03-23） 黄克智（1994-03-23—　）	倪维斗　王大中　黄克智（　—1994-03-23） 李志坚
第六届	1995-02-16	56	黄克智	倪维斗　李志坚　钱　易　侯世昌
第七届	1997-09-11	54～56	李衍达	钱　易　李家明　卢　强　冯冠平　马俊驹 龚　克（1999-04-15—　） 陈难先（2002-03-06—　）
第八届	2004-05-20	53～54	杨　卫（　—2007-06-28） 钱　易（2007-06-28—　）	胡东成　康克军　钱　易（　—2007-06-28） 范守善　薛　澜　吴清玉　孙家广 赵纯均（2006-04-01—　） 欧阳明高（2007-11-29—　）
第九届	2008-07-01	56	钱　易	胡东成　康克军　孙家广　范守善　薛　澜 吴清玉　赵纯均（　—2009-07-09） 欧阳明高　邱　勇（2008-10-27—2010-01-20） 张　希（2010-04-01—　） 陈　来（2010-11-10—　）

表 1-4-3　清华大学学位评定委员会历届简表（1982—2010）

届 次	时 间	委员数	主 席	副主席
第一届	1982-01-18	25	何东昌（　—1982-07） 张　维（1982-07—　）	张　维（　—1982-07）　张光斗　赵访熊 高景德　滕　藤
第二届	1985-06-18	24	高景德	汪家鼎　方惠坚　吴佑寿
第三届	1988-11-29	25	高景德	梁尤能　吴佑寿　王补宣
第四届	1991-11-26	25	高景德	梁尤能　吴佑寿　王补宣　过增元
第五届	1994-11-16	27	梁尤能	余寿文　周炳坤　过增元　倪以信
第六届	1997-09-17	25	梁尤能	余寿文　过增元　张　钹 胡东成（　—1999-05-07） 杨家庆（1999-05-07—　）
第七届	2000-10-31	25	顾秉林	余寿文　张　钹
第八届	2004-03-26	32	顾秉林	汪劲松　李衍达　余寿文　王明旨
第九届	2007-10-27	32	顾秉林	汪劲松（　—2010-01-20） 谢维和　郝吉明　陈皓明 陈吉宁（2010-01-20—　）

表 1-4-4　清华大学各类专业技术职务聘任委员会简表（1985—2010）

委员会名称	时　间	委员数	主　任	副　主　任
学衔（教师职务评审）委员会（记作第一届）	1985-01-10	24	高景德	张　维　常　迵　张思敬
第二届专业技术职务评审委员会	1988-11-18	22	张孝文	方惠坚　张　维　汪家鼎
第三届专业技术职务评审委员会	1991-10-15	24	张孝文	方惠坚　汪家鼎　杨家庆　王经瑾
第四届专业技术职务评审委员会	1994-03-23	24	王大中	方惠坚　杨家庆　李衍达　王经瑾
第五届专业技术职务评审委员会	1997-09-11	25	王大中	贺美英　杨家庆　何建坤　朱　静 王鼎兴
专业技术职务聘任委员会（由专业技术职务评审委员会更名而来）	2002-12-24 成立	7	王大中	陈　希　何建坤　顾秉林　龚　克 庄丽君　裴兆宏（　—2004-12） 胡和平（2004-12—　）
	2005-04-27	9	顾秉林	陈　希　何建坤　庄丽君　龚　克 康克军　汪劲松　胡和平 姜胜耀（2006-05—　）
	2008-01	12	顾秉林	陈　希　胡和平　陈　旭　陈吉宁 康克军　汪劲松　谢维和　韩景阳 程建平　袁　驷　姜胜耀
教育职员聘任委员会	2002-12-24	8	何建坤	庄丽君
工人技术考核委员会（1999-04-15 撤销）	1984-05-17	14	张思敬	李振民　刘　泰　姜锡华
	1990-12-25	11～12	张宏涛	白洪烈　李振民（　—1992-12-23） 刘　泰　刘希珠（1992-12-23—　）
	1997-09-11	10	金善锟	杨晓延　黄德胜
工人技师评审委员会（1999-04-15 撤销）	1987-12-30	11	张思敬	李振民　姜锡华
	1990-10-11	12～13	张宏涛	白洪烈　李振民（　—1992-12-23） 刘希珠（1992-12-23—　）
	1997-09-11	11	金善锟	马二恩
工人技师聘任委员会	2003-03-25	10	何建坤	庄丽君
教育职员职务聘任和工人技师聘任委员会（2005-04-27—2005-10-8 期间曾称为非专业技术职务聘任委员会）	2005-04-27	10	何建坤	庄丽君（　—2007-06-28） 胡和平（2006-03-01—　） 程建平（2007-06-28—　）
	2007-12-20	9	胡和平	陈　旭　程建平
	2009-09-29	11	陈　旭	韩景阳　邱　勇（2010-01-20—　）

表 1-4-5　清华大学监察工作委员会简表（1988—2010）

时　间	委员数	主　任	副　主　任
1988-10-27	9	张思敬	孙继铭　李有道
1991-10-15	11	朱爱菁	李有道　孙毓仁
1996-09-21	12～13	叶宏开（1996-01—　）	宗俊峰（1996-06—　）

续表

时　间	委员数	主　任	副　主　任
2002-03-06	12～14	孙道祥	宗俊峰（　—2002-09） 李先耀（2002-09—2006-05） 祝光英（2003-08—　）　赵庆刚（2006-05—　）
2007-06-28	13	程建平（2006-05—　）	赵庆刚　祝光英
2009-09-29	13	韩景阳	赵庆刚　祝光英

表 1-4-6　清华大学基建规划委员会简表（1986—2010）

时　间	委员数	主　任	副　主　任
1986-04-23	13	高景德	方惠坚　张慕葏
1989-09-16	12	张孝文	方惠坚　张慕葏（　—1990-10-11）　孙继铭（1990-10-11—　） 王晶宇（1990-10-11—　）
1999-04-15	20	王大中	方惠坚（　—2002-03-06）　孙继铭　郑燕康 何建坤（2002-03-06—　）　顾秉林（2002-03-06—　） 王明旨（2002-03-06—　）
2005-04-27	17	顾秉林	王大中　何建坤（　—2007-12-20）　张凤昌　王明旨　郑燕康 陈吉宁（2006-03-01—2007-06-28；2007-12-20—　） 程建平（2009-09-29—　）

表 1-4-7　清华大学计划与财政管理委员会简表（1988—2010）

时　间	委员数	主　任	副　主　任
1988-11-02	14	张孝文	陶　森　张慕葏（　—1990-10-11）　梁尤能（1990-10-11—　）
1995-11-02	14	王大中	梁尤能　陶 森
1999-04-15	17	王大中	何建坤　岑章志　陈华凯（　—2002-03-06） 刘　贵（2002-03-06—　）
2005-04-27	17	顾秉林	岑章志（　—2007-06-28）　陈吉宁（2006-03-01—　） 程建平（2009-09-29—　）

表 1-4-8　清华大学文科工作委员会简表（1988—2010）

时　间	委员数	主　任	副　主　任
1988-11-02	10～15	张绪潭	张慕葏（　—1990-10-11）　王凤生（　—1991-11-02） 瞿振元（1991-11-02—　）　周远清（　—1992-12-23） 余寿文（1992-12-23—　）
2001-02-27	17	贺美英	胡东成　王明旨　胡显章
2002-03-06	17	贺美英	陈　希　胡东成　王明旨　张再兴　胡显章
2005-04-27	20	谢维和	康克军　张再兴　王明旨　胡显章（　—2006-03-01） 韩景阳（2007-06-28—2010-01-20）　邓　卫（2010-01-20—　）

表 1-4-9　清华大学体育运动委员会简表（1984—2010）

时　间	委员数	主　任	副　主　任
1984-08-30	24	张慕萍	王英杰　杨道崇　宋尽贤　张　益　周远清　翟家钧
1990-10-11	16	周远清	张　益　杨津光
1992-03-26	17	贺美英	余寿文　张　益
1997-09-11	23～24	陈　希 （1994-03-23—　）	张启明　余寿文（　—1999-04-15）　张　益（　—1999-04-15） 陈　智（　—1999-04-15）　杜松澎（　—1999-04-15） 郑燕康（1999-04-15—　）　吴敏生（1999-04-15—　） 陈　刚（1999-04-15—　）　吉俊民（1999-04-15—　） 王培勇（1999-04-15—　）
2002-03-06	24	郑燕康	杨振斌（　—2006-03-01）　陈　旭（2006-03-01—　） 张启明　陈　刚　陈伟强　束　为（　—2005-04-27） 汪劲松（　—2005-04-27）　陈永灿（2005-04-27—　） 邱显清（2005-04-27—　）
2007-06-28	32～33	陈　旭	郑燕康　张启明　陈伟强　杜汇良　张　威 史宗恺（2007-12-20—　）　陈　刚（　—2008-06-06） 陈永灿（　—2008-06-06）　康飞宇（2008-06-06—　） 段远源（2008-06-06—　）
2010-10-26	32	陈　旭	史宗恺　郑燕康　陈伟强　段远源　杜汇良　张　威

表 1-4-10　清华大学美育委员会简表（1991—2010）

时　间	委员数	主　任	副　主　任
1991-04-18	11	王凤生	周远清
1992-12-23	10～12	胡显章	陈　智（　—1997-09-11）　张再兴（1997-09-01—　） 吴敏生（2008-06-06—　）
2002-03-06	10～12	王明旨	张再兴　杨振斌　胡显章
2005-04-27	10～12	张再兴	王明旨　胡显章　杨振斌（　—2006-03-01） 陈　旭（2006-03-01—　）
2007-06-28	10～12	韩景阳	王明旨　陈　旭（　—2007-12-20）　史宗恺（2007-12-20—　）
2010-01-20	11	邓　卫	王明旨　史宗恺

表 1-4-11　清华大学学生工作相关委员会简表（1986—2010）

委员会名称	时　间	委员数	主　任	副　主　任
学生工作指导委员会	1986-08-12	9	方惠坚	贺美英　梁尤能
	1987-09-01	9	张孝文	贺美英　梁尤能
	1988-10-13	13	梁尤能	贺美英　张慕萍（　—1990-10-11） 孙继铭（1990-10-11—　）　周远清（　—1992-07-03） 余寿文（1992-07-03—　）
	1997-09-11	23	杨家庆 （1994-03-23—　）	张再兴　余寿文　孙继铭　胡显章

续表

委员会名称	时　间	委员数	主　任	副　主　任
学生工作指导委员会	1999-04-15	25	何建坤	张再兴（　—2007-06-28）　杨家庆（　—2001-06-14） 胡显章（　—2002-03-06）　郑燕康（　—2005-04-27） 顾秉林（2001-06-14—2005-04-27） 杨振斌（2002-03-06—2006-03-01） 汪劲松（2005-04-27—　）　张凤昌（2005-04-27—　） 胡和平（2007-06-28—　）　陈　旭（2006-03-01—　） 史宗恺（2007-10-25—　）
	2007-12-20	25	陈吉宁	胡和平（　—2009-9-29）　史宗恺　袁　驷　张凤昌 汪劲松（2008-06-06—　）　程建平（2008-06-06—　） 陈　旭（2009-09-29—　）
奖学金管理委员会	1992-10-09	10	贺美英	余寿文
奖学金、助学金管理委员会	1997-09-11	10	张再兴	岑章志　余寿文（　—1999-04-15） 吴敏生（1999-04-15—　）
	2002-03-06	10	杨振斌	岑章志　汪劲松（　—2005-04-27） 张　毅（　—2005-04-27）　束　为（　—2005-04-27） 陈永灿（2005-4-27—　）　邱显清（2005-4-27—　） 唐　杰（2005-4-27—　）
	2006-03-01	10	陈　旭	陈吉宁　陈永灿　邱显清（　—2006-06-01） 杜汇良（2006-06-01—　）　郭　樑（2006-10-01—　） 岑章志（　—2007-06-28）　唐　杰（　—2007-06-28） 武晓峰（2007-06-28—　）
	2007-12-20	10	史宗恺	杜汇良　武晓峰　郭　樑　王守军 陈永灿（　—2008-06-06）　段远源（2008-06-06—　）

表 1-4-12　清华大学精神文明建设委员会、五讲四美三热爱委员会简表（1984—2010）

委员会名称	时　间	委员数	主　任	副　主　任
精神文明建设委员会	2002-03-06		张再兴	郑燕康（　—2005-04-27）　韩景阳（　—2005-04-27） 张凤昌（2005-04-27—　）　邓　卫（2005-04-27—　） 杨振斌（　—2006-03-01）　陈　旭（2006-03-01—　）
	2007-06-28		韩景阳	张凤昌　邓　卫（　—2008-12-25） 史宗恺（2007-12-20—　）　向波涛（2008-12-25—　）
五讲四美三热爱委员会	1984-02-01	12	解沛基	惠宪钧
	1984-08-30	11	张慕葏	惠宪钧　陈　希

表 1-4-13　清华大学实验技术工作委员会、重点实验室与公共条件平台建设管理委员会简表（1984—2010）

委员会名称	时　间	委员数	主　任	副　主　任
实验技术工作委员会	1984-05-31	29	潘际銮	蒋景华　胡道元
实验室工作委员会	1989-04-13	25	梁尤能	胡道元　杨宗发　陈教泽
	1997-09-11	25～30	岑章志	汪　蕙（1999-04-15—2005-04-27） 王　兵（　—2002-03-06） 李德华（　—2005-04-27） 席葆树（　—2005-04-27） 陈　刚（　—2005-04-27） 李　明（2005-04-27—　） 张凤桐（2005-04-27—　） 张　佐（2005-04-27—　） 陈吉宁（2006-03-01—　）
	2007-12-20	25～30	陈吉宁（2006-04—　）	李　明（　—2008-06-06）　邓俊辉 李家强（2008-06-06—　）
	2010-01-20	35	程建平	李家强　唐子龙
重点实验室与公共条件平台建设管理委员会（2003-12-17 成立）	2005-04-27		顾秉林	康克军　岑章志　李衍达 龚　克（　—2006-10-01） 陈吉宁（2006-03-01—　） 汪劲松（2006-10-01—　）
	2007-12-20		陈吉宁	康克军　汪劲松　岑章志　李衍达

表 1-4-14　清华大学国际学术交流委员会、图书情报委员会简表（1987—2010）

委员会名称	时　间	委员数	主　任	副　主　任
国际学术交流委员会	1986-11-15	51	张孝文	梁尤能　黄圣伦　过增元　王大中　倪维斗 周远清　李衍达　谢志成
	1989-09-07	47～49	倪维斗	梁尤能（　—1990-10-11）　杨家庆（1990-10-11—　） 黄圣伦　过增元　王大中　周远清　李衍达　谢志成
	1995-02-16	31～33	杨家庆	关志成　胡显章　张慕葏（　—1997-09-11）　谢志成
	1999-04-15	32	胡东成	关志成　张良平　胡显章（　—2002-03-06） 谢志成（　—2002-03-06）　张再兴（2002-03-06—　）
	2004-05-14	38	龚　克	胡东成　康克军　贺克斌
	2006-03-01	35	谢维和	龚　克（　—2006-10-16）　胡东成　康克军 贺克斌（2007-06-28—　）　张　毅（2007-06-28—　）
	2010-01-20	35	袁　驷	谢维和　康克军　胡东成
图书情报委员会（1996-05-30 恢复成立）	1999-04-15	17	杨家庆	刘桂林
	2002-03-06	20～25	胡东成	刘桂林
	2005-04-27	20～25	龚　克	薛芳渝
	2006-10-01	23	汪劲松	薛芳渝
	2010-01-20	23	程建平	邓景康

表 1-4-15　清华大学教学教务相关委员会简表（1984—2010）

委员会名称	时　间	委员数	主　任	副　主　任
教材委员会	1986-03-06	31	吕　森	王民阜　罗延秀
	1988-12-01	31	梁尤能	徐秉业　白光义　沈培华
	1990-10-11	31	周远清	徐秉业　白光义　沈培华
	1992-12-23	31～34	余寿文	徐秉业　白光义　沈培华（　—1997-9-11）
教材与学术专著出版委员会（原教材、学术专著出版基金管理合并）	2002-03-06		顾秉林	陈难先　李家强　汪劲松　陈皓明　符　松
	2005-04-27		汪劲松	陈皓明（　—2007-06-28）　贺克斌（2007-06-28—　） 袁　驷（2007-12-20—　）　王赞基（　—2008-06-06） 陈永灿（　—2008-06-06）　李家强（　—2008-06-06） 姜培学（2008-06-06—　）　段远源（2008-06-06—　） 宗俊峰（2008-06-06—　）
	2010-01-20		袁　驷	谢维和　贺克斌　姜培学　段远源　宗俊峰
基础课教学委员会	1984-11-22	17	吕　森	李卓宝　张孟威
	1985-11-28	19～25	梁尤能	周远清（　—1988-12-01）林功实（1988-12-01—　） 张三慧　张孟威
	1990-10-11	25	周远清	张三慧　林功实　宋烈侠
	1992-12-23	26～27	余寿文	林功实　宋烈侠　陈泽民
教学委员会	1997-09-11	26	余寿文	吴敏生　胡东成
	1999-07-15	22	杨家庆	吴敏生　陈皓明
	2002-03-06		顾秉林	吴敏生　陈皓明　汪劲松
教育教学工作委员会	2005-04-27		顾秉林	汪劲松　陈皓明　陈永灿
外语教学委员会（1999-04-15 撤销）	1980-02-01	22	张光斗	黄士增　卢　谦　王　森
	1988-12-01	27	周远清	吴古华　孙建纲　张　礼（　—1990-10-11） 陆大绘（1990-10-11—　）
	1997-09-11	21	余寿文	程慕胜　吴敏生
专业课程教学委员会	1988-12-01	29	周远清	周兆英（　—1990-10-11）　陈　智（1990-10-11—　） 江见鲸　王民阜
	1992-12-23	33	余寿文	陈　智　江见鲸　袁德宁
研究生培养工作委员会	1988-12-22	30～31	吴佑寿	过增元　郭永基　罗延秀　（　—1992-01-09） 张伯鹏（1992-01-09—　）　丁奎元（1992-01-09—　）
	1999-12-23	31	杨家庆	陈皓明
	2002-03-06		顾秉林	陈皓明
远程教育建设委员会（2004-02-14 撤销）	1999-04-15	16	杨家庆	胡东成　吴敏生　陈皓明　董在望
	2002-03-06	16	胡东成	陈皓明　汪劲松　贾培发　吴庚生

表 1-4-16　清华大学博士后管理委员会简表（2005—2010）

时　间	委员数	主　任	副　主　任
2005-10-08	12	何建坤	庄丽君（　—2006-06）　康克军　胡和平（2006-03-01—　）
2007-12-20	13	陈　旭	康克军　邱　勇
2010-01-20	15	邱　勇	康克军

表 1-4-17　清华大学校园网相关委员会简表（1986—2010）

委员会名称	时　间	委员数	主　任	副　主　任
计算机工作委员会	1986-04-16	18	梁尤能	周远清　胡道元　陶　森
校园网管理委员会	1993-03-27	10	梁尤能	李衍达　何建坤　董在望
信息与计算机基础设施建设委员会	1999-04-15	20	胡东成	李衍达　吴建平　沈培华 白永毅（　—2002-03-06） 史宗恺（2002-03-06—　）
	2005-03-17	21	龚　克	贾培发　吴建平　王　岩（　—2006-06-01） 许庆红（2006-06-01—　）　蒋东兴（2005-04-27—　）
	2006-10-01	21	汪劲松	贾培发　许庆红（　—2007-12-20） 王进展（2007-12-20—　）　蒋东兴　吴建平
网络信息管理委员会	2000-11-17	16	张再兴	胡东成（　—2005-04-27）　胡显章（　—2005-04-27） 庄丽君（　—2002-03-06）　白永毅（　—2006-06-01） 杨振斌（2002-03-06—2006-03-01） 龚　克（2005-04-27—2006-07） 韩景阳（2002-03-06—2005-04-27） 陈　旭（2006-03-01—　）　邓　卫（2005-04-27—　） 王　岩（2006-06-01—　）
	2006-10-01	16	韩景阳	汪劲松　张再兴　王　岩 陈　旭（　—2007-12-20）史宗恺（2007-12-20—　） 邓　卫（　—2008-12-25）向波涛（2008-12-25—　）

表 1-4-18　清华大学国有资产管理委员会简表（1992—2010）

时　间	委员数	主　任	副　主　任
1992-05-21	13～16	梁尤能	陶　森　孙继铭（1993-03-27—　）
1997-09-11	16	杨家庆	孙继铭　岑章志
1999-04-15	15	岑章志	李德华（　—2005-04-27）　张启明（　—2005-04-27） 李　明（2005-04-27—　）　邓丽曼（2005-04-27—　） 陈吉宁（2006-03-01—　）
2007-12-20	19	陈吉宁	张凤昌　李　明（　—2008-06-06）　李家强（2008-06-06—　） 邓丽曼
2010-01-20	19	程建平	张凤昌　李家强　郁鼎文

表 1-4-19　清华大学保密委员会、技术安全委员会简表（1980—2010）

委员会名称	时　间	委员数	主任	副　主　任
保密委员会	1980-10-01	7	张绪潭	张思敬　何介人
	1982-11-01	11	何介人	郝根祥　张　荣
	1984-08-30	13	张思敬	徐心坦　郝根祥
	1989-03-23	13	黄圣伦	王晶宇（　—1990-10-11）　梅　萌（1990-10-11—　） 陈玉新　郝根祥（　—1992-12-23） 陈秉中（1992-12-23—　）
	1997-09-11	12～14	张再兴	白永毅　陈玉新
	2002-03-06	17～20	杨振斌	康克军（2004-04—　）　白永毅　赵如发 张华堂（2005-04-27—　）
	2006-03-01	20～21	陈　旭	康克军　白永毅　张华堂　赵如发（　—2006-11-01） 梁永明（2006-11-01—　）　王　岩（2006-11-01—　）
	2007-12-20	21～23	史宗恺	康克军　张华堂　王　岩　白永毅（　—2010-01-20） 梁永明（　—2010-01-20）　邱显清（2010-01-20—　）
技术安全委员会	2004-07-07	20	岑章志	李德华　朱　赤　赵如发
	2005-04-27	20	岑章志	李　明　朱　赤　赵如发
	2006-10-01	21	陈吉宁	朱　赤（　—2007-12-20）　刘　贵（2007-12-20—　） 赵如发（　—2007-06-28）　梁永明（2007-06-28—　） 李　明（　—2008-06-06）　李家强（2008-06-06—　）
	2010-01-20	20	程建平	李家强　刘　贵　邱显清

表 1-4-20　清华大学后勤相关委员会简表（1984—2010）

委员会名称	时　间	委员数	主　任	副　主　任
综合治理领导小组	1984-08-30	16	张思敬	王凤生　郝根祥
校园治安秩序综合治理委员会	1984-08-30	21	张思敬	黄圣伦　惠宪钧　郝根祥　王晶宇
	1989-03-23	15	张慕葏	黄圣伦　孙继铭　惠宪钧　任予生
	1990-10-11	17	孙继铭	黄圣伦　王晶宇　惠宪钧　任予生
	1999-04-15	21	郑燕康	史宗恺　陈克金　张再兴（　—2002-03-06） 陈玉新（　—2002-03-06）　杨振斌（2002-03-06—　） 赵如发（2002-03-06—　）
	2004-04-08	30	张凤昌	杨振斌　王　岩　赵如发　孙　哲
校园治安综合治理委员会（2006-01-12 更名，原为校园治安秩序综合治理委员会）	2006-03-01	30	张凤昌	陈　旭（　—2007-12-20）　史宗恺（2007-12-20—　） 王　岩（　—2007-06-28）　孙　哲（　—2007-06-28） 赵如发　许庆红（2007-6-28—2007-12-20） 朱　赤（2007-06-28—　）　王进展（2007-12-20—　） 梁永明（2007-06-28—2010-1-20） 邱显清（2010-01-20—　）
交通安全委员会	1986-10-08	10～12	惠宪钧	梅　萌（　—1992-06-30）　李德来（　—1992-06-30） 栾　连（　—1992-06-30）　尹泽华（　—1992-06-30） 达松华（1992-06-30—　）　宋长山（1992-06-30—　）
	1997-09-11	11	王晶宇	王　敏　张　骧
	2002-03-06		郑燕康	史宗恺　赵如发　陈克金　杨振斌

续表

委员会名称	时　间	委员数	主　任	副　主　任
交通安全委员会	2005-04-27		张凤昌	杨振斌（　—2006-03-01）　王　岩（　—2006-06-01） 陈　旭（2006-03-01—2007-12-20） 孙　哲（　—2007-06-28）　史宗恺（2007-12-20—　） 赵如发　许庆红（2006-06-01—2007-12-20） 王进展（2007-12-20—　）　邱显清（2010-01-20—　） 梁永明（2007-06-28—2010-01-20）
爱国卫生运动委员会	1981-10-01	9	解沛基	李思问　陈锦屏
	1984-08-30	9～15	惠宪钧	陈锦屏（　—1989-09-07）　郑宗和（　—1989-09-07） 王景厚（1989-09-07—　）梅　萌（1989-09-07—　） 刘海川（1989-09-07—1992-12-23） 宋长山（1992-12-23—　）
	1997-09-11	14	王晶宇	徐井宏　马　林　张　骧
	1999-04-15	14	郑燕康	史宗恺　成　洁（　—2002-03-06） 赵如发（　—2002-03-06）　孙　哲（2002-03-06—　） 王志华（2002-03-06—　）
	2005-04-27	17	张凤昌	高　斌　王　岩（　—2006-06-01） 王志华（　—2006-03-01）吉俊民（2006-03-01—　） 许庆红（2006-06-01—2007-12-20） 王进展（2007-12-20—　）
计划生育委员会	1979-04-24	15	汪家镠	惠宪钧　苗既英　金毓宏
	1982-11-01	17	解沛基	惠宪钧　金毓宏
	1984-08-30	18	张慕葏	裴　全　金毓宏
	1990-10-11	20	王晶宇	裴　全　刘海川
	1993-09-02	23	鹿大汉	陈克金　宋长山
	1999-04-15	21	郑燕康	陈克金　杨存荣　杨晓延　成　洁（　—2002-03-06） 王志华（2002-03-06—　）
	2005-04-27	21	张凤昌	杨晓延（　—2006-03-01）　王志华（　—2006-03-01） 高　斌　汪　健　吉俊民（2006-03-01—2008-06-06） 向波涛（2006-03-01—2008-12-25） 朱　赤（2008-06-06—　）　王进展（2008-06-06—　） 许庆红（2008-06-06—　）　武晓峰（2008-06-06—　） 李淑红（2008-12-25—　）
校园地下管网管理委员会	2002-03-06		郑燕康	谢树南　尹　稚　王志华
	2005-04-27		张凤昌	尹　稚　龙奋杰　赵满成　聂风华　李学农
学生宿舍管理委员会	1987-02-28	13	惠宪钧	梅　萌　郑燕康　赵宝终

表 1-4-21 清华大学企业合作委员会简表（1991—2010）

委员会名称	时 间	委员数	主 任	副 主 任
清华大学与企业合作委员会（1995-07-11 成立）	1995-07-11	25	王大中	梁尤能 杨家庆 关志成（常务） 陶 森 陈 希 荣泳霖 曲德林 吴荫芳 黄建华
	1997-09-11	30～38	王大中	杨家庆 关志成（常务） 陈 希 冯冠平 荣泳霖 张良平 宋 军 陶 森（ —1999-04-15） 黄圣伦（ —1999-04-15） 何建坤（1999-04-15— ） 龚 克（1999-04-15— ） 胡东成（1999-04-15— ） 杨振斌（1999-04-15— ）
	2002-03-06	26	龚 克	杨家庆 孙继铭 关志成 荣泳霖 周 立
	2005-04-27	28	康克军	荣泳霖 嵇世山
清华科技园规划建设委员会（2004-06-16 更名为清华科技园发展建设委员会）	1999-04-06	12	王大中	孙继铭（常务） 何建坤 郑燕康（2002-03-06— ）
	2004-06-16	13	何建坤	张凤昌 荣泳霖 康克军（2006-03-01— ）
	2007-06-28		岑章志	康克军 张凤昌 荣泳霖
	2007-12-20		陈吉宁	康克军 张凤昌 岑章志 荣泳霖
校办产业管理委员会（1995-11-02 撤销）	1991-11-02	13～19	倪维斗	李传信 孙继铭 王晶宇 杨家庆（ —1992-12-23） 陶 森（1992-12-23— ）
经营资产管理委员会	2003-06-11	6	何建坤	岑章志 荣泳霖
	2006-03-01	7	岑章志	康克军 荣泳霖
	2007-12-20	8～10	陈吉宁	康克军 岑章志 荣泳霖

表 1-4-22 清华大学校史编辑委员会简表（1959—2010）

时 间	委员数	主 任	副 主 任
1987-04-09	18～21	李传信	方惠坚 赵访熊 李卓宝 张思敬（1990-12-25— ）
1995-12	22	方惠坚	贺美英 张思敬 陈秉中 庄丽君
2002-03-06	30～32	贺美英	方惠坚 张再兴 叶宏开 张思敬（ —2004-12） 黄圣伦（ —2004-12） 陈秉中（ —2004-12） 韩景阳（ —2004-12） 邓 卫（2004-12— ） 田 芊（2004-12— ） 胡显章（2006-03-01— ）
2008-04-17	34	张再兴	方惠坚 贺美英 胡显章 叶宏开 田 芊 邓 卫（ —2008-12-25） 向波涛（2008-12-25— ）

表 1-4-23 清华大学形象建设委员会简表（2008—2010）

时 间	委员数	主 任	副 主 任
2008-12-25	8	顾秉林	陈吉宁 康克军 张凤昌 王明旨 李当岐 韩景阳（ —2010-01-20） 邓 卫（2010-01-20— ）

表 1-4-24 清华大学关心下一代工作委员会简表（2001—2010）

届 次	时 间	委员数	主 任	副 主 任
第一届	1991-09-09	34	张思敬	万邦儒 王英杰 王炜钰 邢家鲤 贺美英 董介平
第二届	1996-07-02	30	黄圣伦	邢家鲤 张再兴 朱爱菁 田芝瑞 张三慧 金葆桐

续表

届　次	时　间	委员数	主　任	副　主　任
第三届	2002-04-25	45	胡显章	黄圣伦　张再兴　田芝瑞（2002-04—2004-04） 杨振斌　刘裕品（2003-04—2007-03）
第四届	2007-03-19	45	张再兴	胡显章　陈　旭（2007-03—2007-12） 邱显清（2007-03—2010-01）　史宗恺（2007-12—　） 刘秀成（2010-01—　）

表 1-4-25　清华大学教职工房屋分配委员会、劳动鉴定委员会简表（1979—1993）

委员会名称	时　间	委员数	主　任	副　主　任
教职工房屋分配委员会	1990-10-25	49	张　益	张启明　张鸿浦
劳动鉴定委员会	1979-07-01	8	韩　凯	李振民

第五节　学校规章制度

一、1911 年—1948 年全校性规程、条例

1.《清华学堂章程》，1911 年 4 月（宣统三年三月）经清政府批准生效，1911 年 9 月（宣统三年七月）该章程作了修订，并报外务部备案。于 1911 年 2 月（宣统三年正月）颁布，计有：总则、学程、入学、修业毕业、游学、管理通则、职员、附则等八章共 37 条。

2.《北京清华学校近章》，于 1914 年颁布，计有：总则、学程、学年及学期、入学、修业毕业、升级及游学、体育及卫生、管理、附则等八章共 41 条。

3. 1920 年 2 月《清华一览》刊载学校《规章制度》，共 13 类 90 项：总务类有清华学校董事会章程、学生奖励规则、学生惩罚规则等 9 项，教务类有教员请假规程、高等科课程表、中等科课程表、科学的计分法等 11 项，斋务类有学生管理规则等 13 项，还有体育、招考、游学、会计等 10 类。

4.《北京清华学校大学部暂行章程》，于 1925 年 4 月 23 日由外交部批准试办，计有：学制、校长及校长处、校务会议、教务会议、事务会议、行政组织、附则等七章共 22 条。

5.《清华学校组织大纲》，于 1926 年 4 月 15 日颁布，计有：学制总则、校长、评议会、教授会、教务长、学系及学系主任、行政部、附则等八章共 25 条。

6.《国立清华大学条例》，于 1928 年 9 月颁布，计有：总纲、本科及研究院、董事会、校内组织、留美学生监督处、学生、附则等七章共 31 条。

7.《国立清华大学规程》，于 1929 年 6 月 12 日颁布，计有：总纲、本科及研究院、校内组织、留美学生监督处、基金、学生、附则等七章共 29 条。

8.《国立清华大学规程》（遵照教育部历次指令修正），于 1947 年 5 月颁布，计有：总纲、本科及研究所、校内组织、基金、学生、附则等六章共 28 条。

二、1949 年—2010 年校级重要规章

（一）1948 年 12 月 15 日—1976 年 10 月制定的校级重要规章

1.《清华大学暂行规程》，于 1953 年 9 月 21 日报中央高等教育部批准，计有：总则，入学、课程、考试、毕业及工作分配，行政组织，教学组织，会议制度，社团，附则等七章共 28 条。

2.《清华大学现行规程》，于 1960 年 4 月报中央教育部备案，计有：总纲，入学、课程、考试、毕业及工作分配，行政组织，教学组织，会议制度，社团，附则等七章共 28 条。

3.《清华大学行政组织暂行规程》，1963 年 4 月 14 日校务会议讨论通过，计有：校、系、教研组等三章共 26 条。

（二）1976 年 11 月—2004 年 12 月制定的校级重要规章

1.《清华大学教职工处分暂行规定》，经 1982 年 11 月 16 日 1982—1983 学年度第 5 次校长工作会议讨论通过，计有：范围界定、纪律处分种类、纪律处分批准权限等 8 项内容。

2.《清华大学校务委员会暂行工作条例》，1984 年 8 月 18 日校务委员会通过。

3.《清华大学学位评定委员会的组织和职责》，1985 年 11 月 12 日经 1985 年第 3 次学位评定委员会通过，计有：机构组成、成员、分委员会、学位评定委员会职责、学位评定分委员会职责、成员调整、解释修改权等 5 项内容。

4.《清华大学实验室工作条例》，1986 年 10 月 8 日经 1986—1987 学年度第 3 次校长工作会议通过。

5.《清华大学管理体制条例》，1988 年 11 月 24 日校务会议讨论通过，计有：总则、校长、校务委员会、教职工代表大会、系（所）主任（所长）等五章共 19 条。

6.《清华大学教职工考勤办法及各类假期规定》，经 1989 年 11 月 16 日 1989—1990 学年度第 9 次校务会议讨论通过，计有：考勤、病假、事假、探亲假、婚丧假、生育假、哺乳假、旷职旷工及处理办法、各类假期的工资待遇及假期计算等 13 条内容。

7.《清华大学管理体制条例（试行）》，1997 年 2 月 19 日校党委全委会讨论通过。

8.《清华大学校务委员会工作条例》，1997 年 10 月 30 日校务会议讨论通过，计有：校务委员会的性质与任务、校务委员会的组成、校务委员会的会议制度、校务委员会委员的任免等内容。

9.《清华大学系主任工作条例》，1998 年 1 月 12 日校务会议讨论通过，计有：总则、系主任的任职条件和任免、系主任的职责和职权、系务会议、对系主任的监督和考核、其他等内容共 18 条。

10.《清华大学研究生学籍管理规定》，经 1998 年 7 月 1 日 1997—1998 学年度第 14 次校务会议通过（第二次修订），计有：入学与注册，转学与转专业，休学与复学，退学和取消学籍，非脱产研究生，奖励与处分，学习年限，毕业、结业、肄业，委托代培、定向培养研究生，毕业

（结业、肄业）研究生的就业，附则等 11 项内容。

11.《清华大学管理体制条例（试行）》，1999 年 5 月 5 日校党委常委（扩大）会修订，计有：总则、中共清华大学委员会、校长、校务委员会、教职工代表大会、系（所）主任（所长）与系党委（总支）以及学院院长、研究院院长、附则等内容共 25 条。

12.《清华大学学术委员会章程》，1999 年 7 月 7 日校务会议讨论通过，计有：总则、组成、职权、附则等四章共 18 条。

13.《清华大学财经管理办法》，经 2000 年 11 月 17 日 2000—2001 学年度第 5 次校务会议讨论通过，计有：总则、财务管理体制、预算管理、收入管理、支出管理、结余及其分配、专用基金管理、资产管理、对外投资管理、负债管理、产业及后勤管理、财务清算、财务报告与财务分析、财务监督、附则等十五章共 62 条。

14.《清华大学各级有关人员经济责任制》，经 2000 年 11 月 17 日 2000—2001 学年度第 5 次校务会议讨论通过，计有：各级有关人员、校长的经济责任、集体决策的经济责任、总会计师的经济责任、副校长的经济责任、财务处处长的经济责任、财务处副处长的经济责任、二级核算单位负责人的经济责任、二级核算单位财务主管的经济责任、二级核算单位财务工作人员的经济责任、财务处其他工作人员的经济责任制和岗位职责、企业负责人的经济责任、科研处分管科研经费副处长的经济责任、经济责任的落实考核及监督、责任的追究等 18 条内容。

15.《清华大学关于加强“校务公开”工作的若干意见》，2000 年 12 月 7 日经 2000—2001 学年度第 7 次校务会议讨论通过，计有：实行“校务公开”的目的意义、“校务公开”的主要内容、“校务公开”的主要形式、“校务公开”的基本要求、“校务公开”的组织领导等 5 项内容。

16.《清华大学保密工作规定》，经 2002 年 1 月 10 日 2001—2002 学年度第 8 次校务会议通过，计有：总则、保密工作范围和密级确定、保密制度、奖惩、附则等五章共 29 条。

17.《清华大学本科学籍管理条例》，经 2001—2002 学年度第 19 次校务会议讨论通过，计有：入学、注册与学籍，请假与考勤，课程考核与成绩记载，自修、重修（重考）、缓考，休学、停学、复学，试读、转专科、退学，转系与转学，学位、毕业、结业、肄业，说明等九章共 56 条。

18.《清华大学学生违纪处分条例》，经 2001—2002 学年度第 20 次校务会议讨论通过，计有：实施违纪处分的原则、违纪处分分类、处理程序、告知、有效证据、给予处分的职责划分、给予处分的职权划分等 16 条内容。

19.《清华大学关于完善教师职务聘任制的实施办法》，经 2002 年 9 月 25 日 2002—2003 学年度第 2 次校务会议讨论通过，计有：职务系列、各系列教师岗位职责与任职条件、教师职务岗位设置、教师职务聘任程序、教师职务聘任过渡政策等 6 项内容。

20.《清华大学国有资产管理办法》，经 1991—1992 学年度第 19 次校务会议通过修订，计有：管理机构和成员、管理工作的分工、管理任务和主要工作内容、工作程序和职责等 5 项内容。

21.《清华大学固定资产管理条例》，经 1990—1991 学年度第 10 次校务会议通过修订，计有：固定资产的范围及管理体制、固定资产的增添及验收、固定资产的管理、固定资产统计报表等四项共 19 条。

22.《关于我校领导班子贯彻“三重一大”原则的实施意见》（“三重一大”原则即：重大事项决策、重要干部任免、重要项目安排、大额资金的使用，必须经集体讨论做出决定），2003 年 11 月 12 日校党委常委会、2003—2004 学年度第 6 次校务会议讨论通过，计有：关于“三重一大”事项的范围界定、“三重一大”事项的决策程序、“三重一大”原则落实情况的检查与考核、违反

"三重一大"原则的责任追究等四部分内容。

23.《清华大学科研机构管理办法（试行）》，经 2003 年 12 月 17 日 2003—2004 学年度第 7 次校务会议讨论通过，计有：总则、通则、依托我校建立的国家或省部科研机构、校级科研机构与跨院（系）科研机构，与国内外企业联合建立的科研机构、院（系）内设立的科研机构、科研机构的撤销、国防科研机构、附则等九章共 40 条。

（三）2005 年 1 月 1 日—2010 年 12 月 31 日制定的校级重要规章

2005 年以后，学校以规章制度建设为重点，进一步加大了依法治校、规范管理的力度。首先加强了对已有规章制度的全面清理，在此基础上制定了规章制度管理办法，规范了学校规章的立项、审核、审批等程序。2006 年 12 月学校成立规章制度审核办公室，专门负责对全校规章制度的立改废活动进行规范审核。学校规章经审核后由校务会议讨论通过并公布实施（个别规章于 2011 年公布）。学校规章制度体系涵盖管理体制、人才培养各环节、科研、社会服务、学校内部管理等各方面内容。

1.《清华大学学术委员会章程》，2005 年 4 月 7 日校务会议讨论修订，4 月 19 日发布实行。计有：总则、组成、职责、附则等四章共 20 条。

2.《清华大学学位评定委员会章程》，2010 年 12 月，经学位委员会议决，将 1985 年通过的《清华大学学位评定委员会的组织和职责》修订为《清华大学学位评定委员会章程》，计有：总则、组织、职责、议事规则、附则等五章共 17 条（2010—2011 学年度第 11 次校务会议通过）。

3.《清华大学本科专业设置管理规定》，经 2005—2006 学年度第 6 次校务会议通过、2006 年 3 月 15 日清校发〔2006〕11 号文件发布，计有：专业设置原则、专业设置条件、专业设置权限、专业设置评议机构、专业设置工作程序、附则等六章共 17 条。2002 年 1 月公布的《清华大学本科专业设置管理暂行办法（试行）》同时废止。

4.《清华大学本科生学籍管理规定》，经 2004—2005 学年度第 24 次校务会议修订、2005 年 7 月 21 日清校发〔2005〕34 号文件发布，计有：总则，入学、注册与学籍，学制、学习年限与学分，学习纪律，课程考核与成绩记载，休学、停学与复学，转系与转学，试读、转专科与退学，毕业与学位，附则等十章共 64 条。

5.《清华大学教学责任事故处理规定》，经 1998—1999 学年度第 11 次校务会议通过、2010—2011 学年度第 11 次校务会议修订，计有：教学责任事故的界定、适用范围、教学责任事故种类、教学责任事故认定原则、教学责任事故处理等 8 条内容。

6.《清华大学研究生学籍管理规定》，经 2004—2005 学年度第 24 次校务会议通过、2005 年 7 月 21 日清校发〔2005〕35 号文件发布，计有：总则，入学、注册与请假，考核与成绩记载，转专业、转学和休学、停学与复学，退学，修业年限、毕业、结业与肄业，附则等七章共 38 条。

7.《清华大学研究生培养机制改革实施办法（试行）》，经 2006—2007 学年度第 18 次校务会议通过、2007 年 7 月 13 日清校发〔2007〕37 号文件公布，计有；总则、研究生培养资助体系、导师对研究生的管理及资助、"三助"岗位的实施、组织管理、附则等六章共 20 条。

8.《清华大学科研机构管理规定》，经 2006—2007 学年度第 18 次校务会议通过、2009—2010 学年度第 7 次校务会议修订、2009 年 12 月 31 日清校发〔2009〕72 号文件公布，计有：总则、科研机构的设立、科研机构管理、附则等四章共 30 条。

9.《清华大学实验室工作规定》，经实验室工作委员会 2004—2005 学年度第 4 次会议通过、

2010年5月21日实验室工作委员会2009—2010学年度第2次会议修订，计有：总则、实验室基本任务、实验室的设立、实验室的体制、实验室队伍、实验室管理、实验室仪器设备管理、附则等八章共37条。

10.《清华大学公开招聘人员暂行规定》，经2006—2007学年度第26次校务会议通过、2007年6月25日清校发〔2007〕29号文件公布，计有：总则，招聘范围、条件、程序及待遇，纪律与监督，附则等四章共15条。

11.《清华大学教职工行政纪律处分规定》，经2006—2007学年度第17次校务会议通过、2007年3月15日清校发〔2007〕11号文件公布，计有：总则、违纪行为及处分、其他处理、附则等四章共23条。

12.《清华大学教职工考勤及各类假期规定》，经2004—2005学年度第24次校务会议通过、2010—2011学年度第2次校务会议修订、2010年11月9日清校发〔2010〕59号文件公布，计有：考勤、病假、事假、探亲假、婚丧假、生育假、哺乳假、旷工及处理办法、假期计算等共14条。

13.《清华大学博士后管理规定》，经2006—2007学年度第24次校务会议通过、2007年6月1日清校发〔2007〕26号文件公布，计有：总则、管理机构及其职责、招收与进站、在站管理、相关待遇、退站与出站、附则等七章共31条。

14.《清华大学财经管理规定》，经2000—2001学年度第5次校务会议通过、2004—2005学年度第6次校务会议第一次修订、2004—2005学年度第7次校务会议第二次修订、2010—2011学年度第2次校务会议第三次修订、2010年11月1日清校发〔2010〕57号文件公布，计有：总则、财务管理体制、预算管理、收入管理、支出管理、结余及其分配、专用基金管理、资产管理、对外投资管理、负债管理、产业及后勤财务管理、财务清算、财务报告与财务分析、财务监督、附则等十五章共62条。

15.《清华大学预算管理暂行规定》，经2004—2005学年度第7次校务会议通过、2010—2011学年度第2次校务会议修订、2010年11月1日清校发〔2010〕58号文件公布，计有：总则、预算内容及编制原则、预算管理职权、预算编制程序、预算执行与监督、预算调整、决算、附则等八章共35条。

16.《清华大学经济管理办法》，经2004—2005学年度第7次校务会议通过、2005年3月7日清校发〔2005〕8号文件发布，计有：科研经费，技术开发、科技咨询服务、成果转让，实验室、金工间等对外服务，各类教育对外服务，外单位颁发的各种奖金，关于校办企业上交所得，学校固定资产的出租、出借、投资、变卖、报废回收收入，人员编制费、管理费和借调费，经济管理办法的实施及解释权等九项内容共47条。

17.《清华大学国有资产管理规定》，经1991—1992学年度第19次校务会议通过、2010—2011学年度第15次校务会议修订，计有：总则、国有资产管理体制、非经营性国有资产管理、经营性国有资产管理、附则等五章共19条。

18.《清华大学领导干部任期经济责任审计办法》，2009—2010学年度第19次校务会议通过、2010年5月17日清校发〔2010〕25号文件公布，计有：领导干部定义、适用范围、任期经济责任审计实施程序、经济责任审计主要内容、审计报告等共18条内容。

19.《清华大学规章制度管理办法》，经2006年11月2日学校第十二届党委第四次常委（扩大）会审议通过、2006年12月29日清校发〔2006〕42号文件公布，计有：规章制度定义、适用范围、规章制度立项、起草、审核、决定、公布、解释、修改或废止程序等共 19 条内容。

20.《清华大学保密工作管理规定》，经 2001—2002 学年度第 8 次校务会议通过、2009—2010 学年度第 21 次校务会议修订、2010 年 7 月 2 日清校发〔2010〕37 号文件公布，计有：适用范围、保密工作方针、保密工作管理体制、保密管理责任制、学校保密范围及国家秘密密级、报批、涉密人员管理等共 27 条内容。

第六节　民主管理与监督

解放后，学校通过各种渠道听取师生员工的意见，发扬民主，接受监督，各民主党派、人民团体对此都起了很大作用。1953 年开始，教职工通过工会会员代表大会参加学校民主管理（见第十八章第八节）。1985 年学校设立审计室，1986 年建立了教职工代表大会制度，1988 年成立监察工作委员会，2000 年设立了校务公开制度，从行政机制和组织机构上加强和健全了学校的民主管理和监督，并使其制度化。

一、教职工代表大会

（一）概述

根据《中共中央关于教育体制改革的决定》和教育部、中国教育工会全国委员会颁发的《高等学校教职工代表大会暂行条例》，学校于 1986 年开始实行党委领导下的教职工代表大会制度（简称“教代会”）。1986 年 9 月 4 日至 9 日，举行清华大学教职工第一次代表大会，通过了《清华大学教职工代表大会暂行条例》。《条例》指出：教代会是教职工行使民主权利，实行民主管理、民主监督的重要组织形式。并规定：每三年一届（后根据上级主管部门要求，教代会从每届三年改为每届五年）；教代会与工会代表大会（简称“工代会”）联合召开，全体代表会议一般每学期开一次；代表实行届内常任制；教代会以部门为单位建立代表组；代表组除参加学校民主管理外，还要听取、讨论本单位行政负责人的工作报告，评议本单位领导干部。

1990 年 5 月，第二届教代会通过了《清华大学教职工代表大会条例》《清华大学教职工代表大会条例实施细则》和《清华大学工会工作条例》。规定教代会的职权是：(1)听取讨论校长的工作报告，对学校工作提出意见和建议；(2)审议与教职工切身利益有关的基本规章制度，提交校长决定；(3)决定有关教职工的集体福利事项；(4)评议、监督学校各级领导干部。春季教代会全体代表会议一般在每年 4、5 月份召开，常规内容为：(1)表彰上一年度校先进集体、先进工作者、“老有所为”先进个人及校工会优秀分工会、先进分工会、先进工会小组、优秀工会积极分子；(2)教代会提案委员会主任做上一次教代会所立提案的答复、落实情况报告；(3)主管校领导作关于学校为师生员工办实事或财务方面的工作报告；2000 年起，改为由常务副校长、校务公开领导小组组长作上一年度的校务公开报告。(4)校工会委员会提交上一年度工会财务情况报告（书面）；(5)工会经费审查委员会提交上一年度工作报告（书面）；(6)1994 年至 2009 年清华大学教职工健康平安互助基金管理委员会提交上一年度基金运行及补偿情况的报告（书面）。秋季教代会全体代表会议一般在每年 10 月或 11 月召开，常规内容为：(1)校长作关于学校改革发展的工作报告；(2)提案委员会主任作本次教代会征集提案的立案情况报告。除常规内容外，结合学校实际还会安排一些需要讨论或通过的规定或条例等内容。在全体代表大会会后的 2～3 周内，各代表组召开会议，讨论大会报告，由校工会负责收集反馈意见汇总上报学校。

1993 年 10 月 29 日，第三届教代会设提案工作委员会（1999 年改名为提案委员会）进行提案征集和立案的工作，并对提案的答复及落实进行监督。1999 年 9 月，教代会四届七次全体会议通过了《清华大学教职工代表大会提案工作条例》。2000 年 12 月，教代会四届九次全体会议通过了《清华大学教职工代表大会代表组长联席会议议事规则》。

1999 年 9 月，清华被全国教育工会评为“全国学校民主管理先进单位”，2001 年被北京市教育工委评为“北京市校务公开先进单位”，2006 年被北京市教育工会评为“北京市高校教代会提案工作先进单位”。

（二）历次代表大会

从 1986 年 9 月至 2010 年 12 月，学校共召开了七届四十九次教代会、工代会全体代表会议。

1986 年 9 月 4 日至 9 日，举行教职工第一次暨工会会员第十三次代表大会，正式代表 615 人。高景德校长致开幕词。大会听取、讨论方惠坚副校长作的《在改革中前进，在提高中发展》的报告；张慕萍副校长作《关于学校财务、基建与后勤工作》的报告；党委书记李传信致闭幕词。大会通过了《清华大学教职工代表大会暂行条例》。

1987 年 3 月 19 日，召开第一届教代会暨第十三届工代会二次会议，听取、讨论方惠坚副校长作的《关于提高学生全面素质和学校发展问题》的报告；张慕萍副校长作了《关于学校财政、发展规模和速度问题》的报告。党委书记李传信讲话。

1987 年 12 月 11 日，召开第一届教代会暨第十三届工代会三次会议，听取、讨论高景德校长讲话及张孝文副校长作的《贯彻十三大精神，深化教育改革》的报告；党委副书记、工会主席张绪潭介绍了教职工住宅分配暂行办法的情况。大会以无记名投票方式表决通过《清华大学教职工住宅分配暂行办法》。

1988 年 5 月 7 日，召开第一届教代会暨第十三届工代会四次会议，听取、讨论张孝文副校长作的《大力加强教学、科研与生产的结合，为经济建设多做贡献》的报告；张慕萍副校长作《深化财经管理改革，大力开展增收节支，促进教育事业发展》的报告。

1988 年 10 月 20 日，召开第一届教代会暨第十三届工代会五次会议，听取、讨论张孝文校长作的《主动适应社会需要，深入进行教育改革，建设具有中国特色的世界一流大学》的报告和关于《清华大学管理体制暂行条例》的说明；讨论《清华大学系主任负责制暂行工作条例》。

1989 年 4 月 14 日，召开第一届教代会暨第十三届工代会六次会议，听取、讨论张慕萍副校长作的《增收节支，保证重点，努力改善办学条件》的报告；校长助理陶森作《加强财经管理，提高办学效益》的报告和工会副主席张启明作关于教代会、工会民主管理工作情况的报告。

1990 年 5 月 11 日至 18 日，举行清华大学教职工第二次暨工会会员第十四次代表大会，正式代

表 593 人。大会听取、讨论张孝文校长作的学校工作报告和党委书记方惠坚作的《把德育放在首位，办好学校要依靠全体教职工》的报告。大会期间还召开专题座谈会，校领导和各部、处负责人直接听取代表的意见。大会通过了《清华大学教职工代表大会条例》及《清华大学教职工代表大会条例实施细则》。

1990 年 10 月 12 日，召开第二届教代会暨第十四届工代会二次会议，听取、讨论贺美英副校长作的《关于加强学生德育工作》的报告和张孝文校长的讲话。大会印发了《关于教代会、工代会提案落实情况的汇报》的书面材料。大会通过了教职工住房分配委员会名单。

1991 年 3 月 29 日，召开第二届教代会暨第十四届工代会三次会议，听取、讨论张孝文校长作的《坚持方向，着力提高，把今年工作做得更好》的报告和孙继铭副校长关于教职工住房问题的补充报告。

1991 年 11 月 22 日，召开第二届教代会暨第十四届工代会四次会议，听取、讨论张孝文校长作的《全校教工动员起来，认真搞好校内管理改革》的报告和梁尤能副校长《关于深化校内管理改革的思路与方案》的报告。

1992 年 4 月 3 日，召开第二届教代会暨第十四届工代会五次会议，听取、讨论张孝文校长作的《抓住有利时机，推进改革开放，为提高学校的教育质量和科技水平而奋斗》的报告，孙继铭副校长作了《改善办学条件、教职工生活条件和文明校园建设问题》的报告。

1992 年 10 月 9 日，召开第二届教代会暨第十四届工代会六次会议。听取、讨论梁尤能副校长作的《进一步深化改革，加快学校事业发展》的报告；孙继铭副校长作了关于深化后勤改革的报告和《清华大学教职工住宅分配暂行办法》修订方案的说明，大会通过了该修订方案。

1993 年 4 月 9 日，召开第二届教代会暨第十四届工代会七次会议。听取、讨论张孝文校长作的《抓住有利时机，加速改革与发展》的报告。副校长梁尤能、余寿文、倪维斗、杨家庆、孙继铭等和总会计师陶森分别就世界一流大学的目标与学科建设、提高教学质量的思路和措施、科研与校办产业、教职工队伍建设、改善居住条件和公费医疗、学校治安及学校经费等问题作了报告，并当场回答代表提出的问题。

1993 年 10 月 29 日至 11 月 5 日，举行教职工第三次暨工会会员第十五次代表大会，正式代表 562 人。大会听取、讨论张孝文校长作的《明确目标，深化改革，加快建设一流大学的步伐》的报告。该报告第一次提出学校一个明确的、有期限的奋斗目标，即“到 2011 年，争取把清华大学建设成为世界一流的、具有中国特色的社会主义大学”。大会还讨论了《清华大学关于加强学科建设的规划提纲》。

1994 年 3 月 25 日，召开第三届教代会暨第十五届工代会二次会议。听取、讨论新任校长王大中作的《为使清华大学以崭新的面貌进入 21 世纪而奋斗》的报告和余寿文副校长《全面实行学分制，为进一步提高教学质量而努力》的报告。大会通过了教职工住宅分配委员会名单。

1994 年 11 月 25 日召开第三届教代会暨第十五届工代会三次会议。听取、讨论杨家庆副校长作的《深化改革，优化结构，抓住骨干，提高效益——队伍建设面临的形势和对策》的报告和党委副书记陈希《贯彻中央两个文件，促进学校三个育人，努力提高学生德育素养》的报告。

1995 年 4 月 7 日，召开第三届教代会暨第十五届工代会四次会议。听取、讨论杨家庆副校长作的《认清形势，抓住机遇，深化改革，狠抓落实》的报告；审议并通过清华大学教职工福利费管理使用的原则意见和修改公费医疗改革方案的有关条款。

1995 年 10 月 19 日，召开第三届教代会暨第十五届工代会五次会议。听取、讨论王大中校长作的《动员起来，为完成清华大学“九五”事业发展规划而奋斗》的报告。

1996年1月9日，召开第三届教代会暨第十五届工代会六次会议。听取、审议孙继铭副校长作的《关于深化住房制度改革》的报告，学校的售房方案吸取了代表们提出的修改楼层系数和售后维修等意见。会上发放《关于深化住房制度改革的宣传提纲》。

1996年11月21日至28日，举行教职工第四次暨工会会员第十六次代表大会，正式代表518人。校党委书记贺美英致开幕词。大会听取、讨论王大中校长作的《加强精神文明建设，实施“九五”规划，为实现我校总体目标而奋斗》的报告和孙继铭副校长《全面加强综合治理，建设一流校园环境》的报告，还召开“人才培养与教学工作”“学科建设、科研与开发”“队伍建设与职业道德”及“文明校园建设”四个专题座谈会。

1997年6月5日，召开第四届教代会暨第十六届工代会二次会议。听取、讨论党委宣传部长庄丽君作的《关于“清华大学社会主义精神文明建设‘九五’规划”的说明》报告；总务长王晶宇作了《1996年后勤为我校教职工所做实事情况及1997年做实事的计划》的报告。

1997年11月6日，召开第四届教代会暨第十六届工代会三次会议。听取、讨论余寿文副校长作的《关于开展教育思想讨论》的报告；党委副书记张再兴作了《关于学校进行毕业生调查情况》的报告；党委宣传部长庄丽君作了《关于“清华师德”（试行）》的说明报告。大会通过的《清华师德》为：“敬业报国，育人爱岗，务实求真，进取自强，克己奉公，团结协作，为人师表，仪态端庄。”

1998年4月16日至17日，召开第四届教代会暨第十六届工代会四次会议。听取、讨论王大中校长作的《转变教育思想，更新教育观念，推进教育改革》的报告和郑燕康总务长《树一流的意识，创一流的服务》的报告。

1998年11月19日至12月3日，召开第四届教代会暨第十六届工代会五次会议。听取、讨论王大中校长作的《抓住跨世纪的历史机遇，向综合性研究型开放式的世界一流大学迈进》的报告，审议校医院副院长韩旭《清华大学教职工平安互助基金第一期基金执行情况》的报告和校工会副主席郭大成《清华大学教职工平安互助基金第二期管理办法》的说明。

1999年4月1日，召开第四届教代会暨第十六届工代会六次会议。听取、讨论王大中校长作的《动员起来，为建设世界一流大学而努力奋斗》的报告。

1999年9月17日至10月21日，召开第四届教代会暨第十六届工代会七次会议。听取、讨论龚克副校长作的《关于建设一流大学学科建设规划及实施的若干问题》的报告和何建坤常务副校长作的《深化人事制度改革，逐步建立适应世界一流大学建设的管理机制》的报告。大会通过《清华大学教职工代表大会提案工作条例》。大会以无记名投票方式表决通过《关于实行岗位聘任和校内岗位津贴制度的办法（试行）》，同意率达97%。10月份学校开始发放岗位津贴。

2000年3月31日，召开第四届教代会暨第十六届工代会八次会议。听取、讨论王大中校长作的《1999年学校工作回顾和今年工作部署》的报告。

2000年11月9日，召开第四届教代会暨第十六届工代会九次会议暨清华大学第21次教育工作讨论会开幕式。听取、讨论王大中校长作的《为开创21世纪我校人才培养和教育工作新局面而努力》的报告。12月15日，召开第二次全体代表会议，听取、讨论提案委员会主任吴文虎作的《关于四届九次教代会提案立案审查的报告》；党委办公室主任白永毅宣读《清华大学关于加强“校务公开”的若干意见》。工会常务副主席杨晓延宣布《教代会代表、代表组长增补试行办法》。工会副主席郭大成宣布《教代会代表组长联席会议事规则》的表决情况。

2001 年 6 月 26 日至 7 月 2 日，举行教职工第五次暨工会会员第十七次代表大会，正式代表 521 人。校党委书记贺美英致开幕词。大会听取、讨论王大中校长作的《建设世界一流大学，为实现中华民族的伟大复兴而努力奋斗》的报告；常务副校长、校务公开领导小组组长何建坤作了《积极稳妥地推进校务公开，加强民主决策、民主管理、民主监督》的报告。工会副主席郭大成宣读第十六届工会委员会的《关于贯彻学校党委的决定，认真学习和落实江总书记题词和讲话的精神，团结全校教职工投身一流大学建设的决定》。

2001 年 12 月 13 日，召开第五届教代会暨第十七届工代会二次会议暨我校第 21 次教育工作讨论会闭幕式，听取、讨论王大中校长作的《全校动员，努力实现我校教育改革与发展的“十五”奋斗目标》的总结报告。

2002 年 4 月 11 日，召开第五届教代会暨第十七届工代会三次会议，听取、讨论副校长顾秉林作的《大力加强学科建设和学风建设》的报告和副校长何建坤作的《深化人事制度改革，加强教师队伍建设》的报告；副校长岑章志作《2001 年度校务公开工作报告》。

2002 年 12 月 3 日，召开第五届教代会暨第十七届工代会四次会议，听取、讨论王大中校长作的《全面贯彻“三个代表”重要思想，推进科学技术创新，努力开创我校科技工作新局面》的报告。

2003 年 7 月 10 日，召开第五届教代会暨第十七届工代会五次会议，副校长岑章志作《2002 年度校务公开工作报告》。

2003 年 10 月 31 日，召开第五届教代会暨第十七届工代会六次会议，听取、讨论新任校长顾秉林作的《重点突破，跨越发展，为跻身世界一流大学而努力奋斗》的报告。校务委员会名誉主任、前任校长王大中作《总结经验，坚定信心，努力实现跻身世界一流大学的目标》的书面报告。王大中同志在卸任校长职务前，拟向大会作工作报告，因时值“非典”，会议推迟举行，故以书面形式印发。

2004 年 6 月 10 日，召开第五届教代会暨第十七届工代会七次会议，听取、讨论校长顾秉林作的工作报告。报告回顾了一年的工作，并对在学校中心工作中如何树立和落实科学发展观谈几点思考。副校长岑章志作《2003 年度校务公开工作报告》。

2004 年 11 月 4 日，召开第五届教代会暨第十七届工代会八次会议，发布“清华大学优秀教师奖”更名为“清华大学突出贡献奖”的（书面）决定；表彰“清华大学突出贡献奖”获得者航天航空学院黄克智院士和工物系金兆熊教授；听取、讨论校务委员会主任、党委书记陈希作的《以人才培养为根本，推进世界一流大学建设》的报告。12 月 3 日，召开第二次大会，听取、讨论副校长张凤昌作的《清华大学基本建设和校园规划工作》的报告；讨论《关于教代会代表、代表组长、主席团成员增（补）选的试行办法》及《教职工周转公寓（三居室）租借办法》。

2005 年 4 月 28 日，召开第五届教代会暨第十七届工代会九次会议，副校长岑章志作《2004 年度校务公开工作报告》。

2005 年 7 月 4 日至 7 月 8 日，举行教职工第六次暨工会会员第十八次代表大会，正式代表 489 人。校党委书记陈希致开幕词。大会听取、讨论校长顾秉林作的《新世纪清华大学发展的回顾与思考》的报告。

2005 年 11 月 17 日，召开第六届教代会暨第十八届工代会二次会议暨第二十二次教育工作讨论会闭幕式，听取、讨论校长顾秉林作的《秉承实践教育传统，加强创新能力培养，提高学生全面素质》的报告。

2006 年 4 月 20 日，召开第六届教代会暨第十八届工代会三次会议，副校长岑章志作《2005 年度校务公开工作报告》。

2006 年 11 月 30 日，召开第六届教代会暨第十八届工代会四次会议，听取、讨论校长顾秉林作的《全面落实‘十一五’事业发展规划，努力跻身世界一流大学行列》的报告；校党委书记陈希作《振奋精神，扎实工作，把“十一五”规划的各项任务落到实处》的报告。

2007 年 4 月 19 日，召开第六届教代会暨第十八届工代会五次会议，常务副校长、校务公开工作领导小组组长何建坤作《2006 年度校务公开工作报告》。

2007 年 12 月 6 日，召开第六届教代会暨第十八届工代会六次会议，听取、讨论校长顾秉林作的《学习贯彻党的十七大精神　推动我校工作又好又快地向前发展》的报告。

2008 年 4 月 24 日，召开第六届教代会暨第十八届工代会七次会议，常务副校长、校务公开工作领导小组组长陈吉宁作《2007 年度校务公开工作报告》。

2008 年 12 月 4 日，召开第六届教代会暨第十八届工代会八次会议，听取、讨论校长顾秉林作学校工作报告，主要内容为关于学校第 16 次科研讨论会的进展和关于百年校庆的筹备工作。

2009 年 5 月 7 日，召开第六届教代会暨第十八届工代会九次会议，常务副校长、校务公开工作领导小组组长陈吉宁作《2008 年度校务公开工作报告》。

2009 年 10 月 13 日至 17 日，举行教职工第七次暨工会会员第十九次代表大会，正式代表 462 人。校党委书记胡和平致开幕词。大会听取、讨论校长顾秉林作的《百年校庆前的学校工作与几点思考》的工作报告。民主选举产生了工会第十九届委员会委员 39 名和经费审查委员会委员 7 名。

2010 年 5 月 27 日，召开第七届教代会暨第十九届工代会二次会议，常务副校长、校务公开工作领导小组组长陈吉宁作《2009 年度校务公开工作报告》。

2010 年 11 月 18 日，召开第七届教代会暨第十九届工代会三次会议，听取、讨论校长顾秉林作的《高标准　严要求　切实做好百年校庆前各项工作》的报告；校党委副书记、工会主席韩景阳作《清华大学教职工行政纪律处分申诉处理办法》和《清华大学劳动人事争议调解办法》两个文件的说明报告。

（三）代表组长联席会议

教代会的日常工作由工会承担，大会闭会期间可根据工作需要召开代表组长联席会议。从 1986 年 9 月至 2010 年 12 月，共召开代表组长会 105 次，见表 1-6-1。

表 1-6-1　教代会部分代表组长会次数（1986—2010）

年份	次数	年份	次数	年份	次数	年份	次数
1986	1	1993	2	2000	12	2007	4
1987	2	1994	2	2001	8	2008	6
1988	3	1995	4	2002	4	2009	8
1989	2	1996	2	2003	4	2010	3
1990	3	1997	1	2004	3		
1991	4	1998	3	2005	7		
1992	5	1999	7	2006	5		

教代会代表组长会讨论的内容涉及学校发展的各个方面。曾经讨论过的部分内容有：学校精神文明建设规划；审议《清华大学深化校内管理改革方案》、校内津贴方案；审议学校事业发展规划；评议学校领导干部，推荐下届校长、副校长人选；听取对学校党风廉政建设的意见；审议教职工公费医疗情况及改革意见；审议并通过《清华大学教职工福利费使用的意见》；广泛征求教职工对调整作息时间的意见；讨论蓝旗营住房有关问题以及蓝旗营倒出的二次二类房分配问题，通过大石桥各户型设计方案；讨论、通过《清华大学教职工行政纪律处分条例》和《清华大学教职工行政纪律处分条例实施细则》；等等。还有定期专题会议 20 余次，如：从 1979 年至 1994 年，每年 3 月、4 月均召开代表组长会，讨论关于后勤、基建部门为教职工办实事的工作计划与总结；在 80 年代每年 4 月、5 月均召开代表组长会，讨论有关教职工子女教育及上初中、高中问题等。

（四）提案工作

按《清华大学教职工代表大会提案工作条例》的规定，提案委员会主任除在每年两次教代会全体代表会议上作关于提案工作的报告外，提案委员会更注重提案征集—立案—答复—落实的全过程。2000 年开始，进行网上提案征集。2005 年开始，征集提案时附议的代表由本代表组的代表特邀其他代表组的代表扩展到全体代表。后来又增加了跟踪提案落实情况、落实提案的职能部门与提出提案的代表见面等内容。1986 年以前提案工作参见第十八章第六节。1986 年以来教代会提案立案简况见表 1-6-2。

表 1-6-2　教代会部分提案立案简况

教代会届次		时　间	征集份数	立案份数	提案委员会主任
第一届	一次	1986-09-04—09	706		顾廉楚
第二届	一次	1990-05-11—18	455		沈乐年
第三届	一次	1993-10-29—11-03	315		沈静珠
第四届	一次	1996-11-21—28	83		吴文虎
	三次	1997-11-06			
	五次	1998-12-03			
	七次	1999-09-17—10-21	25	18	
	九次	2000-11-09	23	16	
第五届	二次	2001-12-13	73	45	吴文虎
	四次	2002-12-03	41	31	
	六次	2003-10-31	35	19	
	八次	2004-11-04	27	11	
第六届	二次	2005-11-17	66	48	潘　伟
	四次	2006-11-30	63	37	
	六次	2007-12-06	39	28	
	八次	2008-12-04	26	18	
第七届	一次	2009-10-15	77	52	潘　伟
	三次	2010-11-18	48	21	

二、监察工作

1988 年 10 月，学校成立监察工作委员会，主管行政监察工作和调查处理监察对象违反政纪行为。监察工作实行分级管理的原则。校监察工作委员会的监察对象为："校机关各部门及其管理人员、各系（所）负责人（正、副职）及教研组（室）主任、校直属单位的负责人。"属于上述范围以外工作人员违反政纪问题，按照政纪处分和干部管理权限，由所属行政单位负责查处，若属于重大违反政纪问题，监察工作委员会可直接进行查处。1993 年 1 月，监察工作委员会与党的纪律检查委员会合署办公，保留原有机构建制。

2005 年 4 月，为进一步严格依法监督工作，有效保证学校行政工作任务的落实，校务会议讨论通过，决定成立清华大学监察室。清华大学监察室成立后，与清华大学纪委办公室合署办公。清华大学监察工作委员会届满后，不再设立监察工作委员会。

2007 年 6 月，根据中央纪委驻教育部纪检组、监察局有关精神，学校决定继续设立监察工作委员会。

1988 年 10 月至 1993 年 7 月，查处全校违纪案件 23 件，其中经济案件占 65%。对 18 人做出行政处分，包括：留校察看 1 人，撤职 4 人，降级 2 人，记大过 5 人，记过 4 人，警告 2 人。

1993 年 8 月至 2010 年底，共查处全校违纪案件 20 件（7 件 8 人受党纪追究，6 件 8 人同时受法律追究，2 件 2 人受法律追究但未受政纪追究），其中经济类 12 件。25 人受到政纪处分，其中开除公职 8 人、降级 6 人、降职 1 人、记大过 5 人、记过 1 人、警告 4 人。免予政纪处分 3 人，其他处理 3 人。

学校在查处违纪案件的同时制定有关规定。1990 年上半年，颁布《清华大学关于加强廉政建设的几项规定》《清华大学关于校、系党政机关及其工作人员在国内公务活动中不得赠送和接受礼品的规定》。1990 年至 1992 年，以检查上述规定执行情况为主要内容，开展了两次廉政大检查。从 1990 年起，招生工作列为执法监察的重要内容。

1993 年起，监察工作委员会与纪律检查委员会合署办公，具体内容详见第二卷第十七章第七节。

三、审计工作

（一）概述

1985 年 9 月，成立清华大学审计室。1986 年 10 月，学校校务会通过《清华大学内部审计工作暂行条例》。

1992 年 3 月，校务会议通过《清华大学内部审计工作规定》。规定指出：审计室在校长领导下，依照国家法律、法规和政策对学校及其下属单位的财务收支及其经济效益实行内部审计监督，独立行使内部审计职责，向学校领导负责和报告工作，接收国家审计署的业务指导。审计要努力做到为防范学校经济风险服务，为提高教育资金使用效益服务，为解决教育改革和发展中出现的突出矛盾服务，不断提高审计质量。为此，学校陆续制定一系列审计规章制度和审计方式方法，采取一系列防范资金风险、保障资金安全、发挥资金效益的具体措施，使学校内审工作更加规范化和制度化。

1998年底清华大学进行体制改革，实行"纪监审合署办公"，但保留了审计室的人员编制、图章、办公地点和副校长业务领导的机制，保障审计工作的独立性。

2004年初，为适应审计工作的发展，清华大学又将审计室设置为独立的行政管理部门。

学校审计工作注重制度建设，从1999年至2010年，先后制定了《清华大学"985"项目基础设施修缮工程暂行管理办法》（1999年11月）、《清华大学基本建设、大型修缮、征地拆迁经费管理办法》（2005年6月）、《清华大学领导干部任期经济责任审计办法》（2010年5月）、《清华大学建设工程项目审计规定》（2010年5月）和《清华大学公用房修缮工程管理办法》（2010年8月）。

清华大学审计室先后荣获全国教育系统审计工作先进集体（1994年）、全国教育系统先进审计机构（1998年）、全国教育系统审计工作先进集体（2002年）等称号。

（二）工作内容

审计室承担经济责任审计、财务审计、专项审计、建设工程审计等方面的审计内容，随着学校的发展和需要，在不同的年代审计内容有所不同。

从1986年10月开始，审计室的审计业务有：财务收支审计、财经法纪审计、经济效益审计、厂长（经理）离任审计、经营承包审计、基建工程、预决算审计、经营管理审计等。

从1996年开始，审计室的审计范围有所扩大，学校领导和组织部门为加强对干部的管理和考核，公平评价有关责任人履行经济责任的情况和工作业绩，对清华大学院、系、所、中心等教学科研单位、直属单位、后勤单位、附属单位、企业单位的行政正职领导干部及主持工作的行政副职领导干部在换届和离任时，委托审计室进行干部经济责任审计。

1998年，审计工作范围新增基建工程项目财务决算审计。

1999年学校管理机构缩编，仍为审计室增加编制，批准审计室审计范围扩大，审计室成为覆盖全校经济活动的二级单位，审计内容扩展到基建、修缮项目审计和"211工程""教育振兴行动计划""北京市科委专项"等国家重大专项资金的专项审计，并确定学校每年都要开展校级年度财务预算执行与决算审计。

从1999年起，开始对修缮工程审计。基建和修缮工程的审计金额逐年增加，截至2010年已累计审减1.94亿元，在为学校节约资金方面产生了显著的直接经济效益。

2000年，学校财务管理系统建立了专门财务计算机网络系统，审计室与财务部门实现联网，做到网上审计和实时监督。

2004年，与专业软件公司合作，开发专业计算机审计软件，开展了计算机审计。同年，实施建设项目全过程审计。

2005年，结合课题"构建高校经济效益审计模式的研究"，开展了绩效审计的研究和应用。

2007年，首次对奥运训练场馆改造工程的维修项目采用跟踪审计。审计室从制定跟踪审计合同、实施方案到操作程序进行探索和实施。

2007年，建立由审计室、纪委办公室、监察室、党委组织部、财务处组成的联席会议制度，及时交流、通报领导干部任期经济责任审计情况，研究、解决领导干部任期经济责任中出现的问题。

2008年，随着教育部建设项目竣工申报制度的试行，审计室规范决算审计的方式方法，理顺各部门之间的关系，确定竣工决算中送审流程、收费标准、审计内容、委托形式等。当年完成了四项基建竣工财务决算审计。

2010年为加强建设项目的全过程审计的规范性，制定了招投标方式、收费标准、审计内容、审计模式、审计职责以及审计与建设方、施工方、监理方的协调关系等适合我校全过程审计的全套方案。以招投标方式确定进行全过程审计的咨询公司。

2010年结合课题“基于风险管理的高校内部审计研究”探索了风险管理审计的理论和实施办法。内部审计通过运用风险管理方法和控制措施，对风险管理过程的充分性和有效性进行检查、评价和报告，提出改进意见，为管理层或决策层提供帮助。

2008年审计工作向以真实性、合规性为导向的财务审计与内部控制和风险管理为导向的管理审计并重的转变。

审计被赋予了监督、评价、控制、咨询、服务等职能。审计室自成立以来不断扩大审计的范围，更新审计理念，主要在三个方面有了较大变化：审计从财务收支向管理审计发展；从监督向服务、监督并举发展；从事后审计向事中、事前结合审计发展。

历年完成的各类审计任务见表1-6-3。

表1-6-3 历年完成的各类审计任务

年　份	经济责任（个）	基建修缮（个）	其他项目（个）	项目总计（个）	审减额（万元）
1985—1993				112	
1994					
1995	3	0	31	34	0
1996	9				
1997	13	0	24	37	
1998	9	1	14	24	
1999	13	2	27	42	6.9
2000	13	32	92	137	461
2001	13	31	57	101	744
2002	10	46	25	81	1 088
2003	15	65	33	113	1 129
2004	21	96	48	165	1 209
2005	19	135	57	211	3 162
2006	22	114	42	178	3 294
2007	20	78	36	134	1 798.4
2008	22	102	36	160	2 259.30
2009	22	94	24	140	2 895.39
2010	29	155	24	208	1 321.96
总计	253	951	570	1 877	19 368.95

第二章

院系设置、事业规划与学科建设

清华建校之初，系留美预备学校。1925 年正式设立大学部后，逐步过渡为综合性大学；1952 年经院系调整，转变为多科性工业大学。1978 年后，调整充实工科院系，恢复理学院，新建经济管理学院与人文社会科学学院。自 1994 以来，通过“调整结构，奠定基础”和“重点突破，跨越发展”两个阶段的建设，工科优势进一步发挥，理科和文科快速发展，医学、生命科学等院系相继成立，中央工艺美术学院并入成立美术学院，到 2010 年，清华大学已成为一所设有理学、工学、文学、历史学、哲学、经济学、管理学、法学、教育学、医学和艺术等学科的综合性研究型大学，是国家重要的高层次人才培养和科学研究的基地。

第一节　院系设置沿革

一、清华学校的系科设置

1911 年成立的清华学堂参照中国及美国中学以上学校办法，设高等、中等两科。高等科注重专门教育，以进入美国大学及专门学堂为目标，中等科为高等科之预备。1912 年 10 月，清华学堂改称清华学校，仍承袭此体制。

早在 1916 年 7 月，就开始酝酿筹办大学，直到 1925 年得以实施，清华学校改组为大学部、留美预备部和国学研究院三部分。

1925 年 5 月，设立大学部，开始招生（称为新制生，留美预备部学生称为旧制生）。原计划大学部分为普通科与专门科，学习年限均为两年或三年。普通科不分系，教学上只“重综合的观察”，即学习一些普通的基础课程。专门科开始分系，它是为“已选就终身职业或学科之学生，作专精之预备”，计划到 1927 年开始设立。但是，由于普通科培养目标不明确，与国内一般大学也不相衔接，1926 年便取消了普通科，而将“普通训练”的时间缩短为一年，并提早设系，把大学部改为四年制。

1926 年，大学部共设立了 17 个学系，其中已开出课程的有 11 个学系，即国文学系、西洋文学系、历史学系、政治学系、经济学系、教育心理学系、物理学系、化学系、生物学系、农业学系、工程学系。尚未能开出课程的学系有 6 个，即哲学系、社会学系、东方语言学系、数学系、体育学系、音乐系。

清华学校在改办大学、成立大学部的同时，又增设了一个研究院国学门（通称“国学研究院”）。国学研究院是一所独立的研究机构，其目标是培养“以著述为毕生事业”的国学研究人才，学科范围包括中国历史、哲学、文学、语言、文字学，以及西方学者研究中国文化的研究成果。国学研究院开办四年，于 1929 年停办。

二、国立清华大学的院系设置

1928 年 8 月，清华学校改名为国立清华大学。翌年，原清华学校旧制生全部毕业，留美预备部随即撤销。

国立清华大学的院系设置（本科），在不同时期有较大变化。

（一）国立清华大学前期（1928—1937）

1929 年 6 月，国民政府教育部呈准行政院颁布了《国立清华大学规程》，规定清华大学本科设文、理、法 3 个学院共 15 个学系，即文学院有中国文学系、外国语文学系、哲学系、历史学系、社会学及人类学系（1934 年 恢复社会学系原名）等五系；理学院有算学系、物理学系、化学系、生物学系、心理学系、地理学系（1932 年易名为地学系）等六系，并附属一个土木工程学系（1930 年，理学院还附设过医学预科，一年后撤销）；法学院有政治学系，经济学系和法律学系等三系。但直到 1932 年 2 月教育部才“准予备案”设立法律学系，到 1934 年又把它取消了。

1931 年冬，根据国民政府“提倡理工、限制文法”的教育政策，清华大学决定向工程学科方面扩展。1932 年秋，正式成立了工学院，包括土木工程、机械工程和电机工程 3 个学系。到 1934 年，国立清华大学的院系设置基本定型，计有文、法、理、工 4 个学院共 16 个学系，见表 2-1-1。

表 2-1-1　1934 年国立清华大学院系设置一览表

院 名 称	系 名 称	系 主 任
文学院（院长冯友兰）	中国文学系	朱自清
	外国语文学系	王文显
	哲学系	冯友兰
	历史学系	蒋廷黻
	社会学系	陈　达
理学院（院长叶企孙）	算学系	熊庆来
	物理学系	吴有训
	化学系	张子高
	生物学系	陈　桢（1934 年休假出国期间由李继侗代理）
	心理学系	孙国华
	地学系	袁复礼
法学院（院长陈岱孙）	政治学系	浦薛凤
	经济学系	陈岱孙
工学院（院长顾毓琇）	土木工程学系	施嘉炀（1934 年休假出国期间由蔡方荫代理）
	机械工程学系	庄前鼎
	电机工程学系	顾毓琇

（二）西南联合大学时期（1937—1946）

1937 年“七七”事变后，抗日战争全面爆发，清华大学辗转南迁。先在湖南长沙与北京大学、南开大学合组国立长沙临时大学，1938 年初共同迁至云南昆明，改称国立西南联合大学。

长沙临时大学综合北大、清华、南开三校原有的院系设置，共设 4 个学院 17 个学系，即文学院设中国文学系、外国语文学系、历史社会学系、哲学心理教育学系；理学院设物理学系、化学系、生物学系、算学系、地质地理气象学系；工学院设土木工程学系、机械工程学系、电机工程学系、化学工程学系；法商学院设经济学系、政治学系、法律学系、商学系。

西南联合大学的院系设置，在长沙临大原有院系的基础上稍有发展和调整。1938 年秋增设了师范学院（附设师范专修科）。师范学院设立后，分出文学院哲学心理教育学系中的教育组，改为师范学院教育学系；哲学心理教育学系改称为哲学心理学系。同时，工学院增设航空工程学系。1939 年 2 月，电机工程学系附设电讯专修科。1939 学年度起，又设立先修班和进修班。1940—1941 学年度，文学院的历史社会学系划分为历史学系和社会学系；次学年度，社会学系划归法商学院。至此，西南联大设有 5 个学院 26 个学系、两个专修科和一个先修班，见表 2-1-2。

表 2-1-2　1941 年国立西南联合大学院系设置一览表

院名称	系名称	系主任
文学院（院长冯友兰）	中国文学系	罗常培
	外国语文学系	叶公超
	历史学系	雷海宗
	哲学心理学系	汤用彤
理学院（院长吴有训）	算学系	杨武之
	物理学系	饶毓泰
	化学系	杨石先
	生物学系	李继侗
	地质地理气象学系	孙云铸
法商学院（院长陈序经）	政治学系	张奚若
	法律学系	燕树棠
	经济学系	陈岱孙
	商学系	陈岱孙
	社会学系	陈　达
工学院（院长施嘉炀）	土木工程学系	陶葆楷
	机械工程学系	李辑祥
	电机工程学系	倪　俊
	航空工程学系	王德荣
	化学工程学系	苏国桢
	电讯专修科	张友熙（科主任）
师范学院（院长黄钰生）	国文学系	罗常培（兼）
	英语学系	叶公超（兼）
	史地学系	雷海宗（兼）
	数学系	杨武之（兼）
	理化学系	许浈阳

续表

院名称	系名称	系主任
师范学院 （院长黄钰生）	教育学系	陈雪屏
	公民训育学系	田培林
	师范专修科	黄钰生（兼科主任）
其他	大学先修班	李继侗（兼主任）
	进修班	

此外，国立清华大学还设有 5 个特种研究所：农业研究所（1934 年成立）、航空研究所（1936 年成立）、无线电研究所（1937 年正式成立）、金属研究所（1938 年成立）、国情普查研究所（1939 年成立）。

（三）复员后国立清华大学时期（1946—1948）

抗战胜利后，清华大学复员，于 1946 年 10 月返回北平清华园。复员后，国立清华大学的院系设置进一步扩大。在原农业研究所的基础上，成立了农学院，设农艺、植物病理、昆虫学、农业化学 4 个学系。同时，文学院增设了人类学系；理学院增设了气象学系，在联大时期附属于哲学心理学系的心理学组也恢复独立设系；法学院增设了法律学系；工学院除在西南联合大学时增设的航空工程学系、化学工程学系外，又增设了建筑工程学系。这样，复员后国立清华大学共有文、法、理、工、农五个学院 26 个学系，比战前多了 10 个学系（见表 2-1-3）。此外，还设有一个先修班。

表 2-1-3 复员后国立清华大学院系设置一览表

院名称	系名称	系主任
文学院 （院长冯友兰）	中国文学系	朱自清[①]
	外国语文学系	陈福田
	哲学系	冯友兰
	历史学系	雷海宗
	人类学系[③]	吴泽霖
理学院 （院长叶企孙）	数学系	杨武之[②]
	物理学系	霍秉权
	化学系	高崇熙
	生物学系	陈　桢
	地学系	袁复礼
	气象学系[③]	李宪之
	心理学系	周先庚（后为孙国华）
法学院 （院长陈岱孙）	政治学系	曾秉钧
	经济学系	陈岱孙
	社会学系	潘光旦
	法律学系[③]	赵凤喈

续表

院名称	系名称	系主任
工学院（院长施嘉炀）	土木工程学系	陶葆楷
	机械工程学系	李辑祥
	电机工程学系	叶　楷（后为黄　眉）
	航空工程学系③	顾培慕（后为王德荣）
	化学工程学系③	曹本熹
	建筑工程学系③	梁思成
农学院③（院长汤佩松）	农艺学系③	韩德章
	植物病理学系③	戴芳澜
	昆虫学系③	刘崇乐
	农业化学系③	汤佩松

注：① 朱自清于1948年8月病故后，由李广田接任系主任。
② 1946年至1947年杨武之因病留昆，先后由赵访熊、段学复代理系主任。
③ 均为较抗战前增加的院系，其中建筑工程学系于1946年10月增设。

三、1949年后清华大学的院系设置

1949年后清华大学的院系设置（本科）几经调整与充实，在不同时期变化很大。

（一）1949年—1952年

解放初期，清华大学对院系设置作了局部调整。1949年6月，文学院的人类学系并入法学院的社会学系，且在该系设立边疆社会组，转年改为少数民族组；法学院取消了法律学系；工学院的建筑工程学系改称营建学系。同年9月，清华大学农学院分出，与北京大学、华北大学两校的农学院合并，成立了北京农业大学。1950年3月，理学院的地学系分为地质学系和地学系，工学院增设采矿工程学系，化学工程学系增设石油精炼组。1951年5月，经政务院文化教育委员会批准，厦门大学、西北工学院、北洋大学三校的航空工程学系并入清华大学航空工程学系，成立了清华大学航空工程学院。

为了适应当时国家对专门人才的急切需要，1949年11月接受中央农业部委托，清华开办了农田水利专修科。1950年又陆续开办了二年制的银行专修科、水利专修科、水文专修科，以及为培养东欧留学生而设立的中国语文专修班。

根据教育部1951年3月关于筹办附设工农速成中学的指示，清华大学于7月成立附设工农速成中学筹备委员会，10月10日，清华工农速成中学正式开学。

1951年10月，工学院增设水利工程学系和水力发电学系。1952年院系调整前，全校院系设置情况，见表2-1-4。

表 2-1-4　1952 年院系调整前清华大学的院系设置

院名称	系名称	系主任
文学院（院长金岳霖）	中国文学系	吴祖缃
	外国语文学系	吴达元
	哲学系	王宪钧
	历史学系	周一良
法学院（院长陈岱孙）	政治学系	曾秉钧
	经济学系	陈岱孙（兼）
	社会学系	潘光旦
理学院（院长叶企孙）	数学系	段学复
	物理学系	王竹溪
	化学系	张子高
	生物学系	陈　桢
	地质学系	张席禔
	地学系（地理组）	王成祖
	气象学系	李宪之
	心理学系	孙国华
工学院（院长施嘉炀）	土木工程学系	李庆海（代）
	机械工程学系	庄前鼎
	电机工程学系	章名涛
	化学工程学系	曹本熹
	营建学系	梁思成
	采矿工程学系	孟宪民
	水利工程学系	施嘉炀（兼）
	水力发电学系	张光斗
航空工程学院		沈　元（院长）
工农速成中学		周培源（兼校长）

（二）1952 年院系调整

为了适应新中国大规模经济建设对人才的需求，1952 年 6 月，全国高等学校进行了大规模的院系调整。在院系调整中，北京大学工学院和燕京大学机械工程学系、土木工程学系及化工组一部分并入清华；清华大学文学院、理学院和法学院并入北京大学；同时，又以清华大学某些院系的一部分和其他院校相关系科合并，成立了北京航空学院、北京矿业学院、北京地质学院、北京政法学院；另外，清华大学还有部分人员和系科分别调入中国科学院、中国人民大学、中央财经学院、中央民族学院、北京钢铁工业学院等单位。

院系调整后，清华大学取消学院建制，设置机械制造、动力机械、土木工程、水利工程、建筑、电机工程、无线电工程和石油工程系等 8 个系（见表 2-1-5），还有 15 个专修科。1953 年，石油工程系又调出清华，成立北京石油学院。

表 2-1-5　1952 年院系调整后清华大学系科设置

系　名	系主任	系　名	系主任
机械制造系	李西山	电机工程系	章名涛
动力机械系	庄前鼎	无线电工程系	孟昭英
土木工程系	张　维	建筑系	梁思成
水利工程系	张　任	石油工程系	曹本熹

经过院系调整，清华大学由延续 20 多年并已形成自己特点和优势的多院制综合大学转变为一所多科性工业大学。

（三）建设多科性工业大学时期（1953—1966）

20 世纪 50 年代中期，世界科学技术有了很大的突破与发展，特别是原子能科学技术、电子科学技术以及火箭、自动控制等科学技术领域有了突破性进展。为了适应世界科学技术的发展和国家建设的需要，经中央批准，清华大学从 1955 年起陆续创建新技术专业，1956 年设立工程物理系，1958 年相继增设了工程化学系、工程力学数学系和自动控制系等新技术专业系，并有意识地发展应用理科。同年，无线电工程系改名为无线电电子学系。1960 年，又将机械制造系分为冶金系、精密仪器及机械制造系；以动力机械系的汽车拖拉机专业为主成立了农业机械系；而原土木工程系和建筑系则合并为土木建筑工程系。至 1966 年，清华大学的系科设置已由院系调整后的 8 个系发展为 12 个系，见表 2-1-6。

表 2-1-6　1966 年清华大学的系科设置

系　名	系主任	系　名	系主任
土木建筑工程系	梁思成、陶葆楷	电机工程系	章名涛
水利工程系	张　任	无线电电子学系	李传信
动力机械系	李辑祥	自动控制系	钟士模
农业机械系	李辑祥	工程物理系	何东昌
精密仪器及机械制造系	金希武	工程化学系	汪家鼎
冶金系	李西山	工程力学数学系	张　维

（四）"文化大革命"与拨乱反正时期（1966—1978）

"文化大革命"期间，清华大学的系科建制变动大。1969 年，在江西鲤鱼洲建立试验农场，大批教职工下放到农场劳动，接受"再教育"。年底，无线电电子学系以及精密仪器及机械制造系、自动控制系和基础课的部分教职工和大部分学生迁往四川绵阳分校。1970 年 8 月，根据清华大学专业体制调整方案，全校设置三厂、七系、一连、一个基础课和两个分校，即试验化工厂、汽车厂、精密仪器及机床厂，电力工程系、自动化系、化学工程系、土木建筑工程系、水利工程系、工程物理系、工程力学数学系，机修连，基础课，四川绵阳分校、江西分校（试验农场）。当时，将原动力机械系的锅炉、燃气轮机等专业与原电机工程系的电机、发电、高压等专业合并成立电力工程系；将原电机工程系的电器、工业企业自动化专业与原动力机械系的热能动力装置专业中的热力设备自动化专门化及热工测量专业等合并成立工业自动化系；将冶金系与原农业机械系的汽车拖拉机专业、精密仪器及机械制造系的机械制造专业和机械厂合并，成立清华大学汽

车制造厂。同年，又经调整，将工程力学数学系计算数学专业的一部分转入自动控制系，组建计算机软件专业；将无线电电子学系留在北京的电视专业和半导体车间并入自动控制系，其系名改为电子工程系。此外，土木建筑工程系改为建筑工程系，工程化学系改称化学工程系，工程力学数学系改为工程力学系。至1970年底，清华大学本部设电力工程系、机械制造系、精密仪器系、水利工程系、建筑工程系、电子工程系（电子厂）、工业自动化系（后改称自动化系）、工程物理系、化学工程系、工程力学系等10个系。1969年开始，水利系师生陆续到河南三门峡水库进行"开门办学"，1970年水利系迁往三门峡，1972年又迁回，保留了水利系三门峡办学基地。1974年后，学校又在北京大兴县试办农场，设立农村分校，招收青年农民学员，实行"社来社去"，培养农民技术员。

"文化大革命"结束后，学校决定撤回绵阳分校全体师生与仪器设备，分校校舍移交给四川，1978年在校本部恢复无线电电子学系；还撤销了水利系三门峡基地和大兴农村分校。

1977年，撤销清华大学汽车制造厂。1978年，原动力机械系部分从电力工程系中分出，改名为热能工程系，机械制造系改名为机械工程系，精密仪器及机械制造系改名为精密仪器与机械学系，化学工程系恢复工程化学系名称。1980年，电力工程系恢复电机工程系名称。

经过恢复、调整，1978年清华大学设置12个系，见表2-1-7。

表 2-1-7　1978 年清华大学的系科设置

系　名	系主任	系　名	系主任
建筑工程系	吴良镛	无线电电子学系	李传信
水利工程系	张宪宏	电子工程系	唐泽圣
机械工程系	潘际銮	自动化系	陶　森
精密仪器与机械学系	沈　钊	工程物理系	许纯儒
热能工程系	朱志武	工程化学系	汪家鼎
电机工程系	杨秉寿	工程力学系	王和祥

（五）1978年—1993年

1978年，按照"理工结合，文理渗透"的发展战略，清华大学对系科设置和结构进一步作了调整，新建了一批高新技术专业与新兴学科，逐步增设了理科、文科、管理学科方面的院系，并对原有的系科进行了适当调整、更新和改造。1979年成立经济管理工程系。1984年4月，为了适应我国经济改革迅速深入发展的需要，经国家教育部批准，经济管理工程系扩建为经济管理学院，设经济系、管理工程系、管理信息系统系、国际贸易与金融系，聘请朱镕基兼任院长。在理科方面，先后成立了应用数学系（1979年）、现代应用物理系（1982年6月恢复成立物理系，1984年8月改为现名）、生物科学与技术系（1984年6月）和化学系（1985年10月恢复建立），并于1985年10月恢复理学院建制，聘请周光召兼任院长。为了加强人文社会科学学科的建设，自1983年起，先后建立了外语系（1983年7月恢复建立）、社会科学系（1984年2月）、中国语言文学系（1985年3月恢复建立），并于1993年12月，在社会科学系和中文系的基础上，成立了人文社会科学学院，下设历史系、哲学与社会学系、中国语言文学系（含国际汉学研究所）等3个系和思想文化研究所、科学技术与社会研究所、经济学研究所、教育研究所等4个研究所及艺术教育中心，撤销社会科学系，聘请滕藤兼任院长。在工程学科方面，由于系科结构的调整、更新，系的建制与名称变化较大。1979 年 5 月，电子工程系（前身为自动控制系）更名为计算机工程与科学系，1984 年 12 月，又改名为计算机科学与技术系；1980 年 2 月，化学工程系改名为化学与化学工程系，在 1985 年 10 月化学系分出后，又更名为化学工程系；1980 年 7 月，汽车专业与内燃机专业从热能工程系分出，成立汽车工程系；1980 年暑期后，建筑工程系分为建筑系和土木与环境工程系；1984 年 8 月，土木与环境工程系又分为土木工程系和环境工程系；1988 年 6 月，增设城市规划系，并将城市规划系与原有的建筑系组建为建筑学院；同年 9 月，增设材料科学与工程系；1988 年，水利工程系改名为水利水电工程系；翌年，电机工程系改称电机工程与应用电子技术系，无线电电子学系更名为电子工程系。截至 1993 年底，清华大学本科共设 4 个学院 29 个学系，其中工科 17 个学系、理科 4 个学系、人文社会科学学科 4 个学系、管理学科 4 个学系；此外，还设有研究生院（1984 年 4 月成立）和继续教育学院（1985 年 5 月成立），见表 2-1-8。

表 2-1-8　1993 年清华大学的院系设置

院系名称		系主任
建筑学院（院长胡绍学）	建筑系	栗德祥
	城市规划系	郑光中
土木工程系		刘西拉
水利水电工程系		雷志栋
环境工程系		井文涌
机械工程系		鹿安理
精密仪器与机械学系		周兆英
热能工程系		吴占松
汽车工程系		赵六奇
电机工程与应用电子技术系		韩英铎
电子工程系		董在望
计算机科学与技术系		王鼎兴
自动化系		胡东成
工程物理系		刘桂林
工程力学系		岑章志
化学工程系		戴猷元
材料科学与工程系		黄　勇
理学院［院长周光召（兼）］	应用数学系	萧树铁（代）
	现代应用物理系	陈皓明
	化学系	廖沐真
	生物科学与技术系	隋森芳
经济管理学院［院长朱镕基（兼）］	管理信息系统系	赵纯均
	管理工程系	徐国华
	经济系	李子奈
	国际贸易与金融系	赵家和

续表

院系名称		系主任
人文社会科学学院 ［院长滕藤（兼）］	哲学与社会学系	李润海
	中国语言文学系	徐葆耕
	历史系	朱育和
外语系		程慕胜
研究生院（院长梁尤能）		
继续教育学院（院长马祖耀）		

（六）1994 年—2002 年

1994 年，在已有信息学科系、所基础上建立信息科学技术学院。1995 年，恢复建立法律学系，该系隶属人文社会科学学院；成立会计系，隶属经济管理学院。1996 年，在精密仪器与机械学系、机械工程系、汽车工程系 3 个系的基础上，成立机械工程学院。1997 年，为加强理科建设，加速基础科学研究的发展，推动在相关领域的国际学术交流与合作，培养具有创新能力的杰出人才，为把清华大学建成世界一流的大学创造条件，成立“清华大学高等研究中心”。1997 年，为了更好地适应学科的发展，更全面、准确地反映学科涵盖面和发展特点，将“环境工程系”系名改为“环境科学与工程系”。1998 年，外语系进入人文社会科学学院，热能工程系和工程力学系进入机械工程学院；建立公共管理系，挂靠在经济管理学院；10 月人文社会科学学院设立传播系。1999 年，“应用数学系”更名为“数学科学系”；恢复建立法学院；“现代应用物理系”更名为“物理系”；中央工艺美术学院并入清华大学后更名为“清华大学美术学院”，撤销美术学院基础部和装饰艺术设计系，组建绘画系、雕塑系、工艺美术系，隶属美术学院；成立建筑技术科学系，该系在热能系空调教研组和建筑学院技术研究所基础之上组建，原热能工程系空调专业亦相应调整到建筑学院。2000 年，在土木工程系和水利水电工程系的基础上成立“土木水利学院”；成立建设管理系，简称“建管系”，隶属土木水利学院；复建哲学系、社会学系和政治学系，隶属于人文社会科学学院；同时撤销人文社会科学学院哲学与社会学系的建制；在经济管理学院公共管理系和 21 世纪发展研究院的基础上，成立公共管理学院。2001 年，成立工业工程系，隶属于机械工程学院；成立软件学院，隶属于信息科学技术学院；成立医学院，设医学系、药学系及生物医学工程系，同时，电机系的生物医学工程专业调整到医学院，医学院由教学系统、科研系统和附属医院三部分组成，分别担负人才培养、医学研究和医疗任务。2002 年，成立技术经济与管理系，隶属于经济管理学院；成立新闻与传播学院，原传播系建制撤销。

（七）2003 年—2010 年

2003 年，原隶属信息产业部的酒仙桥医院和玉泉医院正式并入；成立信息技术研究院，隶属于信息科学技术学院；成立景观学系，隶属于建筑学院；将“清华大学核能技术设计研究院”更名为“清华大学核能与新能源技术研究院”；成立生命科学与医学研究院。2004 年，成立微电子与纳电子学系，隶属于信息科学技术学院，为教学、科研与学科建设的实体；成立经济管理学院企业战略与政策系、人力资源与组织行为系和市场营销系；成立航天航空学院，机械工程学院工程力学系划转航天航空学院。2005 年，成立美术学院信息艺术设计系。2006 年，将人文社会科学学院简称“人文学院”更改为“人文社科学院”；中国协和医科大学更名为“北京协和医学院

（清华大学医学部）”；经济管理学院国际贸易与金融系更名为金融系。2007 年，航天航空学院航天航空系更名为航空宇航工程系，简称“航空系”；成立人文社会科学学院国际关系学系，简称“国关系”。2008 年，建立马克思主义学院；恢复建立心理学系，隶属人文社会科学学院；体育教研部更名为体育部。2009 年，成立生命科学学院，简称“生命学院”，同时撤销生物科学与技术系建制；成立地球系统科学研究中心，简称“地球科学中心”；美术学院装潢艺术设计系更名为视觉传达设计系，简称“视觉传达系”。2010 年，外语系更名为外国语言文学系，简称“外文系”；成立医学院基础医学系。

到 2010 年底，清华已经拥有 15 个学院、54 个系。除了电机工程与应用电子技术系、环境科学与工程系、材料科学与工程系、工程物理系、化学工程系 5 个系外，其他系都归属于学院的管理框架之下，见表 2-1-9。

表 2-1-9　2010 年清华大学的院系设置

院系名称		系主任
建筑学院（院长朱文一）	建筑系	许懋彦
	城市规划系	吴唯佳
	建筑技术科学系	朱颖心
	景观学系	杨　锐
土木水利学院（院长陈永灿）	土木工程系	宋二祥（　—2010-06）、韩林海
	水利水电工程系	金　峰
	建设管理系	方东平
机械工程学院（院长尤政）	机械工程系	曾　攀
	精密仪器与机械学系	尤　政
	热能工程系	姚　强
	汽车工程系	李克强
	工业工程系	Gavriel Salvendy 常务副主任　郑　力
	基础工业训练中心	李双寿
航天航空学院（院长王永志、常务副院长梁新刚）	航空宇航工程系	李俊峰
	工程力学系	郑泉水
信息科学技术学院（院长孙家广）	电子工程系	王希勤
	计算机科学与技术系	孙茂松（　—2010-11）、吴建平
	自动化系	周东华
	微电子学研究所	许　军（　—2010-07）、魏少军
	微电子与纳电子学系	（空缺）
	软件学院	孙家广
	信息技术研究院	李　军
电机工程与应用电子技术系		闵　勇
环境科学与工程系		余　刚
材料科学与工程系		张政军

续表

院系名称		系主任
工程物理系		唐传祥
化学工程系		骆广生
理学院 [院长朱邦芬（　—2010-07）、薛其坤]	数学科学系	肖　杰
	物理系	朱邦芬（　—2010-07）、薛其坤
	化学系	张　希
	地球系统科学研究中心	宫　鹏
生命科学学院（院长施一公）		
经济管理学院（院长钱颖一）	管理科学与工程系	陈　剑
	经济系	白重恩
	金融系	李稻葵
	会计系	陈　晓
	技术经济及管理系	高　建
	人力资源与组织行为系	杨百寅
	企业战略与政策系	魏　杰
	市场营销系	赵　平
公共管理学院（院长薛澜）		
马克思主义学院（院长邢贲思、常务副院长艾四林）		
人文社会科学学院（院长李强）	哲学系	万俊人
	中国语言文学系	刘　石
	外国语言文学系	罗立胜（　—2010-01）、刘世生
	历史系	张国刚（　—2010-05）、刘北成
	社会学系	李　强（　—2010-09）、沈　原
	政治学系	张小劲
	国际关系学系	阎学通（　—2010-12）、史志钦
	心理学系	彭凯平
	经济学研究所	李　强
	科学技术与社会研究所	曾国屏（　—2010-03）、吴　彤
法学院（院长王振民）		
新闻与传播学院[院长范敬宜（　—2010-11逝世）、常务副院长尹鸿]		
美术学院（名誉院长冯远、常务副院长郑曙旸）	工艺美术系	洪兴宇
	绘画系	王宏剑
	雕塑系	曾成钢
	工业设计系	刘振生
	环境艺术设计系	苏　丹
	陶瓷艺术设计系	郑　宁
	视觉传达设计系	马　泉

续表

院系名称		系主任
美术学院（名誉院长冯远、常务副院长郑曙旸）	染织服装艺术设计系	肖文陵
	艺术史论系	张夫也
	信息艺术设计系	鲁晓波
	基础教学研究室	陈　辉
医学院（院长吴阶平、常务副院长施一公）	生物医学工程系	王小勤
	基础医学系	孙方霖
	公共健康研究中心	景　军
核能与新能源技术研究院（院长张作义）		
高等研究院（院长聂华桐）		
周培源应用数学研究中心（代理主任雍稳安）		
教育研究院（院长谢维和、常务副院长史静寰）		
交叉信息研究院（院长姚期智）		
研究生院［院长汪劲松（　—2010-01）、陈吉宁（2010-01—　），常务副院长贺克斌］		
深圳研究生院 ［院长关志成（　—2010-01）、陈吉宁（2010-01—　），常务副院长康飞宇］		
体育部（主任陈伟强）		
艺术教育中心（主任朱汉城）		
继续教育学院（院长胡东成、常务副院长李家强）		

第二节　教研组

教研组是清华大学在解放后设立的教学行政及教学研究的基层组织。

1952 年院系调整后，学校设有公共教研组 7 个、各系教研组 31 个。见表 2-2-1。

表 2-2-1　1952 年院系调整后清华大学教研组一览表

系　名	教研组名称
公共教研组	1. 新民主主义论教研组　2. 俄文教研组　3. 体育教研组　4. 数学教研组　5. 物理教研组　6. 普通化学教研组　7. 力学教研组

续表

系　名	教研组名称
机械制造系	8. 工程画教研组　9. 金属工学教研组　10. 金属切削加工教研组 11. 热处理铸造焊接及压延加工教研组　12. 机械零件及机械原理教研组
动力机械系	13. 热工学教研组　14. 热力设备教研组　15. 汽车及内燃机教研组
土木工程系	16. 上下水道教研组　17. 公路教研组　18. 工程测量教研组 19. 土壤基础及工程地质教研组　20. 钢筋混凝土结构及工程材料教研组 21. 结构力学及钢木结构教研组
水利工程系	22. 水力学教研组　23. 工程水文及水能利用教研组　24. 水工结构教研组
电机工程系	25. 电力机械教研组　26. 基本电工教研组　27. 发电及输配电教研组 28. 电工学教研组
无线电工程系	29. 无线电工程教研组
建筑系	30. 建筑设计教研组　31. 建筑历史教研组　32. 建筑工程技术教研组 33. 建筑美术教研组
石油工程系	34. 石油炼制教研组　35. 石油机械教研组　36. 化学教研组 37. 石油钻采教研组　38. 地质教研组

教研组建立后，在苏联专家帮助下，制订教研组工作计划，明确了教研组的职责和任务：教研组全面负责组织和进行教学，编写教学大纲及教材，提高教师教学水平，建立和管理实验室，开展科学研究，同产业部门联系以及对组内人员的管理等。

1956 年，根据我国科学发展十二年远景规划的要求，各教研组也制定了十二年远景和 3～5 年规划的提纲，对教研组工作提出了要求：（1）掌握全部教学与教学法工作；（2）提高教师政治与业务水平及培养师资；（3）开展科学研究工作；（4）促进实验室发展及管理工作；（5）加强与企业部门及科学机关的合作。1959 年，在《清华大学现行规程》中有关教学组织一章，进一步明确规定教研组的职责是：（1）制定教学大纲及日历；（2）领导、检查、组织本组的教学、教学法工作，以及科研生产等工作；（3）编写有关教科书及教学资料；（4）领导与组织本教研组各课程的自习、实验、设计及考试；（5）领导与组织学术讨论会，以提高教学和科学研究水平。

随着教学改革的深入和学校事业的发展，教研组设置逐年增加。1962 年 全校教研组数增至 89 个。

1966 年至 1976 年“文化大革命”期间，曾一度取消教研组建制，而以“专业连队”代替，即将教师按授课需要分散到各专业，与学生合编成一个连队。后虽恢复教研组名称，但由于系厂设置变更，教研组变化也较大。

1978 年以后，学校进入改革开放新时期，教研组的建设得到进一步加强与完善。1981 年 4 月，校务会议通过了《清华大学教研组工作试行条例》，明确教研组任务，即在校系领导下，不断提高教学质量和科研水平，培养学生成为德智体全面发展的专门人才。

这一时期，学校实施“理工结合，文理渗透”的发展战略，由于新的院系陆续设置，一大批新教研组也随之建立。1991 年 7 月，学校召开全校教研组工作研讨会；9 月，校务会议通过了《清华大学教研组工作条例》，共五章 16 条款，规定了教研组的任务、体制与职责等事项，从当年 9 月 24 日起执行。1952 年至 1993 年清华大学教研组数量情况见表 2-2-2。至 1993 年，全校教研组共有 144 个，具体设置见表 2-2-3。

表 2-2-2 1952 年—1993 年清华大学教研组数量统计

年份	教研组数	年份	教研组数	年份	教研组数	年份	教研组数
1952	38	1960	74	1986	137	1990	142
1954	46	1962	89	1987	140	1991	143
1955	48	1983	112	1988	140	1992	145
1956	64	1985	125	1989	142	1993	144

表 2-2-3 1993 年教研组设置（144 个）

学院和系		教研组
建筑学院	建筑系	第一建筑设计教研组　第二建筑设计教研组　第三建筑设计教研组 美术教研组
	城市规划系	住宅及住宅区规划教研组　城市规划教研组
土木工程系		建筑工程管理与施工技术教研组　建筑材料教研组　测量教研组 城市交通与地下建筑教研组　结构力学教研组　工程结构教研组
水利水电工程系		土力学与基础工程教研组　流体机械及流体工程教研组 水资源及环境水利教研组　水文及水资源规划教研组　水工结构教研组 水电站教研组　水力学教研组　泥沙教研组
环境工程系		固体废物处理与核环境工程教研组 给水排水工程教研组 水污染控制工程教研组　环境工程化学与监测教研组 大气污染与控制教研组　环境规划与管理教研组
机械工程系		铸工教研组　锻压教研组　焊接教研组　金属学教研组　无损探测教研组
精密仪器与机械学系		光学仪器教研组　陀螺导航及自动控制教研组　机械原理教研组 机械设计教研组　机械制造工艺、设备及自动化教研组 精密仪器量测教研组　工程图学及计算机辅助设计教研组
热能工程系		空气调节工程教研组　热力涡轮机教研组　热工测试技术教研组 热能工程教研组　热工学教研组
汽车工程系		汽车工程教研组　内燃机教研组
电机工程与应用电子技术系		电力系统及其自动化教研组　应用电子学及电工学教研组 高电压技术及其信息处理教研组　基本电工教研组　电机教研组
电子工程系		电子物理与器件教研组　信息系统与计算机应用教研组　通信教研组 半导体器件与微电子技术教研组　激光物理与技术教研组 真空技术与物理教研组　微波工程与天线教研组　线路与系统教研组 信号检测与处理教研组　图像信息教研组
计算机科学与技术系		计算机信息处理及其应用教研组　计算机软件教研组 计算机系统与结构教研组　计算机系统与应用教研组 人工智能及智能控制教研组　微处理机及微计算机教研组 计算机设计自动化教研组　计算机辅助设计教研组　计算机基础理论教研组
自动化系		工业自动化教研组　自动控制理论教研组　自动检测及仪表教研组 电子学教研组　信息处理与模式识别教研组　工业仪表及自动化教研组
工程物理系		近代物理电子学教研组　反应堆工程教研组　近代物理技术教研组

续表

学院和系		教研组
工程力学系		弹塑性及计算力学教研组　材料力学教研组　流体工程教研组　工程热物理教研组　理论力学教研组　流体力学教研组
化学工程系		化学工程教研组　生物化工教研组　高分子化工教研组　化工原理教研组
材料科学与工程系		金属材料教研组　材料科学教研组　无机非金属材料教研组
理学院	应用数学系	计算数学教研组　概率统计教研组　离散数学教研组　运筹学教研组　分析数学教研组　微分方程教研组
	现代应用物理系	基础物理教研组　实验物理教研组　近代光学教研组　固体物理教研组　理论物理教研组　核物理教研组　加速器教研组
	化学系	无机化学教研组　有机化学教研组　应用化学教研组　实验化学教研组　物理化学教研组　分析化学教研组　动力学与催化教研组 结构化学教研组
	生物科学与技术系	生物物理教研组　生物化学教研组　分子生物学与遗传工程教研组
经济管理学院		技术经济教研组　经济法教研组　工业工程教研组 国际金融与财务教研组
	管理信息系统系	管理信息系统教研组
	管理工程系	企业管理教研组
	经济系	经济学教研组
	国际贸易与金融系	国际工商管理教研组
社会科学系		中国革命史教研组　马克思主义哲学教研组　政治经济学教研组　自然辩证法教研组　思想政治教育教研组
中国语言文学系		中国语言文学教研组　科技编辑教研组
外语系		大学英语听说课教研组　大学英语阅读课教研组　研究生英语教研组　俄、日、德、法语教研组　英语专业教研组
体育教研部		田径教研组　球类教研组　体操武术教研组　女生课教研组
公共课		金属工学教研室　电子工艺实习教研组　音乐室　文献检索与利用教研组　军事教研组

1985 年，中共中央先后作出了科技、教育体制改革的决定，改变计划经济体制下形成的科技、教育分离模式，明确了高等学校科技工作的地位。国家也对高校的内部机构设置进一步放宽了条件，1988 年实行的《国家教育委员会直属高等学校科学技术研究机构管理暂行办法》第二条规定："为了长期稳定地进行重大科学研究，形成先进的科研、教学基地，高等学校可以有重点地设立相对稳定、确有特色而又精干的研究机构，或与校外单位合办研究机构。"这些为学校科研工作的发展带来了新的契机。

其实，早在 20 世纪 70 年代末，学校就已经开始考虑科研工作自身的规律性和教研组的局限性，认为在科学研究规模越来越大、跨学科研究工作越来越多的情况下要辅以适应科学研究的其他组织形式，如研究机构、中心实验室以及与之相适应的教师工作量的分配及管理办法。1983 年以后，学校相继成立一批研究所，和教研组并行存在，并开始推动跨系跨学科的横向联合。1987 年，学校又提出对科研任务要普遍实行项目（课题）负责人制度，成为科技工作管理的一种新的模式。

1997 年，学校总结当时的教研组制度和课题组长负责制等科技管理体制，感到有许多不适应的地方：以教学为主的教研组，专业面窄，行政职能过强，人力、资源固化，而课题组长负责制又具有使人、财、物分散和课题变小的自发倾向。经过反复酝酿，学校于1999年决定，为适应大学功能和使命的更新变化，撤并院系下设的教研组，取消原教研组的行政管理职能，各系按照新的学科规划组建研究所，使研究所成为学校基本的教学科研组织，负责科研工作、学科建设和研究生培养工作。

撤销教研组、设立研究所后，本科教育教学工作和行政管理工作以系为单位，各系成立教学指导委员会，设立主管教育教学工作的副主任，负责日常教育教学工作并保证教学质量；研究所则日益成为科研工作的基本组织，注重按照学科建设发展的规律，逐步理顺科研工作管理机制。这一改革举措极大地调动了教师进行科研工作的热情，稳定了研究人员队伍，强化了学校在科学研究与成果转化方面的职能。同时有利于各系合理优化配置资源、探索开展跨学科跨专业合作等，也有效提升了学校承担国家重大战略科研项目的能力和整体水平。

1985年至2000年全校教研组、研究所（室、中心）数量情况见表2-2-4。

表2-2-4　1985年—2000年全校教研组、研究所（室、中心）数量统计

年份	教研组数	研究所（室、中心）数	年份	教研组数	研究所（室、中心）数
1985	125	27	1993	144	53
1986	137	30	1994	143	57
1987	140	30	1995	143	60
1988	140	37	1996	134	64
1989	142	37	1997	133	69
1990	142	42	1998	133	71
1991	143	43	1999		65
1992	145	49	2000		66

1999年学校的研究院（所、中心）设置情况如下：

（1）研究院（所）（37个）

核能技术设计研究院
环境工程设计研究院
城市规划设计研究院
联合应用化学与化学工程研究所
电工研究所
工程热物理研究所
汽车研究所
现代应用物理研究所
建筑与城市研究所
技术经济能源系统分析研究所
思想文化研究所
综合信息网络技术研究所
房地产研究所
科学技术史暨古文献研究所
微电子学研究所
生命科学与工程研究院
材料科学研究院
水利水电科学研究所
电子工程研究院
技术物理研究所
工程物理研究所
结构工程研究所
生物医学工程研究所
教育研究所
地球物理信号处理与识别研究所
国际汉学研究所
系统工程研究所
经济学研究所

科学技术与社会研究所
地震波研究所
校史研究室
21世纪发展研究院
深圳清华大学研究院
北京-清华工业开发研究院
集成电路开发和工业性试验线
国际问题研究所
清华大学中日友好医学研究所

(2) 研究中心(28个)

高等研究中心
国家CIMS工程技术研究中心
应用数学研究中心
电力电子工程研究中心
天然再生资源工程研究中心
北京市液晶技术工程研究中心
贝氏体钢研究及推广中心
核仪器及应用核技术研究中心
光盘系统及应用技术国家工程研究中心
工业锅炉及民用煤清洁燃烧国家工程研究中心
汽车工程研究中心
智能控制工程研究中心
信息网络工程研究中心
体育与健康科学研究中心
医药工程技术中心
思想教育研究中心
人居环境研究中心
微米/纳米技术研究中心
中国经济研究中心
单原子、分子测控科学与技术研究中心
国家CAD软件工程技术研究中心
海洋科学与工程研究中心
宇航技术研究中心
商法研究中心
民法研究中心
法治与人权研究中心
知识产权法研究中心
日本法研究中心

截至2010年底，学校有自主批准建立的科研机构86个。分别为：

清华大学建筑与城市研究所
清华大学建筑节能研究中心
清华大学交通研究所
清华大学3S（GIS、RS、GPS）中心
清华大学环境科学与工程研究院
清华大学持久性有机污染物研究中心
清华大学全球环境研究中心
清华大学循环经济研究院
清华大学污染物总量与环境质量控制技术政策研究中心
清华大学战略环境评价研究中心
中俄轻金属材料国际合作研究中心
清华大学微米纳米技术研究中心
清华大学导航技术工程中心
清华大学质谱仪器研究中心
清华大学盐碱地区生态修复与固碳研究中心
清华大学燃烧能源中心
清华大学汽车研究所
清华大学网络行为研究所
清华大学神经与认知计算研究中心
清华大学电力电子工程研究中心
清华大学密码理论与技术研究中心
清华大学复杂工业过程控制与优化研究中心
清华大学安全与防护研究发展中心
清华大学微纳米力学与多学科交叉创新研究中心
清华大学载人航天研究中心
清华大学公共安全研究院
清华大学高能物理研究中心
清华大学高速铁路技术研究中心
清华大学高能量密度研究中心
清华大学化工科学与技术研究院
清华大学材料科学与工程研究院
清华大学原子分子纳米科学研究中心
清华大学天体物理中心
清华-富士康纳米科技研究中心

清华大学-中国计量科学研究院精密测量联合实验室
清华大学全球变化研究院
清华大学理论计算机科学研究中心
清华大学中国经济研究中心
清华大学中国金融研究中心
清华大学中国与世界经济研究中心
清华大学中国财政税收研究所
清华大学中国经济社会数据中心
清华大学绿色跨越研究中心
清华大学中国企业成长与经济安全研究中心
21 世纪发展研究院
中国科学院-清华大学国情研究中心
清华大学台湾研究所
清华大学中国科技政策研究中心
清华大学中国发展规划研究中心
清华大学气候变化国际政策研究中心
清华大学思想文化研究所
清华大学国际问题研究所
清华大学语言学研究中心
清华大学科学技术与社会研究中心
清华大学道德与宗教研究中心
清华大学老年学研究中心
清华大学亚洲研究中心
中国科协-清华大学科技传播与普及研究中心
清华大学日本研究中心
清华大学出土文献研究与保护中心
清华大学人文与社会科学高等研究所
清华大学华商研究中心
清华大学环境资源与能源法研究中心
清华大学国际传播研究中心
清华大学文化产业研究中心
清华大学伊斯雷尔·爱泼斯坦研究中心
清华大学马克思主义新闻学与新闻教育改革研究中心
清华大学体育与健康科学研究中心
清华大学科学技术史暨古文献研究所
清华大学艺术与科学研究中心
清华大学吴冠中艺术研究中心
清华大学张仃艺术研究中心
清华大学跨境河流水与生态安全研究中心
清华大学恒隆房地产研究中心
清华大学能源环境经济研究所
中韩核能制氢联合研究中心
中美生物燃料联合研究中心
清华大学移动计算研究中心
清华大学工程教育研究中心
清华大学艾滋病综合研究中心
国家服务外包人力资源研究院
清华大学临床神经科学研究院
清华大学药物研发中心
清华大学信息无障碍技术研究中心
清华大学中国车用能源研究中心
清华大学低碳经济研究院

第三节　学校的事业发展规划和建设

清华大学非常重视制定战略性发展规划。每隔五年，学校都要根据发展变化的客观情况，研究制定学校事业发展整体规划，明确学科建设、教育教学、科学研究、队伍建设、社会服务、精神文

明建设、管理保障等方面的发展目标和举措。20 世纪 90 年代，国家先后实行高等教育的“211 工程”和“985 工程”建设，为学校事业发展提供了难得的机遇，也成为学校制定和修改发展规划的强有力依据。

一、五年事业发展规划

“文革”结束后，学校恢复了编制“五年计划”的工作。20 世纪 80 年代的“六五”“七五”计划主要是对人财物资源使用和分配。到 90 年代时，“五年计划”改为“事业发展规划”。从“八五”规划起，学校对规划的制定更加重视，工作更加规范。1985 年学校第七次党代会提出了建设世界一流大学的远景目标，从“八五”规划以来，建设世界一流大学就一直成为学校规划的奋斗目标。

(一) 清华大学“八五”事业发展规划简介

清华大学“八五”规划从 1990 年秋季学期开始讨论制定，到 1991 年 9 月正式定稿。整个规划包括“八五”期间事业发展的基础、奋斗目标和指导思想、学生思想政治工作、本科教育工作、研究生教育工作和继续教育工作、科学研究和技术开发工作、教职工队伍建设工作、基本建设和财务工作、后勤工作和群众生活改善、各项改革措施、学校的精神文明建设、党的建设和党的工作等十二章。

关于办学目标，规划提出：“清华大学事业发展的总目标，是建设成为世界第一流的，具有中国特色的社会主义大学。这个长远奋斗目标体现了办好清华大学最重要的两个方面：一个是坚持方向，一个是着重提高。”

关于“八五”期间学校的奋斗目标，规划提出，学校“八五”期间的奋斗目标是：把清华大学建成为培养又红又专、德智体全面发展的，能适应我国“四化”建设需要的高级专门人才和社会主义事业接班人的重要基地；巩固和发展一批重点学科在国内的领先地位，其中有些学科达到国际先进水平，建成为能对我国科技发展和生产力提高起重要作用，能作出重大贡献的科学研究和技术开发的重要基地；努力建成为坚持党的领导，坚持马列主义、毛泽东思想，反对资产阶级自由化，反对和平演变，建设社会主义精神文明的坚强阵地。规划指出，实现上述目标是一项艰巨、长期的任务，“八五”期间要在已有的基础上作出新成绩，上一个新台阶，并努力探索和积累创建具有中国特色的社会主义大学的新经验。

关于指导思想，规划指出，制定“八五”规划总的指导思想是：“坚持方向、着重提高、深化改革、改善条件、发展优势、多做贡献”。

关于学生思想政治工作，规划提出，“八五”期间要加强马克思主义理论教育，加强社会实践活动，加强思想教育和行政管理的结合，加强学生班集体和学生工作队伍的建设，继续建设良好的舆论环境，探索德育工作的规律。

关于本科教育工作，规划提出要把本科与专科在校学生规模稳定在 10 600 人（其中专科生 450 人），每年招生 2 200 人（其中专科生 150 人）。专业设置稳定在 40 个左右，“八五”后期根据情况进行专业设置局部调整，根据需要增设少量的新专业。规划要求继续搞好教学工作的四项基本建设，即课程建设、专业建设、学风建设和校内外实践基地建设。规划提出积极稳妥地进行教学改革。进行教学体系、内容、方法的更新和改革；1992 年召开第 19 次教学讨论会，重点研讨如何进一步落实把德育放在首位和贯彻教育与生产劳动相结合方针的问题；大面积多规格多层次开展“因材施教”，使之规范化、制度化，不断提高质量。

关于研究生教育工作，规划提出研究生在校规模 2 900～3 000 人，其中硕士生 2 000 人左右，博士生到 1995 年达到 1 000 人。“八五”期间共培养博士生 1 000 人左右，硕士 3 600 人；到 1995 年实现授予博士、硕士学位 10 000 人，其中博士约 1 500 人。规划要求建设一批高水平的博士点，完善研究生培养的各项建设和改革，建设培养高层次人才的管理体制和规范。

规划提出，学校“八五”期间科研工作的奋斗目标，要从建设高水平的教育、科研两个中心的全局出发；发挥学校的综合优势，组织力量协作攻关，积极争取并全面落实“八五”攻关项目和各类科研任务；在国家一些急需的领域，如农业、国防、基础工业的技术改造等，作出新贡献。“八五”期间科研经费要比“七五”期间增长 30%～50%，达到 3.5 亿～4 亿元。

规划提出，在学科建设上，要巩固和发展学校在微电子、能源、信息等领域的集团优势，逐步形成在自动控制、精密机械、新材料等领域内新的综合优势，使其具有承接国家重大科研任务、解决重大科研问题的能力。保持和发展机械、汽车、电力、化工、水利、土木和建筑等基础工业学科已有的地位；发展环境工程和生物医学工程等新学科，逐渐形成自己的特色。大力加强应用物理、应用数学、化学、生物科学与技术等理科的学科建设，保持一支精干的、结构合理的基础性研究的队伍；创造有利于出成果、出人才的学术环境，促进理科与工科的结合，使一批学科的学术水平达到国内先进水平。努力提高社会科学、文科、经济管理科学和软科学的研究能力和水平，使这些学科在本领域内起到重要作用，能对我国有关部门的决策产生有价值的影响。

关于“八五”期间教职工队伍建设，规划提出，90 年代是学校新老教工更替的关键十年，队伍建设的重点是抓好中青年学术骨干的选拔、培养和青年教师队伍的建设，以保证清华大学事业的顺利发展。要控制规模、加强管理，充分利用各种非固定编制人员，尽量减少在编人员的补充，人员的补充重点是教师队伍和职工骨干，补充教师人数每年控制在 300 人左右。要调整结构、挖潜搞活，逐步建立起一套固定编制人员与流动人员相结合的队伍管理体制，每年新提升教授及相应正高级职称 60 名左右，新提升副教授及相应副高级职称 140 名左右；到 1995 年使在岗教授达 650 名左右，副教授达 1 400 名左右，高级职称比例占教师总数的 50%左右。要培养骨干、加强师资队伍建设，“八五”期间争取提升 50 岁以下教授 100～110 名，副教授提升的重点也要逐步由 40～50 岁的教师向更年轻的教师转移。校、系、教研组各级组织都要把培养青年教师和干部作为一项战略任务来对待，有计划、有意识地使他们尽早上岗，创造成长及挑担子的条件。要加强职工队伍建设，加强教职工思想政治工作。

关于“八五”期间的各项改革措施，规划提出：要继续试行校长负责制，进一步执行和不断完善“七五”期间制定的、行之有效的校系党政管理体制和相应的管理条规与制度；要牢牢确立党在学校的领导地位，保证党委在政治思想上的领导核心作用，各级党组织要参与行政重大问题的决策过程，充分发挥保证和监督作用。要进行学校机构的改革，下决心理顺学校各级党政管理体制，积极推进学院领导体制，加强教研组建设。要继续进行毕业生分配制度的改革，进行人事制度与工资制度的改革，推进住房制度的改革和社会保障的改革。

（二）清华大学“九五”事业发展规划简介

清华大学“九五”事业发展规划从 1995 年初着手制定，年底定稿。这个规划是清华大学 1993 年把建设世界一流大学作为到 2011 年建校 100 周年奋斗目标后制定的第一个五年规划。以 1995 年 2 月学校提出的“211 工程”整体规划报告为基础，“九五”规划对学校 1995 年至 2000 年

的事业发展进行了更加完善、更加全面的规划。

规划提出，清华大学作为国家长期关怀和支持的一所重点大学，特别是作为“211 工程”重点支持的一所大学，肩负着为国家培养高层次人才、提高民族素质和促进科技进步的历史使命，对于实现科教兴国的战略举措，有着义不容辞的责任。规划提出学校总的奋斗目标是：到 2011 年，清华大学建校 100 周年时，争取把清华大学建设成为世界一流的、具有中国特色的社会主义大学。为实现这一目标，确定了“坚持方向、坚持改革、提高水平、提高效益、优化队伍、增强实力”的指导思想。

“九五”期间学校的建设目标为：到 2000 年，清华大学将在人才培养、学科建设、科学研究、管理方面成为国际著名的、处于亚洲前列的大学，部分学科接近或达到世界一流大学的水平，为实现学校总的奋斗目标奠定全面而坚实的基础。

规划提出，“九五”是实现学校总的奋斗目标的第一阶段。在这五年里，学校要在教育质量、学科建设、科学研究、队伍建设、管理水平和综合实力等方面上一个新台阶，向高水平的综合性、研究型、开放式大学迈进，为实现总的奋斗目标奠定全面而坚实的基础。

在教育改革与人才培养方面，规划提出：“九五”期间，在校生规模基本稳定，略有增加。研究生所占比例将逐年提高，到 2000 年，在校博士生将达到 2 000 人左右。同时，要积极创造条件，扩大在校的外国留学生规模。规划提出了改革人才培养模式，在部分工科试点统筹本科、研究生培养计划；深化研究生教育改革；整体优化课程结构，进一步深化教学内容和方法的改革等 10 个方面的规划。

在学科建设和科学研究方面，规划提出：贯彻“促联合、上水平、建基地、创效益”的方针，加强基础研究，根据国家需要和世界学科前沿选择方向，力争取得在国际上有影响的成果；面向国民经济主战场，实现校内优势的联合，承担和完成一批国家重大科研任务；建设好一批重要科研基地；大力促进科技成果转化，并加强与工业企业的合作，努力为我国经济建设和社会发展作出重大贡献。

在队伍建设方面，规划提出：“九五”期间是完成队伍新老交替的关键时期，也是优化队伍结构、使新一代学术带头人脱颖而出的有利时机。要转化观念，深化分流，调整优化队伍结构；强化竞争、激励和合理流动机制，完善评价体系，提高队伍素质；做好老、中、青各种人的工作，保证新老交替的平稳过渡，注意解决他们的特殊问题，特别要加强跨世纪学术带头人和青年教学、科研、管理骨干队伍的建设，同时要采取措施调动中老年教职工的积极性。规划提出，以提供良好的工作环境和生活待遇为条件，从国内外引进优秀人才，包括 10 余名院士、系所负责人，选拔、招聘 100 名青年优秀人才，重点保证 1 000 名教学、科研和管理骨干的工作条件和生活待遇。作为遴选 100 名青年学术带头人的重要措施，设立青年教师最高学术奖——学术新人奖，每年评选 10 余名。

在校办产业方面，规划提出：要通过转化经营机制、调整企业结构、更新产品结构、严格企业管理，抓好校办产业的调整与改造；要抓好“清华科技园”建设；要深化改革，理顺企业管理机制，加强学校对校办企业的领导，发挥清华企业集团的作用，实行股份制，优化校内资源配置。“九五”期间校办产业经营收入年增长率为 25%，2000 年全校产业经营总收入为 20 亿元，利润增长率为 25%，2000 年实现利润 2.5 亿元。

在国际合作与海外交流方面，规划提出：积极扩大对外交流与合作，提高国际合作和交流的层次和水平，为成为面向世界的开放式大学奠定坚实的基础。

在基础建设和后勤工作方面，规划提出：要进一步深化后勤改革，按照“小机关，大实体，优服务”的思路，进一步深化体制改革；根据“经营服务、有偿服务、管理服务”三种类型建设后勤服务实体；根据学校校园建设的功能划分，加快“教学科研区、居民生活区和学生生活区”分区管理的转变和改革。

在管理体制改革方面，规划提出了“促进相关学科、相关系的联合，继续组建学院”、“逐步过渡到系管教学，并改革教研组体制”“加快科技管理体制改革”“加快校办产业管理体制改革”“继续推进校系机关管理体制的改革”等措施。

在学生的德育和全面发展方面，规划提出：要加强马克思主义理论教育，加强和改进德育工作，加强学生的社会实践活动，加强学生骨干的培养和学生班级建设，建设一支具有坚定信念、专兼职结合的高水平学生思想政治工作干部队伍，在社会主义市场经济的新形势下探索德育工作的新规律，加强和改进学生体育工作促进学生全面发展。

在精神文明建设方面，规划提出：要重视精神文明建设，深入持久地开展爱国主义教育，加强全校师生员工的思想道德和科学文化修养，继续搞好校园综合治理。

在党的建设和党的工作方面，规划提出：要学习和宣传马克思主义，进一步用建设有中国特色社会主义理论武装广大党员和干部；加强校系领导班子建设；加强党的基层组织建设；加强党风廉政建设；加强统战工作。

学校的“九五”事业发展规划与“211 工程”整体规划同步实施。

（三）清华大学“十五”事业发展规划简介

清华大学“十五”事业发展规划从 2001 年上半年开始着手制定，2002 年 4 月定稿。清华大学的“十五”规划是在国家“985 计划”正式实施后制定的，此前学校从 1998 年到 1999 年动员全校教职工历时一年时间制定了“985 一期”规划，到 2001 年已实施 2 年多，学校进入了持续快速发展的新阶段。在此基础上，学校的发展目标和发展思路都面临着新的调整。“十五”规划正是在这样的背景下出台的。

清华大学“十五”规划共分 11 篇 32 章，3 万余字。

第一篇“基础、目标与指导思想”指出：国家实施科教兴国战略，为促进教育的发展出台了一系列方针、政策、法规，采取了许多得力措施。“985”之后，创建世界一流大学成为了国家行为，学校的建设和发展得到了政府和社会更多的支持，办学实力大大增强，为实现学校 2011 年的目标打下了坚实的基础。规划从学科建设、教育教学改革、科技工作、校办科技产业、师资队伍建设、党的建设和精神文明建设、校园基本建设等方面总结了学校近五年来的发展成果。

规划提出：到 2011 年学校总的奋斗目标是：在建校 100 周年时，努力使清华大学跻身于世界一流大学的行列。到 2005 年的阶段目标是：将清华大学初步建成在国际享有较高声誉的综合性、研究型、开放式的高水平大学。学校跻身世界一流大学的基本战略定位是：要始终把培养人作为根本任务，把学校建设成为高层次、高素质、多样化、创造性人才的培养基地；要在国家创新体系中取得重要地位，把学校建设成为国家知识创新和技术创新的重要基地；要成为国家和地区经济社会发展的动力源，把学校建设成为高新科技成果转让和高新科技产业孵化的重要基地；要承担起引导先进文化发展潮流的责任，使学校成为建设社会主义精神文明的重要基地。

规划提出：从 1993 年到 2011 年，学校创建世界一流大学的过程分为三个阶段。过去的七年是夯实基础的阶段，今后的五年是重点攻关、攀登的阶段，下一个五年是全面推进的阶段。学校

的“十五”规划不仅是今后五年的工作规划，而且关系到2011年最终目标的实现。必须着眼于今后十年来确立规划的指导原则。要把学校各方面事业的发展作为主题，把学科调整和建设作为主线，把教育思想的转变作为前提，把教育教学改革和校内管理体制改革作为动力，把不断提高人才培养质量作为根本出发点。

规划提出，今后五年学校在各项工作中要坚持的一般原则是：要把握好研究型大学在国家创新体系中的战略定位；要把握好理学、工学、人文社会科学、法学、管理科学、艺术科学、医学等各学科门类的宏观布局；要把握好21世纪世界高等教育综合化、国际化、信息化的发展趋势；要把握好学校科研工作对原创性基础研究、国家战略高技术和国防高技术研究、高新应用技术研究、人文社会科学研究的布局；要把握好大学教育与科技、经济一体化的发展趋势；要坚持“开放式”办学方针；要继续贯彻“以人为本”的指导思想；要坚持以提高为主，以内涵发展为主的方针；要坚持“两手抓，两手都要硬”的方针，注重学校的精神文明建设；要把握好改革、发展和稳定的关系，继续深化校内管理体制改革；要贯彻广开渠道，从整体上增强办学实力的方针。

第二篇“学科建设”指出：学校的学科建设要以“一个根本，两个中心，三大功能”为基本定位，即以不断提高人才培养质量为根本出发点，加强教学与科研两个中心的建设，实现人才培养、科学研究、社会服务三大功能。以“强化优势、扶植新兴、协调发展、提高水平”为指导思想。学科建设的具体目标是：在完成综合性学科布局的基础上，着重于建设、完善和提高水平，建立起与综合性、研究型、开放式大学相匹配的学科体系。要从国家经济建设、社会发展需要、加强国家安全、国际科学技术发展前沿与学校基础条件出发，集中支持一批优势学科，使其达到或接近世界先进水平；加强建设一批重点学科，使其保持在国内的领先优势；重点发展一批新兴、交叉学科，使其成为新的学科增长点；积极扶持若干需要发展但优势尚不明显的学科，使其尽快达到国内先进水平。力争在5年到10年时间中，有10个左右的学科达到或接近世界一流水平。

第三篇“人才培养”提出：要根据建设世界一流大学的目标和优化教学资源配置的原则，坚持以高质量的本科教育为基础，以提高研究生的创新能力上水平，以高层次在职人员培训和各类继续教育增强活力，形成研究型大学的本科教育、研究生培养和继续教育良性发展的总体格局。到2005年，本科在校生规模达到13 000人，在学研究生总规模为13 000人，与本科生总规模比例达到1∶1。

第四篇“科学技术研究”提出：“十五”期间，学校科技工作要以“创新”“提高”为目标，在质、量整体推进的基础上注重质的提高。力争在四个方面取得重要进展：加强战略性、前瞻性和原创性基础研究，发挥科技创新的先导作用，建设成为高水平的基础研究基地；加强标志国家科技水平的战略高技术和国防高技术的研究，发挥关键技术的攻坚作用，建设成为科技攻关基地；加强社会与经济发展的共性技术开发与科技成果的推广应用，发挥为国家和地区经济发展的服务作用，建设成为高技术转移和科技产业化基地；加强营造创新环境，注重以人为本，发挥学校科技与人文的综合优势和多学科、跨专业、综合交叉作用，建设成为完成各类科技项目中科技骨干、培养人才的培育基地。

第五篇“国际合作与交流”提出：要建设“开放式”的世界一流大学，教师中需有一批国际同行承认的，达到大师级水准的学术带头人，有一批学科和课程经国际专家评估达到世界一流水平；全校师生要具备高水平的国际交往意识和能力，校园内有完善的国际交流硬件设施；学校能

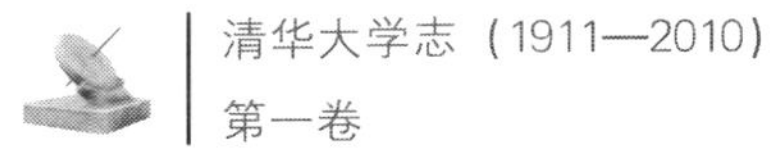

吸引大量国外优秀的学生来校深造和相当数量的国际领先水平的学者来校作长短期讲学或研究；学校领导要与世界名校和大企业最高层建立密切关系，院系领导和职能部门也应在相应层次上建立对应的密切关系。

第六篇“社会服务”提出：学校要发挥研究型大学的综合学科优势，就国家和地区社会经济发展的重大项目进行研究和论证，对经济、科技战略及政策开展研究和咨询，为区域技术创新发挥思想库和智囊团的作用。要进一步加强与西部地区的合作，加大参与老工业基地改造的力度。鼓励与企业合建研究机构。“十五”期间，横向科研经费力争年均增加20%，5年累计经费总额超过30亿元。建设清华科技园，到2011年建成世界一流的大学科技园，成为清华大学为社会服务的重要基地。“十五”期间，全校产业经营总收入的年均增长率达到35%，到2005年，年经营收入达到300亿元；利润总额的年均增长率达到25%，到2005年，实现年利润达到20亿元。学校的继续教育要理顺办学体制，探索新的管理模式，在办学中坚持“三为主”的原则，即：学历教育和非学历教育中以非学历教育为主，脱产教育和非脱产教育中以非脱产教育为主，面授教育和远程教育中以远程教育为主。

第七篇“队伍建设与人事制度改革”提出：“十五”期间队伍建设的总体思路是：以教师队伍建设为核心，优化队伍结构，提高效益；坚持引进与培养并重的方针，加快青年学术骨干队伍的建设；以规范教师队伍为契机，建设高水平的教授队伍；完善专业职务聘任制，建立公开招聘、公平竞争的择优机制；以人为本，以骨干教师为重点，不断改善教职工待遇。“十五”队伍建设的目标是：实施人力资源配置的“7533”计划，即总的人力投入13 500人，其中学校事业编制规模7 500人，流动编制3 000人，编外3 000人；实施骨干人才建设的“2511”计划，即建设教学队伍2 000人，聘任50名讲席教授，培养和引进100名特聘教授，建设1 000名一流的学术骨干队伍。

第八篇“管理体制改革和后勤社会化改革”提出：“十五”期间，要继续推进校内管理体制和运行机制的改革，更新传统的管理理念，以适应一流大学建设的需要。进一步完善学院制，进一步完善与学院制交错的、更为柔性和灵活的、跨学院的研究院体制，进一步加强跨学科研究中心的建设，进一步理顺校与院系管理部门的职能分工，建立一个高效的校内综合服务体系，提高办学效益。学校后勤社会化改革，要从学校的实际情况出发，遵循经济规律和教育规律；坚持为教学、科研、师生员工服务的方向，做到有利于提高后勤服务质量和管理水平；有利于学校的发展和稳定；有利于发展后勤产业，减轻学校负担，提高办学效益。

第九篇“校园规划与建设”提出：“十五”期间校园规划建设的总目标是：按照世界一流大学和绿色大学的目标，完善主校园区的中期校园建设总体规划的修编；在2005年基本完成能满足一流大学的建设和发展所需要的校园基础设施的建设；基本建成与一流大学建设与发展相适应的高水平的公共教学、科研及学生生活设施；初步完成绿色大学的示范工程项目。

第十篇“精神文明建设”提出：在思想道德建设方面，要在人才培养过程中继续坚持把德育放在首位，坚持不懈地做好教职工思想工作，加强道德建设。在校园文化建设方面，应符合先进文化前进方向的要求，以马克思主义为指导，高扬爱国主义、集体主义、社会主义主旋律，凸现清华优良传统与精神。

第十一篇“规划实施的资金保障”指出：实施“十五”规划所描绘的事业发展的蓝图，需要充足的资金的保障。要继续争取国家支持，积极争取社会捐赠，扩大教育科研等服务收入。要加强财务管理和财务监督，加强资金的宏观管理，积极做好资金平衡。

（四）清华大学“十一五”事业发展规划简介

清华大学事业发展“十一五”规划的制定，2005 年下半年启动，2006 年 12 月正式定稿。

清华大学事业发展“十一五”规划纲要，共有 8 篇 28 章，约 18 000 字。

第一篇“总论”指出：“十五”期间，学校综合性学科布局进一步完善，教育教学质量稳步提高，科研实力持续增强，师资队伍水平不断提高，社会影响力进一步提升，校园后勤支撑体系建设成绩显著，为“十一五”及今后发展奠定了重要基础。在当前的国内外形势下，学校的未来发展面临着来自国际、国内和学校自身的机遇与挑战。面对学校新的发展目标和要求，在如何进一步加快学科的发展，加强学科交叉和融合，如何进一步造就和吸引优秀领军人物，如何进一步增强学生的责任心、学习动力和创新能力，如何大力提高科研的原创性和组织集成能力，如何保持和发扬优秀学术作风，如何不断提高科学决策和管理水平等方面，还存在着制约学校发展的深层次问题。解决这些问题，需要我们进一步解放思想，大力推进教育创新；需要进一步把广大师生员工凝聚到学校发展的目标上来，努力调动全校的积极性、主动性、创造性。

规划指出，建设世界一流大学是一个持续的过程。学校的“三步走”战略体现了学校发展步伐与国家现代化建设进程的协调一致，要在努力为国家现代化建设做贡献的同时实现创建世界一流大学的战略目标。学校“十一五”规划目标与第二个九年的发展目标基本一致：为国家重大战略需求做出突出贡献；有若干个学科达到世界先进水平；办学质量和办学水平显著提高，主要可比性指标进入世界高水平研究型大学行列。

规划指出，“十一五”期间，学校要以马克思列宁主义、毛泽东思想、邓小平理论和“三个代表”重要思想为指导，全面贯彻落实科学发展观，认真执行党的教育方针，按照学校第十二次党代会的部署，以人才培养为根本，以学科建设为龙头，以队伍建设为关键，以体制机制改革为动力，以原始创新求突破，坚定建设世界一流大学的信心，强化为国家现代化建设做贡献的使命感，统筹好关系学校发展全局的各项重要工作，调动广大师生员工的积极性，努力构建和谐校园，着重提升教学、科研的质量和办学水平，致力重点突破，争取跨越发展。要坚持内涵发展，协调好规模、结构与质量的关系；坚持跨越发展，协调好重点突破和全面推进的关系；坚持可持续发展，协调好当前建设与长远发展的关系；坚持全面发展，协调好物质条件和精神力量的关系；坚持和谐发展，协调好改革发展稳定的关系。

第二篇“学科建设”提出：“十一五”期间，学科建设的重心将从“调整布局，奠定基础”转移到“注重质量，提高水平”上来。贯彻“科学规划、突出重点、统筹资源、分类建设”的方针，以重点研究领域为着力点，在加强公共平台建设的基础上，通过“攻坚、巩固、扶持、培育”等举措，保证学科的整体可持续发展。对信息、能源、材料、生命科学、建筑与民用工程等学科群中的一批优势学科或学科领域，通过政策和资源配置的强有力支持，组织攻坚，力争突破，达到世界一流水平。在工科、理科的其他学科和文科中，要支持一些已经在国内处于优势地位的学科方向或学科领域，保持和提高在国内的领先地位，为达到世界一流水平打下坚实基础；要发挥综合学科优势，通过长期持续稳定地扶持一些重要研究方向，促进学科交叉，同时超前部署一批对未来发展具有重要影响的战略性学科，全面提高学科建设的整体水平。

第三篇“教育教学”提出：要不断发展和创新清华大学的教育理念，坚持高层次、高素质、多样化、创造性的人才培养目标，以提高培养质量为核心，形成适应国家和社会可持续发展需要的高水平的研究型教育教学体系。稳定培养规模，优化调整专业学科结构。在册学生（含留学生）总数控制在 31 000 人，其中全日制学生不超过 27 000 人。全日制研究生、本科生之比基本保持 1∶1，本科生中的文、理、工科人数比例基本保持在 1∶1∶3，定向生比例基本保持在 10%。

第四篇“科技与文化创新”提出：“十一五”期间，学校科技工作要面向国家战略需求和国际科技前沿，融入国家科技创新体系；繁荣哲学社会科学，引领思想文化创新；深化科研体制改革，整合科研资源，提高顶层设计和重大项目的策划能力，形成创新的科研体制和评价体系，显著提高科研水平，保持若干重要科研指标居全国高校领先地位。学校 2010 年的科研经费应努力达到 20 亿元以上，争取建成 1～2 个国家级重大创新基地，增加 3～4 个国家重点实验室和工程中心，建设若干个思想文化创新基地；争取获得 1～2 项以清华为牵头单位的国家科技一等奖；进一步提高科技论文的水平和影响力，SCI 收录论文数和被引用数保持国内高校前列，在各学科领域最有影响的刊物上发表的论文显著增长。

第五篇“人才强校”提出：2010 年校本部的国家事业编制人员控制在 7 500 人左右，其中专职教师 3 000 人、教育职员 1 300 人、技术支撑人员 1 100 人。在专职教师队伍中，教学科研系列约 1 400 人、科研系列约 800 人、教学系列约 500 人。“十一五”期间规划 1 000 名左右教师进入上述三个系列。具有博士学位的教师比例达到 80%以上。学术带头人中，国际知名大师 5～10 名，中国科学院院士和中国工程院院士 80 名，长江学者特聘教授和讲座教授 120 名，国家杰出青年基金获得者 150 名。继续实施“百名人才引进计划”“高级访问学者计划”，做好“高层次创造性人才计划”，不断增强学校对优秀拔尖人才的吸引力。加强青年教师队伍建设，加强清华优良传统教育，关心青年教师的全面成长，努力培养一批学术带头人和学术骨干，确保学校长期的可持续发展。按照德才兼备的原则，加强党政干部队伍建设。

第六篇“社会服务”提出：要加强战略研究和政策咨询；加强产学研结合，融入国家技术创新体系；加强与地方的合作，为区域创新提供支持；发展继续教育，为建设学习型社会做贡献。

第七篇“精神文明建设”提出：认真贯彻党的十六届六中全会精神，切实加强精神文明建设，努力构建人尽其才、利益协调，安定团结、紧张有序，既有统一意志又有个人心情舒畅，充满生机和活力的和谐校园。要加强思想理论教育和宣传思想阵地建设，巩固马克思主义的指导地位；进一步弘扬清华文化和大学精神；大力加强师德建设和学风校风建设；推进校园文化建设，广泛开展群众性精神文明创建活动；调动各方面的积极性，努力构建和谐校园。

第八篇“管理、保障及其他”提出：要积极推进行政管理改革，探索建立现代大学管理制度，努力实现管理的科学化现代化。完善党委领导下的校长负责制，科学确定校、院（系）的管理权限，改革评价与激励机制，加快依法治校的进程。进一步加强基础设施的改造和完善，搭建数字校园基础平台，强化对校园基础设施的维护和管理。重视图书资源建设。提升信息化建设水平。

规划提出，要切实加强财务管理和资产管理，发挥资源配置的杠杆作用，为学校发展提供良好的服务和可靠的财力物力保证。以提供优质服务为导向，坚持以学校为主体推进后勤改革与发展，体制改革与机制转变并重，自我服务与引进社会优质服务资源相结合，积极探索有清华特色的高校后勤发展道路。

规划要求，“十一五”期间，启动和做好百年校庆的筹备工作。

二、“211 工程”建设

1993 年，党中央、国务院在《中国教育改革和发展教育纲要》中指出：“要集中中央和地方

等各方面的力量办好100所左右的重点大学和一批重点学科。”1995年，经国务院批准，原国家计委、原国家教委、财政部发布了《“211工程”总体建设规划》，并拨出专项资金实施“211工程”建设。同年“211工程”作为教育战线唯一的国家重点建设项目列入“九五”计划，并开始实施。“211工程”建设内容主要包括学校整体条件、重点学科和高等教育公共服务体系建设三大部分。

清华大学从1995年开始进行“九五”“211工程”建设，主要建设内容为重点学科、公共服务体系和基础设施建设。2002年开始“十五”“211工程”建设，主要建设内容为重点学科和公共服务体系建设。2008年开始“211工程”三期建设。

（一）“九五”“211工程”建设

1994年夏秋，学校制定了“211工程”的整体规划，并于同年9月完成了《清华大学“211工程”整体规划报告》及其三个附件，以及《清华大学申请“211工程”预审自评估报告》。

在“211工程”的整体规划中，重新明确了学校1993年提出的总的奋斗目标，并确定到2000年的奋斗目标是瞄准世界一流大学的水平，在教育质量、科学研究和管理方面上一个新台阶，为实现学校总目标奠定全面而坚实的基础。

为此，提出了到2000年的10项具体规划：

（1）保持与发展工科的优势，加强理科、人文和经管学科建设，为把清华大学建成以理工科为主，兼有人文和经管学科的世界一流大学奠定坚实的基础。

（2）保持与发展本科生教育的优势，大力发展研究生教育。本科生和硕士生在校人数保持现有的10 600人和2 500人的规模，博士生在校总人数逐步达到2 000人。在校外国留学生800人（其中研究生200人）。同时发展继续教育。

（3）建设一批高水平的学科，组建若干个“学科群”。全校要有40个左右学科达到国内重点学科水平，其中20个左右达到国内领先水平，10个左右达到或接近国际先进水平。

（4）承接更多的国家重大科研任务，加强基础研究，加强与地方、产业部门联系，加速科技成果转化为实际生产力。科研经费力争每年按15%左右递增，到2000年达到3.5亿元以上。获国家级科技奖平均每年10项，到2000年争取有10项国家自然科学奖。力争出8～10项在国内外都有重大影响的高水平科技成果。

（5）发展校办产业，建设清华大学科技园区。要尽快形成10个经营额过亿元、利润超千万元的规模化企业。2000年以前校办产业产值和利润年增长率要争取达到30%以上。

（6）建设一支具有高水平、高效率、高待遇的师资队伍。到2000年，全校教职工总数控制在8 300人（含流动编制20%）的现有规模，其中教师总人数不少于教职工总数的55%（具有博士学位的不少于25%）。培养中青年学术骨干500名，中青年管理骨干200名，达到中国科学院院士或中国工程院院士水准的学术带头人要有40名，在国际上有影响的大师20名。

（7）加强基础设施建设，建设好一批具有国内领先水平并达到国际同类大学水平的国家重点实验室、现代化教学实验中心和工程研究中心，建设好校园综合业务服务网和图书馆等各项公共设施。新建20万平方米的教学、科研、生活用房。

（8）多方筹集资金，增强学校的经济实力。学校各类经费力争每年按20%幅度递增，到2000年达到8亿元以上。

（9）教学、科研工作与国际接轨，与世界各国一批著名的大学、研究机构及大企业建立稳定的合作关系，与一批世界著名学者建立密切的联系，使清华大学成为面向世界的开放型大学。

（10）深化管理改革，建立现代化的高校管理体制，建立高效、精干的管理队伍。

“211工程”整体规划中提出学校改革和建设的总体思路是：坚持方向，坚持改革，提高水平，提高效益，优化队伍，增强实力。整体规划还制定了详细具体的措施。

1994年10月10日至11日，国家教委组织了对清华大学申请“211工程”的部门评审。由浙江大学校长路甬祥为组长的专家评审组认为，把清华大学等若干具备良好基础的高校建成世界一流的社会主义大学是一项义不容辞的历史使命，应得到党和国家及社会的高度关注和支持。专家组对清华“211工程”整体规划提出许多中肯意见后，通过了评审。

1995年12月4日，国家计委、国家教委和财政部在清华召开了清华大学“211工程”正式立项可行性研究报告专家审核会议，专家组一致同意清华“211工程”可行性研究报告通过审核，并希望国家两委一部尽快批准，尽早组织实施。

学校“211工程”经历两年零三个月的规划与论证，于1996年9月获国家计委、国家教委和财政部批准，进入建设实施阶段。在立项批复中，批准了信息科学与技术等5个学科群、人居环境学等6个重点建设学科和教学实验基地、公共服务体系建设，以及新建理科楼、技术科学楼、经管楼等基础设施建设。11月，国家开始下拨“211工程”经费，“211工程”正式启动。全校“211工程”建设总投资为4.6亿元，其中中央专项资金3亿元，国家教委安排投资5 000万元，学校自筹1.1亿元。

清华大学“九五”“211工程”规划建设项目见表2-3-1。

表2-3-1 清华大学“九五”“211工程”规划建设项目一览

<table>
<tr><th colspan="2">项目类别</th><th>规划项目名称</th></tr>
<tr><td rowspan="11">重点学科建设</td><td rowspan="5">学科群建设</td><td>信息科学与技术学科群</td></tr>
<tr><td>核能与核技术学科群</td></tr>
<tr><td>能源工程学科群</td></tr>
<tr><td>先进制造学科群</td></tr>
<tr><td>材料科学与工程学科群</td></tr>
<tr><td rowspan="6">布局学科建设</td><td>人居环境学</td></tr>
<tr><td>结构工程学科</td></tr>
<tr><td>环境工程学科</td></tr>
<tr><td>固体力学学科</td></tr>
<tr><td>经济管理学学科</td></tr>
<tr><td>生物物理学</td></tr>
<tr><td rowspan="6">教学与公共服务体系建设</td><td rowspan="3">教学实验基地建设</td><td>工程设计（实验）教学中心建设</td></tr>
<tr><td>基础课程教学实验和教学环境建设</td></tr>
<tr><td>高新技术课程教学实验室建设</td></tr>
<tr><td rowspan="3">公共服务设施建设</td><td>校园网络建设</td></tr>
<tr><td>网络应用系统（包括电化教学）建设</td></tr>
<tr><td>电子化图书馆系统建设</td></tr>
</table>

续表

项 目 类 别		规划项目名称
基础设施建设		理科楼
		技术科学楼
		经济管理楼
		水电暖改造

1998 年 1 月，学校对“九五”“211 工程”启动项目进行检查，并对建设进展快、建设水平高、建设效益显著的 10 个项目进行了表彰。同年 10 月完成了“211 工程”部际协调小组办公室的中期检查。1999 年 1 月，清华大学“九五”“211 工程”第一个建设项目“泰山工程”通过国家验收。至 1999 年底，清华大学“九五”“211 工程”建设的全部项目均已启动并正式实施，其中 10 个项目已经建成或基本建成。2001 年 3 月 26—28 日，清华大学“九五”“211 工程”建设项目通过专家组验收。

（二）“十五”“211 工程”建设

2003 年 9 月 17 日，清华大学收到《国家发展改革委关于清华大学“十五”“211 工程”建设项目可行性研究报告的批复》，同意学校作为“211 工程”项目院校，在“十五”期间继续进行重点建设。这标志着学校“十五”期间“211 工程”建设正式开始启动。

清华大学“十五”期间“211 工程”的总体建设目标是，以人才培养为根本，以学科建设为核心，以师资队伍建设为关键，全面推进理论创新、制度创新、科技创新和教育创新，通过重点建设，进一步提高教育质量和学科建设、科学研究、师资队伍、学校管理的水平和办学效益，充分发挥培养高层次拔尖创新人才、发展科学文化技术、解决国家和地方经济建设和社会发展重大问题的作用，为把清华大学建设成为世界一流水平大学奠定全面而坚实的基础。“十五”期间“211 工程”建设主要任务包括三个方面：重点学科建设、公共服务体系建设和师资队伍建设。清华大学“十五”“211 工程”建设总投资 60 000 万元。其中，中央专项资金 38 000 万元。2006 年 4 月 17 日—18 日，清华大学“十五”“211 工程”建设项目通过专家组验收。

“十五”“211 工程”建设项目见表 2-3-2。

表 2-3-2 清华大学“十五”“211 工程”建设项目一览

序号	项 目 名 称	序号	项 目 名 称
1	新一代网络	10	煤清洁高效利用
2	高性能微处理器	11	分布式独立电力系统
3	新一代无线通信系统	12	先进核能系统与核技术应用
4	蛋白质组学	13	大型水体污染控制
5	生物芯片及应用	14	水利和重大工程防灾减灾
6	纳米科学与技术	15	微小飞行器
7	微机电系统基础理论和关键技术	16	多尺度化工过程
8	新能源车辆	17	人居环境学
9	先进功能材料	18	凝聚态物理前沿

续表

序号	项目名称	序号	项目名称
19	数学中若干前沿问题	23	设计艺术学
20	有机电子学		公共服务体系建设
21	转型期的经济社会和法律	24	信息服务系统
22	管理学科	25	图书文献服务体系

（三）“十一五”“211 工程”建设

2008 年 8 月 26 日学校收到教育部“211 工程”部际协调工作办公室《关于“211 工程”三期重点学科建设项目审批等有关问题的通知》，原则同意清华大学提出的重点学科建设项目规划方案。2009 年 8 月 26 日，教育部、国家发改委、财政部发布《关于印发高等教育“211 工程”三期建设规划的通知》，正式把各校上报的重点学科建设项目及创新人才培养和队伍建设计划纳入“211 工程”三期规划。

“十一五”“211 工程”期间，清华大学继续坚持学校发展的既定方针。坚持教育创新，以人才培养为根本，以学科建设为核心，以师资队伍建设为关键，将学校建设成为国家高层次人才培养的重要基地，国家创新体系中的重要力量，对国家发展作出重要贡献并在国际上享有较高声誉的综合性、研究型、开放式大学，为实现跻身世界一流大学行列的目标迈出关键性的一步。“十一五”期间“211 工程”建设主要任务包括：重点学科建设、创新人才培养、师资队伍建设和公共服务体系建设四个方面的内容。

清华大学“十一五”“211 工程”建设项目见表 2-3-3。

表 2-3-3　清华大学“十一五”“211 工程”建设项目一览

序号	项目名称	序号	项目名称
重点学科建设项目（18 项）			
1	信息科学学科群建设	10	分析化学重点学科建设
2	能源环境学科群建设	11	管理科学学科群建设
3	土建水利学科群建设	12	力学学科建设
4	超精密制造与测控技术学科群	13	设计艺术学重点学科建设
5	先进材料的若干前沿问题	14	生命医学学科群建设
6	现代化工工程与工业生物技术基础研究	15	数量经济学理论创新、模型系统研制与数据中心建设
7	重大疾病防治药物基础研究	16	数学重点学科建设
8	重大疾病发生发展机制与防治策略的基础科学研究体系建设	17	物理学前沿问题的研究
9	临床医学学科体系的建设与发展	18	中国社会、经济与思想史
创新人才培养项目（6 项）			
1	拔尖创新人才国际合作培养计划	3	交叉学科创新人才培养计划
2	应用型创新人才培养计划	4	专业实践能力培养与训练计划

续表

序号	项 目 名 称	序号	项 目 名 称
5	学科建设与国际评估	6	本科生因材施教计划
队伍建设项目（6 项）			
1	杰出人才引进专项	4	高级访问学者
2	百人计划	5	青年教师派出
3	新教师启动经费	6	骨干教师支持

三、“985 工程”建设

1998 年 5 月 4 日，江泽民总书记在庆祝北京大学建校 100 周年大会上指出：“为了实现现代化，我国要有若干所具有世界先进水平的一流大学。”为贯彻落实党中央科教兴国的战略和江泽民同志的号召，教育部决定在《面向 21 世纪教育振兴行动计划》中，重点支持北京大学、清华大学等部分高等学校创建世界一流大学和高水平大学，简称“985 工程”。1998 年，国务院批转的《面向 21 世纪教育振兴行动计划》（“985 工程”）把创建若干所具有世界水平的一流大学作为主要目标，提出用 10～20 年时间，争取若干所大学进入世界一流水平。1999 年中共中央、国务院做出的《关于深化教育体制改革全面推进素质教育的决定》，把创建若干所具有世界先进水平的一流大学作为实施素质教育的条件，列为教育改革的目标之一，并把清华大学作为首批重点支持的高校之一。

1999 年至 2001 年，国家开始实施“985 工程”一期建设，全国重点建设的高校包括清华大学在内共有 34 所。“985 工程”二期的建设期限为 2004 年至 2007 年，重点建设的高校包括清华大学在内共有 39 所。

（一）“985 工程”一期建设

从 1998 年暑期干部会开始酝酿，至 12 月完成了清华大学创建世界一流大学的规划框架。1999 年 3 月 11 日，教育部领导听取学校汇报后原则上同意了这一规划框架。3 月 16 日，学校召开建设世界一流大学动员大会，校长王大中、党委书记兼校务委员会主任贺美英讲话，动员全校师生员工抓住历史机遇，明确奋斗目标，制定世界一流大学建设规划，并提出建设世界一流大学总体规划的指导思想是：“以人为本，建设综合性、研究型、开放式的世界一流大学；培养高素质、高层次、多样化、创造性人才。”从 3 月至 10 月，全校动员进行规划。8 月 3 日，《清华大学建设世界一流大学规划（1999—2001）》定稿。在 9 月至 10 月召开的第四届教代会暨第十六届工代会第七次会议上，作为实施创建世界一流大学规划的一部分，通过了人事制度改革和学科规划的报告。

《清华大学建设世界一流大学规划（1999—2001）》（以下简称“三年规划”）分为“优势与差距”“目标与任务”“内容与措施”三部分。

“三年规划”重申了学校总的奋斗目标，并提出学校建设世界一流大学的具体目标是：努力成为我国培养高素质、创造性骨干人才的摇篮，成为国家可持续发展的知识创新和技术创新的重要中心，成为推动科技成果转化为生产力和促进高技术产业化的基地，成为国际科教文化交流的重要桥梁与窗口。力争到2011年，把清华建设成为一所综合性、研究型、开放式的世界一流大学。

“三年规划”的目标是：瞄准世界一流大学的标准，在人才培养、学科建设、科学研究、师资队伍、基础设施和学校管理等方面上一个新的台阶，为实现学校总目标奠定全面而坚实的基础。

“三年规划”的任务是：

(1) 发展工科优势，加速理科、经管、文科建设，力争生命科学和医学学科有所突破，基本上完成学校向综合性大学过渡的学科布局和调整。

(2) 深化教育改革，全面推行素质教育，初步形成对科技和社会发展有较强适应性的创新型人才培养模式。发展研究生教育，扩大研究生的规模，提高研究生的质量。到2001年，在校全日制学生总数达到20 000人，研究生与本科生的比例接近0.8∶1。发展远程教育和继续教育，利用现代教育手段，逐步扩大规模，以适应社会的需要。建设和完善一批高水平、高效益的教学基础设施。加强教育研究，探索在社会主义初级阶段条件下建设世界一流大学的道路，探索在21世纪科技与经济发展条件下培养创新型人才的模式。

(3) 面向21世纪，建设一批高水平的学科。充分发挥清华多学科的综合优势，适应世界科技革命的趋势和面向现代化建设的需要，建好若干个“学科群”和一批跨学科的研究中心。重点建设一批优势学科，力争工科有10个左右的学科达到或接近国际一流水平，理科、经管和文科有若干个学科达到国内领先水平。加大投入，建设生命科学研究院和医学科学研究中心，为学校建立医学院做好准备。

(4) 发展清华科技优势，加强科技创新，促进科技成果产业化。到2001年清华的年科研经费要力争达到5亿元，力争取得10项左右重大科技成果、10项左右重要基础研究成果、一批重要科技转化成果和若干重要的战略性软科学研究成果。科技论文和专利总数要继续保持全国第一，力争被SCI收录的论文数达到每年1 000篇。要加强与北京、广东等重点地区及重点企业的合作，密切教育与经济的联系，加速科技成果转化。

(5) 完成学校校办产业的布局和调整，初步建设清华科技园，为中关村科技园区的建设作出重要贡献。争取实现校办产业年经营额近100亿元，年利税近10亿元，对学校的年回报1亿元的奋斗目标。

(6) 建设一支能适应创建世界一流大学的师资队伍，要优化队伍，改善结构，全校的事业编制控制在6 500人，校本部教学、科研、管理人员控制在5 000人。在大力推进人事制度改革，加强转岗分流的前提下，重点改善教学、科研和管理骨干的待遇。

(7) 抓住当前的有利时机，加大改革力度，利用现代信息手段，建立起能适应学校创建世界一流大学的校内管理体制和用人机制。

(8) 大力加强学校的基础设施建设，进一步改善学校的公共信息服务设施，把清华大学建设成为我国“信息高速公路”的示范园；实施“绿色大学”建设计划的第一阶段目标；新建一批教学、科研和生活用房。

“三年规划”的内容，主要包括五个方面，共15条工作措施和具体目标。

第一方面是学科建设。要充分发挥清华工科的综合优势，重点建设一批优势学科，力争有10个左右的学科达到或接近国际一流水平；加速理科、经管和人文学科的建设，发展艺术学科，争取用三年或稍长的时间，基本完成向综合性大学过渡的学科结构调整；加强生命科学与医学学科建设，力争在短时间内有所突破，积极筹建医学院。

第二方面是人才培养。以培养创新精神和实践能力为重点，确立高层次、高素质、多样化、创造性的人才培养目标，全面推进素质教育，不断提高本科教育质量，努力提高研究生培养水平，面向社会发展远程教育，增强继续教育的活力。

第三方面是科技工作。指导思想是促联合、上水平、建基地、创效益，在发展规模的同时着重提高科技水平和创新能力。要发挥清华科技的综合优势，加强科技创新，提高学术水平，为“科教兴国”作贡献；加速科技成果的转化，更好地为经济建设服务；大力发展校办高科技产业；为我国高科技产业发展和中关村科技园的建设作贡献。

第四方面是管理体制和队伍建设。改革现行的教学、科研和机关的管理体制，为建立世界一流大学的管理体制奠定良好的基础；深化人事制度改革，优化队伍结构，努力建设一支适应创建世界一流大学的、高水平的师资队伍；努力推进后勤改革，加强社区服务体系的建设。

第五方面是基础设施。实施“泰山工程”二期建设计划，进一步改善学校公共信息服务设施，以注重实效为原则，提高学校整体信息化水平，争取把清华建设成为我国“信息高速公路”的示范园；贯彻可持续发展战略，实施“绿色大学”计划；加强基础设施建设，不断改善师生员工的工作、学习和生活条件，为建设世界一流大学奠定良好的物质基础。

“985 工程”一期，中央专项资金投入共计 18 亿元，分 3 年以每年 3 亿、6 亿、9 亿元的进度执行。具体建设资金安排见表 2-3-4。

表 2-3-4　“985 工程”一期清华大学建设资金安排

建设项目	经费投入比例	建设项目	经费投入比例
学科建设	32%	公共服务	4%
人才培养	10%	基建修缮	32%
师资队伍	13%	绿色大学	0.2%
专项基金	8.8%		

自 2003 年 9 月开始，学校陆续对各院系“985 工程”整体建设和校重点研究项目进行验收。环境研究院、土水学院、信息科学与技术学院、机械工程学院、材料科学与工程研究院、生命科学与工程研究院、经济管理学院、人文社会科学学院、图书馆等单位都通过了专家验收评审。

(二)“985 工程”二期建设

1. 项目启动

在经过 2002 年、2003 年两年过渡期之后，2004 年 6 月 8 日教育部、财政部联合召开会议，部署“985 工程”二期建设工作，并下发《教育部、财政部关于继续实施“985 工程”建设项目的意见》。这次会议的召开标志“985 工程”二期正式启动。

2004 年 8 月，清华大学上报专家审核的科技创新平台 13 个；哲学社会科学创新基地 8 个，总计 21 个建设项目。11 月 15 日，教育部、财政部“985 工程”办公室下达了专家组审核意见：“专家组同意学校提出的‘985 工程’二期建设目标和有关建设方案。”至此，学校“985 工程”二期整体建设可行性研究报告通过教育部专家审核。根据教育部文件要求，2004 年 11 月 18 日学校将通过专家组评审的可行性研究报告正式向教育部、财政部申请“985 工程”二期建设项目立项。根据专家评审结果，上报的平台和基地调整为：科技创新平台 14 个，哲学社会科学创新基地

8 个，总计 22 个建设项目。

2. 项目建设及中期检查

清华大学“985 工程”二期建设内容包括管理体制和运行机制的创新、队伍建设项目、科技创新平台和哲学社会科学创新基地建设项目、条件支撑项目、国际交流与合作项目等 5 个方面。建设项目见表 2-3-5。

表 2-3-5　清华大学“985 工程”二期建设项目一览

建设项目	序号	项目名称	依托单位
队伍建设	1	平台骨干和队伍建设	人事处、有关院系
	2	特殊人才引进	人事处、有关院系
“985 工程”科技创新平台（Ⅰ）	1	信息科学与技术国家实验室	信息学院
	2	能源实验室	核研院、热能系、电机系
	3	材料科技创新平台	材料院
	4	医学系统生物学	医学院、生物系
	5	系统技术（国防）实验室	航空学院
	6	公共灾害防治科技创新平台	公共安全中心
	7	量子调控与未来信息基础研究平台	物理系、化学系、数学系
“985 工程”科技创新平台（Ⅱ）	1	区域与全球环境安全	环境系、建筑学院
	2	水利工程与大型结构	土水学院
	3	特异物质检测	工物系
	4	现代化学工程与工业生物技术	化工系
	5	超精密制造与测控技术	精仪系
	6	结构材料绿色成形制造	机械系
	7	先进汽车安全与节能技术研究与开发平台	汽车系
“985 工程”哲学社会科学创新基地（Ⅰ）		现代管理与技术创新基地	经管学院
“985 工程”哲学社会科学创新基地（Ⅱ）	1	公共政策与管理创新基地	公管学院
	2	艺术与科学研究创新基地	美术学院
	3	文化产业创新基地	新闻与传播学院
	4	认知科学创新基地	人文学院
	5	社会发展与法制建设	人文学院、法学院
	6	科学技术与社会发展创新基地	人文学院
	7	中华文明与文化创新基地	人文学院
条件支撑	1	图书馆建设	图书馆
	2	信息化服务体系	网络中心、计算中心
	3	第六教学楼建设	基建处
	4	校园环境和基础设施改造	基建处、修缮中心
国际交流与合作			

根据《教育部、财政部关于继续实施“985 工程”建设项目的意见》和教育部、财政部“985 工程”办公室关于《“985 工程”建设管理办法的通知》，学校制定了相应的管理规定。“985 工程”二期建设管理文件见表 2-3-6。

表 2-3-6　清华大学“985 工程”二期建设管理文件

序号	文　件
1	清华大学“985 工程”二期建设管理办法
2	清华大学“985 工程”基础设施修缮工程暂行管理办法
3	清华大学“985 工程”仪器设备购置管理办法
4	清华大学“985 工程”二期项目资金使用规则
5	关于使用“211 工程”“985 工程”经费购置图书资料管理办法
6	清华大学“985 工程”二期经费开支相关参考标准

建设期间，学校对“985 工程”二期建设情况进行了检查。2007 年 3—4 月，学校对院系“985 工程”二期进展全面检查，先后检查了“985 工程”二期科技创新平台以及哲学社会科学创新基地的建设情况，并听取了“985 工程”管理职能部门的阶段性建设的汇报。根据《关于对“985 工程”二期建设项目进行检查工作的通知》要求，学校于 6 月 20 日将《清华大学“985 工程”二期阶段性检查总结报告》报送教育部“985 工程”办公室。

3. 项目验收

2008 年 12 月 12 日，学校收到教育部教重办〔2008〕2 号《关于做好“985 工程”二期验收等有关工作的通知》。按照教育部要求并结合学校工作实际，学校制定了“985 工程”二期验收方案。

要求各项目负责人根据学校批复的《“985 工程”二期项目建设计划书》认真检查进展情况，抓紧完成在建项目收尾工作以及资金使用计划，完成所负责项目的验收总结报告。

学校对各项目的验收包括标志性成果、经费使用效益、存在问题、改进措施等，按照平台和基地进行分类验收。验收方式见表 2-3-7。

表 2-3-7　“985 工程”二期项目验收方式

项目类型	项目名称	验收方式	验收时间
重大平台 7 个	信息、能源、材料、生物医学、公共安全、系统技术、量子调控	单个验收（现场考察）	1 月中旬至 4 月上旬
重点平台 7 个	1. 土水、建筑、环境　2. 机械、精仪、汽车 3. 工物、化工	分 3 组验收	
基地 8 个	1. 经管、公管、美院、新闻传播　2. 人文学院、法学院	分 2 组验收	
公共服务体系	网络中心、计算中心、图书馆、电教中心	整体验收	
后勤	基建、修缮、绿色大学	整体验收	
主管部处	1. 教务处、研究生院、学生部 2. 科研、人事处、国际合作	分 2 组汇报	

截至 2009 年 4 月上旬，清华大学“985 工程”二期各平台、基地的验收工作全部完成。

第三章

本科教学

第一节　概　述

人才培养是高等学校的根本任务。清华大学在长期的办学实践中始终把教学工作放在中心地位，在本科教学中重视素质和能力培养，理论和实践并重，坚实基础、严谨为学。强调人才培养的质量，是清华大学长期形成的优良传统之一。

一、1911年—1948年

建校之初，“清华学堂”是一所留美预备学校，后更名“清华学校”。在教学上，英美式的“自由教育”（Liberal Education，又称“通才教育”General Education）对清华很有影响。由于中等科的学生年龄小、知识少，学习能力不足，所以实行“自由教育”也受到一些限制。学生完全是按照学校规定的课表学习，课程门数多，没有选修课。到了高等科，学生的学习才大体上按照“自由教育”的思想进行，课程、教材、教学法乃至课外活动，无不渗透着美国教育模式的影响。为了培养合格的留美预备生，学校对教学的要求十分严格，且重视体育与英语训练。

清华学校在1925年成立大学部，并于1928年改为国立清华大学以后，仍然实行“自由教育”。这一时期，教学上改变了主要依靠美国教员开课的状况，以早期留美归国回校任教的清华留学生和其他中国教师为主，开出了质量较高的大学课程，乃至研究院的课程；多数教师保持并发扬了清华学校时期教学认真、要求严格的传统作风。不少教师对学校教育依附于外国特别是美国的状况有所怀疑，并试图加以改变。他们抱着“教育救国”“学术独立”的强烈愿望，编译了十多种大学用的中文教科书。这些教科书，就当时国内的水平来说，质量都是较高的。

1928年至1937年，是清华大学迅速跻身于国内著名大学行列的重要发展时期。冯友兰、吴有训、周培源、刘仙洲等众多名师来校执教，经费相对充裕，图书资料丰富，实验室仪器设备先进，为教学工作进展与学术水平提高创造了良好条件。这一时期，清华大学在教学上形成了鲜明的特点：①注重基础训练，即重视基础理论课程，注重基本概念与科学思维，强调基础厚实；②重视实验教学，注重培养学生的动手能力，强调理论与实验并重；③关注学生的全面发展与个性培养，强调学理工的也要学人文课程，鼓励学生参加课外活动，发展专长；④注意将国内外最新的科学研究成果引入课堂教学，引导学生及时了解世界科学前沿；⑤实行学分制与选课制，要求严格，重视质量，尤其是理学院，强调“重质不重量”，淘汰率较高。例如，理学院1929年在校一年级学生30人，到1933年仅有19人毕业；1932年在校一年级学生95人，到1936年有38人按时毕业；其余学生有的中途转系，有的延长学习年限推迟毕业，少数辍学。

1937年“七七事变”后，清华大学南迁。在长沙临大和西南联大时期，教学条件远较战前清华为差。由于战事影响，大部分仪器设备未能迁出而沦于敌手，迁出的部分贵重图书亦在四川北碚毁于日军之轰炸。理学院、工学院因仪器设备简陋、化学药品缺乏，以致不得不削减实验项目，乃至停开一些实验课程，对学生的实验要求也相应降低。当时，师生生活、工作与学习条件很差。教师薪金微薄，物价暴涨，生活难以为继；学生“住的是草顶泥墙的宿舍，也住过暗无天日的盐行仓库”，“在破庙里伴着泥菩萨听讲”。时局动荡与艰苦环境对教学工作都有影响。然而，三校名师汇集，师资力量较战前各校大为充实，开课名目增多，且由著名教授讲授；多数教师克服生活困难，坚持严格认真的教学传统。

1945年8月，抗日战争胜利。1946年5月，西南联合大学结束，10月，清华大学复员回到北平清华园，于1946年10月10日开学上课。清华园在沦陷期间遭受了日本侵略者的洗劫，教学设施被严重破坏，家具设备损失达90%以上。复员后的清华大学，有文、法、理、工、农五个学院，26个系。各系课程编制与教学制度、教学作风，基本上是承袭战前清华的传统，变更不大。由于国民党政府发动内战，社会动荡，物价狂涨，师生生活朝不保夕，经费的困窘，使教学工作处于难以维持的局面。学生们时常罢课，投入到反饥饿、反内战、反迫害的斗争；教师们面对国民党的内战与饥饿政策，“既痛学府之被残，复感自身之受胁”（1948年4月国立清华大学教授会致南京教育部朱家骅部长电），也无法安心教书与研究。

二、1949年—1976年

1948年12月15日，清华园解放。解放后的清华大学遵照中国共产党和新中国的教育方针，对旧教育进行改造。1949年春季开学时，取消了国民党党义等课程，增开了辩证唯物论、历史哲学、毛泽东思想、马克思主义经济等一系列新课。1952年院系调整后，清华大学立即开展以“学习苏联教育先进经验”为主要内容的教学改革。期间，有一批苏联援华专家在各系参与和指导教学工作。在这一次教学改革中，废除了英美式的“自由教育”，结合中国和清华的实际情况，有计划地全面学习了苏联高等学校在教学思想、教学环节和教学方法等方面的做法，包括学校的培养目标、学制、教学机构（教研组）、课程与专业设置、教材，以及讲课、辅导、考试、课程设计、毕业设计、生产实习等一系列教学环节，逐步建立了一套新的教学体制，倡导理论联系实际，按照国家计划分专业培养专门技术人才。这一时期，清华大学的教学工作无论在数量上或是质量上都有较大发展与提高。然而，由于完全摒弃了英美式教育，转而受苏联教育思想的深刻影响，学校虽然强调结合中国实际学习苏联经验，但仍存在机械搬用苏联经验的某些偏差，出现专业划分过窄、培养模式单一、学生负担过重等弊端。

1958年，学校试图突破苏联教育经验的局限性，探索创立适合中国国情的社会主义高等教育体制，开展了以勤工俭学、教育与生产劳动相结合为中心内容的教育革命。当时，选择了以贯彻“教育与生产劳动相结合”方针为突破口，迅速扩展到对教学计划、教学内容、教学方法和学制等方面的一系列改革，同时推动了校办工厂的发展和教学、科研、生产三结合的校内基地（当年简称“三联基地”）的建设。在教育革命的探索实践中，毕业班学生在教师指导下，联系实际，创造了“真刀真枪”做毕业设计的经验；许多专业把教学、生产劳动、科学研究结合起来，带动了一批新学科和学校科学研究工作的发展。然而，在探索中也出现了严重失误。1958年政治活动和劳动安排过多，一度打乱了正常的教学秩序，导致教学质量下降；1960年上半年错误地开展业务领域的“兴无灭资”斗争，违背科学与教育规律，严重伤害了一部分教师。

1961 年 9 月，中共中央下发关于讨论和试行《教育部直属高等学校暂行工作条例（草案）》（共 10 章 60 条款，简称《高校 60 条》）的指示。《高校 60 条》总结了新中国成立后高等教育改革的正反两方面经验，纠正 1958 年教育革命中的失误和“左”的错误做法。清华大学结合实际认真总结学校工作，积极贯彻《高校 60 条》。校务会议根据全校师生员工的意见，修订了过去制定和草拟的一些规章制度，先后通过了《学生思想工作和管理教育工作暂行规定》（即《学生工作 50 条》）、《关于保证教师业务工作时间的几项规定》《关于课程教学工作的几个原则规定》《关于教材工作的暂行规定》《班（级）主任工作暂行条例》《考试考查试行办法》《关于保证学生劳逸结合和安排教学工作的几项规定》《学生参加公益劳动管理办法》等规章。在实践中，遵照这些规章，调整关系，改进思想政治工作，修订教学计划，采取“填平补齐”（即根据教学计划要求将 1958 年教育革命以来所缺课程补齐）等措施，落实以教学为主，贯彻“少而精”原则，更新教学内容，提高教学质量，使学校的教学工作走上正常发展的轨道，取得了良好的效果。

1964 年 2 月 13 日，毛泽东主席在人民大会堂召开教育工作座谈会（时为甲辰年春节，故后称此会为“春节座谈会”）。毛主席在座谈会上指出：“教育的方针路线是正确的，但是办法不对。我看教育要改变，现在这样还不行。”提出：“学制、课程、教学方法、考试方法都要改。”认为：“课程多、压得太重是很摧残人的。”“课程可以砍掉一半，学生要有娱乐、游泳、打球、课外自由阅读的时间。”“现在的考试办法是用来对付敌人的办法，实行突然袭击。题目出得很古怪，使学生难以捉摸，还是考八股文章的办法，这种做法是摧残人才，摧残青年。”并表示：“我很不赞成，要完全改变。”蒋南翔校长参加了会议，回校后结合清华实际对干部进行了传达。蒋南翔认为，毛主席在“春节座谈会”上的讲话是极而言之，“要翻译”，强调认真领会毛主席讲话的精神，就是要努力提高教育质量，保证学生全面发展。随后，组织全校师生学习和贯彻毛主席的“春节指示”，从清华大学实际出发，落实学制、课程、教学方法和考试的改革，教学质量稳步提高。

1966 年 6 月，全国爆发“文化大革命”，学校停课，停止招生，教学完全停顿。有少部分师生在极端困难的情况下，从事业务活动，多次尝试复课。1967 年，曾有部分师生响应周恩来总理号召“复课闹革命”，短暂地上了一段时间的课，但很快就被全国性的运动冲垮。1968 年 4 月 23 日清华大学两派开始严重武斗，学校完全瘫痪。同年 7 月，毛主席发表“七二一”指示：“大学还是要办的，我这里主要说的是理工科大学还要办，但学制要缩短，教育要革命，要无产阶级政治挂帅，走上海机床厂从工人中培养技术人员的道路。要从有实践经验的工人农民中间选拔学生，到学校学几年以后，又回到生产实践中去。”7 月 27 日，工人、解放军毛泽东思想宣传队（简称“工宣队”）进驻学校，接管了学校的全部领导权，体现“工人阶级占领上层建筑”。

工宣队进校后，组织师生政治学习，下厂下乡，后组织教改小分队去工厂进行教学改革、办“七二一大学”。1970 年 6 月 27 日，中央批转了《北京大学、清华大学关于招生（试点）的请示报告》，清华大学从下半年开始招收“工农兵学员”，学制三年，实行群众推荐、领导批准、学校复审的招生办法。学生毕业后回原地区原单位工作，少部分知青生源毕业生统一分配工作。

三、1977 年—2010 年

1976 年 10 月，“文化大革命”结束。经过拨乱反正，学校教学工作也随之走上正确的轨道，进入一个崭新的发展阶段。在新的历史时期，清华大学主动适应社会发展需要，研究教育本身规律，积极进行教育教学改革，注重大面积提高本科教育教学质量，着力于日积月累、艰苦细致的工作，为国家多出人才、出好人才。

1977年全国恢复高等学校招生考试，1978年3月清华大学“文革”后录取的第一批新生入学（按1977级计），同年10月1978级入学。1979年2月通过考试，录取部分“文革”前入学的1964级、1965级学生回校补课，学习二年后结业。

学校从1980级开始实行有计划培养与按学分累计成绩的教学管理方法。为加强学生文化素质，学校逐步为理工类学生开设了文、史、社会科学、经济、法律、艺术等方面的选修课。为了拓宽学生知识面，培养跨学科的复合型人才，1983年学校开始面向学有余力的优秀学生开设“双学位”课程。为了适应国家改革开放的新形势和经济建设、科技发展对人才培养提出的新要求，1984年2月学校在第17次教学讨论会上提出，要建设“以工科为主，包括理科、管理学科和文科的综合大学”，本科教学要遵循“拓宽专业、加强基础、注重实践、培养能力、增强适应性”的思想积极改革。学校恢复理科、文科，增设经管学科，实行理工结合、文理渗透；同时，对原有工科类专业采取合并过窄专业、扩大共同基础、分设学科方向等方法拓宽专业。各个教学环节强调四个能力培养：独立获取知识的能力，运用知识分析解决问题的能力、一定的创新能力和初步的组织管理能力。学校采取选拔校系优秀生、设立“双学位”以及开设“工程操作”选修课等形式的大面积因材施教措施，以培养富有创造性的拔尖人才及复合型人才。为有利于实行学分制、有利于学生大规模的选课、加强实践教学，1985年清华在国内首推一学年秋季、春季、夏季三学期制。

1985年11月12日第7次校长工作会议和第7次党委常委会联席会议通过了《清华大学关于加强本科教学工作的决定》，要求抓好课程建设，着重进行课程内容和教学方法改革；要求高水平教师上教学第一线。学校规范夏季学期教学工作，对基础课程教学实验室重点投入，促进学生开展专题实验和研究。1985—1986学年度第19次校长工作会议通过了《清华大学本科重点课程建设与一类课程评选的决定》。

为保证本科教学质量，向校内外输送高质量研究生，减少考研对本科教学的影响，1986年经国家教委批准，清华大学开始进行以平时学习成绩为主、辅以资格考试确定推荐的研究生入学考试和录取制度改革。

1988年第18次教学讨论会后，根据教学工作的客观规律和长期的教育改革实践经验，清华大学总结出本科教学工作的四项基本建设：专业学科建设、课程建设、教学基地建设和学风建设。学校按照“拓宽基础、减少专业、柔性设置”（即“宽、少、柔”）的原则，第二次进行专业设置调整。学校根据国家要求，从1987级开始将军事训练纳入夏季学期实践环节，并且开设了军事理论课。

从1989—1990学年度开始，汽车系、计算机系、电子系等部分班级进行培养过程与生产劳动、实践相结合的试点，学生较长时间（数月至一年）参与工程、产品或课题的生产设计开发工作。为进一步培养学生实践动手能力及创新意识，学校于1991年首次举办了“机械设计大奖赛”，开了学生课外科技活动学科竞赛的先河。

为建设“严谨、勤奋、求实、创新”的优良学风，在教学工作中创造良好育人环境，清华大学积极进行学风建设。从1984年开始，学校每年举行“教书育人研讨会”，并在各个教学环节严格要求，在考试工作中提出“三严”（严格试题要求、严格评分标准、严格考试纪律）。在试点基础上，1990年校学生工作指导委员会作出了《关于建设、评选优良学风班的决定》，强调学风建设要落实到班，以评促建、重在建设，要调动学生自身积极性，自下而上人人为学风建设作贡献，班班为争取优良学风班而努力，要造成强大的舆论和抵制不良风气的自我约束机制。

1992 年第 19 次教学讨论会后，学校明确了教学改革的重点：整体优化培养过程、改革教学内容体系和方法。为稳定教师队伍，保证教学质量，学校采取了一系列措施：提倡系管教学；实行基础课教师从系内外、校内外招聘；在主要公共基础课中建立岗位责任制，设立课程负责人岗位，聘请教授担任；提高基础课课时补贴；加大教学奖励力度；设立教改基金、教材建设基金；在住房、职称上对基础课倾斜，每年由教务部门提出主要从事教学工作的教师晋升高级职称建议名单；等等。作为试点，学校批准力学系、工物系从 1993 级部分学生开始试行本科和硕士生的 4+2 衔接培养，1992 级部分学生作为过渡参与。此前，核研院已先期在 1989 年、1990 年从各系本科 4 年级学生中招收工程硕士班（共两个班 25 人），进行“本—硕”衔接培养试验。为加强理科，1991 年国家开始启动建立“理科基础科学研究与人才培养基地”，清华大学的现代应用物理专业、生物科学与技术专业先后入选，后数学与应用数学专业也入选。

1993 年 10 月，学校根据国家发布的《中国教育改革和发展纲要》及《教师法》的精神，针对学校实际情况，制定了《关于加强本科教学工作的若干措施》（简称“25 条”），提出了：深化教学改革，增强学生学习主动性；加强领导，增加教学投入；优化教学队伍，改善教师待遇；严格管理，保证教学质量；改革招生办法，保证生源质量；等等，共 25 条措施。学校启动了人才培养模式的改革实验，从 1993 年秋季学期开始，由电机、电子、计算机、自动化等四个电类系新生中选拔组建两个电类基础实验班。这是“文革”后首次进行的实验班形式的人才培养模式改革的探索。

1994 年，学校组织教授和管理干部分别赴美国、德国考察部分著名大学的教育与管理，在研究和调查的基础上提出了《全面推行学分制，切实提高教学质量的工作意见》。是年 3 月，学校召开全校干部会讨论学习，统一思想，把全面推行学分制作为当年的中心工作之一。教务处分别组织了教学干部会、面向学生的新闻发布会、选课导师会等，深入发动、宣传、准备和培训；和工会一起组织第 11 次教书育人研讨会，研讨学分制情况下教书育人的新思路；同时根据学分制要求组织各系修订教学计划。

为加强学生实践能力和创新意识培养，1995 年开始实施“大学生研究训练（Students Research Training，SRT）”计划，组织学生课外参加各种科学研究工作。同时，学校组织的机械设计、结构设计、数学建模等学生设计大奖赛也进入常态化，并规划了电子设计为第四个大奖赛。

1996 年第 20 次教学讨论会后，积极推进工科人才培养模式的改革，实行工学学士—工学硕士（含工程硕士）的统筹（贯通）培养，优化培养过程，在首批试点基础上全校推广。理科、文科、经济管理学科实行四年制本科。

学校重视学生外语能力培养，在 1988 年 12 月至 1989 年 1 月召开了全校外语教学工作会议，统一思想、明确目标、落实措施，并提出了“外语教学不断线”、改善外语学习环境等具体办法。在第 20 次教学讨论会上全校对外语教学进行了专题讨论，进一步提出明确阶段目标、构建新课程体系、建立清华大学英语水平测试标准、加强课外语言学习环境建设等改革措施。清华大学从培养学生实际语言应用能力出发，建立了清华大学的英语水平测试体系，在 1996 年首次举行“清华大学英语水平Ⅰ”考试（清华本科学士学位要求的英语能力考试），随后组织了“清华大学英语水平Ⅱ”考试（清华硕士研究生英语基础阶段要求的考试），通过者由学校颁发相应证书。教育部高教司于 1999 年发文（教高司〔1999〕81 号）确认这一改革。

“九五”期间，国家开始实施“211工程”，把清华大学列为“211工程”重点建设的高校之一。1995年国家审核通过了清华大学“211”建设规划，并于1996年启动。学校根据教改新形势重新制定了“一类课程”评价标准，并采取立项管理的办法，重点规划了12个系列课程改革项目，其中电子信息技术大类、外语、力学、计算机基础教育四个系列课程改革列入国家教委“面向21世纪课程结构教学内容体系改革计划”的重点立项。国家教委启动“国家工科基础课程教学基地”建设工作，清华大学的工科物理、工科数学、机械基础列入（经过建设，力学也随后列入）。这些措施有力地推动了本科教学改革的进程。

面临世纪之交，学校于1997年11月至1998年3月开展教育思想大讨论，通过讨论明确了新形势下学校的培养目标是要为下一个世纪培养“高素质、高层次、多样化、创造性”人才，要实施“宽口径下的专业人才培养”。提出了重视和加强核心课程建设工作，开始在核心课程设置主讲教授和骨干讲员岗位。学校在已有校级“一类课程”和教育部“面向二十一世纪课程改革”立项基础上，加速推进以校、院（系）核心课程为主干的教学内容和课程体系改革，提出要建设一批“精品课程”和“精品教材”。

1998年7月由清华主要参与制定的教育部新的《普通高等学校本科专业目录》颁布，学校按照目录要求调整了相应专业，全部专业按照“横向拓宽、纵向贯通”的原则制定了宽口径培养目标，并进一步研讨和落实。工科专业本硕统筹首批试点系进行了分流认定，约70%的学生进入本硕统筹培养及第二学位培养。在电类基础实验班实践基础上，学校深化人才培养模式改革，1998年后，陆续开始举办“基础科学班”（曾称“理科实验班”，后称“数理基础科学班”）、“中外文化综合班”“化生基础科学班”等。为贯彻环境保护的基本国策和可持续发展战略，建立生态环境良性循环的示范校园，清华大学提出了建设“绿色大学”的创意，被国家环保总局批准为全国示范工程。建设绿色大学包含了发展绿色教育、加强绿色科研和建设绿色校园等三方面的内容。从1998级大一新生起，开设“可持续发展与环境保护概论”必修课，并组织了“能源环境工程概论”“绿色化学”“清洁生产”等绿色教育课程的建设。在“SRT”计划中增设了“绿色环保科技”的课题，开始举办“绿色环保科技设计大奖赛”。为进一步提高教育质量和办学效益，推进教学管理体制与运行机制改革，学校于1998年8月、9月分别经校务会议讨论通过成立“清华大学注册中心”“清华大学教学研究与培训中心”。

1998年学校启动的校内管理体制改革，包括院、系管理体制改革和学校机关管理改革。原有教研组已不适应人才培养的要求，撤销教研组一级机构，组建各学科方向的研究所，实行系（院）管教学。1999年3月，在深化教育改革过程中，为保证本科和研究生教学的稳定和提高，进一步完善以院或大专业平台的教学管理机制，学校决定各院（系）成立统一的本科生-研究生教学委员会，该委员会是院长（系主任）领导下的本科和研究生教学工作的决策机构，任期3年，负责研究和确定本-研培养方案、教学计划、课程建设的总体规划及其他教学的重大问题。委员会由主管教学副系主任和承担教学科研工作的教授、副教授及相应专家组成，老、中、青结合，一般由主管教学副院长（或副系主任）担任主任。委员会职责是，研究确定本科生、研究生培养目标的基本要求，研究确定课程设置总体方案和审定各专业培养计划，研究基础课设置和实施方案，研究审定本科专业基础和专业课、研究生课程设置及改革方案，确定特优学生选拔和培养方案，研究处理本科生和研究生教学的其他重大问题。

1998年世界银行贷款高等教育发展项目开始可行性研究，1999年正式立项启动，清华大学物理基础、电工电子基础、机械基础、力学基础、工程训练、语言语音等6个实验教学中心立项建设。

国家启动建设世界一流大学的“985工程”。1999年学校规划并启动了“985工程”一期教学项目，重点加强教学基础设施建设，初步规划28个教学项目（含研究生教学和继续教育）。规划按七个方面进行：(1)本科和研究生课程资源建设，特别是精品课程建设；(2)基础教学实验和训练基地建设；(3)工程技术基础实验和专业训练；(4)经济、管理、法学、人文社科教学实践与训练；(5)体育与艺术教育训练环境；(6)学生课外科技活动、创新训练和社会实践；(7)现代教育技术建设与人员培训。各项目从九月份开始分批论证、启动。先后开展的“211工程”、世界银行高等教育发展项目、“985工程”和其他教改项目等，是“文革”后对教学的最大量、集中的经费投入，有力地促进了本科教学的改革与发展。

2000年11月9日，学校第21次教育工作讨论会开幕，进一步推进教育创新，开创人才培养工作的新局面。各系根据改革思路，完善学分制，制订新培养方案。新方案实行本硕统筹培养，按照“分阶段、有统筹”的教学进程安排，从比较狭窄的专业对口教育转向“在通识教育基础上的宽口径专业教育”。本科总学分调整为约170（课程学分约140，集中安排实践环节学分约30），其中工科类专业的自然科学和人文科学的基础课程学分不少于总学分的50%；在院一级设立基础平台课程；本科专业课组按学科方向统筹规划。

2002年8月经校务会议讨论通过了《清华大学2001—2005年教育改革与发展纲要》（简称“40条”）。纲要从以下几个方面提出了“十五”期间学校教育教学改革的努力方向：教育改革的目标和思路；人才培养的基本格局；优化培养方案、形成研究型大学的教学；完善学分制和学习激励机制、加强教学资源建设、促进学生综合素质提高和个性发展；研究生的培养与管理；改善教师队伍结构；完善人才培养的评价体系、保障教学质量；改革教学管理体制和运行机制；加强思想道德教育、把校风和学风建设纳入世界一流大学建设等。依据纲要，本科教育着力推进由“教学型”向“研究型”教学的转变，开展创新性教育；加强对新兴、交叉、国防急需等专业学科的支持与建设；启动“百门精品课程建设工程”；加强教学实验基地和创新教育环境建设；规模化、系统化、规范化学生课外学术科技活动；进一步推进教学管理现代化。

2003年春季，“非典”（SARS）爆发。全校教务系统在校“非典”防治工作小组领导下，以“保障师生健康安全、调整教学方式、降低课堂学生密度”为主要工作原则，通过进一步落实“精讲多练”、网络教学、转变考试方式等措施，尽全力保证教学有序运行。

为建设研究型大学人才培养体系，探索新的教学方式，2003年9月学校推出了“新生研讨课计划”(Freshman Seminar Program)，由知名教授面向新生开设研讨性的课程，属国内首创。为落实“通识教育基础上的宽口径专业教育”，积极推进按大类培养。2002年经管学院首先开始按大类招生、按大类培养。2003年信息学院、理学院、人文社科学院文科实验班等也开始按大类培养。为加强优秀生源选拔，学校改革保送生选拔方式、探索实施自主招生工作。

2003年教育部和北京市开展首届高等教学本科精品课程和教学名师的评选。清华大学有9门课程被评为国家级精品课程，19门课程被评为北京市精品课程，获奖数各为全国和全市第一；5名教授获国家级教学名师奖，为全国之首，6名教授获北京市教学名师奖。

2004年5月，经校务会议审议通过《清华大学关于加强学术委员会工作的若干意见》，决定不再设立单独的教育教学工作委员会，各院（系）不再设立单独的教学委员会，原有工作内容和职责并入相应的学术委员会之中。校、院（系）两级学术委员会可以设立教学工作组，专门负责审议和评定教学方面的有关学术事项，但教学和人才培养的重大问题必须经过学术委员会全体会议讨论。教学工作组可以吸收非学术委员会委员的教学骨干参加。要充分发挥学术委员会在人才培养、学科建设和科技创新中的作用，教学计划和办学规模调整等在提交学校决策之前需经学术委员会审议，院（系）的增设、合并、撤销及更名等需经学术委员会审议，重大教学成果等应由学术委员会组织评议，学术委员会要参与教学质量的督查工作。

2004年学校召开主题为“加强实践教育，培养创新人才”的第22次教育工作讨论会，加深对实践教育的认识，要在继承传统的基础上丰富和完善实践教育。2005年10月校务会议通过了《清华大学关于加强实践教育的若干意见》。

2005年6月，在总结“985”一期教学项目建设的基础上，学校通过了《清华大学“985工程”二期人才培养规划报告》。规划报告提出了本科教育建设的重点是：以课程建设为载体，推动教学方式的改革，推进宽口径人才培养模式的顺利实施，努力提高本科生综合素质和实践能力，推进学生的国际合作与交流。

为探索多样化拔尖创新人才培养模式和机制，2006年春季学期，信息学院启动软件科学实验班教改工作，由图灵奖获得者、清华大学高等研究中心教授姚期智先生亲自设计、主持并承担教学工作，联合微软亚洲研究院共同合作培养。

2007年教育部、财政部实施“高等学校本科教学质量与教学改革工程”（简称“质量工程”），是国家继“211工程”“985工程”后，为进一步提高本科教育质量而在“十一五”期间实施的一项重大工程，除已启动的国家级教学名师奖、国家级精品课程等外，还有国家级的大学生创新性实验计划、实验教学示范中心建设、优秀教学团队建设、特色专业建设等项目。2008年北京市也启动相应的质量工程计划。学校于2007年7月开始在部分院系进行课程教学组建设试点工作，以进一步完善教学组织体系，形成重视教学、研究教学、投入教学的良好氛围。

2007年10月21—26日，清华大学接受了教育部的本科教学工作水平评估。评估专家组充分肯定、高度评价了清华大学的办学理念和成绩，认为清华大学一贯重视本科教育教学工作，学校人才培养水平提升到了一个新高度，并从以下六个方面肯定了清华本科教学工作的成就：(1)办学指导思想明确，学校定位准确，本科教学的中心地位突出；(2)构建研究型教育教学体系，教育教学改革成效显著；(3)坚持培养与引进并重，建设教学与科研兼优的高水平师资队伍；(4)加强教学条件建设，为研究型教育提供有力保障；(5)加强教学管理队伍和管理制度建设，改善教学质量监控和保障体系；(6)以全面素质教育思想为指导，构建全面育人体系，学生综合素质显著提高。专家组还肯定了清华大学“严谨为学，寓教于研，基础与实践并重；又红又专，行胜于言，造就栋梁之材”的鲜明办学特色，同时也提出了不断改进本科教学、提高人才培养质量的重要意见和建议，希望进一步完善研究型大学本科人才培养模式，以造就更多的领军人物。

为贯彻落实科学发展观和党中央关于提高高等教育质量的要求，努力满足国家和社会发展对拔尖创新人才的迫切需要，把切实提高人才培养质量作为加快世界一流大学建设步伐的重中之重，2009年5月学校发布了《清华大学关于进一步加强本科教育教学工作促进拔尖创新人才成长的若干意见》(清校发〔2009〕26号，简称“新25条”)，从树立科学质量观、营造良好的学习氛围、优化培养过程、强化因材施教、加大教学队伍建设力度、重视教学条件建设、完善质量保障体系等六个方面提出了25条措施，以进一步加强本科教育教学工作，促进拔尖创新人才更好更快地成长。

为迎接清华大学百周年校庆，总结一百年来的办学实践，2009年7月，清华大学以“清华新百年人才培养的使命与战略”为主题，召开了第23次教育工作讨论会，历时一年。在讨论会期间，学校在实施的实验班办学经验的基础上，着眼于学生的成长成才，进行人才培养模式综合改革。以“清华学堂人才培养计划”（简称“学堂计划”）为载体，发挥国内外资源优势，实施因材施教和个性化培养，构筑人才培养特区，首先在数学、物理、计算机科学、力学等四个领域开始实施。“学堂计划”在学生遴选、教师配备、培养方案、氛围营造、国际合作等诸方面进行重大改革，发挥优秀“领跑者”的示范和引领作用；并决定把“清华学堂”这一清华最早、最具象征意义的建筑还给教学、还给学生，作为“清华学堂人才培养计划”的办学基地。同时，学校提出，要在工程学科以实施国家“卓越工程师教育培养计划”为契机，研究和推动新时期学校工程教育改革，努力培养“研究型、管理型、创新型、国际型”的工程领域的后备帅才；在文科院系要以个性化培养工作为引领，实施人才培养模式的改革；并要注意打破学科专业界限，探索更加灵活的跨学科和交叉学科人才培养模式，大力培养复合型人才。

2010 年，化学和生命科学领域也进入了“清华学堂人才培养计划”，“清华学堂人才培养计划”被整体纳入国家教育体制改革试点项目“基础学科拔尖学生培养试验计划”；工科领域的精仪、电机、软件、建筑、土木、化工等院系入选教育部首批“卓越工程师教育培养计划”，学校在全部工科院系中启动“卓越工程教育改革计划”，并都入选教育部“卓越工程师教育培养计划”。

第二节　学制与学位

一、学制（修业年限）

从 1911 年至 1929 年，学制经过了如下变迁：清华学堂成立时，中等科、高等科均为四年；数月后改为中等科五年，高等科三年，直至 1913 年 7 月；同年 8 月起，又恢复中等、高等两科各四年。1920 年秋季，停招中等科一年级生；翌年，改高等科四年级为大学一年级。这时，从中等科二年级到大学一年级学生仍然都是留美预备生，称为旧制生。自 1923 年起，停招旧制生，至 1929 年最后一级旧制生毕业。1925 年设立大学部，招收的新生称为新制生，向大学过渡。1928 年正式成立国立清华大学，其本科的学制与国内一般大学一样，即规定学生修业年限至少四年，所习课程以学分计算。

西南联合大学本科仍为四年制，只有新设的师范学院为五年制（第五年主要是教学实习），附属的师范初级部为三年制，电讯专修科为一年半制。

复员后的国立清华大学承袭战前清华的学制，规定修业年限为四年。

解放后，清华大学的学制变化较大。1952 年院系调整前，因解放初期恢复国民经济急需技术人才，1949 年和 1950 年入学的大学本科生，学习年限为三年，1951 年入学的为四年。为满足国家建设急需，解放初期清华大学曾举办专修科，1949 年、1951 年均有入学，1952 年招收了较大量的一批专修科学生，并动员一部分学习优秀的学生转入专修科。专修科学制两年。从1952—1953 学年度起，本科实行五年制（建筑系建筑学专业学制为六年）。1958—1959 学年度起实行六年制，各系有少部分学生（主要是工农速成中学考入的学生）五年制或五年半制毕业。1958 年以前入学的学生实行过渡计划：从 1955 级开始，建筑系和自动控制、工程物理、工程化学、工程力学数学等新技术系，以及土木系（毕业时和建筑系合并为土木建筑系）、电机工程系、无线电电子学系、机械制造系（毕业时分精密仪器及机械制造系、冶金系）、动力机械系等专业实行六年制。1957 年入学的土木建筑系（除建筑学专业）、水利工程系、动力机械系、精密仪器及机械制造系（除精密仪器专业、光学仪器专业）、冶金系（除金属学及金属材料专业）、电机工程系为五年半学制；其他系及前述除外的专业为六年制。1958 年入学的，有少部分五年半学制毕业（全校共 47 人，其中水利系河川枢纽及水电站建筑专业有 32 人）。1964 年 2 月毛泽东在“春节座谈会”上作了关于“学制要缩短”的指示，清华大学于 1965 年将各系入学新生的学制一律改为五年（其中仅 1965 年招收的英语师资班为四年），1964 年入学的学生作为过渡，其修业年限为五年半。

“文化大革命”期间招收工农兵学员，学制为三年。由于工农兵学员相对基础较差，且文化程度从小学到高中相差极大，给教学组织带来很大困难，清华大学为尽量提高教学质量，除进修班外，普通班连同补习文化课实际学习年限为三年半，学校还对学习极端困难学生采取专门措施补习文化基础。

1977 年恢复高考后，清华大学本科 1977 级学制为四年半（1977 年招收，1978 年 3 月入学，1982 年 7 月毕业，其中数学、力学、电工学、电子学、物理、化学等师资班等为 1978 年 4 月入学）。1978 级开始全校学制改为五年（化学师资班仍为四年半）。1991 年外语系英语专业开始招生，学制四年。数学系、物理系从 1993 级开始学制改为四年。1994 年中文系开始招生，学制四年。

1995 年第 20 次教学讨论会后，实施本科-硕士统筹培养方案，在部分工科系的 1996 级实行试点，1995 级比照实行，从 1997 级开始在全校工科全面实施。本科-硕士统筹培养学习年限一般为六年，本科阶段为四年。1998 年 8 月 11 日教育部教高厅〔1998〕9 号文正式批复，清华大学五年制本科专业改为四年学制（建筑学专业学士学位的学制为五年）。

二、学分制与学年制

清华学堂和清华学校模仿英美学校实行学分制。据《清华学堂章程》规定：“凡通修功课之需预备者，以教授 50 次为单位；其不需预备者，以教授百次为单位。此单位取名学业成分，略曰学分。（例如算术功课每周 3 次，延一学年者为 2 学分；体操功课每周 3 次，延半学年者为 0.5 学分。）”

1925 年成立大学部后至 1952 年，清华大学继续实行学分制，确切地说，是实行学年学分制。学校规定，所习课程按学分计算，每学期每周上课 1 小时或实验 2～3 小时者为 1 学分；学生修业年限至少 4 年，学生按其所得学分编定所属年级：入学新生为一年级；“已得 33 学分者，编入二年级；已得 66 学分者，编入三年级；已得 99 学分者，编入四年级。党义、体育及军事训练之学分不计在内”。1927 年起，学校即规定各系毕业生（工程系除外），至少要修满 136 学分（体育除外），各系都规定各个学年有若干必修课目，所有必修课目需全部及格并通过毕业考试，才准毕业。1929年起，取消毕业考试，改为四年级时撰写毕业论文一篇（相当于一门课，约3～4学分）。1932年起，按民国教育部1931年《学分制划一办法》，将4年总学分由136改为132（工学院各系一般为155学分左右，且必修课占绝大部分）。此外尚需必修体育8学分、军事训练6学分、党义2学分。

与学分制并行的是选课制。学生于每学年开学时，参照各系规定的课程表自行选定课程。学生每学年开始选修或其后增选改选课程，都须经系主任签字批准。此外学生于四年中经有关之系主任及教务长核准，还可中途转系，其已修课程的学分由所要转入的系重行审定，承认有效或无效，并按所得学分决定其编入的年级。学生毕业后也允许继续留校转系肄业，其已修之该系课程仍可承认其学分，这样，一般可插入它系二、三年级肄业。

凡所修课程不及格者不给学分，如是必修课则须重读；如是选修课，可不再选读而改选其他课程，只要学满规定之学分即可。

1952年院系调整后，学习苏联教育体制，清华大学取消学分制，改行学年制，延续至1980年。在修业年限内，执行统一的教学计划，各年级根据不同专业要求，安排相应的基础课、技术基础课、专业课、辅导课及相关实验、设计、实习等，最后一学期为毕业设计，学生应完成教学计划规定的课程与教学环节。对学习优秀的学生，经批准可以免修或加选部分课程，派教师个别指导，实行因材施教。学生修满教学计划规定的课程（包括生产劳动、教学实习、生产实习等），成绩及格的方得参加毕业设计；毕业设计答辩通过的，准予毕业，发给毕业证书；毕业设计未通过的发肄业证明书。

在教学管理的改革探索中，清华大学从1980—1981学年度开始实行“有计划培养按学分累计成绩”的办法。1985年在总结这一办法执行情况的基础上，汲取学分制和学年制的长处，结合我国国情和教育制度的特点，决定试行“以指导性教学计划为基础的全面学分管理”，即有计划有指导的学分制，简称计划学分制。

清华大学所试行的计划学分制，与国外大学一般实行的学分制相比，主要区别是它的计划性和指导性；与过去实行的学年制相比，主要区别是它的灵活性。一方面根据国家对专业技术人才培养的计划和要求，制订各专业的指导性教学计划，教学计划中将课程分为必修课、限定性选修课（限选课）和任意性选修课（任选课），限选课是在限定的范围内选修。必修课和限选课的设置是对绝大部分学生的基本培养要求，限选课和任选课又要为教学提供一定的灵活度，照顾学生不同基础和志趣。学生按指导性计划完成学业，也可以依据指导性计划在教师指导下订出个人完成学业的计划。对于少数优秀学生可不受指导性计划限制，多选课或以导师指定的课程取代一些必修课，在业务学习的广度和深度上得到发展。另一方面，在计划指导下加大灵活性，在学习年限和转系、转专业方面适度放宽，但又有一定的限度，如不能只以获取学分数作为完成学业的标准，不能中途任意停学，不能过多延长学习年限；在转系、转专业的人数上也有一定要求和控制。

为有利于学分制运行，从1985年开始实行一学年三学期制：一学年分为三个学期，即两个全校统一的上课学期（每学期18周，分别称为秋季学期和春季学期，其中16周上课、2周考试）和一个较短的小学期（平均为6周，称为夏季学期，后改成5周）。

当时规定的课程的学分计算方法：

（1）授课满16周的课程，学分数为该课程课内外周学时数的总和，即包括讲课、辅导与实验、课外三部分学时。秋季学期和春季学期的标准学分数为 45 学分。

（2）授课不满 16 周的课程，包括课程设计（大作业）或夏季学期、暑假的课程，其学分数按 16 周折算，即以该课程全学期课内外计划总学时数除以 16 得出学分。

（3）课内外学时比例平均为 1∶2，其中主要基础课为 1∶2～1∶3，技术基础课为 1∶1～1∶2.5，专业课为 1∶1～1∶2，课程设计为 1∶3。各课的课内外学时比例，应根据课程性质不同，由学校或系作出规定。

（4）毕业设计（论文）、教学实习、生产实习、专题实验、专业劳动、公益劳动等，一般每周按 2 学分计算［后规定毕业设计（论文）总学分为 40］。

（5）社会工作学分，每学年为 2 学分。

1991 年对课程课内外学时比例作了修订：平均为 1∶1.4，其中主要基础课、技术基础课为 1∶1.5 左右，专业课为 1∶1～1∶1.2。

1992 年第 19 次教学讨论会后全校修订教学计划，为适应进一步改进和完善学分制的需要，同时也为了便于与国际上较为普遍采用的学分计算办法相比较，从 1993 级起，改变学分计算办法：

（1）秋季和春季学期上课满 16 周，讲课及以讲课为主的课程，课内每周 1 学时为 1 学分；单独设置的实验课（包括上机）或以实验（上机）为主的课程，以课内周学时乘以加权系数 0.5～0.8 为学分数。体育课的加权系数为 0.5。所有课程学分均四舍五入取整。

（2）夏季学期课程，按课内总学时除以 16 折合学分。

（3）集中安排的实践活动（各类实习、课程设计、专题实验等）每周为 1 学分；分散安排的实习折合成周数后计算学分；公益劳动为 1 学分；军训为 2 学分，毕业设计（论文）为 20 学分。

（4）全校性人文社科选修课（包括限选、任选课）的加权系数为 0.5。

1994 年学校全面推行学分制，从秋季学期开始运作。其主要内容是：

（1）制订学分制教学计划。

（2）完善选课制。必修课中引入选修机制，设立分组选修课、自由选修课，放开辅修课组、实行双学位制、试行本科—研究生衔接培养（在工程物理、工程力学系试点）。

（3）实行导师制。

（4）实行教学岗位聘任制。在基础课程和主干专业课程中设立课程负责人岗位和教学岗位，同时将课时补贴变为岗位补贴。

（5）开发网络环境下的计算机选课系统（1994 年 5 月投入运行，并成立选课中心）；增加教学参考图书。

（6）制定相应教学管理制度。学生学习年限可以提前或延长，最长学习年限为 7 年（本科为 4 年制后，最长学习年限为 6 年）。

学校召开第 21 次教育工作讨论会后，于 2000 年 11 月提出一系列改革措施，明确要“完善学分制等学习激励机制”，及推广导师制试点经验。

改革开放后清华大学施行的学分制是不断完善发展的过程。第 23 次教育工作讨论会后，面向清华大学新百年，各院系在 2010 年开始了新一轮培养方案的修订，学分制运行进入新的阶段。

三、学位授予

解放前，清华大学对本科毕业生授予学士学位。1929 年 6 月 12 日通过的《国立清华大学规程》

中规定："国立清华大学本科学生修业年限至少4年，修业期满试验及格，得依学位条例领受学士学位。"文学院毕业生称"文学士"，其他学院毕业生类推，称"法学士""理学士""工学士"等。

1950年至1980年，全国未实行学位制度，大学本科学生毕业不授予学位。

1980年2月12日，第五届全国人民代表大会常务委员会第13次会议通过并颁布《中华人民共和国学位条例》，自1981年1月1日起施行。《学位条例》中规定："高等学校本科毕业生，成绩优良，达到下述学术水平者，授予学士学位：(1)较好地掌握本门学科的基础理论、专业知识和基本技能；(2)具有从事科学研究工作或担负专门技术工作的初步能力。""学士学位，由国务院授权的高等学校授予。"据此，清华大学规定，本科毕业生凡符合国家学位条例标准，授予学士学位。实际执行情况是，凡达到毕业标准、当年准予毕业的学生，一般均授予学士学位。

1984年开始，清华大学面向社会招收已取得学士学位的本科毕业生攻读第二学士学位，学习2年毕业，授予清华大学第二学士学位。先后有社会科学系思想政治教育专业、中国语言文学系编辑学专业、工程物理系核工程与核技术专业、人文社科学院法律系法学专业、应用技术学院计算机软件工程专业（成立软件学院后，规范为软件学院计算机科学与技术"软件工程"及"电子商务"专业）、电子科学与技术专业等对外招生。2004年后，除工程物理系核工程专业隔年招收第二学位定向生外，其他专业不再对外招第二学位生。

1996年，清华大学与中国人民大学试行联合交换培养环境类复合型人才。人民大学农业经济专业1996、1997级各20名学生分别自1999年9月至2001年7月、2000年9月至2002年7月参加清华环境工程专业第二学士学位课程学习，都取得了清华大学环境工程专业第二学士学位。后因清华环境专业没有学生申请攻读人民大学的相应经济学专业而停止了试点。

1999年，法学院与香港大学合作在香港举办法学第二学士学位课程，学生须具非法律专业学位，通过清华大学法学第二学位考试后，修学完成80学分课程，达到学位授予要求者，授予清华大学法学第二学士学位。2008年该项目停止招生。

1981年至2010年，清华大学历年授予学士学位人数见表3-2-1。

表3-2-1　1981年—2010年清华大学授予学士学位人数统计

年度	人数	年度	人数	年度	人数	年度	人数
1981		1989	2 126	1997	2 264	2005	3 766
1982	888	1990	2 234	1998	2 405	2006	3 055
1983	1 073	1991	2 080	1999	2 866	2007	2 980
1984	1 834	1992	2 132	2000	3 587	2008	2 931
1985	1 942	1993	2 129	2001	2 745	2009	2 903
1986	1 980	1994	1 746	2002	3 090	2010	3 037
1987	1 930	1995	1 980	2003	3 609		
1988	2 070	1996	2 115	2004	3 495	合计	70 992

说明：表中统计为普通本科生获得学位人数，包括2年制第二学士学位；不包括外国留学生、成人教育学生以及校内同时攻读第二学位的本科生人数。

第三节　学生概况与本科招生

一、学生概况

在清华大学发展的各个阶段，学生均来自全国各地，主要经过考试择优录取（除“文化大革命”时期），然后根据各时期的培养目标施教。学校一向重视学生的招录、学业、思想道德和管理工作，实现为国家培养德才兼备合格人才的使命。

建校前，从1909年至1911年，游美学务处先后招收资送三批直接留美生，共180人；清华学堂（含清华学校）成立后，从1911年至1929年，共培养毕业资送留美预备生968人；从1916年至1929年，还考选资助公费留美女生和专科生120人，幼年生12人。以上三类，合计培养资助留美学生1 280人。从1925年至1929年，清华国学研究院共培养毕业生70人。1925年至1937年，清华大学共培养毕业本科生1 312人；1938年至1946年，西南联合大学共有毕业生3 677人，其中保有清华学籍者723人；1947年至1948年，清华大学毕业本科生514人，以上三个时期共有本科毕业生5 503人。这些学生，后来大都成为我国著名的学者、专家、教授、工程师和科学家，也有的成为政治家和革命家，为我国的教育事业、科技事业以及革命事业作出了重要贡献。

1949年至1965年招收入学、1970年及以前毕业的本专科学生，共29 074名，其中本科毕业生28 140人，专科毕业生934人。这一时期的学生，是遵照党的教育方针培养的，接受“三好”（身体好、学习好、工作好）教育和“红专”教育，他们把自己的学习与祖国的建设紧紧相联，刻苦钻研业务，努力锻炼身体，全面发展，要“为祖国健康地工作五十年”。如：原子能专业的学生立志“用自己的双手创造祖国原子能事业的春天”；土木系学生豪迈誓言“从那原野走到边疆，我们一生走遍四方……盖起了高楼大厦，我们再换一个地方”；水利系的学生以“拦住幸福黄金水，洗净人民万代穷”为自己的最大幸福……他们当中相当多的人成为我国各条战线的业务骨干和管理骨干。

1970年至1976年“文化大革命”期间，正常的招生制度被废止，学生改由从工人、农民、解放军中招收，由单位推荐，学校复审后录取，统称为“工农兵学员”。到1981年共培养毕业生16 866人，其中普通班13 671人，进修班2 982人，专科班213人。他们毕业后，在各自的岗位上积极进取，不少人也成为所在单位的业务骨干和管理骨干，也有一部分人“文革”后考上研究生进一步深造成才。

1977年恢复高考招生制度后，大批品学兼优的学生考进清华。到2010年，清华大学共培养本科毕业生72 497人，其中提前一年毕业的258人（不含工科系原5年制1995级、1996级分别首批 4 年后分流进入本硕统筹的人数和建筑系 5 年制提前一年进入研究生阶段培养的人数），提前半年毕业的 88 人，获得第二学士学位的 3 663 人，通过辅修校内第二学位课程的 1 785 人。此外还有专科生 2 242 人。

从 1949 年至 2010 年，清华大学共为国家培养 114 308 名本科（含对外招考的本科第二学位以及“文革”期间普通班）毕业生和 3 389 名专科毕业生（另有“文革”期间 2 982 名进修生），为我国社会主义建设事业，特别是工业、科技、文教事业输送了一支重要的生力军（这一时期的研究生在第四章撰述）。

清华大学本科和专科在校和毕业学生人数统计见表 3-3-1～表 3-3-4。

表 3-3-1　1925 年—1948 年在校学生和毕业学生人数统计

年份	在校学生人数		毕业学生人数	
	人数	备　注	人数	备　注
1925	93			
1926	186			
1927	260			
1928	401			
1929	488		82	
1930	599		69	
1931	749		96	
1932	909		116	
1933	888		172	
1934	1 154		134	
1935	1 308		143	
1936	1 338		243	
1937	708		257	
1938	2 764		310	有清华学籍者 208
1939	2 513	含进修班，先修班，研究生	301	有清华学籍者 167
1940	3 127	含叙永分校、先修班、专科、研究生	410	有清华学籍者 172
1941	2 696	含先修班、专科、研究生	313	有清华学籍者 91
1942	2 760	含先修班、专科、研究生	446	有清华学籍者 31
1943	1 924	含先修班、专科、研究生	851	有清华学籍者 23
1944	2 115	含先修班、专科、研究生	267	有清华学籍者 14
1945	2 319	含先修班、专科、研究生	429	有清华学籍者 10
1946	2 283	含先修班、专科、研究生	350	有清华学籍者 7
1947	2 460		232	
1948	2 422		282	
合　计			5 503	

说明：1937 年清华南迁，在长沙与北京大学、南开大学合组国立长沙临时大学。1938 年迁至昆明成立国立西南联合大学，此后入学者为联大学籍，备注所指有清华学籍者是指此前入学清华的人。

表 3-3-2 1949 年—1970 年在校学生和毕业学生人数统计

年度	在校学生人数		毕业学生人数		年度	在校学生人数		毕业学生人数	
	本科	专科	本科	专科		本科	专科	本科	专科
1949	2 257		250		1960	13 231		327	
1950	2 494	53	404		1961	12 749		2 146	
1951	2 820	295	446		1962	12 153		2 095	
1952	3 007	262	1 029	48	1963	11 596		2 079	
1953	3 381	853	492	224	1964	10 771		2 422	
1954	4 990	224	5	597	1965	10 347		2 061	
1955	6 392		540	61	1966	10 347		2 212	
1956	8 647		98		1967	8 135		4 842	
1957	9 262		633	4	1968	3 400			
1958	10 889		1 343		1969	3 265			
1959	11 366		1 451		1970			3 265	
合计								28 140	934

说明：1966 年“文革”开始后，大学生毕业分配都未能按时进行，大部分推迟 1～2 年。1970 年为招收工农兵学生作准备，国家把“文革”前入学的大学生（包括研究生）全部分配出去，清华把当时在校的 1964 级和 1965 级（提前 3 个月）学生于 3 月份都进行了分配。

表 3-3-3 1970 年—1981 年在校学生和毕业学生人数统计

年度	在校学生人数		毕业学生人数		年度	在校学生人数		毕业学生人数	
	普通班	进修班	普通班	进修班		普通班	进修班	普通班	进修班
1970	2 236	606			1976	7 980	826＋（436）	1 834	356＋（497）
1971	2 157	480		137	1977	5 511	337	3 476	442＋（436）
1972	3 895	405		445	1978	6 170	236	375	315
1973	5 779	321	84	35	1979	5 905		2 219	
1974	6 569	201	2 106	224	1980	7 604		1 755	〈213〉
1975	7 912	542＋（497）	1 803	95	1981	7 792		19	
合计								13 671	2 982＋〈213〉

说明：1970 年是指下半年开始招收工农兵学员后的数，不含已分配的“文革”前入学学生数；（ ）内为农村分校人数，〈 〉内为专科生；1978 年后在校学生数，含“文革”后考入清华的学生；1981 年普通班毕业 19 人，是 1977 年 9 月入学、1981 年 1 月毕业的水利工程系水电工程建筑专业学生。

表 3-3-4 1981 年—2010 年在校学生和毕业学生人数统计

年度	在校学生人数		毕业学生人数		年度	在校学生人数		毕业学生人数	
	本科	专科	本科	专科		本科	专科	本科	专科
1981	7 792				1987	10 924		1 930	33
1982	8 814		881		1988	10 995	208	2 070	25
1983	9 832		1 073		1989	10 584	185	2 141	
1984	10 144		1 834		1990	10 293	334	2 234	21
1985	10 465		1 942	12	1991	10 138	361	2 080	132
1986	10 603		1 980	30	1992	10 044	492	2 140	80

续表

年度	在校学生人数		毕业学生人数		年度	在校学生人数		毕业学生人数	
	本科	专科	本科	专科		本科	专科	本科	专科
1993	10 061	708	2 159	160	2002	12 483		3 308	46
1994	10 528	780	1 769	155	2003	13 150		3 792	33
1995	10 857	525	2 006	479	2004	13 221		3 557	34
1996	11 081	415	2 131	285	2005	12 994		3 851	28
1997	11 150	250	2 287	216	2006	12 977		3 148	33
1998	11 263	244	2 443	7	2007	13 090		3 111	36
1999	10 842		2 884	220	2008	13 383		3 041	31
2000	11 635		3 649	72	2009	13 576		2 987	26
2001	12 353		2 938	31	2010	13 730		3 124	17
合　计								72 490	2 242

说明：表中，本科人数含二年制第二学士学位的人数，不含外国留学生、成人教育学生、校内辅修获双学位人数；专科毕业生含由本科转入专科培养毕业的学生。

二、招生与录取

招生是学校育人的先导，是发现、选拔和培养人才的第一站。除“文革”时期，学校一直重视招生工作，严格按章办事，通过考试择优录取。

（一）1911 年—1948 年

1909 年制定的《遣派游美学生办法大纲》规定游美学务处的招生办法是：“除由外务部、学部在京招考外，并分咨各省提学使，在各该省招考，录取合格学生，不拘额数，资送外务部复考，选取实在合格者，送入肄业馆学习。”前三批复考录取后，没送肄业馆学习，即直接送美留学。清华学堂建立后，基本上承袭了上述办法，仍由各提学使（后称教育厅）初试，合格者送学校复试，复试录取方准注册学习。而各省选派学生的数额（学额），则依该省摊缴的庚子赔款实数所占实总额比例而定。如选派总数为 100 人，其分配名额见表 3-3-5。

表 3-3-5　各省赔款数额和分配学额

省名	庚子赔款原认数（万两）	实缴数（万两）	应派学额（每 12.95 万两于百名中得 1 名）	余额（万两）
直隶	80	56	4	4.2
江苏	250	175	13	6.65
安徽	100	70	5	5.25
山东	90	63	4	11.2
山西	90	63	4	11.2
河南	60	42	3	3.15
陕西	60	42	3	3.15

续表

省名	庚子赔款原认数（万两）	实缴数（万两）	应派学额（每12.95万两于百名中得1名）	余额（万两）
甘肃	30	21	1	8.05
新疆	40	28	2	2.1
福建	80	56	4	4.2
浙江	140	98	7	7.35
江西	140	98	7	7.35
湖北	120	84	6	6.3
湖南	70	49	3	10.15
四川	210	154	11	11.55
广东	200	140	10	10.5
广西	30	21	1	8.05
云南	30	21	1	8.05
贵州	20	14	1	1.05
共计	1 840	1 295	90	129.5

东北三省没有分摊庚子赔款，故亦没有规定应派学额，事实上最初几年他们也没选派学生，直至1923年方确定奉、吉、黑三省每年（次）各考送一名。

1925年后，清华大学或与其他学校联合招考，或单独招考。《国立清华大学规程》明确规定“本科学生入学资格，须在高级中学或同等学校毕业，经入学试验及格者”。考试严格，不徇私情，按章办事，择优录取。1928年秋，开始招收女生，第一批仅10名；1935学年，招收的女生多达110名。从1925年至1935年报考人数与录取人数之比较，可见考生之踊跃和录取新生之严格，见表3-3-6。

表3-3-6　1925年—1935年报考人数与录取人数比较

级　别	1925年		1926年		1927年		1928年		1929年	
	报考	录取	报考	录取	报考	录取	报考	录取	报考	录取
一年级	699	95	721	123	294	127	446	137	725	210
转学生			56	14	24	9	69	31	104	23
总计			777	137	318	136	515	168	829	233

级　别	1930年		1931年		1932年		1933年		1934年		1935年	
	报考	录取	报考	录取	报考	录取	报考	录取	报考	录取	报考	录取
一年级	1 211	192	1 463	184	2 306	342	2 286	285	3 194	317	3 357	345
转学生	170	52	236	33	335	37	265	30	343	85	250	68
总计	1 381	244	1 699	217	2 641	379	2 551	315	3 537	402	3 607	413

1938年起至1940年，西南联合大学通过全国高等院校统一招考录取新生和转学生；1941年与中央大学、浙江大学、武汉大学联合招考；1942年后，改为西南联大单独招生。初期通过统考招生外，还曾按照教育部规定的条件，免试或经过甄别接收了大批新生和转学、借读生入学。

1947年起，清华大学单独在全国分区招生。1925年至1948年招生人数见表3-3-7。

表3-3-7 1925年—1948年招生人数

年份	本科	专科	年份	本科	专科
1925	95		1937		
1926	123		1938	1353	50
1927	127		1939	742	10
1928	137		1940	538	51
1929	210		1941	729	25
1930	192		1942	856	14
1931	184		1943	617	20
1932	342		1944	525	120
1933	285		1945	454	74
1934	317		1946	952	
1935	345		1947	780	
1936	294		1948	409	

说明：免试生、借读生、转学生未统计在内。

（二）1949年—1965年

1949年，招生仍沿用旧制，在北京、上海设立两个考试点，单独考试招生，对象主要是高中毕业生。1950年5月26日，教育部发出新中国第一部高校招生考试文件《关于高等学校1950年暑期招考新生的规定》，统一了公、私立高等学校的报考资格、必考科目、考试与发榜时间，并要求各大行政区实行全部或局部高等学校联合或统一招生。清华大学参加华北区联合招生，考试不分科类，科目有：国文、外语、政治常识、数学、中外历史、中外地理、物理、化学，史地、理化可依系别分开或合并考试。招生对象是高中毕业生及师范学校毕业后服务满二年者、职业学校毕业后服务满二年者或具有高中毕业同等学历的政府机关人员。对具有三年工龄的产业工人、革命干部、革命军人、少数民族和华侨学生从宽录取。1951年，全国各大区分别实行联合考试招生，清华大学仍参加华北区联合招考，对工农青年、革命干部免试外语。

1952年6月12日，教育部发布《关于全国高等学校1952年暑期招收新生的规定》，实行全国统一考试招生。中央成立全国高等学校招生委员会，各大行政区设相应的招生委员会。考试开始分文法财经类、理工农医类、音体美类，清华列为理工农医类；考试科目有：政治常识、国文、外语、中外历史、中外地理、数学、物理、化学、生物。考试计分按前五科占40%，后四科占60%，坚持德、智、体全面考核，保证了招生质量。

1953年至1957年，仍实行全国统一招生。1954年考试由分三类改为文、理两类，1955年后复分为理工、农医、文法财经三类，清华相应在理科或理工科类招生，实行全国统一的体检标准。

1958年，改全国统一考试为各省、自治区、直辖市考试。清华单独招生，提高了政审标准，强调阶级路线，对工农干部、工农速成中学毕业生实行保送入学。

1959年至1965年，恢复全国统一考试，按省、自治区、直辖市录取。1959年，录取工作分批进行：留苏预备生与重点院校第一批录取，中央和地方老校与新建重点学校第二批录取，其余第三批录取。清华作为重点院校，第一批录取，注意了避免1958年招生工作中的偏差。1962年，分段择优录取，重点院校可根据各地考生质量，调整原定招生计划，幅度为20%。在招生工作中，修订了政审标准，强调重在本人表现；取消工农及工农干部优先录取，改为同其他考生一样参加考试；取消某些考生免试外语，将外语成绩计入总分。1964年，又改分为文、理两类，清华在理科类招生。1949年至1965年招生人数见表3-3-8。

表3-3-8　1949年—1965年招生人数

年份	本科	专科	年份	本科	专科	年份	本科	专科
1949	651	48	1955	1 933		1961	1 504	
1950	658		1956	2 340		1962	1 421	
1951	823	77	1957	1 835		1963	1 631	
1952	1 055	925	1958	2 782		1964	1 629	
1953	1 850		1959	2 064		1965	1 649	
1954	1 808		1960	2 445				

（三）1966年—1976年

1966年"文化大革命"爆发，原定的全国统一高考延期。当年7月24日，中共中央、国务院发出《关于改革高等学校招生工作的通知》，要求从当年起高校招生工作下放到省、市、自治区办理；取消考试，采取推荐与考试相结合的办法；必须坚持政治第一的原则，贯彻执行党的阶级路线。由于"文化大革命"的开展，原定推迟半年招生，结果全国高校停止招生4年。

1969年9月后，清华大批教职工被下放江西鄱阳湖鲤鱼洲农场劳动；同时，无线电系大部分、机械制造系的一部分师生前往四川绵阳分校办学；水利系部分师生前往河南三门峡水利工地办学。当时毛泽东主席提出："大学还是要办的，我这里主要说的是理工科大学还要办，但学制要缩短，教育要革命，要无产阶级政治挂帅，走上海机床厂从工人中培养技术人员的道路。"1970年6月，中共中央批转《北京大学、清华大学关于招生（试点）的请示报告》。报告提出：从有实践经验的工人农民中间选拔学生，到学校学几年以后，又回到生产实践中去；招生对象为具有2～3年以上实践经验的优秀工农兵；选拔工农兵学员坚持自愿报名，群众推荐，领导批准，学校复审。全国由此开始了高校招生试点工作，试点办法改变了过去的考试制度。清华于1970年依此招收"工农兵学员"，普通班2 236人，进修班606人，共2 842人，分两批入学。为了开展教学，学校从江西农场陆续调回大批教师。1971年学校没有招生。

1972年至1976年，全国高校遵照上述办法恢复招生，清华继续招收"有实践经验的工农兵学员"。1974年，清华大学在北京市郊区大兴县团河的农场举办农村分校，从校内有关各系抽调教师，由周子寿担任校长，办有农村电工、农田水利、农业机械、农村建筑等4个专业。1975年、1976年分别从京郊农村招收"社来社去"农民学生，学习一年后返回农村工作，1977年停止招生，1976级学生于1978年1月毕业后农村分校停办。

1976年粉碎了"四人帮"，招收的最后一批工农兵学员推迟半年于1977年3月入学（1980年11月毕业）；同年，还招收了一批在职脱产进修班学员，学习一年。1970年至1976年招生人数见表3-3-9。

表 3-3-9　1970 年—1976 年招生人数

年份	普通班	进修班	年份	普通班	进修班
1970	2 236	606	1974	3 356	116
1971			1975	3 231	511＋（497）
1972	1 798	274	1976	1 960	578＋（436）
1973	1 846	123			

说明：1974 年普通班招生人数含绵阳分校 328 人；1975 年普通班招生人数含绵阳分校 382 人；括号中是农村分校人数，1975 年农村分校学生为 3 月份入学，1976 年农村分校学生为 9 月入学；1976 年招的普通班和进修班实际入学是 1977 年 3 月。

（四）1977 年—2010 年

1977 年 8 月 8 日，邓小平同志发表《关于科学和教育工作的几点意见》，明确指出："今年就要下决心恢复从高中毕业生中直接招考学生，不要再搞群众推荐。从高中直接招生，我看可能是早出人才、早出成果的一个好办法。"高校招生废除了从工农兵中推荐入学的办法，恢复从高中毕业生直接招生，恢复统一考试制度，实行德智体全面考核、择优录取的原则。由于清华是"文革"的"重灾区"，困难很多，1977 年 5 月，中共清华大学委员会向国家计委、教育部和北京市委请示，1977 年清华大学拟不招生。上级要求清华克服困难，搞好恢复高考招生制度的第一次招生。学校乃制订了 1977 年、1978 年的招生计划，参加统一招生。1977 级新生于 1978 年春季入学。

1977 年恢复的全国统一招生考试，分文、理两科类，文科考政治、语文、数学、史地，理科考政治、语文、数学、理化，外语院校加试外语；地、市一级评卷，根据成绩初选并参加政审、体检，上报省招办，参考个人志愿，由各校录取，应届高中毕业生可占 20%～30%。清华作为理科重点学校，在全国招生。1978 年改为全国统一命题，省市自治区组织考试、评卷，文理两科都必考外语，考生年龄限在 25 岁以下，没有限定应届高中毕业生录取比例。

1979 年开始，学校每年制订年度招生计划并上报教育部，按计划招生。

1984 年，清华试行派出小分队，赴各省市开展招生宣传工作。

1985 年，清华开始试行招收免试保送生。清华还开始试行招收少年班，学生须参加全国统考，学校组织阅卷，择优录取；当年招收了 21 人，学习一年后再编入各系。是年，正式成立赴各省市的招生联络组，负责清华在各省市的招生宣传与咨询、与中学建立联系，并参与清华在当地的录取工作。学校汇编了"录取人员手册"，供招生人员遵照使用。

1986 年报考前，学校邀请湖北、四川两省部分中学校长来校参观、座谈；在保送生中选拔 9 名学生到工厂实践一年，第二年再编入新生班上课。

1987 年，经国家教委批准，清华开始试行招收高水平运动员入学。

1988 年，学校改招收少年班为招收少年大学生，直接录取到系，至 1992 年停招；首次举办省市中学音乐教育研讨会，为招收文艺特长生打下基础；招收少量自费生、大专走读生。当年召开了招生工作研讨会，研究招生工作，更好地发挥各联络组的作用。

1989 年初，学校开始举办首届中学生音乐、舞蹈冬令营，从中挑选艺术特长生。此后，每年初都举行。

1991 年，经国家教委批准，清华试行招收学生骨干保送生，当年招收了 52 名。他们不仅学业好，且具有班长、团支部书记等学生干部工作经验。是年，学校召开第二次招生工作研讨会，研究如何进一步提高生源质量。

1992 年，学校开始举行美术测试，选拔美术特长生，与音乐舞蹈冬令营同时进行，合称“中学生文化艺术冬令营”。学校编制了“清华大学招生工作人员手册”，在扩大学校招生自主权后，进一步强调了自我约束的机制。

1995 年，根据国家教委《关于部分普通高等院校试办高水平运动队的通知》，清华开始招收高水平学生运动员，至 2010 年共招收 621 名高水平学生运动员。根据国家政策，清华也招收少量为国争光的优秀运动员学生，如诸宸、邓亚萍、伏明霞、王义夫、叶钊颖、杨扬、田亮、肖钦等，至 2010 年共招收这类运动员学生 23 名。

1996 年，清华首次为中国核工业集团公司招收本科定向生；2004 年首次为中国航空工业第一集团公司、中国航天科工集团公司、中国兵器工业集团公司招收定向生；2006 年，首次在全国范围内将工程物理（中国工程物理研究院定向）专业调整至提前批次招生；2009 年，招收中国航空工业第一集团公司定向生改为招收中国航空工业集团公司定向生。到 2010 年共招收定向生 2 190余名。

学校通过教育部考试中心组织的内地高校面向港澳台侨学生的联合招生考试（简称“联考”）择优录取学生。1995 年按教育部要求，清华大学、北京大学和北京师范大学由新华社香港分社、澳门分社协助，开始试点招收“香港、澳门免试生”（免参加联考），由三校招生负责人和老师前往香港、澳门，实地考察有关中学，并于当地组织笔试和面试，招收学生；同时仍然有通过联考招收学生。1997 年开始通过联考招收“港澳台侨学生预科班”。2004 年清华开始招收“香港免试生”，学生可凭香港特区的中学会考成绩（须在 4A 以上）等材料申请入学，学校组织面试。2006 年开始，学校停止从联考中招收香港、澳门考生，都为招收免试生。2010 年首次招收“台湾免试生”，学生可凭台湾地区的学测考试成绩等材料申请入学。

在香港回归后，1998 年经教育部同意，香港大学、香港科技大学、香港浸会大学与清华协商，从当年入学新生中招收一批人赴港就读（在此前几年也曾试行新加坡的几所著名大学来招收转学生）。1999 年 2 月，教育部和国务院港澳办联合发文，作为试点同意香港的大学委托内地的大学代招大学本科生。此三所香港高校继续委托清华在当年新生中代招（招走的学生没有清华学籍），他们在清华代培学习一年后赴港就读。清华的学生报名并不很踊跃，实施几年后，于 2003 年教育部同意改由香港的大学在内地高考后自主招生。

1999 年学校首次对北京、天津、辽宁、上海、湖北、广西、四川七省市试点计算机网上录取；2002 年建立和开通清华大学本科招生网；2007 年，建立和开通清华大学招生咨询论坛。

清华原主要招收理科生源，文科专业也从理科生源中招收。2002 年在五省市（北京、江苏、浙江、湖南、湖北）开始招收文科生；2008 年面向全国所有省市招收文科生；2009 年，首次在全国范围内将日语专业列至提前批次进行招生。

2003 年，根据《教育部关于做好 2003 年普通高等学校招生工作的通知》中“关于 2003 年起在部分高等学校开展自主选拔录取改革试点工作”的决定，首次开展自主招生工作。

2004 年，将自主招生由“指定地区、指定中学”推荐，改进为“中学推荐与个人自荐相结合”的方式。

2009 年开始尝试被录取的新生在一定的条件下，可不受高考文、理分科的影响，入学进入自己喜爱的理科或文科专业学习，即采取“文理分科录取和清华大学校内转系相结合”的录取制度。

2010 年，清华大学与上海交通大学、中国科学技术大学、西安交通大学、南京大学开展合作，进行自主招生的命题、测试工作，学生可同时申请其中的 2～3 所学校。

1977 年至 2010 年招生人数见表 3-3-10，1984 年后的招生简况见表 3-3-11、表 3-3-12，1977 年后生源分布情况见表 3-3-13、表 3-3-14。

表 3-3-10 1977 年—2010 年招生人数

年份	本科	专科	进修	年份	本科	专科	进修
1977	1 054		401	1994	2 460	249	
1978	1 050	215	210	1995	2 484	223	
1979	1 899	214		1996	2 515	194	
1980	1 956	75		1997	2 389	50	
1981	1 977			1998	2 443		
1982	1 958			1999	2 640		
1983	2 075			2000	2 938		
1984	2 174			2001	3 190		
1985	2 253			2002	3 257		
1986	2 195			2003	3 295		
1987	2 194		33	2004	3 266		
1988	2 196	125		2005	3 174		
1989	1 783	63		2006	3 313		
1990	2 001	159		2007	3 343		
1991	2 031	148		2008	3 363		
1992	2 096	188		2009	3 367		
1993	2 188	382		2010	3 362		

说明：招生人数包括北京协和医学院-清华大学医学部人数，不包括对外招收的第二学位人数。

表 3-3-11 1984 年—1992 年录取本科新生简况

年 份	1984	1985	1986	1987	1988	1989	1990	1991	1992
录取人数	2 174	2 253	2 195	2 194	2 196	1 783	2 001	2 031	2 096
保送生	3	260	43	58	88	150	153	171	206
地区以上三好学生	527		486	518	494	365	369	398	231
地区以上优秀学生干部	101		103	117	125	70	119	107	73
地区以上体优生	50		60	76		32	34	20	43
省级单科优秀生				385	300	433	448	476	267
600 分以上人数	29	94	670	353	342	782	252	548	646
600 分以上人数与全国同分数段之比（%）	12.3	26.4	26.4	26.4	29.8	25.2	39.8	31.0	29.1
党团员与总数比（%）	96.6	98.6	98.2	98.6	99.1	95.5	98.1	99.9	97.6
民族生与总数比（%）	4.1	4.4	5.4	5.5	5.9	6.6	7.3	7.1	7.0
女生数与总数比（%）	20.9	20.6	19.6	18.7	17.9	17.8	18.0	19.2	18.9
统考平均成绩（高考总分）	547（690）	568.9（690）	593.2（710）	583.1（710）	580.3（710）	599.5（710）	576.9（710）	592.2（710）	595.7（710）

表 3-3-12　1993 年—2010 年录取本科新生简况

年　份	1993	1994	1995	1996	1997	1998	1999	2000	2001
录取人数	2 188	2 460	2 484	2 515	2 389	2 443	2 640	2 938	3 190
保送生人数	273	418	450	443	364	229	253	284	349
自主招生人数									
国防生人数									
定向生人数	3		5	68	100	63	56	148	151
党员人数	5	19	51	86	90	118	88	50	113
党员与总数比（%）	0.2	0.8	2.1	3.4	3.8	4.8	3.3	1.7	3.5
民族生人数	144	161	184	157	156	167	173	172	221
民族生与总数比（%）	6.6	6.5	7.4	6.2	6.5	6.8	6.6	5.9	6.9
女生人数	368	537	477	546	444	519	549	743	813
女生数与总数比（%）	16.8	21.8	19.2	21.7	18.6	21.2	20.8	25.3	25.5
年　份	2002	2003	2004	2005	2006	2007	2008	2009	2010
录取人数	3 257	3 295	3 266	3 174	3 313	3 343	3 363	3 367	3 362
保送生人数	464	388	418	363	428	570	530	534	553
自主招生人数			214	264	393	386	679	698	880
国防生人数						110	98	128	113
定向生人数	156	206	212	220	218	144	151	150	147
党员人数	123	89	100	92	72	77	80	55	43
党员与总数比（%）	3.8	2.7	3.1	2.9	2.2	2.3	2.4	1.6	1.3
民族生人数	229	238	205	258	282	266	286	262	257
民族生与总数比（%）	7.0	7.2	6.3	8.1	8.5	8.0	8.5	7.8	7.6
女生人数	1 044	953	994	976	1 144	1 122	1 081	1 069	1 160
女生数与总数比（%）	32.1	28.9	30.4	30.7	34.5	33.6	32.1	31.7	34.5

说明：历年统计项目有所变化，故有的项目不是每年都有。自主招生人数是指当年录取的取得自主招生资格认定的人数，其中既包括进入当地清华大学调档线正常录取的，也包括享受自主招生政策优惠录取的。

表 3-3-13　1977 年—1992 年本科招生生源分布

年份	01	02	03	04	05	06	07	08	09	10	11	12	13	14	15
	北京	天津	河北	山西	内蒙古	辽宁	吉林	黑龙江	上海	江苏	浙江	安徽	福建	江西	山东
1977	492	17	64	16	14	7	13	6	38	39	2	25	7	5	25
1978	354	39	37	27	19	20	20	20	26	56	25	24	25	28	34
1979	623	59	34	70	27	42	56	48	45	47	50	69	95	37	57
1980	653	56	66	62	23	49	46	48	45	63	58	57	76	64	57
1981	654	50	60	62	51	51	48	49	45	75	56	59	73	64	55
1982	569	50	60	58	53	58	53	54	44	97	69	62	53	63	59
1983	580	59	55	55	55	61	54	56	47	128	87	52	48	55	65

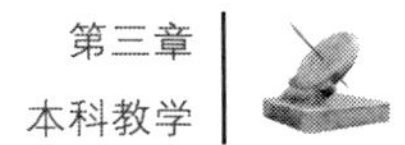

续表

年份	01 北京	02 天津	03 河北	04 山西	05 内蒙古	06 辽宁	07 吉林	08 黑龙江	09 上海	10 江苏	11 浙江	12 安徽	13 福建	14 江西	15 山东
1984	552	62	57	55	57	63	56	56	55	136	89	56	50	50	71
1985	539	56	60	60	48	68	65	53	63	157	91	57	55	66	66
1986	454	62	57	54	53	67	68	69	52	150	90	52	54	64	69
1987	467	42	57	55	53	78	65	64	55	153	84	60	61	66	73
1988	422	50	62	53	53	64	71	64	51	154	85	53	50	61	72
1989	344	38	41	41	38	55	51	51	40	114	64	42	40	45	54
1990	437	44	56	46	45	67	63	57	53	138	81	53	54	61	87
1991	410	54	56	52	46	73	63	59	61	144	91	49	55	59	80
1992	481	55	60	48	47	73	58	64	48	139	87	53	53	56	77

年份	16 河南	17 湖北	18 湖南	19 广东	20 海南	21 广西	22 四川	23 贵州	24 云南	25 西藏	26 陕西	27 甘肃	28 青海	29 宁夏	30 新疆
1977	22	23	21	12		14	64	20	14	2	35	20	8	7	13
1978	25	26	45	40		15	42	15	10	2	24	10	10	7	10
1979	69	64	78	64		40	84	20	5	2	40	7	2	2	6
1980	74	63	70	54		33	85	23	11	2	30	19	6	4	13
1981	69	63	64	46		39	81	29	15	2	49	20	6	4	23
1982	69	69	69	45		42	89	33	27	2	44	28	7	8	27
1983	60	63	70	45		45	94	34	30	2	56	28	12	8	17
1984	60	80	76	56		67	131	37	33	2	67	36	12	11	20
1985	67	83	90	59		63	108	36	42	2	71	41	12	12	23
1986	70	94	83	57		55	109	40	54	2	68	35	13	11	19
1987	79	105	82	62		56	118	39	41	2	66	32	11	11	19
1988	66	108	79	52	10	54	103	38	39	2	65	33	11	11	19
1989	46	93	65	37	11	39	81	30	30	2	46	23	8	8	19
1990	47	99	95	54	13	51	96	36	36	2	59	25	10	10	10
1991	61	95	93	58	11	54	109	36	36	2	62	30	10	10	23
1992	57	103	89	56	11	52	103	36	37	2	64	27	10	10	24

表 3-3-14　1993 年—2010 年本科招生生源分布

年份	01 北京	02 天津	03 河北	04 山西	05 内蒙古	06 辽宁	07 吉林	08 黑龙江	09 上海	10 江苏	11 浙江	12 安徽	13 福建	14 江西	15 山东	16 重庆
1993	527	51	66	53	49	82	60	71	46	121	90	54	54	60	87	

续表

年份	01 北京	02 天津	03 河北	04 山西	05 内蒙古	06 辽宁	07 吉林	08 黑龙江	09 上海	10 江苏	11 浙江	12 安徽	13 福建	14 江西	15 山东	16 重庆
1994	575	57	73	51	53	91	66	105	19	154	101	56	58	68	85	
1995	606	59	80	56	49	95	70	103	22	157	101	66	60	63	91	
1996	514	68	92	61	53	99	67	104	25	179	100	61	61	76	98	
1997	439	68	70	58	53	102	64	77	56	175	86	56	69	72	98	
1998	500	69	74	54	51	84	68	76	74	155	115	69	65	73	94	44
1999	485	54	75	59	56	126	82	84	86	138	123	72	113	76	79	49
2000	535	64	98	68	58	117	85	115	98	165	128	92	117	77	124	52
2001	595	69	94	87	70	114	94	104	95	200	144	87	126	90	155	73
2002	533	71	109	88	75	167	100	109	101	179	142	90	120	83	168	78
2003	555	67	125	95	64	159	98	117	92	181	137	82	125	90	179	62
2004	450	74	133	97	68	164	86	116	95	178	122	98	125	98	210	59
2005	483	71	106	92	73	163	100	115	84	187	120	90	105	89	170	66
2006	451	70	123	111	71	164	99	124	106	211	143	103	113	98	167	84
2007	442	72	152	106	69	151	92	124	117	189	153	94	104	93	169	77
2008	445	83	115	96	78	162	105	111	128	185	148	99	106	86	161	62
2009	445	89	116	92	67	169	105	116	137	182	141	117	96	88	165	63
2010	430	91	106	92	67	159	105	95	141	173	161	123	86	88	169	85

年份	17 河南	18 湖北	19 湖南	20 广东	21 海南	22 广西	23 四川	24 贵州	25 云南	26 西藏	27 陕西	28 甘肃	29 青海	30 宁夏	31 新疆	32 港澳台
1993	69	107	97	59	13	52	101	36	46	2	62	29	13	11	23	0
1994	85	133	118	74	13	69	133	39	38	2	63	28	15	10	23	5
1995	81	122	104	78	10	71	124	37	28	4	63	32	15	11	26	0
1996	84	127	107	93	15	71	129	34	37	2	68	34	13	14	21	8
1997	78	132	96	85	14	80	129	34	38	2	65	31	15	17	23	7
1998	78	127	105	69	16	58	87	34	38	1	58	34	14	18	27	14
1999	91	166	124	75	18	55	104	40	36	3	68	37	14	22	23	7
2000	92	153	136	84	23	62	104	45	38	3	77	39	19	19	31	20
2001	84	158	132	85	22	70	116	50	46	6	79	46	19	24	38	18
2002	108	168	158	88	26	67	108	49	45	6	84	43	19	20	38	17
2003	122	165	148	88	26	65	127	46	45	6	97	41	20	21	34	16
2004	118	157	144	82	23	61	124	43	43	7	115	54	19	20	36	47
2005	95	149	145	85	21	64	106	45	43	8	115	51	19	20	47	47

续表

年份	17 河南	18 湖北	19 湖南	20 广东	21 海南	22 广西	23 四川	24 贵州	25 云南	26 西藏	27 陕西	28 甘肃	29 青海	30 宁夏	31 新疆	32 港澳台
2006	113	147	163	96	20	64	116	46	41	7	102	54	19	21	36	30
2007	133	144	158	108	25	65	130	46	44	7	116	61	22	24	40	16
2008	132	143	168	119	24	64	147	54	51	8	106	59	24	22	46	26
2009	154	122	161	122	23	59	142	55	42	7	125	56	21	25	42	23
2010	156	125	175	131	16	58	146	55	38	8	114	61	22	27	37	22

另外，1951年至1990年，还通过高考招收了少量直接派遣出国留学的高中毕业生，共计84名，见表3-3-15。

1984年起清华开始对外招收第二学士学位生：社会科学系思想政治教育专业于1984年、中国语言文学系编辑学专业于1987年、工程物理系核工程与核技术专业于1992年、人文学院法律学专业于1998年开始招收；应用技术学院于1999年成立后，计算机软件工程专业于1999年、电子科学与技术专业于2001年也开始招收；2001年成立软件学院后，计算机软件工程第二学位专业改为软件学院计算机科学与技术、软件工程及电子商务专业招生。2004年开始，除工程物理系核工程专业隔年招收第二学位定向生外，其他专业不再对外招第二学士学位生。1984年至2010年对外招收第二学士学位生人数见表3-3-16。

表3-3-15　招收直接派遣出国留学生人数

年份	人数	派赴国家	年份	人数	派赴国家
1951	28	苏联	1982	8	美国
1952	38		1983	5	
1978	15	英国14人，新西兰1人	1984	5	
1979	55	荷兰7人，挪威1人，法国16人，南斯拉夫2人，比利时10人，墨西哥5人，日本7人，联邦德国7人	1985	8	
			1986	6	
			1987	2	
			1988	4	苏联
1980	1	法国	1989	5	
1981	1	英国	1990	3	

表3-3-16　1984年—2010年对外招收第二学士学位生人数

年份	1984	1985	1986	1987	1988	1989	1990	1991	1992	1993	1994	1995
人数	98	7	34	48	47	10	21	18	49	36	58	71
年份	1996	1997	1998	1999	2000	2001	2002	2003	2005	2007	2009	2010
人数	48	50	128	305	504	723	581	557	27	16	18	停招

三、本科招生改革

围绕教育教学改革的方向和人才培养目标，为培养“高素质、高层次、多样化、创造性”的人才，清华大学一直致力于综合性、多元化人才评价与选拔机制的探索与实践，树立“全周期”人才培养质量观，即招生的生源质量、学生的培养质量和毕业后的发展质量，把招生工作作为保证人才培养质量的首要一环。目前已基本形成高考招生、保送生、自主招生、艺术类招生、港澳台招生以及艺术特长生、高水平体育特长生等相对完善的多样化选拔渠道。

（一）高考招生

重视招生工作是清华的传统。清华大学在招生工作中，以确保“公平、公正、公开”为第一要务，除了严格的组织措施外，对参与招生的宣传、咨询、录取人员，虽是志愿者，也必须做到“宣传要到位、录取要公正、善后要圆满”。具有清华特色、富有战斗力的招生队伍一直是清华大学招生工作取得成功的基础和重要保障。1978 年，清华大学赴各省招生人员只有 48 人，到 1981 年上升到 121 人。1985 年，为了加强与中学的联系，清华大学面向部分重点省市成立了“招生联络组”，后扩大到全国各省（市），并将此模式保留至今。目前，全校招生队伍有 400 多位教师和 100 多位学生志愿者，基本覆盖了全校各院系、各部门，其中不乏院系领导和资深教授，他们以“纳天下英才而育之”为荣，热心投入招生宣传和联络工作，并以自己的风范阐释清华的办学宗旨和育人理念。

清华的高考录取成绩一直在国内高校中保持领先。以 2010 年为例，清华文科和理科分别在 26 个和 25 个省（市、自治区）统招录取分数线居全国高校之首，分别录取了 8 位和 38 位第一名（含实考分或投档分），分别录取了 71 位和 211 位实考分前十名的考生。

（二）保送生

保送生是学校优秀生源的重要组成部分。清华大学从 1985 年开始招收保送生，是最早实行保送生制度的高校之一，期间学校探索和实践多种途径进行选拔，确保质量。后来教育部规范保送生生源，主要从规定的学科竞赛中选拔，学校通过组织学生冬令营或在学科竞赛全国总决赛现场，考查学生学科兴趣和综合素质，选拔录取保送生。近年来，数学奥赛总决赛一等奖选手的半数以上、物理奥赛总决赛一等奖选手的六成以上、信息学奥赛的几乎全部一等奖选手都被清华大学选拔保送至相关院系学习。

（三）自主招生

自主招生是指在中学推荐的基础上，高校通过笔试和专家面试挑选优秀学生，被选中的学生在高考录取中可以给予分数优惠（清华有 30～60 分）。作为首批开展自主招生工作的高校，自 2003 年以来，清华大学一直秉承着“稳步推进、严格规范、公平公正”的原则不断进行着改革和探索。自主招生打破了传统的仅以分数定终身的做法，为在某方面具有突出特长和培养潜能或综合素质突出的优秀学生提供了全面展示自己的机会，也为学校全面考查学生提供了可能。

在选拔中，将人才培养前置到招生环节，努力实行人才选拔与培养的有机结合。由专家进行“学科专业评价”，发现他们的专业潜质；同时试行将体质测试引入考查内容，鼓励学生德智体全面发展。为促进教育公平和社会公平，学校还为欠发达地区的优秀考生和因经济、教育等条件有困难的优秀考生提供单独的选拔计划，给予公平入学机会的支持。

（四）文艺特长生

为推动清华大学的校园文化建设，促进学生的全面发展，经教育部批准，清华大学自 1989 年开始招收艺术特长生。20 多年来，清华大学通过举办“全国中学生文化艺术冬令营”活动，共接待了上万人次的中学生，录取了 500 余名文艺特长生。这项工作不仅有利于发展清华大学的艺术教育，活跃学生的文化艺术生活，也有利于推动艺术教育的普及、发展和提高，促进素质教育的开展。现在，每年约有 4 000 余人参加清华大学举行的艺术冬令营活动（认定 60 人左右）。

（五）高水平运动员

40 多年前，清华大学校长、教育家蒋南翔曾经提出：“有的国家有大学生参加奥运会，而且取得好成绩，我们能不能有中国的大学生参加奥运会？体育比赛也要赶英超美，学校也应该是出体育人才的地方。”在他主政清华期间，培养学生德智体全面发展，其中就有一批创造全国纪录的运动健将。1987 年，根据国家教委试办高水平运动队的精神，清华大学开始对具有二级以上运动员资格的学生优惠录取，首次录取 76 人；1995 年，根据国家教委《关于部分普通高等院校试办高水平运动队的通知》，开始招收高水平运动员。多年来，学校通过组织高水平运动员冬令营，对具有优秀体育运动水平和发展潜能、有一定学习基础和能力的好苗子进行体育专项测试和文化课测试，根据学校的需要和学生的测试情况，确定最终录取对象。

第四节　教学过程组织与课程设置

一、培养目标

（一）1911 年—1949 年

清华学校的教育目标是培养留美预备生。建校目标之一，就是希望“成一造就中国领袖人才之试验学校”。对于这种领袖人才，清华学校校长曹云祥提出了这样的要求：最上焉者是要具有“天赋之才，精明强干，随机应变，善于治人”的禀赋与本事。清华学校时期的各项工作，就是围绕这一目标去做。

国立清华大学前期，遵循了当时国民政府提出的《教育实施方针》和《三民主义教育实施原则》，把培养“为国家社会服务之健全品格”作为教育的目标。而在实际执行中，则是采用美国的教育思想，即“自由教育”（“通才教育”）的思想。

在学生政治思想教育方面，以梅贻琦校长为代表的清华大学校方和一些院系负责人，都反对学生成为“不是左袒，便是右倾的人”，而要求学生具有“超阶极”“超党派”的“客观主义”“自由主义”的精神。他们提出，不应该给学生以某种政治派别的思想，而只应该给学生以一种判断的能力，让学生依靠这种能力去决定自己的政治方向。在业务上，梅贻琦等人提出“通识为本”“专识为末”，要求学生对自然、社会与人文三方面都具有广泛的综合知识，而不贵乎有专技之长。梅贻琦说：“今日社会上所需要之工程人才，不贵乎有专技之长，而以普通工程训练最为有用”，“在中国工商界中，能邀致专家以经营一事业者甚少，大多数则只能聘一工程师而望其无所不能。斯故本校之工程学课中，以普通之训练较若干繁细之专门研究为重要也。”当时，清华大学各院系都是以进行本系有关知识的最普通的基础训练，培养本系的“通才”为主要目标，便于学生毕业后既可以朝科学家、理论家、文学家、工程学家方向发展，又可以担任教师、行政人员等。

国立西南联合大学时期，在教育目标上，教育部曾按国民政府的《抗战建国纲领》提出，“大学教育应为研究高深学术，培养能治学治事治人的创业之通才与专才之教育”。战前国民政府曾推行“提倡理工”的方针，战时更进一步提倡“实用科学”，限制文法科。这一办学方针引起文法乃至理科教师的普遍不满，当时联大教授们认为：“大学应该顾到百年大计，不应该为一时偏倚的需要而变质。近年来因为种种原因，大学生更只拥挤在工学院和经济系里，这是眼光短浅，只看在一时应用上。这是大学教育的不健全的现象。‘主张’大学教育应该注重通才而不应该一味注重专家。”梅贻琦在《大学一解》中认为，教育部所提出的“通专并重”不易实行，主张大学“重心所寄应在通而不在专”。西南联大校委会也上书蒋介石与教育部长陈立夫，对教育部只重专才不重通才、重实科不重文理科的方针表示异议。

复员后，清华大学力图恢复战前学校旧观，其教育目标完全承袭战前清华的要求。

（二）1949 年—1966 年

新中国成立之初，遵照《中国人民政治协商会议共同纲领》规定的新民主主义文化政策，国家提出高等教育要“为工农服务，为生产建设服务”的方针。1950 年教育部颁布的《高等学校暂行规程》又规定，高等学校“以理论与实际一致的教育方法，培养具有高级文化水平、掌握现代科学和技术的成就、全心全意为人民服务的高级建设人才”。1952 年开始，全国高等学校在进行院系调整的同时，学习苏联教育经验，制订教学计划，明确培养目标。1953 年，毛泽东主席在共青团第二次全国代表大会上勉励全国青年要做到“身体好、学习好、工作好”。后来，又提出“又红又专”的要求。“三好”“又红又专”深入人心，成为学校培养目标的核心。1955 年教育部明确高等学校的任务，在于“有计划地培养适合国家建设需要、具有马列主义世界观、忠实于祖国人民的事业、体格健全、掌握先进科学和技术的各种专门人才”，并规定各类高等学校的具体培养目标，提出“高等工业学校主要培养高级工业专门人才”。1957 年 11 月，毛泽东主席在全国最高国务会议上讲话中明确提出，“我们的教育方针，应该使受教育者在德育、智育、体育几方面都得到发展，成为有社会主义觉悟的有文化的劳动者”。后来，在 1961 年颁布试行的《教育部直属高等学校暂行工作条例（草案）》（简称《高校六十条》）中，又对高等学校的培养目标作了明确规定。

清华大学的培养目标是遵照国家制定的教育方针、相应规定和条例的精神，结合本校实际确定的。院系调整后，蒋南翔校长提出清华大学要培养“红色工程师”。1961 年经校务委员会通过的《关于制定教育计划的若干规定（草案）》对清华大学的培养目标作了如下阐述：

培养德智体全面发展、有社会主义觉悟有文化的劳动者是我国各级学校教育工作的共同目标。清华大学是六年制的高等工业学校，它在这个共同的目标下，担负着提高的任务。因此，清华大学各专业的培养目标应当是培养体魄健全、红专结合的能创造性地解决科学技术问题和不断推动生产前进的工程师。毕业生在政治思想方面要有爱国主义和国际主义思想，愿意为社会主义和共产主义事业努力奋斗，积极学习马列主义和毛主席著作，积极参加生产劳动，努力树立阶级观点、劳动观点、群众观点、集体主义观点和辩证唯物主义观点。毕业生在业务上应牢固掌握广泛的基础理论知识，并深入掌握专业理论，具有工程师所必须具备的能力和训练（包括制图、计算、实验等方面），学生在毕业前就应初步具有独立地解决实际工程技术问题、组织管理生产和进行科学研究工作的能力。清华大学毕业生应当参加生产劳动，并在一个工种上达到一定工级。在外语训练方面，毕业生应当具有比较熟练地阅读一种外文专业书刊的能力。毕业生应当有良好的体质和一定的体育知识，能够担负起建设祖国和保卫祖国的双重任务。

20世纪五六十年代，蒋南翔校长在领导清华大学的教育实践中，创造性地贯彻执行德智体全面发展的培养目标，他对学生的全面发展提出了具体要求。在德育方面，他要求学生努力学习马列主义和毛主席著作，加强思想品德修养，积极参加生产劳动，深入实际，与工农相结合。他勉励学生在思想上要逐步登上“三层楼”（亦称“上三个台阶”），指出“一种是爱国主义……这是一层楼。二层楼是要为社会主义制度奋斗，拥护社会主义，为社会主义服务。三层楼是建立共产主义世界观，建立辩证唯物主义与历史唯物主义的世界观”。在智育方面，他要求学生业务过硬，重视基础理论和基本技能的训练，具体地说：(1)至少能较熟练地掌握一门外语，争取通过两门外语；(2)学好数学和基础理论课；(3)学好专业基础理论课；(4)掌握基本的实验技术；强调培养学生的独立工作能力和解决实际问题的能力。在体育方面，响亮地提出“争取至少健康地为祖国工作五十年”的口号，要求学生有强健的体魄，更好地为人民服务。

（三）1966年—1976年

1966年6月至1976年10月“文化大革命”。迟群等人违背高等学校的性质、任务与教育客观规律，炮制《全国教育工作会议纪要》，否定新中国建立以来教育战线的成绩，诬蔑“文革”前17年的学校是“培养资产阶级知识分子的场所”，教育战线是“资产阶级专了无产阶级的政”。他们以所谓的《创办》经验为办学指导思想，以培养“阶级斗争的战士”代替德智体全面发展的培养目标，使清华大学的人才培养与教学工作蒙受重大损失。

1970年7月21日，《红旗》杂志发表了由清华大学工人、解放军毛泽东思想宣传队署名的文章《为创办社会主义理工科大学而奋斗》（简称《创办》），提出了所谓的六条基本经验：(1)工人阶级必须在斗争中牢牢掌握教育革命的领导权，必须批判资产阶级；(2)对原有教师坚持边改造、边使用，建立工农兵、革命技术人员和原有教师三结合的教师队伍；(3)实行“开门办学、厂校挂钩、校办工厂、厂带专业”；(4)学校要坚持“以阶级斗争为主课”；(5)打破旧的教材体系，以工农兵的需要为出发点，以三大革命为源泉，编写无产阶级教材；(6)教学方法“结合典型工程、典型产品、典型工艺、技术革新等进行教学”，急用先学、边干边学。他们鼓动工农兵学员批判所谓的十七年修正主义教育路线，提出工农兵学员要“上（大学）、管（大学）、改（造大学）”的口号。这些“经验”被推广成为高等学校的办学指导思想，在清华园和全国高校造成了严重的不良影响。又由于招收工农兵学员没有入学考试，学生的文化程度参差不齐，这种状况给教学带来了极大的困难。这一时期，广大教职工和干部在极其困难的条件下，努力教学，力图使学校工作符合教育规律少受损失。在当时全国普遍实行三年学制的情况下，清华延长半年时间，用以补习基础知识。当时主持教学工作的原党委副书记何东昌从实际出发，采取为工农兵学员补习文化课、恢复基础课教研组、增加系统理论教学时间、恢复和加强实验室工作、对年轻教师进行业务培训等措施，以期稳定教学秩序，提高教学质量，却被迟群等人视为"右倾回潮的表现"，而受到错误的批判，使清华大学的教学工作再一次受到严重干扰和破坏。

（四）1976年—2010年

"文化大革命"结束后，特别是自1978年以来，改革开放为高等教育的改革和发展带来生机与活力。贯彻邓小平关于"教育要面向现代化，面向世界，面向未来"的指示和中央提出的"教育为社会主义经济建设服务，教育与生产劳动相结合，培养德智体全面发展的社会主义建设者和接班人"的方针，清华大学以培养德、智、体全面发展的高级科学研究人员、高级工程技术人员、高级工程管理人员为教育目标。

1980年开始制订教学计划，在印发的《清华大学本科教学基本方案》中，对培养目标提出："清华大学作为国家重点理工科大学，主要培养又红又专的高级工程技术、科学研究人才。"具体培养要求是："认真学习马列主义、毛泽东思想的基本原理，拥护中国共产党，拥护社会主义，热爱祖国，服从组织分配，积极为社会主义四个现代化服务。逐步树立无产阶级的阶级观点、群众观点、劳动观点和辩证唯物主义观点，培养共产主义道德品质。加强组织观念，维护社会主义民主和法制。在业务上要树立严谨的、实事求是的科学作风；有创造精神；掌握本专业所需要的比较宽厚的基础理论知识和必需的基本技能；受到严格的实验训练；具有一定的专业知识，并对与本专业有关的科学技术新发展有一般的了解；获得工程设计和科学研究的初步训练；培养较强的自学能力；能运用一种外语阅读本专业书刊。具有健全的体魄，能够承担建设祖国和保卫祖国的光荣任务。"

在1990年开始的本科教学计划调整中提出，工科五年制本科培养目标"为高级工程技术人才、高级科学研究人才和高级工程管理人才"。基本规格是：

（1）认真学习马列主义、毛泽东思想，拥护中国共产党，热爱社会主义祖国，努力为人民服务。能够识别各种错误思潮，反对资产阶级自由化，坚持社会主义方向。逐步树立无产阶级的阶级观点、群众观点、劳动观点和辩证唯物主义观点。培养社会主义道德情操。具有社会主义建设的事业心和责任感。能够扎根基层，面向实际，走与工农相结合的道路。加强组织纪律性，维护社会主义民主和法制。

（2）具有健全的体魄，能够承担建设祖国的光荣任务，具有一定的体育方面的知识和素养，养成进行体育锻炼的习惯，争取为祖国健康工作五十年。

（3）工科学生业务上应获得工程师的基本训练。掌握本专业所需要的比较宽厚的基础知识；具有一定的经济管理、人文社会科学知识和专业知识；对本专业有关的科技新发展有所了解，掌握本专业必需的制图、设计、工艺、运算、实验和计算机应用等基本技能，受到比较严格的工程训练和初步的科学研究方法训练；具有较强的独立学习获取知识的能力、运用知识、创造知识的能力。掌握一门外国语，具有熟练阅读本专业书刊的能力、一定的听译能力和写说能力。

对文理科学生也分别根据专业的情况规定了相应的培养目标与要求。

根据党和国家的人才总体战略以及学校发展定位，在1997年开始的教育思想大讨论后，学校提出，要在国家的教育方针确定的面向社会主义现代化需要、培养德智体全面发展的建设者和接班人的总体目标前提下，从时代特点、从国家对清华的期望以及清华对国家应该承担的责任、从清华的学科布局等方面综合考虑，清华总体上应该为国家的未来培养各类优秀的骨干人才，其中的一部分，应该成为科学、技术、企业管理、党政机关等各个领域比较杰出的带头人，清华的培养目标的定位，既要继承历史上的优良传统，又要体现时代要求，有所发展，具体的要求可概括为培养面向 21 世纪的“高素质、高层次、多样化、创造性”的人才。

高素质是对人才培养目标的总体要求。要以科学的理论武装头脑，坚持正确的政治方向，具有报效国家、贡献社会的理想和道德；具有坚实的科学基础和较高的文化素养，富有敏捷的思辨能力和较强的实践能力；具备健康的身心素质和高雅的审美情趣。

高层次是对人才培养体系的基本定位，也是对培养对象未来担当社会责任的期待。建立高层次人才培养体系，为社会输送能够担当重任的高层次人才，是研究型大学的历史责任。要紧紧围绕“高层次”来加强本科生、研究生培养的基础建设，激励学生提高自身的社会责任。

多样化体现了综合性大学培养多种类型人才的特点。要用多学科的知识培养学生，使学生的知识能力结构更加合理、素质更加全面；要进一步完善多样化的人才培养模式，强调因材施教，突出个性优势。

创造性是在拔尖创新人才培养中的重点，是高层次人才质量观的重要标志。对学生创造性培养的主要任务是：激发创新动机，强化创新意识，培养创新思维，塑造创新精神，提高创新能力。

进入 21 世纪，学校经第 21 次教育工作讨论会研讨，2002 年 8 月由校务会议通过的《清华大学 2001—2005 年教育改革与发展纲要》（简称“40 条”）中再次明确了这个培养目标。为实现人才培养目标，落实通识教育基础上的宽口径专业教育，即实施人文素养与科学精神相结合的通识教育，完成学科交叉和综合背景下的宽口径专业教育和个性化培养，以探索和研究的教育方式使学生学会认知和创造。在这一目标引导下，“努力把广大学生教育培养成为具有健全人格、宽厚基础、创新思维、社会责任、国际视野和领导潜质，将来能够对国家和社会作出重大贡献的优秀人才”。

2010 年，清华大学第 23 次教育工作讨论会后，面向新百年、迈向世界一流的清华大学提出，要致力于在核心知识领域创造知识，并在此过程中涵养和培育人才，强化“厚基础、重实践、求创新”的人才培养特色，通过富于启发和挑战性的通识与专业学习及实践，使学生的天赋潜能、人格修养及社会化品质得到全面发展，成为崇尚科学、追求真理、视野广阔、基础宽厚、勇于探索，能够承担社会责任，德才兼备的治学、治业、治国英才，服务民族复兴，造福人类社会。

二、教学过程的组织与实施

作为组织教学过程的主要依据，学校在不同的时期，制定相应的教学进程，由一开始的课程表（课目表），后来演变为教学计划、指导性教学计划及培养方案。

（一）1911 年—1952 年，编制课程表

无论清华学校或国立清华大学（包括西南联大时期），均仿照英美的“自由教育”，实行学分制，设置必修课程与选修课程，按院系编制分年课程表，规定各学年应修学分，组织教学过程，执行中变动不大。

清华学校时期，中等科课目表、高等科文科和实科的必修课程的课目表分列于表 3-4-1～表 3-4-3。

表 3-4-1　中等科课目及其周学时

年级	修身	国文	中国历史	中国地理	世界地理	英文读本	英文文范作句	英文文范修辞学	英文作论	默写	习字	英语会话	算术	代数	博物	卫生	化学	手工	图画	音乐	体操	总计
一	1	5	2	2		5	3			2	1		3		3				2	2	1	32
二	1	5	2	2		5	3			2		1	3		3				2	2	1	32
三	1	5			3	5	4			2		1		3				2	2	2	1	31
四	1	5			3	4		3	2			1		3		1	2	2	1	1	1	30

表 3-4-2　高等科文科必修科课目及其周学时

年级	修身	国文	英文学	修辞作论	德法文	通史	上古史	中古史	美史	地文	生理	物理	化学	高等算学	平面几何	经济	政治	手工	音乐	体操
一	1	3	4	3		3				3	3	2	2		3			2	1	1
二	1	3	6		5		4												1	1
三	1	3	5		5			4						1						1
四	1	3	8						4							2	2			1

表 3-4-3　高等科实科必修科课目及其周学时

年级	修身	国文	英文学	修辞作论	德法文	通史	上古史	中古近代史	美史	地文	生理	物理	高等物理	化学	高等化学	高等算学	平面几何	立体几何三角	高等代数	经济	政治	手工	用器画	体操
一	1	3	4	3		3				3	3	2		2			3					2		1
二	1	3	6		5		4											4				2	2	1
三	1	3	5		5			4							5	1			4					1
四	1	3	5						4				5							2	2			1

国立清华大学与西南联大时期，按院系编制分年课程表，据此安排教学活动。各系课程大都包括下列五类：大一共同必修课程、必修的本系课程、必修的他系所开课程、选修的本系课程、选修的他系所开课程。其中，大一共同必修课程全校统一规定为 36～38 学分，占总学分的 27.2%～28.3%；其他各类课程所占学分比重，各系略有不同，通常必修的本系课程占 25%～40%左右，且多属基础课程。

以文学院中国文学系、理学院物理学系、工学院电机工程学系为例，各系的分年课程表见表 3-4-4～表 3-4-6。

表 3-4-4 文学院中国文学系分年课程及其学分（1936—1937 学年度）

	第一年	第二年	第三年	第四年
语言文字组	国文 6 第一年英文 8 中国通史、西洋通史（择一） 8 逻辑、高级算学、微积分（择一） 6～8 普通物理、普通化学、普通地质学、普通生物学（择一） 8	中国文学概要 4 中国音韵学概要 4 国学要籍《左传》 4 第二年英文 6 第一年日文 8	古文字学研究（金文或甲骨文） 4 国学要籍《尚书》 4 国学要籍《诗经》 4 语言学 4 语音学 4 第二年日文 8	古音研究 4 国学要籍三礼（《周礼》《仪礼》《戴礼》） 4 论文 3
文学组	国文 6 第一年英文 8 中国通史、西洋通史（择一） 8 逻辑、高级算学、微积分（择一） 6～8 普通物理、普通化学、普通地质学、普通生物学（择一） 8	中国文字学概要 4 中国音韵学概要 4 中国文学史（一）汉魏六朝 4 国学要籍《文选》 4 第二年英文 6 第一年日文 8	中国文学史（二）唐宋元明清 4 唐诗、宋诗（择一） 4 国学要籍《庄子》 4 国学要籍《楚辞》 4 西洋文学专集研究 4 第二年日文	散文研究 4 文学专家研究 6～8 国学要籍（任选） 4 论文 3
选修课程	语言实验 3 版本目录学 4 《淮南子》 4 中国文学批评 4 近代散文 3 歌谣 3	古书词例 3 校勘学（附实习） 6 《汉书》 4 宋人诗论 3 词 4 新文学研究 3	修辞学 2 《墨子》 4 小说史 4 文艺心理学 4 散曲 4 习作（1. 诗 2. 小说 3. 散文） 2	金石学 4 《吕氏春秋》 4 中国文学批评史 4 唐宋文 3 杂剧与传奇 3 中学国文教学法 3

表 3-4-5 理学院物理学系分年课程及其学分（1936—1937 学年度）

第一年	第二年	第三年	第四年
国文 6 第一年英文 8 中国通史、西洋通史（择一） 8 逻辑、高级算学、微积分（择一） 6～8 普通物理 8 普通地质学、普通生物学（择一） 8	中级电磁学 3 中级光学 3 中级力学 3 中级热学 3 中级物理实验 2 普通化学 8 微分方程 3 第一年第二外语或本系它系选修课 9～15	力学 3 热力学 3 电磁学 4 分子运动之物质论 3 光学 4 第二年第二外语或本系它系选修课 17～23	近代物理 6 近代物理实验 3 无线电学 6 无线电学实验 3 毕业论文 4 本系它系选修课 12～18

表 3-4-6　工学院电机工程学系分年课程及其学分（1936—1937 学年度）

第一年		第二年		第三年		第四年			
						电力组		电讯组	
上学期									
国文	3	电工原理（1）	5	电工原理（3）	5	电力传输	4	电讯网络	3
第一年英文	3	静动力学	4	电工实验	2	电工实验	2	电工实验	2
普通物理	5	机件学	3	电照学（电力组）	2	发电所	3	电讯原理	3
微积分	4	经济计划	2	热力工程	3	论文	2	无线电	3
经济学概论	3	金工初步	1	测量	2	热工实验	2	无线电实验	1.5
画法几何	2	微分方程	3	水力实验（电力组）	1.5	电机设计	3	论文	2
制模实习	1	化学	4	电报电话学（电讯组）	6	选修或专题研究	3	选修或专题研究	3
				工程材料（电力组）	3	普通无线电	3	电磁论	3
						原动力厂	3		
下学期									
国文	3	电工原理（2）	5	电工原理（4）	6	电工实验	1.5	电报电话实验	1.5
第二年英文	3	电磁测验	1	电工实验	2	配电工程	4	电讯网络	4
普通物理	5	材料力学	4	热力工程（电力组）	3	论文	2	无线电	3
微积分	4	热机学	3	热工实验	2	无线电实验	1.5	无线电实验	1.5
经济学概论	3	金工实习	1	电工高等数学	3	电机制造	2	论文	2
工程画	2	水力学	3	材料实验（电力组）	1.5	原动力厂实验	3	选修或专题研究	5
锻铸实习	1	化学	4	自动电话（电讯组）	4	选修或专题研究	3	电话设计	2
				电机设计（电力组）	3	原动力厂设计	2	真空管制造	2
				电池学（电讯组）	2	原动力厂	3	电磁论	3
						水电工程	2	无线电设计	1.5
						发电所设计	3	考查	1

（二）1952 年—1976 年，制订教学计划

从 1952 年起，全国高等学校进行以学习苏联教育先进经验为主要内容的教学改革，开始制订统一的教学计划。教学计划按照所设置的专业及培养目标制订，包括以下内容：

（1）专业的培养目标与修业年限。

（2）教学学历表，规定每学年各教学环节的学时分配，具体指明各学期的上课时间、寒暑假时间、考试时间、实习与课程设计及毕业设计时间、毕业时间等。

（3）教学进程计划，规定课程名称，课程总学时数、周学时数与讲授时间安排，各学期考试或考查课程名称等。

清华大学参照教育部部颁教学计划，结合本校实际情况，制订（或修订）与实施教学计划，后根据本校实际自行制订计划。

1. 1952 年—1957 年，全面制订（修订）教学计划，建立新的教学秩序

院系调整后，清华大学立即开始进行以学习苏联教育经验为中心的教学改革。1952 年秋，参照苏联教学计划，制订清华大学各专业的五年制教学计划与教学大纲。1953 年在苏联专家指导下修订教学计划。

新教学计划的特点是：(1)加强基础课，课程体系明确划分为基础理论课、技术基础课和专业课；(2)增加实践教学环节，在教学计划中确定了讲课、辅导（习题课）、实验、考试考查、课程设

计、生产实习、毕业设计等一系列教学环节；(3)增设马克思主义政治理论课程。教学计划明确了在整个教学过程中应贯彻政治与技术相结合、理论与实践相结合，在德智体全面发展的基础上进行专门的技术训练，以加强培养学生的独立工作能力。当时，学校曾提出了一个非正式的口号：“三年过河”，即用三年（1952 年秋至 1955 年秋）左右时间，初步掌握培养五年制本科生的各主要教学环节（包括基础课、主要专业课、实验、实习、课程设计、毕业设计等）与教学方法，使教学工作基本过关。到 1954 年，全校 21 个专业都有了教学计划。

以土木工程系工业及民用建筑专业、机械制造系机械制造专业、电机工程系发电厂配电网及配电系统专业为例，1953 年制订的五年制教学计划见表 3-4-7～表 3-4-9。

表 3-4-7　1953 年制订（修订）的五年制教学计划（土木工程系工业及民用建筑专业）

教学学历表　（总周数分配）

学年	理论教学	考试	教学实习	生产实习	毕业实习	毕业论文	假期	合计
一	34	7	3				8	52
二	34	7		3			8	52
三	32	7		8			5	52
四	27	7		9			9	52
五	12	4			5	17	5	43
总计	139	32	3	20	5	17	35	251

教学进程计划　（课程学时分配）

序号	课　程	学　时　数					各学期课内学时数（学时/周）											
		总计	讲课	实验	练习与讨论	设计	1	2	3	4	5	6	7	8	9	10	11	12
1	中国革命史	102	68		34		3	3										
2	马列主义基础	102	68		34				3	3								
3	政治经济学	128	96		32						4	4						
4	辩证唯物主义	60	45		15								4					
5	俄文	312			312		6	4	4	2	2							
6	高等数学	360	180		180		8	5	4	4								
7	普通化学	102	52	50			3	3										
8	物理学	216	116	50	50			6	4	3								
9	建筑技术概论	36	36				2*									* 暂改习俄文		
10	画法几何	108	54		54		6											
11	工程画	80			80			5										
12	绘画	54			54				3									
13	测量学	86	52	24	10		3	2										
14	理论力学	184	100		84			4	4	3								
15	材料力学	188	96	16	64	12			6	5								

续表

序号	课程	学时数					各学期课内学时数（学时/周）											
		总计	讲课	实验	练习与讨论	设计	1	2	3	4	5	6	7	8	9	10	11	12
16	结构力学	174	84		60	30					5	6						
17	弹性与塑性力学	60	45		15								4					
18	工程材料	120	50	70					4	3								
19	机械零件	64	32		32					4								
20	电工学与房屋配电	72	45	27							4							
21	热工概论	54	39	5	10						3							
22	水力学	72	36	20	16						4							
23	建筑机械及施工技术	224	156	16	28	24				2	6	6						
24	建筑学	322	202	20	20	80					4	5	4	4	6			
25	暖气与通风	60	40	10		10							4					
26	给水与下水	70	45	5	10	10						5						
27	钢结构与焊工	176	126	20	10	20						4	4	5				
28	钢筋混凝土结构	153	108	5	5	35							3	4	5			
29	木结构	108	85	10		13							4	4				
30	石结构	60	60										4					
31	建筑工业经济学	24	24											2		暂时合并		
32	建筑组织与计划	108	88		10	10								3	6			
33	建筑结构架设	72	50	12	10										6			
34	工程地质学	60	36	12	12									5				
35	基础工程	96	56	10	15	15								2	6			
36	保安与防火技术	36	36												3			
37	体育	136			136		2	2	2	2								
38	工厂实习	84			84				2	3								
	周学时数						33	34	36	34	32	30	31	29	32			
	总学时数	4 523	2 406	382	1 476	259												

表 3-4-8　1953 年制订（修订）的五年制教学计划（机械制造系机械制造专业）

教学学历表　（总周数分配）

学年	理论教学	考试	教学实习	生产实习	毕业实习	毕业论文	假期	合计
一	34	7					11	52
二	34	7		3			8	52
三	30	7		5			10	52
四	28	6		8			10	52
五	12	4			9	17	2	44
总计	138	31		16	9	17	41	252

续表

教学进程计划（课程学时分配）

序号	课　程	学　时　数					各学期课内学时数（学时/周）											
		总计	讲课	实验	练习与讨论	设计	1	2	3	4	5	6	7	8	9	10	11	12
1	中国革命史	102	68		34		3	3										
2	马列主义基础	102	68		34				3	3								
3	政治经济学	120	80		40						4	4						
4	辩证唯物主义	72	48		24								4					
5	机械制造工业经济	50	50											5				
6	俄文	312			312		8	4	2	2	2							
7	高等数学	376	188		188		8	6	4	4								
8	普通化学	102	68	34			3	3										
9	物理学	232	120	88	24			6	4	4								
10	画法几何	90	54		36		5											
11	机械制图	184			184			4	4	3								
12	理论力学	202	109		93			4	5	3								
13	材料力学	204	104	32	68				6	6								
14	机械原理	138	86	16	18	18				3	5							
15	机械零件	174	90		36	48					7	4						
16	起重运输机械	84	36		12	36						4	2					
17	金属工学	328	120	208			5	2	4	2	3	4						
18	公差及技术量法	72	42	30							4							
19	金相热处理	104	74	30						2	4							
20	电工学	132	72	48	12						4	5						
21	热工学	108	78	30									6					
22	水力学及水力机械	72	48	12	12								4					
23	金属切削机床	196	120	36		40						4	6	4				
24	金属切削原理、刀具	156	114	42								7	4					
25	机械制造工学	256	156	24	28	48							6	10	4			
26	铸造锻压焊接工	112	90	22										4	6			
27	工序自动化	60	48	12											5			
28	机械厂设计原理	96	96												8			
29	夹具设计原理	40	40											4				
30	企业组织与计划	90	66		12	12								3	5			
31	保安及防火技术	36	36												3			

续表

序号	课　程	学　时　数					各学期课内学时数（学时/周）											
		总计	讲课	实验	练习与讨论	设计	1	2	3	4	5	6	7	8	9	10	11	12
32	体育	136			136		2	2	2	2								
	周学时数						34	34	34	34	33	32	32	30	31			
	总学时数	4 538	2 369	664	1 303	202												

表 3-4-9　1953 年制订（修订）的五年制教学计划（电机工程系发电厂配电网及配电系统专业）

教学学历表　（总周数分配）

学年	理论教学	考试	教学实习	生产实习	毕业实习	毕业论文	假期	合计
一	34	7					11	52
二	34	7					11	52
三	32	7		7			6	52
四	28	7		7			10	52
五	10	3			8	16	6	43
总计	138	31		14	8	16	44	251

教学进程计划　（课程学时分配）

序号	课　程	学　时　数					各学期课内学时数（学时/周）											
		总计	讲课	实验	练习与讨论	设计	1	2	3	4	5	6	7	8	9	10	11	12
1	中国革命史	102	68		34		3	3										
2	马列主义基础	102	68		34				3	3								
3	政治经济学	128	96		32						4	4						
4	辩证唯物主义	56	42		12								4					
5	俄文	340			340		8	4	2	2	2	2						
6	高等数学	412	206	18	188		8	6	6	4								
7	普通化学	102	68	34			3	3										
8	物理学	250	132	82	36			6	5	4								
9	画法几何与工程画	210	54		156		5	3	4									
10	理论力学	174	96		78		4	3	3									
11	材料力学	152	84	16	52				4	5								
12	机械原理及机械零件	230	132	16	18	64				3	7	4						
13	金属工学	196	80	116				3	4	3		2						
14	电工基础	296	146	86	64					8	7	3						
15	电工量计	90	54	36							5							
16	电工材料	54	36	18							3							

续表

序号	课程	学时数					各学期课内学时数（学时/周）											
		总计	讲课	实验	练习与讨论	设计	1	2	3	4	5	6	7	8	9	10	11	12
17	电力机械	254	138	74	14	28					4	9	4					
18	热机学	126	88	22	16							5	4					
19	水力学及水力机械	84	56	28								3	3					
20	高电压工程	112	70	42									2	6				
21	发电厂配电站的电气	140	84	42		14							4	6				
22	电力网及电力系统	126	70	28	14	14							2	7				
23	短路电流	70	42	14	14								5					
24	电力系统稳定	50	40	10											5			
25	电力系统自动化与继电器保护	114	64	38		12								6	3			
26	工业电子学	84	56	28									3	3				
27	动力经济学	42	42											3				
28	动力经济的组织计划	60	52			8									6			
29	保安及防火技术	30	30												3			
30	体育	136			136		2	2	2	2								
31	专门化课程	140	108	20		12									14			
	周学时数						33	33	33	34	32	32	31	31	31			
	总学时数	4 462	2 302	768	1 240	152												

从1953年至1955年，全校有步骤地普遍实行了大班讲课、小班上习题课和实验课，并逐步采用口试制度。三年来，全校还开出107门新的专业课，58种课程设计，进行了两次规模较大、内容较复杂的生产实习，准备了10个专业及专门化的毕业实习与毕业设计。同时，还逐步开展教学法研究，学生自学的指导，组织优秀学生开展课外科技小组活动，并适当进行科学研究工作，以保证提高教学质量。

在实施教学计划中曾存在两方面的困难：一是缺乏参考资料，当时全校有388门课程，多数课程的教学大纲是根据苏联教学大纲修订而成的，然而有98门课程缺少苏联教学大纲（占1/4），此外还缺少45种教材、100余种课程设计和15种毕业设计的苏联资料。二是教师的知识和经验不足，尤其是许多新的专业课程（如工序自动化、机械制造工业经济等），连教师都未学过，从而增加了开课准备的困难。至1955年，专业课程的五年制教学大纲尚未全部制订出来。

2. 1958年—1970年，实行“教育与生产劳动相结合”和贯彻“少而精”

1958年，贯彻党的教育方针，实行“教育与生产劳动相结合”，正式将生产劳动纳入教学计划，使教学过程发生了深刻变化，促进了教学体系、教学内容和教学方法的改革。清华大学在实践中，在勤工俭学的基础上，开始结合国家建设与生产实际，进行“真刀真枪”的毕业设计，由水利系设计密云水库等推广到全校各专业。承担国家生产设计任务，将教学、生产、科学研究有机地结合起来，建立教学、科研、生产三结合基地，收到良好效果，既提高了毕业生的质量，又取得了生产和科研成果，并总结了新的教育经验，为进一步贯彻“教育与生产劳动相结合”方针奠定了基本模式。然而，由于受到“大跃进”的影响，学生参加政治活动和生产劳动一度过多，低年级也参加了生产实践，与毕业班形成“一条龙”；打乱了正常的教学秩序，削弱了课堂理论学习，影响了教学质量。从1958年底至1959年初，学校召开了第十二次教学研究会，明确要以教学为主和在教学中发挥教师的主导作用。会后，对全校教学计划进行修订，减少生产劳动时间，增加理论教学学时。1960年3月，全国掀起技术革新与技术革命运动，也波及清华园，再次引发“教育革命”，学生参加政治活动和生产劳动的时间急剧增加，出现了乱批判、乱改革的现象，要在业务领域中搞“兴无灭资”，教学秩序再次出现了混乱。

1961年，贯彻中央制定的“调整、巩固、充实、提高”八字方针及《高校六十条》，纠正教育革命中“左”的错误和做法。同年5月，学校在《关于制（修）订教育计划的若干规定（草案）》中强调，教学计划的制（修）订应根据以下几个原则：(1)德智体全面发展，这是首要原则，对学生6年在校时间应按全面发展原则予以安排；(2)一主二从三结合，制（修）订教学计划应体现以教学为主的教学、生产和科学研究三结合的方针，学生在6年内应以主要时间和精力进行各种课程的学习，在打下了扎实的理论基础和培养了严格的工程训练以后，应当参加科学研究和毕业设计，通过毕业设计提高解决生产实际问题的能力；(3)理论联系实际，在安排整个教学过程时必须贯彻这一原则。据此，修订教学计划时，调整了理论教学与生产劳动的周数，保证以教学为主；同时，在理论教学中，又根据专业性质不同，恰当安排了基础课、技术基础课和专业课的比例，以及讲课、练习和实验的比例。

为了弥补“教育革命”对教学所造成的损失，学校果断采取“填平补齐”的办法（即按教学计划要求，对各班级因受劳动和政治运动影响而缺少的课程进行补课，缺什么补什么，缺多少补多少，称之为“填平补齐”），对学生进行补课。以1961届（系指1956年入学、1961年毕业的班级）为例，全校有34个专业，毕业时完成理论教学3 800学时以下的共16个专业，其中15个专业学制是五年半，大都是一般专业；完成3 800～4 200学时以上的有18个专业，其中17个是六年制的新技术专业。

在当年“填平补齐”时，主要是补数学、物理、化学、理论力学和材料力学等5门基础理论课，学校教学计划规定其总学时为900～1 000学时，1961届各专业同学毕业时，完成5门课总学时在900学时以上的占97%。

贯彻《高校六十条》，实行新的教学计划后，取得了良好的效果，然而，教学内容和学生学习负担的矛盾，多年来一直存在。1962年秋季以后，全校广泛开展调查研究工作，结合清华实际认真研究中外各种教学文件和教材，在总结经验的基础上，又一次开始了修订教学计划的工作。11月初，全校召开教学干部会议，主管教学工作的党委副书记何东昌就“修订教学计划中的几个问题”作了报告，着重指出，在教学中要进一步贯彻“少而精”原则，合理要求，使大多数学生可以在负担合理的条件下，学好基本的东西。

1964年，学校传达学习和贯彻毛泽东主席的“春节指示”。翌年3月27日至4月11日，全校举行第15次教学研究会，在学制、课程、教学方法和考试四个方面落实教学改革。从1965年招收新生起，学制改为五年。

1965年制订的土建系工业与民用建筑专业和电机系发电厂电力网及电力系统专业的五年制教学计划见表3-4-10和表3-4-11，课内总学时和每周学时都大大减少。

表 3-4-10　1965 年制订（修订）的五年制教学计划（土木建筑系工业与民用建筑专业）

教学学历表（总周数分配）

学年	理论教学	考试	教学实习	生产实习	金工劳动	毕业设计	军训	农业劳动	公益劳动	假期	机动	合计
一	35	3					4		2	7	1	52
二	34	3	5		2				1	6	1	52
三	31	3					2	7		8	1	52
四	26	2		15					1	7	1	52
五	13	1				23		6	1	2	1	47
总计	139	12	5	15	2	23	6	13	5	30	5	255

教学进程计划（课程学时分配）

序号	课　程	学　时　数					各学期课内学时数（学时/周）											
		总计	讲课	实验	练习与讨论	设计	1	2	3	4	5	6	7	8	9	10	11	12
1	形势教育	139	139				1	1	1	1	1	1	1	1	1			
2	中国革命史	62	62				2	1.5										
3	政治经济学	62	62								2	2						
4	哲学	70	70										2.5	3				
5	体育	174			174		2	2	1	1	1	1	1	1	1			
6	外文	262			262		4	4	4	3								
7	高等数学	309	190		119		7	6	4									
8	普通物理	218	121	61	36			3.5	6	3								
9	普通化学	57	19	38			3											
10	画法几何与工程画	120	28.5		100.5		3	4.5										
11	理论力学	132	71		61				4.5	3								
12	材料力学	135	75	15	45					4.5	4.5							
13	测量学	42	21	21						3								
14	建筑材料	63	28	35						4.5								
15	结构力学	166	105		61						5	4						
16	弹性与塑性力学	66	49.5		16.5								4		2			
17	电工学	97.5	60	30	7.5							6.5						
18	机械零件	41	25	8	8								2.5					
19	建筑学	97.5	32			65.5					5.5			(1)				
20	建筑施工技术	85	49.5			35.5							4	(2)				
21	木结构	39	13			26									3			
22	钢结构	41	41										2.5					
23	砖石与钢筋混凝土结构	313.5	61.5		7.5	244.5						7	1	(12)	(6)			
24	地基基础	97	48.5	22.5		26								2	6			
25	给水排水与暖气通风	32	32								2							
26	结构检验	41	8	33									2.5					
	周学时数						22	22.5	20.5	23	21	21.5	21	22	19			
	总学时数	2 970.5	1 411.5	263.5	898	397.5												

表 3-4-11　1965 年制订（修订）的五年制教学计划（电机工程系发电厂电力网及电力系统专业）

教学学历表（总周数分配）

学年	理论教学	考试	生产实习	金工劳动	毕业设计	军训	农业劳动	公益劳动	假期	机动	合计
一	35	3				4		2	7	1	52
二	32	3		8				1	7	1	52
三	32	3				2	7		7	1	52
四	26	2	15					1	7	1	52
五	13	1			22		6	1	2	15	46
总计	138	12	15	8	22	6	13	5	30		254

教学进程计划（课程学时分配）

序号	课　程	学　时　数					各学期课内学时数（学时/周）											
		总计	讲课	实验	练习与讨论	设计	1	2	3	4	5	6	7	8	9	10	11	12
1	马列主义基础理论	192	192				2	1.5			2	2	4	1				
2	思想政治教育报告	138	138				1	1	1	1	1	1	1	1	1			
3	外国语	268			268		4	4	4	4								
4	体育	157			157		2	1	1	1	1	1	1	1	1			
5	高等数学	365	239		126		7	6	7				3.5					
6	普通物理	224	139	28	57			3.5	8	3.5								
7	普通化学	57	19	38			3											
8	画法几何与工程画	140	38		102		4	4										
9	金属工学	16	16						1									
10	理论力学	107	58		49					5.5								
11	材料力学	82	50	8	24						5							
12	机械原理与机械零件	98	46	8	16	28						4.5	2					
13	电工基础	218	118	46	54					6.5	5.5							
14	电工量计	56	28	28									4					
15	电机学	199	128	39	32						6	6.5						
16	工业电子学	177	84	37	14	42						6	2	3.5				
17	保安及防火技术																	
18	热力动力装置	30	30											2.5				
19	电力网和电力系统	66	35		7	24							3	2				
20	发电厂及配电站电气部分	106																
21	高电压工程		54	32		20								5	3.5			
22	电力系统过渡过程	82	50	13	19									4	2.5			
23	继电保护自动化	181	83	65		33								1.5	12.5			
	周学时数						23	21	22	21.5	20.5	21	20.5	21.5	20.5			
	总学时数	2 959	1 545	342	925	147												

1966年6月“文化大革命”开始，全国停课闹“革命”，教学工作完全停顿，教学计划无法执行。其中曾有一小段时间，学校部分师生响应周恩来总理号召，“复课闹革命”，开始上课学习，但很快由于派性冲突演变成两派武斗而被冲垮。各届毕业生不能按时毕业，大部分推迟分配就业。至1970年3月，“文革”前通过高考入学的1964级、1965级学生分配离校，学校没有了学生。

3.1970年—1976年，招收培养工农兵学员

1970年8月，招收第一届“工农兵学员”，开始恢复教学工作。《创办》所总结的六条经验（见本节一），即为工农兵学员入校后的办学指导思想，强调以阶级斗争为主课，学习毛泽东思想、学军、学农、学工。这些思想明显地反映在1971年制订的教学计划中，见表3-4-12。

当时，校、系都成立了由工、军宣队人员任领导的教改组。教师大部分在江西鲤鱼洲农场，分期分批被抽调回来；并将基础课教师分配至各系、专业。在知识分子是“臭老九”“知识越多越反动”的社会环境下，广大教师身处逆境，顶着压力认真传授知识，编写适应工农兵学生的教材，并开展科学研究。为了“结合典型工程、典型产品、典型工艺、技术革新等进行教学”，教师们走向社会，努力寻找结合点，还在学校办起了汽车厂、电子厂、试验电厂以及各种系办生产车间。工农兵学员的文化程度参差不齐，教师注意教学方法，合理安排内容和进度，加强辅导，还对一部分文化程度低的学员进行集中补习数学等基础教育课程，甚至一对一地补习、辅导。大部分学生也珍惜机会刻苦学习。

1972年何东昌主持学校教改组工作后，着手整顿教学秩序，修订教学计划。1973年学校制定了关于安排“以学为主，兼学别样”的试行意见，规定三年半共182周，教学活动（学文、学工）142周，占78%。各类活动安排见表3-4-13。

表3-4-12　1971年制订的部分专业教学计划与学时比例（三年制）

	房屋建筑专业		汽车专业		计算机专业	
	学时	百分比（%）	学时	百分比（%）	学时	百分比（%）
毛泽东思想课	1 218	20	1 354	20	1 400	20
学军课	288	5	338	5	350	5
学农课	192	3	338	5	350	5
学工课	198	3	2 378	35	2 600	38
基础课（含专业基础）	1 140	18.5	960	14	750	11
专业课	3 100	50.5	1 400	21	1 450	21
总计	6 136	100	6 768	100	6 900	100

表3-4-13　1973年教学计划各类活动安排

	周数	百分比（%）	一年级	二年级	三年级	第七学期
教学活动（包括学工）	142	78	41周	38周	40周	23周
学农	4	2.2	1		3	
学军（包括拉练、民兵教育）	3	1.7		3		
战备施工	2	1.1		2		

续表

	周数	百分比（%）	一年级	二年级	三年级	第七学期
入学教育、期中和毕业总结	3	1.7	1	1		1
建校劳动	2	1.1	1		1	
机动	7	3.8	2	2	2	1
节假日	19	10.4	6	6	6	1
总计	182	100	52	52	52	26

（三）1977 年—1996 年，制订指导性教学计划

1976 年 10 月“文化大革命”结束，1977 年国家恢复高考招生。1978 年，1977 级和 1978 级新生先后入学。改革开放的新形势对人才培养提出了新要求。学校根据当时的学科专业特点，提出了在本科教学中要打好四个基础：(1)自然科学基础，主要指数学、物理、化学、生物、力学等方面的基础知识；(2)工程技术基础，主要指各类专业和不同学科的技术基础及专业基础课程，以及制图、设计、工艺等工程基本功训练；(3)人文社会科学知识基础，主要指马克思主义基本理论、文史、法律、经济、管理等方面的基础知识；(4)语言基础，指汉语和外国语。

学校适应社会、经济和科技发展的变化，于 1980 年、1985 年、1992 年、1994 年先后四次进行教学计划的制订、调整及全面修订，克服过去的教学计划安排固定、讲授内容偏多、有的教学内容相对陈旧的状况。在这几次调整修订过程中，逐步明确了以下指导思想：(1)教学计划要体现德智体全面发展的要求，并把德育放在首位，贯穿于教学过程的各个环节。在课程设置上，要保证马克思主义理论课和各类人文社会科学课合理的学时比例，这两类课程约占课内总学时的 14%～15%。(2)教学计划要体现传授知识与发展能力相统一的要求。拓宽专业面，加强基础理论，落实实践环节，在制订教学计划和组织教学过程中，恰当地实施能力培养，理论教学和实践活动（包括教学实践、科研生产实践和社会生活实践三大类）的时间比例（教学周数）按 7∶3 左右安排。(3)教学计划要体现调整知识结构、更新教学内容的要求。按照 1980 年校务会通过的《关于稳步进行教学改革，提高教学质量的几点意见》，调整课程设置，增加选修课程，减少必修课程，选修课与必修课的比例大约为 3∶7。以后又通过专业面展宽，对一些专业的技术基础课、专业基础课的结构和内容进行改革，使之更适应现代建设需要；同时，根据培养目标的要求，使学生具有比较广博的知识基础。教学计划中各类基础、技术基础和专业基础课的学时占理论教学总学时 85%左右，要求专业课不宜过多过深过细，一般占 10%～15%。(4)教学计划要体现因材施教、调动学生学习主动性的要求。

1978 年后学校经过初步的整顿和调整，教学工作逐步走上正轨，1980 年开始制订规范的教学计划，从 1981 年秋季开始执行，并全面试行有计划培养与按学分累计成绩的办法。根据《清华大学本科教学基本方案》要求，清华 5 年学制，学生在校时间 252 周，其中假期 48 周（每年暑假 7 周、寒假 4 周），一般每周课内总学时 18～22，课内外总学时 48，每周至少 4 个晚上为学生自习时间，5 年课内总学时应不超过 3 200。1980 年制订的部分专业教学计划见表 3-4-14、表 3-4-15 和表 3-4-16。表中课名后的数字代表：讲课周学时—辅导（或实验）课周学时—课外周学时，前两项之和是课内周学时；每学期合计指：课内总学时/课外总学时；总计是指：课内总学时/总学分（毕业设计及实习无课内总学时）。

表 3-4-14　1980 年制订的土木与环境工程系建筑结构工程专业指导性教学计划

专业方向：主要是建筑结构工程（包括地下建筑）的设计和研究。培养上述工程结构的结构设计、科学研究、技术管理、施工和教学方面的工程技术人员。

第一学期		第二学期		第三学期		第四学期	
中国革命史（1）	2-0-2	中国革命史（2）	2-0-2	体育（3）	0-2-0	体育（4）	0-2-0
体育（1）	0-2-0	体育（2）	0-2-0	理论力学（1）	3-1-6	理论力学（2）	3-1-6
大学英语（1）	4-0-4	大学英语（2）	4-0-4	大学英语（3）	4-0-4	大学英语（4）	4-0-4
数学分析（1）	4-2-10	数学分析（2）	4-2-10	常微分方程、线性代数	4-0-8	材料力学（1）	3-1-6
工程制图（1）	2-2-4	工程制图（2）	1-3-4			计算机语言与程序	2-1-3
普通化学	3-1-5	普通物理（1）	2.5-0.5-5	普通物理（2）	2.5-0.5-5	普通物理（3）	2.5-0.5-5
建筑结构工程概论	1-0-1			普物实验（1）	0-1.5-2	普物实验（2）	0-1.5-2
				建筑材料	3.5-1-4.5	〈实习 5 周〉	
合计	23/26	合计	21/25	合计	23/29.5	合计	21.5/26
第五学期		**第六学期**		**第七学期**		**第八学期**	
体育（5）	0-1-0	体育（6）	0-1-0	体育（7）	0-1-0	体育（8）	0-1-0
政治经济学（1）	2-0-2	政治经济学（2）	2-0-2	哲学（1）	2-0-2	哲学（2）	2-0-2
材料力学（2）	2-1-5	结构力学（2）	4-1-9	结构力学（3）	3-0-7	结构设计（1）	3-5-8
结构力学（1）	2-1-5	测量学	3-1-4	钢结构	4-0-4	结构设计（2）	0-2.5-2.5
普物实验（3）	0-1.5-2	钢筋混凝土与砖石结构（1）	2.5-1.5-4	钢筋混凝土与砖石结构（2）	4-1-7	弹性力学	4-0-6
房屋建筑学	3-0-3					指定选修课	3-0-3
指定选修课	5-0-7	〈实习 2 周〉		土力学地基基础	4-1-5	〈实习 6 周〉	
合计	18.5/24	合计	16/19	合计	20/25	合计	20.5/21.5
第九学期		**第十学期**		**指定选修课（每生选一组）**			
				第一组：建筑结构		第二组：地下建筑	
结构试验	1-2-3			科技英语选读（1）	2-0-2	科技英语选读（1）	2-0-2
指定选修课	9.5-1.5-11	毕业设计		科技英语选读（2）	2-0-2	科技英语选读（2）	2-0-2
合计	14/14			概率与数理统计	3-0-5	工程地质	4-0-4
本专业开设及推荐的任选课				建筑施工	4-1-5	地下防护结构	3-1-4
日语（二外）（1）	4-0-4	结构优化设计方法	2-0-2	高层建筑结构设计	1.5-1.5-3	地下建筑工程规划与设计	3-0-3
日语（二外）（2）	4-0-4	建筑结构选型	3-0-3				
德语（二外）（1）	4-0-4	钢结构（2）	2-0-2	结构的有限元分析	2-0-2	地下结构设计与计算	5-0-5
德语（二外）（2）	4-0-4	特种结构	2-0-2				
复变函数	2.5-0-4.5	建筑系统工程	3-0-3	板壳结构	3-0-3		
数理方程与特殊函数	3-0-5	建筑材料物相试验	2-0-2	地震工程	3-0-3	地下建筑工程施工	3-0-3
木结构	2-0-2	机械设计基础	3-2-5	给排水工程概论	2-0-2	材料科学概论	2-0-2
环境学概论	3-0-3	桥梁工程概论	2-0-2	应用电子学及电工学			3.5-1.5-7
总计：3 219/462；其中：必修课 2 653/334；指定选修课 376/24；任选课 200/20；毕业设计及实习							/66

表 3-4-15　1980 年制订的精密仪器系机械制造工艺、设备及自动化专业指导性教学计划

专业方向：培养机械制造工艺、设备及自动化专业方面的工程技术人才，学生毕业后可以从事机械设计、制造、自动化方面的工作。

第一学期		第二学期		第三学期		第四学期	
中国革命史（1）	2-0-2	中国革命史（2）	2-0-2	体育（3）	0-2-0	体育（4）	0-2-0
体育（1）	0-2-0	体育（2）	0-2-0	大学英语（3）	4-0-4	大学英语（4）	4-0-4

续表

第一学期		第二学期		第三学期		第四学期	
大学英语（1）	4-0-4	大学英语（2）	4-0-4	常微分方程、线性代数	6-0-12	概率与数理统计	3-0-5
数学分析（1）	4-2-10	数学分析（2）	4-2-10			理论力学（1）	3-1-6
专业概论（1）	0.5-0.5-1	专业概论（2）	0.5-0.5-1	普通物理（2）	3.5-0.5-6	普通物理（3）	2.5-0.5-5
实验化学	0.5-2.5-3	普通物理（1）	2.5-0.5-5	普物实验（1）	0-1.5-2	普物实验（2）	0-1.5-2
工程制图（1）	2-2-4	工程制图（2）	2-2-5	工程制图（3）	1-2-3	金属工艺学	5-0-4
				计算机语言及程序（1）	2-0.5-2.5		
				〈金工实习 8 周〉			
合计	22/24	合计	22/27	合计	23/29.5	合计	22.5/26

第五学期		第六学期		第七学期		第八学期	
政治经济学（1）	2-0-2	政治经济学（2）	2-0-2	哲学（1）	2-0-2	哲学（2）	2-0-2
体育（5）	0-1-0	体育（6）	0-1-0	体育（7）	0-1-0	体育（8）	0-1-0
普物实验（3）	0-1.5-2	材料力学（2）	3-1-6	机械零件	4-1-6	测试技术	2.5-0.5-5
工程材料	3.5-0.5-4	应用电子学	3.5-1.5-7	控制工程基础	2-0.5-3.5	机械零件课程设计	0-4-5
理论力学（2）	3-1-6	机械原理	5-1-8	液压传动	2-0.5-2.5	机床（概论部分）	2-0-2
材料力学（1）	2-1-5	指定选修课	2-0-2	互换性与技术测量	2-1.5-4	机械制造工艺学	4-0.5-4.5
电路与控制	4-1-6						
指定选修课	2-0-2			金属切削原理及刀具	3-0.5-3.5	经济管理概论	2-0-2
						指定选修课	2-0-2
				指定选修课	0-2-2		
合计	22.5/27	合计	20/25	合计	22/23.5	合计	19.5/21.5

第九学期		第十学期
机械制造课程设计	0-5-5	毕业设计 〈实习 3 周〉
机械设计实践	1-4-5	
指定选修课	8.5-0.5-9	
任选课	2.5-0.5-3	
〈实习 6 周〉		
合计	22/22	

指定选修课			
第一组			
复杂刀具设计	2-0.5-2.5	精密加工技术	1-0.5-1.5
第二组			
机床（设计部分）	2.5-0.5-3		
机床性能及试验	1.5-0.5-2		
第三组			
机床数字控制	1.5-0.5-2		
机器智能控制基础	1.5-0.5-3		
第四组			
摩擦学	3-0.5-3.5		
机构动力学	2-0.5-3.5		

本专业开设及推荐的任选课			
机床的噪声	1.5-0-1.5	机床数控专题	1.5-0.5-2
计算图（诺谟图）	1-0-2	设计学	2-1-3
机床的振动	2-0-2	计算机绘图	1.5-0.5-2
量测电路	1.5-1.5-3	微处理机应用	1.5-0.5-2

续表

第九学期	第十学期	指定选修课
液压系统特性分析 2-0-2	特种工艺 1.5-0-1.5	齿轮啮合原理 2.5-0.5-3
振动理论及其应用 2.5-0-2.5		第五组
工艺过程优化及自适应控 1-0.5-1.5		测试信号的分析与处理 2.5-0.5-3
集成电路在控制与量测中的应用 2-0-2		机械系统动态测试与分析 2.5-0.5-3
计算机辅助曲面设计 2-0.5-1.5		计算机控制基础 1.5-0.5-3
计算机辅助机械设计 2-0.5-1.5		机器智能控制基础 1.5-0.5-2
总计：3 280/470。其中：必修课 2 962/361，指定选修课 276/30，任选课 42/5，毕业设计及实习/74		

说明：指定选修课可按下述方式选修：①选第四或第五组中的一组；②选第一、第二、第三组中的两组；③ 科技英语选读（1、2）（周学时均为 2-0-2）和专业英语阅读（1、2）（周学时均为 0-2-2）为指定选修。

表 3-4-16　1980 年制订的电机工程系电力系统及其自动化专业指导性教学计划

专业方向：培养从事电能的生产、输送和分配技术，能进行电力系统的分析计算、调节、控制等方面的高级工程技术人才。

第一学期	第二学期	第三学期	第四学期
中国革命史 2-0-2	中国革命史 2-0-2	体育（3） 0-2-0	体育（4） 0-2-0
体育 0-2-0	体育 0-2-0	大学英语（3） 4-0-4	大学英语（4） 4-0-4
大学英语（1） 4-0-4	大学英语（2） 4-0-4	常微分方程、线性代数 6-0-12	实验化学 1-2-5
数学分析（1） 4-2-10	数学分析（2） 4-2-10		工程力学 4-1-6
普通物理（1） 2.5-0.5-5	普通物理（2） 2.5-0.5-5	普通物理（3） 4-0.5-7	电路原理（1） 4-2-8
工程制图（1） 1.5-1.5-3	工程制图（2） 0-2-2	普物实验（2） 0-1.5-2	普物实验（3） 0-1.5-2
	普物实验（1） 0-1.5-2	计算机语言及程序（1） 2.5-0.5-3	
		〈金工实习 6 周〉	
合计 20/24	合计 20.5/25	合计 21/28	合计 21.5/25
第五学期	**第六学期**	**第七学期**	**第八学期**
政治经济学（1） 2-0-2	政治经济学（2） 2-0-2	哲学（1） 2-0-2	哲学（2） 2-0-2
体育（5） 0-1-0	体育（6） 0-1-0	体育（7） 0-1-0	体育（8） 0-1-0
复变函数 2.5-0-4	概率与数理统计 3-0-5	电磁测量 3-1.5-4.5	指定选修课 16-3-23
金属工艺学 2-0-1	模拟电子技术 5-1.5-8	数字电子技术 5-1.5-8	
电路原理（2） 3-2-6	电磁场（1） 3.5-2-7	指定选修课 8.5-2-10	
电机学（1） 3.5-0.5-5	电机学（2） 4-1-6	〈实习 3 周〉	
计算机语言及程序（2） 2.5-0.5-3	指定选修课 2-0-2	合计 24.5/24.5	合计 22/25
		指定选修课（学生均应选修）	
指定选修课 2-0-2		电力系统实验 0-3-3	发电厂工程导论 4-0-4
合计 21.5/23	合计 25/30	高电压工程 3-0.5-3	热能动力装置 3.5-0-4
第九学期	**第十学期**	科技英语选读（1） 2-0-2	专业英语阅读（1） 0-2-2
经济管理概论 3-0-3	任选课 6-0-6	科技英语选读（2） 2-0-2	专业英语阅读（2） 0-2-2
指定选修课 6-7-13	毕业设计	电力系统分析（1） 3-0-4	
〈实习 5 周〉		电力系统分析（2） 5.5-0-8	
合计 22/22		电力系统自动化（1） 3.5-0-4	

续表

本专业开设及推荐的任选课				电力系统自动化（2）	3-0.5-4
电力系统分析（3）	3-0-3	输电系统最优控制	3-0-3	电力系统继电保护原理（1）	3-1-5
最优化方法	3-0-3	电力系统的可靠性	3-0-3	电力系统继电保护原理（2）	0-3-3
日语（1）	4-0-4	德语（1）	4-0-4	微处理机在电力系统的应用	3-0-3
日语（2）	4-0-4	德语（2）	4-0-4	电力系统的稳定与励磁控制	3-0-3
电路的计算机辅助分析			2-0-4	电力系统的经济运行	3-0-3
超高压系统大容量机组的继电保护			3-0-3		
总计：3 371/475。其中：必修课 2 456.5/293，指定选修课 734.5/86.5，任选课 180/20，毕业设计及实习/75.5					

1984 年第 17 次教学讨论会后修订教学计划，实行有计划有指导的学分制，从 1985 级入学开始执行，其他各级参照过渡，选修课比例逐年增大（占总学时比例提高至 20%～30%）。学生可以在教学计划的指导下根据自己的业务基础、能力和爱好选修课程，完成学业。为便于各系之间相互选课和加强实践教育环节，将传统的“一学年两学期制”改为“一学年三学期制”，即两个 18 周（含期末考试 2 周）以上课为主的秋季、春季学期和一个 6 周（后改为 5 周）以实践教学为主的夏季学期；并将 1 学时由 50 分钟改为 60 分钟（1988 年恢复 1 学时为 50 分钟）。

1990 年，学校根据社会主义市场经济发展带来的新的机遇和挑战，适应经济与社会当前及长远发展的需要，努力提高学生的全面素质，开始本科教学计划调整。调整后的计划要求：(1)加强思想品德教育，马克思主义理论课和人文社会科学课程占课内总学时的 14%～15%；(2) 拓宽专业面，增强学生的适应性，一个系只设 1～2 个专业，一个系或专业前 3～3.5 年基础性课程尽量打通，提倡设置弹性专业方向；(3)加强基础，提高学生思想、文化、科学素养，各类基础、技术基础和专业基础课程学时比例不作调整，增设人文社会科学课程，由任选改为分组限选；(4)加强实践，理论教学与实践环节的时间比例安排仍保持 7∶3；(5)多种形式因材施教，试行双学位制、校优秀生制和二级工培训制；(6)推进课程体系、内容与方法改革，重点抓好课程系列（数学、外语、物理、机械设计、力学、计算机、经管、人文）改革。此次计划调整除应用数学、现代应用物理、英语专业按四年制制订教学计划外，其余专业均按五年制制订，整个调整修订工作延续至 1992 年。

按调整要求，五年在校时间基本以 254 周安排，各类活动的时间分配如下：

(1) 上课 144 周，共 9 个学期，每学期 16 周。

(2) 考试及机动 18 周，共 9 个学期，每学期 2 周（期末考试课程不超过 5 门）。

(3) 相对集中的实践活动（军训、实习、专题实验、公益劳动、社会技术服务、社会调查、专业实践等）共计 20 周，其中军训 4 周，公益劳动 1 周。

(4) 毕业设计（论文）20 周。

(5) 入学教育 1 周。

(6) 毕业鉴定、分配派遣 2 周。

(7) 寒暑假 44 周，每年暑假约 6 周，寒假 4 周，第 5 学年只放寒假。

(8) 平均课内周学时 24，课内外周学时总和一般为 54，五年课内总学时 3 400～3 500；并从 1993 级起，以课内讲课周学时数为课程学分数。

由于春节日期浮动，每年春、秋上课学期之间的暑期间隔将在11～14周间波动。为保持学生暑假在6～7周，凡暑期间隔为11～12周的年度，当年两个上课学期均为标准的18周（上课16周）；暑期间隔是13～14周的年度，当年两个上课学期均为19周（上课17周），学分、学时仍按每学期标准上课16周计算。

夏季学期内一般安排校内外各种实践活动。四个夏季学期的典型安排见表3-4-17。

表3-4-17　夏季学期的典型安排

	第一学年	第二学年	第三学年	第四学年
机类、近机类	金工实习、公益劳动	军训	专题工作、下厂实践等	生产实习、专业实习
电类	军训	电子工艺实习、英文打字、公益劳动等	专题工作、下厂实践等	生产实习、专业实习
理科及其他各类	军训	计算机实践、英文打字、公益劳动等	专题工作、下厂实践等	生产实习、专业实习

说明：①金工实习：机类、近机类集中4周，在第一学年暑期分批安排，其他专业在春秋学期分散安排；②电子工艺实习：电类集中2周，在第二学年分批暑期安排，其他专业在春秋学期分散安排；③文理科各系可以根据本系特点灵活安排夏季学期的教学活动内容；④各项实践环节一般按每周1学分计。

1992年修订版的部分专业教学计划见表3-4-18、表3-4-19和表3-4-20。

表3-4-18　建筑结构工程专业、建筑管理工程专业指导性教学计划（1992年修订版）

教学进程计划												
	课程名称	学分数	总学时	各学期课内周学时分配								
				一	二	三	四	五	六	七	八	九
校定必修课	中国革命史	4	64	2	2							
	当代资本主义	2	32					2				
	中国社会主义建设	2	32						2			
	马克思主义哲学原理	4	64							2	2	
	英语	16	256	4	4	4	4					
	法律基础	2	32	2								
	军事理论	2	32		2							
	体育	6	192	2	2	2	2	2	2			
	微积分	12	192	6	6							
	线性代数	4	56			3.5						
	计算机文化基础	3	48		3							
	计算机软件技术基础	4	64			4						
	普通化学	4	56	3.5								
	普通物理	5	80		5							
	普通物理	4	64			4						
	普通物理实验	4	80			2.5	2.5					

续表

	课程名称	学分数	总学时	各学期课内周学时分配								
				一	二	三	四	五	六	七	八	九
系定必修课	土木工程概论	1	16	1								
	理论力学	8	128			4	4					
	材料力学	8	128				4	4				
	画法几何及土建制图	8	128	4	4							
	建筑材料	4	56				3.5					
	测量	4	64				4					
	工程地质	2	32					2				
	房屋建筑学	4	80					5				
	结构力学	8	128					4	4			
	水力学	3	48						3			
	混凝土结构	5	84						4	3（6周）		
	混合结构设计	2	30							3（10周）		
	钢结构	4	64						4			
	建筑系统工程	4	64							4		
	土力学	4	56							3.5		
	基础工程	3	40								2.5	
	建筑施工技术与组织	5	80								5	
	弹性力学及有限元	3	48								3	
	材料力学实验	2	40					2.5				
限定性选修课		35	600			2	2	5	5.5	2	5	16
任选课		18	288							8	6	4
夏季学期		18	20周									
毕业设计		16	18周	安排在第十学期								
总计		247	3 514	24.5	28	26	26	26.5	24.5	22	23	20

夏季学期安排

学年	内容	周数	学分
1	军训	4	2
2	测量实习	4	2
	认识实习	2	2
	公益劳动	1	1
3	单层厂房课程设计	3	3
	钢结构课程设计	2	2
4	生产实习	6	6

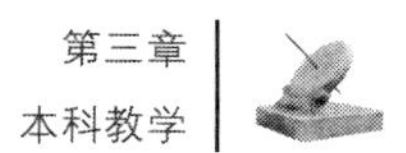

续表

限定性选修课						
分组	序　号	课 程 名 称	总学时	学期分配	周学时	学分
A	1	人文社会科学	32×2	3，4	2×2	1×2
B	2	外语选修	32×2	5，6	2×2	2×2
C	3	概率与数理统计	48	5	3	3
	4	工程数学	56	6	3.5	4
	5	计算方法	56	6	3.5	4
D	6	结构矩阵分析（中、英）	32	7	2	2
	7	混凝土特殊结构（二选一）	32	8	2	2
	8	结构可靠度	32	8	2	2
	9	桥梁结构设计（二选一）	48	9*	3	3
	10	地下结构设计	48	9*	3	3
	11	钢结构工程	32	9	2	2
	12	结构试验	48	9	3	2
E	13	国际承包合同条款（英）	40	7	2.5	3
	14	经济法	48	8	3	3
	15	工程成本估算与控制	48	9*	3	3
	16	房地产开发	32	9	2	2
	17	对外经济管理基础	32	9	2	2
F	18	建筑技术经济	48	8	3	3
	19	建筑设备	32	9*	2	2
	20	高层建筑结构	48	9	3	3
	21	工程项目管理	48	9	3	3

任选课						
序号	课 程 名 称	总学时	学期分配	周学时	学分	备注
1	美术		4		不计入	全校性
2	数据库	32	5	2	2	
3	C语言	24	5	1.5	1	
4	建筑设计初步	40	5	2.5	2	
5	摄影测量	32	7	2	2	
6	实验数据处理与误差分析	32	7	2	2	
7	新型建材实验	24	7	1.5	1	
8	计算机图形学基础	48	7	3	3	
9	建筑设计（1）	48	7	3	3	
10	交通工程	32	7	2	2	
11	专业英语	32	7	2	2	

续表

序号	课程名称	总学时	学期分配	周学时	学分	备注
12	电工与电子技术	72	7	4.5	5	推荐性
13	地震工程	32	7	2	2	
14	城市规划概论	32	8	2	2	推荐性
15	结构稳定	32	8	2	2	
16	计算机辅助设计	48	8	3	3	
17	建筑设计（2）	48	8	3	3	
18	微机系统基础	32	8	2	2	
19	近海工程	32	8	2	2	
20	英语写作	32	8	2	2	
21	道路工程	32	8	2	2	推荐性
22	港口工程	48	8	3	3	推荐性
23	建筑企业会计	32	8	2	2	
24	文献检索与利用	32	9	2	2	推荐性
25	建筑结构事故及处理	32	9 ♯	2	2	
26	国外规范介绍（英）	32	9 ♯	2	2	
27	建筑环境	16	9 ♯	1	1	
28	结构程序软件技术	32	9 ♯	2	2	
29	管理应用程序	32	9 ♯	2	2	
30	毕业设计（上）	80	9 ♯	5	5	
31	城市土地利用与管理	32	7	2	2	
32	房地产估价理论与方法	32	8	2	2	

说明：① 第3、第4学期，每学期在限定性选修课A组中选修一门，要求取得最低学分为2学分。

② 第5、第6学期，每学期在限定性选修课B、C组中各选修一门，要求取得最低学分为11学分。

③ 在限定性选修课D、E、F组中按专业选修，结构专业选D、F组，建管专业选E、F组，要求取得最低学分数为22学分。

④ *表示该学期可根据需要集中安排在第1～8周。

⑤ 第6学期及以前学期所取得的任选课学分，不能替代第7～9学期的任选课学分。

⑥ 第7～9学期应取得的最低任选课学分分别为8、6、4，合计为18学分。

⑦ ♯表示该学期可根据需要集中安排在第9～16周。

表3-4-19 机械设计与制造专业指导性教学计划（1992年修订版）

教学进程计划

	课程名称	学分数	总学时	各学期课内周学时分配								
				一	二	三	四	五	六	七	八	九
校定必修课	中国革命史	4	64	2	2							
	当代资本主义	2	32					2				
	中国社会主义建设	2	32						2			

续表

教学进程计划

	课程名称	学分数	总学时	各学期课内周学时分配								
				一	二	三	四	五	六	七	八	九
校定必修课	马克思主义哲学原理	4	64							2	2	
	英语	16	256	4	4	4	4					
	法律基础	2	32	2								
	军事理论	2	32		2							
	体育	6	192	2	2	2	2	2	2			
	普通化学	4	56	3.5								
	普通物理	9	144		5	4						
	普通物理实验	4	80			2.5	2.5					
	微积分	12	192	6	6							
	线性代数	3	56			3.5						
系定必修课	计算机文化基础	3	48	3								
	计算机软件技术基础	4	64		4							
	画法几何及机械制图	8	128	4	4							
	概率与数理统计	3	48				3					
	理论力学	8	128			4	4					
	材料力学	5	80				3	2				
	工程材料	3	48				3					
	材料力学实验	2	40					2.5				
	机械原理	4	64					4				
	机械设计	5	80						5			
	互换性与技术测量	3	48						3			
	金属工艺学	3	48			3						
	机械制造原理与工艺	4	64								4	
	机械原理课程设计	2	32						2			
	电工技术	4	64				4					
	电子技术（1）	4	64					4				
	电子技术（2）	4	64						4			
	微机原理及应用	4	56						3.5			
	技术经济概论	2	32								2	
	计算机辅助机械设计	7	104			2.5		2	2			
	机床及数控机床概论	2	32							2		
	金属切削原理与刀具	2	32							2		
	制造系统	2	32								2	

续表

教学进程计划

	课程名称	学分数	总学时	各学期课内周学时分配								
				一	二	三	四	五	六	七	八	九
系定必修课	控制工程基础	3	48							3		
	电路专题	1	16							1		
	测试技术	3	48							3		
	机电控制工程	3	48								3	
	文献检索与利用	2	32							2		
	专业英语阅读	4	64							2	2	
限定性选修课		14	224				2	2	2		3	5
任选课		30	480							7	7	16
夏季学期		24	20周									
毕业设计		20	20周	安排在第十学期								
总　计		265	3592	26.5	29	25.5	27.5	20.5	25.5	24	25	21

夏季学期安排

学年	内　容	周数	学分	备　注
1	金工实习	4	4	
	公益劳动	1	1	
2	军训	4	2	
3	机械设计课程设计	3	3	
	电路专题	2.5	3	每周2学时
	电子工艺实习	1.5	2	每周半天
4	生产实习	4	4	
	机械制造工艺课程设计	4	4	每周一天

限定性选修课

序　号	课程名称	总学时	学期分配	周学时	学分
1	典型机械（1）	48	8	3	3
2	典型机械（2）	48	8	3	3
3	典型机械课程设计（1）	80	9	5	5
4	典型机械课程设计（2）	80	9	5	5
5	第二外语	128	8	4，4	8
6	外语选修	64	8	2，2	4
7	人文社会科学	64	4，5	2，2	2

任选课

序号	课程名称	总学时	学期分配	周学时	学分
1	机械性能实验	32	7	2	2

续表

任选课					
序号	课 程 名 称	总学时	学期分配	周学时	学分
2	机械振动	40	9	2.5	3
3	机械最优化设计	48	9	3	3
4	集成电子电路	32	9	2	2
5	仿真技术	56	9	3.5	4
6	数控与机器人技术	48	8	3	3
7	计算机控制基础	48	9	3	3
8	摩擦学原理	48	8	3	3
9	监控技术与质量保障	48	9	3	3
10	机构设计	48	9	3	3
11	设计方法学	48	7	3	3
12	控制系统设计与实验	48	9	3	3
13	可靠性设计	48	7	3	3
14	测试信号分析与处理	48	7	3	3
15	机械系统故障诊断	32	7	2	2
16	光电技术基础	24	7	1.5	2
17	现代设计技术专题	16	7	1	1
18	智能控制	48	8	3	3
19	现代控制概论	48	8	3	3
20	液压传动	48	8	3	3
21	光电技术实验	32	8	2	2
22	现代制造技术专题	16	8	1	1
23	有限元与弹力基础	56	9	3.5	4
24	机构动力学	48	9	3	3
25	控制元件及接口技术	48	9	3	3
26	现代控制技术专题	16	9	1	1
27	工程数学	56	5	3.5	4
28	项目管理	32	9	2	2

说明：除所列课程外，还可选修全校性任选课，最低需选满 30 分。

表 3-4-20 电气工程及其自动化专业指导性教学计划（1992 年修订版）

教学进程计划												
	课 程 名 称	学分数	总学时	各学期课内周学时分配								
				一	二	三	四	五	六	七	八	九
校定必修课	中国革命史	4	64	2	2							
	当代资本主义	2	32					2				

续表

	课 程 名 称	学分数	总学时	各学期课内周学时分配								
				一	二	三	四	五	六	七	八	九
校定必修课	中国社会主义建设	2	32					2				
	马克思主义哲学原理	4	64							2	2	
	英语	16	256	4	4	4	4					
	法律基础	2	32		2							
	军事理论	2	32	2								
	体育	6	192	2	2	2	2	2	2			
	普通化学	4	56	3.5								
	普通物理	9	144		5	4						
	普通物理实验	5	80			2.5	2.5					
	微积分	12	192	6	6							
	线性代数	4	56			3.5						
系定必修课	场论与复变函数	3	48				3					
	概率与数理统计	3	48						3			
	计算方法	4	56							3.5		
	工程制图与机械基础	8	128	4	4							
	工程力学	4	64					4				
	技术经济概论	2	32								2	
	金工实习	3						16天				
	FORTRAN 语言	2	32	2								
	电路原理	8	128			4	4					
	电磁测量	4	64			1	3					
	电磁场	4	64					4				
	电机学	7	112					3	4			
	模拟电子技术基础	6	88				5.5					
	数字电子技术基础	6	88					5.5				
	微机原理与应用	4	64						4			
	软件技术基础	4	56								3.5	
	信号与系统	3	48						3			
	自动控制原理	4	64							4		
限定性选修课		23	352					2	5	9	6	
任选课		23	200								8	15
人文社科限选		8	128		2	2	2		2			
夏季学期		17	19周									
毕业设计		20	20周	安排在第十学期								
总 计		242	3096	26	27	23	26	22	25	18	21	15

续表

夏季学期安排			
学年	内容	周数	学分
1	军训	4	2
2	电子工艺实习	2	2
	公益劳动	1	1
	计算机实践	2	2
3	认识实习	1	1
	电子专题实践	3	3
	热工学	1	1
4	生产实习	5	5

限定性选修课						
分组	序　号	课程名称	总学时	学期分配	周学时	学分
A	1	科技英语（1）（2）	64	5，6	2，2	4
	2	英美文学（1）（2）	64	5，6	2，2	4
	3	第二外语（1）（2）	128	5，6	4，4	8
	4	俄语提高班（1）（2）	64	5，6	2，2	4
	5	日语提高班（1）（2）	64	5，6	2，2	4
	6	英语六级阅读（1）（2）	64	5，6	2，2	4
	7	英语六级后（1）（2）	64	5，6	2，2	4
B	1	人文社会科学	128	2，3，4，6	2，2，2，2	4
C	1	优化原理	48	7	3	3
	2	可靠性原理	48	7	3	3
	3	随机信号分析	48	7	3	3
	4	现代电磁测量	48	7	3	3
D	1	电力系统稳态分析	48	7	3	3
	2	电力系统暂态分析	48	7	3	3
	3	电力电子技术	48	7	3	3
	4	电力传动与控制	56	8	3.5	4
	5	电绝缘及测试技术	48	7	3	3
	6	电器原理及应用	40	8	2.5	3

方向任选课组						
分组	序　号	课程名称	总学时	学期分配	周学时	学分
A	1	电力系统继电保护	48	8	3	3
	2	电力系统自动装置	32	9	2	2
	3	发电厂工程	48	9	3	3
	4	电力系统实验	32	9	2	2
	5	继电保护设计	16	9	1	1

续表

分组	序　号	课程名称	总学时	学期分配	周学时	学分
B	1	电场数值分析及应用	48	9	3	3
	2	过电压及其防护	48	8	3	3
	3	绝缘诊断技术	48	8	3	3
	4	现代试验技术专题	64	9	4	4
C	1	电机设计（1）	64	9	4	4
	2	电机电磁场	64	9	2.5	3
	3	电机过渡过程	40	9	2.5	3
	4	电机量测	32	9	2	2
	5	电机控制系统	40	9	2.5	3
D	1	电机过渡过程	40	9	2.5	3
	2	电力电子系统的微机控制	32	9	2	2
	3	电力电子系统的建模与仿真	32	8	2	2
	4	现代变流技术	32	8	2	2
	5	电机控制系统	40	9	2.5	3

任选课

序号	课程名称	总学时	学期分配	周学时	学分
1	英语听力训练	64	1，2	2，2	4
2	专业外语	64	7，8	2，2	4
3	科技英语听力与写作	40	7	2.5	2
4	物理与技术的新发展（英语）	40	8	2.5	2
5	最优控制原理与应用（英语）	32	9	2	2
6	计算机语言（C，PASCAL）	48	6	3	3
7	计算机辅助绘图	48	8	3	3
8	通讯与信息技术	48	9	3	3
9	医学模式识别	48	8	3	3
10	新能源利用	40	9	2.5	2
11	文献检索	16	9	1	1
12	电力系统调度自动化与经济运行	32	9	2	2
13	现代电工技术讲座	32	8	2	2
14	电力系统动态学	32	9	2	2
15	电气工程中的数理统计	32	9	2	2
16	强电流脉冲放电技术	32	9	2	2
17	机辅电机优化设计	32	9	2	2
18	电机技术的新发展	32	9	2	2
19	电磁兼容性原理	32	9	2	2

续表

序号	课程名称	总学时	学期分配	周学时	学分
20	微电机	32	8	2	2
21	工程动力学	48	8	3	3
22	计算机文化基础	16	1	1	1
23	激光与激光技术	64	8	4	4
24	电机设计（2）	32	9	2	2

说明：① 限定性选修课A、C组，每人每组必选一门；限定性选修课B组共四类，每人每类必选一门；限定性选修课D组为专业选修课，每人选修五门；允许超额选修限定性选修课C、D组课程，学分计入任选课学分。

② 方向任选课组分A、B、C、D组，其中：A组为电力系统及其自动化方向，B组为高电压技术及其信息处理方向，C组为电机及其控制方向，D组为电力电子技术方向；每人必须选其中一组的四门课程，并任选一门其他组课程。

③ 任选课每人至少选22学分，在限定性选修课C、D组和方向任选课组中超过现定选修的学分数可计入任选课学分。

④ 连续两年达不到开课人数的任选课将自动从教学计划中删除。

为满足全面推行学分制的需要，1994年再次对教学计划进行调整。此次调整，工科五年学制的课内学时由3 500调至3 200左右，学分为220（含毕业设计），理论教学与实践的周数比为7∶3；理科、文科和部分经管学科均按四年制制订教学计划；从1993级、1994级开始实施新的学分制教学计划。

（四）1996年—2010年，制定培养方案

1. 1996年—2000年，改革工科培养模式，统筹本科-硕士培养方案，优化培养过程

1995年学校召开第20次教学讨论会，会议确定了工科人才培养模式改革，即统筹本科-硕士培养方案（又称本-硕贯通），优化培养过程。本科-硕士统筹培养方案按6年年限完成工学学士和工学硕士学位学习，其中本科（学士学位课程和论文）按4年的计划年限设定。培养过程分为基础学习阶段、提高学习阶段和论文工作阶段。学生在三年级末，根据本人志愿、学习成绩与综合能力，按照三个方向分流：①直接进入本科-硕士统筹培养方案，第四年结束时，完成从本科到研究生学籍转换的审定和转换；②按照学科交叉培养复合型人才的原则，同时攻读第二学士学位；③不进入本科-硕士统筹培养，也不攻读第二学士学位的学生，按4年计划年限完成学士学位，本科毕业。

工科院系分两批进入统筹培养计划：第一批试点系为电子、计算机、自动化、机械、精仪、电机、化工等七个系的1996级学生，已入学的1995级比照执行（工程物理系、工程力学系在原1993级试点的本科-硕士4+2培养方案基础上，也转入新的统筹计划运行）；其余的第二批进入，即1997级进入统筹培养，1996级比照实行，1995级不进入。各工科院系制定本-硕统筹培养方案，同时为便于安排课程和指导选课，配套制订了指导性教学计划。各文科、理科及经管学科按四年制本科制定培养方案和指导性教学计划，建筑学专业学士学位按五年制本科安排。1998年8月11日教育部教高厅〔1998〕9号文批复我校五年制本科改为四年制（建筑学专业学士学位为五年制）。为了与国家的学位管理体制衔接，2000年后进一步明确了本科与研究生培养的“分阶段、有统筹”的管理原则。清华各学科本科的学制为4年（除建筑学外），研究生为2～3年，在本科学习第七学期综合学生本科阶段学习、能力、表现及面试考核情况，确定是否取得免试推荐校内外研究生的资格。学生在第八学期结束之前应完成相当于学士学位论文工作的综合论文（设计）

训练。

2000 级统筹培养方案见表 3-4-21、表 3-4-22 和表 3-4-23。

表 3-4-21 土木工程专业本硕统筹本科阶段培养方案（2000 级）

一、基本学分学时：本科培养阶段总学分 201，其中课程总学分 168，夏季学期实践环节 18 学分，学士学位综合论文训练 15 学分。			
二、课程设置与学分分布（课名后的数字单位为学分）			
（一）体育、外语公共课程　20 学分（其中必修 16，限选 4）			
1. 体育 8 学分（其中：必修 4，限选 4） 2. 外语 12 学分（其中：英语（1）、（2）、（3）各 3，清华大学英语水平考试Ⅰ为 3，通过清华大学英语水平考试Ⅰ者，其英语（1）、（2）、（3）课程记为通过，并一次获满 12）			
（二）人文社会科学基础课 22 学分（其中必修 19、限选 2、任选 1）			
毛泽东思想概论	3（必修）	邓小平理论概论	3（必修）
马克思主义政治经济学原理	3（必修）	马克思主义哲学原理	3（必修）
思想道德修养	2（必修）	军事理论	2（必修）
法律基础	2（必修）	可持续发展与环境保护概论	1（必修）
文献检索与利用	2（必修）	人文限选课（2 门）	2（限选）
（三）自然科学基础课 38 学分（其中必修 33、限选 5）			
1. 数学 22 学分（其中必修 17、限选 5）			
微积分（1）	5（建议必修）	微积分（2）	5（建议必修）
几何与代数（1）	3（建议必修）	几何与代数 B（2）	2（建议必修）
计算方法	4（建议必修）	数理方程引论	2
随机数学方法	3	复变函数引论	2
概率论	3	数理统计	3
离散数学及优化方法	3	模糊数学	3
最优化方法	4	高等微积分（1）	5（必修替代课）
高等微积分（2）	5（必修替代课）	高等微积分（3）	5（必修替代课）
高等代数与几何（1）	4（必修替代课）	高等代数与几何（2）	4（必修替代课）
数值分析与算法	3（必修替代课）	几何与代数 A（2）	3（必修替代课）
2. 物理 13 学分（必修）			
大学物理（1）	5	大学物理（2）	4
物理实验（1）	2	物理实验（2）	2
3. 化学 3 学分（必修）			
大学化学 B	2	大学化学实验 B	1
（四）工程技术基础课 76 学分（其中必修 63，限选 5，选修 8）			
1. 计算机技术类（限选 5～6 学分）			
计算机文化基础	2	计算机软件技术基础	3
计算机语言与程序设计	3	计算机网络与应用	3
面向对象程序设计	3	网络应用程序设计与开发	3
2. 专业技术基础课（其中必修 63 学分，选修> 8 学分）			
（1）下列课程中必修 54 学分			
土木工程概论	1	工程制图基础	3
土木工程计算机绘图	2	工程结构 CAD 技术基础	2
房屋建筑学	3	测量	4
工程地质	2	建筑材料	3
理论力学 B（1）	3	理论力学 B（2）	3
材料力学（1）	4	材料力学（2）	2

续表

结构力学（1）（中/英）	4	结构力学（2）（中/英）	2
水力学	3	土力学	4
钢结构（中/英）	3	钢筋混凝土结构（中/英）	4
结构试验	2	水工钢筋混凝土	4（必修替代课）
工程力学（1）	4（必修替代课）	理论力学 A（1）	3（必修替代课）
工程力学（2）	3（必修替代课）	理论力学 A（2）	4（必修替代课）
工程力学（3）	3（必修替代课）		
（2）下列课程中选修 9～10 学分，其中必修 4 学分			
建筑施工	4（必修）	工程项目管理	3
建筑工程技术经济	2	经济法与建设法规	3
工程合同管理与合同法	3	建筑经济学	2
土木工程施工合同（英）	2	建筑监理概论	2
物业管理	2		
（3）下列课程中选修 8～9 学分			
弹性力学	4	塑性力学	2
计算力学　3		实验力学概论	2
弹性力学与有限元基础	2	定性结构力学	1
断裂力学	2	结构稳定	2
交通工程导论	2	结构可靠度	2
岩石力学	2	建筑设备（暖通）	2
建筑设备（给排水）	2	电工与电子技术	4
建筑设计（1）	3	建筑设计（2）	3
土木工程信息技术	2		
（五）专业课 12 学分（限选 6～7、选修 6～7）			
1. 在下列课程中限选 6～7 学分			
结构矩阵分析（中/英）	2	结构概念设计	2
钢结构工程	1	高层建筑及结构抗震	3
基础工程（中/英）	2	桥梁工程	3
公路工程	2	地下结构	2
2. 在下列课程中选修 6～7 学分			
土木工程进展	2	混凝土规范介绍	1
地震工程概论（贯通课）	2	钢—混凝土组合结构（贯通课）	2
特殊混凝土结构	2	建筑事故分析与处理	2
钢桥	2	混凝土桥	3
灾害及其对策	1	铁道工程概论	1
航空港工程概论	1	新型建筑材料	1
试验数据处理	2	城市交通规划与管理	2
智能交通系统（ITS）概论	2		
3. 其他建议选修课			
GPS 卫星定位原理及应用	2	地理信息系统原理及应用	2
数字摄影测量与数字概论	2	建筑装饰材料	2
人居环境与新材料开发	2	摄影测量	2
房地产导论	2	建筑环境	1
工程安全与安全管理	2	涉外经济法	2
交通经济学	3	交通规划理论	3

续表

（六）实践环节 必修 18 学分			
集中军训	2	认识实习	1（1 周）
建筑设计概论	1.5（1.5 周）	测量实习	2（2 周）
工程地质实习	0.5（0.5 周）	砌体结构误程设计	2（2 周）
施工实习	4（5 周）	混凝土结构设计	3（4 学时/周，8 周）
钢结构课程设计	2（3 学时/周，8 周）		
要求：实践环节包括专业认识、基本技能、工程实践和专业训练，对增强工程感性认识、学习基本理论以及专业知识的具体应用具有重要作用。应了解各项实践环节的目的和具体要求，综合运用所学习的知识，完成必要的计算、绘图或现场工作，提交必要的工作成果。			
（七）学士学位综合论文训练　15 学分（必修，时间为 12～15 周）			
综合论文训练：包括文献调研、科研、软件开发等几种形式，也可以对 SRT 工作进一步完善，通过综合论文训练，初步掌握研究工作、软件开发技术和科技论文写作的基本方法，应提交研究论文和报告。对于贯通培养的学生，其工作内容可与硕士论文相结合。			

表 3-4-22　机械工程及自动化专业（精密仪器与机械学系）本硕统筹本科阶段培养方案（2000 级）

一、基本学分学时：本科培养阶段总学分 207，其中课程总学分 178，夏季学期实践环节 14 学分，学士学位综合论文训练 15 学分。			
二、课程设置与学分分布（课名后的数字单位为学分）			
（一）体育、外语公共课程 必修 16 学分，限选 4 学分			
1. 体育　　8 学分（同土木工程专业）			
2. 外语　　12 学分（同土木工程专业）			
（二）人文社会科学基础课 23 学分（其中必修 21、限选 2）			
毛泽东思想概论	3（必修）	邓小平理论概论	3（必修）
马克思主义政治经济学原理	3（必修）	马克思主义哲学原理	3（必修）
思想道德修养	2（必修）	军事理论	2（必修）
法律基础	2（必修）	可持续发展与环境保护概论	1（必修）
工程经济学	2（必修）	人文限选课（2 门）	2（限选）
（三）自然科学基础课 45 学分（其中必修 40、限选 5）			
1. 数学 28 学分（其中必修 23、限选 5）			
微积分（1）	3（建议必修）	微积分（2）	4（建议必修）
微积分（3）	3（建议必修）	几何与代数（1）	3（建议必修）
几何与代数 A（2）	3（建议必修）	随机数学方法	3（建议必修）
复变函数引论	2（建议必修）	数值分析与算法	3（建议必修）
计算方法	4（建议必修）	数理方程引论	2
应用随机过程	4	数值分析 A	4
高等数值分析	4	应用数学方法	4
高等微积分（1）	5	高等微积分（2）	5
高等微积分（3）	3	高等代数与几何（1）	4
高等代数与几何（2）	4	概率论	4
数理统计	3	离散数学及优化方法	3
2. 物理 13 学分（必修）			
大学物理（1）	5	大学物理（2）	4
物理实验（1）	2	物理实验（2）	2
近代与高新技术物理基础	2		

续表

3. 化学 4 学分（必修）			
普通化学原理	3	大学化学实验 B	1
（四）工程技术基础课 60 学分（其中必修 52）			
1. 计算机技术类 不少于 8 学分			
计算机文化基础	2	计算机软件技术基础	3
计算机硬件技术基础	3	计算机网络及应用	3
计算机信息管理基础	3	JAVA 语言基础	2
2. 工程力学类 12 学分			
工程力学（1）	3	工程力学（2）	4
工程力学（3）	3	工程流体力学	2
3. 机械类 1 5 学分			
机械工程概论	1	工程制图基础	3
机械制图	4	机械原理	4
机械设计	3		
4. 电工电子类 9～11 学分			
电工技术	3	模拟电子技术	4
数字电子技术	4	电子技术	4
5. 测试与控制类 6 学分			
控制工程基础	3	测试与检测技术基础	3
6. 其他技术基础课 10 学分			
热工基础	3	工程材料 A	3
质量工程与计量技术基础	2	材料加工原理	2
（五）专业基础与专业课 30 学分（专业模块课程总学分要求不少于 30，其中跨专业选修 1 3）			
A. 适用机械制造及其自动化和机械电子工程研究生专业方向			
1. 专业基础课			
制造工程原理	2	制造装备设计	2
制造过程设计及自动化	2		
2. 专业课			
数控技术	2	制造系统	2
机电控制系统	2	产品建模与工程分析	2
精密和特种制造	1	机器人工程	1
流体传动与控制	1	集成制造系统	1
3. 综合实践和项目训练			
制造工艺及装备设计实践	3	机电系统设计实践	3
先进制造综合项目实践	2	先进设计综合实践	2
4. 跨专业和学科选学课			
材料加工原理	2	工业工程概论	2

续表

工业产品造型设计	1	微米/纳米制造	1
质量工程	1	工程光学	2
数据库系统原理	2		
3. 适用于机械设计与理论研究生专业			
1. 专业基础课			
机电系统创新设计	2	摩擦学与表面工程	2
高等机构学	2	现代设计技术	2
2. 专业课			
人机系统与康复工程学	2	机械系统故障诊断技术	2
智能机械设计概论	2	性能设计与建模	2
3. 综合实践训练			
机电创新产品设计	3	现代设计方法实践	2
4. 项目研究			
结合科研选题	2		
5. 跨专业、跨学科选学课程			
基于计算机网络的协同设计方法	2	产品建模与工程分析	2
制造工程原理	2	数控技术	2
质量工程	2	工程光学	2
工业工程概论	2	其他任选课	
（六）实践环节 14 学分（必修）			
金工实习 A	4	机械基础实践	3
机械设计课程设计	3	电路设计	2
机械 CAD 设计	2		
（七）学士学位综合论文训练　15 学分（必修，时间为 12～15 周）			

表 3-4-23　电气工程及其自动化专业本硕统筹本科阶段培养方案（2000 级）

一、基本学分学时：本科培养阶段总学分 195，其中课程总学分 166，夏季学期实践环节 14 学分，学士学位综合论文训练 15 学分。			
二、课程设置与学分分布（课名后的数字单位为学分）			
（一）体育、外语公共课程 必修 16 学分，限选 4 学分			
1. 体育：8 学分（同土木工程专业） 2. 外语：12 学分（同土木工程专业）			
（二）人文社会科学基础课 23 学分（其中必修 21、限选 2）			
毛泽东思想概论	3（必修）	邓小平理论概论	3（必修）
马克思主义政治经济学原理	3（必修）	马克思主义哲学原理	3（必修）
思想道德修养	2（必修）	军事理论	2（必修）
法律基础	2（必修）	可持续发展与环境保护概论	1（必修）
工程经济学	2（必修）	人文限选课（2 门）	2（限选）

续表

（三）自然科学基础课 39～41 学分［其中必修 37、限选 2，可选修高档的（数学、物理等理科系）课代替］			
1. 数学 24～25 学分（必修）			
微积分（1）	5（建议必修）	微积分（2）	5（建议必修）
几何与代数（1）	3（建议必修）	几何与代数 A（二选一）	3（建议必修）
几何与代数 B（二选一）	2（建议必修）	复变函数引论	2（建议必修）
随机数学方法	3（建议必修）	计算方法	4（建议必修）
高等代数与几何（1）	4	高等代数与几何（2）	4
数理方程引论	2	应用随机过程	4
高等微积分（1）	5	高等微积分（2）	5
高等微积分（3）	3	高等分析	4
实变函数与泛函分析	5		
2. 物理 13 学分（必修）			
大学物理（1）（中/英）	5	大学物理（2）（中/英）	4
物理实验（1）	2	物理实验（2）	2
近代与高新技术物理基础	2		
3. 生物、化学 2～3 学分（限选）			
大学化学 B	2	现代生物学导论	2
大学化学实验 B	1	现代生物学导论实验	1
（四）工程技术基础课 必修 62 学分			
1. 电工电子类 24 学分（电子技术类课程可选自动化系的课程）			
电路原理 A（1）	4	电路原理 A（2）	3
电路原理实验	2	电磁场	4
电磁测量	2	数字电子技术基础	4
模拟电子技术基础	4	电子技术综合实验	1
2. 计算机及信号控制类 20 学分			
计算机文化基础	2	高级语言程序设计	3
数据结构及其应用	3	微机原理与应用	4
信号与系统	4	自动控制原理	4
3. 电机类 10 学分			
电机学（1）	4	电机学（2）	3
电力电子技术基础	3		
4. 其他 8 学分			
工程制图基础	3	工程力学	4
电气工程技术概论	1		
（五）专业课　22 学分（必修 11．选修 11）			
1. 必修课 11 学分			
高电压工程	4	电力系统分析	4

续表

电力传动与控制	3	电力系统实验	1
2. 任选课 11 学分			
Windows 程序设计	2	单片机技术与实验	2
通信技术与网络应用	3	可编程控制器实验讲座	1
分布式网络数据库	2	工程应用软件实践	1
数字信号处理 DSP 实验	2	现代电气测量	2
英语听力训练（1）	2	英语听力训练（2）	2
文献检索与利用	1	优化原理	2
电气设备在线监测	2	电子电机集成系统	3
电力系统运行	2	电力系统继电保护	3
发电厂工程	2	电力系统稳定与控制	2
电力电子仿真设计	2	电器原理及应用	2
电场数值分析及应用	2	过电压及其保护	2
电力电子技术专题	2	电气工程技术发展讲座	2
微特电机	2		
（六）实践环节 14 学分（必修）			
集中军训	2	金工实习 C	2
电子工艺实习 A	2	认识实习	1
生产实习	3	电力生产专题讲座	2
电子专题实践	2		
（七）学士学位综合论文训练　15 学分（必修，时间为 12～15 周）			

1997 年，全国实行每周 5 天工作制，有效排课时间减少。为保证有足够的排课窗口，同时促进教师精讲，当年从秋季学期开始，按 45 分钟为 1 学时安排，上午可增加 1 学时，并继续实行晚上排课。2000 年秋季学期开始，为方便教职工上班，学校改变了早上 7:40 上课的传统，8:00 开始上课，相应地为了增加排课窗口，下午 1:30 开始上课，这样上午、下午及晚上分别最多可排课 5、6、3 学时，见表 3-4-24。

表 3-4-24　2000—2001 学年度开始执行的上课时间表

上午			下午			晚上		
第一大节	第 1 小节	8:00—8:45	第三大节	第 6 小节	13:30—14:15	第六大节	第 12 小节	19:20—20:05
	第 2 小节	8:50—9:35		第 7 小节	14:20—15:05		第 13 小节	20:10—20:55
第二大节	第 3 小节	9:50—10:35	第四大节	第 8 小节	15:20—16:05		第 14 小节	21:00—21:45
	第 4 小节	10:40—11:25		第 9 小节	16:10—16:55			
	第 5 小节	11:30—12:15	第五大节	第 10 小节	17:05—17:50			
				第 11 小节	17:55—18:40			

2.2001年—2010年，全面修订本科培养方案，落实“通识教育基础上的宽口径专业教育”，推动实施大类培养

2001年清华大学第21次教育工作讨论会后，启动了本科培养方案修订，以世界一流大学为参照，全面落实“通识教育基础上的宽口径专业教育”，大力推动按学科大类培养计划。2002年经管学院首先实行按院招生、按大类培养，2003年以后理学院、信息学院、人文社科学院、机械学院、航天航空学院、美术学院等相继实施大类培养方案。

新的培养方案框架（见表3-4-25），重新整合了课程结构和学分比例，加强了学科交叉与融合。课程总学分从170压缩至140，课程门数从70多门压缩至40门左右，集中实践环节学分为30；课程总学时不超过2 240，平均周学时20左右。前两年是共同的基础课程，后两年是专业基础及专业课程，人文社会科学、数学与自然科学基础课程各占1/4。保持本科教育坚实基础，加强数理基础和科学素质的训练。高度重视文化素质教育环节，强调文化素质教育的基础性作用，规划了10个文化素质教育课组，要求学生覆盖6个课组中选修13学分。人文社会科学类专业的培养方案框架中，理论课程由科学技术类、人文社会科学基础类和专业相关课程组成，其中科学技术类课程约20学分。新方案对英语学习进行目标管理：学生可选修不同层次的外语课程，提高外语水平与应用能力，学生必须通过清华大学英语水平Ⅰ考试，获得4学分，方能毕业取得学士学位。表3-4-26、表3-4-27和表3-4-28分别列出2006级机械、人文社科、美术等大类本科生培养方案。

表3-4-25　理工科专业培养方案框架（2002年制订）

<table>
<tr><td rowspan="5">总门数：
约40，
总学分：
170</td><td rowspan="3">理论课程
（140学分）</td><td>人文社科类课程
（25%，35学分）</td><td>政治理论课（5门，14学分）
外语（目标管理，4学分）
体育（4学分）
文化素质教育课程（6个课组，13学分）</td><td rowspan="5">统筹硕士培养方案</td></tr>
<tr><td>自然科学基类课程
（25%，35学分）</td><td>数学类
物理类
化学、生物类</td></tr>
<tr><td>专业相关课程
（50%，70学分）</td><td>技术基础课
专业基础课
专业方向课（按研究生学科方向整合）</td></tr>
<tr><td rowspan="2">集中实践
环节
（30学分）</td><td>夏季学期实践
（15学分）</td><td>军事理论与技能训练
基础技能训练：金工实习、电子工艺实习
计算机基础实习
专题研究训练：专题实验、课程设计、SRT训练
工程（社会）实践：认识实习、生产实习、专业实习、社会实践、社会调查</td></tr>
<tr><td colspan="2">综合论文训练（15学分）</td></tr>
</table>

表3-4-26　机械大类本科培养方案（2006级）

<table>
<tr><td>一、基本学分学时：本科生培养方案总学分170左右，其中春秋学期课程总学分140左右，夏季学期实践、实验和综合论文训练等实践环节共计30学分左右。</td></tr>
<tr><td>二、课程设置与学分分布（课名后的数字单位为学分）</td></tr>
<tr><td>（一）人文社会科学类课程35学分</td></tr>
<tr><td>1.思想政治理论课程　（共4门14学分）</td></tr>
</table>

续表

思想道德修养与法律基础	3	中国近现代史纲要	3
马克思主义基本原理	4	毛泽东思想、邓小平理论和“三个代表”重要思想概论	4
2. 体育　4 学分（第 1～4 学期必修，每学期 1 学分；第 5～8 学期为体育专项，不设学分，其中第 5～7 学期为限选，第 8 学期为任选）			
3. 外语　4 学分（目标管理，外语水平考试Ⅰ 4 学分）			
4. 文化素质课程 13 学分（在 8 个课组中选修，其中必须包含 2 门文化素质核心课程）			
（二）自然科学基础类课程　36 学分			
1. 数学　7 门　≥21 学分			
必修课　5 门　16 学分			
微积分（1）	3	微积分（2）	3
微积分（3）	4	几何与代数（1）	4
几何与代数（2）	2		
在下列课程中选修　≥5 学分			
随机数学方法	3	概率论与数理统计	3
数理方程引论	2	复变函数引论	2
2. 物理　12 学分（大学物理中、英文均可选修，但同名课程不得中英文同选）			
大学物理 B（1）	4	大学物理（1）（英）	4
大学物理 B（2）	4	大学物理（2）（英）	4
物理实验 A（1）	2	物理实验 A（2）	2
3. 生物与化学类　3 学分			
大学化学 A	3	大学化学实验 B	1
现代生物学导论	2	现代生物学导论实验	1
（三）信息技术基础课程　10 学分			
1. 电工电子类课程			
电工技术与电子技术（1）	4	电工技术与电子技术（2）	4
电工与电子技术	4	电工技术	3
电子技术	4		
2. 计算机应用基础类			
计算机文化基础	2	计算机程序设计基础	3
实用软件技术基础	3	计算机硬件技术基础	3
3. 信号与系统基础			
信号与系统			4
（四）机械大类核心课程（36～40 学分）			
1. 设计与制造类　4 门　12 学分			
机械设计基础 A（1）	3	制造工程基础（二选一）	3
机械设计基础 A（2）	3	制造工程基础（二选一）	3

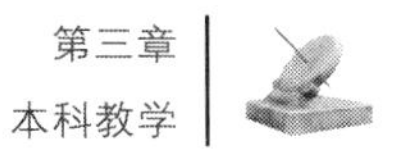

续表

机械设计基础 A（3）	3		
2. 力学与材料类　3门　11学分			
材料力学	4	理论力学	4
工程材料 A	3		
3. 热学与流体类课程　3门　11学分			
工程热力学	4	流体力学（二选一）	4
传热学	3	流体力学（二选一）	3
4. 测量检测与控制工程基础　2门　6学分			
测量与检测技术基础（二选一）	3	控制工程基础（二选一）	3
测量与检测技术基础（二选一）	3	控制工程基础（二选一）	3
热工过程参数测试与控制	4		
（五）专业方向课（24学分）			
1. 机械工程及自动化专业课组（机械工程系）			
（1）技术基础及专业基础课程　7学分			
材料加工工程概论	1	工程材料基础	3
材料加工原理	3		
（2）专业课程　10学分			
机电控制系统实践	2	机械系统微机控制	3
材料加工工艺	3	材料加工系列实验	2
（3）专业选修课程　5学分			
课组Ⅰ		课组Ⅱ	
有限元分析	2	无损检测与评估	3
制造过程管理信息系统	2	人工智能在机械加工中应用	2
现代材料分析技术	3	液压传动与控制	2
激光加工概论	2	机器人工程基础及应用	2
特种加工工艺	2	检测技术探索与创新实验	2
工艺过程仿真	2	功率电子技术及应用	2
复合材料	2	信号处理	3
激光加工技术基础	2	机械系统计算机仿真	2
快速成型技术	2	控制工程基础系列实验	1
（4）任选课程　2学分			
系统工程学	2	质量管理学	2
科研思维方法	2	科技商务	2
产品设计与开发	2	航空航天材料及其应用基础	2
生命体的人工制造	1	文献检索与利用（理工类）	1
生物材料工程与器件	2	其他院系课程	

续表

2. 机械工程及自动化专业课组（精密仪器与机械学系）			
（1）专业必修课　5门　10学分			
现代设计技术	3	现代制造技术	3
机械系统课程设计	2	光学工程基础	2
（2）专业选修课　5门　10学分			
机械振动学	2	摩擦学原理与应用	2
产品数据管理（PDM）技术	2	工业产品造型设计	2
机械创新设计	2	机械故障诊断学基础	2
精密与特种制造	2	绿色制造概论	2
制造系统	2	生产系统规划与设计	2
液压传动与控制	2	制造过程设计与自动化	2
数字控制技术	2	机器人技术与应用	2
光电检测技术	2	微机电系统技术	2
固体光电子技术导论	2	学生在导师指导下课跨专业选修4学分	
3. 测控技术与仪器专业课组（精密仪器与机械学系）			
（1）专业限选课（选择仪器类或光学类　4门　12学分）			
仪器类		光学类	
精密仪器设计技术基础	3	光电仪器设计技术基础	3
精密仪器设计实践	2	光电仪器设计实践	2
精密仪器设计	3	光电仪器设计	3
光学工程基础	4	光学工程基础	4
（2）专业选修课（选择仪器类或光学类5门　10学分，在导师指导下可跨专业选修2学分）			
仪器类		光学类	
测试电路与系统	2	激光技术及应用	2
微机电系统技术	2	光电技术实验	2
模拟电路设计与实践	2	现代光学设计	2
固体光电子技术导论	2	固体光电子技术导论	2
精密测控与系统	2	光电检测技术	2
光盘存储及应用技术	2	光电子及光子学	2
VHDL及其机电系统应用	2	微光学	2
4. 微机电系统工程专业课组（精密仪器与机械学系）			
（1）专业课　6门　14学分			
微机电系统机械学	3	微纳米工程材料	3
微纳制造导论	2	微纳米测量与测试技术	2
微机电系统设计	2	光学工程基础	2

续表

(2) 专业选修课　3门　6学分（学生在导师的指导下可跨专业选修2学分）			
光盘存储及应用技术	2	系统芯片设计实践	2
微结构光电子学	2	微系统控制	2
微电子器件与电路	3	微系统及其应用技术	2
微型传感器	2	微型机电系统前沿	1
固体光电子技术导论	2		
5. 能源动力系统及自动化专业课组（热能工程系）			
(1) 技术基础课　2门　7学分			
燃烧理论	4	应用流体力学	3
制冷技术原理	3	动力系统建模与仿真	3
(2) 专业课　8学分［要求在3类课组中交叉选修，即：$A_i+B_i+C_j$（$i\neq j$）或$\sum C_j+B_i$（B类任选一门）］			
A类			
热力设备传热与流体动力学	4	动力机械及工程原理	4
流体机械原理及设计	4		
B类			
热能工程课程设计	2	动力机械及工程课程设计	2
流体机械课程设计	2		
C类			
热能工程基础	2	动力机械及工程基础	2
流体机械基础	2		
(3) 专业选修课　≥10学分			
热工实验技术及数据处理	2	受压容器强度	2
联合循环系统	2	热力涡轮机装置	2
热能动力系统	2	弹性力学与有限元	2
流体机械系统仿真与控制	2	液力传动	2
专业英语阅读	2	多相流动基础	2
可再生能源及其利用技术	2	现代热物理测试及分析技术	2
高新科技中的传热学及应用	2	工程声学基础	2
先进控制系统	2	热力系统综合自动化技术	2
动力系统监测与诊断原理	2	制冷技术原理	2
风机原理及设计	2	燃料电池发电技术基础	2
煤炭转化原理机煤化工技术	2	燃气轮机燃烧理论机装置	2
6. 车辆工程专业课组（汽车工程系）			
(1) 专业限选课　15学分			
汽车构造（1）	2	汽车构造（2）	2
汽车试验学（1）	1	车试验学（2）	1
汽车发动机原理	3	汽车理论	3

续表

发动机设计	3	底盘设计	3
车身设计	3		
（2）专业选修课　6 学分			
汽车工程概论	1	汽车及其动力发展前沿	2
汽车电子与控制	3	美术	2
汽车噪声控制	2	有限元分析基础	2
汽车电器	1	液压原理	2
汽车安全性与法规	1	电子工艺实习 B	2
机械 CAD 技术基础	3	现代汽车制造技术及管理	2
质量工程	2	振动分析基础	2
内燃机燃料供给	2	内燃机增压与增压技术	2
多媒体设计表达	2	汽车营销学	3
智能交通系统	2	燃料电池发动机	2
（3）任选课　4 学分			
（六）实践环节			
军事理论与技能训练	3	大一外语强化训练	2
1. 机械工程系　29 学分			
金工实习 B（集中）	3	现代制造系统概论及实验	2
专题训练	3	机械设计课程设计	3
生产实习	3	综合论文训练	15
2. 精密仪器与机械学系　29 学分			
机械基础实践	3	金工实习 C（集中）	2
电路系统设计与实践	2	机械设计综合训练（制造、测试专业）	4
微机电器件与系统（微机电专业）	2	微机电器件设计与仿真实验（微机电专业）	2
生产实习与社会实践	3	综合论文训练	15
3. 热能工程系　26 学分			
金工实习 C（集中）	2	机械设计基础课程设计	2
专业认识实习	3	生产实习（含组织参观等）	4
SRT、科技竞赛（任选）	2～4	综合论文训练	15
4. 汽车工程系　28 学分			
金工实习 A	4	机械设计综合训练	4
生产实习	2	汽车结构拆装实习	2
汽车驾驶实习	1	综合论文训练	15

表 3-4-27　人文社会科学学院人文科学实验班本科培养方案（2006 级）

一、基本学分学时：本科生培养方案总学分 174，其中课程学分 144，夏季学期实践环节共 15 学分，综合论文训练 15 学分。

续表

二、课程设置与学分分布

（一）平台课程　79 学分

1. 思想政治理论课　共 4 门　14 学分（同机械大类）

2. 体育课　4 学分（同机械大类）

3. 外语课　16 学分（除必须通过水平考试Ⅰ、取得 4 学分外，在第 1～3 学期设置文科英语（1）、（2）、（3）共必修 12 学分）

4. 自然科学类　4 学分

课程	学分
文科数学	4

5. 跨学科交叉课程　≥10 学分，在以下文化素质课组中选修：
当代中国与世界、科技与社会、法学、经济与管理、科学与技术、艺术与审美

6. 人文学科基础课　31 学分

课程	学分	课程	学分
中国经典研读（1）	4	中国经典研读（2）	4
中国经典研读（3）	4	西方经典研读（1）	3
西方经典研读（2）	3	西方经典研读（3）	2
古代汉语（1）	3	古代汉语（2）	3
人文学科文献检索及学术论文写作	2	文史哲学术入门	3

（二）专业课程　65 学分

1. 专业方向课程　50 学分

汉语言文学专业

（1）专业必修　40 学分

课程	学分	课程	学分
文学名作与写作训练	2	文学理论	3
中国古代文学史（1）	4	中国古代文学史（2）	4
中国古代文学史（3）	4	中国现代文学史	3
中国当代文学	2	外国文学专题（1）	2
外国文学专题（2）	2	语言学理论	3
现代汉语	3	汉语史专题	2
人工智能导论	2	计算语言学	2
文字学	2		

（2）专业选修　不少于 10 学分

课程	学分	课程	学分
训诂学	2	音韵学	2
汉语研究专题	2	现代汉语方言	2
中国古代文学专题	2	中国文学艺术的起源	2
中国文学理论批评	2	中国现代思想与文学	2
比较文学导论	2	文化研究：理论与实践	2
电影：文本与社会	2		

历史学专业

（1）专业必修　39 学分

续表

先秦史	3	秦汉史	3
魏晋南北朝史	3	隋唐五代史	3
宋元史	3	明清史	3
晚清史	2	民国史	2
现当代中国史专题	2	中国社会史专题	2
古代中国社会与文化	2	世界上古中古史	3
世界近现代史	3	世界地区与国别史（上）	2
世界地区与国别史（下）	2	史学理论与史学史	2
历史文选	3		
（2）专业选修　不少于 11 学分			
中国近现代首先史	2	中国近现代文化史	2
中外文化交流史专题	2	学术史专题（1）	2
学术史专题（2）	2	历史文献学	2
考古学通论	2		
哲学专业（从下列课程中选修不少于 50 学分的课程）			
逻辑学	3	哲学导论	3
中国哲学史（1）	3	中国哲学史（2）	3
西方哲学史（1）	3	西方哲学史（2）	3
马克思主义哲学	3	西方马克思主义专题	3
伦理学原理	3	应用伦理学	3
宗教学原理	3	美学原理	3
现代西方哲学	3	古希腊哲学	2（选修）
一阶逻辑	3	价值哲学	2（选修）
科学技术哲学	2	宋明理学	2（选修）
中国现代哲学	2		
2. 专业互选课程　15 学分			
已确定专业方向的学生，在学习本专业要求的课程同时，应选修人文实验班另外两个专业和社科实验班的专业课程，所修学分应不少于 15 学分。			
（三）实践环节　15 学分			
军事理论与技能训练	3	大一外语强化训练	2
英语戏剧排练与英语朗读	2	暑期外语训练（2）	3
社会实践	2	专业实习	3
（四）综合论文训练　15 学分（进入第三学年后由各专业安排）			

表 3-4-28　美术学院艺术设计专业本科培养方案（2006 级）

一、基本学分学时：本科生培养方案总学分 196，其中课程学分 174，集中实践环节 7 学分，毕业论文、毕业设计（创作）15 学分。
二、课程设置与学分分布
（一）人文社会科学类课程　40 学分
1. 思想政治理论课　共 4 门 14 学分（同机械大类）

续表

2. 体育 4 学分（同机械大类）			
3. 外语 16 学分（第一、二学年外语课为必修，每学期 4 学分，共 16 学分）			
4. 文化素质课 6 学分（在 8 个课组中选修，其中必须包含 2 门文化素质核心课程）			
（二）专业相关课程　134 学分			
1. 院定必修课 16 学分			
中国美术史	2	外国美术史	2
中国工艺美术史	2	外国工艺美术史	2
计算机辅助设计	2	大学语文	2
外国设计史	2	设计概论	2
2. 一年级专业基础课（按三个专业类设置）			
(1) 艺术设计类　32 学分			
速写	2	构成（1）（平面）	3
设计素描（1）	4	构成（2）（色彩）	3
设计素描（2）	4	构成（3）（立体）	3
设计色彩	3	中国书画	3
摄影	3	图案	4
(2) 造型艺术类　32 学分			
素描（景物、人像）	4	解剖	2
色彩（静物）	5	雕塑（写生）	3
雕塑（临摹）	3	色彩（风景）	4
装饰艺术	4	素描（人体）	5
书法	2		
(3) 艺术设计学专业　32 学分			
素描	2	学科概说	5
色彩	2	美术考古	3
书画	2	工艺美术史专题——中国古代美术断代史	4
设计	2	美术史专题——中国古代绘画	4
艺术概论	3	民族民间美术专题——中国传统民间文化艺术	4
3. 专业必修课 66 学分（按专业设置，以下以艺术设计学专业为例）			
专业基础——说明文写作	2	设计史专题——中国设计史	3
专业基础——学术论文写作	2	设计史专题——外国设计史	2
专业基础——史迹考察（1）	3	设计史专题——编辑艺术学	2
专业基础——史迹考察（2）	3	艺术理论专题——美学	2
美术史专题——中国现当代艺术	2	艺术理论专题——设计批评	3
美术史专题——公共艺术概论	2	艺术理论专题——中国美术学史	3
美术史专题——中外壁画史	2	艺术理论专题——中国工艺美学思想史	3

续表

美术史专题——中国版画史	3	艺术理论专题——艺术史研究方法论	2
美术史专题——中国书法史	2	艺术理论专题——中外设计论著选读	2
美术史专题——西方古代美术史	2	艺术理论专题——西方现代艺术理论	3
美术史专题——西方现当代美术史	3	民族民间美术专题——中国民间美术概说	2
美术史专题——佛教美术	3	美术史与工艺美术史专题研究（1）	2
工艺美术史专题——中国工艺美术史料学	3	美术史与工艺美术史专题研究（2）	2
工艺美术史专题——外国工艺美术史	3		
4. 院内选修课 20 学分（课程名称和学分略，已在课程设置中列有）			
（三）实践环节　7 学分			
军事理论与技能训练	3	大一外语强化训练	2
社会实践	2		
（四）毕业论文、毕业设计（创作）　15 学分			

说明：艺术设计类有染织服装艺术设计、陶瓷艺术设计、装潢艺术设计、环境艺术设计、工业设计、信息艺术设计共 6 个专业；造型艺术类有工艺美术、绘画、雕塑共 3 个专业；艺术设计学只设一个专业。

三、课程设置

（一）1925 年—1948 年

自 1925 年设立大学部，至 1948 年 12 月清华园解放，国立清华大学（含西南联大时期）的课程设置主要有三种类型，即全校公共课（体育、党义等）、必修课和选修课。历年全校各院系开设课程门次数统计见表 3-4-29、表 3-4-30 和表 3-4-31。

（二）1949 年—1976 年

解放后，在课程设置上，取消了国民党军事训练和党义课。1949 年 5 月，华北人民政府高等教育委员会决定把辩证唯物论、社会发展史、政治经济学、中国革命史及新民主主义论列为大学生的必修课。学校遂于 8 月 30 日成立了全校公共必修课程委员会，简称“大课委员会”。9 月 23 日又决定将大课委员会改组为辩证唯物论与历史唯物论教学委员会（费孝通为召集人）和政治经济学教学委员会（王亚南为召集人）。10 月 17 日，第一次“大课”正式开课，由吴晗主讲辩证唯物论与历史唯物论课的引论，听课达 3 000 人（其中有六七百教职工与家属），实为清华建校以来之创举。著名哲学家艾思奇三次来校讲演，指导学习，留下了“艾思奇三进清华园”的佳话。

院系调整后，学习苏联教育经验，把全校课程设置划分为四种类型：

1. 公共课程

公共课程主要包括马克思主义政治理论课（哲学、中国革命史、马克思列宁主义基础、政治经济学）、体育、外语（俄文）等。

表 3-4-29 国立清华大学(1926—1937)全校开设课程门次数统计

院别	系名	1926—1927学年度				1927—1928学年度				1928—1929学年度				1929—1930学年度				1930—1931学年度				1931—1932学年度			
		全年	上学期	下学期	共计	全年	上学期	下学期	共计	全年	上学期	下学期	共计	全年	上学期	下学期	共计	全年	上学期	下学期	共计	全年	上学期	下学期	共计
文学院	中国文学系	16			16	14			14	12	5	8	25	22	5	5	32	27	5	5	37	30	3	2	35
	外国语文学系	25			25	35		1	36	45			45	52			52	49			49	49			49
	哲学系	4			4	2	1		3	7		2	9	9		1	10	14		1	15	12	1	1	14
	历史系	6			6	10			10	10	1	2	13	15	2	1	18	18	3		21	14	2		16
	社会学及人类学系	2			2	2			2	3	2	3	8	3	2	2	7	9	1	1	11	9	1	2	12
法学院	政治学系	4			4	10		1	11	14	1		15	17	4		21	20	3	5	28	22	1	9	32
	经济学系	3			3	7	4	4	15	9	4	4	17	12	3	6	21	17	4	4	25	15	4	5	24
理学院	算学系	2			2	3	3	1	7	6	4	4	14	4	8	10	24	6	9	8	23	5	7	7	19
	物理学系	3			3	5			5	6			6	7			7	6	4	6	16	9	5	8	22
	化学系	3			3	7	1	2	10	10	3	5	18	7	3	1	11	9	4	2	15	10	4		14
	生物学系	3			3	1	2	4	7	5	4	4	13	6			6	6	4	4	14	11	1	2	14
	心理学系									1	3	3	7	2	2	4	8	2	4	5	11	5	4	2	11
	地理学系									5			5	8			8	1	10	11	22	10	4	8	22
	土木工程系	1	4	4	9	6	8	9	23		22	15	37		8	8	16		24	21	45		21	28	49
	医预科																								
其他	教育心理	3			3	7	2	3	12	3	1	1	5												
	农业						3	2	5																
	军事训练									2			2	2			2	5			5	10			10
	体育	8			8	12			12	20			20	17			17	19			19	18			18
	党义													1			1	1			1	2			2
	昆曲及绘画													3			3	3			3	2			2
总计		83	4	4	91	121	24	27	172	158	50	51	259	187	37	38	262	212	75	73	360	223	58	74	365

续表

院别	系名	1932—1933学年度				1933 1934学年度				1934—1935学年度				1935—1936学年度				1936—1937学年度			
		全年	上学期	下学期	共计	全年	上学期	下学期	共计	全年	上学期	下学期	共计	全年	上学期	下学期	共计	全年	上学期	下学期	共计
文学院	中国文学系	24	3	8	35	27	6	5	38	29	2	2	33	28	2	2	32	35	2	2	39
	外国语文学系	54			54	51			51	59			59	58			58	57		1	58
	哲学系	14	2	3	19	12		3	15	14	2	2	18	11	2	3	18	13	2	3	18
	历史系	16	2	1	19	15	2		17	17			17	18	2	1	21	18	2		20
	社会学及人类学系	9	3	3	15	9	5	5	19	8	4	5	17	6	4	4	14	8	2	3	13
法学院	法律系	8			8	13			13												
	政治学系	23	3	3	29	17	1		18	15	1	1	17	19	3	3	25	18	3	3	24
	经济学系	15	2	3	20	13	3	3	19	15	1	1	17	18	2	3	23	14	2	3	19
理学院	算学系	11	7	7	25	6	6	7	19	9	6	4	19	9	5	5	19	9	5	5	19
	物理学系	8	5	7	20	6	7	9	22	6	10	9	25	5	8	7	20	8	6	7	21
	化学系	9	4	7	20	12	5	5	22	7	2	3	12	9	4	6	19	10	6	7	23
	生物学系	10	4	6	20	11	5	4	20	10	3	3	16	12	3	2	17	12	3	2	17
	心理学系	6	3	4	13	7	3	2	12	6	6	5	17	7	1	2	10	5	2	4	11
	地理学系	12	6	6	24	14	5	5	24	16	3	3	22	22	5	4	31	15	6	9	30
工学院	土木工程系						23	29	52		24	31	55		24	26	50		23	28	51
	机械工程学系		42	41	83	5	13	11	29	4	17	19	40		34	39	73		31	34	65
	电机工程学系										11	24	25		17	28	45		19	27	46
其他	党义	2			2	2			2	2			2	2			2	2			2
	军事训练	13			13	12			12	6		1	7	6			6	7			7
	体育	22		1	23	21			21	25			25	26			26	30		1	31
	昆曲及绘画	2			2									（不附系）		3	3				
总计		258	86	100	444	256	87	93	436	248	92	103	443	256	118	138	512	261	114	139	514

说明："全年"表示全年开课的课程，"上学期""下学期"分别表示上、下学期开课的课程，下同。

表 3-4-30　西南联大时期(1937—1945)全校开设课程门次数统计

院别	系名	组	1937—1938学年度(长沙临大)				1937—1938学年度(西南联大)				1938—1939学年度				1939—1940学年度			
			全年	上学期	下学期	共计	全年	上学期	下学期	共计	全年	上学期	下学期	共计	全年	上学期	下学期	共计
文学院	中国文学系		17	4	2	23	19	1	8	28	43	2	3	48	53	2	1	56
	外国语文学系		54			54	49		1	50	83	1	2	86	95			95
	哲学心理学系	哲学组	21	6	4	31	24	4	2	30	12	4	4	20	18	1	1	20
		心理学组									10			10	7		3	10
	历史社会学学系	历史学组	28	2		30	20	4	4	28	27			27	23	1	1	25
		社会学组									7	3	2	12	12	3	3	18
理学院	算学系		6	6	7	19	5	6	9	20	18	3	3	24	15	10	6	31
	物理学系		13			13	13			13	13	2	2	17	15	3	3	21
	化学系		12	7	9	28	10	8	13	31	25	6	2	33	21	5	4	30
	生物学系		17	1	2	20	23	1	1	25	20	2	3	25	11	2	3	16
	地质地理气象学系		23	3	6	32	23	3	6	32	20	5	7	32	21	4	7	32
法商学院	政治学系		15			15	11			11	13		1	14	6	2	5	15
	法律学系		17	1	2	20	18	1	3	22	9	5	6	20	20	3	9	32
	经济学、商学系		17			17	16	1	2	19	20	3	3	26	21	2	3	26
工学院	土木工程系		4	22	19	45			24	24		27	31	58	38		1	39
	机械工程学系		5	8	8	21			18	18		35	36	71	4	24	38	73
	电机工程学系		2	14	15	31			13	13	1	23	31	55			25	25
	化学工程学系										11	2	4	17	12	2	4	18
	航空工程学系											8	16	24			21	21
	不附学系		26		9	35	27			27	24	2	1	27	14			14

续表

院别	系名	1937—1938学年度(长沙临大)				1937—1938学年度(西南联大)				1938—1939学年度				1939—1940学年度			
		全年	上学期	下学期	共计	全年	上学期	下学期	共计	全年	上学期	下学期	共计	全年	上学期	下学期	共计
师范学院	教育学系									13	1	4	18	25	1	3	29
	国文学系													4		1	5
	英语学系													2			2
	史地学系													6			6
	数学系													4	2	2	8
	理化学系																
	公民训育学系																
先修班														17	1	1	19
进修班														34			34
全校公共课										30			30	54			54
总计		277	74	83	434	258	29	104	391	399	134	161	694	571	58	145	774

院别	系名		1940—1941学年度				1941—1942学年度				1942—1943学年度				1943—1944学年度				1944—1945学年度			
			全年	上学期	下学期	共计	全年	上学期	下学期	共计	全年	上学期	下学期	共计	全年	上学期	下学期	共计	全年	上学期	下学期	共计
文学院	中国文学系		29	3	5	37	65	3	7	75	48	8	10	66	53	5	6	64	44	10	7	61
	外国语文学系		63			63	112			112	101		1	102	88		1	89	86		1	87
	历史学系		23	2	2	27	29			29	24	1	1	26	20	2	2	24	22	1	2	25
	哲学心理学系	哲学组	17	2	3	22	21	2	2	25	15	2	4	21	19	3	3	25	22	2	2	26
		心理学组	7	2	4	13	8	1	4	13	11	2	4	17	9	5	6	20	11	1	3	15
理学院	算学系		11	6	1	18	14	8	8	30	15	6	4	25	12	9	8	29	10	7	8	25
	物理学系		11	3	2	16	19	4	4	27	17	5	2	24	13	3	1	17	13	2	3	18
	化学系		20	3	3	26	21	2	6	28	19	6	5	30	9	7	4	20	11	6	5	22

续表

院别	系名	1940—1941学年度				1941—1942学年度				1942—1943学年度				1943—1944学年度				1944—1945学年度			
		全年	上学期	下学期	共计	全年	上学期	下学期	共计	全年	上学期	下学期	共计	全年	上学期	下学期	共计	全年	上学期	下学期	共计
理学院	地质地理气象学系	20	7	8	35	23	4	9	35	26	6	7	39	28	5	7	40	28	7	6	41
	生物学系	9	2	1	12	14	4	1	19	11	5	1	17	11	1	1	13	9	2	1	12
法商学院	政治学系	14	2	4	20	16		1	17	15	1	3	19	10	1	4	15	10	1	1	12
	法律学系	21	1	3	25	23	3	6	32	17	2	4	23	16	4	6	26	18	3	6	27
	社会学系	9	5	5	19	11	4	5	20	14	3	3	20	12	3	3	18	10	4	4	18
	经济学、商学系	21	3	4	28	24	2	3	29	31	2	1	34	21	4	3	28	28	5	4	37
工学院	土木工程系	32	23		55		27	34	61	53			53	39			39	50			50
	机械工程学系	25	28		53		31	29	59	53	4	4	61	45			45	46			46
	电机工程学系	20	19		39		19	21	40	44			44	31			31	40			40
	航空工程学系	17	11		28		12	16	28	31			31	24			24	25			25
	化学工程学系	19	10	4	33	6	3	19	28	24	5	7	36	16			16	26			26
	不附学系	14	17		31		14	13	27	30			30	32			32	36			36
	电讯专修科	11			11	31	1	1	33	15			15	31			31	32			32
师范学院	教育学系	21	2	4	27	18	6	10	34	17	3	6	26	15	2	5	22	18	3	5	26
	国文学系	17	2		19	24	1	1	26	20	2	4	26	20		1	21	4			4
	英语学系	8			8	9			9	4	1	2	7	5			5	3			3
	史地学系	5			5	10	1	1	12	7	2	1	10	6			6	9		1	10
	数学系	6			6									2	1	1	4				
	理化学系					9			9	5			5	6	4	4	14				
	公民训育学系	4	3		7	6	4	3	13	2	1		3								
先修班						8	6	7	21	26	4	4	34	31	7	8	46	57	8	9	74
进修班																					
全校公共课		50			50	69			69	43			43	50			50	34			34
总计		524	156	53	722	590	161	210	961	738	71	78	887	674	67	73	814	702	62	68	832

表 3-4-31　1946 年—1949 年全校开设课程门次数统计

院别	系名		1946—1947 学年度				1947—1948 学年度				1948—1949 学年度			
			全年	上学期	下学期	共计	全年	上学期	下学期	共计	全年	上学期	下学期	共计
文学院	中国文学系		39	1	2	42	39	5	5	49	16	26	17	59
	外国语文学系		72		10	82	83	1		84	62	14	10	86
	哲学系		16	1	1	18	20		3	23	22	1	4	27
	历史学系		18	3	6	27	21	3	4	28	14	8	9	31
	人类学系										2	2	1	5
理学院	算学系		14	5	4	23	19	7	8	34	11	14	8	33
	物理学系		17	2	4	23	27	3	3	33	17	2	1	20
	化学系		15	12	10	37	12	18	17	47	20	14	15	49
	生物学系		15	2	4	21	24	2	4	30	13	2	5	20
	地学系	地质组	3	3	2	20	26	2	1	29	15	4	2	21
		地理组	3	3	3	17	9	2	2	13	10	1	2	13
	气象学系		6	2	3	11	7	1	1	9	3	2	2	7
	心理学系		8	1	2	11	8	2	3	13	9	3	4	16
法学院	法律学系								1	7	9	4	2	15
	政治学系		10	2	2	14	11			11	12	1	3	16
	经济学系		26			26	29			29	17	11	7	35
	社会学系		8	7	8	23	15	8	9	32	9	10	11	30
工学院	土木工程系			27	39	66		38	46	84		36	42	78
	机械工程学系			41	44	85		54	52	106		34	33	67
	电机工程学系			15	19	34		24	33	57		49	22	62
	航空工程学系			13	19	34		11	15	26		40	22	62

续表

院别	系名	1946—1947学年度				1947—1948学年度				1948—1949学年度			
		全年	上学期	下学期	共计	全年	上学期	下学期	共计	全年	上学期	下学期	共计
工学院	化学工程学系					2	1		3	8	2	11	21
	建筑工程学系		3	3	6	7	2	1	10	10	3	4	17
农学院	农艺学系					1	1	1	3	4	2	2	8
	植物病理学系												
	昆虫学系	4			4		1		1	1	1	1	3
	农业化学系							1	1	2			2
其他	体育	48			48	55			55		53	53	106
	音乐									1	2	1	4
总计		342	143	179	664	422	185	210	817	287	305	284	876

马克思主义政治理论课是对学生进行系统的中国革命历史和马克思主义理论教育。

体育课要使学生掌握体育锻炼的基本知识和技能，学会体育锻炼的基本方法，培养经常锻炼身体的习惯。

外语课的主要目标是使学生精通一门外语。

2. 基础理论课程

基础理论课程是使学生获得自然科学基本规律的知识，受到自然科学基本研究方法训练，树立正确的世界观和方法论，为学生今后的发展打好基础。

基础理论课程主要包括高等数学、普通物理、普通化学、理论力学、材料力学等课程。

3. 技术基础课程

技术基础课程是使学生学习与本门学科有关的（包括邻近学科的）技术科学理论，掌握处理有关工程实际问题的基本概念、基本方法和基本技能。这类课程和基础课一起，构成了学生发展能力的基础，也是决定专业面宽窄的关键性因素。

共同的技术基础课程主要有：画法几何与工程画、机械制图、机械原理与机械零件、电工基础、电工学、电子学等。

4. 专业课程

专业课程是使学生学会应用基础理论解决工程问题的具体方法，掌握本专业的入门知识和技能，了解本专业最新技术成就和发展趋势。

长期以来，这四种类型的课程构成了清华大学本科教学的课程结构体系。

1970 年至 1976 年招收工农兵学员，教学工作打破了这一课程体系，强调结合典型工程、典型产品组织教学，急用先学，师生下到工厂企业开门办学，在干中学。各基础课教研组也都解散．教师分到各系、专业参加教学。

（三）1977 年—2010 年

1. 调整课程设置

1978 年改革开放以后，根据我国社会经济和世界科技发展的需要，继承清华历史上好的教学经验，调整课程设置，逐步更新课程结构。在上述四种类型课程中，分为必修课、限（指）定性选修课和任选课。必修课又分为校定必修课和系定必修课。校定必修课为政治理论课（共 3 门）、体育、第一外语、微积分、线性代数、普通物理、普通物理实验、普通化学、法律基础、军事理论等，共 12 门；系定必修课由各系自定。必修课占总学时 70%～75%。限定性选修课由各系规定课目，学生按限定条件选修，可以从若干门课程中选修几门达到规定学分，也可以从若干组课程中选择一组，或从每课组中各选修几门；限选课约占 15%～20%。任选课为在教师指导下，由学生选修，平均约占总学时的 5%～10%。

通过 1985 年修订教学计划，全校增设一批新的必修课程，如计算机语言、微机原理、经济管理概论等课程，新设必修课约占总学时 15%。同时增加选修课程，相应减少一些原有必修课程，以保证限选课、任选课占总学时的比例不少于 20%～25%。这一时期，调整课程设置大大加强了三方面内容：一是计算机知识，从增设计算机语言、程序设计等课到开设计算机应用专题课，约300学时，一般工科专业学生上机时数达200小时左右。二是人文社科知识和经济管理知识，全校共开出88门任选课（人文类51门、经济贸法类12门、社科类25门）。三是外语知识，除一、二年级的基础外语外（主要以英语为第一外语），增加了三年级的外语限选课（包括科技外语，报刊阅读，听说课，第五和第六级英语，德、日、法、俄第二外语等），四年级的专业外语阅读。

从1990年开始的全面修订本科教学计划，在课程总体结构上落实“拓宽”的原则。公共基础课学时门数有所增加，加强了人文社科和计算机方面的课程。增设了人文社科限选课，将其分为历史与文化、文学与艺术、人生观与道德、经济管理四组。为拓宽专业面，技术基础课有所展宽，如大多数工科专业增设了计算机文化基础、计算机技术基础，计算机应用基础等课。有的电类专业如电机系增加了机械热工方面的课程。专业课面展宽，门数增多，每门课学时减少，任选课中普遍增强了跨专业的互选课程。

1996年全校工科专业开始实施本硕统筹培养，本科硕士课程进行了结构性调整，设置了本硕兼容课程（即本科硕士都可承认学分的课程），基本安排在第四学年。大学英语课程进行改革，加强学生实际英语应用能力的培养和考核，从1996年开始设立“清华大学英语水平Ⅰ”考试，要求清华大学本科学生必须通过该考试。

1998年学校决定在本科1～4年级均开设体育课，共8学分。1、2年级开设体育必修课，3、4年级开设体育专项限定性选修课，自1996级实施（2001年后第5～8学期调整为体育专项，不设学分，其中第5～7学期为限选，第8学期为任选）。未获满体育课学分或未通过限选课程的均不能毕业及获得学士学位。

1998年，学校根据中宣部、教育部关于普通高等学校思想政治理论课程设置的规定及其实施工作的意见，将本科思想政治理论课体系调整为5门14学分：思想道德修养2学分、毛泽东思想概论3学分、邓小平理论概论3学分、马克思主义政治经济学原理3学分、马克思主义哲学原理3学分。

1998级开始，人文限选课调整为历史与文化、文学与艺术两个课组，要求学生在校期间选修两组中的2门课程；同时，在法律基础和工程经济学为全校必修课基础上，为实施学校创建“绿色大学示范工程”中的“绿色教育”计划，在大一新生中开设了《可持续发展与环境保护概论》必修课。

2001年制定新培养方案，为落实通识教育，公共基础课程的设置进行较大幅度调整。将理工类专业的课程分成人文社会科学基础类、自然科学基础类、专业相关课程三大理论教学模块和夏季学期实践、综合论文训练两大集中实践模块；人文社科类专业的课程分成科学技术基础类、人文社会科学基础类、专业相关课程三大理论教育模块和夏季学期实践、综合论文训练两大集中实践模块。新方案设置了文化素质教育课组。各院系根据条件开设一批中英文授课的双语课程。根据国务院办公厅、中央军委办公厅国发办〔2001〕48号文件精神，对全校集中军训、军事理论课的教学时间和学分进行相应的调整，将集中军训和军事理论课统筹安排，时间为3周（包括课程教学与技能训练），并将课程更名为“军事理论与技能训练”，共3学分。

学校为实施研究型教学、培养创新人才，2003年在国内首创开设新生研讨课（Freshman Seminar）。2007年春季学期开始新设“实验室科研探究”全校选修课。

2008年秋季学期起设立“文化素质教育讲座”，并将其纳入文化素质教育课程学分。

2001年至2010年全校各院系和有关单位本科课程开课情况见表3-4-32。

表 3-4-32　清华大学各院系和单位本科开设课程门次数统计（2001—2010）

开课院系	2001—2002 学年	2002—2003 学年	2003—2004 学年	2004—2005 学年	2005—2006 学年	2006—2007 学年	2007—2008 学年	2008—2009 学年	2009—2010 学年
建筑学院				1	1	1	1	4	1
建筑系	76	46	51	56	58	56	62	70	62
建筑技术系	18	17	13	16	15	18	17	20	20
土水学院	1	1	1	1	1	1	1	1	1
土木系	59	60	56	60	60	59	58	68	62
水利系	39	45	49	53	53	52	49	57	52
建管系	2	6	14	17	16	15	15	18	15
环境系	28	29	32	30	32	32	32	38	32
机械系	20	23	32	36	37	35	34	36	32
精仪系	54	48	48	64	64	63	58	67	52
热能系	33	30	30	34	41	47	46	49	45
汽车系	35	37	39	37	45	41	41	48	45
工业工程系		15	19	20	27	30	34	42	35
电机系	66	66	59	63	62	61	60	63	58
信息学院	3	3	5	2	2	2	2	2	2
电子系	88	84	85	86	84	80	75	72	78
计算机系	34	40	49	61	58	71	83	98	89
自动化系	47	52	56	61	64	72	70	73	62
微纳电子系			2	2	10	19	22	22	21
软件学院		10	24	26	25	26	25	32	30
航天航空学院	59	43	44	41	74	60	59	61	61
工物系	32	55	58	65	40	40	41	50	45
化工系	29	32	34	38	37	41	41	48	44
材料系	24	36	40	42	42	43	42	45	43
理学院							1	4	1
数学系	86	73	62	52	56	60	62	68	65
物理系	57	62	61	62	62	61	59	63	68
化学系	51	49	51	50	58	61	61	65	61
生命学院	30	24	34	40	36	35	36	39	35
经管学院	92	93	100	108	107	108	114	127	128
公管学院			1	1	2	3	2	2	2
人文学院	43	44	70	112	134	160	181	186	206
中文系	95	90	97	105	93	83	66	59	61
外文系	139	148	158	133	133	145	158	164	145
文研所	22	19	15						

续表

开课院系	2001—2002 学年	2002—2003 学年	2003—2004 学年	2004—2005 学年	2005—2006 学年	2006—2007 学年	2007—2008 学年	2008—2009 学年	2009—2010 学年
法学院	42	55	70	69	69	65	54	73	76
新闻学院	23	27	26	33	42	45	44	53	46
马克思主义学院								7	13
美术学院	3	5	22	8	8	10	50	401	478
医学院	1	2	2	3	3	2	3	3	5
生医系			15	12	17	14	13	19	16
体育部	31	107	114	127	133	142	120	135	135
图书馆	6	5	6	6	5	5	5	4	5
训练中心	5	9	10	12		11	12	15	14
电教中心	3			7					
计算中心	10	6	9		11	14			
网络中心		2	2	2	2	2	2	2	3
艺教中心	61	39	38	37	59	58	58	64	66
电工电子中心				3	10	6	7	7	5
学生部	3	5	6	9	2	11	10	13	16
宣传部				1	4	1	1	1	1
保卫部	1				10				
武装部	6	5	5	6	5	5	5	7	6
校医院	1	1	1	1	1	1	1	1	1
生产处	1	1	3	3	4	6	5	4	
科技园		1	1	1	1				
紫光集团						1	1	1	1
合计	1 559	1 649	1 820	1 919	2 015	2 080	2 099	2 671	2 646

说明：此为进入学校选课系统课程门次数统计，没有包括院系自排课程。如美术学院并入清华大学后的开始几年，大部分课程由学院自排，不进入学校选课系统。

2. 2009—2010 学年度清华大学本科课程名录

表 3-4-33 收录整理了 2009—2010 学年度各院系和学校有关单位开设的本科课程名录。其中有的课程（如美术学院）一个课名可能会代表不同方向、内容有所差异的课程，这里不再区分。全校性选修课由各相关院系或单位开设，不分单位列出。

表 3-4-33　2009—2010 学年度清华大学开设的本科课程名录

1. 建筑学院

（1）建筑系

建筑美术基础	城市规划原理

续表

素描（1）（2）	城市规划理论与实践
水彩（1）（2）	城市交通与道路系统规划基础
建筑色彩	房地产概论
空间形体表达基础	专业外语阅读
形态构成	建筑师业务基础知识
造型艺术鉴赏	计算机实习
西方现代美术史	素描实习
建筑构造（1）（2）	水彩实习
CAAD 方法	渲染实习
空间信息技术导论	专业认识实习
建筑技术概论	工地劳动及调研实习
建筑热环境	建筑认知实习
建筑光环境	建筑实习
建筑声环境	建筑测量学实习
景观学导论	
中国古代建筑史纲	古建测绘实习
中国古代城市营建史概论	建筑师业务实践
中国近代建筑史	建筑设计概论
外国古代建筑史纲	建筑设计原理
外国近现代建筑史纲	建筑设计基础（1）（2）
西方古典园林史	快速设计与表现
西方古典建筑理论	当代建筑设计理论
传统民居与乡土建筑	现代木构造设计
房屋建筑学	建筑色彩设计
乡土建筑学	建筑/城市/景观设计
地区建筑学概论	住区规划与住宅设计
生态建筑学概论	城市设计
理性建筑	建筑设计（1）（2）（3）（4）（5）（6）（7）
建筑细部	设计专题
建筑数学	综合论文训练
（2）建筑技术系	
建筑环境测试技术	小型空调制冷系统分析
建筑自动化	空调与制冷技术
建筑环境学	建筑节能综合关键技术
建筑概论	洁净技术
燃气应用	城市能源规划与评价
热质交换原理和应用	室内空气化学污染控制

续表

流体网络原理	专业实验
泵与风机	运行实习
建筑网络综合布线	暖通空调课程设计
供热工程与锅炉	综合论文训练
建筑通风工程	
2. 土木水利学院	
工程计算机制图	
（1）土木工程系	
结构力学（1）（2）	土木工程与工程管理前沿
结构力学（英）（1）（2）	工程结构事故分析与处理
结构力学	房地产开发经营与管理
工程力学	工程管理英语
定性结构力学	建筑材料
工程结构	建筑材料实验
建筑结构	新型建筑材料
钢结构（1）（2）	桥梁工程
混凝土结构（1）（2）	道路工程
结构概念设计	路基路面工程
结构试验	交通工程
地下结构	交通规划
结构可靠度	城市规划与交通
结构矩阵分析	交通信息与控制
结构矩阵分析（英）	交通基础设施管理原理及应用
钢筋混凝土	面向对象程序设计
高层建筑及结构抗震	土木工程 CAD 技术基础
土木规划学	工程管理中的计算机技术
土木与生态工程	认识实习
土木工程与工程管理概论	测量实习
测量学	施工实习
测量	砌体结构课程设计
建筑设计概论	混凝土结构设计
建筑设计（1）（2）	钢筋混凝土课程设计
工程经济学	钢结构课程设计
物业管理	建筑施工组织课程设计
经济法与建设法规	综合论文训练

续表

（2）建设管理系	
运筹学	建筑安全与健康
建筑经济学	城市与房地产经济学
工程合同管理	工程估价
建筑施工技术	房地产估价与资产定价方法
建筑施工组织	工程估价课程设计
工程项目管理（1）（2）	建设管理课程综合设计
房地产市场调研	综合论文训练
土木工程合同文件（英）	
（3）水利水电工程系	
弹性力学与有限元	治河防洪工程
流体力学（1）（2）	城市水环境工程
流体力学	工程地质
计算流体力学	工程灾害学
水力学（1）（2）	灌溉与排水
土力学（1）（2）	水工建筑学
结构动力学	环境水利
环境水力学	水电站
岩石力学	水资源规划与管理
基础工程	计算机及信息技术在水利行业中的应用
水资源学基础	建筑工程施工
水文学原理与应用（1）（2）	投标报价训练
河流动力学	水工模型试验
水科学与工程概论	水利概论与认识实习
海岸科学与工程概论	地质实习
基础工程（英）	生产实习
桥梁工程	建筑工程施工设计
地下洞室工程	水工建筑物设计
航运工程	道路与桥梁工程设计
公路工程	工程水文设计
港口工程	水电站设计
城市岩土工程	综合论文训练
3. 环境科学与工程系	
环境学导论	环境数据处理与数学模型
专业外语	饮用水处理工艺与工程
建筑设备	城市与建筑给水排水工程
环境化学	环境保护与可持续发展

续表

生态学原理	校园环境质量监测
环境工程原理	环境问题与对策项目训练
环境土壤学	环境与市政工程实践训练
水资源利用工程与管理	给排水及环境工程施工
流域面源污染控制与生态工程	水处理工程（含实验）
环境监测	固体废物处理处置工程（含实验）
环境工程微生物学	大气污染控制工程（含实验）
环境物理性污染与控制	认识实习
环境评价与工业环境管理	生产实习
环境工程技术经济造价管理	大气污染控制工程设计
环境管理与环境社会学方法	给水排水工程设计
固体废物处理处置设施	水处理工程设计
数据库与信息技术	综合论文训练
4. 机械工程学院	
（1）机械工程系	
现代制造系统概论及实验	信号处理
有限元分析	快速成形技术
工程材料基础	质量管理学
工程材料	系统工程学
复合材料	功率电子技术及应用
控制工程基础	机械系统计算机仿真
控制工程基础系列实验	制造过程管理信息系统
激光加工技术基础	人工智能在机械加工中应用
机械系统微机控制	材料加工原理
测试与检测技术基础	材料加工工艺
材料加工工程概论	材料加工系列实验
英语综合运用训练	专题训练
液压传动及控制	机电控制系统实践
工艺过程仿真	生产实习
特种加工工艺	综合论文训练
（2）精密仪器与机械学系	
工程制图基础	微结构光电子学
工程图学基础	微纳米测量与测试技术
机械设计基础 A（1）、A（2）、A（3）	激光技术及应用
机械设计基础 B（1）、B（2）、B（3）	数字控制技术
制造工程基础	光电检测技术
控制工程基础	现代设计技术

续表

光学工程基础	模拟电路设计与实践
微光学	电路系统设计与实践
光电仪器设计技术基础	机械制图实践
精密仪器设计技术基础	机械基础实践
测试与检测技术基础	机械设计综合训练
现代制造技术	微机电器件设计与仿真实验
微机电系统机械学	光电技术及系统实验
固体光电子技术导论	生产实习与社会实践
制造系统	机械设计基础课程设计
精密测控与系统	机械设计课程设计
测试电路与系统	机械系统课程设计
液压传动与控制	精密仪器设计
微机电系统技术	机械创新设计
微型机电系统前沿	光电仪器设计
微机电器件与系统	现代光学设计
机器人技术与应用	微机电系统设计
VHDL 及其机电系统应用	工业产品造型设计
精密与特种制造	精密仪器设计实践
微纳制造导论	系统芯片设计实践
绿色制造概论	光电仪器设计实践
传感器与信号	综合论文训练
（3）热能工程系	
弹性力学与有限元	流体机械基础
工程热力学	流体机械系统仿真与控制
传热学	动力机械及工程基础
专业英语阅读	动力机械及工程原理
热工基础	制冷技术原理
数值传热学（英）	热能动力系统
热力设备传热与流体动力学	动力系统状态监测与诊断原理
应用流体力学	燃气轮机燃烧理论及装置
能源动力系统概论	燃料电池发电技术基础
工程声学基础	现代热物理测试及分析技术
控制工程基础	热力系统综合自动化系统技术
测试与检测技术基础	先进燃气轮机的理论和实验技术
热能工程基础	煤炭转化原理及煤化工技术
多相流动基础	可再生能源及其利用技术

续表

燃煤污染控制技术	能源与环境认识实践
热工实验技术及数据处理	专业认识实习
受压容器强度	生产实习
联合循环系统	动力机械及工程课程设计
热力涡轮机装置	流体机械课程设计
燃烧理论	热能工程课程设计
液力传动	流体机械原理及设计
动力系统建模与仿真	风机原理及设计
能源动力系统及其仿真实验	综合论文训练
热力系统综合自动化技术	
（4）汽车工程系	
透视与结构素描	汽车电器
色彩基础	汽车发动机原理
综合造型基础	汽车车型设计方法概论
平面设计表达	产品设计程序与方法
立体设计表达	汽车构造（1）（2）
多媒体设计应用	汽车试验学（1）（2）
汽车概论	车用动力总成的原理与匹配
汽车理论	电控发动机管理与优化
车用能源概论	智能交通系统
有限元分析基础	汽车安全性与法规
汽车工程学基础	产品战略与计划
测试与检测技术基础	汽车营销学
振动分析基础	质量工程
车身结构分析基础	汽车驾驶实习（分散安排）
流体力学	汽车结构拆装实习
人机工程学	汽车生产实习
汽车电力电子学	计算机辅助造型设计
汽车噪声控制	底盘设计
汽车电子与控制	汽车造型设计
内燃机燃料供给	车身设计
内燃机增压与增压技术	发动机设计
燃料电池发动机	综合论文训练
（5）工业工程系	
工业工程概论	设施规划及物流分析
制造工程概论	生产自动化与制造系统
运筹学（1）（确定性方法）	生产计划与控制

续表

运筹学（2）（应用随机模型）	交通系统规划与控制
运筹学（3）（决策方法学）	产品开发技术与管理
概率论与应用统计学	质量控制与质量管理
数据库原理	可靠性工程与设备管理
数据结构与算法	服务运作管理
建模与仿真	人因工程基础
管理学基础	现代人因工程
工程经济学	安全工程
管理信息系统	商务沟通
物流管理概论	实验设计
企业生产与物流管理	现代制造系统概论及实验
需求与库存管理	基础工业工程实践
国际物流（英）	生产系统专题实践（1）（2）
物流装备	物流系统专题实践（1）（2）
物流信息化	项目管理原理与实践
供应链管理	综合论文训练
物流网络系统规划	
5. 电机工程与应用电子学系	
电工与电子技术	发电厂工程
电工技术与电子技术（1）（2）	高电压工程
电工技术	微机继电保护与控制
电子技术	信息论与电力系统
电路原理	直流输电技术
电路原理A（1）（2）	电力市场概论
信号与系统	过电压及其防护
电磁场	电介质材料与绝缘技术
计算机硬件技术基础	电器原理及应用
微机原理与应用	电机分析
单片微机嵌入系统	微特电机
可编程控制器及变频器系统	电力传动与控制
计算机程序设计基础	电子电机设计与分析
面向对象程序设计	电力电子仿真设计
电力电子技术基础	电气工程技术发展讲座
电力电子技术专题	新能源发电与并网
自动控制原理	可再生能源与未来电力技术（英）
自动控制原理（英）	软件编程项目训练
通信系统原理	电路原理实验

续表

电机学	单片机技术与实验
电机学实验	数字信号处理 DSP 实验
电力系统分析	电力系统实验
电力系统继电保护	电子专题实践
电力系统调度自动化	认识实习
电力系统稳定与控制	生产实习
电力系统预测技术	综合论文训练
电气设备在线监测	
6. 信息科学技术学院	
计算机网络	信息科学技术概论
(1) 电子工程系	
数学与工程应用	傅里叶光学
数值分析与算法	固体物理
随机过程	电动力学
计算机语言与程序设计	激光原理
计算机程序设计基础	半导体器件基础
C++高级编程	微波与光波技术基础
Matlab 高级编程与工程应用	现代分析技术
Windows 操作系统原理与应用	真空技术
数据库	光检测技术
数据结构	信息显示技术
计算机网络技术与实践	光传感技术
网络技术基础	光纤应用技术
网络技术前沿（英）	无线信号的光纤传输技术
计算机图形基础	多媒体通信终端技术（英）
数字图像处理	数字电视传输技术
图像压缩	射频通信电路
图像处理系统	图像通信系统
图像信息原理	移动通信与卫星通信
模拟电子技术基础	网络信息论
数字逻辑电路	集成光电子学概论
数字逻辑设计	国防信息系统概论
通信电路	专业前沿概论
信号与系统	电磁场与微波实验
信号与系统（英）	通信电路实验
数字信号处理	通信原理实验

续表

数字信号处理（英）	光电子技术实验
信号检测与处理	物理电子学基础实验
语音信号处理	数字系统集成化设计与综合
电磁场与波	高频电路系统课程设计
微机原理	信号处理实验与设计
单片机和嵌入式系统	通信网络设计实例研究
通信原理概论	微波电路设计
现代通信原理	移动通信终端设计
通信网原理	射频通信系统课程设计
控制原理	生产实习
遥感原理	综合论文训练
物理光学	
（2）计算机科学与技术系	
离散数学	多媒体技术基础及应用
数值分析	多媒体信息隐藏与内容安全
初等数论	计算机图形学基础
计算机应用数学	计算机实时图形和动画技术
计算机入门	数据挖掘
计算机文化基础	存储技术基础
计算机程序设计基础	机器学习概论
数据库技术及应用	网格计算
数据库系统概论	媒体计算
程序设计基础	高性能计算前沿技术
程序设计与算法基础	分布式计算（基础与系统）
汇编语言程序设计	密码学及安全计算
基于 Linux 的 C＋＋	高等算法
数据结构	高性能计算导论
操作系统	数字系统设计自动化
编译原理	计算机网络原理
数字逻辑电路	计算机网络安全技术
数字逻辑设计	计算机网络管理
计算机组成原理	网络安全与隐私原理
微计算机技术	信息检索
微处理器设计	搜索引擎技术基础
嵌入式系统	以服务为中心的软件开发设计与实现
计算机系统结构	理论计算机科学（1）（2）

续表

计算机组成与系统结构	计算机软件前沿技术
形式语言与自动机	当前计算机研究热门课题
人工智能导论	C++程序设计实践
人工神经网络	C++程序设计与训练
人机交互理论与技术	Java 程序设计与训练
信号处理原理	数据库专题训练
模式识别	操作系统专题训练
VLSI 设计导论	编译原理专题训练
软件工程	计算机网络专题训练
现代软件工程（英）	计算机科学研究实践
软件开发方法	专业实践
系统分析与控制	综合论文训练
数字图像处理	
（3）自动化系	
运筹学（1）	多媒体技术及应用
数值分析与算法	电子商务概论
模拟电子技术基础	电子测量
数字电子技术基础	检测原理
电力电子技术基础	现代检测技术基础
计算机语言与程序设计	现场总线技术及其应用
计算机网络及应用	CIM 系统导论
计算机原理与应用	数字视频基础与应用
计算机仿真	离散时间信号处理
应用随机过程	数据库系统原理
智能优化算法及其应用	网络安全研讨
数据结构	调度原理与算法（英）
自动控制理论（1）（2）	企业信息化系统与工程导论
信号与系统分析	企业与信息系统建模分析
非线性控制理论	生物信息学概论
系统工程导论	多维空间分布系统控制及信号处理杂谈
人工智能导论	控制工程专题研究课
模式识别基础	智能汽车专题讨论（英）
系统辨识基础	嵌入式系统设计与应用
数字图像处理	C++程序设计与训练
计算机控制系统	计算机原理实验
生产系统计划与控制	控制理论专题实验

续表

过程控制	运动控制专题实验
化工过程控制	过程控制专题实验
机器人智能控制	检测技术系列实验
电力电子电路的微机控制	机器人控制综合实验
电力拖动与运动控制	自动化综合实践（1）（2）
智能控制	电子技术课程设计
随机控制	专业实践
控制专题	综合论文训练
（4）微电子与纳电子学系	
MEMS 与微系统	数字集成电路分析与设计
微电子器件与电路	数字集成电路分析与设计（英）
微电子工艺技术	纳电子学导论
固体物理学	微纳电子实验 A、B
半导体物理学	微纳电子材料器件分析技术
量子信息学引论	集成电路设计与实践
模拟集成电路分析与设计	集成电路课程设计
超大规模集成电路 CAD	专业实践
半导体器件电子学	综合论文训练
专业英语	
（5）软件学院	
强化英语（1）（2）	人工智能导论
离散数学（1）（2）	软件工程
程序设计基础	嵌入式系统及其软件工具
面向对象技术与应用	软件系统设计（英）
数据结构与算法	软件项目管理
操作系统	计算机动画的算法与技术
编译原理	分布式数据库系统
计算机图形学基础	信息检索技术
汇编语言程序设计	信息系统安全
计算机组成原理（英）	专业素质教育
计算机网络	Java 程序设计与训练
数据库原理	程序设计实践
形式语言与自动机	专业课程实践
算法分析与设计基础	专业专题训练
高级数据结构	综合论文训练

续表

7. 航天航空学院	
力学概论	系统科学概论
工程力学 A	能源工程
工程力学（1）（2）	新概念热学
理论力学	燃烧学
材料力学	燃烧技术
材料力学（英）	传热学
流体力学	辐射换热
流体力学（英）	热物理数值计算
弹性力学	热物理量测技术
塑性力学	传热设备与技术
计算流体力学	燃烧过程的化学动力学分析
复合材料力学	飞行器热控制与能源管理
黏性流体力学	航空发动机
弹性力学基础及有限元	火箭发动机
空气动力学	可靠性工程
航天器动力学	航空器总体设计
飞行器结构力学	航天器总体设计
工程热力学	新概念卫星设计
计算力学基础	Fortran 语言程序设计
振动理论基础	力学实验技术
高超音速空气动力学	基础力学系列实验
振动量测	固体力学实验技术
推进原理与技术	流体力学实验技术
推进原理与技术（英）	热物理测量实验
有限元数值模拟与虚拟工程	飞行器基础实验
飞行器结构设计	专题实验
飞行控制原理	暑期社会实践
飞行动力学与飞行控制	生产实习
先进实验流体力学测试技术及应用	综合论文训练
力学生物学——生命科学中的力学视野	
8. 工程物理系	
电磁场数值计算	同位素分离原理
计算机模拟物理	级联理论
核辐射物理及探测学	离心技术基础
核电子学	核医学仪器与方法

续表

核仪器概论	等离子体物理基础
电磁兼容设计	辐射环境监测与评价概论
单片机的认识与实践	电子线路设计与实验
工具软件应用实验	微控制器开发技术
辐射防护及保健物理	机电系统控制
核工程原理	放射化学
加速器原理	微波技术
核反应堆热工水力学	项目管理基础
核电厂系统与设备	专业英语
反应堆物理与数值计算	学科前沿讲座
反应堆安全	辐射探测与反应堆物理实验
CANDU 堆系统与运行激光应用	高温等离子体物理实验
可靠性工程及风险分析	核数据获取与处理课程设计
物理信号处理	专业课程设计
误差理论与量测技术	核能核技术概论及认识实习
核燃料与核结构材料学基础	生产实习
核数据获取与处理	综合论文训练
核聚变概念基础	
9. 化学工程系	
化工原理 A（1）（2）	高分子化学
化学工程基础	高分子材料仪器分析
反应工程基础	高分子物理
过程工程基础	高分子液晶
生物化工基础	高分子材料科学基础
化学工程与高分子科学导论	精细高分子
化工热力学	工业微生物及其应用
化工实验（1）——单元操作	基础生物化学与分子生物学（1）（2）
化工实验（2）——过程与专题	基因工程原理与应用
聚合反应工程	专业英语交流技巧（高分子）
聚合物成型加工	化工前沿讲座
工业催化	研究训练基础
分离过程原理	化工实验
传递过程原理	高分子化学实验
细胞培养工程	高分子物理实验
化工过程分析与模拟	化工过程仿真
化工过程优化	聚合物成型加工实验

续表

化工安全系统工程	认识实习
流态化反应工程	化工概念实习
无机材料工艺学	生产实习
基础石油化工工艺学	综合论文训练
10. 材料科学与工程系	
材料学概论	非晶材料导论
材料科学基础（1）（2）	信息能源新材料导论
材料化学	精细陶瓷工艺学
X-光衍射分析	电子封装
高分子化学与物理	材料物理性能基础
固体物理学	材料力学性能基础
金属材料学	量子与统计
金属材料加工学基础	量子与统计 B
生物材料学概论	电子显微分析
核材料学	电子材料工学
无机复合材料	低维材料制备技术基础
聚合物复合材料（PMC）	冶金质量控制
薄膜材料与应用	材料科学与工程实验（1）（2）（3）（4）
功能陶瓷材料及应用	实验参量测控实验
结构陶瓷材料及其应用	认识实习
新型碳材料	生产实习
轻合金	综合论文训练
新型金属功能材料	
11. 理学院	
Matlab 与科学计算引论	Mathematica 及其应用
（1）数学科学系	
微积分（1）（2）（3）	高等代数与几何（1）（2）
几何与代数（1）（2）	微分几何
高等微积分（1）（2）	数理统计
高等分析	统计推断
高等代数	泛函分析
复变函数引论	拓扑学
数理方程引论	数学规划
概率论与数理统计	线性回归
概率论介绍	数据结构
概率论	随机数学方法

续表

数理统计介绍	测度与积分
文科数学	勒贝格测度初步
大学数学（社科类）（1）（2）（3）（4）	数学史
一元微积分	数学专题讨论（1）（2）
一元微积分（社科类）	近代数学专题（1）（2）
多元微积分	数学研讨课
高等微积分 B	应用数学研讨课
线性代数（社科类）	数学实验
数值分析	算法实践
数学分析（1）（2）（3）	概率统计实践
微分方程	计算实践
偏微分方程	数学模型实习
数理方程与特殊函数	综合论文训练
复分析	
（2）物理系	
物理学概论	现代量子力学
物理学导论	计算物理
大学物理 A（1）、B（1）、B（2）	天体物理
大学物理	原子分子物理
高新技术物理基础	核物理与粒子物理
文科物理	光子学物理基础
普通物理（1）（2）（3）	量子与统计
基础物理学原理（英）（1）（2）	广义相对论
费曼物理学（1）（2）（3）	复变函数和数理方程
固体物理（1）（2）	电子技术提高课
声学	交叉学科前沿专题
力学	量子力学专题研究
热学	专题研究课（1）（2）（3）
光学	亚原子物理实验方法
电磁学	固体物理研究方法与实验
电动力学	基础物理学原理与实验（1）（2）（3）
量子力学	物理实验 A（1）、A（2）、B（1）、B（2）
统计力学	基础物理实验 A
分析力学	基础物理实验（1）（2）（3）
激光与近代光学	高等物理实验
量子力学（1）（2）	近代物理实验 A 组、B 组、C 组、D 组
统计力学（1）（2）	综合论文训练

续表

(3) 化学系	
大学化学 A、B	有机化合物谱图解析
化学原理	分离原理与技术
无机化学(生)	物质结构
有机化学 A(1)、A(2)、B	催化动力学
有机化学 B(英)	化学生物学
物理化学(1)(2)	仪器分析 A、B
物理化学 A(1)、A(2)、B	化学现状与未来
无机化学	科学写作
分析化学	基础化学实验
分析化学(生)	大学化学实验 B
无机与分析化学	无机化学实验 A(1)、A(2)
无机与分析化学(英)	无机及分析化学实验 B
物理有机化学	有机化学实验 A(1)、A(2)、B
结构化学	物理化学实验 A(1)、A(2)、B(1)、B(2)、C
高分子化学导论	分析化学实验
环境分析化学	中级化学实验
高等无机化学	仪器分析实验 A、B
天然产物化学	化学分析实验
绿色化学	科学研究训练(1)(2)(3)
有机电子学	认识实习
有机合成	综合论文训练
12. 生命科学学院	
生态学	生物检测技术与仪器概论
现代生物学导论	重大疾病的分子机制(英)
普通生物学	现代生物学导论实验
生物化学原理	普通生物学实验
生物化学(英文)(1)(2)	生物化学基础实验
微生物学(英文)	生物物理实验技术
分子生物学	微生物学基础实验
细胞生物学	分子生物学基础实验
神经生物学	生化与分子生物学综合实验
生物物理学	细胞、遗传与发育生物学综合实验
遗传学(英文)	动物生理学实验
生理学	细胞生物学基础实验
免疫学	遗传学基础实验

续表

发育生物学	科研训练
生物统计学基础	普通生物学野外综合实习
蛋白质的结构、功能与进化	综合论文训练
药物药理学导论	
13. 经济管理学院	
中文写作	会计学原理
中文沟通	管理会计（1）（2）
实分析	中级财务会计（1）
随机过程	高级财务会计
应用数理统计	国际会计专题
经济统计学	税制与税务
运筹学（1）（2）	审计学（1）（2）
博弈论	投资学
计算机语言	金融学原理（英）
计算机网络	金融数据库
计算机系统原理	实证金融学
数据库原理及应用	金融工程导论
数据库应用	金融经济学导论
数据结构	金融风险管理（英）
面向对象的分析设计方法	金融法
优化模型及软件工具	国际金融市场
系统分析与设计	金融机构（英）
专家系统与决策支持系统	金融前沿问题研讨课
信息管理导论	货币银行学
管理信息系统	投资银行业务
经济学原理（1）（2）	精算学基础
工程经济学	财产与责任保险
计量经济学	社会保险
计量经济学（1）（2）	人身与健康保险
中级微观经济学	风险管理与保险概论
中级宏观经济学	商业战略
发展经济学	商务案例分析
保险经济学	职业发展规划
组织设计与人力资源经济学	企业资源规划
国际经济学	战略管理
环境与资源经济学（英）	生产与运作管理

续表

政治经济学	管理系统模拟
经济思想史	动态系统分析与控制
经济博弈论	人生规划与发展
经济控制论	中国与世界
电子商务	中国经济专题
产业组织理论	批判性思维与道德推理
管理学原理	新生专题研讨
营销管理	金融学专题研究
商务沟通（英）	课程设计
商法原理与实务	会计实习
经济增长（英）	管理实习
财务管理（英）	经济与金融（含保险）专业实习
公司财务	社会调查
会计信息系统	全球化商务管理实践
公共财政学	优秀学术人才培养计划
财务报表分析（英）	优秀人才领导力培养计划
大型财务数据分析	优秀创业人才培养计划
国际税务	综合论文训练
会计理论	
14. 人文社会科学学院	
思想道德修养与法律基础	经济学方法论
中国近现代史纲要	国际经济法
马克思主义基本原理	经济思想史
毛泽东思想和中国特色社会主义理论体系概论	社会学概论
逻辑学	伦理学原理
一阶逻辑	社会分层与流动
科学技术史	社会统计学
《资本论》研究	组织社会学
博弈论基础（英）	农村社会学
中国古代文学史（1）（2）（3）	医学社会学
中国现代文学史	经济社会学
中国当代文学	教育社会学
历史文献学	中国社会学史
现代汉语	中国社会
现代汉语方言	社会运动
文字学	社会调查与研究方法

续表

音韵学	心理学概论
训诂学	普通心理学
语言学理论	实验心理学
计算语言学	社会心理学
人工智能导论	心理学研究方法
古代汉语研读（1）（2）	认知神经科学基础
中国经典研读（1）（2）（3）	现代心理学前沿问题选讲
西方经典研读（1）（2）（3）	生涯发展与规划
文学理论	政治学概论
中国古代文学理论批评	国际关系学概论
中国古代文学专题	国家安全概论
外国文学专题研究（1）（2）	外交学
汉语史专题	比较政治制度
多媒体文艺学	中国政府与政治
电影：文本与社会	中国对外政策
史学概论	国际组织
世界上古中古史	国际关系分析
先秦史	科学技术与国际安全
秦汉史	当代西方政治思潮
宋元史	地区研究
明清史	世界地区与国别史（上）（下）
晚清史	当代中美关系
现当代欧洲史	美国历史与文化
哲学导论	美国政治与外交
政治哲学原理	日本研究
马克思主义哲学史	外交外事实务
现代西方哲学	近代国际关系史
宗教学原理	当代国际关系史
中国哲学经典导读	战争与和平研究
中国哲学史（1）（2）	国际政治经济学基础（英）
西方哲学史（1）（2）	国际关系专业英语
现代中国哲学	现当代中国史专题
中国近现代思想文化史	中国社会史专题
西方社会学思想史（上）（下）	经济学前沿专题
东亚近代思想史	制度经济学中国经济专题（1）（2）
管理学	国际关系论文写作

续表

经济学原理（1）（2）	人文学科文献检索及学术论文写作
中级政治经济学	文学名作与写作训练
中级宏观经济学	暑期外语训练
公共经济学	社会实践
发展经济学	专业实习
货币银行学	综合论文训练
（1）中国语言文学系	
现代汉语（1）（2）	多媒体应用与创作
古代汉语基础（上）（下）	科技文选
汉语口语（1）（2）（3）	商务文选
汉语听力（1）（2）	法律文选
汉语写作（1）（2）	演讲与口才实用技巧
中文写作（1）（2）（3）（4）	中国古典散文诵读
应用写作	中国古典诗词诵读
现代汉语概论（1）（2）	中国语言文化专题讲座（1）（2）
汉语精读（1）（2）	中国古代诗歌选读
中国概况	中国古代文学作品选读（1）（2）
走进中国（1）	中国现代文学作品选读
中国民俗文化	中国当代文学作品选读
中国古代文学史	中国现当代文学作品选读
中国现当代文学简史	中文专书研读（1）（2）
中国简史（古代）	欧美文学作品阅读（1）（2）
中国简史（近现代）	时文选读（1）（2）（3）（4）
中国电影与戏剧欣赏	东方文学作品选读
实验语音学	学术专题
语言学概论	汉语研究专题
汉字概论	中文基础综合训练
中国书法	综合论文训练
（2）外国语言文学系	
综合英语（1）（2）（3）（4）	西方艺术史
文科英语（1）（2）（3）	欧洲文学史
英语听力（1）（2）（3）（4）	英国文学
英语写作（1）（2）（3）（4）	美国文学
英语口语（1）（2）（3）（4）	澳大利亚社会与文化
英语（1）（2）（3）（4）	西方思想史
中级英语口语	文学批评原理

续表

中级英语写作	基础日语（1）（2）（3）（4）
高级英语（1）（2）	日语写作（1）（2）
高级英语读写（1）（2）（3）	日语会话（1）（2）
英语听说（1）（2）	实用日语会话（1）（2）
英语口译（1）（2）	日语听力（1）（2）
英语高级听力	日语口译（1）
英语高级口语	日语泛读（1）
影视英语（1）（2）	日语精读（1）
翻译研究导论	日语翻译（1）（2）
英汉翻译	日语视听（1）（2）
汉英翻译	日本语言研究基础
英语演讲	日语论文写作指导
英语戏剧选读	日本报刊选读
英语小说选读	日本古代文学
英语散文赏析	日本社会
英语诗歌选读	古典日语语法
美国文学经典选读	第二外语（日语）（1）（2）
欧洲经典文学作品选读	第二外语（德语）（1）（2）
语言学概论	专业基础考试
应用语言学导论	视听集训
英语文体学	英语戏剧排练与英语朗读
英语词汇学	学术英语写作训练
语义学导论	日语听力会话训练
句法学导论	日语戏剧排演
英语史	系图书音像资料整理及学术会议服务
英语国家文化	翻译实习
世界文学	综合论文训练
15. 法学院	
法学绪论	市场管理法
宪法学	亲属与继承法
比较宪法	网络与电子商务法
法理学	比较行政法
证据学	国际投资法
商法总论	侵权行为法
比较法导论	国际贸易法
国际法学	债法

续表

国际私法学	外国刑法
中国法制史学	外国民法
刑事诉讼法学	外国民事诉讼法学
刑事政策学	德国民法概论
民事诉讼法学	国际刑法（英）
知识产权法学	国际环境法学（英）
社会学导论	世界贸易组织法（英）
劳动法学	信托法（英）
军事法学导论	国际法分论（英）
行政法与行政诉讼法学	比较公司法治理（英）
中国法律思想史	网络知识产权（英）
西方法律思想史	影像中的司法
中国近代法制研究	非诉讼的纠纷解决制度
现代西方法学思潮	“法律战”导论
民法总论	专题讲座——法律职业道德与职业责任
刑法总论	刑法研讨与案例分析
刑法各论（1）（2）	民法研讨与案例分析
经济法总论	侵权行为法研讨与案例分析
国际经济法总论	知识产权法研讨与案例分析
环境资源法总论	经济法研讨与案例分析
物权法	模拟法庭初级训练
仲裁法	模拟刑事审判
海商法	法律诊所
保险法	法律实务
公司法	社会调查
会计法	社会实践
票据法	司法实践
财税法	综合论文训练
证券法	
16. 新闻与传播学院	
传播学原理	古代汉语
广播电视概论	现代汉语
专业阶梯英语（1）——英语新闻	初级新闻采写
专业阶梯英语（2）——口译与听说	高级新闻采写
专业阶梯英语（3）——美国媒体文化	军事对外宣传
专业阶梯英语（4）——英国媒体文化	媒介调查与统计方法

续表

专业阶梯英语（5）——公共关系与广告	舆论战导论
专业阶梯英语（6）——媒介入门	心理战导论
专业阶梯英语（7）——新闻传播英语技能训练	传媒与社会
新闻传播学引论	广告概论
新闻学概论	新闻摄影
马克思主义新闻观	广播电视采访与报道
新媒体导论	电视创意与策划
报刊编辑	影视制作（1）（2）
新闻评论	电视新闻专题
媒介批评	报纸实务
媒介经济学	社会实践
媒介伦理与法规	专业社会实践
媒介经营与管理	专业实习
数字媒体	学年论文
中国新闻传播史	综合论文训练
外国新闻传播史	
17. 美术学院	
中国美术史	传媒研究
外国美术史	影视艺术赏析
中国工艺美术史	玻璃艺术概论
外国工艺美术史	玻璃艺术
计算机辅助设计	吹制玻璃（1）（2）（3）
中国概况	窑制玻璃（1）（2）（3）
大学语文	装饰玻璃（1）（2）
汉语基础	玻璃粘贴工艺
汉语写作	玻璃特种工艺
报刊阅读	纤维艺术
时文选读（1）（2）	纤维艺术概论
素描	纤维工艺
素描基础	壁毯创作
素描（1）（静物、半身像）	软雕创作
绘画素描（2）	综合材料
素描人体（1）（2）	综合材料创作
素描速写	装饰基础
素描（人物速写）	装饰艺术
速写	装饰色彩

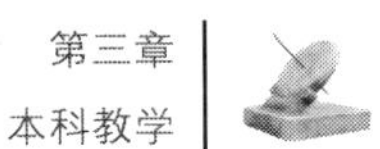

续表

人体速写	书法
图案基础	解剖
图案	透视
色彩	色彩风景
色彩（静物）	重彩
设计概论	重彩（人物）
设计初步	重彩人物临摹
设计表达	重彩人物写生
平面设计表达（1）（2）	构图
综合工艺基础	创意与表现（1）（2）
服装学概论	工笔花卉基础
服装工艺（1）（2）	工笔花鸟
平面裁剪（1）（2）（3）	工笔花鸟（1）
时装画基础	中国画
时装画技法	中国画白描
服饰色彩	中国画（工笔人物）
立体裁剪	山水临摹
立体裁剪（1）（2）（3）	秋季写生
中国服装史	人物白描写生
西洋服装史	白描
中国染织纹样史	白描人物
外国染织纹样史	国画写意
形态研究	国画（山水）
服装人体工程学	国画（工笔花鸟）
服装设计（1）（2）（3）	写意
服装设计	写意人物
服饰设计	写意（花鸟）
服饰纺织品设计	色彩人物
室内纺织品设计	创作
汽车织物设计	黑白木版
旅游纪念品设计	木版制作
材料再造	石版
纺织材料学	铜版
纺织材料学（染织）	丝网
染织图案基础	丝网技法
刺绣工艺	木版水印
编织工艺	木版创作

续表

印染工艺	套色木版
服装工艺	版画制作
纺绣工艺	版画创作
机织工艺	版画语言训练
编织艺术设计	油画（人体）
刺绣艺术设计	油画（人物组合）
印染艺术设计	油画（头像与半身带手）
地毯设计	油画（肖像、人体）
织物 CAD	油画（1）
印染 CAD	西方油画临摹与赏析
刺绣 CAD	油画练习
服装 CAD	油画写生
服装造型综合训练	油画人物
市场营销学	油画创作
中国陶瓷史	创作练习
世界陶瓷史	浮雕
瓷艺术设计导论	浮雕人体
陶瓷成型基础	浮雕人像
陶瓷造型基础（1）（2）	圆雕人体
陶瓷塑造基础（1）（2）	圆雕人体（1）
陶瓷装饰基础（1）（2）	雕塑
陶瓷工艺基础	雕塑概论
陶瓷设计基础	雕塑基础
传统陶瓷雕塑	雕塑（写生）
陶艺基础——拉坯成型	传统雕塑临摹
陶瓷造型（构成）	雕塑构造
传统陶艺（1）（2）（3）	具象雕塑
传统陶艺	抽象雕塑
现代陶艺（1）（2）（3）	环境雕塑
现代陶艺	雕塑（1）（2）（3）（4）（5）
陶瓷设计（1）（2）（3）	中国雕塑史
陶瓷设计	西方雕塑史
包装结构设计	中国传统雕塑彩塑
现代造型艺术	泥塑胸像
中国传统装饰艺术	泥塑圆雕人体
中国书法篆刻艺术	泥塑着衣人物

续表

字体设计	等大泥塑人体
图形设计	泥塑人体（1）（2）（3）
色彩设计	专业基础·素描
色彩设计基础	专业基础·色彩
印刷工艺	专业基础·设计
书籍设计概论	专业基础·书画
书籍设计（1）（2）（3）	专业基础·学科概说
书籍设计	专业基础·美术考古
设计思维	专业基础·艺术概论
编排设计	专业基础·说明文写作
标志设计	专业基础·学术论文写作
品牌设计	美术史专题·中国古代绘画
广告设计（1）（2）	美术史专题·中国版画史
包装设计	美术史专题·中国书法史
插图设计（2）	美术史专题·中国现当代艺术
海报设计（1）（2）	美术史专题·佛教美术
平面设计（1）（2）（3）	美术史专题·公共艺术概论
设计交流	美术史专题·西方古代美术史
广告艺术概论	美术史专题·西方现当代美术史
视觉表现	美术史专题·壁画史
视觉设计	设计史专题·艺术传播学
视觉语言（1）（2）（3）	设计史专题·中国设计史
视觉传达设计概论	设计史专题·外国设计史
视觉形象系统设计	工艺美术史专题·中国工艺美术史料学
设计表达（1）（2）（3）	工艺美术史专题·外国工艺美术史
交通工具设计概论	工艺美术史专题·中国工艺美术断代史（1）（2）
交通工具造型设计（1）（3）	艺术理论专题·美学
汽车新技术与新材料	艺术理论专题·中国美术学史
交通工具平面设计表达（1）（2）	艺术理论专题·中国工艺美学思想史
交通工具立体设计表达（1）（2）	艺术理论专题·设计批评
交通工具计算机辅助设计（1）（2）	艺术理论专题·产品创新设计
空间概念	艺术理论专题·中外设计论著导读
空间测绘	艺术理论专题·艺术史研究方法论
空间构成	艺术理论专题·西方现代艺术理论
构成与设计基础	民族民间美术专题·中国民间美术概说
构成	民族民间美术专题·中国传统民间文化艺术

续表

材料与构造	西方绘画中的精神性研究
建筑设计	美术史工艺美术史专题研究（1）（2）
建筑设计初步	动态表达基础
建筑技术	信息艺术概论
建筑装饰	信息图表设计
建筑形态学	互动媒体设计
光环境设计	多媒体技术应用
施工图设计	新媒体艺术
设计标准与预算	音频视频
城市规划原理	网络艺术设计
园艺基础	数字娱乐作品赏析
园林设计	数字影音设计
城市空间陈设	信息结构设计
公共设施设计	信息设计方法
地景勘测与识图	信息设计（1）（2）
环境心理学	交互技术（1）（2）
中外建筑园林史论（1）（2）（3）	数字交互设计
水景与绿化设计	数字动态设计表达
环境艺术概论	视听语言
环境艺术鉴赏	脚本语言基础
景观设计基础	表演基础
景观设计原理	界面设计
景观设计（1）（2）（3）	手绘表现技法
景观设计	动画艺术概论
景观艺术设计	动画行为规律
景观园林史论	动画分镜头
建筑景观导论	动画美术设计
环境色彩设计	三维动画设计
计算机辅助环艺设计	动画前期创意
计算机设计表达	原动画技法
室内设计基础	动画创作实践
室内设计风格概论	动漫周边产品设计
室内设计	动漫艺术表现
室内设计（1）（2）（3）	动画创作（1）（2）
家具设计（1）（2）	动画与当代艺术
室内设计程序	动画后期制作
室内装饰效果图	声音表现

续表

机械制图	数字动画制作技术
工业设计机械制图	计算机辅助设计基础
工业设计概论	计算机辅助设计（三维）
工业设计初步	立体设计表达
工业设计程序方法	书法篆刻
工业设计平面表达	漆画艺术
产品计划	漆画艺术（1）（2）（3）
产品设计基础	漆立体艺术（1）（2）
设计战略	首饰艺术
设计工程	首饰艺术（1）（2）
可用性工程	髹饰工艺（2）
设计社会学	焊金工艺（1）（2）
设计管理专题研讨	锻金工艺（2）
产品设计战略	金属装饰品设计（1）（2）
产品色彩设计	展示设计基础
产品创新设计	展示设计概论
综合设计表达	展示设计
计算机辅助产品设计	展示艺术设计
产品设计（1）（2）（3）	陈设设计
价值分析应用	展示设计（1）（2）（3）
人机工学概论	展示创新设计
人体工程学	展示照明
立体造型	展示材料与工艺
造型基础（1）（2）	展示空间研究
专业造型语言研究	展示策划与管理
材料与成型工艺	展示策划与设计
摄影	计算机辅助展示设计
摄影技术基础	展示工程管理
影像造型基础	坦培拉
数字影像基础	课题创作
摄影艺术概论	应用课题创作（1）（2）
摄影美学	动画创作实践
黑白摄影	壁画创作
彩色摄影	公共艺术设计
肖像摄影	综合绘画创作
科学摄影	版画技法综合训练
自然摄影	综合版画创作

续表

世界摄影史	专业考察
新闻摄影	社会实践
创意摄影	专业实践
影视摄影	深入生活收集素材
商业摄影	设计调研
广告摄影基础	论文写作
摄影实践与创作（1）（2）（3）	毕业创作与论文选题
设计摄影专题研讨	毕业设计创作
数字影像制作	毕业论文
18. 医学院	
医学心理学	生理学
病毒与蛋白质结构	
生物医学工程系	
生物医学电子学	生物医学测量
计算机图形学	医学仪器设计
生物医学工程概论	系统与计算神经科学
专业实践综合训练（1）	微/纳米生物医学技术与仪器
人体解剖与组织学	生物医学检测技术及产业化应用
应用蛋白质晶体学	医学仪器专题
临床化学原理	专业实践综合训练
医学模式识别	生产实习
信号与系统	综合论文训练
医学图像	
19. 体育部	
体育（1）（2）（3）（4）	三年级女生板球
体育专项（1）（2）（3）	三年级女生乒乓球
体疗（1）（2）（3）（4）（5）（6）（7）	三年级女生羽毛球
一年级女生体育（2）	三年级女生跳水
一年级男生体育（2）	三年级女生形体
二年级男生板球	三年级女生游泳
二年级男生篮球	三年级女生划船
二年级男生排球	三年级女生街舞
二年级男生足球	三年级女生旱冰
二年级男生手球	三年级女生武术
二年级男生棒球	三年级女生健美操
二年级男生毽球	三年级女生功夫扇

续表

二年级男生藤球	三年级女生自卫防身
二年级男生乒乓球	三年级女生中国秧歌
二年级男生地板球	三年级女生艺术体操
二年级男生武术	三年级女生游泳中级班
二年级男生散手	三年级女生游泳高级班
二年级男生游泳	三年级女生野外生存生活技能训练
二年级男生健美	四年级男生台球
二年级男生中国式摔跤	四年级男生毽球
二年级男生野外生存生活技能训练	四年级男生保龄球
二年级女生毽球	四年级男生篮球提高课
二年级女生篮球	四年级男生网球提高课
二年级女生足球	四年级男生羽毛球提高课
二年级女生垒球	四年级男生乒乓球提高课
二年级女生藤球	四年级男生健美提高课
二年级女生乒乓球	四年级男生花样轮滑提高课
二年级女生软式排球	四年级男生瑜伽
二年级女生形体	四年级男生街舞
二年级女生游泳	四年级男生散手
二年级女生武术	四年级男生武术
二年级女生健美操	四年级男生击剑
二年级女生自卫防身	四年级男生划船
二年级女生野外生存生活技能训练	四年级男生飞镖
三年级男生网球	四年级男生跳水
三年级男生手球	四年级男生游泳
三年级男生板球	四年级男生蝶泳
三年级男生毽球	四年级男生游泳中级班
三年级男生乒乓球	四年级男生游泳高级班
三年级男生羽毛球	四年级女生网球
三年级男生沙滩排球	四年级女生毽球
三年级男生篮球提高课	四年级女生乒乓球
三年级男生足球提高课	四年级女生保龄球
三年级男生健美	四年级女生羽毛球
三年级男生游泳	四年级女生旱冰
三年级男生跳水	四年级女生街舞
三年级男生划船	四年级女生瑜伽
三年级男生武术	四年级女生划船
三年级男生散手	四年级女生游泳

续表

三年级男生击剑	四年级女生蝶泳
三年级男生街舞	四年级女生跳水
三年级男生功夫扇	四年级女生健美操
三年级男生跆拳道	四年级女生形体健身
三年级男生花样轮滑	四年级女生自卫防身
三年级男生游泳中级班	四年级女生太极功夫扇
三年级男生游泳高级班	四年级女生游泳中级班
三年级男生野外生存生活技能训练	四年级女生游泳高级班
三年级女生毽球	运动训练 A（1）～（8）
三年级女生网球	
20. 图书馆	
文献检索与利用（化工类）	文献检索与利用（社科类）
文献检索与利用（理工类）	文献检索与工具书利用
21. 基础工业训练中心	
金工实习（集中）A、B、C	制造工程基础
金工实习（分散）B、D	工业系统实践
电子工艺实习（集中）	工业生产概论（1）（2）
电子工艺实习（分散）	现代汽车制造技术及管理
机械制造实习	
22. 信息网络工程研究中心	
无线移动网络技术	
23. 电工电子实验教学中心	
电子技术实验	数字电子技术实验
电子电路实验	电子技术课程设计
24. 全校性选修课	
（1）外语选修课	
科技英语视听说	酒神的欢愉：快乐英语写作
英语高级阅读	西方戏剧精讲及表演
英语高级听力	高级英汉互译（1）
英语高级口语	新时代交互英语——网络视听说
英汉互译实践与技巧	法律英语
英语报刊选读	一外日语（1）（2）（3）
英语高级写作	一外俄语（1）（2）（3）
美国社会与文化	商务英语视听说
西方文学选读	中级英语视听说
影视欣赏	学术英语写作（1）
英语词汇	学术英语阅读

续表

英语阅读技巧	逻辑比较与英汉翻译
英国社会与文化	日本社会与文化
高级英语视听说：商界热点	日语（第二外国语）(1)(2)(3)
大学英语读写译（1）（2）（3）（4）	德语（第二外国语）(1)(2)(3)
英语听说（1）（2）（3）	俄语（第二外国语）(1)(2)(3)
实用英语交际技巧	法语（第二外国语）(1)(2)(3)
科技英语阅读	韩国语（第二外国语）(1)(2)(3)
英语语言与文化	意大利语（第二外国语）(1)(2)(3)
英语演讲艺术	西班牙语（第二外国语）(1)(2)(3)(4)
(2) 研讨课	
认识文化遗产	触“膜”世界
建筑发展趋向	生物能源与可持续发展
灾害及其对策	人类与微生物
结构中的技术和艺术	生物技术中的创新
工程师的科学思想与方法	金属功能材料导论
水科学及水工程	应用高温超导
水资源与水危机	高分子：过去、现在与未来
建筑质量和商品房纠纷案例简析	磷与生命化学
水环境与水安全	碳原子：化学领域的魔术师
环境与发展	催化剂与能源、生态和环境
全球性的持久性有机污染物	超分子化学：认识物质世界的新层面
结构数字化分析的探讨	病毒感染与免疫
宇航技术的发展与微小卫星	蛋白质组学
微/纳机电系统——奇妙的微小世界	蛋白质与生命
能源科学研究中的失败案例讨论	生活中的遗传学
能源与可持续发展	牛鞭效应——供应链管理入门
现代道路交通与安全	技术创新战略研讨
汽车发展与能源环境	市场营销研究
智能化汽车	中国国家经济安全研讨
无线通信发展历程	生涯发展规划
集成电路简史	自然与文化（1）：诗画与炼丹
设计互联网	李约瑟难题：从科学思想比较角度的初探
道路交通智能化研究	戏剧中的科学
光子集成前沿	走在路上的叙事艺术
下一代互联网	新闻中的文化
计算基因组分析	中国陶瓷艺术
智能交通系统	聚焦医学工程新技术

续表

漫话滤波	算法设计及其复杂性分析
企业信息化概论	固体光电子技术导论
晶体管的发明和信息时代的诞生	通信网络设计实例研究
等离子体技术及应用	计算机软件前沿技术
等离子体、激光与电子束	网络安全研讨
大分子的世界	
（3）文化素质教育核心课	
①哲学与人生课组	
中国哲学概论	西方哲学精神探源
人生哲理专题	当代道德问题探讨
追寻幸福：西方伦理史视角	幸福与发展
大学生心理健康	
②历史与文化课组	
建筑的文化理解	儒家经典导读
中国文化名著导读	中国史要论
中国古代礼仪文化	中西文化关系史
《老子》与《论语》	异文化的接受与传播
《庄子》导读	西方文明史
《世说新语》与魏晋风度	
③语言与文学课组	
大学语文	诗词格律与创作
中国古代散文研究和赏析	唐诗鉴赏
中国古代小说研究与赏析	鲁迅作品选读
中国古典诗歌研究与赏析	西方文学思潮与作品
④艺术与审美课组	
西方古典音乐文化	外国美术史
20 世纪中国歌曲史概况	艺术史导论
戏曲与中国传统文化	清华艺术史（1）
中国工艺美术史	20 世纪中国歌曲史概况
外国工艺美术史	西方古典音乐文化
⑤科技与社会课组	
科学技术史系列讲座	后现代科学哲学
科学技术史系列讲座	环境保护与可持续发展
俄罗斯科学技术与社会	环境伦理
现代西方科学哲学	
⑥当代中国与世界课组	
国际关系分析	国际政治与中国

续表

当代世界与中国	创新人才与大学文化
民族主义与大国之路	
⑦基础社会科学课组	
政治制度与经济发展	质量管理学
中国传统法律文化	跨文化沟通
中国习惯法导论	数字媒体基础
中国国情与发展	
⑧数学与自然科学课组	
数理科学与人文	生态学
数学模型	中国水文化专题
天文学导论	结构美学
化学与社会	实验室科研探究（1）（2）（3）（4）
（4）普通文化素质教育和全校选修课程	
GPS卫星定位原理及应用	当代社会主义理论与实践
地理信息系统概论	全球化下的知识产权战略
地下空间开发利用概论	镜头下的战争与国际关系
遥感概论	传播媒介与当代青年
智能交通系统概论	从新闻中学习科技与经济
交通运输系统概论	计算机科学导论
项目管理概论	面向对象程序设计基础
中国水文化专题	网页设计与制作
清洁生产导论	办公自动化软件应用
工业生态学	Java语言程序设计
全球性的持久性有机污染物	C++语言程序设计
环境保护与可持续发展	Visual Basic程序设计
激光加工概论	软件工程
电路原理	软件开发基础
机器人工程基础及应用	操作系统
科技商务	数据结构
产品设计与开发	数据库技术及应用
航空航天材料及其应用基础	人工智能导论
生物材料工程与器件	并行计算基础
材料成形工艺实验	高档单片机原理及应用
光盘存储及应用技术	16位单片机原理及应用
产品数据管理（PDM）技术	微机接口电路设计与VHDL语言
现代光学导论	基于FPGA的可编程片上系统设计
现代显示技术	嵌入式系统设计与应用

续表

能源概论	单片微机嵌入系统
兵器科学与技术	计算机网络技术基础
轮式装甲车辆技术	计算机网络
汽车构造（1）	计算机网络管理
集成传感器	计算机网络安全
可编程控制器及变频器系统	计算机网络及应用
激光与光电子技术实验	新一代网络计算与 Web 服务
微电子学概论	大学生音乐知识与欣赏
光子集成前沿	交响音乐赏析
电子电路分析与设计（EDA 软件应用）	键盘艺术赏析
计算机辅助设计技术基础	钢琴入门与音乐基础
电子系统设计综合实践	管乐合奏初步
Protel 电路板设计	管乐合奏（1）（2）
基于大型 CAD/CAM 软件的复杂形状建模与制造	音乐会管乐合奏（1）（2）
虚拟仪器系统的应用与实践	民族管弦乐队合奏（1）（2）
虚拟仪器基础	民族管弦乐队基础知识与演奏实践（1）（2）
表面贴装技术（SMT）基础	中国民族民间音乐赏析
工程操作技术（等级工培训）	中国音乐与中国传统文化
工业系统概论	多元文化中的音乐现象研究
基于 Pro/ENGINEER 的 CAD/CAM	交响乐合奏（3）（4）
数控加工	西方弦乐艺术与作品赏析
特种加工	西方弦乐合奏训练（1）
标准化概论	西方室内乐弦乐艺术史与作品赏析
自动化中的气动技术	西方室内乐弦乐重奏（2）
非牛顿流体力学	布鲁斯钢琴演奏
生物世界中的流体力学	浪漫主义与 20 世纪钢琴作品演奏（3）（4）
探寻流体力学大师的足迹	单簧管萨克斯管演奏实践（1）（2）
流固耦合及其控制实验技术	音乐声学
细胞与分子力学	独唱重唱艺术表演（3）（4）
航空概论	中外合唱名作赏析与学唱
航天概论	合唱艺术（1）（2）
等离子体技术及应用	音乐会合唱（3）（4）
等离子体、激光与电子束	合唱指挥与歌唱训练基础（1）（2）
触“膜”世界	舞蹈基础（1）（2）
现代生物学导论实验	舞蹈欣赏与实践
生物技术中的创新与创业	民族与现代舞赏析
绿色工程原理与应用	中国优秀传统舞蹈（2）

续表

建筑市场交易与行业规制	中国当代经典舞蹈（1）
三维可视化技术基础及应用	国际标准舞基础训练
材料科学与工程概论	国际标准舞表演（3）（4）
稀土功能材料	独舞与多人舞艺术表演（3）（4）
环境材料学	中外名剧欣赏
国内外新材料的奇妙应用	京剧基本功训练（2）
近代物理实验A组、B组、C组、D组	京剧基本功训练及表演（1）
科学研究导论	话剧表演艺术基础（2）
运筹学基础	话剧艺术综合训练（1）
对策、决策与排队论	百老汇音乐剧百年历程
会计学原理	欧洲歌剧知识与赏析
管理学基础	校园歌曲创作（2）
经济学原理	新闻纪实摄影
宏观经济学原理与现实	摄影作品赏析
技术创新管理	花卉静物与广告摄影（2）（室外）
国际贸易实务与案例分析	电影艺术中的音乐与文化
商务谈判原理及模拟	美术写生实践（1）（2）
创业管理	中国美术史
创业训练营	服饰赏析
信息管理导论	美学与艺术欣赏
公有资产导论	现代生活美学与实践
商业侵权法律问题	审美的历程
法律基础	综合艺术训练（1）（2）
国际法导论	多媒体文艺学
知识产权法	中国戏曲研究
合同法	唐宋词鉴赏
科学技术概论	围棋与中国文化
理解自然	国际象棋与文化
战后中苏关系的演变和发展	1966—1976年中国文化史论
古代中国—欧洲交流史	中国近代文化史
东亚民俗的比较研究	农民学与中国传统社会
国际政治学概论	甲骨文与古代中国文明
日本民族研究	女书与非物质文化遗产
俄罗斯民族研究	清代女诗人的文学生活
美国大学与社会	媒介素养综合知识与实践
中国的统一与台湾问题	党的知识概论
台湾集团企业与两岸关系	学生社会工作概论

续表

西方哲学史	学生社会工作概论（提高班）
现代西方哲学思潮	大学生礼仪基础
现代西方技术哲学	大学生心理训练与潜能开发
《老子》与《庄子》	大学生人际交往训练
道家与玄学	大学生职业生涯规划
佛教文化概论	大学生职业规划与素质发展
儒学概论	创业基础（Know About Business，KAB）
对外汉语教学实践专题	大学生自我成长
中国教育传统	大学生情商与影响力
西方教育传统	志愿服务管理概论
教育与就业	成功之道
认知神经科学基础	心理危机预防与干预
中国近现代经济史	大学生成长团体训练
中国经济改革的理论与实践	大学生职业辅导理论与方法
国际人力资源开发	演讲与口才实用技巧
追寻幸福：中国伦理史视角	社会工作案例研讨课
生态伦理学	孙子兵法导读
工程伦理学	当代国防系列讲座
生命伦理学及其案例研究	射击
中西方伦理思想比较	定向越野
工程经济学	当代军官应具备的基本素质讲座
图书馆概论	高技术战争
科技写作	卫生与保健
社会科学研究方法论导论	文化素质教育讲座（1）
科研思维方法	

第五节 教学环节

解放前，清华大学的教学工作主要以讲授、实验（部分工科系有实习）、考试和毕业论文等教学形式进行。1952 年院系调整后，学习苏联教育经验，整个教学过程包含讲课、课堂讨论与习题课、实验、课程设计、实习（认识实习与生产实习）、考试与考查、毕业设计（论文）与答辩等多种教学环节。自1978年改革开放以来，不断深化教学改革，加强基础，注重实践，优化教学过程，开展素质教育，对提高教学质量起了重要作用。

一、理论教学

理论教学内容包括基础理论课、技术基础课和专业课教学。基础理论课教学是理论教学的基础与重点。课堂讲授是理论教学的主要方式，也是教学过程中最重要的教学环节。

清华大学一贯重视课堂教学，尤其是基础理论课教学，教师讲课严谨认真、要求严格，已形成传统，这是清华教学的一个特点。

1925年至1937年，清华师资力量强，教授多于讲师、助教，因此讲课主要由教授承担，特别是大一的基础课程，都是由各系著名教授主讲。教员、讲师不能开课讲授主要课程，在理工学院他们一般都只能教低年级的绘图、实验、实习等。课堂讲授内容常视教师而异，通常文法类课程，教师讲课多无一定的系统和严格的教学大纲，而突出讲自己的专长和研究心得。这一时期，课堂教学重视基础，要求严格，讲课质量较高。

西南联大时期，三校教师汇集，师资力量胜过战前任何一校，开出的课程名目大大增多，且大都分别由专于该门课程的教授担任，有些系有的课程甚至是同一门课由几个各有所长的教授分章轮流讲授。课堂教学的学术自由风气较浓厚。

1952年院系调整后，学习苏联教育经验，将课程分为四类：政治理论课、基础理论课、技术基础课和专业课。当年，成立了公共课教研组，后改称基础课教研组，组织全校基础理论课教学。由于院系调整，许多著名教授调出清华，师资缺乏已成为教学工作的主要困难。为了保证课堂教学质量，当时除对一部分工农学生单独开班上课以及部分专业课只有一个小班（约30人）学生上课外，均按各系专业类型以大班开课，一个大班通常包括四至八个小班，一二百人。各类课程的大班授课均由教授或有教学经验的讲师担任。起初，按照苏联教学大纲，讲课内容普遍过多，学生的学习负担过重。1953年度下学期，全校各教研组修订课程教学大纲，并组织教师写教案、试讲，互相听课，观摩教学，交流经验，精简讲课内容，改进教学方法，学生学习负担与教学质量均有所改善。1958年至1966年，贯彻党的教育方针，在克服了生产劳动过多、一度冲击课堂教学的偏向后，遵循“联系实际，提高理论，结合专业，加强系统”的原则，对基础理论课教学进行改革，在讲课中普遍增加了专业需要的内容和现代科学技术知识，明确了基础理论课在专业中的作用和要求，加强了工程观念。基础课教学普遍注意了在讲授基本概念和原理时从实际出发，分析概念和原理所反映的物理意义，联系工程实际问题说明理论的应用范围和运用方法，提高学生掌握理论知识、把理论应用于实际的能力。“文化大革命”期间，基础课教研组被解散，教师分散到各系，随专业教研组带学生下厂“开门办学”，结合典型任务进行教学，课堂讲授学时减少，基础理论削弱。

1978年恢复基础课建制，成立了基础部，恢复数学、物理、化学、力学、外语等基础课教研组，承担全校公共基础课理论教学。后随着学校学科院系调整，恢复理科、文科，各基础课教研组相继并入各相应的系、院，由这些系、院担任有关基础课程的教学工作。为了加强基础课教学，1980年学校从各系有关专业抽调部分专业教师长期讲授基础课，一部分专业教师相对稳定地参加基础课教学辅导，充实了基础课教学队伍。自1980年起，学校深入开展课程内容体系与教学方法的改革，提高理论教学质量。每年选择1～2门涉及全校性的公共基础课程，采用全校性研讨的办法，提出改革方案，逐步推广。1988年以后，又先后专题研讨了外语、数学、金工、化学、马克思主义理论课、非电类专业计算机基础教育等课程。如数学课，经过研讨，把当时60年代以“微积分”为主的工科数学调整、充实、更新为由分析数学、代数学、随机数学和计算数学为基本内容构成的多层次的工科数学，且对微积分、线性代数等基础数学课程提出改革方案，使基础数学的教学打破了“一个模式”“一个体系”的状况，初步形成了面向各学科发展需求、各具特色的局面。

从1991年开始，学校对非电类专业的计算机课程进行改革，把计算机基础教育分为三个层次，设三门必修课，即计算机文化基础、计算机技术基础（硬、软件）、计算机应用基础（包括图形处理、信息处理等），在计算中心成立教研组和计算机开放实验室，统一领导、管理和实施非电类专业的计算机基础课程教学工作，提高了教学水平和质量。为加强计算机基础教学的力量、及时反映学科发展水平、进一步提高教学质量，2005年学校决定该教研组调入信息学院计算机系，由计算机系主导全校计算机基础教学工作。

在推进课程内容体系与教学方法的改革中，除采用现代化教学手段（如电化教学、计算机辅助教学与网络教学等，见本章第六节）以及启发式讨论式教学外，又试行分层次教学，按教学内容的深浅，分成不同层次，采用不同的讲授方法，以适应不同学生的要求，推进“参与式、研究式、讨论式”的理论课教学方法。为突出能力和素质的培养，学校推进课程考试方式的改革，提倡“讲一做二考三”的做法（即提倡精讲、研讨和自主学习，作业的范围要大于讲课的范围、考试的范围要大于作业的范围），同时组织提高班，对学习能力强的学生因材施教。

为了推进由传统教学模式向研究型大学教学模式的转变，进一步规范课程教学的要求，推动课程内容与方式方法的改革，2001年，学校出台《清华大学关于规范课程教学环节的工作意见（试行）》，规范理论课程教学六要素：讲授、讨论、作业、实践、考核、教材及参考文献。讲授，要求内容少、精、宽、新；讨论，要求将传统的以教师为主体的单向灌输式转向以学生为主体的参与式；作业，要求分量适度、纳入课程考核，可有“无标准答案”作业、“大作业”，要认真批阅；实践，要求与课堂教学结合，提倡设置项目研究（Project）或设计类专题；考核，要求改变以期末考试定成绩的做法，应计入讨论、作业、实践及平时测验的表现，要改革考试，重视学生创造性思维培养；教材及参考文献，要求教师向学生推荐教材或主要参考文献、一般参考文献，包括外文参考文献。

在经济全球化和教育国际化背景下，为适应国际化办学的需要，在许多院系已开设双语课程的基础上，2006年，学校制定了《关于进一步推进本科双语教学课程建设的若干意见》，并立项支持双语课程建设，2006—2007学年，本科双语授课课程规模达到200门。

2007年，为进一步完善教学组织体系，不断提高教学质量，形成重视教学、研究教学、投入教学的良好氛围，经过广泛调研，学校决定在部分院系进行课程教学组建设试点。作为基层教学组织，课程教学组以重要基础课程和系列课程为建设重点，其主要职责是，组织教师积极开展教学研究，精心组织课程教学，切实加强教学队伍建设，全面提高教学质量。通过课程教学组的建设，深化课程体系研究，促进教学经验交流，推动教学内容和教学方式方法改革，提高教师教学水平和教学能力。

二、实验教学

在清华大学实验教学占有重要地位，理学院和工学院各系在教学与科学研究中十分注重实验的作用，竞相利用清华经费相对充裕的优越条件，努力建立与扩充实验室，在国内各大学中较早地建成了一批设备比较先进的理工科实验室，开出了许多实验课程。

自 1928 年起，物理系即规定学生选修实验课的学分不得少于理论课的 1/2。物理系实验课开设的种类也比较多，既有供全校选修的，也有属物理系专修的。除了普通物理、电学、光学等课程本身有实验外，还有单独开设的实验课程，如中级物理实验、高级物理实验、实验技术、高级物理实验专题研究等。这些实验课程一般由有经验的教师担任，在教师的指导下，学生直接动手练习操作。

化学系绝大多数课程均有相应的实验课，有些课程以实验为主。全系开出的 20 多门化学课程中，仅有化学史一门课没有实验。化学课程的讲课与实验学时比例，大体上是 2∶3，即每周讲授两小时即有三小时实验，实验成为化学系教学中的一个重要教学环节。

生物学系的实验教学比重也很大，全系开设的 20 门必修课程中，只有遗传与演化、生物学史两门课没有实验。

工学院各系建系较晚，但也十分注重实验，投入较大力量建立与扩充实验室。抗战前，土木、机械、电机三系共有 14 个实验室，其中土木系的水力实验室仿照德国大学类似实验室建造，水力机械设备较先进，当时被称为“中国第一水工试验所”。机械系的热工实验室设有发电能力为 200 千瓦的小型火力发电厂及各种动力机械。电机系的高压实验室拥有 25 万伏交流高压电源设备一套；另有高压整流器，可产生 15 万伏的直流电源；有冲击波发生器一套，可引发 250 万伏人造雷电，为当时国内最大的高压实验室。工学院各系利用这些先进的实验室开出了许多高水平的教学实验。

由于清华的实验设备条件较好，各系对实验比较重视，教学要求严格，实验课不仅帮助学生理解和巩固所学理论知识，同时培养和锻炼了学生实验操作技能与研究工作能力。

西南联大时期，教学条件远较战前清华为差。由于战事影响，大部分仪器设备未能迁出，沦于敌手，迁出的部分贵重仪器设备和图书运至重庆北碚又毁于敌机之轰炸。理学院因设备简陋、试剂材料缺乏，以致不得不削减实验项目，乃至停开许多实验课程。战前清华物理系开设的实验较多，联大物理系只有普通物理等 5 门课有实验。战前清华化学系 20 多门课有实验，联大时期只有 5 门课有实验。定量分析实验课只有五六台精确度为万分之一的分析天平，学生只能排着队等候做实验。实验时，没有煤气炉，便用酒精灯代替，后来连酒精灯都短缺，只好改用炭炉。没有蒸馏水就用井水煮沸过滤代用。一些常用的试剂如过氧化氢、盐酸、硝酸、硝酸银等在市场上买不到，只好自制。联大生物系显微镜太少，只好将切片固定于显微镜上，让学生排队轮流看。在工学院，由于迁出部分仪器设备，尚能应付教学需要，但实验数量与质量均不如战前清华。

西南联大结束后，清华大学返回北平复校，各系面临的严重困难是图书仪器设备极度匮乏。当时解决这个困难的唯一途径，是依靠学校分配到各系的一笔清华基金利息，从国外购置一些必要的仪器设备，用以恢复已被日本侵略军破坏的实验室，应付教学需要。到 1948 年，理学院共有实验室 26 个、工学院有实验室 18 个。各实验室均开出教学实验，一些老实验室由于添置了新设备，实验教学质量有所提高。

1952 年院系调整后，学习苏联教育经验，进行教学改革，但继承了老清华加强基础、注重实验、要求严格的教学传统。1953 年至 1954 年共 105 门课程开出实验，基础理论课程开齐教学实验，实验课学时一般占总学时的 7%～15%。实验课按教学班进行，每班 30 人分成若干组，通常每个教师指导 15 名学生。所有的教学实验都有实验指示书，大部分由清华教师编写，少数直接由苏联高校实验指示书翻译而来。同抗战前一样，学生在实验前需预习、写实验预习报告，实验时认真观测、记录实验现象与数据，实验后进行数据处理、总结讨论、完成实验报告，在规定期限内交老师审批，不合格者退回重做，要求十分严格。1955 年，为了提高质量、保证学时、减轻负担，各教研组改进实验教学工作，精选实验，并将实验预习报告和总结报告合一，实验中加强培养学生动手能力与独立工作能力，实验教学质量有所提高。

1963 年第 14 次教学研究会后，明确实验中贯彻“少而精”的原则，指出教学实验的目的在于加强理论联系实际，加深学生对最主要的理论知识的理解，进行基本实验技术的训练，培养一定的独立工作能力，培养严谨踏实和勤俭节约的良好作风。1965 年，实验课学时占总学时的 14%左右。

“文革”期间，实验教学受到干扰破坏，学生下厂下乡，有的实验室变成生产车间。后逐步恢复了部分教学实验室。

1980 年后，加强实践环节，实验课学时有所增加，要求物理、化学实验单独设课，专业基础实验也可单独设课，同时开出一批基础和专业实验的选修课。物理、化学、力学、电工学、电子学等课程的实验学时比重不少于 20%。在实验教学中，加强实验基本技术训练，注意培养学生自己设计实验、组织实验及动手实现科学实验的能力和科学作风。

1985 年实行三学期制后，一些专题实验安排在夏季学期进行。当年，全校共开出教学实验 2 288个，比上一年度增加近 500 个新实验。至 1988 年，专题实验已列入教学计划。此年夏季学期约有 80 个实验室接受了 53 个班的学生完成各种专题实验或专题研究。

1992 年 3 月全校召开实验教学经验交流会，总结分层次进行实验教学、在实验中发挥学生创造性、培养和提高学生动手能力等方面的经验。当年全校实验开出率为：基础课及技术基础课达 100%、专业课达 99%。

根据拓宽专业的精神，学校提出要改变专业教研组办学的状况，要求实行系（院）办专业，一些系开始打破教研组负责实验室建设的状况，开始组建系（院）实验教学中心。为改善基础课教学实验条件，学校在教学经费比较紧张的情况下，集中财力对普通物理、材料力学、应用电子学等基础课程实验室进行重点投资。

学校不断调整和优化实验课程，改进教学实验设计，丰富实验内容。建立由基础性、综合设计性和研究创新性等多个层次组成的实验教学体系，更加科学地规划教学内容，满足不同类型、不同阶段、不同兴趣爱好学生的学习需求。基础性实验着眼基本规范与技能的训练，通过对基本过程、基本规律、基本原理和基本方法的实践体验，完成对课堂学习内容从感性到理性的认识飞跃；综合设计性实验强调综合扩展与融会贯通，培养学生灵活掌握实验技能，综合分析问题并独立开展研究的能力；研究创新性实验突出科研过程的探究性与创新性，强化学生自主式和探究式学习的能力，体验系统的科学思维方法。各院系从实际出发，在保持和规范基础性实验的同时，不断丰富和加强综合设计性实验，拓展研究创新性实验。2007 年全校 340 余门实验课程中，90%以上设有综合设计性实验，40 余门课程设有研究创新性实验。

实验教学的开展依托教学实验室及各种教学实践基地。在“211 工程”、世行贷款项目及“985 工程”的支持下，学校建成了一批面向全校本科教学的实验教学中心，成为开展实验教学的坚实平台。实验物理教学中心开设了基础物理和高新技术物理基础两大类物理实验，建立了多层次、模块式的物理实验教学体系，既保证了基本训练，又突出创新意识和自主研究能力的培养。现代生命科学实验教学中心依托雄厚的科研基础积极推进实验教学改革，按照探索性、个性化和自主选择的原则，结合科研课题开设研究创新性实验。力学实验教学示范中心通过整合资源，分7个系列面向全校开展力学实验教学，创立多种综合设计性实验，在分层次开设系列主干实验的同时增设认知型、趣味型和竞赛型实验，结合学生特长开展因材施教。

各院系在结合专业特点整合大类课程平台中，推动实验教学向集成化、多样性、分层次和开放式的方向发展。电工电子实验教学中心整合了电机系、自动化系和电子系的师资和实验教学资源，从2005年起对8门电子信息与电气类课程及实验统筹规划，将基础教学实验室与专业基础、专业实验室统筹管理，构筑起集理论、实践和创新于一体、面向全校的电子信息与电气大类的教学体系与实验平台。基础化学实验教学中心构筑基础化学、现代化学和化学生物学3个实验教学平台，并面向“化学生物学基科班”开设交叉学科内容的实验，加强化学与生命科学实验教学的相互交叉和渗透。

三、课程设计

课程设计是在1952年学习苏联教育经验后增设的教学环节。通常是有关专业的某些主要技术基础课和专业课设置。

1952年至1954年两年度，全校共有79门课进行了课程设计，指导教师达189人。当时，仿照苏联教育模式组织课程设计，设计题目模拟工程实际问题（包括工艺或设备），要求学生综合运用所学课程知识，独立完成，达到工程上的结论，并绘制实用的工程图（工艺流程图或设备图）。课程设计学时一般占总学时的2%～6%，各系不等。

至1962年，部分系开始单独开设课程设计课，如无线电电子学系无线电物理专业单独设置两门课程设计课，共计97学时。

1964年，第14次教学研究会后，为贯彻落实“少而精”的教学原则，改变课程设计中的超学时状况，明确课程设计的性质是为学生参加生产实践进行准备的练习性教学环节，要求做好课程设计与讲课、实验、实习等教学环节之间的相互配合。

1966年，教育部颁布《直属高等工业学校基础课程和技术基础课程教学改革的几点意见》，指出课程设计的改革应使学生更好地受到设计工作基本功的训练，帮助学生逐步树立正确的设计思想。课程设计学时有所增加，一般占总学时的2.1%～9.6%。

1980年后修订的教学计划中，全校共有87门课程进行课程设计，课程设计学时约占总学时的5%左右。至1991年，全校进行课程设计的课程有89门，其中单独设置的课程设计课31门。

2001年，学校按照“厚基础、宽口径、强实践、重创新”的培养理念，重新整合课程结构和学分比例，将实践与研究融入教学过程，设计类课程和项目研究（Project）类课程分别作为专业相关课程，在学生培养方案中给出了必修或限选的要求。以2010级学生培养方案为例，如建筑学专业，四年制本科生175总学分中，设计类课程必修10门42学分；五年制本科生200总学分中，设计类课程必修11门52学分。土木系本科生177总学分中，Project类课程必修4门8学分，选修1门2学分，另外，若SRT项目与Project类课程培养要求相同，则经院系审查SRT学分也可替代Project类课程学分。

在2010级学生培养方案中，全校工科院系开设的设计类课程有68门（不包括计算机程序设计类课程），Project类课程16门。

四、实习、实践与公益劳动

（一）实习与实践

解放前，理学院生物学系、地学系，工学院土木工程学系、机械工程学系、电机工程学系等均有实习。生物学系通过暑假野外实习，观察、调查动植物的分类、形态、生态、分布，并采集标本回校制作和保存。动物组学生大都到青岛等沿海地区调查鱼类或鸟类，植物组学生则大都到北平西山附近地区实习。地学系的野外实习为二、三、四年级学生公共必修课，利用每年春假到近郊或外地山区举行，规定学生实习完毕要写一份详细的实习报告，经教师审阅通过后，可得1学分。土木系的重点课程测量学，教学实习多而且要求严。平面测量实习要求测绘全校平面图一张；高等测量实习则为平板仪测地形之练习，其中三角测量是在圆明园东部进行。此外，还有五周的暑期测量实习，内容包括：①地形及大地测量（包括绘制一大区域的地形图、基线测量、大三角测量及天文测算等）；②水文测量（包括各种流量、深度、精确水准测量及气象观测）；③铁路及道路定线实习（包括勘定一长约二英里之路线，勘测时分水准、经纬仪、地形与横断面各组，学生分组实测，将测定后计算结果绘制成详图），通常到外地进行。通过测量实习，学生一般能大致掌握关于测量的基本知识与初步技能，在养成精确计算能力与绘图能力上也起了一定作用。机械系设有机械实习工厂，包括金、木、锻、铸四个工种，为学生提供实习场所。

解放后，贯彻理论联系实际的教学原则，进一步加强实习与实践，成为使学生获得生产实际知识、巩固所学理论知识、培养独立工作能力和接受工程师基本训练的一个不可缺少的教学环节。

1949年6月，华北高等教育委员会颁发了工程学校学生实习办法，规定实习时间不少于一个月。1950年清华学生参加了暑期高校学生实习，这次是专业实习，地点大部分在京、津、华北等地的合作社、工矿和农村，一至四年级均有学生参加。1951年，清华三年级学生57人参加了重工业部一年专业实习；土木系水利组学生去黄河、淮河实习。

院系调整后，学习苏联教育经验，加强生产实习环节。学生在五年学习年限内要进行四次实习：认识实习、第一次生产实习、第二次生产实习、毕业实习。1953年，全校8个系1 500名学生、200名教师分赴30处工厂工地参加生产实习，这是清华大学在院系调整后进行的第一次大规模生产实习。此后，实习规模不断扩大，参加实习人数逐年增加，1954年参加生产实习的学生有2 308名，1956年暑期参加认识实习的学生有2 800名。1962年，学校贯彻《国务院批转教育部关于解决当前高等学校生产实习的几个问题》，考虑工厂接受条件，调整了实习计划，将实习人数从原7 000余人减少到4 000余人，共36个专业，300名教师赴18个城市的108个工矿企业实习。这是1958年以来规模最大、人数最多、条件较困难的一次实习。1963年共有12个系5 075名学生、419名教师分赴106处工厂工地实习。在这次实习中贯彻“少而精”原则，加强了实习中的政治思想教育，提高了实习质量。1966年，由于教学计划的修改，集中安排1～2次，共有2 300多名学生参加。

1980年清华大学通过《关于加强生产实习工作的意见》，具体规定了实习目的、内容、纪律与教师职责等项。1981年教学计划规定生产实习为14～16周，并从秋季起按学分累计成绩，实习1周计2学分。1985年实行三学期制后，生产实习主要集中安排在夏季学期。1986年机械类21个班参加了集中的金工实习；无线电系和自动化系7个班参加新设的电子工艺实习试点，效果显著；123 个班参加 2～6 周的生产实习和认识实习。为进一步落实对学生的能力培养，1987 年，学校加强对学生的实践训练，开辟校外实践基地同时扩大校内实践基地，如电子工艺学实习由原来 7 个班扩大到 30 个班。经过两届的实践，至 1988 年，夏季学期教学安排已规范化，在不同年级分别安排金属工艺学实习、电子工艺学实习、认识实习和生产实习。在实习过程中，紧密联系国家建设与工农业生产实际，加强劳动与实践锻炼，引导学生走与工农相结合的道路。

1989 年 10 月起，汽车系、机械系、计算机系、自动化系先后有部分班级开始进行培养过程与生产劳动、实践相结合的试点，学生在教师带领下前往工厂企业进行 2 个月以上的劳动、实习，以及设计开发或课题研究工作，其中汽车系的试点时间将近 10 个月。1990 年，试点进一步扩大，建筑、精仪、无线电、力学等系也相继进行，积极、慎重、多种形式探索教学过程中加强生产实践的锻炼培养。1990 年有 87 个班在夏季学期进行生产实习，约有一半以上的学生参加工农业生产与科研实际任务，完成课题 410 多个。1991 年有 1 200 余名同学参加生产实习，完成约 460 个课题。1992 年有 3 100 余名同学参加生产实习，校外实习基地数量达 45 个。

计算机系在第九学期以社会服务的形式进行为期 16 周的工程实践活动，以完成实践单位的技术课题为主，并根据实践单位情况参加 1～2 周的生产线顶班劳动，同时通过参观、访问、座谈等方式进行专题的社会调查。1985 级有半数学生自愿报名参加试点。1986 级全体同学分三路：亚运会场馆和计算机工程服务点，江苏、北京、上海、南京等地 10 家工厂企业，校内 10 多个单位，分别进行实践活动。1987 级 171 名学生（占该级学生总数的 75%）在校内外 31 个实践点，参加了 119 个课题，93%的课题以学生为主要承担者，经过三个半月的努力，90%以上的课题完成或者取得阶段成果，共写出 20 多万字的技术报告，受到实践单位的欢迎。相对长时期的工程实践活动在学生中产生了比较强烈的反响，认为是上学以来第一次真正去接触社会、了解社会、适应社会，走进社会大课堂，接触到长年在基层工作和劳动的工农群众，他们是平凡而可敬的老师。

2003 年 1 月，学校制定了《清华大学关于生产（专业）实习工作的管理规定》，明确了院系和教师职责、学生实习纪律，以及实习经费管理等项。2006 年 4 月，校务会议通过了《清华大学本科生校外专业实践基地管理暂行办法》，把建立基地、规范管理和提高质量作为学校的工作重点之一。

2006 年至 2010 年，全校每年有 4 000 多人次分赴全国各地的 200 余家企事业单位开展生产实习和专业实践，取得了良好效果。如水利系在密云水库、十三陵抽水蓄能电站、三峡水利工地和小浪底水利工地等建设了多个现场教学点。生物系每年组织学生到昆嵛山、烟台崆峒岛等地进行“普通生物学野外综合实习”。法学院组织学生到河北省固安县开展社会调查和社会服务，在当地法官的带领下分组深入各乡镇法庭参与案件审理、判决和民事调解工作，同时深入村落、庭院，就实践中接触的案件、典型的社会问题与当地法官一起开展讨论交流。经管学院以不同的主题组织大二学生进行农村社会调查，2005 年围绕甘肃省特色农业、畜牧业、县乡财政等题目进行调研，2006 年围绕“农村医疗卫生体系发展现状”进行调研。每次调研学生分为多个支队，队员们的足迹遍布四川、重庆、湖北、湖南、安徽、江西和江苏等省份。通过调研使学生关注与 8 亿农民身心健康息息相关的问题，思考“农村”“经济”“改革”等话题。

学校大力推进学生境外实践活动。从 2001 年起，利用夏季学期组织本科生到新竹清华大学、香港大学、香港科技大学以及新加坡国立大学、墨尔本大学和瑞典乌普塞拉大学等进行为期 4 周的学习交流和科研训练。学校努力建立海外实践基地，如建筑学院与新加坡、美国、西班牙长期合作，陆续派出几十位学生到国外进行建筑师业务实践，每次实习时间为 12 周。2009 年夏季学期，28 个院系约 500 名本科生赴美国、德国、英国、俄罗斯、日本、韩国等多个国家和地区参加为期不等的学术交流、短期课程学习等研修活动。2010 年夏季学期，有 33 个院系 600 多名学生参加，涉及的国家和地区有 24 个，其中参加短期课程 210 人、短期交流（包括文化交流、校际交流、学术交流等）270 人、研修实习 37 人、参加竞赛及会议等 101 人。境外短期研修活动持续时间一般从 2 天至 80 多天不等。在这些交流学习活动中，清华学生“严谨、勤奋、求实、创新”的优良学风和“行胜于言”的务实精神给接受方留下了良好印象。

（二）公益劳动

公益劳动在 1952 年教学计划中没有规定出具体时间及内容，学生参加劳动基本上是以生产劳动形式为主。1955 年，学校制定了生产劳动考核办法，并规定对生产劳动有一定工级要求，要评定工级。1958—1959 年度贯彻“教育为无产阶级政治服务，教育与生产劳动相结合”的方针，生产劳动安排一度过多，内容主要为炼钢、农业劳动、植树、修路等。1959 年 10 月学校颁布《全校同学公益劳动时间调配的意见》，具体规定了公益劳动时间为每人每学年 2 周，此外，每个学生每周要参加 1 小时课余劳动，每月 2 小时爱国卫生运动。1959 年度参加公益劳动约 8 000 余人，时间为 4～5 周，主要内容为植树、整修操场、八达岭绿化劳动等。同年，学校发布《关于修订教育计划的几点补充意见》，修订后的教学计划规定学生在校参加公益劳动时间为 10 周，即每年 2 周，集中安排在暑假前进行。

1981 年，学校修订教学计划，规定学生在校期间参加公益劳动时间为 2 周，内容为建校劳动或农业劳动，安排在暑期前进行。

1985 年后，公益劳动作为必修课程纳入教学计划，均安排在夏季学期进行，并逐步规范化，机类近机类学生安排在第一学年，电类及文理等科学生则安排在第二学年。每年组织约 1 500～2 000名大学生参加以“爱我清华，建设清华，参加实践，锻炼自己”为主题的历时一周的校园公益劳动。1989 年后，将学生参加公益劳动的时间由 2 周改为 1 周。

公益劳动重在育人。大学生通过公益劳动课，用自己双手建设校园：修缮门窗、粉刷宿舍、组装暖气、清洗课桌，翻修马路、疏浚水沟、翻整土地、清运渣土，修整草地、清理校园环境、种草植树栽花、修建绿化景点等等。劳动使同学们体验到工作的艰辛，增强了劳动观点，增进了对劳动人民的了解和感情，同时加强了同学间的情感交流，增加了凝聚力，促进了班集体建设。公益劳动课取得了显著的教育效果，1990 年获清华大学教学成果一等奖，1993 年公益劳动课被评为一类课。

1999 年各院系调整了夏季学期的教学安排，相对延长了其他实践教学环节的时间，停止了作为课程安排的公益劳动。

五、文化素质教育

清华大学历史上就强调实行全人格教育。1911 年 2 月，《清华学堂章程》规定“以培植全才、增进国力为宗旨”。1914 年，梁启超先生在清华以《君子》为题的著名演讲中，提出培养“君子”的办学理念，以“养成国民之人格为宗旨”，以“自强不息”“厚德载物”的精神勉励学子，第一次将中国传统文化的精髓和价值取向纳入现代大学的人才培养理念。1925 年吴宓先生担任清华国学研究院主任，提出培养“通才硕学”之人才，要求“通知中国学术文化之全体”，引导学生直接阅读文化经典。1931年梅贻琦担任校长，坚持对学生进行全人格教育，认为“通识，一般生活之准备也，专识，特种事业之准备也。通识之用，不只润身而已，亦所以自通于人也。信如此论，则通识为本，而专识为末；社会所需要者，通才为大，而专家次之，以无通才为基础之专家临民，其结果不为新民、而为扰民。此通专并重未为恰当之说也。”

1952年院系调整，清华成为多科性工业大学，蒋南翔任校长期间强调理工科学生也要学好人文社会科学。他力主保留了清华大学图书馆历存的人文社会科学图书资料及文物精品，并亲自兼任哲学教研组主任，给学生讲哲学课。支持办好校音乐室和各类学生社团。1957年冬蒋南翔校长提出的“争取至少为祖国健康工作五十年”的口号，成为全校学生开展体育活动的座右铭。1965年初他强调“我们不仅是培养红色工程师的，我们是培养党和国家各项事业接班人的，包括将来党和国家的领导人也将在你们当中产生。”学校努力遵循关于人的自由全面发展的教育思想，为社会主义建设培养德才兼备、全面发展的创新人才。

1977年以后，清华大学不断推进教育教学改革，提出在进行知识传授的同时要改善知识结构，注重学生能力培养，要培养学生主动获取知识、分析解决问题、一定的创新和初步的组织管理等四个能力。在《清华大学本科教学基本方案》中提出：从一、二年级起逐步安排“有关社会科学和文学、艺术、历史、经济管理、环境保护、体育等方面的选修课程”。1986年开始试行并经1987年教代会通过，将人文社科选修课以限定性选修的方式纳入课程体系。全校共开出88门人文社科和经济管理等方面的选修课（人文类51门、社科类25门、经济贸易法学类12门），要求每个学生至少选6学分。1989年首先在环境系环82班试点全班选修舞蹈课，不仅使学生丰富了课余文化生活，提高了艺术修养和审美能力，而且加强了团结，增强了凝聚力，促进了班集体建设，后推广到全校大一新生，每班选修音乐或舞蹈。1990年开始，对人文社科和经济管理等方面的选修课按学科内容设置分组限选课程，要求学生每组至少选修一门。1992年全面修订本科教学计划时提出，要“提高学生的思想文化素养，适当增设人文社会科学课程，将人文社科课程由任选改为分组限选”，规划了“历史与文化”“文学与艺术”“人生观与伦理道德”“经济与管理”“政治与社会”五组，要求学生跨组选4门课程，共128学时，4学分；另外还安排有关社会科学、历史、经济、美学、环保生态等方面的任选课程。包括作为必修的政治理论、法律基础、军事理论、技术经济概论等课程，全校各专业人文社科类课程占总学时的15%。人文社科学院推出了以中国文化名著导读、中国古典文学选讲、西方文化名著选讲、西方文学思潮与作品等为代表的一批课程。艺术教育方面，在校音乐室基础上成立艺术教育中心，面向全校开设艺术教育课程和组织文化艺术活动。清华的探索和实践，对全国高校加强文化素质教育起到了示范和推动作用。1995年清华成为首批全国文化素质教育试点院校。

学生的培养仅仅重视知识和能力是不够的，要强调素质的教育和养成。所谓素质，就是在人的先天生理基础上，经过后天的教育实践，由知识和能力内化而形成的相对稳定的综合品质。素质教育主要是思想道德素质、文化素质、业务素质和身体心理素质，其中，文化素质处于基础性地位，将加强文化素质教育作为切入点和突破口，对促进人才的全面素质提高有重要先导意义。文化素质教育的主要内容包括：文史哲的基本知识学习、艺术的基本修养、中外优秀文化成果的学习和借鉴，实现科学与人文的融合，而不仅仅是马克思主义理论课的补充。理工科学生要加强人文知识的武装，文科学生要加强自然科学知识的学习，促进学生完善品格的养成和创新思维的发展。

由1998级开始，人文限选课调整为历史与文化、文学与艺术两个课组，要求学生在校期间选修两组中的2门课程；同时，在法律基础和工程经济学已是全校必修课的基础上，为实施学校创建“绿色大学示范工程”中的“绿色教育”计划，在大一新生中又开设了“可持续发展与环境保护概论”必修课。

1999年教育部批准清华大学为首批国家大学生文化素质教育基地。基地负责规划和协助管理部门实施全校的文化素质教育和教学工作。进入21世纪后，清华大学文化素质教育进入新的发展时期，可大致归纳为以下三个阶段：

第一阶段起步于2000年至2001年。在第21次教育工作讨论会后，依据“在通识教育基础上的宽口径专业教育”的思路制定培养方案，将全校选修课程按学科类别划分为10个文化素质教育课组：①历史与文化；②文学；③艺术欣赏与实践；④哲学与社会思潮；⑤写作；⑥当代中国与世界；⑦环境保护与可持续发展；⑧经济、管理与法律；⑨科学与技术；⑩国防教育与学生工作。文化素质课程体系基本形成。自2001级开始，在总课程学分从170压缩至140的情况下，理工科学生文化素质教育课程由原来2门人文限选课共2学分增加到要求跨6个课组选修、共13学分，其他学科专业也有相应要求，文化素质教育的基础地位得到初步确立。

第二阶段从2006年起。文化素质教育课组调整为8个：①历史与文化；②语言与文学；③哲学与人生；④科技与社会；⑤当代中国与世界；⑥艺术与审美；⑦法学、经济与管理；⑧科学与技术，并在全国率先启动实施旨在提升通识教育质量和素质教育效果的“文化素质教育核心课程计划”。要求学生在8个课组修满13学分中至少选修2门核心课程。核心课程强调文理基础、文化内涵、价值观和方法论意义、跨学科意识和全球视野，提倡阅读经典、小班讨论，鼓励名师上课、助教导修。2007年清华大学获教育部批准成为文化素质教育创新实验区。2008年秋季学期，将“文化素质教育讲座”列入本科生培养方案，要求学生在校期间至少选听8次，考核合格后获得1学分。当年，成立了文化素质教育课程建设委员会，藉以指导和审定核心课程的规划和评估工作。2009年4月修订了《文化素质教育课程选课指南》，提出了八大核心课程课组：①哲学与人生；②历史与文化；③语言与文学；④艺术与审美；⑤科技与社会；⑥当代中国与世界；⑦基础社会科学；⑧数学与自然科学。要求在本科学习阶段修满13学分文化素质教育课程，其中至少2门核心课程（限选）及1～2学分的“文化素质教育讲座”（必修）（详见第四节三）；同时颁布了《清华大学文化素质教育核心课程管理办法》。至此，全校共有26个院系参加核心课程的开设和讲授，核心课程从起步阶段的首批20余门，发展到近百门，其中有7门获得国家级精品课程称号。

第三阶段开始于2009年。在清华大学第23次教育工作讨论会期间召开了“文化素质教育与创新人才培养”专题研讨会。2010年11月，在纪念高等学校开展文化素质教育15周年大会的发言中，顾秉林校长提出了文化素质核心课程进一步由概论性、普及性课程向深层次的认知挑战性和文化植根性课程转型，由单纯的选修课向构建通识教育共同平台和特色平台的方向转型的发展目标。

在坚持课程建设和课程教学是开展文化素质教育的着力点和主渠道的过程中，学校积极拓展渠道，促进课内教学与课外活动相结合、文化素质教育与大学文化建设相结合，除常年开展大学生人文知识竞赛之外，还开展了“好读书”征文比赛、清华百年“见贤思齐，亲近大师”、暑期人文实践、SRT项目、素质教育网络平台建设等一系列内容丰富、形式多样的素质拓展活动。

六、国防教育与军训

1929年9月，国民政府规定，凡高级中学以上学校除女生外均以军事教育为必修科目，其修习期间定为二年。军事教育之目的在于锻炼学生心身涵养、纪律服从、负责耐劳诸观念，提高国民献身殉国之精神，以增进国防之能力。

清华大学在罗家伦任校长期内（1928—1930）开始军训。罗家伦到清华后发表了一个讲演，提出“四化”：学术化、民主化、纪律化和军事化。为了推行其“四化”主张，措施之一就是设立军事训练部，在学生中开展军训。然而，罗家伦推行国民党的“党化教育”，通过军事训练部加强对学生的管束，因此遭到学生的反对。罗家伦离校后，虽然军事训练部依然设立，但在学生中没有威信。军训作为学生的一门必修课程被列入课表。西南联大时期，设立军事管理组，军训为一年级学生的共同必修课，每周 2 学时。

解放后，清华大学也开展军训，目的是对学生进行国防教育，激发爱国热情，树立革命英雄主义和集体主义精神，增强国防观念和组织性、纪律性，同时掌握基本的军事知识和技能，随时准备建设祖国、保卫祖国。

1958 年清华大学民兵师成立。学生的军事训练起初是分散安排，教学计划规定军训活动主要在每周 9 学时的课外活动时间内进行。1964 年，学校规定学生军训时间为 4 周。

“文革”中，教学计划内有“学军”，安排学生到部队参加军训和组织野营拉练。

1985 年，国家教委、总政治部、总参谋部、财政部等八部委联合发出通知，开始全国性的学生军训试点工作，清华大学被列入全国第一批军训试点学校。全校从 1985 年 9 月开始，设置 36 学时（2 学分）的“军事理论”必修课，春、秋学期均开设。课程内容包括中国国防、军事思想、世界军事、周边安全、高技术装备、高技术战争等，由校武装部和 65 集团军驻学校教官组建军事教研室共同担任教学。1986 年 9 月，学校开设“集中军训”，组织一年级本科生进行军事训练，内容包括军人队列、射击、单兵战术基础、三防训练、野营拉练、战伤救助等，为学生必修，时间为 3～4 周（2 学分）。1987 年后，军训安排逐渐规范化，新生入学后分批到部队集中军训 6 周，第一学年安排非机类各系及理科系学生，第二学年安排机类和近机类各系学生。军训计入学分，每周 2 学分，共 12 学分。1989 年后，将军训时间改为 5 周，按机类与非机类分两批安排新生到军训基地进行训练。1991 年 6 月，学校通过《清华大学学生集中军训暂行条例》，规定了集中军训的内容、形式，明确学生军训是加强思想政治教育、提高学生素质、培养德智体全面发展的社会主义建设者和接班人的重要措施，是学生的必修实践课。条例规定军训时间约 4～5 周、8 学分，无特殊原因缺训或军训考核不及格者，不能毕业。

1995 年以前主要是去部队或基地训练，分别在 65 集团军、38 集团军、防化学院、北京卫戍区和北京市的昌平、大兴军训基地等进行。随着部队的精简整编与学校招生人数的增加，从 1996 年开始军训改在校内进行，由解放军防化学院派出教官和学校带队教师共同组织。学校根据教学计划调整集中军训的时间，1996 年至 2002 年，有 4 届是新生入校后即集中军训，有 3 届是学生在第一个夏季学期进行。

2001 年 4 月 28 日第九届全国人民代表大会常务委员会第二十一次会议通过了《中华人民共和国国防教育法》，高校的国防教育进一步制度化。2001 年 10 月，国务院办公厅、中央军委办公厅下发〔2001〕48 号文件，对学生军训工作提出了明确的规定和要求，学生军训由试点转为所有高校的必修课程。2001 年 12 月，2000—2001 学年度第七次校务会议通过了《清华大学学生军训条例》，将“军事理论”与夏季学期的“集中军训”合二为一，组成“军事理论与技能训练”课程，时间为 3 周（3 学分），列入学生必修，一般于新生入学后或在第二学年开学前进行。军事理论学时为 36，主要内容是中国国防、军事思想、国际战略环境、军事高技术、信息化战争。从

2002年开始，由国防大学教员和学校军事教研室共同担任教学工作。军事技能训练包括军事科目训练和思想政治教育。军事科目训练主要是解放军三大条令、队列、轻武器射击、三防、单兵战术、军体拳、野营拉练、防空、反恐、内务管理等；思想政治教育主要是解放军优良传统、艰苦奋斗、集体主义和人生观、价值观等教育。军训的各项科目由军训指挥部组织考核验收，本科生都必须取得该学分（经批准免训者除外）方准予毕业。2003年起新生入学后即军训。从1986年至2010年底，全校共有70 700多名学生完成了军训。

为进一步加强学生爱国主义与国防知识教育，持续开展军事教学，学校从2002年开始陆续开设了“军事系列课组”，有“当代国防”“当代军官基本素质讲座”“高技术与现代战争”“孙子兵法导读”“射击”“定向越野”6门选修课，全年可接纳1 600多人选修。

七、毕业设计（论文）与综合论文训练

毕业设计（论文）、综合论文训练是大学本科教学过程中的最后一个教学环节，对提高教育质量、培养合格的本科毕业生起到了至关重要的作用。

1952年以前，仿效英美大学的模式，为培养学生进行科学研究和创造思维的能力，在学程中的最后一年设立了“毕业论文”课程。这是一门重要课程，论文题目多由教授确定。在著名教授指导下，确有一些毕业生在毕业论文中有所创造。例如，吴有训教授于1936年指导钱三强利用吹制玻璃技术完成《钠金属表面对真空程度的改善》的毕业论文。对此，钱三强生前曾回忆说：“我有幸受到他的教诲，养成动手的习惯，当我1937年到法国巴黎居里实验室做研究工作时，得以顺利地适应了物理和化学研究实验工作的需要。”解放前清华大学的毕业论文只有2～4个学分，相当于一门主要专业课程。学生做毕业论文的时间较短，工作量不是很大，而且并不是各系都把毕业论文作为必修课。在西南联大时期，1941—1942学年度全校24个系中，只有10个系的毕业论文是必修，2个系为选修，还有一半的学系当年未设毕业论文课程。有的系虽然在学程表中安排了毕业论文课，但由于各种原因，实际并未做毕业论文，而以课程设计或读书报告代替。

1952年院系调整后，学习苏联教育经验，清华大学在教学计划中规定，学生在校学习的最后一学期全时进行毕业设计（或毕业论文），大约有16周左右。从1955年起，全校本科毕业班学生都要进行毕业设计。

毕业设计（论文）是本科生必修科目，是在学完了各门课程及课程设计与实验的基础上，综合进行有关一个工程项目（或产品、或工艺流程）设计的训练。这对于培养学生独立工作能力和创造性思维能力是一个最后和最重要的教学环节。1961—1962学年度第16次校务会议通过《清华大学关于毕业设计工作的若干规定》（试行草案），明确规定毕业设计的任务是：“培养学生作为本专业工程师综合运用所学知识和技能解决生产实际问题的能力；同时巩固和提高学生的基本理论知识（包括基础理论知识、专业知识）和基本技能训练；有可能的可以在此基础上培养学生进行科学研究的初步能力。”清华大学的毕业设计（论文）工作，主要经历了以下四个发展阶段。

（一）1955年—1957年，以模拟性设计课题为主，全面开展毕业设计

1955年，全校有11个专业（均为工科）四年制的毕业班学生共578人参加毕业设计，共有指导教师152人，其中教授、副教授35人，讲师20人，助教及研究生97人；毕业设计课题共19种，历时16周。为了做好这次大规模的毕业设计，从1953—1954学年度下学期起，大多数准备参加毕业

设计指导的助教和研究生都在教授和苏联专家指导下进行试做。同时，毕业班学生于 1954—1955 学年度在毕业设计前组成 95 个实习队分赴 21 个城市、76 个实习点，进行为期 7 周的毕业实习，了解工厂企业实际工程设计的做法和要求，为毕业设计收集资料。学校还聘请了百余名企业工程师对学生进行指导。

这次毕业设计内容多以模拟性工程设计课题为主，出一些假设题目，或简化了原始资料，让学生进行工程设计。每个毕业生都要有自己的完整的毕业设计文件（包括图纸、说明书、科学研究报告等），要求说明书能确切表达问题、图纸正确美观、研究报告正确严格，有分析、有数据、有结论。对于设计类型的毕业设计，一般应包括原始资料的获得与处理、总体规划和方案的确定、项目设计、施工方案（或制造工艺）、经济核算等步骤。要求每个毕业生通过毕业设计受到本专业的工程基本训练。

例如汽车工程专业，当年要求学生做的一个题目是将汽车的四挡变速器改为五挡变速器的设计，以提高汽车在运行时的动力性能和燃油经济性。这个题目实际上相当于汽车设计课程的一个课程设计，为了让学生在毕业设计中能全面受到汽车工程专业的工程基本训练，要求学生做汽车总布置图、变速器总成图、五挡齿轮零件图，以及进行汽车动力性和燃油经济性分析，即达到所谓“总（总布置图）、部（部件图）、零（零件图）、专（专题分析）”的全面要求。

这次毕业设计于 1955 年 7 月组织答辩，答辩委员会成员除本校教授、副教授外，来自产业部门的工程师和负责人占了很大比例，还邀请校内外有关苏联专家参加。通过答辩获得优秀（5 分）成绩者占毕业生总数的 57％。

1957 年，首次进行五年制学生毕业设计，人数规模与设计课题数均超过 1955 年。

（二）1958 年—1966 年，教育与生产劳动相结合，真刀真枪毕业设计

这是一次成功的探索，成为教学、科研与生产劳动相结合的有效途径之一，曾得到周恩来总理的肯定。

1958 年，清华大学在教育革命的探索中结合生产任务进行毕业设计，也就是以承担和完成某项实际生产或科学研究任务作为毕业设计的课题，把模拟的设计训练发展为“真刀真枪的实际作战”。其典型例子是，清华水利系各专业和电机系发电专业的 1958 届毕业班学生约 200 人，在教师指导下，深入工程实际，完成了以密云水库等工程设计为内容的“真刀真枪”毕业设计。全校 1 400 余名毕业生有 70％的毕业设计是结合生产任务进行的，其中 228 项被校外有关部门鉴定为优秀设计，141 项有创造性成果。同年 8 月底，周恩来总理以极大的兴致参观了清华应届毕业生“真刀真枪”毕业设计成果展览，并对毕业生讲了话。周总理说：“你们把教育和生产、学习和劳动结合起来了，实现了党的教育方针。”并鼓励毕业生到工作岗位以后，“把学习、工作、生产永远结合在一起”，“做一个脑力劳动和体力劳动相结合的人”。蒋南翔校长也在《红旗》杂志上发表文章说：“今年清华大学的毕业设计题目，绝大多数是直接结合实际生产（过去的毕业设计一般都是假设的题目）。现在结果表明，所有参加了实际生产斗争的同学，都在业务方面得到最宝贵的锻炼，并对实际生产作出了相当贡献。”

真刀真枪毕业设计，改变了原来学习苏联只搞模拟性毕业设计课题的局面，把教学、科学研究和生产劳动结合起来，既完成了国家建设与生产任务，又培养了学生，使师生受到实际锻炼，提高了工程实践能力。从此，清华大学一直坚持真刀真枪的毕业设计，业已成为学校实行教学、科研、生产三结合的重要环节。

从 1958 年至 1966 年，大部分毕业设计课题均取得较好成果，有些课题是经历几届毕业班接力完成的。例如，密云水库工程设计、电子模拟计算机、500 万电子伏特加速器、数字程序

控制机床、电渣焊堆焊技术、球墨铸铁、大模数齿轮滚刀、无级传动微型汽车、试验电厂、电力系统动态模拟实验室建设等成果都具有较高水平。其中，密云水库工程设计、电子模拟计算机曾在 1959 年罗马尼亚国际博览会上展出，数字程序控制机床在 1959 年莱比锡国际博览会上展出。

1965 年，高教部征集优秀毕业设计，汇编成册，清华报送的八项优秀毕业设计成果是：数字程序控制机床、中功率脉冲调速管的研制、某研究所聚四氟乙烯实验车间工艺条件的研究、556 型自动搜索式非线性电子模拟计算机、220 千伏气吹隔离开关设计与试验、北京左家庄大型壁板装配式住宅区规划设计、密云水库-青石岭水电站、北京热电厂技术改造。

这一阶段毕业设计也存在一些问题，主要是毕业设计中生产劳动过多，由于要求完成生产任务而增加毕业设计时间、延长学业；另外，有些毕业设计课题太大，采用“大兵团作战”而难以照顾到对每个学生的培养，甚至到毕业时还遗留有不少实际生产任务，需要教师去完成大量收尾工作；等等。

1966 年至 1976 年“文化大革命”，教育秩序被打破，在校学生无法安排毕业设计教学环节。工农兵学员没有安排毕业设计，一部分专业安排大作业进行训练。

（三）1978 年—1998 年，结合国家建设与科研实际，发展完善毕业设计

1977 年恢复高考招生以后，毕业设计恢复并逐步发展完善。由于学科专业建设发展，科研工作蓬勃开展，学校恢复理科、文科，增设管理学科，本科毕业设计选题呈现多样化，科学研究的比例提高，计算机的应用更普及，学生既有做毕业设计，也有做毕业论文，统一称为“毕业设计（论文）”。

1982 年秋季，教育部举办直属高等理工科院校毕业设计（论文）交流展览，清华大学展出 1977 级学生的 8 个课题成果被列入全国教育部直属高等工科院校优秀毕业设计（论文）汇编。这 8 项优秀毕业设计（论文）成果是：北京科技协作站主楼结构设计（土木与环境工程系），大断面球墨铸铁的无冒口铸造（机械工程系），汽车转向系统刚度对其转向轮摆振的影响——解放 CA10 型汽车转向系统刚度的试验、研究、分析（汽车工程系），TRS－80 微型计算机的数据采集及回放系统的设计和制作（电机工程系），ZTYW－822 针织提花圆机微型机控制系统（自动化系），计算机辅助设计控制系统（计算机工程与科学系），萃取法提银的扩大试验（化学与化学工程系），采用相对自由度并附加内部插值函数的三维壳元对压力容器进行有限元分析（工程力学系）。

这一阶段的毕业设计（论文），一方面吸取“文革”前真刀真枪毕业设计的成功经验，70% 以上选题结合国家经济建设和工农业生产需要，与生产、科研的实际任务紧密结合或有明确的生产背景。另一方面又注意加强全面培养学生的独立工作能力，课题选择一般是小型化多样化，每个课题配备一位指导教师，由一二名学生独立完成；少数课题规模较大、时间较长，常采取“接力”形式来完成。例如，汽车系以承担的横向科技协作项目——沙漠车、电动车的研制（中国石化总公司石油物探局徐水特车厂的“八五”重大装备科技攻关课题）为研究课题，组织教师、研究生、本科生（主要是毕业班）进行科技攻关，其中本科生作为勘测、调研的主力军，把工程实践、毕业设计与项目研制结合起来，取得了人才培养、科研与生产成果的教研产结合的综合效益，所研制的 15 吨沙漠车于 1993 年 11 月通过国家鉴定。石油总公司在此成果的基础上建成了石油天然气专用车制造厂。由于在研究设计工作中，注意加强对学生的全面培养，指导教师结合实际，视学生不同情况因材施教，学生在参加工程实践和沙漠车设计、研制中，综合能力普遍得到较大的提高。

学校制定了《毕业设计（论文）工作程序》《学士学位毕业设计（论文）答辩会程序》，使毕业设计（论文）工作进一步规范化。

1982 年—1993 年历届毕业设计（论文）课题类型情况见表 3-5-1。

表 3-5-1　1982 年—1993 年历届毕业设计（论文）课题类型占比统计

届别	学生人数	指导教师人数	课题总数	课题类型占比（%）						
				工程设计	工程专题研究	技术开发应用	基础理论研究	实验室建设	调研分析	论文综述
1982	1 043	595	606	14.4	50.5		22.1	4.0	1.9	7.6
1984	1 846	1 067	822	15.8	58.2		20.0	5.5		0.5
1987	1 912	1 332	1 373	10.8	41.0	31.7	9.3	4.3	2.8	0.1
1988	2 084	1 371	1 494	11.4	31.9	38.7	9.5	5.3	2.3	0.8
1989	2 106	1 347	1 565	10.7	36.3	37.4	8.3	3.9	1.9	2.1
1990	1 924	不详	1 437	10.6	36.8	41.9	6.1	3.5		1.1
1992	2 139	不详	1 680	83.6			10.4	3.1	2.3	0.3
1993	2 132	1 452	1 812	72.4			18	5.6	2.3	1.7

（四）1998 年—2010 年，进行培养模式改革，开展综合论文训练

1996 年开始，学校改革工科人才培养模式，统筹培养本科-硕士。按照 1997—1998 学年度第四次常委-校长联系会议审议通过的《关于修订工科培养方案和教学计划的若干原则》，1998 年 11 月，教务处提出了《关于 95 级学生“综合论文训练”的几点意见》，将原定的本科毕业设计（论文）改为“综合论文训练”。1999 年至 2000 年，学校在取得直读研究生资格的本科生中试行综合论文训练，非本科-研究生统筹培养的毕业生仍然进行毕业设计（论文）。当时综合论文训练的定位是：培养学生从事工程科技的基本能力、培养创新意识和创新能力的重要环节，学生要完成一个设计或相应的综合实践训练任务，并独立完成一篇论文，作为完成统筹培养全过程后，在申请学士、硕士学位时的“学士学位论文”。综合论文训练在试行阶段要求为期 12～15 周，学分为 15，开展的时间由各系自行安排。对于未进入本科-研究生统筹培养计划的毕业生，学位论文根据主修专业方向选题，时间一般不少于 16 周，学分为 15 或 20。

从 2001 年起，工科本硕统筹按照“分阶段、有统筹”的管理原则，综合论文训练作为本科阶段的独立培养环节在全校各专业本科毕业阶段全面展开；其他学科除美术学院外（美术学院根据专业特点，进行毕业设计、毕业论文工作），也都实行综合论文训练。该环节要求学生在教师指导下综合运用所学知识，完成一项课题研究或相应的综合训练任务，并独立完成一篇论文，作为学生的“学士学位论文”。训练时间一般为 12～18 周，10～15 学分，原则上学生应在第四学年第八学期结束之前完成。综合论文训练是训练学生解决实际问题的基本能力、培养创新意识和创新能力的综合环节，是学校“真刀真枪毕业设计”的传统在新时期的继承和发展，是研究型教学体系承上启下的重要环节，为本科毕业生高起点地进入后续的研究生培养阶段或走上工作岗位奠定坚实基础。

院系统筹安排综合论文训练、硕士论文的选题与指导教师。学生参加“大学生研究训练（SRT）计划”项目、“国家大学生创新性实验计划”或其他课外科技训练活动所取得的成果可以取代综合论文训练。取代综合论文训练后，该生第八学期可选择学习研究生课程，也可以由院系

安排进入实验室或研究所，在导师指导下进行更深入的学习和研究工作。

综合论文训练实施以来，学校多次制定和修订了相关管理办法。2000 年教务处制定《关于工科“本科-研究生统筹培养”过程中学生“综合论文训练”的实行条例》。2002 年 10 月制定《清华大学本科生综合论文训练教学管理条例（试行）》。2008 年 12 月将此条例修订为《清华大学本科生综合论文训练教学管理办法》，该办法提出了教学上的规范性要求、论文评价参考标准，以及院系、教师、教务管理人员的管理责任。学校允许各专业在评价参考标准的基础上，根据专业特点进一步详细制定综合论文训练的质量评价指标。如，人文社科学院制定了相应的《清华大学文科综合论文训练的管理办法》。

2004 年，为了规范本科生综合论文训练的论文存档管理以及减轻各院系保存纸版论文的负担，开始实行保存毕业论文电子版以及网上提交电子版论文的方案：由图书馆管理公开论文的纸版和电子版，且负责论文电子版的网上验收，由档案馆管理涉密论文的纸版和电子版，论文统一收藏但分类管理。图书馆开发了本科生综合论文训练论文网上提交系统。2006 年，学校研制了综合论文训练管理系统，在收集、编目、归档、保管等方面更趋完善。

学校从督导、管理、执行三个层面来抓综合论文训练工作质量。在督导层面，1999 年至 2005 年，学校教学督导组与原 SRT 计划指导组负责综合论文训练的督导工作。2006 年起，在原 SRT 计划指导组的基础上成立校实践教学指导组，负责综合论文训练的督导工作。指导组专家根据开题、中期检查和论文答辩三个阶段的检查结果，以及论文的抽查结果来评价每届综合论文训练的开展情况，并提出建设性意见。为了进一步加强综合论文训练工作，提高训练过程的效果和质量，经校学术委员会批准，从 2005 届本科毕业生起开始设立“清华大学综合论文训练优秀论文”奖。通过评选表彰，激励师生提高论文质量，展示成果，促进校内外交流，使优秀论文起到示范作用。2006 年校图书馆建立了 OAPS（Outstanding Academic Papers by Students）数据库，校级优秀论文自动收入该数据库并在校内公开，部分优秀论文进入清华大学、台湾逢甲大学、香港城市大学三校图书馆的论文展示平台，促进校际学术交流。

学校丰富的科研资源和优秀的指导师资，为实现综合论文训练的教学目标创造了良好条件。指导教师根据不同学生的特点，将科研内容合理分解成难度适宜、有一定探索性和创新性的课题，选题类型多、范围广、题材新，体现了理论结合实际、接触前沿热点的要求，选题有较大的空间让学生选择，并基本做到一人一题。以 2010 届综合论文训练为例：3 197 名本科生完成综合论文训练，其中留学生 120 人。论文选题 11.51％来源于国家自然科学基金项目，5.47％来源于 863 项目，2.88％来源于 973 项目，5.26％来源于国家部委级项目，1.47％来源于省（直辖市）级项目，7.13％来源于国内企事业单位委托项目，3.38％来源于国际科研合作项目，1.91％来源于与各类研究训练有衔接的项目，45.82％来源于学生自选项目（其中理工科学生自选项目 727 项，占理工科所有选题的 30.18％；文科学生自选项目 738 项，占文科所有选题的 93.65％），15.17％来源于其他项目。选题类别中，工程设计或应用开发占 23.43％，基础研究占 17.48％，应用基础研究占 26.24％，软件设计开发占 4.91％，调研分析占 8.57％，综述论文占 7.73％，艺术设计占 6.98％，美术历史占 0.78％，其他占 3.88％。有 171 位学生的论文被评为校级优秀论文。指导教师 1 702 人，其中高级职称教师达 85.14％，博导 572 人，约占指导教师的 33.61％，教师指导学生比例平均为 1∶2。

2010 年 6 月学校进一步加强综合论文训练的质量监督，引进“中国知网‘大学生毕业论文抄袭检测系统’”，用于检查学生提交论文是否存在抄袭剽窃等学术不端行为。

第六节 教学基本建设

教学基本建设主要涉及专业、课程及教材、教学基地、学风以及资源与环境、教学专项项目、质量保障等方面。

一、本科专业设置与建设

（一）1952 年前的专业设置

解放前的清华大学院系设置见第二章，在院系下不分专业，但部分学系内分设若干学科组，例如：

（1）生物学系分设动物和植物两组，1946 年复员后分设植物、动物、生理、医预四组。

（2）地学系分设地理、地质、气象三组，1946 年复员后气象组单独建立气象学系。

（3）土木工程学系在抗战前分设铁路及道路工程组和水利卫生工程组，西南联大时期调整为结构工程、水利工程、铁路道路工程、市政卫生工程四个组。

（4）机械工程学系建系之初分设原动力工程组、飞机及汽车工程组（1934 年改称航空工程组），1936 年正式建立机械制造工程组。1938 年，西南联大时期航空工程组单独建系。

（5）电机工程学系一直分设电力组和电讯组。

（6）西南联大时期的哲学心理学系分设哲学组和心理组。

（二）1952 年院系调整后的专业设置

解放后，1952 年全国高校院系调整，仿照苏联教育模式，各系设立专业，形成了有计划、分专业培养专门人才的高等教育体制。1952 年 8 月后，清华大学共设置 8 个系、22 个专业和 15 个专修科，见表 3-6-1。

表 3-6-1　1952 年院系调整时清华大学的专业设置

系　　名	专 业 名 称	专修科名称
机械制造系	机械制造工艺	金工工具专修科
	金属切削机床	
	铸造机及铸造工程	铸造工程专修科
	金属压力加工及加工机	

续表

系　　名	专 业 名 称	专修科名称
动力机械系	热力发电设备	热力发电厂检修专修科
	汽车	
土木工程系	工业及民用房屋建筑	工业及民用房屋建筑专修科
	工业及民用房屋建筑结构	暖气通风专修科
	上水道及下水道	上水道及下水道专修科
	汽车干路	
	工程测量	测量专修科
水利工程系	河川及水力发电站技术建筑	水利专修科
	水力动力装置	水力发电专修科
建筑系	房屋建筑学	建筑设计专修科
电机工程系	电机及电器	
	发电厂配电网及配电系统	发电厂电机专修科
	工业企业电气化	输配电专修科
无线电工程系	无线电工程	
石油工程系	石油及天然气工业	石油厂机器及装备专修科
	石油场及天然气场用机器及设备	石油及天然气凿井专修科
	石油区及天然气区的开采	
	石油和天然气井的凿钻	石油及天然气储运专修科

1953 年，石油工程系调出清华，成立北京石油学院。校内各系专业及名称有所调整（如土木工程系汽车干路专业改称公路与城市道路专业），并增设焊接工程及其机械、拖拉机、供暖供燃气与通风、电子管制造等 4 个专业，全校 7 个系共设 22 个专业，其中某些专业内又分若干专门化。不久，高教部决定将土木工程系的公路与城市道路、工程测量两个专业调整到上海同济大学，清华增设建筑机械及设备专业。

（三）20 世纪 50—60 年代的新技术专业设置

20 世纪 50—60 年代，世界高新技术发展迅速，清华大学根据国家经济建设、国防建设和尖端科学技术发展的需要，经国家有关部门批准，相继建立了一批新兴学科与新技术专业。1955 年，增设金相热处理、工程物理、远距离机械及自动装置等新专业；同时，将一些业务方向过窄的专业拓宽专业面，对相近专业进行调整合并，例如，汽车专业与拖拉机专业合并为汽车拖拉机专业，工业与民用房屋建筑专业和工业与民用房屋建筑结构专业合并为工业与民用建筑专业，机械制造工艺专业和金属切削机床专业合并为机械制造工学专业。经过调整，1955 年全校设立 7 个系 20 个专业。

1956 年暑假后，动力机械系增设燃气轮机专业、工业热工学专业；电机工程系增设运用学专业（后改称运筹学专业）、高电压工程专业和电子计算机专业；以原子能技术为主体的工程物理专业独立建制，成立工程物理系，设天然性及人工放射化学工艺学、实验核物理、同位素分离、反应堆设计与运转 4 个专业。至此，全校共设 8 个系 28 个专业。

1958 年，清华大学贯彻党的教育工作方针，规模得到发展，又创建了一批新兴学科和专业，相继建立了工程力学数学系、工程化学系和自动控制系，由原来的 8 个系增加到 11 个系，专业也增至 39 个，见表 3-6-2。

表 3-6-2　1958 年清华大学的专业设置

系　　名	专业名称
建筑系	建筑学
土木工程系	工业与民用建筑　给水排水　供暖供燃气与通风　建筑材料与制品生产工艺
水利工程系	水工建筑　水电站　水电站动力装置
机械制造系	精密仪器制造　机械制造工艺金属切削机床及工具　铸造工艺及其设备　金属压力加工工艺及其设备　焊接工艺及其设备　金属学热处理及其设备
动力机械系	热力发电厂　汽车拖拉机　燃气轮机及蒸汽轮机　热物理
电机工程系	发电厂电力网及电力系统　电机与电器　工业企业电气化　高电压技术
无线电电子学系	无线电技术　电子真空技术　无线电物理　电子学物理　半导体
自动控制系	电子计算机　飞行器自动控制　核能生产及利用自动控制
工程力学数学系	固体力学　流体力学　计算数学
工程物理系	天然性及人工放射化学工艺学　实验核物理　同位素分离　反应堆设计与运转　金属物理
工程化学系	塑料

1961 年以后，贯彻《高校 60 条》，学校在调整中提高，走上稳步发展的道路。随着科学技术发展和适应国家需要，系科与专业设置也有所变化：土木工程系与建筑系合并为土木建筑工程系，机械制造系分为精密仪器及机械制造系和冶金系，又从动力机械系中分出农业机械系。到 1965 年，全校共设 12 个系 40 个专业，见表 3-6-3。

表 3-6-3　1965 年清华大学的专业设置

系　　名	专业名称
土木建筑工程系	建筑学　工业与民用建筑　给水排水　供暖供燃气与通风　建筑材料与制品
水利工程系	河川枢纽及水电站建筑　水电站动力设备
动力机械系	锅炉　燃气轮机　热工量测及自动控制
农业机械系	汽车拖拉机　农用机电工程（半工半读）
精密仪器及机械制造系	机械制造工艺及设备　精密仪器　光学仪器
冶金系	金属热加工工艺及设备　金属学及金属材料
电机工程系	发电厂电力网及电力系统　电机与电器　工业企业电气化及自动化　高电压技术
无线电电子学系	无线电技术　无线电物理　电真空技术　半导体器件与物理
自动控制系	自动控制　自动控制元件　计算技术与装置
工程物理系	原子核物理　同位素分离　核材料　反应堆
工程化学系	天然放射性物质工艺学　人工放射性物质工艺学　轻同位素分离及应用　高分子化合物
工程力学数学系	流体力学　固体力学　热物理　计算数学

（四）“文化大革命”时期的专业设置

“文化大革命”时期，清华大学的专业设置变动频繁。1970 年 5 月，原电机系和动力机械系的一部分专业和教研组、生产车间组成工业自动化系，另一部分组成电力工程系。1972 年全校有 10 个系和 1 个四川绵阳分校，共 48 个专业。

1975 年，建筑工程系增设抗震工程专业，水利系增设治河泥沙专业，电子工程系增设微电机专业，工程物理系增设重同位素分离专业。全校 10 个系和绵阳分校共有 52 个本科专业。此外，1974 年成立北京大兴农村分校，设有农机、农电、农建和农水等 4 个专业。

1975 年，清华大学的专业设置见表 3-6-4。

表 3-6-4　1975 年清华大学的专业设置

系　　名	专 业 名 称
精密仪器系	机床设计与制造　光学仪器　陀螺仪及导航仪器
工程物理系	反应堆材料　反应堆工程　反应堆控制　射线测量及方法　放射化工 放射性污物处理　重同位素分离　加速器
机械制造系	汽车设计　铸造工艺及设备　锻压工艺及设备　焊接工艺及设备　金属材料
工业自动化系	工业自动化　热工量测自动化　可控硅元件
电力工程系	电力系统及其自动化　电机　高电压技术及设备　锅炉　燃气轮机
化学工程系	高分子合成材料　基本有机合成　化学工程　非金属材料
工程力学系	流体力学（试办射流技术）　工业热工　固体力学（试办机械强度及振动）
建筑工程系	建筑学　房屋建筑　地下建筑　暖气通风　工业给水及废水处理　抗震工程
水利工程系	水利工程建筑　水电站动力机械　治河泥沙　农田水利
电子工程系	电子计算机　计算数学　无线电技术　微电机　陀螺导航及控制系统　自动控制元件
四川绵阳分校	雷达　激光　多路通信　电真空器件　半导体器件
北京大兴农村分校	农业机械　农村电工　农村建筑　农田水利

（五）20 世纪 80 年代的文理经管专业设置与工科专业调整

1977 年恢复全国统一招考制度后，经过恢复、整顿，清华大学的专业设置基本上恢复到“文化大革命”前的规模，共设 12 个系 40 个专业。此外，由于当时北京高等院校基础课和技术基础课师资缺乏，急需培养一批教师，清华大学在 1977 级中，由电机系（当时为电力系）招收了电工学师资班，由自动化系招收了电子学师资班；由基础课教学研究部招收了数学师资班、物理师资班、力学师资班，并为清华附中招收了中学师资班（含数学、物理、化学）。在 1978 级中，基础课教学研究部又招收了化学师资班。同时，为满足需要，学校各有关系、部还招收了一些专修班（见第十一节“普通专科”）。

1979 年，教育部统一专业名称，以便招生与分配。是年教育部直属工科重点院校专业调整会议确定清华大学设置 42 个专业，见表 3-6-5。

表 3-6-5　1979 年教育部直属工科重点院校专业调整会议确定的清华大学专业设置

系　名	专业名称	备　注
水利工程系	水利水电工程建筑	原水利工程建筑专业
	水力机械	原水电站动力设备专业
	农田水利工程	
建筑工程系	建筑学	
	建筑结构工程	原工民建、地下建筑、抗震工程三专业合并
	空气调节工程	原供热与通风专业
	环境工程	原给水排水及放射性污物处理二专业合并
精密仪器及机械学系	机械制造工艺、设备及自动化	原机械制造工艺及设备专业
	光学仪器	
	陀螺仪器及导航自动控制	原陀螺导航与自动控制、陀螺仪及导航仪器二专业合并
机械工程系	金属材料	
	焊接	原焊接工艺及设备专业
	铸造	原铸造工艺及设备专业
	锻压	原锻压工艺及设备专业
热能工程系	热能工程	原锅炉专业
	燃气轮机	
	汽车	
	内燃机	
电机工程系	电力系统及其自动化	原发电厂及电力系统专业
	高电压技术及设备	
	电机	
自动化系	工业自动化	原工业自动化、工业仪表及自动化、电子自动控制三专业合并
计算机工程与科学系	计算机软件	原计算机程序系统专业
	电子计算机	
无线电电子学系	半导体物理及器件	原半导体器件专业
	无线电技术	原无线电技术、雷达、通信三专业合并
	电子物理及激光技术	原电真空器件、激光技术二专业合并
工程力学系	固体力学	
	流体力学	
	工程热物理	原高温热物理专业
工程化学系	高分子化工	
	化学工程学	原化学工程专业
	放射化工及水法冶金	原放射化工专业
	物理化学及仪器分析	原基本有机合成专业
	无机非金属材料	原非金属材料专业

续表

系　　名	专业名称	备　　注
工程物理系	实验核物理	原射线测量及实验方法专业
	加速器	
	核材料物理	原反应堆材料专业
	重同位素分离	
	核反应堆工程	原反应堆工程专业
应用数学系	应用数学	恢复，1979 年开始招生
经济管理工程系	管理工程	增设，拟 1981 年开始招生，专业内容侧重工程经济
撤销专业：治河工程及泥沙、无线电机械结构		待定：固体物理

20 世纪 80 年代，根据国家教委关于调整改革原有专业设置的精神，清华大学作为国家重点大学，从学校实际出发，广泛进行调查，充分听取用人单位与有关部门的意见，根据国家当前和长远的需要，主动适应科学技术与经济建设的发展、改革开放的新形势，调整专业设置。于 1980 年、1984 年和 1989 年先后 3 次进行专业设置调整，调整的重点是解决长期存在的专业面过窄、专业结构不尽合理的问题，以提高各专业人才培养对社会需要的主动适应性。

1. 促进“理工结合，文理渗透”，增设理科、文科和经济管理学科专业

由于世界科学技术的发展，工程领域大量引入的新设计、新工艺、新材料，紧密依托于基础学科，理工结合的趋势愈益明显。要适应这种趋势，就要培养一批具有较好的自然科学理论基础、能从事工程科学领域基础研究和高技术开发的科学应用人才。而且从工科本身的建设来看，要提高理论水平、发展跨学科的教学和研究，也须促进发展理工结合。因此，清华大学在 1980 年和 1984 年的专业设置调整中，增设了一批具有很强工程应用背景的理科专业。

与此同时，为了适应国家经济建设的需要，提高理工科学生的素质和推进全校系科专业结构的综合化，学校增设了一批经济管理学科和文科专业，提出了“立足国情，注重应用，交叉见长，办出特色”的原则，并鼓励学生交叉选修自然科学和人文社会科学课程。1980 年以后，新建的科技编辑专业（中文系）、科技英语专业（外语系）、管理与信息系统专业等都分别体现了语言文学、外语、社会科学、经济和理工技术的结合与交叉。

经过 1980 年和 1984 年的专业设置调整，到 1988 年，清华大学共设 28 个系 51 个专业，见表 3-6-6。

表 3-6-6　1988 年清华大学的本科专业设置

院系名		专业名称
建筑学院	建筑系	建筑学
	城市规划系	
土木工程系		建筑结构工程　建筑管理工程
水利水电工程系		水利水电工程建筑　水资源工程　流体机械与流体动力工程
环境工程系		环境工程
机械工程系		铸造　焊接工艺及设备　锻压工艺及设备
精密仪器与机械学系		机械设计与制造　精密仪器　光学仪器

续表

<table>
<tr><th colspan="2">院 系 名</th><th>专 业 名 称</th></tr>
<tr><td colspan="2">热能工程系</td><td>热能工程　热力涡轮机　供热通风与空气调节工程</td></tr>
<tr><td colspan="2">汽车工程系</td><td>汽车工程　内燃机</td></tr>
<tr><td colspan="2">电机工程与应用电子技术系</td><td>电力系统及其自动化　电机及其控制
高电压技术及其信息处理　生物医学工程与仪器</td></tr>
<tr><td colspan="2">电子工程系</td><td>无线电技术与信息系统　微电子学　光电子技术　物理电子技术</td></tr>
<tr><td colspan="2">计算机科学与技术系</td><td>计算机科学与技术</td></tr>
<tr><td colspan="2">自动化系</td><td>自动控制　生产过程自动化　工业仪表自动化</td></tr>
<tr><td colspan="2">工程物理系</td><td>工程物理</td></tr>
<tr><td colspan="2">工程力学系</td><td>工程力学　工程热物理</td></tr>
<tr><td colspan="2">化学工程系</td><td>化学工程　高分子化工　工业化学</td></tr>
<tr><td colspan="2">材料科学与工程系</td><td>金属材料　无机非金属材料　核材料科学</td></tr>
<tr><td rowspan="4">理学院</td><td>应用数学系</td><td>应用数学</td></tr>
<tr><td>现代应用物理系</td><td>现代应用物理</td></tr>
<tr><td>化学系</td><td>物理化学与仪器分析</td></tr>
<tr><td>生物科学与技术系</td><td>生物科学与技术</td></tr>
<tr><td rowspan="4">经济管理学院</td><td>管理信息系统系</td><td>管理信息系统</td></tr>
<tr><td>经济系</td><td>国民经济管理</td></tr>
<tr><td>管理工程系</td><td>管理工程</td></tr>
<tr><td>国际贸易与金融系</td><td>国际贸易与金融</td></tr>
<tr><td colspan="2">外语系</td><td>英语</td></tr>
<tr><td colspan="2">中国语言文学系</td><td>编辑学</td></tr>
<tr><td colspan="2" rowspan="2">社会科学系</td><td>思想政治教育</td></tr>
<tr><td>马列主义基础</td></tr>
</table>

2. “拓宽基础，减少专业，柔性设置”，调整工科专业结构

1989—1990 学年度，清华大学进行改革开放后的第三次专业调整，重点调整工科专业结构，在重视发展新兴技术专业的同时，加强和改造传统基础工业专业。这次调整的基本原则可归纳为“拓宽基础，减少专业，柔性设置，按需培养”，也可用“宽、少、柔”三个字来概括。“拓宽基础”，是指加强和展宽一个系或者一个工科大类的共同基础，重点是拓宽技术基础这个层次的课程，也包括加强人文、外语、经济管理方面的基础知识，扩大学生知识面，增强适应性，使学生有按需选择专业方向的可能。“减少专业”，是指系内专业数要少，最好一个系只设 1～2 个专业。“柔性设置”，是指在高年级（最后一二年）的专业课分组、选课办法有一定的柔性，学生选择专业方向（包括毕业设计课题）及人数，都有一定的灵活性，可根据社会需要进行调整。“按需培养”，是指一个系或一个专业大类，要有相当数量和相对稳定的人才需求，这是设置专业的基本条件。

这次专业调整，在普遍拓宽专业面的基础上，按学科大类合并了一批相近的专业。例如，电机系的发电（电力系统及其自动化）、高压（高电压技术及其信息处理）和电机（电机及其控制）3 个专业合并为“电气工程及其自动化”专业，将原来以“强电”为主线的 3 个独立的专业打通，并适当增加信号与系统、自动控制以及力学、机械、热工等专业技术基础课程，学生可以在几个

专业（学科）方向之间互通互转。机械系将铸、压、焊 3 个专业合并为“机械工程”专业。材料科学与工程系的金属材料、无机非金属材料和核材料科学 3 个专业合并为“材料科学与工程”专业，专业方向的界限也进一步淡化。经过调整，到 1993 年底，全校本科专业数量由 1988 年的 51 个减至 35 个，只设一个专业的系有 16 个，见表 3-6-7。1987 年至 1989 年，国家教委还先后批准清华大学设置 7 个第二学士学位专业，见表 3-6-7。

表 3-6-7　1993 年清华大学的本科专业设置

院系名		专业名称
建筑学院	建筑系	建筑学
	城市规划系	
土木工程系		建筑结构工程　建筑管理工程
水利水电工程系		水利水电工程建筑　流体机械与流体动力工程
环境工程系		环境工程
机械工程系		机械工程
精密仪器与机械学系		机械设计与制造　精密仪器与测控技术
热能工程系		热能动力工程　供热通风与空气调节工程
汽车工程系		汽车工程
电机工程与应用电子技术系		电气工程及其自动化　生物医学工程与仪器
电子工程系		无线电技术与信息系统　微电子学　物理电子与光电子技术
计算机科学与技术系		计算机科学与技术
自动化系		自动化
工程物理系		工程物理　核能与热能利用
工程力学系		工程力学　工程热物理
化学工程系		高分子材料及化工　化学工程与工艺
材料科学与工程系		材料科学与工程
理学院	应用数学系	应用数学
	现代应用物理系	现代应用物理
	化学系	化学
	生物科学与技术系	生物科学与技术
经济管理学院	管理信息系统系	管理信息系统
	管理工程系	管理工程
	经济系	国民经济管理
	国际贸易与金融系	国际金融与财务
人文社会科学学院	哲学与社会学系	
	中国语言文学系	
	历史系	
	外语系	英语

（六）20世纪90年代完善综合性大学学科布局，开展专业建设

1985年清华大学在第七次党代表大会上提出了建设世界一流大学的目标，进入20世纪90年代后，提出了建设“综合性、研究型、开放式”大学的办学总体定位。清华在历史上曾经是综合性大学，具有综合性学科的悠久传统和文化底蕴。改革开放以后，学校根据世界科学文化与教育发展的趋势，着眼于培养高素质、高层次人才，把恢复综合性学科布局、重建综合性大学作为努力方向。1994年以后，学校根据建设世界一流大学的目标，调整学科布局，加强重点学科建设。在丰富传统学科专业内涵的同时，重点建设信息、生命科学等新兴学科专业，发展和加强文、理科专业。

1998年教育部进行了规模较大的第四次专业目录修订，颁布《普通高等学校本科专业目录》。调整后的普通高等学校本科专业目录，划分为11个大类、71个二级类、249种专业。全校本科专业名称与教育部颁布的专业目录全面并轨，专业数目从1997年的37个调整到1998年34个。

1999年原中央工艺美术学院并入清华大学，增加艺术类专业6个。

2001年教育部印发《关于做好普通高等学校本科学科专业结构调整工作的若干原则意见》的通知（教高〔2001〕5号），明确清华大学等若干所国家重点建设高等学校，经教育部批准，可自主设置本科专业。为了做好自主设置本科专业的管理工作，学校于2002年制定了《清华大学本科专业设置管理办法》，2005年经过修改，由2005—2006学年度第6次校务会议通过，形成《清华大学本科专业设置管理规定》。

清华大学于2001年成立医学院。2002年在教育部、卫生部的领导下，签署了清华大学与中国协和医科大学紧密合作、共建“北京协和医学院—清华大学医学部”的协议，增添医学专业。为适应国家需要和学校总体发展规划，完善综合性大学的学科布局，学校先后恢复、增设了新闻学、历史学、国际政治等一批本科专业。

进入21世纪，学校积极探索交叉学科专业的建设。在理学院1998年开始举办的“基础科学班”基础上，2003年按“基础科学班（数理方向）”对外招生，2004年正式确立按“数理基础科学”专业进行招生和培养。在2003年开始举办“基础科学班（化生方向）”基础上，于2007年确立按“化学生物学”专业进行招生和培养。在人文学院1999年开始举办“中外文化综合班”、2003年开始举办“文科试验班”的基础上，2005年按“人文科学试验班”“社会科学试验班”两大类招生，进一步探索综合型人才培养模式；2006年，确定了人文科学试验班的分流专业为哲学、历史学、汉语言文学，社会科学试验班的分流专业为社会学、国际政治、经济学三个专业。同时，学校还鼓励在原有的学科专业中设立新兴的交叉学科方向。如：机械学院工业工程系设置的工业工程专业是机械工程与管理学科的交叉；汽车工程系的车辆工程专业汽车造型与车身设计方向是机械设计与艺术设计的学科交叉（由汽车系与清华大学美术学院合办）；土水学院的建设管理专业、化学工程系的化学工程与工业生物工程专业、数学系的信息与计算科学等专业也都是学科交叉的产物。

截至2010年，清华大学本科共设置66个专业（见表3-6-8）。从1952年至2010年，全校设置本科专业数变化见表3-6-9。清华大学本科专业涵盖工、理、文（含艺术）、史、哲、法、经济、管理、医学9个门类，基本形成了工科优势突出、文理特色鲜明、交叉形式多样的综合性大学本科专业结构和布局。

表 3-6-8　2010 年清华大学本科专业目录

院　系　名		专业名称
建筑学院	建筑系	建筑学
	城市规划系	城市规划
	建筑技术科学系	建筑环境与设备工程
土木水利学院	土木工程系	土木工程
	建设管理系	工程管理
	水利水电工程系	水利水电工程
环境科学与工程系		环境工程
		给排水科学与工程
机械工程学院	机械工程系	机械工程及自动化
	精密仪器与机械学系	
		制造自动化与测控技术 *
		测控技术与仪器
		微机电系统工程
	热能工程系	能源动力系统及自动化
	汽车工程系	车辆工程
	工业工程系	工业工程
电机工程与应用电子技术系		电气工程及其自动化
信息科学技术学院	电子工程系	电子信息科学类 *
		电子信息工程
		电子科学与技术
		电子信息科学与技术
	微电子与纳电子学系	微电子学
	计算机科学与技术系	计算机科学与技术
	自动化系	自动化
	软件学院	计算机软件
航天航空学院		工程力学与航天航空工程
工程物理系		工程物理
		核工程与核技术
化学工程系		高分子材料与工程
		化学工程与工业生物工程
材料科学与工程系		材料科学与工程
理学院	数学科学系	数理基础科学
		数学与应用数学
		信息与计算科学
	物理系	物理学
	化学系	化学
		化学生物学

续表

院系名		专业名称
生命科学学院		生物科学
		生物技术
经济管理学院		工商管理类*
		经济与金融
		工商管理
	管理科学与工程系	信息管理与信息系统
	会计系	会计学
	金融系	金融学
	经济系	经济学
人文社会科学学院		社会科学实验班*
		人文科学实验班*
	社会学系	社会学
	政治学系	国际政治
	哲学系	哲学
	历史系	历史学
	中国语言文学系	汉语言文学
	心理学系	心理学
	外国语言文学系	英语
		日语
法学院		法学
新闻与传播学院		新闻学
美术学院		广告学
		绘画
		雕塑
		艺术设计学
		艺术设计
		工业设计
医学院	生物医学工程系	生物医学工程
		药学
		临床医学
北京协和医学院-清华大学医学部		

注：* 为按大类招生专业名称，入学后再进行专业分流。没有系名对应的专业、专业类表示由院举办。

表 3-6-9　1952 年—2010 年清华大学本科专业数统计

年份	系数目	专业数	年份	系数目	专业数	年份	系数目	专业数
1952	8	22	1979	12	42	2002	48	51
1953	7	22	1988	28	51	2003	49	53
1955	7	20	1992	28	41	2004	52	58
1956	8	28	1993	29	35	2005	54	60
1958	11	39	1994	31	37	2006	54	61
1965	12	40	1998	33	34	2007	55	62
1970	11（含绵阳分校）	48	1999	43	45	2008	56	62
1972		52	2000	44	46	2009	55	65
1978	12	40	2001	48	48	2010	56	66

1987 年起，清华大学经国家教育部门批准陆续设置了一批第二学士学位专业。1987 年至 2010 年第二学士学位专业设置见表 3-6-10。

表 3-6-10　1987 年—2010 年清华大学第二学士学位专业设置

	所属院系	专业名称	设立年份
1	环境工程系	环境工程	1987
2	精密仪器与机械学系	机械工程	1987
3	计算机科学与技术系	电子与计算机技术	1987
4	自动化系	电子与计算机技术	1987
5	经济管理学院	企业管理	1987
6	中国语言文学系	编辑学	1987
7	社会科学系	思想政治教育	1989
8	工程物理系	核工程	1992
9	经济管理学院	工业工程	1993
10	精密仪器与机械学系	机械工程及自动化	1999
11	计算机科学与技术系	计算机科学与技术	1999
12	自动化系	计算机科学与技术	1999
13	经济管理学院	工商管理	1999
14	中国语言文学系	编辑出版学	1999
15	工程物理系	核工程与核技术	1999
16	法学院	法学	1999
17	应用技术学院	计算机科学与技术（含软件工程）	1999
18	软件学院	电子科学与技术	2001
19	软件学院	电子商务	2001
20	软件学院	计算机软件工程	2001
21	软件学院	计算机软件	2002

续表

	所属院系	专业名称	设立年份
22	经济管理学院	经济学	2006
23	美术学院	艺术设计	2006
24	人文社会科学学院	英语	2009
25	理学院	数学与应用数学	2009
26	新闻学院	新闻学	2009

2007 年教育部开始启动高等教育本科质量工程的国家级特色专业建设，至 2010 年，清华大学有 33 个专业和专业方向入选（见表 3-6-11）。北京市于 2008 年启动北京市特色专业建设，至 2009 年，清华大学有 26 个专业入选（见表 3-6-12）。

表 3-6-11　清华大学入选国家级特色专业名单

	院　系	专业名称	负责人	入选年份
1	新闻学院	新闻学	李希光	2007
2	软件学院	计算机软件（软件工程与管理）	孙家广	2007
3	软件学院	计算机软件（信息系统安全）	林国恩	2007
4	软件学院	计算机软件（软件系统设计）	顾　明	2007
5	软件学院	计算机软件（计算机图形学）	雍俊海	2007
6	软件学院	计算机软件（信息系统工程）	王建民	2007
7	微纳电子系	微电子学	王　燕	2007
8	电子系	电子信息工程	王希勤	2007
9	计算机系	计算机科学与技术（网络工程）	吴建平	2007
10	计算机系	计算机科学与技术（信息安全）	林　闯	2007
11	工物系	核工程与核技术	唐传祥	2007
12	水利系	水利水电工程	余锡平	2007
13	美术学院	艺术设计（信息艺术设计方向）	吴冠英	2007
14	化学系	化学	邱　勇	2007
15	自动化系	自动化	张长水	2007
16	机械系	机械工程及自动化	吴爱萍	2007
17	热能系	能源动力系统及自动化	姚　强	2007
18	建筑学院	建筑学	朱文一	2007
19	化工系	化学工程与工业生物工程	余立新	2007
20	建管系	工程管理	刘洪玉	2007
21	数学系	数学与应用数学	李　津	2007
22	建筑技术科学系	建筑环境与设备工程	朱颖心	2008
23	汽车系	车辆工程	范子杰	2008
24	物理系	物理学	朱邦芬	2008
25	外语系	英语	陈永国	2008

续表

	院　系	专 业 名 称	负责人	入选年份
26	材料系	材料科学与工程	唐子龙	2009
27	医学院	生物医学工程	王广志	2009
28	精仪系	测控技术与仪器	王　雪	2009
29	工业工程系	工业工程	郑　力	2009
30	土木系	土木工程	冯　鹏	2010
31	环境系	环境工程	胡洪营	2010
32	电机系	电气工程及其自动化	康重庆	2010
33	航院	工程力学与航空航天工程	符　松	2010

表 3-6-12　清华大学入选北京市特色专业名单

	院　系	特色专业名称	负责人	入选年份
1	建筑学院	建筑学	朱文一	2008
2	建管系	工程管理	张　红	2008
3	水利系	水利水电工程	余锡平	2008
4	机械系	机械工程及自动化	曾　攀	2008
5	热能系	能源动力系统及自动化	姚　强	2008
6	电子系	电子信息工程	王希勤	2008
7	电子系	电子科学与技术	罗　毅	2008
8	计算机系	计算机科学与技术	冯建华	2008
9	自动化系	自动化	张长水	2008
10	微纳电子系	微电子学	王　燕	2008
11	软件学院	计算机软件	孙家广	2008
12	工物系	核工程与核技术	唐传祥	2008
13	化工系	化学工程与工业生物工程	骆广生	2008
14	材料系	材料科学与工程	潘　伟	2008
15	数学系	数学与应用数学	肖　杰	2008
16	物理系	物理学	朱邦芬	2008
17	化学系	化学	邱　勇	2008
18	生物系	生物科学	张荣庆	2008
19	经管学院	会计学	陈　晓	2008
20	人文社科学院	社会学	李　强	2008
21	新闻学院	新闻学	李希光	2008
22	美术学院	艺术设计	李当岐	2008
23	美术学院	工业设计	蔡　军	2008
24	建筑学院	建筑环境与设备工程	朱颖心	2009
25	汽车系	车辆工程	范子杰	2009
26	外语系	英语	陈永国	2009

二、课程建设

课程是教学工作的基本单元，是反映教学质量的最基本因素。因此，加强课程尤其重点课程的建设是提高教学质量和水平的中心环节。课程建设包含 3 个层次的内容，即课程的教学质量、课程内容和体系改革、课程结构的更新。这 3 个不同层次的内容是交叉进行、相互渗透的，其中课程教学质量是基础。

清华大学素有注重课程教学质量、重视课程建设的传统。自建校之日起，就有两个显著特点：一是主要课程由知识渊博、富有教学经验的教授亲自讲授，保持较高的教学水平；二是及时将国内外最新的科学研究成果引入课堂，使课程内容具有先进性。

在课程建设中进行课程评估和优秀课程评选，目的是要调动教师、学生、教学管理人员的积极性，协同进行教学改革，提高教学质量。20 世纪 80 年代以来，学校先后开展一类课程建设与评选、精品课建设与评选，以“建”为主、以“评”促“建”，促进全校总体教学水平的提高。

（一）一类课程建设和评选

1982 年学校第十六次教学讨论会提出要把课程建设放在重要地位，1985 年颁发了《加强本科教学工作的决定》。学校曾对 900 多门课程进行调查分析，定出课程建设规划，按照课程的地位和教学现状分层次、抓重点、有计划、有步骤、分期分批进行课程建设。学校将覆盖面大、对学生的知识结构和基本素质的培养有重要影响的 12 门基础课和技术基础课定为第一批校重点课程，其中公共基础课 7 门（微积分、普通物理、理论力学、材料力学、经济管理概论、中国革命史、英语）、技术基础课 3 门（机械设计基础、应用电子学及电工学、电子学）、实践性课程 2 门（普通物理实验、金工实习）。当时在校学生都要学习其中 9 门以上课程，学分占五年必修总学分的 60%左右。各系还确定 23 门课程为系重点课程，由系和教研组制定课程建设规划。学校对校系重点课程加强领导，并给予教学经费支持。

1986 年学校颁布《清华大学本科重点课程建设与一类课程评选的决定》，并制定相应评估指标、评估标准和评估方法。1987 年初，评出首批清华大学一类课程：中国革命史、微积分、水力学、核电子学。到 1990 年 12 门校重点课程中已有 8 门被评为一类课程。随着课程建设工作的深入，同年又确定了第二批校重点课程、课组 8 门（普通物理、数学、外语、机械设计、力学、计算机、经济、马克思主义理论课程）。从原有单门课的建设发展到系列课组建设：纵向系列包括前后衔接的系列相关课程，横向系列包括相关学科内容的理论课、实验课、实习、设计等，课程建设逐步系列化、规范化、制度化。1995 年全校重点规划了 12 个课程体系内容方法改革项目（非数学专业的数学系列课、非物理专业的物理系列课、基础力学系列课、机械设计基础系列课、电工电子系列课、计算机基础教育系列课、大学外语系列课、政治理论课、人文社科限选课、信息技术大类重组专业基础课、机械大类重组专业系列课、多媒体教学课件），其中力学、计算机、外语、信息大类等 4 个项目列入国家教委“面向 21 世纪课程结构教学内容体系改革计划”重点立项。

“一类课程”是清华大学校级优秀课程的称号，是全校课程建设的奋斗目标，所有课程均可自愿申请参加评选。评选从以下四方面进行：

（1）师资队伍。一类课程的教师队伍应具有合理的结构，学术带头人应有较高的学术水平和教学水平，教师有献身教育事业的精神，坚持教书育人，教学和教学研究工作有创见、有成效。

（2）教学条件。具有高水平的教材和完备的教学资料，实验课有较先进的实验条件、有较高的使用率，并能确实提高学生科学实验能力。

（3）教学效果。讲课及教学环节的质量较高，学生基本知识的掌握、能力的培养及优良学风的形成等方面效果突出，连续几届学生反应良好。

（4）在国内外有关教学及教学研究工作中有突出贡献。

评选不只是看授课的最终效果，还要看课程所具备的条件；不只是看近3年内的现状，还要看是否具有保持现有水平的基础；不只是看物质条件，还要看担任课程的教学人员对教学的态度和教学改革的积极性，即把终结性评价与形成性评价结合起来。随着课程建设的深入、院系和教师参与的积极性的提高，学校进一步完善建设和评选工作，在保证共同原则和总的要求、严格评审程序的基础上，将全校课程分为基础课（含技术基础课及专业基础课）、实验课（含实践性课程）和专业课三种类型，分别制定相应的评估指标体系和标准，分类评选，并于1996年进行了修订。

学校从1986年开始评选，每年评选一次。一类课三年复审一次，每年有上有下。截至2000年，全校累计评出一类课50门，除去经复审停止命名的5门及教学计划调整停开、合并的课程后共为43门。历年评选出的一类课程名录见表3-6-13。

表3-6-13　清华大学1986年—2000年一类课程名录

年　份	序　号	课程名称	单　位	负　责　人
1986	1	微积分	数学系	施学瑜　张元德　李秀淳
	2	中国革命史	社科系	朱育和
	3	水力学	水电系	董曾南　李玉柱
	4	核电子学	工物系	王经瑾　（2001年复审后停止）
1987	5	电子技术基础	自动化系	童诗白　胡东成　华成英
	6	材料力学	力学系	范钦珊
	7	理论力学	力学系	官　飞　贾书惠
	8	电子线路	电子系	董在望　肖华庭　雷有华
1988	9	结构力学	土木系	韩守询　支秉琛
	10	机械原理	精仪系	方嘉秋　申永胜
	11	信号与系统	电子系	郑君里
	12	水工建筑物	水电系	吴媚玲　王綦正
	13	激光原理	电子系	周炳琨　高以智
	14	金工实习	机械厂	金问楷　李家枢
1989	15	化工原理	化工系	蒋维钧　雷良恒
	16	钢筋混凝土结构	土木系	滕智明
	17	物理化学	化学系	薛方渝　（1999年复审后停止）
	18	机械设计基础	精仪系	黄纯颖　（1999年复审后停止）
	19	普通物理（电类组）*	物理系	崔砚生
1990	20	画法几何学及工程制图（机类）	精仪系	彭福荫　刘朝儒
	21	测量学	土木系	刘永明
	22	工程热力学	热能系	朱明善
	23	焊接冶金原理 #	机械系	陈伯蠡　鹿安理
	24	自动化仪表	自动化系	王家祯　（1999年复审后停止）

续表

年 份	序 号	课 程 名 称	单 位	负 责 人
1991	25	普通物理（工科多学时）*	物理系	陈泽民
	26	工程流体力学	力学系	潘文全　汤荣铭
	27	计算力学	力学系	邵　敏
	28	土力学	水电系	周景星
	29	反应堆物理	工物系	李植华
	30	化工热力学	化工系	童景山
1992	31	建筑材料	土木系	冯乃谦
	32	水处理工程	环境系	张晓健
	33	体育（大一男生组）	体育教研组	张　威
1993	34	建筑设计系列课	建筑学院	栗德祥
	35	工程材料	机械系	朱张校
	36	汽车理论	汽车系	赵六奇
	37	电路原理	电机系	江辑光
	38	电工技术与电子技术	电机系	高上凯
	39	数据结构	计算机系	严蔚敏
	40	近代物理实验	物理系	方家光　（1999 年复审后停止）
	41	公益劳动课	修缮处	成　洁
1994	42	智能物理仪器系列课	物理系	魏义祥
	43	文学赏析与研究限选课组	人文学院	徐葆耕
1995	44	普通物理实验	物理系	朱鹤年　张连芳
	45	生物化学	生物系	周海梦
1997	46	居住区规划与住宅设计	建筑学院	庄　宁
1998	47	计算机基础教学系列课程	计算中心	王行言
1999	48	民商法	法学系	王保树
2000	49	现代生物学导论	生物系	吴庆余
	50	大学英语系列课	外语系	范　红

说明：①因修订评选办法等，1996 年未评选。② * 表示该课程因改革合并为“大学物理”。# 表示该课程因计划调整而取消。

（二）精品课程建设和评选

在总结重点课程建设和一类课程评选经验的基础上，为建立与学校发展目标相适应的具有研究型大学特色的课程教学体系，使学生在获取知识的同时，提高认知能力和研究能力，培养学生的创新意识和创新能力，1997 年学校提出了建设一批“精品课程”和“精品教材”的思想。1998 年在《深化教育改革，加强高层次人才培养的规划草案》中提出：要“加速推进以校、院（系）核心课程为主干的教学内容和课程体系改革，推出一批课程‘精品’”，重点建设 60 门左右本科生和研究生的核心课程，重点支持出版一批“精品”教材或专著。学校正式提出要“建设一流水平的精品课程”，包括名牌课程的改造更新、新型课程的建设，要突出课程内容体系和方法的改革，要建设一批可以和世界一流大学的相应课程相比拟的优秀课程。2000 年 6 月，教务处发布了《关于开展精品课程建设的工作意见》，对精品课程提出要求：课程体系内容和方法有创新，符合整体优化原则；实施“参与式”教学方法，能体现对学生基础、创新两方面能力的培养；要有教材、网络课件及相应实验室教学条件；授课水平高、教学效果好，学生、同行评价为优；第一责任人协调、参与组建课程研究小组。2001 年，清华大学正式启动“百门精品课程建设工程”（含研究生课程），作为专项列入“985 工程”一期教学项目。本科首批立项 105 门（其中重点资助 47 门），后又补充立项一批。2006 年制定了《清华大学精品课程评选办法》，明确评估指标、评估标准和评估方法，开始评选精品课程。评选条件包括 5 个方面：

（1）课程应连续开设 3 年以上，学生受益大或在课程建设上具有突出特色的课程；

（2）课程教师队伍具有合理的结构，教师有献身教育事业的精神，坚持教书育人，课程负责人具备较高的教学科研水平；

（3）课程体系科学、合理，能体现研究型大学的教学理念，能够结合课程特点采用多种教学方式，激发学生的学习兴趣，培养学生的创新思维；

（4）课程教师整体教学效果好，学生评价高；

（5）课程应选用国内外优秀教材，鼓励自主编写出版高水平教材。

根据评选条件，针对课程性质、特点，分别制定相应的评选指标体系。清华大学精品课程评选既坚持了“一类课程”评选中教学资源与条件好、教学效果好、教书育人、学生受益大等原则，又根据拔尖创新人才培养的需要提出了新的要求，鼓励教师在研究型教学理念指导下，积极探索课程建设经验。

2009 年学校制定了《清华大学本科精品课程复审办法》，对清华大学精品课程进行三年一次的复审。复审工作本着深化内涵、务求实效、真正让学生受益的原则，着重考察精品课程入选三年来的课程结构、教学效果、教学改革以及教学队伍建设情况，通过规范复审程序、严格精品标准，做到精品课程的有上有下、滚动发展，推动课程的深入和可持续发展，并更好地发挥精品课程的示范作用。

经过立项建设与实践，本科精品课程建设卓有成效。截至 2010 年有 187 门课程先后被评为清华大学本科精品课程。由于这一扎实的基础，在教育部和北京市启动本科教育“质量工程”、开展国家级和北京市级精品课程的评选中，清华大学取得良好成绩。截至 2010 年，清华大学已入选 90 门国家级精品课程、101 门北京市精品课程，均名列前茅。国家级、北京市级和清华大学本科精品课程名录见表 3-6-14 和表 3-6-15。

表 3-6-14　清华大学入选国家级、北京市级精品课程名录（截至 2010 年）

单位	课程名称	负责人	国家级入选年份	北京市级入选年份
建筑学院	设计系列课	栗德祥		2003
	建筑环境学	朱颖心	2004	
	建筑设计	朱文一	2008	2008
	建筑自动化	江　亿		2009
土木系	结构力学	袁　驷	2003	2003
	混凝土结构	叶列平	2005	2004

续表

单 位	课 程 名 称	负责人	国家级入选年份	北京市级入选年份
土木系	土木工程 CAD	张建平	2010	2006
	建筑材料	阎培渝		2008
水利系	土力学	李广信	2006	2004
	水力学	贺五洲	2005	2005
	水工建筑学	金　峰	2007	
	水文学原理与应用	杨大文	2009	2009
建管系	物业管理	季如进		2009
环境学院	水处理工程	黄　霞	2010	2003
	大气污染控制工程	郝吉明	2004	2004
	环境保护与可持续发展	钱　易	2006	2006
	环境监测	余　刚	2009	2007
	环境工程原理	胡洪营	2008	2008
机械系	工程材料	朱张校	2005	2003
	材料加工	黄天佑	2006	2005
精仪系	机械设计基础理论与实践	申永胜		2003
	测试与检测技术基础	王伯雄	2007	2004
	控制工程基础	董景新	2008	2004
	机械原理	申永胜	2004	2004
	制造工程基础	冯之敬	2005	2005
	机械制图	田　凌	2006	2006
	光学工程基础	毛文炜		2008
热能系	工程热力学	史　琳	2005	
	传热学	姜培学	2007	2007
	燃烧理论	姚　强	2009	2009
汽车系	汽车理论	夏群生	2009	2009
工业工程系	运筹学	赵晓波		2008
	人因工程	饶培伦		2009
基础工业训练中心	机械制造实习	傅水根	2004	2004
	电子工艺实习	李鸿儒		2007
	实验室科研探究	卢达溶	2009	
	工业系统概论	卢达溶		2008
电机系	电工技术与电子技术	唐庆玉	2008	2003
	电路原理	陆文娟	2007	2005
	电力系统分析	孙宏斌	2006	2006
	高电压工程	梁曦东	2007	2007

续表

单　位	课 程 名 称	负责人	国家级入选年份	北京市级入选年份
电子系	信号与系统	山秀明		2005
	通信电路	陈雅琴	2010	2009
计算机系	计算机语言与程序设计	吴文虎	2003	2003
	计算机组成原理	王　诚	2004	2004
	计算机文化基础	王行言	2003	
	面向对象的程序设计	王行言	2005	
	计算机图形学基础	胡事民	2010	2008
	汇编语言程序设计	温冬婵	2009	
	计算机系统结构	郑纬民	2008	
自动化系	电子技术基础	华成英	2003	2003
	模式识别基础	张学工	2007	2006
	自动控制理论	王诗宓	2007	2007
	电力拖动与运动控制	杨　耕		2008
微纳电子系	模拟集成电路分析与设计	王志华		2008
软件学院	软件工程	孙家广	2007	
	电子商务概论	覃　征	2007	
航天航空学院	材料力学	施惠基	2003	2003
	理论力学	李俊峰	2004	2003
	弹性力学	杨　卫	2004	2004
	计算力学	刘应华		2006
	流体力学	符　松	2007	
工物系	核辐射物理及探测学	陈伯显	2009	2008
化工系	化工原理	戴猷元		2004
	化工热力学	高光华	2007	2007
	传递过程原理	骆广生		2009
材料系	材料科学基础（1）	田民波	2007	2004
	电子显微分析	章晓中	2007	
数学系	微积分	谭泽光	2003	2003
	代数与几何	俞正光		2003
	代数与几何	张贺春	2008	2008
	高等代数	张贤科		2004
	数学实验	姜启源	2005	2005
物理系	大学物理	陈信义	2003	2003
	量子力学	庄鹏飞	2007	2003
	基础物理实验	朱鹤年	2005	2004

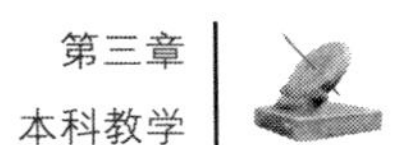

续表

单　位	课 程 名 称	负责人	国家级入选年份	北京市级入选年份
化学系	有机化学及实验	李艳梅	2005	2005
	仪器分析	张新荣	2007	2006
生命科学学院	现代生物学导论	吴庆余	2003	
	生物化学	刘　栋		2007
经管学院	计量经济学	李子奈	2004	2003
	金融工程	宋逢明	2006	2006
	创业管理	雷家骕	2007	2007
	管理信息系统	陈国青	2007	
	经济学原理	钱颖一	2008	2008
马克思主义学院	马克思主义哲学原理	吴　倬	2005	2003
	马克思主义政治经济学原理	刘美珣	2004	2004
	思想道德修养	刘书林	2004	2004
	邓小平理论与“三个代表”重要思想概论	刘美珣	2006	2005
	毛泽东思想概论	蔡乐苏		2006
	思想道德修养与法律基础	刘书林	2009	2009
	中国近现代史纲要	蔡乐苏		2010
人文社科学院	文物精品与文化中国	彭　林	2003	
	国际关系分析	阎学通	2007	2006
	中国古代礼仪文明	彭　林	2008	2008
	中西文化关系史	张国刚	2009	2009
	中国古典诗歌研究与赏析	孙明君		2009
外文系	大学英语综合课程	罗立胜	2004	2004
	英语写作（1～4级水平）	杨永林	2006	
法学院	债法	崔建远		2004
	民事诉讼法	章　程	2009	2005
	刑法学	张明楷	2008	2007
	法理学	王晨光		2008
	民法学	崔建远	2010	2010
新闻学院	新闻采访与写作	李希光	2004	2003
	中国新闻传播史	李　彬	2010	2007
美术学院	传统染织艺术	田　青	2010	2003
	综合造型基础	柳冠中	2006	2005
	传统陶艺	郑　宁	2006	2005
	外国工艺美术史	张夫也	2007	2006
	动画设计	吴冠英	2009	2007

续表

单　位	课程名称	负责人	国家级入选年份	北京市级入选年份
美术学院	室内设计	郑曙旸	2008	2007
	服装设计系列课程	李当岐		2009
	中国工艺美术史	尚　刚	2009	2009
	纤维艺术	林乐成		2008
体育部	大学体育	张　威	2004	2003
学生部	大学生职业生涯规划与发展	陈　旭		2008

表 3-6-15　清华大学精品课程（2006—2010）

序号	单　位	课程名称	负责人	入选年度
1	建筑学院	建筑设计	朱文一	2006
2		建筑环境学	朱颖心	2006
3		城市规划原理	谭纵波	2007
4		建筑自动化	江　亿	2007
5		热质交换原理和应用	张寅平	2008
6		理性建筑	彭培根	2008
7		空调与制冷技术	朱颖心	2009
8	土木系	结构力学系列课程	袁　驷	2006
9		混凝土结构	叶列平	2006
10		土木工程 CAD	张建平	2006
11		建筑材料	阎培渝	2006
12		测量学	刘　钊	2008
13		工程经济学	郑思齐	2010
14	水利系	土力学	张丙印	2006
15		水力学	陈永灿	2006
16		水工建筑学	金　峰	2006
17		水文学原理与应用	杨大文	2008
18	建管系	城市与房地产经济学 ※	张　红	2006
19		工程项目管理案例※	强茂山	2006
20		物业管理	季如进	2008
21	环境学院	大气污染控制工程	郝吉明	2006
22		水处理工程	黄　霞	2006
23		环境保护与可持续发展	钱　易	2006
24		环境监测	余　刚	2008
25		环境工程原理	胡洪营	2007

续表

序号	单　位	课 程 名 称	负责人	入选年度
26	机械系	工程材料	姚可夫	2006
27		材料加工	黄天佑	2006
28		机械系统微机控制	孙振国	2006
29		机电控制系统实践	孙振国	2008
30		工程材料基础	王昆林	2008
31	精仪系	机械设计基础理论与实践	季林红	2006
32		测试与检测技术基础	王伯雄	2006
33		控制工程基础	董景新	2006
34		机械原理	阎绍泽	2006
35		制造工程基础	冯平法	2006
36		机械制图	田　凌	2006
37		光学工程基础	孙利群	2006
38		机械设计	刘向锋	2007
39		现代制造技术	郁鼎文　陈　恳	2008
40		精密仪器设计	李玉和	2009
41	汽车系	立体设计表达	周力辉	2009
42		汽车理论	夏群生	2009
43		汽车电子与控制	李建秋	2009
44		汽车发动机原理	王建昕	2009
45	热能系	工程热力学	史　琳	2006
46		传热学	姜培学	2006
47		燃烧理论	姚　强	2007
48	工业工程	运筹学	赵晓波	2006
49		人因工程	饶培伦	2006
50	电机系	电工技术与电子技术	段玉生	2006
51		电路原理	于歆杰	2006
52		电力系统分析	孙宏斌	2006
53		高电压工程	梁曦东	2006
54		电力系统调度自动化	吴文传	2010
55		电机学	孙旭东	2010
56	电子系	信号与系统	山秀明	2006
57		高频电路系列课程设计	陈雅琴	2006
58		激光原理	张洪明	2006
59		模拟电子技术基础	李冬梅	2007
60		通信电路	李国林	2009
61		数字逻辑电路	罗　嵘	2009

续表

序号	单　位	课 程 名 称	负责人	入选年度
62	计算机系	计算机语言与程序设计	徐明星	2006
63		计算机组成原理	刘卫东	2006
64		计算机专业实践	汤志忠	2006
65		数据结构	王　宏	2006
66		计算机程序设计基础	乔　林	2006
67		人工智能导论	马少平	2007
68		计算机网络原理	吴建平	2007
69		计算机图形学基础	胡事民	2008
70		操作系统	向　勇　陈　渝	2008
71		数字逻辑电路	杨士强	2008
72		汇编语言程序设计	张悠慧	2009
73		计算机系统结构	郑纬民	2009
74		计算机文化基础	李　秀	2006
75		面向对象的程序设计	郑　莉　黄维通	2006
76	自动化系	电子技术基础	华成英	2006
77		模式识别基础	张学工	2006
78		自动控制理论	钟宜生	2006
79		人工智能导论	张长水	2006
80		电力拖动与运动控制	杨　耕	2008
81	航天航空学院	材料力学	殷雅俊	2006
82		理论力学	李俊峰	2006
83		弹性力学	冯西桥	2006
84		计算力学	牛莉莎	2006
85		流体力学	符　松	2006
86	工物系	核辐射物理及探测学	张　智	2006
87		核工程基础	王　侃	2006
88		核数据获取与处理及课程设计	魏义祥	2006
89	化工系	化工原理	戴猷元	2006
90		化工热力学	高光华	2006
91		传递过程原理	骆广生	2006
92		高分子物理	郭宝华	2008
93		反应工程基础	金　涌	2009
94		高分子化学	唐黎明	2010
95	材料系	材料科学基础（1）	田民波	2006
96		电子显微分析	章晓中	2006
97		X 光衍射分析	潘　峰	2009

续表

序号	单 位	课 程 名 称	负责人	入选年度
98	数学系	微积分	苏 宁	2006
99		代数与几何	张贺春	2006
100		高等代数	张贤科	2006
101		数学实验	谢金星	2006
102		高等微积分	文志英	2007
103		大学物理	陈信义 刘凤英	2006
104		量子力学	庄鹏飞	2006
105		基础物理实验	朱鹤年 张连芳	2006
106		普通力学和分析力学	李 复	2006
107	化学系	有机化学及实验	李艳梅	2006
108		仪器分析	张新荣	2006
109		大学化学	寇会忠	2006
110		物理化学	朱文涛	2006
111		基础化学实验	崔爱莉	2007
112		高分子化学导论	袁金颖	2008
113	经管学院	计量经济学	李子奈	2006
114		金融工程	宋逢明	2006
115		创业管理	雷家骕	2007
116		管理信息系统	陈国青	2007
117		中级微观经济学	李稻葵	2007
118		经济学原理	钱颖一	2007
119		质量管理	孙 静	2008
120		信息管理导论	朱 岩	2009
121		中级宏观经济学	白重恩	2010
122	生命科学学院	现代生物学导论	吴庆余	2006
123		生物化学	李 珍	2006
124		生化与分子生物学综合实验	余冰宾	2006
125	人文社科学院	文物精品与文化中国	彭 林	2006
126		中国古典诗歌研究与赏析	孙明君	2006
127		大学生心理健康	樊富珉	2006
128		儒家经典导读	方朝晖	2006
129		文学原理	罗 钢	2006
130		中国古代礼仪文明	彭 林	2007
131		当代社会主义理论与实践	王传利	2008
132		当代世界经济与政治	邢 悦	2008
133		中西文化关系史	张国刚	2009
134		国际关系分析	阎学通	2006

续表

序号	单　位	课 程 名 称	负责人	入选年度
135	马克思主义学院	马克思主义哲学原理 #	吴　倬	2006
136		马克思主义政治经济学原理 #	刘美珣	2006
137		思想道德修养 #	刘书林	2006
138		思想道德修养与法律基础	刘书林	2010
139		毛泽东思想概论 #	蔡乐苏	2006
140		邓小平理论与“三个代表”重要思想概论 #	刘美珣	2006
141	外文系	大学英语综合课程	张为民	2006
142		英语写作（1～4 级水平）	杨永林	2006
143		英汉互译实践与技巧	许建平	2007
144		基础综合日语	郭翠英	2008
145		日语（第二外国语）	王婉莹	2010
146	新闻学院	新闻采访与写作	李希光	2006
147		中国新闻传播史	李　彬	2007
148		数字媒体基础	刘惠芬	2007
149		马克思主义新闻观	范敬宜	2008
150	艺教中心	管乐合奏与交响管乐合奏	朱汉城	2006
151	美术学院	传统染织艺术	田　青	2006
152		综合造型基础	柳冠中	2006
153		传统陶艺	郑　宁	2006
154		外国工艺美术史	张夫也	2006
155		动画设计	吴冠英	2008
156		室内设计	郑曙旸	2006
157		色彩艺术	李　睦	2006
158		纤维艺术	林乐成	2008
159		服装设计系列课程	李当岐	2009
160		中国工艺美术史	尚　刚	2009
161		环艺设计基础训练课程	苏　丹	2010
162		外国美术史	张　敢	2010
163	体育部	大学体育	张　威	2006
164	法学院	债法	崔建远	2006
165		民事诉讼法	章　程	2006
166		刑法学	张明楷	2006
167		侵权行为法	程　啸	2006

续表

序号	单　位	课 程 名 称	负责人	入选年度
168	法学院	物权法	申卫星	2006
169		法理学	王晨光	2007
170		法律诊所	陈建民	2007
171		刑事诉讼法学	易延友	2008
172	基础工业训练中心	机械制造实习	傅水根	2006
173		电子工艺实习	李鸿儒	2007
174		工业系统概论	卢达溶	2007
175		实验室科研探究	卢达溶	2009
176	电工电子中心	电子技术系列实验	高文焕	2009
177	学生部	大学生职业生涯规划与发展	祁金利	2008
178		大学生心理训练与潜能开发	李　焰	2009
179	医学院	医学图像	王广志	2006
180		生物医学工程专业综合训练	宫　琴	2009
181	微纳电子系	模拟集成电路分析与设计	池保勇	2007
182		半导体物理与器件	邓　宁	2008
183		数字集成电路分析与设计	刘雷波	2010
184	软件学院	软件工程	孙家广	2007
185		电子商务概论	覃　征	2008
186		软件项目管理	覃　征	2008
187		计算机动画的算法与技术	雍俊海	2008

说明：※表示该课程未通过 2009 年复审，已停止校级精品课程称号。♯表示该课程因计划调整而取消。

三、教材建设

清华大学的教材建设经历了以下几个阶段：

（1）1911 年至 1952 年，模仿英美教育制度，使用英文教材，逐步编著和使用少量中文教科书。

（2）1953 年至 1957 年，学习苏联教育经验，大量翻译和使用苏联教科书（中译本），同时自编少量教材。

（3）1958 年至 1966 年，从中国实际出发，编著有中国特色的教材，使用全国统编教材和清华自编教材及讲义。

（4）1966 年至 1976 年，开门办学，多数使用自编讲义，教材建设陷于停顿状态。

（5）1978 年至 2000 年，改革开放，大量编著具有先进水平和中国特色的教材，引进英美等外国教材，教材质量显著提高。

（6）2000 年至 2010 年，呈立体化教材发展的趋势，除纸质文字教材外，还有电子教材、网络教材、多媒体教学课件和软件等形式，大大促进了教学改革；另外，随着我国从传统计划经济走向市场经济和法制社会，学校关注在避免侵权和保护好自己的知识产权的前提下，编写和传承更多的高水平教材。

解放前，清华各院系的课程，除国学及中文系课程外，绝大多数教科书都是美国大学的教本，使用原版英文教科书，很少有中文教材。这种状况曾引起一些爱国学者的忧虑。刘仙洲教授早在1920年就指出：“察吾国之工业教育，如大学之工科，及各省之工业专门，所授课程概用洋文……遍询坊间，无用中文出版者。”“中国人教中国人，恒用外文课本，有时更用外国语讲解，长此不易，我国学术永无独立之期，国将不国。”1932年他到清华大学工学院任教，更有感于此，带头编著大学中文教材，先后编著出版《机械原理》（商务印书馆，1935年）、《经验计画》（商务印书馆，1935年）、《热机学》（商务印书馆，1936年）、《蒸汽表及莫理尔图》（商务印书馆，1936年）、《燃汽轮及其新发展》（商务印书馆，1947年）、《热工学》（正中书局，1948年）等书，开自编中文教科书风气之先。在编译中文教科书方面，还有陶葆楷的《给水工程学》《军事卫生工程学》《下水工程》，吴柳生的《工程材料试验》《航空站设计》，夏坚白、陈永龄合编的《养路工程学》《应用天文》，刘仙洲、褚士荃合著的《画法几何》，刘仙洲、曹国惠合著的《汽阀机关》，庄前鼎、刘维政合著的《空气动力学》，刘德慕的《制造方法》，阎振兴的《土壤力学》，张泽熙的《铁路工程》，蔡方荫的《普通结构学》，等等。其中，《机械原理》（刘仙洲）和《工程材料试验》（吴柳生）被编译馆列为“部定”大学用书。

解放初期出版的有：赵访熊教授著《高等微积分》（1949-11）和《微积分及微分方程》（1951-08）、刘仙洲教授著《内燃机》（1951）、王补宣教授著《热力学》（1952）等。

1952年至1957年主要是借用苏联教材。1952年中央人民政府高等教育部统一组织全国高校教材的编译工作。在大量引进苏联教材的基础上，首先翻译出版了一、二年级基础课和部分专业课教材。仅1953年秋季至1954年春季一个学期内，全国就统一规划翻译出版了高校基础课和专业基础课教材190余种，其中清华负责翻译的有17种。据1954年统计，按清华五年制教学计划，应开课388门，使用中译本教科书及教学参考书155种，俄文版教科书及教学参考书162种，只有一门课程采用的是中国自编教材。对于没有教科书和参考书的课程，学校组织编写讲义66种，完全没有教材的只有五门课程，占1.3%。1952年至1960年，清华大学共翻译出版了各类教材90余种，出版了各类自编教材30余种。据1960年秋季学期统计，全校共开课383门，只有69门有正式教材，有152门采用新编的讲义。

1961年起，教育工作贯彻“调整、巩固、充实、提高”的八字方针，在教材方面中央提出要“从无到有，课前到手，人手一册，印刷清楚”，抓紧教材建设工作。清华大学承担了51种统编教材的编写任务（其中28种为主编），共有185位教师参加，到1962年底全部完成出版。与此同时学校还编印了大量讲义。据1963年4月统计，先后有703种（其中195种为正式讲义，508种为辅助教材），全校开课教材配备率从1960年的58%提高到97%，初步满足了教学需要。

1962年至1966年，为了提高教材编写质量，保证教材供应，加强了教材建设的管理工作。1962年教育部正式成立“高等工业学校基础课程和各类专业共同的基础技术课程教材编审委员会”，清华大学赵访熊、张维等24位教师参加。同年第一机械工业部也成立了“高等工业学校机械类专业教材编审委员会”，金希武、李酉山等13位教师参加。1962年高教部委托清华大学参加草拟《关于编写高等工业学校基础课程和基础技术课程教材的几项原则》，于同年7月正式公布。根据高教部制定的教材工作规划，清华大学共承担编写全国统编教材50种（多数集中在土建、水利、电机、无线电、动力等系和基础课），担任统编教材审查任务33种。这期间全校出版的有代表性的基础课与技术基础课程的教材（括号内为出版年月）有：《高等数学》（1960-08）、《理论力学》（1961-07）、《材料力学》（1963）、《阴极电子学》（1961）、《普通测量学》（1961-08）、《金属工艺学实用教材》（1965-06）、《铸造生产自动化》（1961-09）、《焊接冶金基础》（1961）、《机械零件》（1961-08）、《热工学》（1964-08）、《电机学》（1964-08）、《无线电基础知识》（1964-09）、《电子线路》（1961-12）、《电子技术基础》（1962-07）、《电子电路设计》（1963-12）、《结构力学》（1964-08）、《建筑物理》（1961-07）、《水力学》（1961-07）、《汽车拖拉机发动机原理》（1961-08）等。

与此同时，学校制定了《关于教材工作暂行规定》，编制执行了1964年至1966年教材建设规划，对142种教材进行了修订或重新编写，还组织编写了大量实验指导书、课程设计指导书、习题集等配套教材。到1965年全校大部分课程（特别是基础课和技术基础课）都采用了国内自编的教材，有效地克服了采用苏联翻译教材在内容上脱离我国实际的缺点，提高了教材的适用性和课程的质量，教材建设开始走上健康发展的道路。

1966年至1976年，受“文化大革命”的影响，教材的编审、出版工作基本上陷于停顿，只有个别教材出版。

1977年以后，陆续恢复和组建了各部委教材编审委员会，清华大学有58位教师分别参加了教育部、一机部、六机部、水利部、电力部和建材部所属的50个教材编审委员会（小组）。其中委托清华主持的八个学科组有：“工科数学”（主任为赵访熊教授）、“工科力学”（主任为张维教授）、“材料力学”（组长为杜庆华教授）、“水力学”（组长为夏震寰教授）、“工科热工”（主任为王补宣教授）、“电子线路”（组长为吴佑寿教授）、“理工科英语”（组长为陆慈副教授）、“水工建筑物”（组长为张宪宏教授）等。

1978年至1980年，清华大学参加编著教育部规划的统编教材123种（其中87种为清华大学主编），主审85种；同时，校内组织编写了各类讲义366种。这些教材普遍加强了基础理论，重视学科的系统性、先进性，增加了现代科学技术成就与最新进展，内容体系有严格的科学性，涌现出一批优秀教材。

1981年至1985年，全校编著出版全国统编教材170种，出版自编教材（含部分专著）209种，编写各类讲义（包括部分教材和教学参考书、实验指示书、习题集等辅助教材）1 505种。1984年学校在第17次教学讨论会上，召开教材问题专题讨论，编制了1984年至1986年主干课教材修订规划。为了借鉴外国优秀教材和提高学生专业外语水平，同年学校提出要逐步做到每个班级每学期有一门课程使用外文教材。在教育部的支持下，1985年3月，成立了“教育部外国教材清华大学中心图书室”，集中引进美国斯坦福大学、加州大学伯克利分校、康乃尔大学、麻省理工学院等校使用的理科、工科和管理学科的成套教材3 600余种。全校使用外文教材的课程从1984年51门增加到1985年150门。

1986年至1990年，在国家教委关于“积极扩大教材种类，大力提高教材质量，努力搞好教材工作”的方针指导下，清华大学教材建设又有了较大的发展。全校正式出版各类教材（含部分专著）696种，其中承担国家教委与其他部委规划的教材150余种，编写和修订各类讲义1 063种，出版教材数目较1981年至1985年增加70％。

为了加强对教材建设工作的领导与管理，学校于1986年成立了“清华大学教材委员会”。教材委员会由学校主管教学的副校长任主任委员，其他委员由校长聘请学术水平较高、教学经验丰富、热心教材工作的教授、专家以及校内与教材工作有关的行政管理负责人组成。教材委员会的任务是组织全校教材建设规划的制定与实施，组织和指导各学科的教材研究和教材评介工作，指导外国教材的引进与利用，组织编译外国优秀教材，评选教师编著出版的优秀教材等。委员会成员分工组成教材研究组、教材规划组、教材评价组，分别承担上述任务。同年创办内部刊物《教材研究》（1989 年更名为《教学研究与教材研究》，1990 年又改称为《教学研究与实践》），截至 1992 年，共出版 25 期，发表论文 507 篇，其中教材研究论文 259 篇，还出版了四期外国教材研究专辑。

学校于 1986 年成立了清华大学音像出版社，翌年建立了国内首个计算机辅助教学（CAI）中心实验室，加强电教教材和计算机软件教材建设。据 1993 年统计，全校已有 100 多门课程使用了电教教材。

1987 年，清华大学率先研制成功“教材计划供应计算机管理系统软件”，并正式投入使用，大大提高了教材供应的管理水平和工作效率。同年，根据国家教委统一部署，进行油印讲义印刷技术改造，至 1991 年，全校所有讲义均采用计算机排版—静电制版—胶印的轻印刷工艺，讲义印刷质量显著提高。

为了支持编著出版优秀教材，1989 年学校建立“清华大学教材建设基金”。基金来源主要是国家教委教材出版补贴（每年 30 万元）和校内拨款（教务处、研究生处，每年 10 余万元），教师申请基金由教材委员会审批。

1986 年至 1990 年，全校有 159 名教师参加了分别属于国家教委、机电部、水利部、国家建材局、建设部、化工部、核工业总公司、中航总公司、邮电部、国家测绘局、能源部等 11 个部委的 103 个教材编审委员会（或编审组），其中有 19 个专业（或课程）编委会（编审组）委托清华大学主持工作。

1991 年，学校编制了“八五”（1991—1995）教材建设规划，配合课程建设，以提高教材质量为中心，加强组织领导，完善管理体制，抓好重点教材，争取修订和编著出版一批具有清华特色、反映国内外先进科学水平的高质量教材，共有 268 个选题列入出版计划，有 105 种教材先出讲义试用。

1993 年，对 1991—1992 学年度全校开出的 1 039 门课程的教材使用状况进行调查，所有必修课和限定性选修课程教材配齐率为 100%，教材适用率（即教材适用或基本适用）为 98%；这些课程共使用 1 051 种教材，只有 11 种教材在学生上课前没有到书，教材课前到书率为 99%。有 102 门课程使用了电教教材，9 门课程使用了计算机软件教材，仅有 54 门任选课程没有专用教材。

以往采集教材使用信息准备教学用书是手工操作，后纳入学校信息系统的教学门户中，面向学校和院系教学管理人员、任课教师、选课学生等用户浏览查询。自 2010 年秋季学期开始，“课程使用教材信息采集”工作正式纳入选课指导信息中，即任课教师在线填写、修改或确认课程教材信息。据不完全统计，2010 年本科生和研究生课程中，教师向学生推荐的主教材与参考书共计 6 529 种。

教材建设要与课程建设同步进行。重点课程建设和一类课程评选都对教材建设提出了明确要求，必须有能反映课程体系、内容改革的高水平教材和完备的教学资料。1998 年，在学校《“十一五”教育改革与发展纲要》中，提出“结合课程建设及改革，加强教材建设，鼓励高水平教师编写教材”。学校启动的“百门精品课程建设工程”要求精品课程开发能体现研究型教学理念、教学模式的教材、教学参考书，以及相应的教学媒体、网络学习资源。学校在《“十一五”事业发展规划纲要》中，要求以精品课程建设带动优秀教材建设、以高水平科研成果更新教材内容、以各级规划教材建设促进教材编写队伍的形成，继续组织编写出版一批反映学校办学理念、专业特色的高水平教材。

据不完全统计，1949 年—2010 年清华大学编写的教材（含部分专著）有 4 634 种，其中 1990 年至 2010 年共编写教材 3 068 种，各年份统计如表 3-6-16 所示。“十五”与“十一五”期间全校教师承担各级各类规划教材建设项目 693 项，其中承担国家级普通高等教育规划教材项目近 400 项、部委规划教材 30 项、北京高等教育精品教材建设项目 149 项。自 2001 年以来，获部及市级以上各类优秀教材奖项（含教学成果奖、精品教材）200 余项（见第八节四）。此间，相关教材编写单位、作者群体也对“如何传承和超越业已形成的优秀教材”问题进行了实践探索，创造了一些成功的经验。

表 3-6-16　清华大学 1949 年—2010 年全校编写出版教材（含部分专著）情况统计

年份	1949—1954		1955	1956	1957	1958	1959	1960	1961	1962	1963	1964
种类	30		14	17	28	23	23	16	33	11	13	14
年份	1965	1966	1967	1968	1969	1970	1971	1972	1973	1974	1975	1976
种类	26	4	0	0	0	1	4	7	10	4	5	10
年份	1977	1978	1979	1980	1981	1982	1983	1984	1985	1986	1987	1988
种类	7	24	34	55	104	117	107	105	139	152	149	142
年份	1989	1990	1991	1992	1993	1994	1995	1996	1997	1998	1999	2000
种类	138	97	101	91	85	80	52	73	61	92	82	88
年份	2001	2002	2003	2004	2005	2006	2007	2008	2009	2010	总计	
种类	188	133	194	356	338	318	218	153	99	169	4 634	

教育部对已出版的入选国家级“十一五”普通高等教育规划教材进行了三次精品评选，清华累计 35 种教材入选，其中 2007 年入选 12 种，2008 年入选 15 种，2009 年入选 8 种，见表 3-6-17、表 3-6-18 和表 3-6-19。

表 3-6-17　2007 年清华大学入选教育部普通高等教育精品教材书目

	教材名称	编　者	主编单位	出版单位
1	管理信息系统	陈国青　李一军	经管学院	高等教育出版社
2	电子商务概论（第二版）	覃　征	软件学院	高等教育出版社
3	基础生命科学（第二版）	吴庆余	生物系	高等教育出版社
4	数字电子技术基础简明教程（第三版）	余孟尝	自动化系	高等教育出版社
5	结构力学Ⅰ、Ⅱ——基本教程（第二版）	龙驭球　包世华　匡文起　袁　驷	土木系	高等教育出版社
6	建筑热环境	刘念雄　秦佑国	建筑系	清华大学出版社
7	钢筋混凝土基本构件设计（第二版）	江见鲸　陆新征　江　波	土木系	清华大学出版社
8	土木工程科学前沿	叶列平	土木系	清华大学出版社
9	建筑工程事故分析与处理（第三版）	江见鲸　王元清　龚晓南　崔京浩	土木系	中国建筑工业出版社
10	应用社会学（第三版）	李　强	人文学院	中国人民大学出版社

续表

	教材名称	编者	主编单位	出版单位
11	模拟电子技术基础简明教程（第三版）	杨素行	自动化系	高等教育出版社
12	机械制造工艺学（第二版）	王先逵	自动化系	机械工业出版社

表 3-6-18　2008 年清华大学入选教育部普通高等教育精品教材书目

	教材名称	编者	主编单位	出版单位
1	新时代交互英语——预备级综合教程学生用书	刘世生　苏旦丽	外语系	清华大学出版社
2	全球新闻传播史	李　彬	新闻学院	清华大学出版社
3	企业资源规划教程	朱　岩　苟娟琼	经管学院	清华大学出版社
4	电路原理	于歆杰 等	电机系	清华大学出版社
5	图像工程（上、中、下册）（第二版）	章毓晋	电子系	清华大学出版社
6	Java 程序设计教程（第二版）	雍俊海	软件学院	清华大学出版社
7	自动控制原理（上、下册）（第二版）	吴　麒　王诗宓　杜继宏　高黛陵	自动化系	清华大学出版社
8	计算机软件技术基础（第二版）	徐士良　葛　兵	电子系	清华大学出版社
9	数据结构（用面向对象方法与 C++语言描述）（第二版）	殷人昆　邓俊辉　舒继武　朱仲涛　吴　及	计算机系	清华大学出版社
10	工程力学（静力学和材料力学）（第二版）	范钦珊 等	航院	高等教育出版社
11	工程流体力学（上、下册）	李玉柱 等	水利系	清华大学出版社
12	城市交通道路系统规划（新版）	文国玮	建筑学院	清华大学出版社
13	犯罪学（第三版）	许章润　储槐植　王　平　赵保成　张智辉	法学院	法律出版社
14	电工学Ⅰ——电路与电子技术	侯世英　段玉生　雷　勇　何　丰　谢　实	电机系*	高等教育出版社
15	环境伦理学	余谋昌　雷　毅　杨通进　叶　平　王国聘	人文学院*	高等教育出版社

说明：* 表示是第二编者，第一编者是外校教师。

表 3-6-19　2009 年清华大学入选教育部普通高等教育精品教材书目

	教材名称	编者	主编单位	出版单位
1	西方经济学（第三版）：微观经济学；宏观经济学	黎诣远	经管学院	高等教育出版社
2	机械设计（第二版）	吴宗泽　高　志	精仪系	高等教育出版社
3	程序结构力学（第二版）	袁　驷	土木系	高等教育出版社

续表

	教 材 名 称	编　　者	主编单位	出 版 单 位
4	数值分析（第五版）	李庆扬　王能超　易大义	数学系	清华大学出版社
5	大学物理学（第三版）：光学、量子物理；力学、热学；电磁学	张三慧	物理系	清华大学出版社
6	机械CAD技术基础（第三版）	童秉枢　吴志军　李学志　冯　涓	精仪系	清华大学出版社
7	材料力学（第二版）	范钦珊　殷雅俊	航院	清华大学出版社
8	社会分层十讲	李　强	人文学院	社会科学文献出版社

“十五”与“十一五”期间，北京市教委推动实施以“精品教材建设工程”为重点的北京市高等教育教材建设工作，先后在2004年、2006年和2008年开展了北京市高等教育精品教材的评选工作。清华大学分别有50种、44种、43种入选，累计137种，见表3-6-20、表3-6-21和表3-6-22。

表3-6-20　2004年清华大学入选北京市高等教育精品教材目录

	教 材 名 称	编　　者	主编单位	出 版 单 位
1	高等土力学	李广信	水利系	清华大学出版社
2	非黏性流体力学	董曾南　章梓雄	水利系	清华大学出版社
3	大气污染控制工程（第二版）	郝吉明	环境系	高等教育出版社
4	材料工程基础	王昆林	机械系	清华大学出版社
5	测试技术基础	王伯雄	精仪系	清华大学出版社
6	控制工程基础（第二版）	董景新	精仪系	清华大学出版社
7	现代精密仪器设计	李庆祥	精仪系	清华大学出版社
8	制造工程与技术原理	冯之敬	精仪系	清华大学出版社
9	机械CAD技术基础（第二版）	童秉枢	精仪系	清华大学出版社
10	通信电路原理（第二版）	董在望	电子系	高等教育出版社
11	数值分析与算法	徐士良	电子系	机械工业出版社
12	电磁场理论基础	王　蔷	电子系	清华大学出版社
13	应用信息论基础	朱雪龙	电子系	清华大学出版社
14	微型计算机技术及应用（第三版）	戴梅萼	计算机系	清华大学出版社
15	IBM-PC汇编语言程序设计（第二版）	沈美明　温冬婵	计算机系	清华大学出版社
16	程序设计基础（第二版）	吴文虎	计算机系	清华大学出版社
17	多媒体技术基础（第二版）	林福宗	计算机系	清华大学出版社
18	计算机组成与结构（第三版）	王爱英	计算机系	清华大学出版社
19	计算机组成与设计	王　诚	计算机系	清华大学出版社
20	人工智能	马少华	计算机系	清华大学出版社
21	企业信息化总体设计	李　清　陈禹六	自动化系	清华大学出版社
22	现代信号处理（第二版）	张贤达	自动化系	清华大学出版社
23	工程力学（Ⅰ、Ⅱ）	范钦珊　王　琪	航院	高等教育出版社

续表

	教材名称	编　者	主编单位	出版单位
24	有限单元法	王勖成	航院	清华大学出版社
25	张量分析（第二版）	黄克智	航院	清华大学出版社
26	弹性理论基础（第二版）	陆明万	航院	清华大学出版社
27	理论力学	李俊峰	航院	清华大学出版社
28	化工原理（上、下）（第二版）	蒋维钧	化工系	清华大学出版社
29	数学模型（第三版）	姜启源	数学系	高等教育出版社
30	高等代数学（第二版）	张贤科	数学系	清华大学出版社
31	基础物理实验教程——物理测量的数据处理实验设计	朱鹤年	物理系	高等教育出版社
32	大学基础物理学（上、下）	张三慧	物理系	清华大学出版社
33	仪器分析（第二版）	刘密新	化学系	清华大学出版社
34	膜分子生物学	隋森芳	生物系	高等教育出版社
35	网络营销	姜旭平	经管学院	清华大学出版社
36	研究生英语选修课（系列教程）	罗立胜	人文学院	中国人民大学出版社
37	思想道德修养	刘书林	人文学院	清华大学出版社
38	中国特色社会主义	刘美珣	人文学院	清华大学出版社
39	马克思主义哲学导论	吴　倬	人文学院	当代中国出版社
40	应用社会学（第二版）（21世纪社会学系列教材）	李　强	人文学院	中国人民大学出版社
41	古代中国社会与文化十讲	葛兆光	人文学院	清华大学出版社
42	宗教学基础十五讲	王晓朝	人文学院	北京大学出版社
43	Visual C＋＋面向对象与可视化程序设计（第二版）	黄维通	计算中心	清华大学出版社
44	C＋＋语言程序设计（第三版）	郑　莉	计算中心	清华大学出版社
45	计算机文化基础（第四版）	李　秀	计算中心	清华大学出版社
46	服装设计基础	鲁　闽	美术学院	中国美术学院出版社
47	动画创制基础系列教材（共4册）	吴冠英	美术学院	高等教育出版社
48	陶瓷造型艺术	杨永善	美术学院	高等教育出版社
49	高等教育自学考试（艺术设计专业）指定教材（共23册）	王明旨	美术学院	湖北美术出版社
50	数字信号处理——理论、算法与实践（第二版）	胡广书	医学院	清华大学出版社

表 3-6-21　2006 年清华大学入选北京市高等教育精品教材目录

	教材名称	编　者	主编单位	出版单位
1	混凝土结构（第二版）（上、下）	叶列平	土木系	清华大学出版社
2	环境工程原理	胡洪营	环境系	高等教育出版社
3	材料加工原理	李言祥	机械系	清华大学出版社

续表

	教材名称	编　　者	主编单位	出版单位
4	现代制造系统	周　凯	精仪系	清华大学出版社
5	机械设计教程	吴宗泽	精仪系	机械工业出版社
6	汽车电子学	王绍銑	汽车系	清华大学出版社
7	电子线路基础（第二版）	高文焕	电子系	高等教育出版社
8	C 程序设计	徐士良	电子系	机械工业出版社
9	计算机组成原理	王　诚	计算机系	清华大学出版社
10	计算机组成原理（习题解答、实验指导）	谢树煜	计算机系	清华大学出版社
11	C 语言程序设计	黄维通	计算机系	清华大学出版社
12	C＋＋语言程序设计案例教程	郑　莉	计算机系	清华大学出版社
13	Java 程序设计与案例	刘宝林	计算机系	高等教育出版社
14	计算机网络（第二版）	张曾科	自动化系	清华大学出版社
15	工业数据通信与控制网络	阳宪惠	自动化系	清华大学出版社
16	数字电子电路	唐竞新	自动化系	清华大学出版社
17	企业信息化整体解决方案	范玉顺	自动化系	科学出版社
18	工程断裂与损伤	庄　茁	航院	机械工业出版社
19	概率论与数理统计	葛余博	数学系	清华大学出版社
20	创业管理学	姜彦福　张　帏	经管学院	清华大学出版社
21	高技术创业管理：创业与企业成长	雷家骕	经管学院	清华大学出版社
22	中国公共管理案例（第一辑）	王　名	公管学院	清华大学出版社
23	中国哲学概论	胡伟希	人文学院	北京大学出版社
24	当代自然辩证法教程	曾国屏	人文学院	清华大学出版社
25	逻辑基础	王　路	人文学院	人民出版社
26	体验英语写作（1～3）(学生用书、教师用书)	杨永林	人文学院	高等教育出版社
27	英汉互译实践与技巧	许建平	人文学院	清华大学出版社
28	新大学俄语综合教程	何红梅	人文学院	高等教育出版社
29	新英语教程（第四版）读写译学生用书	吕中舌	人文学院	清华大学出版社
30	中西艺术导论	肖　鹰	人文学院	北京大学出版社
31	全球新闻传播史	李　彬	新闻学院	清华大学出版社
32	中外广播电视史	郭镇之	新闻学院	复旦大学出版社
33	艺术学概论	杨　琪	美术学院	高等教育出版社
34	外国工艺美术史	张夫也	美术学院	中央编译出版社
35	中国插图艺术史话	祝重寿	美术学院	清华大学出版社
36	西洋服装史	李当岐	美术学院	高等教育出版社
37	展示设计	史习平　马　赛　董　宇	美术学院	清华大学出版社
38	设计表达	刘振生　史习平　马　赛　张　雷	美术学院	清华大学出版社

续表

	教材名称	编　　者	主编单位	出版单位
39	版画	石玉翎　文中言　宋光智　杨　锋	美术学院	清华大学出版社
40	现代信号处理教程	胡广书	医学院	清华大学出版社
41	机械制造工艺基础（第二版）	傅水根	训练中心	清华大学出版社
42	金属工艺学实习教材（第三版）	张学政	训练中心	高等教育出版社
43	热加工工艺基础（第三版）	严绍华	训练中心	高等教育出版社
44	工业系统概论（第二版）	卢达溶	训练中心	清华大学出版社

表 3-6-22　2008 年清华大学入选北京市高等教育精品教材目录

	教材名称	编　　者	主编单位	出版单位
1	工程流体力学（上、下）	李玉柱	水利系	清华大学出版社
2	清洁生产导论	张天柱	环境系	高等教育出版社
3	水处理生物学（第四版）	顾夏声	环境系	中国建筑工业出版社
4	机械基础实验技术	刘　莹	精仪系	清华大学出版社
5	机械原理教程（含辅导与习题）（第二版）	申永胜	精仪系	清华大学出版社
6	机械制图（含习题集）	田　凌　冯　涓　刘朝儒	精仪系	清华大学出版社
7	流体机械基础	王正伟	热能系	清华大学出版社
8	立体设计表达汽车油泥模型设计制作	周力辉	汽车系	清华大学出版社
9	电机学	孙旭东　王善铭	电机系	清华大学出版社
10	电路原理	于歆杰　朱桂萍　陆文娟	电机系	清华大学出版社
11	高等电力网络分析（第二版）	张伯明	电机系	清华大学出版社
12	图像工程（第二版）	章毓晋	电子系	清华大学出版社
13	高等模拟集成电路	董在望	电子系	清华大学出版社
14	C＋＋程序设计教程（第二版）	孟　威	计算机系	机械工业出版社
15	计算机网络原理实验教程	徐明伟	计算机系	机械工业出版社
16	嵌入式系统原理与应用开发	陈　渝	计算机系	机械工业出版社
17	数据结构与算法（Java 语言描述）	邓俊辉	计算机系	机械工业出版社
18	Java 语言程序设计	郑　莉	计算机系	清华大学出版社
19	Java 语言应用开发基础	柳西玲	计算机系	清华大学出版社
20	数据库系统设计与原理（第二版）	冯建华	计算机系	清华大学出版社
21	计算机组成与结构（第四版）	王爱英　王尔乾　蔡月茹	计算机系	清华大学出版社
22	模拟电子技术基础（第四版）	华成英、童诗白	自动化系	高等教育出版社
23	企业与信息系统建模分析	李　清　陈禹六	自动化系	高等教育出版社
24	数字电子技术基础（第五版）	阎　石	自动化系	高等教育出版社
25	化工热力学（第二版）	高光华　童景山	化工系	清华大学出版社
26	不确定理论（第二版）英文	刘宝碇	数学系	施普林格出版社

续表

	教 材 名 称	编　　者	主编单位	出 版 单 位
27	新概念物理实验测量引论——数据分析与不确定度评定基础	朱鹤年	物理系	高等教育出版社
28	现代化学实验基础	袁书玉	化学系	清华大学出版社
29	有机合成化学与路线设计（第二版）	巨　勇 等	化学系	清华大学出版社
30	生命基础科学（第二版）	吴庆余	生物系	高等教育出版社
31	科学技术史二十一讲	刘　兵　杨　舰　戴吾三	人文学院	清华大学出版社
32	国际关系研究实用方法（第二版）	阎学通　孙学峰	人文学院	人民出版社
33	工程硕士研究生英语	何福胜	外语系	清华大学出版社
34	现代实用日语（基础篇）	张　威	外语系	高等教育出版社
35	新世纪日本语教程（中级）（MP3 版）	冯　峰	外语系	外语教学与研究出版社
36	雕塑构造	许正龙	美术学院	清华大学出版社
37	中国工艺美术史新编	尚　刚	美术学院	高等教育出版社
38	中国工艺美学史	杭　间	美术学院	人民美术出版社
39	环境艺术设计	郑曙旸	美术学院	中国建筑工业出版社
40	外国设计艺术经典论著选读（上、下）	李砚祖	美术学院	清华大学出版社
41	服装设计表达	吴　波	美术学院	清华大学出版社
42	金属工艺学实习（非机类）（第二版）	严绍华　张学政	训练中心	清华大学出版社
43	Java 程序设计教程（第二版）	雍俊海	软件学院	清华大学出版社

四、教学基地建设

教学基地建设初始是指校内外实验、实践基地建设，随着教学改革的发展，其内涵也在深化，包括专业人才培养的综合性的基地建设、课程教学基地建设和校内外的实验实践基地建设。

为了加强基础科学人才的培养，国家教育委员会联合国家自然科学基金会于 1991 年开始在重点高校分批建立“理科基础科学研究和教学人才培养基地”（以下简称“理科基地”）。清华大学现代应用物理学专业成为国家第一批“理科基地”——“国家理科（物理系）基础科学研究和教学人才培养基地”。1993 年，生物科学与技术专业入选第二批“理科基地”——“国家理科（生物学）基础科学研究和教学人才培养基地”。2004 年上述两个基地接受教育部和国家自然科学基金委的评估，获得优秀。2008 年，数学与应用数学专业入选第五批“理科基地”——“国家理科（数学与应用数学）基础科学研究和教学人才培养基地”。

1996 年，国家教育委员会开始建设“国家工科基础课程教学基地”（以下简称“工科基地”）。清华大学机械、物理和数学基础课程入选首批“工科基地”：“国家工科机械基础课程教学基地”“国家工科物理基础课程教学基地”“国家工科数学基础课程教学基地”。1999 年 9 月，力学入选“工科基地”——“国家工科力学基础课程教学基地”。2004 年 3 月，机械、物理、数学三个“工科基地”接受教育部评估，获得优秀；2004 年 9 月，力学“工科基地”接受教育部评估，通过验收。

1999 年，清华大学文化素质教育入选首批“国家大学生文化素质教育基地”。

2002 年 7 月，教育部批准清华大学建立“国家生命科学与技术人才培养基地”，用 5 年左右的时间，力争将基地建设成为师资优秀、设施先进、质量一流、成果丰盈、管理科学的集教学、研发与产业化功能于一体的，并具有国际先进水平的复合型优秀生命科学与技术人才培养基地。在教育部 2003 年、2004 年、2005 年度年检中，被评为“优秀基地”。

2003 年，教育部、科技部批准清华建设“国家集成电路人才培养（清华）基地”，2006 年通过教育部、科技部的中期检查。

有计划地建设校内外实践基地，是解放后清华大学本科教学的显著特点之一，也是创造良好教学条件的物质基础。校内和校外基地各有其独自的特点与优势，二者紧密配合，相互补充，对实施教育与生产劳动相结合、培养高质量人才具有重要作用。

清华大学重视实践教学基地建设，早在 1958 年就在校内掀起了一个建设教学、科研、生产“三联基地”的热潮。试验化工厂（原子反应堆及相关实验室研究基地）、综合机械厂、试验电厂等即为这种基地的主要代表。

试验化工厂是以高新技术为特征的教学、科研、生产的实践基地。1958 年下半年清华大学接受了筹建原子反应堆和相关实验室的任务，参加基地建设工作的师生平均年龄仅 23 岁半。他们在辩证唯物主义思想指导下，以高度革命热情与高度科学精神相结合，在全校有关单位的配合支持下，于 1964 年成功地建成我国第一座自行设计建造的屏蔽试验反应堆，并且临界启动一次成功、正常运行。30 多年来，培养了大批原子能科技人才，为我国原子能科学技术的应用和发展作出重要贡献。

综合机械厂是机械系在一些校办小工厂（车间）基础上建成的，不仅试制了许多新型机床和设备，还进行尖端产品的研制，自行设计建造了程序控制立式铣床，成为校内生产实习基地。

试验电厂是动力、电机、土建三系师生于 1958 年在一座旧的关帝庙内建起的综合利用电厂，当年俗称“土电厂”。学生在教师指导下参加了建厂劳动、制造与安装机电设备，结合实际进行了专业学习与设计，是结合实践学习理论的有益尝试。试验电厂建成后成为学生的实习基地。

“三联基地”的建设，推动了教学、科研、生产三结合。

1977 年以后，校内教学实验实践基地有较大发展。到 1993 年，全校共有 146 个实验室（包括一批国家重点实验室），此外有 15 个校办工厂和车间，基本建成了 4 个实习基地（金工实习、电子工艺、高分子材料成形加工、等级工考核培训）。校办工厂除了生产产品、增加收入、改善学校办学条件外，更重要的是直接为教学、科研服务，培养学生生产实践能力。

例如，机械厂金工实习基地，有车床 64 台，铣、刨、磨床 21 台，还有焊接、铸造、锻压等热加工设备，可同时容纳 11 个班 360 人实习，每年要接受 1 800 多名同学的金工实习。电子仪器厂及车间，每年接纳 1 700 多人进行电子工艺学实习。高分子材料成形加工基地，对全校机械、汽车、材料、化学、化工等系学生提供实习场所，学习和了解高分子与非金属材料性能与加工方法。各校办工厂还接受因材施教的学生进行等级技工培训，每年有 200 多人获得二级工（或以上）证书。

1998 年，由教育部组织进行世界银行贷款“高等教育发展项目”可行性研究，于 1999 年通过，执行期是 1999 年至 2004 年。项目建设目标是改善工科和理科一、二年级基础及技术基础课的实验条件，增加设计型及研究型实验，提高基础课实验教学质量和师资水平，所建中心将达到国内领先水平，部分达到国际先进水平。清华大学等 28 所高校获批立项。清华大学总贷款额为

300 万美元，规划用于购置仪器设备约 255 万元（占总额 85%），用于购置图书和技术援助各 9 万元，另有人员培训及不可预见费用。学校计划配套 1 660 万元人民币，主要用于购置配套仪器设备。全校共建设 6 个中心：①物理基础教学实验中心；②电工电子基础教学实验中心；③机械基础教学实验中心；④力学基础教学实验中心；⑤工程培训中心；⑥语言语音教学中心。作为发展项目的组成，支援西部高教发展，确定云南工业大学（后因学校合并，改为昆明理工大学）为“手拉手”协作学校。两校成立领导小组，由两校主管教学的副校长担任正副组长。协作活动主要是交流教学改革和管理经验，开展师资培训，支援实验设备、图书资料、课程教学软件和教学管理平台，共建力学实验室等。同时，教育部启动“21 世纪初高等教育教学项目”，经费纳入世界银行贷款“高等教育发展项目”。清华大学有关教师共承担 5 项课题：①理工科学生创新意识与能力培养体系的研究与实践；②数学系列课程的综合改革与整合实践；③电子与电气信息类专业人才培养改革成果的整合与深化；④物理学应用型人才培养模式研究与实践；⑤基础力学系列课程教学改革成果精品化。

1996 年，为了更好地为金工实习、电子工艺实习等实践教学服务，学校整合金属工艺学教研室、电子工艺教研组、校办实习工厂机械厂和科教仪器厂，成立了清华大学基础工业训练中心。1996 年至 2009 年，在世界银行贷款建设项目、“211 工程”项目和“985 工程”一、二期项目的经费支持下，训练中心的实践教学基地建设、课程建设、教材建设和师资队伍建设取得重大进展。2004 年，机械制造实习课程被评为我国高校首门实践类国家级精品课程；2005 年，中心获得国家级教学成果二等奖；2006 年，中心获得国家级工程训练实验教学示范中心称号；2009 年，中心发起的实验室科研探究课程获得国家级精品课程称号；2009 年，中心的工程训练系列课程教学团队获得国家级教学团队称号。2009 年，根据实践教学深化改革和一流人才培养的需要，进一步理顺管理机制，学校撤销了机械厂的建制，将机械厂的设备和人员全部并入训练中心；将中心的电子工艺实习与科教仪器厂的生产脱开；在学科上，纳入机械工程学院。基础工业训练中心成为培养学生实践和创新能力的重要基地。

2005 年至 2006 年，教育部在高等学校实验教学中心建设的基础上，评审建立了一批国家级实验教学示范中心；各省、自治区、直辖市相应建立了省级实验教学示范中心，形成国家级、省市级两级实验教学示范体系，促进优质资源整合和共享，加快实验教学改革和实验室建设。2007 年至 2010 年教育部评审国家级实验教学示范中心建设单位，入选单位经过 3～5 年建设且验收通过后成为国家级实验教学示范中心。至 2010 年，学校入选国家实验教学示范中心 3 个，国家实验教学示范中心建设单位 6 个，入选北京市实验教学示范中心 13 个。名单见表 3-6-23。

表 3-6-23　清华大学获批的国家级、北京市级实验教学示范中心

序号	示范中心名称	批准年份		
		国家级实验教学示范中心	国家级实验教学示范中心建设单位	北京市实验教学示范中心
1	现代生命科学实验教学中心	2006-04		2005-11
2	实验物理教学中心	2006-12		2005-11
3	基础工业训练中心	2006-12		2006-09
4	电工电子实验教学中心			2006-09
5	基础化学实验教学中心			2006-09

续表

序号	示范中心名称	批准年份		
		国家级实验教学示范中心	国家级实验教学示范中心建设单位	北京市实验教学示范中心
6	力学实验教学中心		2007－11	2007－08
7	计算机实验教学中心		2007－11	2007－08
8	自动化实验教学中心			2007－08
9	电气工程实验教学中心		2009－01	2008－07
10	机械工程实验教学中心		2009－01	2008－07
11	艺术与设计实验教学中心		2009－12	2008－07
12	环境科学与工程实验实践教学中心		2009－12	2009－07
13	动力工程及工程热物理实验教学中心			2010－06

为了引导学生接触工业大生产、了解国情和社会、走与工农结合的成长道路，学校在进行校内教学实践基地建设的同时，积极开拓校外教学实践基地的建设。校外教学实践基地大体上分为两大类型：一是同厂矿企业（尤其是大型厂矿企业）协作，以工厂（车间）作为相对固定的生产实习和科学实践基地；二是在各省市广泛建立校外社会实践基地，包括老、少、边、穷地区。清华大学在一汽、二汽、吉化、宝钢等大型厂矿企业建立了一批相对固定的生产实习和科学实践基地，在全国各地区建立了众多相对稳定的社会实践基地，并尝试在校外实践基地实行教研产结合，提高建设水平。

1991年，化工系与东北制药总厂签订了教学、科研合作协议，明确东北制药总厂为清华化工系学生生产实习和科学实践基地，每年接受实习学生不少于30人，规定实习模式为岗位工艺实习和解决工厂实际问题的专题研究相结合的新型生产实习模式。为保证实习的顺利进行、鼓励师生为工厂发展作贡献，厂方设立“清华大学化工系师生生产实习及工程实践奖励基金”，总额为每年2万元人民币，以补助实习经费的不足和奖励在实习中为厂方做出较大成绩的师生。

2004年，清华大学第22次教育工作讨论会后，学校加大了校外实践基地建设的力度。2006年6月至2010年6月，学校先后与中国人民解放军5719工厂、中国船舶重工集团公司第702研究所、上海电气集团有限公司、施耐德电气（中国）投资有限公司、内蒙古岱海发电有限责任公司、甘肃省平凉市人民政府、河北省邯郸市人民政府、江苏宝胜集团有限公司、中国第一汽车集团公司、中国空空导弹研究院、西安电力机械制造公司、东方电气集团、中海地产集团公司、中海外建筑股份有限公司、特变电工股份有限公司16个单位共建了一批综合性的清华大学校外专业实践基地。2008年，北京市教育委员会开始实施北京高等学校教学质量与教学改革工程，启动建设市级校外人才培养基地，以期加强北京高等学校的实践教学，培养大学生实践能力、创新能力和创业能力。学校推荐校企合作基础扎实、实践教学效果突出、管理规范、运行良好、技术先进的校级基地参与申报。2008年，中国船舶重工集团第702研究所入选；2009年，西安电力机械制造公司入选；2010年，内蒙古第一机械集团公司入选。

五、学风建设

学风是指全校师生在教与学的过程中长期形成的风气，也是学校大多数学者的治学精神、治学态度和治学方法的集中体现。学风建设是学校工作的一项基本建设，对于培养优秀人才、建设高水平的中国特色的社会主义大学具有不容忽视的重要作用。

学风涵盖教师与学生。学校教师承担着学风教育的主要责任，没有良好的师德师风，就不会有良好的学风校风，也就不可能培养出优秀的人才。学校贯彻党的教育方针，坚持正确的办学方向，始终强调培养学生是教师的首要学术责任。教师要履行教书育人的职责，以高质量和高水平的教学吸引学生，以高尚的师德和优良的学术风范影响学生，以认真负责的态度严格要求学生。

清华大学素以学风严谨著称。解放前，继承了我国历代教育家在治学上的优良传统，经过几代大师优秀的治学精神、治学态度和治学方法的传授，培育了严谨治学、勤奋学习的好传统。解放后，在继承和发展老清华好的传统基础上，学校进一步倡导理论联系实际和创造精神，逐步形成了“严谨、勤奋、求实、创新”的学风，对办学产生了积极的效果。在这种优良学风的陶冶和锤炼下，大批优秀人才脱颖而出。学校通过表彰先进，树立典型，发挥优秀教师在师德建设中的示范效应，以教书育人为核心，确立师德建设的工作原则，持之以恒地推动师德建设。同时，针对社会上出现的学术浮躁和急功近利的倾向及其在校园中的影响，学校旗帜鲜明地提倡教师要做到淡泊名利、潜心学术、严谨为学、诚信为人。在制度建设方面，通过建章立制，完善师德建设的管理体系，先后制定了《清华大学教师担任本科教学工作的暂行规定》《清华大学首次开课教师达标条例》《清华大学本科生班（年级）主任工作暂行条例》《清华大学研究生指导教师职责》《清华大学关于研究生课程教学工作的若干规定》《清华大学教学成果奖励办法》《清华大学关于评选“青年教师教学优秀奖”的试行办法》《清华大学关于教学责任事故的处理规定》《清华大学关于加强实践教育的若干意见》等多项制度文件。这些文件从行为准则、岗位职责、业绩评价、奖惩激励等不同角度提出了对师德的全方位要求，从而使得师德建设工作目标明确、有章可循，并为不断加强和改进师德建设提供了强有力的制度保障。

1985 年 5 月，时任校党委书记李传信在清华大学第 24 届学代会二次会议闭幕式上发表了《发扬优良的学风和校风》的讲话，明确提出“要坚持不懈地发扬严谨、勤奋、求实和创新的优良学风”。他说：“在严谨勤奋的基础上，求实和创新是清华大学学风的又一特色。求实的含义广泛而深刻，……一是在学习中理论和实际结合；二是在学习和工作中面向我国的生产实际和社会实际；三是坚持实干，在社会主义建设的伟大实践中作出实在的贡献，而不是追求虚名和个人的所谓实惠。创新就是在前人成就的基础上前进和突破，从实际出发，创造性地解决实际问题，取得新成果和新进展。”第 24 届学代会全体代表向全校同学发出了“关于继承和发扬我校优良学风”的倡议：

（1）大胆探索，冷静思考，树立正确的观念。把勤奋学习知识和努力运用知识作为能力培养的最重要内容和基本前提。向书本学习，向实践学习，向一切有知识的人学习。在校五年打下坚实的知识基础。

（2）以踏踏实实的精神，高度重视专业必备知识的学习和基本工程训练。在此基础上，建立合理的知识结构，努力培养自己更新知识和创新知识的能力。

（3）以严肃认真的态度，科学严谨的作风，对待我们的学习和实践，要高标准、严要求，做到严谨踏实、刻苦勤奋，保持良好的教学秩序。要有为科学事业奋发进取、百折不挠的献身精神。

为了创造良好的育人环境，学校积极进行学风建设，首先在电机系、化工系等试点，并于 1989 年表扬了 20 个学风比较好的班级。翌年 1 月，清华大学学生工作指导委员会作出“关于建设、评选优良学风班的决定”，在全校范围内开展建设、评选优良学风班的活动。强调学风建设要落实到班，以评促建、重在建设，要调动学生自身积极性，自下而上人人为学风建设作贡献，班班为争取优良学风班而努力，要造成强大的舆论和抵制不良风气的自我约束机制。优良学风班每年评选一次，学校给予表扬和奖励，并保留荣誉称号一年，隔年重新审查。

优良学风班的目标是“严谨、勤奋、求实、创新”，要求满足以下条件：

（1）有明确的学习目的。全班同学树立为献身“四化”、振兴中华而努力学习的正确目的。

（2）有端正的学习态度。全班同学勤奋学习，认真而严谨地对待每一个教学环节。

（3）有严明的学习纪律。全班同学在做到“五不”（即上课不迟到、早退；不旷课；不扰乱课堂秩序；不抄袭作业；考试不作弊）的基础上能自觉遵守和维护学习纪律。

（4）有显著的学习效果。全班同学在形成优良学风的过程中，学习效果显著，学习成绩有明显进步。

1990 年上半年，在 85 级毕业班中首次试评出以下 9 个校级优良学风班：汽车系汽 5 班、自动化系自 53 班、计算机系计 55 班、数学系数 5 班、水利系水工 51 班、精仪系制 53 班、电机系生医 5 班、土木系结 52 班、电子系光电 5 班。1991 年 3 月，学校正式表彰了 1989—1990 学年度校级优良学风班 37 个（见表 3-6-24），为鼓励进步，同时表扬了学风进步显著班。这一制度已形成传统，并与学校的“先进班集体”“甲级团支部”等组成系列的先进集体评比制度，对学生的成长起着积极的促进作用。

表 3-6-24　优良学风班名单（1991）

系　别	班　号	系　别	班　号
土木工程系	结 81 班	计算机科学与技术系	计 86 班
	结 72 班		计 63 班
水利水电工程系	水工 92 班		计 66 班
	水资 6 班	自动化系	自 82 班
环境系	环 82 班		自 74 班
	环 62 班		自 61 班
机械工程系	压 81 班		自 64 班
	焊 71 班	工程物理系	核能 9 班
精密仪器与机械学系	光 8 班		工物 81 班
	制 61 班	工程力学系	力 82 班
	光 6 班		力 61 班
热能工程系	燃 7 班	化学工程系	化 72 班
汽车工程系	内 6 班	材料科学与工程系	材料 6 班
电机工程与应用电子技术系	生医 8 班	应用数学系	数 6 班
	生医 6 班	现代应用物理系	物理 74 班
电子工程系	无 91 班	化学系	物化 8 班
	无 84 班		物化 7 班
	电物 7 班	经管学院	经 81 班
	光电 7 班		

世纪之交，为了掌握全校学风的总体状况，2000 年 3 月开展全校调研：对教师和学生（约 6 400人）问卷调查学风基本情况，进行座谈，对有不及格课程的学生进行访谈，分析近几年学生的考试和毕业状况（近 30 万个数据）。是年 11 月，学校召开第 21 次教育工作讨论会后，深化教育教学改革，实施“通识教育基础上的宽口径专业教育”，完善学分制学生选课自由度经营部加大，学生学风建设面临新的课题。学校提出，班集体建设是学风建设的基础，班级学风建设需要工作重心下移，把加强低年级的班级建设作为工作重点，做到“离课不离班”，将班级学风培养贯穿在各项活动中。在优良学风班的评选上，更加注重对班级学风整体水平和学生参与程度及效果的考察，提出更加明确的评选指标。

2002 年 3 月，全校召开主题为“严谨为学、诚信为人”的学风建设动员大会，时任校长王大中分析了学风的总体状况和存在的一些不良倾向，指出建设一流大学过程中，建设良好的学风是一项重要任务：“为学须笃行，为人重诚信，为学如为人。”学校将学风建设作为今后一段时期的重要工作，提出了进一步加强学风建设的总体安排与要求。2002 年 4 月，时任副校长顾秉林作了《促“优良学风班的建设”，让“严谨、勤奋、求实、创新”学风发扬光大》的报告。2002 年 8 月校务会议讨论通过《清华大学 2001—2005 年教育改革与发展纲要》，提出要加强思想道德教育、把校风和学风建设纳入世界一流大学建设，将学风建设推向了新高度。为建设优良学风，调动教师积极性，搞好班主任队伍建设，清华大学设立“班（级）主任工作优秀奖”，当年 12 月首届授予生物系饶子和教授等 42 名教师。

经过 20 多年坚持不懈地开展班级学风建设，全校共涌现出校级优良学风班 1 107 个，学风进步显著班 69 个。这些班级为弘扬清华大学的优良学风、校风作出了贡献，见表 3-6-25。

表 3-6-25　1990 年—2010 年获评清华大学优良学风班和学风进步显著班数量统计

学年度	优良学风班	学风进步显著班	学年度	优良学风班	学风进步显著班
1990—1991	50	3	2000—2001	47	5
1991—1992	62	2	2001—2002	61	3
1992—1993	56	5	2002—2003	64	2
1993—1994	45	4	2003—2004	66	3
1994—1995	46	4	2004—2005	68	2
1995—1996	49	4	2005—2006	59	3
1996—1997	51	5	2006—2007	62	3
1997—1998	50	2	2007—2008	65	6
1998—1999	52	4	2008—2009	64	4
1999—2000	45	0	2009—2010	57	5

六、教学资源与环境建设

随着社会的发展、科学技术的进步，教学及其管理的技术手段也在不断发展，促进了教育理念、方法和教学内容、结构的改革。清华大学及时跟进世界潮流，在教学资源和教学环境（包括教学管理）建设、现代教学技术的开发和应用等方面在国内起到了引领作用。

（一）电化教学

清华大学电化教育中心自1977年10月开始筹备，1978年正式成立，1979年秋季正式投入教学使用。

1978年1月陆续购进电视机、无线话筒、投影仪等设备。同年8月，电教中心迁至一教三楼，着手改建演播室、播放室。翌年2月，20万美元的国外设备开始到货，6月演播系统正式投入使用。7月正式接受教师来中心制作电教片。化学实验、物理、机械原理、建筑制图、力学、外语等课程，开始制作电视录像片。1980年至1981年电视教学片的制片量增加，基础课的内容比重加大。1982年10月，开始启用校内闭路电视教学系统（约500个座位），以适应外语教学的需要。1985年12月，成立了清华大学电化教育研究会。

经过多年建设，至1990年全校各系已普遍开展电化教学，录像教学达300万人时，电教手段在教学中发挥了积极作用，深受广大师生的欢迎。1990年后，全校建设了一批多功能电教教室，备有电视放像系统、幻灯机、投影仪、无线话筒等电教设备，教师可以自己操作使用，调动了教师开展电化教学的积极性。为了提高学生外语水平，在外语系建立了8间324座语言实验室，并于1990年4月建成了能接收国外卫星节目的6米卫星天线接收站和用于播放外语教学节目的调频广播台。电教中心年制片能力达1 500分钟编辑型录像片、500小时连续课、50万张彩色幻灯片。至1993年电教中心制作了450多部13 000分钟编辑型录像、40多门课1 700多学时连续课、240多部340万张幻灯片。学校的宣传、科研、后勤等部门也大量使用录像，共拍摄和编辑校内新闻或科研资料等600多条次，录像教材已积累3 000多小时。

学校成立教学研究与培训中心后，加强了课程数字化视频教学资源的建设。1998年至2001年对人文课程的13位教师进行授课实时录制，共计221学时。后扩大到全校优秀教师课堂实时录制，1999年至2006年共录制55门、1 983学时课程。2006年至2010年，将99门精品课程进行了全程录像。为开展对教师教育技术培训和青年教师上岗培训，1999年至2010年，共录制了29门教育技术培训课程和41门（3 736分钟）教育教学培训课程。

学校教室的装备也在发展进步，经过多年的建设，已建成一大批能接入校园教学网和互联网的包含语音、投影、计算机等多种教学设备的现代化多功能教室。全校从20世纪末仅有的十多间多媒体教室，发展至2010年有各种规格的多功能教室177间，学生座位约17 600个，基本上满足了教学排课的需求；另外，还建成了21间多媒体语音教室。

（二）计算机辅助教学

计算机辅助教学（Computer Assisted Instruction，CAI），是一种现代化的辅助性教学手段，清华大学自1983年开始，许多系的老师相继开展了CAI研究，是国内较早的。学校于1988年5月建成CAI中心实验室，由教务处直接管理，面向全校开放，每学期可提供服务机时10 000小时，接纳学生约1 000人。同年，成立了清华大学计算机辅助教育（Computer Assisted Education）研究会，简称CAE研究会，负责研究制定CAI发展规划、组织开展CAI学术交流和教学软件展评等。在CAE研究会成立大会期间，交流学术论文18篇，25个教学软件参展，化工系的“化工原理实验动态模拟”软件被评为优秀奖，无线电系的“Fortran语言自学软件”等9个软件被评为优良奖。截至1993年，全校开发和使用了30多个课件（包括试题库），见表3-6-26。

为加强国际学术交流，受国家教委委托，学校于1989年和1991年举办了两届国际CAI学术研讨会。第一次会议约 20 所高校的 50 多位代表出席，来自美国和奥地利的 3 位专家介绍展示了写作系统软件 Hyper-TRAIN，并就中文版写作系统软件的研究开发，与 Hofbauer 公司代表达成协议，成功地开展了中外合作。第二次会议受世界银行贷款办资助，约 40 所高校的 120 位代表出席，会议出版的论文集收录了 56 篇论文，主要内容集中在多媒体技术与人工智能的研究方面。另外，还分别于 1989 年、1990 年、1992 年 3 次派员出席了国际 ICCAL 学术交流会，介绍了中国的 CAI 软件，交流了经验。

CAI 需要大批课件，制作课件需要写作工具软件的支持。CAI 中心实验室开发成功的“通用型 CAI 课件写作系统 THCAI”，是一个集成的课件开发环境。用它制作的课件是一些排列有序的数据文件，而不再是程序，因此调试方便，运行规范。这个软件在汉字处理、图形编辑、动画制作、习题随机组合、图形符号库管理等诸方面具有特色，在各系的课件制作中发挥作用，并被兄弟院校引进。1997 年，学校机构调整，CAI 中心实验室并入计算中心，并经“211 工程”和“985 工程”重点建设，在支持教师数字资源的开发和应用方面发挥了作用。

表 3-6-26　学校早期开发和使用的 CAI 课件（截至 1993 年）

序号	课件名称	序号	课件名称	序号	课件名称
1	组合逻辑定理证明 *	13	模拟相乘器 *	25	化工原理实验动态模拟 *
2	初集集合论定理证明 *	14	“电机学”部分	26	生物化学实验仿真
3	三维数学图形系统	15	“核电子学”部分	27	生物化学练习
4	普通物理实验预习	16	传感器技术	28	钢筋混凝土梁的设计
5	普通化学练习	17	金工实习考试	29	铸造工艺设计
6	理论力学系列	18	数据结构算法演示 *	30	Fortran 语言
7	材料力学计算机分析	19	数据结构练习	31	工科高等数学试题库 *
8	结构力学	20	计算机文化基础	32	结构力学试题库（几校合作）
9	英语系列 *	21	计算机软件技术基础	33	全国通用材料力学试题库（几校合作）
10	截交线投影	22	自动控制原理	34	机械原理试题库（几校合作）
11	相贯线投影	23	自动调节仪表	35	大学工科物理试题库 *（国家教委组织六校合作）
12	数字逻辑电路仿真 *	24	控制器仿真		

说明：* 表示已通过鉴定。

（三）数字化学习

计算机和网络技术及其设备的迅速发展，数字化学习 E-Learning 已成为现代教育技术发展的主流，它改变着教育教学的观念、理论和实践。1999 年 9 月经学校批准，在力学系工作的基础上成立了“清华大学教育软件研究中心”。2001 年 1 月学校批准电教中心成立“清华大学现代教育技术研究所”。2003 年 12 月教育软件研究中心和现代教育技术研究所合并成立“清华大学教育技术研究所”，融研究、开发、应用和人才培养于一体，开展数字化学习的研究和实施，支持教师开展数字化优质教学资源建设，为学校精品课程建设、提升课程教学水平作出贡献，并与国内外高校合作，开展网络教学与管理、数字校园、现代教育生态环境建设的研究与实践。研究所在“985 工程”一期完成了 55 门课程的网络课件和多媒体教学素材的制作；截至 2010 年，支持与协助 100 多门课程进行精品课程网上内容建设和申报，为 60 多门课程提供网络课件和多媒体素材。研究所还设计开发了清华大学精品课程建设平台，并对教师进行平台使用和精品课资源制作的培训；为一大批课程获国家教学成果奖、教学软件奖提供了有力的支持；其研究和开发的成果也多次在全国获奖。2009 年 3 月，学校进行学科整合，教育技术研究所与教育研究所合并成立“清华大学教育研究院”。

教师起初注重自身课程的计算机教学资源和教学网站的建设。为更好地提供网络教学环境、有利于教学资源的共享、师生的交流和教学互动，使更多的教师参与网络教学，学校在 1997 年开始的“泰山工程”的“清华大学信息系统”研发中，由计算中心研制网络辅助教学子系统。1999 年 10 月，整合了网上课堂、课件点播、网络辅助教学、网上考试等诸多功能的网络教学平台正式推出，并命名为“清华网络学堂”。1999 年至 2000 年“985 工程”一期教学项目投入 100 余万元，专项支持配置网络教学专用服务器和教学系统建设。2000 年 9 月推出网络学堂远程版。2001 年清华网络学堂新版上线运行。

“清华网络学堂”是一个打破时空限制、为广大师生提供随时随地交流互动、共享教学资源的网络教学平台，是现代化的教学支撑环境。它具有丰富的网络教学管理功能和大量的教学资源，能够帮助教师更有效地利用网络工具开展课件制作、讲义撰写、答疑、作业管理以及考试等教学活动，帮助学生进行互动式、自主式和探究式学习，有利于学生全面掌握知识内容、扩展学习空间、开展团队合作、启迪创新思维。在 2003 年抗击“非典”期间，“清华网络学堂”发挥了重要的作用。借助该系统，全校数万师生在无法正常上课的情况下，通过网络继续开展教学活动，将“非典”给教学带来的负面影响降到了最低。

经“985 工程”二期建设，“清华网络学堂”由教务处、注册中心负责管理，计算中心负责技术支持。据 2010 年统计，全校 4 647 门次（3 255 门）课程开展了网络教学，占全校开课门次总数的 2/3 以上，教师上载教学资源近 7.7 万份，师生答疑近 11 万次，学生提交作业近 38 万份；平均每天登录人数近 3 万人次，同时在线学习人数经常超过 2 000 人。

（四）现代化教学支撑平台的建设

清华大学于 20 世纪 80 年代开始研究在教学管理中应用计算机技术，管理人员与数学、计算机等有关专业老师合作研发计算机排课系统和学籍管理系统，并应用于实际工作中。清华大学研制的“教学管理应用信息系统”于 1994 年获全国第一届普通高等学校 CAI 优秀软件奖；1994 年学校全面推行学分制，由计算中心和教务处合作开发了“计算机选课系统”，并建立选课中心，该系统于 1997 年获全国第二届普通高等学校 CAI 优秀软件奖；继而又进一步开发了综合教务管理系统。2006 年学校在“985 工程”二期中专项支持“现代化教学支撑平台”建设，在原有工作基础上全面整合、完善，将个性化培养、专业化管理和数字化服务等教育理念引入教学管理系统，为学校教学改革与发展提供信息化的支撑条件。

现代化教学支撑平台的建设内容主要包括综合教务管理、网络辅助教学管理、本科实践教学管理、研究生事务管理、教学评估、学科评估、教学工作水平评估、本科生招生、研究生招生、教学办公、教学门户与信息服务等 11 个教学相关的子系统和教学综合数据库等，基本覆盖了教学、教学管理和学生管理等各职能范围，统一规划、统一标准、统一设计、统一建设、统一管理，构建集成的教学管理系统。该平台特色之一是实现了本研教学一体化管理：统一注册管理、统一课程管理、统一安排教学任务、统一排课、统一选课、统一成绩管理；特色之二是志愿法选课，将学生的选课意愿引入选课优先级的计算中，提高学生选课的目的性、公平性和选中率，一次选中率达 92%，减少了选课服务器拥堵和学生不文明选课现象。

2009 年，清华大学教学门户正式上线运行。教学门户以多页面、多频道、方便灵活的信息形式，为全校教师和学生提供了个性化信息服务。教学门户推出了教学日历、培养方案完成情况、导师指导学生情况、教室实时使用情况等信息查询服务，扩展了为学生工作系统服务的功能，提升了教育教学信息的服务水平。目前，教学门户为全校师生提供的信息服务多达 50 多处，为各院系和相关管理部门提供教学信息查询和统计报表 200 余处，每学期访问量超过 50 万人次。

七、"211 工程""985 工程"教学项目和质量工程项目建设

（一）"211 工程"一期教学项目建设

1996 年 9 月国家计委立项批复，同意清华大学为"211 工程"项目院校，在"九五"期间进行重点建设。学校将教学实验基地建设纳入，共设 14 个教学建设项目，累计投入 4 780 万元人民币，其中国拨 3 910 万元，校拨 870 万元。这是 1977 年后，国家和学校对教学实验基地第一次大规模的集中投入，对改善教学条件起到了重要的作用。具体投入见表 3-6-27。在后续的各期"211 工程"项目中，没有专门设立教学建设项目。

表 3-6-27 "211 工程"一期教学建设项目与经费

序号	项 目 名 称	立项经费（万元）
1	工程训练中心（含金属工艺实习、电子工艺实习、高分子工艺实习）	410
2	工程设计（实验）教学中心	350
3	基础课程实验（含电工学与应用电子学、电子学、基础物理、基础化学）	410
4	近代物理新进展课程	150
5	近代化学实验方法与技术	140
6	生命科学与生命技术基础	200
7	力学系列课程	270
8	电子系统与集成电路设计	270
9	开放式多媒体多功能外语环境	400
10	CAI 教学基地（含 CAI 教学基地、工科数学数据库）	380
11	计算机课程（含计算机文化、软件技术基础、硬件技术基础、微机系统应用与接口）	650
12	现代制造系统及仿真	500
13	现代测试教学中心（含机械类测试与检测中心、电类测试教学中心）	390
14	多功能教室	200
15	机动	140
总 计		4 780

（二）"985 工程"一期教学项目建设

1999 年，学校启动实施以建设综合性、研究型、开放式的世界一流大学为宗旨的"985 工程"。"985 工程"一期教学项目（以下简称"985"一期，含研究生培养和继续教育）以培养适应社会主义建设和发展的"高素质、高层次、多样化、创造性"的骨干人才为目标，重点开展了六

个方面的工作：深化教育教学改革，构建研究型大学的人才培养体系；改革课程体系、教学内容和方式，推动实施研究型教学；加强研究生培养工作，着重提高博士生培养质量；建设实验基地，改进教学条件，创造良好的创新教育环境；推进教学管理改革，建立教育质量保障机制；重视素质培养，促进学生全面发展。

“985”一期规划总经费2.4亿元人民币，共设立28个子项目（见表3-6-28），主要建设内容包括：①对人才培养起关键作用的实验、实践和创新训练基地建设；②覆盖面大的基础课程、跨院系的平台课程、重要的院系专业基础课程相关的实验室建设；③精品课程和教材、图书资料建设；④改善教育教学基本环境；⑤现代教育技术的基础设施和资源建设；⑥适应提高大学生、研究生人文素质，培养学生社会适应能力和创新能力的第二课堂。

“985”一期建设重点明确、资源集中、经费落实、责任到位、建设水平高、效果明显、学生受益大。各立项项目均由院系教学主任或高水平教师担纲。

表3-6-28 “985工程”一期教学立项项目

序号	项目名称	承担单位	立项经费（万元）
1	现代生命科学实验教学中心	生物系	600
2	物理实验教学基地	物理系	800
3	面向机械设计和工业设计及面向建筑和结构设计的CAD教学	机械学院、土木系	400
4	基础力学系列实验教学	力学系	400
5	测量与检测系列实验	机械学院	400
6	通信与网络技术基础教学实验	信息学院	400
7	现代制造工程及工业工程基础训练中心	机械学院、基础工业训练中心	1 200
8	计算机基础教学实验基地	计算中心、电机系、信息学院	900
9	建筑学主干课教学研究	建筑学院	200
10	外语教学实践环境	外语系	800
11	电工、电子、线路设计系列实验	电机系、信息学院	1 000
12	工程热物理和热工实验	热能系、力学系	400
13	经管、法学、人文等教学案例建设、案例分析训练	经管学院、法学院、文学院	500
14	体育、文化、艺术素质	体育部、艺教中心	200
15	学生第二课堂	学生部、研究生部、团委、教务处	1 200
16	化学实验教学基地	化学系	600
17	数学教学中心	数学系	200
18	化工原理、环境工程教学实验	化工系、环境系	400
19	工程物理、材料科学与工程等教学实验	工物系、机械系、材料系	400
20	土木工程教学实验；水力学和流体力学实验	土木系、水利系	400
21	现代教育技术及多媒体教室	电教中心、教务处、研究生院、继续教育学院	1 500
22	现代化教学及多媒体与网络课件建设	教务处、计算中心、电教中心、研究生院、继续教育学院	2 000

续表

序号	项目名称	承担单位	立项经费（万元）
23	现代化教学管理	教务处、研究生院	400
24	本科和研究生课程建设	教务处、研究生院、继续教育学院	2 350
25	教材建设和出版基金	教务处、研究生院	1 000
26	改善教学环境及教学运行	教务处、研究生院、继续教育学院	2 000
27	图书资料	图书馆、教务处	450
28	电气工程基础教学实验基地	电机系	230

通过“211 工程”一期教学项目、世行贷款高等教育项目、“985 工程”一期教学项目等的投入，本科教学重点建设了四类教学基地：①基础科学（课程）教学实验基地，②先进制造与工业工程基础训练基地，③理科（生物、物理）基础学科人才培养基地，④人文素质教育及中外文化人才培养基地；十个教学实验中心：①外语教学与训练中心，②计算机基础教学实验中心，③计算机辅助设计（CAD）教学实验中心，④电工电子实验与线路设计教学实验中心，⑤基础力学教学实验中心，⑥通信与网络技术基础教学实验中心，⑦测量、控制与质量检测实验中心，⑧经管、法学和人文教学案例建设与分析中心，⑨多媒体与网络教育课件研究制作中心，⑩教学评价、教育技术研究与发展中心；五方面教学环境：①学生第二课堂实践与创新教育环境，②体育与文化艺术素质教育环境，③现代教育技术培训、制作与应用环境，④信息化教学管理环境，⑤现代多功能的教室环境。

（三）“985 工程”二期教学项目建设

2005 年 6 月，在总结“985”一期教学项目建设的基础上，学校通过了“清华大学‘985 工程’二期人才培养规划报告”。“985 工程”二期教学项目（本科教学部分）（以下简称“985”二期）宗旨是围绕学校建设一流大学的“三阶段”战略发展目标，推动研究型大学人才培养体系的实施，在“985”一期建设的基础上实现重点突破，显著提升人才培养质量，使一大批拔尖创新人才脱颖而出。项目规划围绕本科教育的重点进行：以课程建设为载体，推动教学方式的改革，推进宽口径专业教育人才培养模式的顺利实施，努力提高本科生综合素质和实践能力，推进学生的国际合作与交流；同时，理顺相应的管理体制和运行机制，形成与大类招生和培养相适应的行政支撑系统和学生思想教育系统。

“985”二期立项原则是：要在确保项目有利于实现学校“通识教育基础上的宽口径专业教育”人才培养目标的基础上，集中投入，突出重点建设；要立足于一期已经建成的教学和科研硬件平台，重视提升运行效果、扩大受益面，积极推动教学实验室在时间上和教学内容上更加开放，推动科研实验室向本科教学开放，鼓励科研平台建设成果为人才培养服务；要更多投向课程建设、实验内容建设、教学队伍建设、学生科技活动以及国际交流等“软”环境的建设；要积极促进学生管理模式、行政责权划分与新的人才培养模式相适应；要按照集中优势、鼓励开放、优势互补的原则考虑布局、安排资金、理顺机制，尽最大可能地发挥教学建设的协调效益。

“985”二期按照“顶层设计、上下结合、广泛参与、责任明确”的原则，按照人才培养模式改革计划、课程建设计划、实践教育计划、学生国际化能力培育计划、育人环境建设计划和教学支撑环境建设计划分别组织重点、专题和面上项目进行建设，以重点先行、分批立项的方式启动。2005 年秋季学期首先启动第一批重点项目立项工作，随后分别启动各专题项目和面上项目工作。

重点项目旨在服务于学校构建研究型人才培养体系的需要，整体推进教育教学改革进程，由学院、系或跨院系统一组织，一般由学院院长、系主任或主管教学工作的副院长、副主任担任项目负责人；专题项目是支持学校教育教学改革的重要任务和重点专题建设项目。根据各专题项目的建设特点，既可以由学院、系或跨院系统一组织立项申请，学院院长、系主任或主管教学工作的副院长、副主任担任项目负责人，也可以由教师个人提出申请，担任项目负责人；面上项目旨在鼓励教师结合教学实践开展教学研究和课程建设，一般由教师个人根据每年发布的申请指南，提出立项申请，担任项目负责人。

“985”二期共设立重点项目 32 项、专题项目 7 项、面上项目 75 项，重点和专题项目分别见表 3-6-29 和表 3-6-30。“985”二期共拨款 9 368.232 万元人民币，其中包括一期遗留项目和工作、教学急需项目等作为预启动经费 2 386.14 万元。

表 3-6-29　“985 工程”二期教学项目之重点项目

序号	项 目 名 称	承担单位	批准经费（万元）
1	建筑学院（建筑学和建筑环境与设备）课程建设	建筑学院	150
2	环境学科新型实践教育体系的构建与实施	环境系	150
3	新的社会发展时期高层次水利专业人才培养方案的探索及校园实践教育基地建设	水利系	120
4	文科人才培养模式创新与人文素质课程建设	人文学院	203
5	思想政治理论课新课程建设	思政课教学部	60
6	信息科学与技术学科大类招生与培养	信息学院	1 170
7	构建数理基础平台，探索大类招生与培养	理学院	180
8	国家级生命科学实验教学示范中心的建设、改革与创新	生物系	200
9	数学公共基础课建设和质量提升	数学系	165
10	化学实验教学示范中心建设	化学系	150
11	实验物理教学质量提高与拔尖实验人才培养	物理系	200
12	创建工程训练国家实验教学示范中心	训练中心	80
13	电气工程教学平台建设	电机系	175
14	机械大类本科生教学平台规划及核心课程建设	机械学院	80
15	国家级机械实验教学示范中心建设	精仪系	290
16	以内涵建设为核心，加强专业教育中的研究与实践	机械系	80
17	动力工程与工程热物理学科教学体系和课程建设	热能系	100
18	车辆工程专业实践教育体系和专业核心课程建设	汽车系	120
19	以英文教学为基础，创国际一流本科人才培养水平	工业工程	100
20	基础力学基地建设	航院	200
21	生物医学工程教学平台建设	医学院	128
22	经济管理学院专业课程英语教学	经管学院	100
23	大学外语课程改革与外语训练基地建设	外语系	260
24	“材料科学与工程实验系列”精品课程建设	材料系	80

续表

序号	项 目 名 称	承担单位	批准经费（万元）
25	建立适应现代化工需要的本科教学体系	化工系	50
26	体育课程体系与课程内涵建设	体育部	60
27	新闻传播专业本科生实践教学改革	新闻学院	65
28	精品课与实践教学课程体系建设	土木建管	100
29	核专业人才培养教学体系改革与平台建设	工物系	60
30	法学实践基地及本科生精品课程建设	法学院	60
31	美术学院课程建设	美术学院	200
32	多媒体综合性艺术课程网络平台的设计与开发	艺教中心	50
合计			5 186

表 3-6-30　“985 工程”二期教学项目之专题项目

序号	项 目 名 称	批准经费（万元）	序号	项 目 名 称	批准经费（万元）
1	现代化教学支撑平台	700	5	SRT	100
2	本科双语教学课程建设	100	6	外语强化训练	293
3	教材建设	250	7	研究型课程建设	100
4	教学资源建设	150	合计		1 693

(四) 质量工程项目建设

教育部和北京市分别于 2007 年、2008 年实施“高等学校本科教学质量与教学改革工程”（简称“质量工程”)。“质量工程”是国家继“211 工程”“985 工程”之后，为进一步提高本科教育质量而实施的一项重大教学工程。清华大学按照《教育部、财政部关于实施高等学校本科教学质量与教学改革工程的意见》和《北京市教委、市财政局关于实施北京市高等学校教学质量与教学改革工程的意见》精神，结合实施《清华大学事业发展“十一五”规划纲要》，认真规划“质量工程”建设项目，组织申报参评，扎实推进项目的实施。入选质量工程，也是反映教学和改革水平的一种荣誉。截至 2010 年底，清华大学入选“质量工程”获奖和建设项目如下：

13 位教师获得国家级教学名师奖，53 位教师获得北京市教学名师奖（见第八节二)。

90 门课程入选国家精品课程，101 门课程入选北京市精品课程，入选总数分别居全国高校和北京市高校首位（见第六节二)。

14 个教学团队入选国家级教学团队，16 个教学团队入选北京市教学团队。

10 门双语课程入选国家级双语教学示范课程，入选数量居全国高校首位（见第七节八)。

9 个实验教学中心入选国家级实验教学示范中心（包括建设单位)，13 个实验教学中心入选北京市实验教学示范中心（见第六节四)。

33 个专业点入选国家级特色专业建设点，26 个专业点入选北京市特色专业建设点（见第六节一)。

14 个国家级人才培养模式创新实验区，1 个北京市级人才培养模式创新实验区（见第七节五)。

“国家大学生创新性实验计划”立项 269 项，“北京市大学生科学研究与创业行动计划”立项 60 项（见第七节第六条)。

1. 国家级教学团队

清华大学入选国家级教学团队名单见表 3-6-31。

表 3-6-31　清华大学入选国家级教学团队名单

年份	团 队 名 称	带 头 人
2007	思想政治理论课课程组	艾四林（马）
	机械设计与制造系列课程	申永胜（精）
2008	结构力学系列课程教学团队	袁　驷（土）
	基础力学教学团队	李俊峰（航）
	环境工程专业教学团队	郝吉明（环）
	理工科数学基础课程教学团队	肖　杰（数）
2009	工程训练系列课程教学团队	傅水根（训）
	物理基础课程教学团队	朱邦芬（物）
	综合造型设计基础教学团队	柳冠中（美）
	计算机公共基础系列课程教学团队	吴文虎（计）
2010	建筑环境与设备专业教学团队	朱颖心（建）
	工程材料及其加工教学团队	黄天佑（机）
	电力系统及其自动化专业教学团队	孙宏斌（电机）
	控制工程教学团队	华成英（自）

2. 北京市教学团队

清华大学入选北京市教学团队名单见表 3-6-32。

表 3-6-32　清华大学入选北京市教学团队名单

年份	团 队 名 称	带 头 人
2007	思想政治理论课课程组	艾四林（马）
	机械设计与制造系列课程	申永胜（精）
	生物学教学团队	吴庆余（生）
2008	结构力学系列课程教学团队	袁　驷（土）
	基础力学教学团队	李俊峰（航）
	环境工程专业教学团队	郝吉明（环）
	理工科数学基础课程教学团队	肖　杰（数）
	电力系统及其自动化专业教学团队	孙宏斌（电机）
2009	工程训练系列课程教学团队	傅水根（训）
	物理基础课程教学团队	朱邦芬（物）
	综合造型设计基础教学团队	柳冠中（美）
	控制工程教学团队	华成英（自）
	计算机公共基础系列课程教学团队	吴文虎（计）

续表

年份	团队名称	带头人
2010	建筑环境与设备专业教学团队	朱颖心（建）
	工程材料及其加工教学团队	黄天佑（机）
	热工学教学团队	姜培学（热）

八、教学质量保障体系建设

人才培养质量是教学工作的生命线。清华大学一贯重视教育教学质量的保障和评估工作。改革开放以后，随着教育教学改革的不断深入、培养方案的不断调整，始终把提高教学质量放在第一位。学校经常开展质量分析和检查工作，曾多次进行全校性的年度教学质量大检查；每学期考期都要进行考场巡查；聘请教学顾问、教学督导对课程、实践、考试和综合论文训练等教学活动质量把关。经教育思想大讨论后，学校转变教学管理思想，改革教学管理体制和运行机制，建立教学质量保障体系，推动教学管理现代化，并将教学管理与教学服务功能适度分开。1998 年 8 月、9 月分别经校务会议讨论通过，成立“清华大学注册中心”（简称“注册中心”）与“清华大学教学研究与培训中心”（简称“教培中心”），均是国内高校率先成立的。“教培中心”其工作任务之一就是开展教学质量管理的研究，加强青年教师培训与指导，进行课程教学质量评价，支持教师教学能力发展等；“注册中心”除负责课程编排、成绩管理等工作外，还负责现代化教学支撑环境的管理。

（一）发挥专家作用，开展教学指导工作

为了指导高等学校开展教学工作，提高教学质量，推动教学改革，教育部从 20 世纪 80 年代开始，从高校和社会聘请资深专家、教授，陆续开始组建各类学科专业和重要基础课程的“教育部高等学校教学指导委员会”（简称“教指委”）。教指委是教育部聘请并领导的专家组织，具有非常设学术机构的性质，接受教育部委托，开展高等学校本科教学的研究、咨询、指导、评估、服务工作，指导高校学科专业建设、教材建设、教学实验室建设和教学改革等工作，每届任期 5 年。其他部委也相继成立有关的学科专业教学指导委员会。每届都有一批具有较高学术水平和富有教学经验的清华大学教授被聘为教指委成员，其中有不少院士和校系领导，他们在担负教指委工作的同时，对清华大学的本科教学改革和教学质量提高同样发挥了重要作用。2000 年至 2005 年清华大学有 69 人次被聘为教育部有关科类或课程的教指委委员。2006 年至 2010 年被聘为教指委委员的教授名单见表 3-6-33。

表 3-6-33　被聘为 2006 年—2010 年教指委委员的清华大学教授名单

序号	教学指导委员会名称	姓名（单位）	教指委职务
1	文化素质教育指导委员会①	胡东成（继）	副主任委员
2	文化素质教育指导委员会①	程　钢（人文）	委员
3	文化素质教育指导委员会①	胡显章（人文）	顾问
4	文化素质教育指导委员会①	张岂之（人文）	顾问
5	图书情报工作指导委员会①	薛芳渝（图）	副主任委员

续表

序号	教学指导委员会名称	姓名（单位）	教指委职务
6	图书情报工作指导委员会①	杨　毅（图）	委员
7	大学外语教学指导委员会	何红梅（外）	副主任委员
8	大学外语教学指导委员会	张文霞（外）	委员
9	中国语言文学学科教学指导委员会	刘　勇（人文）	委员
10	历史学学科教学指导委员会	张国刚（人文）	委员
11	哲学学科教学指导委员会	王晓朝（人文）	委员
12	法学学科教学指导委员会	张明楷（法）	委员
13	法学学科教学指导委员会	王晨光（法）	委员
14	政治学学科教学指导委员会	韩冬雪（人文）	委员
15	社会学学科教学指导委员会	李　强（人文）	副主任委员
16	新闻学学科教学指导委员会	李希光（新闻）	副主任委员
17	新闻学学科教学指导委员会	李　彬（新闻）	委员
18	新闻学学科教学指导委员会	熊澄宇（新闻）	委员
19	经济学类学科教学指导委员会	李子奈（经）	委员
20	管理科学与工程类学科专业教学指导委员会	陈国青（经）	副主任委员
21	工商管理类学科专业教学指导委员会	陈章武（经）	委员
22	电子商务专业教学指导委员会	覃　征（软）	委员
23	计算机基础课程教学指导委员会	林　闯（计）	委员
24	理工类计算机基础课程教学指导分委员会	林　闯（计）	副主任委员
25	数学与统计学教学指导委员会 数学类专业教学指导分委员会	文志英（数）	委员
26	数学基础课程教学指导分委员会	白峰杉（数）	委员
27	物理学与天文学教学指导委员会	朱邦芬（物）	副主任委员
28	物理学与天文学教学指导委员会	李师群（物）	副主任委员
29	物理学类专业教学指导分委员会	朱邦芬（物）	主任委员
30	物理学类专业教学指导分委员会	阮　东（物）	秘书长
31	物理基础课程教学指导分委员会	李师群（物）	主任委员
32	物理基础课程教学指导分委员会	高　虹（校）	秘书长
33	化学与化工学科教学指导委员会 化学类专业教学指导分委员会	张新荣（化）	委员
34	化学基础课程教学指导分委员会	李艳梅（化）	委员
35	化学工程与工艺专业教学指导分委员会	余立新（化工）	委员
36	力学教学指导委员会	袁　驷（土）	副主任委员
37	力学类专业教学指导分委员会	冯西桥（航）	委员
38	力学基础课程教学指导分委员会	袁　驷（土）	副主任委员
39	生物科学与工程教学指导委员会	周海梦（生）	副主任委员

续表

序号	教学指导委员会名称	姓名（单位）	教指委职务
40	生物科学与工程教学指导委员会	吴庆余（生）	委员
41	生物科学专业教学指导分委员会	张荣庆（生）	委员
42	生物工程与生物技术专业教学指导分委员会	周海梦（生）	主任委员
43	生物工程与生物技术专业教学指导分委员会	潘　勋（生）	委员
44	生物学基础课程教学指导分委员会	吴庆余（生）	副主任委员
45	生物医学工程专业教学指导委员会	王广志（医学）	委员
46	地球科学教学指导委员会 海洋科学与工程类专业教学指导分委员会	余锡平（水）	委员
47	环境科学与工程教学指导委员会	胡洪营（环）	秘书长
48	环境科学与工程教学指导委员会	郝吉明（环）	主任委员
49	环境科学与工程教学指导委员会	陈吉宁（环）	委员
50	环境工程专业教学指导分委员会	胡洪营（环）	秘书长
51	环境工程专业教学指导分委员会	郝吉明（环）	主任委员
52	环境工程专业教学指导分委员会	陈吉宁（环）	副主任委员
53	计算机科学与技术教学指导委员会	孙家广（软）	副主任委员
54	计算机科学与技术专业教学指导分委员会	胡事民（计）	委员
55	软件工程专业教学指导分委员会	孙家广（软）	主任委员
56	软件工程专业教学指导分委员会	刘　强（软）	秘书长
57	教育技术学专业教学指导委员会	熊澄宇（新闻）	副主任委员
58	材料科学与工程教学指导委员会	潘　峰（材）	委员
59	材料物理与材料化学专业教学指导分委员会	张政军（材）	委员
60	金属材料工程与冶金工程专业教学指导分委员会	张文征（材）	委员
61	无机非金属材料工程专业教学指导分委员会	潘　伟（材）	委员
62	高分子材料与工程专业教学指导分委员会	王晓工（化工）	委员
63	机械学科教学指导委员会	鲁晓波（美）	委员
64	机械学科教学指导委员会	傅水根（训）	委员
65	机械设计制造及其自动化专业教学指导分委员会	陈　恳（精）	委员
66	材料成型及控制工程专业教学指导分委员会	都　东（机）	委员
67	工业设计专业教学指导分委员会	鲁晓波（美）	副主任委员
68	机械基础课程教学指导分委员会	申永胜（精）	委员
69	机械基础课程教学指导分委员会	傅水根（训）	副主任委员
70	电子信息与电气学科教学指导委员会	吴　澄（自）	副主任委员
71	电子信息与电气学科教学指导委员会	龚　克（校）	委员
72	电子科学与技术专业教学指导分委员会	王志华（微）	委员
73	光电信息科学与工程专业教学指导分委员会	李　岩（精）	委员
74	电子信息科学与工程类专业教学指导分委员会	龚　克（校）	副主任委员

续表

序号	教学指导委员会名称	姓名（单位）	教指委职务
75	电子信息科学与工程类专业教学指导分委员会	汪　蕙（电子）	委员
76	自动化专业教学指导分委员会	吴　澄（自）	主任委员
77	自动化专业教学指导分委员会	王　雄（自）	秘书长
78	电气工程及其自动化专业教学指导分委员会	梁曦东（电机）	委员
79	电子电气基础课程教学指导分委员会	袁建生（电机）	委员
80	能源动力学科教学指导委员会 热工基础课程教学指导分委员会	姜培学（热）	委员
81	核工程与核技术专业教学指导委员会	康克军（校）	主任委员
82	核工程与核技术专业教学指导委员会	程建平（工物）	秘书长
83	工程图学教学指导委员会	田　凌（精）	委员
84	仪器科学与技术教学指导委员会	丁天怀（精）	副主任委员
85	地矿学科教学指导委员会 地质工程专业教学指导分委员会	王恩志（水）	委员
86	实验教学指导委员会	陈　刚（校）	副主任委员
87	实验教学指导委员会	郑曙旸（美）	委员
88	实验室建设指导委员会	朱　静（材）	副主任委员
89	实验室建设指导委员会	李　明（校）	委员
90	医药公共基础课程教学指导委员会 ②	李艳梅（化）	委员
91	自然科学课程教学指导分委员会 ②	李艳梅（化）	副主任委员
92	临床医学教学指导委员会 ②	张宗明（华信）	委员
93	药学专业教学指导分委员会 ②	邢新会（化工）	委员
94	外语专业教学指导委员会 ③	刘世生（外）	委员
95	英语专业教学指导分委员会 ③	刘世生（外）	委员
96	艺术类专业教学指导委员会 ③	朱汉城（艺）	委员
97	艺术类专业教学指导委员会 ③	何　洁（美）	委员
98	音乐、舞蹈类专业教学指导分委员会 ③	朱汉城（艺）	委员
99	艺术设计类专业教学指导分委员会 ③	何　洁（美）	副主任委员
100	计算机基础课程教学指导委员会 文科计算机基础教学指导分委员会 ③	何　洁（美）	副主任委员
101	水利学科教学指导委员会 ④	余锡平（水）	副主任委员
102	安全工程学科教学指导委员会 ④	范维澄（工物）	副主任委员
103	测绘学科教学指导委员会 ④	过静珺（土）	委员
104	纺织服装教学指导委员会 ④	李当岐（美）	委员
105	土建学科教学指导委员会 #	朱颖心（建）	委员
106	土建学科教学指导委员会 #	杨　锐（建）	委员
107	建筑学专业指导委员会 #	朱文一（建）	副主任委员

续表

序号	教学指导委员会名称	姓名（单位）	教指委职务
108	城市规划专业指导委员会 ＃	毛其智（建）	副主任委员
109	土木工程专业指导委员会 ＃	叶列平（土）	副主任委员
110	建筑环境与设备工程专业指导委员会 ＃	朱颖心（建）	主任委员
111	建筑环境与设备工程专业指导委员会 ＃	李先庭（建）	委员
112	给水排水工程专业指导委员会 ＃	张晓健（环）	副主任委员
113	工程管理专业指导委员会 ＃	刘洪玉（土）	委员

说明：除标注＃的是建设部聘任外，其余均是教育部聘任；教育部聘任中标注①的任期为 2004 年至 2008 年，标注②的任期为 2007 年至 2010 年，标注③的任期为 2007 年至 2011 年，标注④的任期为 2008 年至 2010 年，未标注的任期为 2006 年至 2010 年。

清华大学从 20 世纪 80 年代开始由教务处聘请一批有经验的教师担任专家，开展教学质量检查、课程评估、学风检查等工作，并于 1990 年成立教学顾问组，进行课堂听课、帮助青年教师提高、评审教学奖项等。为搞好教学改革，更好地听取教授们意见，1994 年 4 月 4 日，时任校长王大中专门聘请了 8 名教授为校长教学顾问：张玫（物理系）、郑大钟（自动化系）、陈伯鑫（机械系）、潘金生（材料系）、袁驷（土木系）、倪以信（电机系）、高亦兰（建筑学院）、朱育和（人文社会科学学院），就学校教学工作听取他们的意见和建议。

2000 年 10 月，随着教培中心工作的展开，成立了清华大学教学督导组，由主管教学的副校长聘任（首批 18 名教授）。其职责是：①对本科和研究生的核心课程授课质量进行检查，包括听课、教学调查等；②对本科生的综合论文训练（原毕业设计）设计或论文的质量检查；③定期报告教学质量检查与评价情况，提出课程设置的意见和建议，对评价指标体系提出修改意见；等等。教培中心协助教学督导组听课、调查、研讨等的组织、安排、汇总等工作。教学督导组成员的日常活动以个体为主，定期召开督导组的全组或分组会议。

为加强实践教育的实施效果和质量保障，2006 年 3 月，学校成立校级实践教学指导组（聘任了 36 名教授），担负起实习、SRT、各类大赛和综合论文训练的指导、质量检查和评选优秀等工作。

为了确保把人才培养放在学校各项工作首位，加强对教学状况的调查、分析、管理与监督，深化教育教学改革，提高教育教学质量，建立和完善教学质量保证体系的长效机制，2007 年 11 月 2 日学校发布《清华大学关于完善和加强教学督导工作的意见》（清校发〔2007〕51 号）。意见明确督导工作的领导体制与工作机制：①督导工作在学校的领导下进行。成立由主管教学工作的副校长、教学管理部门负责人和其他有关人员参加的教学督导工作领导小组，具体领导对各教学单位教学的调查、分析与督导工作；②领导小组下设办公室，负责教学督导的组织协调工作。督导组的主要任务是了解教学情况，发现先进典型，反映存在问题，提供决策信息。学校聘任了 7 位有丰富教学和管理经验的资深教授为校督导组成员，原校级领导担任组长。督导组从 2007 年至 2010 年先后对学风问题、基础科学班办学情况，以及对经管学院、人文社科学院、法学院、新闻与传播学院和美术学院等文科教学情况进行调研，分别提供了调研报告，对学校教学和改革工作发挥了重要作用。同时，由教务处和教培中心继续组织教学顾问组开展课程质量检查和青年教师教学指导等工作。

（二）实行教师开课达标制度，加强教师教学能力培养

20 世纪 80 年代，清华大学就开展了青年教师的岗前培训，1998 年教培中心成立后，培训工

作进一步制度化、规范化。1999 年 1 月，教务处、人事处共同制定了“清华大学首次开课教师达标条例”，提出了开课教师的基本要求：热爱教育事业，认真遵守学校教师职业道德规范，钻研和把握所授课程内容，具有进行课堂讲授与组织讨论的基本能力，概念准确，条理清晰，从严执教。条例规定：教师试讲合格方予开课并参加培训，首次开课教师必须进行试讲达标评估。对达标符合要求的教师，由教务处、研究生院、人事处颁发“清华大学教师开课达标证书”，取得开课资格和上岗任课资格；对首次评估中未能达标的教师，提出改进要求，并继续进行达标评估。经过三次评估均未达标的教师，应停止其开课资格。截至 2010 年底，共组织试讲 1 690 余人次，有 723 位首次开课教师取得达标证书。

学校通过教培中心对青年教师开展师德教育、课堂观摩、专题讲座、教学讨论等各种教学培训活动，使之能传承和发扬清华“教书育人”的光荣传统，增强热爱教学、热爱学生、热爱教育事业的责任心和使命感，并使青年教师领略各种教学风格，学习和借鉴其他教师先进的教学经验，博采众长，形成自己的教学特色。教培中心组织教学顾问定期听青年教师的课，从教学态度、教学水平、教学方法等多方面进行评价、帮助和指导；教学顾问门还对校、系（院）在培养青年教师方面的工作提出建议。

为进一步加强青年教师队伍建设，提高他们的业务素质和教学水平，北京市教育工会从 1996 年开始在全市高校展“青年教师教学基本功比赛”。这是一种多专业汇集、面向评委、限定时间（每人讲课 20 分钟）的教学比赛，每两年举行一次。清华在历次比赛中，均取得了优秀的成绩。2004 年开始，清华大学也开始组织青年教师教学基本功比赛，由工会和教务处联合组织，每两年一次。学校一些院系，如电机系等，也加强了对青年教师教学能力的培养和指导，聘请经验丰富的老教师全学期以实时课堂进行跟踪听课、评价，进行教学基本功比赛。这些活动有力地促进了青年教师教学水平和课程教学质量的提高。

（三）开展多种形式教学评估，完善教学质量评价体系

开展课堂教学评估是提高课程教学质量的条件和基础。清华大学较早开展了课堂教学评估的工作，除了一类课等外，从 20 世纪 90 年代开始，先后开展了设立教学关键岗位的课程、青年教师教学优秀奖候选人开设课程、校系核心课程、青年教师首次开设课程等的评估，教培中心成立，这些工作进入常态化、规范化、规模化。从 2004 年春季学期开始，学校每学期对所有开课教师的课堂教学质量进行调查评估，一方面加强课堂教学质量的监控；另一方面帮助教师有针对性地改进教学。针对不同评价目标，主要采取以下五种形式，称课程的“五维评估”。

① 专家重点评估：重点针对青年教师授课，组织资深教学专家进行跟踪听课，对其教学情况进行评估，以帮助初上清华讲台的教师站稳、站好讲台。

② 干部抽样评估：干部听课制度是各级领导干部关心教学、体现教学中心地位的重要举措，既评授课教师的“教”，又评听课学生的“学”，全面发现教、学及管理中的问题，为提高教学质量、改善教学环境提供依据。

③ 学生评教调查：通过网上教学评估系统，广泛收集学生对全校所有开课教师授课情况的直接感受，为教师改进教学提供有价值的反馈信息，促进教师教学水平的提高。

④ 授课教师自评：学期末授课教师既评自己的教学活动和效果，又评课程的设置和学生的学习状况，为教师本人改进教学活动和效果提供“自省性依据”；同时为基层教学单位及学校调整课程设置、改进教学管理提供依据。

⑤ 毕业生问卷调查：应届毕业生离校之前从亲身经历和感受出发，评出本科学习期间心目中最好的教师及课程和最差的教师及课程，就课程的总体质量及课程之间的衔接等情况提出意见建议，为进一步完善学校的课程体系建设、课程内容改革等，提供反馈信息。

20 世纪 90 年代中期开始，清华大学在教学质量评估中引入现代化手段，利用计算机网络技术和现代统计分析技术，对全校量大面广的基础课和技术基础课程进行评估。2003 年秋季学期，首次采用了网上评估，2004 年春季学期开始，各年级所有的课程全部实行网上评估。经过多年建设，已形成了比较完整的评价体系和运行机制，对保障和提高教学质量发挥了重要的作用。自 1998 年秋季学期开始，已连续 21 个学期累计发放问卷 150 万余份，评估授课教师 2.5 万余人次，为学校了解全校教师整体教学状况和制定相关政策、教师改进和提高教学质量、院系改进教学工作等方面提供了大量宝贵的信息。

第七节　因材施教与创新人才培养

因材施教，是教育学上的一个基本原则。解放前，清华大学采用美国的自由教育思想，实行学分制与选课制，学生在完成必修课程的同时，可以根据自己情况与志趣选修本系或他系所开的课程，而且可以不按一定目标、一定次序来选课，以求自由发展。解放后，清华大学从 20 世纪 50 年代起就重视因材施教。当时，在完成统一的教学计划的基础上，有组织地开展课外科技小组活动，培养和发展学生的专长。60 年代，按校、系两级从全校一万多名和各系千余名学生中选拔少数业务学习拔尖的优秀学生，即所谓“万字号”“千字号”学生，作为校、系因材施教对象(称作“科学登山队”)，指定教授任指导教师，潜心指导。时任校长蒋南翔等还经常与他们座谈，听取意见。学校还强调“各按步伐”、有针对性地组织教学，在低年级数学等一些重要基础课组织提高班，单独授课；在外语课实行按程度分班教学；同时，对少数民族学生、外国留学生等其中基础相对较差的派出教师进行专门辅导、组班授课等。

改革开放后，遵照邓小平关于“快出人才，早出人才”的指示，清华大学进行了招收少年班的教学改革试点。1985 年应用数学系应用数学专业招收 16 人，其中女生 5 人。1986 年计算机科学与技术系计算机科学与技术专业招收 17 人，其中女生 2 人。少年班学生入学后，前两年按理科教学要求，集中学习各类基础理论课，后期安排技术基础课、专业基础课和专业课学习。大多数少年班学生分别进入上述两个系，少数按照本人的志趣与专长进入相关的系学习。少年班学习年限仍与大学本科五年制相同，少数学习特别优秀的学生完成教学计划规定的学分与要求后，提前半年或一年毕业。经过实践，学校停招了少年班，改招少年大学生，编入普通班培养，辅以专门的措施，以有利于学生的全面成长。有一个典型案例：1987 年，年仅 16 岁的来自上海的高一学生李劲被破格录取入无线电技术与信息系统专业。四年前还是邓小平同志摸着他的脑袋说：“计算机普及要从娃娃抓起。”入学后，学校因材施教，个性化培养，他用了三年半完成了本科和硕士的课程，后又攻读博士学位，23岁博士毕业。

清华大学强调大面积、多层次、多规格的因材施教，进行多方面的改革试验，取得显著效果。就全校学生而言，主要是实行和不断完善学分制与选课制，全面提高教学质量、提高学生综合素质。同时，一方面根据学生不同的基础和特长，采取多种措施，因材施教；另一方面，对学习基础相对差的学生，提出合适的要求，给予关心和帮助，实在达不到基本规格要求的则实行淘汰。

1984年开始，清华大学全面开展因材施教，并逐步做到制度化、规范化，其主要形式有：①实行以培养学业上拔尖人才为主要目的的“校级优秀生制度”；②实行以培养社会需要的复合型人才为目的的“双学士学位制度”；③实行以加强实践能力和基本工程训练为目的的“等级技工培训制度”；④广泛开展学生课外科技活动。

20世纪90年代开始，学校加强学生创新意识和能力培养，推动研究型教学，开设创新型课程；在多种形式因材施教基础上，针对不同学生及学生群体的特点，鼓励和引导院系探索多样化人才培养模式，成建制地开办实验班；发挥第二课堂作用，开展创新创业活动；等等，努力培养拔尖创新人才。

进入21世纪，在建设世界一流大学的进程中，学校坚持以人才培养为根本，树立以人才培养质量为核心的教育质量观，把提高人才培养质量作为加快世界一流大学建设步伐的重中之重，于2009年5月提出了《清华大学关于进一步加强本科教育教学工作，促进拔尖创新人才成长的若干意见》（即“新25条”），从多元化招生、个性化培养、创新培养模式和拓宽培养途径等方面强化因材施教，为特色人才脱颖而出创造条件。

一、校级优秀生培养

1984年底，作为一项深化教育改革的措施，学校推出校级优秀生制度。《校级优秀生选拔与培养工作条例》规定：“校级优秀生在每届学生的第4学期末进行选拔，同时对已经确定的校级优秀生经过考核检查进行调整补充。凡学习能力较强、基础扎实、知识面广、思维敏捷、成绩优秀者以及在理论或实践某一方面有创见，表现出特殊才能者均可由各系推荐，经学校批准确定为校级优秀生。”校级优秀生人数约占全校本科生人数的1%，宁缺毋滥。

对校级优秀生的培养工作主要采取以下四方面的措施：

（1）实行导师制。为每一位校级优秀生配备学术造诣深、责任心强的指导教师。“学生志趣和导师特长一并考虑”是确定校级优秀生导师的一项原则，因此在确定导师时，要经过学生与导师的双向选择。

（2）制订培养计划，确定培养模式。导师要在充分了解校级优秀生全面情况的基础上，从培养的角度出发，研究确定对该生成长方向的总体设想，制订年度培养计划，使学生的特长能够得到主动的发展。

（3）为校级优秀生创造施展才能的环境与机会。如每年为校级优秀生举办学术报告会和学习经验交流会，推荐优秀论文在有关杂志发表，重要科研成果申请国家专利、转产，举办“挑战杯”学生科技作品展览，评选优秀科技成果等。

（4）为校级优秀生的成长创造良好的物质条件。校级优秀生享受研究生图书资料借阅待遇，每年发放一定的图书资料费，在计算机及实验设备的使用方面提供便利条件，学校设立“火花基金”等项目基金，对学生课外科技活动给予资助等。

清华大学在培养优秀生方面有三个层次：特级优秀生、校级优秀生、系级优秀生。各系选拔培养的系级优秀生占学生总数的5%～10%，选拔和培养的指导思想、办法与校级优秀生基本相同。学校每年从校级优秀生中经严格选拔确定10名左右为特级优秀生，由主管教学的副校长和教务长亲自过问，学校组织专家组对培养计划进行研究落实，提供更为优厚的培养条件。

1985年至1997年，全校共选拔培养了2 233名校级优秀生，见表3-7-1。

表3-7-1　1985年—1997年校级优秀生人数

年度	1985	1986	1987	1988	1989	1990	1991	1992	1993	1994	1995	1996	1997	共计
人数	56	98	114	156	157	176	193	204	194	208	215	224	238	2 233

经过多年的努力，校级优秀生制度不断完善，一批优秀人才脱颖而出。他们之中，有的解决了某些科学技术难题，获得多项国家专利；有的已取得难度较大、水平较高的科研成果；有的独立完成了国家“七五”等重点攻关项目；有的为企业革新生产工艺，提高了产品在国际市场上的竞争力，创造了数百万元的经济效益。各类优秀人才的涌现为全校学生树立了榜样。学校实施本硕统筹培养改革后，从1998年起不再进行专门的优秀生选拔。进入21世纪，校系开始实施多样化的各类优秀人才培养计划和方案。

二、双学士学位制

（一）双学士学位

双学士学位制（简称双学位制），是清华大学培养跨学科复合型人才的因材施教措施。

清华从1983年开始试行双学位制，其出发点是充分发挥学生的特长和志趣，在更广阔的学科领域中调动他们学习的积极性和主动性，促进学科交叉，也为新兴学科的发展培养更多的人才，更好地适应科学技术综合发展的趋势。

开始试行时，学校各本科专业在一定条件下均可互选，实行五年内在主修本专业的同时辅修另一专业规定的课程（含毕业设计）且考核通过，获得主、辅修专业毕业资格，获得两个专业的学位。据1987—1988学年度开始实行的《关于本科生攻读“双学位”的实施细则（试行）》记载，“两个学位一般在理科、工科、文科、管理科学之间互选。在工科、理科、其他各科的专业中也可互选，但学科应有较大差别（学科相近的专业之间不设双学位）”。据此，学校制定有辅修学位选择限制表。双学位主要类型为四种：兼有工科与理科、文科知识的跨学科人才；具有不同大类工科知识的跨学科人才；工科专业兼有经济和企业管理知识的复合型人才；具有较高外语水平的工科专业复合型人才。攻读双学位一般为校系两级优秀生，在二年级下学期申请、审批。当时，确定经管学院、数学系、工程力学系、计算机系等4个系为主要授予辅修学位的系，接纳人数相对集中，单独开课；其他各系可接受少数攻读辅修学位的学生，不单独开课。辅修学位课程总学分应达到80学分左右，并有辅修学位毕业设计。

1987年教育部正式批准清华大学首批第二学位专业，准予颁发第二学士学位证书后，清华大学双学位制参照第二学士学位的办法管理并核发证书。第二学士学位是指已经取得本科学位的学生，经过考试再攻读第二个专业的学士学位，学制2年，成绩合格者获得第二学士学位。这种形式的第二学位专业清华大学有思想政治教育专业、核工程专业，只对校外招生。清华大学双学位只对在校本科生招生，经过学校审批，在5年学制内同时完成两类不同学科专业的学习任务、在两个专业的老师指导下完成毕业设计、成绩合格者可同时取得两个专业的学士学位。这种形式的第二学位（双学位）专业有4个：机械工程、电子与计算机技术、环境工程、企业管理。另有“编辑学”第二学位专业，以招收在校本科生为主，少量向社会招生，在校本科生在5年内完成本专业的学习任务取得学位，在此期间选修编辑学专业的部分课程，经考核录取后再延长一年完成编辑学专业的学习，可获得编辑学第二学士学位；而从社会招收的学生仍需2年完成第二学位专业的学习。

1993年，学分计算办法由课内外合计改为按课内学时计算，双学位的辅修学位课程总学分要求也相应修改为40学分。

1980级（1983年审批）至1995级（1997年审批），全校共批准在校生攻读双学位人数为2 579人，获双学位人数为2 018人，占攻读双学位总人数的78.2%。上述各级学生攻读双学位人数及获授双学位人数见表3-7-2。

表3-7-2　1980级—1995级学生攻读双学位及获双学位人数统计

年　　份	1980	1981	1982	1983	1984	1985	1986	1987	1988	1989	1990	1991	1992	1993	1994	1995	共计
攻读人数	1	5	55	116	96	111	347	228	219	220	199	169	201	193	188	231	2 579
获双学位人数	1	0	20	59	52	78	261	178	188	146	142	152	171	187	167	216	2 018
比例（%）	100	0	36.4	50	54	70	75	78	86	66	71	90	85.1	96.9	88.8	93.5	78.2

注：统计人数含第二学位、辅修学位。

从1996级开始，因实行本硕统筹培养，本科实行四年学制，校内双学位曾一度停顿。为进一步适应经济建设和社会发展对高层次人才的多样化需求，2006年学校开始校内第二学位培养，发布了《清华大学本科生攻读第二学士学位学籍管理办法》，至2010年，开设有经济学、法学、艺术设计、英语、数学与应用数学、新闻学六个校内第二学位专业。按规定校内第二学士学位课程总学分一般为40，还须有综合论文或类似训练环节（可与主修专业综合论文训练结合）。学生攻读校内第二学位人数（按批准年份统计）统计见表3-7-3。清华大学经教育部批准设立的第二学士学位专业情况见第六节表3-6-10。

表3-7-3　2006年—2010年批准攻读及获授校内第二学位学生人数统计

专　　业	2006	2007	2008	2009	2010
艺术设计（数字娱乐设计方向）	16	22	22	17	19
经济学	150	150	150	150	160
法学		44	43	53	54
数学与应用数学				29	45
英语				30	59
批准人数合计	166	216	215	279	337
获授人数合计			61	101	164

（二）辅修学位课程与辅修专业

作为培养复合型人才的双学位制的组成，学校各系开设辅修学位课程。1987年制定的《关于本科生攻读“双学位”的实施细则（试行）》规定，如学生攻读但没有获得双学位，其已取得的辅修学位课程按任意选修课记载。当时，学校在开设电子与计算机技术、机械工程、环境工程、企业管理、编辑学等双学位制专业的同时，开设了应用数学、应用物理辅修学位专业，学生修学合格，在其本专业证书上记载辅修学位专业。思想政治教育在开设第二学位专业同时也曾开设辅修学位专业。

1989 年，学校规定开设第二学位的院系可开设辅修专业课组，同时规定达不到双学位的要求但已修满 40 学分辅修学位课程的可以颁发“清华大学辅修专业课组”证明书。

1993 年实行按课内学时计算学分后，辅修专业课组的要求也相应修改为 20 学分。开设辅修专业课组的有化学、汽车工程、电气工程、工程力学、应用数学、现代应用物理、自动化、电子与计算机技术等专业。1994 年学校按教育部对高校第二学士学位点整理审核后的第二学位专业名称规范设立辅修专业课组：环境工程、机械设计及制造、计算机及应用、企业管理、工业工程。1995 年将辅修学位专业和辅修专业课组规范为辅修专业，颁发清华大学辅修专业证书。1997 年增加了法学辅修专业，停招了机械设计及制造辅修专业。因本硕统筹、工科学制由五年改为四年，1999 年停招校内第二学位，相应的辅修专业也停止招生。

2002 年 4 月，学校恢复辅修专业，发布《清华大学辅修专业教学管理办法》，规定辅修专业课程总量一般为 8～10 门课程、约 25～30 学分。2003 年开设了英语（2009 年英语专业开设校内第二学位专业，辅修专业停招）、计算机及应用辅修专业。学习合格者颁发清华大学辅修专业证书。对于攻读校内第二学位而未达其学分要求、但符合辅修专业要求者，可颁发相应辅修专业证书。2003 年至 2010 年获辅修专业证书人数统计见表 3-7-4。

表 3-7-4　2003 年—2010 年获辅修专业证书统计表

专　　业	2003	2004	2005	2006	2007	2008	2009	2010
计算机及应用		5	28	30	24	17	17	13
英语	44	56	93	25	24	30	24	8
经济学						5	6	2
法学							3	6
艺术设计						2	1	
工程管理			4	3		3		
合计	44	61	125	58	48	57	51	29

三、等级技工培训

理工科的大学毕业生要面向基层，应具备较强的解决实际问题的能力和操作能力。20 世纪 80 年代，为加强学生实践动手能力培养，克服一些学生轻视实践、轻视工农、不愿到生产第一线的倾向，学校开设了提高工艺操作技能的“工程操作技术”选修课，实行因材施教，加强基本工程训练。学生在教师和工人的指导下参加顶岗生产劳动，并按照国家行业主管部门颁布的技术工人等级标准进行专业性工种培训。每个选课学生在一年期限内参加近 400 小时的生产劳动，按要求完成一定数量和一定复杂程度的产品生产。由学校劳动部门的考工委员会参照国家规定的二级技术工人等级标准，对学生进行工艺知识和操作技能两方面的严格考核（工艺知识考核高于二级技工标准），达到标准的学生，可以获得学分及劳动人事部门颁发的相应工种的技术工人等级证书。这一措施对培养既懂理论又懂实践、既懂技术又懂工艺、既能动脑又能动手的工程应用型高等技术人才，对带动广大学生注意锻炼动手能力，树立重视实践、特别是工程实践的好学风，有着重要的作用。

因材施教对象的选拔，主要是在金工实习和电子工艺学实习中成绩优秀、表现突出、对实际操作兴趣浓厚，且其他课程学习优良并有余力的学生，由学生申请，系教务科与工程操作技术选修课教学组确定。

工程操作技术选修课自 1986 年 7 月开始试点。第一批接纳热能系、汽车系 85 级学生共 6 人，在机械厂进行车工培训；1987 年 1 月接纳精仪系、机械系 85 级学生共 36 人，分别在设备厂、机械厂进行车、钳、铣、铸、锻五个工种的培训。两批学生经过一年培训，分别于 1987 年 5 月和 11 月进行了工级考核，考核小组由校内外技术人员和技术工人组成，考试内容依据国家机械委颁布的等级标准，分“应知”和“应会”两部分。考试结果两批共有 35 人达到标准，另有 7 人因培训时间未达到规定标准而转入下一批。

1988 年，学校在原有基础上扩大了招收人数及培训工种，在机械厂增加了焊工，在计算机工厂及仪器厂开设了电子装接工，在后勤电管科开设内外线电工，车队开设汽车维修工等 4 个工种。1985 级及 1986 级中已结业并取得二级技工证书的学生 81 人，其专业及工种分布情况见表 3-7-5。

表 3-7-5　获二级技工证书的学生人数及工种分布

系　别	车工	钳工	铣工	铸工	锻工	焊工	电子装接工	外线电工	汽修工	合计
精仪	24	10	4							38
热能	5									5
汽车	5	4	1						3	13
机械				4	3					7
计算机							10			10
无线电							1			1
工物							2			2
化工							1			1
电机								4		4
总计	34	14	5	4	3		14	4	3	81

1989 年至 1999 年，机械厂累计接纳本校学生 700 余人进行等级工培训，先后共有 690 人通过“应知”和“应会”考试，获得国家劳动部门颁发的等级工证书。2000 年以后，学生兴趣点发生变化，参加等级工培训的人数明显减少，每年参加培训的学生不足 10 人，2008 年，有 5 人通过考试获得证书。2009 年，机械厂改制，等级工培训也相应停止。

四、学生课外科技活动与创新创业活动

20 世纪 80 年代以来，学生的课外科技活动得到广泛开展并逐步规范化，成为学生成长的第二课堂和因材施教的一种重要形式，有利于培养学生求实、创新意识，创造优良育人环境。学校设立了课外科技活动指导中心和“火花基金”等四项基金，对学生课外科技活动加强指导与资

助。全校本科生有 1/3 以上参加课外科技活动，高年级超过半数。课外科技活动种类繁多，主要有：科技创造竞赛、科普讲座、科技服务等，学校及各院系都成立了学生科协，负责组织学生课外科技活动。

1983 年起，学校每年在校庆期间举办一次“挑战杯”学生课外科技作品展览，至 2010 年已经举办了 29 届，历届参赛的项目累计已逾万项，内容涉及信息技术、机械控制、数理基础、生命科学、能源、材料、化工以及人文社科与实践调研等多个门类。1989 年，该活动被推广到全国，由共青团中央、中国科协、教育部、全国学联联合发起组织了首届“挑战杯”全国大学生课外学术科技作品竞赛，以后每两年一次，各地轮流举办。清华大学于 1989 年、1997 年、2003 年和 2009 年先后 4 次捧得全国“挑战杯”，并因此获得永久性奖杯。

此外，以学生为主、相关院系支持，开展了机械创新设计大赛、电子设计大赛、数学建模竞赛、结构设计大赛、智能体大赛、人文知识竞赛等 40 余项覆盖各学科的“挑战杯”系列赛事。这些赛事兼顾了专业性和趣味性，不仅诞生了一批具有实际应用意义的作品，同时培养了许多具有科技创新意识和初步能力的人才。除科技学术竞赛外，学校还举办涉及科技创新、创业、人文社会、专业技术等方面的各种讲座和论坛，学生成立了各种主题沙龙和兴趣小组，营造良好的课外科技学术氛围，吸引更多的学生参加。为方便学生实现自己的科技创新想法，学校建立了一批学生科技创新基地，同时设立“累进支持基金”，支持有潜力的学生和项目。

2007 年，学校建立“科技创新，星火燎原”清华大学学生创新人才培养计划，并举办“星火班”，在全校大二学生中选拔有科研兴趣和潜质的学生参加，进行为期两年的跟踪培养。在课堂教学之余，通过自主项目研发、赴海外高水平大学和研究机构学习交流等方式，培育学生的科研和创新素养。另外，还基于学生对特定领域的兴趣，选拔组建某一学术方向的兴趣团队，与相关企业携手合作，为学生提供课外研发平台、专家指导、场地资金等资源，进一步激发学术科研兴趣，启迪创新思维。全校陆续建立起“未来通信”“未来汽车”“未来航空”“新能源与未来城市”等多个兴趣团队。

为提高学生创新与创业素养，学校开展了相应的教育活动，形成以创业启蒙教育、创业课程体系、创业赛事平台和创业实践四个阶段为主体的创业教育体系。创业启蒙教育，通过讲座、座谈会、创业导师访谈等形式，传授创业的基本理念与知识，增进对创业的了解，培养对创业的兴趣；创业课程体系，旨在通过专业课程进一步加强学生对于创业的认识，使学生的创业知识系统化；创业赛事平台，则通过创业计划大赛、公益创业实践赛等赛事，选拔、发掘有创业潜力的学生并进一步培养；创业实践，则面向真正有志于创业的学生，充分利用校内外资源为他们提供全方位的支持。以上四阶段从普及创业教育到为有志创业的学生提供平台，使不同特点和目标的学生群体都有得到创业教育或实践的机会。

五、培养模式改革实验

每年全国有一大批最优秀的有志青年学生进入清华大学，为营造良好的成长环境、探索拔尖创新人才培养，强化基础、突出能力、加强因材施教，学校根据当时的条件，从 1993 年秋季学期开始，从电子、计算机、自动化、电机四个电类系新生中选拔组建了两个基础实验班。校、系共同组织，前两年由教务处直接管理，选派优秀教师按大类开展教学，加强数理和外语基础，加强实验训练，加强研习讨论、加强导师指导，两年后分流回系（也可根据个人志愿重新选择）。这是“文革”后首次进行的组建实验班进行教学改革的探索，共举办了三届，取得良好效果、积累了经验。

在电类基础实验班实践基础上，经调查研究及校内外专家多次研讨论证，学校于1998年秋季在理学院物理系创办了“基础科学班”，强化数理基础，探索培养有志于基础科学研究的拔尖创新人才。2001年，在“基础科学班”基础上，由物理系、数学系合作举办“基础科学班（数学-物理方向）”（数理基科班），同时强化物理和数学基础，培养学生既有数学的高度抽象思维能力，又有现代物理的形象思维和实验技能。2005年，数理基科班扩展到信息学院的一部分，建设跨院系的数理大类培养平台，按照数理基础科学专业统一招生，学生前两年在理学院共同学习基础课程、强化数理基础和科学素养教育，二年级末根据“规模控制，双向选择”的原则确定专业方向，给予跨系培养及转系转专业的特殊政策。2003年，由化学系和生物系合作举办“基础科学班（化学-生物学方向）”（化生基科班），设置“四大化学”“四大生物”基础课程，以及化学和生物学的经典实验。这类实验班既是为了培养在基础科学领域能有所发现、有所创新的后备人才，也是为了探索培养学生创新能力的规律，为学校其他院系辐射基础宽厚扎实的优秀人才；以“宽口径，厚基础，强实践”的理念，设置必修的“科学研究训练”环节，由学生在校内外选择学科和导师进行科研实践训练；通过多次选择机会让学生找到适合自身发展的学科方向。凭借基础科学功底和独立研究能力，绝大多数学生毕业后在国内外高校和学术机构继续深造。

1999年秋季，由中文系和外语系合作举办“中外文化综合班”（曾称“中西文化综合班”），探索新教育模式，为培养“中外贯通、古今贯通、文理贯通”高级人才打下基础。2003年由人文社会科学学院开始创办“人文社会科学实验班”，体现“中西融汇、古今贯通、文理渗透、综合创新”的治学特色，人文社科学院以强大的教师阵容投入教学，一批著名的学者，如张岂之、刘桂生、李学勤等为大一学生开课，萧树铁教授主讲“文科数学”。在此试验的基础上，为进一步加强公共基础和开展通识教育，2005年起按“人文科学实验班”和“社会科学实验班”招生培养。

2006年春季学期，学校开设“软件科学实验班”，首批面向校内招生59人，后纳入年度招生计划。该项目由图灵奖获得者、清华大学高等研究中心教授姚期智先生亲自设计、主持并担任教学工作，联合微软亚洲研究院共同合作培养。该班以注重基础科学、注重国际学术交流和实践环节为特色，结合姚先生在国外多年的理论研究与教学经验和微软亚洲研究院的资深专家的实践经验，选拔和培养在理论计算机科学方面有兴趣和潜质的优秀学生，探索在国内培养世界顶尖计算机科学人才模式。

2009年，医学院开始举办“生命科学—医学药学实验班”，经过基础阶段学习，可分流医学、药学方向。

2007年，教育部“质量工程”启动国家级人才培养模式创新实验区建设，清华大学作为实施大面积因材施教的一种形式，有14个项目入选，见表3-7-6。同时，经管学院由钱小军老师负责的“经管学院开放式国际化人才培养模式创新”项目于2009年入选北京市人才培养模式创新试验区建设。

表3-7-6　清华大学入选国家级人才培养模式创新实验区名单

	院　系	项目名称	负责人	入选年份
1	校办	文化素质教育创新实验	汪劲松	2007
2	法学院	国际型法律人才培养模式创新	王晨光	2007

续表

	院　系	项目名称	负责人	入选年份
3	自动化系	面向现代工业的自动化综合人才培养新模式	张长水	2007
4	计算机系	计算机工程实践教育实验区	杨士强	2007
5	精仪系	面向现代制造业的创新人才培养	郝智秀	2007
6	工业工程系	问题引导式工业工程师人才培养模式创新与实践	Gavriel Salvendy	2007
7	土木系	土木工程复合型创新人才培养实验区	刘洪玉	2007
8	环境系	环境工程专业实践型国际化人才培养模式创新实验区	余　刚	2007
9	电机系	重基础强实践，培养国际一流电气工程人才	曾　嵘	2007
10	航院	复合型航空航天工程人才培养模式的创新实践	符　松	2007
11	校办	清华大学创业教育创新实验区	史宗恺	2008
12	软件学院	清华大学软件拔尖创新人才培养实验区	孙家广	2008
13	生物系	清华大学生物学创新人才培养实验区	张荣庆	2008
14	美术学院	综合学科背景下艺术教育创新实验区	何　洁	2009

2009年，学校发布了《清华大学关于进一步加强本科教育教学工作，促进拔尖创新人才成长的若干意见》，推出了“清华学堂人才培养计划”（以下简称“学堂计划”）；2010年，“学堂计划”被纳入国家教育体制改革试点项目“基础学科拔尖学生培养试验计划”（以下简称“拔尖计划”）。在中组部和教育部的指导和支持下，清华大学在“学堂计划”中分别建立了清华学堂数学班、物理班、化学班、生命科学班、计算机科学实验班和钱学森力学班。“学堂计划”着眼于学生成长，因材施教，个性化培养，构筑人才培养特区，其目标是为有志于攀登世界科学高峰的优秀学子创造环境，同时以他们的示范和引领，带动学校整体教育质量和水平的提高，带动各学科、院系不同方式的人才培养模式的探索。

学校在“学堂计划”中设立首席教授和项目主任岗位。聘请著名数学家、菲尔兹奖和沃尔夫奖获得者丘成桐，中国科学院院士朱邦芬，中国科学院院士张希，著名结构生物学家、“千人计划”专家施一公，著名计算机科学家、“图灵奖”获得者姚期智，长江学者特聘教授郑泉水等学术领域造诣深厚、教学经验丰富、具有国际视野的一流学者分别担任上述各班首席教授。首席教授负责各班项目的培养方案制定和组织协调；同时，聘请知名教授担任项目主任，配合首席教授全面负责相应项目的学生培养和管理工作。

“学堂计划”遴选学生强调“有兴趣、有天赋、肯投入”，注重考察学生的综合能力、学术兴趣和发展潜质；学生管理实行开放式动态进出机制。至2010年秋季学期，已有275名学生入选该项计划，学校为他们颁发了专项奖学金。各专业领域的培养规模见表3-7-7。

表3-7-7　清华学堂人才培养计划的专业与规模

专业领域	学生人数	启动时间	专业领域	学生人数	启动时间
数学	20	2009	计算机科学	30	2009
物理	20	2009	化学	20	2010
力学	30	2009	生命科学	20	2010

六、大学生研究训练计划

1996 年，清华大学在第 20 次教学讨论会后确定实施“大学生研究训练（Students Research Training）计划”（简称“SRT 计划”）。“SRT 计划”是学校在考察了美国麻省理工学院（MIT），借鉴其 UROP（Undergraduate Research Opportunities Program）的成功经验，决定在已有的机械设计、结构设计、电子线路设计、计算机、数学建模竞赛等学生课外科技活动的基础上提出的；是学校继全面推行学分制后，给学生提供的适合个性、更灵活地因材施教的又一机制；是调动学生课外学习、钻研的主动性和积极性，开展研究型学习的人才培养模式改革的有机组成部分。

SRT 计划为本科生提供了科研训练的机会。学生均可自愿参加，“以我为主”，通过调查研究、查阅文献、分析论证、制定方案、设计或实验、分析总结等基础研究训练，培养探究能力和兴趣，在工作中激发创新精神。导师则发挥其主导作用，将教学与科研有机融合起来。师生之间形成亲密的“师徒”及“伙伴”关系，因材施教、教学相长。项目既来自于教师的科研课题，也可由学生自主立项，涉及理、工、人文社科、经管等各学科，鼓励学生跨学科、跨院系参加，与课堂教学相比，要求的知识领域更加广泛。优秀 SRT 项目成果可以取代综合论文训练。

学校对 SRT 计划进行立项、结题、评优等管理，并给予项目一定的经费支持，由校和院系专家指导组负责 SRT 项目的立项评审和评优。起初，SRT 计划一年组织一次立项申报，2000 年以后改为每学期组织一次立项申报。2002 年后实现了网络化管理，助推了 SRT 计划的发展。师生可以通过 SRT 计划管理系统，进行网上申报立项、查阅信息、履行结题等手续；学校管理部门在网上进行审批、提交成绩和经费下拨等。

15 年来 SRT 计划蓬勃发展。1996 年至 1999 年每年立项 100 项左右，参加学生 200 多人次。2000 年至 2003 年，每年立项 500 余项，参加学生达 1 100 余人次。2003 年至 2007 年，每年立项 700 余项，参加学生达 1 400 余人次。2008 年立项增至 900 余项，参加学生达 1 700 余人次。2009 年，教务处与校团委增设“清华大学大学生研究训练计划［SRT］挑战杯专项”，SRT 项目及 SRT 挑战杯专项共计立项 1 206 项，参加学生 2 039 人次。学生的受益面逐年增大，至 2010 年，SRT 计划共计立项近 8 300 项，约 16 500 人次参加，大学四年期间 55%以上的学生在有机会参加一次及以上的 SRT 计划。

2007 年、2008 年教育部和北京市教委相继开展质量工程建设，开始实施“国家大学生创新训练计划”及“北京市大学生科学研究与创业行动计划”。这两个计划参照了清华 SRT 计划的做法，在“十一五”期间，由教育部和北京市教委分别投入专项资金用于资助大学生开展研究型学习和创新性实验，培养大学生从事科学研究和探索未知的兴趣，提高大学生创造发明的素质。“全国大学生创新性实验计划”和“北京市大学生科学研究与创业行动计划”每年立项一次，每批项目执行时间为一年，学生须完成开题、中期检查和结题答辩等环节。“全国大学生创新性实验计划”结题者可获得 3 学分，“北京市大学生科学研究与创业行动计划”结题者可获得 2 学分，优秀者可以将项目成果取代综合论文训练。

清华是“全国大学生创新性实验计划”的十所试点院校之一，从 2006 年开始首次立项至 2010 年，全校共计立项 269 项，参与学生 601 人次。“北京市大学生科学研究与创业行动计划”于 2008 年、2010 年进行 2 次立项，清华共计立项 60 项，参与学生 180 人次。

七、新生研讨课、专题研讨课与实验室科研探究课

创新型人才培养要求学校创新培养模式、改革课程结构、更新教学方法。学校深化教学改革，先后推出了新生研讨课、专题研讨课和实验室科研探究课。

2003 年，学校在国内首先推出新生研讨课（Freshman Seminar），这是借鉴国外高水平研究型大学的成功经验、结合学校人才培养特点的新型课程，是推进研究型教学、培养拔尖创新人才的一项重要举措。新生研讨课由各学科领域的知名教授讲授，改变传统的单向灌输式的教学方式，通过教授引导、师生互动、小组学习等方式，建立一种教授与新生沟通的新型渠道。每门课程学生人数一般不超过 15 人。总结该课程的经验，2005 年学校又倡导教授们开设高年级专题研讨课。新生研讨课、专题研讨课的概况见表 3-7-8.

表 3-7-8　新生研讨课、专题研讨课规模

学年（学期）	新生研讨课门次	新生研讨课接纳人数	专题研讨课门次	专题研讨课接纳人数
2003—2004（秋）	32	465		
2003—2004（春）	39	585		
2004—2005（秋）	42	710		
2004—2005（春）	44	690		
2005—2006（秋）	39	664	8	142
2005—2006（春）	41	645	10	75
2006—2007（秋）	34	573	11	199
2006—2007（春）	38	609	13	261
2007—2008（秋）	35	572	12	239
2007—2008（春）	34	565	13	251
2008—2009（秋）	30	483	12	240
2008—2009（春）	36	591	18	306
2009—2010（秋）	28	448	12	240
2009—2010（春）	30	495	12	270
2010—2011（秋）	30	479	12	271
合　计	532	8 574	133	2 494

2007 年，学校面向低年级学生新设全校选修课“实验室科研探究”，按照“通识教育基础上的宽口径专业教育”的定位，发挥综合性大学学科优势，利用包括国家重点实验室在内的各实验室丰富的科研资源，由高水平教师现场讲解、展示筛选出的典型科研成果，使实验室科研资源大范围地向本科生开放。该课程有利于本科生尽早了解、参加科研实践，全面提高综合素质，形成跨学科、跨系统、跨专业的思维，促进了实践教学与基础理论教学的紧密结合，促进了通识教育与专业教育的有机衔接，丰富了学校的实践教育教学形式，是对研究型大学“教学与科研相结合”人才培养模式的又一种有益探索。经过 4 年的建设，实验室科研探究课程已建立起跨越 32 个院系的 80 多个教学单元，近 5 100 名学生顺利完成课程学习并取得学分。

八、双语教学与大一外语强化训练

培养具有国际竞争力的高质量人才，外语能力十分重要。学校一贯重视学生外语实际应用能力的培养，推动双语教学，加强使用英语教学的课程建设，鼓励学生选修使用英语的课程。一些基础课和专业课开设全英语授课课堂；许多院系开展了双语教学的探索工作；有的系，如生物、经管、工业工程等，开设了使用英语授课的系列课程。这些对有志于提高英语水平和能力、拓展国际视野的学生有很好的促进，也是一种因材施教的有效手段。

为推进双语教学，学校在985建设项目中立项支持双语教学课程建设。2010年全年全校开展双语授课课程250多门，其中全英文授课课程近百门；有5 500多人次选修全英文授课课程，2 000多人次选修英文使用程度超过50%的双语课程。2007年至2010年全校有10门本科课程入选教育部质量工程的“双语示范课程”项目，见表3-7-9。

表3-7-9　2007年—2010年度教育部双语教学示范课程

序号	院　系	教　师	课　程	序号	院　系	教　师	课　程
1	经管学院	钱颖一	经济学原理（1）	6	生物系	刘　栋	生物化学（1）
2	经管学院	钱颖一	经济学原理（2）	7	生物系	李　珍	生物化学（2）
3	经管学院	李稻葵	中级微观经济学	8	航天航空学院	符　松	流体力学
4	经管学院	王　琨	中级财务会计（2）	9	物理系	蒋　硕	普通物理（3）
5	经管学院	宋逢明	金融工程导论	10	工业工程系	赵　磊	运筹学

为加强学生外语综合能力，给学生创造学习、运用外语的实际语言环境，作为教学改革的一个全新尝试，学校在2004年至2007年的夏季学期推出“外语强化训练暨外语文化活动月”。活动月面向非英语专业的一年级本科生，为必修环节，列入本科培养方案与指导性教学计划。学校聘请了大批来自英语国家的老师、志愿者，和学校的英语老师一起，以丰富多彩的活动和交流形式，使学生集中训练、全程“浸泡”、体验式学习，提高学生的听说写等交际能力，取得了良好效果。因总体教学安排调整，大一外语强化训练在2008年至2010年暂停，并将在2011年的夏季学期恢复。同时，学校对各类优秀的本科生提供国际交流、交换的机会，规模不断扩大。2010年全校各类赴国外交流的本科生有1 100多人，其中1/4以上是2个月以上的交流项目。

第八节　教学奖励

清华大学本科教学具有较高的学术水平与教学质量，各个时期均有许多优秀成果。

一、优秀教学成果奖励

（一）国家级优秀教学成果奖

从 1989 年开始国家在全国普通高等学校中开展优秀教学成果的评奖活动，每四年评选一次。这是新中国成立后首次设立的优秀教学成果奖励。

全国普通高等学校优秀教学成果奖励分国家、地方（省、自治区、直辖市）和学校三级，奖励在教学改革、教学质量、教学管理等方面取得优秀教学成果的个人或集体（包括教师、教学辅助人员、教学管理干部）。1989 年第一届评奖设特等奖和优秀奖，奖励范围是自党的十一届三中全会以来的优秀教学成果，以后每 4 年评选一次，从 1993 年第二届开始设特等奖、一等奖、二等奖，详见表 3-8-1 和表 3-8-2。

表 3-8-1　清华大学获历届全国高等学校优秀教学成果奖奖项统计

年份（届次）	1989 年（第一届）	1993 年（第二届）	1997 年（第三届）	2001 年（第四届）	2005 年（第五届）	2009 年（第六届）
特等奖	2	1	1		1	
一等奖	5*	2	3	3	4	3
二等奖		5	7	17	14	9
合计（共 77 项）	7	8	11	20	19	12

说明：表中统计是清华大学为第一完成单位的奖项；＊1989 年第一届是优秀奖。

表 3-8-2　获国家级奖励的清华大学优秀教学成果（含本科与研究生教学、继续教育）

序号	获奖成果名称	奖项	年度	校内单位	获　奖　人
1	高水平，严要求，努力建设世界第一流的高层次人才培养基地	特等奖	1989	自动化系	常　迥　李衍达　边肇祺
2	电子技术基础课程的建设与改革	特等奖	1989	自动化系	童诗白　阎　石　胡东成
3	金工教学实习的发展与突破	优秀奖	1989	机械厂	张万昌　金问楷　马二恩
4	材料力学课程改革与创新	优秀奖	1989	力学系	蒋智翔　范钦珊　张小凡
5	大学英语教学改革	优秀奖	1989	外语系	吴古华
6	博士生培养与管理改革	优秀奖	1989	研究生院	吴佑寿　林功实　罗延秀
7	本科教学管理改革	优秀奖	1989	教务处	李传信　周远清　周兆英
8	固体力学重点学科建设与高水平博士生规模培养	特等奖	1993	力学系	黄克智　张　维　杜庆华　戴福隆　郑兆昌
9	提高教学质量，迈步走向世界	一等奖	1993	建筑学院	赵炳时　高亦兰　栗德祥　郑光中　李晋奎
10	面向社会，发扬优势，积极开展继续教育	一等奖	1993	继教学院	吕　森　黄安邦　郑树楠
11	研究生马克思主义理论课教学改革	二等奖	1993	社科系	高达声　李润海　魏宏森　寇世琪　丁厚德
12	“动力工程及工程热物理”（一级）重点学科建设	二等奖	1993	热能系　力学系	王补宣　叶大均　冯俊凯　倪维斗　过增元

续表

序号	获奖成果名称	奖项	年度	校内单位	获奖人
13	研究生社会实践制度的试验与改革	二等奖	1993	研究生院	梁尤能　严继昌　彭江得 郑燕康　林功实
14	建设高水平的本科教学管理运行体系	二等奖	1993	教务处	周远清　宋烈侠　袁德宁 陈　智
15	建立大学英语教学体系，全面提高学生语言运用能力	二等奖	1993	外语系	罗立胜　范　红　何福胜 李兴复　吴古华
16	面向国民经济建设主战场，培养高质量电工学科高层次人才	特等奖	1997	电机系	高景德　韩英铎　卢　强 张仁豫　萧达川
17	《信息理论基础》（教材）	一等奖	1997	自动化系	常　迥
18	高等工业学校本科教学工作评价的研究与实践	一等奖	1997	教务处等	宋烈侠（李纪安　霍雅玲 许茂祖　纪克敏）
19	研究生教育管理制度的改革与建立——清华大学研究生教育改革与实践	一等奖	1997	研究生院	梁尤能　林功实　郑燕康 徐远超　沈培华
20	电气工程及其自动化专业的建设	二等奖	1997	电机系	姜建国　崔文进　黄立培 陈　刚　王伯翰
21	《锅炉原理及计算》（教材）	二等奖	1997	热能系	冯俊凯　等
22	《机械最优化设计》（第二版）（教材）	二等奖	1997	汽车系	刘惟信
23	机械设计系列课程体系改革与实践	二等奖	1997	精仪系	申永胜　黄纯颖　刘朝儒 童秉枢　雷田玉
24	《微波与光电子学中的电磁理论》（教材）	二等奖	1997	电子系	张克潜　李德杰
25	《线性系统理论》（教材）	二等奖	1997	自动化系	郑大钟
26	工程学科数学教育的改革	二等奖	1997	数学系	萧树铁　蔡大用　姜启源 白峰杉　居余马
27	紧密结合重大水利水电工程建设，培养具有创新能力的高层次人才	一等奖	2001	水利系	张光斗　张楚汉　王兴奎 才君眉　陈永灿
28	结构力学课程新体系的建设与实践	一等奖	2001	土木系	袁　驷　龙驭球　辛克贵 钟宏志　须　寅
29	教学资源信息网络化建设与应用	一等奖	2001	计算中心	吴敏生　沈培华　王映雪 李学农　赵　熊
30	《民事诉讼法教程》（教材）	二等奖	2001	法学院	张卫平　刘荣军　蔡　虹
31	“统筹运作，相互渗透，提高大学生的人文与科学素养”的研究与实践	二等奖	2001	人文学院等	胡显章　徐葆耕　袁德宁 程　钢　管志远
32	面向21世纪的艺术设计重点学科环境艺术设计专业教材建设（教材）	二等奖	2001	美术学院	张绮曼　郑曙旸　张　月 苏　丹　刘铁军
33	《世界陶瓷艺术史》（教材）	二等奖	2001	美术学院	陈进海
34	清华大学生物学基础科学人才培养基地建设	二等奖	2001	生物系	周海梦　吴庆余　王希成 周玉祥　李运燕
35	建设研究性、示范型、开放式的国家工科数学教学基地	二等奖	2001	数学系	谭泽光　白峰杉　俞正光 李建国　章纪民
36	坚持高标准，创建新体系	二等奖	2001	力学系	范钦珊　王　波　薛克宗 孙振华　殷雅俊

续表

序号	获奖成果名称	奖项	年度	校内单位	获奖人
37	复合型高层次工程技术人才——工程硕士培养模式的研究与实践	二等奖	2001	研究生院	郑燕康　陈皓明　康飞宇　吴振一　刘惠琴
38	工科物理教学的现代化改革	二等奖	2001	物理系	陈泽民　陈信义　张连芳　刘凤英　何元金
39	计算机系列课程教学内容和课程体系改革研究与实践（跨校）	二等奖	2001	计算中心等	王行言（冯博琴　侯文永　黄迪明　宋国新）郑　莉
40	机械原理课程立体化教材建设（教材）	二等奖	2001	精仪系等	申永胜（翁海珊）郝智秀　汤晓瑛　方嘉秋
41	工业设计学系统教材（教材）	二等奖	2001	美术学院	柳冠中　等
42	《微型计算机技术及应用——16 位到 32 位》和《习题与实验题集》（教材）	二等奖	2001	计算机系	戴梅萼　史嘉权
43	全国大学生数学建模竞赛和教学改革	二等奖	2001	数学系等	姜启源（叶其孝　李大潜　谭永基　俞文此）
44	坚持改革，锐意创新，走出一条高质量工商管理硕士培养之路	二等奖	2001	经管学院	赵纯均　李子奈　陈章武　仝允桓　程佳惠
45	清华大学教学质量评估及保障体系的研究与实践	二等奖	2001	教务处等	宋烈侠　唐德玲　陈海林　王庆柱　佟秋利
46	以课外学术科技活动为依托的创新教育的探索与实践	二等奖	2001	学生部等	张再兴　吴敏生　吉俊民　阎桂芝　吴剑平
47	工程硕士专业学位教育机制的创新与实践	特等奖	2005	研究生院	王大中（张文修　叶取源）陈皓明　刘惠琴
48	优化理论课程，强化实践环节——电力系统本科专业课改革	一等奖	2005	电机系	孙宏斌　孙元章　陈永亭　姜齐荣　童陆园
49	环境类专业人才培养方案及教学内容体系改革的研究与实践	一等奖	2005	环境系	钱　易　郝吉明　顾国维　张晓健　陈　文
50	思想政治理论课研究型教学理念与实践	一等奖	2005	人文学院	刘美珣　艾四林　蔡乐苏　吴　倬　刘书林
51	创建研究型本科教学体系，提升教育质量	一等奖	2005	教务处	汪劲松　汪　蕙　张文雪　张　佐　宗俊峰
52	大学英语综合课程改革与实践	二等奖	2005	外语系	罗立胜　张文霞　吕中舌　杨　芳　蔡　蔚
53	《服装学概论》（教材）	二等奖	2005	美术学院	李当岐
54	数学系列课程的综合改革与整合实践	二等奖	2005	数学系	萧树铁　谭泽光　俞正光　叶　俊　扈志明
55	突出创新、强化实践——研究型有机化学教学改革探索	二等奖	2005	化学系	李艳梅　李兆陇　席婵娟　麻　远　阴金香
56	全彩色基础生命科学教材及教辅材料研制（教材）	二等奖	2005	生物系	吴庆余　刘金龙　吴　琼
57	创建国内领先的工程训练教学示范中心	二等奖	2005	训练中心	傅水根　严绍华　李双寿　李鸿儒　王天曦

续表

序号	获奖成果名称	奖项	年度	校内单位	获奖人
58	电子技术基础课程的建设与实践	二等奖	2005	自动化系	华成英　王宏宝　唐竞新 徐振英　童诗白
59	计算机基础教学系列课程与实验基地建设	二等奖	2005	信息学院	钟玉琢　王行言　汤志忠 张菊鹏　张曾科
60	建设结构设计大赛平台，培养大学生综合能力和素质	二等奖	2005	土木系	石永久　袁　驷　过镇海 王志浩　江见鲸
61	以广义建筑学和人居环境学为指导，探索新时代建筑教育	二等奖	2005	建筑学院	吴良镛　秦佑国　朱文一 栗德祥　尹　稚
62	高水平创新性博士生培养模式与实践	二等奖	2005	航天航空学院	杨　卫　余寿文　徐秉业 郑泉水　黄克智
63	开放式国际化办学模式的研究与实践	二等奖	2005	经管学院	赵纯均　陈国青　仝允桓 钱小军　陈涛涛
64	实施创新战略，培养拔尖人才——面向新世纪的清华大学博士生教育	二等奖	2005	研究生院	陈皓明　高　虹　孙　炘 杨淑华　唐　杰
65	文化素质教育课“文物精品与文化中国”建设	二等奖	2005	人文学院	彭　林
66	创新性实践教育——基于高水平学科建设的创新人才培养之路	一等奖	2009	研究生院	顾秉林　王大中　汪劲松 陈皓明　姚期智
67	坚持改革创新，创建高水平国家基础课程力学教学基地	一等奖	2009	航天航空学院	范钦珊　李俊峰　庄　茁 殷雅俊　陆秋海
68	我国高等教育自动化专业人才培养面临的新问题与对策研究及实践	一等奖	2009	自动化系等	吴　澄（申功璋　田作华） 萧德云　王　雄（吴晓蓓 卓　晴　戴先中　刘小河 谢克明　赵光宙　刘建昌）
69	践行可持续发展理念，创建大学绿色教育体系	二等奖	2009	环境系	钱　易　胡洪营　杜鹏飞 何　苗　张文雪
70	综合造型设计基础	二等奖	2009	美术学院	柳冠中　邱　松　史习平 刘志国　刘　新
71	生命科学实验教学体系的改革与创新	二等奖	2009	生物系	张荣庆　陈应华　张贵友 余冰宾　吴庆余
72	材料加工工程学科建设与创新型人才培养	二等奖	2009	机械系	曾　攀　黄天佑　吴爱萍 吴德海　陈　强
73	强化师资队伍建设，提高机械基础系列课程教学质量	二等奖	2009	精仪系	申永胜　田　凌　郝智秀 刘向锋　刘　莹
74	生物信息学交叉学科建设	二等奖	2009	自动化系	张学工　李　梢　李衍达 江　瑞　汪小我
75	新生研讨课建设与发展——新生与名师互动的研究型教学实践	二等奖	2009	教务处	陈永灿　张文雪　朱克勤 史静寰　刘俊霞
76	深化新课程体系研究，推进教学改革，提高思想政治理论课教学的实效性	二等奖	2009	马克思主义学院	艾四林　吴　倬　孔祥云 王雯姝　舒　文
77	清华大学对口支援青海大学人才培养的研究与实践	二等奖	2009	教研院等	岑章志　陈　旭　陈　强 白永毅　李　越

说明：校内单位后加“等”字，表示多个校内单位或多校合作；“获奖人”括号内是合作学校获奖教师。

（二）北京市优秀教学成果奖

北京市从 1989 年开始在普通高等学校中开展优秀教学成果的评奖活动，每四年评选一次（第五届 2004 年下半年开始评选）。1989 年设立北京市市级奖和北京市高等教育局局级奖，从 1993 年开始，设立市级一等奖和二等奖。2008 年开始设立特等奖、一等奖和二等奖。具体情况见表 3-8-3 和表 3-8-4。

表 3-8-3　清华大学获历届北京市高等学校优秀教学成果奖奖项统计

年份（届次）	1989 年（第一届）	1993 年（第二届）	1997 年（第三届）	2001 年（第四届）	2004 年（第五届）	2008 年（第六届）
特等奖						1
一等奖	10	15	11	31	30	15
二等奖	11	4	13	16	20	17
合计（共 194 项）	21	19	24	47	50	33

说明：表中统计是清华大学为第一完成单位的奖项；1989 年第一届分别是市级奖和高教局局级奖。

表 3-8-4　获北京市奖励的清华大学优秀教学成果（含本科与研究生教学、继续教育）

序号	获奖成果名称	奖项	年度	校内单位	获奖人
1	建立电子线路教学新体系	市级奖	1989	电子系	董在望　肖华庭　诸昌清
2	研究生教学中的创造性人才培养	市级奖	1989	力学系	过增元
3	机械原理课程教学改革	市级奖	1989	精仪系	方嘉秋　金德闻　郭庚田
4	中国革命史教学改革	市级奖	1989	社科系	朱育和　夏宝兴　郑小筠
5	教学工作优秀	市级奖	1989	体育教研室	曹宝源
6	教学工作优秀	市级奖	1989	水利系	陈仲颐
7	立体型规范化生产实习模式	市级奖	1989	化工系	雷良恒　周荣琪　李总成
8	理论力学课程（工科）建设	市级奖	1989	力学系	官　飞　薛克宗　张怀瑾
9	保持大面积持续高质量的微积分教学	市级奖	1989	数学系	李　欧　居余马　施学瑜
10	课程建设与一类课评选	市级奖	1989	教务处	梁尤能　张孟威　宋烈侠
11	率先开出新课，编制优新教材，高水平教学方法，新颖教学思想	局级奖	1989	计算机系	卢开澄
12	培养系统工程高级人才	局级奖	1989	经管学院	郑维敏
13	《信号与系统》课程建设	局级奖	1989	无线电系	郑君里
14	教学工作优秀	局级奖	1989	电机系	杨福生
15	在学科、队伍和课程建设中成绩突出	局级奖	1989	工物系	王经瑾
16	建筑学院毕业设计综合成果	局级奖	1989	建筑学院	胡绍学　冯钟平　郑光中
17	探索《水工建筑物》教学工作的思路	局级奖	1989	水利系	吴媚玲　张楚汉　谷兆祺
18	本科《结构力学》的教学改革与教学效果	局级奖	1989	土木系	支秉琛　匡文起　江爱川
19	通过政治理论课教学对大学生进行理想教育	局级奖	1989	社科系	李润海
20	教学工作优秀	局级奖	1989	物理系	张三慧
21	无线电系教学管理	局级奖	1989	电子系	陆大绘　夏玲玲　赵国湘

续表

序号	获奖成果名称	奖项	年度	校内单位	获奖人
22	人文选修课“西方文学思潮与作品”	一等奖	1993	中文系	徐葆耕
23	高等学校工科大学物理课程试题库系统	一等奖	1993	物理系等	夏学江　崔砚生（许仁名　吴学超　金以娟　黄南泰　杨松林　王金煜　钱守仁）
24	三年数学分析课教学改革的尝试	一等奖	1993	数学系	陈天权
25	在培养高水平人才方面的探索	一等奖	1993	电机系	白　净
26	高技术领域博士人才培养	一等奖	1993	计算机系	张　钹
27	面向经济建设培养工程类型硕士研究生	一等奖	1993	机械系	柳百成　吴德海　吴浚郊　曾大本　童本行
28	“水力学”课程的建设与改革	一等奖	1993	水利系	董曾南　李玉柱　周雪漪　肖佑庭　陈长植
29	坚持教学科研结合，更新材料力学内容，形成新的课程体系	一等奖	1993	力学系	范钦珊　张小凡　陈正新　殷雅俊
30	大面积高质量的理论力学教学	一等奖	1993	力学系	贾书惠　官　飞　李万琼　薛克宗　黄曙光
31	水处理工程系列课的教学改革	一等奖	1993	环境系	张晓健　陆正禹　钱　易　黄　霞　徐本源
32	全面建设高标准的“普通物理”课程	一等奖	1993	物理系	崔砚生　陈泽民　夏学江　陈惟蓉　华基美
33	光电子技术系列课程建设	一等奖	1993	电子系	周炳琨　高以智　彭江得　赵华凤
34	化工系本科实践教学与东北制药总厂实践基地建设	一等奖	1993	化工系	包铁竹　顾玉山　李总成　崔秉一　周　武
35	发展电化教育，推动教学改革	一等奖	1993	电教中心	王绍忠　刘世偕　宋子和　陈海林　张贵前
36	自动化系本科教学改革与管理	一等奖	1993	自动化系	吕　林　郑大钟　李九龄
37	探索具有中国特色的管理干部研究生培养模式	二等奖	1993	经管学院	赵纯均　徐国华　刘冀生　卢家仪　李端敏
38	非计算机专业研究生微机系列教学	二等奖	1993	自动化系等	杨素行　吴秋峰　赵长德　黄益庄　刘慧银
39	混凝土结构课程的改革与建设	二等奖	1993	土木系	滕智明　李著璟　罗福午　庄崖屏　石裕翔
40	体育教学	二等奖	1993	体育教研室	曹宝源　胡贵增　庄　灵　高　斌　孙建国
41	中国革命史教学改革	一等奖	1997	人文学院	朱育和　蔡乐苏　金丽华　夏宝兴　王宪明
42	一个文理结合的培养模式——编辑学专业十年改革成果	一等奖	1997	人文学院	徐葆耕　孙传耀　孙宝寅　曹自学　王宪明
43	博士生公共课“近代物理新进展”课程建设	一等奖	1997	物理系	张　礼　陈皓明
44	《物理电子学与光电子学》重点学科建设	一等奖	1997	电子系	周炳琨　张克潜　陆家和　高以智　李德杰

续表

序号	获奖成果名称	奖项	年度	校内单位	获奖人
45	培养国际一流水平博士生的研究与实践	一等奖	1997	材料系	柳百新
46	优化知识结构，培养创新能力	一等奖	1997	材料系	潘金生
47	计算机基础教学改革与实践	一等奖	1997	计算中心	黎　达　王行言　张菊鹏 黄汉文　郑　莉
48	探索生产实习管理新模式，提高实践教育办学效益	一等奖	1997	水利系	聂孟喜　强茂山　方洁灵 金　峰　曹德成
49	改革水处理工程课程设计，提高学生工程设计能力	一等奖	1997	环境系	陆正禹　卜　城　张晓健 左剑恶　胡　敏
50	硕士研究生英语应用能力培养模式及实践	一等奖	1997	外语系	罗立胜　何福胜　白永毅 刘　颖　吴振一
51	开展课外科技活动，促进学生创新意识和创新能力的培养	一等奖	1997	教务处	吴敏生　吴文虎　陈伯蠡 阎桂芝　关兆东
52	生物化学系列实验课程建设	二等奖	1997	生物系	周广业　段明星　程　玲 王希成　郑昌学
53	通过基础物理教学培养学生的科学素质和创新精神	二等奖	1997	物理系	陈泽民　崔砚生　邓新元 牟绪程　李　复
54	《工程材料与机械制造基础》课程全面深化改革与建设	二等奖	1997	训练中心	傅水根　严绍华　张学政 李家枢　卢达溶
55	《电子线路》系列课程建设	二等奖	1997	电子系	董在望　刘宝琴　雷有华 高文焕　陈雅琴
56	敬业教育岗位，投入教学改革	二等奖	1997	机械系	陈　强
57	深化课程内容改革，推进理力课程建设	二等奖	1997	力学系	李万琼　贾书惠　李　苹 赵文奇　薛克宗
58	化工原理系列课程建设与改革	二等奖	1997	化工系	李　琳　雷良恒　刘茂林 郭庆丰　林爱光
59	持续有效办好高层次继续教育	二等奖	1997	电机系	陈寿孙　郭永基　周双喜 杨　钺　李志强
60	《电工技术与电子技术》课程改革与建设	二等奖	1997	电机系	高上凯　王鸿明　何丽静 王家森　王士敏
61	发展继续教育，为我国水电企业培养高层次人才	二等奖	1997	水利系	谢树南　郑树楠　姚汝祥 王綦正　曹德成
62	公益劳动课的创立与建设	二等奖	1997	修缮中心	成　洁　钱锡康　张晓梅 关燕燕　马晋恒
63	在制图教学中开展教书育人工作	二等奖	1997	精仪系	高政一　彭福荫　刘朝儒 杨小庆　吴志军
64	普通高等学校教材工作评估方案的研究与实践	二等奖	1997	教务处等	白光义（刘春生　张文立 向文娟）
65	《西方经济学》（教材）	一等奖	2001	经管学院等	黎诣远（龙志和　陈　通 黄渝祥　陈　迅）
66	《民事诉讼法教程》（教材）	一等奖	2001	法学院	张卫平　刘荣军　蔡　虹

续表

序号	获奖成果名称	奖项	年度	校内单位	获奖人
67	“统筹运作，相互渗透，提高大学生的人文与科学素养”的研究与实践	一等奖	2001	人文学院等	胡显章　徐葆耕　袁德宁　程　钢　管志远
68	面向21世纪的艺术设计重点学科环境艺术设计专业教材建设（教材）	一等奖	2001	美术学院	张绮曼　郑曙旸　张　月　苏　丹　刘铁军
69	《外国工艺美术史》（教材）	一等奖	2001	美术学院	张夫也
70	《世界陶瓷艺术史》（教材）	一等奖	2001	美术学院	陈进海
71	清华大学生物学基础科学人才培养基地建设	一等奖	2001	生物系	周海梦　吴庆余　王希成　周玉祥　李运燕
72	紧密结合重大水利水电工程建设，培养具有创新能力的高层次人才	一等奖	2001	水电系	张光斗　张楚汉　王兴奎　才君眉　陈永灿
73	建设研究性　示范型　开放式的国家工科数学教学基地	一等奖	2001	数学系	谭泽光　白峰杉　俞正光　李建国　章纪民
74	坚持高标准，创建新体系	一等奖	2001	力学系	范钦珊　王　波　薛克宗　孙振华　殷雅俊
75	复合型高层次工程技术人才——工程硕士培养模式的研究与实践	一等奖	2001	研究生院	郑燕康　陈皓明　康飞宇　吴振一　刘惠琴
76	探索新的教育模式，培养具有创新能力的高素质信息科技人才	一等奖	2001	计算机系	吴文虎　郑　方　徐明星　王　帆
77	工科物理教学的现代化改革	一等奖	2001	物理系	陈泽民　陈信义　张连芳　刘凤英　何元金
78	参与式教学——研究生创新教学的有效途径	一等奖	2001	力学系	过增元　梁新刚　李志信　胡桅林　顾毓沁
79	结构力学课程新体系的建设与实践	一等奖	2001	土木系	袁　驷　龙驭球　辛克贵　钟宏志　须　寅
80	计算机系列课程教学内容和课程体系改革研究与实践（跨校）	一等奖	2001	计算中心等	王行言（冯博琴　侯文永　黄迪明　宋国新）郑　莉
81	“测控技术与仪器”专业教学改革与实践	一等奖	2001	精仪系	毛乐山　李庆祥　董景新　王永梁　李　岩
82	机械原理课程立体化教材建设（教材）	一等奖	2001	精仪系等	申永胜（翁海珊）郝智秀　汤晓瑛　方嘉秋
83	《激光原理》（教材）	一等奖	2001	电子系	周炳琨　高以智　陈家骅　陈倜嵘
84	《数字电子技术基础（第四版）》（教材）	一等奖	2001	自动化系	阎　石
85	《神经网络与模糊控制》（教材）	一等奖	2001	自动化系	张乃尧　阎平凡
86	工业设计学系统教材（教材）	一等奖	2001	美术学院	柳冠中
87	《微型计算机技术及应用——从16位到32位》和《习题与实验题集》（教材）	一等奖	2001	计算机系	戴梅萼　史嘉权
88	《PASCAL程序设计》《PASCAL程序设计习题与选解》（教材）	一等奖	2001	计算机系	郑启华

续表

序号	获奖成果名称	奖项	年度	校内单位	获奖人
89	全国大学生数学建模竞赛和教学改革	一等奖	2001	数学系等	姜启源（叶其孝　李大潜　谭永基　李志宏　俞文此）
90	教学资源信息网络化建设与应用	一等奖	2001	计算中心等	吴敏生　沈培华　王映雪　李学农　赵　熊
91	坚持改革，锐意创新，走出一条高质量工商管理硕士培养之路	一等奖	2001	经管学院	赵纯均　李子奈　陈章武　仝允桓　程佳惠
92	清华大学教学质量评估及保障体系的研究与实践	一等奖	2001	教务处等	宋烈侠　唐德玲　陈海林　王庆柱　佟秋利
93	科学实施艺术教育，努力提高学生思想文化素质	一等奖	2001	艺教中心	郑小筠　许有美　朱汉城　邢高熙　冯元元
94	为祖国培养身心健康的高层次人才——体育教学改革理论与实践	一等奖	2001	体育部	张　威　赖柳明　王　玉　张志新　赵　青
95	以课外学术科技活动为依托的创新教育的探索与实践	一等奖	2001	学生部等	张再兴　吴敏生　吉俊民　阎桂芝　吴剑平
96	《行政诉讼法学》(教材)	二等奖	2001	法学院	于　安　江必新　郑淑娜
97	《新英语教程》(教材)	二等奖	2001	外语系	刘平梅　何福胜　吕中舌
98	《工程材料》系列课程教学改革与实践	二等奖	2001	机械系	张人佶　朱张校　姚可夫　王昆林　张华堂
99	材料加工工程专业基础课的教改与创新能力培养	二等奖	2001	机械系	曾　攀　石　伟　荆　涛　吴爱萍　严京滨
100	现代化教学手段和方法在混凝土结构系列课程教学中的应用	二等奖	2001	土木系	叶列平　江见鲸　张惠英　王志浩
101	创建信息科学领域优秀课程	二等奖	2001	电子系	郑君里
102	机械制造及自动化专业基础课程的综合改革	二等奖	2001	精仪系	冯之敬　汪劲松　郁鼎文　成　晔　刘成颖
103	工程实践及制造工艺系列课程的新突破（跨校）	二等奖	2001	训练中心等	傅水根（程文彬　滕向阳）　张学政　李士松
104	《近代材料加工原理》(教材)	二等奖	2001	机械系	吴德海　任家烈　陈森灿　魏秉庆　梁　吉
105	《半导体物理学》(教材)	二等奖	2001	电子系	顾祖毅　田立林　富力文
106	《机械制造工艺基础》立体配套教材	二等奖	2001	训练中心	傅水根　张学政　马二恩　李生录　洪　亮
107	《计算机系统结构》(教材)	二等奖	2001	计算机系	郑维民　汤志忠
108	《数学系统设计自动化》(教材)	二等奖	2001	计算机系	薛宏熙　边计年　苏　明
109	清华大学公共英语课程体系　目标管理模式与语言环境的建设	二等奖	2001	外语系	罗立胜　范　红　杨　芳　邢　如　程慕胜
110	面向当代艺术设计，阐释伟大文化传统——中国工艺美术史教学改革	二等奖	2001	美术学院	尚　刚　杭　间　邹　文　田自秉
111	清华大学现代远程教育的探索与实践	二等奖	2001	继教学院	严继昌　吴庚生　刘序明　孙学伟　霍秀英

续表

序号	获奖成果名称	奖项	年度	校内单位	获奖人
112	计算机基础教学系列课程与实验基地建设	一等奖	2004	计算中心	钟玉琢　王行言　汤志忠　张菊鹏　张曾科
113	以广义建筑学和人居环境学为指导，探索新时代建筑教育	一等奖	2004	建筑学院	吴良镛　秦佑国　朱文一　栗德祥　尹　稚
114	高水平创新性博士生培养模式与实践	一等奖	2004	航院	杨　卫　余寿文　徐秉业　郑泉水　黄克智
115	工程硕士专业学位教育机制的创新与实践（跨校）	一等奖	2004	研究生院等	王大中（张文修　叶取源）陈皓明　刘惠琴
116	思想政治理论课研究型教学理念与实践	一等奖	2004	人文学院	刘美珣　艾四林　蔡乐苏　吴　倬　刘书林
117	优化理论课程，强化实践环节——电力系统本科专业课改革	一等奖	2004	电机系	孙宏斌　孙元章　陈永亭　姜齐荣　童陆园
118	MOS集成电路设计与实践	一等奖	2004	电子系	王志华　李冬梅　董在望
119	《应用信息论基础》（教材）	一等奖	2004	电子系	朱雪龙　邓北星
120	“程序设计基础”课程改革	一等奖	2004	计算机系	吴文虎　经　彤　徐明星　赵　强　孙　辉
121	大力加强教学资源建设，实现计算机组成原理课程教学模式的重大变革	一等奖	2004	计算机系	王　诚　刘卫东　宋佳兴　董长洪
122	大学计算机公共基础课程的新型教学模式	一等奖	2004	计算机系	李　秀　王行言　安颖莲　姚瑞霞　田荣牌
123	电子技术基础课程的建设与实践	一等奖	2004	自动化系	华成英　王宏宝　唐竞新　徐振英
124	《模拟电子技术基础（第三版）》（教材）	一等奖	2004	自动化系	童诗白　华成英
125	环境类专业人才培养方案及教学内容体系改革的研究与实践	一等奖	2004	环境系	钱　易　郝吉明　顾国维　张晓健　陈　文
126	建设结构设计大赛平台，培养大学生综合能力和素质	一等奖	2004	土木系	石永久　袁　驷　过镇海　王志浩　江见鲸
127	创建国内领先的工程训练教学示范中心	一等奖	2004	训练中心	傅水根　严绍华　李双寿　李鸿儒　王天曦
128	新世纪“工程力学”课程教学资源库建设	一等奖	2004	航院	范钦珊　李　绯　殷雅俊　倪如慧　李　斌
129	本科以上定向核专业人才培养输送模式与实践	一等奖	2004	工物系	金兆熊　申世飞　王学武　王　侃　程建平
130	创建研究型本科教学体系提升教育质量	一等奖	2004	教务处	汪劲松　汪　蕙　张文雪　张　佐　宗俊峰
131	实施创新战略培养拔尖人才——面向新世纪的清华大学博士生教育	一等奖	2004	研究生院	陈皓明　高　虹　孙　炘　杨淑华　唐　杰
132	开放式国际化的办学模式的研究与实践	一等奖	2004	经管学院	赵纯均　陈国青　仝允桓　钱小军　陈涛涛
133	文化素质教育课“文物精品与文化中国”建设	一等奖	2004	人文学院	彭　林

续表

序号	获奖成果名称	奖项	年度	校内单位	获奖人
134	突出创新 强化实践——研究型有机化学教学改革探索	一等奖	2004	化学系	李艳梅 李兆陇 席婵娟 麻 远 阴金香
135	全彩色基础生命科学教材及教辅材料研制（教材）	一等奖	2004	生物系	吴庆余 刘金龙 吴 琼
136	基础科学班办学七年显见成效——拔尖人才培养模式的探索与创新	一等奖	2004	物理系	尚仁成 阮 东 熊家炯 白峰杉
137	“大学英语”综合课程改革与实践	一等奖	2004	外语系	罗立胜 张文霞 吕中舌 杨 芳 蔡 蔚
138	《服装学概论》(教材)	一等奖	2004	美术学院	李当岐
139	《形态构成学》(教材)	一等奖	2004	美术学院	辛华泉
140	锐意创新 基于实践——动画设计学科课程系统建设	一等奖	2004	美术学院	吴冠英 张 弓 王 川
141	《大学数学》系列教材（教材）	一等奖	2004	数学系等	萧树铁 郑建华 叶 俊 (朱学贤) 章纪民
142	“电工与电子技术”课程的教学改革	二等奖	2004	电机系	唐庆玉 段玉生 王艳丹 汪晓光 刘廷文
143	研究生英文教材（专著）《Nonlinear Control Systemsand Power System Dynamics》(教材)	二等奖	2004	电机系	卢 强 孙元章 梅生伟
144	“计算机网络和计算机系统的性能评价”课程	二等奖	2004	计算机系	林 闯
145	热爱教学工作，努力建设高水平的研究生“信号处理”课程	二等奖	2004	医学院	胡广书 张 辉 丁 辉
146	《现代信号处理（第二版)》(教材)	二等奖	2004	自动化系	张贤达
147	“化工原理”课程改革与建设	二等奖	2004	化工系	戴猷元 余立新 赵 洪 林爱光
148	本研贯通，适应研究型大学的课程建设	二等奖	2004	水利系	李广信 张建民 陈 轮 张建红 于玉贞
149	土木工程 CAD/CAE 系列课程的改革与建设	二等奖	2004	土木系	张建平 任爱珠 马智亮 徐千军 吴炜煜
150	以创新求实科学精神建设高质量《工程材料》立体化教材（教材）	二等奖	2004	机械系	朱张校 王昆林 张人佶 张华堂 王振家
151	《热工基础》教材建设（教材）	二等奖	2004	热能系	张学学 李桂馥
152	研究型大学机械设计基础课程教学模式改革的研究与实践	二等奖	2004	精仪系	季林红 阎绍泽 刘向锋 申永胜 索双富
153	《机械制图》立体教材（教材）	二等奖	2004	精仪系	杨惠英 王玉坤 冯 涓 黄利平
154	理论力学课程体系改革与实践	二等奖	2004	航院	李俊峰 张 雄 陆明万 高云峰 陆秋海
155	研究型大学教师队伍教学激励机制的创新与实践	二等奖	2004	人事处	何建坤 裴兆宏 杨存荣 刘婉华 田 静

续表

序号	获奖成果名称	奖项	年度	校内单位	获奖人
156	“思想道德修养”课程改革	二等奖	2004	人文学院	刘书林　肖　巍　王雯姝　吕　嘉　帅松林
157	提高马克思主义哲学原理课（政治课）教学实效性的理念与方法创新	二等奖	2004	人文学院	吴　倬　艾四林　邹广文　赵甲明　唐少杰
158	倾注心血育英才——数学系代数课教学的改革实践	二等奖	2004	数学系	张贤科　王殿军　张贺春　印林生　肖　杰
159	新闻与传播教学改革试验研究	二等奖	2004	传播学院	范敬宜　李希光　尹　鸿　李　彬　刘建明
160	依托学科优势，创建高水平大学体育教育模式	二等奖	2004	体育部	张　威　陈伟强　高　全　王　玉　赵　青
161	中国计算机科学与技术学科教程 2002 及其推广应用	二等奖	2004	计算机系等	马瑛珺（黄国兴　蒋宗礼　王志英　钱乐秋）
162	践行可持续发展理念，创建大学绿色教育体系	特等奖	2008	环境系 教务处	钱　易　胡洪营　杜鹏飞　何　苗　张文雪
163	基于高水平学科建设的创新人才培养之路	一等奖	2008	研究生院	顾秉林　王大中　汪劲松　陈皓明　姚期智
164	综合造型设计基础	一等奖	2008	美院	柳冠中　邱　松　史习平　刘志国　刘　新
165	生命科学实验教学体系的改革与创新	一等奖	2008	生物系	张荣庆　陈应华　张贵友　余冰宾　吴庆余
166	材料加工工程学科建设与创新型人才培养	一等奖	2008	机械系	曾　攀　黄天佑　吴爱萍　吴德海　陈　强
167	坚持改革创新创建高水平国家基础课程力学教学基地	一等奖	2008	航院	范钦珊　李俊峰　庄　茁　殷雅俊　陆秋海
168	强化师资队伍建设，提高机械基础系列课程教学质量	一等奖	2008	精仪系	申永胜　田　凌　郝智秀　刘向锋　刘　莹
169	高层次创新型计算机专业博士生培养体系	一等奖	2008	计算机系	胡事民　林　闯　郑纬民　冯建华　蔡莲红
170	机器人创新设计实践教学研究——探究课、SRT、科技竞赛相衔接的教学模式研究	一等奖	2008	精仪系	刘　莉　陈　恳　杨向东　杨东超　吴　丹
171	融合行业前沿，引导探索型学习——《高电压工程》专业基础课程教学改革	一等奖	2008	电机系	梁曦东　周远翔　曾　嵘　刘瑛岩　高胜友
172	生物信息学交叉学科的课程体系探索与实践	一等奖	2008	自动化	张学工　李　梢　李衍达　江　瑞　汪小我
173	建筑环境与设备工程专业本科专业实践教学改革	一等奖	2008	建筑学院	江　亿　朱颖心　石文星　李晓锋　魏庆芃
174	我国高等教育自动化专业人才培养面临的新问题与对策研究及实践	一等奖	2008	自动化系等	吴　澄（申功璋　田作华）　萧德云　王　雄　等
175	新生研讨课建设与发展——新生与名师互动的研究型教学实践	一等奖	2008	教务处	陈永灿　张文雪　朱克勤　史静寰　刘俊霞

续表

序号	获奖成果名称	奖项	年度	校内单位	获奖人
176	深化新课程体系研究，推进教学改革，提高思想政治理论课教学的实效性	一等奖	2008	人文学院	艾四林　吴　倬　孔祥云　王雯姝　舒　文
177	清华大学对口支援青海大学的研究与实践	一等奖	2008	教研所	岑章志　陈　旭　陈　强　白永毅　李　越
178	刑法学多层次课程体系的构建与教学方法的革新	二等奖	2008	法学院	张明楷　黎　宏　周光权　劳东燕
179	贯穿经管类本科生培养全过程的递进式实践教育体系	二等奖	2008	经管学院	陈章武　仝允桓　刘玲玲　朱恒源　朱玉杰
180	新闻学课堂实践教学的改革与创新	二等奖	2008	新闻学院	李希光　司久岳　雷建军　赵曙光　张小琴
181	《新英语教程（第四版）》系列教材	二等奖	2008	外语系	吕中舌　何福胜　张文霞　杨　芳　邢　如
182	《西洋服装史》（教材）	二等奖	2008	美术学院	李当岐
183	《陶瓷造型艺术》（教材）	二等奖	2008	美术学院	杨永善
184	室内设计课程建设	二等奖	2008	美术学院	郑曙旸　张　月　刘北光　汪建松　崔笑声
185	科研成果转化与教学团队建设——研究型大一化学及实验教学改革	二等奖	2008	化学系	崔爱莉　沈光球　寇会忠　李　强　尉京志
186	以资源为依托、课程为载体、育人为根本，创建开放型工程训练教学体系	二等奖	2008	训练中心	李双寿　傅水根　武　静　李生录　卢达溶
187	宽口径、厚基础、强实践、重创新——电子信息类实验教学的改革与实践	二等奖	2008	电子系	王希勤　邓北星　马晓红　徐淑正
188	技术基础课的挑战与突破——清华大学电路原理课程的研究型教改实践	二等奖	2008	电机系	于歆杰　朱桂萍　陆文娟　徐　云　刘秀成
189	适应新世纪国家水战略需求的高层次人才的培养	二等奖	2008	水利系	金　峰　张建民　聂孟喜　杨大文　丛振涛
190	继承传统、发挥优势，持续推进水利专业基础课程建设	二等奖	2008	水利系	贺五洲　于玉贞　邵学军　徐艳杰　茅泽育
191	创建国际工程高级人才培养体系，服务国家“走出去”战略	二等奖	2008	土木系	袁　驷　方东平　杨　述　明　亮　孙利强
192	研究型大学教学质量管理策略机制的研究与实践	二等奖	2008	教务处	段远源　李　蔚　刘　洁　杨　蕾　冯婉玲
193	提高国防意识，强化素质养成，持续推进学生军训与军事课程建设	二等奖	2008	武装部	杜汇良　王和中　吕冀蜀　陈忠怀
194	职业生涯教育与就业引导相结合，促进学生全面成长成才	二等奖	2008	就业指导中心	祁金利　许庆红　韩　威　欧阳沁　王　丹

说明：① 1989 年、1993 年、1997 年获国家级优秀教学成果奖项目的北京市不重复授奖，而推荐过程中必须是获得北京市优秀教学成果一等奖及以上者方有资格参评国家级奖项。
② 校内单位后加“等”字，表示多个校内单位或多校合作，“获奖人”括号内是合作学校教师。

（三）清华大学教学成果奖

为了鼓励教师及其他从事教学工作人员热爱教育事业，积极进行教育改革，努力提高教学质量，为提高学生的全面素质作出贡献，学校于1984年在本科及研究生教育工作中设立“教学工作优秀奖”及“教学改革成果奖”，该两项奖均分设一等奖与二等奖。每年进行一次评选奖励工作。1990年为了与国家教委“关于全国普通高等学校优秀教学成果奖励工作”的通知精神衔接，学校将原教学工作优秀奖及教学改革成果奖合并，设立“教学工作优秀成果奖”，每两年评奖一次，按其成果水平、推广范围和实效，分设一等奖和二等奖。

学校规定，达到下述要求者可申请教学工作优秀成果奖：①教学指导思想明确，积极承担系和教研组分配的教学任务，两年来主要从事面向学生的教学工作或研究生培养工作；②教学工作中做到“教书育人，为人师表”，通过自己的教学业务工作，对学生进行思想教育和学风建设，且有良好的效果和先进的事迹；③工作态度认真负责，努力钻研本职业务，教学效果良好，在更新教学内容、改进教学方法、提高学生能力等方面积极进行教学改革，取得显著成绩；④能够认真履行研究生指导教师职责，在培养优秀研究生方面，努力探索，取得显著成绩。达到下述一个方面要求亦可申请教学工作优秀成果奖：①为提高学生培养质量，对培养计划、培养方法等方面提出较系统改革方案并积极进行试验，取得一定效果；②不断探索教学规律，努力在各个教学环节（讲课、辅导、教学实验、生产实习、课程设计、毕业设计/论文、指导研究生等）进行改革，取得了教学效果和提高了教学质量，使学生生动、活泼、主动地得到发展；③积极开展因材施教，在选拔培养优秀学生方面开辟新途径，取得显著成绩；④在培养有突出成就的研究生方面，取得显著成绩；⑤工作特别优秀的班主任；⑥在教学管理工作中成绩突出。

经2005—2006学年度第9次校务会议通过，2006年2月17日发布实施《清华大学教学成果奖励办法》。清华大学教学成果奖分设特等奖、一等奖和二等奖，每两年评选一次。

清华大学教学成果奖授予在教学工作中作出突出贡献，取得显著成果的集体和个人。教学成果主要包括：①在转变教育思想和教育观念，调整专业结构，改革人才培养模式、课程体系、教学内容，改进教学方法和教育技术，建立与完善实践教育教学体系，全面推进素质教育，促进学生德智体美等全面发展，提高教育质量等方面的成果。②在组织教学工作、推动教学及教学管理改革，加强教学基本建设，开展质量保证与监控工作，建立自我约束、自我发展的机制，实现教学管理现代化等方面的成果。清华大学教学成果奖包括：在研究生教育、本科生教育及继续教育中，在教学基本建设、教学改革、教学管理等某一方面取得突出成绩的优秀成果；也包括由清华牵头、多个单位共同完成、对全国高等教育教学产生较大影响的项目。申报的成果，要经过两年的实践检验，具有先进性、示范推广作用。每项成果署名的主要完成人一般不超过5人。

1985年至2010年清华大学优秀教学成果奖励获奖项目数及一等奖、特等奖名单见表3-8-5和表3-8-6。

表3-8-5　清华大学优秀教学成果获奖数统计表（含本科与研究生教学、继续教育）

年度	特等奖	一等奖	二等奖	合计	年度	特等奖	一等奖	二等奖	合计
1985		24	88	112	1989		21	139	160
1986		10	88	98	1991		23	118	141
1987		12	96	108	1993		23	105	128

续表

年度	特等奖	一等奖	二等奖	合计	年度	特等奖	一等奖	二等奖	合计
1995		21	115	136	2004		14	50	64
1997	2	19	109	130	2006	4	58	48	110
2000		10	48	58	2008	5	45	43	93
2002		12	41	53	2010	2	39	46	87

说明：① 1985 年至 1987 年，设为教学工作优秀奖（1985 年一等奖 14 项、二等奖 54 项，1986 年一等奖 5 项、二等奖 52 项，1987 年一等奖 9 项、二等奖 68 项）和教学改革成果奖（1985 年一等奖 10 项、二等奖 34 项，1986 年一等奖 5 项、二等奖 36 项，1987 年一等奖 3 项、二等奖 28 项）。
② 1989 年至 2004 年，设为“教学工作优秀成果奖”。
③ 2006 年起，设为“清华大学教学成果奖”。

表 3-8-6 清华大学校级优秀教学成果奖特等奖、一等奖获奖名单
（含本科与研究生教学、继续教育）

序号	获奖成果名称	奖项	年份	获奖单位	获　奖　人
1	教学工作优秀奖	一等奖	1985	建筑系	“中国建筑者之家”毕业设计指导小组［胡绍学　袁莹］
2	教学工作优秀奖	一等奖	1985	热能系	任泽霈
3	教学工作优秀奖	一等奖	1985	电机系	王维俭
4	教学工作优秀奖	一等奖	1985	物理系	崔砚生
5	教学工作优秀奖	一等奖	1985	化学系	薛芳渝
6	教学工作优秀奖	一等奖	1985	社科系	朱育和
7	教学工作优秀奖	一等奖	1985	体育教研室	曹宝源
8	教学工作优秀奖	一等奖	1985	建筑系	蔡君馥
9	教学工作优秀奖	一等奖	1985	水利系	夏震寰
10	教学工作优秀奖	一等奖	1985	电子系	李志坚
11	教学工作优秀奖	一等奖	1985	计算机系	张　钹
12	教学工作优秀奖	一等奖	1985	自动化系	模式识别与智能控制博士点指导小组［常　迥　李衍达　边肇祺　阎平凡　茅于杭］
13	教学工作优秀奖	一等奖	1985	力学系	薛伟民
14	教学工作优秀奖	一等奖	1985	核能所	孙永广
15	“铸型涂料的研究”毕业设计指导小组	一等奖	1985	机械系	童本行　于震宗　欧阳真
16	精密仪器与机械学系 84 级机械制图课程改革小组	一等奖	1985	精仪系	高政一　陆瑞新　等
17	电磁场教学实验改革小组	一等奖	1985	电机系	王先冲　王建生　宫　莲　王　平　马信山
18	“电子线路实验”改革组	一等奖	1985	电子系	诸昌清　武元桢　雷有华　高文焕
19	大面积多层次开展因材施教	一等奖	1985	自动化系	范鸣玉　李芳芸　陈禹六　诸家晋　王焰秋　吕　林

续表

序号	获奖成果名称	奖项	年份	获奖单位	获　奖　人
20	化 21、22 班 85 年生产实习队	一等奖	1985	化工系	周荣琪　雷良恒　刘瑞禧　王洪有　郭庆丰
21	材料力学教学实验改革	一等奖	1985	力学系	张小凡　王瑞武　郑秀媛　王增梅 等
22	教学改革成果奖	一等奖	1985	数学系	盛祥耀
23	教学改革成果奖	一等奖	1985	社科系	黄美来
24	“金工实习”教学指导小组	一等奖	1985	机械厂	马二恩　张学政　徐同安
25	教学工作优秀奖	一等奖	1986	精仪系	邬敏贤
26	教学工作优秀奖	一等奖	1986	电机系	周荣光
27	教学工作优秀奖	一等奖	1986	计算机系	卢开澄
28	教学工作优秀奖	一等奖	1986	力学系	薛克宗
29	教学工作优秀奖	一等奖	1986	社科系	李润海
30	无 21 班生产实习改革	一等奖	1986	电子系	吴锦发　崔元浩　龚　信
31	《电子学》课程改革	一等奖	1986	自动化系	童诗白 等
32	《材料力学》课程改革	一等奖	1986	力学系	范钦珊　蒋智翔　谢志成　王瑞五　蔡乾煌　孙汝劼　施燮琴 等
33	工科普通物理实验改革	一等奖	1986	物理系	丁慎训　田德芳　冯兴坤　杜毓良　黄敏南　钱启予　贺　東 等
34	金工实习教学改革	一等奖	1986	机械厂	
35	教学工作优秀奖	一等奖	1987	建筑系	王炜钰
36	教学工作优秀奖	一等奖	1987	土木系	支秉琛
37	教学工作优秀奖	一等奖	1987	热能系	《工程热力学》课程教学小组
38	教学工作优秀奖	一等奖	1987	电机系	白秀庭
39	教学工作优秀奖	一等奖	1987	计算机系	唐泽圣
40	教学工作优秀奖	一等奖	1987	力学系	《弹塑性力学》课程小组［徐秉业　刘信声］
41	教学工作优秀奖	一等奖	1987	数学系	杜兆伟
42	教学工作优秀奖	一等奖	1987	物理系	牟绪程
43	教学工作优秀奖	一等奖	1987	经管学院	郑维敏
44	教学改革成果奖	一等奖	1987	精仪系	《机械设计基础》课程改革组
45	教学改革成果奖	一等奖	1987	力学系	土水类《材料力学》课程改革组
46	教学改革成果奖	一等奖	1987	化工系	应化 4 班东北制药厂生产实习队［李总成　高光华］
47	大型引黄灌区毕业设计	一等奖	1989	水利系	杨诗秀　雷志栋

续表

序号	获奖成果名称	奖项	年份	获奖单位	获 奖 人
48	压 61 班劳动实践改革试点	一等奖	1989	机械系 机械厂	颜永年 胡沛华 等
49	工程类型硕士生的培养	一等奖	1989	机械系	于震宗 柳百成 吴德海
50	汽车专业课程设计与毕业设计改革	一等奖	1989	汽车系	刘惟信 赵六奇 徐石安 等
51	激光专业系列课程建设	一等奖	1989	电子系	周炳琨 高以智 彭江德
52	研究生教学管理	一等奖	1989	电子系	赵国湘 姚敏玉 骆辅琴 等
53	指导研究生工作优秀	一等奖	1989	计算机系	张 钹
54	本科教学管理	一等奖	1989	自动化系	吕 林 李九龄 等
55	微型机系统及应用课程教学改革	一等奖	1989	自动化系	杨素行 吴秋峰 唐光荣 等
56	理论力学课开展因材施教	一等奖	1989	力学系	贾书惠 魏金铎
57	教学工作优秀	一等奖	1989	力学系	范钦珊
58	教学工作优秀	一等奖	1989	材料系	田民波
59	数值分析课程教学改革	一等奖	1989	数学系	关 治 刘晓遇 顾丽珍 等
60	教学工作优秀	一等奖	1989	物理系	陈泽民
61	班主任工作优秀	一等奖	1989	化学系	李 润
62	1～4 级英语教学	一等奖	1989	外语系	周序鸿 黄 莺 栾诚明 等
63	教学工作优秀	一等奖	1989	社科系	刘美珣
64	科学社会主义理论课程教学改革	一等奖	1989	社科系	李润海
65	体育基础课教学	一等奖	1989	体育教研室	张 威 等
66	教学工作优秀	一等奖	1989	机械厂	张学政
67	公益劳动课建校育人	一等奖	1989	修缮处	成 洁 张小梅 关燕燕 等
68	指导教师工作	一等奖	1991	土木系	过镇海
69	面向国民经济建设，加强工程实践环节，提高学生全面素质	一等奖	1991	机械系	吴敏生 曾大本
70	制图 CAI 教学	一等奖	1991	精仪系	高政一 王志蕴 刘朝儒 谢国利
71	指导教师工作	一等奖	1991	精仪系	张伯鹏
72	“工程类型研究生”培养	一等奖	1991	热能系	叶大均 周礼蔚 王存诚
73	教学管理工作	一等奖	1991	电子系	董在望 应嘉年 邱惜清
74	数据结构课教学	一等奖	1991	计算机系	严蔚敏 姚 殊 谢若阳
75	指导专业生产实习	一等奖	1991	自动化系	曹玉金 王卫东
76	教学工作	一等奖	1991	物理系	张 礼
77	东北制药厂实践基地建设	一等奖	1991	化工系	包铁竹 李总成
78	材料力学实验的改革、创新	一等奖	1991	力学系	张小凡 陈正新 周春田
79	理论力学教书育人工作	一等奖	1991	力学系	贾书惠 李万琼 黄曙光 薛克宗 李 苹
80	固体力学重点学科点建设	一等奖	1991	力学系	黄克智 郑兆昌

续表

序号	获奖成果名称	奖项	年份	获奖单位	获 奖 人
81	核电子学教研组生产实习指导组	一等奖	1991	工物系	王悦敏　魏义祥　王俊明
82	数学分析课教学	一等奖	1991	数学系	陈天权
83	管理干部硕士生培养	一等奖	1991	经管学院	赵纯初　徐国华　刘冀生 卢家仪　李瑞敏
84	4～5 级英语教学课程改革	一等奖	1991	外语系	范　红　肖立齐
85	材料科学与工程系课程体系改革	一等奖	1991	材料系	吴建銥　白新桂　田民波 邓海金
86	西方文学思潮与作品课教学	一等奖	1991	中文系	徐葆耕
87	中国革命史课教学	一等奖	1991	社科系	朱育和
88	本科体育教学	一等奖	1991	体育教研室	曹宝源　胡贵增　高　斌 孙建国
89	课程内容、体系、方法改革	一等奖	1991	教务处	周远清　宋烈侠　袁德宁 唐德玲
90	研究生社会实践	一等奖	1991	研究生院	彭江得　严继昌
91	建筑初步	一等奖	1993	建筑学院	田学哲　郭　逊　陆卫东
92	计算机应用系列课	一等奖	1993	土木系	张建平　任爱珠　吴炜煜
93	教学工作	一等奖	1993	土木系	王志浩　王传志
94	生医专业教学改革及教学管理	一等奖	1993	电机系	唐庆玉　梁毓厚　王云华
95	高频电路系统课程设计	一等奖	1993	电子系	陈雅琴　武元桢　雷有华
96	优秀生的因材施教和创新能力的培养	一等奖	1993	计算机系	吴文虎
97	努力创建优良学风班，积极开展课程建设	一等奖	1993	计算机系	薛宏熙
98	教学工作	一等奖	1993	计算机系	杨　品　巴林凤
99	在业务课中加强德育教育研究	一等奖	1993	工物系	李植华　郭桂兰　施　工
100	教学工作	一等奖	1993	工物系	刘慧银　张燕冰
101	全国通用材料力学试题库系统	一等奖	1993	力学系	范钦珊 等
102	研究生管理工作	一等奖	1993	力学系	王锡瑞　王　波　林文漪
103	高分子材料成型加工基地建设	一等奖	1993	化工系	郭宝华　张增民　李　松
104	材料系教学体系改革	一等奖	1993	材料系	顾守仁　李友国　田民波
105	普通物理及材料科学课程教学	一等奖	1993	材料系	潘金生
106	指导教师工作	一等奖	1993	材料系	柳百新
107	提高普物教学质量，促进教学内容现代化	一等奖	1993	物理系	李　复
108	经济管理第二学位学生培养	一等奖	1993	经管学院	李子奈　程佳惠　吴贵生
109	《中国革命史》教学	一等奖	1993	人文社科学院	夏宝兴
110	非电专业计算机基础教学	一等奖	1993	计算中心	王行言　梁　莹
111	清华大学招生工作	一等奖	1993	教务处	范文斌　朱宏亮　胡元德
112	研究生管理工作（助教博士生制度改革与实践）	一等奖	1993	研究生院	杨家庆　白永毅　金善锟

续表

序号	获奖成果名称	奖项	年份	获奖单位	获　奖　人
113	教学工作	一等奖	1993	软件中心	郑人杰
114	严谨敬业，锐意创新——建筑学三年级本科教学	一等奖	1995	建筑学院	邹瑚莹　周　榕　朱文一
115	在结构设计大奖赛中培养学生创新意识	一等奖	1995	土木系	王志浩　过镇海　阎桂芝
116	三峡工程生产实习	一等奖	1995	水利系	强茂山　方洁灵　聂孟喜
117	提高学生的工程设计能力，改革课程设计	一等奖	1995	环境系	陆正禹　卜　城　张晓健
118	机械设计系列课程改革与实践	一等奖	1995	精仪系	黄纯颖　申永胜　刘朝儒
119	电气工程及其自动化专业建设	一等奖	1995	电机系	姜建国　王伯翰　崔文进
120	电子线路系列课程建设	一等奖	1995	电子系	雷有华　刘宝琴　高文焕
121	《物理电子和光电子学》博士点建设	一等奖	1995	电子系	周炳琨　张克潜
122	教学及教学管理工作优秀	一等奖	1995	计算机系	唐　龙
123	举办专题讲座，开阔思路，促进钻研	一等奖	1995	力学系	贾书惠　王　正　高云峰
124	博士生指导工作优秀	一等奖	1995	材料系	柳百新
125	《高等数值分析》课程教学模式的改革与实践	一等奖	1995	数学系	蔡大用　白峰杉
126	理科基地班实验	一等奖	1995	物理系	张连芳　朱胜江　李家强
127	“近代物理新进展”博士生辅修课课程建设	一等奖	1995	物理系	张　礼　陈皓明
128	“生物化学系列实验”课程（本、研）	一等奖	1995	生物系	周广业　曾耀辉　段明星
129	编辑学专业教学改革	一等奖	1995	人文社科学院	徐葆耕　孙传耀　孙宝寅
130	硕士研究生英语应用能力培养	一等奖	1995	外语系	何福胜　罗立胜　白永毅
131	计算机系列课程建设	一等奖	1995	计算中心	计算机系列课教学组
132	加强工程训练，培养创新能力	一等奖	1995	教务处	陈伯蠡　阎桂芝　鲍旭升
133	面向主战场培养高层次人才的探索	一等奖	1995	研究生院	徐远超　刘　颖　罗燕春
134	Tsing Net 演示网	一等奖	1995	校团委	张　伟　宋　军　关兆东
135	数学建模教学与竞赛辅导	特等奖	1997	数学系	姜启源　宋斌恒　叶　俊
136	因材施教工作优秀	特等奖	1997	计算机系	吴文虎
137	为水利建设第一线培养高层次人才	一等奖	1997	水利系	贺五洲　陈永灿　茅泽育
138	为水利建设第一线培养高层次人才	一等奖	1997	水利系	王綦正　李玉柱　陈淑凤
139	大气污染控制工程系列课程	一等奖	1997	环境系	贺克斌　傅立新　郝吉明
140	《制造工程基础》课程	一等奖	1997	精仪系	冯之敬　刘成颖　潘尚峰
141	测试技术实验课程的建设与改革	一等奖	1997	精仪系	毛乐山　冯玉珠
142	热能工程学科面向 21 世纪研究生课程体系建设	一等奖	1997	热能系	倪维斗　李　政　刘　青　彭晓峰
143	数字信号处理课程的建设	一等奖	1997	电机系	胡广书
144	突出能力培养，不断完善控制理论系列课程的内容、体系和教学方式、方法	一等奖	1997	自动化系	郑大钟

续表

序号	获奖成果名称	奖项	年份	获奖单位	获 奖 人
145	工物系本-硕贯通培养方案的整体优化	一等奖	1997	工物系	金兆熊　施　工　王　侃
146	哲学教学体系改革	一等奖	1997	人文社科学院	吴　倬　赵甲明　艾四林
147	大学英语课程教学改革	一等奖	1997	外语系	吕中舌　李碧嘉　孙郁根 杨　芳　程慕胜
148	国际交流英语系列课程的改革与实践	一等奖	1997	外语系	胡庚申
149	力学系列课程的改革与实践	一等奖	1997	力学系	范钦珊　王　波　薛克宗 程保荣　庄　茁
150	发挥群体优势，提高博士生培养质量	一等奖	1997	力学系	过增元　李志信　梁新刚 胡桅林
151	继续教育先进个人	一等奖	1997	力学系	徐秉业
152	努力建设一流工商管理硕士培养基地	一等奖	1997	经管学院	赵纯均　李子奈　程佳惠 刘冀生　仝允桓
153	非学历在职企业领导人员工商管理培训	一等奖	1997	经管学院	曲文新　薛　镭　于春玲
154	青年教师教学培训与质量管理	一等奖	1997	教务处	唐德玲　吴绍莉　贾书惠
155	清华大学远程教育基地建设	一等奖	1997	继教学院	刘序明　吴庚生　王爱梅 张贵前　杨小勤
156	创水工一流学科教学体系，为国家培养优秀人才	一等奖	2000	水利系	张光斗　张楚汉　才君眉 杨　强　金　峰
157	《有限元分析及应用》课程的教改	一等奖	2000	机械系	曾　攀　石　伟　严京滨 石　刚
158	为国防、重点单位培养输送高层次骨干人才	一等奖	2000	工物系	金兆熊　施　工　程建平 王学武　林郁正
159	坚持高标准，创建新体系	一等奖	2000	力学系	范钦珊　王　波　薛克宗 程保荣　庄　茁
160	清华大学生物学基础科学人才培养基地建设	一等奖	2000	生物系	周海梦　吴庆余　王希成 周玉祥　李运燕
161	《邓小平理论概论》课课程考核方式的改革	一等奖	2000	人文社科学院	刘美珣　邱燕翎　孔祥云 程建国　赵　准
162	大学英语因材施教	一等奖	2000	外语系	曹　莉　范　红　高　捷 郭　茜　尹　莉
163	工程硕士培养	一等奖	2000	研究生院	陈皓明　康飞宇　吴振一 刘惠琴　姚　健
164	教学质量保障系统的建设	一等奖	2000	教务处	唐德玲　陈海林　吴绍莉 王庆柱　宋烈侠
165	远程教育管理	一等奖	2000	继教学院	霍秀英　杨小勤　穆莹莹 王爱梅　孙学伟
166	《程序设计基础》课程的教学改革	一等奖	2002	计算机系	吴文虎　经　彤　徐明星 赵　强　李　净
167	《现代生物学导论》公共课程的建设与改革	一等奖	2002	生物系	吴庆余　常智杰　王喜忠 屠萍官　闫永彬
168	MOS集成电路设计与实践	一等奖	2002	电子系	李冬梅　王志华　董在望

续表

序号	获奖成果名称	奖项	年份	获奖单位	获 奖 人
169	国际工商管理硕士中外合作培养实践与研究	一等奖	2002	经管学院	赵纯均 陈章武 钱小军 陈涛涛 石永恒
170	《传统陶瓷雕塑》课程改革	一等奖	2002	美术学院	邱耿钰
171	《信号处理》课程教学	一等奖	2002	电机系	胡广书
172	数学实验课程的创立与发展	一等奖	2002	数学系	邢文训 杨顶辉 谢金星 李建国 姜启源
173	《土木工程概论》课程教学	一等奖	2002	土木系	刘西拉
174	加强教学管理，积极推进教学改革	一等奖	2002	自动化系	王 雄 曹玉金 王 娜 郭晓华 戈红江
175	《中国国情与经济发展》课程建设与教学工作	一等奖	2002	公管学院	胡鞍钢
176	《高等土力学》课程建设	一等奖	2002	水利系	李广信 张建民 沈珠江 陈祖煜
177	博士生教育改革探索与实践	一等奖	2002	研究生院	陈皓明 赵 伟 高 虹 杨淑华 孙 炘
178	高水平创新性博士生培养模式与实践	一等奖	2004	航院	杨 卫 余寿文 徐秉业 郑泉水 薛明德
179	以广义建筑学为指导，培养一流建筑人才	一等奖	2004	建筑学院	秦佑国 朱文一 栗德祥 尹 稚 左 川
180	创新、挑战、团队——建设结构设计大赛平台，培养学生综合能力	一等奖	2004	土木系	石永久 袁 驷 过镇海 王志浩 江见鲸
181	环境科学与工程学科高质量人才培养体系的构建与实施	一等奖	2004	环境系	陈吉宁 胡洪营 王洪涛 蒋展鹏 张天柱
182	硕士生国际合作培养	一等奖	2004	工业工程系	吴 甦 蔡临宁 饶培伦 张 伟
183	电力系统本科系列课程的教改及大型数字化实验基地建设	一等奖	2004	电机系	孙宏斌 姜齐荣 陈永亭 童陆园 崔文进
184	计算机基础教学系列课程与实验基地建设	一等奖	2004	信息学院	钟玉琢 王行言 张菊鹏 汤志忠 张增科
185	电子技术基础课程的建设和实践	一等奖	2004	自动化系	华成英 王宏宝 徐振英 叶朝辉 王 红
186	突出创新、强化实践——研究型有机化学教学改革探索	一等奖	2004	化学系	李艳梅 李兆陇 席婵娟 麻 远 阴金香
187	《程序设计基础》课程建设	一等奖	2004	计算机系	吴文虎 经 彤 赵 强 孙 辉 李 净
188	锐意创新，基于实践——《动画设计》课程建设	一等奖	2004	美术学院	吴冠英 张 弓 王 川
189	公共管理硕士（MPA）培养实践与探索	一等奖	2004	公管学院	薛 澜 王有强 王 名 楚树龙 沈 勇
190	研究型教学模式下的本科精品课程建设	一等奖	2004	教务处	汪劲松 袁 驷 汪 蕙 李艳梅 冯婉玲

续表

序号	获奖成果名称	奖项	年份	获奖单位	获奖人
191	积极营造学术氛围，努力提高创新能力	一等奖	2004	研究生院	陈皓明　唐　杰　孟　芊 张　毅　赵莫辉
192	建筑环境与设备工程专业实践教学环节改革	特等奖	2006	建筑学院	江　亿　朱颖心　石文星 李晓锋　魏庆芃
193	《全国高等学校自动化专业系列教材》建设	特等奖	2006	自动化系 上海交大 上海大学	吴　澄　萧德云（田作华 陈伯时　王一玲）
194	生命科学实验教学体系的改革与创新	特等奖	2006	生物系	张荣庆　陈应华　屠萍官 余冰宾　吴庆余
195	《中国农村社会调查》——经管学院本科生社会实践课程建设	特等奖	2006	经管学院	仝允桓　刘玲玲　朱玉杰 朱恒源　钟笑寒
196	建筑设计教学基础平台的革新与实践	一等奖	2006	建筑学院	郭　逊　俞靖芝　胡戎睿 尹思谨　王　佐
197	培养实用创新型人才的岩土工程课程体系建设	一等奖	2006	水利系	李广信　于玉贞　张建红 介玉新　胡黎明
198	水力学课程研究型教学的创新与实践	一等奖	2006	水利系	茅泽育　贺五洲　江春波 李　玲　李玉柱
199	环境学科新型实践教育体系的探索与实践	一等奖	2006	环境系	陈吉宁　胡洪营　杜鹏飞 杨宏伟　刘建国
200	环境监测课程的改革与创新	一等奖	2006	环境系	余　刚　师绍琪　沈　钢 张祖麟　黄　俊
201	依托学科发展，塑造多样化高素质创新人才——材料加工工程学科的高层次人才培养	一等奖	2006	机械系	曾　攀　吴爱萍　黄天佑 刘文今
202	研究型大学《材料加工》课程教学体系建设的理念与实践	一等奖	2006	机械系	黄天佑　李言祥　邹贵生 都　东　吴爱萍
203	面向机械大类培养的机械制图课程体系研究及实践	一等奖	2006	精仪系	田　凌　吴志军　冯　涓 许纪旻　刘朝儒
204	以人为本，立足创新，培养高素质研究生	一等奖	2006	精仪系	金国藩　张书练　何庆声 杨昌喜　曾理江
205	热工教学实验室的建设与发展	一等奖	2006	热能系	段远源　宋艺新　彭晓峰 雷树业
206	《热工基础》课程建设	一等奖	2006	热能系	姜培学　张学学　李俊明 史　琳　雷树业
207	工程与艺术的有机融合——汽车车身造型设计专业课组实践教学探索	一等奖	2006	汽车系	王　波　周力辉
208	以创新的工业工程生产实习方式，培养创新型、实践型人才	一等奖	2006	工业工程系	郑　力　成　晔　赵晓波 张智海　刘大成
209	双语的人因工程国际合作学习与案例教学的探索与实践	一等奖	2006	工业工程系	饶培伦　李志忠　张　伟 于瑞峰　G. Salvendy
210	“信号处理实验与设计”课程建设	一等奖	2006	电子系	窦维蓓　应启珩　郑君里 张旭东
211	“现代信号处理”课程建设	一等奖	2006	电子系	张旭东　陆明泉
212	建立开放式设计型光电子实验教学平台，深化激光原理课程教学改革	一等奖	2006	电子系	马晓红　张洪明　姚敏玉 赵华凤　刘小明

续表

序号	获奖成果名称	奖项	年份	获奖单位	获 奖 人
213	“计算机专业实践”课程的创新与实践	一等奖	2006	计算机系	汤志忠 蔡莲红 赵雁南 汪东升
214	“程序设计公共基础系列课程”精品化建设探索与创新	一等奖	2006	计算机系	黄维通 孟 威 乔 林 孙天泽 何小星
215	精心建设实验研究型课程“嵌入式系统的软硬件设计”	一等奖	2006	自动化系	慕春棣 刘 森 顾凌华
216	《自动控制理论》课程的教学改革与建设	一等奖	2006	自动化系	王诗宓 慕春棣 徐文立 王 雄 孙政顺
217	《数字大规模集成电路》课程的改革与实践	一等奖	2006	微纳电子系	周润德
218	清华大学软件学院人才培养模式的探索与实践	一等奖	2006	软件学院	孙家广 王建民 覃 征 顾 明 吴绍莉
219	电子设计综合实践课程改革	一等奖	2006	信息学院 自动化系	任 勇 王京春 韦思健 耿 睿 杨兴华
220	在《电路原理》课程中实践研究型教学	一等奖	2006	电机系	于歆杰 王树民 陆文娟 朱桂萍 刘秀成
221	高电压工程课程建设	一等奖	2006	电机系	梁曦东 周远翔 高胜友 徐光宝
222	结合工程实践，加强基础理论教学——工程流体力学教学改革	一等奖	2006	航院	汤荣铭 何 枫 姚朝晖 张锡文
223	高分子物理课程的教学改革与实践	一等奖	2006	化工系	郭宝华 徐 军 谢续明 杨 睿 杜 奕
224	化工热力学课程建设	一等奖	2006	化工系	高光华 于养信
225	材料科学与工程学科实验教学体系改革	一等奖	2006	材料系	龚江宏 潘 伟 张政军 唐子龙 南策文
226	以数学建模竞赛为载体培养学生的创新精神	一等奖	2006	数学系	叶 俊 扈志明 陆 玫 谢金星
227	大学物理系列课研究型教学模式转化	一等奖	2006	物理系	陈信义 刘凤英 路峻岭 王凤林 安 宇
228	构建化学实验课平台，促进高素质人才培养	一等奖	2006	化学系	李兆陇 阴金香 麻 英 尉京志 张四纯
229	国际化高层管理培训创新模式探索	一等奖	2006	经管学院	薛 镭 李剑青 陈涛涛 谢 滨 李明志
230	基于信息技术的政府管理能力培养——公共管理教育中电子政务类课程与教学实验平台建设	一等奖	2006	公管学院	孟庆国 苏 竣 刘庆龙 修文群 邢春晓
231	《国际关系分析》课程建设	一等奖	2006	人文社科学院	阎学通
232	大、中、小学“一条龙”英语教学研究与实践	一等奖	2006	外语系 附中 附小	范文芳 吕中舌 赵 颖 王英民 张美新
233	《传播学研究方法》课程的教学与实践	一等奖	2006	新闻学院	金兼斌
234	深入基层，理论与实践相结合——法学教育实践基地建设	一等奖	2006	法学院	王晨光 高其才 黎 宏 赵晓力 魏南枝
235	体育精品课程建设的理论与实践	一等奖	2006	体育部	张 威 陈伟强 王 玉 张志新 赵 青

续表

序号	获奖成果名称	奖项	年份	获奖单位	获 奖 人
236	突出信息素养、强化实践环节——本科信息资源检索课程体系的实践与探索	一等奖	2006	图书馆	孙 平 郭依群 花 芳 林 佳 刘 蔷
237	交通工具造型设计专业教学模式与课程体系	一等奖	2006	美术学院	严 扬 柳冠中 刘志国 张 雷 周力辉
238	传统陶艺课程建设	一等奖	2006	美术学院	郑 宁 邱耿钰 李正安
239	“医学图像”课程改革与实践	一等奖	2006	医学院	王广志 高上凯 丁 辉
240	电子工艺实习课程改革与基地建设	一等奖	2006	训练中心	李鸿儒 韦思健 王豫明 杨兴华 王天曦
241	用综合基础课整合实践教学充实通识教育的教学模式	一等奖	2006	训练中心 经管学院	卢达溶 高 原 李双寿 曲 庆 蒋耘中
242	物流学科课程与教学实验平台建设	一等奖	2006	深圳研究生院	缪立新 张晓萍 李家齐 高本河
243	大学生职业生涯规划课程体系建设	一等奖	2006	就业指导中心	许庆红 韩 威 金蕾莅 王 丹 杜 嘉
244	香港特区政府公务员国家研习课程的教学组织与实施	一等奖	2006	对外交流中心	崔国文 郎晓红 张 磊
245	利用现代信息技术传播知识消除贫困	一等奖	2006	继教学院	康飞宇 黄 丽 魏 涛 张 燕
246	探索网络教学资源建设新模式，促进信息技术教学应用	一等奖	2006	电教中心 教务处	韩锡斌 段远源 程建钢 李 绯 陈 刚
247	教师队伍实践教育能力建设的研究与实践	一等奖	2006	人事处	杨存荣 汪 健 杨长青 刘婉华 田 静
248	计算机科学与技术学科硕士研究生教育研究及系列教材建设	一等奖	2006	出版社 中国计算机学会	马瑛珺 周立柱 王志英 蒋宗礼 钱德沛
249	努力探索、开拓创新、务求实效，完善社会实践体系，提高研究生全面素质	一等奖	2006	研工部	唐 杰 黄晓霞 向 辉 匡 辉 黄 晟
250	面向国家战略需求，积极选拔培养国防建设高层次人才	一等奖	2006	研究生院	赵 伟 郭 钊 杨 静 屠中华 王 钰
251	新生研讨课建设与发展	一等奖	2006	教务处 航院 教育研究所	陈永灿 张文雪 朱克勤 史静寰 刘俊霞
252	学生评教工作的人文化管理探索与实践	一等奖	2006	教务处 计算中心	段远源 刘 洁 郭大勇 陈怀楚
253	国际化办学教学管理模式的探索与实践	一等奖	2006	教务处 留学生办 计算中心	郭大勇 宣 华 周 蕊 顾 佩 罗念龙
254	大学绿色教育体系构建与实践	特等奖	2008	环境系 教务处	陈吉宁 钱 易 胡洪营 杜鹏飞 张文雪
255	创建优秀教学团队，提高系列课程教学质量	特等奖	2008	精仪系	申永胜 田 凌 郝智秀 刘向锋 冯平法

续表

序号	获奖成果名称	奖项	年份	获奖单位	获　奖　人
256	高层次、创新型计算机专业博士生培养机制的研究与探索	特等奖	2008	计算机系	冯建华　胡事民　蔡莲红
257	坚持改革创新，创建高水平国家基础课程力学教学基地	特等奖	2008	航院	范钦珊　李俊峰　庄　茁 殷雅俊　陆秋海
258	新闻与传播学科人才培养实践教学改革	特等奖	2008	新闻学院	李希光　司久岳　雷建军 赵曙光　张小琴
259	研究型“城市规划设计”课程改革与建设	一等奖	2008	建筑学院	张　杰　边兰春　钟　舸 邵　磊
260	坚持到生产第一线的实习方向，探索创新高效的生产实习之路	一等奖	2008	水利系	聂孟喜　金　峰　李鹏辉 林　鹏　宋文晶
261	适应新形势的环境岩土工程课程体系建设	一等奖	2008	水利系	于玉贞　胡黎明　张丙印 介玉新　温庆博
262	基于研究型课程培养学生综合能力——《有限元分析及应用》课程体系的构建	一等奖	2008	机械系	曾　攀　雷丽萍　方　刚 石　伟
263	《测试技术》课程教学改革体系	一等奖	2008	精仪系	王伯雄　王　雪　罗秀芝 李玉和
264	机器人创新设计实践教学研究——探究课、SRT、科技竞赛相衔接的教学模式探索	一等奖	2008	精仪系	刘　莉　陈　恳　杨向东 杨东超　吴　丹
265	工程专业外国留学生英文国际课程《焊接技术》的建设与实践	一等奖	2008	工业工程系 机械系 训练中心	赵海燕　吴　甦　李斌锋 姚启明
266	面向信号处理和电子系统仿真的 MATLAB 实践教学课程建设	一等奖	2008	电子系	谷源涛　应启珩　郑君里
267	清华计算机实验教学基地建设	一等奖	2008	计算机系 电机系 计算中心	杨士强　全成斌　赵有健 朱小梅　孙天泽
268	《计算机网络原理》课程多层次实验教学的探索	一等奖	2008	计算机系	徐明伟　徐　恪　崔　勇 全成斌　吴建平
269	整合课程教学内容，优化课程教学体系	一等奖	2008	自动化系	萧德云　王　雄　钟宜生 张长水　张　昕
270	强化实践教育，培养创新人才——自动化实验教学中心建设	一等奖	2008	自动化系	杨　耕　王　峻　王京春 张福义　张长水
271	生物信息学系列课程建设	一等奖	2008	自动化系	张学工　李　梢　李衍达 江　瑞　季　梁
272	新时期中国自动化专业高等教育人才培养的研究与实践	一等奖	2008	自动化系 北京航空航天大学 上海交大	吴　澄（申功璋　田作华） 萧德云　王　雄
273	软件创新人才培养的课程体系与实验平台建设	一等奖	2008	软件学院	孙家广　覃　征　刘　强 韩　毅　刘　璘

续表

序号	获奖成果名称	奖项	年份	获奖单位	获　奖　人
274	发挥实验中心资源优势——建设探究式学研并进人才培养环境	一等奖	2008	电子系 自动化系 电机系	任　勇　唐光荣　高文焕 段玉生　张丕进
275	《电路原理》课程教学队伍建设与教学内容改革	一等奖	2008	电机系	陆文娟　朱桂萍　于歆杰 刘秀成　沈　瑜
276	《高等电力网络分析》研究生学位课重基础研究型教学方法	一等奖	2008	电机系	张伯明
277	改革创新，探索新型办学模式，培养国家急需人才	一等奖	2008	工物系	王　侃　周明胜　郝　英 张小章　赵丽娅
278	《辐射成像原理》课程的教学改革与建设	一等奖	2008	工物系	康克军　李　政　陈　志 张　丽
279	《反应工程》教学改革和课程组建设	一等奖	2008	化工系	金　涌　程　易　王　垚 王金福　王光润
280	加强基础、注重创新——《材料科学基础（1）》教学改革	一等奖	2008	材料系	田民波　汪长安　杨志刚 孙晓丹　唐子龙
281	研究型大学《电子显微分析》课程教学体系建设的理念与实践	一等奖	2008	材料系	章晓中　朱　静　闫允杰 周惠华　申玉田
282	《大学化学及实验》课程科学素养和创新能力的培养	一等奖	2008	化学系	崔爱莉　沈光球　寇会忠 李　强　尉京志
283	研究型、互动式高分子化学教学模式的建设	一等奖	2008	化学系	袁金颖　张　希　石高全 李兆陇　洪啸吟
284	经管学院本科生国际化培养模式探索	一等奖	2008	经管学院	朱玉杰　李稻葵　白重恩 郭迅华　周　光
285	清华研究生创业系列课程建设探索	一等奖	2008	经管学院 清华科技园	高　建　张　帏　梅　萌 罗建北　陆向谦
286	打造实践课堂，聚焦国计民生，拓宽国际视野——《公共管理系列专题》课程建设	一等奖	2008	公管学院	陈清泰　沈　勇　孟　波 程文浩　童海燕
287	《中国古代礼仪文明》课程建设	一等奖	2008	人文社科学院	彭　林
288	研究生英语课程体系改革与创新	一等奖	2008	外语系	何福胜　胡庚申　许建平 杨　芳　罗立胜
289	《综合造型基础》课程建设	一等奖	2008	美术学院	柳冠中　邱　松　史习平 刘志国　刘　新
290	《室内设计》课程建设	一等奖	2008	美术学院	郑曙旸　张　月　刘北光 汪建松　崔笑声
291	研究生《信号处理》课程及配套教材建设	一等奖	2008	医学院	胡广书　张　辉　丁海艳 丁　辉　高小榕
292	《生物医学工程专业综合训练》教学改革和实践平台建设	一等奖	2008	医学院	宫　琴　梁作清　丁　辉 王广志
293	创建多层次开放型工程训练教学体系	一等奖	2008	训练中心	李双寿　傅水根　武　静 李生录　卢达溶

续表

序号	获奖成果名称	奖项	年份	获奖单位	获　奖　人
294	物流学科实验教学改革与实践	一等奖	2008	深圳研究生院	缪立新　张晓萍　李家齐　高本河　刘会强
295	学生军训与军事课程建设	一等奖	2008	武装部	杜汇良　王和中　吕冀蜀　陈忠怀　张　弛
296	拓展学科发展空间，创新学科建设模式，搭建高水平人才培养平台	一等奖	2008	研究生院	贺克斌　孙　炘　郭　钊　赵忠升　杨　红
297	面向企业自主创新，构建以质量为核心的复合式、应用型工程硕士培养体系	一等奖	2008	研究生院	陈皓明　刘惠琴　王　钰　沈　岩　康　妮
298	构建学术交流体系，服务创新人才培养	一等奖	2008	研工部	武晓峰　向　辉　黄　晟　高彦芳　孟　芊
299	本科生创新性实践教学体系的探索与改革	一等奖	2008	教务处	陈永灿　邓俊辉　汪　蕙　马　璟　孙若飞
300	建立并完善学分制选择机制，为人才成长创造广阔空间	一等奖	2008	教务处	顾　佩　郭翠华　陈海蓉　李向荣　叶　硕
301	开拓整合国际资源，努力推进面向世界的学生培养工作	一等奖	2008	国际处	张　毅　夏广志　李宇红　杨庆梅　李红宇
302	贯彻国家“走出去”战略，探索国际工程人才培养新模式	一等奖	2008	土水学院	袁　驷　方东平　杨　述　明　亮　孙利强
303	清华大学继续教育体制与人才培养模式的改革与实践	一等奖	2008	教培处	汪劲松　刁庆军　汤晓瑛　王　雷
304	理论与实践有机融合的水处理工程课程建设	特等奖	2010	环境系	黄　霞　左剑恶　张晓健　吴　静　梁　鹏
305	构建本科学生新资助体系，强化资助育人成效	特等奖	2010	学生部 校友会 基金会 财务处	陈　希　杜汇良　郭　樑　黄建华　王守军
306	交通规划理论研究型课程教学模式	一等奖	2010	土木系	陆化普　李瑞敏　石　京
307	《物业管理》精品课程建设	一等奖	2010	建管系	季如进　郑思齐
308	适应创新人才培养的水力学系列课程及高水平教学团队建设	一等奖	2010	水利系	陈永灿　贺五洲　茅泽育　江春波　李　玲
309	不断追求创新的土力学实践教学	一等奖	2010	水利系	张建红　于玉贞　张　嘎　胡黎明　张丙印
310	环境专业本科生拔尖创新人才培养第二课堂建设实践	一等奖	2010	环境系	蒋建国　刘艳臣　张　超　赵　晴　林朋飞
311	基于“机器人”主题 SRT 项目的大学生创新教育特色平台	一等奖	2010	机械系	张文增　孙振国　王　力　都　东　陈　强
312	构建培养创新人才的《工程材料》课程教学平台	一等奖	2010	机械系	姚可夫　张　弓　巩前明　吴运新　张　欣
313	在通才教育背景下，强化专业技术培训，开创铸造人才培养新途径	一等奖	2010	机械系	吕志刚　崔旭龙　姜不居　雷　霆
314	坚持改革与创新，构建高水平机械制图教学平台	一等奖	2010	精仪系	田　凌　吴志军　冯　涓　黄利平　杨东超
315	基于教学六个基本要素的研究型大学机械原理精品课程建设	一等奖	2010	精仪系	阎绍泽　申永胜　郝智秀　刘向锋　肖丽英

续表

序号	获奖成果名称	奖项	年份	获奖单位	获 奖 人
316	数控机械创新设计综合训练实践教学探究——给学生释放才华的空间	一等奖	2010	精仪系	张 辉 叶佩青 吴志军 季林红 刘 莉
317	依托行业背景，建设有电气工程特色的拔尖创新人才培养体系	一等奖	2010	电机系	康重庆 于歆杰 于庆广 曹海翔 董嘉佳
318	《电力电子与电机集成系统》研究生双语专业课程建设	一等奖	2010	电机系	赵争鸣 袁立强
319	适应拔尖创新型人才培养的实验教学改革与实践	一等奖	2010	电子系	邓北星 徐淑正 马晓红
320	不断改革，精心打造《通信电路》精品课程	一等奖	2010	电子系	陈雅琴 李国林 徐淑正 皇甫丽英 勾秋静
321	电子技术基础课程研究型教学模式的探索与实践	一等奖	2010	自动化系	华成英 王 红 叶朝辉 陈莉平 秦 俭
322	《传递过程原理》课程建设与实践	一等奖	2010	化工系	骆广生 王 涛 王运东 王玉军 李少伟
323	研究生《材料学基础》课程建设与改革	一等奖	2010	材料系	南策文 唐子龙 马 静
324	研究型教学模式的探索与实践——化学教学实验	一等奖	2010	化学系	阴金香 周 云 林天舒 张四纯 李兆陇
325	生命科学创新人才培养模式的实践与探索	一等奖	2010	生命学院	张荣庆 陈应华 张贵友 谢莉萍 施一公
326	“项目式”系列创业实践课程的建设与应用	一等奖	2010	经管学院	杨德林 吴贵生 高 建 毛东辉 秦 文
327	严谨办学、开拓创新、坚持国际化方向——清华大学 EMBA 培养模式的探索与创新	一等奖	2010	经管学院	廖 理 王 勇 狄瑞鹏 贾 莉 刘圣华
328	西方哲学类课程的教学改革与导修教学法的应用	一等奖	2010	人文社科学院	王晓朝 朱东华 田 薇 宋继杰 黄裕生
329	英语专业基础写作课程改革：从语言技能训练到学术素养和思辨能力培养的转型	一等奖	2010	外语系	方艳华
330	面向主流的就业能力与就业引导体系建设	一等奖	2010	新闻学院	范敬宜 周 勇 王健华 李 彬 肖红缨
331	中国近现代史纲要课程因材施教教学新模式探索	一等奖	2010	马克思主义学院	蔡乐苏 王宪明 欧阳军喜 舒 文 翁贺凯
332	组织学生“课前调研”，聚焦社会热点，提高教学针对性和时效性	一等奖	2010	马克思主义学院	孔祥云 解 安 夏凯平 冯务中 陈明凡
333	环境艺术设计基础训练系列课程	一等奖	2010	美术学院	苏 丹 张 月 管沄嘉 梁 雯
334	挖掘科研积累、拓展本科教学资源、提高学生创新素质的教学新模式	一等奖	2010	训练中心 实验室处	卢达溶 汤 彬 闻星火 李双寿 傅水根
335	探索累进支持的课外学术科技创新人才培养体系	一等奖	2010	团委 教务处	史宗恺 过 勇 马 璟 阳 波 吴敏洁
336	市场经济条件下开展就业引导工作的探索与实践	一等奖	2010	就业指导中心 研工部 学生部	史宗恺 祁金利 武晓峰 蔡 甄 王 丹

续表

序号	获奖成果名称	奖项	年份	获奖单位	获 奖 人
337	清华大学精品课程规划、建设与管理	一等奖	2010	教务处	段远源 周 杰 杨 蕾 李 蔚 刘 鹏
338	以赛促建——提高青年教师教学基本功的实践探索	一等奖	2010	工会 教务处	段远源 冀静平 薛克宗 赵 洪
339	以人才培养为目标 创建现代化教学支撑平台	一等奖	2010	注册中心 教务处 研究生院 计算中心	郭大勇 蒋东兴 宣 华 段远源 高策理
340	构建多层次、多模式研究生国际化培养体系，培养具有国际视野的拔尖创新人才	一等奖	2010	研究生院	高 虹 刘惠琴 杨 静 高彦芳 刘丽霞
341	主动适应需求，推进学科交叉，探索复合型高端人才培养新模式	一等奖	2010	研究生院	贺克斌 马桂林 孙 炘 赵忠升 王 钰
342	基于研究生特点的党建工作体系建设	一等奖	2010	研工部	武晓峰 于 涵 李泽芳 王 磊 钱 婷
343	现代医院职业化管理人才培养体系	一等奖	2010	继教学院	张牧寒 陈 茜 徐燕兵 张 静 杨 丹
344	完善公寓工作模式，提高学生生活素质	一等奖	2010	物业中心 学生部 团委	聂风华 韩 标 方华英 续智丹 耿 睿

说明：[ ] 内是获奖集体主要成员；（ ）内是合作学校获奖教师。

二、教学优秀奖励

（一）国家级教学名师奖

教育部于 2003 年开始评选全国普通高校本科教学“国家级教学名师奖”，由各省市教育主管部门推荐参评。截至 2010 年，清华大学有 13 名教授获奖，见表 3-8-7。

表 3-8-7 清华大学获“国家级教学名师奖”称号的教授名单

年 份	姓名（单位）
第一届（2003）	范钦珊（力） 李砚祖（美） 申永胜（精） 吴庆余（生） 袁 驷（土）
第二届（2006）	郝吉明（环） 傅水根（训）
第三届（2007）	钱 易（环） 柳冠中（美） 华成英（自）
第四届（2008）	陈信义（物）
第五届（2009）	李艳梅（化） 孙宏斌（电机）

注：括号内是校内单位简称，下表同。

（二）北京市教学名师奖

北京市于 2003 年开始评选普通高校本科教学“北京市教学名师奖”，由高校推荐参评。北京市在此基础上推荐参评教育部国家级教学名师奖。截至 2010 年，清华大学有 53 名教授获奖，见表 3-8-8。

表 3-8-8　清华大学获“北京市教学名师奖”称号的教授名单

年　　份	姓名（单位）
第一届（2003）	范钦珊（力）　李砚祖（美）　申永胜（精）　吴庆余（生）　袁　驷（土）　陈泽民（物）
第二届（2006）	郝吉明（环）　傅水根（训）　李艳梅（化）　王行言（其）　冯之敬（精）　吴文虎（计）　贺五洲（水）　谭泽光（数）　庄鹏飞（物）　李子奈（经）　彭　林（人文）　柳冠中（美）
第三届（2007）	钱　易（环）　柳冠中（美）　华成英（自）　金　涌（化工）　李希光（新闻）　朱鹤年（物）　俞正光（数）　李俊峰（航）　叶列平（土）　田　凌（精）
第四届（2008）	孙家广（软）　朱颖心（建）　罗立胜（外）　陈信义（物）　蔡乐苏（人文）　张新荣（化）　陆文娟（电机）　高光华（化工）　宋逢明（经）　尚　刚（美）　金　峰（水）
第五届（2009）	孙宏斌（电机）　郑曙旸（美）　唐庆玉（电机）　阎学通（人文）　郑纬民（计）　卢达溶（训）　张建平（土）　王伯雄（精）　史　琳（热）
第六届（2010）	胡洪营（环）　章　程（法）　张夫也（美）　朱文一（建）　姜培学（热）

（三）青年教师教学优秀奖

为建设教学水平和学术水平兼备、具有良好师德的青年教师队伍，学校设立青年教师教学优秀奖，以表彰在教育教学改革和教学工作中作出突出成绩的青年教师。1997—1998 学年度第 4 次校务会议通过《清华大学青年教师教学优秀奖评选办法》，2006—2007 学年度第 27 次校务会议进行了修订。要求的申报条件是：有献身教育事业的精神，坚持教书育人；课程教学效果优秀，学生评价高；不断提高教学水平，积极投入教学改革，并取得良好成效；具有两年以上的课程教学经历，有较好的科研基础，申报当年承担课程教学任务；年龄原则上不超过 40 岁。清华大学青年教师教学优秀奖每年评选一次，每次评选 10 名左右。历年获奖名单见表 3-8-9。

表 3-8-9　清华大学青年教师教学优秀奖获奖名单

年份（人数）	获奖名单
1997（13 人）	陈永灿（水）　李广贺（环）　吴　甦（机）　高　志（精）　郑　方（计）　李俊峰（力）　扈志明（数）　卢旭光（数）　陈国青（经）　丁　夏（人文）　杨怀宇（土）　孙旭东（电机）　李　秀（其他）
1998（14 人）	邓　卫（建）　李路明（机）　张华堂（机）　吴志军（精）　王建昕（汽）　艾红梅（电子）　王　波（力）　邢文训（数）　李　勇（化）　张明楷（法）　印　旻（其他）　邱燕翎（人文）　李生录（训）　张玲霞（人文）
1999（13 人）	叶列平（土）　马吉明（水）　吴爱萍（机）　田光宇（汽）　殷雅俊（力）　牛志升（电子）　潘　峰（材）　王雪莉（经）　吕燕彬（外）　崔建远（法）　郑　莉（其他）　肖利苓（工物）　孙明君（人文）
2000（11 人）	安　宇（物）　李海生（数）　高其才（法）　田　凌（精）　张长水（自）　王　奇（人文）　钱小军（经）　姜培学（热）　黄维通（其他）　蔡懿慈（计）　丁　安（法）
2002（13 人）	张建民（水）　杜鹏飞（环）　李建秋（汽）　曾　嵘（电机）　柴跃廷（自）　张　雄（力）　蒋宇扬（化）　陈国强（生）　孙　静（经）　许章润（法）　邢　悦（人文）　王婉莹（外）　贾京生（美）
2003（12 人）	吴运新（机）　阎绍泽（精）　高云峰（力）　毛希平（计）　周　杰（自）　李冬梅（电子）　尉志武（化）　廖　理（经）　李秀丽（外）　张　敢（美）　周小菁（体）　李春平（人文）

续表

年份（人数）	获奖名单
2004 （14 人）	张　红（建管）　刘雪华（环）　张　颢（电子）　杨广文（计）　赵千川（自）　孙宏斌（电机） 梁新刚（力）　王晓青（化）　杨　斌（经）　汤　欣（法）　王　巍（人文）　王传利（人文） 尹鸿（新闻）　李静杰（美）
2005 （17 人）	茅泽育（水）　贾晓红（精）　王　红（自）　邹红星（自）　帅石金（汽）　饶培伦（工业） 李艳梅（化）　徐明星（计）　乔　林（计）　冯西桥（航）　王晓峰（数）　刘瑛岩（电机） 封宗信（外）　高　建（经）　张颖洁（体）　李　强（化工）　陆建华（电子）
2006 （12 人）	金　峰（水）　邹贵生（机）　陈非凡（精）　周力辉（汽）　赵有健（计）　于歆杰（电机） 付　华（化）　雍俊海（软）　靳晓明（软）　谢　伟（经）　雷建军（新闻）　蒋劲松（人文）
2007 （10 人）	李　玲（水）　郝智秀（精）　李铁民（精）　张　敏（计）　谌卫军（软）　朱桂萍（电机） 朱　岩（经）　马勇志（体）　李国林（电子）　董关鹏（新闻）
2008 （11 人）	陆新征（土）　孙振国（机）　杨东超（精）　沈　沉（电机）　蒋　硕（物）　孙长征（电子） 张海燕（经）　董书兵（美）　蒋红斌（美）　程　易（化工）　杨祎罡（工物）
2009 （11 人）	崔旭龙（机）　付成龙（精）　王　波（汽）　张　林（电子）　李　清（自）　鲁宗相（电机） 岑　松（航）　姚家燕（数）　程　源（经）　程文浩（公）　史安斌（新闻）
2010 （10 人）	郑思齐（土）　唐文哲（水）　卓　晴（自）　刘雷波（微）　邱信明（航）　谷源涛（电子） 谢德仁（经）　董　刚（体）　孙学峰（人文）　孙晓明（高研）

（四）宝钢教育奖

宝钢教育奖由宝钢教育基金会出资、教育部支持指导、专家咨询策划、高校积极参与的全国最具知名度的教育奖项之一。清华大学历年获奖教师名单见表 3-8-10。

表 3-8-10　清华大学获宝钢教育奖教师名单

年份	优秀教师特等奖	优秀教师奖
1994	潘金生	罗　毅　张尧学　郑泉水　夏宝兴　庄惟敏
1995	袁　驷	李　星　李万琼　白峰杉　邓景康　毛　波
1996	郑君里	施　工　寇世琪　汪劲松　李　琳　刘　强
1997		陈泽民　罗立胜　龚　克　骆建彬　刘向峰　钟宏志
1998	顾秉林	曾　攀　吴文虎　李俊峰　扈志明　李　秀
1999		王赞基　王行言　申永胜　叶　俊　张明楷　邓　卫
2000	吴庆余	徐葆耕　牛志升　范　红　叶列平　马吉明
2001	彭晓峰	牟绪程　朱小梅　张新荣　黄维通
2002		庄鹏飞　李子奈　殷雅俊　邓俊辉　王志华
2003		崔建远　张建民　谭泽光　傅水根　谢　伟
2004		彭　林　李艳梅　吴念乐　季林红　艾四林
2005	郝吉明	朱文一　柳冠中　李希光　苏旦丽
2006		江　亿　陆文娟　田　凌　陈信义　吴冠英
2007	孙宏斌	尚　刚　朱颖心　高光华　宋逢明
2008	覃　征（提名奖）	苏　宁　杨永林　史　琳　朱汉城

续表

年份	优秀教师特等奖	优秀教师奖
2009	胡洪营	秦佑国　张贤科　雷家骕　张长水
2010	陈永灿	张夫也　王　红　章纪民　张为民

（五）霍英东教育基金青年教师奖

全国政协副主席、香港著名实业家霍英东出资与教育部合作，于1986年设立霍英东教育基金会，基金会设立高等院校青年教师基金和青年教师奖。青年教师奖对在教学和科研工作中作出突出贡献的青年教师个人进行奖励。至2010年清华大学获奖名单见表3-8-11。

表3-8-11　霍英东教育基金青年教师奖名单

届次（年份）	获奖教师		获奖情况
第一届（1987）	电机系	倪以信	
第二届（1989）	材料系	黄立基	研究类
	化学系	李　勇	教学类
第三届（1991）	环境系	张晓健	研究类
	数学系	李铁成	教学类
第四届（1993）	精仪系	吴志军	教学类
第五届（1995）	力学系	郑泉水	研究类一等奖
	核研院	张作义	研究类三等奖
	人文学院	吴兴科	教学类三等奖
第六届（1997）	经管学院	陈　剑	研究类三等奖
	核研院	孙玉良	研究类三等奖
	工物系	王　侃	教学类三等奖
第七届（1999）	数学系	马　力	研究类
	自动化系	周东华	研究类
	信研院	郑　方	教学类
第八届（2001）	环境系	傅立新	研究类三等奖
	水利系	方红卫	研究类三等奖
	物理系	阮　东	教学类三等奖
第九届（2003）	计算机系	胡事民	研究类一等奖
	核研院	陈　靖	研究类一等奖
	电子所	任天令	研究类二等奖
第十届（2005）	物理系	吴　健	研究类一等奖
	力学系	岑　松	研究类二等奖
	电子系	周世东	研究类三等奖
	经管学院	谢德仁	研究类三等奖
	电机系	孙宏斌	教学类三等奖

续表

届次（年份）	获奖教师		获奖情况
第十一届（2007）	自动化系	王　红	自然科学三等奖
第十二届（2009）	软件学院	谌卫军	青年教师三等奖

注：获奖情况是当年霍英东教育基金公布种类，没有说明种类或等级的是当年没有分类或分等。

（六）教学基本功比赛奖

为鼓励青年教师热爱教学、钻研教学，提升教学能力、提高教学质量，北京市从 1997 年开始举办教学基本功比赛，每两年举办一次。清华大学从 1999 年第二届开始参加，并于 2004 年开始举办全校青年教师教学基本功比赛，获奖情况见表 3-8-12 和表 3-8-13。

表 3-8-12　北京市教学基本功比赛获奖名单

届次（年份）/人数	参赛教师		获奖情况	
第二届（1999）2 人	计算中心	郑　莉	一等奖	
	计算中心	李　秀	一等奖	
第三届（2001）7 人	计算中心	刘宝林	一等奖	
	化工系	赵　洪	一等奖	
	计算中心	黄维通	二等奖	
	热能系	段远源	二等奖	
	经管学院	王雪莉	二等奖	
	环境系	左剑恶	三等奖	
	艺教中心	吕建强	三等奖	
第四届（2004）9 人	机械系	吴运新	一等奖	
	电机系	于歆杰	二等奖	
	精仪系	贾晓红	二等奖	
	外语系	王敬慧	二等奖	
	计算中心	乔　林	三等奖	
	经管学院	孙　静	三等奖	
	电子系	张　颢	三等奖	
	外语系	杨　莉	三等奖	
	美术学院	张　敢	三等奖	
第五届（2007）9 人	土水学院	冯　鹏	一等奖	最佳演示、最佳教案奖
	电机系	朱桂萍	一等奖	
	软件学院	谌卫军	一等奖	
	外语系	黄清华	一等奖	最佳演示、最佳教案奖
	电机系	肖　曦	二等奖	
	人文学院	王　勇	二等奖	
	法学院	申卫星	二等奖	最佳教案奖

续表

届次（年份）/人数	参赛教师		获奖情况	
第五届（2007） 9人	自动化系	叶朝辉	二等奖	
	生物系	闫永彬	二等奖	最佳教案奖
第六届（2009） 7人	机械系	崔旭龙	一等奖	最佳演示、最佳教案、最受学生欢迎奖
	公管学院	程文浩	一等奖	最佳演示、最佳教案、最受学生欢迎奖
	土水学院	李全旺	一等奖	最佳教案奖
	自动化系	胡坚明	一等奖	最佳教案奖
	电机系	康重庆	二等奖	最佳教案奖
	电子系	李国林	二等奖	最佳教案奖
	经管学院	宋衍蘅	二等奖	最佳教案奖

表 3-8-13　清华大学教学基本功比赛获奖情况

届次（年份）	获一等奖人数	获二等奖人数	届次（年份）	获一等奖人数	获二等奖人数
第一届（2004）	9	9	第三届（2008）	11	15
第二届（2006）	12	15	第四届（2010）	20	24

从 2004 年开始，清华大学连续 3 届获得北京市青年教师教学基本功比赛优秀组织奖。2009 年举行的第六届北京高校青年教师教学大赛，土水学院袁驷、航天航空学院薛克宗、机械系姜不居、校办赵洪获优秀指导教师称号。

三、优秀教材与优秀教学软件奖励

（一）优秀教材奖

为了鼓励教师编著出版教材和讲义，1984 年学校决定设立“清华大学优秀讲义奖”，早期每两年评奖一次，至 2000 年共评选 7 届，共有 441 种讲义获奖。自 2000 年以后，高教教材市场扩大，教材出版渠道增加，学校不再组织评选优秀讲义奖，但对编写讲义继续提供资金支持。1982 年至 2000 年清华大学优秀讲义获奖统计见表 3-8-14。

表 3-8-14　1982 年—2000 年清华大学优秀讲义获奖统计

评选届次	获奖讲义数目			
	一等奖	二等奖	鼓励奖	小计
第一届（1982—1984）	3	24	52	79
第二届（1985—1986）		26	50	76
第三届（1987—1988）	3	18	48	69
第四届（1989—1990）	4	17	45	66
第五届（1991—1992）	2	20	36	58
第六届（1993—1996）	5	15	41	61
第七届（1997—2000）	4	15	13	32
共　计	21	135	285	441

从1988年开始学校进行校级优秀教材评选，每4年左右一次，至2008年累计评选6次，共评出391种获奖教材。2008年，鉴于一些计算机类和外语类教材使用面非常广，在同类教材中影响很大，是国内同类教材的引领者与示范者，在校内及全国相关课程中发挥了重要作用，经评审组专家建议，学校对此授予特等奖，见表3-8-15。

表3-8-15　1988年—2008年清华大学优秀教材奖统计

获奖时间	特等奖	一等奖	二等奖	小计	获奖时间	特等奖	一等奖	二等奖	小计
1988		17	34	51	2001		22	44	66
1992		16	34	50	2004		20	39	59
1996		24	32	56	2008	9	47	53	109
					共计	9	146	236	391

1987年全国开始进行高校优秀教材评选工作，在原各部委评选基础上择优推荐评选国家级优秀教材，设立优秀奖和特等奖。1987年和1992年进行了两届评选，清华获国家级优秀教材奖励22种（见表3-8-16、表3-8-17），部委级优秀教材奖励85种（见表3-8-18、表3-8-19）。当时，全国高校优秀教材审定会议建议建立优秀教材的国家奖励制度，给予优秀教材与重大发明同样的荣誉。根据教高司〔1995〕4号“关于进行第三届全国普通高等学校优秀教材评奖工作的通知”，该次优秀教材评奖工作分两步进行，1995年先开展部委（省市）级的评奖工作，从评出的部委（省市）级优秀教材一等奖中择优推荐参评国家级的优秀教材；国家级优秀教材评奖工作与第三届国家级优秀教学成果奖评选并轨。第三届全国普通高等学校优秀教材奖为部委（省市）级的奖励，清华有68种获奖，其中一等奖24种，二等奖44种，涉及国家教委等8个部委（见表3-8-20）。根据教高司〔1998〕49号“关于推荐‘1998年度教育部科学技术进步奖’科技教材奖励项目的通知”，此次推荐奖励的范围是1990年2月至1996年12月之间出版（包括新版和修订版）的科技教材，其内容涵盖工科（包括数学、物理、化学、力学、制图、机械基础、热工、电工基础、计算机基础）教材以及管理科学与工程类专业、环境类专业、工程力学专业、生物医学工程专业、法医专业和农林专科的教材。清华有14种教材获奖，其中一等奖2种、二等奖3种、三等奖9种（见表3-8-21）。根据教高司〔2002〕58号“关于进行2002年全国普通高等学校优秀教材评奖工作的通知”，教育部对在1999年1月到2000年12月底期间新出版的或修订出版的教材进行国家级优秀教材评选，清华有28种教材获奖，其中一等奖11种、二等奖17种（见表3-8-22）。

表3-8-16　清华大学入选全国第一届（1987）国家级优秀教材奖名录

序号	教材名称	编著者	出版单位	出版年份
1	核电子学	王经瑾　范天民　钱永康　屈建石　王志焜 谭采云　兰克坚　赵希德　王晶宇	原子能出版社	1983 1985
2	电机过渡过程的基本理论及分析方法	高景德　张麟征	科学出版社	1982
3	曲柄压力机	主编：何德誉 参编：刘协舫（华中工学院） 杨津光　陈观鹏（重庆大学） 李建来　林道盛（北京工业大学） 陈　庄（山东工业学院）	机械工业出版社	1983

续表

序号	教材名称	编著者	出版单位	出版年份
4	结构力学	主编：龙驭球　包世华 参编：支秉琛　沈恒滋　匡文起	高等教育出版社	1987
5	工程传热传质学（上）	王补宣	科学出版社	1980
6	激光原理	周炳琨　高以智　陈家骅　陈倜嵘（成都电信工程学院）	国防工业出版社	1987
7	高频电路	主编：吴佑寿　郑君里 参编：肖华庭　李普成　杨行峻等	人民邮电出版社	1977 1983
8	信号与系统	郑君里　杨为理　应启珩	高等教育出版社	1981 1986
9	锅炉原理及计算	主编：冯俊凯 参编：徐旭常　曾瑞良　李瑶珠　沈幼庭　康继兴	科学出版社	1985
10	外国建筑史	陈志华	中国建筑工业出版社	1984
11	钢筋混凝土基本构件	主编：滕智明 参编：李著璟　罗福午　庄崖屏	清华大学出版社	1987

表 3-8-17　清华大学入选全国第二届（1992）国家级优秀教材奖名录

序号	教材名称	编著者	奖项	出版单位	出版年份
1	数据结构	严蔚敏　吴伟民（华南师范大学）	特等奖	清华大学出版社	1987
	数据结构题集	严蔚敏　米　宁 吴伟民（华南师范大学）			1988
2	结构力学教程（上、下）	龙驭球　包世华	优秀奖	高等教育出版社	1988
3	大气污染控制工程	主编：郝吉明　马广大（西安冶金建筑学院） 参编：徐康富　俞　柯 张承中（西安冶金建筑学院）	优秀奖	高等教育出版社	1989
4	建筑热过程	彦启森　赵庆珠	优秀奖	中国建筑工业出版社	1986
5	电子技术（电工学 I）	主编：杨福生 参编：张贵媛　王悦敏　河丽静	优秀奖	高等教育出版社	1989
6	模拟电子技术基础（第二版）	主编：童诗白 参编：高　扬　胡尔珊　孙梅生	优秀奖	高等教育出版社	1988
7	数字电子技术基础（第三版）	阎　石	优秀奖	高等教育出版社	1989
8	离心分离理论	主编：张存镇 参编：蒋同远　傅瑞峰　梁尤能	优秀奖	原子能出版社	1987
9	板壳理论	黄克智　夏之熙　薛明德　任文敏	优秀奖	清华大学出版社	1987
10	相图与相变	黄　勇　崔国文	优秀奖	清华大学出版社	1987
11	数学模型	姜启源	优秀奖	高等教育出版社	1987

表 3-8-18　1987 年清华大学获部委级优秀教材奖名录

序号	教材名称	编著者	出版单位	颁奖部委	奖项
1	水力学（上、下册）	主编：余常昭 参编：张　任　陆　琦　冬俊瑞等	高等教育出版社	国家教委	一等奖
2	环境学导论	王翊亭（环科院）　井文涌 何　强	清华大学出版社	国家教委	一等奖
3	机械零件	主编：许镇宇　邱宣怀（天津大学）郑林庆　吴宗泽　黄纯颖	高等教育出版社	国家教委	一等奖
4	Pascal 程序设计及应用	王　诚　苏云清　赵毓升	清华大学出版社	国家教委	一等奖
5	模拟电子技术基础（上、下册）	主编：童诗白 参编：金国芬　阎　石　吴白纯等	高等教育出版社	国家教委	一等奖
6	数字电子技术基础	主编：阎　石 参编：金国芬　余孟尝　赵佩芹等	高等教育出版社	国家教委	一等奖
7	机械零件习题集	主编：吴宗泽 参编：张富洲　李东紫（西北工业大学）	高等教育出版社	国家教委	二等奖
8	塑性理论简明教程	徐秉业　陈森灿	清华大学出版社	国家教委	二等奖
9	高等数学教程（第一、二册）	施学瑜	清华大学出版社	国家教委	二等奖
10	高等数学（上、下册）	盛祥耀　居余马　李　欧 程紫明	高等教育出版社	国家教委	二等奖
11	数值分析	李庆杨　王能超　易大义	华中工业学院出版社	国家教委	二等奖
12	无机化学原理	王致勇	清华大学出版社	国家教委	二等奖
13	英语教程（1～4 册）	主编：陆　慈　王文佳　赵静鹏 参编：渠川旋　尹立峥　李运等	高等教育出版社	国家教委	二等奖
14	金属工艺学实习教材	李家枢　石伯平	高等教育出版社	国家教委	二等奖
15	机械振动（上册）	主编：郑兆昌 参编：庞家驹　王勖成　何积范等	机械工业出版社	国家机械工业委员会	一等奖
16	曲柄压力机	主编：何德益 参编：刘协舫（华中工学院）杨津光等	机械工业出版社	国家机械工业委员会	一等奖
17	互换性与测量技术基础	主编：李　柱（华中工学院） 参编：花国梁　赵卓贤（西安交通大学）等	计量出版社	国家机械工业委员会	一等奖
18	锅炉原理及计算	主编：冯俊凯 参编：徐旭常　曾瑞良　李瑶珠等	科学出版社	国家机械工业委员会	一等奖
19	电机过渡过程的基本理论及分析方法（上、下）	主编：高景德　张麟征	科学出版社	国家机械工业委员会	一等奖
20	流体力学基础（上、下册）	主编：潘文全 参编：沈孟育　朱之墀　叶宏开	机械工业出版社	国家机械工业委员会	二等奖
21	电机学（上、下册）	李发海　陈汤铭　朱东起等	科学出版社	国家机械工业委员会	二等奖
22	水电站建筑物	主编：王树人　董毓新（大连工学院） 参编：谷兆祺　刘天雄等	清华大学出版社	水利电力部	一等奖

续表

序号	教材名称	编著者	出版单位	颁奖部委	奖项
23	水工钢筋混凝土	主编：周　氏（河海大学） 参编：李著璟	水利电力出版社	水利电力部	一等奖
24	工程地质及水文地质	主编：戚筱俊 参编：霍崇仁（华北水电）李立武（河海大学）	水利电力出版社	水利电力部	二等奖
25	高电压绝缘	主编：朱德恒　严璋（西安交大） 参编：谈克雄　薛家麒　王昌长等	水利电力出版社	水利电力部	二等奖
26	外国建筑史	陈志华	中国建筑工业出版社	城乡建设环境保护部	一等奖
27	传热学	章熙民（天津大学）　任泽沛 梅飞鸣（同济大学）王中铮（天津大学）	中国建筑工业出版社	城乡建设环境保护部	一等奖
28	钢筋混凝土基本构件	主编：滕智明 参编：罗福午　施岚青	清华大学出版社	城乡建设环境保护部	二等奖
29	高层建筑结构设计	主编：包世华　方鄂华 参编：钱素英　江爱川	清华大学出版社	城乡建设环境保护部	二等奖
30	当代给水与废水处理原理讲义	许保玖	清华大学出版社	城乡建设环境保护部	二等奖
31	建筑初步	主编：田学哲 参编：胡允敬　单德启	中国建筑工业出版社	城乡建设环境保护部	三等奖
32	水处理工程	顾夏生　黄铭荣　王占生等	清华大学出版社	城乡建设环境保护部	三等奖
33	核电子学（上、下）	王经瑾　范天民　钱永庚等	原子能出版社	核工业部	特等奖
34	液-液萃取过程和设备	李洲　李以圭　费维扬　杨基础	原子能出版社	核工业部	优秀奖
35	原子核物理实验方法	复旦大学　清华大学　北京大学合编（清华大学：吴学超　齐卉荃）	原子能出版社	核工业部	优秀奖
36	核物理实验	北京大学　复旦大学　清华大学等六院校合编（清华大学：陈迎棠　林琴如）	原子能出版社	核工业部	优秀奖
37	并行处理计算机结构	金　兰　王鼎兴　沈美明	国防工业出版社	电子工业部	一等奖
38	激光原理	周炳琨　高以智　陈家骅 陈倜嵘	国防工业出版社	电子工业部	一等奖
39	高频电路（上、下）	主编：吴佑寿　郑君里 参编：肖华庭　李普成　杨行峻	人民邮电出版社	邮电部	特等奖
40	固体材料结构基础	张孝文　薛万荣（南京化工学院） 杨兆雄（华南理工学院）	中国建筑工业出版社	国家建筑材料工业局	三等奖
41	化工热力学	主编：朱自强（浙江大学） 参编：童景山	化学工业出版社	化学工业部	优秀奖

表 3-8-19　1992 年清华大学获部委级优秀教材奖名录

序号	获奖教材名称	编　著　者	出 版 单 位	颁奖部委	奖项
1	工业技术经济学	主编：傅家骥 参编：竺耐君　施祖麟　吴贵生等	清华大学出版社	国家教委	一等奖
2	水处理微生物学基础（第二册）	顾夏声　李献文（北京建筑工程学院）　俞毓馨	中国建筑工业出版社		二等奖
3	燃烧学	主编：傅维镳 参编：张永廉　王清安	高等教育出版社		二等奖
4	通信电路原理	董在望　肖华庭	高等教育出版社		二等奖
5	C 语言程序设计基础	史美林　苏云清	清华大学出版社		二等奖
6	微型计算机原理及应用	郑学坚　朱善君　严继昌	清华大学出版社		二等奖
7	材料力学计算机分析	范钦珊	高等教育出版社		二等奖
8	有限单元法基本原理与数值方法	王勖成　邵　敏	清华大学出版社		二等奖
9	有机化合物结构鉴定及有机波谱学	宁永成	清华大学出版社		二等奖
10	分析化学	主编：薛　华 参编：谈慧英　郁鉴源	清华大学出版社		二等奖
11	简明无机化学教程	王致勇　董松琦（华东石油）等	高等教育出版社		二等奖
12	管理学	主编：徐国华 参编：赵　平	清华大学出版社		二等奖
13	新英语教程	李相崇　刘平梅　蒋毅君　杨庆午	清华大学出版社		二等奖
14	管理系统模拟	黎志成（华中理工大学）　冯允成（北京航空航天大学）　侯炳辉	清华大学出版社		二等奖
15	数据结构　数据结构题集	严蔚敏　吴伟民（华南师大）	清华大学出版社	机械电子工业部	特等奖
16	光电子技术基础	主编：彭江得 参编：刘小明	清华大学出版社		一等奖
17	随机过程及其应用	陆大绘	清华大学出版社		一等奖
18	集成电路制造技术——原理与实践	主编：庄同曾 参编：张安康　黄兰芳等	电子工业出版社		一等奖
19	电子器件	应根裕	清华大学出版社		一等奖
20	表面分析技术	主编：陆家和　陈长彦 参编：何　炜　查良镇　曹立礼等	电子工业出版社		一等奖
21	摄像与显示器件原理	主编：孙伯尧 参编：应根裕	国防工业出版社		一等奖
22	计算机图形学	主编：孙家广 参编：许隆文	清华大学出版社		一等奖
23	机械工程的测试技术基础	主编：严普强　黄长艺（华中理工） 参编：吴正毅　齐永顺等	机械工业出版社		二等奖
24	机械最优化设计	主编：刘惟信 参编：孟嗣宗	清华大学出版社		二等奖
25	电视接收机（上下）	主编：秦　士 参编：陆延丰　郑佑伟　李国定等	北京出版社		二等奖

续表

序号	获奖教材名称	编　著　者	出 版 单 位	颁奖部委	奖项
26	微波电路计算机辅助设计	主编：高葆新 参编：洪兴楠　陈兆武　冀复生等	清华大学出版社	机械电子工业部	二等奖
27	导波光学	主编：范崇澄 参编：彭吉虎	北京理工大学出版社		二等奖
28	微波声学	陈戈林　乐光启	电子工业出版社		二等奖
29	MOS集成电路分析与设计基础	张建人	电子工业出版社		二等奖
30	计算机控制系统分析与设计	主编：何克忠 参编：郝忠恕	清华大学出版社		二等奖
31	过程辨识	方崇智　肖德云	清华大学出版社		二等奖
32	离心分离理论	主编：张存镇 参编：蒋同远　傅瑞峰　梁尤能	原子能出版社	中国核工业总公司	特等奖
33	X光衍射技术基础	主编：王英华 参编：范毓殿　陶　琨	原子能出版社		优秀奖
34	同位素分离级联理论	主编：应纯同 参编：陈炳先　胡锡琨	原子能出版社		纪念奖
35	能量系统的分析	朱明善	水利电力出版社	能源部	一等奖
36	水利水能规划	主编：周之豪（河海大学） 参编：施熙灿	水利电力出版社		一等奖
37	电力系统过电压与绝缘配合	张伟钹　高玉明	清华大学出版社		二等奖
38	建筑热过程	彦启森　赵庆珠	中国建筑工业出版社	建设部	一等奖
39	建筑声环境	主编：车世光 参编：王炳麟　秦佑国	清华大学出版社		二等奖
40	水处理微生物学基础（第二版）	顾夏声　李献文（北京建筑工程学院）　俞毓馨	中国建筑工业出版社		二等奖
41	相图与相变	黄　勇　崔国文	清华大学出版社	建材工业局	一等奖
42	河床演变学	钱　宁　张　仁　周志德	科学出版社	水利部	科技书一等奖
43	土壤水动力学	雷志栋　杨诗秀等	清华大学出版社		科技书一等奖
44	工程水文学	主编：吴明远（成都科技大学） 参编：廖　松	水利电力出版社		二等奖

表 3-8-20 清华大学入选第三届（1996）高等学校优秀教材名录

序号	教材名称	主编（参编）	主编单位	出版单位	颁奖部委	奖项
1	现代通信原理	曹志刚 钱亚生	电子系	清华大学出版社	电子工业部	一等奖
2	软件应用技术基础	徐士良 朱明芳	电子系	清华大学出版社	电子工业部	一等奖
3	超大规模集成电路设计方法学	杨之廉	电子系	清华大学出版社	电子工业部	一等奖
4	电子离子光学计算机辅助设计	孙伯尧 汪健如	电子系	清华大学出版社	电子工业部	一等奖
5	多媒体计算机技术	钟玉琢 李树青 林福宗 冉建国	计算机系	清华大学出版社	电子工业部	一等奖
6	自动控制原理	吴 麒（慕春棣 杜继宏 解学书）	自动化系	清华大学出版社	电子工业部	一等奖
7	微波与光电子学中的电磁理论	张克潜（李德杰）	电子系	电子工业出版社	电子工业部	一等奖
8	IBM PC 汇编语言程序设计	沈美明 温冬婵	计算机系	清华大学出版社	电子工业部	一等奖
9	微型计算机技术及其应用（含习题与实验集）	戴梅萼 史嘉权	计算机系	清华大学出版社	电子工业部	一等奖
10	信息理论基础	常 迥	自动化系	清华大学出版社	电子工业部	一等奖
11	线性系统理论	郑大钟	自动化系	清华大学出版社	电子工业部	一等奖
12	信号重构理论及其应用	李衍达 常 迥	自动化系	清华大学出版社	电子工业部	一等奖
13	随机信号分析	杨福生	电机系	清华大学出版社	电子工业部	二等奖
14	微波有源电路	赵国湘 高葆新	电子系	国防工业出版社	电子工业部	二等奖
15	数字电路与系统	刘宝琴	电子系	清华大学出版社	电子工业部	二等奖
16	电视原理实验	尤婉英 乔景渌（哈尔滨工业大学）（郭福云（天津大学） 刘意松（天津大学）等）	电子系	哈尔滨工业大学出版社	电子工业部	二等奖
17	微波技术	李宗谦 佘京兆	电子系	西安交通大学出版社	电子工业部	二等奖
18	MOS 数字大规模及超大规模集成电路	徐葭生	电子系	清华大学出版社	电子工业部	二等奖
19	计算机系统结构	郑纬民（陈修环 汤志忠等）	计算机系	清华大学出版社	电子工业部	二等奖
20	计算机组成与结构	王爱英（王 诚 王尔乾 相士俊 等）	计算机系	清华大学出版社	电子工业部	二等奖
21	PASCAL 程序设计	郑启华	计算机系	清华大学出版社	电子工业部	二等奖
22	组合数学（第二版）	卢开澄（黄连生）	计算机系	清华大学出版社	电子工业部	二等奖
23	智能机器人系统	周远清（张再兴 许万雍 贾培发）	计算机系	清华大学出版社	电子工业部	二等奖
24	模拟系统的故障诊断与可靠性设计	杨士元	自动化系	清华大学出版社	电子工业部	二等奖
25	过程控制	金以慧 何镇湖（北京联合大学）（王桂增 王诗宓 徐博文等）	自动化系	清华大学出版社	电子工业部	二等奖

续表

序号	教材名称	主编（参编）	主编单位	出版单位	颁奖部委	奖项
26	连续系统仿真与离散事件系统仿真	熊光楞　肖日元 张燕云	自动化系	清华大学出版社	电子工业部	二等奖
27	无机材料物理性能	关振铎（张中太 焦金生）	材料系	清华大学出版社	国家建筑材料工业局	二等奖
28	工业电炉	江尧忠	材料系	清华大学出版社	国家建筑材料工业局	二等奖
29	机械制图（第三版）	石光源（周积义 彭福荫）	精仪系	高等教育出版社	国家教委	一等奖
30	高等机械设计	吴宗泽（于德潜 葛中民　卢颂峰 等）	精仪系	清华大学出版社	国家教委	一等奖
31	电子线路实验（第二版）	诸昌清　武元桢 雷有华	电子系	高等教育出版社	国家教委	一等奖
32	现代电子学及应用	童诗白　徐振英	自动化系	高等教育出版社	国家教委	一等奖
33	物理实验教程	丁慎训　张孔时 （朱鹤年　田德芳 钱启予等）	物理系	清华大学出版社	国家教委	一等奖
34	计量经济学——方法与应用	李子奈	经管学院	清华大学出版社	国家教委	一等奖
35	热加工工艺基础	张万昌　易又南 等	金工教研组	高等教育出版社	国家教委	一等奖
36	结构力学计算机辅助教学课件	龙驭球　匡文起 等	土木系	高等教育出版社	国家教委	二等奖
37	废水生物处理数学模式	顾夏声	环境系	清华大学出版社	国家教委	二等奖
38	当代给水与废水处理原理	许保玖（龙腾锐 （重庆建筑大学） 等）	环境系	高等教育出版社	国家教委	二等奖
39	电工技术与电子技术（上、下）	王鸿明	电机系	清华大学出版社	国家教委	二等奖
40	人工神经网络	杨行峻　郑君里	电子系	高等教育出版社	国家教委	二等奖
41	工程振动测试与分析	李方泽　刘馥清 王　正	力学系	高等教育出版社	国家教委	二等奖
42	材料力学	谢志成（陈季筠 王瑞五）	力学系	清华大学出版社	国家教委	二等奖
43	弹性理论基础	陆明万　罗学富	力学系	清华大学出版社	国家教委	二等奖
44	材料力学试题库（CAI）	范钦珊　刘鸿文 （浙大）	力学系	高等教育出版社	国家教委	二等奖
45	应用近世代数	胡冠章	数学系	清华大学出版社	国家教委	二等奖
46	离散数学导引	马振华	数学系	清华大学出版社	国家教委	二等奖
47	CAI普通化学教程	丁廷桢　俞开钰 （太原工大） 蔡作乾等	化学系	高等教育出版社	国家教委	二等奖
48	现代生产管理学	潘家沼（刘丽文 石涌江等）	经管学院	清华大学出版社	国家教委	二等奖

续表

<table>
<tr><th>序号</th><th>教 材 名 称</th><th>主编（参编）</th><th>主编单位</th><th>出 版 单 位</th><th>颁奖部委</th><th>奖项</th></tr>
<tr><td>49</td><td>化工原理（两册）</td><td>蒋维钧（雷良恒 戴猷元 刘茂林等）</td><td>化工系</td><td>清华大学出版社</td><td rowspan="3">化学工业部</td><td>二等奖</td></tr>
<tr><td>50</td><td>化工系统分析与模拟</td><td>彭秉璞</td><td>化工系</td><td>化学工业出版社</td><td>二等奖</td></tr>
<tr><td>51</td><td>聚合物近代仪器分析</td><td>汪昆华 罗传秋（北京大学） 周 啸</td><td>化工系</td><td rowspan="2">清华大学出版社</td><td>二等奖</td></tr>
<tr><td>52</td><td>精密仪器设计</td><td>薛实福 李庆祥</td><td>精仪系</td><td rowspan="8">机械工业部</td><td>一等奖</td></tr>
<tr><td>53</td><td>锅炉原理及计算（第二版）</td><td>冯俊凯（沈幼庭 李天铎 李瑶珠等）</td><td>热能系</td><td>科学出版社</td><td>一等奖</td></tr>
<tr><td>54</td><td>机械最优化设计（第二版）</td><td>刘惟信</td><td>汽车系</td><td>清华大学出版社</td><td>一等奖</td></tr>
<tr><td>55</td><td>液压机（第二版）</td><td>俞新陆（杨津光 巢克念 林 亨）</td><td>机械系</td><td>机械工业出版社</td><td>二等奖</td></tr>
<tr><td>56</td><td>焊接冶金原理</td><td>陈伯蠡</td><td>机械系</td><td rowspan="2">清华大学出版社</td><td>二等奖</td></tr>
<tr><td>57</td><td>工程材料（第二版）</td><td>郑明新（朱张校 田芝瑞 王 刚等）</td><td>机械系</td><td>二等奖</td></tr>
<tr><td>58</td><td>机械设计学</td><td>黄靖远 龚剑霞（重庆大学）（张静如（重庆大学）李平林等）</td><td>精仪系</td><td rowspan="2">机械工业出版社</td><td>二等奖</td></tr>
<tr><td>59</td><td>汽车理论（第二版）</td><td>余志生（赵六奇 伦景光 刘惟信等）</td><td>汽车系</td><td>二等奖</td></tr>
<tr><td>60</td><td>空气调节（第三版）</td><td>赵荣义（范存养（同济大学） 薛殿华）</td><td>热能系</td><td>中国建筑工业出版社</td><td rowspan="5">建设部</td><td>一等奖</td></tr>
<tr><td>61</td><td>城市交通与道路系统规划设计</td><td>文国玮</td><td>建筑系</td><td>清华大学出版社</td><td>二等奖</td></tr>
<tr><td>62</td><td>多层及高层建筑结构设计</td><td>方鄂华</td><td>土木系</td><td>地震出版社</td><td>二等奖</td></tr>
<tr><td>63</td><td>建筑施工组织</td><td>朱 嬿 丛培经（北京建筑工程学院）</td><td>土木系</td><td>科学技术文献出版社</td><td>二等奖</td></tr>
<tr><td>64</td><td>钢筋混凝土非线性有限元分析</td><td>江见鲸 贺小岗</td><td>土木系</td><td>陕西科学技术出版社</td><td>二等奖</td></tr>
<tr><td>65</td><td>环境流体力学导论</td><td>余常昭</td><td>水利系</td><td rowspan="4">清华大学出版社</td><td rowspan="2">水利部</td><td>一等奖</td></tr>
<tr><td>66</td><td>水轮机及叶片泵结构</td><td>高建铭（林洪义（江苏工学院）等）</td><td>水利系</td><td>二等奖</td></tr>
<tr><td>67</td><td>气体输运理论及应用</td><td>应纯同</td><td>工物系</td><td rowspan="2">中国核工业总公司</td><td>三等奖</td></tr>
<tr><td>68</td><td>反应堆热工流体力学</td><td>赵兆颐 朱瑞安</td><td>工物系</td><td>三等奖</td></tr>
</table>

表 3-8-21　清华大学入选 1998 年教育部等科技进步奖名录

序号	教材名称	主编	主编单位	出版单位	颁奖部委	奖项
1	结构力学（第二版）	龙驭球 等	土木系	高等教育出版社	教育部	一等奖
2	IBM-PC 汇编语言程序设计	沈美明 等	计算机系	清华大学出版社		一等奖
3	微型计算机原理及应用（第二版）及其配套三合一教学工具	郑学坚 等	计算机系			二等奖
4	中国近代建筑总览	汪坦等	建筑系	建筑工业出版社	建设部	二等奖
5	混凝土结构及砌体结构	滕智明 等	土木系			二等奖
6	环境学导论（第二版）	何　强　井文涌 王　翊	环境系	清华大学出版社	教育部	三等奖
7	工程材料（第二版）	郑明新 等	机械系			三等奖
8	工程热力学	朱明善 等	热能系			三等奖
9	电子电路的计算机辅助分析与设计方法	汪　蕙 等	电子系			三等奖
10	PASCAL 程序设计（第二版） PASCAL 程序设计习题与选解	郑启华 等	计算机系			三等奖
11	计算机组成与结构（第二版）	王爱英 等	计算机系			三等奖
12	理论力学（第四版）	罗远祥 等	力学系	高等教育出版社		三等奖
13	加热工工艺基础	张万昌 等	金工组			三等奖
14	建筑结构 CAD 技术基础	任爱珠 等	土木系	清华大学出版社	建设部	三等奖

表 3-8-22　清华大学入选 2002 年教育部全国普通高等学校优秀教材名录

序号	教材名称	主编（参编）	主编单位	出版单位	奖项
1	结构力学教程	龙驭球　包世华 （匡文起　袁　驷）	土木系	高等教育出版社	一等奖
2	环境保护与可持续发展	钱　易　唐孝炎	环境系	高等教育出版社	一等奖
3	机械原理教程及辅导与习题	申永胜	精仪系	清华大学出版社	一等奖
4	图像工程（上）图像处理和分析 图像工程（下）图像理解与计算机视觉	章毓晋	电子系	清华大学出版社	一等奖
5	计算机操作系统教程（第二版）	张尧学　史美林	计算机系	清华大学出版社	一等奖
6	人工神经网络与模拟进化计算	阎平凡　张长水	自动化系	清华大学出版社	一等奖
7	应用力学	范钦珊	力学系	中央广播电视大学出版社	一等奖
8	生物物理学	赵南明　周海梦	生物系	高等教育出版社 施普林格出版社	一等奖
9	技术创新管理	吴贵生	经管学院	清华大学出版社	一等奖
10	研究生系列英语	胡庚生（第二编者）	外语系	高等教育出版社	一等奖

续表

序号	教材名称	主编（参编）	主编单位	出版单位	奖项
11	21世纪素质教育系列教材——高等学校美育教材系列	李砚祖（第二编者）	美院	中国人民大学出版社	一等奖
12	建筑工程质量缺陷事故分析及处理	罗福午	土木系	武汉理工大学出版社	二等奖
13	结构力学求解器	袁　驷	土木系	高等教育出版社	二等奖
14	环境保护与可持续发展	钱　易	环境系	中央广播电视大学出版社	二等奖
15	机械创新设计	黄纯颖　高　志	精仪系	高等教育出版社	二等奖
16	机械设计学（第二版）	黄靖远　龚剑霞　贾延林	精仪系	机械工业出版社	二等奖
17	精密和超精密加工技术	王先逵（第二编者）	精仪系	机械工业出版社	二等奖
18	汽车理论（第三版）	余志生	汽车系	机械工业出版社	二等奖
19	超大规模集成电路设计方法学导论（第二版）	杨之廉　申　明	电子系	清华大学出版社	二等奖
20	信号与系统（第二版）（上、下）	郑君里　应启珩　杨为理	电子系	高等教育出版社	二等奖
21	计算机软件技术基础（第三版）	沈被娜　刘祖照　姚晓冬	自动化	清华大学出版社	二等奖
22	多媒体计算机技术基础及应用	钟玉琢　蔡连红　李树青　史元春	计算机	高等教育出版社	二等奖
23	大学物理学（第二版）	张三慧	物理系	清华大学出版社	二等奖
24	新英语教程（第三版）	刘平梅（吕中舌　何福胜　范　红　杨　芳等）	外语系	清华大学出版社	二等奖
25	合同法新论·总则（修订版）	崔建远	法学院	中国政法大学出版社	二等奖
26	合同法（修订本）	崔建远（第二编者）	法学院	法律出版社	二等奖
27	Visual C＋＋面向对象与可视化程序设计	黄维通	计算中心	清华大学出版社	二等奖
28	工艺美术概论	李砚祖	美院	中国轻工业出版社	二等奖

（二）优秀教学软件奖

2000年以来，学校每两三年进行一次校级优秀教学软件奖的评选工作，截至2010年共评出141项，见表3-8-23。全国普通高校分别于1994年、1997年进行了两次CAI优秀软件评选，清华大学获奖情况见表3-8-24和表3-8-25。

表3-8-23　2000年—2008年清华大学优秀教学软件奖统计

获奖时间	一等奖	二等奖	小计	获奖时间	一等奖	二等奖	小计
2000年	8	18	26	2008年	20	20	40
2002年	10	19	29	共 计	67	74	141
2005年	29	17	46				

表 3-8-24　清华大学入选第一届（1994）普通高等学校 CAI 优秀软件名录

序号	软件名称	主　编	主编单位	颁奖单位	获奖等级
1	钢筋混凝土梁柱计算机仿真模拟教学实验系统	江见鲸　王际芝　朱金铨 等	土木系	国家教委	一等奖
2	截交线 CAI 课件	高政一　王志蕴　刘朝儒 等	精仪系	国家教委	三等奖
3	CAI 普通化学课件	丁廷桢　俞开钰（太原工大）蔡作乾	化学系	国家教委	三等奖
4	通用型 CAI 课件写作系统 THCAI	武祥村　史元春　安常青 等	计算中心	国家教委	三等奖
5	教学管理应用信息系统	陈　刚　张光磊 等	教务处	国家教委	三等奖
6	数据结构算法演示系统	严蔚敏　王显著	计算机系	国家教委	优秀软件
7	英语教学系列软件	过浩川　杨宗玉　周晓吟 等	外语系	国家教委	优秀软件

表 3-8-25　清华大学入选第二届（1997）普通高等学校 CAI 优秀软件名录

序号	软件名称	主　编	主编单位	颁奖单位	获奖等级
1	通用型 CAI 课件写作系统	严蔚敏　武祥村	计算机系、计算中心	国家教委	一等奖
2	开天辟地，万事无忧	池宇峰　施迎难	出版社	国家教委	一等奖
3	普通高等学校结构力学试题库		土木系	国家教委	二等奖
4	数据结构辅助教学软件	严蔚敏	计算机系	国家教委	二等奖
5	计算机控制系统系列教学实验仿真系统	张　莹	自动化系	国家教委	二等奖
6	水工概论	施迎难　孔月瑛	出版社	国家教委	二等奖
7	钢筋优化配料系统	朱　嫱	土木系	国家教委	三等奖
8	水力学 CAI 的研究与应用	肖佐庭 等	水利系	国家教委	三等奖
9	“液压传动”多媒体课件	骆建彬　魏喜新	机械系	国家教委	三等奖
10	化工原理实验 CAI 系统	郭庆丰	化工系	国家教委	三等奖
11	计算机选课系统	黎　达　陈刚等	计算中心、教务处	国家教委	三等奖
12	“新英语教程”阅读训练系统	陆　达	光盘中心	国家教委	三等奖
13	物理学史料集萃	施迎难	出版社	国家教委	三等奖

第九节　教学管理

清华大学严格认真的教学传统和“严谨、勤奋、求实、创新”的优良学风的形成，不仅源于数代名师的榜样与熏陶，而且归于一整套严格的教学管理制度的保证。清华自建校以来，在教学与对学生管理上，有严格的要求和相应的规章制度，其特点主要表现为聘任严、招生严、考试严、纪律严。

清华对任课教师的聘任十分严格，重视教师的品德修养与为人师表，许多学识渊博、治学严谨、德高望重的教授受到推崇，在校享有极高声誉。学校倡导“教书育人”，在“授业”中传道，教学过程就是教师用知识和自身行动教育学生传播学风的过程，对学生成长与优良学风的形成有很大的促进作用。

已故校长蒋南翔说过，解放前清华“门槛高、要求严、学风好”。所谓“门槛高”，即招生严，对学生的录取极为严格。

老清华的考试严格是国内有名的，考试频繁，出题较难，严禁作弊，给分也相当苛刻。由于考试成绩不及格而转系、降班、退学者，数量惊人，理学院尤其是物理系淘汰率高达40%以上，这也激发学生下苦功夫，发奋学习。

清华大学在不同时期均制定有一系列的教学管理规章制度，对教师、学生和教学管理人员都有明确的规定，教学纪律严明。严格、规范的教学管理对保证清华教学工作的正常有序和高质量、高水平起了重要的作用。

一、教学管理机构

1952年院系调整前，由教务长主管全校教学工作，对校长负责，下有注册组等办事机构与人员。院系调整后，学校有一位副校长分管教学工作，并设立教务处作为学校教学管理机构，负责全校本（专）科教学工作的组织与管理。各系也一般由一位副系主任分管教学，设教学秘书或教务科办理日常教务工作。学校教务处经常召开分管教学的系主任会议、教学秘书或教务科长会议，研究和布置有关制订教学计划、教务管理和教学改革等工作，以及各种教学研讨会、座谈会、经验交流会等，推动和保证全校教学工作高效、有序地进行。1979年清华恢复设立教务长，协同校长管理学校教学工作。

教务处下设机构几经变化，至2010年设如下部门：计划与管理科、教务科、实践教学科、教材中心、综合办公室、成绩单办公室。另有行政管理隶属教务处的清华大学职能部门：清华大学（本科生）招生办公室、清华大学注册中心、清华大学教学研究与培训中心。

“（本科生）招生办公室”负责有关招生方面的宣传、咨询、联络、选拔和招考录取等工作。

“注册中心”主要职责是：面向全校本科生和研究生的IC卡管理、注册，排课、选课和考试编排，成绩记载、管理和查询，网络学堂管理，教室管理；负责提供推荐研究生用的学习数据，提供审查学生毕业和学位资格相关数据，提供学生成绩单等有关材料，等等。

“教培中心”主要功能是：全校教学岗位教师培训考核，教师师德、教育思想、教学艺术、教育技术等研讨培训，教学过程和教学质量信息收集和评估，教改项目管理，课程和教学资源建设，教学工作评优，教学事故认定，等等。

二、教务通则与学籍管理规定

教务通则与学籍管理规定是清华大学教学管理的最基本和最重要的规章制度。

（一）教务通则

1934 年 11 月 21 日修正通过的《国立清华大学本科教务通则》共有 7 章 51 条款，对入学及转学、注册及选课、选系及转系、学分及成绩、缺课及请假、休学及退学、毕业及学位等方面均明确规定，是教务管理与学籍管理的基本依据。教务通则规定，凡具有高中学历（或同等学力）参加清华入学考试并经录取者，可入清华大学本科一年级；已经录取之学生，须依限定日期注册报到，逾期无故不到者，即取消其学籍；新生入学后，应就清华大学各学院所设学系中，选择其一，以为主系；学生在校学习四年，须修满 132 学分及党义 2 学分、体育 8 学分、军事训练 6 学分，并完成毕业论文一篇，经教授会审查通过后，准予毕业，授予学士学位。学生若有课程不及格，或未修满规定学分，或因病缺课，或有品行不端、违犯规章者，则分别情况依据规定相应给予留级、令其休学或退学。学生在校学习可以中途转系，但须在学年始业时陈明理由，并经相关之系主任及教务长核准，方为有效。

西南联大时期，《国立西南联合大学本科教务通则》有两个版本。第一个是 1938 年 10 月 20 日校务会议通过的，共 8 章 59 条；第二个是 1942 年 7 月的修订本，共 9 章 65 条。

1952 年后改学分制为学年制，分专业有计划培养人才，学生入学后一般不得转系或转学。由于学校发展和教学改革变化比较大，对教务通则经常修订与补充。“文革”中，停止执行了教务通则。1978 年后恢复制定教务通则。1981 年全校实行“有计划培养与按学分累计成绩”的教学管理，对教务通则进行了比较大的修改，清华大学《教务通则》（修订试行）包括入学、考勤、休学与复学、考核与成绩及学分记载、课程减免与缓修及重修、编级与退学、转学与转专业、毕业、奖励与处分、附则等十部分。在毕业一节中补充了有关提前毕业的规定：“学生提前学满教学计划规定的全部必修课与选修课的学分，可提前做毕业设计（或论文），提前毕业，发给毕业证书。”同时对学习能力强、成绩优秀的学生，允许辅修另一专业，若在五年内修得 550 学分以上，可以取得两个专业的毕业资格。1983 年教育部颁发《全日制普通高等学校学生学籍管理办法》，清华大学对教务通则作了相应修订，分列了编级、退学、奖励、处分，由 12 个部分组成。

（二）学籍管理规定

1985 年，学校实行“以指导性教学计划为基础的学分管理”，制定了《清华大学学分制试行办法》（下称《办法》），同时制定《清华大学本科学籍管理若干规定（试行）》（下称《规定》，《清华大学专科学籍管理规定》另订）和《清华大学本科学分管理实施条例（试行）》（下称《条例》），取代了教务通则。《规定》包括入学、注册与请假、休学与复学、编级、退学、转学与转专业、证书、附则等八部分；《条例》包括教学计划中课程的分类、课程分类编号、学分计算、平均成绩计算、考核与成绩评定、补考缓考重修及成绩记载、毕业学分要求、选课办法、附则等九部分。1989 年，经校务会议通过增加了《清华大学本、专科学籍管理补充规定》，对学位授予、大专学生申请读本科作了具体规定。其中，毕业生历年累计有 7 门以上（含 7 门）课程补考或重修者、结业证书换发毕业证书者、受留校察看处分者（解除留校察看处分满一年，符合授予学士学位条件者，由本人申请，所在系或工作单位推荐，经校学位评定委员会审批，可以授予学士学位。）等不授予学士学位。为加强学风教育，严格教学管理，1991 年，学校对补充规定进行修订，明确“受过留校察看处分者，不授予学士学位”，并开始实施《清华大学本科生试读条例》，对不符合《规定》中有关退学条款，但又不宜在本科继续培养的学生，给予一次端正学习态度、努力学习的机会，详细制定了试读条件和试读期的要求。

1994年全面推行学分制，学校制定了《清华大学本科学分制学籍管理的若干规定（试行）》。1995年为适应学分制的管理要求，将此规定和上述的《办法》《规定》《条例》，以及相应的补充规定、试读条例等，重新组织修订，形成了《清华大学本科学分制教学管理实施办法（试行）》和《清华大学本科学分制学籍管理暂行条例》（下称《学籍条例》）。《学籍条例》取消了课程不及格补考的规定，改为课程不及格需重修，并限定重修次数；规定出现下面三种情况学生应试读：一学期取得的学分低于9学分或学分绩低于60；前4学期未能取得60学分或学分绩低于60；前7学期学分绩低于60。1998年，学籍管理规定将试读条件修订为一学期取得学分低于12学分。2002年增加了中间淘汰的规定：考核不合格课程累计达到20学分的学生予以退学。2005年3月教育部颁布第21号令，发布《普通高等学校学生管理规定》，以该规定为依据，学校对学籍管理规定进行全面修订，自2005年7月起实施《清华大学本科生学籍管理规定》。

（三）主要学籍异动情况

学生在校修读期间，因学习或身体等原因导致的学籍异动，主要包括休学、复学、退学、转学、停学、转系、延长学习年限。学生在校修读期间累计休学时间不得超过两年。2001年之前的学籍异动主要是因病导致的休学、复学。2001年以后，随着学分制的全面实施，为适度加大本科生选择专业的力度，为学生的发展和成才提供更多机会，2001年5月7日学校颁布了《关于进行本科生转系工作改革试点的意见》（经2000—2001学年度第16次校务会议讨论通过），从2000级开始在自动化系、传播系、法学院三个院系进行接收转系生的改革试点，此后转系工作在全校实施并成为每年的常规工作，由此带来学籍异动人数增加，每学年的学籍异动总人数中因转系的占60%～70%，因转系而延长在校学习年限的学生每年有10多人。

根据教育部2005年7月实施的《普通高校学生管理规定》，清华大学本科生学籍管理规定也明确，学生在校期间可休学参军，2005年至2010年共有28名在校本科生休学参军。

1981年至2010年学籍异动情况统计表见表3-9-1。

表3-9-1　1981年—2010年学籍异动情况统计

学年度	退学人数	开除人数	转学人数	转系人数	按专科毕业人数	学年度	退学人数	开除人数	转学人数	转系人数	按专科毕业人数
1981	15	2	1	3		1993	30	1	4	4	
1982	12	4	0			1994	54	5	1	2	
1983	5	1	0			1995	17	0	2	4	
1984	10	1	1	7		1996	25	1	2	7	
1985	15	3	0	16		1997	14	5	2	11	
1986	23	1	6	8		1998	44	1	1	26	
1987	15	5	3	2		1999	37	0	0	31	
1988	26	1	2	5		2000	36	1	4	149	
1989	33	2	2	18		2001	32	3	0	228	31
1990	53	1	4	2		2002	46	0	3	233	46
1991	78	9	0	10		2003	42	1	4	158	33
1992	52	1	3	3		2004	35	0	0	121	34

续表

学年度	退学人数	开除人数	转学人数	转系人数	按专科毕业人数	学年度	退学人数	开除人数	转学人数	转系人数	按专科毕业人数
2005	48	0	2	141	28	2009	47	0	6	151	26
2006	36	0	3	210	33	2010	39	0	1	162	17
2007	46	0	1	160	36	合计	1 005	50	64	2 026	315
2008	40	1	6	154	31						

注：① 转系人数中，部分新系、专业成立时由校内各系转入的学生未计入；新生入学后，部分新生通过校内“二次招生”进入基础科学班、各类实验班的未计入。
② 2000 年及以前，按专科毕业人数统计入专科毕业生中。

三、成绩考核

清华大学对学生学习成绩的考核十分严格。建校之初，为了培养合格的留美预备生，考试频繁，名目繁多。一为口试，主要是西学部课程，教师几乎天天提问学生；二是十分钟笔试，在上课开始或一堂课将毕之时，教师经常出题考学生，限在十分钟内交卷；三为月考和期考，例在必行。考试的计分，1916 年以前，与国内其他学校无异，采用百分制，60 分及格。1917 年改为 70 分及格，总平均不及格者要留级。从 1918 年起，采用美国密苏里等大学的计分制，称为“科学计分法”（或“等数计分法”），按超、上、中、下、末（及格）、不列（不及格）六个等级评定学生成绩。

改办大学以后，学校继承了清华学校时期严格考试的教学传统，过去的各种考试形式仍继续运用着。这种频繁考试的做法，尤以理工学院为突出，文法学院一般只有期中考试和学期考试。

在 1936 年以前，计分法仍然采用等级计分，和以往不同的是取消了末等，等级改为五等，即超、上、中、下、劣，分别用英文字母 E、S、N、I、F 代表。从 1936 年度起，又改等级计分法为百分法，以满 60 分为及格。但此种变化只是计分形式上的改变，实际上仍有超、上、中、下、劣五等之分。教师记录学生平时成绩，仍用 E、S、N、I、F。大体上原来的 E 相当于 95 分，S 相当于 85 分，N 相当于 75 分，I 相当于 65 分，F 为不及格。

由于频繁、严格的考试，造成了很高的淘汰率，尤以理工学院为最。

西南联大时期和复员后，对学生的成绩考核办法基本上与抗战前的清华相同。

1952 年院系调整后，在苏联专家指导下全校试行口试，在这基础上，于 1953 年 5 月教务处制定了口试制度推广办法，包括考试目的、考试准备、计分标准、考试进行、考试总结、推行的关键等 6 项内容。

1954 年，学校制定了《清华大学评分标准》，按四级分制评定：

（1）优等。学生能正确地、清晰地、完全地回答属于教学大纲范围的考试题目上的问题，并对指定补充读物（参考书）的内容透彻了解，对考试临时提出的问题也都能答出并无须启发者，则给予“优等”的分数（即 5 分）。

（2）良好。学生对于题目和临时补充问题都答出，并无原则性的错误，证明对课程内容都能了解，补充读物也能掌握，但在回答问题时在一些次要问题上不是非常准确与清晰，或有某些次要地方答得不够完全，一经启发，即能答出或改正者，则给予“良好”的分数（即 4 分）。

（3）及格。学生在解答问题时，对主要部分能答出，但答得不很有把握和不很肯定，在次要的问题上发生了一些非原则性的错误，常常要经过启发进行帮助，才能答出或改正，在问题的了解上较肤浅，不够深刻，对补充读物也不十分了解者，则给予“及格”的分数（即3分）。

（4）不及格。学生在解答问题时很明显地表现出不知道教学大纲的主要内容，或是对考题上某一题的主要部分回答错了，甚至回答不出，给予“不及格”的分数（即2分）。

学校又在《清华大学课程考试与考查规程》中明确规定，凡进行考试的课程均须采用口试，同时制定了《清华大学口试进行办法》。

1956年，教务处制定了《清华大学课程考试与考查暂行规程》。

暂行规程中比较主要的改变是规定进行考试的课程可以采用口试或笔试两种方式，又把所有课程分成考试、考查两种，并对考查课程进行方式列出以下几种：

（1）平时有较多作业实习、实验、习题计算作业、制图作业等的课程，根据学生完成作业情况，及教师平时检查，评定成绩。

（2）平时没有作业或作业甚少的理论课程，可以在期中或期末以测验方式进行，但每门课一学期只能进行一次考查测验。

（3）对一部分概论性、常识性的辅助课程，可以不进行测验，而用其他适当方法（如检查笔记、课堂讨论、出勤情况等）评定。

（4）生产实习一般应根据企业指导人评语、学生实习报告及教师经常的检查来评定成绩，不再进行口问或答辩。但必要时可以对个别学生进行抽查。

哪些课程可以进行考查测验，由系统一安排决定。

1963年，学校对考试、考查规定又作了补充与修改，制定了《考试考查试行办法》。

考试方式仍采取口试或笔试。增加了平时测验。课程的平时测验分计分和不计分的两种；计分的平时测验，由教研组在学期开始时提出，经系主任审核同意后，有计划地进行，每学期各课程总计一般不超过四次。计分的平时测验的具体时间，应在事先通知学生；但不早于测验前一周。测验所用复习时间，应在本课程该周的课内外总时间内安排。

不计分的平时测验事先不通知，各课程每学期不计分测验次数，视学时多少和课程性质，由教研组决定。通常规定，课程课内周学时为2～3学时，不计分平时测验一般为一次；4～5学时者，不超过两次，6学时以上者，不超过三次。

平时测验的命题，原则上与考试相同。计分的平时测验成绩以不超过40%的比例计入学期总成绩，不计分的平时测验成绩一般不计入课程的学期成绩，但学生的测验成绩较好时，也可作为评定其学期成绩的参考。

计分采取百分制或五级分制（见表3-9-2），具体规定如下：考试评分可根据课程不同情况，由教研组决定采用百分制或五级计分（超、优、良、及格、不及格）。同一种类型的课程一般应用相同的计分办法。用口试答辩形式评定成绩时，采用五级计分。

表3-9-2　评定成绩的标准

成绩级别	不及格	及　格	良	优	超
评分	2	3	4	5	5+
折合100分的分级	不足60分	60～69分	70～84分	85～94分	95～100分
评分标准	不能掌握最基本的要求	只能掌握最基本的要求	能掌握基本要求，但灵活运用能力差，或尚有一定的非原则性错误	能掌握基本要求，有一定灵活运用能力，只有少量非原则性错误	能掌握课程的要求，有较好的灵活运用能力，只有偶然的非原则性错误

1964年11月24日，1964—1965学年度第三次校务会议通过《清华大学关于改进考试方法的原则规定（草案）》，提出考试方法的改进要建立在教师改进平时教学的基础上，并应以进一步贯彻“少而精”的原则。加强教学的启发性和对学习方法的指导入手，考试要求应与平时的教学要求相衔接。学生每学期考试课程的门数一般不超过三门。考试计分方法，一般均改为百分制，60分及格。课程考查仍按通过和不通过评定成绩。

“文革”期间，没有制定有关考核规定。

1978年3月，学校制定了《关于成绩考核的暂行办法》。1979年3月，正式制定了《清华大学学生学习成绩考核试行办法》。成绩的评定仍按四级分制和百分制，但四级分制与百分制的换算有所变化。1979年7月，学校制定了《清华大学学生学习成绩考核试行办法》补充规定，将原来的四级分制改为五级分制，即优（相当于90～100分）、良（80～89分）、中（70～79分）、及格（60～69分）、不及格（60分以下）。补充规定增加了课程免修取得考试资格的规定：学生经自学或其他原因认为已经掌握某必修课的课程内容时，可以在前一学期末向所在系教务科提出免修申请，系经过审核决定是否批准其参加该课程考试。1983年对考核试行办法进行修订，将五级分制成绩的优、良、中、及格、不及格分别折算为百分制95分、85分、75分、65分、50分。

1985级后，按《本科学分管理实施条例（试行）》实施考核和成绩评定：

（1）所有课程和教学环节必须考核评定成绩，并以百分制计分。考试日期规定在每学期最后两周内进行，主考课程不得超过5门；非主考课以平时成绩、作业、期中考试、测验、总结等作为学期考核成绩；夏季学期考试在学期结束前进行。考试方式由任课教师决定，笔试时间一般为2小时。

（2）笔试考题应备有两份，其中一份封存作为补考用。

（3）有作业（包括习题、大作业、课程设计、专题报告、实验报告等，下同）的课程，学生必须按时交作业，方可按规定计入平时成绩，不能按时交作业的，由任课教师决定酌扣平时成绩。经同意自学的必须参加实验、按时交作业，方可参加考试。进入考期前一周仍未补齐作业的学生，取消参加考试资格；抄袭作业补齐的，按未补齐论处，成绩为零分。政治、体育、军事等课程及实践教学环节，学生必须上课，缺课超过1/3时，该课为不及格，必须重修。

（4）考试成绩按百分制评定，以60分为及格标准。个别实践性教学环节用百分制评定有困难，可用“通过”“不通过”。平时成绩可按30%～50%（由任课教师定）计入课程学期考核成绩。补考成绩在60分以上的只计为60分，60分以下按实际分数记载。凡课程成绩达到及格标准，或实践性教学环节“通过”的，即可取得相应的学分。

（5）学生应在规定的时间、地点参加考试，擅自缺考以旷考论。

为反映学生学习的质和量，条例规定了采用学分积评定每学期平均成绩和毕业平均成绩的计算方法：

课程学分积＝课程学期成绩（百分制）×课程学分

学期平均成绩＝学期各课学分积总和÷该学期各课计划应得学分总和

毕业平均成绩＝各学期平均成绩总和÷学期总数

（说明：课程不及格，该课学分为0，但计算学分积中仍按计划规定学分和实际成绩计入；只计“通过”或“不通过”的课程不参加平均成绩计算。）

在1993年制定的《关于教学计划及课程教学管理的若干规定》中，作出关于课程考试、考查的规定，见表3-9-3。

表 3-9-3　考试考查课程有关规定

<table>
<tr><th colspan="3">课程与考试类型</th><th>要求及说明</th></tr>
<tr><td rowspan="3">教学计划规定的课程</td><td rowspan="2">考试课程</td><td>第一类考试课程（每学期 4～5 门）</td><td>①在期末考期进行，按百分制成绩计分；②成绩参加奖学金、考研综合评定；③考试时间按考表严格执行；④提前进行毕业设计第 9 学期可少于 4 门</td></tr>
<tr><td>第二类考试课程（全校共 12 门类）</td><td>①按百分制给出成绩；②根据平时测验、作业、实验等情况给出成绩，在考期及考期前 2 周不得进行考试或测验；③参加奖学金、考研综合评定</td></tr>
<tr><td>考查课程</td><td>考试课程以外的其他课程</td><td>①考查课程一般计为“通过”“不通过”，个别课程也可按百分制给出；②根据平时测验、作业、实验等情况给出成绩，在考期及考期前 2 周不得进行考试或测验；③不参加奖学金、考研综合评定；④进行学籍处理时要计入</td></tr>
<tr><td rowspan="2">全校性选修课</td><td>考试课程</td><td></td><td>①考试时间为考期前随堂进行；②按百分制给出成绩；③不参加奖学金、考研综合评定</td></tr>
<tr><td>考查课程</td><td></td><td>同教学计划规定的课程中的考查课程</td></tr>
<tr><td>第二学位课程</td><td></td><td>2～3 门</td><td>①一般为考试课程，考试时间安排在考期前一周或考期后第一天进行；②对于与第二（辅修）学位主办系学生合班上课的课程，攻读双学位学生的第一、二学位课程考试时间有冲突时，应首先保证第二（辅修）学位课程考试；③参加奖学金、考研综合评定</td></tr>
</table>

说明：① 第二类考试课程全校 12 门类包括：公益劳动、金工实习、电子工艺实习、生产实习、课程设计、毕业设计、普物实验、单设课的材力实验、体育、法律基础、军事课（含军训）、当代资本主义等。
② 全校性选修课考试、考查类型由开课单位确定。
③ 第二学位课程含辅修课程。

1994 年全面推行学分制后，不再规定主考课程门数，考试课程的考试在期末考期内进行，其学期成绩评定，以考试成绩为主，平时成绩为辅（可按不高于 30%计入），两者具体比例，由任课教师确定。考查课程在考期前结束，由平时作业、小测验、实验报告、课程总结等给出成绩。至期末尚未完成实验或交齐作业、实验报告者，取消考试资格，该课程成绩为零分，抄袭作业视同未交作业。

1995 年，《清华大学本科学分制学籍管理暂行条例》将课程的“学分积”改称“学分绩”，并在计算时要乘以课程系数，按指导性教学计划规定必修的基本要求的课程系数为 1，高一个档次的课程系数为 1.15，高两个档次的课程系数为 1.25。

1998 年对课程不及格重修后的成绩记载方式进行了规定：每门课程成绩在成绩单中只记载一次。重修（重考）后的成绩按实际成绩记载，并根据重修（重考）的次数在备注栏中注明“重 1”或“重 2”。每门课程重修（或重考）一般不得超过两次。

2002 年对重修次数不再进行限定，“在规定的学习年限内重修（重考）次数不限”，重修课程成绩根据重修次数在成绩单中标注“重 n”（n 为重修次数），但在奖学金评定等的学分绩计算时计入历次重修成绩。

2005 年 7 月起实施的《清华大学本科生学籍管理规定》，在学分绩和平均学分绩计算中去除了课程系数；并规定：因不及格而重新学习的课程，该课程每次考核成绩均计入平均学分绩。

第十节　教育工作讨论会

清华大学自1953年开始举行教学研究会，它是教工积极参与讨论有关学校教学问题，总结及规划教学工作的全校性会议。1953年至1966年期间共召开了15次。“文革”期间停止。1981年党委常委会决定改成教学讨论会，并于次年2月召开第16次教学讨论会。此后形成大约每隔4年举办一次的制度。2000年，再次更名为教育工作讨论会。

第1次教学研究会始于1953年2月，讨论的主要内容是教学计划的制订问题。其后，在1953年上半年共召开了四次教学研究会：第2次教学研究会讨论制订教研组工作计划；第3次教学研究会讨论制定教学大纲；第4次教学研究会讨论教学方法；第5次教学研究会讨论关于面向学生、保证学时问题。同年9月召开了第6次教学研究会，讨论关于生产实习问题；在11月，又召开了第7次教学研究会，讨论试行口试制度。1954年3月31日召开第8次教学研究会，内容是基础课及技术基础课教研组交流教学经验。1955年2月召开关于“提高质量，保证学时”问题的第9次教学研究会。1956年2月8日召开第10次教学研究会，主要内容是总结三年的教学改革，全面规划今后的工作。蒋南翔校长作《清华大学三年来教学改革的基本总结和今后的任务》报告，总结了三年来学校在教学改革中所取得的成绩和基本经验，明确提出正确地学习苏联经验，开展教学改革，是顺利完成我国高等学校教育改革的关键；要认真执行中央的知识分子政策，团结全体教师，把教学工作作为全校的中心工作，执行培养学生全面发展的方针。

1958年5月6日召开第11次教学研究会，主要内容是开展教学大辩论，讨论关于划清两条道路，贯彻执行社会主义建设总路线，争取高等教育大跃进的问题。

1959年1月8日至29日，召开了第12次教学研究会，认真总结1958年教学工作的成绩和经验教训，检查纠正1958年教育革命中出现的“左”的偏差与失误，进一步明确学校工作要以教学为主，要发挥教师的主导作用，促进学校工作的正常进行。

1959年12月至1960年1月，召开了第13次教学研究会，此次研究会同第4次科学讨论会联合召开。副校长刘仙洲作报告，总结了1959年教学、科研、生产工作；校长助理李寿慈作教学工作总结报告，总结了1959年的教学工作，指出教学质量普遍提高，继续加强了政治思想教育；结合生产劳动密切联系实际等，并规划了1960年6项主要工作。

1963年2月15日，召开第14次教学研究会，会议对上学期以来修订教学计划工作及开展教学指导思想的讨论进行了总结，肯定了此次教学计划比过去更加切合实际，有利于加强学生的基本训练和因材施教；制定了《关于课程教学工作的几点原则规定》，内容涉及课程教学方法中的一些原则问题，以及如何由教学工作的实际出发，根据“少而精”的原则确定基本要求，并使学生在确保劳逸结合的前提下把基本要求学到手。

1965年3月27日至4月17日，召开了第15次教学研究会。此次会议共分三次进行。第一次会议由校党委副书记兼教务处处长何东昌作《关于当前教学改革工作的几点意见》的报告，报告对形势进行了估计，指出当前教学工作的中心是学制、课程、教学方法、考试方法这四个改革，同时明确了具体措施，如缩短学制为五年、五年半等。第二次会议由有关系的教师发言，谈教学改革的体会。第三次会议，由何东昌作总结报告。

1982年2月至4月，召开第16次教学讨论会，这期间共举行了3次全校大会和4次专题讨论会。首次大会于2月19日举行，由教务长李传信作工作报告，总结“文革”后4年的教育工作及学生思想政治工作，指出要在总结“文革”前17年主要经验的基础上健全和改善教学管理，稳步进行教学改革，努力提高教学质量。根据教学工作的实际情况，解决三个相互联系的基本问题：①立足于打好基础，着重在培养能力，正确贯彻理论联系实际的原则；②认真贯彻“少而精”的原则，坚持严格要求，承认差异，因材施教；③继续充实教学第一线的力量，有计划地进行课程建设。第二次大会于2月23日举行，会上有5位教师发言。第三次大会于2月26日与1981年先进工作者表彰大会一起举行。副校长、校党委副书记艾知生作《学校工作今后的任务》的报告，提出1982年的主要工作是建设精神文明，加强政治思想工作，继续贯彻调整方针，挖掘潜力，提出十项具体工作。3月19日，召开了课程建设专题研讨会，讨论课程更新问题，明确了要抓好课程建设，搞好课程改革，保证新计划的实现。4月2日，召开了加强实践环节专题讨论会，讨论进一步提高实验课质量，有计划地进行实验教学；4月7日，召开了生产实习交流动员会，三个系分别介绍了实习经验。4月16日，召开了修订教学大纲讨论会，指出要从课程抓起完善教学计划，减轻学习负担，保证工程师的技能训练，处理好理论与实践环节的关系，解决课程间的配合衔接，加强对学生能力的培养。

1984年1月5日，召开了第17次教学讨论会。会议主题是进一步明确培养人是学校的根本任务，继续提高教学质量，改进教学方法，保证学生打好扎实基础，着重培养能力，开展因材施教，使学生具有更好的适应性和开创性。重点讨论如何改进培养方法，增长学生的能力。高景德校长致开幕词，党委书记李传信谈有关工作方法问题。讨论会共分三阶段进行，第一阶段至2月9日，在干部中进行动员、讨论，做好思想和组织准备。期间召开了教研组以上干部会，在学校一级讨论；第二阶段为2月10日至3月17日，动员全体教师开展讨论，3月中校长总结；第三阶段，3月17日以后，在讨论会明确的指导思想的基础上，分专题进行经验交流，各系教师通过课程改革、实践环节教学、教材三个专题讨论会，对目前培养质量及如何提高教学质量进行了分析讨论，研究组织落实工作。

1988年5月17日至9月10日，召开第18次教学讨论会，梁尤能副校长在开幕式上作题为《适应社会需要，深化教育改革，提高学生全面素质》的报告。报告回顾了1982年以来学校的改革，分析了面临的形势，指明今后一个时期深化改革的任务：①积极推进专业改造和学科建设；②努力实现培养模式的多样化；③认真提高学生的全面素质；④大力加强学校与社会的直接联系；⑤切实抓好教学师资队伍建设。这次讨论会采取校内外结合、校系结合方式，广大教师积极参加了讨论。期间共进行了六次专题讨论会，共收论文、专题文章120篇。通过讨论，干部和教师进一步明确了深化改革的指导思想，统一了认识，提出了包括调整专业方向、培养模式多样化等深化教学改革的设想和措施。9月10日教师节时大会闭幕，副校长张孝文在闭幕式上作总结发言。

1992年5月8日至6月26日，召开第19次教学讨论会。梁尤能副校长在开幕式上作题为

《深化教学改革，提高教育质量，更好地适应和服务于经济建设》的主题报告。报告回顾了自第18次讨论会以来教学改革的进展，分析了面临的形势和存在的问题，提出了今后深化教育改革的6点意见：①加强学习，提高认识，全面贯彻教育方针；②继续重视和努力改善德育工作；③深入进行教学内容、体系、方法改革；④积极推进教育同生产劳动相结合；⑤正确引导毕业生流向；⑥改进教学管理运行机制，调动学生学习积极性。各系也组织了多种形式的讨论活动，其间全校教师提交了大量论文。张孝文校长在闭幕式上作总结讲话。

1995年11月6日至1996年1月4日，召开第20次教学讨论会，确定“九五”期间学校人才培养和教学改革的总体思路，落实改革试点方案，推进课程体系改革，加强教学基本建设。校长王大中致开幕词，副校长余寿文作了题为《为21世纪的中国培养更多高层次优秀人才而努力》的报告，教务长吴敏生、研究生院副院长林功实分别作了《关于本校人才培养和教学改革试行方案及若干实施步骤》的说明和《面向跨世纪的国民经济建设扩大工程类型硕士生的培养》的报告。讨论会期间，围绕“为21世纪中国现代化建设培养更多全面发展的各类高层次人才”这个主题，校系举行了一系列研讨活动。研讨的重点是：统筹本科—硕士的教学计划，优化培养过程，利用学分制与推荐研究生的机制，在工科系分批试点本硕贯通培养；加强工程类硕士研究生培养。会议期间，举行了4个全校性的专题讨论会：①改革人才培养模式，提高教学质量和办学效益；②面向国民经济主战场，扩大工程类型研究生培养；③深化课程结构、教学体系内容方法的改革；④改进与加强德育，提高学生全面素质。同时还召开了一些小型座谈会与沙龙，如部分基础、技术基础课程体系改革思路的交流研讨，本科、硕士融合课程（B+M）的建设，未来师资队伍的研讨，以及加强现代化教育技术的推广应用等。闭幕会上，王大中校长讲话，副校长余寿文作总结报告。本次教学讨论会有重点地研究制定了一些准备开通的改革措施及实施方案，形成了《工科专业统筹规划本科—硕士培养计划的工作意见（试行方案）》《加速工程类型研究生培养的若干措施》《加速推进课程结构及内容体系方案改革》等原则性文件。

面临世纪之交，1997年11月—1998年3月，清华大学召开教育思想讨论会，全校开展教育思想大讨论。通过讨论提出：①新形势下学校的培养目标，要为下一个世纪培养“高素质、高层次、创造性、多样化”人才；②本科教学要实施“宽口径下的专业人才培养”，在培养方案中落实思想道德、文化、业务、身心素质的教育；③注重学生创新能力培养和个性发展，重新研究制定学生评价标准，压缩课内学时，加强课外实践和研究活动，要采用“参与式、研究式、讨论式”等教学方法，教学中提倡“讲一练二考三”；④调动教与学的积极性，改进教学管理。提出了重视和加强核心课程建设工作，开始在核心课程设置主讲教授和骨干讲员岗位。1999年全校开始设置校聘教学关键岗位，聘任127位主讲教授、273位骨干讲员。教学关键岗位聘任制的实施取得了良好的效果，大大改善了本科教学力量的配置，特别是主要基础课任课教师阵容得到加强。

2000年11月9日至2001年12月31日，召开第21次教育工作讨论会。校长王大中作题为“为开创21世纪我校人才培养和教育工作新局面而努力”的报告。在主题报告中，王大中校长对过去五年学校改革与发展进行了分析，要求全校师生认清教育改革和发展趋势，进一步转变教育思想观念。这次教育工作讨论会的主题是：把握新世纪的全球变革趋向，以国家振兴为己任，加速教育创新，开创人才培养和教育工作的新局面。这次教育工作讨论会的主要任务是：①加强宏观教育思想研究，改革传统教育思想和观念。②在最近五年来人才培养和教育改革的基础上，形成清华大学2001—2005年教育改革与发展实施纲要。这次讨论会中，学校组织了“研究型大学如何创办，创造性人才怎么培养”“如何培养和提高学生的全面素质”“课程改革与建设”“教师队伍建设者”“非全日制教育及数字化教学环境”等专题研讨会。从 2000 年 12 月到 2001 年 11 月，在全校师生广泛发表意见的基础上，学校组织各方面专家对清华大学 2001—2005 年教育改革和发展实施纲要（草案）进行了讨论和修改，并于 2001 年 11 月初定稿（即 40 条）。王大中校长在闭幕式上以《动员全校，努力实现我校教育改革与发展的“十五”奋斗目标》为题向大会作了总结报告。按照要求，会议闭幕以后，学校应在多方面进行新的努力：继续以课程结构调整为切入点，完善人才培养方案；以百门精品课程为切入点，推动主要教学环节的改革；加强研究生培养工作，提高博士生的培养质量；推进继续教育，增强办学活力；进一步加强学风建设；加强师资队伍建设，推行教师职务聘任制；推进教学管理体制改革，完善教学评估体系，等等。

2004 年 11 月 12 日至 2005 年 11 月 17 日，召开第 22 次教育工作讨论会。校党委书记陈希主持开幕式，校长顾秉林作题为《加强实践教育，培养创新人才》的主题报告，副校长汪劲松作题为《启发思维，统一认识，落实方案，推进工作》的主题报告。这次教育工作讨论会的主题和研讨内容是：①深刻认识实践教育在“高素质、高层次、多样化、创造性”骨干人才的研究型大学体系中的地位和作用；②综合性研究型大学中实践教育的体系与模式；③不同学科、不同层次的人才培养所要求的实践教育特点与实施方式；④加强实践教学师资队伍建设，完善实践教学的质量评价体系、管理体制与激励机制。此次会议期间，各院系举办讨论会 190 余次，21 个院系的学生团委开展了以学生为主体的基层访谈、研讨和调研；校级领导 28 人次直接参与了院系的讨论会，工作小组召开三次全体会议和经常性的工作会议，各职能部处举办 7 次全校性专题讨论会。讨论会在全校范围形成了重视实践教育的浓厚氛围；总结和凝练了学校通过实践教育全面育人的优良传统；梳理和分析了认识上、师生实践能力上以及实践教育的校内外环境和条件上存在的问题；由院系创造的专业实践、企业实习、将 SRT 逐步纳入培养方案、案例教学等鲜活经验和《乡村八记》等生动实例，丰富和加强了学校实践教育的形式和方法。通过讨论会，在实践教育的本质内涵与功能方面，学校提出了“实践教育是现代研究型大学育人理念的内在要求和重要实现方式”“加强实践教育是培养创新人才、提高学生全面素质的现实需要”以及“完善实践教育体系是推进学校改革及一流大学建设的重要举措”等具有时代特点、体现学校定位的新的论述，深化和发展了高校实践教育理论。顾秉林校长在闭幕式上以《秉承实践教育传统，加强创新能力培养，提高学生全面素质》为题向大会作了总结报告。指出今后工作的具体目标与任务是：①完善实践教育体系，优化实践育人环境；②提升教师实践教育能力，建设高水平的教学队伍；③改进评价体系，激励教师参与实践教育；④拓展校外实践、实习基地，鼓励学生参加企业实习计划。会上，《清华大学关于加强实践教育的若干意见》正式颁布，明确提出了实践教育在全校人才培养体系中的突出地位和重要作用，完善实践教育教学体系的具体要求，提高教师实践教育能力的工作思路，加强实验实践教学环境建设的若干举措，面向实际、服务社会，改进思想政治教育的有效形式，以及推动实践教育持续发展的机制和办法。

2009 年 7 月 8 日至 2010 年 7 月 8 日，召开第 23 次教育工作讨论会。校长顾秉林在开幕式上作题为《坚持以人才培养为根本任务，再创新百年育人辉煌》的主题报告，副校长袁驷作题为《解放思想，继往开来，探讨新百年人才培养的使命与战略》的主题报告。本次教育工作讨论会的主题是“清华新百年人才培养的使命与战略”，研讨内容包括：①清华人才培养的使命与战略，回顾过去、审视现在、展望未来；②拔尖创新人才的特征、培养模式与途径以及培养质量与发展质量的关系；③实现发展目标的政策、制度和机制保障。针对若干宏观、共性的问题，学校组织了18次专题研讨，内容涉及学情分析、博士生培养、就业引导、文化素质教育、高水平科研与拔尖创新人才培养、国际化人才培养、文科学生个性化培养、人才培养与师资队伍建设、绿色教育、教书育人、学生思想政治工作等，参会人数超过2 000人次。按照学校统一要求，各院系结合实际，召开了不同范围的研讨会，开展了毕业生调查和业界调研，形成了本院系人才培养的研究报告。各部门和相关单位也结合各自工作特点，围绕如何发挥自身优势、服务于人才培养这一根本任务，进行了认真的研讨。本次讨论会的一个创新之举是成立了“专题研究组”，由来自全校28个院系及教育研究和管理部门的60位教授、专家组成，多位院士、教学名师、院长系主任等亲自参与，按照使命战略、人才培养和制度机制等三个主题进行了深度研讨。顾秉林校长在闭幕式上以《在实践中探索清华新百年人才培养的使命与战略》为题向大会作了总结报告，再次强调“坚持人才培养为根本任务，百年不动摇”，特别是从学校发展全局出发，从建设世界一流大学的高度出发，更加明确地提出了“优势转化”这一重要的战略思想。提出以人才培养为根本任务，首先要落实在学校新时期的人才培养理念和目标定位上；第二，要落实在学校能够将多方面的办学优势优先运用于人才培养，并转化为人才培养质量的优势；第三，要落实在学校新时期的体制机制改革上，以完善的政策和制度支持教育创新，保障和激励教师教书育人；最后，要落实在大学精神和大学文化的建设上，为学生的全面成长和多样化发展提供沃土和氛围。

从1953年至2010年，清华大学教育工作讨论会（教学研究会、教学讨论会）已召开了23次（见表3-10-1）。在不同时期，从不同角度，深入总结在教学体系、教学内容、教学方法、教学环节、教学管理和教育思想等方面的经验和体会，探索教育工作的基本规律，吸收国内外有启迪的教育思想与教育经验，结合清华实际情况，把教育过程中取得的实践经验升华为理论，并回到教育实践中指导工作，对教育质量的提高产生了积极的促进作用。

表3-10-1　教育工作讨论会（教学研究会、教学讨论会）一览

次　数	召 开 时 间	讨论主题或报告主题	会 议 名 称
第1次	1953-02-06	制订教学计划	教学研究会
第2次	1953-03	修订教学大纲	教学研究会
第3次	1953-04-06	教研组工作	教学研究会
第4次	1953-05-18	教学方法	教学研究会
第5次	1953-08-31—1953-09-04	教学工作全面总结	教学研究会
第6次	1953-09-21—1953-09-24	生产实习	教学研究会
第7次	1954-01-15	考试总结、教师个人计划	教学研究会
第8次	1954-09-07—1954-09-09	基础课教学	教学研究会
第9次	1955-02-12	提高质量，保证学时	教学研究会
第10次	1956-02-08—1956-02-10	三年教学改革的总结	教学研究会
第11次	1958-05-06—1958-06-18	不断提高教育工作质量	教学研究会
第12次	1959-01-08—1959-01-29	贯彻党的教育方针，教学生产科研三结合	教学研究会
第13次	1959-12-10—1960-01-09	1959年教学工作总结	教学研究会
第14次	1963-02-15—1963-02-17	进入新阶段，创造新经验	教学研究会
第15次	1965-03-27—1965-04-17	关于当前教学改革工作的几点意见	教学研究会

续表

次　数	召开时间	讨论主题或报告主题	会议名称
第 16 次	1982-02-19—1982-02-26	课程改革，加强实验环节，生产实习交流，修订教学大纲	教学讨论会
第 17 次	1984-01-05—1984-03-20	教书育人，为人师表；提高教学质量，改进培养方法；提高教师素质，规划师资队伍	教学讨论会
第 18 次	1988-05-17—1988-09-10	适应社会需要，深化教育改革，提高学生全面素质	教学讨论会
第 19 次	1992-05-08—1992-06-26	深化教学改革，提高质量，更好地适应和服务于经济建设	教学讨论会
第 20 次	1995-11-06—1996-01-04	为 21 世纪的中国培养更多高层次优秀人才而努力	教学讨论会
第 21 次	2000-11-09—2001-12-31	动员全校，努力实现我校教育改革与发展的“十五”奋斗目标	教育工作讨论会
第 22 次	2004-11-12—2005-11-17	加强实践教育，培养创新人才	教育工作讨论会
第 23 次	2009-07-08—2010-07-08	清华新百年人才培养的使命与战略	教育工作讨论会

说明：1997 年 11 月至 1998 年 3 月全校举办教育思想讨论会。

第十一节　普通专科

一、西南联大时期的专修科

清华大学设立专科始于西南联大时期。1939 年 1 月，为适应抗战需要，当时急需培养电讯人才，西南联大工学院开始设置电讯专修科，由电机系主任赵友民兼任电讯专修科主任，学制一年半。1940 年招收第二届新生时，学制改为二年，由张友熙任专修科主任，1943 年改由周荫阿接任。1946 年西南联大结束，电讯专修科由云南大学接办。由于学制短，电讯专修科课程设置比电机系大为压缩与削减，专业课课时减少，加强了实用性。一年级必修课程设有英文、实用数学（1943 年至 1944 年改为微积分）、普通物理学、实用电磁学、电码练习、工具实习、制图、体育；二年级必修课程有通信电路、通信电路实验、通信电器制造、实用电磁实验、真空管学、真空管实验、实用电报电话学、电报电话实验、实用无线电学、无线电实验、通信实习、应用技术（电台管理及修理）、实用内燃机学、无线电国际公约等。学生在两年内学满 78 学分左右即可毕业。据统计，1939 年至 1945 年电讯专修科在校学生人数见表 3-11-1。

表 3-11-1 1939 年—1945 年电讯专修科在校学生人数

年 度	1939	1940	1941	1942	1943	1944	1945
在校生数	33	25	34	23	21	23	44

在西南联大时期，联大师范学院成立后，即以协助云南省培养中小学师资为其重要任务之一。1941 年，云南省教育厅函请师范学院增设师范专修科，学制 3 年，分文史地、数理化两组，学生由省教育厅招考保送（免试英文），再经师院国文甄别测验合格后入学。西南联大常委会同意，呈报教育部核准后，师范专修科于 1941 年 11 月开学。师范专修科（初级部）主任初由师范学院院长黄钰生兼任，至 1944 年秋，由倪中方继任。1946 年初，西南联大行将结束，师范专修科停办。师范专修科每年招收 40 人左右，云南籍学生占半数，也有少数来自西康、贵州、四川等省，其中不少是中小学在职教师。1945 年秋，不再由云南省教育厅保送，改由联大师范学院自行招生。师范专修科自 1941 年 11 月开办至 1946 年初结束，共办 5 届。毕业 3 届，共有毕业生 62 人，大多在云南各中学任教。

二、解放初期的清华大学专修科

解放初期，国家急需各方面专业人才。1949 年 5 月，清华大学第三次校务委员会根据刘仙洲教授的提议讨论了开办专修科事宜，并成立了专门委员会。1949 年 11 月，清华大学接受中央农业部委托开办了农田水利专修科。翌年，又陆续开办了二年制的银行专修科、水利专修科，以及为培养东欧外国留学生而设立的中国语文专修班。

1951 年 11 月，全国召开工学院院长会议，会议指出："今后工学院招收新生应有 1/2 以上是专修科学生。"据此精神，清华大学在 1952 年院系调整后设立了 15 个专修科，学制二年。当时为了适应第一个五年计划对技术人才的迫切需要，在 1952 年入学的新生中动员一部分优秀学生入专修科学习。1952 年计划招收专修科学生 810 人，1953 年在校专修科学生人数达 835 人。1953 年 7 月，高教部决定清华大学停招专修科。到 1954 年暑假，大多数专修科在学生毕业后停办，全校仅有水利和房屋建筑两个专修科各一个班延至 1955 年初。15 个专修科的名称及学生人数见表 3-11-2。

表 3-11-2 1952 年院系调整后清华大学设立的专修科及学生规模人数

所属系名	专修科名称	学生人数	所属系名	专修科名称	学生人数
机械制造系	金工工具专修科	60	水利工程系	水利专修科	150
	铸造工程专修科	60		水力发电与水利专修科	60
动力机械系	热力发电厂检修专修科	30	建筑系	建筑设计专修科	60
	暖气通风专修科	30	电机工程系	发电厂电机专修科	60
土木工程系	工业及民用房屋建筑专修科	90		输配电专修科	60
			石油工程系	石油厂机器及装备专修科	60
	上水道及下水道专修科	30		石油及天然气凿井专修科	30
	测量专修科			石油及天然气储运专修科	30
合计 810					

三、改革开放后的清华大学专科教育

1978 年，清华大学招收了 7 个专修（专科）班共 215 人，学制二年，于 1980 年毕业，招生专业及人数见表 3-11-3。

表 3-11-3　1978 年清华大学专修班招生专业及招生人数

单　　位	专修班名称	招生人数	单　　位	专修班名称	招生人数
建筑工程系	建筑专修班 1（建筑学）	20	自动化系	电子仪器专修班	33
	建筑专修班 2（建筑结构、建筑设备）	40	工程物理系	加速器专修班	29
电子工程系	电子计算机维护运行专修班	31	基础课教学研究部	实验技术专修班	31
	计算机程序设计专修班	31	合计		215

1988 年，清华大学专科学制定为三年，招收半工半读、走读生。1993 年开始实行自费、全日制教学，仍招收走读生。当时，大专班每年计划招收 14 个班约 420 人，其中包括委托培养生。

1993 年清华大学专科的专业设置及招生人数见表 3-11-4。

表 3-11-4　1993 年清华大学专科专业设置及招生人数

系　　名	专科专业名称	招生人数	系　　名	专科专业名称	招生人数
土木工程系	工业与民用建筑	59	电机工程与应用电子技术系	电气与电子技术	30
水利水电工程系	城市建设工程	25			
机械工程系	机械电子工程（1）	27	电子工程系	通信技术	31
精密仪器及机械学系	机械电子工程（2）	32	自动化系	自动化	30
				办公自动化	30
热能工程系	空调工程及动力控制	29	应用数学系	计算机软件技术	31
汽车工程系	汽车工程	24	合计		379
	内燃机	31			

清华大学专科的培养目标是按照党和国家的教育方针，培养德智体全面发展的社会主义建设人才，在业务上的基本规格是获得助理工程师或高级技术员的基本训练，主要掌握本专业所必需的技术基础理论、专业技术、管理知识以及制图、运算、实验等基本技能和工艺操作技能，具有一定的制造、运行、安装维修、简单设计和分析、解决本专业一般工程实际问题及组织管理生产的初步能力，能初步阅读本专业外文资料。

清华大学专科教学针对性强，注重学生实际技能的培养。与本科相比，基础理论教学有较大削减，加强了工程实践环节，在教学内容、教材、教学方法等方面适应专科的要求。专科（大专班）教学实行学年制，一学年两学期，不设夏季学期。表 3-11-5 列出了 1993 年土木系工业与民用建筑大专班的教学计划。

1996 年，普通专科管理归口由教务处转到继续教育学院夜大学负责。1997 年，学校不再招收专科自费生，仅有“工业与民用建筑”“电气与电子技术”两个专科专业，共招收了委培专科生 50 名。1998 年清华大学不再招收普通高等教育专科生。

表 3-11-5 1993 年土木系工业与民用建筑大专班教学计划

序号	课 程 名 称	总学时	第一学期（17 周）	第二学期（20 周）	第三学期（18 周）	第四学期（18 周）	开课系
1	法律基础	34	2				经管学院
2	中国革命史	40		2			社科系
3	经济建设与生产管理	36			1.1		经管、社科
4	基础英语	68	4				外语系
5	科技英语阅读	60		3			外语系
6	专业英语	36			2		本系
7	体育	74	2	2			体育教研组
8	高等数学	148	4	4			数学系
9	建筑工程制图	85	5				精仪系
10	计算机语言程序	51	3				本系
11	建筑材料	68	4				本系
12	测量	70		3.5			本系
13	房屋建筑学	100		5			本系
14	工程力学	90		4.5			本系
15	结构力学	90			5		本系
16	建筑电工	54			3		电机系
17	建筑设备	72				4	环境、热能
18	钢混凝土与砌体结构	144			4	4	本系
19	钢结构	36				2	本系
20	土力学与地基基础	72			4		水电系
21	施工技术与机械	72			4		本系
22	施工组织与管理	72				4	本系
23	工程概预算	36				2	本系
24	认识实践，毕业实践					8	（折合 6 周）
总 计		1 608	24	24	24	16+8	

第四章

研究生教育

第一节　概　述

清华大学研究生教育从1925年建立研究院始，历经“文革”中断、1978年恢复招生、1980年成立研究生处、1984年在国内高校首批成立研究生院，到2010年这85年的发展，可分四大历史阶段。

一、1925年—1952年

1922年，曹云祥任清华学校校长。他不仅赞同前校长周诒春将清华学校提升为大学的意见，而且主张设立研究院，为“高深学术机关，为大学毕业及学问已有根柢者进修之地，且不必远赴欧美多耗资财，所学且与国情隔阂”。经过一段时期的筹备，1925年清华学校设大学部的同时，也设立了研究院。由于经费所限，当年先办国学一科。

对于研究院之地位，当时明确提出：“（一）非清华大学之毕业院（大学院），乃专为研究高深学术之机关；（二）非为某一校造就师资，乃为中国养成通才硕学。”

对于研究院之性质，当时也明确定为：“（一）研究高深学术；（二）注重个人指导。”

1925年2月12日，校长委任吴宓为研究院筹备主任，并派卫士生佐理研究院筹备事务。同年6月18日，聘任吴宓为研究院主任。

当年的研究院，主要研究中国语言、历史、文学、哲学等，故称国学研究院。聘请王国维、梁启超、陈寅恪、赵元任为教授。1927年王国维去世，梁启超因病重及其他原因离校，研究院课程和学生人数骤然减少。1928年清华学校正式改名为“国立清华大学”，1929年国学研究院停办。至此，国学研究院共招收四届研究生。

1929年的清华大学研究院下设文、理、法三个研究所。此后整个大学的院系设置几经调整，到1934年基本定型。1935年经教育部核准，清华大学研究院共设10个研究部，研究生教育初具规模。

1937年，抗日战争全面爆发，清华大学迁移长沙，后至昆明，与北京大学、南开大学组成国立长沙临时大学、国立西南联合大学。三校原有的研究院（所）仍由三校分别自办，并于1939年陆续恢复招生。

抗战期间由于时局动荡、物资匮乏和交通不便等诸多因素，这一时期的研究生数量较少。

抗日战争胜利后，清华大学复员回到北平。这时的研究院有文、理、法、工、农五大学科的23个研究所，研究院的办学方针、培养目标等方面与战前变化不大，对一些规章制度稍作修订后重新公布实施。

中华人民共和国成立后，1950年制定了清华大学研究生培养方案，明确以培养高等工业院校师资为目标，教学计划包括政治理论课、俄文、业务课三类，同时将生产实习列入教学计划。

二、1952 年—1978 年

经过 1952 年全国院系调整后，清华大学调整为多科性的工业大学，研究生教育采取苏联模式。1956 年 8 月，学校成立了研究生科。为了培养本校青年教师，制定了《清华大学培养研究生的暂行办法》，指导教师由苏联专家和校内外有指导能力的教授担任。

1957 年，由于国家发展航空航天和火箭技术的需要，学校受中国科学院和高教部的委托，创办了工程力学研究班，招收高等理工科四年级以上学生，学制二年至二年半，共办两届，为我国培养了第一批高级航空航天和火箭技术人才共 396 名。接着，又于 1958 年创办了自动控制研究班，只办了一届，招收学生 90 人。

从 1959 年开始，清华大学正式招收三年制研究生。1962 年 1 月，又重点制定了几个专业的研究生培养方案。不久，又拟订了研究生课程学习大纲。

1963 年 1 月，教育部在北京召开了新中国建立以来第一次规模最大的全国性研究生工作会议。清华大学根据这次会议和文件的精神，加快了培养研究生的步伐，到同年 4 月，全校有 8 个系 51 个一般专业和 26 个机要专业制定了研究生培养方案，不久又制定并发布了《清华大学研究生工作暂行细则》，使学校研究生培养工作逐步走上了正轨。

1966 年“文化大革命”开始后，清华研究生教育停止，仅于 1973 年在激光、固体物理、物质结构、有机催化等方向招收了 43 名学员。

三、1978 年—1993 年

1978 年，清华恢复研究生教育，设研究生科隶属科学研究处，负责招生、学籍管理等有关事宜。研究生的培养，主要由所在教研组和导师负责。学制分二年、四年两种，并实行学分制。当年学校 13 个系、厂、部的 55 个专业招收了研究生，并在校内恢复试行在职研究生制度。

1979 年，学校根据教育部有关文件的精神，制定了《清华大学研究生培养工作的几点意见（修改草案）》，规定培养目标是具有社会主义觉悟，比较熟悉马列主义，具有系统而坚实的理论基础、专业知识、科学实验技能，一般懂得两门外语，至少熟练地掌握一门外语，能独立进行科学研究，身体健康的科学研究和高校教学人员。《意见》还指出，研究生实行学分制，入学后以集体培养方式为主，一般学制为二年。根据国家需要、学校实际条件和学生自愿，择优选拔部分原二年制毕业研究生为四年制研究生。这类研究生的培养方式，主要是在导师指导下从事科学研究。

1980 年 4 月，清华成立研究生处，副校长高景德教授兼任处长，下设招生办公室、培养科、管理科，分别负责招生、课程设置、组织各系制定研究生培养方案和计划等管理工作。当年全校在校研究生共 714 人，分布在 15 个系、所的 68 个专业。同年招收了新时期第一批四年制研究生 34 名。全部是从 1978 年二年制研究生通过考试择优录取的，其中在职研究生 22 名。

1981 年我国学位条例正式实施。12 月，校务会议通过了《清华大学攻读硕士学位研究生培养工作暂行规定》。1982 年，校长工作会议通过了《清华大学攻读博士学位研究生培养工作试行办法》。后来又根据社会发展、科技进步和研究生生源构成等因素的变化，在 1984 年、1987 年、1991 年对这两个文件共作了 3 次修订，切实保证社会对高层次专门人才的需求，加强对研究生思想政治教育，坚持按二级学科设课，拓宽学生的知识面，明确校系两级学位课及必修环节的要求和检查方式。修业年限，硕士生一般为 2.5 年，博士生一般为 3～4 年，并且强调要多渠道、多模式地培养不同类型的研究生，主动适应社会的不同需求。

根据这两个文件的精神，各招收研究生的专业分别制定了培养方案和培养计划，包括培养目标、培养方式、专业方向、课程学习及学分、学位论文要求、考试考核等方面。

1982 年 11 月，校长工作会议通过了《关于攻读硕士学位研究生参加教学实践的暂行规定》，决定从 1982 级研究生起开始实行。

1984 年 6 月，经国务院学位委员会批准，清华大学成立了研究生院，是教育部首批试办研究生院单位之一，滕藤副校长兼任院长，吴佑寿、方惠坚任副院长。至此，清华从 1978 年恢复招收研究生以来，已培养硕士学位获得者 762 人，博士学位获得者 3 人。

1980 年至 1985 年，还为教育部分 5 批招收 151 名出国预备研究生。

1985 年，清华开始进行研究生社会实践试点工作，内容以社会调查为主，少量科技服务。1987 年又将社会实践列为硕士研究生的必修课。1988 年在试点的基础上，制定了《关于研究生中期考核的暂行办法》，主要考核研究生在学习期间的思想品德、业务学习状况和科学研究能力。

此外，随着研究生教育管理制度逐步完善，建立了适合学校特点的三级研究生管理体制，制定了从招生、学籍、教务、培养、学位与思想教育等一系列管理规定，建立了研究生管理数据库。同时，教育研究成果丰硕，承接多项国家级研究生教育管理研究课题，“博士培养和改革管理”获 1989 年全国高校教学成果优秀奖，“研究生社会实践制度的试验与改革”获 1993 年全国高校优秀教学成果二等奖。

经过这些改革和完善，清华研究生教育走上大规模培养研究生的稳步发展轨道。1981 年至 1993 年，学校严格遵照国家学位条例和实施办法，要求硕士、博士研究生申请相应学位时必须达到相应的水平，并经相应的答辩委员会通过和学位评定委员会审批批准，共有 7 286 人在清华获得硕士、博士学位，其中博士学位获得者 782 人。

1991 年，学校 1991—1992 学年度第 11 次校务会议讨论通过了《关于本科应届毕业直接攻读博士学位的若干规定》。学校开始试行从本科优秀应届毕业生中推荐免试直接攻读博士学位（简称“本科直博生”）。截至 2010 年，共招收直博生 8 311 人。

1993 年，经教育部批准，学校开展自行审核增列博士生指导教师试点工作。学校有 14 个一级学科准予试点。经校学位评定委员会审批，并上报同意备案而增列的博士生指导教师 86 人。

四、1994 年—2010 年

1994 年，学校召开博士生培养工作研讨会。会议强调：“要理工结合，文理渗透，发挥工科优势。同时要加强理科、经管、文科建设。没有一流的理科，不可能建成一流的工科。我校不能培养一般的工程技术人才，而应培养出高层次的复合型人才”。学校开始实行“研究生培养经费由原来双轨制变为单轨制”的改革；开始实施学位服制度。

1995 年起，学校开始从计划内招收指标中留出 10%用于招收工程类型研究生。清华大学研究生院在全国首次研究生院评估中名列第一。

1996 年 3 月，国家教委批准清华大学正式成立研究生院。

1996 年，学校开始招收非学历教育工商管理硕士生（MBA）。作为全国可开展工程硕士招生和培养试点的单位之一，学校开始招收非学历教育工程硕士研究生。学校对申请博士优秀论文试行同行专家隐名评审。

1997 年，学校新增 11 个工程领域，开始制定工程硕士专业学位培养方案，并开始建立“工程硕士培养工作站”。学校设立了“优秀留美学者赴清华讲学计划”，聘请海外学者利用暑期来校开设研究生课程，2002 年以后，该计划调整为“海外学者短期讲学计划”，并纳入研究生课程体系。

1998年，教育部启动全国优秀博士学位论文评选工作。截至2010年，清华大学入选全国优秀博士学位论文共82篇（其中含北京协和医学院—清华大学医学部4篇）。

1999年，学校开始开展与国（境）外院校的学生交换项目；设立“博士生出席国际会议基金”。

2000年，学校又召开博士生培养工作研讨会，在9个院系开始博士生招生改革试点，旨在给导师及学科更大招生自主权，更加注重考生的能力和素质。全校博士生培养工作会议的总结大会上，提出了提高培养质量的若干措施，并制订“博士生创新培养计划”。该计划包括设立“优秀博士学位论文奖励基金”“博士生科研创新基金”和“博士生出席国际会议基金”，于2001年全面实施。

2001年，学校开始招收法律硕士研究生（JM）；发布《进一步推进“按一级学科招收培养研究生”的通知》。学校在研究生培养上积极开展多项国际合作与交流，与国外高校联合培养硕士生、相互交换研究生以及设置全英文课程研究生学位项目等。学校启动与德国亚琛工业大学合作开展的双硕士学位项目，开始成建制培养国际学生。

2001年4月23日，国家教育部下发教研函〔2001〕3号文，正式批准成立清华大学深圳研究生院；2001年6月8日，深圳研究生院挂牌成立。

2002年，学校成立软件学院并开始招收软件工程硕士；开始招收非学历教育公共管理硕士研究生（MPA）；开始硕士生强军计划招生；制定并实施《博士学位论文基金试行条例》，评选出首批博士学位论文基金；开始举办清华大学博士生学术论坛；启动研究生精品课程建设项目；正式实施博士学位论文同行专家隐名评审制度；法学院、美术学院招收的硕士生全部实行收费制度；新上岗博士生导师岗前培训成为制度。

2003年，学校作为教育部34所自主确定复试分数线的高校之一，实行自主确定硕士生招生复试分数线。学校发起并承办了首届全国博士生学术论坛。开始博士生强军计划招生，为军队定向培养人才。同年，开始为铁道部定向培养工业工程领域工程硕士、MBA，共九期。

2004年，学校开始实施一级学科授权下的研究生管理；与国家会计学院开始联合招收、培养在职会计专业硕士；首次承办了教育部研究生教育创新计划之“第三届全国应用数学”和“第五届全国物理学”研究生暑期学校。

2005年，学校开始招收艺术硕士和风景园林硕士，同时停止了美术学院的高等学校教师在职攻读硕士学位项目的招生。在国务院学位委员会授权下，学校自审增列了9个人文社科类一级学科博士点。2005年至2006年，成功举办了三届清华大学国际博士生学术论坛。2005年，“工程硕士专业学位教育机制的创新与实践”荣获2004年北京市教育教学成果（高等教育）一等奖；同年，该成果获得第五届高等教育国家级教学成果特等奖。

2006年，学校召开主题为“面向企业自主创新，积极深入工程一线，多方位培养复合式应用型工程人才”的清华大学第23次教书育人研讨会暨工程硕士教育十周年研讨会；开始为少数民族地区高层次骨干人才培养计划招生；开始试行硕士学位论文集中答辩制度；进一步改革博士生指导教师遴选制度，允许副高职称教师申报担任博士生指导工作，允许从事跨学科研究的在岗博士生指导教师跨学科招收、指导博士生。

2007年，学校作为全国试点院校之一，全面启动研究生培养机制改革试点工作；承办了教育部创新计划项目之一“全国博士生学术会议”以及“生物信息学全国研究生暑期学校”；公共管理学院试办论文博士生班；清华在国家建设高水平大学公派研究生项目中首批派出博士生；完成了国务院学位委员会、教育部、人事部要求的博士质量调查工作；首次有26门研究生课程获得“清华大学精品课程”称号；在教育部启动的新一轮国家重点学科考核评估工作中，学校（含北京协和医学院—清华大学医学部）获得22个一级学科国家重点学科、15个二级学科国家重点学科、2个国家重点培育学科，共涵盖115个二级学科；学校于11月16日在德国亚琛工业大学举行联合培养硕士研究生学位授予仪式，首次在海外授予硕士学位。

2008 年，根据教育部的部署，学校开始实施“思政课教师攻读博士计划”的专项计划招生工作；允许拥有博士学位的中级职称教师申报担任硕士生指导教师；校学位评定委员会讨论通过，设立信息艺术设计硕士学位项目，依托美术学院、计算机系、新闻与传播学院招收、培养交叉学科研究生，该项目首批硕士生 2009 年入学。清华大学马克思主义学院成立后所属学科首次在学院体制下招收硕士和博士研究生。

2009 年，学校申报并经国务院学位委员会同意，新增了交通运输工程、光学工程、生物工程 3 个工程硕士的培养领域。

2009 年，国务院学位委员会决定增设教育博士、社会工作硕士两个专业学位授权点，清华获准成为这两个专业学位的首批培养单位之一，并于当年开始招收教育博士专业学位研究生。

2009 年，为提升培养质量，加快建设世界一流大学的步伐，在部分院系前期国际评估实践的基础上，学校正式启动全校性的学科国际评估工作，希望获取国际同行的意见和建议，以国际视角对现有学科布局及发展状况做出恰当的判断，同时进一步探索适合清华大学发展的评估方式、完善我校自身的人才培养质量保障体系。2010 年，环境科学与工程、物理学、电子工程、生命科学、计算机科学与技术、核科学与技术、建筑学、电气工程、设计艺术、力学、材料科学与工程、新闻传播 12 个学科先后完成了国际评估。

2010 年，学校自行审核并经国务院学位委员会审批，新增了金融、应用统计、汉语国际教育、新闻与传播、工程管理、公共卫生 6 个硕士学位专业学位授权点（其中公共卫生与北京协和医学院-清华大学医学部共建）。

截至 2010 年 12 月，学校有一级学科博士点 35 个、硕士点 37 个，二级学科博士点 182 个、硕士点 199 个，其中（含协和）一级学科国家重点学科 22 个（工学 16，理学 3，管理 2，医学 1），二级学科国家重点学科 15 个（工学 2，理学 1，经济 1，人文 2，医学 9）。已有 17 个专业学位授权类别，其中工程硕士涵盖 28 个领域。学校研究生招生总数 58 483 人，其中博士生约 14 828 人，硕士生约 43 655 人；已毕业研究生总数 47 243 人，其中博士生 10 150 人，硕士生 37 093 人。自 1981 年我国建立学位制度以来，已授予硕士和博士学位总数 62 164 人，其中博士学位 9 539 人，硕士学位 52 625 人；在学研究生 19 502 人，其中博士生 6 289 人，学术学位硕士生人 5 196，专业学位硕士生 8 017 人；在学总数中外国留学生 1 097，港澳台生 223 人。（在毕业和授学位总数中，2007 年开始包括北京协和医学院-清华大学医学部数据。）

第二节　学科设置

一、1925 年—1952 年

1925 年建立国学研究院时，只设国学 1 门，研究内容包括中国语言、历史、文学、哲学等。

1928年清华学校改为“国立清华大学”后，1929年正式建立了清华大学研究院，下设文、理、法三个研究所，1930年开始招生，以后几经调整，逐渐又增设了几个研究所（部）。至1935年经教育部核准，统一了名称，研究院共设10个研究部。

研究院章程规定：研究院院长、所主任、部主任暂由大学校长、各学院院长、各学系主任兼任。研究院聘请了一批著名学者为研究生指导教师，并对各位教授的指导范围、学生学习课程及学分等，作了详细规定。

（1）1935年研究院下设各所、部及主任名单如下：

① 文科研究所

中国文学部主任　朱自清　哲学部主任　冯友兰

外国语文学部主任 王文显　历史学部主任 蒋廷黻

② 法科研究所

政治学部主任　浦薛凤　经济学部主任　陈岱孙

③ 理科研究所

算学部主任　熊庆来　物理学部主任　叶企孙

化学部主任　张子高　生物学部主任　陈　桢

（2）1939年至1941年，清华研究院先后设立的研究所、部名单如下：

① 文科研究所　所长冯友兰

中国文学部　哲学部　外国语文部　历史学部

② 理科研究所　所长吴有训

物理学部　化学部　算学部　生物学部

③ 法科研究所　所长陈岱孙

政治学部　经济学部　社会学部（1942年初增设）

④ 工科研究所　所长施嘉炀

土木工程学部　机械工程学部　电机工程学部

⑤ 特种研究所

国情普查研究所　所长陈达　无线电研究所　所长任之恭

金属研究所　所长吴有训　航空研究所　所长庄前鼎

农业研究所（所长暂缺）由汤佩松、刘崇乐、戴芳澜，分别主持所属各组的工作。

（3）抗战胜利复员后的清华大学研究院有包括文、理、法、工、农五大门类的23个研究所，它们是：

① 文科

中国文学研究所　历史学研究所　外国语文研究所　哲学研究所

② 法科

政治学研究所　经济学研究所　社会学研究所

③ 理科

数学研究所　气象学研究所　物理学研究所　化学研究所

心理学研究所　生物学研究所　地学研究所

④ 工科

土木工程学研究所　机械工程学研究所　电机工程学研究所

航空工程学研究所　化学工程学研究所　建筑工程学研究所

⑤ 农科

植物病理研究所　昆虫学研究所　植物生理研究所

从 1946 年至 1948 年，上述研究所共招收研究生 62 名，毕业研究生 5 名。

中华人民共和国成立以后，清华大学研究院于 1950 年暑期参加华北地区高等学校联合招生，有 13 个研究所（学科）参与，共录取新生 24 名，后来实际到校注册的 19 名。

二、1952 年—1978 年

1952 年全国高等学校进行院系调整以后，清华大学成为一所多科性高等工业大学，虽然没有设立研究（生）院，但各学科（专业）的研究生招生和培养工作没有停止，培养目标确定为“高等学校师资和少量科学研究人才”。当时全校共设 8 个系 22 个专业。从 1955 年底开始，经中央批准，清华大学陆续建立了实验核物理、同位素物理、放射性稀有元素工艺学、电子学、无线电物理、电介质及半导体、热物理、空气动力学、固体物理、自动控制 10 个新技术专业。到 1965 年，清华大学的系和专业设置达 12 个系 40 个专业。有研究生指导教师 168 人，40 多个学科研究方向招收了研究生。此外，1957 年和 1958 年，先后创办了工程力学研究班和自动控制研究班，共培养出近 500 名高级研究人才和高校师资。

“文化大革命”期间，学科设置没有变化，研究生教育基本停滞，只是在 1973 年根据周恩来总理加强基础理论研究的指示，学校试办了研究班，在激光、固体物理、物质结构、有机催化 4 个学科方向共招收学员 43 名。

三、1978 年—2010 年

随着学校科研工作和学科建设的不断发展，以及国家对于大学在研究生教育方面进一步扩大自主权，包括指导教师的聘任、子学科的设定等，使得清华的指导教师队伍不断成长壮大，招收研究生的学科、专业的数量和招生规模不断增加，覆盖的学科门类和专业学位领域也得到不断扩展。

培养高水平的研究生需要高水平的学科支持，学校把学科建设放在突出位置：调整学科结构和布局，加强理科、管理、人文社科学科建设，引进高新技术注入传统学科，促进学科交叉，拓宽专业口径，形成复合型人才培养体系，集中力量建设具有优势的高质量博士人才培养基地。

（一）可授予学位的学科（1981—2010）与博士生指导教师（1981—1993）

1. 首批可授予博士、硕士学位的学科、专业

我国实行学位制度以后，1981 年经国务院批准，由国务院学位委员会下达清华大学为我国第一批博士学位和硕士学位授予单位之一。首批批准清华可授予博士学位的学科、专业共 31 个（工科 28 个，理科 3 个），博士生指导教师 39 人，见表 4-2-1；可授予硕士学位的学科、专业 60 个（工科 55 个，理科 5 个）；根据国务院学位委员会第三次会议的决定，对部分学科、专业进行了通信补评，清华大学原子核物理及核技术、物理化学 2 个理学学科、专业获得了批准，见表 4-2-2。

表 4-2-1 首批可授予博士学位的学科、专业和导师

序号	学科、专业	导师	序号	学科、专业	导师
1	城市规划与设计	吴良镛	17	理论电工	王先冲　肖达川 唐统一
2	水力学及河流、海岸动力学	钱　宁	18	通信与电子系统	吴佑寿
3	金属材料及热处理	陈南平	19	半导体物理与器件	李志坚
4	压力加工	王祖唐	20	计算机组织与系统结构	金　兰
5	岩土工程	黄文熙	21	自动控制	方崇智
6	水工结构工程	张光斗	22	自动化仪表与装置	童诗白
7	铸造	王遵明	23	模式识别与智能控制	常　迥
8	焊接	潘际銮	24	系统工程	郑维敏
9	机械学	郑林庆	25	核材料	李恒德
10	光学仪器	梁晋文	26	同位素分离	王承书（兼职）
11	精密计量测试技术及仪器	严普强	27	理论物理（理科）	张　礼
12	工程热物理	王补宣	28	固体力学	张　维　钱伟长 杜庆华　黄克智
13	汽车	宋镜瀛	29	计算数学（理科）	赵访熊
14	电机	高景德	30	光学（理科）	孟昭英　徐亦庄
15	电力系统及其自动化	王宗淦 黄　眉 孙绍先	31	传质与分离工程	汪家鼎
16	高电压工程	杨津基			

表 4-2-2 首批可授予硕士学位的学科、专业（含补充名单）

序号	学科、专业	序号	学科、专业
1	建筑历史与理论	14	压力加工
2	城市规划与设计	15	焊接
3	建筑设计	16	机械制造
4	建筑技术科学	17	机械学
5	结构工程	18	光学仪器
6	环境工程	19	精密计量测试技术及仪器
7	工程测量	20	工程热物理
8	岩土工程	21	热能工程
9	工程水文及水资源	22	内燃机
10	水力学及河流、海岸动力学	23	热力涡轮机械
11	水工结构工程	24	汽车
12	金属材料及热处理	25	电机
13	铸造	26	电力系统及其自动化

续表

序号	学科、专业	序号	学科、专业
27	高电压工程	45	同位素分离
28	理论电工	46	高分子材料
29	生物医学仪器及工程	47	化工热力学
30	通信与电子系统	48	传质与分离工程
31	电磁场与微波技术	49	化学反应工程
32	电子物理与器件	50	应用化学（液晶化学、工业及仪器分析）
33	半导体物理与器件	51	无机非金属材料
34	计算机软件	52	固体力学
35	计算机应用	53	流体力学
36	计算机组织与系统结构	54	一般力学
37	自动控制	55	管理工程
38	自动化仪表与装置	56	理论物理（理科）
39	模式识别与智能控制	57	基础数学（理科）
40	系统工程	58	计算数学（理科）
41	加速器物理	59	光学（理科）
42	反应堆工程	60	固体物理（理科）
43	反应堆物理	61	原子核物理及核技术（理科）*
44	核材料	62	物理化学（理科）*

注：* 表示列入“首批硕士学位授予单位及其学科、专业补充名单”的学科。

2. 第二批可授予博士、硕士学位的学科、专业

1984 年 1 月，经学校申报，教育部和国务院的学科评议组评审，国务院学位委员会批准第二批清华大学可授予博士学位的学科、专业 8 个（工学 7 个，理学 1 个），博士生指导教师 12 人（包括首批批准可授予博士学位的学科、专业增列导师 4 人）；可授予硕士学位的学科、专业 5 个（工学 4 个，理学 1 个），见表 4-2-3～表 4-2-5。

表 4-2-3　第二批可授予博士学位的学科、专业和导师

序号	学科、专业	导　师	序号	学科、专业	导　师
1	结构工程	龙驭球	5	电子物理与器件	张克潜
2	环境工程	顾夏声	6	无机非金属材料	江作昭
3	热能工程	冯俊凯	7	应用数学（理学）	萧树铁
4	电磁场与微波技术	杨弃疾	8	反应堆工程和反应堆安全	吕应中

表 4-2-4　首批已有博士学位授予的学科、专业增列指导教师

序号	学科、专业	导　师	序号	学科、专业	导　师
1	光学仪器	金国藩	3	水力学及河流动力学	夏震寰
2	电力系统及其自动化	高景德	4	化学工程	滕　藤

表 4-2-5　第二批可授予硕士学位的学科、专业

序号	学科、专业	序号	学科、专业
1	核物理	4	放射性废物处理
2	应用化学（萃取化学）	5	应用数学（理学）
3	核化学化工		

3. 特批可授予博士学位的学科、专业

1985 年 12 月，经学校申报，教育部和国务院临时学科评议组会议评审，国务院学位委员会特别批准清华大学可授予博士学位的学科、专业 6 个（全部为工学），博士生指导教师 7 人。见表 4-2-6。

表 4-2-6　特批可授予博士学位的学科、专业和导师

序号	学科、专业	导　师	序号	学科、专业	导　师
1	流体力学	沈孟育	4	建筑设计	李道增
2	机械制造	张伯鹏	5	地震工程及防护工程	沈聚敏　陈肇元
3	热力涡轮机械	倪维斗	6	核物理	王经瑾

学校原有博士学位授予权的学科、专业增列指导教师 17 人（学科、专业见表 4-2-10）：

张培林　郑兆昌　戴福隆　温诗铸　柳百成　俞新陆　过增元　李天铎　蒋孝煜　冯重熙
傅国伟　刘光廷　陈丙珍　李以圭　朱永𬀩　王大中　应纯同

特别批准可授予硕士学位的学科、专业（见表 4-2-9）：地震工程及防护工程。

4. 第三批可授予博士、硕士学位的学科、专业

1986 年 7 月，经学校申报，国务院学科评议组评审，国务院学位委员会批准第三批清华大学可授予博士学位的学科、专业 9 个（工学 7 个，理学 2 个），博士生指导教师 11 人，见表 4-2-7。

表 4-2-7　第三批可授予博士学位的学科、专业和指导教师

序号	学科、专业	导　师	序号	学科、专业	导　师
1	建筑历史与理论	汪　坦	6	一般力学	王照林
2	放射性废物处理	李国鼎	7	技术经济	傅家骥　朱镕基
3	生物医学仪器及工程	杨福生	8	生物物理（理学）	蒲慕明　赵南明
4	计算机应用	张　钹	9	加速器物理（理学）	刘乃泉
5	金属物理	李恒德			

学校原有博士学位授予权的学科、专业增列指导教师 41 人（学科、专业见表 4-2-10）：

张守仪　陈　聃　过镇海　王占生　余常昭　董曾南　于震宗　曹起骧
张人豪　唐祥云　李达成　章燕申　唐锡宽　徐旭常　王　洲　周力行
蒋滋康　张仁豫　吴维韩　陈丕璋　茅于海　陆大绘　陆家和　周炳琨

徐葭生　李三立　边肇祺　李衍达　吴　麒　范毓殿　赵鸿宾　梁尤能
胡大璞　连培生　马昌文　屈建石　袁乃驹　金　涌　张孝文　徐秉业
席葆树

批准可授予硕士学位的学科、专业9个（见表4-2-9）：

金属物理　技术经济　系统分析　分析化学（理学）　生物物理（理学）　自然辩证法（哲学）　中共党史（法学）　专门史（中国思想史——历史学）　专门用途外语（科技英语——文学）

清华培养研究生的学科门类，从此开始由工学和理学扩展到非理工的学科门类。同年，根据国务院学位委员会下放审批硕士学位授予权试点工作的通知规定，清华大学学位评定委员会自行审批，并上报备案通过的可授予硕士学位的学科、专业9个（全部为工学）：

建筑材料　市政工程　建筑经济与管理　水力发电工程　流体机械及流体动力工程
建筑热能工程　信号、电路与系统　计算机科学理论　实验力学

这期间为了有利于某些学科的建设和导师队伍的成长，还聘请外单位的博士生指导教师到清华大学指导博士生。先后聘请过的有：

中国科学院光学研究所　王大珩　中国科学院力学研究所　卞荫贵
水利电力科学研究院　许协庆　北京钢铁研究总院　蔡其巩
中国建筑材料科学研究院　吴中伟

由于每批能增列的博士生指导教师人数有限，为了改善学术梯队的结构，发挥年轻教师的积极性，在校内曾采取“先上岗，后戴帽”的措施，对已具备博士生指导教师条件的中青年教师，准许其独立指导博士生，而对外暂只称副导师。学校先后实施了三批：1989年3月批准9人，1991年12月批准13人，1992年7月批准14人。这些副导师在后续的导师增列中，先后经审批都成为正式的博士生指导教师。

5. 第四批可授予博士、硕士学位的学科、专业

1990年10月，经学校申报，国务院学科评议组评审，国务院学位委员会批准第四批清华大学可授予博士学位的学科、专业9个（工学6个，理学3个），博士生指导教师10人，见表4-2-8。

表4-2-8　第四批可授予博士学位的学科、专业和指导教师

序号	学科、专业	导　师	序号	学科、专业	导　师
1	原子核物理（理学）	孙洪洲	6	电路与系统	刘润生
2	凝聚态物理（理学）	顾秉林	7	计算机软件	陈其明
3	物理化学（理学）	宋心琦	8	供热、供燃气、通风及空调工程	彦启森
4	高分子材料	周其庠	9	建筑材料	冯乃谦
5	信号与信息处理	吴佑寿　陆大绘			

学校原有博士学位授予的学科、专业增列指导教师48人（学科、专业见表4-2-10）：

韩厚德　邝宇平　余寿文　张兆顺　王先逵　黄世霖　殷纯永　周兆英　周礼杲　柳百新
方鸿生　吴建銧　吴德海　任家烈　傅维镳　任泽霈　沈幼庭　叶大均　郑逢时　相年德
倪以信　卢　强　陈允康　马信山　钱亚生　朱雪龙　廖延彪　高葆新　钱佩信　韩曾晋

夏绍玮　邱大雄　阎平凡　王鼎兴　唐泽圣　叶焕庭　吴焕加　关肇邺　吕俊华　濮家骝
刘西拉　钱　易　江见鲸　费祥俊　张楚汉　沈忠耀　刘广均　薛大知

批准可授予硕士学位的学科、专业 5 个（见表 4-2-9）：

马克思主义理论教育（法学）　思想政治教育（法学）　高等教育学（教育学）
生物化学（理学）　信号与信息处理

根据国务院学位委员会下放审批硕士学位授权的规定，清华大学学位评定委员会在授权的学科范围内，自行审批并上报备案通过的硕士学位授权学科、专业 10 个（工学 9 个，理学 1 个）：

有机化学（理学）　工程图学　测试计量技术及仪器　机电控制与自动化
电力电子技术　管理信息系统　工业外贸　生物化工
辐射防护与保健　物理辐射技术及应用

6. 第五批可授予博士、硕士学位的学科、专业

1993 年 10 月，经学校申报，国务院学科评议组评审，国务院学位委员会批准第五批清华大学可授予博士学位的学科、专业 1 个（见表 4-2-10）：

建筑技术科学（工学）指导教师秦佑国

批准可授予硕士学位的学科、专业 2 个（见表 4-2-9）：

数量经济学（经济学）　教育管理学（教育学）

清华大学学位评定委员会自行审批并上报备案通过的硕士学位授权学科、专业 8 个（工学 3 个，理学 5 个）：

电磁测量技术及仪器（无声检测）　工业工程　核聚变与等离子体物理
概率论与数理统计（理学）　运筹学与控制（理学）　原子和分子物理（理学）
声学（理学）　无机化学（理学）

在已有博士学位授予权的学科、专业中，需上报审批而准予增列指导教师 10 人（见表 4-2-10）。

同时，清华大学获准开展自行审批增列博士生指导教师试点工作，全校有 14 个一级学科（工学 13 个，理学 1 个）准予试点，经学校学位评定委员会审批，并上报同意备案而增列的博士生指导教师 86 人（见表 4-2-10）。

截至 1993 年底，清华大学共有硕士学位授予权的学科、专业 107 个，涉及的学科门类为哲学（1 个）、经济学（1 个）、法学（3 个）、教育学（2 个）、文学（1 个）、历史学（1 个）、理学（17 个）、工学（81 个）；博士学位授予权的学科、专业 64 个，涉及的学科门类为理学（8 个）、工学（36 个）；博士生指导教师 277 人（由于自然减员和调离学校等原因，导师总数要少于各批批准导师的累加数）。

另外，从 1991 年 3 月起，清华大学参加国家教委关于进行工商管理硕士（MBA）学位试点工作，并成为试办工商管理硕士学位协作小组成员，对我国开展培养工商管理硕士起到了积极作用。从 1991 年 10 月起，清华参加了国务院学位委员会组织的关于建筑学专业学位的研究工作，对在我国设置建筑学专业学位发挥了积极的作用。

截至 1993 年底，清华大学可授予硕士学位的学科、专业见表 4-2-9，可授予博士学位的学科、专业及博士生指导教师见表 4-2-10。

表 4-2-9 可授予硕士学位的学科、专业（截至 1993 年底）

序号	学科、专业	序号	学科、专业
1	建筑历史与理论	39	高电压技术
2	建筑设计及其理论	40	电力电子技术
3	城市规则与设计	41	理论电工
4	建筑技术科学	42	通信与电子系统
5	建筑经济与管理	43	信号与信息处理
6	结构工程	44	电路与系统
7	地震工程及防护工程	45	物理电子学与光电子学
8	建筑材料	46	电磁场与微波技术
9	工程测量	47	半导体器件与微电子学
10	流体机械及流体动力工程	48	计算机科学理论
11	岩土工程	49	计算机软件
12	水文学及水资源	50	计算机组织与系统结构
13	水力学及河流动力学	51	计算机应用
14	水工结构工程	52	自动控制理论及应用
15	水力发电工程	53	自动化仪表及装置
16	环境工程	54	系统工程
17	市政工程	55	模式识别与智能控制
18	核环境工程	56	材料物理
19	铸造	57	核电子学与核探测技术
20	金属塑性加工	58	核聚变与等离子物理
21	焊接	59	辐射防护与保健物理
22	机械学	60	反应堆物理
23	机械制造	61	同位素分离
24	工程图学	62	辐射技术及应用
25	机电控制及自动化	63	一般力学
26	光学仪器	64	固体力学
27	精密仪器及机械	65	流体力学
28	测试计量技术及仪器	66	实验力学
29	电磁测量技术及仪器	67	高分子材料
30	供热、供燃气、通风及空调工程	68	化学工程
31	热能工程	69	生物化工
32	热力叶轮机械	70	应用化学
33	工程热物理	71	金属材料及热处理
34	汽车设计制造	72	无机非金属材料
35	内燃机	73	核材料
36	生物医学工程及仪器	74	管理工程
37	电机	75	管理信息系统
38	电力系统及其自动化	76	技术经济

续表

序号	学科、专业	序号	学科、专业
77	数量经济学	93	光学（理）
78	工业外贸	94	无机化学（理）
79	工业工程	95	分析化学（理）
80	反应堆工程与反应堆安全	96	有机化学（理）
81	核化学化工	97	物理化学（理）
82	基础数学（理）	98	生物化学（理）
83	计算数学（理）	99	生物物理学（理）
84	应用数学（理）	100	科学技术哲学（哲）
85	概率论与数量统计（理）	101	中共党史（法）
86	运筹学与控制论（理）	102	马克思主义理论教育（法）
87	加速器物理及应用	103	思想政治教育（法）
88	理论物理（理）	104	教育管理学（教育）
89	原子核物理（理）	105	高等教育学（教育）
90	原子与分子物理	106	专门史（史）
91	凝聚态物理（理）	107	专门用途外语（文）
92	声学（理）		

说明：专业名称后面无注释者均属工学。

表 4-2-10 可授予博士学位（也可授予硕士学位）的学科、专业及导师姓名（截至 1993 年底）

序号	学科（专业）	指导教师
1	计算数学	赵访熊　韩厚德
2	应用数学	萧树铁　陈天权
3	理论物理	张　礼　邝宇平
4	原子核物理	孙洪洲　陈泽民
5	凝聚态物理	顾秉林　熊家炯　陈皓明
6	光学	孟昭英　徐亦庄　张培林
7	加速器物理及应用	刘乃泉　林郁正
8	物理化学（含化学物理）	宋心琦　吴国是
9	生物物理学（理）*	蒲慕明（兼职教授）　赵南明　张日清
10	一般力学	王照林
11	固体力学*	张　维　杜庆华　黄克智　郑兆昌　戴福隆　徐秉业 余寿文　陆明万　王勖成　姚振汉　杨　卫
12	流体力学	沈孟育　席葆树　张兆顺　朱之墀
13	机械学*	郑林庆　温诗铸　唐锡宽　童秉枢　冯冠平　金德闻
14	机械制造	张伯鹏　王先逵
15	光学仪器*	梁晋文　金国藩　李达成　殷纯永　邬敏贤
16	精密仪器及机械*	严普强　章燕申　周兆英　高钟毓　徐端颐
17	汽车设计制造	宋镜瀛　蒋孝煜　黄世霖　赵六奇

续表

序号	学科（专业）	指导教师
18	铸造	柳百成　于震宗　吴德海　吴浚郊
19	金属塑性加工	王祖唐　俞新陆　曹起骧　刘　庄　颜永年
20	焊接*	潘际銮　张人豪　任家烈　鹿安理　区智明
21	材料物理	李恒德　柳百新　陶　琨
22	金属材料及热处理	陈南平　唐祥云　方鸿生　马莒生　刘家浚
23	无机非金属材料*	江作昭　张孝文　吴建鋋　李龙土　黄　勇
24	核材料	范毓殿　崔福斋
25	生物医学工程及仪器	杨福生　周礼杲　白　净
26	电机*	高景德　陈丕璋　郑逢时　李发海
27	理论电工*	王先冲　唐统一　萧达川　陈允康　马信山
28	电力系统及其自动化*	孙绍先　王宗淦　黄　眉　高景德　张宝霖　相年德 倪以信　卢　强　韩英铎　王仲鸿　郭永基
29	高电压技术*	杨津基　张仁豫　吴维韩　朱德恒　钱家骊　白秀庭
30	高分子材料	周其庠　刘德山　张增民
31	化学工程*	汪家鼎　朱永𪾢　滕　藤（兼职教授）陈丙珍　李以圭 袁乃驹　金　涌　沈忠耀　何培炯　费维扬　戴猷元 陆九芳
32	工程热物理*	王补宣　过增元　王　洲　周力行　傅维镳　任泽霈 朱明善　陈　熙
33	热力叶轮机械*	蒋滋康　叶大均　陈佐一　徐向东
34	热能工程*	冯俊凯　李天铎　徐旭常　沈幼庭　吕崇德　杨瑞昌
35	供热、通风、空调及燃气工程	彦启森　江　亿　赵荣义
36	通信与电子系统*	冯重熙　茅于海　钱亚生　姚　彦　彭应宁
37	信号与信息处理	吴佑寿　陆大绘　朱雪龙　林行刚　王作英
38	电路与系统	刘润生　董在望
39	物理电子学与光电子学（含光电技术、激光技术）*	张克潜　陆家和　周炳琨　廖延彪　高以智　范崇澄
40	电磁场与微波技术	杨弃疾　高葆新　陈敬熊（兼职教授）　冯正和
41	半导体器件与微电子学*	李志坚　徐葭生　钱佩信　陈弘毅　石秉学　杨之廉
42	自动控制理论及应用*	方崇智　吴　麒　韩曾晋　冯元琨　吴　澄　郑大钟 金以慧
43	自动化仪表及装置	童诗白　胡东成
44	模式识别与智能控制*	常　迵　李衍达　边肇祺　阎平凡　张贤达
45	系统工程	郑维敏　夏绍玮　宋　健（兼职教授）　邱大雄　赵纯均 吴宗鑫　杨家本
46	计算机软件	金　兰

续表

序号	学科（专业）	指导教师
47	计算机组织与系统结构*	李三立　王鼎兴　史美林　郑纬民
48	计算机应用	张　钹　唐泽圣　石纯一　孙家广
49	技术经济*	朱镕基（兼职教授）　傅家骥　叶焕庭
50	建筑历史与理论	汪　坦　吴焕加
51	建筑设计及其理论*	李道增　关肇邺　高亦兰　胡绍学
52	城市规划与设计*	吴良镛　张守仪　吕俊华　赵炳时　周干峙（兼职教授）
53	建筑技术科学	秦佑国　蔡君馥
54	岩土工程	黄文熙　濮家骝　李广信
55	水力学及河流动力学	夏震寰　余常昭　董曾南　费祥俊　府仁寿　雷志栋
56	水工结构*	张光斗　刘光廷　张楚汉　高莲士
57	结构工程*	龙驭球　陈　聃　过镇海　刘西拉　李少甫　袁　驷
58	地震工程及防护工程（含军事防护工程）	沈聚敏　陈肇元　江见鲸　方鄂华
59	建筑材料	冯乃谦　朱金铨
60	环境工程*	顾夏声　傅国伟　王占生　钱　易　蒋展鹏　程声通　郝吉明
61	核环境工程	李国鼎
62	同位素分离	王承书（兼职教授）　应纯同　赵鸿宾　梁尤能　刘广均　聂玉光
63	反应堆工程与反应堆安全*	吕应中　王大中　马昌文　薛大知　胡大璞　连培生（兼职教授）　罗经宇　罗征培　董　铎
64	核电子学与核探测技术*	王经瑾　屈建石　刘桂林　安继刚

注：* 为全国重点学科（共 29 个）。

7. 第六批可授予博士、硕士学位的学科、专业

1996 年 5 月，国务院学位委员会批准第六批清华大学可授予博士学位学位的学科、专业 2 个：电力电子技术（工学）　　应用化学（工学）

调整清华大学 2 个硕士学位专业点：

原专业“中共党史”，调整为“新闻学”；

原专业“专门用途外语”，调整为“语言学与应用语言学”。

同意备案的清华大学自行审批硕士学位授权学科、专业 2 个：

振动、冲击、噪声（工学）　　近海工程（工学）

1996 年国务院学位办下发“学位〔1996〕9 号”文件《关于批准清华大学等八所学校授予建筑学硕士学位的通知》，清华获得建筑学硕士学位授予权，并开展试点工作。

1996 年，力学、电工、计算机科学与技术三个一级学科获得行使博士学位授权试点。

至此，全校共有 66 个博士点，109 个硕士点，有建筑学硕士、工商管理硕士 2 个专业学位授权点。

8. 第七批可授予博士、硕士学位的学科、专业

1997 年，国家颁布了新的《授予博士、硕士学位和培养研究生的学科、专业目录》，并要求各研究生培养单位对学位授权点进行对应调整。比后颁布的学位授权学科、专业，均按调整后的名称发布。

1998 年 6 月，国务院学位委员会批准第七批清华大学可授予博士、硕士学位的一级学科点 13 个：

物理学（理学）
机械工程（工学）
仪器科学与技术（工学）
材料科学与工程（工学）
动力工程及工程热物理（工学）
电子科学与技术（工学）
信息与通信工程（工学）
控制科学与工程（工学）
建筑学（工学）
土木工程（工学）
水利工程（工学）
化学工程与技术（工学）
核科学与技术（工学）

批准清华大学可授予博士学位的学科、专业 6 个：

数量经济学（经济学）
基础数学（理学）
分析化学（理学）
有机化学（理学）
生物化学与分子生物学（理学）
企业管理（管理学）

同意备案的清华自行审批硕士学位授权学科、专业 10 个：

金融学（含：保险学）（经济学）
民商法学（含：劳动法学、社会保障法学）（法学）
教育技术学（教育学）
体育教育训练学（教育学）
语言学及应用语言学（文学）
中国现当代文学（文学）
细胞生物学（理学）
环境科学（工学）
会计学（管理学）
行政管理（管理学）

截至 1998 年，全校共有一级学科博士学位授权点 19 个（其中三个为不分设二级学科的一级学科），博士点 86 个，硕士点 108 个。

9. 第八批可授予博士、硕士学位的学科、专业

2000 年 12 月，国务院学位委员会发布全国第八批博士和硕士学位授权学科、专业，批准清华大学可授予博士、硕士学位的一级学科点 5 个：

数学（理学）
化学（理学）
生物学（理学）
环境科学与工程（工学）
工商管理（管理学）

批准可授予博士学位的学科、专业 3 个：

科学技术哲学（哲学）
民商法学（含：劳动法学、社会保障法学）（法学）
专门史（历史学）

同意备案的清华自行审批硕士学位授权学科、专业 19 个：

伦理学（哲学）
经济史（经济学）
政治经济学（经济学）
西方经济学（经济学）

法学理论（法学）
刑法学（法学）
诉讼法学（法学）
经济法学（法学）
国际法学（含：国际公法、国际私法、国际经济法）（法学）
社会学（法学）
中国古代文学（文学）
比较文学与世界文学（文学）
英语语言文学（文学）
传播学（文学）
艺术学（文学）
美术学（文学）
中国近现代史（历史学）
海洋生物学（理学）
飞行器设计（工学）

截至 2000 年，全校共有一级学科博士学位授权点 24 个（其中三个为不分设二级学科的一级学科），博士点 107 个，硕士点 139 个。

10. 第九批可授予博士、硕士学位的学科、专业

2003 年 9 月，国务院学位委员会发布全国第九批博士和硕士学位授权学科、专业，批准清华大学可授予博士、硕士学位的一级学科点 1 个：

公共管理（管理学）

批准可授予博士学位的学科、专业 11 个：

伦理学（哲学）
政治经济学（经济学）
国际关系（法学）
社会学（法学）
高等教育学（教育学）
体育教育训练学（教育学）
中国现当代文学（文学）
英语语言文学（文学）
传播学（文学）
美术学（文学）
天体物理（理学）

同意备案的清华自行审批硕士学位授权学科、专业 15 个：

马克思主义哲学（哲学）
中国哲学（哲学）
外国哲学（哲学）
逻辑学（哲学）
区域经济学（经济学）
宪法学与行政法学（法学）
环境与资源保护法学（法学）
应用心理学（教育学）
体育人文社会学（教育学）
运动人体科学（教育学）
文艺学（文学）
汉语言文字学（文学）
日语语言文学（文学）
科学技术史（理学）
交通运输规划与管理（工学）

截至 2003 年，全校共有一级学科博士学位授权点 25 个（其中 3 个不分设二级学科的一级学科），博士点 123 个，硕士点 159 个。

11. 第十批可授予博士、硕士学位的学科、专业

2005 年 4 月，国务院学位委员会委托北京大学、清华大学开展自行审核一级学科博士学位授权试点。2006 年，国务院学位委员会批准清华大学增列一级学科博士、硕士学位授权点 10 个：

哲学（哲学）
理论经济学（经济学）
应用经济学（经济学）
法学（法学）
社会学（法学）
马克思主义理论（法学）

中国语言文学（文学）　　新闻传播学（文学）　　艺术学（文学）
历史学（历史学）

批准可授予博士学位的学科、专业1个：海洋生物学（理学）

批准自审增列一级学科硕士学位授权点1个：航空宇航科学与技术（工学）

批准自审增列的硕士学位授权点4个：内科学（医学）　外科学（医学）　药理学（医学）　安全技术及工程（工学）

经过本批学位授权审核，全校研究生学科设置涵盖哲学、经济学、法学、教育学、文学、历史学、理学、工学、医学、管理学10个学科门类；有一级学科博士学位授权点35个，一级学科硕士学位授权点2个；按二级学科计算，共有博士学位授予点182个，硕士学位授予点199个。学科覆盖面更为宽泛，为拔尖创新人才培养和高水平科研奠定了宽广的学科基础，见表4-2-11。

表4-2-11　清华大学可授予博士、硕士学位的学科代码、名称

（1）有博士、硕士学位授予权的一级学科（35个）
（覆盖二级学科数173个，另有3个不分二级学科的一级学科点）

一级学科代码	一级学科名称（学科门类）	二级学科代码	二级学科名称
0101	哲学（哲学）	010101	马克思主义哲学
		010102	中国哲学
		010103	外国哲学
		010104	逻辑学
		010105	伦理学
		010106	美学
		010107	宗教学
		010108	科学技术哲学
0201	理论经济学（经济学）	020101	政治经济学
		020102	经济思想史
		020103	经济史
		020104	西方经济学
		020105	世界经济
		020106	人口、资源与环境经济学
0202	应用经济学（经济学）	020201	国民经济学
		020202	区域经济学
		020203	财政学（含：税收学）
		020204	金融学（含：保险学）
		020205	产业经济学
		020206	国际贸易学
		020207	劳动经济学
		020208	统计学
		020209	数量经济学
		020210	国防经济

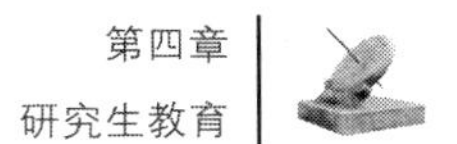

续表

一级学科代码	一级学科名称（学科门类）	二级学科代码	二级学科名称
0301	法学（法学）	030101	法学理论
		030102	法律史
		030103	宪法学与行政法学
		030104	刑法学
		030105	民商法学（含：劳动法学、社会保障法学）
		030106	诉讼法学
		030107	经济法学
		030108	环境与资源保护法学
		030109	国际法学（含：国际公法、国际私法、国际经济法）
		030110	军事法学
0303	社会学（法学）	030301	社会学
		030302	人口学
		030303	人类学
		030304	民俗学（含：中国民间文学）
0305	马克思主义理论（法学）	030501	马克思主义基本原理
		030502	马克思主义发展史
		030503	马克思主义中国化研究
		030504	国外马克思主义研究
		030505	思想政治教育
		030506	中国近现代史基本问题研究
0501	中国语言文学（文学）	050101	文艺学
		050102	语言学及应用语言学
		050103	汉语言文字学
		050104	中国古典文献学
		050105	中国古代文学
		050106	中国现当代文学
		050107	中国少数民族语言文学（分语族）
		050108	比较文学与世界文学
0503	新闻传播学（文学）	050301	新闻学
		050302	传播学
0504	艺术学（文学）	050401	艺术学
		050402	音乐学
		050403	美术学
		050404	设计艺术学

续表

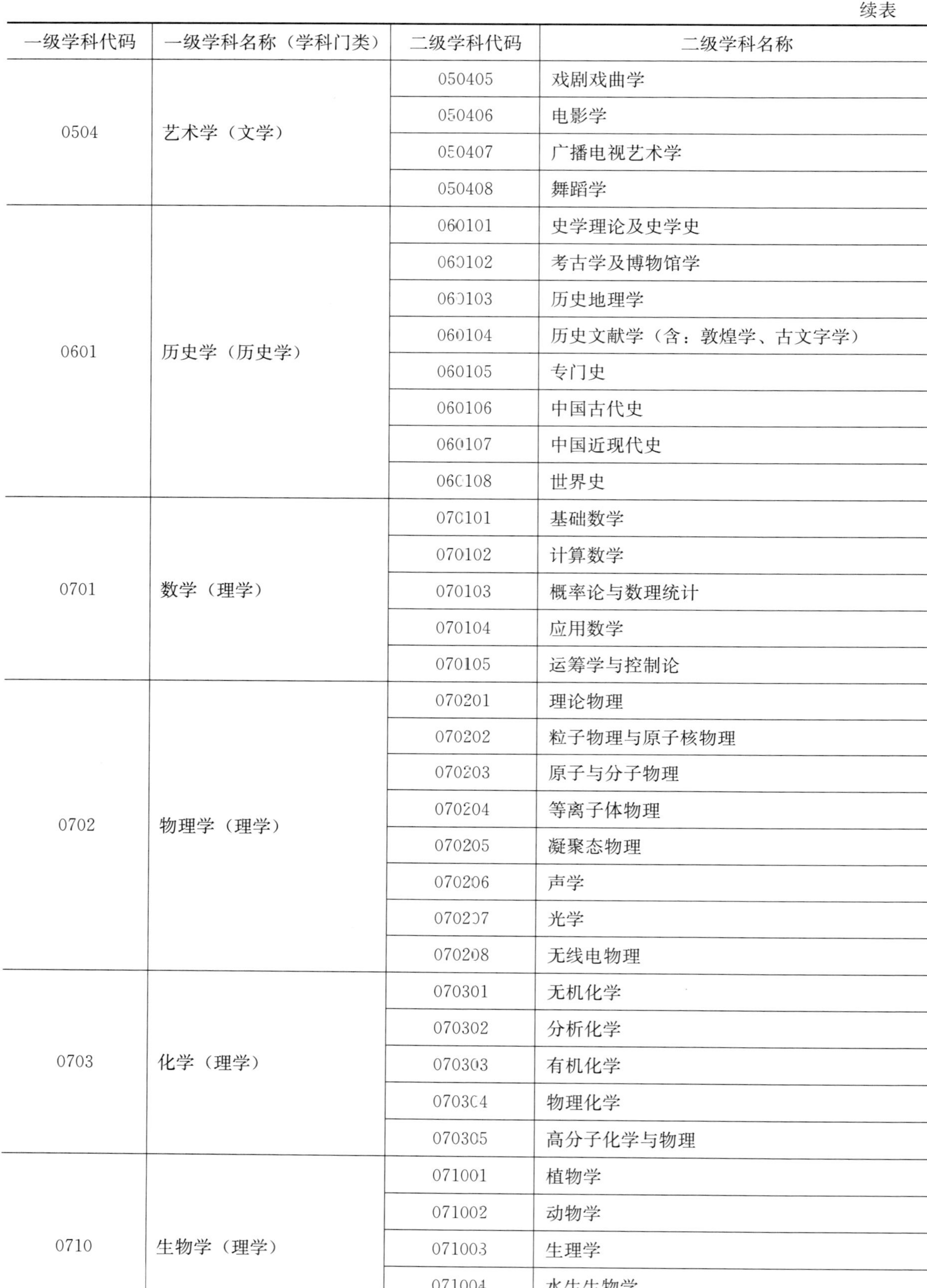

一级学科代码	一级学科名称（学科门类）	二级学科代码	二级学科名称
0504	艺术学（文学）	050405	戏剧戏曲学
		050406	电影学
		050407	广播电视艺术学
		050408	舞蹈学
0601	历史学（历史学）	060101	史学理论及史学史
		060102	考古学及博物馆学
		060103	历史地理学
		060104	历史文献学（含：敦煌学、古文字学）
		060105	专门史
		060106	中国古代史
		060107	中国近现代史
		060108	世界史
0701	数学（理学）	070101	基础数学
		070102	计算数学
		070103	概率论与数理统计
		070104	应用数学
		070105	运筹学与控制论
0702	物理学（理学）	070201	理论物理
		070202	粒子物理与原子核物理
		070203	原子与分子物理
		070204	等离子体物理
		070205	凝聚态物理
		070206	声学
		070207	光学
		070208	无线电物理
0703	化学（理学）	070301	无机化学
		070302	分析化学
		070303	有机化学
		070304	物理化学
		070305	高分子化学与物理
0710	生物学（理学）	071001	植物学
		071002	动物学
		071003	生理学
		071004	水生生物学
		071005	微生物学

续表

一级学科代码	一级学科名称（学科门类）	二级学科代码	二级学科名称
0710	生物学（理学）	071006	神经生物学
		071007	遗传学
		071008	发育生物学
		071009	细胞生物学
		071010	生物化学与分子生物学
		071011	生物物理学
		071012	生态学
0801	力学（工学）	080101	一般力学与力学基础
		080102	固体力学
		080103	流体力学
		080104	工程力学
0802	机械工程（工学）	080201	机械制造及其自动化
		080202	机械电子工程
		080203	机械设计及理论
		080204	车辆工程
0803	光学工程（不分设二级学科）（工学）		
0804	仪器科学与技术（工学）	080401	精密仪器及机械
		080402	测试计量技术及仪器
0805	材料科学与工程（工学）	080501	材料物理与化学
		080502	材料学
		080503	材料加工工程
0807	动力工程及工程热物理（工学）	080701	工程热物理
		080702	热能工程
		080703	动力机械及工程
		080704	流体机械及工程
		080705	制冷及低温工程
		080706	化工过程机械
0808	电气工程（工学）	080801	电机与电器
		080802	电力系统及其自动化
		080803	高电压与绝缘技术
		080804	电力电子与电力传动
		080805	电工理论与新技术
0809	电子科学与技术（工学）	080901	物理电子学
		080902	电路与系统
		080903	微电子学与固体电子学
		080904	电磁场与微波技术

续表

一级学科代码	一级学科名称（学科门类）	二级学科代码	二级学科名称
0810	信息与通信工程（工学）	081001	通信与信息系统
		081002	信号与信息处理
0811	控制科学与工程（工学）	081101	控制理论与控制工程
		081102	检测技术与自动化装置
		081103	系统工程
		081104	模式识别与智能系统
		081105	导航、制导与控制
0812	计算机科学与技术（工学）	081201	计算机系统结构
		081202	计算机软件与理论
		081203	计算机应用技术
0813	建筑学（工学）	081301	建筑历史与理论
		081302	建筑设计及其理论
		081303	城市规划与设计
		081304	建筑技术科学
0814	土木工程（工学）	081401	岩土工程
		081402	结构工程
		081403	市政工程
		081404	供热、供燃气、通风及空调工程
		081405	防灾减灾工程及防护工程
		081406	桥梁与隧道工程
0815	水利工程（工学）	081501	水文学及水资源
		081502	水力学及河流动力学
		081503	水工结构工程
		081504	水利水电工程
		081505	港口、海岸及近海工程
0817	化学工程与技术（工学）	081701	化学工程
		081702	化学工艺
		081703	生物化工
		081704	应用化学
		081705	工业催化
0827	核科学与技术（工学）	082701	核能科学与工程
		082702	核燃料循环与材料
		082703	核技术及应用
		082704	辐射防护及环境保护

续表

一级学科代码	一级学科名称（学科门类）	二级学科代码	二级学科名称
0830	环境科学与工程（工学）	083001	环境科学
		083002	环境工程
0831	生物医学工程（不分设二级学科）（工学）		
1201	管理科学与工程（工学、管理学）（不分设二级学科）		
1202	工商管理（管理学）	120201	会计学
		120202	企业管理
		120203	旅游管理
		120204	技术经济及管理
1204	公共管理（管理学）	120401	行政管理
		120402	社会医学与卫生事业管理
		120403	教育经济与管理
		120404	社会保障
		120405	土地资源管理

(2) 有博士、硕士学位授予权的二级学科（6 个）

二级学科代码	二级学科名称	二级学科代码	二级学科名称
030207	国际关系（法学）	050201	英语语言文学（文学）
040106	高等教育学（教育学）	070401	天体物理（理学）
040303	体育教育训练学（教育学）	070703	海洋生物学（理学）

(3) 仅有硕士学位授予权的一级学科（2 个）

（覆盖二级学科数 4 个，另有 1 个不分二级学科的一级学科点）

一级学科代码	一级学科名称（学科门类）	二级学科代码	二级学科名称
0712	科学技术史（理、工、农、医学）		
0825	航空宇航科学与技术（工学）	082501	飞行器设计
		082502	航空宇航推进理论与工程
		082503	航空宇航制造工程
		082504	人机与环境工程

(4) 仅有硕士学位授予权的二级学科（12 个）

二级学科代码	二级学科名称	二级学科代码	二级学科名称
040110	教育技术学（教育学）	081601	大地测量学与测量工程（工学）
040203	应用心理学（教育学）	081903	安全技术及工程（工学）
040301	体育人文社会学（教育学）	082303	交通运输规划与管理（工学）
040302	运动人体科学（教育学）	100201	内科学（医学）
050205	日语语言文学（文学）	100210	外科学（医学）
050211	外国语言学及应用语言学（文学）	100706	药理学（医学）

表 4-2-12　清华大学有权授予的专业学位名称

（1）博士专业学位

序号	代码	名　称
1	*	教育博士

（2）硕士专业学位

序号	代码	名　称	序号	代码	名　称
1	*	金融硕士	9	4401	建筑学硕士
2	*	应用统计硕士	10	4301	工程硕士
3	4101	法律硕士	11	5601	风景园林硕士
4	5901	社会工作硕士	12	5101	公共卫生硕士
5	5401	体育硕士	13	4601	工商管理硕士
6	5701	汉语国际教育硕士	14	4901	公共管理硕士
7	5501	艺术硕士	15	5301	会计硕士
8	*	新闻与传播硕士	16	*	工程管理硕士

注：* 表示该专业学位截至 2010 年尚无代码。

（二）1994 年—2010 年博士生导师名单

1994 年，国务院学位委员会将博士生导师评聘工作下放到各个研究生培养单位。除 1997 年外，清华每年进行一次博士生导师的评聘工作。历年上岗的博士生导师名单如下：

（1）1995 年上岗博士生导师名单

傅熹年　张锦秋（兼职）　冯钟平　詹庆旋　吴玉林　曾大本　陈武柱　施克仁
金元生　陈大融　顾启泰　丁衡高（兼职）　王维城　张绪祎　管迪华
陆际清　高上凯　朱东起　王祥珩　张伯明　关志成　王赞基　曹志刚
郑君里　丁晓青　李　星　罗　毅　彭吉虎　彭江得　张尧学　徐光佑
黄昌宁　洪先龙　孙增圻　肖田元　徐文立　徐用懋　熊光楞　任守榘
康克军　金兆熊　杨慧珠　岑章志　郑泉水　苏铭德　林文漪　顾毓沁
周　啸　曹竹安　郑燕康　梁开明　苗赫濯　李建保　潘金生　蔡大用
王　铎　唐　云　尚仁成　朱嘉麟　李子奈　徐国华　吴贵生　田杰谟
郑文祥　高祖瑛　周润德　李瑞伟

（2）1996 年上岗博士生导师名单

郭黛姮　单德启　栗德祥　钱稼茹　王士强　王兴奎　潘家铮（兼职）　王光纶
张晓健　刘鸿亮　聂永丰　张坤民　钟约先　曾　攀　陈　强　罗振璧
汪劲松　严瑛白　尤　政　李庆祥　彭晓峰　岳光溪　陈寿孙　谈克雄
罗承沐　丁海曙　曾烈光　张汉一　霍玉晶　沈美明　周立柱　钟玉琢
陈禹六　王桂增　萧德云　杨士元　傅瑞峰　范钦珊　任文敏　金观昌
薛明德　符　松　赵文华　李有润　丁富新　李总成　朱　静　张中太
张贤科　曾云波　许祥源　李　丽　曹必松　李师群　李兴中　罗国安
洪啸吟　周海梦　戴尧仁　隋森芳　王永县　陈　剑　姜彦福　章　程

宋崇立　徐元辉　奚树人　张作义　施仲齐　云桂春　林　泰　李润海
闻立树（兼职）

(3) 1997 年上岗博士生导师名单

吴庆余

(4) 1998 年上岗博士生导师名单

庄惟敏　史其信　郭彦林　秦　权　陈乃祥　陈稚聪　李玉柱　王光谦
金　峰　陈祖煜　梁应辰　李玉梁　黄　霞　贺克斌　黄天佑　都　东
吴敏生　张人佶　田　芊　张书练　胡元中　潘龙法　贾惠波　丁天怀
冯之敬　王东生　郑　力　巩马理　吴占松　杨献勇　姜培学　连小珉
杨学昌　梁曦东　姚若萍　胡广书　叶大田　孙元璋　姜建国　山秀明
唐　昆　李德杰　谢世钟　杨知行　林孝康　王志华　龚　克　章毓晋
查良镇　王　京　吴建平　王克宏　汤志忠　蔡莲红　王泽毅　林学訚
王家钦　吴文虎　张曾科　李春文　王文渊　吴秋峰　金永杰　邵贝贝
孙学伟　李志信　戴诗亮　朱克勤　方岱宁　张涵信（兼职）　高光华
何小荣　魏　飞　于　建　段占庭　白新德　周和平　潘　伟　潘　峰
章梅荣　步尚全　郑建华　朱胜江　何元金　范守善　马万云　王　青
邓景康　庄鹏飞　李家明　徐寿颐　尹应武　谢佐平　饶子和　程　京
张　德　张金水　陈小悦　宋逢明　周小川（兼职）　杨　炘　刘冀生
胡鞍钢　马俊驹　刘美珣　朱育和　胡熙恩　周惠忠　徐景明　唐春和
姜胜耀　何建坤　方　栋　孙玉良　经荥清　孟祥提　胡永明　何树延
郭人俊　刘理天　朱　钧　魏少军

(5) 1999 年上岗博士生导师名单

朱文一　孙凤岐　刘晶波　任爱珠　覃维祖　刘洪玉　朱　嫣　张建民
陈永灿　周建军　余　刚　施汉昌　陈吉宁　祝万鹏　梁　吉　刘文今
李言祥　段广洪　陈　恳　曾理江　姚　强　钱涵欣　曹树良　李定凯
袁　新　欧阳明高　周双喜　夏　清　赵　伟　李永东　黄立培　瞿文龙
汪　蕙　王德生　梅顺良　周祖成　杨华中　戴一奇　马少平　秦开怀
应明生　贾培发　周东华　阳宪惠　范玉顺　高文焕　魏义祥　程保荣
刘秋生　王希麟　王　波　张　健　王晓工　汪展文　刘　铮　唐国翌
周　济　刘　庆　刘宝碇　李海中　龙桂鲁　黄贺生　徐柏庆　张新荣
李艳梅　张复实　杨傅子　李亚栋　张秀芳　王希成　孟安明　周玉祥
张荣庆　李一勤　陈应华　陈国强　孙之荣　刘进元　昌增益　赵　平
陈国青　吴　栋　夏冬林　崔建远　于永达　刘书林　张明楷　吴　倬
曹德本　薛　澜　吴秋林　刘德顺　马远乐　李德平　靳东明　陈培毅
孙义和　文志英　王保树　魏　杰　金德湘

(6) 2000 年上岗博士生导师名单

马国馨（兼职）　袁　镔　毛其智　尹　稚　阎培渝　聂建国　宋二祥
王兆印　张红武　李庆斌　李仲奎　王　伟　孟永钢　叶雄英　王伯雄
张学学　张寅平　朱颖心　陈昌和　宋　健　范子杰　郭孔辉（双聘）

赵争鸣　闵　勇　蒲以康　李泽元　刘小明　牛志升　刘　斌　边计年
杨士强　慕春棣　王　雄　张小章　李俊峰　吴子牛　梁新刚　宋耀祖
王晓琳　朱慎林　周荣琪　陈翠仙　刘德华　曲德林　南策文　章晓中
冯庆玲　马　力　冯克勤　肖　杰　唐梓洲　郑志勇　张广铭　韩征和
王崇愚　朱邦芬　吴念乐　郭继华　陈德朴　石高全　沈德忠　刘　强
杜力军　蔡国平　武康平　于增彪　刘丽文　李志文　尹　鸿　邹广文
李　强　万俊人　李伯重　李砚祖　高中羽　陈进海　万春荣　周立业
吴天宝

(7) 2001 年上岗博士生导师名单

王贵祥　张　杰　吴唯佳　狄洪发　石永久　朱宏亮　马吉明　胡和平
李广贺　胡洪营　熊守美　褚福磊　李立峰　雒建斌　许洪元　李　政
李克强　王建昕　邱阿瑞　徐国政　袁建生　李艳和　姚敏玉　娄采云
陆建华　冯振明　林　闯　李大维　邓志东　周　彤　张长水　何也熙
曾　实　吕　敏（双聘）　施惠基　庄　茁　高华健（兼职）　王保国
琚诒光（兼职）　谢续明　骆广生　王金福　邢新会　冯嘉猷　白秉哲
白峰杉　张友金　简怀玉　苏　宁　高原宁　李惕碚　莫宇翔　倪　军
刘玉良　陈难先　李　强　邱　勇　佟振合（双聘）　陈晔光　傅新元
蓝伯雄　张为国（兼职）　仝允桓　施祖麟　傅　军　王战军　曾国屏
吴　彤　刘　兵　卢　风　熊澄宇　李希光　郭于华　孙立平　阎学通
蔡继明　赵甲明　王晓朝　葛兆光　蔡乐苏　彭　林　傅廷中
高西庆（兼职）　李当岐　鲁晓波　包　林　陈丹青　毛宗强　张阿玲
余志平

(8) 2002 年上岗博士生导师名单

王　路　景　军　吕　舟　汪光涛　叶列平　陆化普　杨　强　方红卫
聂孟喜　余锡平　沈珠江　文湘华　王洪涛　吴爱萍　姚可夫　杨昌喜
何　榕　朴　英　史　琳　孙恒虎　蔡宁生　陈全世　王新新　蒋晓华
何金良　任　勇　刘　加　孙卫东　朱小燕　孙茂松　钟宜生　张乃尧
何毓琦（讲席）　陆宝森（讲席）　曹希仁（讲席）　龚维博（讲席）
管晓宏　严厚民　冯西桥　李继定　杨基础　林章凛　王德峥　康飞宇
翁　端　袁　俊　周　坚　印林生　段文晖　赵永刚　马　辉　翁征宇
朱永法　陈立泉　胡跃飞　公衍道　罗永章　钟　毅　裴端卿　雷家骕
楚树龙　王　名　王孙禺　蔡曙山　曹南燕　樊富珉　刘建明　王晓毅
朱慈蕴　车丕照　杭　间　郑曙旸　刘元风　于溯源　姜长印　苏庆善
张良驹　仲朔平　吴　甦

(9) 2003 年上岗博士生导师名单

张复合　毛　峰　方东平　张建平　董　聪　江春波　王忠静
胡四一（兼职）　张天柱　董景新　余兴龙　王黎明　陈建业
郑健超（双聘）　杨　健　樊平毅　黄翊东　胡事民　林国恩　史元春
覃　征　张　毅　张学工　程建平　谢惠民　任革学　王亭杰　李　军

欧阳平凯（双聘）　张政军　李敬锋　张文征　谢志鹏　卢旭光　谢金星
尉志武　华瑞茂　陈国权　朱武祥　王以华　王有强　苏竣　李彬
胡伟希　艾四林　肖巍　张再兴　仇军　王培勇　陈希　刘世生
蓝棣之　汪晖　廖名春　李学勤　史静寰　王宁　罗选民　杨永林
王路　罗钢　解志熙　施天涛　王亚新　何美欢　张夫也　何洁
尚刚　陈池瑜　张仃　王建龙　陈靖　于荣海　张钟华（兼职）
Laurie D. Olin（兼职）　金石（兼职）　张卫平（兼职）　周青
范维澄

(10) 2004 年上岗博士生导师名单

王丽芳　杨锐　王守清　邵学军　陆佑楣（双聘）　杨大文　傅立新
张锡辉　王昆林　李培杰　周凯　路新春　张钟华（兼职）　祁海鹰
段远源　张扬军　周青　赵晓波　梅生伟　王希勤　艾海舟　孙富春
汪东升　朱纪洪　王建民　姚期智　黄煦涛（兼职）　赵千川　周杰
袁宏永　王奎禄（兼职）　朱凤蓉（兼职）　范如玉（兼职）　刘应华
张雄　范维澄　胡山鹰　王晓慧　于荣海　陈金文　金石（兼职）
张卫平（兼职）　潘建伟（兼职）　童爱军　巨勇　林金明
曹镛（兼职）　李景虹　潘宪明　王晓东　林圣彩（兼职）　谢道昕
李蓬　王志新　贺福初（双聘）　袁隆平（双聘）　姚新生（双聘）
金占明　陈晓　李稻葵　白重恩　杨燕绥　陈永国　陈争平　张小军
王中忱　刘勇　刘北成　张国刚　谢维和　高鸿钧　许章润　李彬
薄涵亮　任天令　刘辉　王钊　曹雪涛（兼职）　吴清玉　郑方

(11) 2005 年上岗博士生导师名单

单军　杨旭东　李晓东　辛克贵　韩林海　王恩志　吴保生　李焯芬
左剑恶　李金惠　单际国　庄大明　李岩　李勇　罗锐　朱民
顾春伟　蒋洪德　周远翔　董新洲　周世东　何芸　杨广文
李德毅（兼职）　柴跃庭　罗予频　袁睿翕　唐传祥　李君利　何红建
彭先觉（双聘）　胡思得（双聘）　崔桂香　郑钢铁　张育林（双聘）
马兴瑞（双聘）　黄永刚（兼职）　王涛　杨志刚　邢文训　杨小京
方述诚（兼职）　冯琦　张留碗　薛其坤　贺德华　王治强　李隽
罗弘　吴畏　刘栋　王小云　沈向阳（兼职）　郭百宁（兼职）
廖理　于安　崔之元　齐晔　王中江　罗家德　封宗信　刘江永
韩冬雪　张岂之　王振民　郭镇之　邓长生　李富　曲静原　王燕
高小榕　王广志　张宗明　刘破资　孙方霖　刘国松　廖庆敏　缪立新
何佳（双聘）　孔祥复（双聘）　辛世文（双聘）　黄来强　何朝族

(12) 2006 年上岗博士生导师名单

自本年度开始试点副高职称教师担任博导工作，首批有 8 人上岗；正式推行在岗博导跨学科担任博导制度，首批有 3 人上岗。

徐卫国　李先庭　张智慧　李克非　张君　张丙印　刘翔　荆涛
钟敏霖　闫平　王立平　冯平法　邵天敏　田凌　臧二军（兼职）

柯道友　李俊明　吕俊复　段宇宁（兼职）　成　波　裴普成　李一兵
孙宏斌　康重庆　曾　嵘　郑小平　陈　旭　王生进　李安国　徐明伟
雍俊海　舒继武　支志雄　任丰原　郑　方　向　东　戴琼海　宋靖雁
黄德先　杨　耕　叶　昊　李元景　唐劲天　刘以农　张　兴　任玉新
李路明　李喜德　何　枫　武　哲（双聘）　于养信　卢云峰（兼职）
韦　丹　刘　伟　张政军（跨学科）　姚家燕　杨顶辉　张贺春　郭　永
阮　东　薛　平　贾金锋　王向斌　席婵娟　王立铎　吴国祯（跨学科）
吴洪开　潘俊敏　李保界　施一公　薛　定（兼职）　吴　健　陈秉正
宁向东　高　建　谢德仁　黄京华　殷存毅　巫永平　俞　樵　张美兰
孙明君　刘　石　肖　鹰　李正风　龙登高　高淑娟　崔　刚　吕中舌
曹　莉　李　虹　陈小平　谢思炜　周光权　黎　宏　高其才　李兆杰
王晨光　崔保国　周浩明　周　羽　李十中　张希良　周志伟　王　捷
王建龙（跨学科）　许　军　常智杰　邢婉丽　利　民（兼职）　刘　静
蒋宇扬　黄　维　张大鹏（双聘）

（13）2007 年上岗博士生导师名单

谭纵波　党安荣　付　林　邹德慈　马智亮　钟宏志　王元清　尚松浩
张永良　段云岭　王　浩（双聘）　刘文君　陈吕军　叶佩青　董永贵
由长福　蒋东翔　帅石金　饶培伦　姜齐荣　郭静波　刘文华　江伟华
郑　宁　陈文颖　张佑杰　陈　炜　颜　宁　张雅鸥

（14）2008 年上岗导师名单

自 2008 年开始试点院系按年度自审教师博士生招生资格制度，机械学院、信息学院部分系所参加了试点。在全校试点院系自审中级职称教师担任硕士生导师制度，首批有 88 位教师获聘。

① 2008 年上岗博士生导师名单

朱育帆　赵　彬　程晓辉　张　红　倪广恒　傅旭东　胡黎明　徐　冰
李俊华　王凯军　王　伟（跨学科）　王　雪　季林红　阎绍泽　朱　煜
张　嵘　王力军（跨学科）　柴建云　沈　沉　冯建华　刘　民
Michael S. Waterman　陈志强　高　喆　陈怀璧　王浩文　许春晓　岑　松
刘　彬　郑丽丽　赵劲松　程　易　王运东　于慧敏　骞伟中
马晓龙（兼职）　汪长安　朱　彬　黄忠亿　陈　曦　吕　嵘　李群庆
王　训　寇会忠　阎永彬　王新泉　杨茂君　欧阳钟灿（双聘）
苏肇冰（双聘）　于　渌（双聘）　李　飞　谢　伟　胡左浩　李宏彬
文　一　陈　希（跨学科）　彭凯平　何茂春　肖广岭　袁本涛　江铭虎
傅璇琮　余凌云　金兼斌　吴冠英　李正安　李静杰　田　青　吴志芳
董玉杰　贾海军　常华健　张亚军　刘敬东　张晓东　张林琦

② 院系自审获得 2008 年博士生招生资格的教师名单

邹贵生　马庆贤　林　峰　史清宇　谭峭峰　王晓浩　朱　荣　汪家道
王正伟　任　静　张衍国　宋　蔷　王淑娟　侯之超　李建秋　李志忠
杜正伟　葛　宁　汤　俊　孙长征　张　利　王建勇　任丰原　陈文光
徐　恪　李　梢　王　凌　张　涛　李宇根　谢　丹　潘立阳

③ 中级职称教师担任硕士生导师备案教师名单

潘　鹏　冯　鹏　李小冬　李瑞敏　施　刚　李全旺　徐　明　丛振涛
刘耀儒　张其光　巩前明　蔡志鹏　赵景山　卢文秀　王子羲　陈皓生
赵　彤　张高飞　冯焱颖　李　滨　杨　兴　符泰然　李振山　樊红刚
林智荣　王　志　罗禹贡　范成建　夏　勇　郑新前　诸葛伟林　李乐飞
皋　琴　王凯波　李斌峰　周　建　张　波　袁立强　陈宏伟　陈文华
冯　雪　梁维谦　欧智坚　乔　飞　王　剑　王　健　王劲涛　闻　和
熊　兵　张洪明　钟晓峰　喻文健　张　敏　张洪宇　陈　康　陶　品
王朝坤　陈茂银　贾庆山　李启兵　马坚伟　张　超　邓　智　刘井泉
刘　奕　马天予　蒋国强　卢滇楠　陈定江　张　斌　梁琼麟　乔　娟
郭迅华　黄　朔　蒋　璐　路江涌　宋衍蘅　梁　正　李应博　过　勇
邓海峰　劳东燕　陈新宇　董关鹏　周庆安　杨小勇　马景陶　冯务中

（15）2009 年上岗导师名单

① 2009 年上岗博士生导师名单

李树华　宋晔皓　贾　珺　石文星　赵红蕊　樊健生　郑思齐　刘　宁
强茂山　何　苗　杜鹏飞　张彭义　宋永华　常瑞华（兼职）　王昭诚
温江涛　张奇伟　王群书（兼职）　刘国治（兼职）　欧阳晓平（兼职）
韦　杰　李和平　姚学锋　王天舒　宝音贺西　刘　彬　陈常青　杨金龙
林元华　王殿军　胡家信　王力军　戴宏杰　危　岩　王梅祥　董桂芳
刘冬生　雷建林　俞　立　高海啸　陈涛涛　吴维库　王庆新　彭宗超
陈　来　刘　东　张小劲　景跃进　刘精明　张　冰　刘　禾　赵日新
张文霞　赵平安　林　健　张国祚（兼职）　肖贵清　韦正翔　林来梵
郑尚元　贾兵兵　申卫星　郭庆光　王建中　陈　辉　邹　文　王革华
钱　鹤　刘玉玺　祁　海　洪　波　王满宜（兼职）　田光磊（兼职）
田　伟（兼职）　张　洪（兼职）　李立浧（双聘）

② 院系自审获得 2009 年博士生招生资格的教师名单

于玉贞　黄跃飞　张　弓　朱志明　刘伟强　刘辛军　田　煜　柳　强
禚玉群　张建胜　李水清　李显君　张俊智　黄四民　张　伟　刘卫东
陈水明　郝智彪　张旭东　袁　坚　金德鹏　吴　及　李涓子　杨家海
邢春晓　武永卫　姚丹亚　陈　峰　向　兰　王铁峰　陈　宇　姜开利
兰岳恒　肖志刚　柴继杰　陶庆华　罗敏敏　龚海鹏　高　宁　赵　雷
梁彤祥　张征明　赵　璇　刘泽文　乌力吉　王喆垚　池保勇　吴耀炯
贾志东　夏树涛

③ 中级职称教师担任硕士生导师备案教师名单

王宝龙　燕　达　夏建军　潘佳怡　余红霞　呙润华　刘昭伟　胡　昱
田富强　袁朝龙　张文增　赵　乾　李　滨　张高飞　邢　飞　李雪松
王　哲　麻林巍　赵　博　林成涛　马春生　苏　厉　王　钺　张　彧
陈健生　汪　玉　刘勇攀　李　震　胡春华　殷柳国　赵红平　由小川
余纲林　徐建鸿　李亮亮　许华平　高春梅　刘志林　戴亦欣　张严冰

周绍杰 陈 玲 冯术杰 聂 鑫 尚玉明 郑艳华 郭 永 刘 冉
贺 飞 王朝坤 丁贵广

（16）2010 年上岗导师名单

① 2010 年上岗博士生导师名单

周集中 解跃峰 杨云锋 融亦鸣 罗忠敬 彭 晖（兼职） 杨 帆
黄 铠（讲席） 刘云浩 张 勤（双聘） 陈善广（双聘） 尤 力
徐冠华（双聘） 王 斌 宫 鹏 罗 勇 陈 希（跨学科） 吴潜涛
冯 象 屠基元 张奇伟（跨学科） 吴 励 李兆平 郭 伟 苑 纯
王小勤 刘晓冬 郭 华

② 院系自审获得 2010 年博士生招生资格的教师名单

张 利 张 悦 林波荣 石 京 孔祥明 邓晓梅 张 嘎 茅泽育
徐千军 王 毅 张 旭 汪诚文 王 慧 蒋建国 邓述波 孙 伟
李 默 许庆彦 孙振国 方 刚 朱宏伟 郁鼎文 向 东 唐晓强
白本锋 陈非凡 李清海 杨海瑞 李振山 田光宇 郑四发 危银涛
杨殿阁 王贺武 马凡华 王凯波 姜 海 李乐飞 黄松岭 何光宇
于歆杰 肖 曦 吴文传 张 敏 张 巍 陆明泉 徐正元 谷源涛
尹 霞 张洪宇 尹 浩 王跃宣 方 菲 周 明 侯凌云 曹艳平
陈海昕 向志海 冯 雪 杨 春 郝红伟 曹炳阳 李玉兰 张 丽
黄 弘 杜 伟 郭宝华 唐黎明 唐子龙 杨 瑛 陆 玫 郭玉霞
郑春雄 孙家林 戴星灿 陶嘉琳 王晓锋 丁明玉 袁金颖 魏永革
周 群 彭 卿 乔 娟 严清峰 许华平 孔 良 翟 荟 张首晟
文小刚 鞠建东 朱玉杰 杨之曙 孟庆国 曹 峰 黄裕生 张利华
沈 原 孙 凤 李 庆 何宏华 张 勇 张绪山 李 旺 张建伟
陈昌凤 史安斌 王宪明 解 安 唐绪祥 严 扬 史习平 刘 临
张 敢 王建晨 杨星团 石 磊 段茂盛 王晓红 李树国 张敬仁
纪家葵 那 洁 沈晓骅 李海涛 饶 燏 宫 琴 付世敏 李小梅
王蒲生 管运涛

③ 中级职称教师担任硕士生导师备案教师名单

刘晓华 邬东璠 庄优波 纪晓东 廖彬超 唐莉华 陈 超 岳东北
席劲瑛 梁 鹏 马明星 张文增 瞿体明 王 鹏 周 斌 薛亚丽
胥蕊娜 李雪松 吴玉新 许兆峰 李 亮 曹 晖 汪 莱 王利威
刘 仿 李 刚 文 迪 裴玉奎 陈 巍 黄民烈 姜进磊 刘奕群
赵 颖 马昱春 汪小我 李翔宇 曾 志 黄志峰 龚景松 王 兵
张 翀 张 铮 卢 嘉 乔 雪 吴斌珍 曹 静 马 弘 徐 嫄
刘 淳 施新政 朱 涛 吴沙莉 熊义志 殷成志 郑振清 梅赐琪
陈懋修 钱 静 宛小昂 漆海霞 张传伟 张 锋 翁贺凯 郑海涛
关 添 彭 诚 董宇涵 张学聃 杨文明 张 盛 徐青青 李 强
杜鸿达 曾 楠

（三）1981 年—2010 年博士生导师按学科分布名单（见表 4-2-13）

表 4-2-13　清华大学博士生导师名单（1981—2010）

院系	学科代码	学科名称	姓　　名
建筑学院	0813	建筑学	吴良镛　汪　坦　张守仪　蔡君馥　关肇邺　李道增　周干峙$_{\text{兼}}$　吴焕加 赵炳时　高亦兰　吕俊华　傅熹年　詹庆旋　冯钟平　张锦秋$_{\text{兼}}$　黄光宇$_{\text{兼}}$ 郭黛姮　单德启　胡绍学　孙凤岐　袁　镔　马国馨$_{\text{兼}}$　栗德祥　汪光焘$_{\text{兼}}$ 秦佑国　L. D. Olin$_{\text{兼}}$　张复合　王贵祥　毛其智　吴唯佳　庄惟敏 王丽方　顾朝林　吕　舟　徐卫国　谭纵波　王　路　尹　稚　毛　锋 李晓东　朱文一　党安荣　杨　锐　邹德慈$_{\text{兼}}$　单　军　朱育帆　李树华 宋晔皓　贾　珺　张　利　张　悦　林波荣
	0814	土木工程	彦启森　赵荣义　狄洪发　江　亿　朱颖心　李先庭　张寅平　杨旭东 付　林　赵　彬　石文星
土木系	0805	材料科学与工程	冯乃谦　朱金铨　蒲心诚$_{\text{兼}}$
	0814	土木工程	龙驭球　陈　聃　沈聚敏　陈肇元　过镇海　方鄂华　江见鲸　刘西拉 李少甫　袁　驷　秦　权　覃维祖　史其信　任爱珠　钱稼茹　辛克贵 张建平　阎培渝　刘晶波　陆化普　宋二祥　聂建国　郭彦林　叶列平 石永久　张　君　王元清　马智亮　钟宏志　董　聪　韩林海　程晓辉 李克非　赵红蕊　樊健生　石　京　孔祥明
建管系	1201	管理科学与工程	朱宏亮　朱　嬿　刘洪玉　方东平　张　红　张智慧　王守清　郑思齐 邓晓梅
水电系	0814	土木工程	黄文熙　濮家骝　陈祖煜　李广信　沈珠江　李焯芬$_{\text{双}}$　张建民　张丙印 胡黎明　于玉贞　张　嘎
	0815	水利工程	张光斗　钱　宁　夏震寰　余常昭　潘家铮$_{\text{双}}$　梁应辰　刘光廷　费祥俊 董曾南　张楚汉　高莲士　王思敬　府仁寿　李玉樑　雷志栋　王士强 王光纶　李玉柱　陈稚聪　聂孟喜　李仲奎　王兴奎　王兆印　段云岭 张红武　王恩志　吴保生　马吉明　周建军　江春波　王　浩$_{\text{双}}$　邵学军 王光谦　胡和平　余锡平　陈永灿　王忠静　李庆斌　方红卫　杨　强 张永良　倪广恒　胡四一$_{\text{双}}$　金　峰　杨大文　安雪晖　尚松浩　傅旭东 刘　宁$_{\text{双}}$　黄跃飞　茅泽育　徐千军
	1201	管理科学与工程	陆佑楣$_{\text{双}}$　强茂山
环境系	0814	土木工程	王占生　蒋展鹏　张晓健　王　伟　刘文君
	0827	核科学与技术	李国鼎　刘鸿亮$_{\text{兼}}$　聂永丰　王　毅
	0830	环境科学与工程	顾夏声　傅国伟　王占生　钱　易　蒋展鹏　程声通　张坤民$_{\text{兼}}$　祝万鹏 郝吉明　施汉昌　李广贺　陈吉宁　贺克斌　王洪涛　黄　霞　胡洪营 余　刚　陈吕军　文湘华　张天柱　王凯军　刘　翔　李金惠　傅立新 左剑恶　李俊华　徐　冰　聂永丰$_{\text{跨}}$　王　伟$_{\text{跨}}$　何　苗　杜鹏飞　张彭义 周集中　解跃峰　杨云锋　张　旭　汪诚文　王　慧　蒋建国　邓述波

续表

院系	学科代码	学科名称	姓　　名
机械系	0805	材料科学与工程	陈南平 王祖唐 王遵明 于震宗 潘际銮 曹起骧 刘　庄 俞新陆 刘家浚 任家烈 张人豪 柳百成 吴浚郊 吴德海 鹿安理 曾大本 颜永年 黄石生兼 施克仁 陈武柱 张人佶 区智明 吴敏生 刘文今 梁　吉 黄天佑 钟约先 王昆林 陈　强 姚可夫 钟敏霖 李言祥 都　东 李培杰 曾　攀 吴爱萍 庄大明 单际国 荆　涛 熊守美 邹贵生 马庆贤 林　峰 史清宇
精仪系	0802	机械工程	郑林庆 王先逵 张伯鹏 温诗铸 唐锡宽 童秉枢 金元生 黄靖远 金德闻 冯冠平 胡元中 陈大融 冯之敬 汪劲松 周　凯 褚福磊 雒建斌 孟永钢 陈　恳 段广洪 李　勇 季林红 田　凌 邵天敏 叶佩青 阎绍泽 路新春 王立平 冯平法 朱　煜 汪家道 刘伟强 刘辛军 田　煜 融亦鸣 郁鼎文 向　东 唐晓强
	0803	光学工程	梁晋文 金国藩 李达成 邬敏贤 严瑛白 殷纯永 田　芊 张书练 王东生 李立峰 巩马理 曾理江 李　岩 杨昌喜 臧二军兼 闫　平 董永贵 谭峭峰 柳　强 白本锋
	0804	仪器科学与技术	严普强 章燕申 丁衡高兼 高钟毓 顾启泰 徐端颐 周兆英 李庆祥 贾惠波 丁天怀 潘龙法 尤　政 王伯雄 余兴龙 董景新 叶雄英 王　雪 张　嵘 朱　荣 王晓浩 陈非凡
热能系	0807	动力工程及工程热物理	王补宣 冯俊凯 李天铎 蒋滋康 王　洲 朱明善 徐旭常 任泽霈 叶大均 沈幼庭 倪维斗 吕崇德 杨瑞昌 张绪祎 王维城 陈佐一 徐向东 蒋洪德 吴玉林 陈乃祥 杨献勇 张学学 陈昌和 岳光溪 李定凯 许洪元 吴占松 彭晓峰 姚　强 姜培学 李　政 柯道友（David M. Christopher） 曹树良 李俊明 袁　新 蔡宁生 祁海鹰 罗　锐 何　榕 顾春伟 史　琳 段远源 朱　民 吕俊复 由长福 段宇宁 蒋东翔 王正伟 张衍国 任　静 宋　蔷 王淑娟 禚玉群 张建胜 李水清 罗忠敬 李清海 杨海瑞 李振山 李显君
汽车系	0802	机械工程	宋镜瀛 蒋孝煜 黄世霖 赵六奇 郭孔辉兼 管迪华 陈全世 连小珉 宋　健 范子杰 吕振华 成　波 李克强 周　青 李一兵 侯之超 彭　晖兼 田光宇 郑四发 危银涛 杨殿阁
	0807	动力工程及工程热物理	陆际清 欧阳明高 王建昕 裴普成 张扬军 帅石金 李建秋 张俊智 王贺武 马凡华
工业工程	1201	管理科学与工程	Salvendy兼 罗振璧 郑　力 赵晓波 吴　甦 饶培伦 李志忠 黄四民 张　伟 王凯波 姜　海 李乐飞
电机系	0808	电气工程	高景德 王宗淦 黄　眉 孙绍先 王先冲 萧达川 唐统一 张宝霖 白秀庭 李泽元兼 杨津基 张仁豫 陈丕璋 郑逢时 相年德 吴维韩 李发海 钱家骊 王仲鸿 朱德恒 卢　强 马信山 陈允康 郭永基 倪以信 关志成 陈寿孙 谈克雄 罗承沐 姜建国 朱东起 韩英铎 王祥珩 顾乐观兼 周双喜 杨学昌 瞿文龙 徐国政 黄立培 邱阿瑞 王赞基 陈建业 张伯明 姚若萍兼 张钟华兼 孙元璋 赵　伟 夏　清 王新新 赵争鸣 袁建生 郭静波 柴建云 李永东 梁曦东 蒋晓华 闵　勇 董新洲 宋永华 郑健超兼 梅生伟 江伟华 何金良 周远翔 王黎明 刘文华 姜齐荣 孙宏斌 康重庆 曾　嵘 沈　沅 宋永华 刘卫东 陈水明 黄松岭 何光宇 于歆杰 肖　曦 吴文传

续表

院系	学科代码	学科名称	姓名
电子系	0809	电子科学与技术	杨弃疾 陆家和 冯重熙 张克潜 刘润生 茅于海 高葆新 廖延彪 周炳琨 高以智 查良镇 范崇澄 董在望 彭吉虎 彭江得 张汉一 陈敬熊[兼] 冯正和 娄采云 霍玉晶 姚敏玉 李德杰 龚　克 汪　蕙 谢世钟 刘小明 罗　毅 黄翊东 陈　旭 郑小平 杨华中 陈明华 孙长征 杜正伟 常瑞华[兼] 郝智彪 杨　帆 张　敏 张　巍
	0810	信息与通信工程	吴佑寿 陆大绘 朱雪龙 钱亚生 彭应宁 王作英 郑君里 姚　彦 丁晓青 曹志刚 周祖成 山秀明 唐　昆 王德生 杨知行 梅顺良 林行刚 林孝康 冯振明 曾烈光 章毓晋 刘　加 何　芸 李　星 王　京 廖庆敏 孙卫东 王生进 任　勇 陆建华 牛志升 杨　健 樊平毅 宋　健 王希勤 李安国[兼] 周世东 张志军 汤　俊 张　利 葛　宁 王昭诚 张旭东 袁　坚 金德鹏 吴　及 陆明泉 徐正元 谷源涛
计算机系	0812	计算机科学与技术	金　兰 张　钹 李三立 孙家广 唐泽圣 石纯一 王鼎兴 史美林 郑纬民 沈美明 吴文虎 黄昌宁 钟玉琢 林学訚 徐光祐 王泽毅 洪先龙 王克宏 王家廞 孙增圻 张福炎[兼] 汤志忠 边计年 贾培发 戴一奇 周立柱 吴建平 林　闯 蔡莲红 李德毅[兼] 杨士强 吴建平 李大维[兼] 张尧学[兼] 朱小燕 秦开怀 蔡懿慈 马少平 孙茂松 杨广文 艾海舟 孙富春 应明生 刘　斌 邓志东 汪东升 史元春 冯建华 冯　铃 胡事民 朱纪洪 黄煦涛[兼] 覃　征 罗贵明 王建民 向　东 林国恩 支志雄 雍俊海 姚期智[跨] 王小云[跨] 赵有健 温江涛 舒继武 徐明伟 毕　军 郑　方 任丰原 王建勇 陈文光 徐　恪 温江涛 李涓子 杨家海 邢春晓 武永卫 黄　铠[兼] 刘云浩 尹　霞 张洪宇 尹　浩 王跃宣
自动化系	0811	控制科学与工程	常　迥 方崇智 童诗白 吴　麒 宋　健[兼] 韩曾晋 夏绍玮 冯元琨 阎平凡 边肇祺 郑大钟 杨家本 徐用懋 熊光楞 吴秋峰 李衍达 金以慧 任守榘 谈自忠 陈禹六 吴　澄 王文渊 王桂增 Michael S. Waterman[兼] 王庆人[兼] 王　雄 曹希仁 萧德云 杨士元 张乃尧 张贤达 胡东成 慕春棣 肖田元 阳宪惠 张曾科 徐文立 何毓琦[兼] 陆宝森[兼] 龚维博[兼] 严厚民[兼] 管晓宏 王书宁 杨　耕 钟宜生 李春文 黄德先 罗予频 范玉顺 周东华 张　毅 柴跃廷 宋靖雁 周　彤 戴琼海 李　军 张长水 袁睿翕 宋士吉 刘　民 张学工 梁　斌 周　杰 陆文凯 叶　昊 赵千川 张　涛 王　凌 李　梢 张奇伟 姚丹亚 陈　峰
工物系	0702	物理学	高原宁 何红建 陈少敏
	0827	核科学与技术	刘乃泉 王经瑾 王承书[兼] 应纯同 赵鸿宾 梁尤能 刘广均[兼] 聂玉光 屈建石 金兆熊 连培生[兼] 吕　敏[兼] 林郁正 傅瑞峰 范维澄 康克军 魏义祥 何也熙 邵贝贝 金永杰 朱凤蓉[兼] 王奎禄[兼] 范如玉[兼] 彭先觉[兼] 胡思得[兼] 李惕碚[跨] 程　曜 张小章 唐劲天 蒲以康 曾　实 程建平 高文焕 黄全义 刘以农 韦　杰 陈怀璧 袁宏永 李元景 王　侃 张　辉 李君利 唐传祥 陈志强 高　喆 王群书[双] 刘国治[双] 欧阳晓平[双] 韦　杰 李和平 李玉兰 张　丽 黄　弘

续表

院系	学科代码	学科名称	姓名
航院	0801	力学	张维 钱伟长 杜庆华 黄克智 王照林 郑兆昌 戴福隆 徐秉业 沈孟育 席葆树 张兆顺 朱之墀 余寿文 陆明万 王勖成 杨卫 郑泉水 范钦珊 任文敏 金观昌 姚振汉 薛明德 戴诗亮 刘秋生 孙学伟 苏铭德 岑章志 程保荣 符松 朱克勤 吴子牛 张涵信兼 施惠基 庄茁 武哲双 杨慧珠 方岱宁 李俊峰 冯西桥 郑钢铁 张兴 李喜德 何枫 高华健兼 张育林双 马兴瑞双 黄永刚兼 张雄 殷雅俊 谢惠民 任玉新 任革学 崔桂香 许春晓 李路明 刘应华 王浩文 岑松 姚学锋 王天舒 宝音贺西 刘彬 陈常青 陈善广 方菲 周明 侯凌云 曹艳平 陈海昕 向志海 冯雪 杨春 郝红伟
	0807	动力工程及工程热物理	过增元 周力行 傅维镳 陈熙 顾毓沁 林文漪 赵文华 宋耀祖 王希麟 李志信 梁新刚 朴英 郑丽丽 张健 钟北京 陈民 曹炳阳
化工系	0805	材料科学与工程	周其庠 张增民 刘德山 周啸 于建 王晓工 谢续明 阚成友 郭宝华 唐黎明
	0817	化学工程与技术	汪家鼎 滕藤 金涌 陈丙珍 李以圭 袁乃驹 陆九芳 沈忠耀 戴猷元 费维扬 欧阳平凯双 曲德林 段占庭 李总成 李有润 曹竹安 周荣琪 陈翠仙 丁富新 何小荣 朱慎林 杨基础 高光华 汪展文 王德峥 李继定 王金福 王运东 刘德华 魏飞 王晓琳 王涛 刘铮 王亭杰 骆广生 陈健 邢新会 胡山鹰 于养信 林章凛 卢云峰兼 马晓龙兼 赵劲松 程易 骞伟中 于慧敏 向兰 王铁峰 杜伟
材料系	0805	材料科学与工程	李恒德 江作昭 陈南平 方鸿生 张孝文 吴建銑 柳百新 李龙土 苗赫濯 陶琨 唐祥云 马莒生 黄勇 朱静 崔福斋 张中太 姜思永兼 郑燕康 周和平 冯嘉猷 白秉哲 梁开明 冯庆玲 唐国翌 孙恒虎 张文征 章晓中 潘伟 谢志鹏 翁端 李建保 袁俊 周济 南策文 康飞宇 于荣海 李敬锋 潘峰 岳振星 刘庆 杨志刚 刘伟 王晓慧 安迪（Andy Godfrey） 韦丹 汪长安 张政军跨 林元华 杨金龙 唐子龙
	0827	核科学与技术	范毓殿 潘金生 白新德 张政军
数学系	0701	数学	赵访熊 萧树铁 韩厚德 龚光鲁 陈天权 蔡大用 唐云 冯克勤 张贤科 曾云波 林龙威兼 文志英 冯琦 卢旭光 苏宁 杨晓京 陈金文 郑建华 肖杰 邢文训 简怀玉 杨顶辉 章梅荣 李海中 马力 白峰杉 郑志勇 唐梓洲 贾仲孝 印林生 步尚全 张贺春 刘宝碇 金石兼 朱彬 张友金 谢金星 王小群 邹文明 周坚 姚家燕 黄忠亿 林希虹兼 王殿军 胡家信 杨瑛 陆玫 郭玉霞 郑春雄
物理系	0702	物理学	孟昭英 张礼 徐亦庄 邝宇平 孙洪洲 顾秉林 熊家炯 陈皓明 张培林 陈泽民 王崇愚 陈难先 李兴中 朱嘉麟 尚仁成 黄贺生 李丽 李师群 李家明 吴念乐 朱胜江 许祥源 曹必松 范守善 吴国祯 何元金 朱邦芬 韩征和 马万云 邓景康 庄鹏飞 马辉 龙桂鲁 安宇 王青 倪军 郭继华 赵永刚 张广铭 莫宇翔 薛其坤 刘长洪 薛平 郭永 贾金锋 李群庆 段文晖 王向斌 张留碗 阮东 陈曦 吕嵘 吴健 王亚愚 张卫平兼 潘建伟兼 王力军 戴宏杰 陈宇 姜开利 兰岳恒 肖志刚 尤力 孙家林 戴星灿
	070401	天体物理	李惕碚 楼宇庆 张双南 陶嘉琳 王晓锋

续表

院系	学科代码	学科名称	姓名
化学系	0703	化学	宋心琦 吴国是 洪啸吟 沈德忠 唐敖庆兼 彭少逸兼 佟振合兼 陈立泉兼 曹镛兼 杨傅子 陈德朴 张复实 罗国安 赵玉芬 贺德华 王立铎 张新荣 胡跃飞 巨勇 徐柏庆 尉志武 童爱军 帅志刚 席婵娟 林金明 石高全 李强 华瑞茂 邱勇 李艳梅 朱永法 李亚栋 李广涛 张希 邱新平 王治强 尹应武兼 付华 吴国祯跨 李景虹 寇会忠 吴洪开 李隽 王训 刘磊 危岩 王梅祥 戴宏杰跨 董桂芳 刘冬生 丁明玉 袁金颖 魏永革 周群 彭卿 乔娟 严清峰 许华平
生命学院	0710	生物学	蒲慕明兼 张日清 谢佐平 戴尧仁 张秀芳 李一勤 王希成 隋森芳 公衍道 周海梦 孙之荣 王志新 潘宪明 陈应华 吴庆余 杜力军 刘强 张大鹏 张荣庆 刘进元 罗永章 罗弘 谢道昕 孟安明 陈国强 陈晔光 刘栋 昌增益 潘俊敏 李蓬 周兵 刘玉乐 李保界 吴畏 吴嘉炜 施一公 俞立 雷建林 闫永彬 高海啸 王新泉 杨茂君 薛定兼 钟毅兼 贺福初双 林圣彩兼 王晓东兼 柴继杰 陶庆华 罗敏敏 龚海鹏 高宁
高等研究院	0504	艺术学	方闻
	0601	历史学	李学勤校内兼职
	0701	数学	林家翘 谢定裕兼 姚期智 雍稳安 王小云 孔良
	0702	物理学	杨振宁 聂华桐 苏肇冰双 于渌双 欧阳钟灿双 顾秉林校内兼职 朱邦芬校内兼职 刘玉良 翁征宇 翟荟 张首晟 文小刚
	0812	计算机科学与技术	郭百宁兼 沈向阳兼
地球科学中心	0830	环境科学与工程	徐冠华双 王斌 宫鹏 罗勇
经管学院	0201	理论经济学	魏杰 吴栋 钱颖一 白重恩 文一
	0202	应用经济学	杨炘 李子奈 张金水 宋逢明 周小川兼 李稻葵 朱武祥 廖理 陈秉正 李宏彬 陈涛涛 鞠建东 朱玉杰 杨之曙
	1201	管理科学与工程	郑维敏 赵纯均 王永县 陈国青 陈剑 刘丽文 蓝伯雄 黄京华
	1202	工商管理	朱镕基兼 付家骥 叶焕庭 刘冀生 张德 姜彦福 李志文 王以华 陈小悦 吴贵生 仝允桓 王一江 赵平 雷家骕 于增彪 金占明 张为国兼 夏冬林 杨百寅 高建 陈晓 胡左浩 宁向东 李飞 谢伟 陈国权 谢德仁 吴维库
公管学院	1204	公共管理	陈清泰兼 薛澜 施祖麟 于安 于永达 王名 胡鞍钢 韩廷春 杨燕绥 殷存毅 楚树龙 巫永平 王有强 苏竣 傅军 齐晔 崔之元 俞樵 陈吉宁跨 陈希跨 孟庆国 王庆新 彭宗超
人文社科学院	0101	哲学	万俊人 曾国屏 刘兵 邹广文跨 王晓朝 吴彤 卢风 曹南燕 胡伟希 蔡曙山 王路 肖巍 王中江 肖鹰 李正风 贝淡宁（Daniel A. Bell） 肖广岭 陈来 刘东 曹峰 黄裕生
	0201	理论经济学	蔡继明 龙登高 高淑娟
	030207	国际关系	薛谋洪兼 金德湘兼 阎学通 刘江永 李彬 孙哲 何茂春 张小劲 景跃进 张利华

续表

院系	学科代码	学科名称	姓　　名
人文社科学院	0303	社会学	李　强　张小军　孙立平　郭于华　景　军　罗家德　彭凯平　刘精明 沈　原　孙　凤
	040106	高等教育学	谢维和　史静寰　樊富珉　李　虹　陈　希[跨]
	040303	体育教育训练学	王培勇　仇　军　陈　希　陈小平　张　冰　李　庆
	0501	中国语言文学	傅璇琮[双]　罗　钢　王中忱　谢思炜　张海明　汪　晖　解志熙　江铭虎 孙明君　张美兰　刘　石　刘　勇　刘　禾　赵日新
	050201	英语语言文学	王　宁　罗选民　杨永林　刘世生　陈永国　吕中舌　曹　莉　封宗信 范文芳　崔　刚　张文霞　何宏华
	0601	历史学	张岂之　李学勤　刘北成　李伯重　彭　林　葛兆光　张国刚　秦　晖 汪　晖[跨]　陈争平　王晓毅　廖名春　赵平安　张　勇　张绪山
	1204	公共管理	王孙禺　王战军[兼]　袁本涛　林　健
马克思主义学院	0305	马克思主义理论	林　泰　李润海　闻立树[兼]　刘美珣　朱育和　曹德本　刘书林　赵甲明 张再兴　吴　倬　蔡乐苏　韩冬雪　刘敬东　邹广文　艾四林　张国祚 肖贵清　韦正翔　吴潜涛　王宪明　解　安　李　捷[双]
法学院	0301	法学	马俊驹　王保树　王晨光　傅廷中　高西庆[兼]　王亚新　章　程　朱慈蕴 高鸿钧　何美欢　李兆杰　崔建远　车丕照　张明楷　施天涛　许章润 高其才　余凌云　黎　宏　王振民　周光权　韩世远　林来梵　郑尚元 贾兵兵　申卫星　冯　象　李　旺　张建伟
新闻学院	0503	新闻传播学	刘建明　郭镇之　熊澄宇　李　彬　李希光　尹　鸿　崔保国　金兼斌
美术学院	0504	艺术学	张　仃　王家树　袁运甫　奚静之　杨永善　柳冠中　张绮曼　杜大恺 王明旨　高鑫羽　陈进海　刘巨德　尚　刚　陈丹青　郑曙旸　鲁晓波 李砚祖　杭　间　张夫也　蔡　军　何　洁　李当岐　吴冠英　陈池瑜 包　林　刘元风　李正安　王　敏　郑　宁　李静杰　周浩明　田　青 王建中　陈　辉　邹　文　唐绪祥　严　扬　史习平　刘　临　张　敢
核研院	0805	材料科学与工程	田杰谟　邓长生
	0817	化学工程与技术	朱永赌　何培炯　宋崇立　胡熙恩　吴秋林　万春荣　徐景明　姜长印 毛宗强　李十中　陈　靖　王建晨
	0827	核科学与技术	吕应中　王大中　马昌文　薛大知　胡大璞　董　铎　云桂春　罗经宇 罗征培　连培生[兼]　李德平[兼]　安继刚　高祖瑛　徐元辉　奚树人　张作义 郭人俊[兼]　胡永明　施仲齐　经荥清　何树延　周惠忠　郑文祥　方　栋 唐春和　苏庆善　孟祥提　仲朔平　张良驹　马远乐　曲静原　周志伟 王　捷　贾海军　周　羽　张亚军　孙玉良　薄涵亮　于溯源　常华健 张佑杰　董玉杰　吴志芳　李　富　王建龙[跨]　赵　雷　梁彤祥　张征明 张　勤[双]　屠基元　杨星团　石　磊
	0830	环境科学与工程	吴天宝　王建龙　赵　璇
	1201	管理科学与工程	吴宗鑫　邱大雄　刘德顺　何建坤　张阿玲　张希良　陈文颖　王革华 段茂盛

续表

院系	学科代码	学科名称	姓　　名
微电子所	0809	电子科学与技术	李志坚　徐葭生　钱佩信　石秉学　杨之廉　朱　钧　靳东明　陈弘毅　陈培毅　余志平　孙义和　周润德　刘理天　魏少军　王志华　陈　炜　许　军　王　燕　钱　鹤　刘玉玺　任天令　李宇根　谢　丹　潘立阳　乌力吉　王喆垚　池保勇　王晓红　李树国
医学院	0701	生物学	赵南明　左焕琮　周玉祥　饶子和　吴清玉　刘国松　刘破资　张晓东　裴端卿　刘湘军　傅新元兼　王　钊　利　民兼　常智杰　张林琦　张宗明　曹雪涛兼　孙方霖　邢婉丽　颜　宁　祁　海　张奇伟跨　吴　励　李兆平　郭　伟　张敬仁　纪家葵　那　洁　沈晓骅　李海涛　饶　燏
	0831	生物医学工程	杨福生　周礼杲　丁海曙　白　净　胡广书　高上凯　叶大田　程　京　王广志　高小榕　刘　静　洪　波　苑　纯　王小勤　刘晓冬　郭　华　宫　琴　付世敏
	1002	临床医学	左焕琮　吴清玉　刘破资　张晓东　张宗明　王满宜兼　田光磊兼　田　伟兼　张　洪兼　李小梅
深圳研究生院	0101	哲学	王蒲生
	0202	应用经济学	何　佳双
	0504	艺术学	黄　维
	0703	化学	蒋宇扬
	0710	生物学	袁隆平双　姚新生双　孔祥复双　辛世文双　蔡国平　黄来强　何朝族　张雅鸥　吴耀炯
	0805	材料科学与工程	唐国翌
	0808	电气工程	郑健超双　贾志东　李立涅双
	0810	信息与通信工程	张大鹏双
	0812	计算机科学与技术	夏树涛
	0830	环境科学与工程	张锡辉　管运涛
	1201	管理科学与工程	缪立新

说明：① 代码为四位的学科是一级学科，六位的是二级学科。
② 注“兼”为兼职导师（包括兼职教授、讲席教授、长江讲座教授等），“双”为双聘教授，“跨”为跨学科导师。

（四）重点学科与评估

1. 国家重点学科

国家重点学科是国家根据发展战略与重大需求，择优确定并重点建设的培养创新人才、开展科学研究的重要基地，在高等教育学科体系中居于骨干和引领地位，满足经济建设和社会发展对高层次人才的需求，为建设创新型国家提供高层次人才和智力支撑。国家重点学科充分体现全国各高校科学研究和人才培养的实力和水平。到 2010 年我国共组织了三次评选工作。

1986 年至 1987 年教育部首次评选国家级重点学科，全国共评选出 416 个，清华大学 29 个学科入选（名单附后），包括理学 1 个，工学 28 个。

2001 年，教育部第二次评选国家重点学科，全国共评选出 964 个，清华大学 49 个学科入选（名单附后），包括理学 7 个，工学 38 个，管理学 2 个，经济学、文学 1 个。

以上两次国家重点学科的评选均以二级学科为依据划分，医学中的内科学、外科学可以按照三级学科进行申报和评选，未设二级学科的一级学科按一级学科申报。

2006 年至 2007 年，教育部第三次评选国家重点学科，作为促进重点学科建设采取的改革措施，国家首次设立了一级学科国家重点学科，全国共评选出一级学科国家重点学科 286 个、二级学科国家重点学科 677 个。在本轮考评工作中，清华大学与北京协和医学院-清华大学医学部合作进行考评和申报，共有 22 个一级学科、15 个二级学科被审核批准为国家重点学科（名单附后），一级学科国家重点学科数居全国首位。

（1）1988 年公布的国家重点学科名单（清华大学共 29 个）

固体力学	光学仪器	无机非金属材料
工程热物理	热力叶轮机械	电力系统及其自动化
理论电工	物理电子学与光电子学	自动控制理论及应用
计算机组织与系统结构	建筑设计及其理论	结构工程
水工结构工程	核电子学与核探测技术	生物物理学
机械学	精密仪器及机械	焊接
热能工程	电机	高电压技术
通信与电子系统	半导体器件与微电子学	模式识别与智能控制
技术经济	城市规划与设计	环境工程
化学工程	反应堆工程与反应堆安全	

（2）2001 年公布的国家重点学科名单（清华大学共 49 个）

数量经济学	设计艺术学	基础数学
应用数学	粒子物理与原子核物理	原子与分子物理
凝聚态物理	生物化学与分子生物学	生物物理学
固体力学	流体力学	机械制造及其自动化
机械设计及理论	车辆工程	光学工程
精密仪器及机械	材料物理与化学	材料学
材料加工工程	工程热物理	热能工程
动力机械及工程	电机与电器	电力系统及其自动化
高电压与绝缘技术	电工理论与新技术	物理电子学
电路与系统	微电子学与固体电子学	通信与信息系统
信号与信息处理	控制理论与控制工程	模式识别与智能系统
计算机系统结构	计算机应用技术	建筑设计及其理论
城市规划与设计	结构工程	供热、供燃气、通风及空调工程
水力学及河流动力学	水工结构工程	化学工程
核能科学与工程	核燃料循环与材料	核技术及应用

环境工程　　生物医学工程　　管理科学与工程

技术经济及管理

(3) 2007年公布的国家重点学科名单（含北京协和医学院-清华大学医学部）

① 一级学科国家重点学科（清华大学共22个）

数学　　物理学　　生物学

力学　　机械工程　　光学工程

材料科学与工程　　动力工程及工程热物理　　电气工程

电子科学与技术　　信息与通信工程　　控制科学与工程

计算机科学与技术　　建筑学　　土木工程

水利工程　　化学工程与技术　　核科学与技术

生物医学工程　　药学　　管理科学与工程

工商管理

② 二级学科国家重点学科（清华大学共15个）

数量经济学　　设计艺术学　　专门史

科学　　外科学（骨外，胸心外）　　肿瘤学

麻醉分析化学　　精密仪器及机械　　环境工程

免疫学　　病理学与病理生理学　　内科学

皮肤病与性病学　　影像医学与核医学　　妇产学

③ 国家重点（培育）学科（清华大学共2个）

物理化学　　外科学（普外）

2. 北京市重点学科

为满足北京地区经济建设、社会发展和科技进步的需要，北京市教育委员会先后于2001年、2007年两次组织在北京市普通高校中择优确定北京市重点学科，希望成为高层次人才的培养基地、科学研究的中心、服务北京的桥梁、对外交流的窗口。

(1) 第一批北京市重点学科名单（2003年公布）

马克思主义理论与思想政治教育　　有机化学

计算机软件与理论　　建筑历史与理论

(2) 第二批北京市重点学科名单（2008年公布，2010年增补）

① 交叉学科北京市重点学科（3个）

科学技术与社会　　生物信息学　　信息艺术设计

② 一级学科北京市重点学科（2个）

艺术学　　历史学

③ 二级学科北京市重点学科（9个）

伦理学　　金融学（含：保险学）　　民商法学　　社会学　　国际关系

马克思主义基本原理　　思想政治教育　　英语语言文学　　有机化学

3. 一级学科评估排名

受国务院学位办公室委托，教育部学位与研究生教育中心（原高等学校与科研院所学位与研

究生教育评估所）先后于 2002 年至 2004 年、2007 年至 2009 年进行了两次一级学科评估排名，覆盖除军事学门类外的全部学科。

（1）2002 年—2004 年第一次一级学科评估排名

此次一级学科评估重点考查参评单位的学术队伍、科学研究、人才培养和学术声誉四方面情况，量化得分产生排名，高校与科研院所混合排名，清华大学排名第一的一级学科 13 个，居首位，排名第二的 4 个，排名第三的 4 个，排名第四的 3 个，排名第五的 1 个，排名第六至第十的 8 个，排名第十一至第十五的 4 个。具体排名情况见表 4-2-14。

表 4-2-14　学科评估排名（2002—2004）

一级学科代码	一级学科名称	排名结果	一级学科代码	一级学科名称	排名结果
0101	哲学	11	0803	光学工程	1
0201	理论经济学	13	0804	仪器科学与技术	1
0202	应用经济学	9	0805	材料科学与工程	4
0301	法学	9	0807	动力工程及工程热物理	1
0303	社会学	3	0808	电气工程	1
0401	教育学	8	0809	电子科学与技术	1
0403	体育学	4	0810	信息与通信工程	1
0501	中国语言文学	14	0811	控制科学与工程	3
0502	外国语言文学	5	0812	计算机科学与技术	2
0503	新闻传播学	3	0813	建筑学	1
0504	艺术学	1	0814	土木工程	2
0601	历史学	15	0815	水利工程	1
0701	数学	9	0817	化学工程与技术	2
0702	物理学	7	0827	核科学与技术	1
0703	化学	10	0830	环境科学与工程	3
0704	天文学	6	0831	生物医学工程	7
0710	生物学	4	1201	管理科学与工程	2
0801	力学	1	1202	工商管理	1
0802	机械工程	1			

（2）2007 年—2009 年第二次一级学科评估排名

此次一级学科评估沿用第一次的评估体系，在学术队伍、科学研究、人才培养和学术声誉四个一级指标下分设二级和三级指标，高校与科研院所分开排名。清华大学排名第一的一级学科 12 个，位列高校之首，排名第二的 7 个，排名第三的 1 个，排名第四的 5 个，排名第五的 2 个，排名第六至第十的 6 个，排名第十一至十六的 5 个。具体排名情况见表 4-2-15。

表 4-2-15　第二次一级学科评估排名（2007—2009）

一级学科代码	一级学科名称	排名结果	一级学科代码	一级学科名称	排名结果
0101	哲学	11	0803	光学工程	2
0201	理论经济学	14	0804	仪器科学与技术	2
0202	应用经济学	10	0805	材料科学与工程	1
0301	法学	6	0807	动力工程及工程热物理	2
0303	社会学	6	0808	电气工程	1
0401	教育学	11	0809	电子科学与技术	1
0403	体育学	5	0810	信息与通信工程	1
0501	中国语言文学	16	0811	控制科学与工程	1
0502	外国语言文学	5	0812	计算机科学与技术	1
0503	新闻传播学	4	0813	建筑学	1
0504	艺术学	1	0814	土木工程	2
0601	历史学	10	0815	水利工程	2
0701	数学	7	0817	化学工程与技术	3
0702	物理学	4	0827	核科学与技术	1
0703	化学	11	0830	环境科学与工程	1
0704	天文学	4	0831	生物医学工程	7
0710	生物学	2	1201	管理科学与工程	2
0801	力学	1	1202	工商管理	1
0802	机械工程	4	1204	公共管理	4

4. 学科国际评估

为了谋求新百年又好又快的发展，学校认为，需要来自外部的学科发展状况判断和学科发展建议。为此，自 2002 年起，学校开始在一些院系陆续开展国际评估方面的试点工作，其中包括：

2002 年，物理系邀请杨振宁、沈平、沈志勋、沈元壤来校，对物理系的现状、科研、教学、人事制度及系务管理进行了考查，并得到了 4 位专家的宝贵意见。

2006 年，工业工程系邀请美国工程院 6 位工业工程学科的院士，对工业工程系的教育和科研进行了评估。

2006 年，自动化系邀请了 7 位国际知名学者对自动化系 2005 年至 2007 年获得博士学位的 50 本学位论文进行了评估。

2008 年，数学系邀请了 6 位国际知名学者就数学系的现状、教学与人才培养、人才引进与建设和行政与领导进行了评估。

经过长期酝酿和准备，学校参考国外名校中常见的"同行专家评议"方式，由研究生院牵头组织，在 2009 年至 2010 年先后对环境科学与工程、物理学、电子工程、生命科学、计算机科学与技术、电气工程、核科学与技术、建筑学、艺术设计、力学、材料科学与工程、新闻传播 12 个学科进行了"诊断式"的学科国际评估。

应顾秉林校长的邀请，近百位国际知名学者按学科组成 12 个评估专家组，仔细审阅相关学科详尽的自评报告，并来校考察了教学、科研和设备设施情况，与学校领导、学科负责人和相关学科师生进行了深入交流，对这些学科的发展状况和存在的问题进行了一次全面检查。评估专家组充分肯定了清华大学在人才培养、科学研究和国际影响方面所取得的突出成绩，同时，也就教师聘任、研究方向、课程设置、育人环境等方面提出了中肯的意见和建议。

通过学科评估，各学科既对学科发展作了全面回顾、总结，也从国际同行专家处获得了对学科发展状况、国际地位、存在问题的判断以及对未来发展的建议，取得了较好的效果，达到了预期的目的。

这是清华大学加强学科建设、深化教育改革的一项重要的举措，也是一个大胆的探索，随着第一轮国际评估工作的结束，经过不断积累经验，清华将形成常规化、周期化、制度化的学科国际评估制度。

第三节　招生与培养类型

一、1925 年—1952 年

1925 年 7 月，清华学校国学研究院通过公开招考录取正取生、备取生共 33 名，其中 3 人因病未来报到（保留其录取资格）。研究院主任吴宓在开学典礼上明确告诉学生：本院“专修国学”，学制一年。学生如果一年后还希望继续研究，经申请准许后可继续研究 1～2 年。所以第二年（1926 年）就有 15 人申请获准继续研究一年。每年学生毕业时，根据成绩分甲乙两等，合格者发给毕业证书。

国学研究院培养“以著述为毕生事业者”和“各种学校之国学教师”。后来由于师资等原因，招生人数逐年下降，遂于 1929 年正式停办。1925 年至 1928 年共招收 4 届研究生，毕业 70 人。

清华学校改为国立清华大学后，清华大学研究院“以备训练大学毕业生继续研究高深学术之能力，并协助国内研究事业之进展”。研究院下设文、理、法三科研究所，1930 年开始招生，招生对象为国立、省立或经教育部立案的私立大学与独立学院的毕业生。研究院规定：毕业生各项成绩特优者，资送出国（英、法、美）深造。计 1933 年派送 3 人；1934 年派送 4 人；1935 年派送 4 人。1935 年又与德国远东协会和外国学术交换处约定，选派 5 名研究生赴德国做研究，期限 2 年。1925 年至 1936 年研究院录取新生人数见表 4-3-1。

表 4-3-1　1925 年—1936 年研究院录取新生人数统计

学年度	国学	中国文学	外国文学	哲学	历史	算学	物理	化学	生物	心理	政治学	经济	未分科	合计
1925	33													33
1926	28													28

续表

学年度	国学	中国文学	外国文学	哲学	历史	算学	物理	化学	生物	心理	政治学	经济	未分科	合计
1927	10													10
1928	3													3
1930													17	17
1931		1			2	1		2				2		8
1932		2	1						1	2	2	1		9
1933														
1934		3	7		2		1					1		14
1935			5	2	3		2	5		1		2		20
1936		3	12	2	1		2		2	2		3		27

抗日战争期间，清华研究院先后设立文科、理科、法学、工科研究所。此外还有 5 个特种研究所：国情普查研究所、金属研究所、无线电研究所、农业研究所、航空研究所。1939 年起陆续恢复招生，但研究生数量很少，从 1939 年至 1945 年，全院共有研究生 126 人，毕业 32 人，各年入学研究生人数见表 4-3-2。

表 4-3-2　1939 年—1945 年各年入学研究生人数统计

学年度	中国文学	外国语文	哲学	历史	算学	物理	化学	生物	地学	心理	政治	经济	社会	机械及航空	电机	合计
1939		3	4	2		3		3						1	1	17
1940		2	1	3	3		2	5			3	4				23
1941	2		2		1	4	1	3			1	1	1			16
1942	2	1	2	1	1	3		2	1		2	1	1			17
1943	1	4	1	3		1		2	4	2	1	3	5			27
1944		8	1					1	1	2						13
1945	2	2					2		1	2		3	1			13
合计	7	20	11	9	5	11	5	16	7	6	7	12	8	1	1	126

说明：此表包括 1939 年末复学旧生 8 人，分别是：外国语文 2 人，哲学 1 人，历史 2 人，物理 2 人，生物 1 人，其余均为各年入学新生数。

抗战胜利后，清华大学师生员工分批于 1946 年夏全部回到清华园。复员后的清华大学研究院机构有所调整，设有中文、历史、哲学、外文、社会、经济、政治、数学、物理、化学、生物、地学、气象、心理、土木、机械、电机、航空、化工、建筑、植物病理、植物生理、昆虫 23 个研究所，分属文、理、法、工、农五个学院。当年除工学院的 6 个研究所暂不招收新生外，其他院所均恢复招生。一直到解放后的 1952 年院系调整前，其教学、研究和管理制度，大体沿用以前的方针和办法。1946 年至 1952 年招收研究生人数见表 4-3-3。

表 4-3-3　1946 年—1952 年招收研究生人数统计

学年度	中国文学	外国语文	哲学	历史	数学	物理	化学	生物	心理	政治	经济	社会	昆虫	植物生理	土木工程	机械工程	电机工程	地学	未分学科	合计
1946	1		1	1		1		1	2		4	3	1	1						16
1947		2	1	2	1	2	1			2	5	1	2		1					20
1948	2	6	2	1	1	2	2	1		2		4			3					26
1949	6	12	2	8	2	7	3		2	1		2			2	1	1	1		50
1950																			19	19
1951																			2	2
1952																			7	7

说明：由于资料不全，1949 年是在校生数，1950 年至 1952 年不分学科均为当年招收新生总数。

二、1952 年—1978 年

经过 1952 年院系调整后，清华大学成为多科性工业大学，研究生教育以培养高等工业院校师资和科学研究人员为目标，修业年限一般为 3 年。1956 年又制定了不脱产研究生的培养办法，规定这种类型的研究生，学制不超过 6 年（1963 年修改为 4 年）。

20 世纪 50 年代中期到 60 年代中期，清华研究生的招生工作逐步走上稳定发展轨道，并制定了工作细则，提出了“严格保证质量，宁缺毋滥”的原则。1953 年至 1965 年招收研究生人数见表 4-3-4。

表 4-3-4　1953 年—1965 年招收研究生人数统计

入学年份	人数	入学年份	人数	入学年份	人数
1953	196	1958	2	1963	79
1954	46	1959	94	1964	56
1955	29	1960	3	1965	112
1956	12	1961	258	合计	987
1957	18	1962	82		

说明：另有 2 人入学年份不详，未统计在内。1957 年和 1958 年，还先后办了工程力学研究班和自动控制研究班，共招收学员 486 人，也未统计在内。

1966 年“文化大革命”开始，清华大学研究生的招生工作因此中断。

1973 年，根据周恩来总理加强基础理论研究的指示，学校试办研究班，学制 2 年。在激光、固体物理、物质结构、有机催化 4 个学科方向，从在职青年教师中共招收 43 名学员。

三、1978 年—2010 年

（一）恢复阶段

1978 年，清华大学恢复招收研究生（含校内在职研究生），当年共录取 365 名。其中 84.5%

是“文化大革命”前入学的大学毕业生，15%是“文化大革命”中入学的毕业生，应届大学毕业生有4人，在校生有2人。1979年1月第一学期即将结束时，清华明确研究生分为二年制和四年制两种。研究生入学以集体（教研组）培养为主，一般学习2年毕业，然后根据国家需要、学校培养条件和本人自愿，择优选拔少数人继续培养，作为四年制研究生。1980年正式招收第一批四年制研究生34名，全部是从1978年入学的二年制研究生中通过考试录取的，其中在职研究生22名。

从1981年至1985年，清华大学还为教育部代招出国预备研究生共5批，151人。

1981年，清华大学经国务院批准为首批可授予博士、硕士学位的单位，决定根据首批批准的学科和导师情况，正式招收博士生。

（二）多项改革试点

1. 推荐免试

1984年，国家教委通知，允许包括清华大学在内的部分重点高校推荐免试少数应届本科生读硕士学位。1984年至2010年，学校共录取校内外推荐免试硕士生22 084人。同年，学校又制定了硕士生提前攻读博士学位的试行办法，规定在学硕士生（非应届毕业生）通过选拔提前攻读博士学位。至2010年，共招收这类博士生1 204人。

2005年，学校进一步改革研究生推荐免试录取工作，提高本校学生取得推荐资格的条件，减少本科生留本校继续攻读研究生的比例，增加推荐到校外单位读研的比例，扩大校际交流。对本科生学业评价方法进行调整，由注册中心提供学生前三学年全部所学课程（含实践教学环节）成绩的平均学分绩、本科必修及限定性选修课程（含实践教学环节）成绩的平均学分绩和总学分数，作为推荐免试的参考依据，体现“通识教育基础上的宽口径专业教育”的本科教育培养理念，从而进一步通过政策导向引导本科生的学习。加强了对推荐免试生复试的力度，突出了复试在选拔人才方面的作用。

2. 工程硕士

1984年11月，学校与西安交通大学等11所高等工科院校向教育部提出“关于培养工程类型硕士生的建议”，获得同意，并开展试点工作。后根据1986年6月国家教委《关于加强培养工程类型工学硕士研究生工作的通知》，学校加强了工程类型硕士的培养，为厂矿企业、工程建设等单位输送了更多的高级专门人才。至1993年共培养工程类型硕士生500人。1992年8月起，学校还参加了工科研究生教育改革研究组的研究工作。

3. 委托培养

1984年，为适应社会对高层次专业人才的需要，除国家财政拨款招收国家计划内研究生外，清华开始招收由用人单位支付培养费的计划外委托培养研究生。至2010年，共招收这类硕士生4 191人，博士生1 064人。

4. 保留资格

为鼓励毕业生到边远地区和生产单位去工作，1985年学校决定“凡已录取为学校攻读硕士学位研究生者，如自愿到边远地区或生产单位参加工作，学校可保留其研究生入学资格2～5年，先行派遣到用人单位工作”，以后再回校深造。1985 年至 2010 年，全校共有保留入学资格的硕士生 2 282 人，博士生 49 人（1994 年之后停止）。经实践锻炼后，回校读硕士学位的 1 606 人，回校读博士学位的 19 人。1986 年，国家教委（86）教研字 019 号文件推广清华大学这一做法。

5. 公派生

1986 年下半年，学校为利用国外学校的专家和设备条件，采取与国外学校联合培养研究生的方法。研究生（主要是博士生）去国外学习研究一段时间，回国完成论文答辩，授予学位。1987 年，学校正式制定了《关于与国外合作培养研究生的暂行规定》。合作培养分为“国家公派”——由国家教委下达名额，统一选拔、派出；“单位公派”——由学校或系（所）与国外有关机构签订协议，属校际交流，经费由对方机构支付。1986 年至 1990 年 3 月，学校共派出这类博士生 68 名（后奉国家教委指示，暂停单位公派）。

6. 论文博士

根据国务院指示的精神，1987 年学校制定了《清华大学关于论文博士生工作的暂行规定》，规定申请资格为：政治思想好，已取得或具有相当于硕士学位的学力，获得中级技术职称，从事过多年实际工作，在科学或专门技术上取得了突出成绩，表明申请者已在本门学科上掌握了坚实宽广的基础理论和系统深入的专门知识，并具有独立从事科学研究工作能力者。经学校讨论同意，为发挥学校的培养优势，2007 年公共管理学院试办论文博士生班，通过学校的论文博士生招生考核，招收在各个领域已经做出一定成绩的在职人员，录取为公共管理学院论文博士生，首期论文博士生班共录取 15 人，2008 年录取 9 人。到 2010 年，共招收“论文博士生”392 人。

7. 定向培养

1987 年，遵照上级指示，学校开始实行计划内为一些单位和部门定向培养研究生制度。到 2010 年，共招收这类硕士生 1 970 人，博士生 1 346 人。

委托培养、定向培养均由用人单位与培养单位签订合同，确定相应关系。学生毕业后不参加学校毕业分配，一律到用人单位工作。

8. 单独考试

1987 年，为促进研究生教育更好地为国家建设事业服务，有利于企事业单位业务骨干深造提高，国家教委批准清华大学除参加硕士研究生招生的统一考试外，另设单独考试，即大学本科毕业后工作 4 年以上，业务优秀，曾发表过研究论文（技术报告），或已成为业务骨干，经所在单位推荐，报考定向培养或委托培养的考生，可参加学校组织的单独考试。试题由学校自行命制，录取标准也由学校自定。到 2010 年，共录取这类硕士考生 2 719 名（含强军计划）。

9. 直博生

鉴于清华本科生质量较高，为缩短研究生的学习年限，扩大博士生规模，从 1991 年开始，学校试行在应届本科毕业生中，招收直接攻读博士学位的“直博生”，并做出相应的规定：凡品学兼优，身体健康的本科应届毕业生，均可申请作为“直博生”的推荐选拔对象。对其中政治思想表现突出，有较强的科研能力和创新精神者，优先推荐录取。对初选合格的“直博生”，如毕业设计达不到优秀，或出现思想政治问题者，取消其入选资格。1997 年改进了选拔直博生的办法，采取了学生与导师间的“双向选择”；组成专家组评审把关；加强对学生综合能力的考察。到 2010 年，共招收直博生 8 312 人。

10. 专业学位

1991 年开始招收学历教育工商管理硕士生（MBA），1991 年至 1997 年由学校命题考试，共招收 831 人。从 1998 年开始 MBA 全国联考至 2010 年招收联考 MBA 5 131 人。

1996 年学校开始招收非学历教育工商管理硕士生（MBA），1997 年入学。2010 年教育部暂停具有高级工商管理硕士（EBMA）授权的招生单位招收非学历教育 MBA。1997 年至 2009 年全校共招收此类考生2 147人。

1996 年开始招收非学历教育工程硕士生，至 2010 年共招收此类学生 8 905 人。

1996 年开始推荐免试应届本科生为工程硕士生，首批录取 26 名，此类学生于 1998 年 9 月开始在校学习一年学位课程后，到企业单位结合工程技术项目完成论文工作。

2001 年学校开始招收法律硕士研究生（JM）。2006 年学校根据前几年生源状况，开始停招在职人员攻读硕士学位的非学历法律硕士研究生，2001 年至 2006 年共招收此类考生 518 人。2001 年至 2010 年招收学历法律硕士研究生 2 045 人。

2002 年，学校开始招收非学历教育公共管理硕士研究生（MPA），至 2010 年共招收 1 292 人；开始招收 EMBA 硕士生，至 2010 年共招收 3 266 人。根据教育部和解放军总政治部《关于实施“高层次人才强军计划”的通知》，学校在研究生招生时拨出专门名额用于招收强军计划硕士生和博士生。由部队选送业务骨，参加学校统一入学考试，按成绩择优录取。至 2010 年，共录取强军计划硕士生 355 人，博士生 416 人。

2004 年，根据国家大力发展集成电路产业的要求，微纳电子系联合深圳研究生院开始招收 IC 设计方向工程硕士研究生。第一年共录取 54 人，在深圳和北京校本部培养，至 2010 年，共录取 573 人。根据国务院学位办《关于开展会计硕士专业学院教育试点工作的通知》精神，清华大学与北京国家会计学院从招收在职人员攻读硕士学位考试中，开始联合招收培养会计硕士。2004 年至2010 年招收此类考生 486 人。

2005 年，学校根据国务院学位办《关于 2005 年招收在职人员攻读硕士学位工作的通知》，开始招收艺术硕士和风景园林硕士，至 2010 年招收艺术硕士 230 人，风景园林硕士 69 人。同时，由美术学院招收的高等学校教师在职攻读硕士学位停止招生，2004 年和 2005 年共招收此类考生 49 人。

2006 年，为调整结构，提高生源质量，开始在法律硕士、软件工程硕士、电子与通信工程领域（IC 设计）工程硕士三个可招收应届本科毕业生的专业学位，除通过联考、统考招生外，还通过推荐免试方式从校内外优秀应届本科毕业生中招收部分直硕生。

2009 年 3 月，按照教育部调整优化研究生招生类型结构的统一部署，学校增招全日制专业学位硕士研究生 300 名用于应用型人才培养，在已经报名并参加考试的考生中选拔，复试分数线与对应学科学术型硕士生分数线一致，考察侧重于专业知识的应用、专业能力倾向、实践经验和科研动手能力等方面。2010 年，全日制专业学位硕士研究生招生除参加全国统考外也可以通过推荐免试方式招收。当年工业设计工程硕士停招，新开通 4 个全日制专业学位招生领域：风景园林硕士、公共管理硕士、艺术硕士、生物医学工程硕士。其中双证公共管理硕士（MPA）的报考条件、考试方式均与工商管理硕士（MBA）相同，参加全国硕士研究生管理类联考，2010 年首次招生 8 人。

为加强我国媒体国际传播能力建设，提高我国媒体的国际传播力、影响力、竞争力，中宣部和教育部自2009年开始试点在清华等5所高校开展国际新闻传播硕士培养项目，培养国际新闻传播后备人才，截至2010年共录取30人。

清华作为全国首批获得教育管理博士专业学位（Ed.D）授权单位，2010年开始招收教育领导与管理领域教育博士专业学位研究生，要求考生具有硕士学位、5年及以上教育管理及相关工作经验、为高等学校及相关教育机构中的中高层管理人员，当年按教育部下达计划招收了20名教育博士专业学位研究生。

11. 港澳台及外国留学生

1985年至2010年招收港澳台硕士生282人，1989年至2010年招收港澳台博士生158人。1989年至2010年招收外国留学硕士生2 288人，1993年至2008年招收外国留学博士生360人。2007年至2010年招收非学历教育外国留学生241人。

由于港澳台地区考生教育背景与内地差异较大，笔试命题的针对性和有效性难以掌握；同时，报名人数少，专业分布散，命题工作量大、评卷结果可比性低。这使得笔试的选拔功能变弱，复试成为考核选拔的重点。为拓宽生源，更务实、更全面地考查考生，同时提高招生选拔工作效率，2008年开始，清华对港澳台地区考生取消在全国四个报考点进行统一笔试初试的环节，由考生直接向学校提出申请，由院系专家对申请材料进行审核，择优选拔进行复试，根据申请材料和复试情况决定是否录取，至2010年，共录取186人。同时，外国留学生申请攻读清华大学研究生学位也不再组织统一笔试初试，改为申请审核制。2008年通过审核和复试共录取外籍留学研究生461人，比上年增加了42.7%，其中博士生32人，硕士生429人。

12. 自筹经费招生

1993年学校为了调动学科、专业和导师的积极性，开始设置导师自筹经费招生类别，这是对计划内招生不足的重要补充。规定自筹经费收费标准低于国家拨款标准，自筹生与计划内生的奖学金、住宿等待遇相同。2002年开始博士生不再设置自筹经费招生类别，硕士生自筹经费来源也不局限于导师，部分专业由硕士生个人缴纳培养费。2002年，学校决定从本年度开始，法学院、美术学院招收的硕士生全部实行收费制度。至2010年共招收这类考生博士生1 639人，硕士生9 820人。

同年开始下拨计划招生数由原来按导师数下达改为按博士点数下达，由各招生单位根据专业、科研的需要分配名额。并且实行计划内招生和计划外自筹经费招生并存的办法，学校只做宏观调控。计划外招生不受名额限制，极大地调动了导师、学科点的积极性。

13. 培养经费并轨

1994年试行培养经费并轨制，实行了“研究生培养经费由原来双轨制变为单轨制”的调整，逐步将现行的培养费划分为国家拨款（计划内招生）和自筹经费（计划外招生）的“双轨制”调整到学校少收或不拨不收培养费的“单轨制”。鼓励自筹经费招生。

14. 免试博士生

根据教育部文件要求，从1997年开始，停止了免试录取博士生的做法。1985年至1996年共招收免试录取博士生518人。

15. 本-研统筹分流

1998 年，为配合本科学制由五年平稳过渡到四年制，学校决定先从 1994 级本科生中选拔部分优秀生提前毕业，以缓解出现两年推研人数重叠矛盾，当年从 1994 级本科生中选拔了 100 名免试录取为硕士生。

1999 年，对 1995 级实行工科专业本科生-研究生统筹培养试点系的学生进行分流。参加试点的有 9 个系：机械系、精仪系、电机系、电子系、计算机系、自动化系、化工系、工物系、力学系，录取直硕生、工程硕士生 698 人。2000 年，全校工科专业都进行了分流。通过两年本-研统筹的分流工作，使得全校工科专业本科平稳实现了向 4 年制的过渡。

16. 招生方式等改革

2000 年，首先在生物系、电子系进行招收 2001 级博士生考试、录取选拔方式改革的试点，至 2002 年有 9 个系进行了试点工作。改革试点是针对不同学科特点，采取不同的考试招生方式，例如，按学科设置入学考试科目，加大导师在录取中自主权，其核心是更注重考察考生的全面素质，包括业务能力创新能力。

同年，学校推动按一级学科招生工作。具体做法是：按一级学科范围命题；限制选考科目门数；在招生目录中，一级学科下不出现二级学科名称，设置若干学科方向。

2003 年，作为教育部 34 所实行自主确定硕士生招生最低录取复试分数线的学校之一，进行硕士生招生选拔办法的改革，并制定了清华大学 2003 年硕士生招生复试基本要求。本次改革的主要内容是：

①硕士生入学考试科目由 5 门改为 4 门；②进行英语听力测试，并计入总成绩；③确定差额复试要求，严格淘汰制度。即确定招生规模的 120%～150%进入复试范围。当年的录取数与复试数之比为 1∶1.25 到 1∶6 之间。④打破以往录取时初试成绩的权重，规定录取时按初试和复试总成绩排队，两部分权重各占 50%。

2004 年，硕士生招生报名工作由原来的现场手工报名改变为网上报名、网上支付报考费的做法。网上报名简化了程序，节约了成本，提高了效率。

2006 年 3 月 8 日，教育部下发了《关于加强硕士研究生招生复试工作的指导意见》，进一步强调了复试在研究生招生工作中的重要作用及复试各环节的具体要求。根据文件精神研究生院制定了《关于 2006 年硕士生招生复试和录取工作的有关规定》(清研生〔2006〕6 号)，明确各学科加强复试，加大复试比例，规范复试环节，加强复试监督等要求。

根据教育部硕士生招生初试科目改革的精神，2007 年硕士生招生在教育学、历史学、心理学、医学四个学科门类将初试科目由四门改为三门，均为全国统考科目。其他学科门类初试科目仍按四门设置。

在 2000 年部分院系进行博士生考试、录取试点改革的基础上，经过几年的运行、总结，2008 年电子系、微电子所、生物系和医学院对招生考试改革进行了规范。电子系和微电子所恢复了学校组织的三门考试形式，在考试内容上做了适当调整。生物系和医学院参加学校组织的两门课考试，即外语和专业综合考试。

2008 年 6 月 2 日，教育部发布《教育部办公厅关于全国硕士研究生统一入学考试计算机科学与技术学科初试科目调整及命题形式改革的通知》。2009 年全国硕士研究生统一入学考试计算机科学与技术学科初试实行联合命题，命题工作由全国学位与研究生教育学会工科委员会在教育部考试中心指导下组织实施，阅卷工作由省级招生考试机构统一组织，清华承担了2009年、2010年北京市计算机学科专业基础综合科目的阅卷工作。

17. 招生计划改革

根据学校“控制规模、优化结构、提高质量”的指导思想，适当控制研究生招生规模。2004年各类研究生实际招生总数（不包括港澳台、外国留学生）比计划数减少了417人。

2008年，在招生名额分配上，进一步向优质培养资源倾斜，向学校重点发展学科倾斜。在博士生名额分配上，进一步降低了按导师人数分配的系数，加大对学校重要科研项目的支持和重大科研成果的奖励，对全国优秀博士学位论文指导教师、杰出青年基金获得者、科研创新团队等给予名额支持，对培养环节出现问题的院系或导师进行减招或停招，对经审核不具备招生条件的博士生导师予以停招。

18. 对口支援

作为对口支援青海大学、为青海大学培养师资计划之一，学校2004年开始在推荐免试研究生工作中，由青海大学推荐优秀应届本科毕业生，经清华考核后免试攻读学历教育硕士学位，毕业后回青海大学工作，为青海大学定向培养师资。第一年学校共录取青海大学推荐免试生5人。至2010年共录取这类考生28人。

19. 少数民族骨干计划

2006年学校实施“少数民族高层次骨干人才计划”，该计划是教育部、国家发展改革委、国家民委、财政部、人事部五部委为贯彻落实党中央、国务院关于实施西部大开发战略的有关精神制订的专门计划，面向西部11省区、新疆生产建设兵团、享受西部政策待遇的民族自治地方等地区，以招收少数民族考生为主，为少数民族地区培养国家计划内定向研究生。经学校考核后，实际招收硕士生6名、博士生4名。根据教育部安排，录取的少数民族高层次骨干计划硕士生第一年到全国统一的培训基地强化训练。至2010年招收此类硕士生118人，博士生87人。

20. 培养机制改革

2007年，学校启动研究生培养机制改革，并在当年的博士生、硕士生招生简章中明确提出。培养机制改革是为进一步激发导师和研究生的主动性和积极性，统筹及合理配置各种资源，健全促进研究生创新和提高资源使用效率的激励机制，提高研究生培养质量。在现有国家拨款的基础上，学校将从多方面增加资金的投入，实施新的研究生资助体系，加大资助范围和力度，并实行动态管理。学校为全日制学术型研究生（委托和自筹经费培养研究生除外）提供教学助理、管理助理和科研助理岗位（以下简称“三助”岗位），通过承担“三助”工作使研究生在教学、管理与科研方面得到培养与锻炼，并获得岗位津贴与免交培养费的资助。此外，学校按照国家有关规定为每位努力学习的全日制学术型研究生（委托和自筹经费培养研究生除外）按月发放普通奖学金，表现优秀的可以申请学校综合奖学金或单项奖学金。学校提供“三助”岗位的覆盖面不低于全日制学术型研究生（委托和自筹经费培养研究生除外）总数的90%，未取得“三助”岗位的研究生应缴纳培养费。

2009年机械学院、信息学院进行博士生招生导师机制改革，经学校批准，部分教授、副教授不列入传统的导师库，但可在当年招收博士生，第二年是否招生再申请。在下达名额时，另给机械学院和信息学院额外名额用以支持改革。同时，博士研究生名额重点支持范围进一步扩大，长江学者和尚未结题的杰出青年基金获得者每人支持1个指标，给科研院和人事处部分指标用于支持科研和人才引进。

为配合学校博士生导师聘任机制改革，2010年博士生招生向院系下达名额以院系教学、科研系列副高以上职称教师数为基数来计算，与博士生导师数基本脱钩。

21. 思政课教师计划

根据《教育部办公厅关于做好2008年“高校思想政治理论课教师在职攻读马克思主义理论博士学位”专项计划招生工作的通知》，学校开始实施“思政课教师攻读博士计划”。该计划为定向招生培养，采取在职攻读的学习方式，考生所在单位要保证其在学期间至少一年的脱产学习时间。招生录取按照“计划专用、单独划线、择优录取”的原则进行。录取的考生必须与原单位签订协议书，毕业后回原单位从事思想政治理论课教学工作至少5年。教育部2008年至2010年共计录取此类博士生13人。

22. 交叉学科招生

美术学院、计算机系、新闻与传播学院从2009年开始，在艺术学一级学科下，自设“信息艺术设计”二级交叉学科（学科代码：050420），面向国家创意产业发展的需求，培养具有国际眼光的艺术与设计复合型创新人才，采用推荐免试和全国硕士生招生统一考试方式联合招收培养硕士研究生。该项目的教学特色在于文理交叉、艺术与技术结合，培养具有艺术、技术、传媒等综合知识背景的人才。由清华大学研究生院和美术学院教务部门负责招生和培养的各个环节。

23. 联合培养博士

2009年教育部开始开展博士生联合培养工作，清华大学与中科院半导体所、国家纳米中心联合培养博士生。联合培养的博士生具有双重学籍，其在读期间待遇由第一导师所在单位负责。2010年北京大学、清华大学和北京生命科学研究所开始联合招收培养博士生。三家单位成立联合招生委员会，实行自主招生，应届或往届本科毕业生均可申请，由委员会根据本科成绩、专家推荐信、单独考核及面试等环节对考生进行综合评价，并向两校分别上报拟录取名单，有两校分别发放录取通知书。截至2010年共招收联合培养博士生78名。

24. 深圳研究生院

根据《教育部关于同意设立清华大学深圳研究生院的批复》（教研函〔2001〕3号），深圳研究生院于2001年正式招生，录取标准、培养要求与清华大学研究生院完全一致，招生人数含在全校每年招生总数中。截至2010年，共招收硕士生3 090人，非学历研究生809人，博士生522人。

1978年至1993年录取硕士生、博士生情况见表4-3-5和表4-3-6。

1994年至2010年录取博士生情况见表4-3-7，录取硕士生、非学历研究生情况见表4-3-8和表4-3-9。

表 4-3-5　1978 年—1993 年硕士生、研究生班录取情况统计

年份	招生计划数	录取人数		性别		政治面目		应届生		在职人员	计划内			计划外		推荐免试	单独考试	保留返校	出国预备	港澳台生	外国留学生	同等学力	保留资格	少数民族
		硕士数	研究生班人数	男	女	党员	团员	本校	外校		非定向	定向	委培	自筹	自费									
1978	383	365		340	25	83	18	6	*	*	365													
1979	591	227		203	24	64	36	7	1	219	227													
1980	220	88		75	13	21	16	7	3	78	88													
1981	247	170		156	14	43	113	25	132	13	170								23			2		
1982	387	347		294	53	63	249	235	64	48	347								28					
1983	391	411		353	58	49	326	265	98	48	411								38					
1984	557	561	40	502	99	71	519	483	61	57	598		3			123			32					9
1985	780	820	46	713	153	130	711	669	105	92	689		177			154			40	3			13	16
1986	858	828	10	683	155	161	660	613	119	106	703		135			287				1			66	7
1987	847	762	12	625	149	175	588	496	104	174	687	19	68			531	32	10					130	5
1988	886	786	27	689	124	183	622	367	108	338	695	23	95			401	50	56				7	312	6
1989	855	688	12	581	119	114	551	282	96	322	467	177	56			289	79	90	5		5	28	339	17
1990	700	749		618	131	156	547	251	84	414	490	221	31			334	101	169	3		12	8	344	22
1991	700	747		592	155	117	617	285	116	346	532	185	30			311	101	164			3	3	283	24
1992	700	802		653	149	111	661	356	144	302	627	148	27			390	96	152			3	1	214	30
1993	700	887		694	193	174	713	363	200	324	700	63	87	65	7	398	114	158			9	1	237	29
合计	9 802	9 238	147	7 771	1 614	1 715	6 947	4 713			7 803	836	709	65	7	3 218	573	799	169	4	32	50	1 938	165

说明：* 为缺当年数据。

表 4-3-6 1980 年—1993 年博士生录取情况统计

年份	招生计划数	录取人数	性别		政治面目		应届生	在职人员	推荐免试	提前攻博	本科直博	论文博士	委托培养	自筹经费	定向培养	港澳台生	外国留学生	保留资格
			男	女	党员	团员												
1980	34	34	31	3			*	*										
1981	27	8	8		1	1	*	*										
1982	31	4	4		2		4	*										
1983	35	25	21	4	7	13	20	5										
1984	112	122	113	9	42	54	100	22										
1985	171	165	154	11	55	86	132	33	10	33			3					
1986	200	208	188	20	52	65	166	42	19	65		16	7					2
1987	180	194	180	14	71	97	148	46	16	38		12	7					6
1988	200	186	164	22	84	88	145	41	35	25		14	6					20
1989	200	196	179	17	82	94	155	41	55	17		10	1		5	1		8
1990	210	193	182	11	70	96	137	56	31	24		6	1		15			2
1991	210	249	222	27	93	132	142	68	32	40	39	3	1		24			5
1992	220	245	212	33	75	152	64	50	16	15	131	5	2		25	1		3
1993	260	322	294	28	114	175	70	83	45	20	169	27	5	66	11		4	3
合计	2 090	2 151	1 952	199	748	1 053			259	277	339	93	33	66	80	2	4	49

说明：* 为缺当年数据。

表 4-3-7　1994 年—2010 年博士生录取情况统计

年份	录取人数	按培养类别							按考试方式								其他录取情况（含在录取总数中）								
		脱产培养					非脱产培养		普通博士	本科直博		论文博士	提前攻博	推荐免试	港澳台	外籍	强军计划	少数民族骨干计划	政治课教师	深圳招生	性别	少数民族	政治面目		同等学力
		非委定	定向	委培	自筹	港澳台、外	定向	委托		本校	外校										男		党员	团员	
1994	402	217	26	33	123	3			90	190	5	17	28	69	1	2					353	22	143	201	5
1995	473	256	31	38	145	3			142	206	12	14	15	81	1	2					391	22	156	230	5
1996	487	233	24	12	182	3	15	18	157	218	19	12	17	61	2	1					424	14	170	249	3
1997	531	216	32	7	231	5	24	16	162	276	14	9	17	48	1	4					460	21	124	317	2
1998	594	270	28	6	242	2	14	32	208	305	26	26	27		2						514	31	154	347	3
1999	798	428	35	24	236	24	19	32	294	378	45	24	33		9	15					694	69	253	449	6
2000	881	460	51	17	286	11	21	35	384	353	75	24	34		7	4					721	38	321	487	5
2001	869	575	50	28	128	19	33	36	338	339	102	25	46		8	11				34	689	37	334	451	14
2002	970	770	62	21		28	42	47	373	324	174	27	44		11	17				29	760	51	384	479	6
2003	1 063	858	31	64		42	23	45	432	317	203	24	45		7	35	32			46	830	45	489	450	13
2004	1 111	940	36	30		36	31	38	410	368	231	16	50		10	26	36			113	834	45	534	475	9
2005	1 084	884	64	48		46	12	30	421	319	223	6	69		17	29	51			52	805	54	562	414	1
2006	1 101	897	75	33		56	14	26	411	270	263	4	97		20	36	55	4		48	831	45	980	65	5
2007	1 148	907	86	41		55	24	35	403	264	299	22	105		8	47	53	13		48	855	56	666	360	1
2008	1 195	983	91	39		41	15	26	410	278	369	11	86		9	32	52	20	2	49	855	60	691	387	1
2009	1 347	1 073	112	39		62	17	44	499	260	421	14	91		17	45	67	28	5	52	952	69	772	424	2
2010	1 616	1 307	105	38		76	32	58	566	357	470	24	123		26	50	70	22	6	51	1 082	88	895	559	0
合计	15 670	11 274	939	518	1573	512	336	518	5 700	5 022	2 951	299	927	259	156	356	416	87	13	522	12 050	767	7 628	6 344	81

表 4-3-8　1994 年—2010 年硕士生录取情况统计

年份	录取人数	按培养类别（脱产）					按考试方式									其他录取情况（除当年保留入学资格，其他均含在录取总数中）										
		非委定	定向	委培	自筹	港澳台、外	全国统考	推荐免试		单独考试	管理类联考	法硕联考	保留资格返校	港澳台	外籍	工程硕士	录取法硕	强军计划	少数民族骨干计划	深圳招生	当年保留入学资格应届生	性别	少数民族	政治面目		同等学力
								本校	外校													男		党员	团员	
1994	1 017	744	20	130	120	3	220	461	43	133			157		3						103	824	38	246	654	8
1995	1 172	746	29	251	139	7	236	502	35	248			144	1	6						71	950	58	296	716	7
1996	1 187	755	14	236	176	6	219	602	38	237			85	3	3						39	932	42	270	869	3
1997	1 386	832	16	393	132	13	257	636	37	398			45	3	10	39					28	1 096	48	346	944	4
1998	1 535	937	42	425	125	6	262	780	37	99	324		27	3	3	32					15	1 160	83	362	1 017	3
1999	2 286	1 423	30	509	306	18	361	1 314	40	102	434		17	6	12	114					17	1 785	109	610	1 472	0
2000	2 632	1 963	38	539	70	22	543	1 419	73	150	405		20	3	19	179					14	2 016	136	649	1 818	8
2001	2 446	1 796	29	536	54	31	549	1 179	96	130	413	31	17	11	20	108	31			274	9	1 827	131	556	1 689	9
2002	2 782	1 793	46	150	724	69	909	1 031	111	123	480	47	12	13	56	167	47	38		247	14	2 069	136	691	1 810	11
2003	2 999	1 932	69	115	810	73	918	1 132	132	142	491	100	11	19	54	129	100	57		211	12	2 115	147	903	1 802	7
2004	3 218	2 052	51	57	967	91	956	1 240	173	82	402	257	17	23	68	204	257	43		413	16	2 245	139	882	2 080	10
2005	2 878	1 737	77	41	865	158	799	1 119	155	71	367	197	12	23	135	174	197	41		304	17	2 013	120	925	1 665	7
2006	2 938	1 672	88	26	950	202	841	1 043	195	50	365	219	23	12	190	219	246	40	6	391	27	2 051	158	1 030	1 566	4
2007	2 990	1 587	126	32	983	262	808	1 047	239	49	361	203	21	24	238	216	253	36	16	491	76	2 089	161	1 004	1 585	7
2008	2 991	1 508	157	6	918	402	720	1 008	271	33	365	155	37	28	374	140	206	31	28	447	87	2 038	160	1 022	1 415	10
2009	3 588	1 553	194	21	1 229	591	1 089	1 021	295	37	364	191	86	54	537	446	220	33	35	544	73	2 058	200	1 247	1 605	10
2010	3 295	1 384	108	36	1 187	580	755	982	380	62	368	168	76	52	528	388	212	36	33	538	51	1 706	201	1 165	1 369	6
合计	41 340	24 414	1 134	3 503	9 755	2 534	10 442	16 516	2 350	2 146	5 139	1 568	807	278	2 256	2 555	1 769	355	118	3 860	669	28 974	2067	12 204	24 076	114

注：上表“按考试方式”中“管理类联考”2009 年前只有“MBA 联考”，2010 年开始统称“管理类联考”。

表 4-3-9　1996 年—2010 年非学历研究生录取情况统计

年份	录取总数	工程硕士	MBA	思政课教师	法律硕士	EMBA（含 INSEAD 中国人）	MPA	高校教师	会计硕士	艺术硕士	风景园林硕士	留学生		深圳招生（含在录取总数中）
												INSEAD	其他	
1996	54	54												
1997	102	74	28											
1998	259	124	135											
1999	628	360	268											
2000	804	514	198	92										
2001	1 258	874	180	104	100									63
2002	1 752	1 010	218	94	130	120	180							209
2003	1 893	862	204	59	126	494	148							182
2004	1 488	778	171		79	331	105	24						81
2005	1 440	642	213		51	313	106	25	90					61
2006	1 593	741	180		32	351	165		90	30	4			51
2007	1 537	660	148			409	130		100	50		40		33
2008	1 600	722	134			407	140		80	50	12	30	25	63
2009	1 520	703	70			379	150		62	50	23	49	34	40
2010	1 551	787				389	168		64	50	30	24	39	26
合计	17 479	8 905	2 147	349	518	3 193	1 292	49	486	230	69	143	98	809

注：① 录取总数中含留学生的非学历教育。
② 思政课教师收同等学力申请学位。

第四节 培养方案与课程设置

一、1925 年—1952 年

1925 年至 1928 年的国学研究院期间的课程教学，按研究院章程规定，“略仿旧日书院及英国大学制度，研究方法，注重个人自修，教授专任指导，其分组不以学科，而以教授个人为主”。“教授所担任之学科范围，由各教授自定，俾可出其平生治学之心得，就所最专精之科目”。其课程分为讲课（每周 2 小时）和专题研究两类。此外各教授每星期至少一小时的演讲，内容为“国学根柢之经史小学，或治学方法，或本人专门研究之心得，学生均须到场听受”。各教授指导之学科范围先期向学生公布，由学生选定学科和导师。各教授讲课一般 3～5 门，为经学、史学、中国语言文学等方面内容。

改办大学后的清华大学研究院，按照章程规定：学生入校后，即商同部主任选择导师，在校所习课程由部主任和导师审定，研究论文由导师监督指导；学制至少 2 年，至少学满 24 学分。

由于研究院学科较多，选载 1936—1937 学年度文科的历史学、理科的算学课程设置列于表 4-4-1和表 4-4-2。其中学生必须参加专题讲演及讨论（题目临时决定）。

表 4-4-1　1936—1937 学年度历史学部研究生课程设置

（一）专为研究生所设课程		
中国上古史专题研究		教师　雷海宗
中国中古史专题研究		教师　陈寅恪
清史专题研究		教师　张荫麟
（二）可与本科三、四年级学生共修之课程		
课程名称	学分	讲 授 者
史学方法	4	雷海宗
史学名著选读	4	雷海宗　孔繁霱　刘崇鋐
中国地理沿革史	4	谭其骧
中国上古史	4	雷海宗
隋唐史	4	陈寅恪
晋南北朝隋唐史研究	4	陈寅恪
明史	6	吴　晗
中国近代外交史专题研究	3	邵循正
罗马史	3	噶邦福

续表

课程名称	学分	讲 授 者
欧洲中古史	6	孔繁霱
欧洲近代史初期	4	孔繁霱
蒙古史	6	邵循正

表 4-4-2　1936—1937 学年度算学部研究生课程设置

	课 程 名 称	学分	应预习之课程
必修课程	分析函数	3	高等分析
	函数论	3	分析函数
	微分方程论	3	分析函数
	近世代数	3	高等代数
	微分几何	3	高等分析
选修课	椭圆函数	3	分析函数
	数论	3	高等代数
	不变量	3	高等代数
	群论	3	高等代数
	射影几何	3	高等几何
	非欧几何	3	高等几何
	代数曲线及曲面	3	高等几何
	变分学	3	高等分析
	积分方程式		微分方程论
	调和函数		分析函数
	函数专论		分析函数及函数论
	微分方程式专论		微分方程式论
	有法函数族论		分析函数
	整函数论		分析函数
	傅里叶式级数	3	高等分析
	分析专题研究（一）	2	
	分析专题研究（二）	2	
	近代三角级数	3	傅里叶式级数
	代数数论	3	数论
	Algebra and their Arithmatics	3	代数数论及群论
	代数专题研究（一）	2	
	代数专题研究（二）	2	
	代数几何		
	多元几何		
	线几何		高等几何
	形势几何	3	高等几何
	近代微分几何（一）	3	射影几何
	近代微分几何（二）	3	射影几何
	近代微分几何（三）	3	微分几何
	近代微分几何（四）	3	微分几何
	几何专题研究（一）	2	微分几何
	几何专题研究（二）	2	微分几何

二、1952年—1978年

1952年后，研究生培养方案几经修改。

（一）1953年培养方案

院系调整以后，清华改变为多科性工业大学，研究生教育以培养高校师资为主，学制3年，学校为此制定了《清华大学研究生（师资进修生）培养方案》（1953年9月公布实施）。

《方案》规定，研究生教学计划由各教研组根据需要及学生原有基础制定，每学期为1 000小时（平均每周54小时），包括下列课程：

1. 政治理论

一年级学马列主义基础，210小时（每周课堂4小时，自习3小时）。

二年级学政治经济学，210小时（课内外学时同上）。

三年级学辩证唯物主义与历史唯物主义，144小时（每周课内外各4小时，一学期）。

2. 俄文

入学前进行速成阅读学习（外校来的研究生先集中速成学习2周）。

一年级进行专业阅读练习，270小时（每周9小时，以自学为主，由俄文教研组协助专业课教师答疑）。

二年级继续专业阅读练习，180小时。

3. 业务课

研究生入校后应先选定毕业后准备开课的目标及学习期限（1.5～2.5年），再根据准备此课程的需要，有步骤依次学习3门左右的课程，规定听课、实验、阅读参考书及完成应有课程设计的时数。

4. 生产实习

按教学需要进行1～2次生产实习，时间不少于8周。

5. 毕业设计

只在有条件的教研组进行。

6. 教学实习

根据工作需要应参加教学实习，每学期一般以150～350小时为限。第一学期不超过150小时，以后视情况逐年增加。学习和备课期满后，每学期不超过500小时。

（二）1959年培养方案

随着研究生教育逐步走上正轨和教育教学改革的发展，特别是在1958年为贯彻教育方针，学校研究生教育在总结多年经验的基础上，1959年再次修订了《清华大学培养研究生工作试行办法》并公布实施。试行办法对研究生的培养目标提出："根据教育部指示：高等学校培养研究生的任务主要是培养又红又专的、在本门学科方面具有系统而坚实的理论基础，能够独立进行教学工作和科学研究工作的高等学校师资。学习年限一般定为3年，必要时，可适当延长或缩短。"

学校对研究生课程设置规定如下：

1. 马列主义理论课

每周6小时，自学为主，定期组织讨论，写学习心得，通过考试。每年写一份思想总结及鉴定一次，书面报告交系、校各一份。

2. 业务课学习

在所学课程中，应有1～2门业务理论课程（与研究方向有密切关系的专业基础理论或与研究题目直接有关的专业理论课）的内容，并于入学2年后通过考试。

研究生贯彻以科研为中心，并与教学、生产相结合的原则进行培养，即结合国家科研任务，通过实际科研工作，边干边学为主要方式。因此，研究生入学后应立即参加所在教研组某个领域的科学研究工作，并为该项科研工作成员之一。在教研组和指导教师的指导下，和辅导课教师共同组织并带领一部分本科学生参加科研和生产工作。

3. 生产劳动

应尽可能结合科研工作参加生产劳动，每年为1～1.5个月。

4. 教学实习

研究生除结合科研进行生产实习、毕业设计外，还应结合本人研究方向的专业考试课程，参加教学辅导工作，并试讲5节左右的课。

5. 外国语课

首先学好第一种外语（俄语），第二外语一般应在第一外语通过后才能开始学习。要求：掌握3 000个以上的单词及词组；掌握基本语法知识；熟练阅读本专业外文科技文献；笔译2 000印刷符号/小时。

（三）1965年培养方案实例

下面以无线电技术专业研究生为例，具体课程设置及学时分配见表4-4-3。

表4-4-3 1965年无线电技术专业研究生课程设置及学时安排

课　程	一年级	二年级	三年级	学时数
政治课	全年	全年	全年	400
第一外语	上学期			200
第二外语	下学期	上学期		400
专业基础课	全年	上学期		800

续表

课　程	一年级	二年级	三年级	学时数
专门课	下学期	上学期		800
教学实习		全年	上学期	100
文献阅读	全年	上学期		300
论文		下学期	全年	3 000

说明：① 本专业研究方向：雷达、通信、雷达系统与数据处理、超高频发送、线路理论及技术。
② 专业基础和专业课选学 2～3 门：无线电理论基础、通讯理论、最佳接收技术及数据处理、随机过程、电磁场理论、超高频技术及超高频管。
③ 经导师同意，也可选修其他有关课程。

三、1978 年—1993 年

1978 年、1979 年学校招收的研究生，有的是“文化大革命”以前在读的研究生和毕业的大学本科生，也有“文化大革命”期间的“工农兵学员”，在学历、经历、理论基础、科研能力等方面差别较大，因此在课程设置上开设了一些不同层次的课程。从内容上可分三类：

（1）半数以上的课程可以达到研究生水平；

（2）少数课程是补大学课程的性质；

（3）有些课程包含有部分大学课程的内容。

所用教材，一是选用国外同类专业的研究生教材；二是选用相当于国外研究生水平的主要参考书；三是教师自编讲义并指定参考书。

这一阶段共开设 16 门公共课：自然辩证法 1 门，外语 7 门，电子技术 2 门；数学 5 门，计算机 1 门；100 多门专业基础课和专业课（见表 4-4-4）。

表 4-4-4　各系开出的专业基础课和专业课程数统计

开　课　系	课程门数	开　课　系	课程门数
工程物理系	11 门	试验化工厂	5 门
基础课	21 门	力学系	33 门
自动化系	6 门	电子工程系	14 门
机械系	13 门	精密仪器系	7 门
水利系	7 门	化学工程系	16 门
无线电系	9 门	建筑工程系	29 门
电机工程系	11 门	热能工程系	8 门

在教学方式上，基础课和大部分专业基础课以讲授为主；专业课多数在不同程度上由教师重点讲授，以培养研究生的自学能力。课程讲授方法，一般是由教师扼要讲授问题的线索、思路、难点，介绍学科的最新发展及不同的学术观点，并开展课堂讨论。

1981 年，我国建立了学位制度，明确规定了硕士生、博士生在课程学习和论文工作方面的培养要求。学校依此要求来组织研究生的培养工作，并在实践中不断改进各个培养环节，保证研究生培养质量的高水平。

（一）硕士生培养方案

1981 年，学校根据《中华人民共和国学位条例》等文件精神，制定了《清华大学硕士学位研究生培养工作暂行规定》，规定硕士生的培养方式，应采取理论学习和科学研究包括参加工程实际、社会实践工作相结合的办法。在指导方法上采取指导教师负责和教研组（研究室）或指导小组集体培养相结合的办法。研究生入学后，指导教师应按照培养方案的要求，根据因材施教的原则，制订培养计划。对课程学习的选课、考核方式、每学期的学分分配，以及教学实践、社会实践、学术活动、科研工作和学位论文等做出具体安排。

课程学习的重点是加强基础理论、技术基础理论的学习，扩大和加深专业知识，提高实验技能。专业学位课应按二级学科设置，避免“课题化”。同时注意加强现代测试技术和实验研究能力以及运用计算机和计算技术解决实际问题能力的培养。

研究生课程应有教学大纲，明确规定本课程主要的内容、学习要求、教学方式、考核方式、学分、预修课程和参考书目。

每个研究生均需进行教学实践。内容可以是批改本科生作业、辅导实验、指导课程设计或毕业设计，也可以是专题讲课，总工作量约为120小时，一般应在第一学年内完成，由负责教师对完成情况写出评语和考查结果并记学分。

根据研究生课程的实际情况，经系主任批准，专业培养方案中可以规定修读他系或他专业的研究生课程或相应水平的本科生课程，开课单位应妥善安排外专业研究生的听课、答疑及考核等事项。

为了扩大专业知识面，适应科学技术的发展，特别是新兴学科和边缘学科的发展，提高研究生的实验技能，鼓励多开设内容新、学时少的选修课以及实验性强的课程。为了培养理论联系实际的能力，根据每个研究生的具体情况，作为科研和论文工作的一部分，安排在生产实践中进行调查研究或科学考察。

为了提高自学能力，每个研究生在校学习期间，至少应有一门专业课或专业基础课采用自学方式取得学分；对其他专业课程提倡增加自学分量，适当减少课内讲授时数。对于自学课程，教研组（研究室）应安排教师负责指导、答疑，定期组织讨论会，并要明确规定课程的内容、要求和考核方式。

全校规定的公共课程，由学校统一安排并指定有关单位开设。几个系共同的课程，由有关系协商并指定教师开课。各系各专业单独需要的课程，由各系各专业自行开设。

硕士生的课程学习实行学分制。学分是学生在校期间学习强度的标志，除第二外国语外，学分按下述方法计算：每学期标准周数为20周（不包括考试），以课内外周学时数之和为该门课程的学分。对不满一学期教学的课程，其学分由本学期课内外总学时除以20来折算。硕士生课程的课内外学时比，一般为1∶2左右。自学课程可根据情况合理计算学分。

研究生按培养计划修读的课程，经考试及格或考查通过给予相应的学分。通过自学达到某门课程的应修课程的要求，并经考试及格或考查通过，亦应获得相应的学分。

硕士生在规定的学习年限内，必须累计获得70～100个研究生学分。其中公共必修课、专业必修课、选修课学分，宜各占三分之一左右。具体学分数应根据专业培养方案的规定安排，下面还将进一步说明。

研究生入学后如在某些方面尚未具备本专业大学本科毕业生的理论与实践水平的，应预修有关课程并订入培养计划。预修课可通过自学或听课方式，在学习相应主修课程前修完，通过考核后可取得预修学分。预修学分单独计算，不计入研究生学分。预修学分最多不能超过30。

硕士生入学前经正式批准，随本校硕士生听过某门必修课程并考试及格，经任课教师证明和系主任批准、研究生处审查同意，可免修该课程并承认其学分。

1984 年各系（所）第一次全面修订培养方案。学校确立按二级学科设课的原则，并在全校开设了一系列近代应用数学课程，为数学系以外的研究生创造了学习适度的数学基础知识的条件。各系据此逐步配套开设专业的学位课程及选修课程，建立了较为完善的课程体系。学校编写了第一本研究生课程内容介绍。为提高研究生的实践能力，1985 年开始加强面向研究生的实验课程建设，重点装备了与测试技术、微电脑、单板机等有关的实验室，为传统工程专业的研究生掌握现代实验理论和技术奠定了基础。

修订后的培养方案经过 3 年实践，研究生院于 1987 年组织各系进行课程教学总结。

在此基础上，1988 年全校进行第二次培养方案修订。新的培养方案以提高研究生的全面素质、适应社会主义建设事业的需要为基点，增加了社会实践作为培养过程的必修环节，进一步拓宽了专业基础和专业覆盖面，减少了学位课程的学分数要求，提出了多模式、多渠道培养研究生；教学实践可由系（所）根据培养计划要求和学校教学工作的需要，自行确定是否列入个人培养计划；缩短了硕士生的修业年限—由原来的 2～3 年过渡到 2～2.5 年。

新培养方案在课程教学方面的改进主要是：

学位考试课程一般为 5～6 门，45～60 学分，而考试课程所得总学分不得低于 60 学分。除马克思主义理论课和第一外国语课外，基础理论和专业学位课共 3～4 门。理工科专业研究生一般应选修一门数学类课程作为基础理论课，在条件允许时也应加强近代物理基础课的学习。

强调研究生的教学应在传授知识的同时加强自学能力的培养。提倡减少课内讲授学时数。基础理论的学位课程，课内学时一般也不宜超过 50 学时，其他课程的课内学时，一般在 30 学时左右。以实验为主的课程，可适当增加实验学时数。

为主动适应社会需求，为工矿企业服务，研究生院组织力量对生产、设计、科研部门进行深入调查，确定在全校开设一批工程应用理论课，以及市场学、经济管理基础等课程。同时，又根据工程类型硕士生的特点，制定了相应的培养方案，确定课程设置原则为：加强工程应用的理论基础，拓宽技术基础，扩大和加深专业知识，提高测试技术及应用计算机技术能力。规定课程学习不少于 45 学分，允许有一门学位课程可在经清华大学研究生院同意的其他院校学习，并承认其取得的学分。

1990 年学校组织 16 个工科系对近 500 门课程进行教学质量普查，同时对研究生课程与本科生课程的衔接、分层次教学等问题进行研究和调整，组织实验课的专题讨论，制定研究生进行思想政治教育的要求和落实措施。在此基础上对研究生培养方案再次进行修订。修订后的方案，打破按二级学科设课的界限，确定校、系两级学位课。为拓宽研究生的知识面，增加一门专业基础学位课，明确必修环节的学习要求和检查方式。

随着计算机应用的发展，研究生学位课中计算机软件方面的内容所占比重加大。为此，学校为研究生开设了软件工程系列课，对全校约 2/3 的研究生进行软件标准的培训，并制定相应的研究生学位论文软件评议书。

对外语教学，新方案强调研究生的外语水平应在使用中提高，要求逐步规范外语专业阅读的教学要求，统一考核和评分标准。

新修订的培养方案中关于学分及其组成规定如下：

攻读硕士学位的研究生在校学习期间所获得的学位课学分，应不少于 23 学分，考试学分（含学位课）不少于 28 学分（关于学分的计算原则见表 4-4-5 的说明）。

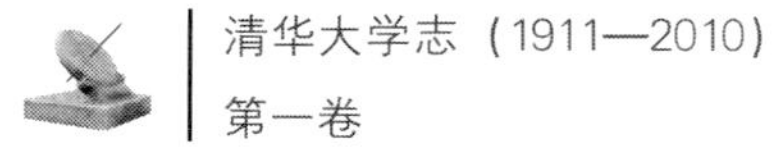

关于学分及其组成见表 4-4-5。

表 4-4-5　硕士生培养方案和学分组成

<table>
<tr><td colspan="4">学位课程</td></tr>
<tr><td rowspan="2">公共课</td><td>马列主义理论课</td><td>科学社会主义理论与实践 2 学分（考试）</td><td>自然辩证法（或管理类、社科类等专业指定的有关课程）3 学分（考试）</td></tr>
<tr><td>第一外国语</td><td>基础外语（英日德俄法）4 学分（考试）</td><td>专业外语 1 学分（考试）
（要求阅读量达 20 万字符，且由专业外语考核小组统一组织考核）</td></tr>
<tr><td>基础理论课</td><td colspan="3">至少 4 学分（考试）（一般工科专业选学 1 门经研究生院批准的数学学位课）</td></tr>
<tr><td>专业基础课和业课 3 门</td><td colspan="3">至少 9 学分（考试）
（3 门中，专业基础课不少于 3 学分）</td></tr>
<tr><td colspan="4">非学位课程</td></tr>
<tr><td>必修环节</td><td colspan="3">文献综述与选题报告 2 学分（考查）（要求查阅一定数量的文献资料，写出不少于 8 000 字的书面报告，内容由文献综述和选题报告两部分组成。考核成绩由书面成绩和口头报告成绩组成）
学术活动 1 学分（考查）（要求参加 10 次以上，其中 2 次为跨专业报告）
社会实践 3 学分（考查）（要求写出书面报告，内容包括思想小结和技术报告）
教学实践 1～3 学分（考查）（由各系自行决定）</td></tr>
<tr><td>必修课（其中考试学分不少于 3 学分）</td><td colspan="3">现代测试技术类实验课或应用计算机类实验课 3～4 学分（考试）
导师指定的课程
扩大知识面的课程
以下几门课程，凡未学过者，指定选修：
法学基础　　1 学分（考查）
文献检索与利用　　1 学分（考查）
软件工程概论　　1 学分（考查）</td></tr>
<tr><td>任选课（考试学分不少于 2 学分）</td><td colspan="3">自选或导师推荐的选修课 2～3 学分（考试）
综合专题　　1 学分（考查）
体育课　　1 学分（考查）
文艺课　　1 学分（考查）
第二外国语　　4 学分（考试）</td></tr>
<tr><td>预修课</td><td colspan="3">凡本科专业与硕士专业不同的研究生，一般需补 1～2 门大学本科课程</td></tr>
</table>

说明：① 学分以周课内学时数计（由原定某门课每周课内外学时之和，改为按每周课内学时计算）。
② 以自学为主的课程、实验类课程，学分按每 20 个学时计 1 个学分，最多记 4 学分。
③ 本方案自 1991 年级硕士生开始执行。

（二）博士生培养方案

清华大学于 1981 年正式招收攻读博士学位研究生。此前曾招收过相当于培养博士生的四年制研究生，当时由于我国尚未实施学位制度，没有正式明确毕业后授予博士学位。1981 年正式招收博士生后，学校根据国家的学位条例及其暂行实施办法，在 1982 年制定了《清华大学攻读博士学位研究生培养工作试行办法》，规定博士生的培养方式以科学研究工作为主，重点培养独立从事科学研究的能力，并应结合科研课题的需要继续学习一些有关课程，以提高理论水平和实验研究能力。博士生的培养工作采取导师负责制，指导方式采取指导教师个别指导和指导小组集体培养相结合的办法。应根据社会主义现代化建设的需要和近代科学技术发展趋势，以及教研组（研究室）的实际情况制定培养方案。博士生入学后，在导师指导下，根据培养方案中规定的要求，结合博士生的个人特点，拟订培养计划，以明确选题范围，并对课程学习、文献阅读、研究工作、学位论文等工作的预期目标及进度要求做出大致的安排。在实践中，经多次修订后逐渐完善了博士生专业培养方案。到 1992 年，全校 63 个博士点都制定了“博士生培养要求”，其中对课程学习、考试考核方面作了具体规定。

1．公共课程（包括学位课程）

（1）马克思主义理论课

博士生入学后第一年，应选修社会科学系开设的现代科学技术革命与马克思主义课，并按规定自学马克思主义有关原著和选读有关文章。通过学习，要求较好地掌握马克思主义有关基本理论，并结合思想实际和科学实践的亲身感受，写出有一定水平的专题论文，由社科系组成的 2～3 人考试委员会负责理论课的考核工作。

（2）外国语课

博士生应掌握两门外国语。能用第一外国语熟练地阅读本专业的外文资料，有一定的专业写作能力和初步的听说能力。要求用第二外国语有阅读本专业外文资料的初步能力。

第一外国语的博士生学位课程分基础课和专业阅读两部分。基础课一般由学校统一开课，各系也可自行设课。入学考试外语成绩优良者，可参加外语系组织的免修考试，成绩合格者方能免修。专业阅读部分主要由导师指导博士生通过大量阅读文献资料，以提高阅读外文资料的能力。

第一外国语的考试也分两部分进行。基础课成绩是在课程学习结束后，由学校统一组织考试，主要考核博士生用外文写作、听力、快速阅读和缩写的能力。而专业外语考试，以口试为主，主要考核博士生阅读专业外文的熟练程度和写作能力，以及初步用外语口头表达自己的学术见解和一般会话能力，由外语考试委员会主持进行，由各系考试小组两名成员和博士生导师组成三人小组进行考核，时间为 3 小时。

博士生的第二外国语课程，可以在导师指导下按需要确定语种，并选修硕士生或本科生的二外课程，要求学习结束后达到借助词典阅读本专业该语种外文资料的初步能力。第二外国语的考试，由外语教研组的开课教师，在课程结束后以笔试方式进行。

凡在入学前已通过第二外国语考核者，可凭据提出免试申请。

博士生应在入学后 1.5 年中完成第一外国语的基础部分及第二外国语的学习和考核。

（3）学科综合考试

学科综合考试的内容，一般应包括基础理论和专业知识。具体内容由指导教师根据本专业博士生所应该具备的学科知识确定，但应有一定的知识覆盖面和足够的深度。一般可根据该专业科学技术发展的趋势和学位论文工作的需要，指定某些基础理论或技术基础理论的综合性课程。内容可以偏重于理论性的，也可以偏重于工程或实验技术性的。可以自学，也可选修现有的其他研究方向或外专业、外系的研究生课程。

基础理论课和专业课的考试，一般采用学科综合考试的方式进行。学科综合考试的时间为 2～3 小时，以口试为主。对考试门数、内容不作统一规定，必要时可在口试前就某些课程进行笔试（但应有足够的难度和明确的要求）。最后根据笔试、口试的成绩，按 5 级制或百分制评定学科综合考试的总成绩。

学科综合考试，由学位评定分委员会指定包括导师在内的3位副教授以上职称的专家组成的考试委员会负责进行，由1名讲师以上职称的专业教师担任记录。考试委员会应在一个月前公布考试科目、考试范围、考核方法及时间，并负责命题及评定成绩。

凡博士学位课程考试未通过者，不得安排论文工作及学位论文答辩。

2. 课程的组成与学分

对博士生各课程及学分的规定见表4-4-6。

表4-4-6　博士生各类课程及学分的规定

内　　容		学分
现代科学技术革命与马克思主义（含哲学论文）		3
第一外国语	基础部分 专业部分	4 1
第二外国语		4
学科综合	基础理论 专业知识	2 2
辅修课		1～3
文献综述与选题		2
学术活动与学术报告		1

博士生课程至少应取得20学分（论文除外）。

清华大学于1990年开始开设博士生的辅修课程，当年全校开设5门，第二年增加到9门，1992年达11门，主要由各学科校内外专家、教授，介绍学科前沿状况及发展态势。课程采取短学时、高强度的浓缩讲授的方法，目的是使博士生开阔视野、拓宽知识面、启迪思维，以培养他们的创新能力，活跃研究生的学术氛围。

（三）共同必修的社会实践课

除了上述已列出的硕士生、博士生课程以外，对所有研究生设有共同的必修课——社会实践课。要求入学前工龄不满4年的研究生，在读研究生期间至少参加一次以科技服务为主、为期一个月的社会实践，一般安排在一年级结束后的暑期或夏季学期进行。目的在于让研究生接触社会、了解国情，为国民经济建设服务，向工农学习。

1984年11月，由校研究生会筹建的“华实科技交流服务中心”正式成立。其宗旨是开发和利用学校丰富的智力资源，特别是利用有一定科学研究能力的研究生，为促进城乡经济体制改革和社会主义现代化建设作贡献。

1985年，学校开始进行研究生社会实践试点。当时由校研究生会和研究生团委负责组织，内容以社会调查为主，少量科技服务。当年参加人数为120人，完成课题63项。

1987年，学校总结近几年的经验，决定将社会实践列为研究生的必修课。1987年至1993年，全校参加大规模有组织的研究生社会实践总数达3 900人，完成课题2 319项，创造直接经济效益996万元，足迹遍及全国29个省市自治区（见表4-4-7）。1993年，清华大学“研究生社会实践制度的试验与改革”，获全国普通高校优秀教学成果二等奖，北京市优秀教学成果一等奖。

表 4-4-7　研究生社会实践课执行情况统计

年份	参加人数	完成课题	直接经济效益（万元）	所到基层数
1987	732	365	85	29 个省市自治区 266 个企事业单位
1988	685	366	100	29 个省市自治区 377 个企事业单位
1989	未进行			
1990	523	413	107	28 个省市自治区 314 个企事业单位
1991	514	322	100	26 个省市自治区 244 个企事业单位
1992	617	375	294	25 个省市自治区 283 个企事业单位
1993	829	478	310	26 个省市自治区 368 个企事业单位
合计	3 900	2 319	996	

此外，学校从 1991 年开始，先后在河北省阳原、唐山、保定，山东省滨州、沂南、广饶，江苏省溧阳，浙江省金华，北京市顺义、海淀，辽宁省鞍山、本溪，河南省漯河，湖北省咸宁，内蒙古赤峰，江西省吉安，安徽省滁州等地，共建社会实践基地 27 个，使学校研究生的社会实践基本有了保障。

与此同时，学校还于 1991 年和 1992 年先后在校内和山东省滨州市，召开两次研究生社会实践基地建设研讨会，来自各基地所在市、区的有关部门负责同志参加了会议，认真讨论了如何更好地发挥研究生的才华，有效地为地方经济发展作贡献等有关问题。在滨州市召开的第二次研讨会，团中央、山东省教委、省委教工委的有关负责人也参加了会议。

（四）研究生的中期考核

国家教委在《关于改进和加强研究生工作的通知》中指出："要加强研究生品德评定和学籍管理，对在校的研究生实行必要的筛选制度。"根据学校的研究生培养、教育和管理的实际情况，决定除继续认真执行有关研究生学习管理的规定外，还应在研究生入学一年后，进行中期考核。中期考核的目的是：通过对研究生德智体诸方面的考核，调动研究生的学习积极性，进一步提高研究生的全面素质。学校于 1988 年 4 月制定了《关于研究生中期考核的暂行规定》，明确：

（1）考核内容，包含有：政治思想、遵纪守法和道德品质，业务学习和实践表现，科研能力，身体素质和参加体育锻炼情况。

（2）考核奖惩，规定了对考核优劣者采取不同奖惩的具体办法。

（3）考核方法，确定了考核的组织领导和进行办法。

规定中期考核从 1987 级研究生开始执行。

通过中期考核，促进研究生全面素质的提高，保证研究生的培养质量。

四、1994 年—2010 年

（一）硕士生的培养

1. 硕士生培养方案

1994 年，全校第四次全面修订硕士生培养方案。指导思想是在已有的二级学科设置课程的基础上，进一步拓宽研究生的知识域和专业面；注意做好本科—硕士—博士衔接培养的课程设置规划，并对不同层次课程的教学内容和教学方法进行必要的调整；注意强化实践环节，加强能力训练。修订后的培养方案，有的系按一级学科或“学科群”设课，有的系将若干个硕士点跨二级学科分组设课。

1998 年，学校提出进一步修订培养方案的建议。基本原则是：进一步精简课程、调整基本学分要求、增大选课自由度。

为了贯彻因材施教的教育方针，充分体现“利用外语教学综合环境，提高研究生外语应用能力”的指导思想，研究生院和外语系在 1994 年共同制订了英语教学改革方案，并在五系一所（电子系、电机系、计算机系、自动化系、生物系和微电子所）进行试点，涉及大约 320 名硕士生。1999 年，英语教学改革扩大到九系一所，并于 2000 年开始全面实施。其内容是：不再为硕士生开设仅以通过学位考试为目的的英语基础课（长工龄研究生除外）；除符合免修条件硕士生和在职专业学位硕士生外，选修第一外国语为英语的硕士生需参加“清华大学英语水平Ⅱ考试”，重在考核学生的英语实际运用能力。考试每年举行两次，学生可以根据自己具体情况决定何时参加。硕士生英语课程分为应用提高课程、综合技能课程和基础课程三类，学生可视自身情况选择。英语学位课最终成绩为水平Ⅱ成绩与英语课程成绩的合成。

2006 年学校再次修订硕士生培养方案，其中各类学分的要求规定如下：

（1）学位课程与环节

硕士生在学期间，获得学位需要求学分不少于 23（其中考试学分不少于 17），其中公共必修课程 5 学分，学科专业课程不少于 16 学分，必修环节 2 学分。学位课学分内只允许包含 2 学分外语课程学分。具体要求如下：

① 公共必修课程（5 学分）

马克思主义理论课程　　3 学分（考试）

第一外国语　　2 学分（考试）

② 学科专业课程（不少于 16 学分，其中考试学分不少于 12）

基础理论课、专业基础和专业课以及相关的跨学科专业课程

③ 必修环节（2 学分）

文献综述与选题报告　　1 学分（考查）

学术活动　　1 学分（考查）

硕士生在学期间应参加 10 次以上（其中 2 次为跨二级学科）的学术活动，并写出不少于 500 字的小结。填写“硕士生参加学术活动记录”，经导师签字后自己留存，申请答辩前交所在单位研究生管理部门记载成绩。

（2）非学位课程（或环节）

硕士生按以下方式选修的课程属于非学位课程。

① 补修课程。凡欠缺所在学科本科层次专业基础的硕士生，一般应在导师指导下补修 2～3 门本科核心课程。补修课程记非学位课程学分。

② 任选课程。硕士生根据个人兴趣，选修所在学科要求以外的课程，必须征得导师的同意。所得学分记非学位课程学分。

2. 培养模式改革和培养定位调整

（1）本硕统筹培养

在 1995 年底至 1996 年初的第 20 次教学讨论会上，学校提出要面向跨世纪的国民经济建设，

工科17个系全面实行本科—硕士的衔接培养，缩短学制。1998年，机械学院和信息学院本硕统筹培养模式和培养方案确定。2000年，信息学院在本硕统筹培养研讨会上对有关问题进行了深入的研讨：如何优化本科—硕士统筹培养的总体方案框架；分析比较信息学院各学科的课程设置及内容与国外著名大学的差别；研讨本科与研究生专业课的衔接和优化方案等。研讨会明确了学校本硕统筹培养是指“分阶段、有统筹”，主要是课程设置的统筹的思想。

（2）工程硕士培养工作站建立

1997年，为发挥高校与企业的优势，产学紧密结合培养研究生，学校开始与企业合作建立“工程硕士培养工作站”，先后在洛阳空空导弹研究院、上海自动化仪表股份有限公司等单位，共建立24个工程硕士培养工作站，从1998年开始进行应届本科毕业生进入工程硕士培养工作站免试攻读工程硕士学位的试点工作。

（3）硕士研究生两年制培养

2004年，为适应时代变化和社会需要，审视并开始调整学校硕士生培养目标和要求，提出提高硕士研究生学习和培养效率，推进两年制硕士研究生培养。采取课程学习与论文研究环节并行运作、充分利用夏季学期、优化教学安排等有效利用时间，优化整合培养过程的措施。

（4）高层次、应用型人才培养

随着国家经济建设及科学技术的快速发展，社会在对高水平学术型人才持续需求的同时，对高层次应用型人才的需求迅速增加。清华应用型硕士研究生分为专业学位和学术应用型两种类型。

专业学位是为国家经济建设和社会发展需要培养高层次应用型专门人才而设置，具有明显的职业背景。1984年，清华大学与西安交大等11所院校提出《关于培养工程类型硕士研究生的建议》，并开始进行试点培养。1991年，清华大学MBA开始招生，开始专业学位硕士教育的历程。1996年，工程硕士首批试点。1998年，全国唯一全日制工程硕士试点，采取与“工程硕士培养工作站”共同培养方式。全校现有法律硕士、工程硕士、建筑学硕士、工商管理硕士、公共管理硕士、公共卫生硕士、会计硕士、体育硕士、艺术硕士、风景园林硕士、汉语国际教育硕士、社会工作硕士、金融硕士、应用统计硕士、新闻与传播硕士、工程管理硕士共16种硕士专业学位。

2009年，学校以全国新增全日制硕士专业学位研究生为契机，在近20个院系6个专业学位开设全日制硕士专业学位研究生培养项目，并同时在一批应用型学科开展如“环保工程师”“国际新闻传播”等学术应用型的改革试点项目。应用型项目的特点是培养方案上强化实践能力培养和职业素质培养；组织实施上按项目实施并成立项目指导委员会。项目的开展推进硕士定位向应用型为主转型，调整全校硕士生的培养结构，探索清华大学高素质、高层次、多样化、创造性的专业应用型和复合式人才培养的新模式。

（5）突破学科壁垒，设置交叉学科学位项目，培养创业型高端人才

信息艺术设计在我国是一个新兴的学科交叉领域，涉及多个跨门类一级学科，国家创意产业发展对这方面人才有迫切需求。2009年，学校组织美术学院、计算机系、新闻学院共同设立信息艺术设计学科交叉硕士学位项目，形成招生、培养、学位“多个入口，一个过程，多个出口”的培养模式。按交叉学科人才培养的规律和要求，设置交叉学科研究生核心课程，并与招生入口系的培养要求相衔接。跨学科学生团队共同学习和设计，由跨学科导师组共同指导。

（二）博士生的培养

1. 资格认定与学术报告

1994 年第一次实施直博生资格认定制度，全校 23 个系（院、所）对 139 名直博生进行了全面考核，包括学位课程学习成绩、选题报告、学科综合考试等。从 1995 年入学的直博生开始，试行在未获得资格认定前，为直博预备生。资格认定在入学后第三学期内进行，逐步实行末位淘汰制。

1996 年，为强化博士生培养过程的监控，提高博士生学术水平，开始实行博士生在二级学科内公开进行学位论文选题报告；在博士生论文工作期间，每学期至少在二级学科内公开做一次学术报告；在博士学位论文答辩前三个月进行最终学术报告等规定。

2. 博士生基金

1996 年，学校制定并实施了《博士学位论文基金试行条例》，该基金面向全校在岗博士生导师，择优支持学术思想新颖、预期科研工作可获得重要成果或实质性进展的基础性、交叉性的博士学位论文研究课题。1996 年 9 月首批批准 16 项具有创新思想或开拓意义的课题，给予 2 万～5 万元的经费资助。

2000 年，学校启动博士生导师基金，用于吸引、支持和鼓励优秀学生攻读博士学位，激励博士生努力学习、刻苦钻研、积极创新，在学习期间取得优异成绩和科研成果，并使导师在培养过程中更好地调动学生学习和工作的积极性。

2001 年起，学校开始设立博士生培养基金。用于吸引、支持和鼓励优秀学生攻读博士学位；激励博士生努力学习，刻苦钻研，积极创新，在学习期间取得优异成绩和科研成果，并对在博士生培养工作中取得优异成绩的指导教师（组）给予奖励。基金的目的是：促进博士生培养质量的稳步提高和高水平博士生导师队伍的建设；拓宽博士生国际视野，提高国际意识和竞争能力，为培养未来学者奠定基础。博士生培养基金分为四个子项基金：优秀博士学位论文奖励基金、博士生科研创新基金、博士生出席国际会议基金和博士生短期出国访学基金。

优秀博士学位论文奖励基金用于奖励全国优秀博士学位论文、北京市优秀博士学位论文和清华大学优秀博士学位论文获得者及其指导教师，以促进高水平导师队伍的建设，提高博士学位论文的质量。1999 年至 2010 年，清华大学入选全国优秀博士论文共 91 篇（不含协和医学院），每篇论文奖励 21.6 万元（其中奖励导师科研经费 20 万元，奖励作者和导师个人共 1.6 万元）。从 2008 年至 2010 年，清华大学入选北京市优秀博士学位论文共 13 篇，每篇论文奖励作者和导师个人共 1.2 万元。

博士生科研创新基金用于鼓励和支持博士生自主提出新颖的学术观点，开展原创性、创新性研究。2001 年至 2004 年，共计正式立项资助 44 项，鼓励性资助 48 项，共拨款 238.5 万元。2010 年重新启动博士生科研创新基金，并将“教育部博士研究生学术新人奖”纳入其中实施统一管理。该基金由本人申请、院系初选、学校专家组评审，报研究生院审核通过并在校园网公示。2010 年共有 100 名博士生入选清华大学博士生科研创新基金，其中包括向教育部推荐“博士研究生学术新人奖”人选 40 名。博士生科研创新基金对上述入选的博士生提供研究经费和生活津贴资助。

为支持博士生出国参加所在学科领域的重要学术会议，促进博士生与国际同行学者直接交流沟通，拓宽国际视野，了解所在学科领域的研究进展和动态，提高学术水平，清华设立了“博士生出席国际会议基金”，对向国际学术会议投稿论文并被接收，且被邀请在国际会议上做口头报告的博士生提供旅费和部分注册费资助。2001 年至 2010 年，共资助了 1 105 名博士生出席国际会议，学校直接拨款资助总金额为 650.37 万元。

为拓宽博士生学术视野，增强国际交流能力，提高研究和创新能力，培养具有国际竞争力的未来学者，从 2010 年开始学校设立了“清华大学博士生短期出国访学基金”，为博士生赴国外一流大学进行为期 3～6 个月的短期访学并开展研究工作提供资助，2010 年共资助了 88 名博士生赴国外一流大学短期访学。

3. 博士生培养方案

1994 年，根据博士生课程教学情况调查报告，规定博士生培养方案中，普博生至少修 20 学分，直博生至少修 36 学分。为了提高博士生的基础理论水平，根据当时博士点的学科情况，第二外国语不再作为博士学位课程，而增设一门数学课作为博士生的必修课；同时根据培养直博生的需要，数学系专门为直博生开设了“高等数值分析”课程，并在教学和考核方式等方面进行了改革。1996 年，制订了第一个文科博士点——马克思主义理论教育与思想教育的培养方案。

2006 年修订的博士生培养方案中关于各类学分的要求规定如下：

（1）学位课程与环节

普博生及论文博士生在攻读博士学位期间，需获得学位课程学分不少于 10，其中公共必修课程 4 学分，必修环节 5 学分。直博生在攻读博士学位期间，需获得学位课程学分不少于 28，其中公共必修课程 6 学分，学科专业课程学分不少于 17，必修环节 5 学分。提前攻博生的学分要求同直博生。

各学科可根据上述基本要求，并结合本学科特点对课程设置和学分要求作更严格的规定。课程设置及学分要求如下：

① 公共必修课程

现代科学技术革命与马克思主义（理工、经管类专业博士生必修）	2 学分（考试）
马克思主义与当代社会思潮（人文、社科类专业博士生必修）	3 学分（考试）
自然辩证法（直博生和提前攻博生必修）	2 学分（考试）
第一外国语（所有博士生必选）	2 学分（考试）

② 学科专业课程

包括基础理论课程、专业基础和专业课程以及相关的跨学科专业课程。

直博生和提前攻博生需按所修学科的博士培养要求的规定，选修学科专业课程≥17 学分（考试），普博生及论文博士生须根据论文需要至少选修一门研究生基础理论或专业课程。

③ 必修环节

资格考试	1 学分（考试）
文献综述与选题报告	1 学分（考查）
学术活动	2 学分（考查）
社会实践	1 学分（考查）

（2）非学位课程

博士生选修学科培养要求以外的课程，为非学位课程，所获学分记非学位课程学分。

（3）有关说明

① 交叉学科博士生培养计划。按交叉学科培养的博士生，其学位课程在基本上符合主修学科（申请学位的学科）培养要求的前提下，可根据需要选修2门以上交叉学科的课程；该类博士生的个人培养计划应由学位评定分委员会认定后执行。

② 学位课程中的外语课学分。在学位课程学分中，只可包含2学分的外语课程。此外，博士生因个人需求，选修的外语课程按非学位课程记学分。

③ 英语课作为第二外国语必修课。凡第一外国语为非英语的博士生必须选修英语为第二外国语，记非学位课程学分。

④ 自学课程。涉及与研究课题有关的专门知识，由导师指定内容系统地自学。导师也可以根据学生特点及论文工作要求，指定学生选修某些必要的课程和学科前沿课程。

⑤ 补修课程。各学科应指定获得本学科博士学位的核心课程。凡欠缺所在学科硕士或本科层次专业基础的博士生，应在导师指导下补修有关的核心课程（包括专业基础课、专业课等，一般不少于2门）。补修课程记非学位课程学分。

⑥ 任选课程。博士生根据个人兴趣选修与学位要求无关的课程（体育、外语、音乐以及与论文无关的人文经管类课程等），须征得导师的同意。选修的课程按非学位课程记学分。

（三）培养机制改革

2005年12月，清华大学成立由校长主持的研究生教育改革小组，以建设世界一流大学的研究生教育为目标，研讨清华教育现状，针对目前在质量与规模、导师资格与水平、招生类型与规模、成本分担、名额分配等方面存在的问题，分析原因，找出差距，提出清华大学研究生教育改革的目标及可操作性建议与措施。

作为教育部14所试点高校之一，清华大学在2007级研究生新生中启动培养机制改革试点。研究生培养机制改革，旨在进一步统筹学校、院系和导师在研究生培养中的资源投入，加大设岗力度，增强导师在研究生培养过程中的主导作用，将研究生的培养、奖励、资助与研究生的实际能力和综合表现紧密联系起来，调整、完善研究生培养资助体系，提高研究生培养质量和水平，促进研究生教育的可持续发展。此次改革的核心是建立和完善以“三助岗位”体系为主要内容的研究生奖助体系。研究生可通过承担“三助岗位”工作得到培养和锻炼，同时获得学费和岗位津贴资助。经过一年多的研究，2007年3月学校通过了《清华大学关于改革现行研究生培养机制的决定》和《清华大学研究生培养机制改革实施办法（试行）》，其主要思路是：

① 学校设立“奖学金”，用于资助品学兼优的研究生。学校继续按规定发放普通奖学金和生活补贴。

② 学校、院系和导师为研究生设置“三助”岗位。学费由学校提供减免，岗位津贴由设岗方（学校、导师或院系）提供。

③ 学校设立专项基金，支持基础学科部分导师设立助研岗位。

④ 研究生未获岗位，可申请减免学费，不申请、申请未获批准或学位课不及格者、受较重纪律处分者，交一学期学费。

⑤ 学校、导师可继续为研究生提供勤工俭学的机会。

⑥ 为保证质量，学校控制总体规模，并调控院系规模和结构。为保证导师有足够的时间和精力投入研究生培养工作，学校原则上控制导师同时指导研究生的数量。

（四）课程建设

1994 年，学校加强学位课程建设，29 个重点学科开出 32 门反映国际最新理论、最新技术的学位课程。规划建设了“现代机械系统控制与仿真”课程、扩建“图书馆光盘、文献信息”“计算机接口技术”等教学实验室及外语教学环境。

1995 年，学校集中资金加强高新技术课程的实验室建设，如测试技术、先进制造技术等，拓宽知识面，掌握学科前沿领域进展。

2000 年 4 月初，研究生院在各系推荐的基础上，聘请了一批有丰富教学经验的老教师组成“研究生课程督导组”，对研究生课程的教学内容、教学方法、课堂情况等进行评价，从不同侧面了解教学情况，为深化改革提供依据。

2000 年，教育部研究生工作办公室开始遴选研究生教学用书。清华共推荐 10 部教材，有 8 部入选，分别是：电子系董在望的《现代电路理论与技术》，张克潜的《微波与光电子学中的电磁理论》，陆大绘的《随机过程及其应用》，朱雪龙的《应用信息论基础》，自动化系边肇祺的《模式识别》，建筑学院谢文蕙的《城市经济学》，水利系章梓雄、董曾南的《黏性流体力学》，电机系胡广书的《数字信号处理——理论、算法与实现》。

2002 年，学校启动了研究生精品课程建设工程，全校通过“985 工程”一期和二期教学项目共立项重点建设 211 门课程，推进研究型课程体系与多样化教学模式的形成，在教学中注重培养创新意识和解决问题的能力。2007 年开始在研究生课程中评选“清华大学精品课程”，至 2010 年，全校共有 54 门研究生课程入选，为推进研究生课程整体水平的提高起到了示范作用。

为了感受学习国外先进的教学理念和借鉴其教学模式，1997 年学校设立了“优秀留美学者赴清华讲学”计划，吸引海外知名学者参与清华的学科建设和课程建设。2002 年该计划正式纳入研究生课程体系，累计聘请来自美国、英国、德国、日本、俄罗斯等 18 个国家和地区近 380 位知名学者为研究生开设 365 门具有一定深度、广度或前沿性的短期课程，他们在介绍所在领域最新科技进展的同时，与清华的教师进行学术交流，提高研究生课程质量，取得了很好的效果，深受学生欢迎。

教育部从 2003 年开始实施研究生教育创新计划，全国研究生暑期学校是其中主要项目之一，清华从 2004 年开始承办“应用数学”“物理学”“生物信息学”“核能科学与工程”“超越分子层次的化学”“国际工程”“节能减排”共 8 个全国研究生暑期学校。同时部分院系举办“技术创新管理理论与方法”“世界核大学清华周”“软件形式化方法与工具”等研究生暑期学校。暑期学校汇集一批全国高校和科研院所的研究生，聘请海内外知名专家学者集中开设强化学科基础的课程、前沿专题课程和学术讲座，极大地丰富了研究生教学资源，在校园内创造浓厚的研究生教育创新氛围，强化创新意识、创业精神和创新能力的培养，是促进研究生教育水平提高的一种有益形式。

随着国际学生增加，研究生院整合教学资源，除开设不同层次的汉语课程外，2007 年组织院系开设了“中国社会与文化”“中国社会与文化比较研究”“中国哲学”“中国科学技术与社会导论”等系列国际研究生学位课程，改变留学生政治课学分由专业课替代的状况，促使国际学生在学习专业知识的同时能更好地了解中国，增强国际友谊。

为加强研究生综合素质与职业能力培养，按学术素养、职业修养、创业教育、领导团队等模块，学校面向全校研究生开设 30 余门有关学术与职业素养的课程，同时每学期组织开设“研究生学术与职业素养”系列讲座，邀请校内外著名教授和专家授课。

（五）国际合作培养研究生

自2004年学校实施研究生国际化培养计划以来，与国外高校的合作形式日益多样化，留学生规模显著扩大。办学项目包括英文学位项目、联合培养项目、国家建设高水平大学公派研究生项目、研究生学术与职业发展项目、中外合作办学项目和交换生项目。留学研究生学历生录取人数已由2003年的80余人增至2010年的660余人（美国学位留学研究生录取人数最多，包括Harvard、UIUC等的毕业生），在校国际学位研究生人数增至1 005名。

建设系列英文课程，创办英文学位项目，将清华大学学位项目推向国际舞台。截至2010年，全校共有22个院系开设了266门全英文课程。其中英文项目课程160门，联合培养项目课程56门。

1. 英文硕士学位项目、联合培养双硕士学位项目

截至2010年秋季学期，全校共开设英文硕士学位项目11项、联合培养双硕士学位项目12项（见表4-4-8、表4-4-9）。这些项目是学校研究生留学生数量和生源质量大幅提升重要原因之一。

表4-4-8　英文硕士学位项目（11项）

项目名称	院　系	留学生招生人数	启动年度
国际工商管理硕士（IMBA）项目	经济管理学院	225	1996
中国法项目	法学院	140	2005
汽车工程国际研究生项目	汽车系	2	2006
国际发展硕士项目（MID）项目	公共管理学院	78	2007
全球财经新闻（GBJ）	新闻与传播学院	46	2007
国际公共管理硕士（IMPA）项目	公共管理学院	72	2008
国际学生设计硕士项目	建筑学院	16	2008
全球制造项目	工业工程系	12	2009
环境工程与管理硕士项目	环境系	3	2009
先进计算	计算机系	7	2010
国际关系英语硕士项目	国际关系系	32	2010

表4-4-9　联合培养双硕士学位项目（12项）

项目名称	合作方	系　所	启动年度
清华-亚琛联合培养项目	德国亚琛工业大学	汽车、工业工程	2001
深研院-新加坡国立大学物流硕士项目	新加坡国立大学	深研院	2002
清华-东工大联合培养项目	日本东京工业大学	化工、材料、人文学院、医学院、生物	2004
清华-东北大学联合培养项目	日本东北大学	材料、物理、机械、精仪	2006
经管学院-法国HEC合作培养MBA	法国HEC	经管学院	2006
中法环境能源高级管理硕士项目	法国巴黎矿校	环境、热能、核研院	2007

续表

项目名称	合作方	系所	启动年度
清华- INSEAD 合作培养 EMBA	法国 INSEAD	经管学院	2007
微电子所-比利时鲁汶大学联合培养项目	比利时鲁汶大学	微电子所	2008
经管学院- MIT 斯隆管理学院管理硕士联合培养	MIT 斯隆管理学院	经管学院	2009
建筑学院-日本千叶大学硕士联合培养	日本千叶大学	建筑学院	2009
清华-俄罗斯莫斯科钢铁合金学院硕士联合培养	俄罗斯莫斯科钢铁合金学院	材料系、化工系、机械系	2010
两岸清华大学硕士联合培养	台湾新竹清华大学	工物、工业工程	2010

2. 学术与职业发展项目

截至 2010 年秋季学期，清华与国外高校合作开办 2 项职业发展项目：清华-伯克利全球技术创业项目、清华-帝国理工学院学术与职业发展博士生暑期项目。

（1）清华-伯克利全球技术创业项目

清华-伯克利全球技术创业项目于 2009 年 9 月启动。该项目整合了两校技术创业的优秀资源，通过讲解、讨论、案例分析、实践等相结合的模式，培育学生创业精神和创业领导力、普及创业知识、提高学生创业创新技能。项目关注全球技术创业动态，结合中国创业实践，定期举行高端国际创新创业论坛。培养计划为 1 年，总学分 7 分（必修课 3 学分＋选修课 2 学分＋商业计划书 2 学分），修满学分的同学将获得由两校共同签发的结业证书。

（2）清华-帝国理工学院学术与职业发展博士生暑期项目

清华-帝国理工学院学术与职业发展博士生暑期项目于 2010 年 6 月启动，是为了提高博士生学术与职业发展技能，由清华大学、帝国理工学院和英国首相计划行动共同资助实施的暑期项目。该项目基于库伯的学习圈理论，整合清华和帝国理工学院现有的学术与职业技能培训资源，借鉴帝国理工学院可转移技能训练模式，通过互动式学习，帮助博士生提高交流、沟通和谈判能力，了解知识产权、学术规范等相关知识，学会撰写科研经费申请书，提高就业和创业意识、增强规划力和领导力；促进博士生对不同文化的理解；加强双方导师和博士生的联系。

3. 交换生项目

截至 2010 年，清华共与 22 个国家（地区）的 83 所知名高校签署学生交换协议（见表 4-4-10）。

表 4-4-10　清华大学与国（境）外高校签署学生交换协议情况统计

国家（地区）	澳大利亚	新西兰	加拿大	美国	墨西哥	芬兰	德国	爱沙尼亚	比利时	法国	英国
协议院校数	7	1	4	15	1	1	5	1	1	1	1
国家（地区）	丹麦	瑞士	瑞典	西班牙	中国香港	中国台湾	日本	韩国	新加坡	马来西亚	越南
协议院校数	2	1	1	3	6	5	16	7	2	1	1

4. 国家公派研究生项目

2007 年至 2010 年学校通过国家公派研究生项目共选派 763 名研究生赴国外联合培养或攻读博士学位，其中联合培养博士生 640 名，攻读博士学位研究生 123 名。见表 4-4-11。

表 4-4-11　公派研究生项目统计

年　度	攻读学位		联合培养	
	推荐	录取	推荐	录取
2007	15	15	153	151
2008	23	21	180	176
2009	52	39	180	163
2010	57	48	172	150

第五节　毕业论文与学位授予

毕业论文工作是培养研究生从事科学研究和专门技术工作的重要环节，毕业论文是检查研究生在校学习期间是否掌握了坚实的基础理论和系统的专门知识、能否运用已有知识进行综合和创新的重要方面。因此，毕业论文历来受到人们的重视，研究生学习期满时必须完成毕业论文。

一、规章制度与基本要求

1925 年国学研究院建立时，第一届研究生入学后不久，即要求每个研究生确定研究题目，毕业应通过毕业论文考试。此后数年，没有对毕业论文再作其他规定。

1934 年公布的《国立清华大学研究院章程》，对毕业论文作了明确规定，即毕业论文须先经研究生导师认可，再由论文考试委员会举行口试（答辩）决定去取。论文成绩以百分法计算之，以满 70 分为及格。考试委员会应有经教育部核准之校外人员参加。同时公布的《研究院考试细则》进一步规定：论文考试，至迟须于毕业一个月前举行。欲应论文考试者，须于考试前两周呈报教务处。论文考试时间以 3 小时为度。论文考试成绩如何，其应得之分数，依考试委员会全体委员投票之平均分数决定之。投票以一次为限。

1935 年正式公布《硕士学位考试细则》，规定硕士学位分为“学科考试”和“论文考试”两种。其中论文考试由考试委员就对申请人所交论文提出问题，以口试进行之，必要时并得举行笔试。论文及提要均须用本国文字撰作，但得同时提出用外国文字撰作之副本。前经取得他种学位之论文，不得再度提出。考试成绩之核算，论文成绩占 60%，学科成绩占 40%，两种成绩各在 60 分以上始认为及格。

硕士学位考试委员会委员，由学校聘请经教育部核准之校内外委员各若干人（各占一半）组织之，由部指定一人为委员会主席。必要时，此委员会并得由部指定。研究所主任暨负责指导申请人研究工作之教授一人为当然委员。每一申请人论文之审查，由校外委员一人任之，其口试或笔试，至少须有校外委员一人参加主持。

申请人考试成绩，经主试各委员分别评定后，须提送委员会，由全体委员决定。申请人考试合格之论文（附提要一份）、试卷及各项成绩，应于考试完竣后一月内，由校呈部复核无异者，由大学或独立学院授予硕士学位。

这些程序和要求大体沿用到解放以后。

中华人民共和国学位条例及其暂行办法公布以后，学校在先后制定的攻读硕士、博士学位培养工作暂行规定或试行办法的基础上，1985 年又制定了《清华大学学位授予工作暂行细则》。在这些规定和细则中，对研究生的论文工作和学位授予的各个环节都作了详细具体的规定。

硕士生在按培养计划完成课程学习的同时，应在第二学期内在导师指导下拟订论文工作计划，内容包括文献阅读、选题报告、科研调查、研究方法、实验手段、理论分析、文字总结等工作的进度计划。研究生一般应于第二学期结束前或第三学期初向教研组（或研究室，以下同）提交选题报告，并在教研组安排的会议上报告，接受评议和审定。选题应当是从某一学科领域提出的，对国民经济具有一定的实用价值或理论意义的先进性课题；鼓励选择工程类型论文课题，直接为“四化”建设服务，取得经济效益；并尽可能与教研组和导师的科研任务结合，注意发挥导师和研究生各自的特长，做到科研项目、科研条件的落实。论文工作时间应不少于一年。

硕士学位论文的基本要求是：论文对所研究的课题有新的见解，表明作者在本门学科上掌握坚实的基础理论和系统的专门知识，具有从事科学研究工作或独立担负专门技术工作的能力。硕士论文的评阅，除由指导教师审阅写出详细评语外，还应由系聘请 1～2 位学术造诣较深的专家作为论文评阅人，经系有关负责人同意后，由系出面邀请。评阅人一般应在一个月内对论文作出评价，写出详细学术评语，并至迟于答辩前三日将评阅意见返还。对于如何评阅硕士论文，研究生院提出了具体建议供评阅人参考。

博士生入学后，应首先在导师指导下明确科研方向，收集资料，阅读文献，进行调查研究，确定研究课题。一般应于第二至第三学期内写出学位论文选题报告，并在所在教研组学术会议上宣读，广泛听取意见。论文选题确定后，博士生应在导师的指导下拟定论文工作计划，计划应包括论文工作各阶段的主要内容、要求、进行方式、完成期限等；并应按阶段（每学期至少一次）在教研组学术会议上报告科研和论文工作的进展情况，通过研讨集思广益。对理工科博士生要努力创造条件，安排实验工作，以验证理论的正确性。论文工作的时间一般为二年至二年半。

博士学位论文的基本要求是：论文应对社会主义建设具有重要的实用价值或理论意义；论文应表明作者具有独立从事科研工作的能力；应在科学或专门技术上做出创造性的成果；并反映作者在本门学科上掌握了坚实宽广的基础理论和系统深入的专门知识。博士学位论文的评阅，除导师写出详细评阅意见外，还应在答辩前一个月将论文送达聘请的一名校内专家和一名校外专家，请他们对论文进行评阅；同时应写出论文详细摘要（约 6 000～8 000 字）30 份，于答辩前 1.5～3

个月前寄达国内外同行专家，请他们进行评议。1991 年 4 月以后，博士学位论文的评阅除上述方式外，还可采用请 10 位同行专家评阅论文（其中大部分应是教授或相当技术职称的专家，校内专家不超过三位）的方式，而不送审论文详细摘要。1994 年以后，博士学位论文评阅人的数量调整为 5～7 人；2010 年，再次调整为 3～5 人，其中包括隐名评审 1～2 人，公开评审 2 人，如果涉及学科交叉，则加请 1 位所交叉学科的评阅人。

学校在 1937 年就公布了《清华大学学生毕业论文细则》（含本科毕业生），明确毕业论文的书写格式，除规定了使用的笔、纸、墨水颜色等项外，要求须注明论文中“引文”的著者、书名、版本、出版社及页数；注释须在本文中夹写“注一”等字样；如有附表，应于本文注明；论文须有题目、作者姓名、系别、日期等；论文最后须列出所用参考书及其作者、书名、版本、出版社等共 20 多条详细规定。1978 年恢复研究生招生后，研究生院也制定了《学位论文与摘要的统一要求》，详细规定了学位论文和论文摘要的书写格式、内容要求、装订式样以及归档要求等，此后又多次进行修订和补充，使研究生在学位论文中取得的创造性研究成果或在研究工作中的新见解，按标准的学术规范书写和印刷，能作为社会宝贵财富得到广泛交流和使用。

二、论文答辩

（一）答辩申请

硕士研究生在完成培养计划中规定的课程学习和实践环节并完成学位论文后，可先向导师提出答辩申请，导师应审查该研究生培养计划完成情况及学位论文，写出详细的学术评语。如同意答辩，应在研究生答辩申请书上签署意见。教研组主任作为审查人，也应在答辩申请书上签署是否同意答辩的意见。同意答辩的论文，可安排论文评阅和答辩事宜。

博士研究生完成学位论文后，经导师审核认为符合答辩要求的，由研究生本人提出申请，导师对论文写出详细的评阅意见，向所在教研组和学位评定分委员会提出推荐。分委员会根据申请人的博士学位课程考试成绩和国内外同行对论文摘要或论文的意见，对该申请进行审查，如同意答辩，再把申请材料送交校学位评定委员会审批，获得批准后才能组织论文答辩。随着一些博士点和学位评定分委员会的经验积累与完善，校学位评定委员会逐步把博士学位论文答辩的审批权分批下放给学位评定分委员会。

（二）答辩委员会的组成

硕士学位论文答辩委员中除有导师以外，还应由系聘请学术造诣较深的专家 3～5 人组成，委员中应有半数以上的教授、副教授或相当职称的专家，其初步名单由教研组提出，经学位评定分委员会主席审查，批准后方可发出聘书。答辩委员会设秘书 1 人。导师不能担任答辩委员会主席，主席须由教授、副教授或相当职称的专家担任。硕士学位论文答辩委员会组成先后进行过几次调整，规定由 3～5 人组成，3 人组成时不应包含导师。自 2009 年起，规定具有硕士生指导资格的中级职务教师可以担任硕士学位论文答辩委员会委员。

2006 年开始试行硕士论文集中答辩制度，要求申请答辩的硕士生按二级学科（或研究方向）分组，每组 8 人以上，每组设一个答辩委员会（委员为 5～7 人）。答辩成绩的评定要有一定的区分度。

博士学位论文答辩委员会由 5～7 人组成，成员的半数以上应当是教授或相当职称的专家。应尽可能聘请本学科、专业和相关学科、专业的博士生导师或其他专家。成员中必须包括2～3位外单位专家，导师可参加论文答辩委员会，但不得担任主席。论文答辩委员会主席应当由教授或相当职称的专家担任。论文答辩委员会设秘书1人。自2009年起，规定具有博士生指导资格的副高级职务教师可以担任博士学位论文答辩委员会委员。

论文答辩委员会成员名单应由学位评定分委员会审查，报校学位评定委员会审批。取得了答辩审批权的分委员会，可不必上报校学位评定委员会审批。至2010年，答辩审批工作均由学位评定分委员会完成。

（三）答辩过程

在宣布答辩委员会主席及成员名单并由秘书介绍研究生的基本情况后，由答辩委员会主席主持答辩会议，研究生报告论文的主要内容（硕士30分钟，博士30～45分钟）；委员会宣读同行对详细摘要的汇总意见（指博士论文答辩）；由答辩人回答委员所提出的问题。之后，由答辩委员会举行秘密会议，听取评阅人的评审意见并进行评议，讨论通过决议书；以不记名投票方式进行表决，经全体成员2/3以上（含2/3）同意方得通过；再由委员会签署决议书。然后，答辩会复会，由主席宣布决议书和投票结果。论文答辩会应有记录。

博士学位论文答辩一般应公开举行。

研究生院从1989年起实行了论文答辩的抽查。被抽查人是从当年申请答辩的硕士、博士生中随机产生，其导师可以出席答辩会，但不能参加答辩委员会和举行的秘密会议。另由学校或系聘请一位同行专家作为答辩委员参与答辩，并填写相应表格，进行答辩评价。这些评价意见将提供学位评定分委员会审查该被抽查研究生的学位时参考。这项措施的实行促进了研究生学位论文质量的提高。

三、学位审批

按《清华大学学位授予工作暂行细则》的规定，清华大学研究生的学位审批分二级进行，先由学位评定分委员会审查，再报校学位评定委员会审批。

凡经学位论文答辩委员会作出建议授予学位决议的申请者，学位评定分委员会要对其政治思想表现、课程成绩和论文答辩情况逐个全面审查后，以不记名投票方式进行表决。经出席会议的2/3或以上的成员同意（同意票数不得少于全体分委员会成员的半数）方为通过，不能采取通信投票的方式进行表决。会议应有记录。

对某些经论文答辩委员会通过的论文，经学位评定分委员会审核后认为不合格的，采取以下措施：可做出不同意授予学位的决议；或对硕士学位论文可作出允许在一年内修改论文、重新答辩一次的决议，而对博士学位论文可作出允许在两年内修改论文、重新答辩一次的决议。

清华大学硕士学位的审核由学位评定分委员会进行，但要报校学位评定委员会批准。对是否授予硕士学位有争议的对象，校学位评定委员会才再作进一步审核，并以不记名投票方式进行表决，决定是否同意授予学位。

对于分委员会表决通过的博士学位，还必须把全部学位申请材料上报校学位评定委员会，由校学位评定委员会召开会议，逐个审查，再以不记名投票方式表决，经出席会议的2/3或以上成员同意（同意票数不得少于全体成员总数的1/2）方得通过。表决不能采用通信方式。

会议应有记录。1999 年以后，关于学位审议应出席会议委员人数和获得通过的要求修订为：出席会议委员人数达到全体委员人数的 2/3 以上为有效，同意票数达到全体委员半数以上为获得通过。

由于学校博士生培养规模的扩大，每年审查的博士学位人数较多，自 1988 年起，在校学位评定委员会召开审批会议之前，由学位评定委员会的成员分别组成学科大组，并聘请若干同行专家参加，先分组进行逐个初审，再由大组召集人向全体会议汇报初审情况。全体会议重点审查有争议或有突出问题的申请者，然后再表决，并作出相应决议。1998 年取消了学科大组初审制度。

1991 年 4 月，清华大学学位评定委员会在总结以往学位授予工作经验的基础上，为全面贯彻国家的学位条例及其实施办法和《清华大学学位授予工作暂行细则》，进一步完善学校的学位授予工作，坚持德智体全面审核，保证学位的授予质量，更好地为社会主义建设服务，又制定了《审批授予学位的若干补充规定（试行）》及《关于学位授予工作中若干情况的处理办法》，对学位授予工作中的一些重要的具体问题，又作了明确的规定，进一步提高了学校学位授予的质量。

自 2009 年春季学期起，学校利用同方知网开发的“学位论文学术不端行为检测系统”，开始对拟申请学位者的学位论文进行学术规范检查，如发现涉嫌学术失范的论文，请相关分委员会组织专家认定，对于未能排除学术不端嫌疑的论文，学位评定委员会不受理其学位申请。

清华大学历年授予的硕士和博士学位人数统计见表 4-5-1、表 4-5-2 和表 4-5-3。1948 年至 1980 年，虽招收研究生，但无学位制度。

表 4-5-1　1933 年—1947 年授予硕士学位人数统计

年份	合计	文科				理科						法科			备注
		中文	外文	哲学	历史	物理	化学	算学	生物	心理	地学	政治	经济	社会	
1933	6	1			2	1						1	1		1938 年、1939 年无统计材料
1934	4				1		2	1							
1935	7	2	1		2			1						1	
1936	5				1			1	1	2					
1937	5	1	2	1									1		
1940	3		1	1	1										
1941	3		1						2						
1942	5		1		1	1		2							
1943	4					1			3						
1944	6					2		1	1					2	
1945	5			1	1	1					2				
1946	6	2			1	1			1			1			
1947	2								1				1		
总计	61	6	6	3	10	7	2	6	9	2	2	2	3	3	

表 4-5-2　1981 年—1993 年授予硕士、博士学位人数统计
（含在职人员同等学力申请者）

年份	工　学		理　学		法　学	哲　学	文　学	历史学	教育学
	博士	硕士	博士	硕士	硕士	硕士	硕士	硕士	硕士
1981		278		29					
1982		249		44					
1983	2	135		12					
1984	14	205	1	36					
1985	11	234		27					
1986	16	394	2	24					
1987	25	448	4	40	1				
1988	100	864	3	67	1	2	1		
1989	155	990	5	93	11	3	1	3	
1990	77	280	2	29			3		
1991	132	639	7	52	20	5	3	1	
1992	85	557	6	38	9	9	6	1	
1993	131	590	4	51	6	6	4	2	1
合计	748	5 863	34	542	48	25	18	7	1

表 4-5-3　1994 年—2010 年授予博士、硕士（含同等学力）学位人数统计

年份	硕士	博士	总计	年份	硕士	博士	总计
1994	729	159	888	2003	3 078	581	3 659
1995	796	177	973	2004	3 301	564	3 865
1996	906	202	1 108	2005	4 581	646	5 227
1997	1 107	248	1 355	2006	5 244	821	6 065
1998	1 125	224	1 349	2007	4 984	876	5 860
1999	1 412	317	1 729	2008	4 083	902	4 985
2000	1 602	327	1 929	2009	4 417	1 027	5 444
2001	2 056	358	2 414	2010	4 050	944	4 944
2002	2 650	384	3 034	合计	46 121	8 757	54 878

四、同等学力申请学位

1986 年 9 月，国务院学位委员会办公室下达《关于在职人员申请硕士、博士学位的试行办法》，并于 1986 年 12 月批准清华大学开展在职人员申请学位的试点工作，批准试点的学科、专业如表4-5-4 所示。

表 4-5-4　在职人员申请学位批准试点的学科、专业名称

学位级别	学科、专业名称			
博士	光学仪器	核材料		
硕士	固体物理	光学	分析化学	机械学
	光学仪器	精密机械仪器	生物医学仪器及工程	压力加工
	高电压工程	通信与电子系统	信号、电路与系统	计算机软件
	计算机组织与系统结构	计算机应用	建筑设计	建筑历史与理论
	环境工程	结构工程	工程测量	水力学及河流动力学
	自动化仪表与装置	应用化学	技术经济	工业管理工程
	核物理	系统分析	反应堆工程和反应堆安全	

1987 年 6 月，校学位评定委员会通过了《清华大学关于在职人员申请学位试行办法》及其相应的实施细则，对申请人的资格条件、课程考试要求、学位论文及答辩、申请审查程序等都作了详细规定，并强调要与清华大学毕业研究生授予学位一样，坚持标准，保证质量。

在职人员以同等学力申请学位，是指申请人不需取得研究生入学资格，只要能提供符合基本条件的证明材料，审查合格即可。在清华大学，一般再需通过相应的考试取得申请资格，然后在规定期限内，参加申请专业培养方案要求的学位课程等的考试，并提交学位论文，经具有一定技术职称的同行专家推荐，有关系（所）组织的资格审查小组对申请人的课程考试成绩和论文进行审查，同意接受申请后，进行论文的评审和答辩。规定推荐人不能是论文评阅人。在评阅和答辩委员会成员中必须有外单位的同行专家。答辩通过后，提交学位评定委员会审查其学位，其程序和在校研究生的一样。由于申请人不是研究生，因此他们只能取得学位证书，而没有研究生毕业证书。

在试点工作初期，在职人员申请学位的有关材料必须提交国务院学位委员会办公室组织的专门会议检查验收，符合要求后，校学位评定委员会才能审批授予其学位。由于学校严格执行有关文件规定，在 1988 年就被批准为免验单位，直接由校学位评定委员会审批学位，再把有关申请材料上报国务院学位办公室备案。

1990 年 10 月，在试点工作的基础上，国务院学位委员会为了多渠道促进我国高级专门人才的成长，进一步提高教育和科研队伍的素质，适应社会主义现代化建设的需要，通过了《关于授予具有研究生毕业同等学力的在职人员硕士、博士学位暂行规定》及其实施细则。学校在 1991 年 7 月相应制定了《清华大学关于授予同等学力在职人员硕士、博士学位暂行办法》及其实施细则。

1991 年 9 月，国务院学位办批准清华大学有权授予在职人员硕士、博士学位，并在 3～5 年内须接受国务院学位委员会办公室组织的学位授予质量的检查和评估。批准有权授予博士学位的学科、专业有：理学 4 个，工学 41 个；有权授予硕士学位的学科、专业有：法学 1 个，理学 11 个，工学 69 个。到 1993 年 5 月又增加有权授予博士学位的学科、专业：理学 1 个，工学 3 个；有权授予硕士学位的学科、专业：文学 1 个，工学 1 个。具体的学科、专业名称见表 4-5-5。

清华大学授予在职人员同等学力申请学位的质量，在 1993 年 6 月国务院学位办组织的检查和评估中，得到兄弟院校的一致好评。不仅是授予学位质量，而且在该项工作的组织管理、材料归档等方面都得到好评。

截至 1993 年底，学校共授予在职人员同等学力申请的硕士学位 290 人，博士学位 13 人。详细统计见表 4-5-6，1994 年—2010 年统计见表 4-5-7。

表 4-5-5　清华大学接受在职人员以同等学力申请硕士、博士学位专业及其类别一览

专业名称	接受在职人员以同等学力申请学位的类别		专业名称	接受在职人员以同等学力申请学位的类别	
建筑历史与理论	博士	硕士	计算机应用	博士	硕士
建筑设计及其理论	博士	硕士	自动控制理论及应用	博士	硕士
城市规划与设计	博士	硕士	自动化仪表及装置	博士	硕士
建筑技术科学		硕士	系统工程	博士	硕士
建筑经济与管理		硕士	模式识别与智能控制	博士	硕士
结构工程	博士	硕士	核电子学与核探测技术	博士	硕士
市政工程		硕士	反应堆物理		硕士
地震工程及防护工程	博士	硕士	反应堆工程与反应堆安全	博士	硕士
建筑材料		硕士	同位素分离	博士	硕士
工程测量		硕士	一般力学	博士	硕士
水力学及河流动力学		硕士	固体力学	博士	硕士
水力发电工程		硕士	流体力学	博士	硕士
环境工程	博士	硕士	实验力学		硕士
核环境工程		硕士	高分子材料		硕士
铸造	博士	硕士	化学工程	博士	硕士
金属塑性加工	博士	硕士	生物化工		硕士
焊接	博士	硕士	应用化学		硕士
机械学	博士	硕士	材料物理	博士	硕士
机械制造	博士	硕士	金属材料及热处理	博士	硕士
工程图学		硕士	无机非金属材料	博士	硕士
机电控制及自动化		硕士	核材料	博士	硕士
光学仪器	博士	硕士	技术经济	博士	硕士
精密仪器及机械	博士	硕士	管理工程		硕士
测试计量技术及仪器		硕士	管理信息系统		硕士
工程热物理	博士	硕士	工业外贸		硕士
热能工程	博士	硕士	基础数学		硕士
热力叶轮机械	博士	硕士	计算数学	博士	硕士
供热、供燃气、通风及空调工程		硕士	应用数学	博士	硕士
汽车设计制造	博士	硕士	理论物理	博士	硕士
内燃机		硕士	原子核物理		硕士
生物医学工程及仪器		硕士	凝聚态物理	博士	硕士
电机	博士	硕士	光学	博士	硕士
电力系统及其自动化	博士	硕士	加速器物理及应用		硕士
高电压技术	博士	硕士	分析化学		硕士

续表

专业名称	接受在职人员以同等学力申请学位的类别		专业名称	接受在职人员以同等学力申请学位的类别	
理论电工	博士	硕士	有机化学		硕士
通信与电子系统	博士	硕士	物理化学		硕士
信号与信息处理	博士	硕士	生物化学		硕士
电路与系统		硕士	生物物理学		硕士
物理电子学与光电子学	博士	硕士	科学技术哲学		硕士
电磁场与微波技术	博士	硕士	中共党史		硕士
计算机软件		硕士	专门用途外语		硕士
计算机组织与系统结构	博士	硕士	半导体器件与微电子学		硕士

说明：1998 年以后，调整了同等学力申请学位的规定。

表 4-5-6　1986 年—1993 年授予同等学力硕士、博士学位统计

年份	博士			硕士				
	合计	工学	理学	合计	工学	理学	法学	文学
1986				2	2			
1987	1	1		13	10	3		
1988				111	105	6		
1989	1	1		64	56	6	2	
1990	1	1		45	42	3		
1991	4	4		22	17	2	1	2
1992	2	2		23	20		2	1
1993	4	4		10	6			4
合计	13	13		290	258	20	5	7

表 4-5-7　1994 年—2010 年授予同等学力硕士、博士学位统计

年份	硕士	博士	总计	年份	硕士	博士	总计
1994	20	2	22	2003	87	3	90
1995	19	3	22	2004	111	5	116
1996	11	1	12	2005	189	4	193
1997	9	5	14	2006	125	1	126
1998	9	1	10	2007	99	1	100
1999	76	5	81	2008	40	3	43
2000	25	3	28	2009	35	2	37
2001	43	1	44	2010	28	2	30
2002	55	2	57	合计	981	44	1 025

五、优秀学位论文的评选

为了鼓励研究生认真做好论文工作，不断提高研究生学位论文水平，清华大学从1986年开始相继实行了优秀硕士学位论文和博士学位论文评选制度，对优秀学位论文作者给予表彰。

(一) 清华大学优秀硕士学位论文

1986年制定并实施的《清华大学优秀硕士学位论文评选条例》，对评选条件、评选办法做了具体规定。

1. 评选条件

(1) 论文选题在理论或实践上对社会主义建设有显著意义；

(2) 论文有独到的新见解，有深入的理论分析或采用先进的实验手段，受到同行和评阅人的一致好评；论文取得突出成果，可应用于生产实践，有明显的经济或社会效益；

(3) 论文反映了作者具有严谨治学态度和科学作风；

(4) 论文文字通顺，条理清楚，书写工整，符合规范。

2. 评选办法

(1) 每年评选一次。优秀硕士学位论文的评选比例一般不超过当年本分委员会所授硕士学位人数的5%。名额严格控制，宁缺毋滥。

(2) 由教研组提名推荐并填表，上报研究生科。

(3) 系主任根据教研组推荐的名单，提请学位分委员会讨论，得到2/3以上与会委员同意，确定校级优秀硕士学位论文送审名单，报研究生院审批。

(4) 公布优秀硕士学位论文作者和导师名单并颁发证书和存入学位档案。

1986年至1992年，共评选"优秀硕士学位论文"5次，评出"优秀硕士学位论文"254篇。1994年至2010年共评选出清华大学优秀硕士学位论文1 697篇，历年的统计见表4-5-8。

表4-5-8 1994年—2010年清华大学优秀硕士学位论文历年统计

年度	篇数	年度	篇数	年度	篇数
1994	40	2000	47	2006	195
1995	23	2001	82	2007	174
1996	45	2002	94	2008	160
1997	28	2003	113	2009	176
1998	47	2004	130	2010	146
1999	42	2005	155	合计	1 697

(二) 清华大学优秀博士学位论文

1988年，学校制定了《清华大学优秀博士学位论文评选条例》，经1988—1989学年度第十一次校务会议通过并开始实施。

1. 评选条件

（1）博士学位论文有创造性，并在理论上有重大意义或在国民经济建设中有重大实用价值；

（2）作者作风端正，遵纪守法，愿为社会主义建设事业献身。

2. 评选办法

（1）每年评选一次。优秀博士学位论文的评选比例，一般为当年所授博士学位人数的5％～10％。

（2）优秀博士论文的选定，应由教研组提名推荐，经学位评定分委员会讨论，2/3 以上委员投票通过，报研究生院审定、批准。

3. 奖励办法

发给“优秀博士学位论文”奖状及奖金，由学校奖励基金支付。

1989 年至 1993 年，共评选“优秀博士学位论文”4 次，评出“优秀博士学位论文”54 篇，见表 4-5-9 至表 4-5-11。1994 年至 2000 年 7 次共评出“优秀博士学位论文”118 篇，见表 4-5-12 至表 4-5-18。2001 年至 2010 年“优秀博士学位论文”设立一等奖和二等奖，分别评出 189 篇和 538 篇。2002 年之前评选上一年度的论文，2002 年开始评选当年的论文。评选结果见表 4-5-19 至表 4-5-28。

表 4-5-9　1989 年、1990 年清华大学优秀博士学位论文名单（共 27 篇）

单　位	作　者	导　师	论文题目
土木系	陈瑞金	刘西拉	钢筋混凝土单层工业厂房可靠性评估专家系统
水电系	张国新	刘光廷	多裂隙体热断裂问题的解析数值法及工程应用
环境系	竺建荣	顾夏声	二相升流式厌氧污泥床工艺微生物学特性的研究
机械系	郝守卫	柳百成 新山英铺（日）	热流在铸型中的热行为及三维数值模拟软件包的开发
机械系	徐向星	潘际銮　蔡其巩	低合金高强钢解理断裂统计分析
机械系	金　宁	曹起骧	大锻件孔隙性缺陷的压合和焊合规律的研究及高温栅的研制
机械系	刘文今	王遵明　黄惠松	铸铁表面激光物理冶金强化的研究
精仪系	陈　力	梁晋文	圆柱度误差在位测量的数字模型建立及实验研究
精仪系	冼　亮	郑林庆	真实粗糙表面弹性接触的研究
热能系	李定凯	冯俊凯　沈幼庭	一般供热系统优化规划研究——模型、算法、软件及应用
电机系	王赞基	肖达川　江辑光	超高压、大型变压器线圈的暂态电压、分布及其仿真
电机系	吴壬华	高景德　王仲鸿	SCR 电驱动石油站机电气系统的研究
电子系	陈兆清	冯重熙　高葆新	微波毫米波平面传输线电路无源元件的直线法全波分析
电子系	马槐楠	徐葭生	CMOS 结构中横向双极晶体管模型的研究
电子系	吴建田	陆大绘　朱雪龙	提高信道利用率的高效编码调制
计算机系	胡　蓬	金　兰	分布式问题求解系统中分解与分布的研究
自动化系	李春文	方崇智　冯元琨	多变量非线性控制的逆系统方法——理论及应用

续表

单 位	作 者	导 师	论文题目
力学系	宋 军	徐秉业	应变率敏感材料物理参量的研究及其工程应用
力学系	邓 勇	黄克智 薛明德	圆柱壳大开孔接管的应力分析
力学系	常亮明	杜庆华 王勖成	弹塑性接触问题的数值方法及应用
力学系	任晓辉	戴福隆	三维应变分析和曲面位移测量的云纹干涉法
化工系	蔡 平	金 涌	气/固密相流化床流型转变的研究
材料系	姚可夫	陈南平	裂纹尖端塑性变形的微观与细观观察
物理系	王 青	邝宇平	非微扰真空、手征对称性自发破缺与有效相互作用
生物系	郑 强	赵南明	电场诱导细胞融合的机制及应用研究
经管学院	陈 剑	郑维敏	作物良种培育遗传过程的系统分析及控制
核研院	张作义	王大中	两相流密度波不稳定性的能量原理

表 4-5-10 1992 年清华大学优秀博士学位论文名单（共 14 篇）

单 位	作 者	导 师	论文题目
水电系	陈祖煜	黄文熙	边坡稳定分析——极限平衡法的改进和应用
环境系	宋乾武	李国鼎	高放废物深地层处置库缓冲材料湿热诱导效应研究
机械系	都 东	张人豪	弧焊过程微机控制的研究
精仪系	赵 详	李达成	磁盘平面度测量仪的研制
精仪系	汪劲松	张伯鹏	全方位步行机器人的研究开发
热能系	张 旭	冯俊凯	汽液两相流型的数学模型鉴别
电机系	徐东民	葛守仁 陈允康	一维和二维模块生成系统的研究
电机系	梁曦东	张仁豫	500 千伏合成绝缘子的研究
电子系	王大文	陆家和	金属/半导体界面和异质结界面研究
电子系	夏克金	杨弃疾	波导窄边缝隙天线的研究
计算机系	艾海舟	张 钹	关于移动机器人自主式系统的研究
工物系	曾 实	应纯同	强旋气体流场的解析求解及多重网格的研究
力学系	全 斌	王照林	复杂腔体内液体晃动抑制动力学与非线性瞬态流动的并列数值模拟
力学系	仲 政	黄克智	多晶滑错体的细观变形过程与本构关系

说明：1992 年评选的为 1991 年毕业的博士生论文。

表 4-5-11 1993 年清华大学优秀博士学位论文名单（共 13 篇）

单 位	作 者	导 师	论文题目
土木系	王小虎	陈肇元	核爆冲击波作用下房屋倒塌碎片分布与钢筋混凝土结构动力分析
环境系	刘 翔	李国鼎	酚在土壤中的行为特性研究及其对地下水污染预测
电机系	杨学昌	张仁豫	高速数字记录仪冲击测量误差的理论计算和试验研究
电子系	柴燕杰	周炳琨	宽带可调谐外腔半导体激光器及频分复用光源
计算机系	田新民	王鼎兴	并行图重写计算系统及重写语言优化编译方法的研究
自动化系	张 霖	吴 麒	设计多变量鲁棒控制系统的正规矩阵方法

续表

单 位	作 者	导 师	论 文 题 目
力学系	朱敦智	沈孟育	球流运动的理论模型、数据模拟和实验研究
化工系	胡剑利	袁乃驹	动态-原位红外测试技术研究低碳混合醇合成反应机理和动态动力学
材料系	尚昌和	李恒德　柳百新	固体薄膜中的分形及相变
物理系	何红建	邝宇平	弱矢量玻色子纵分量散射的等价定理的研究
经管学院	杨宏儒	朱镕基	经济增长与工业组织的理论研究
核研院	杨大助	朱永赌	萃取-液闪法测定镎、钚、镅的研究及其在高放废液分析中的应用
核研院	谢　钢	薛大知	故障树自动建树专家系统研究

表 4-5-12　1994 年清华大学优秀博士学位论文（共 21 篇）

单 位	作 者	导 师	论 文 题 目
水电系	耿克勤	刘光廷	复杂岩基的渗流、力学及其耦合分析研究以及工程应用
环境系	董　威	李国鼎	高效废物处置库高压实缓冲材料研究与近场处置模拟
精仪系	雒建斌	温诗铸	薄膜润滑实验技术和特性研究
精仪系	武勇军	李达成	外腔半导体激光线性调频绝对距离干涉测量系统的研究
热能系	宋泽晞	冯俊凯　沈幼庭	循环流化床锅炉的设计及性能预测——模型化方法及其实验研究
汽车系	宋　健	宋镜瀛	导向轮胎和定位参数对汽车摆振影响的研究及整车横向动力学优化分析
电机系	王云华	杨福生 马信山	脑电逆问题的研究
电机系	李崇坚	高景德	交交变频磁场定向控制同步电机调速系统的研究
电机系	王小平	吴维韩	雷电波的电晕放特性及其在传播中的衰减变形
电子系	李　劲	吴佑寿　林行刚	高性能序列与静止图像压缩编码的研究
电子系	黄翊东	周炳琨 荒井滋（日本）	Gai-xInx In GaInAsP Inp 应变层量子阱激光器及激光放大器的研究
电子系	司伟民	张克潜	多量子阱增益耦合型分布反馈激光器——电吸收型调制器单片集成光源研究
微电子所	张鹏飞	钱佩信	ZMR-SOI 材料及其 MOS 器件研究
计算机系	姚　殊	张　钹	基于 CMAC 神经元网络的临场学习研究
自动化系	罗　晖	李衍达	提高过井地震剖面分析率的理论和应用研究
自动化系	梁　循	夏绍玮	前馈神经网络变结构训练方法研究及其应用
力学系	张　健	周力行	强旋湍流流动和煤粉燃烧的数值模拟
材料系	王家军	方鸿生	钢中贝氏体相变精细结构及相变机制研究
材料系	潘　峰	柳百新	铁-贵金属纳米多层膜的微观结构及磁学性能
化学系	邱　勇	宋心琦	多道光纤化学传感器的研制及单酸酯化学发光反应机理研究
生物系	汤云贵	赵南明	肌肉细胞电活动、谷氨酸及 V-氨基丁酸对神经肌肉接点发育的作用

表 4-5-13　1995 年清华大学优秀博士学位论文（共 13 篇）

单　位	作　者	导　师	论 文 题 目
水电系	刘沛清	余常昭　冬俊瑞	挑射水流对岩石河床的冲刷机理研究
精仪系	黄国亮	金国藩　邬敏贤	光学形态数学图像并行处理算法及其应用研究
机械系	彭金宁	潘际銮	工程实用型弧焊工艺专家系统及其骨架系统研制
机械系	魏秉庆	吴德海	抗磨贝氏体球墨铸铁及强化机制
电机系	方　明	高景德　倪以信	超高压直流输电继电保护系统的研制
电机系	苗立杰	高景德	机网暂态过程的场路结合分析方法
自动化系	丁　锋	方崇智　谢新民	时变参数系统辨识及其应用
力学系	冯西桥	余寿文	脆性材料的细观损伤理论和损伤结构的安定分析
力学系	张增产	沈孟育	叶轮机械中三维跨音速流动正、反混合问题
力学系	郭田福	黄克智　杨　卫	裂纹尖端损伤过程的研究
力学系	楚天广	王照林	复杂系统实用稳定性直接方法理论与应用
力学系	赵国昌	过增元	熔窑内玻璃液流动与传热的数值模拟及模型实验
经管学院	刘铁民	朱镕基　徐国华	企业制度创新与经济环境研究

表 4-5-14　1996 年清华大学优秀博士学位论文（共 15 篇）

单　位	作　者	导　师	论 文 题 目
水电系	熊　刚	费祥俊	黏性泥石流的运动机理
环境系	何　苗	顾夏声	杂环化合物和多环芳烃生物降解性能的研究
精仪系	杨　岳	周兆英	微型机械制造技术及微型泵研究
精仪系	张　超	冯冠平	石英谐振式免疫传感器的研究
热能系	李先庭	彦启森	柱状燃料火焰传播及隧道网络烟气流动分析
汽车系	朱彦武	蒋孝煜	有源消声耳罩的研究
电机系	雷银照	马信山	三维探伤涡流场及其逆问题的研究
电机系	周小强	杨福生	从能量角度研究心衰的病理机理及辅助装置的作用
电机系	程志光	马信山	电力变压器电磁场分析与验证
自动化系	秦永胜	方崇智	多元精馏过程非平衡级模型与优化控制的研究
力学系	刘应华	徐秉业	结构极限与安定分析的数值方法研究及其工程应用
材料系	张政军	柳百新	固体薄膜中亚稳合金相的形成及理论研究
物理系	桂　红	顾秉林	复合钙钛矿材料的有序-无序结构相变和复合钙钛矿型驰豫铁电体的介电机理研究
核研院	陈　靖	朱永贂	二（2.4.4-三甲基戊基）二硫代膦酸萃取分离镅与镧系元素
微电子所	邹泉波	李志坚	硅基 MEMS 基础工艺技术研究及硅微麦克风的研制

表 4-5-15　1997 年清华大学优秀博士学位论文（共 10 篇）

单　位	作　者	导　师	论 文 题 目
机械系	朱艳秋	吴德海	巴基管及其工程材料的研究
精仪系	孟庆国	张伯鹏	步行机器人能量优化分配与能效特性研究

续表

单　位	作　者	导　师	论 文 题 目
电机系	马伟明	郑逢时	十二相同步发电机及其整流系统的研究
电子系	葛　宁	冯重熙	数字复接中传送定时处理的数字相位法
力学系	谭鸿来	杨　卫	材料断裂过程的宏微观研究
力学系	李海东	沈孟育	高精度解析离散法及其应用
材料系	王德君	李龙土	钛酸锶铅基复合特性热敏电阻材料的研究
化学系	刘剑波	宋心琦	磷（Ⅲ）类酞菁光敏剂及其光疗化学机制的研究
生物系	刘　铮	隋森芳	蛋白质二维结晶与电子晶体学结构分析
经管学院	殷　勇	郑维敏	基于时间分形和稳定分布的证券定价和投资管理

表 4-5-16　1998 年清华大学优秀博士学位论文（共 11 篇）

单　位	作　者	导　师	论 文 题 目
环境系	瞿福平	顾夏声	氯代芳香化合物好氧生物降解性能及其基质条件下相互作用研究
热能系	胡杭英	王补宣	微型槽道内液体沸腾机理及流动沸腾特性
热能系	崔　琳	沈幼庭	流化床煤热解气化综合过程研究——实验与模型
电机系	涂愈明	肖达川	超高压变压器油流静电带电的计算模型及实验研究
计算机系	孙富春	张　钹	机械手的神经网络稳定自适应控制
力学系	张向阳	余寿文	屈曲驱动层裂扩展和应力诱发马氏体相变的若干研究
材料系	陈益钢	柳百新	纳米金属多层膜中非晶化规律的研究
物理系	黄志峰	顾秉林	外延生长的有序化过程和表面粗化的研究
物理系	吴　健	顾秉林	介观系统中的电子输运
物理系	郭　永	顾秉林	半导体超晶格和磁超晶格结构中隧穿运输现象的研究
物理系	王瑞忠	钱佩信	$P^{f}-Ge_xSi_{1-x}/P-Si$ 异质结内光发射（HIP）红外探测器的研制

表 4-5-17　1999 年清华大学优秀博士学位论文（共 23 篇）

单　位	作　者	导　师	论 文 题 目
建筑学院	宋晔皓	栗德祥	结合自然整体设计：注重生态的建筑设计研究
建筑学院	谭　英	吕俊华	从居民的角度出发对北京旧城居住区改造方式的研究
机械系	李玉宝	吴德海	快速凝固碳纳米管金属基复合材料的研究
机械系	许学军	刘　庄	大锻件回火过程的数值模拟研究
精仪系	刘海松	邬敏贤	基于统计模式识别的光学图像识别技术
精仪系	冯文毅	金国藩	光学子波并行处理技术及应用研究
精仪系	李晓春	金国藩	晶体大容量体全息数据存储
热能系	郭　兵	沈幼庭	应用神经网络方法的煤气化过程研究
电机系	沈　东	韩英铎	基于标幺值模型的静止同步补偿器性能分析与主电路参数评估
电子系	征　荆	吴佑寿	基于结构统计描述的时空统一模型及其在联机手写汉字识别中的应用
电子系	王坤杰	姚　彦	扩频通信中干扰抑制技术的研究

续表

单　位	作　者	导　师	论 文 题 目
电子系	肖建国	张克潜	平板及圆柱手征介质波导的分析
计算机	毕　军	吴建平	基于形式化方法的分布式路由协议一致性测试研究
自动化	刘　民	吴　澄	遗传算法方法及其生产线调度问题中的应用研究
自动化	王　松	夏绍玮	模糊聚类研究及其在医学图像和手写数字中的应用
力学系	朱　廷	杨　卫	电铁材料的电致失效力学
力学系	马　兵	张兆顺	圆管流动中壁面引入周期扰动空间发展的研究
力学系	潘一山	徐秉业	冲击地压发生和破坏过程研究
数学系	王晓峰	王　铎	等变奇点体系的同构和等变自映射的 C^1 封闭引理
物理系	吕　嵘	朱嘉麟	单畴磁性颗粒的宏观量子现象及拓扑相位干涉效应
材料系	刘耀诚	周和平	氮化铝陶瓷的低温烧结机理及其显微结构与性能
生物系	王少雄	隋森芳	人载脂蛋白 H 与磷脂膜的相互作用及其膜结合态构象的研究
生物系	杨　弋	周海梦	巯基及金属离子对酶的功能与折叠的影响

表 4-5-18　2000 年清华大学优秀博士学位论文（共 25 篇）

单　位	作　者	导　师	论 文 题 目
土木系	岑　松	龙驭球	新型厚薄板、层合板元与四边形面积坐标法
环境系	桂　萍	钱　易	一体式膜生物反应器污水处理特性及膜污染机理研究
机械系	陈　浩	吴浚郊	型砂质量计算机集成控制系统的研究
机械系	马仁志	吴德海	碳纳米管压制体的性能及工程应用的研究
精仪系	吴麟章	章燕申	有源集成光学陀螺中量子阱半导体激光器技术的研究
热能系	陈　锋	江　亿	建筑环境系统设计中的全工况分析方法
汽车系	李建秋	陆际清	电控柴油机分缸独立闭环控制的研究
汽车系	尚　进	管迪华	利用试验模态参数对轮胎侧偏特性的建模研究
电机系	詹　望	杨福生	脑电信号处理新方法的研究：高分辨脑电图及高阶统计量
电机系	陈南光	白　净	乳腺癌的远红外控制——方法和系统
电子系	俞　谦	范崇澄	光纤色散、非线性及 EDFA 特性对 WDM 系统传输性能影响的分析
电子系	王际兵	姚　彦	CDMA 蜂窝系统抗衰落抗多址干扰理论与技术的研究
电子系	关　键	彭应宁	多传感器分布式恒虚警率（CFAR）检测算法研究
计算机系	杨光信	史美林	元群件研究——Cova 语言及系统
自动化系	张立华	徐文立	点模式匹配方法研究
力学系	邢永明	戴福隆	纳米云纹技术及其应用
力学系	杜丹旭	郑泉水	多相材料有效性质的理论研究
化工系	程　易	金　涌	气固两相流动数值模拟及其非线性动力学分析
材料系	罗忠升	崔福斋	磷酸钙的离子束辅助沉积合成及仿生自组装
数学系	邱德荣	张贤科	椭圆曲线 Mordell-Weil 群及相关研究
化学系	谭　航	吴国是	重原子过渡金属与一氧化碳相互作用的相对论量子化学研究

续表

单　位	作　者	导　师	论文题目
热能系	李　进	王补宣	R-502 和 R-22 替代物的热力学物性研究
材料系	赖文生	柳百新	Ni-Zr 多层膜中固态反应非晶化的分子动力学模拟研究
美术学院	张夫也	奚静之	外国工艺美术史
微电子所	张进书	钱佩信	SiGe 微波功率异质结双极晶体管（HBT）的研究

表 4-5-19　2001 年清华大学优秀博士学位论文

一　等　奖　（共 11 篇）			
单　位	作　者	导　师	论文题目
建筑学院	曲凯阳	江　亿	过冷水制取的基础与应用研究
电机系	王绍武	关志成　梁曦东	污秽地区有机外绝缘特性的研究
电子系	杨宝国	曹志刚	OFDM 无线通信系统中的定时恢复和信道估计算法研究
自动化系	王　凌	郑大钟	混合优化策略和神经网络中若干问题的研究
	时　宇	张贤达	特征估计与提取方法研究及在雷达目标识别中的应用
材料系	杜希文	朱　静	从微米、纳米和原子尺度研究全片层 TiAl 金属间化合物的蠕变组织
	张洪国	李龙土　周　济	新型多层片式电感用低温烧结平面六角铁氧体研究
物理系	胡　辉	熊家炯　朱嘉麟	若干低维小体系中的量子特性研究
生物系	朴龙斗	周海梦	肌酸激酶形成二聚体的折叠机制及人工分子伴侣的作用
核研院	田国新	朱永赡　徐景明	二烷基二硫代膦酸与 Ln（Ⅲ）和 Am（Ⅲ）的配位化学研究
微电子所	马玉涛	李志坚　刘理天	ULSI 器件中的量子力学效应和量子隧穿
二　等　奖（共 26 篇，略）			

表 4-5-20　2002 年清华大学优秀博士学位论文

一　等　奖　（共 8 篇）			
单　位	作　者	导　师	论文题目
建筑学院	单　军	吴良镛	建筑与城市的地区性——一种人居环境的地区建筑学研究
机械系	曹安源	吴德海	定向生长碳纳米管薄膜的研究
精仪系	田　煜	温诗铸	电流变机理及应用研究
电机系	汪芙平	王赞基	混沌背景下信号盲分离及其在安全通信中的应用研究
自动化系	邹红星	李衍达	参数化时频信号表示研究
工物系	高　喆	刘广均　应纯同	高比压等离子体中的微观漂移不稳定性
化学系	陈忠周	赵玉芬　李艳梅	N-磷酰化氨基酸成态及多肽 C 端保护基的酶促脱除
经管学院	王少平	李子奈	单位根和协整及其结构变化的理论与应用研究
二　等　奖（共 49 篇，略）			

表 4-5-21　2003 年清华大学优秀博士学位论文

一　等　奖（共 20 篇）			
单　位	作　者	导　师	论 文 题 目
建筑学院	杨　锐	赵炳时	建立完善中国国家公园和保护区体系的理论与实践研究
土木系	池跃君	陈肇元	刚性桩复合地基工作性能及沉降计算方法的研究
环境系	杨宏伟	蒋展鹏	有机物厌氧生物降解性及其与定量结构关系的研究
机械系	朱宏伟	吴德海	单壁碳纳米管宏观体的合成及其性能研究
精仪系	林德教	殷纯永	双频激光外差焦显微系统及其应用研究
热能系	王晓东	彭晓峰	接触角滞后现象与动态湿润分析
电机系	邹晓兵	罗承沐	喷气式 Z 箍缩等离子实验研究
电子系	徐俊毅	彭应宁	极化雷达遥感图像分类研究
计算机系	喻文健	王泽毅	VLSI 三维寄生电容电阻快速直接边界元提取算法研究
自动化系	叶德建	吴秋峰	流媒体系统的视听质量和发送速率控制研究
力学系	彭　杰	朱克勤	电流变液及屈服应力流体动力学分析
化工系	骞伟中	魏　飞	流化床中氢气与碳纳米管制备研究
材料系	李正操	柳百新	离子束操纵在若干 Ag 基系统中形成非平衡固体相的研究
数学系	刘彦奎	刘宝碇	模糊与随机双重不确定系统优化理论
物理系	卢军强	顾秉林	纳米电子器件的输运机理研究及结构设计
化学系	彭　卿	李亚栋	硒碲化合物半导体材料的调控合成、结构与性能研究
生物系	武　一	隋森芳	电子显微学研究蛋白质的寡聚化及其与膜的相互作用
人文学院	戚学民	朱育和	严复《政治讲义》研究：文本渊源、言说对象及理论意义
经管学院	陈耀刚	姜彦福	互联网商务主体的参与决策和竞争行为研究
	卫　强	陈国青	商务智能领域中不确定性关联知识发现的理论与方法研究
二　等　奖（共 67 篇，略）			

表 4-5-22　2004 年清华大学优秀博士学位论文

一　等　奖（共 20 篇）			
单　位	作　者	导　师	论 文 题 目
建筑学院	李保峰	秦佑国	适应夏热冬冷地区气候的建筑表皮之可变化设计策略研究
精仪系	吴怀宇	周兆英	微型飞行器空气动力学特性与飞行控制策略的研究
	赵景山	冯之敬	空间并联机构自由度的终端约束分析理论与数学描述方法
热能系	王　昊	彭晓峰	微细丝上过冷沸腾核化多样性与近壁气泡动力学特性
电 机 系	吴文传	张伯明	配电系统回路分析及其优化理论的研究
计算机系	冯　元	应明生	量子信息的分辨、克隆、删除与纠缠转化
	马昱春	洪先龙	面向几何约束和互连性能的布图规划算法研究
自动化系	孙　凯	郑大钟	大型电网灾变下基于 OBDD 的搜索解列策略的三阶段方法
力学系	王宏涛	杨　卫	纳晶金属变形与扩散行为研究

续表

单　位	作　者	导　师	论文题目
化工系	王铁峰	金　涌	气液（浆）反应器流体力学行为的实验研究和数值模拟
材料系	李　勃	李龙土	自组织亚微米有序结构及其光子带隙性质研究
数学系	梁　恒	白峰杉	多齐次同伦连续方法中的计算问题
物理系	邓富国	龙桂鲁	量子通信理论研究
化学系	王　训	李亚栋	过渡金属氧化物一维纳米结构液相合成、表征与性能研究
	曲良体	石高全	导电高分子微结构材料
生物系	赵　珏	孟安明	转录因子 Spr2 调控中胚层形成和神经外胚层后部化
经管学院	陈展辉	杨　炘	基于异质信息与信念的资产定价理论与实证研究
微电子所	董　良	刘理天	MEMS 集成室温红外探测器研究
法学院	梁上上	王保树	论股东表决权——以公司控制权争夺为中心展开
美术学院	吴　卫	柳冠中	器以象制象以圜生——明末中国传统升水器械设计思想研究
二　等　奖（共 43 篇，略）			

表 4-5-23　2005 年清华大学优秀博士学位论文

一　等　奖（共 20 篇）			
单　位	作　者	导　师	论文题目
建筑学院	龙长才	秦佑国	神经随机点序列信号非线性处理与听觉机制研究
土木系	陆新征	江见鲸	FRP-混凝土界面行为研究
环境系	段凤魁	贺克斌	北京市含碳气溶胶污染特征及来源研究
机械系	韦进全	吴德海	双壁碳纳米管的合成及其电学与光学性能的研究
精仪系	汪凯巍	曾理江	基于双光栅的无色差频移方法及其应用研究
热能系	陶　涛	彭晓峰	污泥冻融/干燥形变与传递的耦合作用
电机系	郭　剑	何金良	变电站接地系统冲击特性的全时分析方法研究
电子系	殷柳国	吴佑寿	低密度奇偶校验码编译码技术及应用研究
计算机系	孙晓明	马少平	量子信息论与计算经济学中若干算法与复杂性问题研究
自动化系	黄　颖	李衍达	机器学习在蛋白质分类中的应用研究
工物系	冯　骅	康克军	黑洞高能辐射的观测与研究
航空学院	李东风	薛明德	支管载荷作用下的带径向接管圆柱壳的薄壳理论解
化工系	于养信	高光华	液体的自扩散性质和结构性质研究
材料系	张瑞丰	柳百新	合金相形成的热力学、分子动力学模拟及离子束混合研究
物理系	任雪光	邓景康	第三代电子动量谱仪的研制及若干样品的实验研究
高研中心	翟　荟	杨振宁	超冷原子的量子多体理论
化学系	孙晓明	李亚栋	低维功能纳米材料的液相合成、表征与性能研究
生物系	张丽霞	孟安明	斑马鱼 Dapper2 的表达、调控及其对中胚层发育的作用机理
人文学院	皮庆生	葛兆光	宋代民众祠神信仰研究
法学院	刘凤科	张明楷	论刑法在现代法律体系中的地位与特征：以民法为参照
二　等　奖（共 47 篇，略）			

表 4-5-24　2006 年清华大学优秀博士学位论文

一　等　奖　（共 20 篇）			
单　位	作　者	导　师	论 文 题 目
建筑学院	王　珏	吴良镛	人居环境视野中的游憩理论与发展战略研究
精仪系	白本锋	李立峰	群论在二维光栅理论及其傅立叶模态法中的应用
热能系	林　鸿	段远源	气液界面张力的密度梯度理论模型和实验研究
电机系	冯永青	张伯明	基于可信性理论的电力系统运行风险评估与检修计划
电子系	陈宏伟	周炳琨	光标签交换网络关键技术的研究
计算机系	段润尧	应明生	量子纠缠转换与量子操作分辨
自动化系	蔡　军	李衍达	可变翻译起始现象及蛋白质相互作用的研究
自动化系	贾庆山	何毓琦	增强序优化理论研究及应用
航　院	王立峰	郑泉水	碳纳米管及相关纳米结构的力学性质研究
化工系	卢滇楠	刘　铮	温敏型高分子辅助蛋白质体外折叠的分子模拟和实验研究
材料系	罗　俊	朱　静	一维金属/半导体轴向异质结的制备、表征与伏安特性
物理系	姜开利	范守善	碳纳米管生长
高研中心	陈伟强	翁征宇	高温超导体及自旋轨道耦合材料中非平庸自旋行为的研究
化学系	陈　超	洪啸吟	过渡金属中介的碳环化合物合成反应研究
经管学院	闫　鹏	陈国青	关联规则属性值域扩展研究
公管学院	胡琳琳	胡鞍钢	健康与中国经济增长：理论框架和经验分析
人文学院	阎书钦	蔡乐苏	抗战时期国统区知识界经济建设思想研究
法学院	耿　林	崔建远	强制规范与合同效力——以合同法第 52 条第 5 项为中心
医学院	孙　飞	饶子和	线粒体呼吸链膜蛋白复合物Ⅱ的结构测定与分析
医学院	杨海涛	饶子和	冠状病毒主蛋白酶的结构、抑制剂设计及酶的应用
二　等　奖（共 59 篇，略）			

表 4-5-25 2007 年清华大学优秀博士学位论文

一　等　奖　（共 20 篇）			
单　位	作　者	导　师	论 文 题 目
建筑学院	刘晓华	江　亿	溶液调湿式空气处理过程中热湿耦合传递特性分析
土木系	纪晓东	钱稼茹	大型复杂钢结构损伤诊断研究
水利系	孙福宝	杨大文	基于 Budyko 水热耦合平衡假设的流域蒸散发研究
环境系	孙　傅	陈吉宁	给水系统水质风险模拟与管理策略研究
	王丽莎	胡洪营	氯和二氧化氯消毒对污水生物毒性的影响研究
精仪系	李　欣	胡元中	纳米润滑膜铺展和聚集的分子动力学模拟研究
热能系	孟　龙	段远源	流体维里系数的实验与理论研究
电子系	李　刚	彭应宁	合成孔径雷达运动目标检测、定位与成像研究
计算机系	陈　汐	张　钹	关于二人博弈中纳什均衡的计算复杂性

续表

单　位	作　者	导　师	论 文 题 目
自动化系	王世军	张长水	复杂网络建模及分类器网络的研究
航　院	邹　健	高华健	碳纳米管在水中自组装的分子动力学模拟
工物系	李　亮	康克军	CT 投影变换理论及锥束重建方法研究
化工系	徐建鸿	骆广生	微分散体系尺度调控与传质性能研究
材料系	邓湘云	李龙土	纳米晶钛酸钡陶瓷的制备、微结构及性能的研究
物理系	胡　剑	李惕碚	星系团与黑洞高能天体物理过程研究
高研中心	祁晓亮	翁征宇	掺杂 Mott 绝缘体的 mutual Chern-Simons 有效理论
化学系	石　峰	张　希	聚合物多层膜的表面工程
生物系	石虎兵	罗永章	人血管内皮抑制素受体及信号传导通路的研究
经管学院	刘运辉	陈　剑	基于逢低买入网上拍卖的定价与投标策略研究
医学院	王毅军	高上凯	基于节律调制的脑-机接口系统-从离线到在线的跨越
二　等　奖（共 57 篇，略）			

表 4-5-26　2008 年清华大学优秀博士学位论文

一　等　奖（共 25 篇）			
单　位	作　者	导　师	论 文 题 目
建筑学院	单霁翔	吴良镛	文化遗产保护与城市文化建设
建管系	王松涛	刘洪玉	中国住房市场政府干预的原理与效果评价
水电系	王仁坤	潘家铮	特高拱坝建基面嵌深优化设计分析与评价
环境系	赵　瑜	郝吉明	中国燃煤电厂大气污染物排放及环境影响研究
精仪系	吴　军	汪劲松	四自由度冗余混联机床的分析、辨识及控制
电机系	杨　颖	关志成	电场分布等因素对电纺丝射流及纤维形貌特性影响研究
电子系	潘时龙	娄采云	基于色散腔的可调谐多波长主动锁模光纤激光器
计算机系	来煜坤	胡事民	特征敏感几何处理
自动化系	汪小我	李衍达	microRNA 相关问题的计算分析
	王　飞	张长水	图上的半监督学习算法研究
航　院	陈　群	过增元	对流传递过程的不可逆性及其优化
	龚胜平	李俊峰	太阳帆航天器动力学与控制研究
工物系	向　导	林郁正	高亮度电子束发射度、束长和束斑的先进测量方法研究
化工系	黄　丹	骆广生	非均相催化氧化脱硫及其机理研究
材料系	何泓材	南策文	铁电/铁磁氧化物复合薄膜的制备与多铁性
数学系	储继峰	章梅荣	拉格朗日方程、平面哈密顿系统的动力稳定性
物理系	杨小宝	倪　军	纳米管及吸附的结构和性质研究
化学系	夏志国	李　强	高 TR-T 温度 PMN-PT-PZ 弛豫铁电材料 MPB 组分设计与晶体生长
生物系	贾顺姬	孟安明	Smad 2/3 在斑马鱼胚胎早期发育中的作用

续表

单　位	作　者	导　师	论 文 题 目
经管学院	邢小强	仝允桓	基于实物期权的新技术投资评估与决策研究
公管学院	王　磊	胡鞍钢	发展与稳定：中国社会转型与社会冲突的经验研究
人文学院	王代月	赵甲明	黑尔格和马克思市民社会问题解决路径比较研究
法学院	郭小冬	章　程	民事诉讼侵害阻断制度研究
新闻学院	詹庆生	尹　鸿	欲望与禁忌——电影娱乐内容的社会控制模式及其转变
美术学院	滕晓铂	张夫也	威廉·莫里斯设计思想研究
二　等　奖（共63篇，略）			

表 4-5-27　2009 年清华大学优秀博士学位论文

一　等　奖　（共23篇）			
单　位	作　者	导　师	论 文 题 目
建筑学院	谢晓云	江　亿	间接蒸发冷却式空调的研究
建管系	吴　璟	刘洪玉	中国城市住房价格短期波动规律研究
环境系	王　灿	胡洪营	紫外-生物过滤联合工艺处理氯苯气体的研究
机械系	郭志鹏	熊守美	压铸过程铸件-铸型界面换热行为的研究
精仪系	王文炎	冯冠平	横向场激励模式的压电体声波传感器机理研究
热能系	李金晶	岳光溪	大型循环流化床动态特性研究
电机系	毛志国	王新新	电爆炸金属丝制备纳米粉体的研究
电子系	熊　涛	杨　健	极化干涉合成孔径雷达应用中的关键技术研究
计算机系	李国良	冯建华	结构化和半结构化数据的关键字检索研究
自动化系	聂飞平	张长水	子空间学习相关问题的研究
微纳电子系	李铁夫	李志坚	超导电荷量子位的实现及相关问题的研究
工物系	施嘉儒	唐传祥	用于束流调控及诊断的高频偏转腔的研究
化工系	张　强	魏　飞	宏量可控制备碳纳米管阵列
材料系	宋　成	潘　峰	钴掺杂稀磁氧化物的局域结构与磁学性能
	伍　晖	潘　伟	电纺丝纳米纤维的制备及组装与性能
数学系	吴　昊	金　石	高频波计算问题中的快速算法
物理系	何联毅	庄鹏飞	有限密度强相互作用的相结构和 BCS-BEC 过渡的研究
化学系	王定胜	李亚栋	氧化物和硫化物纳米材料的制备与性能研究
生物系	黄毓杰	罗永章	肿瘤生长和前转移过程中的血管调控研究
高研院	姜红臣	翁征宇	二维阻挫自旋系统的 DMRG 研究和张量乘积态方法
经管学院	孙　洋	李子奈	空间计量经济学模型的非嵌套检验方法及其应用
人文学院	陈颖飞	李学勤	楚官制与世族探研——以几批出土文献为中心
法学院	陈福勇	王亚新	未竟的转型——中国仲裁机构现状与发展趋势实证研究
二　等　奖（共68篇，略）			

表 4-5-28　2010 年清华大学优秀博士学位论文

单　位	作　者	导　师	论 文 题 目
一　等　奖　（共 22 篇）			
建筑学院	熊建银	张寅平	建材 VOC 散发研究：测定、微介观诠释及模拟
建管系	柯永建	王守清	中国 PPP 项目风险公平分担
水利系	潘坚文	张楚汉	高混凝土坝静动力非线性断裂与地基辐射阻尼模拟研究
环境系	吴乾元	胡洪营	氯消毒对再生水遗传毒性和雌/抗雌激素活性的影响研究
精仪系	解国新	雒建斌	外加电场下纳米级润滑膜的成膜特性及微气泡行为研究
电机系	罗海云	王新新	大气压介质阻挡均匀放电的研究
电子系	冯　伟	王　京	非理想分布式无线通信系统中的资源分配与优化
计算机系	肖　鑫	史元春	异构对等网络中分层流媒体传输研究
	庞　一	杨士强	面向多核体系结构的可视媒体加速处理
自动化系	杜朴风	李衍达	RNA 编辑的计算预测与功能分析
航　院	王建立	张　兴	微纳米线热物性测量方法及其应用
	洪家旺	方岱宁	铁电体力电耦合性质的多尺度研究
工物系	朱悉铭	蒲以康	低温等离子体的发射光谱诊断与碰撞辐射模型研究
化工系	王　凯	骆广生	非均相反应过程的微型化基础研究
	叶　钢	王晓工	基于刺激响应性水凝胶的光栅传感器研究
物理系	黄　兵	段文晖	碳基材料电子结构和输运性质的理论研究
化学系	庄仲滨	李亚栋	硫属化合物半导体纳米材料的调控合成、组装与性能研究
生命科学学院	帅祎春	钟　毅	果蝇遗忘由小 G 蛋白 Rac 调控
经管学院	孙睿君	李子奈	我国就业保护法律对劳动力市场影响的实证研究
人文学院	周　琳	李伯重	传统商业制度及其近代变迁：以清代中后期的重庆为中心
美术学院	连　冕	杭　间	工以治世：清代旗纛及其思想研究
医学院	汪待发	白　净	荧光分子断层成像算法与激发模式研究
二　等　奖（共 59 篇，略）			

（三）全国优秀博士学位论文

自 1999 年起，全国每年评选一百篇优秀博士论文，至 2010 年清华大学共入选 96 篇（含协和医学院-清华大学医学部 5 篇），居全国高校之首。历年名单见表 4-5-29～表 4-5-40。

表 4-5-29　清华大学入选 1999 年全国优秀博士学位论文名单（共 12 篇）

序号	院　系	姓　名	导　师	论 文 题 目	学科名称	学生类型
1	水力系	张红武	夏震寰	黄河下游洪水模型相似律的研究	水利学及河流动力学	论文博士
2	环境系	何　苗	顾夏声	杂环化合物和多环芳烃生物降解性能的研究	环境工程	
3	精仪系	王文陆	金国藩	光学子波变换及其在图像处理中的应用	光学仪器	

续表

序号	院　系	姓　名	导　师	论文题目	学科名称	学生类型
4	电机系	程志光	陈丕璋	电力变压器电磁场分析与验证	电机	论文博士
5	计算机系	朱志刚	石纯一	视觉导航中环境建模的研究	计算机应用	
6	力学系	谭鸿来	杨　卫	材料断裂过程的宏微观研究	固体力学	直博生
7	力学系	冯西桥	余寿文	脆性材料的细观损伤理论和损伤结构的安定分析	固体力学	
8	材料系	张政军	柳百新	固态薄膜中亚稳合金相的形成及理论研究	材料物理	提前攻博
9	材料系	王德君	李龙土	钛酸锶铅基复合特性热敏电阻材料的研究	无机非金属材料	
10	美术学院	杭　间	田自秉	中国工艺美学思想史	艺术学	
11	核研院	陈　靖	朱永赌	二（2，4，4-三甲基戊基）二硫代膦酸萃取分离镅与镧系元素	化学工程	直博生
12	微电子所	邹泉波	李志坚	硅基 MEMS 基础工艺技术研究及硅微麦克风的研制	半导体器件与微电子学	直博生

表 4-5-30　清华大学入选 2000 年全国优秀博士学位论文名单（共 8 篇）

序号	院　系	姓　名	导　师	论文题目	学科名称	学生类型
1	物理系	吴　健	顾秉林	介观系统中的电子输运	凝聚态物理	直博生
2	化学系	付　华	赵玉芬	有机磷辅助氨基酸自组装成肽及其机理研究	有机化学	
3	力学系	刘应华	徐秉业	结构极限与安定分析的数值方法研究及其工程应用	固体力学	
4	热能系	段远源	朱明善	三氟碘甲烷和二氟甲烷的热物理性质研究	工程热物理	直博生
5	电机系	涂愈明	肖达川	超高压变压器油流静电带电的计算模型及实验研究	电工理论与新技术	直博生
6	电子系	何　友	陆大绘	多目标多传感器分布信息融合算法研究	通信与信息系统	论文博士
7	水利系	刘沛清	余常昭	挑射水流对岩石河床的冲刷机理研究	水力学及河流动力学	
8	计算机系	孙富春	张　钹	机械手的神经网络稳定自适应控制	计算机应用技术	

表 4-5-31　清华大学入选 2001 年全国优秀博士学位论文名单（共 4 篇）

序号	姓　名	导　师	论文题目	学科名称	学生类型
1	刘文君	王占生	饮用水中可生物降解有机物和消毒副产物特性研究	环境工程	普博生
2	冯文毅	金国藩	光学子波并行处理技术及应用研究	光学工程	直博生
3	朱　廷	杨　卫	铁电陶瓷的电致失效力学	固体力学	直博生
4	王少雄	隋森芳	人载脂蛋白 H 与磷脂膜的相互作用及其膜结合态构象的研究	生物物理学	普博生

表 4-5-32　清华大学入选 2002 年全国优秀博士学位论文名单（共 7 篇）

序号	姓　名	导　师	论文题目	学科名称	院　系
1	方　可	吴良镛	探索北京旧城居住区有机更新的适宜途经	城市规划与设计	建筑学院
2	岑　松	龙驭球	新型厚薄板、层合板元与四边形面积坐标法	结构工程	土木系
3	周厚贵	刘光廷	深水截流的堤头坍塌机理与稳定性研究及工程应用	水利水电工程	水利系
4	关　键	彭应宁	多传感器分布式恒虚警率（CFAR）检测算法研究	通信与信息系统	电子系
5	杜丹旭	郑泉水	多相材料有效性质的理论研究	固体力学	力学系
6	程　易	金　涌	气固两相流动数值模拟及其非线性动力学分析	化学工程	化工系
7	吕　嵘	朱嘉麟	单畴磁性颗粒的宏观量子现象及拓扑相位干涉效应	凝聚态物理	物理系

表 4-5-33　清华大学入选 2003 年全国优秀博士学位论文名单（共 8 篇）

序号	姓　名	导　师	论文题目	学科名称	院系
1	段　雷	郝吉明	中国酸沉降临界负荷区划研究	环境工程	环境系
2	丁建宁	温诗铸	多晶硅微机械构件材料力学行为及微机械黏附问题研究	机械设计及理论	精仪系
3	尚　进	管迪华	利用试验模态参数对轮胎侧偏特性的建模研究	车辆工程	汽车系
4	杨宝国	曹志刚	OFDM 无线通信系统中的定时恢复和信道估计算法	通信与信息系统	电子系
5	雍俊海	孙家广	曲线曲面造型中几何逼近问题的研究	计算机软件与理论	计算机系
6	杨　春	过增元	深过冷液态金属比热的分子动力学模拟及实验研究	工程热物理	力学系
7	于慧敏	沈忠耀	产 PHB 多功能重组大肠杆菌的构建及高密度高表达研究	生物化工	化工系
8	马玉涛	李志坚	ULSI 器件中的量子力学效应和量子隧穿	微电子学与固体电子学	微电子所

表 4-5-34　清华大学入选 2004 年全国优秀博士学位论文名单（共 9 篇）

序号	姓　名	导　师	论文题目	学科名称	院　系
1	单　军	吴良镛	建筑与城市的地区性——一种人居环境理念的地区建筑学研究	建筑学	建筑学院
2	陈湘生	濮家骝	人工冻结黏土力学特性研究及冻土地基离心模型实验	土木工程	水利系
3	曹安源	吴德海	定向生长碳纳米管薄膜的研究	材料科学与工程	机械系
4	田　煜	温诗铸	电流变机理及应用研究	机械工程	精仪系
5	秦晓懿	曾烈光	接入系统中复用技术若干问题的研究	信息与通信工程	电子系
6	邹红星	李衍达	参数化时频信号表示研究	控制科学与工程	自动化
7	高　喆	刘广均	高比压等离子体中的微观漂移不稳定性	核科学与技术	工物系
8	姜汉卿	黄克智	应变梯度塑性理论断裂和大变形的研究	力学	力学系
9	胡　辉	熊家炯	若干低维小体系中的量子特性研究	物理学	物理系

表 4-5-35　清华大学入选 2005 年全国优秀博士学位论文名单（共 5 篇）

序号	作　者	导　师	论 文 题 目	学 科 名 称	院　系
1	朱宏伟	吴德海	单壁碳纳米管宏观体的合成及其性能研究	材料科学与工程	机械系
2	刘　哲	郑泉水	碳纳米管若干力学问题的研究	力学	航空学院
3	骞伟中	魏　飞	流化床中氢气与碳纳米管制备研究	化学工程与技术	化工系
4	卢军强	顾秉林	纳米电子器件的输运机理研究及结构设计	物理学	物理系
5	戚学民	朱育和	严复《政治讲义》研究：文本渊源、言说对象和理论意义	历史学	人文学院

表 4-5-36　清华大学入选 2006 年全国优秀博士学位论文名单（共 9 篇）

序号	作　者	导　师	论 文 题 目	学 科 名 称	院　系
1	邓富国	龙桂鲁	量子通信理论研究	物理学	物理系
2	王　训	李亚栋	过渡金属氧化物一维纳米结构液相合成、表征及性能研究	化学	化学系
3	冯　雪	黄克智	铁磁材料本构关系的理论和实验研究	力学	航　院
4	赵景山	冯之敬	空间并联机构自由度的终端约束分析理论与数学描述方法	机械工程	精仪系
5	彭奎庆	朱　静	大面积硅纳米线阵列的制备、形成机制及其应用研究	材料科学与工程	材料系
6	邹晓兵	罗承沐	喷气式 Z 箍缩等离子体实验研究	电气工程	电机系
7	孙　凯	郑大钟	大型电网灾变下基于 OBDD 的搜索解列策略的三阶段方法	控制科学与工程	自动化系
8	冯　元	应明生	量子信息的分辨、克隆、删除与纠缠转化	计算机科学与技术	计算机系
9	王铁峰	金　涌	气液（浆）反应器流体力学行为的实验研究和数值模拟	化学工程与技术	化工系

表 4-5-37　清华大学入选 2007 年全国优秀博士学位论文名单（共 11 篇）

序号	作　者	导　师	论 文 题 目	学 科 名 称	院　系
1	梁上上	王保树	论股东表决权——以公司控制权争夺为中心展开	法学	法学院
2	任雪光	邓景康	第三代电子动量谱仪的研制及若干样品的实验研究	物理学	物理系
3	孙晓明	李亚栋	低维功能纳米材料的液相合成、表征与性能研究	化学	化学系
4	张丽霞	孟安明	斑马鱼 Dapper2 的表达、调控及其对中胚层发育的作用机理	生物学	生物系
5	韦进全	吴德海	双壁碳纳米管的合成及其电学与光学性能的研究	材料科学与工程	机械系
6	刘　锋	卢　强	基于微分代数模型的电力系统非线性控制	电气工程	电机系

续表

序号	作　者	导　师	论文题目	学科名称	院　系
7	董　良	刘理天	MEMS集成室温红外探测器研究	电子科学与技术	微电子所
8	段凤魁	贺克斌	北京市含碳气溶胶污染特征及来源研究	环境科学与工程	环境系
9	孙　伟	高友鹤	液质联用蛋白质组学鉴定方法的建立及其在正常人尿蛋白组鉴定中的应用	基础医学	医学部
10	肖　汀	程书钧	一种研究血液中肺癌相关游离蛋白的新策略	临床医学	医学部
11	孔维佳	蒋建东	小檗碱降低血清胆固醇的作用与分子机理研究	药学	医学部

表 4-5-38　清华大学入选 2008 年全国优秀博士学位论文名单（共 9 篇）

序号	作　者	导　师	论文题目	学科名称	院　系
1	姜开利	范守善	碳纳米管生长机理的研究	物理学	物理系
2	李晓林	李亚栋	金属氧化物和硫化物一维纳米材料的合成表征和性能研究	化学	化学系
3	孙　飞	饶子和	线粒体呼吸链膜蛋白复合物Ⅱ的结构测定与分析	生物学	医学院
4	王立峰	郑泉水	碳纳米管及相关纳米结构的力学性质研究	力学	航院
5	罗　俊	朱　静	一维金属/半导体轴向异质结的制备、表征与伏安特性	材料科学与工程	材料系
6	卢滇楠	刘　铮	温敏型高分子辅助蛋白质体外折叠的实验和分子模拟研究	化学工程与技术	化工系
7	冯　骅	康克军	黑洞高能辐射的观测与研究	核科学与技术	工物系
8	张雪梅	林东昕	环氧化酶-2功能性遗传变异与食管癌及胃癌易感性相关	临床医学	医学部
9	闫　鹏	陈国青	关联规则属性值域扩展研究	管理科学与工程	经管学院

表 4-5-39　清华大学入选 2009 年全国优秀博士学位论文名单（共 6 篇）

序号	作　者	导　师	论文题目	学科名称	院　系
1	朱相雷	庄鹏飞	相对论重离子碰撞中产生夸克胶子等离子体的信号研究	物理学	物理系
2	裴永茂	方岱宁	铁磁智能材料力磁耦合行为研究	力学	航院
3	沈　洋	南策文	高介电聚合物基复合材料的制备及性能	材料科学与工程	材料系
4	刘晓华	江　亿	溶液调湿式空气处理过程中热湿耦合传递特性分析	土木工程	建筑学院
5	徐建鸿	骆广生	微分散体系尺度调控与传质性能研究	化学工程与技术	化工系
6	孙　瞳	林东昕	CASP8基因启动子区六核苷酸插入/缺失多态与多种肿瘤易感性相关	临床医学	医学部

表 4-5-40 清华大学入选 2010 年全国优秀博士学位论文名单（共 8 篇）

序号	作 者	导 师	论 文 题 目	学 科 名 称	院 系
1	刘 错	范守善	多壁碳纳米管阵列的生长机理和可控生长	物理学	物理系
2	吴 坚	黄克智	基于原子势的碳纳米管有限变形壳体理论	力学	航 院
3	吴 军	汪劲松	四自由度冗余混联机床的分析、辨识及控制	机械工程	精仪系
4	陈 群	过增元	对流传递过程的不可逆性及其优化	动力工程及工程热物理	航 院
5	汪小我	李衍达	MicroRNA 相关问题的计算分析	控制科学与工程	自动化系
6	来煜坤	胡事民	特征敏感几何处理	计算机科学与技术	计算机系
7	赵 瑜	郝吉明	中国燃煤电厂大气污染物排放及环境影响研究	环境科学与工程	环境系
8	吴俊杰	陈 剑	考虑数据分布的 K-均值聚类研究	管理科学与工程	经管学院

（四）北京市优秀博士学位论文

自 2008 年起，北京市每年评选优秀博士学位论文，至 2010 年清华大学共入选 13 篇，历年名单见表 4-5-41～表 4-5-43。

表 4-5-41 清华大学入选 2008 年北京市优秀博士学位论文名单（第一届，共 4 篇）

序号	作 者	导 师	论 文 题 目	学 科 名 称	院 系
1	刘军枫	李亚栋	功能氧化物纳米材料的液相合成与性质研究	化学	化学系
2	邓湘云	李龙土	纳米晶钛酸钡陶瓷的制备、微结构及性能的研究	材料科学与工程	材料系
3	黄 畅	艾海舟	高性能旋转不变多视角人脸检测	计算机科学与技术	计算机系
4	杨 波	余 刚	基于钯修饰电极的多氯联苯电催化还原脱氯研究	环境科学与工程	环境系

表 4-5-42 清华大学入选 2009 年北京市优秀博士学位论文名单（共 3 篇）

序号	作 者	导 师	论 文 题 目	学 科 名 称	院 系
1	潘时龙	娄采云	基于色散腔的可调谐多波长主动锁模光纤激光器	电子科学与技术	电子系
2	龙 峰	施汉昌	倏逝波全光纤免疫传感器及其检测微囊藻毒素-LR 的研究	环境科学与技术	环境系
3	王 磊	胡鞍钢	发展与稳定：中国社会转型与社会冲突的经验研究	公共管理	公管学院

表 4-5-43 清华大学入选 2010 年北京市优秀博士学位论文名单（共 6 篇）

序号	作 者	导 师	论 文 题 目	学 科 名 称	院 系
1	陈福勇	王亚新	未竟的转型——中国仲裁机构现状与发展趋势实证研究	法学	法学院
2	钱震杰	武康平	中国国民收入的要素分配份额研究	数量经济学	经管学院
3	那 娜	张新荣	基于纳米材料表面化学发光的传感器阵列研究	化学	化学系

续表

序号	作　者	导　师	论文题目	学科名称	院　系
4	李国良	冯建华	结构化和半结构化数据的关键字检索研究	计算机科学与技术	计算机系
5	伍　晖	潘　伟	电纺丝纳米纤维的制备、组装与性能	材料科学与工程	材料系
6	张　强	魏　飞	宏量可控制备碳纳米管阵列	化学工程与技术	化工系

六、作出突出贡献的中国博士、硕士学位获得者

恢复研究生培养制度以来，清华大学研究生教育在规模上有很大发展，质量上有很大提高。一批获得硕士、博士学位以后走上工作岗位的研究生，在教学、科学研究和国民经济各条战线上作出了突出的贡献。据固体力学博士点1993年底的不完全统计，该博士点已毕业的55名博士生中，有10人聘为正高级技术职务，30人被聘为副高级技术职务，2人被评定为博士生导师，有10人先后获得全国青年科技奖、霍英东教育基金奖及有突出贡献的中国博士称号。

1991年，清华培养的46位博士、硕士获得全国首次评选的“做出突出贡献的中国博士、硕士学位获得者”称号，见表4-5-44。

表4-5-44　“做出突出贡献的中国博士、硕士学位获得者”名单及工作单位

姓　名	学位	工作单位	姓　名	学位	工作单位
岑章志	博士	清华大学工程力学系	罗学富	博士	清华大学工程力学系
柴京鹤	硕士	江西景德镇九九九厂	倪以信	博士	清华大学电机系
陈　赣	硕士	第二汽车制造厂	区智明	博士	清华大学机械工程系
陈皓明	硕士	清华大学应用物理系	苏　宁	博士	清华大学应用数学系
程　莉	博士	北京理工大学	王祥珩	博士	清华大学电机系
戴先中	博士	东南大学	王兴奎	博士	清华大学水电系
方宗德	博士	西北工业大学	吴忠泽	博士	民政部社会福利司
冯世平	博士	清华大学土木工程系	徐大懋	博士	哈尔滨汽轮机厂
关志成	博士	清华大学电机系	徐向东	博士	清华大学热能工程系
桂业伟	博士	中国人民解放军29基地	薛景川	博士	航空航天部623所
何敬民	博士	清华大学计算机系	薛钰芝	博士	大连铁道学院
黄汉民	硕士	福建省建筑设计院	杨瑞昌	博士	清华大学热能工程系
金永杰	硕士	清华大学工程物理系	袁　驷	博士	清华大学土木工程系
李德杰	硕士	清华大学电子工程系	张伯明	博士	清华大学电机系
李凤玲	硕士	清华大学学生部	廉桂南	硕士	无锡市彩印厂
李继定	博士	清华大学化学工程系	张鸿存	硕士	中国人民解放军通信工程学院
黄志达	博士	华南师范大学	郑燕康	硕士	清华大学研究生处
康克军	博士	清华大学工程物理系	朱邦芬	硕士	中国科学院半导体研究所
李春文	博士	清华大学自动化系	张晓健	博士	清华大学环境工程系
李广信	博士	清华大学水电系	张新泉	博士	清华大学机械工程系

续表

姓　名	学位	工作单位	姓　名	学位	工作单位
林文漪	博士	清华大学工程力学系	郑　心	博士	清华大学微电子研究所
陆　达	博士	清华大学精密仪器系	庄丽君	博士	清华大学机械工程系
罗飞路	博士	国防科技大学	雷增光	硕士	核工业总公司四〇五厂

第六节　学籍管理

一、1925 年—1952 年

早在 1925 年国学研究院建立之初，学制规定为一年，学生如因研究题目非一年能完成者，经指导教师同意可延长 1～2 年，但每年均发给结业证，并注明几年结业。1929 年改为国立清华大学研究院时，学校规定："研究院学生修业期限无定"。1934 年和 1935 年先后公布了《国立清华大学研究院章程》（以下称《章程》）和《学生休学及退学细则》（以下称《细则》），逐渐完善了对学生学籍的管理。

《章程》规定：研究院学生在本大学研究期限至少二年。在此二年内须肄习学科 24 学分。研究满一年，成绩及格中途自请退学者，给予研究院修业证书。研究满二年，其历年学分平均成绩、毕业论文及毕业初试皆及格者，给予研究院期满考试及格之证书，并依照教育部之定章，授予硕士学位。上述所有成绩均在 80 分以上，并有所在学部之推荐者，由评议会特组审查委员会按照论文成绩占 50%、毕业初试及学分成绩各占 25%的计算法，择优派遣留学。每年至多不得超过 10 名，每学部每年至多不得超过 2 名。留学时间不得超过 2 年。《章程》还规定：研究院学生之学年平均成绩不及 65 分者，即令其退学。凡肄业满 2 年，未应初试或虽应未能及格，仍欲继续在院研究者，须经所属部主任之推荐与研究院会议之核准。凡肄业满 3 年，初试已经及格，而论文尚未完成者，如欲继续在院研究，须经所属部主任之推荐与研究院会议之核准。肄业已满 3 年，未应初试或虽应未能及格者，取消学籍。

《细则》对学生的休学与退学也有相应的规定：凡在校学生因病或因重要事故须休学或退学者，应有家长或保证人书面叙明理由，休学者并应述明休学期限。休学或退学之申请，如未经教务处核准备案，申请休学者不予保留学籍，申请退学者不发给任何证明文件。

《细则》还规定：上学期在校肄业期满而在下学期休学者，其上学期之"学期课程"如期考成绩及格者照给学分；如系"学年课程"，期考成绩及格者，复学后须继续修下学期课程，经考试及格方给全年学分。休学前所读之课程未经考试者，如经教师报告，认为成绩太劣，程度不能及格者，其成绩以零分计。学生休学前如有缺考的课程，经申请准予补考者，得于复学时向任课教师接洽补考。若复学时其任课教师已经更易，须分别请本系及该课所属学系主任核定，是否准予补考或应重修。凡缺考之课程，休学前未经请准补考，概以无故缺考论，成绩以零分计。

1937 年初，研究院对《章程》又进行了补充和修订。规定研究生肄业期限最多不超过 4 年。担任本校半时助教满 2 年者可延长一年。研究生各项考试均以 70 分为及格，其学年平均成绩不及 65 分者，即令退学。

上述这些规章制度大体沿用下来，后来只稍作补充或修订。

二、1952 年—1978 年

1959 年学校公布的研究生工作试行办法，主要在考核方面明确由指导教师负责，并应每半年向教研组提出书面报告，写出对研究生的评语，每年对研究生全面鉴定一次，并以书面材料提交校、系各一份。研究生考试课目不及格（60 分）时只能补考一次，而且必须在考试后 3 个月内完成，过期不再补考。研究生如因政治思想或业务学习上表现不良，不宜继续培养者，教研组、系应及时提出，经学校核准后，转报教育部取消其研究生资格，另行分配工作。

1963 年制定的《清华大学研究生工作暂行细则》（以下简称《暂行细则》）中，详细规定了研究生招生、培养、论文、学籍等方面的内容。在学籍管理方面规定："各系科学生产科兼管研究生工作的职员，应为每个研究生建立档案，包括其从入学到学习结束时各科学习成绩、培养计划、年度计划执行情况（包括经费使用），指导教师所写的各种评语、教研组对研究生个人的鉴定报告、研究生的实习报告、论文及其评议书，答辩记录和表决结果等各方面的材料。"

关于学习年限问题，《暂行细则》规定一般不延长。如课程学习成绩优秀，在毕业论文中有突出表现，适当延长学习年限可能达到较高水平，或有其他特殊原因不能按期完成学习任务的，可适当延长不超过一年的学习年限。研究生因病或其他原因必须中断学习者，必须事先请假。经批准休学的研究生（不得超过一年），期满后可办理复学。过期不办或超过休学一年者按自动退学或退学处理。

对研究生在校期间的表现，《暂行细则》规定了奖惩办法：对品质恶劣和违犯学校纪律的研究生，分别轻重给予警告、记过、留校察看、勒令退学、开除学籍的处分。其中后两项处分由教育部批准。每学期的注册，如逾期达一个月者，按自动退学处理。

1950 年至 1965 年全校研究生学籍情况见表 4-6-1。

表 4-6-1　1950 年—1965 年全校研究生学籍情况统计

系　别	人　数						
	入学	毕业	肄业	结业	提前分配工作	在职	学籍不清
土建系	172	102	1		41	6	22
水利系	98	66	7		4	7	14
机械系	136	99	1	1	21	3	11
冶金系	58	49		1	2	2	4
动力系	112	72	1	2	10	9	18
电机系	138	103	4		9	6	16
无线电系	99	88	8				3

续表

系别	人数						
	入学	毕业	肄业	结业	提前分配工作	在职	学籍不清
自控系	34	16				11	7
工物系	51	33			8	10	
工化系	33	14	1		3	5	10
力数系	37	25			2	6	4
基础课	30	15			5	1	9
合计	998	682	23	4	105	66	118

说明：由于院系调整，此表仅统计工科系研究生人数。

三、1978年—1993年

1978年恢复招收研究生以后，《清华大学研究生学籍管理规定》先后经1982年、1987年、1991年三次修订，其内容包括：入学与注册、转学与转专业、休学与复学、退学和取消学籍、在职或脱产研究生、奖励与处分、学习年限、毕业—结业—肄业、委托代培与定向培养、毕业（结业、肄业）分配10个方面。其中有不少是根据新形势制定的新规定，如研究生因下列情况之一者应予退学：

① 一学期内两门学位课（含必修课）不及格者；

② 一门学位课或一门必修课不及格，补考后仍不及格者；

③ 全学程的一门学位课或一门必修课补考及格后又有一门学位课或必修课不及格者；

④ 在论文工作中，明显表现出科研能力差者；

⑤ 在科研工作中伪造数据、剽窃他人成果者。

研究生在学期间，一般不办理出国、出境探亲手续（包括寒暑假）。

对退学和取消学籍的研究生规定：

① 入学前是国家或集体企、事业单位的在职职工，退回原单位；

② 委托代培生和定向生一律退回相应单位；

③ 入学前为应届毕业生，由学校负责分配其工作，但因病休学一年（含因病保留入学资格时间满一年）不能复学，以及自动退学、勒令退学、开除学籍者，学校不负责分配工作，并将其粮食、户口关系、档案转给该生入学前家庭所在地；

④ 入学前是待业人员或个体劳动者，一律退回入学前家庭所在地。

研究生院对批准退学或取消学籍、勒令退学和开除学籍的研究生，提供相应的学历证明。

研究生的学习年限：硕士生一般2～3年；博士生一般3～4年；研究生班为1.5年；在职研究生和担任辅导员的研究生可适当延长0.5～1年。研究生提前完成培养计划中规定的课程学习、论文工作及其他实践环节，经系批准，可提前毕业。

研究生按培养计划要求，完成规定各项培养环节，德智体考核合格，且学位（毕业）论文答辩通过者，经系（所）和研究生院审核批准准予毕业，由学校发给毕业证书。经学位评定分委员会和校学位评定委员会审批通过，颁发学位证书；学位（毕业）论文不合格者，发给结业证书；未完成培养计划要求，发给肄业证明。研究生班研究生修满学分，完成规定的教学环节，准予毕业。

1981 年至 1993 年硕士生学籍变动情况见表 4-6-2，1985 年至 1993 年博士生学籍变动情况见表4-6-3，1980 年至 1993 年硕士研究生毕业人数见表 4-6-4，1983 年至 1993 年博士研究生毕业人数见表 4-6-5。

表 4-6-2　1981 年—1993 年硕士生学籍变动统计

学年度	总计人数	自动退学（含联合培养逾期不归）	申请退学				予以退学				勒令退学	公派出国读学位	死亡	转学
			因病	家庭困难	出国	其他	因病	不及格	能力差	其他				
1981	2		1		1									
1982	1		1											
1983	1		1											
1984	3		1							1	1			
1985	2		2											
1986	8	1					1	4	1		1			
1987	12		1	1	3	1		4		1			1	
1988	20	4	3	3	1	3		3	1	1	1			
1989	24	1	4	5	4	4		1	2	1	1		1	
1990	31	3	4	2	7		2	4	5	1	3			
1991	8	2		1						2		3		
1992	13		3	2	3			1	1		2			1
1993	16	6	1	2	3	2		1				1		
合计	141	17	22	16	21	10	3	18	10	7	9	4	2	1

表 4-6-3　1985 年—1993 年博士生学籍变动统计

学年度	总计人数	自动退学（含联合培养逾期不归）	申请退学				予以退学				勒令退学	公派出国读学位	博转硕	死亡转学
			因病	家庭困难	出国	其他	因病	不及格	能力差	其他				
1985	1			1										
1986	2		1		1									
1987	5		1		1	1		1		1				
1988	14		2	6		2			4					
1989	19	1	2	8	1	4		1		2				
1990	38		6	18	1	5			6	1	1			
1991	70	50	1	9		1		2	4	2	1			
1992	32	20	1	8	3									
1993	32	11	2	2	1	2			1	1		2	1	9
合计	213	82	16	52	8	15		4	15	7	2	2	1	9

表 4-6-4　1980 年—1993 年硕士研究生毕业人数统计

学年度	合计	78 级	79 级	80 级	81 级	82 级	83 级	84 级	85 级	86 级	87 级	88 级	89 级	90 级	91 级
1980	35	35													
1981	341	341													
1982	193		193												
1983	204	89	27	88											
1984	229	3		3	111	112									
1985	255				20	209	26								
1986	415					2	321	90	2						
1987	474						2	346	123	3					
1988	846							3	559	277	7				
1989	1 044								6	438	595	5			
1990	261									6	94	153	8		
1991	696										8	534	139	15	
1992	594											6	442	145	1
1993	650											1	7	507	135
合计	6 237	468	220	91	131	323	349	439	690	724	704	699	596	667	136

表 4-6-5　1983 年—1993 年博士研究生毕业人数统计

学年度	合计	80 级	81 级	82 级	83 级	84 级	85 级	86 级	87 级	88 级	89 级	90 级
1983	2	2										
1984	11	11										
1985	15	11	4									
1986	18	8	3	2	4	1						
1987	28				10	14	3	1				
1988	103				5	65	23	9	1			
1989	160					12	81	62	3	2		
1990	78					1	12	46	16	3		
1991	136						8	26	76	21	5	
1992	88					1	1	3	17	50	15	1
1993	132							4	3	42	75	8
合计	771	32	7	2	19	94	128	151	116	118	95	9

四、1994 年—2010 年

1994 年以后，《清华大学研究生学籍管理规定》经过 1998 年、2005 年两次修订。1998 年的修订，对于“休学与复学”，增加了“研究生休学期间违法乱纪情节严重者，取消其复学资格，给予退学或其他相应处理”的内容。在“退学和取消学籍”的规定中，对于“应予以退学”，增加了两种情况：一是经过指定医院确诊，患有精神病、癫痫病以及其他不能再继续学习的疾病者；二是意外伤残不能坚持学习者。对于“学习年限”，明确了“直博转硕生的学习年限一般为三年”，“博士生的学习年限一般为三年，直博生的学习年限一般为四至五年”。关于结业和肄业，进一步明确界定了结业和肄业的情况：“毕业（学位）论文答辩未通过者，准予结业，发给结业证书；在规定的学习年限内，未完成培养计划规定的要求，德、智、体考核不合格者，或未进行毕业论文答辩者，按肄业处理，发给肄业证明。”

在《清华大学研究生学籍管理规定》的基础上，研究生院制定了《研究生学籍管理若干问题办理手续说明》，对新生入学、注册请假、休学复学、退学、博转硕、成绩单办理、证书证明、核算培养费等内容进行了细化说明，并于1999年修订成为《研究生学籍管理实施细则》。在此实施细则中，增加了“停学与复学”的规定：

① 脱产的在学研究生（或已经取得研究生入学资格者）因为创业等需要停学者，必须本人提出书面申请（在学研究生还需征得导师书面司意），经所在院（系、所）同意并报研究生院批准，方可停学。

② 研究生停学以学期为单位，一般时限为1年或2年；期满后仍不能复学者，经本人申请、所在院（系、所）批准，可延长1年，但停学时间累计不得超过3年。

③ 研究生停学期间不享受在学研究生的任何待遇。

④ 研究生欲复学，必须提前3个月向学校提交书面申请，经所在院（系、所）同意并报研究生院批准后，方可复学。

⑤ 若超过停学时限未提交复学申请，或停学期间违法乱纪情节严重者，将被取消复学资格，给予退学或相应处理。

⑥ 学校每年6月、12月的1—10日分两次审批在学研究生（或已经取得研究生入学资格者）的停学申请，其他时间一般不予受理。

2005年，教育部颁布了新的《普通高等学校学生管理规定》，清华大学根据教育部新的《普通高等学校学生管理规定》修订了《清华大学研究生学籍管理规定》（下称“学籍管理规定”）和《清华大学研究生学籍管理实施细则》（下称“实施细则”），将学籍管理规定改为条目式，共七章，三十八条，详细内容在实施细则中说明。新的学籍管理规定和实施细则取消了“奖励与处分”的内容，归入各类评优和违纪处分管理规定中；研究生的退学由“研究生院院长批准”改为“由校长会议研究决定”，并修订了应予退学的各种情形。

研究生有下列情形之一的，应予退学：

① 一学期内两门学位课不及格；或有一门学位课不及格，补考后仍不及格；或全学程内一门学位课不及格，补考及格后，又有一门学位课不及格；

② 没有能力完成学位论文工作的；

③ 休学、停学期满后，未在学校规定期限内提出复学申请，或虽申请复学，但经复查不合格的；或准予复学，逾期两周仍不到校办理复学手续的；

④ 经学校指定医院确诊，患有疾病或者意外伤残无法继续在校学习的；

⑤ 未请假连续两周及以上，未参加学校培养方案规定的教学活动的；

⑥ 超过学校规定的期限未注册，而又无正当事由的；

⑦ 本人申请退学的（若有违纪行为，在被处理期间，不受理其本人提出的退学申请）。

对研究生的退学处理程序进一步规范，并明确了送达义务和学生权益救济制度：

“学籍管理规定”第二十四条规定：对研究生的退学处理，由校长会议研究决定。对做退学处理的研究生，由学校出具退学决定书并送交本人。因特殊情况无法送交本人的，由所在院

（系、所）发布公告，自发布公告之日起，10 天后即视为已送交本人。

第二十七条规定：研究生如对退学处理有异议，可以向学校学生申诉委员会提出书面申诉，申诉程序参照《清华大学学生违纪处分管理规定》有关规定。

对修业年限规定，“硕士生的基本修业年限一般为两至三年”，“普博生的基本修业年限一般为三至四年”，“直博生和提前攻博生（含硕士生阶段）的基本修业年限一般为四至五年”。

“实施细则”中进一步详细规定了毕业、结业和肄业的要求和操作程序：

1. 研究生按培养计划要求，完成了规定的各项培养环节，德、智、体考核合格，且毕业（学位）论文答辩通过者准予毕业，由学校发给毕业证书；准予毕业的研究生，经学位审查合格者，授予学位并发给学位证书。

2. 研究生在校学习已满修业年限，期间完成了培养方案中规定的各项教育教学培养环节和与学位论文工作相当的研究工作量，但经专家小组认定，其毕业（学位）论文的学术水平未达到毕业要求，或毕业（学位）论文答辩未通过，准予结业（学业终止），发给结业证书。具体办理的操作程序为：

（1）研究生本人提出申请，填写《研究生结业申请表》，导师签署意见；

（2）院系教务管理部门审核申请人的已修课程学分及各培养环节完成情况，院系教学主管主任签署是否同意该生结业的意见；

（3）将《研究生结业申请表》、已修课程成绩单、博士（或硕士）毕业（学位）论文，交研究生院培养办公室审批；

（4）院系教学主管主任负责组织 5 人的专家小组（半数以上教授，可包括导师在内），听取申请人关于论文研究工作的报告，对各培养环节和研究工作的完成情况进行全面审查，做出是否同意该生结业的决议，提交到研究生院管理办公室。

3. 学满一学年及以上终止学业的研究生，发给肄业证书。

4. 研究生受留校察看处分，且申请毕业时仍未解除的，按结业处理，发给结业证书。留校察看期满后，由本人提出申请，用人单位向学校提供其表现鉴定并签署意见，由学校主管部门提出处理意见并报请校务会议批准，解除留校察看处分并换发毕业证书。

1994 年至 2010 年硕士生、博士生学籍异动情况分别见表 4-6-6 和表 4-6-7，毕业人数统计见表4-6-8。

表 4-6-6　1994 年—2010 年硕士生学籍变动统计

	总计	自动退学	申请退学					予以退学			勒令退学	开除学籍	公派出国读学位	死亡	转学	硕转博	休学、停学、复学	保留资格、复学	转系、转专业	其他
			因病	家庭困难	出国	其他	个人原因	不及格	能力差	其他										
1994	17	3	1	3	5	1	0	0	0	2	0	0	1	1	0	0	0	0	0	0
1995	62	9	3	2	34	4	0	6	1	1	0	0	1	1	0	0	0	0	0	0

续表

	总计	自动退学	申请退学					予以退学			勒令退学	开除学籍	公派出国读学位	死亡	转学	硕转博	休学、停学、复学	保留资格、复学	转系、转专业	其他
			因病	家庭困难	出国	其他	个人原因	不及格	能力差	其他										
1996	63	2	2	2	48	4	0	4	1	0	0	0	0	0	0	0	0	0	0	0
1997	58	6	2	1	27	0	0	4	0	0	0	0	3	1	0	3	11	0	0	0
1998	62	3	1	0	24	0	0	2	0	0	0	0	0	1	0	19	10	0	1	1
1999	65	5	1	0	16	1	0	2	0	0	0	0	0	0	0	9	26	0	2	3
2000	93	3	2	1	24	11	0	9	0	0	1	0	0	0	0	6	26	1	9	0
2001	138	7	1	2	22	3	0	10	2	0	0	0	0	0	1	44	37	0	5	4
2002	108	1	0	2	19	4	0	7	1	0	2	0	0	0	1	44	21	1	3	2
2003	117	5	1	0	2	2	0	8	4	0	4	1	0	1	0	46	26	1	3	13
2004	268	41	2	0	5	14	0	15	0	1	1	2	0	2	3	49	33	3	15	82
2005	510	134	2	1	7	11	5	11	1	12	0	0	1	6	1	69	34	6	59	150
2006	411	3	0	0	5	3	7	6	0	14	0	0	0	2	0	96	50	12	57	156
2007	491	0	0	1	13	3	16	7	0	5	0	1	0	1	1	105	65	13	53	207
2008	663	0	1	2	3	0	13	6	0	9	0	0	0	3	1	86	70	21	43	405
2009	500	0	0	0	2	4	15	3	0	11	0	0	0	4	1	78	66	18	69	229
2010	651	0	0	0	5	3	18	5	0	7	0	0	0	2	0	115	75	12	67	342
合计	3 136	106	17	17	261	61	74	101	10	51	7	4	6	17	7	769	560	74	352	632

表 4-6-7　1994 年—2010 年博士生学籍变动统计

年份	总计	自动退学	申请退学				予以退学				勒令退学	开除学籍	公派出国读学位	死亡	转学	博转硕	休学、停学、复学	保留资格、复学	转系、转专业	其他
			因病	家庭困难	出国	其他	个人原因	不及格	能力差	其他										
1994	47	9	0	0	9	2	0	0	1	4	0	0	1	0	0	21	0	0	0	0
1995	72	12	0	3	25	1	0	2	0	1	0	0	0	0	1	27	0	0	0	0
1996	116	5	1	3	37	0	0	4	0	1	2	0	0	0	1	62	0	0	0	0
1997	101	9	1	4	27	1	0	1	1	0	1	0	0	0	0	46	9	0	1	0
1998	103	9	1	4	19	2	0	2	1	0	1	1	0	1	0	46	6	0	9	1

续表

年份	总计	自动退学	申请退学				予以退学				勒令退学	开除学籍	公派出国读学位	死亡	转学	博转硕	休学、停学、复学	保留资格、复学	转系、转专业	其他
			因病	家庭困难	出国	其他	个人原因	不及格	能力差	其他										
1999	100	4	0	5	19	4	0	1	1	0	1	1	0	0	1	42	18	0	2	1
2000	110	15	0	3	30	5	0	1	0	1	2	0	0	0	3	35	14	0	0	1
2001	81	2	3	4	21	7	0	3	1	0	0	0	0	0	0	27	10	0	3	0
2002	51	4	2	1	17	7	0	1	1	0	2	0	0	0	0	4	8	0	2	2
2003	50	4	1	3	8	6	0	5	0	0	0	0	2	0	0	1	12	0	7	1
2004	93	21	3	3	5	10	0	2	0	0	1	0	0	1	0	0	21	0	5	21
2005	203	6	3	3	5	7	9	1	0	8	2	0	19	0	0	6	28	1	87	18
2006	112	1	0	0	5	2	11	5	0	6	0	0	0	1	0	4	42	1	6	28
2007	157	0	2	1	14	1	17	1	0	8	0	0	0	1	0	0	56	17	13	26
2008	151	0	0	1	3	2	19	1	0	11	0	0	0	0	13	3	42	20	12	24
2009	215	0	1	2	4	3	12	1	0	8	0	0	0	5	1	1	54	16	43	64
2010	260	0	0	0	9	1	19	2	0	17	0	0	0	2	0	12	77	13	68	40
合计	2 022	101	18	40	257	61	87	33	6	65	12	2	22	11	20	337	397	68	258	227

表 4-6-8　1994 年—2010 年毕业人数统计

学年度	硕士	博士	合计	学年度	硕士	博士	合计
1994	706	158	864	2003	2 392	573	2 965
1995	757	179	936	2004	2 343	579	2 922
1996	824	201	1 025	2005	2 767	653	3 420
1997	1 004	244	1 248	2006	3 235	844	4 079
1998	1 013	225	1 238	2007	3 522	1 267	4 789
1999	1 237	313	1 550	2008	2 866	1 481	4 347
2000	1 396	321	1 717	2009	3 029	1 591	4 620
2001	1 636	361	1 997	2010	2 985	1 514	4 499
2002	2 138	389	2 527	合计	33 850	10 893	44 743

注：毕业生数据中从 2007 年 7 月开始包括北京协和医学院-清华大学医学部数据。

第五章

学生德育与管理

第一节　历史沿革与发展

一、1911 年—1948 年

建校之初，学校即明确提出“智育、德育、体育，三育并重”，一再强调“真正之人才，须先有完全之人格”。为培养学生具有“完全人格”，学校推行了严格的管理制度，制定了“自强不息，厚德载物”的校训，开设伦理讲演，定期邀请中外名人来校讲演，以规范学生。在《管理学生规则》中明文规定：“本校学则注意训育良美气质，养成纯正之品行，其实施上之宽严，因年级高下而利导之”；“学生在校凡上课、自修、起居、饮食、体育、游艺，均有定时，他如告假、学行、赏罚亦有定则，一取严整主义，如有违犯，均照本章程规定各条处罚”；“禁止一切破坏秩序、妨害公益及其他不道德不名誉之举动”；“学生品学兼优者，分别酌予奖励。学行差逊不守规章者，酌量情节之轻重，随时按照训诫、禁假、思过、记过、退学等办法分别执行”，并规定“校内职员、教员均有督责、监察学生之责。如遇见违背校章及各项不规则等事，得随时报告校长，照章训诫惩罚”。学校还制定了《学生惩罚规则》《学生奖励规则》以及《课外作业规则》等具体条例，供师生照章严格遵行。

1928 年后，清华大学承袭了过去管理学生严格的传统，规定“关于学生训育事宜，由教务长负责办理”，制定了《国立清华大学条例》，以及诸如《学生休学及退学细则》《学生离校细则》《男生宿舍规则》《女生宿舍规则》等学生管理细则；设立了学生生活指导委员会，“委员会由校长聘任教务长、秘书长、各院院长及教职员若干人组织之，以教务长为当然主席”，“委员会之职权，在审议并辅导关于学生团体生活之事项”。罗家伦到校后，推行国民党的“党化教育”，设立军事训练部，增设“党义”课，举行“总理纪念周”等，管束学生，遭到反对与抵制。1931 年后，军事训练课、党义课和“总理纪念周”等虽仍照常进行，但已形同虚设。特别是军事训练，到 1936 年已变成学生开展抗日救亡、进行作战演习的合法场地。

1939 年 7 月，西南联合大学遵国民政府教育部之训令，设立训导处，负责“学生思想之训导”“社会服务之策划”“学生团体之登记与指导”“军事管理之监督”等，以强化对学生的管束，从此管束学生之事务由训导长主持。并按国民政府教育部通令，以“忠孝仁爱信义和平”为“训育之中心目标”，在党义课外，开设了全校共同必修的三民主义和伦理课；在“总理纪念周”之外，每月举行一次“国民精神总动员”。由于这些管束都是企图禁锢学生接受爱国进步的思想，维护国民党反动独裁的统治，因而受到大多数学生的反对和抵制。进入 20 世纪 40 年代后，随着学生爱国民主运动的开展，这些举措以及训导处也已形同虚设。

1947 年 5 月，清华大学第 7 次评议会修正通过《国立清华大学学生管理通则》，以强化对学生的管束，规定："本大学学生，除经训导处许可外，均须寄宿本校之宿舍"；"本大学学生，有违背校规之行为时，本校酌量情节予以下列之惩罚：1. 训诫，2. 记过（三小过为一大过，累积至三大过者开除学籍），3. 停学，4. 勒令退学，5. 开除学籍。"

二、1949年—1976年

解放后，1949年，根据华北高等教育委员会的决定，学校停开三民主义、党义等课，成立大课委员会，向全校师生讲授辩证唯物论、新民主主义论等课程，从此，马克思主义理论课成为学生的必修课，遵循理论联系实际的原则进行系统教学。同时，学校还结合形势发展和学生思想实际，或由学校领导，或请校外专家学者，通过专题讲座、时事报告开展形势教育。学校通过抗美援朝宣传、参军参干、参加土改等开展爱国主义教育；引导学生把专业学习与国家建设结合起来，开展热爱专业教育；贯彻党的教育方针，执行毛泽东主席关于"三好"的号召，倡导"又红又专"，促进学生德智体全面发展。马克思主义理论课和日常学生思想政治工作相结合，学生德育工作得到了全面加强。

1949年后，学生管理工作在校党委领导下，由校团委负责日常教育管理工作，有关教学、后勤及校纪则由各部处分管，陆续制定了《学生守则》，以及《关于处理学生请假、旷课、迟到、早退的暂行规定》《关于学生休学、退学的暂行规定》《关于学生休学、退学、转专业、转学、调班及其他异动的申请、批准及登记手续的规定》《优秀学生奖励办法》《一般学生人民助学金暂行实施办法》等具体管理章程。20世纪50年代，每年新生到校后，由新生工作委员会进行入学教育，并发《新生手册》一本，内载学生要遵循的各项规章条文。20世纪60年代，学校根据实践对学生管理的各项规章进行了修订和增订。

1953年，学校从各系高年级学生中选拔出一些学习好、政治觉悟高，又有一定工作能力的党员，担任学生的政治辅导员，做学生的思想政治工作，建立了政治辅导员制度，并建立了政治辅导处，主管其事。第一任政治辅导处主任由蒋南翔校长亲自担任，何东昌为副主任。当年4月，何礼接任政治辅导处主任，不久何礼调离。后来学生思想政治工作和辅导员工作统一由校党委副书记艾知生主持，由校团委具体执行和管理。政治辅导员一直是学生思想政治工作的骨干力量。

1954年3月，经过评选，学校正式授予土木工程系测专42班（测量专修科二年级第2班）为"先进集体"，随后评选先进集体的活动逐渐制度化，以后又开始了表扬先进个人，评选"三好学生""优秀毕业生"和"优良毕业生"的活动。这些活动，有力地推动着学生思想政治工作的开展。

"整风反右"后，"大跃进"时期，学生思想政治工作出现"左"的偏向，在对待"红"与"专"、师生关系、党群关系以及干部作风等方面出现一些过左的现象，如批判"白专道路"等。1961年，学校总结学生思想政治工作中的经验教训，制定了《学生工作五十条》，蒋南翔校长在"五四"纪念会上作了《调整关系，加强团结，发扬五四革命精神和科学精神》的讲话，澄清了思想，纠正了偏向，使学生思想政治工作得到有序进行和健康发展。1965年，蒋南翔校长提出，政治思想工作要引导学生按照"爱国主义—社会主义—共产主义，三个台阶"提高思想觉悟，分层次要求，各按步伐，共同前进。

"文化大革命"期间提倡工农兵学员"上大学，管大学，用毛泽东思想改造大学"，师生关系、党群关系等都不正常，学生思想政治工作遭到严重破坏。

三、1977 年—2010 年

“文化大革命”结束后，经过拨乱反正，学校恢复并进一步加强了学生工作系统，负责研究、协调、落实学生教育和管理的有关工作，学校恢复政治辅导员制度，大力加强辅导员队伍建设。同时，学校行政各部门也恢复和加强学生管理工作。1986 年，学校设立学生工作指导委员会，协调统管学生的教育管理工作，并逐步修订、制定了有关学生管理的各项规章制度。学校大力弘扬学生思想政治工作的好传统，把共产主义理想、爱国主义精神、高尚道德情操的教育和青年人的思想实际和特点相结合，开展多种活动，教育和引导学生成长为有理想、有道德、有文化、有纪律的社会主义建设者和接班人。学生工作逐步蓬勃发展起来。从 1985 年起，学校每年召开一次学生思想政治工作研讨会。

（一）本科生工作系统

1977 年，学校设立党委学生部，负责本科生的思想教育、形势政策教育、党员和积极分子教育，以及政治辅导员的培训考察等工作。各系设有学生工作组，由一名系党委副书记（或副系主任）负责。

1988 年 10 月，校行政成立学生工作处（简称“学生处”）。党委学生部和学生工作处实行一个机构，两块牌子，即党委学生部同时挂学生处的牌子。学生处是校长领导下负责学生教育管理工作的行政机构，也是学生工作指导委员会的日常办事机构。

学生部（处）的主要工作对象是全校本科生。学生部（处）设立之初，下设学生事务管理科、学生思想教育科、思想品德和政治教育研究室，主要承担以下工作：

（1）实施学生的日常思想教育和形势政策教育；

（2）审查和管理学生贷款、助学金、奖学金，管理部分学生活动经费；

（3）组织三好学生和先进集体的评定；

（4）实施学生的品行管理和违纪处分，配合有关部门抓好学风、校风建设；

（5）负责心理咨询中心的日常工作，参加学生就业指导、勤工助学、社会工作指导等指导中心的相关工作；

（6）负责大一和毕业生思想教育工作。

随着学生教育和管理工作的不断发展，学生部（处）的机构设置和工作范围也有所扩大和调整。

1999 年 1 月，武装部与学生部合署办公，武装部下设国防教育办公室。

2004 年 9 月，学校成立了定向生工作办公室，以加强对定向生的全面培养，由学生部副部长兼任主任。

到 2010 年，学生部（处）共设有学生事务管理办公室、学生思想教育办公室、定向生工作办公室三个办公室。隶属学生工作指导委员会的心理咨询中心、就业指导中心、学习发展与指导中心也挂靠在学生部（处）。

（二）研究生工作系统

从 1978 年恢复研究生招生起，学校即成立了研究生思想工作领导小组，统筹协调研究生德育工作。1982 年至 1986 年，研究生德育工作由学生部具体实施，研究生思想工作领导小组同时联系研究生院。随着研究生教育的发展，1986 年成立了隶属于研究生院的研究生思想教育科，主管研究生德育工作。1986 年至 1987 年，研究生思想教育科曾短暂调整至学生部，随后再次划归研究生院。1986 年 1 月，学校校长书记办公会决定成立院系研究生思想工作组，负责经常性思想工作。1990 年，成立研究生思想教育办公室，隶属研究生院。1993 年，学校党委决定设立党委研究生工作部（思想教育处）。党委研究生工作部（思想教育处）挂靠研究生院，与研究生院的各职能部门协调配合，全面实施研究生的教育和培养工作。1998 年，思想教育处撤销，党委研究生工作部和研究生院教育管理办公室合署办公。2001 年，研究生院教育管理办公室与研究生院办公室合并为研究生院管理办公室。

党委研究生工作部的主要工作对象是全校研究生，下设思想教育、事务管理两个办公室。研究生思想教育办公室主要负责全校研究生的思想道德教育、骨干队伍建设和党组织建设；研究生事务办公室主要负责研究生事务管理和研究生工作部务管理。研究生工作部主要任务包括：

（1）根据学校党政工作要点，负责全校研究生德育工作计划的制订和执行，并指导和推动院（系、所）及基层的研究生德育工作；

（2）协调全校研究生党建工作，协助学校党委组织部、宣传部和院（系、所）党委（党总支）进行研究生党员队伍的思想建设、组织建设和作风建设；

（3）协助推动研究生导师教书育人，配合学校有关部门开展管理育人、服务育人工作；

（4）对研究生进行实践教育，负责研究生社会实践必修环节的协调和管理以及校级研究生社会实践基地建设；

（5）负责研究生奖、助、贷学金管理和违纪处分管理；

（6）参与指导研究生的第二课堂建设，推动校风、学风和科研作风建设，营建有利于研究生成才的良好校园文化；

（7）负责全校研究生德育工作队伍建设和管理；

（8）负责研究生的政治保卫工作，协助开展校园综合治理；

（9）协调研究生入学教育和毕业教育；

（10）联系和指导研究生共青团组织、研究生会组织和社团协会组织；

（11）负责全校研究生各种对外交流活动的组织；

（12）参与协调学校各部门与研究生有关的事务工作。

（三）学生工作指导委员会

为落实国家教委《关于加强高等学校政治思想工作的决定》，学校于 1986 年 8 月成立了学生工作指导委员会（简称“学指委”），由常务副校长担任主任，负责学生工作、宣传工作的校党委副书记和负责教学、后勤的副校长为副主任，学生部（处）、校团委、教务处、研究生院、党办校办、组织部、宣传部、保卫部、后勤部门及社科系等单位的有关负责人参加，负责研究、协调、落实学生教育和管理的有关工作。当年 8 月 13 日，学指委召开第一次会议，讨论确定学生工作指导委员会主要承担以下四方面工作：继续进行以改革为中心的形势政策教育；继续进行当代年轻知识分子成长道路的教育；继续进行学风、校风教育，发扬清华大学“严谨、勤奋、求实、创新”的学风和“民主、团结、进取、献身”的传统；进一步加强学生干部队伍的建设。此后，学指委对学生教育管理体制进行了调整，使其更加完善，做到党政结合、学生思想工作的专门机构和全校其他部门结合、思想教育与管理相结合、政治思想教育与多种形式课外活动相结合。从1986年至2010年，学生工作指导委员会共开过60次会议，正确地分析认识时代的特点、学校的特点、学生的特点，发挥干部、教师、学生三个方面的积极性，不断适应新形势，开创工作新局面。

从1984年开始，学校围绕提高学生全面素质的中心工作，创造良好的育人环境，积极引导和组织学生在课余各项实践活动中锻炼和提高自身素质，陆续成立了11个指导中心及委员会，隶属于学生工作指导委员会。随着社会形势的变化以及学校人才培养工作的发展，有些中心的职能不断拓展深化，有些中心的职能则逐渐弱化或转由其他机构承担。

1. 学生勤工助学指导中心

1984年以前，学校由学生部与后勤联系安排学生假期勤工俭学活动和学生困难补助。1984年12月，校团委成立三联科技开发与勤工俭学中心，开展学生勤工俭学的组织管理工作。1986年10月31日，学生工作指导委员会决定由后勤部门积极创造条件，进一步开辟学生参加勤工助学活动的渠道，由“三联科技开发中心”完善有关措施。1988年6月24日，学生工作指导委员会决定成立学生勤工俭学指导中心，中心挂靠在后勤，由校团委配合。中心主任由总务长担任，成员有校长办公室、行政处、人事处、财务处、修缮处、教务处、学生处、研究生院。1999年5月6日，中心改名为学生勤工助学指导中心。2000年1月13日，勤工助学指导中心的挂靠单位由后勤系统改为学生处，由学生处处长任中心主任。

2. 学生心理咨询中心

1986年，学生部开始酝酿筹备学生心理咨询工作。1987年2月，学校聘请北京医科大学、北京心理研究所、北京师范大学等单位的专家教授来校对学生开展心理咨询活动。1988年3月3日，学生工作指导委员会决定开展学生心理卫生健康咨询服务工作，由学生部与校医院有关人员负责。1988年4月5日，学校成立学生心理与行为指导中心，并聘请13名兼职咨询师开展心理咨询活动。1988年7月6日，中心更名为学生心理咨询中心，挂靠在学生部。这是全国高校中较早成立的心理咨询中心之一。

3. 学生社会工作与社团活动指导中心

1988年7月6日，学校成立学生社会工作指导中心，由校团委负责，校团委、学生部、研究生院、人事处等有关单位参加，办公室挂靠在校团委。学生工作指导委员会通过了《关于组织、引导和鼓励更多学生参加社会工作的意见》，要求学生在五年内至少参加一项社会工作，经过考试合格可获两个学分，优秀者获社会工作奖学金。社会工作指导中心负责考评学生社会工作干部，并对新生班干部进行培训。1993年12月2日，中心改名为学生社会工作与社团活动指导中心，增加了学生社团组织指导和管理的职能。

4. 学生课外实践与科技创新指导中心

1984年12月，校团委成立三联科技开发与勤工俭学中心，开展学生课外科技活动指导和组织工作。1988年6月24日，学生工作指导委员会决定成立学生课外科技与生产实践活动指导中心，由教务处处长任主任，教务处、校团委、研究生院、科研处、生产处、科技开发部、后勤等有关部门的负责人参加。学校有关部门筹款设立基金和奖学金给予资助，每年由校团委和学生科协主办科技活动月，并举办学生科技作品展览和技术交流会。1989年，校团委发起“挑战杯”首届全国大学生课外科技作品展览。1992年12月2日，中心改名为学生课外科技与社会实践活动指导中心；1999年5月6日又改名为学生课外实践与科技创新指导中心。中心办公室挂靠在校团委。

5. 学生就业指导中心

1988年9月，学生工作指导委员会决定成立学生就业指导中心，中心办公室挂靠在人事处毕业生分配办公室。1991年9月，学校正式成立“学生就业指导中心”办公实体，由人事处、学生处、研究生院等部门联合组成。1998年4月2日，学生就业指导中心改名为学生就业服务中心，取代原有的毕业生分配办公室和学生就业指导中心，兼有思想教育、政策管理和就业服务三项职能。2001年4月4日，就业服务中心改名为学生就业中心；2006年8月正式更名为就业指导中心。

6. 学生文化活动指导中心

1989年3月3日，学生工作指导委员会决定成立学生课外文化活动指导中心，中心挂靠宣传部，由宣传部、学生部、校团委、音乐室、电教、研究生会、学生会等有关单位参加，负责指导学生的课外文化活动。中心领导和管理学生文艺社团；组织高水平的文艺演出；支持、帮助学生会等开展广泛的群众文化活动，每年举办一次群众文化活动月，开展多种活动，按系进行评比；学校设立科技方面的最高奖“挑战杯”、体育方面的最高奖“马约翰杯”及文艺方面的最高奖“水木清华杯”，其活动基本覆盖了学生课余生活的主要方面。

7. 学生课外阅读指导中心

1983年3月成立了共青团阅览室，1985年12月更名为“一二・一”图书室，负责学生课外阅读的指导和书目推荐工作。1991年12月2日，学生工作指导委员会决定成立学生课外阅读指导中心，中心挂靠在图书馆，由社科系、中文系、学生部（处）、校团委、研究生院等单位参加，主要工作是向学生推荐好书，组织对热门书籍的评论，组织有关的讲评会、报告会、研讨会。

8. 学生宿舍闭路电视系统指导中心

1997年，学校决定在全校学生宿舍中配备闭路电视。为协调工作，明确责任，充分发挥闭路电视系统的功能，学生工作指导委员会决定成立闭路电视工作协调小组。完成闭路电视配备后成立闭路电视系统管理中心，后改名为学生宿舍闭路电视系统指导中心。

9. 学生公寓管理委员会

2004年12月23日，学生工作指导委员会决定成立学生公寓管理委员会，以进一步加强学生宿舍文明教育，落实各项管理职能，加强部门间的工作协调。委员会全面负责学生公寓管理的各项工作，并由学生公寓管理委员会办公室承担日常工作。委员会成员由后勤有关部门、学生工作系统和其他相关部门的负责人组成。

10. 学生申诉处理委员会

2005 年 12 月 6 日，学生工作指导委员会决定成立学生申诉处理委员会。委员会受理学生对取消入学资格、退学处理或者违规、违纪处分的申诉。委员会的 9 名委员由 1 名学校负责人、2 名职能部门负责人、3 名教师代表和 3 名学生代表组成。

11. 学生学习与发展指导中心

2009 年 11 月，学校成立学生学习与发展指导中心，研究学生学习与发展的客观规律，为学生的学习与发展提供专业化的指导、咨询和支持服务，提高学生学习质量，服务学生成长成才。中心挂靠学生部，委员会由学生工作部、研究生工作部、教务处、研究生院、校团委、就业指导中心和图书馆等组成，由学生部部长担任主任。

（四）规章制度

学校有关学生工作的规章制度在实践中不断修订完善。1988—1989 学年，学校大力开展了管理教育工作，特别是学生处成立之后，制定和完善了若干管理条例，促进了学风和校风建设。学校陆续制定和完善的有关条例有《清华大学管理体制条例》《清华大学学生守则》《清华大学学生违纪处分条例》和《清华大学学生违纪处分条例管理细则》《清华大学关于社团、校内刊物和业余活动管理办法》《清华大学关于社团、校内刊物和业务活动管理办法的若干执行细则》《关于对学生勤工俭学活动加强管理的暂行规定》《关于加强学生宿舍文明秩序管理规定》《关于加强女生宿舍楼管理规定》；修订了《清华大学违纪处分条例》《清华大学学生贷款偿还办法》，并编辑整理了《清华大学学生管理工作手册》。1990 年后，学校整理编辑了《清华大学奖贷条例汇编》手册，修订完善了《清华大学奖学金管理办法》《清华大学学生贷学金管理办法》，制定了《清华大学学生参与经济活动管理办法》《清华大学学生互助金管理办法》《关于学生勤工俭学的管理办法（试行）》《关于勤工俭学奖优罚劣的暂行办法（试行）》，学生管理工作日益规范化。

1991 年，根据以往的经验和对新时期学生思想政治工作特点的探索，学校制定了《清华大学本科生德育实施纲要》。《纲要》规定，学校德育工作的主要任务是遵循教育规律和学生成长规律，紧密联系形势的发展变化和学生的思想实际，进行系统的马克思主义理论教育，组织适合青年特点的、理论与实际相结合的各种教育活动，开展深入细致的思想政治工作，帮助和引导学生逐步达到德育培养目标。《纲要》规定德育的主要内容和途径是：以马克思主义理论教育为主渠道，按学生年级进行分层次教育，使各项教育内容在不同年级有所侧重，互相协调，逐渐深化；抓好学生骨干队伍建设，提高学生骨干的政治思想素质，不断壮大学生党员队伍；重视校园文化建设，努力创造良好的育人环境，促进学生全面素质的提高；对学生进行严格管理，把管理工作与思想教育有机结合起来。

1994 年以来，学校进一步建立健全学生管理规章制度，包括与学生资助相关的《清华大学学生助学金条例》《清华大学学生国家助学贷款管理规定》《清华大学学生勤工助学管理办法》；与国防教育相关的《学生军训条例》《学生校内军训若干管理细则》《清华大学在校本科学生应征入伍若干问题的规定》；与奖励和处分相关的《清华大学学生奖学金条例》《清华大学研究生奖学金评定工作实施办法》《清华大学关于评选优秀（良）毕业生和毕业班先进集体的实施办法》《清华大学研究生先进集体评选办法》《清华大学学生违纪处分条例》《学生违纪处分条例管理细则》；

与校园管理相关的《清华大学学生业余活动管理条例》《清华大学学生经济活动管理条例》《清华大学学生宣传品管理条例》《清华大学学生社团协会管理条例》《清华大学学生素质拓展计划项目管理办法（试行）》《清华大学在校学生婚育管理办法》以及与就业相关的《关于进一步加强和改进学生就业工作，向国家重要行业和领域输送优秀毕业生的意见》等一系列学生管理规章制度。1992—1993 学年度第 19 次校务会议讨论通过了《学生人身平安互助基金条例》，由于从 2003 年起新生不再办理平安互助，该条例从 2006 年 8 月起完全废止。

2005 年 5 月，作为贯彻落实中央颁布的《关于进一步加强和改进大学生思想政治教育的意见》的重要举措，学校通过了《清华大学关于进一步加强和改进大学生思想政治教育的实施意见》，要求做好以下七方面的工作：坚持“拥护党、拥护社会主义，服务祖国、服务人民”的思想政治教育目标，培养高层次、高素质、多样化、创造性的骨干人才；强化教书育人，充分发挥课堂教学在学生思想政治教育中的主导作用；推进第二课堂建设，努力拓展主题教育、社会工作、社会实践、志愿服务等学生思想政治教育的有效途径；通过就业引导、心理健康教育、学生资助等努力解决学生的实际问题，为学生成长成才创造良好条件；加强学生党建工作，发挥共青团和各类学生组织在学生思想政治教育中的作用；采取有力措施，加强学生思想政治教育工作队伍建设；切实加强领导，完善保障机制，创造良好育人环境。

与此同时，学校还根据教育部颁布新修订的《普通高等学校学生管理规定》要求，修订和制定了部分重要管理文件。2005 年，对《清华大学学生违纪处分条例》和《清华大学学生违纪处分条例管理细则》做出重要修订，更名为《清华大学违纪处分管理规定》和《清华大学学生违纪处分管理规定实施细则》；2006 年制定了《学生申诉处理办法》和《学生违纪处分工作实施办法》；2007 年又通过了《学生服务消过实施办法（试行）》，以此进一步规范学生违纪处分管理工作。2009 年，学生工作指导委员会讨论通过了《清华大学学生社团协会涉境外管理规定（试行）》，进一步规范管理学生社团协会的涉境外活动。

截至 2010 年，学校基本建成了包括党建工作、共青团工作、辅导员队伍建设、学生管理、学生资助体系、学生评优与处分等内容的多方面、全方位的学生工作制度体系，共有相关规章制度 50 余项，各项教育管理工作基本实现了有章可循。

第二节　学生思想政治教育

一、“双肩挑”政治辅导员制度

1952 年底，蒋南翔同志就任清华大学校长，到校不久，在和校党委的同志研究学生思想政治工作时，提出建立学生政治辅导员制度的设想。1953 年 4 月，学校在给中央高教部、人事部的报告中明确提出："挑选学习成绩优良，觉悟较高的党团员担任辅导员，其学习年限延长一年"，"这样，并可培养辅导员成为比一般学生具有更高政治质量及业务水平的干部"。经中央批准，学校于 1953 年设立政治辅导处，并从三年级（这一届本科是三年制）学生中选拔了 25 名学习成绩优秀、政治觉悟较高、工作能力强的党员担任学生政治辅导员。政治辅导员实行半脱产，一边做学生的思想政治工作，一边要完成自己的专业学习，要求用"两个肩膀挑担子"。在第一次政治辅导员会上，蒋南翔同志语重心长地对大家说："一个人年轻时担任一些政治工作，树立正确的思想方法和工作方法，对今后一生的工作都会有好处"，还叮嘱大家一定要把业务学好。

从此，学校每年都从高年级学生党员中选拔一批新辅导员，补充学生思想政治工作干部队伍。从 1953 年至 1966 年，辅导员制度由初建到逐步完善。这一时期共选拔培养 682 名辅导员，他们对全校学生思想政治工作付出了辛勤劳动，为同学们的健康成长作出了积极贡献。在 1958 年以前，对辅导员的选拔很严格，制度执行得比较好，在"大跃进"年代，由于政治思想工作压力大、对辅导员数量需求较多，曾一度出现过对人员选拔不够严格、工作不够扎实的情况，后来及时进行了调整与改进。1963 年，在辅导员制度创建 10 周年时，学校制定了《关于政治辅导员若干问题的规定》，使辅导员制度得以健全发展。在总结辅导员制度十年实践的基础上，蒋南翔曾深刻指出，政治辅导员制度不仅是我们培养学校党政骨干的主要方式，而且是学校为国家培养党政干部的有效途径，将来在清华毕业生中会出现一批部长、省委书记。1965 年，学校向当时的高教部、人事部做了关于辅导员队伍建设的汇报，得到了高度肯定。十年"文化大革命"期间，政治辅导员制度被错误批判为"推行修正主义的基本力量"，备受摧残。

1977 年后，学校很快恢复了政治辅导员制度，选拔了一批青年教师担任半脱产的政治辅导员。1978 年 6 月，邓小平同志对清华的"双肩挑"政治辅导员制度给予了充分肯定："清华过去从高年级学生和青年教师中选出人兼职做政治工作，经过若干年的培养形成了一支又红又专的政治工作队伍，这个经验好。"1981 年，学校又从高年级本科生中首批选拔了 43 名品学兼优的学生党员担任半脱产辅导员，全面加强"双肩挑"政治辅导员队伍，后来随着研究生规模的扩大，又逐渐改为从在校全日制研究生中选拔辅导员。1984 年，学校进一步规范了辅导员制度，出台了《关于政治辅导员制度的若干规定》。1987 年 5 月，学校重新修订了《清华大学政治辅导员制度的若干规定》。1991 年 12 月，学校在制定《清华大学本科生德育实施纲要》时又制定了《清华大学政治辅导员工作暂行条例》。

1996 年，学校根据新形势下出现的新情况，在暑期召开的第 12 次学生思想政治工作研讨会上讨论制定了《清华大学关于加强辅导员队伍建设的若干意见》。2001 年 8 月，学校再次修订《清华大学政治辅导员工作条例和考评办法》。2006 年 8 月，作为落实中央《关于进一步加强和改进大学生思想政治教育的意见》的重要配套文件，学校制定并发布《关于进一步加强辅导员、班主任队伍建设的意见》，进一步明确了学生政治辅导员的工作职责，包括：学生党组织建设、学生骨干培养和团支部与班集体建设、开展深入细致的思想工作、做好"个别人"的工作、配合有关部门的事务性工作、在工作实践中深入开展调查研究等。学校进一步加强了辅导员队伍配备，实现了每 2 个本科生班配备 1 名带班辅导员，每个国防定向生班配备 1 名带班辅导员。为了加强专项工作，自 2000 年起，学校还陆续在本科生中增设党建、网络、心理等专项工作辅导员，适应了新形势下开展大学生思想政治教育的要求。截至 2010 年年底，学校共有在岗的研究生身份的本科生辅导员 380 余人。

随着学校研究生培养规模的扩大，为加强研究生党建和思想政治工作，1993 年 11 月，校党委决定设立研究生工作部。1995 年 9 月，党委研究生工作部向学校党委提出《关于各系增设 1～2 名研究生政治辅导员的报告》并得到批准，从此开始逐步建立研究生德育工作助理队伍，选拔部分政治素质好、工作能力强的博士生、硕士生在科研学习的同时，担任研究生德育工作助理，兼职做研究生党建和思想政治工作。1996 年 9 月，首批 33 名助理上任，成为研究生德育工作的生力军和研究生干部队伍的排头兵。十几年来，德育工作助理队伍在实践中不断创新与发展，达到 290 人的规模，助理岗位包括党建助理、院系研团总支书记、院系研究生会主席、学术助理、实践助理、新生助理、就业助理、教育管理助理、带班助理等，负责研究生日常思想政治教育、党团组织建设、班集体建设和骨干培养以及研究生各培养环节的有关管理工作，成为新时期清华大学“双肩挑”政治辅导员队伍的重要组成部分。

1983 年 1 月，学校举行纪念学生政治辅导员制度建立 30 周年茶话会。1993 年 4 月，学校召开“双肩挑”政治辅导员制度创建 40 周年纪念大会，同时，《“双肩挑”——清华大学学生辅导员工作四十年的回顾与展望》一书出版，中共中央政治局原常委宋平同志题写了书名并发来亲笔贺信。2003 年 11 月，“双肩挑”政治辅导员制度建立 50 周年纪念大会召开，出版了《“双肩挑”——清华大学学生辅导员工作五十年的回顾与展望》。

为加强新时期辅导员队伍建设，学校逐步构建和完善了全过程的辅导员培训体系，完善的考核奖励体系和全方位的辅导员发展支持体系。面向即将上岗或者在岗的本科生辅导员，学校先后开设“社会工作案例研讨”“心理危机预防与干预”“职业辅导理论与方法”“时政热点研讨”等课程。2000 年，党委学生部创立内部刊物《辅导员之友》，成为辅导员工作交流的重要平台。自 2002 年起，学校设立“清华大学学生工作研究基金”，支持广大辅导员“干事业、做学问”，围绕学生工作一线的重点、难点问题开展研究。在激励机制方面，学校完善了辅导员队伍的述职考核办法，设立专项经费多次提高学生身份辅导员津贴。1987 年，学校决定在教师节对优秀辅导员进行表彰，1988 年确定奖励名称为“一二·九”辅导员奖；1997 年，林炎志及其亲属以林枫同志名义面向教师身份辅导员设立“林枫辅导员奖”，2009 年又面向学生身份辅导员设立“优秀辅导员标兵奖”，进一步丰富了辅导员的奖励体系。从 2007 年起实施“辅导员海外研修计划”，在此计划支持下已有超过 100 名辅导员利用暑期赴美国耶鲁大学等海外著名大学开展交流学习和实验室研修；对有意向到政府公共部门就业的辅导员，学校安排辅导员利用暑假前往基层政府部门开展短期挂职，帮助他们更好地了解基层部门的运作方式；对于拟到京外重点企业单位就业的辅导员，学校支持他们前往该单位开展就业实践活动，以帮助他们了解企业运作模式及基本的经济管理知识。在学校的关心和号召下，辅导员在就业过程中充分发挥了模范带头作用，近年来辅导员到国家重点行业和领域的就业比例要比全校研究生平均比例高出 10 多个百分点。

截至 2010 年底，已先后有 4 000 余人担任过学生政治辅导员工作。这些政治辅导员在完成学生思想政治工作的过程中，本人也受到锻炼和培养，他们毕业走向社会后，成为各行各业的骨干人才，其中涌现出一批学术大师、兴业英才和治国栋梁。中国共产党第十七届中央委员会中央政治局常务委员会中，中共中央总书记胡锦涛、全国人大常委会委员长吴邦国在清华大学期间都曾担任政治辅导员，吴官正曾担任研究生党支部副书记。

二、思想政治理论课

1949 年后，学校一直对学生开展马克思主义理论教育教学，把思想政治理论课作为学生思想政治教育的主渠道。

1949 年 5 月，华北人民政府高等教育委员会决定把辩证唯物论、社会发展史、政治经济学、中国革命史、新民主主义论等列为大学生必修课程。学校于 8 月底，成立了全校公共必修课委员会，简称“大课委员会”，向全校师生讲授辩证唯物论与新民主主义论。9 月，设辩证唯物论与历史唯物论教学委员会（费孝通为召集人）与政治经济学教学委员会（王亚南为召集人）。10 月中旬，第一次“大课”正式开始，由吴晗主讲“辩证唯物论与历史唯物论”的引论，听众达 3 000 多人，除了全校学生、教职工外，不少家属也来听讲。1950 年 1 月，进行学习思想总结，为时一周。这一时期，艾思奇三次来校作动员报告，并指导学习和总结，留下了“艾思奇三进清华园”的佳话。

从 1952 年春季起，全校系统学习新民主主义论，许多著名理论家如胡华、郭大力、孙定国、胡绳、陈家康等都曾来校讲学，或作专题报告。

院系调整后，修订了新的教学计划，确定给学生开设新民主主义论（后改称中国革命史）、马列主义基础、政治经济学、哲学等课程，并建立了相应的 4 个教研组，称政治课教研室，分别给一、二、三、四年级开课。

1957 年后，随着国内和国际形势的发展变化，政治课教研室的设立及其名称均多有变更，大体上由中共党史、政治经济学和哲学三个教研组，分别担负起一、二、三年级的教学。其间，课堂教学逐步由大班讲授发展到由小班讲授的方式。

十年“文化大革命”期间，政治课教研室被打散，政治理论课教学受到严重破坏与扭曲。

1977 年以后，在恢复中共党史、政治经济学和哲学三个教研组的基础上，增设了自然辩证法教研组，重组为马列主义教研室（后组建社会科学系）。1980 年以后，针对当时青年学生的情况，又将党史课改为中国革命史课，并逐步探索出“有的放矢、史论结合、以理服人、以情动人”的教学原则和启发式教学方法。其他政治理论课，也都遵循理论联系实际的原则进行了改革。

1979 年，为适应改革开放的新形势，设立了文史教研组（后来发展为中国语言文学系和思想文化研究所），陆续开出了中国近代史、中国思想史、中国文学史、中国通史等选修课程。到 1987 年，社会科学系、中国语言文学系和音乐室等单位，陆续开出 30 多门文、史、哲、法和艺术方面的选修课，如国际共产主义运动史概要、西方文艺思潮与作品、法学概论、逻辑学、音乐概论等，累计有 2 万多人次选修。这些课程，既丰富充实了理工科学生的知识面，又活跃了思想，进行了优秀传统文化和爱国主义教育。

1988 年，第 18 次教学讨论会正式决定将人文社科选修课列入教学培养计划，要求每个理工科学生除马克思主义理论必修课外，至少还要修满 12 学分的人文社科选修课。

20 世纪 90 年代初，学校开设了“中国特色社会主义建设概论”课程，其他各门马克思主义理论课程进一步调整充实内容，形成了“一门为主，多门渗透”的邓小平理论教学体系，开创了邓小平理论“进教材，进课堂，进学生头脑”的工作局面，为落实 1998 年党中央批准的高校“两课”（马克思主义理论课和思想品德课）课程设置规范奠定了基础。

2005 年，学校按照《中共中央宣传部、教育部关于进一步加强和改进高等学校思想政治理论课的意见》的要求，四年制本科的思想政治理论课程设置为 4 门必修课：“马克思主义基本原理”“毛泽东思想、邓小平理论和‘三个代表’重要思想概论”（后来调整为“毛泽东思想和中国特色社会主义理论体系概论”）、“中国近现代史纲要”“思想道德修养与法律基础”。另外，开设“当代世界经济与政治”等选修课。研究生的思想政治理论课教学也按照新的规范设置。

围绕着新的课程设置规范，学校思想政治理论课改革不断深化。与此同时，学校的马克思主义理论学科建设也在不断发展。1996年，学校获得全国首批马克思主义理论和思想政治教育学科博士学位授权点，2006年获得马克思主义理论一级学科博士学位授权点，学科建设的发展为加强思想政治理论课的改革与建设发挥了重要的学科支撑作用。2004年11月，学校成立了“思想政治理论课教学督导组”，聘请多位长期从事思想政治理论课教学、经验丰富、严谨负责的老教师，深入课堂，及时总结经验，发现问题，提出建议。2005年7月，“邓小平理论与‘三个代表’重要思想概论”课被评为北京高等教育精品课，12月“马克思主义哲学原理”课通过了国家精品课评审。至此，学校5门本科思想政治理论课中有三门国家精品课。同时还出版了系列高水平教材，并获北京市和校级优秀教材奖。2005年9月，“思想政治理论课研究型教学理念与实践”成果获国家级教学成果奖，是思想政治理论课唯一的一等奖。

新时期，学校按照充分体现当代马克思主义最新成果的要求，不断加强思想政治理论课建设，进一步推动邓小平理论、“三个代表”重要思想和科学发展观进教材、进课堂、进大学生头脑工作。在课程改革和建设中，联系改革开放和社会主义现代化建设的实际和学生的思想实际，传授知识与思想教育相结合，系统教学与专题教育相结合，理论教育与实践育人相结合，改革教学内容，改进教学方法，努力提高教育的实效性。2006年，“全国高校思想政治理论课新课程建设研讨会”在清华大学召开，标志着思想政治理论课新方案的教学改革取得了阶段性成绩。2007年4月学校又举行了思想政治理论课改革与建设研讨会，对教师素质、教学水平提出了更高的要求，以期在学生思想政治教育中发挥更为显著的作用。

2008年7月6日，学校成立马克思主义学院，思想政治理论课建设进入新阶段，学校进一步推进课程教学改革，在教师队伍、教材和课堂教学上取得突出成绩，马克思主义理论学科建设和教育教学在全国高校处于领先地位。截至2010年底，已先后有5门思想政治理论课被评为国家精品课，课程教师集体被评为全国首个思想政治理论课国家级教学团队，2项教学改革成果分获国家级教学成果一、二等奖。北京市委教工委、市教委还在学校建立了北京市高校思想政治理论课教师研修基地，承担北京市高校思想政治理论课优秀教师培养的任务。

三、学生党建工作

长期以来，学校党委都坚持将学生党建工作作为学生思想政治工作的龙头，不断加强党员队伍建设，着力发挥学生党员的先锋模范作用和学生党支部的战斗堡垒作用，努力增强党在青年学生中的影响力和凝聚力。

（一）学生党员发展

从1926年11月学校第一个党支部建立至1937年抗战全面爆发，累计共有党员110人。从1937年长沙临大到1946年西南联大结束，累计共有党员201人。1949年6月27日，清华地下党正式向全校公开，在二校门张贴了当时全校185名党员及负责人名单（其中教师28名，学生148名，职工9名，教师中另有4名因工作需要暂未公开）。

1949年1月31日，北平和平解放。2月4日，清华地下党员参加了在宣武门外北大四院举行的“北平地下党胜利会师大会”。这期间清华党组织成立了统一的党总支，党支部也作了调整，共有7个学生党支部。1952年5月至1955年底，在大学生中共接纳新党员519名，平均每年发展学生党员 160 名。由于党员人数的增加和学校规模的日益扩大，党的基层组织进行了调整。从 1956 年 2 月起，学校按系成立了党总支，统一对教工与学生支部进行领导。

从 20 世纪 50 年代中期至 50 年代末，在招生对象中有一定数量的调干学生，加上当时高中阶段发展了一些党员，所以入校的新生中就有学生党员。从 1962 年开始，由于招收调干学生减少，中学毕业生中党员也极少，因此 1962 年入学时新生学生中党员只有 11 人，占 0.79%。在校生中党员所占比例从 1962 年前约占 10%下降至 1962 年的 6.8%。针对这种情况，蒋南翔提出各级党组织都要重视党的发展工作，而且强调从一年级就要开始。他认为学生在学校中不入党，到社会上工作有很大限制，并认为青年时代入党，对党的思想教育接受深刻，更容易成长为较为成熟的党员。1964 年，全校共发展新党员 477 人，其中大学生占 451 人，研究生占 7 人，扭转了学生中党员比例下降的趋势。1970 年 8 月，学校开始招收工农兵学员进校，学生中党员比例较大。到 1973 年底，学生党员 3 046 人，占学生 6 301 人的 48.3%。从 1977 年开始，由于工农兵学员陆续毕业离校，同时每年新发展的党员人数约 100 人，因而校内党员人数逐年回落，1980 年 7 月为这一时期的最低点。1979 年底起，学校党委积极抓党的发展工作，党员总人数不断回升，这种势头大体维持到 1988 年。1989 年受政治风波影响，在学生中发展党员的工作放缓，学生党员比例下降，1989 年为 4.2%，1990 年为 3.8%。经过党员重新登记、党组织的整顿和加强政治思想工作，学生中党员比例有所回升。

进入新时期，学校进一步加强基层学生党组织建设，积极推进学生党员发展工作。1997 年，学校开始实施“本科生党员队伍建设三年规划”，之后分别于 2002 年、2007 年和 2010 年提出了第二期、第三期和第四期“本科生党员队伍建设三年规划”，于 2001 年、2004 年分别提出“清华大学研究生党员队伍建设三年规划”，2008 年提出“研究生党员发展三年规划”。这些分阶段、有重点的规划方案，从党员发展、党员教育、党组织建设等多个方面有效地推进了学生党建工作的稳步发展。学校积极贯彻中央精神，提出“坚持标准，保证质量，重在培养，积极发展”的学生党员发展指导原则，针对本科生、研究生发展党员工作，先后出台了 10 多项制度，确保发展党员工作制度化、程序化、规范化。在院系党委成立党员发展预审小组，在团支部推优入党、发展前公示等基础上，注意听取支部、身边师生对发展对象的反映，重点考察对党的认识和入党动机。1998 年至 2010 年发展学生党员 7 800 余人，截至 2010 年 6 月，本科毕业生党员比例达 43.7%，全校本科生党员比例达 28%，研究生党员比例超过 50%。

（二）积极分子培养与党员教育

从 1949 年 3 月开始，清华党总支即规定党员要定期过好组织生活。组织生活的内容，主要是结合各个时期的党的中心任务，学习党的有关文件，开展批评、自我批评，统一党内思想认识。这个制度除了在“文革”时期受到干扰破坏外一直坚持延续下来。

1953 年 4 月，学校党委制订了对党员进行党的基本知识教育计划，从此建立了党课制度。1981 年 7 月 5 日至 10 日，党委学生部组织 130 名学生入党积极分子赴三堡学习一周。这是学校自 1978 年以来举办的第一期党的基本知识学习班。此后，集中培训入党积极分子就成为学生党建工作的重要制度。1990 年 9 月 4 日，经校党委全委会研究决定成立清华大学党校，同时成立清华大学学生业余党校，时任校党委书记方惠坚任校长、校党委副书记王凤生任副校长。1994 年起，学生业余党校培训列入教学计划，开设了“党的知识概论”课，成为全校规模最大的一门选修课，到 2010 年时每年培训入党积极分子近 2 000 人。2001 年开始，学校开设新生党员培训班，安排新生党员提前入校接受培训并参与迎新工作，很多新生党员都成为了新生集体建设的骨干。多年来，学校一直坚持党委书记讲党课制度，历任学校党委书记都面向积极分子、新生党员或者毕业生党员讲授过党课。

1990 年，学校党委组织部和研究生思想教育科举办了第 1 期研究生（党员）业余党校，开始了以研究生业余党校的形式加强研究生党员教育的探索。1991 年，学校首次举办研究生业余党校和入党积极分子学习班。此后，这两种形式一直并存至 2003 年。从 2004 年起，开始尝试“研究生新生党员业余党校”和“春季学期研究生业余党校”两种形式。从 2007 年起，不再区分党员、积极分子或普通同学等教育对象，而是将研究生业余党校与研究生新生入学教育相结合，抓住新生入学的关键时期对全体研究生新生开展教育，学习内容包括党的基本知识与基本理论、清华大学党史与校史、科学精神与学术规范、大学及研究生学习生活适应等。

1979 年，部分本科学生中要求入党的积极分子，为了学习马克思主义、了解党的基本知识，自发地组织起党课学习小组。到 80 年代末，这样的学习小组发展到 160 多个，共有 2 200 多人参加。截至 2010 年 5 月，全校已经有本科生党课学习小组 380 个，组员 4 800 余人，占本科生总人数的 37%，在大三及其以下年级基本实现了每班一个党课小组，凝聚了一支最广泛的积极分子队伍。

90 年代后，学生理论社团蓬勃发展，学校陆续建立了“两会一刊一站”，成为学习党的理论、增强党性观念的红色园地。1990 年 11 月，学生《业余党校》报正式创刊，为参加党校学习的学生入党积极分子以及全校学习马克思主义理论和党的基本知识的同学提供了一个学习、交流的园地。1992 年 4 月，部分同学自发成立了“清华大学学生求是学会”。学会以学习马克思主义、追求革命真理、培养社会主义新人为宗旨，在带动全校同学学习马克思主义、毛泽东思想和邓小平理论，营造理论学习氛围方面作出了积极努力。1995 年 4 月，清华大学学生马克思主义学习研究协会（TMS 协会）成立，以“学习马列原著，研究中国国情，调查工农需要，实践共产主义”为宗旨，逐步发展成为全校最大的学生理论学习社团，2004 年获“全国大学生优秀理论社团”称号，现有学生会员 4 000 余人。1998 年，清华大学学生“红色网站”以“宗马列之说、承毛邓之学、怀寰宇之心、砺报国之志”为宗旨而成立，成为校园网上的热门站点。作为全国高校学生党建专业网站的先锋，“红色网站”多次被教育部思政司评为全国高校百佳理论类网站，《求是》杂志 2006 年第 4 期曾发表专文介绍清华大学学生“红色网站”。

1998 年 3 月 19 日，校党委制定的《清华大学学生共产党员若干行为规范（试行）》颁布，要求学生党员认真学习理论，坚定理想信仰；密切联系群众，发挥骨干作用；加强组织观念，自觉锻炼党性；端正价值取向，立志成才报国；刻苦钻研业务，培养优良学风；养成高尚道德，提高文明素质；勇挑工作重担，发扬奉献精神；遵守党纪国法，模范执行校规。2000 年后，学校每年开展学生党员民主评议和党支部民主评议，加强民主监督，促进学生党员和党支部更好地发挥作用。2006 年 6 月 16 日，经过保持共产党员先进性教育活动的讨论、酝酿，校党委常委会讨论通过《清华大学学生共产党员保持先进性具体要求》，要求学生党员认真学习理论，坚定理想信念；提高政治觉悟，增强党员意识；刻苦钻研业务，树立优良学风；密切联系群众，发挥骨干作用；端正价值取向，立志成才报国；坚持党性修养，培养高尚品德。

2000 年，学校在全国高校率先建立党建辅导员队伍，专项负责各院系的学生党建工作。此后，又陆续聘请了 30 余位思想政治素质高、有较丰富的党建工作经验的离退休老同志担任特邀党建组织员，参与院系学生党建工作。2010 年起，学校关心下一代工作委员会成立了“学生党建工作协调小组”“老少共建活动小组”和“学生理论社团指导小组”。学生党支部与在职和离退休教职工党支部广泛开展师生共建、老少共建活动取得很好的成效。为鼓励党支部创新日常思想政治教育载体，提高党员教育实效，校党委研究生工作部和学生部分别从2003年和2007年起设立“党支部特色组织生活基金”，用以支持全校学生党支部开展有特色的组织生活，每年支持党支部特色组织生活300余项。为了进一步把握研究生党建工作的新特点，推进研究生党建工作的科学发展，研究生工作部于2009年设立了“党建研究基金”，专门支持深入、系统、创新性的党建研究。

2006年6月29日，校党委常委会讨论通过《中共清华大学委员会关于加强学生党支部工作的意见》，对新时期切实加强学生党支部建设提出明确要求。目前基本实现在本科生中低年级党支部建在年级上、党小组建在班上，高年级党支部建在班上，在研究生中党、团、班一一对应。学校党委十分注重发挥党支部在集体建设中的作用，选优配强党支部书记队伍。2009年，汽车系的兵器工业定向班兵6班党支部提出“党员是永不换届的班委”，成了一个响亮的口号。

2007年学校首次召开学生党建工作研讨会，各院系党委副书记、学生工作组和研究生工作组组长、党建辅导员和研究生党建工作助理参会，针对学生党员发展工作存在的问题进行专门的研讨，促进院系党建工作经验的交流。此后，学校每年都坚持召开学生党建工作研讨会，针对党员发展、党员教育、党建工作与集体建设等多项议题开展专门的研讨交流，编制学生党建工作论文集，促进了校系两级对学生党建工作的研究和落实，建立了科学长效的工作机制。

学校注重结合党和国家的重要事件、重大教育活动开展党员教育工作。2002年，中国共产党第十六次全国代表大会胜利闭幕后，学校组织了“学习十六大精神，投身民族复兴事业”系列活动。2005年9月中旬至12月下旬，在学校党委统一部署下，开展保持共产党员先进性集中教育活动。2007年，党的十七大胜利闭幕后，学校组织了征文、学习辅导、“十七大代表进清华”等系列活动。2008年底至2009年初，学校开展纪念党的十一届三中全会召开30周年学习实践活动，组织了“改革开放辉煌路，科学发展新行程”系列报告会。2009年，深入开展学习实践科学发展观活动，组织了多场专题报告会，以及一批理论学习、实践锻炼活动。2010年4月以来，学校全面开展创先争优活动。学生工作系统结合实际，创新形式，精选载体，扎实推进，本科生党建工作设计实施了四项活动载体，即加强党支部理论学习的“固本计划”、推动党支部开展社会实践的“深根计划”、促进党员发挥作用的“先锋工程”、党支部带动班集体一起创先争优的“堡垒工程”；研究生党建工作开展了“两创两争一深化”活动，即创建学习型党支部、创建研究生先进集体、争做又红又专优秀研究生共产党员、争做优秀研究生党员骨干，以及“党群1+1、携手争第一”等主题活动。

四、集体建设

学校注重集体建设，把集体建设作为开展集体主义教育的工作载体，并通过评选“先进集体”的方式激励集体建设，促进优秀人才的成长。

1952年，毛泽东主席向青年发出“三好”——“身体好、学习好、工作好”的号召之后，全校学生掀起了争做“三好”学生和争创优秀班集体的热潮。1954年3月8日，在校团委的建议下，校务委员会决定授予土木工程系测专42班“先进集体”称号，这是全国高校中评选出来的第一个学生“先进集体”。1954年5月4日，《清华大学优秀学生奖励办法》在校报《新清华》发布，该办法把奖励分为个人和集体两项，个人奖励包括学习优良奖状、优秀学生奖学金、优秀毕业生及体育锻炼单项奖励，集体奖励就是授予“先进集体”称号。同年8月22日，学校第一次在毕业典礼上对优秀毕业生和测专42班等8个“先进集体”表彰奖励。1955年4月，在学生中又开始了先进个人“三好学生”的评选。随之，又开展了评选优秀毕业生——优秀毕业生奖章获得者和优良毕业生奖状获得者的活动。

1954年9月，蒋南翔校长在清华大学青年团第二次代表大会上讲话时说：“我们学校上学期出现了8个‘先进集体’。它是同学们自己创造的，是学生工作中很有意义的一个创造，是一个重要工作方式的萌芽”，“我们要很好地运用它”。1956年4月，学校制定了《清华大学优秀学生及班级奖励办法》，根据形势的发展和学生思想的提高，对评选标准提出了更高的要求，更多地强调了优良学风的建设、共产主义人生观和道德品质的培养，并纠正了某些强求一律、形式主义的缺点，鼓励充分发挥每个学生的长处及主动精神，使评选先进集体的活动更加完善。该办法对班集体奖励分设“一级先进集体、二级先进集体、优秀毕业班”等称号。从此，评选先进集体的工作逐步制度化，在校党委领导下由校团委具体负责运行。除1957年因受反右运动影响未评选外，一直坚持开展，不断完善。1958年，清华大学召开第四届团代会，在大会上对全校的4个先进集体进行了表彰。此后，学校团委不定期召开“五四表彰会”，或以团代会为契机表彰先进集体、先进团支部。

1963年4月，学校团委提出了争创“四好班”（思想好、学习好、劳动好、身体好）的号召。1963年5月，校务委员会《关于表扬“四好”班的决定》中说：“近两年来，学校加强了学生班级工作，涌现了一批思想好、学习好、劳动好、身体好的‘四好’班级。在这些班级中，同学们关心政治，思想进步较快；学习上能热爱专业，刻苦钻研，注意理论联系实际；积极参加生产劳动，在劳动中有好的表现；坚持体育锻炼，注意身体健康。”这次共表扬了建5班等8个“四好班”。1964年3月中旬，在第十六届学代会上，校务委员会又表扬了18个“四好班”和两个“四好集体”。校党委第一副书记刘冰在会上指出：“培养‘四个作风’（革命的、科学的、民主团结的、艰苦朴素的作风）、创造‘四好班’的活动，正是培养同学又红又专又健康，全面成长的好办法。”这次会后，创“四好班”的活动更加普遍深入地开展起来，“四好班”大量涌现。1965年4月，表扬了48个“四好班”和3个“四好集体”。

评选“先进集体”“三好学生”等活动，在十年“文化大革命”中受到批判。1978年起予以恢复，当年，校党委决定对于在德、智、体诸方面都比较好的学生和班集体，经群众评选、校领导批准，授予“三好学生”和“先进集体”称号，并颁发奖状。

1979年，在《关于表扬优秀毕业生的决定》中规定，三次评为“三好学生”，毕业设计或论文成绩优秀者，授予“优秀毕业生”奖状；还决定评选“毕业班先进集体”。到2010年，全校累计评选出本科生“毕业班先进集体”140个，优秀毕业生获得者1 325名、优良毕业生获得者6 132名。

1979年，化工系化72班团支部针对同学的思想困惑，组织开展关于社会主义的讨论，提出了“从我做起，从现在做起，为社会主义现代化事业多作贡献”的口号。后来经过《中国青年报》报道，在全国青年中引起了极大的反响和共鸣，邓小平同志在一次讲话中对此也作出了高度肯定，“从我做起，从现在做起”的口号传遍全国。1981年6月，化72团支部被共青团中央命名为“先进团支部”。

1980年，学校团委作出了关于表扬“学雷锋，树新风”先进集体的决定，当年评出了5个“学雷锋”先进集体；1982 年，为加强团的基本建设，开展创先进团支部教育活动，对 28 个团支部授予“先进团支部”称号；1986 年 5 月，在“纪念五四表彰先进”大会上表彰了一批先进团支部。

1988 年，学校开始在全校本科生团支部中开展团支部工作等级评估，每年评选一定数量的“甲级团支部”。1990 年，学校开始开展优良学风班评选活动，将学风建设作为班集体建设的重要内容。据统计，1978 年至 2010 年，全校累计共评选出本科生“先进集体”308 个，校级优良学风班近 1 200 个，校甲级团支部 1 400 余个。

1991 年，学校开始在全校研究生团支部中开展团支部工作等级评估，每年评选一定数量的“先进团支部”（此项荣誉于 2002 年停止评比）；同年，学校开始在研究生班集体中开展集体工作评估，每年评选一定数量的校级先进集体荣誉“清华大学先进集体（研究生）”。据统计，1991 年至 2002 年共评选产生“先进团支部”106 个。1991 年至 2010 年累计评选出“清华大学先进集体（研究生）”233 个，“优秀研究生”216 名。2001 年至 2010 年，全校累计评出优秀博士毕业生 312 人，优秀硕士毕业生 437 人。

此外，1985 年，全校有 6 个班级被评为北京市高等院校先进集体。1993 年，有 12 个班级被评为北京市先进集体。1996 年至 2010 年，先后有 199 个班级被评为北京市先进集体。1991 年至 2010 年，1989 级机械系机 93 班（1993 年）、1993 级土木系结 33 班（1997 年）获“全国先进班集体标兵”称号，1987 级自动化系自 74 班（1991 年）、1997 级建筑学院空 7 班（2001 年）、1999 级计算机系计研 4 班（2003 年）、2002 级环境学院环 23 班（2006 年）、环境学院环研 5 班（2007 年）、水利系水研 2 班（2010 年）获得“全国先进班集体”称号。

五、形势政策教育与主题教育活动

1949 年后，在进行系统的马克思主义理论教学的同时，学校还结合形势的发展对学生进行形势政策教育，请党和国家各部门负责人来校为学生作专题报告。1957 年春，时任中共中央总书记邓小平曾来校给全校师生作形势报告。

1977 年以后，形势政策教育和主题教育工作与思想政治理论课教学有呼应，但在部署上又有相对独立性，结合国内、国际的形势和学生思想实际，增强了计划性，有的放矢，成为学生思想政治教育不可缺少的重要环节。

1979 年，根据当时学生的思想状况，校领导提出抓好形势教育和主题教育，对学生进行社会主义、爱国主义、革命传统和道德品质教育。校党委副书记林克给毕业班学生作了当前形势和有关毕业分配的报告，何东昌给全校学生作了关于学生德、智、体全面发展的报告，老教授张光斗以亲身经历给学生作了两种社会制度对比的报告。此后，每年都有计划地进行形势教育和主题教育。

1982 年，校长刘达应北京人民广播电台的邀请，就两年来学校思想政治工作的开展和学生思想状况的变化，作了《青年人建立共产主义人生观》的广播讲话，受到传媒的重视，中外记者 60 多人来校访问。

1983 年，北京高校德育研究会举行首届年会，清华大学在会上作了《在政治思想上引导大学生上三个台阶》的经验介绍。上“三个台阶”，即以“爱国主义、社会主义、共产主义”作为对学生德育培养上三个不同层次的要求。根据这一要求，加强了对新生的教育，向新生宣讲大学生守则，介绍清华历史和传统，开展校史知识竞赛等；同时加强对毕业生的教育，并进行毕业分配制度改革试点。

1984 年，开展了学习第四军医大学学生事迹的活动，组织有关国内经济形势报告会，并请国务院秘书长给毕业班作了国内形势报告。

1987 年，在学习中央 1～4 号文件时，就反对资产阶级自由化问题，校党委书记李传信、广播电视部部长艾知生给学生作了报告。同年秋天，结合党的第十三次代表大会文件学习，校党委副书记贺美英作了《新形势下党的建设和对党员的要求》的报告。

1988 年至 1989 年，为了帮助学生了解国情，了解我国改革开放十年来的成就，除请校外专家来校举办讲座外，还组织了“西方文化与‘五四运动’的启蒙”系列讲座。1989 年政治风波后，对学生进行了形势政策教育。结合学校情况，校党委书记方惠坚作了《目前我国经济形势》的报告，社科系教授李润海作了《社会主义 70 年评估》的报告。

1989—1990 学年，在学生中以“社会主义成就与道路”为主题进行形势政治教育，先后组织 35 位讲员作了 70 余场报告会，听众近 3 万人次。围绕“怎样认识中国社会主义 40 年”“中国向何处去”等问题，组织播放有关录像 20 余场，收看人数 2 500 多人。组织近 2 000 人到首钢、大兴红星乡、北京电视机厂等 20 多个工厂和农村参观访问，进行社会调查。

1990—1991 学年，结合国内外形势，特别是我国安徽、江苏等省遭受了百年不遇的洪涝灾害以及党和政府领导抗洪救灾的斗争实践，采取报告会、座谈会、主题班会、播放电视录像、参观调查等活动形式开展教育，还为家乡受灾、经济困难的学生免学费并提供困难补助。其间，开辟了京郊社会实践基地，组织 300 多名师生赴平谷县的 14 个乡镇进行科技服务与社会实践；组织 68 个暑期社会实践小分队，分赴延安、大庆等革命老区和国家重点企业进行社会实践活动。

1991 年《清华大学本科生德育实施纲要》制定后，全校认真切实贯彻。1992 年、1993 年，学生业余党校以学习党的十四大、坚定共产主义信仰为主题，组织十多次活动；校团委围绕“国情、时代、成长”和“市场经济与清华人”等主题开展了系列活动。

在紧密结合国际国内形势变化和学生关注的热点、难点问题开展形势政策教育的同时，学校广泛开展以“爱国·成才·奉献”为主线的主题教育活动，在不同阶段开展的教育活动主题都主动结合当时的社会热点。从 1978 年起，“学雷锋、争三好”的主题延续多年，并派生出“学雷锋，树新风”“学雷锋，为四化献青春”活动；1979 年，化 72 班提出干四化要“从我做起、从现在做起”的响亮口号，切中时弊、振奋青年，很快传遍全国，贯穿于整个 80 年代；1992 年、1994 年，分别开展了“国情·道路·责任”和“爱国·理想·事业”的主题教育；1996 年起开展的“以中华富强为己任，为民族经济作贡献”主题教育活动，在深度、规模、部署等方面更为典型，被评为北京市高校党建和思想政治工作一等奖。1992 年的教育活动中有一个专题：“我看改革，改革与我”，而到 1998 年，又有一个对应的“学小平理论，与改革同行”专题，这种主题的演变历史地反映了青年学生思想状况的可喜进步。1999 年，结合中央隆重表彰“两弹一星”功臣的时机，全校学生开展“我的事业在中国”主题教育活动，学习“两弹一星”精神，寻找新世纪的舞台，选择人生坐标，掀起了一股“把事业献给祖国”的热潮。

进入新世纪，主题教育工作进一步深化，学校党委注重以国家重大活动和事件为契机，因势利导地开展思想政治教育工作。2003 年，学校在全面建设小康社会的宏伟目标鼓舞下，以学习贯彻十六大精神和“三个代表”重要思想为契机，以成才观和择业观教育为切入点，启动了“我伴祖国共辉煌”主题教育活动，号召清华学子踊跃选择到对国家经济、科教和国防等有重要作用的关键部门及关键岗位就业，把个人的理想同国家民族的利益紧密结合起来，迈出有意义的人生第一步。2006年，响应党中央国务院提出的“建设创新型国家”的要求，结合研究生团员青年实际特点，在全校研究生中全面开展“我以创新兴中华”主题教育活动，活动分“走近创新”“体验创新”“感悟创新”三个阶段推进，旨在增强研究生团员青年的创新意识和科学精神。2007年，围绕深入学习实践科学发展观，在全体青年学生中集中开展了为期三年的“科学发展，成才报国”主题教育活动，在新的形势下不断将主题教育引向深入。2008年，把握我国改革开放三十年这一重要契机，开展以“辉煌路新征程——纪念改革开放三十年”为主题的思想教育活动；在北京奥运会、残奥会期间，清华大学共有3 700余名同学参与志愿服务，累计服务时长超过52万小时，奥运村住宿服务团的清华志愿者更是创造了“零事故、零投诉、零退出”的佳绩。2009年春，抓住“五四”运动90周年历史契机，充分把握“五四青年节”前夕胡锦涛总书记、温家宝总理在首都高校发表的重要讲话精神，在全校范围内开展以“弘扬五四精神，践行科学发展，立志成才报国”为主题的思想教育活动。2009年秋，在国庆60周年群众游行活动中，全校参与师生达5 100多人，先后组建“科技发展”“毛泽东思想标语”两个方阵，特别是2 400多名2009级新生在“八天七夜”里圆满完成“毛泽东思想标语”方阵的训练任务，创造了国庆群众游行历史上的佳话。2009级新生在参加完国庆活动后，有889名同学在庆祝活动后一个月内提交了入党申请书，比2008年同期提高70%。同时，围绕新中国成立60周年相关庆祝活动，全校范围内开展了以“我爱我的祖国”为主题的思想教育活动，进一步挖掘青年的爱国热情，将同学们在国庆系列活动中的所见所闻进行深入分析总结，体会时代赋予当代清华人的责任和使命。2010年，结合百年校庆的重要契机，启动“传承百年精神，投身复兴伟业”新一轮主题教育活动，结合自身特色及时代背景，激发青年学生积极思考清华精神的现实意义，思考新时代的清华人如何践行清华精神、争创青年先锋。

六、国防教育

（一）学生军训

学生军训是学校国防教育的主要形式。早在1958年，在大办民兵师的推动下，校长蒋南翔同志就亲自担任民兵师政委，对学生军训工作给予多方面的关心和指导。20世纪60年代，学校通过学习解放军的形式开展国防教育，推动学校民兵工作发展。

“文化大革命”结束后，学校以学军的形式开展军训，从1978年开始，每年安排学生到部队进行军事训练近一个月。1985年，全国性的学生军训试点工作正式开始，清华大学第一批被列入全国军训试点学校。当年，学校组织1985级新生在入学后进行了为期两周的校内军训。从1986年至1995年，学校的军事技能训练分别在65集团军、38集团军、防化学院、北京卫戍区和昌平、大兴两个军训基地等单位进行，每年军训3～4周。随着部队的精简整编和学校招生人数的增加，去部队训练的难度越来越大。从1996年开始，学生军训改在校内进行，由中国人民解放军防化指挥工程学院派出教官和本校带队教师共同组织训练。军训通常在夏季学期新生报到后进行，是新生入学后的第一课。至2010年底，共有70 700多名学生参加了学生军训。

学校把军训工作作为培养人才的一个重要环节，列为必修课；建立了完善的军训组织领导体系，在校党委的统一领导下，每年集中军训期间成立军训指挥部，由一位校领导担任军训总指挥。2001年4月28日，第九届全国人民代表大会常务委员会第二十一次会议通过了《中华人民共和国国防教育法》；同年10月，国务院办公厅、中央军委办公厅下发通知，对学生军训工作提出了明确的要求，使学生军训由试点转为所有高校的必修课程。2001 年，学校通过了《清华大学学生军训条例》，将“军事理论”课与夏季学期的集中军训合二为一，改为“军事理论与技能训练”课程（3 学分），列入学生的必修课。规定军训的时间为 3 周（其中含军事理论 36 学时），一般安排在新生入学后或第二学年开学前进行。军训分为军事技能训练和军事理论两部分。军事技能训练的内容包括军事科目训练和思想政治教育。军事理论教学主要内容包括中国国防、军事思想、国际战略环境、军事高技术、信息化战争等。军训的各项科目由军训指挥部组织考核验收，任何本科学生都必须取得本项学分（经批准免训者除外），否则不准予毕业。

2001 年以前，军事理论课教学由校武装部和 65 集团军驻我校教官共同组建的军事教研室承担。2002 年开始，由国防大学教员和学校军事教研室共同承担。校武装部先后编写出版了《军事理论教程》《军事技能训练教程》《大学军事教程》三本教材。“学生军训与军事课程建设”2009 年获北京市教育教学成果二等奖。

（二）日常性国防教育活动

1994 年初，经管学院三年级学生师尊俐在给校长的一封信中谈到爱国主义对青年教育的重要性，提出了定期在校内升国旗的建议。这封信在校报上登出后，引起了广大同学的强烈反响。1994 年 9 月，我国高等院校中第一支学生国旗仪仗队——清华大学国旗班（后更名为学生国旗仪仗队）成立，从此坚持每天在主楼前和大礼堂前升降国旗。1994 年 10 月，学校组织全体大一新生共 2 248 人参加了升旗仪式，随后形成传统，每年组织大一新生按照年级为单位，轮流参加每周一早上举行的升旗仪式。此外，学校还坚持每月组织一次国防教育活动，坚持每年举办一次国防教育周。通过组织各种国防体育竞赛、国防知识演讲、国防征文比赛、军事科技大赛等国防教育活动，成立了学生“军事爱好者协会”“定向越野协会”“国旗协会”等学生组织，建设了“清华国防网”，学校师生的爱国热情和国防意识显著提高。

除了军训期间的军事理论课程和军事技能训练外，从 2002 年开始，陆续开设了“当代国防”“当代军官基本素质讲座”“高技术与现代战争”“孙子兵法导读”“射击”“定向越野”6 门选修课，每学年能容纳 1 600 多人选修。为加强国防生的军政素质培养，根据解放军总参、总政《普通高等学校国防生军政训练计划》，与驻校后备军官选拔培训办公室协调，开设了专门面向国防生的国防课程，将部分选修课，如“当代国防”“孙子兵法导读”“高技术与现代战争”“射击”等列为国防生的必选课程，并开设了针对国防生的“我国武装力量”“军事地形学与定向越野”“军兵种知识”“军事领导科学与方法”“当代军官应具备的基本素质”等专门课程。在四年的大学生活中，国防生除了参加正常的军训外，还需要完成《普通高等学校国防生军政训练计划》。学校还组织国防生到解放军南海舰队、东海舰队、西北核基地等单位参观和见习。

（三）建设高水平射击队

为探索体教结合，培养德、智、体全面发展的优秀体育人才的新途径，推动国家竞技体育运动的发展，清华大学射击队于 1999 年 10 月 21 日正式建立。

清华大学射击队是清华高水平体育运动队之一，同时也是中国国家射击队的组成部分。十年来，清华大学射击队培养出刘天佑、曹逸飞、赵颖慧等一批国际级和国家级运动健将，多次取得全运会、世界杯、世锦赛等比赛冠军，4 人次参加奥运会。截至 2010 年底已在国内外大赛中获得 388 枚奖牌，其中金牌 182 枚，银牌 134 枚，铜牌 72 枚。

为推动射击项目的普及和强化军事技能的学习，校武装部从 2002 年开始开设“射击”选修课，进行气手枪、气步枪科目的教学，并逐步扩大容量，至 2010 年，每学期开设 6 个班，每班 40 人，全年共 480 人。

2009 年 8 月，学校新射击馆建成，建筑面积 10 700 多平方米，内有 10 米和 50 米两个靶场。

（四）征召义务兵

2005 年，学校开始从在校大学生中征召义务兵入伍，截至 2010 年底已经有 28 名学生到部队服役。学校对在部队服役的学生非常关心，加强和他们所在部队的联系，了解他们的工作生活情况。学校领导多次带队到部队看望服役中的学生，激励他们勤奋学习、努力工作，为部队建设作贡献。在部队服役的清华学生都表现突出，受到部队领导的表彰和奖励，多人成为先进典型，被中央电视台、解放军报等媒体报道，受到社会的广泛关注。截至 2010 年底，有 11 名学生已经服役期满光荣退伍。他们在部队表现优秀，全部被评为优秀士兵，1 名学生荣立二等功、7 名学生荣立三等功，6 名入伍前不是党员的学生全部在部队入党。

对于退伍返校的同学，学校认真落实各项优抚政策，积极为他们解决学习生活中的实际困难，使他们顺利完成学业。学校还大力宣扬他们的先进事迹，对学校的国防教育和征兵工作起到了积极的促进作用。

（五）军民共建活动

学校一直有着拥军爱民、军民共建的传统，先后与中国人民解放军防化指挥工程学院、国防大学、空 24 师签订军民共建协议，并在空 24 师天津付村机场建立了清华大学国防教育基地。武装部与部队专家经常开展学术交流，每年组织师生到空 24 师参观八一飞行大队飞行表演，到部队过“军营一日生活”等多种活动，在学生军训、国防教育活动、人才合作培养、学术科研交流等方面与部队共享资源、进行共建，有效地推动了学生军训工作和国防教育活动的开展，同时也使我校教师队伍水平得到不断提高。从 1986 年开始，学校与解放军防化学院开展军民共建活动，共建 20 多年来，两校本着“共建共育、共同发展”的原则，发挥各自的优势，不断拓宽共建领域，取得了丰硕成果。

多年来，上级机关对清华大学的学生国防教育工作给予了充分的肯定。2001 年被教育部、解放军总参谋部、解放军总政治部评为“全国军事训练工作先进单位”；2004 年被北京市教委、北京卫戍区评为“军训工作先进学校”；2005 年被北京市教委、北京卫戍区评为“首都学生军事训练工作先进单位”；2007 年被北京军区国防动员委员会评为“学生军事训练工作先进单位”。2010 年清华大学武装部被北京市人民政府和北京卫戍区评为民兵预备役基层建设先进单位。

七、新生与毕业生教育

（一）新生教育

1985 年，学校开始依托军训，通过建立临时党支部、开展主题党日、宣传与卫生评比等开展本科生新生思想政治教育活动。1989 年 9 月，由党委学生部、教务处、校团委共同成立大一工作组，负责统筹和协调全校的新生工作，同时在各院系成立由大一级主任、辅导员、班主任组成的院系大一工作组，面向新生开展了包括集中入学教育、形势政策教育、学风和学习方法教育、适应大学生活和学习方法指导、文体活动、骨干培养等环节在内的系列活动。1989 年 10 月，校团委邀请时任校党委副书记贺美英为大一新生作了清华革命传统教育的报告，并于 11 月组织新生年级开展关于社会主义成就与道路系列讲座。此后，学校形成了专门针对新生年级开展成才报告会的传统，坚持多年邀请著名科学家、学校党委书记等为全体新生作报告。

1991 年，学校举行 1991 级新生骨干培训班，来自全国各省市的 73 名优秀学生骨干和保送生参加。此后每年坚持开展培训班活动，至 2001 年改为面向新生党员开设的新生党员培训班。培训环节包括学校优良传统教育、党员骨干意识培养、新生集体建设、新生生活适应与校园熟悉等模块，每年覆盖新生人数约 500 人。1997 年 10 月，校党委统战部和校团委共同组织少数民族新生和部分院（系）新生代表到天安门广场观看升旗仪式，并由此形成传统。

1998 年 9 月，在原有新生田径运动会的基础上，学校开始举办“新生赤足运动会”，使同学们一入校就受到清华体育精神的感染。截至 2010 年，新生赤足运动会每年参与人数超过 3 000 人。

2006 年起，学校开始举行新生“团队训练营”，以团支部为单位，以团队融合、有效沟通与表达技巧、主题团日、新生演讲比赛等为主题，促进新生集体的融合。2008 年 9 月，学校启动“新生导引项目”试点，选聘一批有思想教育工作经验和热情的教师，每人指导 10 名以内的新生，对新生养成教育和大学生全面素质培养起到了重要作用。三年来，全校分别有 11、16、18 个院系，近 5 000 名大一新生参与新生导引项目。2010 年，学校“把握新生特点与需求，强化教育与引导实效”的工作成果荣获教育部高校校园文化建设优秀成果特等奖。

（二）毕业生教育

毕业生教育也是开展学生思想教育的重要途径。学校积极把握毕业生离校前的契机，开展针对性强的思想教育活动。学校领导高度重视，校党委书记为毕业生讲党课，校长与毕业生代表座谈，参加赴西部、基层、国家重要行业和领域工作毕业生出征仪式，亲自参加“人生启航”毕业长跑活动等。

2000 年，清华学生爱心公益协会开始组织毕业捐衣活动。2002 年，校红十字会开始组织毕业无偿献血活动。2005 年学校图书馆开始接受毕业捐书。2009 年启动“爱心勤工，励学助困”活动，号召毕业生参加勤工助学，将所得收入捐献出来设立“毕业生爱心励学金”。

2005 年，精仪系机 15 班向全校毕业班发出文明离校倡议，呼吁全校 01 级同学从宿舍卫生着手，提出“行胜于言，让我们一起，从一点一滴开始，行动起来!”的口号，得到全校毕业生的响应。2006 年 5 月，生物系生 22 班向全校毕业生发出了“文明节俭，回报母校”的倡议。文明离校逐渐成为健康和谐的毕业文化传统。

2007 年，学校开展了以“七个一”为代表的毕业思想教育活动，即每个毕业生撰写一篇毕业总结，每个毕业班召开一次主题班会、组织一次谈心活动、建设一个网上集体、开展一次公益劳动和志愿活动、举办一次以班级为单位的体育竞赛、进行一次院系毕业生风采展示，通过形式多样的活动帮助学生坚定理想、锤炼品质。当年，学校“加强毕业文化建设，培养高素质优秀人才”的工作成果获得教育部高校校园文化建设优秀成果一等奖。

八、国防定向生培养

1996 年，清华大学与中国核工业总公司签署了《清华大学、中国核工业总公司联合培养定向生协议书》，提出了和重点行业联合培养整班建制定向生的新型人才培养模式。2000 年，清华大学与中国工程物理研究院签署了《清华大学、中国工程物理研究院联合培养定向生协议》，开始为中国工程物理研究院培养定向生。

1998 年，清华大学与解放军总政治部签署了《清华大学为军队培养干部意向书》，开始为军队培养、输送优秀大学毕业生。1999 年，中国人民解放军首次在清华大学设立“国防定向生奖学金”，旨在吸引立志从军的优秀大学生，资助其顺利完成学业，毕业后到军队工作。首批共有 17 名本科生获此奖项，他们也是中国高校首批获得国防定向奖学金的大学生。2000 年 5 月，国务院、中央军委颁布了《关于建立依托普通高等教育培养军队干部制度的决定》，清华作为首批招收国防生的院校，开始从应届高中毕业生中招收国防生。首届国防生培养院系为精仪系和电子系，到 2009 年，国防生招生院系扩展到精仪系、电子系、航天航空学院、计算机系、自动化系、新闻与传播学院、法学院和土木系。

2003 年 8 月，清华大学分别与中国航天科工集团公司、中国航空工业第一集团公司、中国兵器工业集团公司签订联合培养定向生协议书，从 2004 年开始为航天、航空、兵器等国防科技工业集团培养定向生。为了加强对定向生的培养，学校提出并实施了军工定向生培养的“双下标”管理模式，将同一集团公司同年级不同专业的定向生统一编成行政班进行管理，而不同专业的定向生根据所在专业教学院系的培养计划在教学院系学习。航天航空学院、热能系、汽车系分别作为航天、航空、兵器定向生的行政班代管院系。

截至 2010 年底，清华大学本科阶段的国防人才培养主要分为两种，即军队定向生（国防生）和国防科技工业定向生（军工定向生），两类学生统称国防定向生。招生情况如表 5-2-1 所示。

表 5-2-1　定向生招生人数

年份	国防生	军工定向生				
		中核	中物院	航天	航空	兵器
1996		69				
1997		62				
1998		65				
1999		57				
2000	58	60	30			
2001	61	60	30			
2002	82	62	31			
2003	130	64	30	4		
2004	124	58	30	20	30	30
2005	129	60	30	20	28	30
2006	136	59	21		27	30
2007	126	61	20		40	32
2008	98	60	20		40	30
2009	128	60	19		41	27
2010	112	56	20		40	30

军队和教育部领导对清华大学的国防定向生培养事业给予了高度重视和亲切关怀。总政治部

历任主任、国防科技工业集团公司领导和专家均多次来校参加活动、看望同学并开展交流。2008年6月，首届航空、兵器定向生毕业前夕，中国航空工业集团公司、中国兵器工业集团的领导分别专程与航空定向生、兵器定向生座谈。

2004年，学校成立了定向生工作领导小组和定向生工作办公室，并为每个定向班配备一名班主任、一名辅导员。学校每年为定向生专门举行开学典礼和出征仪式（毕业典礼），校党委主要领导以及军队首长、教育部和相关集团公司领导一同参加。学校领导还经常走访基层部队，看望定向生校友，调研人才需求情况。面向国防定向生，坚持开展“军旗别样红”“军工心强国情”等活动，邀请军队和国防战线英模人物、优秀干部、科技专家到校交流；还与国防大学、国防科技大学、海军工程大学、海军航空工程学院、海军潜艇学院、解放军军械工程学院、解放军信息工程大学等部队单位合作，建立了清华大学国防生教育实践基地，并组织军工定向生分赴各定向单位进行社会实践或生产实习，形成了“大一强军政素质之本、大二铸理想信念之魂、大三锻科技强军之技、大四务献身国防之实”的多层次、多岗位、多角色实践教育工作模式。

2004年7月，清华大学首届51名国防生顺利毕业。毕业前夕，他们满怀报国激情，向时任中央军委主席的江泽民同志写信，表达了“携笔从戎，献身国防”的豪情壮志。江泽民同志回信勉励同学：“在新的工作岗位上刻苦学习，陶冶情操，磨炼意志，坚韧不拔地实现自己确立的报国之志，努力为国防和军队现代化建设、为中华民族的伟大复兴建功立业。”

2007年，学校开始与海军联合每年开展“海洋观教育日”活动。2009年5月开始，与国防大学合作开展“国防大学基本系学员担任清华大学国防生班名誉班主任项目”，每年聘请20多位军师职干部担任国防生班名誉班主任。

截至2010年秋季学期，清华大学已毕业国防生704人，已毕业军工定向生1 036人（其中核定向毕业生834人）。毕业国防生分布在总部及陆、海、空、二炮以及各大军区的科研院所和基层部队，军工定向生则全部到所在国防科技工业集团（院）的研究所和工厂就业。在毕业的国防生中，涌现出“全国大学生年度人物”谷振丰，全军十大“学习成才”标兵、全军“爱军精武”标兵覃文强和优秀基层干部张美玉、薛莲、乐焰辉、楚科纬、李振华等一批代表人物。

第三节　学生事务管理与服务

一、学生素质测评

1978年学校制定《关于在学生中开展“学雷锋，争三好”的办法》，开始分校系两级评选三好学生，主要考察学生在政治思想、学习和体育锻炼三方面的表现。1981年，学校出台了《进一步开展“学雷锋，争三好”的办法》和《三好学生考核评定细则》，增加了几项新政策：“鼓励先进”，在达到条件的基础上，鼓励学生“充分发挥自己的优势”；“鼓励进步”，“既要比绝对水平，又要比进步幅度”；“不要歧视犯过错误已经改正了的学生”，上年犯错误的学生不影响当年评三好；“坚持标准，实事求是”，“比例不要限制过死，也不要搞平均主义”，等等。这是清华尝试对学生进行综合素质发展引导的开端。

1982 年，根据教育部高校试行学生品德评定讨论会的精神，学校确定了本科生一、三年级进行学年评定，二、四年级进行年度思想小结的制度。1987 年 11 月，学指委召开会议，讨论在部分 1986 级学生中试行思想品德评估及学生质量综合评估的情况。1991 年 5 月下旬，学指委召开会议，讨论通过了《清华大学学生质量综合评估细则》，对学生德智体三方面列出评价标准，按表现打分，加权综合、自评互评相结合，确定每人的综合评定成绩。1994 年学校对学生质量综合评估办法进行修订，弱化了加权评分的方法，逐渐改变为等级评分法，同时规范了附加成绩的计算方法，在智育成绩评估中引入了学分制下的学分绩计算法，质量综合评估成绩成为奖学金评定的主要条件和免试推荐研究生的依据之一。1997 年，学校开始在水利系等 9 个院系开展素质测评试点工作，采用了包括社会责任感、集体观念、诚实守信、文明举止、严谨勤奋、实践能力、创新精神、人文修养、团结协作、表达能力、身心健康在内的 11 项指标作为素质测评的目标体系。1998 年 4 月 2 日，学生工作指导委员会会议通过《清华大学学生素质测评实施细则（试行）》，新的评估体系随即开始用于学生的学年评定，作为奖学金评定和本研统筹培养分流的依据。

2000 年，学校再次对素质测评办法进行全面修订，强调操作中对于学生的素质评优采用非量化分项评定，针对学生参加的教育环节、日常表现、素质状况等实际情况，对 9 个项目（社会责任感、集体观念，学风学习态度，团结协作组织能力，基础文明、公共道德，创新精神，实践能力，表达能力，文化素养，身心健康）进行分项测评。素质评优由自评和互评两个环节组成，得出一个相对量化排名。在素质测评结束后，院系会将素质评优结果及时反馈给学生本人，对测评结果不理想的同学要进行单独的辅导和教育。2007 年，学校在部分院系进行素质测评新方案试点工作，方案中增加了班级素质测评答辩会的环节，同时以素质测评等级取代排名，测评结果分为优秀（占班级 1/4）、良好（占班级 1/4）、合格（其余）、不合格（不限定名额）四类。当年试点工作在汽车系和计算机系推行，2008 年，试点范围进一步扩大，由院系自愿申请参加。经过 3 年试点，2010 年，学校对素质测评新方案各个项目再次进行细化并对评定细节进一步完善，在全校本科生中推行。

二、学生违纪处分与教育

建校初期，学校就制定了《管理学生规则》。1947 年，学校通过了《国立清华大学学生管理通则》强化对学生的管束。1949 年后，学校陆续制定了《学生守则》等学生管理章程和纪律规定，并根据实践进行了修订和增订，逐步完善，但在十年“文化大革命”中遭到严重破坏。

1988 年，根据国家教委《普通高等学校学生管理规定》，学校制定了《清华大学学生违纪处分条例》及《清华大学学生违纪处分条例管理细则》，规定对违纪学生的处分，视其情节轻重及认识错误的态度，分别给予警告、严重警告、记过、留校察看、勒令退学、开除学籍处分。为了促进学生深刻认识错误，还规定对受纪律处分者，附加给予下列处分：①取消一年内享受各种奖学金资格；②享受贷款者，一年内应分别减发、停发或全部取消；③留校察看以上处分者，不授予学位，取消报考研究生资格。管理规定中同时注重了对学生权益的维护，规定“对犯错误者，在查清事实的基础上，严肃批评教育。处分时要持慎重态度，实事求是，允许本人申辩，处理结论要同本人见面，允许申诉”。

2005 年，教育部发布新的《普通高等学校学生管理规定》，学校对《清华大学学生违纪处分条例》和《清华大学学生违纪处分条例管理细则》做出重要修订，更名为《清华大学违纪处分管理规定》和《清华大学学生违纪处分管理规定实施细则》。新规定在“依法治校、维护学生合法权益”基本原则指导下，废除了“勒令退学”这一处分类别，规定对学生纪律处分的类别由轻至重分为警告、严重警告、记过、留校察看、开除学籍；去除了“道德败坏”等条款，让处分标准更加明晰、准确；规定了处分过程中设立“下达处分决定书”等工作环节，使处分程序更加规范；建立了学生申诉委员会，进一步保障学生权益。

2006 年，学校先后颁布了《清华大学学生申诉处理办法》《清华大学学生违纪处分工作实施办法》，使学生权益保障工作制度化，同时严格要求在对学生处分过程中务必做到“程序正当、证据充足、依据明确、定性准确、处分恰当”。

2007 年，学校通过了《清华大学学生服务消过实施办法（试行）》，规定“对于初次违反校规校纪、应当给予警告或者严重警告处分，主观恶性较小且主动承认错误的同学，可以允许其申请服务消过，通过服务消过评议者将不再给予其纪律处分”。

2008 年，学校对《清华大学违纪处分管理规定实施细则》进行修订，增加了对于违纪处分工作要实现“过罚相当”的原则要求，对“侵犯公私财产、侵犯知识产权及留宿他人”等违纪行为的具体表述及其处罚标准进行逐条修订，处分工作依据更加切合实际。同时，在处分工作中落实了公示制度，促进违纪工作“教育本人、警示他人”目标的实现。

三、学生心理健康教育

学校自 1986 年开始开展心理咨询活动，1988 年成立心理咨询中心。2006 年 7 月 13 日，学校颁布了《关于进一步加强学生心理健康教育和危机干预的实施办法》，明确了心理健康教育工作总体原则、主要任务和工作机制。

学校发动各方力量共同参与学生心理健康教育工作，形成了三支有效的工作队伍。一支是心理健康教育专业队伍，由专职和兼职心理健康教育人员组成，主要承担学生心理教育、少部分学生心理咨询、个别学生危机干预工作。2010 年，心理咨询中心有专职人员 5 人，其中两名是临床心理学博士。兼职咨询师 15 人，其中博士 3 人，教授 2 人。兼职咨询师主要来自清华大学校医院、北京大学、北京回龙观医院、北京安定医院、北京协和医科大学、北京中医药大学等。二是学生工作队伍，由辅导员、班主任及参与学生工作的教师组成。从 2007 年开始，学校还专门设立了心理辅导员岗位。学生工作队伍在对学生做思想教育的同时，也承担对学生心理排查、危机预防和干预的工作，成为危机预防和干预的重要力量。三是学生积极分子队伍，由学生干部及对心理健康知识感兴趣，积极参与心理健康教育的学生组成，重点承担宣传、普及心理健康知识的工作。2005 年 4 月，清华大学“清心”学生心理互助热线开通，主要服务清华学生；2009 年 11 月 19 日，“清心热线”改名为“李家傑珍惜生命大学生心理热线”，主要面对北京及全国大学生服务。

截至 2010 年，心理咨询中心每年接待个别咨询 2 200 人次左右。为了主动预防危机事件，中心主动开展心理状况普查和重点排查工作。自 1991 年始，对本科生新生开展入学心理健康讲座和心理测试普查及回访。2003 年，开始对大一第一次不及格学生进行危机排查。2005 年开始，面向研究生进行入学心理健康讲座和心理普查工作。从 2005 年春季开始，对大四毕业生进行危机排查。2005 年秋季学期开始对学业困难、性格孤僻的研究生进行危机排查。从 2006 年春季开始，对大二、大三多门课不及格学生进行危机排查。2004 年开始，中心建立了月报表制、预约与急诊并轨制、重要个案会诊和通报制度、咨询师上岗制度；2007 年建立了休学建议制、缓考建议制；2008 年 9 月，建立了咨询周报告制度，同时将缓考建议制修改为心理状态评估制。2008 年秋季学期，建立了学生部、研工部、院系和心理咨询中心联合会诊工作制度；2009 年，建立了心理危机月报制度并实现了网络报送，每学期对所有在校研究生和本科生进行四次危机排查。

心理咨询中心还面向学生工作队伍开展危机预防知识培训，重点对辅导员进行心理健康教育能力培训，对研究生导师、班主任、职工、教务人员、后勤管理人员、医务人员、楼长、外事工作人员、招生人员等进行心理健康知识普及和心理危机预防与干预的培训。2010 年，心理咨询中心为新入学的研究生、本科生、新生家长、学生骨干、新上岗辅导员、班主任、博士生导师等进行心理健康教育讲座约 70 余场。指导学生心理社团工作，提供“清心团体”培训、“清心热线”接线员的培训与督导、“心理协会大型公益讲座”“525 心理健康节”的专业支持等。

从 1995 年始，心理咨询中心面向学生开设“大学生心理健康教育”系列课程，2004 年开始，为本科生开设了“大学生心理训练与潜能开发”“大学生人际关系与训练”“大学女生心理保健”“大学生心理健康”“成功心理训练”“职业生涯规划”等课程。2005 年开始，为研究生开设“研究生心理健康”。2007 年开始，为本科生开设了“成功之道”“大学生自我成长”“大学生情商与影响力”等课程。2009 年春季，为拟上岗的辅导员开设“心理危机预防与干预”。课程每年覆盖学生 1 700 人左右。

心理咨询中心于 2005 年、2006 年分别获得北京市委教育工委颁发的高校心理健康教育“先进单位”称号，2007 年获得全国心理咨询专业委员会颁发的全国高校心理健康教育“先进单位”称号，2008 年获得北京市委教育工委颁发的北京市高校心理素质教育“示范基地”的称号。

四、学生学习与发展指导

学校一贯重视对学生开展因材施教。进入 21 世纪，随着学生个性化发展需求的进一步增强，学校贯彻“全过程匹配各类教育资源因材施教”的教育理念，适时推出了一系列新的因材施教计划。2001 年推出了“饮水思源，服务社会”优秀学生培养计划（简称“思源计划”），将为优秀学生直接提供奖学金，改成为他们匹配导师、实习实践机会等教育资源，成为对新时期因材施教计划的探索和尝试。2007 年启动的“星火计划”重点针对科技创新人才培养，逐步形成了“累进支持的学生科技创新培养机制”，发现和培养了一批具有强烈的科研兴趣和突出的科研能力的学生。

2008 年，学校发现近 5 年来心理咨询中心到访学生中，发展性咨询的比例超过 70%，其中关于学习问题的比例占近 30%。这些问题仅靠心理咨询或传统的思想政治工作很难解决，需要专业技能的指导。为此，2009 年 11 月，学校在国内高校中率先成立了学生学习与发展指导中心，为全校学生提供专业化的学习与发展指导、咨询和支持服务。中心隶属学生工作指导委员会，挂靠学生部，由学生部部长担任中心主任，学生部主管副部长和研工部主管副部长任中心副主任。中心成立后，“思源计划”等因材施教计划也纳入中心统筹协调。

学习与发展指导中心的主要工作队伍包括中心专职教师、院系专业教师担任的兼职咨询师，成绩优秀的学生担任的同辈咨询师和答疑志愿者、校友导师等，中心同时还对班主任、辅导员进行学业指导相关培训，帮助他们提升工作的专业化水平。到2010年底，中心已初步构建起学习困难学生帮扶体系、优秀学生因材施教体系和面向全体学生的学习能力提升体系。为全体学生提供针对学习问题和发展问题的一对一咨询，开设学习方法讲座和工作坊，编写、发放各类学习资料。此外，还为学习困难学生提供基础课程小班辅导和答疑。成立一年时间，学习发展中心各项活动已覆盖近2 000人次。

五、宿舍管理与宿舍文化建设

清华学校最早的学生宿舍设在1909年至1911年兴建的一院（即清华学堂）、二院和三院，与教室及办公室在一起。1916年一院东部建成后，学生宿舍由高等科毕业班学生住宿。20世纪30年代，学校又相继盖起了明斋、善斋、平斋、静斋、新斋作为学生宿舍，后称为“前五斋”。1949年后，学校规模不断扩大，学生宿舍的数量也在增加。其中，于1951年、1952年兴建的强斋、诚斋和立斋并称为“后三斋”，与“前五斋”并称为“八斋”。改革开放以后，学校陆续建起23栋学生公寓楼，其中2000年至2004年渐次落成的紫荆学生公寓成为当前本科生和博士生的主要住所。截至2010年12月，全校共有学生宿舍楼46栋，建筑面积441 037平方米，13 417个房间。

清华学校时期，学生宿舍由斋务处管理，西南联大时期由秘书处下设的杂务处管理。1952年院系调整后，总务处下设庶务科，负责学生宿舍的管理、保卫、保洁、值班等。1961年至1963年宿舍归行政事务科管理，之后成立生活管理区。1976年学生宿舍划归行政事务科管理，宿舍的调整、分配由房管科负责。

1979年至1988年，学生宿舍计划分配由房管科负责，管理由学生宿舍管理区负责。

1987年，学校制定了《清华大学学生宿舍管理规定》，1988年10月制定了《清华大学关于加强学生宿舍文明秩序管理的规定》和《清华大学学生宿舍综合治理的几点意见》。进一步加强文明宿舍的建设。

1989年10月，随着学生宿舍规模的扩大，学校成立学生宿舍管理科，负责学生宿舍分配与管理，其工作宗旨是为同学服务，为学生创造一个文明、整洁、方便、安宁、优雅的生活环境和育人环境。1999年1月，学校成立学生社区服务中心。2002年4月，学生社区服务中心更名为物业管理中心，负责学生公寓的管理和服务工作。

2005年2月28日，学校学生工作指导委员会讨论通过成立清华大学学生公寓管理委员会，由学生部、研工部、校团委、物业中心等多个相关部门联合组成，以加强学生公寓的管理和服务工作，进一步推进文明宿舍建设，实现“服务育人、管理育人、环境育人”的目标。

为了让学生参与公寓建设，实现“自我管理、自我服务、自我教育”，2004年10月起，在本科生学生公寓试行公寓工作助理制度。2006年，本科生学生公寓工作助理制度正式实施，公寓工作助理被正式纳入学校“三助”岗位。2009年，学校进行了本科生公寓改革试点工作，各宿舍楼逐步成立楼委会。楼委会以公寓工作助理为核心，成员包括学生楼长、楼内各层层长和各院系联系人。同年，学校在本科生公寓建立了专职“公寓辅导员”队伍，以加强学生生活素质教育，提升学生公寓的育人水平。文明宿舍建设逐步向发挥学生公寓育人功能、全面提升学生生活素质方面扩展。学生公寓管理工作也基本形成了院系辅导员和公寓辅导员、学生自治队伍协同开展工作的新格局。

2007 年 5 月 18 日，学校颁布《清华大学学生公寓卫生管理细则（试行）》，同年，建立了家园网站宿舍卫生管理系统，用于公布和反馈学生宿舍卫生情况，并开始开展优秀宿舍的评选，评出“十佳”“百优”宿舍。学校还积极推动学生宿舍文化活动的开展，每年 4 月、5 月，学生部和物业管理中心会联合举办以健康生活、创文明宿舍为主题的宣传教育活动，每年 10 月，举行“公寓团队精神大赛”等活动。校研究生会也在研究生宿舍楼中开展多样的宿舍文化建设活动，设置了报刊阅览处、电梯间宣传栏，在公共空间开展艺术作品展等，促进了研究生之间的交流互动。

第四节　学生经济资助

一、助学金

1909 年至 1911 年，考取清华的三批直接留美生通过公费送美留学。1914 年以前，留美预备部学生在校学习免交学宿膳费，1915 年开始收一半膳费，从 1918 年入学的新生起收取全部膳费，1923 年起增收学费和实验费。学生从清华学校毕业后，全部公费送美留学。此外，专科生和津贴生在美留学费用亦由清华公费资助。

1925 年，清华设立大学部以后的新制大学生，其学宿膳全部自费。1928 年开始设立奖学金和贷学金制度，并于 1934 年颁布《清寒助学金和清寒公费生办法》。伴随物价飞涨，清寒助学金和清寒公费生的资助金额虽常有调动，但此办法一直延续至 1948 年。其间的公费留学生和津贴留美生，或全部公费或部分资助。

新中国成立后，国家通过实行人民助学金制度帮助经济困难学生。1952 年，根据政务院《关于调整全国高等学校及中等学校学生人民助学金的通知》精神，调整了享受人民助学金的标准，增扩了补助范围。1955 年，根据教育部《全国高等学校一般学生人民助学金实施办法草案》制定了《清华大学一般学生人民助学金暂行实施办法》。《办法》规定：“一般学生（包括烈士子女及一般少数民族学生）若因经济困难需要获得人民助学金补助者，均可根据个人实际情况，申请不同种类的伙食补助；家庭经济特殊困难或无经济来源的学生，则同时可申请日常学习、生活费及临时补助费。”“一般学生”指不包括调干、产业工人学生在内的在校学生。此前，调干、产业工人学生的助学金政策已经实施。

1970 年 6 月，中共中央批转了《北京大学、清华大学关于招生（试点）的请示报告》。根据中央批复，工农兵学员在校学习期间的待遇是：10 年工龄（1971 年 10 月起改为“5 年工龄”）以上的国家职工，由原单位照发工资，其余学员普遍发给伙食费和津贴费（每月 19.5 元），解放军学员由部队负责供给。

1977 年 12 月，国家恢复人民助学金制度，并发布《关于普通高等学校、中等专业学校和技工学校学生实行人民助学金制度的通知》。根据教育部、财政部联合发出的《关于普通高等学校、中等专业学校和技工学校学生实行人民助学金制度的通知》以及北京市教育局、财政局的有关通知，连续工龄满 5 年的学生按职工助学金办法执行；工龄不满 5 年的及其他一般学生，因家庭经济难以负担本人在校的生活费用，又无其他经济来源者，可申请人民助学金。助学金享受面按 75%计算。1979 年，国家又出台规定，连续工龄满 5 年以上的国家职工考入高校，一律实行职工助学金制度，由学校按月发放助学金，不再由原单位发给工资和享受原单位其他待遇。

1983 年 7 月，教育部、财政部联合出台《普通高等学校本、专科学生人民助学金暂行办法》和《普通高等学校本、专科学生人民奖学金试行办法》，对原有的人民助学金制度进行改革，缩小人民助学金的发放范围，将非师范学生享受人民助学金的比例由 75%降低至 60%，并设立人民奖学金制度。

1985 年 1 月，为加强人民助学金管理，充分发挥人民助学金在帮助学生解决学习和生活困难，鼓励学生在德、智、体诸方面发展的作用，助学金的管理从 1985 年 3 月起改由各系负责。在执行过程中，助学金的等级和金额多有变动。根据 1985 年 5 月 27 日发布的《中共中央关于教育体制改革的决定》和《国务院批转国家教育委员会、财政部关于改革现行普通高等学校人民助学金制度报告的通知》精神，国家决定取消人民助学金制度，将其改革为奖学金制度和学生贷款（校内无息贷款）制度，并在部分条件较好的高校 1986 年招收的新生中进行试点，总结经验，逐步推广。

1989 年 8 月，随着《普通高校收取学杂费和住宿费的规定》发布，高校免费教育模式被打破，至 1997 年全国高校完成招生并轨，所有大学生均需按照生均培养成本的一定比例缴纳学费。针对高校学生家庭经济困难的情况，国家不断增加生活补助费，并要求各高校通过在学生培养经费中提取困难补助经费、减免学杂费等方式解决学生的求学困难。2007 年，国务院颁发实施《关于建立健全普通本科高校、高等职业学校和中等职业学校家庭经济困难学生资助政策体系的意见》，对进一步建立健全高校学生资助体系提出了明确要求。

清华大学学生资助工作在我国高等教育改革发展的大背景下不断变革。1997 年，学校专门成立学生奖助学金管理委员会，统筹管理全校的奖助学金工作。2006 年，学校开始建设新的“家庭经济困难本科学生资助体系”，并根据教育部精神，成立学生资助管理中心。新资助体系“以助学为目标，以需要为原则，以育人为根本”，秉承“两个强化”的工作理念，通过“两个增加”的工作途径，实现“两个全部”的工作目标。“两个强化”指：强化学校在资助家庭经济困难学生工作中的直接责任，强化学校在资助家庭经济因难学生工作中的育人目标。“两个增加”指：加强在校友、社会各界当中筹集捐款的工作力度和加大学校的直接投入，特别是增加留本基金的筹款力度；大幅度增加校内勤工助学岗位数量，同时提高岗位的质量和层次，让家庭经济困难学生通过适当的劳动取得收入，得到锻炼。“两个全部”指：新资助体系不但要覆盖家庭经济困难的全部学生，并惠及家庭经济一般困难的低收入家庭学生，还要资助家庭经济特别困难学生的全部基本求学费用，包括学费、住宿费和基本生活费。新资助体系首先面向大一新生实施；2007 年，新资助体系的覆盖面扩大为大一、大二两个年级；到 2008 年，新资助体系已经覆盖到全校本科生，资助力度也进一步加强。2009 年，以学生助学金和勤工助学为主体的“助、勤、奖、贷、补”新资助体系格局全面建成，实现了“两个全部”的工作目标。

学校面向广大校友发起倡导“助困励学、爱校育人”理念的“校友励学金”捐助工程。这项工程得到海内外校友的热烈响应，捐赠总额不断增长。2006 年校友励学金总额为 280.2 万元，2010 年已增至 534.4 万元。同时，学校还积极动员和争取社会各界的捐赠支持。社会企业和爱心人士捐赠的助学金从 2006 年的 401.0 万元增至 2010 年的 547.8 万元。

2007 年起，国家进一步完善了以政府为主导的高校家庭经济困难学生资助政策体系，不断完善资助制度，尤其是国家助学金制度，并大幅度增加财政投入。学校国家助学金从 2005 年和 2006 年的 74.4 万元增长至 2010 年的 571.5 万元，拨款额度增长近 7 倍，成为学校新资助体系的重要经费来源。

2010 年，共为本科生发放助学金 1 653.7 万元，总计 4 745 人次获得助学金；为研究生发放助学金 62 万元，总计 283 人次获得助学金。

二、勤工助学

1984 年以前，学校由学生部与后勤部门联系安排假期勤工俭学活动和学生困难补助。1988 年成立勤工俭学指导中心。1996 年，勤工俭学指导中心更名为勤工助学指导中心。2000 年勤工助学指导中心的挂靠单位调整为学生处。

中心与学校各部门合作建立勤工助学基地，并依托基地建立起勤工助学队伍，发挥学生“自我管理、自我服务、自我教育”的作用。1987 年成立学生治安服务队，1999 年成立学生楼层长分队，2003 年成立爱心报亭分队、交通协管分队和文明督导分队。2003 年 11 月，中心组织上述队伍成立了勤工助学大队。2006 年成立超市导购分队、紫荆家园分队，2007 年成立图书馆助理分队、校医院助理分队、餐饮服务分队；2008 年成立科技服务分队、中小学远程教育分队；2010 年将紫荆家园分队和文明督导分队合并为紫荆家园文明宣导分队。截至 2010 年底，勤工助学大队共有 12 支分队，大队和各分队的所有组织管理者全部由参加勤工助学的学生担任。

1988 年勤工俭学中心成立时每年的勤工俭学经费约 10 万元，之后稳步增长，2005 年达到 200 余万元。2006 年，学校开始建设新的“家庭经济困难本科学生资助体系”，勤工助学规模迅速扩大，勤工助学经费迅速增长到 391 万元，之后基本稳定在 400 万元左右。截至 2010 年，每年的勤工助学活动分为秋季学期、寒假、春季学期、暑假四个轮次共七个批次，常设勤工助学岗位 1 200 余个，岗位类型 20 余种，全年可接纳 3 300 余人次上岗。

三、奖学金

20 世纪 80 年代，根据国家调整和取消人民助学金制度、实行人民奖学金制度的相关要求，学校开始实施奖学金评选制度，并逐步代替了评选少数“三好学生”的老办法。1985—1986 学年度清华大学第 24 次校长工作会通过了《清华大学学生奖学金试行办法》和《学生质量综合评估细则》。按照《试行办法》，奖学金“应以学生全年德、智、体全面情况为基础进行评定”。评定“采用学生素质综合评估计分法，以专业横向平衡，按年级统计为比例单位，评选出德、智、体全面发展的优秀学生，按其积分的高低确定一、二、三等奖学金”。学校自 1986 年 9 月开始在建筑、电子、计算机和自动化 4 个系进行奖学金试点工作。经过一年的试行，全校从 1987 年起推行奖学金制度。

1988年4月，经1987—1988学年度第20次校长工作会议讨论批准成立清华大学学生奖学金管理委员会，同时通过《奖学金管理委员会工作章程》。奖学金管理委员会负责管理、筹集和使用国家、校友、企事业、国内外单位以及社会人士设立的奖学金，以鼓励学生勤奋学习，全面发展。从此，学校的奖学金工作走上更加规范的轨道。1993年，经1992—1993学年度第23次校务会议通过，学校设立“高考优秀学生奖学金”，用于奖励各省、自治区、直辖市以高考前10名的成绩考入清华的学生，奖金金额为400元/人。2008年，学校调整新生奖学金，明确新生奖学金用于奖励参加国际和国家奥林匹克竞赛成绩突出者和高考成绩在本省（自治区、直辖市）前10名的本科新生。其中新生一等奖学金每人4万元，新生二等奖学金每人2万元，分四年发放。

1988年12月，学校奖学金管理委员会办公室经过研究分析，向张孝文校长正式递交申请设立“清华大学校长特别奖学金”的请示及草拟方案。在最初的方案中，“清华大学校长特别奖学金”的设立宗旨是“鼓励学生在校期间刻苦学习，充分发挥各自的专长，为使清华大学培养更多的科学家、政治家、思想家、企业家等各路精英”。通过一年多的认真研究和探索，设立最高奖学金的建议最终分别获得学校学生工作指导委员会和校务会议讨论通过。1989年11月，本科生宋健、华新，以及研究生郭谦、邱显清4人经过院系推荐、学校评选及校务会讨论通过，成为清华大学第一届最高奖学金获得者。1990年3月底，学校正式设立这项特别奖学金，并确定此奖项的名称为“清华大学特等奖学金”，限定每年获奖人数不超过5人。20世纪90年代以来，随着研究生规模的不断增长，学校适当提高了特等奖学金获奖人数的上限，同时不断提高奖金额度。从1999年起，特等奖学金每年的获奖人数不超过10人，其中本科生和研究生均各不超过5人。2005年6月，奖助学金管理委员会会议讨论通过《清华大学特等奖学金评选操作流程》。该操作流程严格要求特等奖学金的评选过程分为院系推荐、候选人答辩和校务会议审议三个环节。自2010年起，特等奖学金额度增至15 000元/人。截至2010年，学校奖学金体系包括特等奖学金、综合奖学金、单项奖学金和新生奖学金等，奖学金项目超过百种。这一年学校共为本科生发放奖学金1 729万元，总计4 536人次获奖；为研究生发放奖学金545万元，总计1 908人次获奖。

四、贷款

（一）校内临时贷款

1986年9月，学校根据国家教委要求进行学生贷款制度试点的要求，在当年入学的建筑、电子、计算机、自动化4个系本科新生中进行校内无息贷款试点工作。

1987年7月，国家教委、财政部出台《普通高等学校本、专科学生实行贷款制度的办法》，对高校本科新生全面实施校内无息贷款制度，学校负责贷款的发放和催还等全部管理工作。1987级新生申请校内无息临时贷款共计850余人次，后来各年级贷款人数在不断减少。贷款实行“有借有还”，贷款者在毕业前夕尽量还清。1998年，我国长江、松花江和嫩江流域发生特大洪灾，为确保灾区困难新生顺利入学，学校首次将校内无息临时贷款与迎新工作结合起来，在迎新点设立校长接待处并开通新生入学报到“绿色通道”。因家庭经济困难而无法筹措到学费、住宿费等费用的学生，可暂缓缴纳有关费用，先办理入学手续，实现了家庭经济困难学生的无障碍入学。

1999年，学校将“绿色通道”的资助对象扩展到本科高年级学生。2002年，清华法学院、美术学院开展研究生教育成本分担的改革试点，绿色通道又随之扩展到了这些试点院系的研究生，资助部分家庭经济困难研究生顺利入学。而对于一些毕业后短期内难以偿还国家助学贷款或者个人经济上遇到困难的毕业生，也可以通过绿色通道得到帮助。

2010 年，学校为 376 名本科生办理临时贷款 257.4 万元；为 19 名研究生办理临时贷款 23.75 万元。从 2004 年至 2010 年底，本科生累计 3 735 人次获得了学校临时贷款，贷款总额达 2 217 万元；研究生累计 123 人次获得了学生临时贷款，贷款总额 151 万元。

（二）国家助学贷款

1999 年，国家助学贷款试点工作正式在北京、上海、天津、重庆、武汉、沈阳、西安、南京 8 个城市启动。同年，学校根据《国务院办公厅转发中国人民银行等部门关于国家助学贷款管理规定（试行）的通知》，着手进行学生国家助学贷款试点工作，中国工商银行北京海淀支行具体承办清华大学学生国家助学贷款业务。

2000 年 2 月和 8 月，国家对助学贷款政策进行了两次调整，将贷款范围扩大到全国高校，承办银行扩大到工、农、中、建 4 家国有独资商业银行，贷款对象扩大到研究生和攻读双学位的全日制学生，并将担保贷款改为信用贷款。2003 年下半年，教育部、财政部、中国人民银行、银监会 4 部门对国家助学贷款政策和机制进行了改革，建立了以风险补偿机制为核心的新政策、新机制。2004 年 6 月 28 日，国家助学贷款新机制颁布，实行贷款学生在校期间贷款利息全部由财政补贴、还款年限延长至毕业后 6 年。

2004 年，根据国务院办公厅转发《教育部 财政部 中国人民银行 银监会关于进一步完善国家助学贷款工作若干意见的通知》和教育部全国学生贷款管理中心发布的《关于确定中央部门所属高校国家助学贷款业务经办银行及开展有关工作的通知》，清华大学开始实施国家助学贷款新机制，中国银行北京清华园支行承办学校新机制国家助学贷款业务。

2006 年，财政部、教育部印发《高等学校毕业生国家助学贷款代偿资助暂行办法》的通知，发布国家助学贷款代偿资助政策，引导和鼓励毕业生面向西部地区和艰苦边远地区基层单位就业。2007 年，财政部、教育部、国家开发银行在江苏、湖北、重庆、陕西、甘肃 5 省市开展了生源地信用助学贷款试点。2008 年，财政部、教育部、银监会发布《关于大力开展生源地信用助学贷款的通知》，进一步扩大生源地信用助学贷款覆盖范围，大力推进生源地信用助学贷款工作。2009 年，财政部、教育部印发《高等学校毕业生学费和国家助学贷款代偿暂行办法》的通知，发布《高等学校毕业生学费和国家助学贷款代偿暂行办法》，对中央部门所属全日制普通高等学校应届毕业生，自愿到中西部地区和艰苦边远地区县以下基层单位工作、服务期达到 3 年以上（含 3 年）的学生，实施相应的学费和助学贷款代偿。

学校认真落实高等学校毕业生学费和国家助学贷款代偿政策，截至 2010 年，学校共有 65 名毕业生获得学费补偿和国家助学贷款代偿，资助总额超过 120 万元。从 1999 年至 2003 年，学校共有 2 152 名同学通过中国工商银行北京海淀支行办理了超过 3 700 万元的国家助学贷款。从 2004 年至 2010 年，学校共有 1 105 名同学通过中国银行北京清华园支行获得了超过 2 000 万元的国家助学贷款。截至 2010 年，学校共有 51 名学生获得 31.45 万元的生源地信用助学贷款。

五、困难补助

新中国成立后，学校根据国家人民助学金制度的政策要求，为有经济困难的学生发放伙食、学习、生活补助及其他临时补助。高校收费政策实行后，1993 年国家教委、财政部发布《关于对高等学校生活特别困难学生进行资助的通知》，专门要求各高校从“奖贷基金”或“专业奖学金”总金额中提取困难补助经费，补助生活特别困难的学生。

伴随着新资助体系的建设，学校困难补助工作亦不断规范与发展。2008年奖助学金管理委员会会议讨论通过《清华大学学生困难补助暂行管理办法》，进一步规范了困难补助的资助内容和适用范围。困难补助分为专项困难补助和临时困难补助两种：专项困难补助包括伙食、冬衣、交通和教材等，由学校每年定期发放；临时困难补助主要帮助家庭经济困难学生解决临时性、突发性困难。

2008年寒假期间，我国部分地区出现罕见的持续低温、雨雪、冰冻等极端天气，对当地人民群众的生产生活造成严重影响。学校十分关心灾区学生的情况，采取多种方式慰问和帮助灾区困难学生，设立紧急补助资金，为灾区困难学生提供寒假结束时的返校交通费用，并在春季学期专门增加了一次助学金评定，为他们切实解决困难。

2008年5月，面对“5·12”汶川地震的重大灾情，学校采取应急反应措施，面向受灾本科学生发放专项困难补助。这次困难补助预设金额20万元，后根据排查统计的情况追加至60万元。紧急筹措资金设立“清华关爱助学金”发放给地震中家庭受灾较为严重的学生。截至2008年5月底，全校共向175名家庭遭受地震灾害的学生发放了总额达59.2万元的关爱助学金，其中本科生85人，研究生90人。

为了帮助家庭经济困难研究生顺利完成学业，解决其突发性的经济困难，学校于2009年正式设立研究生突发性困难补助。《研究生突发性困难补助管理办法》于2009年4月3日经研究生院办公会讨论通过，财务处予以专门立项，2009年首次批准经费为5万元。对于本人罹患重大疾病或遭受严重意外伤害，或其家庭因临时性、突发性事件而遇到经济困难的研究生，学校会给予适当的临时性补助，资助金额由党委研究生工作部根据学生的实际需求进行评定，最高资助金额为10 000元。2009年和2010年累计资助研究生12人，总共金额39 000元。

随着我国经济实力的增强，国家从2008年开始有针对性地为家庭经济困难学生发放困难补助，资助项目主要包括伙食补助和饮用水、洗澡卡、电话卡补贴等。2010年，学校共为本科生发放各类困难补助总计187.6万元。

第五节　毕业生就业工作

清华学校时期，学生在校学习期满，经考试合格，即公费送美留学，但有一条规定：体育没通过不得毕业。国立清华大学时期，学生毕业以后，国家和学校不负责学生就业，由学生自己找工作。

1949年后，学生在校学习期满，经考试合格，发给毕业文凭，参加国家统一分配工作。学校根据国家下达的毕业生分配计划进行分配。1950 年，当时的政务院发出《为有计划地合理地分配全国公私立高等学校今年暑期毕业生工作的通令》，提出对高校毕业生实行有计划的统筹分配。1951 年 10 月 1 日，当时的政务院决定"高校毕业生的工作由政府分配"。此后相当长一段时间，共和国总理亲自负责大学生分配工作。1962 年，中央决定成立由习仲勋负责的"毕业生分配委员会"。直至"文化大革命"前，负责和参与高等学校毕业生分配工作的部门先后有政务院、教育部、内务部。1970 年至 1976 年，招收的工农兵学员毕业后，基本上分配回原户口所在省市、地区，或原推荐单位安排工作。1977 年以后入学的毕业生，恢复"文化大革命"前的毕业分配办法。1983 年，国家教委指定清华大学、上海交通大学、山东海洋学院、西安交通大学四所学校进行毕业生分配制度的改革试点工作，试行在国家分配方针、原则的指导下，学生选报志愿，学校推荐，用人单位择优录用，双向选择的分配办法。经过几年的试行实践，这种办法的积极作用已显现：有利于加强学校和社会的联系，增进学校与用人单位的相互了解；有利于解决毕业生"学用一致"的问题；有利于调动学校办学、学生学习的积极性；有利于促进社会各方面关心和支持教育事业，合理使用人才。

1993 年，《中国教育改革和发展纲要》发布，明确提出，改革高等学校毕业生"统包统分"和"包当干部"的就业制度，实行少数毕业生由国家安排就业，多数由学生"自主择业"的就业制度。并要求，与此相配套，建立人才需求信息、就业咨询指导、职业介绍等社会中介组织，为毕业生就业提供服务。1994 年 4 月，《国家教委关于进一步改革普通高等学校招生和毕业生就业制度的试点意见》发布，要求逐步建立起"学生上学自己缴纳部分培养费用，毕业后多数人自主择业"的机制。全国高校开始普遍实行"双向选择"方案，此后，随着社会主义市场经济体制的建立和不断完善，自主择业成为就业改革的发展方向，毕业生就业的概念取代了毕业分配，市场成为配置毕业生资源的主要途径，并逐步为社会所接受。

2002 年 3 月，国务院办公厅转发了教育部、公安部、人事部、劳动保障部《关于进一步深化普通高等学校毕业生就业制度改革有关问题的意见》，对毕业生就业制度改革的有关问题提出了重要意见。至此，毕业生就业制度经历了由"统包统分"到"供需见面""双向选择"以及一定范围内"自主择业"等发展阶段，最终建立了"市场导向、政府调控、学校推荐、学生和用人单位双向选择"的就业制度。

随着毕业生就业制度的改革，学校就业工作管理部门的设置和职能发生转变。毕业生就业工作原先一直由学校人事处毕业生分配办公室和院系人事科两级共同管理。1991 年 9 月，学校正式成立"学生就业指导中心"办公实体，在学校毕业生分配办公室指导下开展工作。1993 年，学校将毕业生分配办公室由人事处划归学生处，毕业生就业工作与学生思想政治教育工作更加紧密联系。

1998 年 4 月，学校批准成立"清华大学学生就业服务中心"，取代原有的毕业生分配办公室和学生就业指导中心，兼有思想教育、政策管理和就业服务三项职能，实施"学校统管、各系配合"的管理体制。2001 年 4 月，学生就业服务中心改名为"学生就业中心"，2006 年 8 月，经校务会议讨论正式更名为"就业指导中心"。

为了进一步推动新时期就业工作的发展，2006 年 11 月，学校提出构建和完善"学校主导、院系推动、两级管理、相互配合"的就业工作体制机制，各院系陆续成立就业工作领导小组，设置就业办公室或工作组，设立专职就业工作助理，大力加强就业引导，校系两级管理的就业工作体制进一步明确。2007 年 5 月，学校出台了院系就业工作自查评估细则，充分调动院系工作的积极性、主动性，取得了良好成效，促进了学校就业工作的发展。

一、就业管理

（一）毕业生分配（1984—1993）

在这一时期，毕业生分配工作贯彻“统筹安排，合理使用，保证重点，兼顾一般，面向基层，加强生产、科研、教学第一线”的方针，和“优先保证国家经济、国防、教育、科研等部门重点单位需要”的原则，尤其要保证地处边远省区、条件比较艰苦的重点建设单位的需要。在保证国家需要的前提下，贯彻学以致用、人尽其才的原则；坚持合理流向，贯彻优先照顾学生来源地区需要的原则；贯彻在同等条件下公平竞争、择优分配的原则。

在毕业分配中实行的主要政策包括：

按照国家计划，学校公布招聘毕业生的国家重点单位名单后，所有参加分配的毕业生（包括边远省区毕业生）均可应聘。

凡分配到边远省区和学校特指的国家重点单位工作的毕业生，学校给予精神奖励或物质奖励。毕业分配中表现突出的毕业生，学校给予表彰，并颁发专项奖学金。

免试推荐读研和自己报考读研的毕业生，原则上不允许再与用人单位签订分配协议。

凡符合国家规定，申请自费出国留学的毕业生，必须在规定的期限内提出申请。经学校批准后，上报国家教委，作为毕业生减员处理，学校不再负责为其分配推荐工作。

定向培养或委托培养的毕业生，一律回定向单位或委培单位工作。民族预科班毕业生，一律回招生来源省区工作。

毕业生分配的基本程序如下：

校毕业生分配办公室及各系人事科于学生毕业前一年，向各部委、省市及有关国家重点单位发函，介绍本校应届毕业生的专业、人数，征集用人单位的需求信息。信息截止日期为毕业生毕业年份的 2 月底。

寒假前，学校向毕业生公布社会对本校的需求信息及来校招聘的用人单位名单和招聘条件。

寒假中，经系人事科同意，毕业生可持学校毕业生分配办公室签章的推荐函，与所推荐的京外用人单位签订协议。

3 月初召开全校招聘会。邀请国家重点单位及学生报名较集中的单位来校招聘，通过同等条件下的公开竞争，择优录用，并解决外地生源毕业生的进京问题。

招聘会后，未落实工作单位的毕业生，可在学校公布的信息内选报志愿，由学校向用人单位推荐，供用人单位选择录用。

在学校向教委上报建议分配计划时（约在 4 月中旬），仍未落实工作单位的毕业生，由学校根据分配方针、原则，通过国家教委召开的分配计划协调会，统一分配工作。

学校毕业生分配办公室向国家教委上报正式分配计划（约在 5 月底），经教委审核批准，下达各部委和地方后，由北京市高教局按规定日期（约在 7 月中旬）进行派遣。

推荐读研、报考读研、申请自费出国、参加分配等各种毕业生去向一经确定，学生、学校、用人单位等有关各方面均不得随意变动。若有正当理由需变动者，需经学校毕业生分配办公室批准，并征得签约另一方的同意，按违约处理，违约者需缴纳违约金。

1982 年至 1988 年毕业生分配概况见表 5-5-1。

表 5-5-1　毕业生分配概况（1982—1988）

年份	参加毕业分配人数	分配概况						
		中央	地方	教学	科研	生产设计	其他	边远省份
改革前（1982—1984）	2 280	1 432 62.8%	848 37.2%	487 21.4%	545 23.9%	1 210 53.1%	38 1.6%	150 6.6%
改革后（1985—1986）	2 335	1 243 53.2%	1 092 46.8%	244 10.4%	449 19.2%	1 566 67.1%	76 3.3%	251 10.7%
1988	1 284	49.1%	50%	5%	22.1%	61.6%	11.3%	10%

（二）毕业生就业程序（1994—2010）

1993 年起，全国高校实行双向选择的就业制度后，毕业生就业程序也相应进行了调整。

就业指导中心于学生毕业前一年的 10 月份，向各用人单位发函，介绍本校应届毕业生的专业、人数，邀请用人单位来校招聘。

11 月，学校召开毕业生就业动员会，向毕业生发放就业推荐表，标志应届毕业生就业工作正式启动，此后用人单位可以来校举办校园招聘会，发布招聘信息；毕业生可以同用人单位签订三方就业协议。

毕业当年度 1 月份，向市教委上报春季毕业研究生就业方案，此后集中办理离校手续，为春季毕业研究生发放报到证。

3 月初召开毕业生就业大型洽谈会，邀请用人单位来校与毕业生进行就业洽谈，面对面开展双选招聘。

6 月下旬，向市教委上报暑期毕业生就业方案，为毕业生办理报到证。

7 月中旬集中办理毕业离校手续，向暑期毕业生发放报到证。

9 月 1 日，统计本年度毕业生毕业去向及就业率。

1998 年至 2010 年毕业生去向及就业率统计见表 5-5-2。

表 5-5-2　毕业生毕业去向及就业率（1998—2010）

年份	学生类别	总人数	就　业		出国（境）深造		国内升学		就业率（%）
			人数	比例（%）	人数	比例（%）	人数	比例（%）	
1998	本科生	2 413	608	25.2	379	15.7	1 370	56.8	97.7
1999	本科生	3 081	592	19.2	435	14.1	1 975	64.1	97.4
2000	本科生	3 410	582	17.1	549	16.1	2 202	64.6	97.7
2001	本科生	2 768	550	19.9	451	16.3	1 710	61.8	97.9
2002	本科生	2 958	745	25.2	316	10.7	1 538	52.0	87.9
	研究生	1 955	1 305	66.8	542	27.7	42	2.1	96.6
2003	本科生	3 211	841	26.2	418	13.0	1 809	56.3	95.5
	研究生	2 251	1 715	76.2	365	16.2	112	5.0	97.4
2004	本科生	3 396	1 039	30.6	269	7.9	1 944	57.2	95.8
	研究生	2 219	1 757	79.2	291	13.1	80	3.6	95.9

续表

年份	学生类别	总人数	就业		出国（境）深造		国内升学		就业率（%）
			人数	比例（%）	人数	比例（%）	人数	比例（%）	
2005	本科生	3 734	1 226	32.8	471	12.6	1 907	51.1	96.5
	研究生	2 948	2 347	79.6	415	14.1	88	3.0	96.7
2006	本科生	3 149	752	23.9	520	16.5	1 771	56.2	96.6
	研究生	3 847	2 961	77.0	561	14.6	136	3.5	95.1
2007	本科生	3 110	889	28.6	699	22.5	1 471	47.3	98.4
	研究生	3 816	3 009	78.9	580	15.2	92	2.4	96.5
2008	本科生	3 065	854	27.9	661	21.6	1 455	47.5	96.9
	研究生	3 159	2 574	81.5	442	14.0	102	3.2	98.7
2009	本科生	2 974	881	29.6	764	25.7	1 262	42.4	97.7
	研究生	3 275	2 690	82.1	410	12.5	143	4.4	99.0
2010	本科生	3 108	828	26.6	731	23.5	1 493	48.0	98.2
	研究生	3 062	2 572	84.0	316	10.3	140	4.6	98.9

说明：统计数据均截至当年 9 月 1 日。学校根据教育部规定，自 1998 年起统计本科生毕业去向及就业率，自 2002 年起统计研究生毕业去向及就业率。

二、就业引导

20 世纪 80 年代以来，随着我国改革开放的不断深入和社会主义市场经济体制的逐步建立，高校就业工作面临新的形势和挑战。如何在新的形势下，更加深入有效地引导毕业生到祖国最需要的地方建功立业，已经成为清华大学人才培养、思想政治工作中现实和紧迫的任务。学校大力倡导国家至上，事业为先，立大志、入主流、上大舞台、成大事业的价值观和择业观，弘扬“爱国、成才、奉献”的主旋律，鼓励和支持毕业生自觉把个人的发展同为国家和人民建功立业结合起来，自觉投身到民族复兴的伟大实践中。

2002 年以来，为适应新形势下国家重要行业和领域、重点地区对高素质人才的迫切需要，改善毕业生就业结构，学校进一步加强了学生就业引导工作。学校明确将“重点高等院校、重要科研机构、国家支柱企业、重要金融单位、重要媒体机构、部队、国防单位、党政机关、重要医疗机构”九大类行业列为引导毕业生就业的重点领域；同时，加大力度引导毕业生到北京以外的地区，特别是国家重点支持发展、人才相对紧缺的地区就业。2005 年，正式发布《关于进一步加强和改进学生就业工作，向国家重要行业和领域输送优秀毕业生的意见》。2006 年，学校就业工作专题研讨会明确提出“充分选择基础上的重点引导”的就业工作总体原则，要求把就业引导贯穿到人才培养全过程、贯穿到思想政治工作全过程，不断优化毕业生就业分布结构、提高就业质量。

2003 年，学校研究生团委开始组织以就业引导为主题的社会实践活动，截至 2010 年陆续建立就业实践基地 145 个，累计超过 5 000 人次研究生参加。

2009 年，开始全面实施就业引导精细化行动计划，根据毕业生不同的发展特点和就业取向，开展有针对性的就业引导、职业辅导和就业资源匹配，确定了 7 个重点项目：辅导员职业发展支持项目、困难学生就业扶助项目、就业区域优化项目、基层就业引导项目、学术机构就业项目、创业支持项目和本科生就业项目。

2004 年以来，学校每年举行隆重的出征仪式，为投身国家西部、基层、国家重要行业和领域工作毕业生送行，党委书记或校长亲自出席活动，为同学们授旗壮行，鼓励他们在新的工作岗位上作出新的贡献。2006 年起，设立“启航奖”，对赴西部、基层、国家重点单位就业的毕业生给予奖励。到 2010 年，表彰人数由最初的 100 名扩大到 150 名。

2010 年与 2002 年相比，毕业生到学校确定的九大类重点行业就业的比例由 30.3%提高到 70.4%（见表 5-5-3）；到西部地区就业比例由 2.9%提高到 13.7%；到京外就业比例由 29.8%提高到 46.8%；到基层公共部门就业毕业生人数增长了 10 倍。

表 5-5-3　2002 年至 2010 年毕业生前往重点单位、地区就业情况

年　份	2002	2003	2004	2005	2006	2007	2008	2009	2010
重点地区就业人数	39	69	90	134	233	269	336	389	406
重点率（%）	30.3	32.1	37.4	42.3	46.3	53.0	59.40	66.2	70.4

说明：重点率指本校毕业生前往重要行业和领域就业比例（包含重点国有企业、重点高等院校、省部级科研单位、党政机关、部队、军工企业、重要金融单位、主流新闻媒体和重点医疗机构等九大类）；重点地区指本校毕业生前往西部、东北地区就业人数。

三、职业发展教育

清华大学是全国较早开展职业发展教育的高校之一。1916 年，时任清华学校校长周诒春等人在帮助学生进行职业选择时采用了心理测量的手段，被视为我国职业指导的发端。1923 年，学校设立职业指导部，曹云祥校长委任庄泽宣主其事，旋即实施职业性格和家族状况调查、组织职业演讲和开展一对一的择业、择科、择校指导。

20 世纪 90 年代以来，为更好适应“双向选择、自主择业”的就业工作体制，学校更加重视职业辅导工作，统筹校内外资源，逐步建立了多层次、广覆盖的大学生职业发展教育体系。逐步建立了包含“大学生职业生涯规划”“研究生职业发展”两大课组，覆盖本科生和研究生的课程体系。到 2010 年，“大学生职业生涯规划”每学年开设 14 个班次，覆盖近 1 600 名学生；“研究生职业发展”系列“学术与职业素养”和“职业素质拓展训练”等课程，每学年覆盖 2 500 多名研究生。“大学生职业生涯规划”课 2008 年被评为“北京市精品课程”。

2003 年，学校在全国率先引入大学生职业测评系统，并建立在线测评平台，截至 2010 年，已有近两万名学生在线进行了测试，同时积极面向在校学生提供政策咨询、短时咨询和发展咨询三类个体咨询服务。推出“职业辅导月”活动，把精品系列讲座与工作坊、实战模拟、就业实践等辅导活动整合，增强了职业辅导活动的系统性和覆盖面。在国内高校率先成立了学生职业发展协会，由就业指导中心作为指导单位。截至 2010 年，协会拥有 300 名核心会员和数千名外围会员，每年开展上百场形式多样的职业辅导活动，多次荣获“清华大学学生十佳协会”“北京市十佳职业发展社团”等荣誉称号。

2006 年，学校率先把教练技术引入大学生职业发展教育中，组织实施“职业生涯教练计划”。到 2010 年，累计参与的教练达 170 余人，近 2 000 名学生受益。2009 年，开始对毕业生开展职前教育。就业指导中心、校友总会等相关部门与各院系相互配合，针对毕业生入职前在角色转变、职场适应、心态调整等方面的需要，分行业、分专业地开展职前教育活动，每年活动达 40 余场，参与毕业生超过 4 000 人次。

四、就业服务

1999 年，学校开始开发毕业生就业管理信息系统，推动就业工作的信息化。2003 年，就业管理信息系统升级为清华大学毕业生就业信息网，2006 年、2009 年又两次改版。截至 2010 年，网站每年发布超过 2 000 条用人单位招聘会信息、招聘信息和实习信息，最高日访问量超过 10 000 人次。

2009 年以来，学校在向地方基层输送毕业生的过程中，与部分省份组织部门紧密合作，探索形成了以“省校合作、定向招录、两个提前、两个服务”为特点的“定向选调生模式”，为毕业生到基层党政部门就业开辟绿色通道。对于“选聘到村任职”“西部计划”“三支一扶”等基层特色项目，积极贯彻落实上级部门的有关工作精神，在校内广泛宣传动员，并出台配套措施，支持鼓励毕业生积极报名。对拟参加入伍预征的毕业生建立专项档案，按照国家有关政策，并根据毕业生的情况，积极帮助解决预征过程中遇到的实际困难。学校特别关注家庭经济困难学生、少数民族学生等特殊群体的就业，持续关注并给予切实帮助，这些学生的初次就业率均接近或达到学校平均就业率水平。学校还补贴部分刚参加工作、收入不高的家庭经济困难毕业生，帮助他们渡过半年试用期的难关。

学校积极开拓就业市场，为来校招聘的用人单位提供专业化服务。以 2010 年为例，学校累计举办各类校级招聘会 367 场。其中以地区、行业、企业集团为主体的中型招聘会 53 场，累计来校招聘的用人单位数量 1 700 家。与此同时，根据院系各自专业特点，积极举办专业性的专场招聘会，为毕业生就业提供更多的选择机会。2008 年以来，学校毕业生初次就业率都在 98%以上。当年未落实单位的，主要是拟继续考学或出国的毕业生。

2008 年，就业指导中心获首批“北京地区高校示范性就业中心”称号；2009 年，教育部首批“50 所就业典型经验高校”评选中，清华大学名列第一。

第六章

体育与艺术教育

第一节 体 育

一、学校体育发展概述

（一）概况

清华大学建校以来，一向重视体育。清华学校时期，周诒春校长首创提出“德、智、体三育并重”的教育思想。后来梅贻琦校长指出，“清华学程中重要一部是为体育，提倡体育，不仅在操练个人的身体，更要藉此养成团体合作的精神”；蒋南翔校长提出的“为祖国健康工作五十年”的口号熏陶了一代代清华学子；如今，新时期的清华倡导“育人至上，体魄与人格并重”的体育教育观。

清华大学在建校之初就成立了体育协会，1912 年成立体育部，负责全校学生的体育教学和指导学生的课余体育运动，前两任主任都为获得博士学位的美国人；1911 年至 1913 年间，体育部开始实行了“强迫运动”，规定每天下午 4～5 点为体育运动时间，学生都要去操场进行各种运动；还规定学生在校 8 年内，必须通过“五项测验”，体育不及格则不得出国留学。1919 年，体育馆（前馆）建成，停止“强迫运动”，开设体育课，高等科、中等科皆为必修课，每周 4 节，按学生班级进行教学。

马约翰于 1914 年来校任教，1920 年起任体育部主任直至 1966 年。他酷爱体育运动，在工作中认真负责。他认为：“体育的普及，一方面要求普遍到每一个人，一方面要求把体育的一些基本技术，如跳高、跳远、赛跑、某些球类等，加以普及。”他常向学生们讲：“你们要好好锻炼身体，要勇敢。”“动是健康的源泉，要坚持天天动。”他对学生既言教，又身教，经常亲临运动场亲自示范、具体指导学生。在马约翰从事体育教育工作的 52 年中，他为清华体育发展投入了毕生的精力，为清华形成良好的体育传统奠定了坚实的基础。他一生积极倡导体育，为现代体育在我国的传播、为新中国体育的发展、为我国的体育教育事业作出了巨大贡献。

1928 年，清华学校改名为国立清华大学，开始招收女生。这一阶段清华大学的体育教学和课程的目的是：使学生获得健康；对学生进行品德教育。体育课规定 4 年必修。1931 年，梅贻琦任清华校长，此后清华很快发展成为国内外著名的综合性大学。清华体育再度蓬勃发展，田径成绩尤其突出。1936 年，参加第十一届奥运会选拔赛的选手在清华集训，马约翰担任中国田径队总教练，夏翔担任教练。

1937 年，清华大学与北京大学、南开大学组成国立长沙临时大学。翌年迁于昆明，更名为国立西南联合大学。因战时各方面条件很差，体育教学等受到了客观条件的限制，但是体育课的良好传统依然得到了保持，体育不及格者仍然不能毕业，同时校内建立各种体育协会。1946 年，清华大学在北平清华园复员，清华的体育教学内容与西南联大时期相比，增加了球类和游泳等课目，课外体育活动也有所开展，但无法恢复到 30 年代的盛况。

1948 年 12 月 15 日清华园解放，学校继承和发扬了过去重视体育的优良传统。1952 年，全国高等学校院系调整后，体育部改为体育教研组。1953 年，清华大学制订的《健康工作计划》提出：体育的基本目的在于“为国家培养体魄强健的干部，使全校工作人员有健康的身体从事工作和劳动”。蒋南翔校长重视体育，明确清华大学的体育教育要“在普及的基础上提高，在提高的指导下普及”，并于 1957 年冬向全校师生员工提出了“争取至少为祖国健康工作五十年”的号召，有力地推动了全校体育运动的发展。每天 1 小时的群众性锻炼，成了广大学生和青年教职工不可少的习惯。据 1959 年的统计：在 11 月、12 月严寒的冬季，有 95%以上的学生坚持了以中长跑为主的锻炼；即使在 7 月、8 月忙于考试和实习的日子里，也仍有 80%以上的学生进行各种各样的体育运动。

改革开放以来，清华的体育传统得到进一步的发扬。在清华，体育既是增强体质、锻炼强健体格的必修课程，又是陶冶性情、培养“健全人格”的过程。随着体育运动的开展，广大学生逐渐养成了坚持体育锻炼的习惯，形成了重视和爱好体育运动的校风，每到体育锻炼时间，同学们便涌向运动场或体育馆，进行各自喜爱项目的锻炼。这一传统一直保持下来，并不断得到发展。

进入 21 世纪，清华大学继续高度重视体育，加强体育教学、积极开展课外锻炼活动，并通过“体教结合”模式培养高水平运动员，同时加强体育学科的建设，由传统的单一普通体育教学向高水平竞技运动训练和体育科学研究的多元体育发展。2006 年学校专门召开体育工作会议总结展望清华体育的发展，2007 年举行“为祖国健康工作五十年”薪火相传火炬传递活动。

到 2010 年，清华大学建立了 5 支高水平运动队，拥有 1 个体育学博士学位点和 3 个硕士学位点，建立了国家体育总局哲学社会科学重点研究基地。2004 年“大学体育”被评为国家精品课程，2004 年全国体育学科评估中清华排名第 4 位，2008 年有 5 名在校学生参加了北京奥运会，这些都说明清华体育形成了以公共体育课为基础，以培养高层次人才为先导，以多学科体育科研为特色的多元结构，该结构的形成与发展不仅对清华大学学生的全面发展具有重要作用，而且对我国体育事业的发展和走向具有深远的影响。

体育贯穿了清华大学的整个办学历史，在将近 100 年的办学历程和学校体育发展过程中，清华大学形成了四个重要的体育传统和理念：一是爱国的传统。从马约翰先生提出的“体育强国”理念到蒋南翔校长提出的“争取至少为祖国健康工作五十年”，广大清华师生把体育锻炼与救国、强国、建设国家联系在一起，爱国主义是清华精神的主旋律，也是贯穿清华体育的灵魂。二是重视学生全面发展。清华的体育教育，不局限于强身健体，而是重视人格的塑造与意志品质的培养，促进学生全面发展。三是面向全员，重视全过程。清华积极开展群众性体育活动，把热爱体育锻炼、崇尚体育精神的种子播撒在广大师生员工的心中，体现出体育在清华具有广泛的群众基础和旺盛的生命力。四是与时俱进，不断创新。在体育工作的实践中，清华在体育思想和体育制度上不断创新，是体育工作能够长盛不衰、始终保持活力的一个重要因素。

（二）学校体育管理体制

1963 年学校设立了“体育工作委员会”（“文化大革命”后更名为“体育运动委员会”），主任由一位副校长或校党委副书记担任，先后有 9 位校领导担任校体委主任。全校的体育工作在校体委的统一领导下，体育部、教务处、学生部、校团委、校工会和其他相关部门分工负责进行；各系设有体育领导小组，由主管学生工作的系负责人任组长；班主任、辅导员也经常了解学生的学习负担、健康状况和课外体育锻炼情况，指导和协助班级开展体育活动。这种管理体制充分显示了学校对体育工作的重视以及学校各部门和院系对体育工作的支持。

清华大学历届校体委主任（1963—2010）见表 6-1-1。体育管理体制如图 6-1-1 所示。

表 6-1-1 历届校体委主任（1963—2010）

委员会名称	主 任	职 务	任 期
体育工作委员会（1963—1966）	高 沂	副校长	1963—1964
	艾知生	副书记	1964—1966
体育运动委员会（1983— ）	张慕葏	副校长	1983—1989
	周远清	副校长	1990—1991
	贺美英	副书记、副校长	1991—1993
	陈 希	（常务）副书记	1993—1998
	郑燕康	副校长	1998—2004
	杨振斌	副书记	2004—2006
	陈 旭	（常务）副书记	2006—

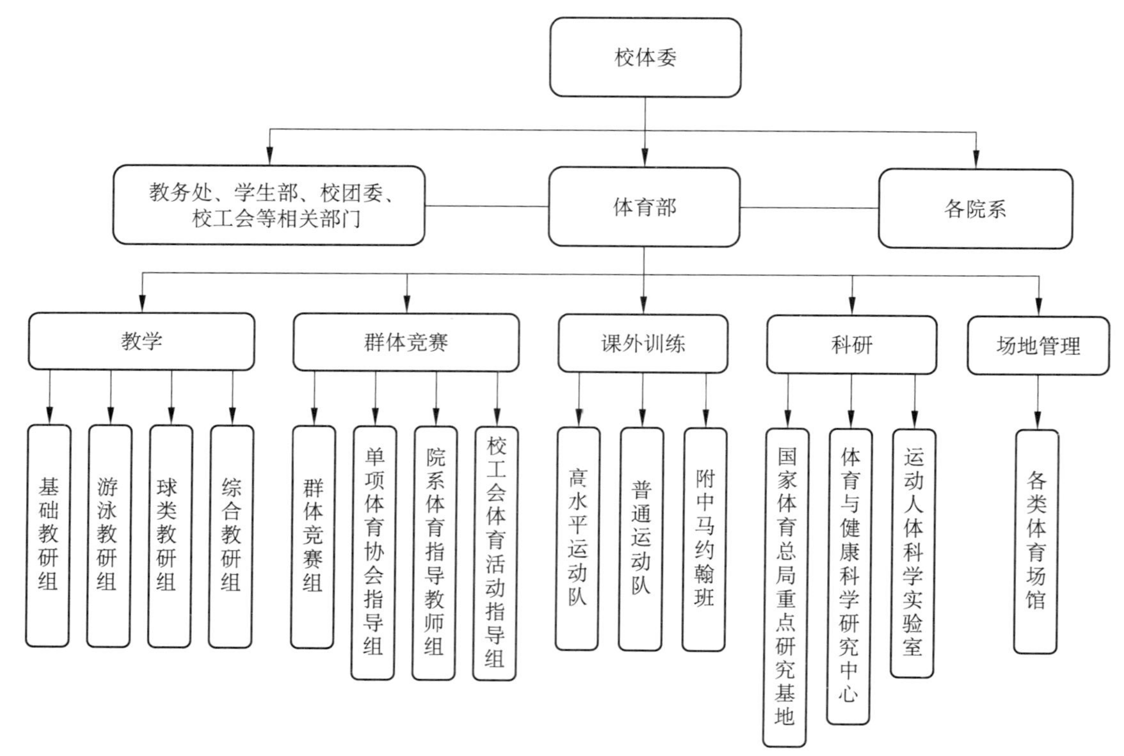

图 6-1-1 清华大学体育管理体制示意图

二、体育部

（一）历史沿革

体育部作为清华大学体育工作的职能部门，肩负着推广体育运动、改进学生健康、增强学生体质的重要职责，在秉承优良体育传统的过程中不断发展壮大。

1912 年体育部正式成立。体育部前两任主任都为获得博士学位的美国人：休梅克（Dr. Shoemaker）和布雷斯（Dr. K. Brace）。1914 年马约翰来清华工作，从 1920 年开始担任体育部主任，一直到 1966 年始终是清华体育工作的具体管理者和推动者。1925 年，马约翰赴美攻读硕士学位，发表论文《体育的迁移价值》。1936 年，中国参加第一届奥运会的运动员在清华集训，马约翰任中国田径队总教练，夏翔任教练。

1952 年院系调整后，体育部改称体育教研组，马约翰继续担任主任，清华体育蓬勃发展，“为祖国健康工作五十年”等口号深入人心。

1966 年马约翰先生逝世。从 1966 年至 1976 年间体育教研组未任命主任。

1976 年由夏翔担任体育教研组主任。1979 年，体育课率先在全校恢复教学秩序，群众性体育活动积极开展，清华优良体育传统重新得到发扬。1983 年体育教研组更名为体育教研室，夏翔继续担任主任至 1986 年。后由刘华轩在 1986 年至 1991 年主持工作，曹宝源 1991 年至 1993 年担任体育教研室主任。

1994 年体育教研室更名为体育教研部，先后由陈伟强和王培勇担任主任。这一时期学校体育工作得到了快速发展，体育教研部在教学、科研、高水平运动队等几个方面都取得了显著成绩。1994 年开始试办高水平运动队，1996 年成立体育与健康科学研究中心，1998 年和 2002 年分别建立体育学硕士点和博士点，2004 年“大学体育”被评为国家级精品课程。

2008 年，体育教研部重新更名为体育部，恢复了建校之初的名称。2008 年体育部全面参与北京奥运会：5 名在校学生参加比赛；26 名教师参加裁判、教练及服务工作；清华综合体育馆与游泳馆作为奥运会独立训练场馆。2009 年清华大学被评为“全国群体先进单位”，2009 年建成博士后流动站。2010 年体育学被评为一级学科，2010 年全年体育部全体教师积极参与为百年校庆而创作的团体操《清华颂》的排练工作。

至 2010 年，体育部历任 8 位主任（历届主任及其任期见表 6-1-2），1983 年后的体育部党支部（党总支）书记先后由刘华轩、王毅、郑秀媛、张威、张荣国、张冰、仇军、刘波担任。

表 6-1-2 体育部历届主任（1912—2010）

部门名称	主 任	任 期
体育部（1912—1952）	Dr. Shoemaker（休梅克）	1912—1918
	Dr. K. Brace（布雷斯）	1918—1920
	马约翰	1920—1952
体育教研组（1952—1983）	马约翰	1952—1966
	夏 翔	1976—1983
体育教研室（1983—1993）	夏 翔	1983—1986
	刘华轩（主持工作）	1986—1991
	曹宝源	1991—1993
体育教研部（1994—2007）	陈伟强	1994—1997
	王培勇	1997—2000
	陈伟强	2000—2007
体育部（2008— ）	陈伟强	2008—

（二）师资状况

1912年至1952年，体育部负责全校学生的体育课教学和课外体育活动指导，教师人数逐年增加。1912年教师仅有2人；1918年增至5人；1926年有教授马约翰、曹霖生、郝更生，以及教员李剑秋等2人；1936年，有教授马约翰、讲师涂文、教员夏翔等3人，助教1人；1945年，有教授马约翰，讲师黄中孚等2人，教员夏翔等10人，助教3人；1948年，有教授马约翰、夏翔，以及讲师马启伟等3人，教员王英杰等4人，助教4人。

1952年至1966年，马约翰于1953年当选为全国体育总会副主席，1956年任主席，在第一、第二两届全国运动会上他都是总裁判。这一时期的体育教师中，有国际级裁判王维屏，国家级裁判王英杰、夏翔、翟家钧。1976年后，体育教研组内有教授王英杰、夏翔、杨道崇、王维屏、翟家钧、林伯榕等。1993年，体育教研室有教师57人，其中教授有曹宝源、刘华轩等7人，副教授16人，讲师28人，助教6人。至2010年，体育部有在职教师58人，其中：教授10人，副教授32人，讲师14人，助教2人；研究生以上学历30人，其中博士研究生11人（3人在国外取得博士学位），硕士研究生17人，本科学历25人，双学位学历5人；博士生导师4人，硕士生导师9人；教师中有国际级裁判6人，另聘请国内知名教练5人。体育部的教授、在职国际级裁判（含著名裁判）及国家队教练见表6-1-3至表6-1-5。

表 6-1-3　体育部教授名单

姓名（聘任时间）	姓名（聘任时间）	姓名（聘任时间）
马约翰（1914—1966 去世）	郝更生（1926—1930 调出）	曹霖生（1926 聘任）
夏　翔（1947—1991 去世）	王英杰（1961—1986 离休）	杨道崇（1980—1986 离休）
王维屏（1980—1987 离休）	翟家钧（1983—1987 离休）	林伯榕（1987—1987 离休）
曹宝源（1987—1995 退休）	陈蒂侨（1989—1999 退休）	刘华轩（1990—1995 退休）
胡贵增（1991—1999 退休）	刘儒义（1992—1996 退休）	郑秀瑗（1993—1995 退休）
尹嘉瑞（1993—1996 退休）	陈兆康（1994—2000 退休）	郑继圣（1996—1997 退休）
马俊英（1997—2002 退休）	于　芬（1997—　）	王培勇（1997—　）
周长炎（1999—2002 退休）	张　威（1999—　）	仇　军（2000—　）
陈伟强（2002—　）	颜天民（2004—2006 调出）	陈小平（2005—2010 调出）
孙葆洁（2005—　）	李　庆（2006—　）	张　冰（2007—　）
赵　青（2009—　）	高　全（2010—　）	

表 6-1-4　在职国际级和著名国家级裁判名单

姓名	项目	裁判级别	所获荣誉
孙葆洁	足球	国际级	9次获得中超（甲A）联赛金哨（最佳裁判）；被高检评为“2010年度中国正义人物”
王　欣	乒乓球	国际级	2008年北京奥运会优秀裁判
刘　爽	击剑	国际级	2008年北京奥运会先进工作者；花剑、佩剑均为国际级裁判
周　涛	艺术体操	国际级	
周小菁	艺术体操	国际级	
刘静民	板球	国际级	
陈伟强	田径	国家级	担任2008年北京奥运会田径比赛总裁判长

表 6-1-5　国家队教练名单

姓　名	项　目	担任时间	所获荣誉
李　庆	田径（短跑）	2008	2008 年北京奥运会国家队教练员
曹振水	田径（中长跑）	2008	2008 年北京奥运会国家队教练员

（三）教学与课程设置

1. 1911 年—1952 年

清华学校时期，学生毕业前，必须通过最低标准之五项运动（游泳、百码、跳高、跳远、掷铁球），如有任何一项不及格，扣发毕业文凭，取消当年留学资格。同时采取了一些强制性措施，如“强迫运动”等，培养学生锻炼身体的习惯；其间还广泛举行和参加各项体育比赛和体育活动，并修建先进的体育设施，为学生锻炼提供良好的条件，使学校体育运动蔚然成风。清华从 1919 年西体育馆落成之后，开始施行正规化体育课教学。中、高科（共 8 年）每周 4 节体育课，均为必修。从 1925 年开始，体育课的课时由每周 4 小时改为 2 小时，但是同时施行 2 小时军训，强度并未减弱。体育课在教师的直接指导下进行计划教学，有目的有要求。室内课包括体操（徒手和器械）、游戏（篮、排、垒球）和武术；室外课包括田径、球类和障碍等（游泳馆建成后，又增加了游泳课）。

国立清华大学时期，学校体育教学和课程的目的是：使学生获得健康；对学生进行品德教育。具体任务为：使学生获得全面发展；掌握必要的生活技能（指游泳）；掌握自卫技能（指武术）；发展一两项专长和爱好。体育课规定四年必修，每周 2 学时，凡缺课超过三分之一者，视为体育不及格，必须补修，否则不得毕业。体育课的教材，按运动分类，如速度、技巧、力量、耐力、平衡等，均依其难易程度分为甲、乙、丙、丁四组。一年级体育教学使用丁组教材，二年级使用丙组教材，以此类推。并进行体格测量、体格检查和体力测验，对于有病的学生，经医生证明可以免修体育；对于体弱和患慢性病的学生，设有体弱班，在教师辅导下进行体疗和锻炼。

西南联大时期，因战时各方面条件很差，体育教学等受到了客观条件的限制，但是体育课的良好传统依然得到了保持。西南联大十分重视体育课，并通过体育课，培养学生参加体育活动的习惯，掌握在各种条件下从事身体活动的方法和手段。体育课本身就是锻炼身体、培养和提高基本能力与素质的过程，为此从一年级到四年级都必修体育课，每周 2 学时。分别在文理学院、工学院和师范学院上课。虽然不计学分，但体育不及格，必须重修。

1946 年清华大学复员北平，体育课仍为四年必修，并恢复了体格测量、体格检查和体力测验等科目。

2. 1952 年—1960 年

1953 年全校开始实行劳动卫国制度，分为预备级、一级、二级。全校召开动员大会，并以班为单位，制订体育锻炼计划，班内分成小组进行锻炼。这一时期的体育课程的设置沿袭了过去重视体育教学的清华传统，按年级、专业进行分班授课。一年级开设综合课，教材以田径、体操、球类和“劳卫制”规定项目为主要内容，配合季节性的游泳和滑冰；二年级开设综合与专项结合课；三、四年级开设专项课、提高课。专项课的开设，根据场地、器材和师资力量，由学生按照开课项目提出选课要求，然后经各教学组平衡而确定。教学组织形式是由学生按选项跨系跨班编班教学，提高班是由从专项课中选择出的水平突出的学生组成。体育部专门成立课外运动委员会对学生的体育锻炼进行指导，体协还成立了领导女同学锻炼的活动组，专门研究和解决女同学的锻炼问题。1957 年 11 月 29 日，蒋南翔校长在清华体育干部会上发表讲话，“体育活动是学校活动的一个重要部分。因为体育不但能够增强人的体质，而且能够锻炼人的意志和毅力……我希望每个同学在大学毕业后要争取至少为祖国工作五十年。”此后，“为祖国健康工作五十年”的口号激励了一代又一代的清华人。

3．1960 年—1966 年

1960 年至 1962 年，由于国家经济困难，学生营养不足，体质下降，体育课根据当时的实际情况开设了“气功保健课”和“太极拳保健课”，以增强学生体质。1961 年恢复原先的体育课教学方式，一、二、三、四年级全都开课，但运动量适当减小。1963 年至 1966 年，随着经济发展的恢复和“教育改革”的进行，体育课的全部课程和运动量又逐步恢复到 1960 年之前的水平。据 1963 年 12 月 2 日的《新清华》报道，学校出台“五项锻炼标准”，分别为 60 米跑、立定跳远、引体向上、掷铅球或手榴弹、1 500 米跑或游泳，以使学生在体育锻炼方面有一定的标准可循。这一时期，“人人锻炼、天天锻炼”成为清华体育发展的基本目标。

4．1966 年—1977 年

“文化大革命”期间，先是学校“停课闹革命”，体育课也不例外；后是实行“开门办学”，体育教师被分派到各系，带着一些像球类等便携的体育器材跟着学生一起去工厂，在工地上进行体育教学和指导活动。这个时期，清华的体育教学和课程处于瘫痪状态。

5．1977 年—1999 年

这一时期，在改革开放的大好形势下，清华体育教学等各方面得到了长足发展。

1977 年 3 月至 1979 年 3 月，为解决本校体育教师不足和社会上体育师资短缺，学校开办了一期“体育师资班（大专）”，共招收了 29 名学生。学习期满毕业后，4 人留任体育教研组，1 人分配至附中担任体育教师。

1977 年 9 月新学期开学后，体育课改为三年，一年级是以学生班级为教学单位，教学内容以“国家锻炼标准”项目为主，辅以田径、体操、武术等部分项目；二、三年级开设专项课，个别项目设提高班。

1986 年至 1988 年，体育教学和课程设置方面略有调整。先是体育教研室进行内部机构调整，下设田径、体操武术、球类三个教研组。田径组负责一年级教学，体操武术组负责二年级教学，球类组负责三年级教学。后又恢复了“女生课教研组”。1989 年 9 月，为研究生开设体育选修课。所设项目：乒乓球、羽毛球、网球、足球、艺术体操、健美操、游泳、国际舞蹈、保健等。

1992 年至 1999 年，体育教学和课程设置围绕着提高教学质量进行改革与完善。一年级时全面打好学生的体能基础，提高体育意识；二年级实行四级教学制，对不同体能的学生因材施教；三年级时学生较全面地掌握一个专项的基本理论、技术、技能，为以后锻炼打好基础；对于体弱、病、残的学生开设保健课，以改善学生的身心状态。在教学管理方面，实行集体备课，编写印发《教学大纲》等，严格、规范化的管理使体育教学质量更上了一个台阶。

6. 1999 年—2010 年

1999 年秋季学期开始，体育课以必修的形式贯穿学生本科四年全过程，并要求学生要掌握“一拳一操”；2007 年增大研究生体育选修的课容量；2008 年秋季学期，为一、二年级国防班学生单独开设体育课；2008 年秋季学期起至今，加强一年级学生课内学习与课外锻炼的有机结合，实施以班级为单位集体长跑活动及身体素质等锻炼项目并与体育课挂钩，课外锻炼成绩占体育课成绩的 10%。

当学校进行本科生培养方案调整，将大部分本科生的培养年限由 5 年改为 4 年时，本科生体育课却由原来的 3 年必修改为贯穿本科 1～4 年级的全过程的“4＋3＋1”课程教学模式，即第 1～4 学期为必修，每学期 1 学分；第 5～7 学期为限选，第 8 学期为任选。体育课学分不够或不通过者不能本科毕业及获得学士学位。体育课每学期 16 周，每周 2 学时。同时明确规定本科生四年体育课必须通过 3 000 米跑的考核（女生 1 500 米）。

学校第 23 次教育工作讨论会后，大力推进体育课程教学模式的改革力度。为适应出国交换生越来越多的情况，提出了“4＋2＋2”的体育课程教学模式。“4”是指一至二年级共 4 个学期的必修课；“2”是指三年级共 2 个学期的限选课；第二个“2”是指四年级共 2 个学期的选修课。2010 年 6 月，“4＋2＋2”的体育课程教学模式正式建立和实施。

为达到体育教学目标，充分发挥学生的主体作用和教师的主导作用，实行“三自主”选课形式。学生在一定的条件下，自主选择课项、上课时间和任课教师。根据学校的总体要求和体育课程的自身规律，采用分层次教学、男女合班上课和跨年级上课，以满足不同兴趣、不同水平和不同层次学生的需要。理论知识与实践的结合，在运动实践中注意渗透相关理论知识，运用多种形式和现代化教学手段，安排约 10%的理论教学内容，提高学生的体育知识面和认知能力。对部分患有慢性病和病后、手术恢复期的男女学生开设指导康复、保健为主的适应性体疗课。

这一时期的体育课程有范围广、数量大、内容多、质量高四大特点。范围广：从 1989 年为研究生开设体育选修课以来，体育课程逐渐覆盖了所有在校就读学生；数量大：已开设了 50 多个项目的体育课，不断有新的体育活动项目进入课堂；内容多：这些体育课程涉及众多的体育项目，不仅包括足球、篮球、羽毛球、乒乓球、健美操、太极拳等传统项目，还包括同学们在生活中接触机会较少的赛艇、毽球、空手道、艺术体操、野外生存、跳水、板球、飞镖、瑜伽、划艇等项目，满足了学生多方面的要求；质量高：体育课程的开设经过长时间的摸索，受到了学生的广泛好评。教师中拥有博士和硕士学位者占全体教师人数近百分之五十，也有知名运动员，他们授课水平高，对体育文化有独到的见解并拥有一定的学科研究能力。

2001 年《为祖国培养身心健康的高层次人才——体育教学改革理论与实践》获得北京市教育教学成果一等奖；2003 年，“游泳教学课”被评为北京市精品课程；2004 年，“大学体育”被评为国家级精品课程；2006 年获“清华大学教学成果一等奖”；2006 年清华大学被北京市教育委员会授予贯彻《学校体育条例》“优秀学校”称号；2008 年和 2010 年获“清华大学教学成果二等奖”；2009 年彭建敏获“清华大学第三届青年教师教学大赛”文科外语组一等奖；2010 年周小菁获“清华大学第四届青年教师教学大赛”文科外语组一等奖、董刚获二等奖。

（四）科研与学科建设

1. 科研与学科发展

清华学校建校之初即重视体育科研工作，主要是进行“体育实效试验法”。体育部结合教学，每学年都对学生进行体格检查，根据检查情况，安排体育课教学和指导学生课外体育运动。体格检查包括：身体测量、体力测验、体能测验和体育处方。每学年初对全体学生进行全面检查，并建立详细记录和档案。经过体格检查，身体发育“不良”的学生，必须参加矫正课，在教师指导下进行体育矫正。体力测验项目是：肺活量、右手握力、左手握力、背力、背腿力、引体向上、双臂推起等。体能测验包括：齐胸单杠腾越、爬绳15英尺、鱼跃前滚翻、跳远14英尺、100码（后又增加了游泳20码），又称“五项测验”。

马约翰先后完成的科研论文有：《体育历程十四年》和《体育的迁移价值》，是其1919年和1925年两次去美国春田学院进修时的学位论文，用英文写成。还在《清华周刊》《清华大学校刊》上发表了《对清华体育的意见》《足球队训练图》《改进时期的清华之体育》《中国青年体育之重要》等文章。

1949年至1966年，体育教研组结合教学开展科研，每学年初和学年末都对上体育课的学生进行形态、机能和素质方面的检测，根据学生的体质状况有计划、有针对性地开设体育医疗、身体素质基础、专项技术、专项技术提高等课，1959年起推行了《课外体育锻炼周志》，使教学与科研相互促进。此外，王英杰参加了国家体委关于“劳卫制”徒手体操（四套）和第一、二、三套广播体操的编辑工作；王维屏、翟家钧、林伯榕等编写了指导“劳卫制”锻炼的手册。这一时期马约翰在《新体育》等刊物上发表《我们对体育应有的认识》《健康与体育运动》《和青年谈体育锻炼》《和〈新体育〉记者的谈话》等文章。

1966年至1976年的十年间，体育科研受到严重冲击，全停了下来。

1977年后体育科研逐步恢复发展。1980年初，成立了第一个学生体质研究小组，对1980级和1982级12个班组的学生，进行跟踪调查和综合研究。调查项目有身高、体重、肺活量、血压、脉搏、心率、身体素质、运动能力、学习负担、课外运动、睡眠情况等39项。又以所得资料同全国大学生，以及日本、美国、加拿大、苏联等10多个国家大学生的体质状况进行对比分析，为提高体育教学、开展体育科研提供了数据。

1985年，经学校批准由无线电电子学系、力学系和体育教研室联合组建了人体运动信息与检测分析研究室，该研究室设在无线电电子学系，后改隶属电机工程与应用电子技术系。1986年成立了体育科研领导小组，制订了研究计划与相应的政策。为提高体育的科研能力，先后有3人出国留学，8人在本校读第二学位，1人读硕士研究生。1987年，体育教研室组建了体育科研研究室，下设：人体运动生理生化检测分析组、人体运动力学检测分析组、学生体质与健康研究组、计算机组、录像组。1986年至1993年，体育教研室借助清华大学的理工科优势，运用现代化科学技术手段开展人体运动训练研究，使广大青年学生更加科学地进行体育锻炼，以提高体质水平与运动技能。在这期间，先后承担了国家教委、国家体委委托的体育科研项目，其中“红外光点运动分析系统”“多种训练与测力装置”已通过鉴定，“三维人体重心测试系统”“鞍马技术动作分析”“田径运动中跳高的高速摄影分析”“中国学生体质与健康研究”等项均已完成。北京市教育局委托的“中国大学生体育合格标准管理系统软件”于1992年底通过鉴定，已投入使用。

20世纪90年代中期以来，学校提出了将体育纳入学科建设的轨道，这是体育教学规范化、体育管理科学化、群体活动系统化、运动竞技国际化的要求。体育学科的建设，发挥了学校多学科综合优势，以“入主流、有特色、高起点、开放性”为指导方针，大力推动跨学科的体育科研基地和研究生培养基地建设，以重大项目的研究带动学科建设，以研究生的培养促进学科建设，充分运用学校“985”项目建设的支持。1996年成立“清华大学体育与健康科学研究中心”，1998年获得“体育教育训练学”硕士学位授予权，1999年学校“985”一期投入500万元用于体育学科建设，2003年又获得“运动人体科学”和“体育人文社会学”2个硕士学位授予权和1个“体育教育训练学”博士学位授予权（清华大学是国内第一个申请到体育博士点的普通高校）。“九五”期间，体育部还申请到国家体育总局的“体育人文社会科学重点研究基地”（在国家体育总局首批评定批准的6个体育社会科学重点研究基地中，清华大学是这些基地单位中唯一的非体育专业学校）和清华大学的“运动人体科学重点实验室”，建立了比较完备的体育科研平台，在此基础上，先后获得“国家社会科学基金”等40多项科研立项课题经费400余万元，先后获得国家科技进步二等奖1项，体育总局一等奖1项，教育部科技进步二等奖1项，国家体育总局三等奖2项。每年国内外发表各类学术论文50多篇，迄今在国内外专业期刊发表论文近500多篇，其中SCI发表论文3篇，EI发表论文4篇。近几年体育部的重要科研成果包括：

《中国正常人人体惯性参数测定与统计》，1998年获国家科技进步奖二等奖，课题负责人郑秀瑗、刘静民等。

《体育人口的实证研究》，2004年获北京市哲学社会学优秀成果奖一等奖，课题负责人仇军。

《我国普通高校培养德智体全面发展的国家级学生运动员的试验与研究》，2006年获国家体育总局体育社会科学研究优秀成果二等奖，课题负责人陈希。

《举办2008年奥运会与我国社会经济发展关系研究》，2010年获北京市第十一届哲学社会科学优秀成果一等奖，课题负责人陈希、仇军等。

2. 研究生培养

体育部所培养的研究生在学籍上归属于人文社会科学学院。截至2010年，共有博士生导师5名，硕士生导师5名，共招收76名研究生（博士30、硕士46名）。博士生导师包括：陈希、仇军、王培勇、李庆、张冰；硕士生导师包括：陈伟强、赖柳明、刘静民、刘波、马新东。体育部共设三个学科方向：体育教育训练学、体育人文社会学和运动人体科学。

3. 对外交流

体育在清华具有举足轻重的地位，早期的清华大学在经费紧张的时候，曾经选派马约翰前赴美国春田学院进行访学，正是由于这段访学经历，马约翰撰写了《论体育的迁移价值》等中国体育教育史上具有重要影响的文章。马约翰担任体育部主任的时候，亦努力推荐夏翔赴美国进修。

在20世纪90年代后半期，将体育纳入到全校学科建设轨道中来以后，体育部教师的对外交流开始变得空前活跃，近年来，体育部外派教师出国访学交流的有11人。此外，还在学校的层面遴选了个别青年教师出国深造。近年来，清华大学体育部依照学校的有关方针，与国外的相关学校相关院系建立了合作关系，签订了交流合作协议（见表6-1-6）。清华大学体育部还注重与台湾、香港两地同行的交流，2006年，台湾体育协会代表团来清华大学做了学术交流，台湾体育专业研究生与清华大学体育专业研究生作了论文发表的交流，每年双方互派教师交换访问。

表6-1-6　体育部与国外院校签订友好交流协议情况

友好学校与院系	协议签订年份	合作交流意向
英国布鲁诺大学体育教育系	2005	教师交流互访
英国拉夫堡大学体育学院	2006	教师交流互访
美国佛罗里达大学人类健康与行为学院	2007	教师交流互访、学生交流
日本早稻田大学	2009	教师交流互访、学生联合培养

三、体育代表队

（一）发展概况

清华大学体育代表队有着优良的传统，学校从创建伊始就十分重视校园体育活动的开展和优秀体育人才的培养。从1912年起，由学生中的体育爱好者和积极分子组成年级和学校各类运动队，1920年有篮球队、网球队、足球队、棒球队、游泳队、滑冰队、田径队等。1928年后，随着女生的增加，有了女篮和女排。清华的田径、足球、篮球和棒球等运动队在华北地区乃至全国的比赛中均取得过优异成绩。

1954年初，根据蒋南翔校长提出的“要在普及的基础上提高，在提高的指导下广泛深入地开展体育运动”的方针，清华体育代表队正式成立，包括8支队伍：田径队、男子技巧队、女子技巧队、足球队、男子篮球队、女子篮球队、男子排球队和女子排球队，各代表队队员大都是德、智、体全面发展的三好学生。

1958年，体育代表队增加到28支，有田径队、体操队、游泳队、举重队、男子篮球队、女子篮球队、男子排球队、女子排球队、足球队、男子手球队、女子手球队、男子棒球队、女子垒球队、男子乒乓球队、女子乒乓球队、男子羽毛球队、女子羽毛球队、冰球队、网球队、冰上运动队、男子自行车队、女子自行车队、摩托车队、航海多项队、无线电报务队、射击队、舰艇队、棋类队等。同年9月“清华大学民兵师”成立后，随着民兵活动的开展，摩托车、射击、航海多项、无线电报务、跳伞及舰艇模型、航空模型等国防体育在清华开展起来。1958年底，为了保证和促进体育代表队员更好地德、智、体全面发展，学校决定将各体育代表队集中管理。队员们集中住宿，统一饭厅用餐，成立单独的党团组织，业务学习和体育训练由体育领导小组统一管理。1959年，体育代表队增加到38个队，队员人数达450多人。

1960年冬，面对严重经济困难，体育代表队减少一半，以确保重点体育项目。1963年下半年，体育代表队数量有所增加，运动量也逐渐增大。到1965年，有田径、男篮、女篮、男排、女排、乒乓球、手球、羽毛球、体操、游泳、冰上运动、自行车、击剑、武术、射击、摩托、航海多项、无线电报务、无线电测向、无线电多项、足球、冰球、棒球、举重、女子垒球等25个代表队。

从1954年到1965年，各体育代表队共培养出国家级运动健将11人，培养一级运动员20余名。1966年6月，“文化大革命”开始后体育代表队解体。1970年，工农兵学员进校后，为应付对外体育比赛，曾恢复某些体育代表队，但由于“开门办学”，无法有计划地坚持正常训练。

1976年以后，经过“拨乱反正”，恢复了体育代表队员集中食宿、单独建立党团组织的集中管理制度。到1991年有田径、篮球、足球、排球、手球、乒乓球、游泳、体操、武术、击剑、举重11个项目的代表队。

1988年9月，学校获得国家教委和国家体委批准“试办高水平运动队”，创办了体育科技专业（1992年改为机械电子工程专业），招收有体育特长的学生，学制为五年。同年，学校与北京体育学院试行联合培养双学位学生，共招收了8名高水平的运动员学生。

1994年，清华在培养运动员的体制上进行了改革，开始培养高水平运动员。1997年第八届全国运动会和1999年世界大学生运动会的赛场上首次出现清华学生的身影。1997年清华跳水队的成立和1999年射击队、赛艇队的复建，是清华体育的又一次突破。跳水队在泛太平洋运动会上扬威，射击队在亚洲青年锦标赛上独占鳌头，赛艇队在国内和世界名校赛场上屡创佳绩，使清华大学体育代表队的足迹走得更远。篮球、足球、排球等队更是在北京高校赛场乃至全国大学生比赛中充分展示了清华大学体育代表队和清华人的风采，为学校争得了荣誉。清华自己培养的学生不断在全国乃至国际赛场摘金夺银，标志着清华体育代表队的竞技水平迈上了一个新台阶，确立了其在全国高校中的领先地位。

1997 年，为了更好地对代表队进行管理并发挥代表队在群体中的作用，将不同项目根据定位不同分为 A、B、C 三类，并鼓励普通学生参加 C 类队，使队伍规模迅速扩大，代表队队员人数增加到 350 多人。

2005 年，在第十届全国运动会上，清华学生运动员取得 4 块金牌、5 块银牌；在第 23 届世界大学生运动会上，胡凯和王颖获得了百米和三级跳两块金牌；赛艇队在清华—北大对抗赛中以总比分 13∶5 的成绩领先，并在世界大学生赛艇锦标赛中崭露头角。2006 年，清华 4 名学生运动员参加多哈亚运会，获得了 4 金 1 银 1 铜。2008 年北京奥运会赛场上首次出现了胡凯、刘青、李翔宇和曹逸飞 4 名清华学生的身影。同时，田径队已保持首都高校田径运动会十四连冠的好成绩。这些成绩掀起了社会对清华“体教结合”的广泛关注。

清华大学体育代表队以“全面发展、育人至上、体魄与人格并重”为理念，倡导“体教结合”的教育方针，努力培养德智体美全面发展的学生运动员。到 2010 年有 34 支学生体育代表队，分为 A、B、C 三类队伍，包括 26 个项目，共有 500 多名学生运动员，是全国高校中规模最大最完整的学校体育代表队之一。

A 类队是以学生运动员为主的高水平运动队，肩负着培养国家级的高素质学生运动员、争取在国际国内比赛上为国为校争光的使命，包括射击、赛艇、田径、男篮、跳水等运动项目，队员集中编班进行学习、集中住宿管理。

B 类队以普通学生运动员为主，是按照全国大学生运动会所设的比赛项目所建立，主要有游泳、女篮、排球、健美操等，队员按体育特长生政策招生，在各院系与普通大学生一同上课、住宿。

C 类队成员主要是在校的普通学生，具有广泛的群众基础，包括乒乓球、武术、击剑、登山、轮滑、棒球、羽毛球、网球、手球、健美、围棋、中国象棋、国际象棋、桥牌等项目。

2010 年清华大学体育代表队队伍情况见表 6-1-7。

表 6-1-7　2010 年清华大学体育代表队队伍情况

队伍类别	队 别	队员人数	教 练 员
A （149 人）	田径队	女 29 男 54	康德周　高　全　曹振水　王光林　吴小五　李　庆　那树森 马汝平　杜　超　焦保忠　王俊林　刘瑛慧　周玉波　王嘉陵
	篮球男队	24	李　波
	赛艇队	21	赵卫星　李荣华
	射击队	21	张秋萍　刘　伟　高　静
B （88 人）	游泳女队	9	王　烨
	游泳男队	8	肖　龙
	篮球女队	10	马为民
	健美操队	8	周　涛
	排球女队	16	赵　青
	排球男队	13	刘铁一
	足球男队	24	孙葆洁

续表

队伍类别	队 别	队员人数	教 练 员
C（291人）	乒乓球队	12	王 欣
	武术队	11	王玉林
	棒球队	20	彭寿义
	足球女队	20	许淑文
	网球队	10	孙建国 邢 玉
	羽毛球队	6	陆 淳 姜 来
	围棋队	6	肖 龙
	国际象棋队	8	邵怀月
	中国象棋队	10	彭寿义
	桥牌队	7	邓辅仁
	攀岩队	10	颜彬航
	登山队	14	罗 申
	击剑队	16	刘 爽
	手球队	14	刘银斌
	定向越野队	10	陈 涵
	台球队	10	张 亮
	男子篮球二队	15	张颖洁
	健美队	19	张新贵
	男子排球二队	12	刘铁一
	中长跑二队	16	周玉波
	跆拳道队	10	张会景
	板球队	23	刘静民
	腰旗橄榄球	12	董 刚
合计	34支队伍	528	

（二）参加国内外竞赛成绩

1912年至1948年，在校际竞赛方面，清华运动员参加过的重要运动会有三角运动会、华北运动会、全国运动会和远东运动会。

1912年10月，北京学界举行运动会，得分最多的三校——清华、协和、汇文发起三角运动会。从1912年至1918年三校每年举行一次运动会，共举行七届，清华运动员取得六届总分第一、一届总分第二。

华北运动会从1913年至1934年共举行18届，前14届以学校为单位，清华组队参加了第一至十一届和第十三届，其中共获7次总分第一、2次总分第二、1次总分第三，共有57人次取得单项冠军。1931年第十五届起改以省市为单位组队，清华运动员作为北平队员参赛，有7人次取得单项冠军。

全国运动会从1910年至1935年共举行过6届。清华运动员代表华北或北平参加了第二至第六届的比赛，共取得 11 枚金牌、5 枚银牌、8 枚铜牌和 1 个第四名，其中黄元道在 1914 年的第二届全国运动会中一人独得 4 枚金牌（高栏、低栏、十项全能和个人总分）；罗庆隆、张龄佳和彭永馨在 1933 年的第五届全国运动会上分别打破了 800 米、铁饼和标枪的全国纪录。

远东运动会亦称远东的奥林匹克运动会。第一届于 1913 年 2 月在菲律宾马尼拉举行，清华有 6 名运动员被选为中国田径代表队员参加比赛。潘文炳获十项运动第一名、五项运动第二名、跳远第三名，黄元道获 120 码高栏第二名，杨锦魁获撑竿跳高第三名，叶桂馥获 880 码第三名，关宋韬获接力第二名，潘文炳还荣获个人总分第一。第二届于 1915 年 5 月在上海举行，清华 3 名田径运动员和 3 名网球运动员被选为中国代表队队员参加比赛。黄元道获 120 码高栏第一名、220 码低栏第二名、撑竿跳高第三名、十项全能第三名，凌达杨获跳高第二名，曹懋德、巫振英、洪锡麟参加的中国网球队获团体赛殿军。第三届于 1917 年 5 月在日本东京举行，清华 6 名运动员被选为中国田径代表队队员，孟继懋获铅球第三名，程树仁获标枪第三名。第四届于 1919 年 5 月在马尼拉举行，清华 7 名运动员被选为中国田径队队员，时昭涵获跳高第二名、十项运动第三名，孟继懋获铅球第二名、铁饼第三名。第五届于 1921 年 5 月在上海举行，清华有 8 名田径运动员、2 名篮球运动员被选为中国代表队队员，篮球运动员孙立人、邓建飞所在的中国篮球队夺得了冠军，孙立人为主力队员之一。第六届于 1923 年在日本大阪举行，清华运动员 1 人被选入中国田径队。第七届于 1925 年 5 月在马尼拉举行，清华运动员 3 人被选为中国田径代表队队员参赛。

1949 年至 1966 年，清华运动员积极参加了北京市、北京高校举行的历届各项运动会，如北京市田径、体操比赛大会、北京高校田径运动会、高校越野赛、高校竞走赛、高校体操赛、高校举重赛、高校自行车赛、高校篮球赛、高校排球赛、高校足球赛、高校网球赛、高校击剑赛、高校冰上运动会、北京航海多项运动会、北京摩托车比赛、北京业余无线电收发报比赛，高校射击比赛、北京舰艇模型比赛，以及各项棋类比赛，西郊高校排球、手球、棒球、垒球比赛等，还参加了全国运动会，都取得了较好的成绩。

1954 年，在北京市第一届田径、体操比赛大会上，清华运动员张学俊（百米 11″3）、王兆钰（800 米 2′09″）、徐克明（200 米低栏 27″5）破北京市纪录。

1955 年，清华冰球队获北京市冠军。

1958 年，在第四届北京高校运动会上，清华运动员陈全安破男子跳远北京市纪录，长跑运动员李作英、蓬铁权分别以 2:32′54″和 2:32′55″破马拉松全国纪录；在郑州举行的全国丙级联赛中，清华女篮获第六名。

1959 年，在济南举行的全国丙级联赛中，清华男篮获第三名；冰上运动员赵希正在全国冰上运动会上获花样滑冰运动健将；在第五届北京高校运动会上，清华运动员获男子、女子、男女团体总分三项冠军，在 39 项单项比赛中获 26 项冠军、5 项亚军。这一年，清华有 31 人代表高校参加北京市运动会，胡方钢三级跳远以 14.77 米的成绩破北京市纪录；有 18 名运动员被选入北京市代表队，参加第一届全国运动会，何浩获摩托车 50 公里赛第一名、100 公里赛第二名，温以德参加的女子 4×400 米接力赛获第三名，郑洽余参加的棒球队获冠军，陈丰、凌保珍参加的垒球队获冠军，关仁卿参加的足球队获第三名，全年对外体育比赛，在 44 项比赛中获 33 项冠军。

1963 年，自行车运动员张立华在 5 月、6 月间，两次破行进间 200 米、1 500 米全国纪录，荣获“运动健将”称号；10 月在北京市运动会上清华有 27 名运动员入选高校代表队。

1964 年，自行车运动员张立华在 3 次比赛中六破全国纪录。

1965 年，清华冰上运动队在高校冰上运动会上的 12 项比赛中，获 9 项冠军。张立华、胡方钢、丁志胜（田径）、李延龄（举重）、张久功（摩托车）代表北京市参加第二届全国运动会，张立华自行车又三破全国纪录，获三项冠军；张久功获摩托车60公里团体赛冠军。1966年，清华运动员在北京各高校的24项比赛中有18项名列前三名，在第十届北京高校运动会上的40项比赛中获21项冠军。

1976年以后，清华体育得到很快恢复与发展，涌现了一批既有较高运动水平，又能做到德、智、体全面发展的优秀代表队队员，在校际体育比赛中为学校赢得了荣誉。有代表性的队员包括：陈希，化工系硕士生，在校学习期间在100米、200米和400米项目上获得5次高校冠军；陈刚，化工系博士生，在校学习期间蝉联六届高校男子十项全能冠军。

1988年起，一批具有较高运动水平的运动员入校学习，攻读第二学位，他们在第三届全国大学生运动会上为北京高校也为清华获得“校长杯”作出了贡献。1990年，化学系学生郑丽娟在亚运会上获得1 500米冠军。

1994年，清华建立高水平田径队，陆续招收了一批国家级运动员，1996年以后，高水平运动员的培养以“体教结合”的模式为主，随着高水平射击队、赛艇队和篮球队的建立或复建，清华的“体教结合”逐渐摸索出了一条符合学校实际的道路。至2010年已培养了48名运动健将（含9名国际级运动健将），并在一系列专业比赛和世界大学生比赛中取得好成绩，近年来清华体育代表队取得的重要成绩、培养健将名单以及田径和游泳项目的校最高纪录如表6-1-8至表6-1-16所示。

表6-1-8　体育代表队团队大型综合竞赛成绩

赛事名称	成绩
2001年第九届全运会	1铜
2005年第十届全运会	4金5银
2005年第23届世界大学生运动会	2金2铜
2006年多哈亚运会	4金1银1铜
2007年第24届世界大学生运动会	1金1银1铜
2008年北京奥运会	5人参赛
2009年第十一届全运会	1金1银1铜
全国大学生田径锦标赛	6次团体冠军
北京市高校田径运动会	1994年以来14次冠军
清华—北大赛艇对抗赛	15赛9胜
2010年全国大学生篮球联赛（CUBA）	第三名（东北赛区冠军）

表6-1-9　近十年来参加国内外重要赛事竞赛成绩

赛事名称	姓名	项目	成绩	名次
2001年第九届全运会	梁　彤	男子跳高	2.24米	季军
2005年第23届世界大学生运动会	胡　凯	男子百米	10″30	冠军
	王　颖	女子三级跳远	14.12米	冠军
	刘　青	女子1 500米	4′12″76	季军
	赵　玥	女排		季军

续表

赛事名称	姓名	项目	成绩	名次
2005年第十届全运会	刘　青	女子800米	1′59″74	冠军
		女子1 500米	4′04″	冠军
	李翔宇	男子800米	1′48″21	冠军
	李光明	男子800米	1′49″23	亚军
	梁　彤	男子跳高	2.21米	亚军
	王晓旭	男子400米	46″44	亚军
	王　颖	女子三级跳远	13.96米	亚军
	刘天佑	男子小口径3×40	99.4环	冠军
		男子十米气步枪	700环	亚军
2006年多哈亚运会	刘天佑	男子十米气步枪团体	1 786环	冠军
		男子十米气步枪个人	102.8环	冠军
		男子50米气步枪3×40团体	1 266.4环	冠军
	胡　凯	男子4×100米接力	39″62	季军
2007年第24届世界大学生运动会	廖　莎	女子10米气步枪团体	1 188环	冠军
		女子10米气步枪个人	396环	亚军
	王晓旭	4×100米接力	39″30	季军
	杜　兵	4×100米接力	39″30	季军
2009年第十一届全运会	李翔宇	男子800米	1′49″19	冠军

表6-1-10　2008年北京奥运会清华学生参赛名单

姓名	参赛项目	成绩
胡　凯	男子4×100米接力	进入决赛
	男子100米	第十名
刘　青	女子800米	未进决赛
	女子1 500米	未进决赛
李翔宇	男子800米	未进决赛
曹逸飞	男子10米气步枪	第十三名
赵颖慧	女子10米气步枪	未进决赛

表6-1-11　历届北京市高校田径运动会清华团体名次（1955—2010）

届次	时间	地点	男团名次	女团名次	男女团名次
1	1955-10	北京钢铁学院	2	2	亚军
2	1956-05	中国人民大学	4	3	无
3	1957-07	清华大学	4	3	第四名
4	1958-05	北京矿业学院	3	6	无
5	1959-05	北京石油学院	1	1	冠军

续表

届次	时　间	地　点	男团名次	女团名次	男女团名次
6	1960-05	北京航空学院	1	2	冠军
7	1963-05	北京大学	1	1	冠军
8	1964-05	北京师范大学	1	1	冠军
9	1965-05	北京工业学院	1	1	冠军
10	1966-05	北京地质学院	1	1	冠军
11	1972-09	清华大学	2	1	冠军
12	1973-05	北京邮电学院	1	1	冠军
13	1974-05	北京师范学院	2	3	第三名
14	1975-05	北京钢铁学院	2	1	亚军
15	1976-05	北京师范大学	1	1	冠军
16	1977-05	北京航空学院	1	3	冠军
17	1978-05	北京大学	1	3	第三名
18	1979-05	北京工业学院	4	5	第四名
19	1980-05	北京钢铁学院	2	4	第三名
20	1981-05	清华大学	1	2	亚军
21	1982-05	北京师范大学	2	3	亚军
22	1983-05	北京第二外国语学院	1	2	亚军
23	1984-05	北京对外贸易学院	1	2	冠军
24	1985-05	北京林学院	1	2	冠军
25	1986-10	北京工业学院	2	3	亚军
26	1987-05	北京体育学院	2	3	第三名
27	1988-05	清华大学	2	2	亚军
28	1990-05	北京大学	3	4	第四名
29	1991-05	北京科技大学	3	3	亚军
30	1992-05	北京理工大学	4	3	亚军
31	1993-05	北京师范大学	3	3	第三名
32	1994-05	北京林业大学	2	3	第三名
33	1995-05	北京先农坛体育场	1	1	冠军
34	1996-05	北京体育大学	1	1	冠军
35	1997-06	清华大学	1	1	冠军
36	1998-05	北京体育师范学院	1	1	冠军
37	1999-05	首都师范大学	1	1	冠军
38	2000-05	北京工业大学	1	1	冠军
39	2001-05	清华大学	1	2	冠军
40	2002-05	北京科技大学	1	2	冠军

续表

届次	时　间	地　点	男团名次	女团名次	男女团名次
41	2003-10	北京北方交通大学	1	2	冠军
42	2004-05	北京航空航天大学	1	2	冠军
43	2005-05	北京师范大学	1	2	冠军
44	2006-05	北京农学院	1	2	冠军
45	2007-05	北京邮电大学	1	3	冠军
46	2008-05	北京林业大学	1	3	冠军
47	2009-05	北京航空航天大学	2	2	亚军
48	2010-05	北京吉利大学	2	1	冠军

表 6-1-12　1994 年前 11 名健将名录

姓　名	项　目	姓　名	项　目
蓬铁权	男子马拉松	赵希人	男子花样滑冰
李作英	男子马拉松	陈铭忠	男子跳高
张立华	男子自行车	李延龄	男子举重
胡方钢	男子三级跳远	陈　丰	女子垒球
姚若萍	女子跳高	李友琴	女子垒球
关仁卿	男子足球		

表 6-1-13　1994 年—2010 年培养健将情况（带 * 为国际级健将）

姓　名	性别	项　目	时间	姓　名	性别	项　目	时间
张　军 *	男	男子 20 000 米竞走	1994	朱姗姗	女	100 米、200 米	2000
陈建国	男	100 米、200 米	1995	曹雪征	男	100 米	2001
赵　凡	女	跳远	1995	曲正超	男	十项全能	2001
戚　震	男	200 米、110 米栏	1996	张　雷	男	铅球	2002
安　虎	男	5 000 米、10 000 米	1997	胡　凯 *	男	100 米	2002
张立军	男	1 500 米	1997	段力滔	男	800 米	2003
李　恒	男	登山	1997	御彦捷	男	10 000 米、20 000 米竞走	2003
张　昵	女	100 米栏	1997	崔志利	男	20 000 米竞走	2003
梁　彤	男	跳高	1998	王　颖	女	三级跳远、七项全能	2003
丁晓丽	女	七项全能	1998	刘　青 *	女	800 米、1 500 米	2003
成育红	女	200 米、400 米	1999	刘万松	男	三级跳远	2003
赵　然	男	三级跳远	1999	耿　毅	男	三级跳远	2003
刘　涛	男	三级跳远	1999	武立强	男	三级跳远	2004
付艳龙	男	5 000 米	1999	赵厚君	男	5 000 米	2004
李光明	男	800 米、1 500 米	1999	张　璐	女	110 米栏	2004
刘　戎	男	400 米	1999	杜　兵	男	100 米	2004

续表

姓　名	性别	项　目	时间	姓　名	性别	项　目	时间
冯　蕊	女	5 000 米竞走	2004	侯　博	男	100 米	2007
李翔宇	男	800 米	2005	孙立冰	男	100 米	2008
王晓旭	男	400 米	2005	刘　通	男	400 米	2008
曹逸飞 *	男	10 米气步枪	2005	郑　骁	男	200 米	2009
刘天佑 *	男	10 米气步枪	2005	魏　征	男	标枪	2009
孙　鑫 *	女	10 米气步枪	2006	孙　妍	女	三级跳远	2009
杨笑蕾 *	女	10 米气步枪	2006	王　宇 *	男	跳高	2010
佟怡臻 *	女	10 米气步枪	2006	李佩璟 *	女	50 米步枪三姿	2010
臧凤敏	女	5 000 米	2007				

表 6-1-14　不同时期清华大学田径最高纪录（男子）

项　目	1966 年		1993 年		2010 年	
	成绩	姓名	成绩	姓名	成绩	姓名
100 米	10″9	胡方钢	10″7	冈　岗	10″24	胡　凯
200 米	22″4	胡方钢	21″7	冈　岗	20″57	胡　凯
400 米	50″3	吴建时	49″1	宋卫星	46″28	王晓旭
800 米	1′55″4	吴建时	1′55″4	吴建时	1′46″45	李翔宇
1 500 米	4′11″7	蓬铁权	4′01″7	聂小春	3′48″1	李光明
3 000 米	9′00″4	施永长	8′58″7	王宝康		（无）
5 000 米	15′44″2	施永长	15′41″7	沈继业	14′00″	赵厚军
10 000 米	33′16″6	施永长	32′48″	刘继革	28′58″40	安　虎
110 米栏	15″8	黄纪敦	15″	付小艺	13″70	戚　震
400 米栏	57″1	郭宝地	56″7	李洪斌	51″96	李奕坤
3 000 米障碍	10′10″	周汝泰	9′56″1	沈继业	8′39″	梁　晓
4×100 米接力	43″1	校　队	43″1	校　队	40″45	校　队
4×400 米接力	3′28″9	校　队	3′26″6	校　队	3″12″94	校　队
跳高	1.93 米	陈铭忠	2.06 米	张劲东	2.28 米	王　宇
跳远	7.16 米	陈全安	7.20 米	林　征	7.69 米	赵　然
三级跳远	15.38 米	胡方钢	15.38 米	胡方钢	16.59 米	马　乐
撑竿跳高	3.92 米	蔡诗国 蒋先川	4.46 米	李国光	4.46 米	李国光
铅球	12.94 米	张闻遂	15.86 米	石　坚	17.14 米	张　雷
铁饼	39.50 米	沈保清	43.8 米	石　坚	53.40 米	陈信龙
标枪	59.85 米	赵振声	64.68 米	李剑波	73.51 米	魏　征
链球	40.98 米	储闻韶	48.38 米	张　洪	53.18 米	王晓龙
十项全能	4 637	苏成修	6009	陈　刚	7206 分	曲正超
10 000 米竞走	50′37″3	王焕良	43′59″	赵建平	40′49″	张　军
20 000 米竞走	1:48′50″	黄德赐	1:37′45″	高建波	1:23′05″	崔志利

说明：电动计时和手动计时经过换算后取成绩好的为校纪录。

表 6-1-15 不同时期清华大学田径最高纪录（女子）

项 目	1966 年		1993 年		2010 年	
	成 绩	姓 名	成 绩	姓 名	成 绩	姓 名
100 米	12″6	丁志胜	12″3	刘英敏	11″69	朱杰飞
200 米	26″9	温以德	26″1	祁文梅	23″7	朱姗姗
400 米	1′03″	刘光敏	58″9	姚海涛	54″83	成育红
800 米	2′39″	刘光敏	2′13″9	姚海涛	1′59″96	刘 青
1 500 米			4′48″	周 清	4′4″	刘 青
3 000 米			10′36″4	周 清		（无）
5 000 米			18′59″4	李栋娟	16′06″	臧凤敏
10 000 米					34′19″	臧凤敏
100 米栏			14″6	祁文梅	13″35	纪方纤
400 米栏			1′06″5	关素芹	1′01″16	史小川
4×100 米接力	51″2	校 队	50″3	校 队	46″51	校 队
4×400 米接力			4′05″4	校 队	3′49″8	校 队
跳 高	1.60 米	姚若萍	1.73 米	葛 华	1.81 米	刘 婧
跳 远	5.59 米	丁志胜			6.44 米	王 颖
三级跳远					14.12 米	王 颖
铅 球	11.85 米	孙仁先	14.36 米	贺晓艳	15.43 米	梁 萌
铁 饼	34.39 米	李芝玲	44.48 米	史 兵	51.02 米	张 莹
标 枪	33.73 米	陶贻园	48.02 米	侯美艳	55.22 米	张 丰
七项全能			4318	威 丽	5218 分	丁晓丽
5 000 米竞走			27′51″3	黄 欣	23′26″1	冯 蕊

说明：电动计时和手动计时经过换算后取成绩好的为校纪录。

表 6-1-16 清华大学游泳最高纪录（截至 2010 年）

男子项目	成 绩	姓 名	女子项目	成 绩	姓 名
50 米自由泳	24″80	马 川	50 米自由泳	28″28	李菁华
100 米自由泳	54″29	马 川	100 米自由泳	1′01″65	张 婧
200 米自由泳	2′03″40	蔡心驰	200 米自由泳	2′16″49	张 婧
400 米自由泳	4′27″49	彭永胜	400 米自由泳	5′02″33	张宜彬
1500 米自由泳	18′32″	宋 济	800 米自由泳	10′05″21	张 婧
50 米蛙泳	30″26	王凯峰	50 米蛙泳	33″40	刘 瑶
100 米蛙泳	1′08″56	王凯峰	100 米蛙泳	1′19″00	刘 瑶
200 米蛙泳	2′33″52	王凯峰	200 米蛙泳	2′52″42	刘 瑶
50 米蝶泳	26″70	单欣昌	50 米蝶泳	31″72	唐铮铮
100 米蝶泳	58″80	姜 朔	100 米蝶泳	1′08″09	吴 航
200 米蝶泳	2′13″61	姜 朔	200 米蝶泳	2′37″00	吴 航
50 米仰泳	28″85	孟 澄	50 米仰泳	33″11	朱 琪

续表

男子项目	成绩	姓名	女子项目	成绩	姓名
100米仰泳	1′02″90	刘晨阳	100米仰泳	1′11″30	王丹薇
200米仰泳	2′19″70	刘晨阳	200米仰泳	2′34″17	张宜彬
200米混合泳	2′12″74	姜　朔	200米混合泳	2′36″94	张宜彬
400米混合泳	4′47″80	姜　朔	400米混合泳	5′29″53	张宜彬
4×100米自由泳接力	3′42″28	校　队	4×100米自由泳接力	4′17″18	校　队
4×100米混合泳接力	4′03″89	校　队	4×100米混合泳接力	4′46″56	校　队

四、学生课外体育活动

（一）学生课外体育锻炼

1912年体育部成立之初，大部分学生对体育锻炼尚无认识，还不习惯。为了督促学生参加体育锻炼，养成爱好体育锻炼的好习惯，学校于1913年前后开始实行“强迫运动”，通过行政手段和教师的检查督促，要求学生必须参加每天下午四点到五点的体育锻炼。同时为了培养学生的良好锻炼习惯，规定每天早晨集体做早操，呼吸新鲜空气，称为“呼吸运动”；到了寒冷冬季，改为跑步，称为“跑操”。由于采取了这些举措，广大学生逐渐养成了爱好体育锻炼的习惯，1919年后虽取消了“强迫运动”，但一到课余体育锻炼时间，大家便涌向操场和体育馆，根据自己的爱好和特长进行锻炼。这一良好校风一直继承下来，且有所发展。

1949年后，为了进一步推进学生的体育锻炼，翌年初首先试行“劳动与卫国制度”，简称“劳卫制”。这年暑假在留校学生中施行“体育锻炼标准”，锻炼测验项目有短跑100米、跳高、投掷手榴弹、游泳，有80%的留校同学会游泳，并通过锻炼标准。

1952年10月，毛泽东主席向全国发出“发展体育运动，增强人民体质”的号召，鼓舞了广大学生开展体育锻炼的热情。蒋南翔校长到校后，重视学生体育锻炼，积极推行“劳卫制”，全校各班学生组成锻炼小组，有组织地每天进行一小时的体育锻炼。按照“劳卫制”锻炼标准，边锻炼，边测验。1955年6月，举行颁发劳卫制证章大会，由蒋南翔校长和国家体委代表颁发，有877名学生获得劳卫制证章，其中二级合格者319人，一级合格者588人，此外还为1 478人颁发了北京市“劳卫制”预备级合格证章。其时有80%以上的学生参加劳卫制锻炼，成立了660多个锻炼小组。

1957年，蒋南翔校长“争取健康地为祖国工作五十年”的号召，成为全校学生积极开展体育锻炼的巨大推动力。1958年4月，开展“体育锻炼跃进月”活动。年底，全校学生基本上都通过了“劳卫制”一级（或二级）；二级运动员由前一年的100多名增至200多名，一级运动员由前一年的3名增至18名。

1960年至1962年，全国处在三年困难时期，学生体育锻炼本着“按热量办事”的原则，暂停大运动量项目的锻炼，仍坚持适量的体育运动。

1977年后，开始试行国家体委颁发的《体育锻炼标准》；1980年起正式推行修订后的《国家体育锻炼标准》。1986年，第18次校长工作会议通过《清华大学关于加强体育工作的决定》，推动了学生体育锻炼进一步开展。低年级以达到《国家体育锻炼标准》为主要内容，高年级和研究生的课外锻炼，在达标后以开展小型多样的锻炼为主。各种球类及武术、气功、韵律操、健美运动等都是学生爱好的锻炼项目。

在历次有关部门对《国家体育锻炼标准》的“达标”验收检查中，清华及格率和优秀率都在全国高校中居于领先地位，多次被评为北京市“国家体育锻炼标准”达标先进单位，受到表彰。1988 年，清华大学被评为北京市高校群体活动先进学校。1991 年，再次被评为北京市高校群体活动先进学校，主管体育工作的副校长周远清被评为群体达标先进校校长，受到市体委、市高教局的表彰。

进入 21 世纪，形成了以“马约翰杯”为龙头，以体育竞赛为主线的课外锻炼体系。“马约翰杯”各项赛事从每年的 9 月份开始，到次年 4 月份结束，贯穿全年。采取以院系、班级为单位，覆盖全体学生，包括篮球、足球、排球、羽毛球、乒乓球、棒垒球等 40 余个竞赛。每学年组织的单项竞赛活动 1 000 多场，有约 4.5 万人次参加各种竞赛活动。在“马约翰杯”各单项赛事的基础上，新生运动会、北京国际马拉松赛和校庆期间的“马约翰杯”学生田径运动会，已是学校每学年的固定赛事和主要赛事。其中，每年 10 月的北京国际马拉松比赛是清华的特色赛事，并连续获得北京高校组第一名和优秀组织奖。与此同时，学校还组织了全校性的研究生长跑活动、“一二·九”学生长跑活动、迎奥运全校学生长跑活动及全校班级运动会等丰富多彩的学生群众体育活动。

2006 年 12 月教育部、国家体育总局和共青团中央决定结合《学生体质健康标准》的全面实施，在全国各级各类学校中广泛、深入地开展全国亿万学生阳光体育运动。2007 年 5 月 7 日，中共中央、国务院印发了《关于加强青少年体育增强青少年体质的意见》，充分体现了党中央、国务院对广大青少年学生体质健康的高度重视和巨大关怀。清华认真贯彻落实中央 7 号文件精神，认真执行《学生体质健康标准》，建立了“学生体质健康测试中心”，并根据教育部的有关规定进行测试和上报测试数据。

2009 年，国家体育总局授予清华大学“2005—2008 年度全国群众体育先进单位”；2010 年体育部群体竞赛组获“清华大学先进集体”称号。

（二）学生课外竞赛体系

1913 年至 1948 年间，除遇到特殊情况外，清华每年都举行田径运动会。由于时间一般放在校庆期间举行，故清华学校时期都称为“周年运动会”，由各年级学生选出代表参加比赛。1928 年后改称为“全校运动会”，以院系为竞赛单位，选派代表参赛。此外，这一时期还常有各年级间、院系间、师生之间的各种小型多样的球类比赛，以篮球、网球、棒球等最为盛行，特别是称为“斗牛”的一种篮球打法很是普及。

1949 年以后，学校照例每年举行全校田径运动会。1953 年 5 月始，称为“第一届全校田径运动会”（1984 年后称为“马约翰杯学生田径运动会”），此后依次排列届序。1961 年、1962 年正值我国遭遇严重经济困难，1967 年至 1969 年又逢“停课闹革命”，因此没有举行全校田径运动会。1953 年至 2010 年，田径运动会已经举行 53 届。

1985 年，清华大学研究生运动会诞生。此后每年 4 月中下旬，研究生运动会都成为清华研究生体育交流的一大盛事。这项赛事一直持续到了 2001 年 90 周年校庆年，为了整合校庆活动，2001 年，校体育教研部、校团委、校学生会、校研究生会商讨决定把“马约翰杯”学生运动会和研究生运动会合并，并改名为“清华大学 2000—2001 学年马约翰杯学生运动会暨研究生运动会”，所以 2001 年至 2008 年研究生运动会没有再单独举办。随着研究生规模的扩大，为更好地为研究生营造积极锻炼的氛围，2008 年秋，研究生运动会复办。此后每年研究生运动会在秋天举办，复办后规模在逐年扩大，每年吸引全校所有院系的三千余名研究生参加。

1987 年始，由于全校田径运动会参赛院系和人数增多，按照条件接近进行分组（甲组、乙组）比赛；1998 年始，又增加丙组，直到 2002 年以后取消。从 1997—1998 学年度起，全校田径运动会增加了群体项目和越野赛，扩展赛事后统称为“马约翰杯学生运动会”，但田径赛事每年校庆时集中进行，称为“马约翰杯学生田径运动会”，其余赛事贯穿全年，田径赛事的成绩得分计入马约翰杯学生运动会的团体总分排名。马约翰杯学生运动会 1998—1999 学年度纳入了 14 个大项，1999—2000 学年度纳入了 24 个运动项目和 3 个表演项目。经过十多年的不懈努力，马约翰杯学生运动会各项竞赛机制已基本成熟，共有将近 40 个运动项目，几乎包括了校园内能够开展的、有群众基础的所有运动项目。

马约翰杯学生运动会 2010 年的竞赛项目包括（共 35 个子项目）：田径、游泳、男子篮球、女子篮球、男子三对三篮球（以班级组队参赛）、女子三对三篮球（以班级组队参赛）、男子排球、女子排球、男子足球、女子足球、男子五对五足球（以班级组队参赛）、棒球（男）、垒球（女）、乒乓球、羽毛球、网球、武术、散手、沙滩排球、健美（男）、健美操、中国象棋、围棋、国际象棋、桥牌、台球、手球（男）、定向越野、马拉松、保龄球、攀岩、毽绳、群体项目、轮滑、新生运动会等比赛。研究生单列竞赛项目：射击、射箭、砂壶球、保龄球、游泳、群体项目。

2010 年的竞赛分组原则：凡本科人数在 500 人以上的系为甲组（美术学院除外）；500 人以下的系为乙组。研究生的分组亦随此分组。甲组（12 个院系）：电子系、计算机系、精仪系、电机系、土木系、工物系、物理系、化工系、自动化系、建筑学院、经管学院、生物系。乙组（20 个院系）：水电系、环境学院、热能系、汽车系、美术学院、工业工程系、航天航空学院、材料系、人文社科学院、机械系、新闻学院、软件学院、数学系、化学系、法学院、医学院、深圳研究生院、核研院、公管学院、微电子所。

至 2010 年，已形成以“马约翰杯”为龙头，以竞赛为主线，以单项体育协会和体育课所开设的项目为主要竞赛内容，以包含新生运动会、马拉松越野赛和研究生各项赛事等为支撑，贯穿全年的竞赛体系。

1953 年以后的历届学生田径运动会和马约翰杯学生运动会团体名次一览见表 6-1-17 和表 6-1-18。

表 6-1-17　全校田径运动会（马约翰杯学生田径运动会）团体名次（1953—2010）

届次	年份	组别	第一名	第二名	第三名
1	1953		土木系	石油系	水利系
2	1954		土木系	水利系	机械系
3	1955		机械系	土木系	水利系
4	1956		机械系	土木系	动力系
5	1957		机械系	土木系	动力系
6	1958		机械系	电机系	土木系
7	1959		电机系和自控系		
8	1960		工物系和工化系		
9	1963		机械系与冶金系（联合）		

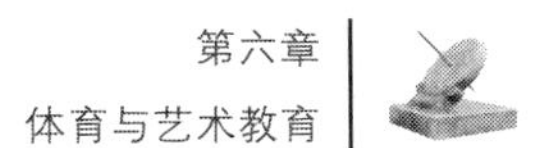

续表

届次	年份	组别	第一名	第二名	第三名
10	1964		机械系与冶金系（联合）	土木建筑系	自控系
11	1965		工程化学系	动力农机系	自控系
12	1966		工程化学系	动力农机系	精仪系
13	1970				
14	1971				
15	1972		机械系（男子组） 电子工程系（女子组）		
16	1973		电子工程系		
17	1974				
18	1975				
19	1976		自动化系	化工系	电子工程系
20	1977		建工系	化工系	机械制造系
21	1978		化工系	建工系	机械制造系
22	1979		化工系	无线电电子学系	精仪系
23	1980		化工系	无线电电子学系	自动化系
24	1981		化工系		
25	1982		化工系	精仪系	土木与工程环境系
26	1983		化工系	无线电电子学系	自动化系
27	1984		化工系		
28	1985		化工系	无线电电子学系	自动化系
29	1986		化工系	无线电电子学系	自动化系
30	1987	甲组	无线电电子学系	化工系	自动化系
		乙组	土木系	环境系	建工系
31	1988	甲组	自动化系	化工系	无线电电子学系
		乙组	土木系	建筑学院	力学系
32	1989	甲组	自动化系		
		乙组	土木系		
33	1990	甲组	自动化系	精仪系	化工系
		乙组	土木系	环境系	计算机系
34	1991	甲组	自动化系	精仪系	计算机系
		乙组	环境系	工物系	建筑学院
35	1992	甲组	精仪系	自动化系	
		乙组	环境系	工物系	
36	1993	甲组	精仪系		
		乙组	建筑学院	环境系	

续表

届次	年份	组别	第一名	第二名	第三名
37	1994	甲组	精仪系	自动化系	计算机系
		乙组	经管学院	建筑学院	力学系
38	1995	甲组	精仪系		
		乙组	经管学院		
39	1996	甲组	自动化系		
		乙组	经管学院		
40	1997	甲组	自动化系	经管学院	精仪系
		乙组	建筑学院	力学系	环境系
41	1998	甲组	经管学院	自动化系	计算机系
		乙组	建筑学院	环境系	力学系
		丙组	化学系	生物系	外语系
42	1999	甲组	经管学院		
		乙组	建筑学院		
		丙组	物理系		
43	2000	甲组	经管学院	自动化系	计算机系
		乙组	建筑学院	土木系	力学系
		丙组	人文社科学院	物理系	法学院
44	2001	甲组	经管学院	自动化系	精仪系
		乙组	土木系	物理系	环境系
		丙组	法学院	生物系	数学系
45	2002	甲组	经管学院	自动化系	建筑学院
		乙组	汽车系	环境系	力学系
46	2003	甲组	经管学院	建筑学院	自动化系
		乙组	汽车系	物理系	医学院
47	2004	甲组	经管学院	自动化系	化工系
		乙组	汽车系	水电系	机械系
48	2005	甲组	经管学院	自动化系	建筑学院
		乙组	环境系	航院	材料系
49	2006	甲组	经管学院	自动化系	电子系
		乙组	环境系	汽车系	航院
50	2007	甲组	经管学院	计算机	建筑学院
		乙组	环境系	水电系	航院
51	2008	甲组	经管学院	自动化系	计算机系
		乙组	水电系	环境系	汽车系

续表

届次	年份	组别	第一名	第二名	第三名
52	2009	甲组	经管学院	自动化系	计算机系
		乙组	水电系	环境系	航院
53	2010	甲组	自动化系	经管学院	精仪系
		乙组	水电系	环境系	汽车系

表 6-1-18　马约翰杯学生运动会团体名次（1997—1998 学年至 2009—2010 学年）

学　年	组别	第一名	第二名	第三名
1997—1998	甲组	（未计算团体总分）		
	乙组	（未计算团体总分）		
1998—1999	甲组	经管学院	自动化系	计算机系
	乙组	建筑学院	环境系	力学系
1999—2000	甲组	经管学院		
	乙组	建筑学院		
2000—2001	甲组	经管学院	建筑学院	自动化系
	乙组	汽车系	热能系	力学系
2001—2002	甲组	经管学院	建筑学院	自动化系
	乙组	汽车系	热能系	力学系
2002—2003	甲组	经管学院	电子系	建筑学院
	乙组	物理系	汽车系	环境系
2003—2004	甲组	经管学院	电子系	精仪系
	乙组	汽车系	材料系	水电系
2004—2005	甲组	经管学院	自动化系	计算机系
	乙组	环境系	材料系	热能系
2005—2006	甲组	经管学院	电子系	自动化系
	乙组	汽车系	环境系	航院
2006—2007	甲组	经管学院	自动化系	电子系
	乙组	环境系	汽车系	水电系
2007—2008	甲组	经管学院	自动化系	电子系
	乙组	环境系	汽车系	水电系
2008—2009	甲组	经管学院	自动化系	电子系
	乙组	汽车系	环境系	水电系
2009—2010	甲组	经管学院	电子系	自动化系
	乙组	水电系	环境系	汽车系

（三）体育类社团协会

清华大学自建校伊始就注重推行德、智、体三育并举，要求学生全面发展，在清华学堂时期，对于体育，清华注意普及与提高并重，自1912年起成立体育会，校内各类运动会蓬勃展开，“以竞争的方法促运动的进步”。体育会组织同学们举行各类球类和田径比赛。

国立清华大学时期，学校体育会开始按照不同的体育项目分化为不同的体育社团，比如长跑会、鱼翔社（游泳）等。

西南联大时期，清华学生依然积极开展各种体育活动，学生中有“黑桃”“金刚”“铁马”等体育会的组织。其中，垒球组织较为活跃。社团不仅仅对学生的体育技能的发展与团队精神的形成起到良好的促进作用，还促进了当地体育文化氛围的营造，昆明市许多市民组织或厂矿之间进行的体育比赛，都请清华大学各类体育会组织的学生骨干和指导教师担任裁判或组织者。

院系调整后的清华大学，各项体育活动非常活跃，但体育社团活动并不丰富。

改革开放以来，校园文化建设不断加强，各类社团蓬勃发展，清华大学的体育社团以名目丰富、参与人数众多著称。体育社团文化是学校体育文化中一个不可缺少的组成部分。

截至2010年，在学校109个学生社团中，体育类社团有33个，约占三分之一，列各类社团之首，这些体育社团在丰富同学们的课余生活、活跃校园氛围等方面发挥了重大作用，有些新兴运动的体育社团，如板球协会、定向越野协会等社团还承担着在清华大学乃至北京地区推广新兴运动的责任。一些发展规模较大、组织成熟的社团还组织校内外的体育项目比赛，成为“马约翰杯”的重要补充，如羽毛球协会举办的清华大学俱乐部杯联谊赛，保龄球协会举办的海淀区高校师生保龄球联谊赛等。在2006年的全校社团评比中，共有20家社团被评为学校首届五星级社团，其中有4个体育类协会榜上有名，分别是：山野协会、国际象棋协会、跆拳道协会、马拉松爱好者协会。体育部的相关教师承担与个人专项相关的社团的技术指导，为同学们的业余锻炼提供科学的指导。2010年体育协会指导教师组长为陆淳，组员包括彭寿义、张颖洁、许淑文、张继东，具体的协会指导教师见表6-1-19。

表6-1-19　2010年清华大学体育社团一览表

序号	协会名称	指导教师	序号	协会名称	指导教师
1	篮球协会	张颖洁	18	板球协会	彭寿义
2	羽毛球协会	陆　淳	19	绿茵协会	许淑文
3	围棋协会	彭寿义	20	网球协会	许淑文
4	游泳协会	许淑文	21	吴氏太极拳研究会	张继东
5	排球协会	陆　淳	22	马拉松协会	许淑文
6	跆拳道协会	张会景	23	铁人三项协会	肖　龙
7	定向越野协会	张颖洁	24	中国象棋协会	彭寿义
8	四国军棋协会	彭寿义	25	街舞文化协会	彭建敏
9	跳水协会	于　芬	26	武术协会	张继东
10	击剑协会	刘　爽	27	健美协会	张颖洁
11	毽球协会	张继东	28	保龄球协会	张颖洁
12	健美操协会	张颖洁	29	棒垒球协会	彭寿义
13	国际象棋协会	彭寿义	30	台球协会	张继东
14	轮滑协会	许淑文	31	山野协会	张颖洁
15	桥牌协会	彭寿义	32	乒乓球协会	张继东
16	太极拳协会	张继东	33	空手道协会	张继东
17	滑雪协会	李成伟			

五、体育设施

（一）体育场馆概况

学校共有各类体育场馆面积 21 万平方米，主要分布在东操、西操、北操和紫荆公寓四个区域，为全校的体育课教学、学生课外锻炼和比赛提供了比较好的条件。各类场馆及面积统计见表 6-1-20。

表 6-1-20　各类场馆面积统计（2010）

区　域	场馆名称	数　量	面积（平方米）
东 操	东大操场	1（足、田）	24 625
	东操篮排球场	26	12 608
	东操投掷场	1	6 499
	东操棒球场	2	6 700
	东操网球场	13	6 208
西 操	西大操场	1（足、田）	16 168
	西操手球场	1	1 599
	西操篮球场	2	1 599
	西操体能训练场	1	1 875
北 操	北操足球场	3	29 085
	北操沙滩排球场	4	2 250
	北操篮球场	7	6 844
	北操旱冰场	1	2 904
紫荆公寓	紫荆公寓足球场	1	19 458
	紫荆公寓篮球场	10	6 535
	紫荆公寓排球场	7	2 505
	紫荆公寓网球场	14	11 502
室内场馆	游泳馆	1	8 000
	射击馆	1	11 000
	东操跑廊	1	1 800
	西体育馆	1	8 938
	综合体育馆	1	12 000
	气膜馆	1	4 000
室外游泳池	西湖游泳池	2	14 616
室外总面积			173 380
室内总面积			45 738
室内外总面积			219 118

（二）体育馆与体育活动中心

1. 西体育馆

清华第一个体育馆西区体育馆，位于校园西北部、清华第一个运动场西大操场的西侧，是清华早期四大建筑之一。西区体育馆分为前馆和后馆两部分。前馆建于 1916 年至 1919 年，由墨菲设计，泰来洋行施工，外表采用西方古典形式，馆前有陶立克式花岗岩柱廊；后馆建于 1931 年至 1932 年，建筑设施与前馆巧妙相接，建筑风格浑然一体。

前馆初建时，被称为“罗斯福纪念馆”，馆外柱廊内还曾嵌有美国总统罗斯福的头像和纪念碑文，解放后被作为国耻残迹彻底清除。前馆建成后，馆内有篮球场、手球场、80 码悬空跑道以及各种运动器械；此外还有暖气、热气干燥设备；特别是附设的室内游泳池，实行池水水源消毒，十分清洁卫生。所有这些在当时的中国高校中是仅有的，甚至在美国大学中也不多见。在相当长的时间里，清华体育馆曾是中国最先进的健身房。

1937 年“七七事变”后，整个体育馆遭日本侵略军的严重破坏，馆内体育器械无存。1946 年 10 月，学校复员回到清华园后，对体育馆进行了修整，添置了器械，全馆勉强可用。1949 年后，此馆经过大力修复，恢复旧貌，成为全校学生体育活动的一个重要馆所。1954 年 10 月，毛泽东主席曾来此馆室内游泳池游泳，断断续续达一个冬季。1987 年以前清华体育部都以此馆为教学活动中心，在此办公。

2009 年 1 月开始对西体育馆进行加固维修，其中游泳馆被改建成“清华体育荣誉室”。

2. 综合体育馆

综合体育馆位于清华大学东北区主楼中轴线上，总建筑面积 12 600 平方米，观众席位 4 500 个，主体建筑由两根 108 米跨度的变截面钢筋混凝土大拱悬吊桁架铝镁合金屋面，造型新颖，体现体育馆建筑的精神和力量。比赛大厅的灯光选用英国索恩公司的比赛照明设备，可满足国际比赛和现场电视转播的要求。综合体育馆内设裁判室、检录室、运动员休息室和兴奋剂检验室等多种功能用房。可满足篮球、排球、体操等多项体育竞赛项目的需要。

综合体育馆于 2000 年建成，为 2001 年第 21 届世界大学生运动会男篮比赛场馆，2008 年为北京奥运会男篮和轮椅篮球训练场馆。2001 年综合体育馆被命名为“曹光彪体育馆”。

3. 游泳馆

游泳馆位于清华大学东北区主楼中轴线上，总的建筑面积 9 700 平方米，总观众席位 1 208 个，主体建筑采用钢网架大跨度与铝镁合金屋面，造型新颖、曲线流畅，富有动感。比赛大厅的灯光选用英国索恩公司的比赛照明设备，可满足国际比赛和现场电视转播的要求。在场馆东侧，有一块 60 平方米的单面双彩屏电子计时记分牌。可及时向观众和运动员传送比分。游泳馆可满足游泳、跳水、水球等比赛需要。

游泳馆于 2000 年建成，为 2001 年第 21 届世界大学生运动会跳水比赛场馆，2008 年为北京奥运会跳水和水球训练场馆。2004 年被命名为“陈明游泳馆”。

4. 东区体育活动中心

1987 年，在东田径场西侧建清华大学体育活动中心，建筑面积 4 500 多平方米，上有 5 000

个座位的看台，看台下为两层楼房的体育馆，内有 4 条 150 米塑胶跑道、健美训练室、形体训练室、综合力量训练室、计算机房、录像制作和放映室、器材出借室，以及教室、办公室、会议室和接待室等。建成后，体育教研室在此办公，再加上周围各室外运动场地，这里也就成为全校学生体育活动的中心。

5. 保龄球练习馆

保龄球练习馆，1999 年由学校饮食中心投资改建，是在东操附近增加的一项为学生服务的新项目。共有 8 个球道，机型为 AMF8800。馆内西侧是一个台球室，有三张台球桌。从 2004 年开始保龄球练习馆由体育部负责管理，为学生教学和教职工锻炼提供了良好的条件，2010 年因学校发展需要改建为量子信息中心。

6. 地下乒乓球馆

原为大学生服务中心，2003 年改建为地下乒乓球馆，由体育部负责管理，共有球台 30 张，主要用于学生体育课教学与课外锻炼。2009 年 6 月因建设学校文科图书馆需要而拆除。

7. 西大饭厅

西大饭厅原为学生饭厅，建于 1952 年，大跨度木结构建筑，面积 2 775 平方米。1965 年，该厅经过修理改造，作为乒乓球、羽毛球练习大厅。1966 年至 1976 年改作仓库；1977 年后，经过修复，又成为乒乓球、羽毛球练习大厅。2003 年因建设医学院而拆除。

8. 射击馆

清华大学射击馆建成于 2009 年，面积 11 000 米，分为地下一层，地面两层。地下一层拥有 50 米靶位和 25 米靶位的射击馆。地面一层为体育部和武装部办公区，地上二层为企业研究中心。

9. 紫荆气膜馆

2010 年建成，坐落在紫荆学生宿舍区，为先进节能的气膜结构建筑。室内面积约为 1 600 平方米，包括羽毛球场 12 片、乒乓球台 10 张。紫荆气膜馆建成后，主要用于羽毛球和乒乓球的教学和课外锻炼。

（三）西湖游泳池

1958 年 7 月，全校师生员工义务劳动，将近春园遗址南面一个池塘中的污泥挖出，用砌石修建成一个简易的露天游泳池，起名为西湖游泳池。1963 年，学校拨款将西湖游泳池进行改建，用混凝土预制板铺填池底，并环池修砌了石岸，使游泳池略具规模。

1980 年，学校发动各系集资七十余万元，对西湖游泳池进行第二次改建。改建后，游泳池总面积为 4 005 平方米，分为教学池（亦称浅水区）和比赛池（亦称深水区）。比赛池最浅处 1.65 米，最深处 1.85 米，内有 12 条 50 米的泳道。西湖游泳池还设有先进的消毒过滤设施，以及男女更衣室、沐浴室。

（四）室外运动场地

1935 年，学校的室外运动场地计有：田径运动场 1 个（拥有 400 米跑道的正规田径运动场，位置在体育馆前面，现称西区大操场）、足球场 2 个、篮球场 12 个、排球场 6 个、网球场 29 个、垒球场 4 个、角力场 1 个、溜冰场 2 个。1937 年后全被日军破坏，1946 年后对此进行了全面修复，至 1948 年室外运动场地总面积为 28 000 余平方米。

1949 年后，随着学校的发展与扩建，室外运动场地多有修建与变动。1958 年，在善斋南体育馆北修了 6 条百米跑道，后改为 2 个篮球场、1 个手球场；在化学馆南气象台北修建了 5 条长 120 米的跑道和 1 个手球场，后作为附中田径场的一部分；在原校园西北围墙外、水磨村东买进一块土地，修建了周长 400 米的田径场、投掷场、射击场及军事障碍练习场，1986 年后被村民占作农田，后建起外国留学生大楼。

1963 年，在现今 15～18 号学生宿舍楼的地面修建过 1 个投掷场。

1965 年，在校园东北部建造了东区田径场，拥有 12 条直道、10 条弯道可以同时进行短距离和长距离径赛；在田径场西面和南面修建了大片篮球场、排球场。

1988 年，在东田径场北面又新建了 1 个 400 米半圆式田径运动场，叫北田径场；在东、北两田径场之间修建了 1 个小足球场、4 个篮球场（后也改为小足球场）；在 12 号学生宿舍楼东北修了 1 个练习单、双杠的器械场。1989 年，将体育活动中心外原土地面的篮、排球场，改建为沥青地面的篮球场 9 个、排球场 8 个。

1990 年，在东田径场的西南修建了 1 个多功能的塑胶球场，可供篮球、排球、手球、网球、羽毛球练习比赛用。1991 年，将东田径场南面坡上的篮球场改建成 3 600 平方米的沥青地面篮球场 7 个，3 159 平方米的沥青地面排球场 9 个。1992 年，在气象台东南面原有的 2 个网球场东面，新建网球场 1 个，此处共建网球场 3 个。

2000 年，北操场在修建游泳馆的同时进行了改造，建成足球场 3 个、沙滩排球场 4 个、旱冰场 1 个和 10 个沥青地面的篮球场，使学校室外运动场面积进一步增加。综合体育馆建成后，两侧的空地修建成 13 个沥青地面的网球场，同时在大型活动时可以作为停车场使用。

2003 年，学校修建紫荆公寓，在宿舍区修建了配套的运动设施，包括铺设人造草皮的标准足球场 1 个、塑胶地面的篮球场 10 个、排球场 7 个、网球场 14 个，在增加运动场地面积的同时大大改善了场地质量。

2006 年，西操场进行改造，铺设了塑胶跑道和人造草皮，至此，全校室外运动场地面积接近 18 万平方米，为 1948 年的 6.4 倍。

2009 年，东操场进行场地改造，重新铺设塑胶跑道和天然草皮，2010 年投入使用。

清华大学体育场馆的发展与变化见表 6-1-21。

表 6-1-21　清华大学体育场馆的发展与变化情况表

年　份	1948 年底前	1949—1965	1966—1976	1977—1993	1994—2008
体育馆（中心）	2	3	2	4	7
田径场	1	3	2	3	3
篮球场	12	50 余	30 余	27	34
排球场	6	20 余	20 余	26	21
足球场	2	2	2	3 大 2 小	3 大 3 小
手球场	1	1	1	2	1
棒、垒球场	4	1	1	2	2

续表

年　份	1948 年底前	1949—1965	1966—1976	1977—1993	1994—2008
网球场	29			4	27
单双杠/练习场		1	1	2	2
武术场		1	1	2	
游泳池	室内 1	室内 1 室外 1	室内 1 室外 1	室内 1 室外 2	室内 2 室外 2
角力场	1				
溜冰场/旱冰场	2	2	1	1	1
投掷场		1	1	1	1

第二节　艺术教育

一、学校艺术教育发展概述

清华大学艺术教育有百年历史。学校创建伊始，就重视通识艺术教育在学生素质培养中的地位与作用。这与早期清华“素以养成完全人格为宗旨”的教育方针相一致。

1911 年 2 月订立的《清华学堂章程》中规定，美术音乐类课程为学生四学年中的通修课。1914 年《清华学校近章》中对中等科学生、高等科文科学生和实科学生按年级分别规定了必修音乐、图画、手工、用器画等课程的学时和学分。并在学业要求中明确规定，学生的各科成绩必须及格方可毕业。1925 年，清华成立大学部，原规定的必修要求取消，但依然开设了歌乐、钢琴、铜管乐、小提琴和弦乐等选修课程。《清华概览》（1925—1926）中记载，“本校课程虽无音乐一科，但对于音乐一项极力提倡。国乐方面有国乐团，注重雅乐、京调等。西乐方面有铜乐队及音乐团，均有专人教授并有钢琴数具，以便学生练习。每年春季举行音乐大会一次或数次，常聘请校外音乐专家来校演唱，以娱听众”。

清华大学艺术教育与学生艺术社团的发展紧密联系，早在 1912 年，学校就成立了高等科唱诗团，曲目多以圣诞歌曲为主。1916 年，学校成立了学生军乐队，还成立了“游艺社”（包括戏剧和音乐两部分）。1917 年至 1925 年之间，学校里又相继成立了歌唱团、摄影社、铜乐社、国声社（国乐社）、美术社、新剧社、文学社等学生文化艺术社团。1925 年设立大学部后，成立了中乐社，1930 年成立了西乐部。全面开始实施中西音乐、戏剧、美术、摄影方面的课程教学与学生艺术实践活动。1937 年，抗日战争全面爆发后，学校被迫南迁，艺术教育课程中断，许多音乐器材被转移到天津，由张肖虎代为保管，直至 1946 年学校复员返回北平。西南联大期间，仍有许多活跃的学生艺术社团，它们排演了大量抗战题材的艺术作品，成为抗战宣传的有力武器。

1946年学校复员后，恢复了教学秩序。在原中乐部、西乐部的基础上，于当年成立了音乐室，由张肖虎担任首任音乐室主任，负责全校学生的艺术类课程教学和学生艺术社团业务指导、群众文化活动指导工作。音乐室对全校学生开设了多门音乐选修课，有计学分的，如音乐概论、音乐欣赏、音乐史概要等，也有不计学分的，如军乐队、管弦乐队、大家唱歌咏队、剧艺社、国剧社、民舞社、高声唱合唱团等学生艺术社团的排练与活动。

1952年，国家进行院系调整，清华大学成为多科性工科大学，文科专业被调整到其他大学，副校长刘仙洲教授坚持将音乐室保留在清华大学，清华成为国内唯一设有艺术教育机构的普通大学。此后，虽然没有开设面对全校学生的艺术类课程，但音乐欣赏、乐器演奏、艺术讲座等活动仍在继续，音乐室的工作重点放在了学生艺术社团的业务指导上。这一时期的合唱团、舞蹈队、军乐队、民乐队、弦乐队、剧艺社等学生艺术社团更加活跃，且有较大发展，被统称为“清华学生文工团”。作为清华传统的面对艺术社团学生的课程从未间断，许多有艺术才能的学生在清华学习期间，在器乐演奏、声乐演唱和舞蹈表演上的水平有很大提高。另外，学校还不定期地邀请中央乐团、解放军军乐团等专业乐团为学生和教师演出，清华园里保持着浓郁的艺术氛围。

在20世纪五六十年代，蒋南翔校长坚持“又红又专”“全面发展”“因材施教”“殊途同归”的教育思想，积极倡导、推行了“政治辅导员、科学登山队、文艺与体育三支学生代表队”的教育实践，学校对学生艺术社团的各队进行统一建制、集中管理，对“文艺代表队”加强建设。“三支学生代表队”的举措成为培养具有全面素质人才的成功实践，后来各行各业中涌现出来的一批优秀人才、杰出校友，就是这一教育思想和实践的丰硕成果。

“文化大革命”期间，学校的艺术教育同样遭到了严重破坏。

改革开放以来，清华的艺术教育传统进一步发扬。1978年恢复高考后，即开始恢复学生文艺社团。1980年，学校开始恢复艺术类课程的课堂教学，开设了“音乐欣赏入门”“音乐概论”“中国名曲欣赏”“西洋名曲欣赏”等面向全校学生的选修课程。学生文艺社团也得到了快速发展，队伍规模逐步扩大。20世纪80年代，学生文艺社团的规模为280人，到了90年代，文艺社团规模扩大到600人。1989年，学校试点成立了“文艺试验班”（环82班），为试验班学生开设音乐、舞蹈、器乐（或摄影）等课程，组织学生参加艺术实践，取得可喜成果，该班被评为北京市先进班集体。“文艺试验班”的经验促使了学校决定为大一全年级学生开设音乐、舞蹈限选课程。同时，学生课外文艺活动蓬勃发展。1984年校团委开始举办新生“五月的鲜花”歌咏比赛，1988年设立“文化活动月”，每年12月集中开展院系学生文艺活动。1988年开始举办本科生、研究生“一二·九”合唱比赛，1991年开始举办学生校园歌手大赛、校园服饰风采大赛。校团委主办的“高雅艺术进校园”演出、周末露天电影等活动，极大活跃了校园文化氛围，也推动了学生艺术实践进一步发展，校园歌曲创作活动成为80年代校园文化的一道风景线，很多学生自编自唱校园歌曲，涌现了众多校园歌手。

1993年，学校在原音乐室基础上成立艺术教育中心，艺术教育从音乐戏剧等舞台艺术门类扩展至美术、摄影等视觉艺术。先后引进音乐、舞蹈、美术、美学教师来校任教。艺术类课程教学资源得到很大补充，课程覆盖面得以扩大，在艺术教育的通识课程建设上，逐步完善了课程体系的设计与实施。从2002年开始，学校进行了面向普通学生的艺术类选修课课程改革，将艺术类课程纳入全校人文素质核心课程建设，在对国外大学进行广泛深入调研的基础上，最终将普通大学的艺术教育作为一个独立的艺术教育学科体系来建设，以培养学生综合文化素质、艺术素质、艺术技能、创新思维为目标，将科学教育、人文教育和艺术教育相结合。课程设置上，力求艺术学科门类完整，覆盖面宽，分层次、多类型，理论课与艺术实践课并重，建立重在发展学生能力的艺术教育课程体系，实现了普通（公共）艺术类课程的系统化、学科化。1993 年，学生文艺社团更名为学生艺术团，队伍人数扩充至千余人，12 支代表队。2002 年艺术教育中心建立了文学（艺术学）硕士点，开始招收硕士研究生，培养艺术评论和艺术教育两个方向的硕士研究生。

1999 年 11 月 20 日，经教育部批准，中央工艺美术学院并入清华大学，更名为清华大学美术学院。1999 年底，学院撤销基础部和装饰艺术系，成立绘画系、雕塑系、工艺美术系，艺术设计学系更名为艺术史论系。至此学院有艺术史论、染织服装设计、陶瓷艺术设计、装潢艺术设计、环境艺术设计、工业设计、绘画、雕塑、工艺美术等 9 个系。2003 年学校决定在清华校园内新建美术学院教学楼，2005 年 9 月，新教学楼落成，学院从光华路校区整体迁入清华园。2002 年，学院成立基础教学研究室，承担全院一年级本科学生的基础课教学。2005 年，成立信息艺术设计系。2009 年，装潢艺术设计系更名为视觉传达设计系。同时，美术学院为全校其他专业学生开设选修课程，包括“中国美术史”“中国工艺美术史”“清华艺术史（1）”“外国美术史”“外国工艺美术史”等多门课程，并开设实验室科研探究课，艺术类设计室对全校本科生开放。

同时，学校的文化素质教育基地开设了部分艺术类课程及讲座，学校艺术类课程教学内容得到极大丰富，截至 2010 年，每年向学生开设的艺术理论、赏析类课程共有 44 门左右，学生艺术实践类课程 75 门，美术学院 10 个设计室向全校学生开放。

清华大学艺术教育始终以“面向全体学生，提升全面素质”为宗旨，本着“普及与提高相结合”的指导思想，一以贯之地重视艺术教育，发展学生文艺社团、开展丰富多彩的校园文化活动，形成富有特色的艺术教育传统和模式，成为全国综合性大学的艺术教育的典范。2000 年、2010 年清华大学连续两度荣获“全国学校艺术教育先进单位”称号，艺术教育中心成为中国高等教育学会音乐教育专业委员会、北京市美育研究会理事长单位。

二、艺术教育中心

（一）历史沿革

清华建校伊始就重视艺术教育，在教学中有明确的音乐美术类学分学时要求。早期的艺术教育由学校教务处统一组织，教务处直接安排课程、聘请教师。除了课堂教学，同时鼓励教师承担对学生艺术社团的指导工作。1923 年学校设立德育指导部，对包括艺术社团在内的所有学生社团进行行政管理，负责活动内容的安排及场地、经费的协调等。1925 年以后，学校改德育指导部为课外作业指导部，所有学生活动改为由课外作业指导部管理。

1929 年，清华改制为大学后，艺术教育进一步加强，成立了中乐部、西乐部。1937 年至 1945 年，抗日战争时期，学生中的革命积极分子组织的学生艺术社团实际由地下党领导。

1946 年，清华大学从昆明复员回到北平，学校指令张肖虎着手组建音乐室，张肖虎引进了若干教师并出任音乐室主任。音乐室除了按照 30 年代的中乐部、西乐部的运作方式开展工作外，还增加了课堂教学，设立了钢琴课程，恢复并发展了艺术教育的职能。

1948 年初，经由张肖虎（音乐）、梁思成（建筑）和陈梦家（考古学）三位先生共同研究，由梁思成先生执笔起草了成立艺术系（或艺术史系）的申请报告。申请得到学校的同意，但是由于解放战争的形势发展，未获当时教育部的批准。这一阶段，地下党领导下的学生革命文艺团体十分活跃。

1952 年国家对高校进行了院系调整，清华大学原有的文科院系等被分到其他院校，但是音乐室被保留下来，坚持开展工作。

1960 年，学校成立文艺教研室。党委宣传部常务副部长林泰兼任主任，团委副书记罗征启任副主任。由于经济困难，1962 年撤销文艺教研室，恢复音乐室。“文化大革命”期间，音乐室的工作亦被迫停止。

1978 年，恢复音乐室工作。为了加强学校艺术教育工作艺术性与思想性的统一，音乐室由教务处管理转为党委宣传部管理，在承担艺术课程教学的同时，强化了宣传教育功能。1980 年开始，学校面向全校学生开设艺术类选修课程，艺术教育正式进入课堂教学。1991 年，为了更好地统筹全校的美育、艺术教育工作，学校专门成立了美育委员会。美育委员会由分管宣传、教学、学生工作的校领导，美育和艺术教育的研究教学相关机构、教务处、校团委、基建等部门负责人组成，对学校的美育和艺术教育教学、学生课外文艺活动、校园文化建设进行全面规划和指导。历届美育委员会主任名单见表 6-2-1。

表 6-2-1　历届美育委员会主任名单（1991—2010）

主任姓名	任职时间	主任姓名	任职时间	主任姓名	任职时间
王凤生	1991-04—1992-12	王明旨	2002-03—2005-04	韩景阳	2007-06—2010-01
胡显章	1992-12—2002-03	张再兴	2005-04—2007-06	邓　卫	2010-01—

1993 年 12 月，音乐室更名为艺术教育中心，艺术教育的教学内容从音乐扩展到包括音乐、舞蹈、戏剧、戏曲、美术、摄影等，并由原来作为学校党委宣传部的下属机构转为归属人文社科学院的教学机构。校党委宣传部副部长郑小筠兼任中心主任、党支部书记，1994 年，艺术教育中心下设：音乐室，许有美任主任；美术室，宋焕成任主任；影视戏剧室，熊澄宇任主任。艺术教育中心在财务人事工作上相对独立，教学和学术活动、研究生培养挂靠人文社科学院。学校由负责宣传工作的党委副书记分管艺术教育中心工作，王凤生、胡显章、张再兴、韩景阳、邓卫等曾为艺术教育工作主管领导。

音乐室和艺术教育中心历届主任、党支部书记名单见表 6-2-2。

表 6-2-2　1949 年—2010 年音乐室和艺术教育中心历届主任、党支部书记

部门名称	主　　任	党支部书记
音乐室	张肖虎（1946—1949）	
	陆以循（1949—1960）	
	林　泰（1960—1962）（文艺教研室）	
	陆以循（1962—1984）	
	方　堃（1984—1992，兼职）	
艺术教育中心（1993—2010）	郑小筠（1993—2001）	穆礼弟（1993—1996） 郑小筠（1996—2002）
	刘　沛（2001—2004）	寇可新（2002—2010） 赵　洪（2010—　　）
	朱汉城（2004—2005，代主任）	
	朱汉城（2005—　）	

（二）师资状况

1. 早期阶段（1911—1928）

在学校教务处直接管理有关艺术教育工作的阶段，学校聘请专职和兼职教师，负责音乐、美术类课程的教学和学生文艺社团的指导工作。所聘教师，起初多为外籍人士，后逐渐有归国教授及教授夫人。

这一阶段，在清华从事音乐教学的教师有：施丽、林美德、Helen L. Gunderson、赍守登（主任）、王明德、海门斯、魏乐叟、西雷、罗邦杰、王龙陞、赵元任、张慧珍（何林一夫人）、王力山夫人等；美术教学的教师有：司达、克厘门、爱尔旺、Cuthbertson 等；戏剧教学的教师有：赵国财、张彭春、王文显、郝德则、余日萱、俞平伯等。

2. 中乐部、西乐部阶段（1929—1937）

这一阶段，赵元任先生积极地参与了学校的音乐教育和活动，教授中国乐谱乐调、西洋音乐欣赏等课程，并担任清华音乐委员会主任，参与并发起成立了“秦韵歌声会”。

在中乐部担任教学工作的有爱新觉罗·溥侗、叶仰曦、赵石安、元伯维等，此外还有兼职的俞伯平、余日萱等教授。在西乐部担任教学工作的有托诺夫、库普卡、王龙陞、杨恪、王广寿、费培杰、张肖虎、毕颐生、王力山夫人等。教授戏剧课的有中文系及西方文学系的教师，主要有王文显、郝德则等。

3. 音乐室阶段（1946—1993）

1946 年，学校设立音乐室，导师（专任讲师待遇）有张肖虎、戴世铨；1948 年，导师有姚锦新，以及多位义务导师、兼任导师、助教等。此外，还有教授钢琴的库普卡、老志诚、斯塔维斯基及夫人、张亚镧等；教授小提琴的有洛普武、黎寒铮等；教授声乐的有祁玉珍。

1960 年，学校设立文艺教研室，下设音乐、舞蹈、美术、文学几个分支，除了原有的音乐室成员以外，师资力量有所充实。1962 年恢复音乐室后，教师有：音乐室主任陆以循，教授小提琴并负责弦乐队的教学和排练工作；周乃森任管乐教师，负责军乐队的教学和排练工作；王震寰任民乐教师，负责民乐队的教学和排练；傅自成任钢琴教师，负责钢琴队、手风琴队的教学和排练工作；郑冶负责合唱队的教学及排练工作。

1978 年以后，逐步恢复了艺术课程教学和学生文艺社团艺术实践活动。1980 年调入了解放军军乐团单簧管首席穆礼弟来校任教，1984 年，学校聘请中央音乐学院教务长方堃兼任音乐室主任，同时引进一批年轻教师，音乐室的人员结构发生了很大的变化。至 1993 年底，音乐室有副教授 5 人，讲师及助教 6 人，职员 2 人。这一时期长期担任教学和管理工作的教师有陆以循、周乃森、许有美、穆礼弟、颜丽莉、朱汉城、白洁珊、匡惠、刘颖、俞玲玲、陆庆松等，也聘请了李德伦、严良堃、秋里、韩忠杰、聂中明、彭修文、胡德峰、石叔诚、方伯年、潘志涛、吕嘉、姜艾、李心草等一批社会艺术家和艺术院校的师生来校进行艺术指导。

4. 艺术教育中心阶段（1993—2010）

1993 年 12 月建立艺术教育中心后，艺术教育的教学内容扩展到多个门类，陆续引进了熊澄宇、冯元元、肖鹰、刘沛、肖红、高文、朱兆羲、吕建强、邢高熙、刘宁、梁宁、宋焕成、寇可新、刘欣欣、林叶青、赵洪等一批中青年教师，扩充了艺术课程的教师队伍和教学管理队伍。截至 2010 年底，艺术教育中心有教职工 13 人，其中教授 3 人，副教授 4 人，讲师 2 人，助教 2 人，职员 2 人。此外，艺术教育中心还外聘了一批社会艺术家和专业院校教师专家，长期为学生艺术团各队伍进行艺术指导和选修课程教学，徐新、刘凤德、张大森、吴灵芬等被聘为学生艺术团常任指挥，吕蜀中、胡炳余、倪洪近、程义明、于海、郦子柏、钮心慈、亚伦·格日勒、张海峰、彭家鹏、张艺、朱良津、范航、孙文斌、李崇林、韩宝强、李初建、王淑湘、高度、赵铁椿等艺术家长期指导学生艺术团。

艺术教育中心教授名录见表 6-2-3。

表 6-2-3　艺术教育中心教授名录

姓名（任职时间）	姓名（任职时间）
郑小筠（1995—2001 退休）	熊澄宇（1996—1998 转传媒系）
宋焕成（1998—2009 退休）	肖　红（2000 调入—2008 调离）
刘　沛（2001—2004 调离）	肖　鹰（2002—2006 转哲学系）
刘欣欣（2004 调入—　）	朱汉城（2005—　）

（三）教学与课程设置

1. 1911 年—1925 年

清华早期的学生培养为八年制，其中，前四年称“中等科”，后四年称“高等科”。在 1911 年 2 月订立的《清华学堂章程》中规定：“第四类课程”（美术音乐类）在第一、二、三、四学年中各为通修课一学分。1914 年《清华学校近章》中规定：中等科的一、二、三年级学生每星期必修音乐、图画 2 学时，四年级学生必修音乐、图画 1 学时。高等科中，文科学生一、二年级每星期必修音乐 1 学时，一年级学生必修手工 2 学时；实科学生一、二年级必修手工 2 学时，二年级实科学生必修用器画 2 学时，音乐为选修。

1921 年 9 月，设立音乐特别班，学校从上海聘请 Gunderson 女士来校担任教授，为中等科以上热心研究音乐的学生开课。1922 年，林美德开设乐歌课，王力山夫人教授钢琴选修课，可达尔教授图画课。

2. 1925 年—1937 年

1925 年清华开始改制为完全大学，西洋文学系和国学研究院设立音乐、戏剧必修课，其他院系设音乐选修课。赵元任教授“西洋音乐入门”，温德先生教授“西洋美术史”，王文显教授“莎士比亚研究”等课程。1929 年 9 月开始，学校聘请了京城著名票友爱新觉罗·溥侗（红豆馆主）担任国乐导师，开设国乐（昆曲京剧的伴奏音乐）课、国剧（昆曲京剧的表演），同时开设国画课程。

1930 年 8 月，学校又聘请了托洛夫（俄籍小提琴家）先生，开设小提琴课；10 月聘请了库普卡（德籍钢琴家）先生，开设钢琴课；在此期间，还聘请了英文教授吴可读（英籍，牛津大学毕业）为学生开设西洋音乐史讲座。

3. 1937 年—1949 年

1937 年至 1945 年，由于战争的影响，这一时期的教学处于非正常状态。学校被迫南迁，没有开展正规课堂教学。

1946 年学校复员后，学校组建了音乐室，恢复军乐队、管弦乐队、国乐队及歌咏团等学生艺术社团，开始正常的教学。教师除了负责指导社团，恢复原有的实践型教学以外，还新设了理论型课程，先后开设了音乐概论、音乐欣赏、音乐史概要等课程，同时开设了合唱班、和声班、作曲班、初步作曲指挥和乐歌班等学生社团的辅导教学活动。同时，有党组织指导下的革命学生组织；大家唱合唱团和清华剧艺社、民舞社等。

4. 1949 年—1966 年

1949 年至 1966 年，学校没有开设艺术类的课程，音乐室教师在指导艺术社团排练之余，自定内容、自备资料，不定期地面向全校同学举办音乐欣赏讲座。在此期间，虽然没有规范的课程教学，但学生艺术社团得到了专业艺术团体、艺术院校知名专家的指导，艺术水平不断提高，不仅受到校内外观众的欢迎，亦得到党和国家领导人的称赞。

5. 1978 年—1993 年

进入改革开放新时期，清华大学的艺术教育得以全面恢复和蓬勃发展。1980 年，学校恢复全校性公共艺术课程教学。1981 年至 1990 年，音乐室先后开设多门选修课程，包括“音乐概论”“中国音乐史简论”“五线谱乐理及音乐欣赏”“声乐知识与欣赏”“基础乐理”“中外音乐简史”“西方音乐史简论”“音乐欣赏入门”“中外名曲欣赏”“西洋名曲欣赏”“音乐基础知识与欣赏”“中外音乐名作”“中国音乐专题欣赏”“中外名歌学唱与乐理”“舞蹈基础”“中国舞”等，受到学生的普遍欢迎。1988 年至 1993 年，音乐室还为全校研究生开设了音乐、舞蹈选修课，还开设“音乐名作欣赏”“民族民间舞专题”，每年听讲人数达到 500 多人。

为了检验艺术教育推动素质教育的效果，提高艺术教育的质量，1989 年，学校以环境工程系的环 82 班为试点，按教学班级为单位，各开设一学期的舞蹈、音乐、器乐（或摄影）等艺术选修课。通过一年半的实践证明，艺术训练在班集体建设中发挥了良好的作用。由此，学校决定从 1990 年起，音乐室在全校大一年级开设“音乐基础知识与欣赏”“舞蹈基础知识与实践”限选课，课程按照学校统一的学分制管理，每个大一年级学生必须选学其中的一门，32 学时，计 2 个限选课学分，获此学分，才能毕业，后因 1995 年学制调整及学校教学改革，艺术选修课程并入文化素质选修课程。

与此同时，音乐室面向高年级学生开设艺术类选修课程，每门课 32 学时，计 2 个选修课学分。同时，艺术团各支队伍的排练课规范为“文艺实践课”，艺术特长生按自由选修课计 1 个学分，骨干队员遵照有关学籍管理规定，按限定性选修课计 1 学分。所获学分计入人文社会科学总学分。研究生可自愿选课，但不计学分。到 1993 年，音乐室先后开设的艺术教育课程有 20 多门，1981 年至 1992 年开设的艺术类课程见表 6-2-4。

表 6-2-4　1981 年—1992 年开设的艺术类课程

课程名称	授课年份	课程名称	授课年份
音乐概论	1981—1987	基础乐理	1982
中外音乐史简论	1982	中国音乐简史	1982—1986
线谱乐理及欣赏	1982—1983	西方音乐史简论	1982—1983
声乐知识欣赏	1982	音乐欣赏入门	1983—1985

续表

课程名称	授课年份	课程名称	授课年份
中外名曲欣赏	1985—1987	西方音乐思潮	1990—1991
西洋名曲欣赏	1986	音乐理论基础	1990—1991
音乐基础知识	1986—1989	管弦乐大师名作	1990—1992
中国音乐专题	1987	舞蹈基础知识实践	1990—
中外音乐名作	1987—1992	素描	1992—1993
中外民歌学唱	1988—1992	色彩与创作	1992—
大学生音乐知识与欣赏	1989—2010		

1993 年，艺术教育中心成立后，学校艺术教育的师资、设备都有了新的发展。

同年，清华大学艺术教育中心与北京电影学院联合设立了电影录音专业第二学位班，两年后，学习合格者，清华授予第一学位证书，电影学院授予第二学位证书。

1994 年 9 月开始，艺术教育中心设立了音乐辅修课组，开设“艺术概论”“中国音乐史”“西方音乐史”“视唱与乐理”“中国民歌”“视唱练耳”“和声”“曲式分析”等 8 门课，共计 20 学分，三年内修满学分者，可以获得学校发给的音乐专业辅修证明，后因学制改革停止。

1996 年学校推进人才培养模式改革，实行工学学士—工学硕士（含工程硕士）的统筹（贯通）培养，理科、文科、经济管理学科实行四年制本科。本科学生学分压缩，选课门次减少，“美学基础知识”“音乐知识与欣赏”两门课程与中文系的两门课程，合并为一个限选课组，代替大一年级的艺术限选课。之后，取消了学生在校期间必修一门艺术课并获 2 学分才能毕业的规定。

为配合学校人才培养模式转型，艺术教育中心利用“985”一期教学改革契机，大力推动教学改革，设置了面向普通学生的阶梯式、学科化的课程资源设置。在普及音乐知识的基础上，加强了艺术理论课程建设，从艺术理论、艺术鉴赏和艺术实践三个层面开设课程，课程设置学科门类齐全，课程知识内容覆盖面宽，艺术理论课与艺术实践课程并重，实现了普通（公共）艺术类课程系统化、学科化和多样化。

艺术教育中心重视教材建设。1982 年，陆以循组织带动音乐室教师编写教材。至 1984 年，共编写了《音乐概论》《中国音乐史》《音乐基础知识》等教材 18 种，成为这一时期清华大学艺术教育的标志性成果。进入 21 世纪，教师编写了《清华大学学生合唱团合唱曲集》《布鲁斯钢琴曲集》等教材。

经过多轮次的教学资源整合和课程改革，初步形成了门类较为齐全、学科专业性较强、兼顾理论与实践、针对不同基础的分层次多类型的艺术教育课程体系。1993 年以来，艺术教育中心面向全校学生开设 48 门艺术选修课课程，详见表 6-2-5。

表 6-2-5　1993 年以来开设的全校性艺术选修课课程

课　　程	授课年份	课　　程	授课年份
长笛艺术与实践	1992—1998	传统与音乐	1993—2000
中国音乐欣赏	1993	色彩写生与创作	1993—2002
单簧管艺术实践	1993	小提琴艺术与实践	1993—2003
识谱、乐理与练唱	1993—1998	声乐艺术与实践	1993—2003

续表

课　　程	授课年份	课　　程	授课年份
中外名歌学唱	1993—2004	摄影作品赏析	2001—2010
素描	1993—2008	钢琴入门与音乐基础	2001—2010
摄影基础与实践	1993—	交响音乐赏析	2001—2010
美术欣赏	1994—1998	中外名剧欣赏	2001—
工业造型设计	1994—1999	二十世纪中国歌曲史概况	2001—
西方电影分类欣赏	1994—1999	键盘艺术赏析	2001—
舞蹈欣赏与实践	1995—	传统与现代音乐	2001—2010
美国电影	1995—1999	钢琴伴奏与即兴	2002—2004
歌曲作法	1996—1997	国际标准舞基础训练	2002—
视唱练耳	1996—2000	欧洲歌剧知识与赏析	2002—
美术文化史	1996—2000	集邮文化与研究	2004—2005
吉他伴奏与基础和声	1996—2000	西方音乐史与名作赏析	2004—
影视鉴赏	1997—1999	西方室内乐弦乐艺术史与作品赏析	2004—
中国电影	1997—1999	布鲁斯钢琴演奏	2005—
美学与艺术欣赏	1999—2010	百老汇音乐剧百年历程	2009—
戏曲与中国传统文化	1999—	中国音乐与中国传统文化	2009—
和声与钢琴编配	2001—2003	中外合唱名作赏析与学唱	2009—
小提琴入门与音乐基础	2001—2003	多元文化中的音乐现象	2009—
美术作品赏析	2001—2007	电影中的艺术文化	2009—
民族与现代舞赏析	2001—2010	西方古典音乐文化	2009—

2001 年，郑小筠等 5 位教师共同获得北京市优秀教学成果一等奖，郑小芸被评为全国学校艺术教育先进个人；2008 年，朱汉城被评为“宝钢”优秀教师奖。在 2001 年至 2010 年期间举行的全国、北京市大学生艺术展演比赛中，17 人次获得优秀指导教师奖。

（四）科研及研究生培养

1989 年，新中国成立以来的第一次全国学校艺术教育工作会议召开，颁布了《全国学校艺术教育总体规划》。1992 年，学校提出将美育纳入学科建设的轨道，决定对艺术教育从场地、经费等方面加大支持力度，将艺术教育作为单独的一个项目纳入学校“八五”“九五”规划。国家和学校的这些举措，极大地推动了清华艺术教育科研的开展。

1993 年以来，艺术教育中心在科研方面取得长足进展。先后获得国家社科基金项目 4 项，教育部基金项目 1 项，出版专著 8 部，核心期刊发表论文 30 多篇，艺术教育中心初步实现了由单纯教学向教学科研并重的转型。

在此期间，艺术教育中心的重要科研成果有：肖鹰等承担的国家教委“九五”规划课题《当代审美文化与中国传统美学》、北京市社科“十五”规划项目《20 世纪文艺美学前沿问题研究》；林叶青作为骨干承担的国家级项目《中华大典·文学典·隋唐五代分典》的编纂工作，获第三届全国古籍整理图书奖一等奖；林叶青等撰写的《清中叶戏曲家散论》；刘欣欣承担的 2005 年教育部社科类规划项目《中国大提琴艺术发展史》；刘欣欣撰写的《哈尔滨西洋音乐史》，获2005年国家文学艺术理论精品。

2001年开始，清华大学艺术学硕士点成立，为艺术学一级学科下设的二级学科，主要培养方向为艺术评论与艺术教育。艺术评论方向以基本艺术理论、当代文化艺术研究和批评为特色，着重于探讨中国与西方结合、传统与现代结合的当代文艺理论，为艺术教育和艺术批评提供理论支撑。艺术教育方向侧重于探讨普通高校艺术教育理论、方法、策略，为国家加强人文素质教育，发展普通高校艺术教育的教育方针、政策提供理论支持，为从事高校艺术教育的教师提供具有可操作性的理论资源，特别着重于音乐教育的研究。

截至2010年，艺术学专业共招收硕士研究生17人，毕业14人，共有3篇论文被评为清华大学优秀硕士毕业论文，多数毕业生进入国内外大学攻读博士学位。

三、学生艺术社团

清华大学的学生艺术社团（曾经被称为“学生文工团”“文艺社团”和“学生艺术团”，这里统称为艺术社团）有着优良的传统，各种艺术社团活动与艺术类课程教学相互呼应，密不可分，成为学生艺术实践的主要载体，是学校实施艺术教育和美育的第二课堂。尤其是20世纪50年代以来，学校对重点门类的学生艺术社团队伍实行统一建制、集中管理，骨干队员集中住宿，成立单独的党团组织，不断加强建设，努力形成因材施教、培养全面发展人才的“文艺代表队”，在校园文化建设中发挥了重要的引领作用。

（一）发展概况

学生艺术社团的发展可分为以下三个主要阶段。

1. 1911年—1952年

这一时期的学生艺术社团，大多是由学生中的文艺爱好者所自发组织起来的。1912年成立唱歌团；1917年成立了军乐队、游艺社；1919年游艺社改为新剧社；1920年，由杨廷宝、方来、闻一多等人发起成立了美术社；由梁实秋、顾毓琇、张中绂等人发起成立了小说研究社；1921年，小说研究社改组为文学社，由王国钧等人发起成立国声社。这些社团随着成员的变化和毕业离校，常有变动，自行停止活动的也有。

“九一八”事变以后，随着抗日救亡爱国思想的传播，学生文艺社团活动达到高潮。20世纪30年代比较著名的学生艺术社团，有铜乐队、新剧社、剧艺社、歌咏队、海燕歌咏团等。他们高举爱国主义旗帜，成为团结同学抗日救亡的一支骨干力量。1932年，以万家宝（曹禺）为社长的新剧社，排演了《马百计》《日本狂言十种》之一的《伞》，在校内和附近村镇演出，还为抗日伤兵进行募捐义演，紧密配合了抗日爱国运动。曹禺的成名作话剧《雷雨》，便是他课余在清华图书馆阅览室写成的。1935年成立的海燕歌咏团，在团长傅国虎的主持下，成立不到9个月，团员就发展到200人，占全校学生人数1/5。他们在校内、在市区、在乡村高唱《义勇军进行曲》《救亡进行曲》《大刀进行曲》《打回老家去》等抗日救亡歌曲，还把这些歌曲印在明信片上，向国内外广为传播，共销售出两万多张。剧艺社的董凌云与校外崔嵬、张瑞芳合演的《放下你的鞭子》，控诉日本帝国主义在东北的暴行，感人至深，受到广泛称赞。《察东之夜》《打回老家去》等街头剧，也到处受到观众的欢迎，荣千祥（荣高棠）演唱的《国难大鼓》尤为群众所喜爱。此外，军乐队、交响乐队等文艺社团，在抗日救亡宣传中也极为活跃。

抗战后期在昆明西南联合大学比较活跃的艺术社团，有联大歌咏团、高声唱歌咏队、联大话剧团、文艺社、剧艺社，以及流水、布谷、现实、文艺等壁报社。歌咏团常演唱的歌曲有《黄河大合唱》《游击队之歌》《抗敌歌》《太行山上》《胜利进行曲》等，话剧团先后演出了《祖国》《黑字二十八》《原野》《夜光杯》《夜未央》《雷雨》《雾重庆》《刑》等剧。1944 年成立的联大剧艺社，演出了《阿 Q 正传》《一个女人和一条狗》《破旧的别墅》《镀金》等剧目，成为爱国民主运动中的一支重要力量，他们到重庆演出的《风雪夜归人》受到周恩来总理的赞许。1946 年，清华大学复员回到北平后，"大家唱"歌咏队、剧艺社、国剧社、合唱团、军乐队等学生文艺社团活跃在人民解放战争的"第二条战线"上，高唱《团结就是力量》《古怪歌》《公教人员的悲歌》《五块钱的钞票》等歌曲，上演《升官图》《六二在清华》等剧目，在争民主、反内战的斗争中团结鼓舞广大同学。随后，一些学生艺术社团，积极开展迎接新中国诞生的活动。北平和平解放后，在清华学生"迎接解放服务大队"之下成立了"艺术工作队"，进城宣传。1951 年，在抗美援朝运动中，原有的各学生艺术社团成立了统一的机构——清华学生文工团，开展宣传活动。

2. 1952 年—1976 年

这一时期的合唱团、舞蹈队、军乐队、民乐队、弦乐队、剧艺社等学生艺术社团更加活跃，且有较大发展，被统称为"清华学生文艺社团"。

1956 年，合唱团发展成为 3 个团，分别是混声合唱团、男声合唱团、北京市大学生合唱团；军乐队、民乐队、弦乐队的成员都有较大发展，同年还成立了地方戏剧队。此时的学生艺术社团，既是过去社团的延续，由艺术爱好者自愿组合；又不同于过去的社团，它们在学校共青团组织的直接关心和领导下开展活动，参加诸如国庆、"五一"等节日演出，党的八大闭幕式的联欢会，以及欢迎外国贵宾的礼仪活动和演出等，得到观众的称赞，为后来的学生文工团的蓬勃发展打下了基础。

1958 年 3 月，学校 3 000 名学生参加十三陵水库工地劳动。文工团组织了一支文艺小分队，称为"十三陵文工队"，16 名队员分为日夜两个班，24 小时活跃在工地上。以工地上的人和事为素材编写演唱，深受同学们欢迎。劳动结束，他们将节目汇集成"十三陵劳动大联唱"，参加北京市的会演，获得成功，作品相继在 11 个刊物上公开发表。同年 9 月，学校正式成立了"清华大学民兵师文工团"，随后更名为"清华大学学生文工团"。到 1960 年，文工团发展到拥有 14 个队，近 1 400 余人。14 个队分别是：军乐队、民乐队、弦乐队、合唱队、舞蹈队、话剧队、钢琴队、口琴队、手风琴队、京剧队、曲艺队、地方戏队、舞台美术队和文艺社。

学生文工团是由学校直接领导的一支学生文艺代表队。它同体育代表队一样，部分团员集中住宿，文工团内建有党、团组织。学生文工团以宣传党的教育方针为宗旨，自编自演，编演反映学生生活的文艺节目，不仅在校内为广大同学演出，还于 1958 年 10 月到政协礼堂为中央领导和政协委员作整场演出。周恩来总理观看了演出，十分高兴，对学生编演的现代京剧《关羽搬家》给予了称赞，认为"这是浪漫主义和现实主义相结合的作品"。话剧《清华园的早晨》、歌曲《周总理来到清华园》等节目，曾多次在校内、市内演出，至今还常为人们所提起。1959 年 4 月，清华学生文工团一百多名团员奔赴上海，在上海交大礼堂与和平剧场，为上海学生和文艺界人士公演 5 场。此后，他们每年都在市内为北京中学生演出 1～2 场。

1962 年，为减轻文工团员的负担，文工团改为“文艺社团”，团员亦缩减至七八百人。但每年的进城为中学生演出、参加“五一”、国庆等节日的演出以及北京市的调演、元旦和春节去人民大会堂与市委大楼联欢等活动从未中断。1964 年，合唱队 100 多人参加了大型音乐舞蹈史诗《东方红》的首演活动。1966 年，“文化大革命”开始后，学生文艺社团解散。1970 年，工农兵学员进校后，也组织起一支文艺队伍，但人数少，活动亦受到了时代的制约。

3. 1978 年—2010 年

随着改革开放形势的发展，学生文艺社团进入了大发展的新阶段。1978 年开始，陆续恢复了军乐队、合唱队、民乐队、舞蹈队、弦乐队、话剧队、键盘队，随后建立了电声队。到 1988 年，学生文艺社团共有 8 个队，近 280 名队员。1983 年，学生文艺社团赴江苏实践演出；1984 年，文艺社团合唱队和弦乐队联合排演了交响合唱《黄河大合唱》，并在北京音乐厅和中山音乐堂成功演出；1985 年赴厦门集训，先后在厦门、泉州和福州、湄州湾等地慰问演出；并于 1985 年创作演出了大型史诗剧《冬天，火的回忆》，以纪念“一二·九”运动 50 周年。1986 年，文艺社团赴怀柔暑期集训；1987 年，文艺社团赴张家口部队集训，并远赴甘肃兰州，在兰州炼油厂、兰州化工厂进行慰问演出；1983 年到 1989 年，学生文艺社团到天津、江苏、福建、河北、甘肃等省市，为学生、工人、农民和解放军进行了 30 多场次的演出。1989 年，文艺社团赴秦皇岛集训演出。

1993 年，学生文艺社团已发展到共有 10 个队，400 多名团员。是年在民族歌舞团剧场举行的“继承五四传统、弘扬民族文化”民族歌舞演出，受到观众的好评，中央政治局常委宋平和国家教委、北京市领导等观看了演出。为了更准确地表示学生文艺社团的性质，学校于这年“五四”正式将学生文艺社团定名为“学生艺术团”。

1994 年至 2010 年是艺术教育大发展的阶段，学生艺术团发展成为包括军乐队、民乐队、合唱队、交响乐队、舞蹈队、话剧队、国际标准舞队、键盘队、美术社、京剧队、曲艺队，共计 11 支队伍的大团体。1995 年，蒙民伟楼落成并投入使用，成为当时国内唯一一个非专业院校独立的艺术教育教学楼，艺术团学生的教学和排练条件得到极大改善。在此期间，艺术团曾多次代表学校赴外地、国外参加交流演出，并参与国家重要的文化交流与外事活动，积极参与公众事业，获得了良好的社会反响；参加的国内外各类比赛，派出的队伍均取得优异的成绩，捷报频传。艺术团在校外蓬勃发展的同时，也积极参与校园文化建设活动，各支队伍不断发展，每年均举办多场专场演出，举办“全接触”艺术沙龙，使同学得到艺术的熏陶，深受同学们的欢迎。

学生艺术团以“反映时代精神，表现校园生活”为己任，在校园内积极倡导高雅艺术，弘扬民族文化，创作并表演了大量体现清华精神、反映时代特征、表现校园生活的作品。2001 年，建校 90 年之际，创作出反映清华教授投身“两弹一星”事业的话剧《紫荆花开》、配乐诗朗诵《清晨，国旗从这里升起》、舞蹈《骤雨新荷》等，均为校园艺术精品，长演不衰。《腾飞——清华》校庆晚会，集中创作了《教授三亭》《精神的丰碑》等一批优秀原创作品，新老艺术团员同台演出，彰显了清华精神，全面展示了清华大学艺术教育的优秀成果。2009 年，艺术团合唱队和舞蹈队的 103 名同学参加了庆祝新中国成立 60 周年大型音乐舞蹈史诗《复兴之路》的排演工作，受到了中央领导的高度肯定和社会各界的广泛好评。2010 年 7 月，学生艺术团尝试开创校级“毕业晚会”，受到毕业生的一致欢迎。

为了探索学生艺术团的培养模式，1988 年开始在有艺术特长的中学生中招收学生，1989 年冬举办首届中学艺术特长生冬令营，1989 年首批特长生入学，至 2010 年，总计招收特长生 21 届，入学学生总数为1140人，这些同学进校后在学生艺术团和校园文化活动中发挥了骨干带头作用。

艺术团作为学校学生全面发展的代表，文化交流的使者，曾访问多个国家和地区，1995年访问中国香港，1997年、2002年出访日本，2003年出访新加坡，2002年、2010年两度出访美国，2009年参加澳门回归之周年庆典活动。交流活动不仅使多个国家和地区的师生民众了解了中国文化艺术，更使同学们开阔了眼界，提高了他们跨文化沟通的能力。

（二）学生艺术团负责人

1958年以后，学校团委专有一名副书记分管学生艺术团（文工团、文艺社团）工作，1989年以后，校团委又设立艺术团工作组，具体负责艺术团管理工作。学生艺术团具有健全的党团组织建制，设立团部，组织全团的排练、演出和对外协作联系工作。学生艺术团（文工团、文艺社团）历届负责人名单见表6-2-6、表6-2-7和表6-2-8。

1985年至1994年，于干、吴承君、王莉、赵洪、吴剑平、李秀芬等曾任专职学生艺术团工作组组长，1995年以后由团委主管副书记兼任工作组组长。

表6-2-6　1958年—1966年学生文工团（文艺社团）主要负责人名单

时　间	主要负责人
1958-09—1959-09	团长：曾点；政委：谭浩强；团总支书记：张孝文
1959-09—1961-09	团长：郑小筠；党支部书记：承宪康；团总支书记：刘述礼
1961-09—1963-09	团长：胡俊；党支部书记：雷如清；团总支书记：陈清泰
1963-09—1965-09	团长：赵燕秦；党支部书记：印甫盛；团总支书记：陈清泰
1965-09—1966-06	团长：胡锦涛；党支部书记：李桂秋；团总支书记：任丽翰

表6-2-7　1981年—2010年学生文艺社团（艺术团）团长名单

姓　名	时　间	姓　名	时　间
梅　萌	1981-09—1982-08	许小刚	1995-02—1996-01
陈汝强	1982-09—1983-08	蒋应隆	1996-02—1997-01
于　干	1983-09—1984-08	高　鹏	1997-02—1998-01
董占峰	1984-09—1985-08	张　民	1998-02—1999-01
朱　彤	1985-02—1985-08	贺　全	1999-02—2000-07
于立山	1985-09—1986-08	李清源	2000-08—2001-08
徐　锐	1986-09—1987-08	赵　岑	2001-09—2002-08
游石基	1987-09—1988-08	关子杉	2002-09—2003-08
苗　勇	1988-09—1989-05	林　冬	2003-09—2004-08
许　翔	1989-06—1990-01	王海欣	2004-09—2005-08
陈健鹏	1990-02—1990-08	丁　飞	2005-09—2006-08
陈健洲	1990-09—1991-08	孙常库	2006-09—2007-08
李　强	1991-09—1992-08	倪达兴	2007-09—2008-08
王进展	1992-09—1993-08	刘阿祺	2008-09—2009-08
李　菲	1993-09—1994-01	纪越鹏	2009-09—2010-03
刘涛雄	1994-02—1995-01	茹嘉良	2010-04—

表 6-2-8　1990 年—2010 年学生文艺社团（艺术团）团工委书记名单

姓　名	时　间	姓　名	时　间
陈　涛	1990-09—1991-08	米　佳	2002-09—2003-08
黄开胜	1991-09—1992-08	刘汉禹	2003-09—2004-08
陈　鹰	1992-09—1993-08	都英麒	2004-09—2005-08
王进展	1993-09—1994-08	苏晓阳	2005-09—2006-08
聂小刚	1994-09—1995-07	郭　炜	2006-09—2007-08
李晓娟	1995-09—1996-07	王冬冬	2007-09—2008-08
王立鼎	1996-08—1997-07	梁　晗	2008-09—2009-08
吴　穷	1997-08—1999-01	孙羽津	2009-09—2010-08
范建军	1999-02—2001-02	王　栋	2010-09—
张俊才	2001-03—2002-08		

（三）学生艺术团各队简介

1. 军乐队

学生艺术团军乐队成立于 1916 年，是由学校出资组建的第一支学生乐团，也是中国近代史上第一支西洋管乐团，建筑学家梁思成、药理学家陈克恢、歌唱家应尚能、作曲家黄自、剧作家曹禺、音乐家张肖虎等都曾是乐队的一员。

1949 年 2 月，军乐队作为唯一的学生军乐队，在前门箭楼参加了迎接解放军进城活动；7 月，在长安大剧院参加了全国第一届文艺工作者代表大会演出；10 月，参加了天安门广场的开国大典。为欢庆新中国成立，50 级队友汪声裕创作的歌曲《走向胜利》传唱全国。此后历年军乐队都参加国家大型庆典——“十一”“五一”游行、狂欢，大型公园游园，迎接外国元首；参加全市及高校大型演出，如纪念“五四”“一二·九”活动；到部队、工厂慰问，为北京市组织的人民大会堂春节联欢舞会、外事局组织的友谊宾馆苏联专家舞会等伴奏。

1993 年，军乐队参加中国首届大学生吹奏乐比赛，获舞台表演金奖。1995 年，军乐队参加首届中国国际管乐节，与加拿大海军军乐团、俄罗斯远东军乐团、中国人民解放军总政军乐团等同台演出。1999 年，军乐队参加全国大学生艺术节文艺会演，获一等奖第一名。2005 年，军乐队参加首届北京市大学生文艺展演，获北京市一等奖；参加首届全国大学生文艺展演管乐组比赛，获全国一等奖。2008 年，军乐队作为首批演出团体走进国家大剧院音乐厅，彰显了业务水平和社会影响。军乐队现有队员 150 余人。

2. 民乐队

民乐队始建于 20 世纪 20 年代，时称国乐社。一直活跃在校园舞台上。1948 年至 1986 年，民乐队在王震寰先生的指导下稳步发展，鼎盛时期规模达 100 余人。1993 年，时任中国广播民族乐团团长的张大森先生接任乐队指挥，使民乐队的表演水平踏上了新台阶。在乐队的发展中，得到了彭修文、朴东生、秦鹏章、刘文金、王甫建、曹文工等专家的指导，同时，乐队还定期邀请中国广播民族乐团、中央民族乐团等专业团体的著名演奏家亲临现场、指导排练。

民乐队已发展成为一支声部建制齐全、演出风格多样的大型民族管弦乐队。乐队定期举办专场及沙龙音乐会，并积累了一批经典曲目，如民族管弦乐合奏《秦·兵马俑幻想曲》《十面埋伏》《丰年祭》，吹打乐《龙腾虎跃》，笛子独奏《牧民新歌》等，深受广大师生的喜爱。

民乐队现有演奏员 70 余名，其中大多数队员进入乐队后才开始学习民族乐器的演奏。乐队曾多次代表学校访问新加坡、中国的港澳台等国家和地区，并于 1999 年、2005 年两次获得全国大学生艺术展演器乐组一等奖，展示了清华大学学生的精神风貌，受到各界的广泛赞誉。

3. 合唱队

合唱队始建于 1912 年，是清华大学成立最早的艺术社团之一。1935 年成立的海燕歌咏团，在团长傅国虎的主持下，成立不到 9 个月，团员就发展到 200 人，占全校学生人数 1/5。抗战后期，在昆明西南联合大学比较活跃的文艺社团，就有联大歌咏团、高声唱歌咏团。1946 年，清华大学复员回到北平后，大家唱歌咏队、国剧社、合唱团等学生文艺社团活跃在人民解放战争的“第二条战线”上，高唱《团结就是力量》《古怪歌》《公教人员的悲歌》《五块钱的钞票》等歌谣，鼓舞士气。1956 年，合唱团发展成 3 个团：混声合唱团、男声合唱团、北京市大学生合唱团。1960 年，合唱团创作歌曲《周总理来到清华园》。1964 年，合唱队 100 多人参加了大型音乐舞蹈史诗《东方红》的合唱。

1984 年合唱队与弦乐队排演了交响合唱《黄河大合唱》，曾经到北京音乐厅、中山音乐堂演出，受到好评。1985 年与文艺社团兄弟队一起创作演出了大型史诗剧《冬天，火的回忆》纪念“一二·九”运动 50 周年。1996 年参加首届全国大学生展演获得一等奖。2009 年参加了国庆 60 周年纪念活动《复兴之路》的演出，以及国庆 60 年天安门大阅兵广场合唱部分。

目前，合唱队有一队、二队，队员人数 100 余人。合唱队曾参加北京市及全国大学生展演且获多项一等奖，并赴美国、新加坡以及中国香港和澳门等地参加比赛和演出，获得广泛好评。

4. 交响乐队

清华大学学生艺术团交响乐队（暨首都大学生交响乐团）组建于 1993 年，是首都大学生艺术团六个分团之一。建校初期，1922 年《清华一览》中就记载有“大弦乐队”课程。后来一直保留弦乐队。1993 年，北京市教委成立首都大学生艺术团，学校在原弦乐队基础上，把部分军乐队的同学合并到弦乐队，组建交响乐队。经过十余年的发展，乐队现已成为由在校本科生、研究生、留学生等近百人组成的双管编制交响乐队，队员规模超过 80 人。

乐队成立至今，先后得到了多位专家的指导，排演了从 18 世纪的海顿《第 94（惊愕）交响曲》到 20 世纪的肖斯塔科维奇《第五交响曲》、从欧洲的贝多芬《第五（命运）交响曲》到中国的《梁山伯与祝英台》小提琴协奏曲等逾百首中外优秀作品。乐队曾多次在人民大会堂、国家大剧院、北京音乐厅、中山音乐堂、上海大剧院等地举办专场音乐会，其出色的表现得到了李岚清、宋平等国家领导人的充分肯定及社会各界的一致好评。

在 1996 年、1999 年、2005 年举办的全国大学生艺术节（展演）上，乐队均获得一等奖；2009 年 2 月，乐队赴南京参加第二届全国大学生艺术展演，再次荣获一等奖第一名。2002 年，赴日本东京参加全日本大学生交响音乐节，荣获特别奖。2008 年 7 月，乐队与美国斯坦福大学交响乐团在人民大会堂联合举办“奥运欢乐颂”专场音乐会，共同奏响贝多芬《第九（合唱）交响曲》。

5．舞蹈队

舞蹈队始建于20世纪40年代，1946年成立民舞团。舞蹈队创作并演出的舞蹈《大扫除》曾发表在1960年《群众舞蹈》上，得到了好评。由贾作光先生辅导的作品《鄂尔多斯舞》成为保留至今的剧目。1985年，联合演出了大型史诗剧《冬天，火的回忆》，80年代创作了舞蹈《四点半》《飞吧，鸽子》《生命·火·太阳》；90年代，创作了《黄河水·黄河人》《骤雨新荷》《红旗颂》等舞蹈，成为经典的校园舞蹈作品。其中，《黄河水·黄河人》《骤雨新荷》获得1996年首届全国大学生文艺会演一等奖。

舞蹈队员充满青春朝气的身影，一直活跃在学校的舞台上。在各个历史时期，学生艺术团舞蹈队创作、排演了一批反映时代精神、弘扬清华文化的优秀剧目，曾数次参与国家的重大庆典活动、多次参加国际文化交流活动，在历届全国大学生舞蹈比赛中屡获殊荣。

目前，舞蹈队有一队、二队，两个队总规模约100人。

6．话剧队

话剧在清华大学学生艺术社团中占有非常重要的地位。从这里走出了一批著名的剧作家、文学家、诗人，如洪深、闻一多、顾毓琇、梁实秋、李健吾、杨绛、王佐良、季羡林、曹禺、英若诚、张骏祥等。

1916年成立游艺社，包括唱歌和演戏，1919年游艺社改为新剧社；20世纪30年代以后，新剧社、剧艺社活动更加活跃。1932年，万家宝（曹禺）为社长的新剧社排演了《马百计》和《日本狂言十种》之一的《伞》，在校内和附近村镇演出，还为抗日伤兵进行募捐义演，紧密配合了抗日爱国运动。曹禺的成名作话剧《雷雨》，便是他课余在清华图书馆阅览室写成的。剧艺社的董凌云与校外崔嵬、张瑞芳合演的《放下你的鞭子》，控诉日本帝国主义在东北的暴行，感人至深，受到广泛称赞。《察东之夜》《打回老家去》等街头剧，也受到观众的欢迎，荣千祥（荣高棠）演唱的《国难大鼓》尤为群众所喜爱。

西南联合大学时期，剧艺社仍保持活动，话剧团先后演出了《祖国》《黑字二十八》《原野》《夜光杯》《夜未央》《雷雨》《雾重庆》《刑》等剧。1944年成立的联大剧艺社，演出了《阿Q正传》《一个女人和一条狗》《破旧的别墅》《镀金》等剧，成为爱国民主运动中的一支重要力量，他们到重庆演出的《风雪夜归人》受到周恩来的赞许。1946年，清华大学复员回到北平后，剧艺社演出《升官图》《六二在清华》等剧目。1951年，在抗美援朝运动中，戏剧社学生自编自演了《一杆枪》。

20世纪50年代，话剧队自创话剧《清华园的早晨》等。1978年，学生文艺社团恢复了话剧队等，1985年联合创作演出了大型史诗剧《冬天，火的回忆》纪念“一二·九”运动50周年。1991年，建校80年之际创作出反映清华教授投身“两弹一星”事业的话剧《紫荆花开》，成为保留节目。

近年来，话剧队坚持经典与原创并重，创作出话剧《很爱很爱你》，朗诵《精神的丰碑》《清晨，国旗从这里升起》等深受同学们广泛好评的剧目。

1999年，话剧队获得北京市大学生艺术展演一等奖；2009年，话剧队获得第二届北京市大学生戏剧节最佳编剧奖优秀剧目奖。

7．国标舞队

学生艺术团国际标准舞队成立于1993年，是国内高校中最早建立的高校国标舞团体之一。在校内外的各种演出和活动中，清华大学学生艺术团国际标准舞队都展现出国际标准舞独特的魅力，丰富了校园文化，提倡和弘扬了这一充满吸引力的舞蹈艺术。国际标准舞队作为一支年轻的队伍，充满朝气与活力。在旋转的舞台上，在青春的校园里，在平凡的生活中，不断地寻找美，感受美，创造美。1995 年，在北京市高校国际标准舞比赛中荣获 7 个单项冠军，在 2008 年第十一届“学院杯”国标舞比赛中，荣获团体队列舞第一名、单人 8 个一等奖。

8. 键盘队

清华的钢琴教学始于建校早期，1922 年就有校刊记载：“新添钢琴班，由王力山夫人教授，报名者达 23 人。”1956 年，艺术社团成立了钢琴队、手风琴队，后因“文革”中断，于 1978 年复建。学生艺术团键盘队一直致力于键盘艺术教学、演出和普及。经过半个多世纪的发展，目前的键盘队由全校各个院系本科生和研究生共 50 名队员组成，涉及的乐器包括钢琴和手风琴。

目前，键盘队每年在校内组织音乐会两场以上。同时，键盘队还活跃在迎新演出、文艺会演、“一二·九”合唱等校内外众多演出的舞台上。2002 年在金帆音乐厅举办钢琴音乐会更是向全社会展现出清华大学优秀的艺术教育水平。键盘队曾经在欧美专业音乐比赛中获得奖项，在国内高校中享有一定的声誉。

9. 美术社

1920 年，由杨廷宝、方来、闻一多等人发起成立了美术社，几十年断断续续地发展至今，队伍不断壮大。涵盖了书法、国画、西画、漫画、摄影等多种艺术形式，现由数名美术特长生和来自全校的近百名热爱美术的同学组成。

美术社致力于发掘同学们的艺术潜力，拓展同学们的艺术素养。美术社的活动形式丰富多彩，每周在不同的组分别开展素描色彩写生训练、书法基础与创作教学、摄影与赏析等常规活动，并且不时穿插进行出游写生、绘制 T 恤衫、陶艺制作等特色活动，队员们不仅能在业务方面获得提高，并且能接触到各种美术形式，拓宽了视野，受到了很好的艺术熏陶。

美术社多次参加全国大学生艺术展演（节）比赛，获得数个一等奖和数十个其他级别的奖项，取得了优异成绩，在参赛的全国各高校中名列前茅，为学校及艺术团赢得了荣誉。

10. 京剧队

京剧艺术活动在清华大学有着悠久的历史和优秀的传统。早在建校初期，清华大学就成立了学生京剧组织“菊社”。1929 年，学校成立中乐部，聘请京城名票红豆馆主爱新觉罗·溥侗来校教授京昆艺术。新中国成立后，文工团京剧队队员多达百余人，排演的原创剧目《关羽搬家》曾在政协礼堂演出，广受好评。56 级工物系校友胡芝风由业余爱好走上专业道路，成为著名京剧表演艺术家、导演。

1996 年，在时任艺教中心主任郑小筠等领导及崔玉玺、傅瑞峰等老队员的大力倡议与推动下，学生艺术团京剧队正式复建。复建后的京剧队共举办专场 11 次，演出经典剧目（折子）30 多个，随艺术团访问美国、希腊和我国香港、澳门等地，2007 年、2009 年连续参加北京市大学生艺术节，均获一等奖。2007 年，老学长、老队友朱镕基为京剧队题词：“祝清华京剧队与时俱进。”

京剧队现有 50 多人，行当比较齐全，尤以老生、青衣、花脸为主。很多队员都是从零基础学起，在老师的耐心指导下，经过几年刻苦练习，均能达到一定水平，甚至登台演出。

11. 曲艺队

早在20世纪50年代，学生文艺社团中就有曲艺队，曾经在十三陵水库建设工地就以快板、快书等形式鼓舞斗志。2000年年末，曲艺队复建并参加了90周年校庆演出，取得圆满成功。一年后，曲艺队排演了原创相声剧《一二三四，我们说相声》，生动再现了当代和60年代这两个时代的清华校园生活。2007年6月排演了第二部原创相声剧《回眸·一校》，展现了五个不同时期清华人的精神风貌，获得了师生们的交口称赞，也标志着曲艺队的业务发展达到了一个新高度。

2003年，原创作品《巧对影联》获首届北京电视台相声小品大赛业余组二等奖。2004年，原创作品《同桌的你》获首届首都大学生相声小品"最佳相声奖"。2006年10月，原创作品《历史会考》在央视举办的第三届CCTV相声大赛中获得业余组三等奖，著名相声表演艺术家马季激动地称"相声界非常需要这样的人才"。2008年4月，原创作品《西望》又在第四届CCTV相声大赛中获得业余组三等奖，并摘得业余组最佳捧哏奖。

（四）艺术社团获奖一览

1981年至2010年学生文艺社团（学生艺术团）演出获奖情况见表6-2-9。

表6-2-9　1981年—2010年学生文艺社团（学生艺术团）演出重要获奖统计

年份	活动名称	获奖项目	奖励等级
1981	北京市大学生文艺会演	原创舞蹈《飞吧！鸽子》	一等奖
		混声合唱	一等奖
1984	北京市首届"大学生理想杯"	混声合唱	一等奖
1985	北京市大学生"红五月"歌咏比赛	混声合唱	一等奖
1986	北京市大学生"红五月"歌咏比赛	混声合唱	一等奖
	北京市第二届"大学生理想杯"	混声合唱	一等奖
1987	北京市舞蹈比赛	原创舞蹈《生命·火·太阳》	一等奖
	北京市大学生"红五月"歌咏比赛	混声合唱	一等奖
1988	北京市第三届"大学生理想杯"	混声合唱	一等奖
1989	北京市大学生舞蹈比赛	原创舞蹈《命运》	二等奖
1990	北京市第三届舞蹈创作比赛	原创舞蹈《生命·火·太阳》	一等奖
	北京市第四届"大学生理想杯"	混声合唱	第一名
1991	首都大学生舞蹈比赛	芭蕾舞《天鹅之死》	二等奖
	首都高校军乐比赛	军乐合奏	一等奖
	首都第二届大学生科技文化节	《车站十八分钟》	"绿丹兰杯"头等奖
1992	北京市第五届"大学生理想杯"	混声合唱	一等奖
1993	北京市舞蹈会演	舞蹈《黄土黄》	二等奖
	北京市民乐比赛	民乐合奏、独奏、重奏	一等奖
1995	北京市高校国际标准舞比赛	摩登舞、拉丁舞	7项冠军

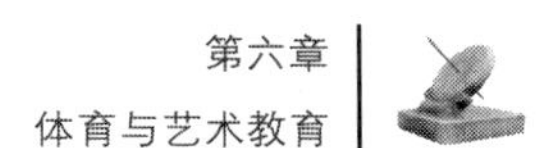

续表

年份	活动名称	获奖项目	奖励等级
1996	北京市大学生文艺会演	交响乐《贝多芬第五交响曲》一乐章	一等奖
1999	北京市大学生文艺会演	舞蹈《黄河水·黄河人》	一等奖
		合唱《大江东去》	二等奖
		交响乐《贝多芬第五交响曲》四乐章	一等奖
		民族器乐《将军令》等	一等奖
		管乐《阿尔威玛》等	一等奖
		话剧《归去来兮》	一等奖
		国画《师说》	一等奖
		水彩《风景》	一等奖
		国画《草虫凉秋》	二等奖
		摄影《答辩》	一等奖
2001	全国大学生舞蹈比赛	舞蹈《红旗颂》	一等奖
		双人舞《凄凄长亭》《阿惹妞》	一等奖
		女子独舞《胡笳十八拍》	一等奖
		双人舞《牧歌》	二等奖
	全国大学生艺术歌曲比赛	合唱《蓝色多瑙河》	一等奖
		男声独唱《我的太阳》	一等奖
2002	日本东京“第十七届全日大学生交响音乐节”	交响乐合奏	特别奖
2003	首届CCTV全国相声大赛	《巧对对联》	业余组一等奖
2004	首届首都大学生相声小品大赛	《同桌的你》	最佳相声奖
	第七届“院校杯”全国大学生国标舞比赛	摩登舞、拉丁舞	冠军杯
2005	第一届全国大学生艺术展演	舞蹈《骤雨新荷》	一等奖
		合唱《布谷鸟》《小屋》	一等奖
		交响乐合奏	一等奖
		民乐合奏	一等奖
		管乐合奏	一等奖
		话剧《天鹅之死》	一等奖
		书法	一等奖
		摄影	5项冠军
2006	第九届“院校杯”全国大学生国标舞比赛	摩登舞、拉丁舞	6项冠军
	“傅山杯”第五届全国高校京剧演唱研讨会	京剧《珠帘寨》等	一等奖

续表

年份	活动名称	获奖项目	奖励等级
2007	第二届北京大学生艺术展演	合唱《天路》《大漠之夜》	一等奖
		交响乐《火鸟》	一等奖
		话剧《紫荆花开》	优秀编剧奖、 优秀女演员奖、 优秀服装设计奖
	第十届“院校杯”全国大学生国标舞比赛	摩登舞、拉丁舞	一等奖
	第二届北京大学生艺术展演	京剧《文昭关》	一等奖
2008	第十一届“院校杯”全国大学生国标舞比赛	摩登舞、拉丁舞	9 项冠军
2009	第二届全国大学生艺术展演	交响乐合奏	一等奖
	北京市大学生戏剧节	话剧《很爱很爱》	最佳编剧奖、 优秀剧目奖
	第七届全国高校京剧演唱研讨会	京剧《霸王别姬》等	一等奖
2010	北京市第三届高校艺术展演	交响乐《御风万里》	一等奖
		民族器乐《西北组曲》	一等奖
		京剧《四郎探母·见娘》	一等奖

四、学生课外文艺活动

清华学生课外文艺活动一向十分活跃。除艺术教育中心负责业务指导学生艺术团外，还有丰富多彩的全校性学生文化娱乐活动和院系学生文艺活动，这些课外文化活动对提高学生素质、促进学生全面成长起着十分重要的作用。

（一）高水平艺术演出

清华大学艺术教育一直以普及高雅艺术、弘扬民族文化为己任，长期举办高雅艺术进校园演出活动，特别是邀请国家一流专业艺术团体来校演出。新中国成立后，主要邀请国家级院团和著名艺术家来校进行公益演出。中国京剧院、北京京剧院、中国昆曲剧院及中央乐团、中央歌舞团、中央民族乐团、东方歌舞团等国家一级文艺团体都曾来校为师生演出。梅兰芳、马连良、袁世海、谭元寿、赵燕侠、新凤霞、侯宝林、马季、赵丹、孙道临、张瑞芳、谢芳、李德伦、严良堃、朱琳、于是之、李光羲、刘淑芳等艺术家亲自上台献艺。这些普及演出使学生们既增长了知识、提高了欣赏能力，又陶冶了情操，对提高自身的艺术文化修养起了明显作用。

自 1999 年以来，校团委推出的“文缘艺粹”品牌系列活动，种类包括交响乐、民乐、合唱、舞蹈、话剧、曲艺、地方戏剧等众多门类，其目的旨在服务于青年的成长和成才、服务于学校一流大学的建设。十年来，通过“文缘艺粹”，在校内共举行了 80 余场高雅艺术和民族艺术的演出活动，给同学们带来了美的享受和情操的陶冶。从这一活动中受益的同学达到近 4 万人次。越来越多的艺术团体纷纷走进清华校园，其中包括中国音乐家协会、中央民族歌舞团、美国 BCC 爵士乐团、德国爱乐乐团等，为同学们献上一台台高水平的演出，丰富了同学们的校园文化生活。

2007 年，清华大学研究生院、清华大学党委研究生工作部在香港回归十周年、中国话剧百年纪念、清华大学96周年校庆之际，推出了“清乐华章”——清华大学研究生校园文艺演出系列活动。该活动是校园文化品牌活动，现已成功举办了十场演出，包括泉曲清韵——济南曲艺进清华、话剧《哥本哈根》、越乡戏韵校园行、昆情曲韵——昆剧校园行等，旨在展示民族艺术瑰宝的魅力，将民族文化、传统文化进一步引入校园，培养清华同学的文化素养。2010年11月与北京舞蹈学院合作举办的“古舞清韵”古典舞专场强化了“清乐华章”的高校大学文化品牌特色，现已成为高校同学们欣赏交流以及表现展示的平台，多层次、全方位地营造良好的大学文化氛围。

（二）全校性大型学生文艺活动

清华一直富有活跃的学生校园文化氛围，“一二·九”歌咏比赛、校园歌手大赛、服饰风采大赛等是全校学生的品牌艺术赛事，成为学生陶冶情操、展示风采的舞台。

1.“一二·九”歌咏比赛

“一二·九”歌咏比赛是清华历史最长的文艺文化活动，其覆盖面广、意义重大，每年的比赛都得到各院系的广泛重视。通过“一二·九”歌咏比赛，不但能够让同学们团结奋进，培养大家的集体主义精神，同时对同学们也是一次爱国主义教育。

1988年，校研究生会举办了第一次“一二·九”歌咏比赛，取得了良好的效果。此后，校团委每年均举办全校性的“一二·九”歌咏比赛，得到了全校各院系师生的积极响应和广泛参与。近年来，以“薪火相传报国志，科学发展新征程”“盛世欢歌颂华诞”等为主题，“一二·九”歌咏比赛在形式上推陈出新、内容上不断升华，以校园文艺活动的形式，结合学校纪念“一二·九”的其他活动，在陶冶同学们的爱国主义情操上起到了重要的作用。

2. 校园歌手大赛和服饰风采大赛

早在20世纪80年代，一群热爱唱歌的清华学子，怀抱吉他在大礼堂前草坪上、东操场的看台上自弹自唱。其间，涌现了同学们喜爱的合唱队的“歌星”和一批校园歌曲创作和演唱者，他们之中多位后来成为音乐人的校园歌手。为了在同学中营造更好的艺术氛围，校学生会于1991年举办了第一届清华大学校园歌手大赛，以后每年举办一届。校园歌手大赛受到了广大同学的热烈欢迎，现在已经成为校园文艺活动的一大品牌。

为了塑造青年学生健康向上的形体与服饰文化，2000年起，校学生会举办了第一届校园服饰风采大赛，迄今已举办了九届，并形成了以服饰风采大赛为中心的服饰文化节，吸引了很多同学的注意力，比赛中不仅有多轮的展示环节，更有“新丝路”等专业团队的礼仪、仪表、着装的培训，成为清华校园中一道亮丽的风景。

3. 电影、电视和学生DV文化节

电影是学生早期接触最方便、最常见的文化艺术活动形式。1949年以前，清华学校建校之初，即有“活动影戏”（幻灯）的放映，之后便有了电影，起初多是介绍西方科学文化。1949年至1979年，电影仍是学生的主要文化艺术活动之一。电影放映由学生会负责选片，电影组负责放映，每周1～2次，地点除大礼堂外，多在三院教室北面的广场，冬季则在西大饭厅。周末，吃过晚饭，一周功课已完毕，学生三五成群，搬着凳子，涌向放映场地，别有一番乐趣。

1979年以后，学生看电影逐渐移向“正规影院”——大礼堂。到了90年代，又在东大操场

的西北角广场开设露天电影，每周放映一次，免费入场。观者自己选片，可以随来随去，受到学生欢迎。电视、电脑普及后，电影放映逐步减少，演变成一年一度的新年电影晚会。

4．舞会

舞会是学生中最常见的文艺活动。1949 年以后，由学生会群众文化部负责组织，每周同时在两三个饭厅举行，遇节假日，则在西大饭厅举行大型舞会加游艺活动，新年舞会有迎新年钟声、新年献词，祝福同学们在新的一年里取得更大成绩。

1987 年后，舞会仍是广大学生周末的主要娱乐之一。与之前不同的是：此时改由班级或系的学生自己组织，并收取一定的入场费，以支付服务者的劳务费。

1990 年以后，舞会面向的主要对象改为刚入学的大一新生，由各个院系学生会举办，主要目的在于使新同学能够尽快地相互熟悉，及时适应大学生活。

1995 年以后，随着学生食堂设施的改进，学生舞会不再举办。

（三）院系学生节

清华建校初期，年级文化娱乐活动就非常活跃，常有年级间的歌咏演出、演剧比赛、演讲比赛等活动。单是演剧，10 年间全校便演出了一百多出新剧，其中大都是从年级文化娱乐活动中涌现出来的。跨年级的文艺社团出现后，学生的文艺活动才逐渐改由文艺社团挑起，但年级文化娱乐活动仍为广大学生所喜爱。在纪念建校 10 周年时《清华周刊》载文说："一个学校 10 年内演了一百多出戏，实在是一件很出奇的事。这件很出奇的事，有没有价值呢？我们清华学生，都相信这是很有价值的，而且很想把我们这种精神传播国内。"

1949 年后，系级文化娱乐活动受到重视，每年在各系级活动的基础上，由学生会群众文化部组织一次系级文艺会演。会演之前，各系分别举办班级会演，逐级选拔出优秀节目，最后参加全校的会演。这种由班级到系、再到全校的会演，能够相互促进、相互推动。

1988 年，学校为了进一步推动学生文化活动，决定设立与体育"马约翰杯"、科技"挑战杯"并列的文化活动"水木清华杯"。每年 12 月举办一次"文化活动月"，届时各系、各文艺协会共同举行各类文化艺术活动，有歌手大赛、新生歌咏赛、舞蹈大赛、健美操大赛、语言艺术（话剧、小品、朗诵、相声等）表演赛、演讲比赛、文艺知识竞赛、综合艺术展、漫画展等，最后以学生艺术团的综合演出结束。参赛者按系计分，累计分数最高的系获"水木清华杯"。自 1989 年至 1993 年，获"水木清华杯"者：1989 年至 1991 年为精密仪器系，1992 年至 1993 年为计算机系。

1984 年，计算机系成为全校第一个举办学生节的院系，此后，各个院系都开始举办自己的学生节，到目前为止每个院系都拥有独具特色的学生节。一年一度学生节成为同学们展示自我、凝聚集体的重要活动，日益受到广大同学的欢迎和喜爱。

（四）艺术类社团协会

清华大学的艺术类社团协会是一个非常活跃的学生社团组织。早期学生艺术活动主要以学生自主组织的社团为主，后分为艺术教育中心直接负责教学的学生艺术团和以学生课外自主活动为主的学生文艺类社团。学生文艺类社团涉及音乐、电影、戏剧、书画、摄影等多个艺术门类，依据学生的兴趣发展而不断丰富和调整。这些学生自发组织的艺术类协会为热爱艺术的同学们提供了相互交流的平台，也充实了他们的大学生活。

1. 摄影协会

摄影协会是清华学生艺术协会中最早成立者之一，于1912年开始酝酿筹备，1913年正式成立。正会长为马约翰，当时总人数为96人（当年全校约600人）。20世纪90年代学生又成立了摄影爱好者协会。1993年会长杨晓春作品曾获香港国际摄影展奖励，2005年会长作品在香港举办展览。协会会员最多时达到50余人。指导教师是艺术教育中心宋焕成。

2. 爱乐之友协会

协会正式成立之后，积极开展活动，除常规进行的唱片音乐欣赏会等外，还举办一些专家讲座或演奏会。该协会经常参加活动者达150人左右（会员有300余人）。曾先后担任会长的有吕经纬、李周、吕华威等。艺术教育中心指导教师先是郑小筠，后是吕建强。1993年11月21日，中央人民广播电台曾报道爱乐之友协会情况。1994年3月，协会在北京音乐台主持了一次“星期音乐会”，1994年10月在《人民音乐》杂志上发表名为《古典旋律的永恒召唤》的倡议书。2000年9月，举办美国哈佛大学青年院士梁雷作品音乐会。

3. 影视欣赏与评论协会

该协会宗旨是弘扬健康影视文化，提高同学们的影视鉴赏能力，丰富校园文化生活，弘扬高雅校园文化。经常参加协会活动的会员约100人。协会曾与北京师范大学联合举办“大学生电影节”（现已成为品牌），开办了《露天》小报。协会首任会长是胡钰（电1991级）。1994年以后指导教师是艺术教育中心熊澄宇，1995年9月以后是梁宁。

4. 京昆艺术协会

京昆艺术协会成立于1995年，其宗旨是：“弘扬京昆艺术——我国戏曲百花园中的一株奇葩——国粹”，使青年人了解京剧、热爱京剧，并以此激发同学们对中华民族传统文化的热爱。京昆协会团结了清华的京剧爱好者40余人，首任会长李龙，指导教师是力学系（艺术教育中心聘请）崔玉玺。

5. 书画爱好者协会

书画爱好者协会秉承全心全意为同学服务的精神，团结校内外书法与美术爱好者，广泛宣传书法与美术知识，开展群众性书法与美术活动，借以提高同学们的艺术修养及审美情趣。指导教师是艺术教育中心宋焕成。

此外，清华大学还先后成立了十余个文艺类协会，包括有国际标准舞协会、影视协会、服饰协会、集邮协会、吉他协会、百花草协会、越剧协会、陶艺协会等，这些协会也在同学中产生一定的影响。

五、艺术教育设施

早期清华大学的艺术教育场馆主要有工字厅东厅（教员办公室）、同方部（戏剧演出场地）、大礼堂（军乐队排练室）。成立音乐室之后，艺术教育的主要教学场馆是音乐室（化学馆西侧“灰楼”，已拆除）。此外，地下食堂（已拆除）、西大饭厅、东阶、西体育馆前厅等，都曾作为艺术教育教学和学生文艺活动场所。1995 年建成的学生文化活动中心（蒙民伟楼）是一座专门用于艺术类课程教学和学生文化活动的场馆，为清华的艺术教学、高水平演出和学生课外艺术活动提供了良好的条件。

（一）大礼堂

清华大学大礼堂坐落于校园西区的中心地带，始建于 1917 年 9 月，建成于 1921 年 4 月，当时拥有 1 200 个座位（含二楼），为当时国内高校中最大的礼堂兼讲堂，与图书馆、科学馆和体育馆合称“四大建筑”。2001 年，清华大礼堂作为“清华大学早期建筑”的一部分被列为全国重点文物保护单位。

大礼堂是学校组织重大政治和艺术活动的主要场所，是学校、院系以及某些北京高校大型活动经常举行的地方。它对丰富校园文化艺术生活发挥了重要作用。

20 世纪 80 年代，校园民谣兴起。大礼堂正对的草坪，是校园民谣歌手的聚集地，从而被认为是高校校园民谣的发源地。

大礼堂为了适应学生文化活动的要求，进行了两次大的内部整修。一次是 20 世纪 50 年代，为适应演出的需要，扩大了舞台，减少 5 排座位；第二次，为迎接清华百年校庆，学校于 2010 年 4 月份开始对大礼堂进行保护性修缮，调整了舞台与观众座席，现在保留了 976 个座位，并更新了全套音响系统与灯光设备。修缮一新的大礼堂将百年历史的积淀与现代设施完美地融为一体。

（二）学生文化活动中心——蒙民伟楼

1992 年，学校决定修建学生文化活动中心。学校经过努力，征得 1947 级校友蒙民伟先生的同意，将其捐赠为奖学金的 100 万美元，用于修建“学生文化活动中心（蒙民伟楼）”。该楼坐落在西区体育馆南侧，占地 2 483 平方米，建筑面积 4 071 平方米，1993 年奠基，1995 年落成并投入使用。蒙民伟楼整个大楼可同时容纳千人活动。大楼的一层主要为学生艺术团的活动室，包括民乐队、军乐队、话剧队等 6 个排练室，还有摄影室、资料室等。二层设有多功能厅、三个教室，以及十余间钢琴房。多功能演奏厅设有 332 个座位，舞台有灯光设施、调音台、录音等设备，可以满足艺术团的小型演出、校院系级学生联欢和演出，接纳小型国际会议及高水平学术报告。三层设有学生练习各种中西乐器的个人琴房 24 间。拥有各种乐器 400 件左右、演出服装千余件。这些设施设备，基本保证了正常的艺术类课程的教学和训练。据统计，截至 2010 年，蒙民伟楼年学生流量高达 16 万多人次。

（三）龚家麟音乐图书馆

龚家麟音乐图书馆由 1937 级军乐队老校友龚家麟先生出资赞助，面积 200 平方米，于 2007 年 8 月投入使用，配置了先进的音乐视听设备、艺术类书籍及光盘，是学校提供给清华学生的又一音乐欣赏的专门场所。

此外，学生宿舍区 C 楼还设有艺术活动教室多间，为艺术活动提供了场地保证。学校每年从各种渠道筹措资金用于增添乐器、图书、资料、服装等，以支持学校艺术教育工作。

艺术教育中心利用这些设施资源以及校内外教学资源，通过开设更加丰富的艺术类选修课程、提供学生更多艺术实践机会、邀请名家开设讲座、邀请专业团体举办高水平演出、接待国内外学校间的交流等活动，形成课堂教学、艺术实践、艺术赏析等互为补充的教学培养模式，使清华大学艺术教育真正成为传承优秀文化、提高审美素质、陶冶高尚情操、促进学生全面发展、推动校园文化建设的崭新课堂。

第七章

科学研究

第一节　概　述

一、1911 年—1948 年

清华学校在筹办大学之前，几乎没有学术研究。清华学校在成立大学部的同时，增设了一个研究院国学门（通称“国学研究院”）。1925 年 2 月，“研究院筹备委员会”成立，由西洋文学教授吴宓任主任委员，制定了研究院章程，决定“先设国学一科”。研究院国学门是一所独立的研究机构，培养目标根据研究院章程规定是培养“以著述为毕生事业”的国学研究人才。学校征聘了国学大师王国维、梁启超、陈寅恪和赵元任为教授，时有“四大导师”之称。国学研究院共办四年（1925—1929），有四届毕业生共 70 人。在此期间，四位导师均有重要学术论著发表，在我国国学研究领域颇具影响。

1929 年 7 月，清华大学评议会根据《国立清华大学规程》的规定，决定在 1929 年秋开办研究院，下设文、理、法三个研究所，暂由各学系之主任兼管。研究院的主要任务是培养研究生和开展学术研究。1934 年学校成立农业研究所，1936 年成立航空研究所和无线电研究所，学校的研究机构有较大发展。

改办大学后，校方特别强调“学术独立”，认为只有谋求学术之独立，才能进而谋求国家民族之独立。这个方针调动了清华师生进行科学研究的积极性；且“庚子赔款”按月准时退还，经费稳定且有余裕，为科学研究提供了物质上的保证；又兼地处西郊，近傍名园，环境幽雅，生活安定。因此，全校学术空气甚为浓厚，科学研究有一定的开展，并取得了一些重要成果，其中理学院的算学系和物理学系尤为显著。

抗日战争时期，学校西迁昆明，与北京大学、南开大学合组国立西南联合大学。但是清华大学仍有独立的行政体系和研究机构，并先后成立了 5 个特种研究所。

1937 年 9 月 27 日，学校举行迁校后第一次清华校务会议，议决清华研究院暂停办一年。1939 年 7 月 10 日，清华第 24 次校务会议又复议决续办研究院，先恢复文理两科研究所。1939 年 11 月 2 日，清华第 26 次校务会议，奉部令议决开办工科研究所。各研究所在培养研究生的同时，结合国家和当地经济需要，在十分困难的物质条件下，开展了一些研究工作，取得一定成果。

抗日战争胜利后，清华大学复员回到清华园。1947 年 2 月 20 日，第 5 次评议会修正通过了《国立清华大学研究所章程》，规定：“本大学所设之研究所主任，由各相关学系主任兼任。”各研究所由于经费困难，开展工作较少。

二、1949 年—1976 年

1948 年 12 月，清华园解放。经过 1952 年的院系调整，清华大学成为多科性工业大学。1953 年 7 月，第 6 次校务委员会扩大会议明确提出：清华大学不仅是一个教学的中心，同时要成为科学思想的中心。学校主要领导人也一再强调，科学研究是提高教学质量和教师水平的根本。

1954 年秋，教务处下设科学研究科。同时，学校成立以副校长刘仙洲为主任的科学研究工作委员会。1955 年 2 月 1 日，科学研究工作委员会第 4 次会议决定成立机械制造、动力机械、电机、无线电、水利、土木、建筑、数学力学、物理化学、政治理论等 10 个科学研究工作分委员会。1954 年夏，全校共有 167 名教师参加科学研究，占教师总数的 24.5%，其中教授 28 人，副教授 22 人，讲师 29 人，助教 88 人。有科学研究任务的教研组 30 个，占教研组总数的 65.7%。在 1956 年 4 月召开的清华大学第 1 次科学讨论会上，10 个分委员会共举行 37 次讨论会，宣读论文 130 余篇。

1956 年 8 月，学校成立科学研究处，高景德任处长，下设科学研究科、研究生科、实验室科。1956 年底，全校科研课题达 124 个，参加科研的教师达 300 多人。

1957 年 11 月，学校召开第 2 次科学讨论会，因时值国内反右派斗争的过程中，这次讨论会主要进行了“科学研究两条道路斗争”的“大辩论”。科学研究工作受到一定程度的影响。

1958 年春，在“破除迷信、解放思想、走自己的社会主义建设之路”的精神鼓舞下，全国掀起技术革新和技术革命高潮，高等学校也开展了教育革命，努力贯彻“教育为无产阶级政治服务，教育与生产劳动相结合”的教育方针。学校积极开展勤工俭学和校内外社会生产实践活动，并结合工矿企业的技术问题进行科学研究。如水利系师生承接了京郊密云水库、三家店水库和昌平县八条沟的水利规划与设计任务，进行“真刀真枪”的毕业设计，并在全校得到推广，使教学、科学研究、生产实践有机地结合在一起，取得了良好的效果。据统计，1958 年全校共完成科研任务 902 项，其中直接为生产服务的 404 项，高新科技研究 80 项，基本理论研究 7 项，自制科学仪器设备 392 台，编写教材 19 种，撰写论文 130 篇。

蒋南翔校长十分关注最新科学技术的发展，提倡学校的科学研究向高、新、专、精方向深入，以适应世界科学技术发展趋势和学校事业的发展。1955 年他亲自率团去苏联考察高新技术的发展状况，并在上报中央的《高等教育考察团访苏报告》中提出在清华大学设立培养原子能干部等新专业的意见。之后，清华大学设置了工程物理、自动控制、工程数学力学等一批高新技术专业，并迅速得到发展。如工程物理系师生于 1958 年秋承担了筹建原子反应堆和相关实验室的任务，在中共北京市委和学校的支持下，师生们于 1964 年建成了我国第一座自行设计、制造的原子反应堆。在研制过程中，他们解决了 37 项关键技术问题，试制成功 67 种仪器设备，建立了 3 个有关新专业，成长了一支高质量的科技队伍。

从 1956 年 8 月成立科学研究处到 1966 年 6 月，学校科学研究工作经历了 50 年代末期的发展和 60 年代初期的调整，逐步走上了稳定发展和提高水平的轨道。1965 年 11 月至 1966 年 3 月，在高教部举办的直属高校科研和生产成果展览会上，清华大学展出了原子反应堆、密云水库工程设计、程序控制铣床、电子感应加速器、快速通用数字电子计算机、光速测距仪、浮动喷射塔板等 70 多项研究成果，数量居全国高校之冠，质量和水平也受到好评。

截至 1965 年底，校内研究设计单位共 7 个，即试验化工厂、土建设计院、水利设计院、高坝结构及水力学研究室、电工研究室、无线电电子学研究室和工程化学研究室。参加科学研究的教师、实验员、技术工人共 1 045 人（不包括试验化工厂），其中教师 758 人（折合全时从事科学研究的教师 556 人）。1965 年承担科学研究项目 117 项，其中 102 项是结合国家十年规划进行的，占研究项目总数的 85%。

1966 年 6 月，“文化大革命”开始后，学校科学研究基本停止，人员流失，实验室关闭。1970 年招收工农兵学员后，在极端困难的条件下，开展了少量科学研究工作。如试验化工厂在周恩来总理的支持下，经中央批准，承担了利用钍建造增殖堆核电站的研究任务（代号“820 工程”）；精仪系等教师研制了激光定位分步重复照相机、双频激光干涉仪等；水利系教师在三门峡工地结合治理黄河，开展了泥沙动力学及河床演变的研究等。据 1976 年统计，学校从事科学研究的教师仅占在职教师总数的 10%以下。

三、1977 年—2010 年

1978 年 3 月全国科学大会召开以后，学校科学研究的规模和水平得到迅速发展。1978 年有 77 项科研成果获奖，科研经费也有较大增长，从 1977 年约 300 多万元，增加到 1993 年的 12 840 万元，年增长速度均在 20%～30%之间。

1979 年学校参加了中法和中德（德意志联邦共和国）科学研究合作项目，开始了学校科学研究的国际交流与合作。

1982 年 10 月，全国科技奖励大会召开，学校 11 个获奖项目的代表钱伟长、张增民等参加了大会。

1978 年至 1993 年，学校共承担科研项目数千项，其中：“六五”国家攻关任务 70 项，“七五”国家攻关任务 260 项，“八五”国家攻关任务 300 项，跟踪世界学科前沿的国家“863 计划”高科技计划任务 125 项。以上攻关项目中，投资亿元以上的大项目有 3 项。低温核供热技术的应用与研究、微电子技术的应用与研究被列入国家“八五”计划和十年发展规划纲要。

在此期间，学校通过技术鉴定并上报登记的科技成果共 2 004 项，有 1 897 项获省、市、部委及以上奖励，其中：国家自然科学奖 16 项，国家技术发明奖 64 项，国家科学技术进步奖 104 项，国家星火奖 2 项。获奖数量为同期高校之首。

自 1985 年 4 月我国开始实施专利法，到 1993 年底，学校共获得授权专利 672 项，居全国高校之首，其中新型空冷贝氏体钢及其应用技术、反应堆水力驱动步进控制棒等 4 项成果获国家发明专利金奖。

20 世纪 80 年代，学校在“科研工作要面向经济建设，为国民经济发展需要服务”的方针指引下，提出了科学研究应正确处理基础研究、应用研究、开发研究三者之间的关系，确立了“一个主体、两个侧翼”的指导思想。以面向国民经济主战场为研究工作的主体，大力开展应用研究。“七五”和“八五”期间承担的科学研究任务，有 60%以上是结合国家经济建设的现实需要而开展的研究，如“863 计划”的 7 个领域中，学校共承担了近百项科研任务，为国民经济建设和科技事业的发展作出了重要贡献。

基础研究是科学技术发展的基石，是高新技术和科技创新的先导和源泉，学校历来十分重视基础研究工作。“七五”期间全校从事基础研究和应用基础研究的人数，占科研总人数的 10%，课题数占总课题数的 15%。

80 年代以来，学校非常重视开发研究工作，1983 年 7 月学校成立科技开发部，广泛开展与地区和企业的科技合作，加强科技成果向生产的转化，发挥了学校为社会服务的功能。仅 1991 年至 1993 年，就有 211 项科技成果向社会转让，产生百万元以上经济效益的有 57 项，其中效益在 1 000万元以上的有 9 项，平均每年为国家创经济效益约 10 亿元。

在改革开放大形势的推动下，随着科学研究工作的迅速发展，学校的科技产业也得到迅速发展，并成为学校工作的重要组成部分。1988 年经国家教委批准成立的清华大学科技开发总公司，经过艰苦创业，1993 年已发展成为清华紫光集团，加上其他校办公司、工厂，产品涉及计算机、通信、自动控制、能源、机械、化工、建筑、生物、新材料等多个领域。1993 年底，学校校办产业固定资产（净值）0.9007 亿元，流动资金 2.26 亿元，产业用房面积 5.49 万平方米。1993 年，校办科技产业营业额为 4.25 亿元，创利润 6 038 万元，上缴税收 1 005 万元，创汇 291 万美元，直接向学校上缴利润 1 100 万元。这在一定程度上弥补了教育经费的短缺，改善了学校办学条件。

1995 年 7 月，学校成立“清华大学与企业合作委员会”（简称“企合委”），其宗旨是进一步加强同海内外企业的联系与合作，为企业提供科技咨询与服务，帮助其解决生产技术难题，为企业的发展服务。截至 2010 年，企合委成员单位共有国内企业 150 家，海外企业 39 家。

“八五”期间（1991—1995）全校承担科研项目 3 112 项，每年在研项目 1 600 余项，科研经费 7.673 亿元（为“七五”总经费 3.06 亿元的 251%）；获各类科技奖励 1 057 项，其中获国家科技奖 77 项（累计 215 项）。5 兆瓦低温供热堆、200 兆瓦核能供热示范堆、中国教育和科研计算机网络示范工程、10 兆瓦高温气冷试验堆等项目取得重要进展和成果。

1996 年国家开始实施“211 工程”和“九五”计划，学校明确提出“学科群”思路，建立学院、研究院和研究中心层次的学科群和大学科结构体系，以促进学科交叉和联合，重点建设信息科学与工程（以信息学院为主）、先进制造技术（以机械学院为主）、核工程与核技术应用（以核能技术设计研究院为主）、材料科学与工程（以材料科学研究院为主）、能源工程、生命科学与工程（以生命科学研究院为主）、人居环境与环境工程等 7 个学科群，建立一批研究院，进行学科规划和交叉学科研究平台建设，学校还提出依托国家重点实验室实现“211 工程”的学科建设。

1996 年 11 月，学校成立清华大学知识产权管理领导小组，加强学校知识产权保护和管理工作，组长先后由常务副校长何建坤、副校长龚克、副校长康克军担任。1997 年下设知识产权管理办公室。6 月，校务会议讨论通过《清华大学保护知识产权的规定（试行）》；1998 年 6 月学校设立“清华大学专利基金”；为鼓励创新，在总结经验的基础上，2001 年 11 月 7 日校务会通过《清华大学关于加强专利工作的若干意见》。1998 年学校申请注册的“清华”商标得到国家商标局的核准。2005 年为加强学校形象建设和学校商标的国际保护，学校将“清华”等商标在印刷出版物及教育服务、科研服务类别，向美国、日本、俄罗斯、韩国、欧共体等 40 余个国家和地区申请国际注册。1997 年 4 月，学校被确定为全国首批知识产权保护试点单位，1998 年 3 月被评为全国知识产权工作先进单位。

1997 年国家“973 计划”开始实施，学校电机系卢强当选第一批首席科学家。从计划设立至 2010 年，学校教师共有担任首席科学家或作为项目依托单位立项的项目 51 项，是全国承担“973 计划”项目最多的单位。

1998 年教育部开始实施“985 工程”，学校明确提出以项目带动学科建设的方式实施，校内共组织 20 多个基础研究、攻关和产业化重点项目。

为加强基础研究工作，1998 年 6 月校务会议通过《清华大学关于提高 SCI 收录论文数量和质量的十条意见》，实施“千篇工程”。1999 年 10 月基础研究基金启动，支持跨院系和跨学科的基础研究。2000 年 SCI 收录论文达 1 052 篇，2006 年 SCI 收录论文数达 2 801 篇。

为进一步推进科技成果转化，加强为区域经济发展服务，1998 年 12 月 29 日校务会议审议通过《清华大学关于促进科技成果转化的若干规定》。截至 2010 年底，学校与 24 个省级和 70 多个地市级政府签订全面（科技）合作协议。先后与部分重点地区合作，成立深圳清华大学研究院（1996 年 12 月）、北京清华工业开发研究院（1998 年 8 月）、河北清华发展研究院（2002 年 8 月）和浙江清华长三角研究院（2003 年 12 月）等产学研联合机构。

为加强国防科研工作，发扬学校努力为国家发展尖端科技和国防现代化服务的优良传统，2000 年 7 月，校务会议通过《清华大学关于加强国防科学与人才培养工作的决定》，学校成立国防工作领导小组，校党委常务副书记陈希任组长。2000 年 7 月，学校召开第一次国防工作会议，解放军总装备部、国家教育部、国防科工委等主要领导到会。

为了进一步规范国防工作，学校于 2002 年 3 月成立国防工作办公室，负责全校军工科研管理。

为加强文科建设工作，学校于 2000 年 7 月召开清华大学文科建设与发展战略研讨会，校党委书记贺美英做主题发言。同年，恢复成立“清华大学文科工作委员会”，并于 11 月成立“文科建设处”，负责制定全校文科发展总体规划，管理文科重点研究机构及文科各类项目和成果等。

“九五”期间（1996—2000）学校科研经费 23.56 亿元，为“八五”经费的 307.1%；获国家科技三大奖 75 项（累计共 290 项）；授权专利 425 项，其中发明专利 167 项，占 39.3%。

2002 年 12 月 3 日第 15 次科技工作讨论会召开，校长王大中作了《全面贯彻“三个代表”重要思想，推进科学技术创新，努力开创我校科技工作的新局面》的主题报告，要求以科技创新为主题，推动科研管理体制改革，弘扬科学道德和优良作风，营造创新氛围和环境，努力开创学校科技工作的新局面。先后组织召开了关于科研机构管理体制和运行机制、重大项目管理和规划、知识产权、学术道德建设等 5 次全校大会和 10 多次专题会。这次会议是实施“十五”规划、“211 工程”和“985 工程”二期的动员会，为学校制定建设世界一流大学第二个九年奋斗目标奠定了思想基础。在广泛讨论的基础上，经校务会议批准，学校发布了“关于加强科技创新工作的若干意见”“清华大学关于加强学术道德建设的若干意见”“清华大学教师学术道德守则（试行）”“清华大学关于处理学术不端行为的暂行办法（试行）”“清华大学科研机构管理办法（试行）”等文件。

2003 年在防治“非典”的特殊时期，学校积极参与了对人民健康和社会安定有重大影响的科技活动。4 月 11 日，中共中央总书记胡锦涛视察了深圳清华大学研究院，重点考察了学校有关防治“非典”等科技项目工作情况。在胡锦涛总书记指示和教育部等有关部门的支持下，在学校相关院系配合下，经过科技人员的日夜攻关，在不到 10 天的时间里，深圳清华大学研究院紧急立项研发的“非接触式测温仪——悬挂式红外测温仪”研制成功，并通过进一步开发完善，研制成功便携式红外测温仪，在防止“非典”疫情扩散的战役中发挥了重要作用。其间学校成立了以校长顾秉林为组长的防治“非典”科技攻关领导小组，设立“非典”防治科技攻关专项，分生物医药、工程、软科学三条战线推进，取得多项抗击“非典”的研究成果。5 月 29 日，以清华为主会场的高校防治“非典”科技攻关视频汇报会在主楼接待厅举行，国家科技部等有关部门领导到会并发表讲话，全国 11 所高校作了发言汇报。

为加强全校科研的统一管理，适应不断发展的新形势，2003 年 12 月 11 日，经2003—2004 年度第 6 次校务会议讨论，决定成立“清华大学科研院”，撤销“清华大学科学技术处”。康克军副校长任院长，原科学技术处处长王赞基任常务副院长。科研管理工作从加强组织科研角度，实现三个转变：变被动服务为主动服务，变二线服务为一线服务，变局部服务为全程服务。大力加强组织功能和服务功能，强调“三个服务”：为师生的科研活动服务，为学校的管理决策服务，为国家经济和社会发展服务。科研项目服务做到“四个面向”：“面向中央（中央部门和中央企业），面向地方（地方政府和社会企业），面向国防，面向海外”，所属机构进行调整和组合，设立科研项目部、军工部、海外项目部、科技开发部和机构管理办公室、成果与知识产权管理办公室、综合办公室。

2004 年 5 月 20 日，经 2003—2004 学年度第 17 次校务会议讨论通过《清华大学关于加强学术委员会工作的若干意见》，成立新一届学术委员会，其秘书处挂靠科研院。

2004 年是“985 工程”二期实施的第一年，学校以国家中长期科技发展规划为指南，以学校学科发展的条件为基础，规划和启动建设了信息科学与技术、能源、材料医学系统、生物学、系统技术、公共疫害防治（公共安全）、量子调控和未来信息科学基础等 7 个重大科技创新平台；特异物质检测、先进汽车安全与节能技术等 7 个重点科技创新平台；现代管理与技术创新、文化产业等 8 个哲学社会科学创新基地。目标是进一步增强高质量人才培养能力和科技竞争力，建成若干国家科技创新体系中的重要基地，在若干重要的学科方向取得突破或产生有重大影响的科技成果。

2005 年，学校“十一五”科技发展规划的制定工作初步完成。规划（初稿）提出“十一五”科技工作的目标，以及“十一五”科技工作在科研规模、科研基地建设、科研队伍建设、科研成果等方面的具体指标。

“十五”期间（2001—2005）科研工作持续发展，开创了科技工作新局面。科研经费快速增长，5 年共 54.36 亿元，为“九五”的 230.7%；SCI 论文数已跃居国内高校首位，获国家科技三大奖 50 项（累计共 329 项）；授权专利数达 1 910 项，其中发明专利 1 489 项，占 77.9%，特别是申请国外专利大幅度增长，2005 年申请数达 159 项。

2006 年 7 月，学校召开第二次国防工作会议，对国防工作提出新的规划和要求，解放军及国家有关部委领导参加会议。2006 年 3 月，学校顺利通过二级保密资格现场审查认证。此后陆续获得国防武器装备科研生产单位保密资格审查认证委员会颁发的“二级保密资格单位”证书、原国防科工委（现国防科工局）颁发的“科研生产许可证”、武器装备质量体系认证委员会颁发的“武器装备质量体系认证证书”、中国人民解放军总装备部颁发的“装备承制单位注册证书”等，国防科研资质认证工作取得重大进展。

2006 年 10 月 13 日，学校注册的“清华”商标被国家工商行政管理总局商标局认定为驰名商标，成为全国高校中首个被认定的驰名商标；12 月 6 日，北京市高级人民法院在诉讼判决中再次认定“清华”为驰名商标。至此，学校的“清华”商标作为驰名商标得到了行政和司法的双重认定，为学校无形资产的保护奠定了重要基础。

2006 年 11 月，清华科研管理五十年座谈会隆重召开。会议对学校成立科研管理部门以来所走过的 50 年历程进行了回顾和总结，以“加强科研的组织工作，促进科研上规模、上水平，在国家科技创新和学校建设世界一流大学中作出重要贡献”为主题进行研讨和展望。校长顾秉林、党委书记陈希，副校长康克军、谢维和，主管学校科研工作的原校领导张孝文、梁尤能、倪维斗、龚克等出席座谈会。

2007 年学校科研管理信息平台建设完成并投入运行，此后根据实际使用情况不断完善各个功能模块的建设，在科研管理信息化方面取得了显著进步。

2008 年 4 月 10 日，2007 年度教学科研奖励大会暨第 16 次科研工作讨论会开幕，校长顾秉林作了《继续解放思想，坚持改革创新，努力把我校科研质量提高到新的水平》的主题报告，号召大家围绕保证重点、实现跨越发展，转变科研发展模式，进一步改革科研评价和激励机制，优化科技资源管理和分配机制，探索跨院系、交叉学科的科研合作体制和机制等五个方面展开讨论。2009 年 1 月 14 日，第 16 次科研工作讨论会闭幕，校长顾秉林作了《落实科学发展观，提高质量和水平，促进我校科研事业跨越发展》的总结报告。讨论会以“在党的十七大精神指引下，继续解放思想，勇于创新，深化科研管理体制和评价激励机制的改革，优化科技资源配置，努力实现我校科研质量和水平的跨越发展”为主题，先后组织召开了基础研究、重大项目、学科交叉、国家级科研机构、公共实验平台、人才培养、科技成果转化、军工科研、文科建设等方面的 9 次专题讨论，各院系和研究所也结合本单位实际，举办了 100 多次不同范围、不同规模的座谈会、研讨会。

在第 16 次科研讨论会召开期间，学校围绕转变科研工作发展模式、进一步提高科研质量和水平，不断探索科研机制体制的创新，陆续制定和修订了一系列科研管理文件，主要有《关于进一步提高科研工作质量和水平的若干意见》《项目研究人员劳动人事管理办法》《关于加强基础研究的若干措施》《关于加强重大项目管理和团队建设的若干措施》《关于促进科技成果转化的若干规定》《清华大学横向技术合同管理办法》《清华大学技术项目投标管理办法（试行）》《清华大学获国家级科技奖成果奖励办法》《清华大学科研机构管理规定》《清华大学国防科研管理办法》《清华大学关于进一步加强科研经费管理的若干意见》《清华大学名称及商标使用暂行规定》等。

2008 年经 2008—2009 学年度第 20 次校务会议讨论通过，成立了以校长顾秉林为组长，副校长康克军为副组长，党办校办、财务处、人事处、研究生院、房管处、设备处、学科办、科研院等有关部处的主要负责人为成员的重大科技专项领导小组。同时，成立清华大学国家重大科技专项管理办公室，全面负责学校与承担国家重大科技专项任务有关的组织、协调和执行过程管理。

2009 年 3 月 21 日学校第八届学术委员会召开务虚会。这是第八届校学术委员会第 5 次全体会议做出加强交流研讨、每月召开一次务虚会决定后的首次会议。顾秉林校长充分肯定了校学术委员会每月召开务虚会的机制创新，表示学校将充分发挥战略发展规划的作用，进一步探索科研组织方式和管理体制机制改革的创新。

2009 年学校自主科研计划开始实施。经过多年努力，财政部最终同意在国家科学支出中列中央高校基本科研业务费专项经费，授权由中央高校自主实施，财政部和教育部根据各校实施情况进行动态调整。按照财政部和教育部的要求，2009 年科研院牵头组织召开多次实施工作讨论会，决定以“中央高校基本科研业务费”为基本来源设立我校自主科研计划，制定了《清华大学自主科研计划实施办法（试行）》（清校发〔2009〕54 号），并成立了以校长牵头的自主科研计划领导小组，由科研院牵头负责计划的具体组织实施。

2009 年清华大学等承担的高温气冷堆核电站重大专项经国务院批准实施。该项目是国家中长期科技发展规划纲要 16 个重大专项之一“大型先进压水堆和高温气冷堆核电站”的一个组成部分，目标是建设世界上第一座具有第四代核能系统安全特征的 20 万千瓦级高温气冷堆核电站，被国务院领导称作建设创新型国家的标志性工程之一。

2010 年 11 月 15 日，清华大学与英国剑桥大学、美国麻省理工学院围绕“发展低碳能源、应对气候变化”，成立“清华大学-剑桥大学-麻省理工学院低碳能源大学联盟”。

“十一五”期间（2006—2010）学校科研经费 5 年共计 115.04 亿元，为“十五”的 211.6%；获国家科技三大奖 90 项（累计共 419 项），其中获国家技术发明奖一等奖 1 项，国家科技进步奖一等奖 2 项；授权专利数达 3 718 项，其中发明专利 3 318 项，占 89.2%，特别是国外专利数量大幅度增长，国外授权专利数达 480 项，为“十五”期间的 1846.2%。

第二节　科学研究机构及其管理

一、科学研究机构

（一）概况

学校设立科学研究机构，最早可追溯到1925年开办的国学研究院。1929年秋，学校开始设立研究院，下设文、理、法三个研究所。到1933年，发展到13个研究所。1934年奉教育部令将各研究所改称研究部。到1935年6月，经教育部核准，清华大学共设10个研究部（全国各大学共被核准成立27个研究部，清华占37%，为各高校之首）。

此外，抗日战争时期，清华大学还成立了5个特种研究所，不招收研究生，主要从事应用研究：

（1）航空研究所，1936年成立，顾毓琇任所长。西南联大时期，庄前鼎任所长。

（2）金属研究所，1938年成立，物理学系主任吴有训兼任所长。

（3）无线电研究所，1937年成立，任之恭任所长。

（4）农业研究所，1937年成立，戴芳澜任所长。

（5）国情普查研究所，1938年成立，陈达任所长。

至1942年，学校研究院的研究机构无多大变化，只是文科研究所增设了社会学部（1942年秋转至法科研究所）。研究院共有教员55人，其中专任教员45人，兼任教员10人。详细情况见表7-2-1。

表7-2-1　1941—1942年度清华大学研究所概况

所　名	部　名	所长及部主任姓名	教　员　数			
			共计	专任		兼任
				专任一	专任二	
文科研究所	中国文学部	闻一多	3		3	
	外国语文部	陈福田	8		8	
	哲学部	冯友兰	4		4	
	历史学部	雷海宗	6		6	
	社会学部	陈　达	3		3	

续表

所名	部名	所长及部主任姓名	教员数			
			共计	专任		兼任
				专任一	专任二	
理科研究所	物理学部	吴有训	5		5	
	化学部	高崇熙	4		3	1
	算学部	杨武之	2		2	
	生物学部	李继侗	13		4	9*
法科研究所	政治学部	张奚若	3		3	
	经济学部	陈岱孙	4		4	
共计			55		45	10

说明：①“专任一”指专任研究部教授者。
②“专任二”指由大学部教授兼任者。
③“兼任”指由他校教员及其他职员兼任者。
④本表仅开学后两星期内填报。
⑤＊者9人中6人是学校农业研究所教授。

抗日战争胜利后，学校的研究机构发生了重大变化，共有文科等11个研究所，下设中国文学部等12个研究部，教员共59人。1947年5月，遵照教育部历次指令修正的《国立清华大学规程》，将研究部改成研究所，学校共设23个研究所。详细情况见表7-2-2。

表7-2-2　1946年清华大学研究所概况

所名	部名	所长及部主任姓名	教员数			
			共计	专任		兼任
				专任一	专任二	
文科研究所	中国文学部	所长　雷海宗（代） 主任　朱自清	5		1	4
	外国语文部	主任　陈福田	7		6	1
	哲学部	主任　冯友兰			3	
	历史学部	主任　雷海宗				7
数学研究所		主任　赵访熊				
理科研究所	物理学部	所长　叶企孙 主任　霍秉权			5	
	化学部	主任　高崇熙			4	
	生物学部	主任　陈　桢			4	
	地质学部	主任　袁复礼	8		6	2
	心理学部	主任　周先庚			3	
气象学研究所		主任　李宪之				
法科研院所	政治学部	所长　陈岱孙 主任　赵凤喈（兼）			4	
	经济学部	主任　陈岱孙			6	

续表

所名	部名	所长及部主任姓名	教员数			
			共计	专任		兼任
				专任一	专任二	
社会学研究所		主任　潘光旦				
土木工程研究所		主任　陶葆楷				
机械及航空工程研究所		主任　李辑祥				
电机工程研究所		主任　叶　楷				
植物病理学研究所		主任　戴芳澜				
农科研究所		所长　汤佩松 主任　刘崇乐			2	
	植物生理学部	主任　汤佩松			1	

说明：①“专任一”指专任研究部教授者。
②“专任二”指由大学部教授兼任者。

解放后，经院系调整，清华大学成为多科性工业大学，1965 年共有研究、设计机构 7 个。

改革开放以后，国家相关部委相继出台了科研机构设立的管理办法，赋予了学校自主设立科研机构的权利，大大促进了学校科研机构的发展，学校的科研机构数量增加较快。

学校为加强对校级科研机构的组织管理，于 2003 年年底成立了科研机构管理办公室，于 2003—2004 学年度第 7 次校务会议通过了《清华大学科研机构管理办法（试行）》，又于 2006—2007 学年度第 18 次校务会议和 2009—2010 学年度第 7 次校务会议对此规定进行了修订，并将其更名为《清华大学科研机构管理规定》。

《清华大学科研机构管理规定》明确了学校管理的科研机构是指非实体的校级和部委级科研机构；明确了科研机构建设管理目标；把学校管理的科研机构分为三类，即政府部门批准建立的科研机构，学校自主批准建立的校级科研机构，学校以协议形式与校外独立法人单位联合建立的科研机构；明确了各类科研机构设立的条件和审批程序，为规范各类科研机构建设和运行起到了重要作用。

（二）各类研究机构

1. 政府部门批准建立的科研机构

（1）国家实验室

2003 年 7 月清华大学信息学院受学校委托以智能技术与系统、微波与数字通信、集成光电学（清华大学分室）3 个国家重点实验室和普适计算、生物信息学和信息系统安全 3 个教育部重点实验室为基础，打破行政和学科界限，筹建信息科学技术联合实验室，争取在此基础上筹建清华信息科学与技术国家实验室。

2003 年 11 月 25 日国家科技部批准清华信息科学与技术国家实验室（筹）依托清华大学建设，是第一批 5 个立项建设的国家实验室之一。

2006 年 2 月 22—23 日清华信息科学与技术国家实验室（筹）通过了科技部基础研究司在北

京组织召开的建设计划可行性专家论证会，开始进行筹建期的实验室建设工作。

（2）国家重点实验室

1984 年，当时的国家计委开始组织实施国家重点实验室计划，第一批开始试点建设 10 个国家重点实验室，1987 年完成建设验收。在总结建设第一批国家重点实验室经验的基础上，国家加大了投入，从 1987 年起，平均每年新建 10 个实验室。1991 年至 1996 年，国家又利用世界银行贷款项目建设了 75 个国家重点实验室。1998 年国务院机构改革后，科技部对国家重点实验室布局进行调整，国家重点实验室进入了大发展时期。截至 2010 年底，已建设了 212 个国家重点实验室。截至 2010 年底，清华大学共有国家重点实验室 12 个（含联合实验室），见表 7-2-3。

表 7-2-3　国家重点实验室名单

序号	国家重点实验室名称	成立时间	验收年份	依托院系
1	摩擦学国家重点实验室	1986	1988	精仪系
2	智能技术与系统国家重点实验室	1987	1990	计算机系
3	集成光电子学国家重点实验室	1987	1991	电子系
4	化学工程联合国家重点实验室	1987	1991	化工系
5	生物膜与膜生物工程国家重点实验室	1988	1990	生命学院
6	环境模拟与污染控制国家重点实验室	1989	1995	环境系
7	电力系统及发电设备控制和仿真国家重点实验室	1989	1995	电机系
8	汽车安全与节能国家重点实验室	1989	1995	汽车系
9	精密测试技术及仪器国家重点实验室	1990	1995	精仪系
10	微波与数字通信技术国家重点实验室	1991	1995	电子系
11	新型陶瓷与精细工艺国家重点实验室	1991	1995	材料系
12	水沙科学与水利水电工程国家重点实验室	2006	2008	水利系

（3）国家工程研究中心

1992 年，原国家计委颁布《国家工程研究中心管理办法（试行）》，启动了国家工程研究中心建设计划。2002 年提出《国家计委关于建设国家工程研究中心的指导性意见》，按照产业化、企业化、市场化的思路加强工程中心建设。2007 年发布了新的关于国家工程中心管理办法。截至 2010 年底，学校有 4 个国家工程研究中心：

工业锅炉及民用煤清洁燃烧国家工程研究中心（1996 年）；

光盘系统及应用技术国家工程研究中心（1995 年）；

生物芯片北京国家工程研究中心（2000 年）；

燃气轮机与煤气化联合循环国家工程研究中心（2008 年）。

（4）国家工程技术研究中心

从 1991 年开始，原国家科委（现科技部）开始筹措建设国家工程技术研究中心，到 2010 年底，已建设国家工程技术研究中心 141 个，其中依托高校建设的为 40 个。其宗旨是在对国民经济和社会发展有重要影响的行业，为面向企业规模生产的需要，推动集成、配套的工程化成果向相关行业辐射、转移与扩散。

1992 年国家科技部批准清华大学建设国家计算机集成制造系统（CIMS）国家工程技术研究

中心。1995 年 5 月该中心通过科技部组织的验收，于 1995 年 12 月正式挂牌为“国家计算机集成制造系统工程技术研究中心”，英文名称：National CIMS Engineering Research Center，简称 CIMS 工程研究中心或 CIMS-ERC。CIMS 工程研究中心是被批准成立的第一批国家工程技术研究中心。

1997 年 4 月由原国家科委综合计划司批准清华大学立项建设国家企业信息化应用支撑软件国家工程技术研究中心，国家教育部（教技高〔2002〕17 号文）和国家科技部（国科函计家〔2002〕63 号文）分别发文，将原国家 CAD 支撑软件工程技术研究中心更名为国家企业信息化应用支撑软件国家工程技术研究中心。

（5）国家工程实验室

2007 年 7 月，国家发改委颁布了《国家工程实验室管理办法（试行）》。

国家工程实验室属国家科技创新体系的重要组成部分，是依托企业、转制科研机构、科研院所或高校等设立的研究开发实体。作为重要的产业技术基础设施，国家工程实验室被纳入国家中长期科学和技术发展规划纲要，以提高产业自主创新能力和核心竞争力，突破产业结构调整和重点产业发展中的关键技术装备制约，强化对国家重大战略任务、重点工程的技术支撑和保障。

截至 2010 年底，学校有 5 个国家工程实验室：

特高压工程技术（昆明、广州）国家工程实验室（2008 年）；

抗肿瘤蛋白质药物国家工程实验室（2008 年）；

工业酶国家工程实验室（2008 年）；

下一代互联网核心网国家工程实验室（2008 年）；

数字电视国家工程实验室（2009 年）。

（6）国际科技合作重点科研机构

2007 年，为贯彻落实《国家中长期科学和技术发展规划纲要（2006—2020）》，充分利用全球科技和人才资源，全面提升国际科技合作质量，根据《关于支持重点科研机构进一步扩大国际科技合作的意见》（国科发外字〔2007〕567 号）精神，科技部、国家外专局批准 33 家单位建立国际科技合作重点科研机构（联合研发中心）。该机构旨在创新合作方式，提升合作层次，促进国际科技合作、引智工作与国内重点科研任务紧密结合，实现项目、基地、人才的集成发展。

截至 2010 年底，学校有 2 个国际科技合作重点科研机构：

清华大学新材料国际研发中心（2007 年）；

新能源与环境国际研发中心（2007 年）。

（7）环保部工程技术中心

2010 年 7 月，经环保部批准（环函〔2010〕229 号），学校建立“国家环境保护技术管理与评估工程技术中心”。

该中心旨在以国家环境保护重大技术需求为导向，紧密围绕环境技术管理体系建设提供技术支持，为环境管理部门和企业提供决策和咨询服务；开展清洁生产、污染控制和再生利用等环境技术评估和筛选，通过技术成果的示范和推广，推动环境技术交流与合作；建设成为环境保护技术政策研究、技术评估与示范和技术交流与合作的平台。

（8）教育部重点实验室

1991 年为了加强和规范对原国家教委开放研究实验室的管理，使这些实验室的名称更加科学，便于其与国际同行进行学术交流，教育部开始批准设立教育部重点实验室。

教育部重点实验室是高等学校的重要科技创新平台，是国家创新体系（高校）的重要组成部分。截至2010年底，清华大学共有教育部重点实验室18个，见表7-2-4。

表7-2-4 教育部重点实验室名单

序号	教育部重点实验室名称	成立年份	验收年份	依托院系
1	先进材料教育部重点实验室	1993	1999	材料系
2	应用力学教育部重点实验室	1993	1999	航　院
3	土木工程安全与耐久教育部重点实验室	1986	1999	土木系
4	生命有机磷化学及化学生物学教育部重点实验室	1989	1999	化学系
5	先进反应堆工程与安全教育部重点实验室	2000	2004	核研院
6	蛋白质科学教育部重点实验室	2000	2001	生命学院
7	生物信息学教育部重点实验室	2002	2004	生命学院
8	有机光电子与分子工程教育部重点实验室	2003	2005	化学系
9	粒子技术与辐射成像教育部重点实验室	2003	2006	工物系
10	普适计算教育部重点实验室	2003	2006	计算机系
11	生态规划与绿色建筑教育部重点实验室	2003	—	建筑学院
12	热科学与动力工程教育部重点实验室	2005	2005	热能系
13	信息系统安全教育部重点实验室	2006	2010	软件学院
14	先进成形制造教育部重点实验室	2007	2007	机械系
15	智能微系统教育部重点实验室	2008	—	精仪系
16	高精度惯性仪表及系统技术教育部重点实验室	2008	—	精仪系
17	固体废物资源化及应急控制工程教育部重点实验室	2009	—	环境学院
18	地球系统数值模拟教育部重点实验室	2010	—	地球中心

（9）教育部工程研究中心

为加强高等学校科技创新能力建设、完善高等学校科技创新体系、强化高等学校社会服务功能，教育部有计划、有步骤地开展了教育部工程研究中心（以下简称工程中心）建设。

工程中心是高等学校科技创新体系的重要组成部分，建设宗旨是以国家中长期科学与技术发展规划为指导，结合学校学科整体规划，面向国际高新技术发展方向和国家经济建设、社会进步、国家安全的发展战略，将具有重要市场价值的科技成果进行工程化研究和系统集成，转化为适合规模生产所需要的工程化共性、关键技术或具有市场竞争力的技术产品。

工程中心是依托高等学校开展工程技术创新与系统集成的科研实体，是学校学科建设的重要内涵。教育部要求高等学校要将其列入重点学科建设和科技创新基地建设与发展规划，在资源分配上计划单列，是相对独立、与院系平行的依托高等学校的二级机构。

截至2010年底，学校共有6个工程中心，见表7-2-5。

表7-2-5 教育部工程研究中心名单

序号	工程研究中心名称	成立年份	验收年份	依托院系
1	计算机网络技术教育部工程研究中心	1994	2004	网络中心
2	建筑节能教育部工程研究中心	2005	2010	建筑学院

续表

序号	工程研究中心名称	成立年份	验收年份	依托院系
3	辐射技术与辐射成像教育部工程研究中心	2006	2010	工物系
4	清洁能源化工教育部工程研究中心	2007	—	化工系
5	固体器件与集成技术教育部工程研究中心	2007	—	微电子所
6	核电技术教育部工程研究中心	2009	—	核研院

(10) 教育部联合(工程)研究中心

随着国家中长期规划中16个重大专项的相继启动，教育部作为国务院重大专项协调小组成员(有的还是副组长单位)，参与各个重大专项的规划与部署。由于教育部高校进入国家层面的专家人数较少，各高校从事相应重大专项的人员和资源比较分散，为此教育部决定，针对某个重大专项，组织部分有一定实力的教育部直属高校建立“教育部联合(工程)研究中心”，以形成“开放的、跨学校、跨学科的资源整合和科技创新平台”。到2010年底，教育部已经批准成立5个“联合研究中心”，其中“对地观测联合研究中心”由清华大学与武汉大学共同承建，其余4个由清华大学参与建设分中心。

(11) 教育部人文社会科学重点研究基地

1999年6月，教育部印发《普通高等学校人文社会科学重点研究基地建设计划》。该计划是教育部为贯彻落实《面向21世纪教育振兴行动计划》和《全国普通高等学校人文社会科学研究“九五”规划要点》制定的，包括“总体目标、建设标准、组织管理、申报机构及其科研体制改革、评选原则、建设经费与优惠政策、检查评估”七个方面，对高校人文社会科学重点研究基地建设做出了全面规划和具体要求，提出用3年时间评审确定100个左右具有国家级水平的重点研究基地，通过改革科研体制、组织重大项目、加大经费投入和动态检测评估等措施，使基地在体制改革、科学研究、人才培养、学术交流和咨询服务等方面具有明显优势和特色。

截至2010年底，学校共有3个教育部人文社会科学重点研究基地：

清华大学高校德育研究中心(2000年)；

清华大学现代管理研究中心(2001年)；

清华大学技术创新研究中心(2004年)。

(12) 北京市重点实验室

为了促进北京市经济、科技、社会发展的需要，加强基础研究和应用研究、促进高新技术领域的探索、培养和吸引优秀科技人才，引导高校积极参与北京市“二四八”创新工程，北京市教育委员会、北京市科学技术委员会在北京地区高等学校中有步骤、有重点地建设一批重点实验室。重点实验室实行“开放、流动、联合、竞争”的运行机制，创造良好的科研环境和实验条件，努力发展成为北京市科学研究和高层次人才培养的中心，学术交流中心，技术创新中心以及具有较高学术、实验、管理水平的实验研究示范基地，面向北京地区高等学校、科研部门、生产部门和国内外开放。

“二四八”创新工程是北京市委、市政府为使高新技术产业成为首都经济的核心，全面推动首都经济的发展，于1999年12月提出的重大创新工程，即指建立两大体系、建设四个基地、实施八项高新技术产业化示范项目。(“二四八”工程包括建立首都创业孵化体系和首都经济创新服务体系两大体系，建设北京软件产业基地、北京北方微电子基地、北京生物医药基地和北京新材料基地等四个基地，实施数字北京工程、高清晰度数字电视产业化工程、大直径半导体硅晶片及大规模集成电路产业化工程、能源结构调整及清洁燃烧技术产业化工程、现代生物技术产品产业化工程、绿色食品及良种工程、水资源可持续利用工程和北京保护臭氧层工程等八大产业化示范工程。）

截至2010年底，学校共有5个北京市重点实验室，见表7-2-6。

表7-2-6　北京市重点实验室名单

序号	重点实验室名称	成立年份	依托院系
1	绿色反应工程与工艺北京市重点实验室	2001	化工系
2	精细陶瓷北京市重点实验室	2001	核研院
3	传热与能源利用北京市重点实验室（分室）	2005	航院
4	蛋白质药物北京市重点实验室	2008	生命学院
5	膜材料与工程北京市重点实验室	2010	化工系

（13）北京高等学校工程研究中心

2009年，为充分发挥北京高校在创新型国家和创新型城市建设中的作用，进一步加强北京高等学校技术创新能力建设，加速科技成果的工程化和成熟度，提升科技成果转化和产业化步伐，北京市教委根据《关于实施北京高等学校科学技术与研究生教育创新工程的意见》（京教研〔2008〕1号），决定启动北京市高等学校工程研究中心建设工作。

截至2010年底，学校共有1个北京高等学校工程研究中心：

可视媒体智能处理与内容安全北京高等学校工程研究中心（2010年）。

（14）与中央其他部委合建的文科社科基地与机构

清华大学国家体育总局体育社会科学重点研究基地成立于2001年12月，是体育总局在综合性大学设立的第一个体育社会科学重点研究基地。

清华大学应急管理研究基地成立于2004年6月16日，同年9月被批准成为首批北京市哲学社会科学研究基地之一。该基地的宗旨是跟踪国内外应急管理理论和实践的最新发展趋势，关注转型期首都北京及中国应急管理迫切需要解决的实际问题，力争建设成为国际一流和开放式的应急管理研究和教育平台。

国家文化产业研究中心成立于2006年12月6日，在2007年2月被文化部命名为六所国家文化产业研究中心之一。该研究中心以国家文化体制改革精神为指导，以提升中国文化产业的竞争力和创新能力为宗旨。

清华大学科技—教育发展战略研究中心成立于2005年12月24日，是教育部在全国范围内正式批准设立的四个战略研究基地之一。该基地重点在科技政策、教育政策等领域开展战略性、基础性、前瞻性研究，为国家制定相关政策提供科学依据与政策建议。

（15）具有国家认可资质的科技服务机构

具有国家认可资质的科技服务机构是指获得国家各级行政主管部门批准颁发的具备法律效用的各类资质证书的科研机构。具有国家认可资质的科技中介服务机构依照法律、行政法规、标准的规定，遵守执业准则，依法独立开展评价和检测工作，客观反映所评价和检测的结果，并对其评价和检测结果承担法律责任。学校具有国家认可资质的科技服务机构见表7-2-7。

表 7-2-7　具有国家认可资质的科技服务机构

序号	实验室（中心）名称	成立年份	资质证书类型	资质证书编号	发证单位
1	清华大学土水学院建筑材料实验室	1970	计量认证合格证书	（2001）量认（京）字（U0355）号	北京市质量技术监督局
			北京市建设工程质量检测单位资质证书	京建质字第 038 号	北京市建设委员会
2	清华大学分析中心	1973	计量认证合格证书	（2000）量认（国）字（Z0897）号	国家质量技术监督局
3	清华大学环境影响评价室	1987	建设项目环境影响评价资格证书	国环评证甲字第 1022 号	国家环保总局
4	清华大学放射性防护室	1988	用环境系水污染控制设备质量监督检验中心的计量认证证书	（2002）量认（京）字（U0391）号	北京市质量技术监督局
5	清华大学房屋安全鉴定室	1991	北京市一级房屋安全鉴定机构资质等级证书	无	北京市国土资源和房屋管理局
			北京市一级房屋安全鉴定机构鉴定范围证书		
6	清华大学环境质量检测中心	1993	计量认证合格证书	（2002）量认（京）字（U0391）号	北京市质量技术监督局
7	清华大学建筑环境检测中心	1993	计量认证合格证书	（2005）量认（国）字（Z0938）号	中国国家认证认可监督管理委员会
8	国家环境保护总局危险废物管理培训与技术转让中心	1993	进口废物环境风险评价资格证书	环控风评证第 033 号	国家环保总局
9	亚洲太平洋地区危险废物管理培训与技术转让中心	1997	进口废物环境风险评价资格证书	环控风评证第 033 号	国家环保总局
10	清华大学汽车安全与节能国家重点实验室汽车碰撞实验室	1999	计量认证合格证书	（2000）量认（国）字（Z1989）号	国家质量技术监督局
			实验室认可证书	CNACL/LR－2000－360，No. 0390 号	中国实验室国家认可委员会
11	清华大学水利系水文水资源所	2000	建设项目水资源论证资质证书	水论证甲字第 01103001 号	国家水利部
12	清华大学结构工程检测中心	2004	计量认证合格证书	（2005）量认（国）字（Z2482）号	中国国家认证认可监督管理委员会

说明：2005 年后，学校未新增国家认可资质的科研服务机构。

2. 学校自主批准建立的校级科研机构

学校自主批准建立的校级科研机构是指经校务会议批准建立科研机构。2003年年底，学校公布《清华大学科研机构管理办法（试行）》，明确了学校自主批准建立的校级机构须经校务会议审定，并将其分为以下四种类型：

① 国家和地方政府、部门及其直属机构委托清华建立的科研机构；

② 根据学校战略发展需求设立的科研机构；

③ 两个或两个以上院（系）联合设立的交叉学科科研机构；

④ 学校为筹备政府系列重点科研机构及具有国家认可资质的科技服务机构而先期建立的科研机构。

截至2003年底，学校各院系建立的校级科研机构有107个，见表7-2-8。

表 7-2-8 2003年核实认定前校级科研机构名单

序号	机构名称	依托院系	成立时间
1	清华大学建筑与城市研究所	建筑学院	1984-01
2	清华大学人居环境研究中心	建筑学院	1995-11
3	清华大学结构工程研究所	土木系	1984
4	清华大学房地产研究所	土木系	1992-09-03
5	清华大学交通研究所	土木系	1995-05-25
6	清华大学3S中心	土木系	1996-12-18
7	清华大学国际工程项目管理研究院	土木系	2000-11-09
8	清华大学水利水电科学研究所	水利系	1998-11
9	清华大学水沙科学与水利水电工程重点实验室	水利系	2004-05-20
10	清华大学环境科学与工程研究院	环境系	1999-04
11	清华大学环境产业研究所	环境系	2000-05
12	清华大学持久性有机污染物研究中心	环境系	2001-06-13
13	清华汽车工程开发研究院	机械学院	1999-03
14	全国稀土在铸铁中应用技术服务中心	机械系	1985-02-26
15	激光加工研究中心	机械系	1992
16	激光快速成型中心	机械系	1993
17	无损检测中心	机械系	1999
18	表面工程中心	机械系	1999
19	铸造中心	机械系	1999
20	锻压中心	机械系	1999
21	焊接中心	机械系	1999
22	中俄轻金属材料国际合作研究中心	机械系	2001-01
23	清华大学生物制造工程研究所	机械系	2003-11
24	清华大学先进成形制造重点实验室	机械系	2004-11-11
25	清华大学微细工程研究所	精仪系	1982-11
26	清华大学摩擦学研究所	精仪系	1984-05

续表

序号	机构名称	依托院系	成立时间
27	清华大学微米纳米技术研究中心	精仪系	1996-09-12
28	清华大学导航技术工程中心	精仪系	2000-12
29	清华至卓绿色制造研发中心	精仪系	2001-04
30	国家光刻设备工程中心技术研究中心 清华大学精密机械与测控研究基地	精仪系	2003-04
31	清华大学热能工程系及热物理研究所	热能系	2004-10-25
32	清华大学热能动力工程与热科学重点实验室	热能系	2004-10-25
33	清华大学汽车研究所	汽车系	1989
34	清华大学汽车工程研究中心	汽车系	1994-03-24
35	北京清华节能与新能源汽车工程中心	汽车系	2002-07-05
36	清华大学信息学院上海微电子中心	信息学院	2004-03-25
37	清华大学电力电子工程研究中心	电机系	1990-12-20
38	清华大学电子工程中心（原名无线电电子学研究所）	电子系	1984
39	光通信研究所	电子系	1994-06
40	远程教育技术研究所	电子系	2000
41	清华大学强度与振动中心试验室	航院	1987
42	清华大学地震波勘探开发联合研究所	航院	1992-04-30
43	清华大学航空技术中心	航院	1998-09-15
44	清华大学宇航技术研究中心	航院	1998-09-16
45	清华大学技术物理研究所	工物系	1984-12-31
46	清华大学工程物理所	工物系	1985
47	清华大学核仪器与应用核技术研究中心	工物系	1988
48	清华大学 Freescale MCU & DSP 应用开发研究中心	工物系	1995-05
49	清华大学大型集装箱检测研究室	工物系	1997-01-30
50	清华大学公共安全中心	工物系	2003-12-17
51	清华大学高能物理中心	工物系	2004-05-20
52	清华大学化学工程与应用化学研究所	化工系	1983
53	北京联合应用化学与化学工程研究所	化工系	1984-03
54	清华大学化工科学与技术研究院	化工系	2001-04-23
55	陶瓷刀具国家级产学研工程高技术产业化项目机构	材料系	1993
56	清华大学材料科学与工程研究院	材料系	1997-03-13
57	清华大学国土矿产资源与利用研究中心	材料系	2002-04
58	清华大学原子分子纳米科学研究中心	物理系	1997
59	清华大学天体物理中心	物理系	2001-07-07
60	清华-富士康纳米科技研究中心	物理系	2002-09-25
61	清华大学海洋科学与工程研究中心	生物系	1997-07
62	清华大学生物信息学和系统生物学研究所	生物系	1997
63	清华大学中日友好医学研究所	生物系	1998

续表

序号	机构名称	依托院系	成立时间
64	清华大学高等研究中心	高等研究中心	1997-04-17
65	清华大学周培源应用数学研究中心	高等研究中心	2002-05-23
66	清华大学中国经济研究中心	经管学院	1996-04
67	清华大学中国企业研究中心	经管学院	2000
68	清华大学中国金融研究中心	经管学院	2002-07
69	21世纪发展研究院	公管学院	1996-03-26
70	中国科学院-清华大学国情研究中心	公管学院	2000-01
71	清华大学台湾研究所	公管学院	2000-10-25
72	清华大学中国科技政策研究中心	公管学院	2003-05
73	清华大学商法研究中心	法学院	1998-09
74	清华大学环境资源与能源法研究中心	法学院	2000-12-07
75	清华大学国际传播研究中心	新闻学院	1999-07-15
76	清华大学教育研究所	人文社科学院	1979-10
77	清华大学思想文化研究所	人文社科学院	1985-03
78	清华大学当代中国研究中心	人文社科学院	1993
79	清华大学国际问题研究所	人文社科学院	1997-01-31
80	清华大学语言学研究中心	人文社科学院	1998-05-07
81	清华大学科学技术与社会研究中心	人文社科学院	2000-02
82	清华大学道德与宗教研究中心	人文社科学院	2001-01
83	清华大学比较文学与文化研究中心	人文社科学院	2001
84	清华大学人文学院翻译与跨学科研究中心	人文社科学院	2001
85	清华大学欧洲研究中心	人文社科学院	2001
86	清华大学老年学研究中心	人文社科学院	2001-10-23
87	清华大学-香港大学心理辅导研究中心	人文社科学院	2001-12
88	清华大学中国经济史研究中心	人文社科学院	2002
89	清华大学亚洲研究中心	人文社科学院	2002-12-03
90	清华大学中俄文化研究与交流中心	人文社科学院	2003-03
91	清华大学马克思主义研究中心	人文社科学院	2003-12
92	经济学研究所	人文社科学院	—
93	清华大学体育与健康科学研究中心	体育部	1994-06
94	清华大学教育技术研究所	电教中心	2000-11
95	清华大学科技史暨古文献研究所	图书馆	1993-11
96	清华大学数字图书馆研究所	图书馆	2001-12
97	清华大学艺术与科学研究中心	美术学院	2001-05
98	清华大学能源规划管理训练中心	核研院	1981
99	清华大学中美能源环境技术中心	核研院	1996-12-10
100	清华大学能源环境经济研究所	核研院	1998

续表

序号	机构名称	依托院系	成立时间
101	清华大学全球气候变化研究所	核研院	1998
102	中韩核能制氢联合研究中心	核研院	2004
103	清华大学现代物流研究中心	深圳研究生院	2002-03-16
104	清华大学药物研究所	医学院	1999
105	清华大学-香港浸会大学中药现代化研究联合实验室	医学院	1999-09
106	北京清华医学科学研究院	医学院	2001-12-27
107	生命科学与医学研究院	医学院	2004-01-09

2004 年 3 月，学校根据《清华大学科研机构管理办法（试行）》，对已建立的 107 个校级科研机构进行了摸底调研核实，并进行了重新认定工作。截至 2006 年 5 月，全校有 31 个院系、69 个科研机构参加了认定。2007 年 3 月经清华大学 2006—2007 学年度第 18 次校务会议审议，颁布了对 2004 年以前学校自主批准建立的校级科研机构重新进行认定的结果。认定校级科研机构 32 个，撤销 4 个科研机构建制，明确 15 个科研机构划归院系管理，其余科研机构需要进行整改。

通过《清华大学科研机构管理规定》的制定和校级科研机构的认定工作，建立起各类科研机构管理运行模式，开创了科研机构管理的新局面。

截至 2010 年 12 月 31 日，学校认定和新增的校级科研机构共有 87 个，见表 7-2-9；撤销 8 个科研机构建制，见表 7-2-10；明确 15 个科研机构划归所依托的院系按有关规定管理，见表 7-3-11。

表 7-2-9　2004—2010 年校级科研机构名单

序号	机构名称	依托院系	成立时间	备注
1	清华大学 3S（GIS、RS、GPS）中心	土木系		2007 年认定
2	清华大学建筑与城市研究所	建筑学院	1984-01	
3	清华大学思想文化研究所	人文社科学院	1985-03	2007 年认定“调整”，2008 年重新评估通过
4	清华大学汽车研究所	汽车系	1989	2007 年认定
5	清华大学电力电子工程研究中心	电机系	1990-12-20	
6	清华大学科学技术史暨古文献研究所	图书馆	1993-11	
7	清华大学体育与健康科学研究中心	体育部	1994-06	
8	清华大学交通研究所	土木系	1995-05-25	
9	21 世纪发展研究院	公管学院	1996-03-26	
10	清华大学中国经济研究中心	经管学院	1996-04	
11	清华大学微米纳米技术研究中心	精仪系	1996-09-12	
12	清华大学原子分子纳米科学研究中心	物理系	1997	
13	清华大学国际问题研究所	人文社科学院	1997-01-31	
14	清华大学材料科学与工程研究院	材料系	1997-03-13	
15	清华大学能源环境经济研究所	核研院	1998	
16	清华大学语言学研究中心	人文社科学院	1998-05-07	

续表

序号	机构名称	依托院系	成立时间	备　注
17	清华大学环境科学与工程研究院	环境学院	1999-04	2007 年认定
18	清华大学国际传播研究中心	新闻学院	1999-07-15	
19	中国科学院-清华大学国情研究中心	公管学院	2000-01	
20	清华大学科学技术与社会研究中心	人文社科学院	2000-02	
21	清华大学台湾研究所	公管学院	2000-10-25	
22	清华大学导航技术工程中心	精仪系	2000-12	
23	清华大学环境资源与能源法研究中心	法学院	2000-12-07	
24	中俄轻金属材料国际合作研究中心	机械系	2001-01	
25	清华大学道德与宗教研究中心	人文社科学院	2001-01	
26	清华大学化工科学与技术研究院	化工系	2001-04-23	
27	清华大学艺术与科学研究中心	美术学院	2001-05	
28	清华大学持久性有机污染物研究中心	环境学院	2001-06-13	
29	清华大学天体物理中心	物理系	2001-07-07	
30	清华大学老年学研究中心	人文社科学院	2001-10-23	2007 年认定“调整”，2008 年重新评估通过
31	清华大学中国金融研究中心	经管学院	2002-07	
32	清华-富士康纳米科技研究中心	物理系	2002-09-25	2007 年认定
33	清华大学亚洲研究中心	人文社科学院	2002-12-03	
34	清华大学中国科技政策研究中心	公管学院	2003-05	
35	清华大学国防战略研究中心	航院	2003-05-23	
36	清华大学公共安全研究院	工物系	2003-12-17	
37	中韩核能制氢联合研究中心	核研院	2004	
38	清华大学文化产业研究中心	新闻学院	2004-05-14	2004 年校务会议通过
39	清华大学高能物理研究中心	工物系	2004-05-20	
40	清华大学中国与世界经济研究中心	经管学院	2004-09-23	
41	清华大学网络行为研究所	信息学院	2005-01-17	2005 年校务会议通过
42	清华大学中国发展规划研究中心	公管学院	2005-04-21	
43	中国科协-清华大学科技传播与普及研究中心	人文社科学院	2005-06-23	
44	清华大学建筑节能研究中心	建筑学院	2005-07-07	
45	清华大学跨境河流水与生态安全研究中心	土水学院	2006-07-03	2006 年校务会议通过
46	清华大学马克思主义新闻学与新闻教育改革研究中心	新闻学院	2006-12-29	
47	清华大学全球环境研究中心	环境学院	2007-04-19	2007 年校务会议通过
48	清华大学理论计算机科学研究中心	信息学院	2007-11-01	
49	清华大学艾滋病综合研究中心	医学院	2007-11-14	

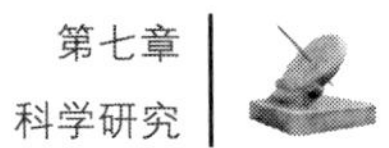

续表

序号	机构名称	依托院系	成立时间	备注
50	清华大学中国车用能源研究中心	低碳能源实验室	2008-03-05	2008年校务会议通过
51	清华大学循环经济研究院	环境学院	2008-04-17	
52	清华大学盐碱地区生态修复与固碳研究中心	热能系	2008-04-23	
53	清华大学移动计算研究中心	微电子所	2008-05-14	
54	清华大学日本研究中心	人文社科学院	2008-06-06	
55	清华大学伊斯雷尔·爱泼斯坦研究中心	新闻学院	2008-06-06	
56	清华大学低碳经济研究院	低碳能源实验室	2008-06-06	
57	清华大学出土文献研究与保护中心	人文社科学院	2008-09-11	
58	清华大学中国财政税收研究所	经管学院	2008-09-23	
59	清华大学药物研发中心	生命医研院	2008-09-23	
60	清华大学安全与防护研究发展中心	航院	2008-12-03	
61	清华大学工程教育研究中心	教研院	2008-12-03	
62	清华大学-中国计量科学研究院精密测量联合实验室	精仪系	2009-01-14	
63	清华大学污染物总量与环境质量控制技术政策研究中心	环境学院	2009-04-29	2009年校务会议通过
64	清华大学高速铁路技术研究中心	工物系	2009-04-29	
65	清华大学神经与认知计算研究中心	信息学院	2009-06-04	
66	清华大学中国经济社会数据中心	经管学院	2009-06-11	
67	清华大学信息无障碍技术研究中心	信研院	2009-09-24	
68	清华大学人文与社会科学高等研究所	人文社科学院	2009-10-28	
69	国家服务外包人力资源研究院	软件学院	2009-10-28	
70	清华大学质谱仪器研究中心	精仪系	2009-12-11	
71	清华大学密码理论与技术研究中心	计算机系	2009-12-11	
72	清华大学全球变化研究院	地球科学中心	2010-01-07	2010年校务会议通过
73	清华大学复杂工业过程控制与优化研究中心	自动化系	2010-01-20	
74	清华大学微纳米力学与多学科交叉创新研究中心	航院	2010-01-20	
75	清华大学高能量密度研究中心	工物系	2010-01-20	
76	清华大学吴冠中艺术研究中心	美术学院	2010-01-20	
77	清华大学张仃艺术研究中心	美术学院	2010-01-20	
78	清华大学战略环境评价研究中心	环境学院	2010-03-09	
79	清华大学恒隆房地产研究中心	土水学院	2010-04-21	
80	清华大学中国企业成长与经济安全研究中心	经管学院	2010-04-29	
81	清华大学绿色跨越研究中心	经管学院	2010-04-29	
82	清华大学气候变化国际政策研究中心	公共管理学院	2010-05-24	

续表

序号	机构名称	依托院系	成立时间	备注
83	清华大学华商研究中心	人文社科学院	2010-07-05	2010年校务会议通过
84	清华大学燃烧能源中心	热能系	2010-07-08	
85	中美生物燃料联合研究中心	核研院	2010-07-12	
86	清华大学载人航天研究中心	航院	2010-07-14	
87	清华大学临床神经科学研究院	医学院	2010-12-30	

表 7-2-10　经认定、评估撤销的科研机构名单

序号	机构名称	依托院系	备注
1	清华大学国土矿产资源与利用研究中心	材料系	2007年认定撤销
2	清华大学药物研究所	医学院	2007年认定撤销
3	清华大学水沙科学与水利水电工程重点实验室	水利系	2007年认定撤销
4	清华大学先进成形制造重点实验室	机械系	2007年认定撤销
5	清华大学能源实验室		2008年撤销
6	清华大学燃气轮机研究中心	热能系	2009年评估撤销
7	清华大学教育研究所	人文社科学院	2009年撤所建院
8	清华大学中国考古与艺术史研究所	高等研究院	2010年撤销

表 7-2-11　划归院系管理的科研机构名单

序号	机构名称	依托院系	序号	机构名称	依托院系
1	人居环境研究中心	建筑学院	8	信息学院上海微电子中心	信息学院
2	结构工程研究所	土木系	9	生物制造工程研究所	机械系
3	中美能源环境技术中心	核研院	10	翻译与跨学科研究中心	人文社科学院
4	环境产业研究所	环境系	11	比较文学与文化研究中心	人文社科学院
5	地震波勘探开发联合研究所	航院	12	中俄文化研究与交流中心	人文社科学院
6	现代物流研究中心	深圳研究生院	13	中国经济史研究中心	人文社科学院
7	北京联合应用化学与化学工程研究所	化工系	14	教育技术研究所	电教中心
			15	数字图书馆研究所	图书馆

3. 学校以协议形式与校外独立法人单位联合建立的科研机构

为了构建科学研究、成果转化及与企业合作的平台，促进原始创新、集成创新和消化吸收先进技术再创新，学校本着与国内外企事业单位优势互补、共同发展的原则，联合建立了多种联合研究机构。

（1）与国内企事业单位共建联合研究机构

截至2010年12月31日，学校与国内企事业单位联合建立的研究机构（协议期内）共58个，见表7-2-12。

表 7-2-12　学校与国内企事业单位联合建立的研究机构名单

序号	机构名称	依托院系	合作方	成立时间
1	清华大学（机械系）-深圳领威科技有限公司压铸高新技术研究中心	机械系	深圳领威科技有限公司	2000
2	清华大学（电机系）-河南平高电气股份有限公司电气技术研究所	电机系	河南平高电气股份有限公司	2000-03
3	清华大学（汽车系）-恒隆企业集团公司汽车转向系统研究所	汽车系	恒隆企业集团武汉捷龙汽车电动转向系统有限公司	2003-01
4	清华大学（信研院）-北京永新视博数字电视技术有限公司数字互动技术联合研究所	信研院	北京永新视博数字电视技术有限公司	2003-11
5	清华大学（信研院）-天津七一二通信广播有限公司应用通信系统联合研究所	信研院	天津七一二通信广播有限公司	2004-06-18
6	清华大学（电机系）-辽宁高科能源集团有限公司智能型微电网联合研究所	电机系	辽宁高科能源集团有限公司	2005-09-21
7	清华大学（精仪系・自动化系）-CAMA测控联合实验室	精仪系 自动化系	中国空空导弹研究院	2005-10-26
8	清华大学（生命学院）-江苏隆力奇生物科技股份有限公司生物科技研究所	生命学院	江苏隆力奇生物科技股份有限公司	2005-11-19
9	清华大学（信研院）-北京金名创业信息技术有限责任公司金融工程研究所	信研院	北京金名创业信息技术有限责任公司	2006-02-15
10	清华大学（电子系）-安徽科大讯飞信息科技股份有限公司语音技术实验室	电子系	安徽科大讯飞信息科技股份有限公司	2006-02-21
11	清华大学（精仪系）-中航工业陕西宝成航空仪表有限责任公司微惯性技术及器件联合实验室	精仪系	中航工业陕西宝成航空仪表有限责任公司	2006-02-22
12	清华大学（工物系）-同方威视技术股份有限公司核技术联合研究所	工物系	同方威视技术股份有限公司	2006-02-27
13	清华大学（信研院）-北京全路通信信号研究设计院轨道交通自动化研究所	信研院	北京全路通信信号研究设计院	2006-03-01
14	清华大学（汽车系）-武汉元丰汽车电控系统有限公司汽车电控技术研究所	汽车系	武汉元丰汽车电控系统有限公司	2006-04-29
15	清华大学（机械系）-中冶赛迪工程技术股份有限公司冶金装备技术联合研究所	机械系	中冶赛迪工程技术股份有限公司	2006-06-19
16	清华大学（机械系）-中国二十二冶集团有限公司重型装备成形制造工程研究所	机械系	中国二十二冶集团有限公司	2007-01
17	清华大学（计算机系）-北京搜狐互联网信息服务有限公司搜索技术联合实验室	计算机系	北京搜狐互联网信息服务有限公司北京搜狗科技发展有限公司	2007-03-01

续表

序号	机构名称	依托院系	合作方	成立时间
18	清华大学（电子系）-山东力诺新材料有限公司能源光电子联合研究所	电子系	力诺集团股份有限公司	2007-12-27
19	清华大学（环境学院）-北京碧水源科技股份有限公司环境膜技术联合研发中心	环境学院	北京碧水源科技股份有限公司	2008-01-14
20	清华大学（精仪系）-南通科技投资集团股份有限公司数控机床技术联合研发中心	精仪系	南通科技投资集团股份有限公司	2008-06-10
21	清华大学-天素投资节能减排联合研发中心	热能系	云南天素投资有限公司	2008-07-18
22	国家核电技术研发中心	核研院	国家核电技术有限公司	2008-07-30
23	清华大学-国家开发银行规划研究院	经管学院	国家开发银行	2008-11-13
24	清华大学（环境系）-国策投资有限公司中国循环经济产业研究中心	环境学院	国策投资有限公司	2008-12-30
25	清华大学（自动化系）-无锡国家高新技术产业开发区管理委员会（信息软件办）、无锡景象数字技术有限公司数字媒体研发中心	自动化系	无锡国家高新技术产业开发区管理委员会（信息软件办）、无锡景象数字技术有限公司	2009-01-23
26	清华大学（环境系）-山东十方环境与生物能源工程研发中心	环境学院	山东十方环保能源股份有限公司	2009-02-25
27	清华大学（航院）-中国航天员科研训练中心航天生物医学工程联合实验室	航院	中国航天员科研训练中心	2009-03-16
28	清华大学（工业工程系）-东莞华宝鞋业有限公司工业工程应用联合研究所	工业工程系	东莞华宝鞋业有限公司	2009-03-17
29	清华大学（低碳能源实验室）-北京世纪卓克能源技术有限公司照明节电技术研究所	低碳能源实验室	北京世纪卓克能源技术有限公司	2009-05-12
30	清华大学（化工系）-承德万利通实业集团有限公司液流电池工程研究中心	化工系	承德万利通实业集团有限公司	2009-06-01
31	清华大学（工业工程系）-中石化茂名分公司生产仿真与优化研究所	工业工程系	中国石油化工股份有限公司茂名分公司	2009-06-05
32	清华大学（信研院）-广州怡文科技有限公司环境监测技术联合研究所	信研院	广州市怡文科技有限公司	2009-06-19
33	清华大学-华晨汽车集团控股有限公司汽车工程开发研究院	汽车系	华晨汽车集团控股有限公司	2009-07-31
34	清华大学（信研院）-广东环天电子技术发展有限公司数据与知识工程研究中心	信研院	广东环天电子技术发展有限公司	2009-10-15

续表

序号	机构名称	依托院系	合作方	成立时间
35	清华大学（电机系）-中国石化集团胜利石油管理局油田电气工程联合研究中心	电机系	中国石化集团胜利石油管理局	2009-10-30
36	清华大学-启迪创新研究院	科研院	启迪控股股份有限公司	2009-11-18
37	清华大学（自动化系）-邢台钢铁有限责任公司钢铁工业智能自动化联合研究中心	自动化系	邢台钢铁有限责任公司	2009-11-20
38	清华大学（新闻学院）-网易公司未来媒体研究中心	新闻学院	网之易信息技术（北京）有限公司	2009-11-30
39	清华大学（工物系）-上海旺捷机电设备有限公司数字辐射成像技术联合研究中心	工物系	上海旺捷机电设备有限公司	2009-12-01
40	清华大学（热能系）-杭州力源发电设备有限公司水轮发电机组技术联合研究中心	热能系	杭州力源发电设备有限公司	2009-12-11
41	清华大学（化学系）-江苏雅克科技股份有限公司有机磷化学联合研究中心	化学系	江苏雅克科技股份有限公司	2010-01-11
42	清华大学-中国电信集团公司下一代互联网技术与应用联合实验室	网络中心	中国电信集团公司	2010-03-11
43	清华大学（汽车系）-启明信息技术股份有限公司车载电子电器平台联合研发中心	汽车系	启明信息技术股份有限公司	2010-03-22
44	清华大学（环境系）-北京鼎实建筑工程有限公司污染场地综合治理联合研究中心	环境学院	北京鼎实建筑工程有限公司	2010-05-05
45	清华大学（电机系）-北京领翼中翔科技有限公司智能电力设备技术联合研究中心	电机系	北京领翼中翔科技有限公司	2010-05-05
46	清华大学（材料系）-杜强华微（北京）高新材料科技有限公司纤维陶瓷复合材料联合研究中心	材料系	杜强华微（北京）高新材料科技有限公司	2010-05-05
47	清华大学（化学系）-北京亿都川服装集团有限公司动力电池联合研究中心	化学系	北京亿都川服装集团有限公司	2010-05-18
48	清华大学（电机系）-陕西省地方电力（集团）有限公司智能配电网技术联合研究中心	电机系	陕西省地方电力（集团）有限公司	2010-06-22
49	清华大学（环境系）-深圳市东江环保股份有限公司重金属资源化与控制技术联合研究中心	环境学院	深圳市东江环保股份有限公司	2010-07-15
50	清华大学-中科英华电动汽车研究院	汽车系	中科英华高技术股份有限公司	2010-07-22
51	清华大学（环境系）-北京建工环境发展有限责任公司污染场地修复联合研究中心	环境学院	北京建工环境发展有限责任公司	2010-07-23

续表

序号	机构名称	依托院系	合作方	成立时间
52	清华大学当代国际关系研究院	人文社科学院	北京佳莲万达投资有限责任公司	2010-09-08
53	清华大学-信威通信空天信息网络技术联合研究中心	航院	北京信威通信技术股份有限公司	2010-10-20
54	清华大学（电子系）-北京深思洛克软件技术股份有限公司图像识别与高速图像处理联合研究中心	电子系	北京深思洛克软件技术股份有限公司	2010-11-25
55	清华大学（信研院）-四川长虹电器股份有限公司先进视听技术联合实验室	信研院	四川长虹电器股份有限公司	2010-11-25
56	清华大学（环境系）-中国宜兴环保科技工业园-江苏一环集团有限公司环保新技术应用联合研究中心	环境学院	中国宜兴环保科技工业园、江苏一环集团有限公司	2010-11-28
57	清华大学-易程科技股份有限公司交通信息技术联合研究中心	科研院	易程科技股份有限公司	2010-12-28
58	清华大学（计算机系）-腾讯科技（深圳）有限公司互联网创新技术联合实验室	计算机系	腾讯科技（深圳）有限公司	2010-12-31

（2）与国（境）外单位共建联合研究机构

通过与国外大学、研究机构和企业建立长期的交往、联系与合作，汲取资金、先进技术与设备等资源，有助于高校的科学研究和人才培养。学校与国外一流大学、世界著名的跨国公司等共建了多家涉外联合科研机构，促进了相互间的合作与交流，维护了长期、稳定的合作关系。涉外联合科研机构的主要形式有联合实验室、联合研究中心、联合研究所等。

1996年开始，学校与美国、日本等发达国家合作设立联合机构逐渐增多，1997年底涉外联合机构共计15家，包括联合研究所、联合实验室、联合培训中心等形式。1998年，涉外联合机构迅速增长到47家。其中，联合研究中心15家，联合实验室10家，培训中心达到22家。1999年底，涉外联合机构达到53家。2000年底，涉外联合机构达到56家。2001年底，涉外机构达到65家。

根据2003年底学校制定的《清华大学科研机构管理办法（试行）》，对涉外联合实验室，确立了新的指导思想。新成立的涉外联合科研机构均有实质性科研项目合作，外方有稳定的经费投入，学校有相对稳定的研究队伍和明确的科研方向。在学校集中有效资源、向外发力、争取大项目合作的方针指导下，“清华大学-丰田汽车联合研究中心”成立，丰田公司5年投入500万美元支持学校跨院系的项目研究。2007年3月15日，经2006—2007学年度第18次校务会议讨论通过了修订的《清华大学科研机构管理规定》，明确了合作方投入经费超过3 000万元，且与校内多个院系合作，经校务会议批准后可在名称中冠以“清华大学”；此外的其他涉外科研机构不得直接冠以“清华大学”，而且须在名称中明确该机构所依托的院系。截至2010年，学校又先后成立了“清华大学-联合技术公司建筑节能、安全、控制联合研究中心”，由通用汽车公司、上海汽车工业集团公司共同资助的车用能源研究中心，以及“清华大学-三菱重工业联合研究开发中心”等5个以清华大学冠名的联合科研机构。

作为跨国公司在学校建立的首家产学研办公室，2008 年 4 月 15 日，清华-西门子公司知识交流中心成立。知识交流中心（Centre for Knowledge Interchange，CKI）是西门子在全球范围内与教育机构之间构建的高级合作模式。清华大学副校长康克军与西门子全球副总裁、西门子中央研究院院长阿赫思（Reinhold Achatz）代表双方签署了为期 5 年的科研合作框架协议。该科研合作框架协议涉及清华多个学科领域，协议金额为每年 1 000 万元。清华大学科研院副院长嵇世山与西门子（中国）有限公司总裁兼首席执行官郝睿强代表双方签署了知识交流中心合作协议。科研院海外项目部主任马军任清华-西门子公司知识交流中心主任。

截至 2010 年 12 月 31 日，学校与国（境）外企事业单位建立的联合研究机构（协议期内）共 27 个，见表 7-2-13。

表 7-2-13　与国（境）外企事业单位建立的联合研究机构名单

序号	机 构 名 称	依托院系	合 作 方	成立时间
1	SMC-清华大学气动技术中心	航院	日本 SMC 株式会社	1994-04-20
2	清华大学-金门建筑安全研究中心	土木系	金门建筑有限公司	1999-01
3	清华大学-IHI 研究中心	航院	Ishikawajima-Harima Heavy Industries Co.，Ltd.	2001-09-20
4	清华大学-日立环境和谐信息技术联合实验室	电子系	Hitachi，Ltd. Hitachi（China）Research & Development Corporation	2001-10-22
5	清华大学-BP 清洁能源研究与教育中心	热能系	BP 公司	2002-01
6	清华大学-通用电气推进与动力技术研究中心	航院	美国通用电气航空发动机公司（General Electric Company GE Aircraft Engines）	2003-01-01
7	清华大学-三菱重工业联合研究开发中心	热能系	日本三菱重工（Mitsubishi Heavy Industries，Ltd.）	2003-07-11
8	清华大学-Areva 输配电研究中心	电机系	英国阿尔斯通公司（Alstom）	2003-07-28
9	清华大学-大金研究中心	航院	大金工业株式会社	2003-10-08
10	清华大学-Intel 联合研究中心	信息学院	Intel Semiconductor(US) Ltd. Intel China Research Center Ltd.	2004-10-14
11	清华大学产业发展与环境治理研究中心	公管学院	日本丰田汽车公司	2005-01
12	清华大学-日立维亚激光实验室	精仪系	Hitachi Via Mechanics，Ltd.	2005-01-28
13	清华大学-丰田研究中心	环境学院	日本丰田公司（Toyota Motor Corporation）	2005-11-04
14	清华大学（人文社科学院）-野村综合研究所中国研究中心	人文社科学院	株式会社野村综合研究所	2007-04
15	清华大学（信息学院）-HP 多媒体联合实验室	信息学院	Hewlett-Packard（Shanghai）Company Limited	2007-04-16

续表

序号	机构名称	依托院系	合作方	成立时间
16	清华大学（信研院）-香港应用科技研究院多媒体广播与通信联合研究实验室	信研院	Hong Kong Applied Science and Technology Research Institute Company Limited	2007-07-05
17	清华大学-联合技术公司建筑节能、安全、控制联合研究中心	建筑学院	美国联合技术公司（United Technologies Corporation）	2007-09
18	清华大学（电子系）-安捷伦科技有限公司信息与通信测量联合研究中心	电子系	安捷伦科技（中国）有限公司	2007-11-06
19	清华大学-东芝能源与环境研究中心	热能系	东芝公司（Toshiba Corporation）	2008-04-07
20	清华大学（微电子所）-英特尔先进移动计算技术研究中心	微电子所	英特尔公司	2008-11
21	清华大学（电子系）-思科绿色科技联合研究中心	电子系	思科系统（中国）研发有限公司	2008-12-26
22	清华大学（生命医研院）-拜耳创新药物联合研究中心	生命医研院	拜耳医药保健有限公司	2009-03-17
23	清华大学-威立雅环境先进环境技术联合研究中心	环境学院	法国威立雅环境集团（Veolia Environnement）	2009-08-06
24	清华大学-罗姆联合研究中心	电子系	罗姆株式会社（Rohm Co.，Ltd.）	2009-10-15
25	清华大学（信研院）-诺基亚（北京研究院）移动计算创新技术联合实验室	信研院	诺基亚（中国）投资有限公司	2010-04-01
26	清华大学（工物系）-辛耕投资有限公司核医学影像联合研究中心	工物系	辛耕投资有限公司	2010-07-21
27	清华大学-波音联合研究中心	工物系	Boeing（China）Co. Ltd.	2010-10-01

截至2010年12月31日，学校与国（境）外大学、研究机构或组织合作建立的联合科研机构（协议期内）共9个，见表7-2-14。

表7-2-14　与国（境）外大学、研究机构或组织合作建立的联合研究机构名单

序号	联合机构名称	依托院系	成立时间
1	清华大学-约翰霍普金斯大学生物医学工程联合研究中心	医学院	2008-01-08
2	清华大学-伯克利心理学研究中心	人文社科学院	2008-05-26
3	清华大学-宾夕法尼亚大学建筑模拟与能源研究中心	建筑学院	2009-03
4	清华大学-滑铁卢大学互联网信息获取联合研究中心	计算机系	2009-07-24
5	清华大学-哥伦比亚大学高等基因组技术联合研究中心	医学院	2009-10-30

续表

序号	联合机构名称	依托院系	成立时间
6	清华大学中国-巴西气候变化与能源技术创新研究中心	化工系	2010-04-01
7	清华大学-慕尼黑工业大学电动车先进电源系统联合研究所	化学系	2010-04-26
8	清华大学-新加坡国立大学下一代搜索联合研究中心	计算机系	2010-05-01
9	清华大学-麻省理工学院-香港中文大学理论计算机科学研究中心	交叉信息院	2010-07-01

二、科研管理机构

1954 年以前，学校未设立专门机构管理科学研究工作。1954 年暑期后，学校在教务处下设立科学研究科，负责管理科研工作，由吕应中任科长。1956 年 8 月，学校成立科学研究处，高景德任处长。科学研究处下设计划科、研究生科、实验室科。1957 年设备工厂转入科学研究处。1959 年 3 月，科学研究处更名为科学生产处，并增设了生产科、情报资料科，同时机械厂并入科学生产处。1978 年，科学生产处更名为科学研究处。1992 年 12 月 24 日，经 1992—1993 学年度第 9 次校务会议讨论同意，科学研究处更名为科学技术处。科学研究（技术）处历任处长为：高景德、朱志武、刘乃泉（代）、梁尤能、董在望、张宏涛、侯世昌、冯冠平、龚克、符松、王赞基。

2003 年 12 月 21 日，经 2003—2004 学年度第 6 次校务会议通过，成立清华大学科研院，同时撤销清华大学科学技术处的建制，明确清华大学科研院为学校科研管理机构，设立军工部、科研项目部、科技开发部、海外项目部、机构管理办公室、成果与知识产权管理办公室、院办公室；文科建设处（挂靠）、知识产权管理办公室（挂靠）、学术委员会办公室（挂靠）。副校长康克军兼科研院院长，科研院历任常务副院长为王赞基、姜培学。

以下为主要处（院）科室变动情况：

1980 年，设立成果管理科，统一管理学校的科研成果。1984 年，我国开始实施专利法，成果管理科更名为成果专利科；清华大学专利事务所组建，与成果专利科合署办公。1985 年 3 月 25 日，清华大学专利事务所获北京市专利管理局正式批准成立。1993 年，学校进行内部管理体制改革，专利事务所改为经济相对独立的单位，行政管理仍隶属于科学技术处。2001 年依照国家有关规定，学校对原清华大学专利事务所进行了脱钩改制，成立专利管理办公室。2003 年 12 月科研院成立，成果与专利都纳入成果与知识产权管理办公室。

1997 年设立知识产权管理办公室（简称“知产办”），隶属科学技术处，统一负责全校知识产权管理与保护工作。1998 年 4 月 16 日知产办与科技开发部合署办公。1999 年 1 月学校进行机构调整，撤销知识产权管理办公室，有关工作划归科学技术处相关科室管理。1999 年 5 月，学校恢复清华大学知识产权管理办公室的设置，挂靠科技开发部；2003 年 12 月科研院成立，知识产权管理办公室继续保留，挂靠科研院，并与成果与知识产权管理办公室合署办公。

1983 年 7 月 7 日，成立科学技术开发服务部，与科学研究处合署办公，负责全校科技开发与服务、科研成果的转让和推广应用等。科学研究处处长兼任科学技术开发服务部主任。

1984 年 11 月，学校将科学技术开发服务部更名为清华大学科技开发部，并从科学研究处分出，独立设置。1990 年 9 月，学校进行校机关机构调整，科技开发部并入科学技术处，但相对独立（独立法人，独立账号、横向经费核算有特殊优惠规定）。科技开发部由校长授权统一归口负责学校横向技术合同的审核，以及地区合作、技术转移、技术开发、技术服务等工作。1996 年 4 月，为规范管理，加强管理职能，科技开发部撤销独立企业法人资格。

1995 年 7 月，学校成立了清华大学与企业合作委员会（简称“企合委”），企合委主任由校领导兼任。先后担任企合委主任的有校长王大中，副校长龚克、康克军；企合委下设办公室。1996 年 5 月成立企合委海外部。1997 年 7 月企合委办公室与科技开发部合署办公。

1996 年 3 月，学校成立清华大学军工办公室。1999 年 1 月，学校机关机构调整，撤销军工办公室，在科学研究科设置军工科研管理职能。2002 年 3 月，经学校国防工作领导小组会议决定，在科学技术处设立国防工作办公室。2003 年 12 月科研院成立后，原国防工作办公室更名为军工部。2003 年 6 月经学校国防工作领导小组讨论决定成立“军工保密资格认证领导小组”和“军工保密资格认证工作办公室”，2005 年 9 月成立“清华大学军工科研保密管理办公室”（2005—2006 学年度第 25 次校务会议通过），2006 年 10 月经过学校国防工作领导小组讨论通过，成立军工科研资质认证领导小组及认证办公室，2007 年 12 月成立国防资质建设与管理办公室（简称“资质办”，2007—2008 学年度第 7 次校务会议通过），负责全校国防科研保密、质量管理、科研生产许可体系等的建立、运行与持续改进，完成相关国防科研资质的申请认证工作。

2001 年 6 月，成立清华大学国际技术转移中心。该中心为学校跨院系的机构，挂靠科技开发部，由科技开发部主任兼任中心主任。

学校以科技开发部为基础，包括企合委、国际技术转移中心，组成清华大学技术转移体系，并于 2001 年 9 月由国家经贸委和教育部联合认定为“国家技术转移中心”。

20 世纪 90 年代初，国际科技项目管理是科学技术处学术交流科的主要工作之一，由专人负责；2000 年 12 月 11 日，学校在建设开放式一流大学的目标下，专门成立了国际科研项目办公室及港、澳、台科研项目办公室。2003 年 12 月科研院成立时，国际科研项目办公室与企合委海外部合并成立海外项目部，负责学校涉外科研项目及科技合作与交流。

2003 年底成立科研院科研机构管理办公室，负责各类校级科研机构的管理和服务工作；设立清华大学学术委员会办公室，负责学校学术委员会的日常工作，挂靠科研院。

2009 年 9 月 3 日，学校成立清华大学国家重大科技专项管理办公室（简称重大办），挂靠科研院，在学校国家重大科技专项领导小组领导下，具体负责学校所承担国家重大科技专项的组织协调、运作和全过程管理。副校长康克军任主任。

2010 年 10 月 19 日，学校成立两岸清华大学联合实验室，简称两岸清华实验室，为非实体科研机构，挂靠科研院。

科室变动情况还有：1980 年，研究生科分出成立研究生处；1983 年 11 月实验室科归设备实验室处，1993 年 3 月因设备实验室处被撤销，实验室科又归属科学研究处；原有的学报编辑部于 1993 年 3 月并入出版社。

各个时期科研管理机构设置情况见表 7-2-15。

表 7-2-15　各个时期科研管理机构设置一览表

年　份	单位名称	科室设置
1956	科学研究处	计划科、研究生科、实验室科
1959	科学生产处	科学研究科、研究生科、实验室科、生产科、设备工厂

续表

年　份	单位名称	科室设置
1965	科学生产处	科学研究科、研究生科、实验室科、科学技术资料科、生产科、设备工厂、综合机械厂
1973	科研生产处	科学研究科、办厂科、设备管理科、图书馆、设备器材供应站
1984	科学研究处	科学研究科、成果专利科、学术交流科、学报编辑部
1984—1990	科技开发部	办公室、科技协作科、科技开发办公室
1986—1989	科学研究处	科学研究科、成果专利科、学术交流科
1990—1991	科学研究处	科学研究科、成果专利科、学术交流科、科技开发部
1992	科学技术处	科学研究科、成果及专利科、学术交流科、科技开发部
1993—1995	科学技术处	科学研究科、成果及专利科、学术交流科、科技开发部、实验室科
1996	科学技术处	科学研究科、成果及专利科、学术交流科、科技开发部、军工办公室
1997	科学技术处	处办公室、科技风险基金办公室、科学研究科、军工办公室、成果及专利科、国际合作与学术交流科、知识产权管理办公室*、科技开发部
1998	科学技术处	重点项目办公室、成果与合同管理办公室、基地与规划办公室、(国际合作与学术交流科、军工办公室)、科技开发部、知识产权管理办公室*
1999	科学技术处	重点项目办公室、成果与合同管理办公室、基地与规划办公室、(国际合作与学术交流科、军工办公室)、科技开发部、知识产权管理办公室*、文科办公室
2000	科学技术处	重点项目办公室、成果与合同管理办公室、基地与规划办公室、国际(港澳台)科研项目办公室、基础研究办公室、专利管理办公室、专项办公室、科技开发部、知识产权管理办公室*
2001	科学技术处	基地与规划办公室、重点项目办公室、基础研究办公室、军工办公室、国际项目办公室、成果与合同管理办公室、专利管理办公室、知识产权管理办公室*、科技开发部、国际技术转移中心*
2002	科学技术处	综合计划办公室、科研项目办公室、成果与知识产权管理办公室、国防工作办公室、国际科技合作办公室、科技开发部、知识产权管理办公室*、国际技术转移中心*
2003	科研院	综合计划办公室、科研项目办公室、成果与知识产权管理办公室、科技开发部、校知识产权管理办公室*、国际技术转移中心*
2004	科研院	科研项目部、科技开发部、军工部、海外项目部、科研机构管理办公室、成果与知识产权管理办公室、科研院办公室、知识产权管理办公室*、学术委员会办公室*、国际技术转移中心*
2005	科研院	科研项目部、科技开发部、军工部、海外项目部、科研机构管理办公室、成果与知识产权管理办公室、科研院办公室、知识产权管理办公室*、学术委员会办公室*、国际技术转移中心*、军工科研保密管理办公室*

续表

年　份	单位名称	科室设置
2006	科研院	科研项目部、科技开发部、军工部、海外项目部、科研机构管理办公室、成果与知识产权管理办公室、科研院办公室、知识产权管理办公室*、学术委员会办公室*、国际技术转移中心*、军工科研保密管理办公室*
2007	科研院	科研项目部、科技开发部、军工部、海外项目部、科研机构管理办公室、成果与知识产权管理办公室、科研院办公室、知识产权管理办公室*、学术委员会办公室*、国际技术转移中心*、军工科研保密管理办公室*、国防资质建设与管理办公室
2008	科研院	科研项目部、科技开发部、军工部、海外项目部、科研机构管理办公室、成果与知识产权管理办公室、科研院办公室、知识产权管理办公室*、学术委员会办公室*、国际技术转移中心*、军工科研保密管理办公室*、国防资质建设与管理办公室
2009	科研院	科研项目部、科技开发部、军工部、海外项目部、科研机构管理办公室、成果与知识产权管理办公室、科研院办公室、知识产权管理办公室*、学术委员会办公室*、国际技术转移中心*、军工科研保密管理办公室*、国防资质建设与管理办公室、国家重大科技专项管理办公室*
2010	科研院	科研项目部、科技开发部、军工部、海外项目部、科研机构管理办公室、成果与知识产权管理办公室、科研院办公室、知识产权管理办公室*、学术委员会办公室*、国际技术转移中心*、军工科研保密管理办公室*、国防资质建设与管理办公室、国家重大科技专项管理办公室*

注：* 为挂靠单位。

文科建设处的前身是设在科学技术处的文科办公室，于 1999 年 12 月 28 日成立，负责全校人文社会科学的学科建设和科学研究的管理工作。

2000 年 11 月 28 日，学校成立文科建设处（简称“文科处”）。主要职能是制定学校文科发展总体规划，并会同有关部门共同研究、制定关于文科管理的相关规章制度；负责学校文科重点研究机构和教育部重点研究基地建设，并协调学校有关方面促进文科学科建设工作；负责文科科研管理工作，组织各类项目的申报、管理，管理文科科研成果；负责编写文科各种简报、通讯，统计和处理各类数据和信息。文科处历任处长为蔡曙山、苏竣。

第三节　科学研究项目与经费

清华大学自 1925 年成立国学研究院起，就十分重视科学研究工作，广大教师在从事教学工作时，积极开展科学研究，各时期科研项目与经费情况简述如下。

一、概述

（一）1925 年—1948 年

1925 年学校成立国学研究院，标志着学校学术研究的开始。国学研究院时期（1925—1929），王国维、梁启超、陈寅恪、赵元任等教授在上古史、经学等方面开展了一些研究。大学开办初期（1928—1937），文学院、法学院、理学院、工学院陆续成立，由于经费充裕，设备优良，图书资料齐全，各学院都开展了一些有影响的研究。如文学院在古籍古史料整理方面的研究。理学院以实验科学为主，在 X 射线、原子核物理、电路与无线电学、相对论等方面开展了一些很重要的研究。工学院由于成立稍晚（1932 年），科研工作未能全面开展起来，但在风洞研究方面由王士倬带领开展了一些有影响的研究。西南联大时期，教师的学术研究工作受当时的环境与实验条件等各方面因素的影响，陷于停滞状态。实验性的研究工作不能开展，只在理论研究方面做了一些工作，如周培源关于湍流的研究；算学系依靠系内开展学术研究的传统和较高水平的科研力量，在科学研究上取得很好的进展，如华罗庚的堆垒素数论等。文学院中文系教师在联大初期借文科研究所的便利条件做了一些学术工作。工学院的科研工作主要是与适应国家需要的项目结合起来进行的工程技术研究，如土木系的公路研究、水利调查勘测等。1946 年学校迁回到清华园原址复校后，由于经费等的困窘，在学术研究方面的工作几乎陷于停顿。

（二）1949 年—1976 年

1952 年，全国高校进行院系调整，清华大学成为一所多科性工业大学。调整后的一段时期，因教师调出很多，而学校规模迅速扩大，招生人数增加甚快，教学任务十分繁重，仅开展了官厅水库模型试验等 8 项科学研究工作。1954 年暑假，学校成立科学研究工作委员会和科学研究科，开始组织各系有计划地进行科学研究工作。1954—1955 学年度提出课题 39 个，参加教师 167 人；1955—1956 学年度提出课题 106 个，参加教师 254 人，其中：教授 41 人（占教授总数 82%）、副教授 33 人（占副教授总数 75%）、讲师 66 人（占讲师总数 42%）、助教 114 人（占助教总数 20%）。1958 年学校贯彻“教育为无产阶级政治服务，教育与生产劳动相结合”的教育方针，积极开展教育革命，科学研究工作也迅速发展，当年提出 902 项课题。1954 年至 1965 年学校科学研究项目、经费与研究人员情况见表 7-3-1。

表 7-3-1　1954 年—1965 年科研项目、经费与研究人员情况

年份	科研项目（项）				经费（万元）	研究人员（人）				
	小计	国家项目	合作项目	自选项目		小计	教授	副教授	讲师	助教
1954	39		15			167	28	22	29	88
1955	106		43			254	41	33	66	114
1956	124				30	300				
1957	167					338	53		87	198
1958	902									

续表

年份	科研项目（项）				经费（万元）	研究人员（人）				
	小计	国家项目	合作项目	自选项目		小计	教授	副教授	讲师	助教
1959	309									
1960	200									
1961	120									
1962	154	17	66	71	213.7	585	47	62	128	348
1963	151	103	22	26	326	582				
1964	128	100	15	13	340.8	792	110		191	491
1965	117	99	74	6	685.6	930	83		185	662
小计	2 517									

说明：1957 年至 1961 年、1966 年至 1976 年因资料不全，缺统计数据。

（三）1977 年—2010 年

1978 年以后，学校的科研课题和经费呈不断上升趋势，且逐年有较大幅度增长。1978 年至 2010 年科学研究课题共 34 859 项，见表 7-3-2；2010 年科学研究经费达 36.02 亿元，历年科研经费见表 7-3-3；参加科学研究的工作人员，2010 年教工达 4 673 人，研究生达 7 983 人，各年情况统计见表 7-3-4 和表 7-3-5。

表 7-3-2　1978 年—2010 年科学研究课题情况

年份	在研课题数			当年完成课题数	年份	在研课题数			当年完成课题数
	总计	延续	新上			总计	延续	新上	
1978					1995	2 007	1 342	665	386
1979					1996	1 770	1 000	770	347
1980	453	325	128	126	1997	1 988	1 089	899	162
1981	438	327	111	183	1998	2 196	1 195	1 001	185
1982	363	255	108	184	1999	2 331	1 278	1 053	180
1983	378	179	199	132	2000	3 117	1 558	1 559	773
1984	412	246	166	146	2001	3 371	1 938	1 433	1 179
1985	507	266	241	273	2002	3 322	1 777	1 545	1 594
1986	528	234	294	221	2003	4 051	2 147	1 904	1 175
1987	708	307	401	150	2004	4 583	2 723	1 860	1 328
1988	943	558	385	149	2005	5 417	4 312	1 105	271
1989	1 078	794	284	253	2006	5 304	2 937	2 367	2 480
1990	1 154	825	329	782	2007	6 265	3 642	2 623	1 662
1991	782	372	410	347	2008	7 663	4 177	3 486	2 088
1992	1 070	435	635	433	2009	9 516	5 773	3 743	1 890
1993	1 335	637	698	376	2010	11 815	7 681	4 134	1 835
1994	1 843	1 139	704	376	合计			34 859	

表 7-3-3　1978 年—2010 年科学研究经费情况

年份	科学事业费	科技三项费	代管科研费	合计（万元）
1978		250.0	226.1	476.1
1979		283.0	461.8	744.8
1980		428.0	646.4	1 074.4
1981		508.6	512.4	1 021.0
1982		434.2	864.6	1 298.8
1983		1 131.4	1 039.9	2 171.3
1984		1 085.0	1 375.0	2 460.0
1985		1 183.5	1 537.6	2 721.1
1986	383.5	1 416.9	1 874.6	3 675.0
1987	384.4	2 096.9	3 522.1	6 003.4
1988	441.3	2 762.2	3 998.5	7 202.0
1989	468.2	2 802.2	4 524.6	7 795.0
1990	881.2	2 094.1	4 477.4	7 452.7
1991	626.0	2 621.0	1 946.5	8 193.5
1992	1 094.3	4 246.5	5 753.3	11 094.1
1993	1 365.7	3 300.5	8 177.1	12 843.3
1994	1 739.0	3 939.0	10 670.0	16 349.0
1995	1 560.0	2 408.0	17 099.0	21 068.0
1996	1 867.0	3 362.0	17 990.0	23 220.0
1997	2 105.0	3 919.0	21 500.0	27 526.0
1998	7 206.0	2 855.0	17 708.0	30 278.0
1999	12 160.0	2 281.0	30 463.0	49 447.0
2000	12 783.0	3 384.0	53 138.0	73 065.0
2001	9 207.0	3 328.0	73 556.0	90 986.0
2002	28 337.1	2 992.0	63 868.3	95 197.4
2003	29 903.4	2 028.0	69 823.3	101 754.7
2004	27 400.0	13 290.0	7 9018.2	119 708.2
2005	34 368.4	3 495.0	101 024.3	138 887.7
2006	45 046.7	10 299.0	93 364.3	148 710.0
2007	48 852.7	11 404.0	134 471.1	194 727.7
2008	58 217.3	9 222.0	134 889.3	202 328.6
2009	67 717.0	26 152.0	150 656.1	244 525.1
2010	72 852.5	85 466.8	201 890.4	360 209.7

说明：科学事业费包括 1986 年从中分出来的“863 计划”、国家自然科学基金以及 1997 年从中分出的“973 计划”专项经费。代管科研费包括中央各部委、北京市科技计划、军工、开发部横向和海外项目经费以及科研事业收入。

表 7-3-4　1978 年—1993 年参加科学研究工作人数统计

年份	科学研究工作人员								研究生		
	合计（人）	教师					实验技术人员	技工	硕士生	博士生	小计
		教授	副教授	讲师	助教	小计					
1978											
1979	1 132					839	198	95	151		151
1980	1 405					1 134	181	90	240		240
1981	1 332					1 060	146	126	132		132
1982	1 250	54	109	575	274	1 012	158	80	146		146
1983	1 328					1 170	107	51	263	12	275
1984	1 320					1 145	120	55	420	19	439
1985	1 564					1 382	122	60	658	57	715
1986	1 321	99	197	547	136	1 079	170	72	769	187	956
1987	1 202	108	349	404	124	985	151	66	830	260	1 090
1988	1 352	144	432	401	157	1 134	165	53	982	322	1 304
1989	1 525	208	536	394	170	1 308	170	47	1 047	382	1 429
1990	1 676	247	574	362	223	1 406	214	56	763	372	1 135
1991	1 199	209	450	225	135	1 019	145	35	598	314	912
1992	1 523	281	583	300	130	1 394	184	45	840	532	1 372
1993	1 762	395	631	308	167	1 501	197	64	1 223	770	1 993

说明：① 科学研究工作人员按折合全时工作人数统计；研究生按参加人数统计。
② 1978 年及其他年份栏目空缺处，因资料不全，缺统计数据。

表 7-3-5　1994 年—2010 年参加科学研究工作人数统计

年份	教师技术职务系列人员					其他技术职务系列人员				合计（人）	参加科研的研究生
	教授	副教授	讲师	助教	其他	高级	中级	初级	辅助人员		
1994	671	1 358	719	313	255	325	726	560	998	5 925	1 000
1995	581	1 303	697	260	377	310	705	513	998	5 744	1 000
1996	779	1 187	776	167	458	199	595	453	815	5 429	1 550
1997	804	1 137	943	446	29	220	656	463	772	5 470	1 045
1998	1 057	1 112	991	324	26	206	556	559	507	5 338	1 060
1999	1 211	1 221	1 074	314	12	230	597	563	529	5 751	1 080
2000	1 257	1 244	1 105	214	85	249	542	459	399	5 549	8 312
2001	1 257	1 244	1 105	214	85	249	542	459	399	5 554	11 016
2002	930	1 090	673	103	120	395	1 119	263	671	5 364	9 004
2003	913	788	380	22	16	1 106	1 806	301	386	5 718	3 950
2004	889	774	188	302	29	750	816	885	150	4 783	3 643
2005	923	776	218	242	16	643	1 102	558	133	4 611	5 231

续表

年份	教师技术职务系列人员					其他技术职务系列人员				合计（人）	参加科研的研究生
	教授	副教授	讲师	助教	其他	高级	中级	初级	辅助人员		
2006	891	749	226	189	10	611	1 428	272	123	4 499	3 570
2007	855	749	241	138	0	599	1 483	204	117	4 386	5 127
2008	886	770	246	97	0	612	1 454	166	112	4 343	5 767
2009	885	846	335	13	0	689	1 578	87	80	4 513	7 033
2010	934	904	375	11	0	737	1 601	50	61	4 673	7 983

说明：1994年开始，采用教育部新的统计方式，科学研究工作人员改为按教师系列和其他技术职务系统人员统计。研究生按参加人数统计。

二、政府项目

（一）国家主要科技计划项目

“八五”末期以来，我国各类科技计划逐年增多，逐渐形成了目前由围绕国家战略目标而设立的重大专项和由国家财政稳定持续支持，以提供公共科技产品为主的基本计划组成的国家科技计划体系。其中国家科技攻关（支撑）计划、“863计划”“973计划”和国家自然科学基金是国家投入相对集中、单个项目资助强度较大、适合高校承担和参与的科技计划。“十一五”开始组织实施的国家科技重大专项也为高校科研进入国民经济建设主战场提供了重要机遇。

1. 国家科技攻关（支撑）计划

科技攻关计划设立于1983年，是体现国家目标，面向国民经济主战场的科技计划，也是我国的第一个国家科技计划。计划伊始学校就积极参与了多项项目的研发；在“六五”“七五”“八五”和“九五”期间，学校分别承担的专题项目为70个、202个、209个和220个；其中，由清华主要承担的一批重大项目如“低温核供热堆”“大规模集成电路—微米工艺和器件研究”“200兆瓦核供热堆示范工程”“同位素分离技术研究”“循环硫化床技术”“大型集装箱检测系统”“滇池污染控制技术研究”等多个项目连续多年获得资助，取得了显著成果；先后还有董铎（核研院）、边肇琪（自动化系）等因在科研工作中的突出贡献获得了国家科委、计委和财政部的联合表彰。

“十五”以来，国家科技支撑计划按项目—课题两级组织实施，课题为项目任务的基本实施和管理单元。截至2010年，由清华牵头承担课题126个，专项经费6.32亿元；其中超过1 000万元的课题16个（见表7-3-6），专项经费2.59亿元，占所有课题专项经费的40.98%。大多数课题在执行结束后都得到了实施应用并产生了广泛的社会经济影响，如以公共安全中心范维澄牵头承担的国务院应急平台项目在“5·12”汶川地震等重大突发事件中发挥了非常重要的技术支撑作用，项目成果获得了2010年国家科技进步一等奖，项目团队受到国家科技部的表彰。

表 7-3-6　2001 年—2010 年千万元以上支撑计划课题

序号	项目负责人	课 题 名 称	课 题 编 号	立项年份
1	饶子和	人类重大疾病蛋白质结构与功能研究	2002BA711A12	2002
2	吕俊复	600MWe 超临界循环流化床锅炉关键部件及关键技术研究	2006BAA03B02	2006
3	陈吉宁	苏州城市循环经济发展模式及示范	2006BAC02A18	2006
4	王立平	功能部件关键技术研究	2006BAF01B09	2006
5	柴跃廷	电子商务共性关键技术研究开发	2006BAH02A05	2006
6	范维澄	国务院应急平台	2006BAK01A01	2006
7	陈肇元	国务院应急平台	2006BAK01A02	2006
8	孙家广	国务院应急平台	2006BAK01A07	2006
9	毛　峰	空间信息技术在大遗址保护中的应用研究	2006BAK30B01	2006
10	段茂盛	CDM 项目实施的关键技术研究	2007BAC03A04	2007
11	毕　军	新一代可信任互联网真实地址寻址关键技术	2008BAH37B02	2008
12	李崇荣	新一代可信任互联网试验网	2008BAH37B05	2008
13	胡　萍	中欧可信任高速互联网试验平台	2008BAH37B06	2008
14	吴庆余	非粮生物质和 CO_2 生产高产油微藻产业化示范	2011BAD14B05	2010
15	黄　弘	城市脆弱性分析与综合风险评估技术与系统研发	2011BAK07B02	2010
16	翁文国	安全保障型城市的评价指标体系与评价系统研发	2011BAK07B03	2010

2. 国家高技术研究发展计划（“863 计划”）

“863 计划”设立于 1986 年，目标是集中少部分精干力量，在所选的高技术领域，瞄准世界前沿，缩小与发达国家的差距，带动相关领域科学技术进步，造就一批新一代高水平技术人才，为未来形成高技术产业准备条件，为 20 世纪末特别是 21 世纪初我国经济和社会向更高水平发展和国防安全创造条件。截至 2000 年，“863 计划”民口共设有“信息”“生物和现代农业”“新材料”“先进制造与自动化”“能源”和“资源环境”6 个技术领域 15 个主题和 5 个专项，学校参与了 700 余项不同级别的课题研究，其中获 500 万元以上经费的立项课题见表 7-3-7。“10 兆瓦高温气冷堆（HTR－10）”“CIMS 实验系统”“有机发光显示”“并行图规约智能工作站”“人脸识别系统”等获得多年资助并取得了显著成果。“CIMS 实验工程研究中心”“10 兆瓦高温气冷堆（HTR－10）厂址与环境影响课题组”“国家光电子工艺中心”等获得国家科委的集体表彰，张孝文、王洲、吴澄等获个人表彰。

表 7-3-7　1986 年—2000 年“863 计划”500 万元以上立项课题

序号	项目负责人	课 题 名 称	课 题 编号	经费（万元）
1	王大中	10WM 高温气冷实验堆的设计与建造	863-614-02	9 999.00
2	熊光楞	并行工程	863-511	517.50
3	范崇澄	8＊2-5Gb/s 波分复用光纤通信系统	863-317-9602-01	600.00
4	刘　斌	核心路由器	863-300-01-03（3）-99	3 000.00
5	张汉一	光交叉互联设备	863-300-01-01-99	600.00

说明：根据历年的清华大学科研项目计划统计表整理。

“十五”期间，“863计划”框架和管理模式发生较大变化，在“九五”15个主题的基础上新增了信息安全、现代农业、洁净煤、环境污染防治技术4个主题；按“课题—子课题”两级实施。“十五”期间由清华牵头承担课题224项，合同额4.73亿元。先后有王大中、周炳琨、吴澄等3位教授作为“863计划”领域首席科学家或主题专家组组长参与了“863计划”的决策和组织实施工作。“十一五”期间“863计划”民口新增“农业”“海洋”“交通”和“地球观测与导航”4个技术领域，共计达10个领域；按专题课题、重点重大项目课题分别实施。王志华、程京、潘峰、王建民、姚强、余刚、张荣庆、张毅、尤政9位教授分别作为领域专家组成员参与计划决策和组织实施工作。“十一五”期间学校年共牵头承担各类课题294个，专项经费6.74亿元。两个五年计划期间千万元以上课题立项共14个，见表7-3-8，专项经费2.87亿元，占10年专项经费总额的25.02%。一些重大项目如高温气冷堆、新能源汽车研发、高温超导、下一代互联网、嵌入式CPU研究、生物芯片等获得了“863计划”的长期重点支持，取得了重要创新成果。

表7-3-8　2001年—2010年“863计划”千万元以上立项课题

序号	项目负责人	项 目 名 称	一级课题编号	立项年份
1	张作义	高温气冷堆氦气透平发电系统	2001AA511010	2001
2	欧阳明高	燃料电池城市整车技术的研究与开发	2003AA501100	2003
3	禚玉群	天然气制氢及高压氢气加氢站研发	2003AA501330	2003
4	张作义	高温气冷堆氦气透平发电系统	2003AA511010	2003
5	张作义	10MW高温气冷实验堆改造及氦气透平发电系统役前试验研究	2005AA511010	2005
6	贺克斌	区域大气污染源识别与动态源清单技术及应用	2006AA06A305	2006
7	欧阳明高	燃料电池客车动力系统技术平台研究开发	2006AA11A102	2006
8	金勤献	典型工业集群区环境污染事故防范与应急示范	2007AA06A403	2008
9	姜汉钧	极低功耗消化道无线检测智能球囊SoC芯片设计及应用系统开发	2008AA010707	2008
10	池保勇	低功耗消化道无线检测便携式基站SoC芯片设计及应用系统开发	2008AA010708	2008
11	王　伟	高固体厌氧消化关键工艺、装备研发与工程示范	2008AA062401	2008
12	周世东	高频段无线通信基础技术研究开发与示范系统	2009AA011501	2009
13	王建晨	高放废液分离、处理工艺及关键设备技术研究	2009AA050703	2009
14	李俊华	高效脱硝催化剂开发及关键生产设备的研制	2010AA065002	2010

3. 国家高技术产业发展项目计划

由国家发展和改革委员会管理的国家高技术产业发展项目计划设立于2000年，以增强自主创新能力和促进高技术产业发展为主要任务。多年来，学校充分利用自身的学科优势，面向国民经济主战场，积极参与和推动多项高技术的自主创新和产业化工作，为提升我国产业自主创新能力做出了重要贡献。如由中国教育和科研计算机网CERNET网络中心和清华大学等25所高校承担建设的“中国下一代互联网示范工程CNGI示范网核心网（CNGI-CERNET2/61X）”项目，对我国下一代互联网发展具有重要示范作用；已成为我国研究下一代互联网技术、开发重大应用、推动下一代互联网产业发展的关键性基础设施的重要组成部分，有力地推动了我国下一代互联网核心设备的产业化进程，为提高我国在国际下一代互联网技术竞争中的地位做出了重要贡献。由学校数字电视传输技术研发中心承担的“地面数字电视标准研究”自主原创时域同步正交频分复用（TDS-OFDM）基础性发明技术，提出并产业化实现了地面数字多媒体/电视广播传输标准（DMB-T）方案，拥有国内外发明专利50多项，具有完整的自主知识产权，为我国19省（市）的34个城市采用试播。DMB-T和国外同类技术相比，系统性能更稳健、信息容量更大、移动性能更好、覆盖范围更宽、单频组网更简单，具有多媒体广播和个性化服务的可扩展性，主要性能居国际同类标准的领先水平；研发的DMB-T解调芯片和收、发、网络设备及专用仪表已在国内外数十个企业批量生产，形成了地面数字电视广播传输系统产业链。

4. 国家重点基础研究发展计划（“973计划”）

1997年，国家采纳科学家的建议，决定设立国家重点基础研究发展规划，开展面向国家重大需求的重点基础研究，设立农业、能源、信息、资源环境、人口与健康、材料、综合交叉、重要科学前沿8个领域（简称“973计划”）。2006年，科技部为落实《国家中长期科学和技术发展规划纲要（2006—2020）》的部署，启动了蛋白质研究、量子调控研究、纳米研究、发育与生殖研究四个重大科学研究计划（简称“研究计划”）。重大科学研究计划同时列入“973计划”统一管理，以研究专项的方式组织实施。2010年，科技部又对“973计划”进行了充实，新增了制造与工程科学领域、全球变化和干细胞研究两个重大科学研究计划，同时为强化科学问题导向，“973计划”又新启动了重大科学问题导向项目（简称“前沿导向”），按照自上而下和自下而上相结合的方式进行部署。自该计划设立至2010年，以清华教师为首席科学家或以清华大学作为项目依托单位立项的项目有51项，首席科学家40人（含双聘院士）；项目数和首席科学家数量在全国高校中居于首位。1998年至2010年“973计划”立项情况见表7-3-9。

表7-3-9　1998年—2010年“973计划”立项情况

序号	首席科学家	项目名称	项目编号	立项年份	类别
1	卢　强	我国电力大系统灾变防治和经济运行的重大科学问题的研究	G1998020300	1998	973
2	陈昌和	燃煤污染防治的基础研究	G1999022200	1999	973
3	徐端颐	新型超高密度、超快速光信息存储与处理的基础研究	G1999033000	1999	973
4	饶子和	蛋白质功能、三维结构和折叠原理研究	G1999075600	1999	973
5	毛宗强	氢能的规模制备、储运及相关燃料电池的基础研究	G2000026400	2000	973
6	罗　毅	支撑高速、大容量信息网络系统的光子集成基础研究	G2000036600	2000	973
7	过增元	高效节能的关键科学问题	G2000026300	2000	973
8	南策文	信息功能陶瓷的若干基础问题研究	2002CB613300	2002	973
9	姚　强	燃烧源可吸入颗粒物的形成与控制技术基础研究	2002CB211600	2002	973
10	吴　澄	复杂生产制造过程实时、智能控制与优化理论和方法研究	2002CB312200	2002	973
11	雒建斌	高性能电子产品设计制造精微化、数字化新原理和新方法	2003CB716200	2003	973
12	欧阳平凯*	生物催化和生物转化中关键问题的基础研究	2003CB716000	2003	973
13	吴建平	新一代互联网体系结构理论研究	2003CB314800	2003	973

续表

序号	首席科学家	项 目 名 称	项目编号	立项年份	类别
14	孙家广	现代设计大型应用软件的共性基础	2004CB719400	2004	973
15	孟安明	利用模式动物研究遗传性出生缺陷的发生机理	2005CB522500	2005	973
16	陈昌和	燃煤污染物干法联合脱除的基础研究	2006CB200300	2005	973
17	罗　毅	宽带光纤与无线信息网络中的光子集成与微纳光电集成基础研究	2006CB302800	2006	973
18	胡事民	可视媒体智能处理的理论与方法	2006CB303100	2006	973
19	姚期智	安全计算学重大理论问题研究	2007CB807900	2006	973
20	张　希	分子聚集体的化学：分子自组装与组装体的功能	2007CB808000	2006	973
21	吴　畏	胚胎早期发育的分子调控机理	2006CB943400	2006	重大研究计划
22	李师群	玻色-爱因斯坦凝聚及 BCS-BEC 转变	2006CB921400	2006	
23	朱邦芬	以量子点为代表的低维体系的特性及量子调控	2006CB921500	2006	
24	李亚栋	单分散纳米晶结构、尺寸、形貌的控制合成和宏量制备	2006CB932300	2006	
25	蒋洪德	燃气轮机的高性能热—功转换科学技术问题研究	2007CB210100	2007	973
26	陆建华	多域协同宽带无线通信基础研究	2007CB310600	2007	973
27	王光谦	复杂条件下坝堤溃决机理与风险调控理论	2007CB714100	2007	973
28	李　蓬	重要功能蛋白质的定位、转位、修饰及相互作用网络	2007CB914400	2007	重大研究计划
29	贾金峰	纳米尺度亚光波长结构的制备、光学性质与器件研究	2007CB935300	2007	
30	吴建平	新一代互联网体系结构和协议基础研究	2009CB320500	2008	973
31	柴天佑*	复杂生产制造过程一体化控制系统理论和技术基础研究	2009CB320600	2008	973
32	南策文	信息功能陶瓷及其元器件的若干基础问题研究	2009CB623300	2008	973
33	雒建斌	大规模集成电路制造装备基础问题研究	2009CB724200	2008	973
34	张双南	黑洞以及其他致密天体物理的研究	2009CB824800	2008	973
35	施一公	与重要疾病相关膜蛋白的结构和功能	2009CB918800	2008	重大研究计划
36	薛其坤	单原子/单分子尺度的精确量子表征、检测及其在量子调控中的应用	2009CB929400	2008	
37	陈晔光	生物膜动态变化的分子机理与功能研究	2010CB833700	2009	973
38	戴琼海	复杂条件下飞行器进近可视导航的基础理论研究	2010CB731800	2009	973
39	孙家广	现代设计大型应用软件的可信性研究	2010CB328000	2009	973
40	徐　冰	利用遗传地理时空模型预测 H5N1 禽流感病毒的传播及控制策略研究	2010CB530300	2009	973
41	王力军	囚禁离子、原子体系的精密调控及在量子频标上的应用	2010CB922900	2009	重大研究计划
42	高海啸	基于冷冻电子显微镜学的生物大分子的高时空分辨率的结构和功能研究	2010CB912400	2009	
43	胡事民	网络海量可视媒体智能处理的理论与方法	2011CB302200	2010	973

续表

序号	首席科学家	项目名称	项目编号	立项年份	类别
44	刘玉乐	蛋白质主要降解途径——细胞自噬的分子机制及功能	2011CB910100	2010	重大研究计划
45	隋森芳	重要蛋白质复合物的结构与功能研究	2011CB910500	2010	
46	段文晖	以 Dirac 系统为代表的低维量子体系的新奇量子现象研究	2011CB921900	2010	
47	李亚栋	金属与金属间化合物纳米晶的可控合成与催化反应	2011CB932400	2010	
48	孟安明	重要亲源分子对胚层诱导和分化的调控	2011CB943800	2010	
49	孙方霖	干细胞分化与重新编程中蛋白质的结构与功能研究	2011CB965300	2010	
50	危　岩	仿生纳米通道能量转换材料体系及器件	2011CB935700	2010	
51	姚期智	全量子网络	2011CBA00300	2010	前沿导向

说明：①“973 计划”包括 3 大类别项目，即“973”“重大研究计划”“前沿导向”。
②＊为双聘院士。

学校倪维斗作为“973 计划”1998 年第一届专家顾问组成员和 2001 年第二届专家顾问组成员、周炳琨作为 2004 年第三届专家顾问组成员和 2007 年第四届专家顾问组成员，分别参与了“973 计划”的咨询和评议。柳百新作为“973 计划”1999 年第一届领域专家咨询组成员，陈皓明作为 2001 年第二届、2007 年第三届领域专家咨询组成员，张荣庆、毛宗强、曹竹安作为 2007 年第三届领域专家咨询组成员分别参与了“973 计划”相关领域的咨询和评议工作。范守善、孟安明、李师群、饶子和等教授分别作为重大研究计划专家组成员参加了纳米研究、发育与生殖、量子调控研究、蛋白质研究四个研究计划“十一五”期间的咨询评议工作。

5. 国家自然科学基金

自 1986 年国家自然科学基金委员会成立到 2010 年底，学校共获得资助的各类自然科学基金项目共 5 935 项，经费 177 303.23 万元；其中面上项目、青年项目 3 995 项，经费 76 465.06 万元，见表 7-3-10；重点项目 243 项（含重大研究计划），经费 38 242.1 万元；重大项目 7 项，经费 6 000 万元，见表 7-3-11。国家杰出青年科学基金是国家自然科学基金委员会资助人才的重要途径，从 1994 年设立到 2010 年底，从学校申请并获得资助的教师已达 131 位，见表 7-3-12。2001 年新设立创新研究群体科学基金，截至 2010 年，清华先后有 13 个创新群体获得资助，其中应明生和陈剑领导的创新群体获得连续支持，见表 7-3-13。

表 7-3-10　1986 年—2010 年获国家自然科学基金面上项目、青年项目立项情况

年份	项目数	金额（万元）	年份	项目数	金额（万元）
1986	110	335.04	1994	97	733.90
1987	92	284.00	1995	98	882.20
1988	74	266.80	1996	100	951.30
1989	108	388.89	1997	104	1 219.33
1990	84	307.70	1998	113	1 461.20
1991	86	344.70	1999	110	1 532.40
1992	86	437.40	2000	109	1 837.50
1993	109	660.10	2001	145	2 630.50

续表

年份	项目数	金额（万元）	年份	项目数	金额（万元）
2002	176	3 654.60	2007	278	7 340.00
2003	152	3 243.60	2008	296	8 397.00
2004	192	4 176.00	2009	348	10 226.70
2005	286	6 865.50	2010	377	11 418.20
2006	265	6 870.50	合计	3 995	76 465.06

说明：不含重大研究计划中的面上项目。

表 7-3-11　1998 年—2010 年获国家自然科学基金重大项目立项情况

序号	项目负责人	项 目 名 称	项目编号	立项年份	金额（万元）
1	黄克智	材料的宏微观力学与强韧化设计	19891180	1998	500
2	吴建平	中国高速互连研究试验网络	69999610	1999	2 000
3	吴佑寿	WDM 全光网基础研究	69990540	1999	500
4	过增元	航天技术和信息器件中的微细尺度传热	59995550	1999	500
5	孙元章	电力系统广域安全防御体系基础理论及关键技术研究	50595410	2005	500
6	陈国青	新兴电子商务重大基础问题与关键技术研究	70890080	2008	1 000
7	邱　勇	有机/无机复合半导体材料的基础研究	50990060	2009	1 000

表 7-3-12　1994 年—2010 年国家杰出青年科学基金项目获得者名单

年份	获　得　者
1994	李建保　杨　卫
1995	白　净　罗　毅　王光谦　袁　驷　郑泉水
1996	李　星　彭晓峰
1997	池汝安　符　松　魏　飞　吴建平　昌增益
1998	陈　剑　孙元章　曾　攀　程　京　孙庆平
1999	陈国青　王晓工　曾理江　庄鹏飞　周建军　唐梓洲
2000	张友金　方岱宁　吴子牛　李亚栋　孟安明　陈应华　姜培学　梁曦东　聂建国　雒建斌　杨华中　周东华
2001	张广铭　徐柏庆　陈晔光　李立峰　薛　澜　刘　强　琚诒光
2002	高原宁　陈国强　罗永章　张政军　石高全　段远源　李庆斌　胡事民
2003	章梅荣　龙桂鲁　段文晖　邱　勇　潘　峰　李敬锋　姜胜耀　王建龙　方红卫　赵晓波　王晋辉
2004	周　坚　吴嘉炜　周　济　赵永刚　褚福磊　何金良　刘宝碇　向　东
2005	冯西桥　李　隽　骆广生　谢道新　于荣海　孟永钢　梅生伟　陆建华　戴琼海
2006	谢惠民　翁征宇　何红建　贺克斌　张学工　孙方霖　周　兵　王晓慧　余　刚　刘　斌　雍俊海　周　彤　孙富春　陈国权　白重恩
2007	张双南　王　训　刘玉乐　杨顶辉　张寅平　黄　霞　王向斌　杨百寅
2008	姜开利　路新春　张林琦　施一公　李艳梅　胡洪营
2009	牛志升　唐传祥　许春晓　朱永法　舒继武　李　蓬　潘俊敏　王小群　杨　强　王亚愚
2010	邹文明　李广涛　陈　曦　柴继杰　林元华　孙宏斌　杨大文　郑小平　刘　民　刘玉玺　任天令　李宏彬

表 7-3-13　2001 年—2010 年获国家自然科学基金资助的创新研究群体情况

团队负责人	项 目 名 称	项目编号	立项年份
郑泉水	微/纳米尺度力学与智能材料的力学	10121202	2001
王光谦	流域水沙过程与临界调机理	50221903	2002
饶子和	与疾病和重要生理功能相关的蛋白质的结构与功能研究	30221003	2002
应明生	智能信息处理的理论与方法	60321002 60621002	2003 2006
陈　剑	基于信息技术的供应链管理理论和应用研究	70321001 70621001	2003 2006
南策文	信息功能陶瓷材料科学	50621201	2006
雒建斌	微纳制造中的表面/界面行为及控制技术研究	50721004	2007
薛其坤	低维体系中的新奇量子现象	10721404	2007
周东华	复杂系统控制与信息处理中的若干关键问题研究与应用	60721003	2007
李亚栋	功能导向的纳米材料可控合成、结构、性能及其应用	20921001	2009
陈晔光	早期胚胎发育过程中 TGF-β 与 Wnt 信号的调控和交互作用	30921004	2009
施一公	对重要膜蛋白的结构与工作机理的研究	31021002	2010
陆建华	宽带无线通信理论及关键技术	61021001	2010

说明：所有一期结束后的团队都获得了二期滚动支持。

6. 国家科技重大专项

“十一五”伊始，为充分发挥集中力量办大事的优势和市场机制的作用，国家围绕发展高新技术产业、促进传统产业升级、解决国民经济发展瓶颈问题、提高人民健康水平和保障国家安全等方面的重大紧迫问题确定了 16 个重大专项，其中民口 11 个，这是我国科技发展的重中之重。2007 年起，民口 11 个重大专项陆续进入综合论证、编写实施方案和正式实施阶段，学校多位教师作为专家组负责人或成员参与了多个重大专项的论证工作，见表 7-3-14 和表 7-3-15。

表 7-3-14　参与民口重大专项前期论证专家名单

重大专项名称	编写专家组专家	专家组职务
核心电子器件、高端适用芯片及基础软件产品	魏少军	组长
	王建民	成员
极大规模集成电路制造装备及成套工艺	朱　煜	副组长
新一代宽带无线移动通信	王　京	成员
高档数控机床与基础制造技术	潘际銮	副组长
	王立平	成员
大型先进压水堆及高温气冷堆核电站	王大中	副组长
水体污染控制与治理	陈吉宁	副组长

表 7-3-15 “十一五”期间进入民口各重大专项专家委员会专家名单

重大专项名称	专家	专家组职务
01 专项：核心电子器件、高端适用芯片及基础软件产品	魏少军	技术总师组长
	王建民	成员
	尤 政	成员
02 专项：极大规模集成电路制造装备及成套工艺	朱 煜	副组长
03 专项：新一代宽带无线移动通信	王 京	成员
04 专项：高档数控机床与基础制造技术	潘际銮	副组长
	王立平	成员
07 专项：水体污染控制与治理	陈吉宁	技术副总师

基于前期较为充分的组织准备，2008 年至 2010 年，学校全面参与了民口的 11 个重大专项。3 年中，共从各专项立项课题（子课题）211 项，合同额约 14.45 亿元。其中：陈吉宁牵头负责的水专项“环太湖河网地区城市水环境整治技术研究与综合示范”（2008ZX07313）项目总概算 39 797.20万元，其中中央财政专项经费概算16 007.20万元；项目分 8 个课题，环境系承担了其中 6 个课题，课题中央财政专项经费概算 12 492.20 万元。朱煜牵头负责的极大规模集成电路制造装备及成套工艺专项“光刻机双工件台系统样机研发”（2009ZX02208）项目总概算 23 942.77 万元，其中中央财政专项经费概算21 342.77万元。由机械系张华堂牵头负责，精仪系等多位教师作为研发主力的 02 专项“IC 装备工艺模拟与多领域建模工艺仿真设计平台”项目总专项经费 6 867.00万元，共设课题 6 个，学校负责其中 4 个课题，专项经费 5 143.00 万元。截至 2010 年，学校获国家民口科技重大专项千万元以上立项课题情况见表 7-3-16。

表 7-3-16 2008 年—2010 年国家民口科技重大专项千万元以上立项课题

序号	项目负责人	项 目 名 称	课 题 编 号	年份
1	王凯军	流域水污染控制与治理技术评估方法研究	2008ZX07529 - 001	2008
2	施汉昌	城市污水处理厂与排水管网优化技术研究与示范	2009ZX07313 - 003	2008
3	陈吉宁	环太湖城市群水环境综合管理技术集成研究与综合示范	2008ZX07313 - 008	2008
4	黄 霞	快速城市化新区水环境综合保护技术与示范	2008ZX07313 - 004	2008
5	李广贺	水乡城镇水环境整治技术研究与综合示范	2008ZX07313 - 006	2008
6	刘文君	高嗅味、高溴离子引黄水库水臭氧-生物活性炭优化技术研究与示范	2008ZX07422 - 004	2008
7	张晓健	季节性污染原水预处理和常规处理工艺强化技术集成与示范	2008ZX07423 - 002	2008
8	刘 翔	老城区水环境污染控制及质量改善技术研究与示范	2008ZX07313 - 001	2008
9	张大鹏	抗逆和抗除草剂关键基因克隆及功能验证	2008ZX08009 - 003	2008
10	曾思育	城市水环境综合整治技术集成与基础支撑平台建设	2009ZX07318 - 008	2008
11	谢道昕	生物安全评价共性技术	2008ZX08011 - 006	2008

续表

序号	项目负责人	项目名称	课题编号	年份
12	周世东	IMT-Advanced 新型无线传输技术研发	2008ZX03003-004	2008
13	陈　超	自来水厂应急净化处理技术及工艺体系研究与示范	2008ZX07420-005	2008
14	路新春	超低下压力 CMP（ULDCMP）子系统研发及工艺开发	2008ZX02104-001	2008
15	尹文生	双工件台运动控制系统总体设计及关键技术研究	2009ZX02208-004	2009
16	朱　煜	双工件台运动控制子系统硬件研发	2009ZX02208-006	2009
17	朱　煜	双工件台系统结构分析与优化	2009ZX02208-007	2009
18	徐　华	集束式控制平台与软件	2009ZX02001-5	2009
19	徐　华	PVD 整机装备检测平台研发	2009ZX02001-3	2009
20	张　鸣	双工件台结构关键单元技术及样机结构研究	2009ZX02208-002	2009
21	严利人	32nm 集成电路超浅结激光退火设备原理机	2009ZX02037-002	2009
22	葛　宁	载波体制超宽带高速无线通信芯片研发与应用示范	2009ZX03006-007	2009
23	潘立阳	32nm CTM 闪存器件及电路可靠性	2009ZX02023-5-3	2009
24	周　强	先进 EDA 工具平台开发	2008ZX01035-001	2009
25	朱　煜	高性能超精密主动隔振系统研发	2009ZX02208-010	2009
26	张林琦	流感新型疫苗和中和抗体等研究	2009ZX10004-016	2009
27	李　岩	光刻机用双频激光干涉仪研发	2009ZX02208-009	2009
28	许　军	高迁移率沟道工程	2009ZX02035-04	2009
29	朱　煜	光刻机双工件台 α 样机建造与集成验证	2009ZX02208-008	2009
30	朱　煜	光刻机双扫描硅片台掩模台样机结构研究	2009ZX02208-001	2009
31	牛志升	宽带无线校园创新实验网体系架构与关键技术研究	2010ZX03005-003	2010
32	张志军	高效节能的有源一体化天线	2010ZX03007-001-01	2010
33	杨华中	中高速传感器网络核心芯片研发	2010ZX03006-003-01	2010
34	蔡　坚	信息安全芯片 SiP 设计制件平台技术	2009ZX01026-003	2010
35	付　军	0.18 微米/0.13 微米锗硅 BiCMOS 成套工艺技术器件模型、参数提取及先导产品设计	2009ZX02303-003	2010
36	张大鹏	作物抗旱抗盐抗寒基因克隆	2011ZX08009-003-002-1	2010
37	孙家广	非结构化数据管理系统	2010ZX01042-002-002	2010
38	谢道昕	外源基因和蛋白安全评价新技术	2011ZX08011-006	2010
39	张大鹏	抗逆和抗除草剂关键基因克隆及功能验证	2011ZX08009-003-002	2010
40	张华堂	IC 装备工艺模拟与多领域建模工艺仿真设计平台	2011ZX02403	2010

说明：表中未含高温堆项目。

（二）教育部、其他部委和北京市科技计划项目

教育部从 20 世纪 80 年代以来陆续设置了一些支持高校科研的专项计划，如“教育部科学技术研究项目”“高等学校博士学科点专项科学研究基金”“跨（新）世纪优秀人才支持计划”“教育部创新团队”等，学校都获得了其中的多项资助，如：“教育部创新团队”自 2004 年设立以来，

学校共获得 18 项资助（见表 7-3-17），为获资助最多的单位。

表 7-3-17　2004 年—2010 年获教育部创新团队立项情况

序号	带头人	研 究 方 向	编号	年度
1	胡跃飞	生命科学中的小分子调控	IRT0404	2004
2	罗　毅	新型集成光子器件及其在智能光网络中的应用	IRT0405	2004
3	南策文	低维铁性陶瓷材料制备及电/磁/光功能	IRT0506	2005
4	李　蓬	系统研究糖尿病和肥胖病症的分子机理	IRT0507	2005
5	雒建斌	微纳结构中的界面行为和测控技术	IRT0508	2005
6	李亚栋	纳米材料的合成、结构、功能化及其应用	IRT0633	2006
7	梁曦东	大容量先进输电技术与电网安全	IRT0634	2006
8	周　坚	Langlands 纲领和几何 Langlands 纲领相关的数学问题	IRT0735	2007
9	聂建国	土木工程现代结构的基础理论与关键技术研究	IRT0736	2007
10	尤　政	微系统与测试技术	IRT0829	2008
11	姜培学	能源动力及高技术领域中热科学与技术问题研究	IRT0838	2008
12	谢道昕	植物细胞信号转导分子机理研究	IRT0839	2008
13	陆建华	宽带无线通信技术及系统集成	IRT0840	2008
14	吴建平	下一代互联网关键技术研究	IRT0841	2008
15	贺克斌	区域复合大气污染与控制	IRT0842	2008
16	江　亿	建筑节能与建筑环境科学	IRT0928	2009
17	李庆斌	大型水电枢纽灾变机理与安全极限理论	IRT0930	2009
18	梅生伟	聚纳大型风光发电的电力系统智能调度与控制的基础研究	IRT1022	2010

长期以来，学校教师还在其他部委主管的行业性科技计划的支持下积极服务于国家重要行业科技发展，发挥了重要作用。如微电子所的“手机液晶显示器驱动电路开发与产业化”项目、计算机系的“数字化家电网络平台”项目得到了“信息产业部电子发展基金”的重大支持，在研发上取得了重要进展；环境系在水污染、大气污染、固体废弃物治理等方面在国家环保总局的支持下开展了许多重要的研究；建筑学院在建筑节能研究及产业化等方面得到了建设部科技项目的大力支持。这些研究提升了学校科研水平，增强了学校服务国家重要行业科技发展的能力。2003 年以来，学校先后与铁道部、国家质检总局等部委签署了长期合作协议。由铁道部资助设立的“铁道部-清华大学科技研究基金”，截至 2010 年底已投入资金上千万元，用于支持学校与铁路发展相关的自主选题研究，在铁路机车车辆、软科学、综合技术、工务工程、运输、电务、信息等技术领域取得了良好进展。铁道部科技研究开发计划于 2006 年向清华教师开放，截至 2010 年学校已有 10 余项项目获得该计划资助。作为我国 21 世纪重大建设项目之一的高速铁路建设，学校也已在其中发挥积极作用。

学校长期以来与北京市政府有关部门及企业保持良好的合作关系，并得到了北京市政府在科技发展方面的大力支持。学校每年通过市科技计划和自然科学基金资助的科研项目达数十项，涉及能源、材料、电子等多个领域，对学校相关领域的科研水平和北京市相关产业发展起了促进作用。截至 2010 年，获北京市 500 万元以上资助项目有 7 项，见表 7-3-18。

表 7-3-18　历年来获北京市 500 万元以上资助项目情况

序号	项目负责人	项 目 名 称	经费（万元）	立项年份
1	高鸿锦	液晶材料及显示技术工程化研究	500.0	1993
2	孙义和	IP 技术研究与开发	1 350.0	2002
3	欧阳明高	燃料电池城市客车整车技术的研究与开发	900.0	2002
4	欧阳明高	燃料电池城市客车整车技术的研究与开发	1 700.0	2003
5	董　聪	奥运场馆结构与优化设计关键技术研究	540.0	2003
6	张　春	超小尺寸超薄 RFID 标签芯片的设计	640.0	2005
7	付　林	利用电厂循环水余热的供热技术研究与应用示范	880.0	2007

三、科技开发与合作

1983 年 7 月 7 日，1982—1983 学年度第 24 次校长工作会议通过了《清华大学科学技术开发服务部暂行规定》（1984 年更名为科技开发部），明确科学技术开发部的主要业务范围有：①有关规划和委托项目的论证及可行性研究；②外单位委托学校进行的科技开发、协作攻关任务；③学校科研成果的转让和推广应用；④技术咨询，技术服务。1984 年 11 月，校务会议再次明确，科技开发部由校长授权统一归口负责学校横向技术合同的审核，以及地区合作、技术转移、技术开发、技术服务等工作。1991 年 3 月，经 1990—1991 学年度第 15 次校务会议通过《清华大学横向技术合同管理办法》，进一步明确规定科技开发部统一归口管理科技合同的审核签订工作。2006 年学校对《清华大学横向技术合同管理办法》进行了修订，并经 2005—2006 学年度第 29 次校务会议通过。

学校成立科技开发部后，加快了将科研成果转化为生产力的步伐，加强了与各地区、厂矿企业的科技合作。据统计，1983 年至 2010 年共签订专项技术开发、转让、咨询及服务合同 18 983 项、合同金额 774 627.10 万元，并取得了一批经济效益显著的科技成果。

（一）科技开发项目统计情况

1. 1983 年至 2010 年科技开发项目数及合同金额

科技开发项目数及合同金额见表 7-3-19。

表 7-3-19　1983 年—2010 年科技开发（横向合同）项目数及合同金额

年份	项目数	合同金额（万元）	100 万元以上项目数	100 万元以上合同金额	年份	项目数	合同金额（万元）	100 万元以上项目数	100 万元以上合同金额
1983	165	238.1			1989	28	312.5		
1984	404	684.6			1990	123	431.6		
1985	323	682.6			1991	288	1 497.0	1	124.5
1986	113	363.1			1992	532	5 168.0	6	814.8
1987	66	197.3			1993	353	6 621.1	6	3 243.0
1988	52	235.3			1994	439	12 789.0	16	7 185.6

续表

年份	项目数	合同金额（万元）	100万元以上项目数	100万元以上合同金额	年份	项目数	合同金额（万元）	100万元以上项目数	100万元以上合同金额
1995	608	8 866.2	7	1 300.8	2003	839	29 820.9	64	14 998.2
1996	756	12 304.2	12	2 715.9	2004	895	36 913.4	71	21 430.8
1997	665	13 100.1	17	3 485.7	2005	1 083	53 400.5	91	34 354.5
1998	650	17 520.5	39	7 712.1	2006	1 067	64 851.4	117	43 283.9
1999	682	25 286.7	30	15 633.4	2007	1 422	79 579.9	154	51 418.6
2000	819	42 325.9	59	36 047.7	2008	1 456	78 067.19	149	49 122.22
2001	828	43 119.3	71	28 432.8	2009	1 624	88 188.26	197	55 440.49
2002	798	39 949.6	71	26 097.1	2010	1 905	112 112.89	261	73 743.71
					总计	18 983	774 627.10	1 439	476 585.50

说明：① 本表系同省市、地区、厂矿企业的横向科技协作合同，不包括与部委局签订的合同。
② 不包括未在清华科技开发部审定的校内合同。
③ 不包括技术受让方仅支付利润或销售提成的合同。

2. 1991 年至 2010 年横向技术合同分类统计

根据现有的统计资料，学校于 1991 年开始有可进行比较分析的数据。学校签订的横向技术合同分类统计见表 7-3-20。

表 7-3-20　1991 年—2010 年横向技术合同分类统计

年份	技术开发		技术转让（含专利）		技术服务		技术咨询	
	项目数	合同金额（万元）	项目数	合同金额（万元）	项目数	合同金额（万元）	项目数	合同金额（万元）
1991	161	1 074.2	56	146.5	54	252.7	17	23.6
1992	316	3 553.7	107	1 293.5	84	295.2	25	25.5
1993	228	5 703.0	48	482.3	56	366.3	21	69.5
1994	357	12 032.8	20	201.5	49	524.4	13	30.4
1995	442	7 408.3	58	908.3	83	460.0	25	89.6
1996	434	9 235.5	54	690.2	236	2 211.0	32	167.7
1997	428	9 981.9	59	1 746.6	145	1 196.8	33	174.8
1998	439	13 869.7	48	1 830.8	130	1 409.6	33	410.4
1999	376	20 005.3	39	1 836.7	223	2 835.4	42	586.5
2000	598	35 676.8	50	3 562.6	129	2 420.0	42	666.5
2001	529	28 769.3	40	7 079.5	196	6 095.6	63	1 175.0
2002	393	27 544.4	44	3 994.2	302	7 484.8	59	926.2
2003	410	19 414.3	37	1 429.7	323	7 481.3	61	1 470.4
2004	447	27 551.5	50	1 417.0	310	6 373.3	88	1 517.6
2005	564	43 165.2	47	1 014.5	311	6 817.6	147	2 403.2

续表

年份	技术开发		技术转让（含专利）		技术服务		技术咨询	
	项目数	合同金额（万元）	项目数	合同金额（万元）	项目数	合同金额（万元）	项目数	合同金额（万元）
2006	465	40 014.4	61	3 505.6	386	14 200.5	155	7 130.8
2007	430	32 730.5	48	10 220.5	716	29 399.9	228	7 228.9
2008	469	41 470.88	44	6 985.85	711	23 490.46	232	6 120.00
2009	512	44 398.60	53	6 682.00	808	28 482.87	251	8 624.80
2010	601	53 599.90	55	8 568.00	925	37 795.94	324	12 149.05

在1991年至2010年期间，清华大学与全国多个省市及地区签订了横向技术合同，其中签订横向技术合同最多的省份和直辖市是北京、江苏、山东、广东、河南、辽宁、黑龙江、安徽、河北、云南、吉林、上海、江西等，合同金额最高的是2010年与北京市签订的47 431.4万元的横向技术合同。

（二）科技开发大项目情况

1990年以前，科技开发工作属起步阶段，合同项目数较少，合同金额也较小，高科技含量的项目少，50万元以上的横向技术合同仅有1项。1990年以后，随着科技开发工作的发展，科技开发大项目逐步增多。如1993年机械系签订的“承包设计开发和制造板式换热器厂的重型设计”项目，合同金额达1 220万元；1993年计算机系与北京商品交易所签订的“北京商品交易所计算机交易系统工程技术开发”项目，合同金额为1 432万元。1991年至2010年历年科技开发大项目统计见表7-3-21和表7-3-22。

表7-3-21　1991年—1993年100万元以上横向合同情况

合同编号	标的名称	系　名	合同金额（万元）
910202	马鞍山钢铁公司技术改革	机械系	124.5
920180	汽车计算机辅助设计	机械系	125.0
920217	茶普生新工艺攻关	化学系	100.0
920280	元宝山电厂输煤程控与监测保护系统研究	电机系	152.8
920346	维生素B6技术转让合同	化学系	227.0
920432	板式换热器CAD/CAM系统开发	机械系	110.0
920492	合作兴办柔性石墨材料厂	材料系	100.0
930060	承包设计开发和制造板式换热器厂的重型设计	机械系	1 220.0
930080	元宝山发电厂1号机组锅炉保护、点火程控系统	电机系	146.0
930146	60MN板料成型压机研制	机械系	195.0
930158	研制气垫带式输送机气箱金属结构自动焊接	机械系	100.0
930227	北京商品交易所计算机交易系统工程技术开发	计算机系	1 432.0
930234	清华中亚产学研联合体	生物系	150.0
小计	100万元以上合同总数13项		4 182.3

表 7-3-22　1994 年—2010 年 500 万元以上横向合同情况

合同编号	项 目 名 称	院　系	项目负责人	合 作 方	合同金额（万元）
A19940076	宽带综合业务数字网及邮电业务综合　MIS	计算中心	徐时新	浙江余杭县邮电局	1 100.0
A19940140	电力系统新型静止无功发生器的研制	电机系	韩英铎	河南省电力工业局	1 688.0
A19940162	合作开发生产稳定同位素的协议	工物系	金兆熊	常州远东精细化工有限公司	1 950.0
A19960354	全国产敏捷型柔性制造系统开发	精仪系	周　凯	南京四开数控设备制造厂	800.0
A19970386	广西区烟草公司计算机管理系统	自动化系	李宛洲	广西壮族自治区烟草公司	816.3
A19980032	有机电致发光器件	化学系	邱　勇	彩虹集团公司	800.0
A19980120	汉语语音听写机合作开发研制合同	计算机系	郑　方	中山市恺成信息科技有限公司	700.0
A19990008	国家“H986 工程”首批大型集装箱检查系统	工物系	金兆熊	清华同方股份有限公司	7 000.0
A19990028	废水处理技术的综合研究	环境系	施汉昌	大连东达环境工程有限公司	2 700.0
A19990133	朝来农艺园生活垃圾焚烧供热厂	热能系	吴占松	北京市朝阳区人民政府	1 731.8
A19990196	淮阴卷烟厂 CIMS 一期工程	自动化系	刘文煌	淮阴卷烟厂	500.0
A19990227	亚麻籽综合利用生产亚麻籽胶和保健油等	化学系	胡鑫尧	内蒙古监狱局第一少年管教所	700.0
A19990411	组合移动式集装箱检查系统核心技术设备设计	工物系	金兆熊	清华同方股份有限公司	804.0
A19990590	有线电视用户接入网系统	电子系	冯振明	北京市海淀区迪赛通用技术研究所	500.0
A20000009	有机电致发光器件的技术工艺开发和产业化研究	化学系	邱　勇	彩虹集团公司	3 000.0
A20000112	技术转让合同	开发部	张凤桐	扬州亿安电动车有限公司	1 000.0
A20000215	MPEG-2 音视频编码解器的开发	自动化系	戴琼海	浙江天屹集团有限公司	860.0
A20000281	中国企业标准课题研究暨中国企业标准网建设	经管学院	赵　平	北京瀛海威信息技术公司	612.0
A20000393	蓝光发光二极管的研发	电子系	罗　毅	齐鲁英克莱集团总公司	2 000.0

续表

合同编号	项目名称	院系	项目负责人	合作方	合同金额（万元）
A20000399	国家“H986工程”移动式集装箱检查系统核心技术	工物系	金兆熊	清华同方股份有限公司	15 000.0
A20000471	太阳能扬水与照明综合应用系统	电机系	赵争鸣	新疆新能源股份有限公司	1 000.0
A20000616	大庆油田电力调度信息系统完善一期主体工程	电子系	任　勇	大庆石油管理局电力总公司	3 290.0
A20000710	“朝来农艺园生活垃圾焚烧供热厂”补充合同	热能系	吴占松	北京市朝阳区人民政府	797.8
A20000740	30nm带宽均衡EDFA样机及光纤拉曼放大器的研究	电子系	彭江得	北京海兴实业公司	550.0
A20010023	亚麻籽高科技综合利用生产血脂保健	化学系	胡鑫尧	深圳市国际企业股份有限公司	500.0
A20010025	YL-130抗抑郁中药新药	生物系	邢东明	新疆恒润实业有限公司	500.0
A20010103	比威系列高性能路由器和安全路由器	计算机系	吴建平	清华紫光比威网络技术有限公司	2 000.0
A20010236	无线局域网芯片开发技术和商业计划	微电子所	徐志平	上海清华晶芯微电子有限公司	600.0
A20010350	新型艾滋病疫苗	生物系	陈应华	江西省龙飞科技开发	600.0
A20010405	500千克/天级纳米聚团床碳纳米管制备工艺	化工系	魏　飞	南风化工集团股份有限公司	1 500.0
A20010453	淮阴卷烟厂CIMS工程	自动化系	刘文煌	淮阴卷烟厂	605.2
A20010715	有机电致发光显示技术(OLED)	化学系	邱　勇	北京维信诺科技有限公司	1 276.0
A20010727	J2	工物系	高文焕	清华同方核技术股份有限公司	800.0
A20010728	J3	工物系	康克军	清华同方核技术股份有限公司	1 200.0
A20010729	J5	工物系	康克军	清华同方核技术股份有限公司	500.0
A20020090	连续语音识别技术	电子系	王作英	北京天朗语音科技有限公司	1 163.7
A20020095	鸡新城疫基因疫苗、禽流感基因疫苗等	生物系	段明星	湖南正虹科技发展有限	550.0
A20020215	长春生活垃圾综合处理电站	热能系	张衍国	吉林省鑫祥有限责任公司	2 706.0

续表

合同编号	项 目 名 称	院 系	项目负责人	合 作 方	合同金额（万元）
A20020234	兰州市交通管理指挥中心系统设计与集成	自动化系	张 毅	兰州昱帆实业集团公司	960.0
A20020358	集成电路设计资源（7项技术）	微电子	陈宏毅	河南丰源实业股份有限公司	764.0
A20020514	青岛天悦建材自由贸易城信息系统设计	CIMS	刘文煌	青岛天悦国际物流有限公司建材自由贸易城	2 000.0
A20020586	专用项目	工物系	陈怀璧	清华同方威视技术股份有限公司	670.0
A20020587	专用项目	工物系	陈怀璧	清华同方威视技术股份有限公司	670.0
A20020588	专用项目	工物系	李元景	清华同方威视技术股份有限公司	800.0
A20020590	专用项目	工物系	陈怀璧	清华同方威视技术股份有限公司	640.0
A20020611	固定式集装箱加速器设备改进改型协议	工物系	张化一	清华同方威视技术股份有限公司	540.0
A20020612	移动式集装箱检测系统加速器设备改进	工物系	唐传祥	清华同方威视技术股份有限公司	1 964.0
A20020654	长春市生活垃圾综合处理电站（补充合同）	热能系	张衍国	吉林省鑫祥有限责任公司	780.0
A20030229	100nm步进扫描投影光刻机工件台掩模台分系统	精仪系	朱 煜	上海微电子装备有限公司	776.1
A20030372	关于R0110重型燃气轮机部件性能的理论试验	热能系	袁 新	沈阳黎明航空发动机有限责任公司	600.0
A20030501	中华轿车高速操纵稳定性问题研究与对策	汽研院	宋 健	沈阳华晨金杯汽车有限公司	740.0
A20030665	高温超导滤波器系统现场中试计划	物理系	曹必松	伟清创新科技有限公司	500.0
A20030728	HEXTRON. 6/120垂直成像加速器系统研制	工物系	陈怀璧	清华同方威视技术股份有限公司	600.0
A20030729	PB2028系列检测装置探测器系统研制	工物系	高文焕	清华同方威视技术股份有限公司	525.8
A20030732	HEXTRON. 3000加速器系统研制	工物系	唐传祥	清华同方威视技术股份有限公司	1 150.0
A20040218	红外反射功能汽车风挡玻璃生产技术开发	机械系	庄大明	宁波华标特瓷彩油设备有限公司	500.0

续表

合同编号	项 目 名 称	院 系	项目负责人	合 作 方	合同金额（万元）
A20040266	电子束食品辐射照灭菌系统研制	工物系	张化一	邯郸临英兔业有限公司	595.0
A20040280	利用大唐托电高铝粉煤灰研制硅铝基系列材料	热能系	姚 强	大唐国际发电股份有限公司	560.0
A20040337	MT1213LT 加速器部件研制	工物系	陈怀璧	清华同方威视技术股份有限公司	880.0
A20040538	S 波段 2.5Mev 驻波加速器部件研制	工物系	陈怀璧	清华同方威视技术股份有限公司	1 290.0
A20040539	S 波段 6Mev 驻波加速器部件研制	工物系	唐传祥	清华同方威视技术股份有限公司	1 140.0
A20040549	用于治疗帕金森病的脑起搏器研制	航天学院	李路明	万杰集团有限责任公司	1 200.0
A20040566	面向半导体照明的封装技术研究	电子系	罗 毅	大连宇宙电子有限公司	1 000.0
A20050041	新型实用锥束工业 CT 成像重建系统研制	工物系	陈志强	清华同方威视技术股份有限公司	510.0
A20050042	S 波段 4MeV 驻波加速器部件研制	工物系	唐传祥	清华同方威视技术股份有限公司	1 540.0
A20050043	S 波段 6MeV 驻波加速器部件研制	工物系	陈怀璧	清华同方威视技术股份有限公司	1 200.0
A20050044	新型组合式大型物体检查装置探测器系统研制	工物系	李元景	清华同方威视技术股份有限公司	600.0
A20050045	新型移动式大型物体检查装置探测器系统研制	工物系	李玉兰	清华同方威视技术股份有限公司	520.0
A20050046	集装箱检测系统的辅助协查系统研制	工物系	张 丽	清华同方威视技术股份有限公司	510.0
A20050485	特异物质检测系统研制（一）	工物系	李元景	清华同方威视技术股份有限公司	621.4
A20050495	350MN 模锻压机设计及模锻工艺	机械系	颜永年	沈阳重型机械集团有限公司	600.0
A20050554	信息化实施策略和集成技术研究	科研院	金勤献	中国石油规划总院	500.0
A20050595	浆态床一步法二甲醚产业化技术开发	化工系	王金福	中鸿投资公司	500.0

续表

合同编号	项 目 名 称	院 系	项目负责人	合 作 方	合同金额（万元）
A20050599	S 波段驻波 X 射线系统研制	工物系	唐传祥	清华同方威视技术股份有限公司	1 790.0
A20050600	S 波段 2.5MeV 驻波加速管	工物系	陈怀璧	清华同方威视技术股份有限公司	725.0
A20050601	集装箱检测系统图像获取分系统研制	工物系	张化一	清华同方威视技术股份有限公司	720.0
A20050623	廊坊市可持续发展交通运输系统研究	土木系	陆化普	廊坊市公安交通警察支队	510.0
A20050625	集装箱检查设备信号读出系统	工物系	李元景	清华同方威视技术股份有限公司	780.0
A20050626	车辆/货物检查设备信号读出系统	工物系	李荐民	清华同方威视技术股份有限公司	520.0
A20050705	CPC 催化生产 T. ACA 用的高产酶菌种	化工系	李 强	河北九派实业集团公司	590.0
A20050762	南水北调中线一期工程长距离调配与运行	水利系	王光谦	南水北调工程建设监管中心	508.0
A20050911	新型铁路货物检测系统图像获取分系统研究	工物系	康克军	清华同方威视技术股份有限公司	1 110.0
A20050912	货物检查设备的辅助协查系统研制	工物系	陈志强	清华同方威视技术股份有限公司	1 050.0
A20050913	货物检查设备辅助协查系统研制 PB2028	工物系	刘以农	清华同方威视技术股份有限公司	640.0
A20050914	S 波段 6MeV 驻波加速器研制	工物系	程建平	清华同方威视技术股份有限公司	1 215.0
A20050915	S 波段 4MeV 驻波加速器研制	工物系	李君利	清华同方威视技术股份有限公司	880.0
A20060008	可再生能源研究所	热能系	李宇红 蒋东翔	广东雅图实业投资有限公司	600.0
A20060074	智能化焊接技术与装备研究所	机械系	陈 强	昆山市华恒焊接设备技术有限公司	500.0
A20060105	S 波段驻波加速器防护系统研制	工物系	程建平	清华同方威视技术股份有限公司	1 300.0
A20060107	集装箱检查探测器信号数据预处理系统研制	工物系	李荐民	清华同方威视技术股份有限公司	875.0
A20060110	集装箱检查设备运行检查软件系统研制	工物系	陈志强	清华同方威视技术股份有限公司	1 260.0
A20060112	探测器系统研制	工物系	李元景	清华同方威视技术股份有限公司	810.0

续表

合同编号	项目名称	院系	项目负责人	合作方	合同金额（万元）
A20060114	新型图像获取分系统研制	工物系	康克军	清华同方威视技术股份有限公司	2 080.0
A20060115	集装箱检查系统辅助协查系统开发	工物系	刘以农	清华同方威视技术股份有限公司	630.0
A20060204	固定化脂肪酶转化可再生油脂制备生物柴油	化工系	刘德华 杜　伟	湖南海纳百川生物工程有限公司	1 490.0
A20060304	大口径厚壁无缝钢管垂直积压机设备设计制造及挤压工艺开发	机械系	颜永年	内蒙古北方重工业集团有限公司	1 000.0
A20060305	电子制动系统（EBS）的技术开发与研究	汽车系	夏群生	万安集团有限公司	500.0
A20060323	大连城市发展规划环境影响评价	环境系	陈吉宁	大连市环境保护局	590.0
A20060326	铜铟镓硒薄膜太阳能电池生产技术开发	机械系	张　弓	威海蓝星泰瑞光电有限公司	500.0
A20060496	昆山市应急平台软件	工物系	袁宏永	昆山市人民政府	863.0
A20060519	北京奥运场所数字化灭火救援动态预案	工物系	袁宏永	北京市公安局消防局	533.0
A20060599	延吉市生活垃圾焚烧发电厂工程	热能系	张衍国	延吉市垃圾发电有限公司	2 000.0
A20060612	流化床甲醇制取丙烯工业化技术合作开发	化工系	魏　飞 王　垚	中国化学工程集团公司	1 200.0
A20060674	地面数字广播信道解码芯片研究	电子系	杨知行	上海复旦微纳电子有限公司	850.0
A20060696	信息技术发展趋势与在中国石油的应用价值分析	科研院	金勤献	中国石油天然气股份有限公司规划总院	750.0
A20060701	数控轧辊荒磨机床	自动化系	李宛洲	中钢集团邢台机械轧辊有限公司	1 030.0
A20060725	南水北调中线干线工程建筑环境规划	建筑学院	吴良镛	南水北调中线干线工程建设管理局	698.0
A20060754	流体机械关键技术开发研究	热能系	王正伟	杭州力源发电设备有限公司	520.0
A20060765	基于“信息消费”理论与实践的银行金融业务操作	经管学院	吴　栋	中国民生银行广州分行	1 500.00
A20060814	鹂鹊生物技术研究所	医学院	张小宁	深圳市新西湖股份有限公司	500.0
A20060975	4Mev车载移动式产品辐射防护系统研制	工物系	李君利	清华同方威视技术股份有限公司	700.0

续表

合同编号	项 目 名 称	院 系	项目负责人	合 作 方	合同金额（万元）
A20060978	行李物品爆炸物监测系统研制	工物系	张 丽	清华同方威视技术股份有限公司	500.0
A20060981	货物检测系统图像获取分子法研制	工物系	刘以农	清华同方威视技术股份有限公司	540.0
A20060982	固定式双能集装箱/车辆检查系统总体设计及相关核心技术	工物系	康克军	清华同方威视技术股份有限公司	1 590.0
A20060983	固体探测器系统研制	工物系	李元景	清华同方威视技术股份有限公司	660.0
A20060984	6Mev 驻波加速器防护性能改进及部件研制	工物系	程建平	清华同方威视技术股份有限公司	700.0
A20060985	SSRF 固定辐射监测系统研制	工物系	李荐民	清华同方威视技术股份有限公司	560.0
A20070054	有机发光显示（OLED）技术的研究开发	化学系	邱 勇	北京维信诺科技有限公司、昆山维信诺显示技术有限公司	1 000.0
A20070072	光栅与测试仪器实验室协议书	精仪系	孙利群	北京普析通用仪器有限责任公司	900.0
20072000147	三峡库区高切坡监测预警信息系统软件开发与数据库建设	土木系	唐中实	国务院三峡工程建设委员会办公室（移民安置规划司）	672.29
A20070193	基于中国地面数字电视广播标准的信道解调解码芯片设计及产业化	信研院	杨知行	深圳市力合微电子有限公司	900.0
A20070336	长春市生活垃圾综合处理电站二期工程	热能系	张衍国	吉林省鑫祥有限责任公司	1 570.0
A20070359	关于 2006 年组合移动式集装箱检查系统技术成果实施许可合同	工物系	唐传祥	同方威视技术股份有限公司	663.0
A20070360	关于 2006 年车载式项目集装箱检查系统技术成果使用实施许可合同	工物系	唐传祥	同方威视技术股份有限公司	1 665.0
A20070688	深圳布吉污水处理厂新工艺运行优化试验研究	环境系	汪诚文	深圳市水污染治理指挥部办公室	793.0
A20070810	400MN 模锻液压机系统设计及模锻工艺系统开发、服务	机械系	颜永年 曾 攀	西安三角航空科技有限责任公司	700.0
A20070826	乌鲁木齐市大气污染成因及防治对策研究	环境系	郝吉明	乌鲁木齐市环境保护局	600.0

续表

合同编号	项目名称	院系	项目负责人	合作方	合同金额（万元）
A20070855	新型爆炸物检测技术研究	工物系	赵自然	同方威视技术股份有限公司	500.0
A20070888	信息技术与信息安全发展趋势研究及国内外企业信息化建设最佳实践与借鉴	科研院	金勤献	中国石油天然气股份有限公司规划总院	500.0
A20071096	长春市生活垃圾综合处理电站二期工程补充合同	热能系	张衍国	吉林省鑫祥有限公司	720.0
A20071141	MT1213LH集装箱/车辆检查系统运行检查分系统及核心软件开发	工物系	陈志强	同方威视技术股份有限公司	1 320.0
A20071142	双能双加系统核心部件研制及控制软件开发	工物系	李荐民	同方威视技术股份有限公司	1 020.0
A20071143	MT1213LT集装箱检查系统控制软件开发	工物系	刘以农	同方威视技术股份有限公司	1 040.0
A20071144	新型探测器系统研制	工物系	李玉兰	同方威视技术股份有限公司	1 100.0
A20071145	固定式双能集装箱/车辆检查系统核心部件研究	工物系	唐传祥	同方威视技术股份有限公司	1 360.0
A20071146	FS3000系统加速器核心部件及防护系统研制	工物系	李君利	同方威视技术股份有限公司	1 120.0
A20071212	中国古代建筑科普书籍丛书编写	建筑学院	王贵祥	华润雪花啤酒（中国）有限公司	800.0
A20071215	关于2007年车载式项目集装箱检查系统技术成果使用实施许可	工物系	唐传祥	同方威视技术股份有限公司	2 107.0
A20071217	关于2007年组合移动式集装箱检查系统技术成果使用实施许可合同	工物系	唐传祥	同方威视技术股份有限公司	705.0
A20071218	关于2007年PB/FS系列集装箱检查系统技术成果使用实施许可合同	工物系	唐传祥	同方威视技术股份有限公司	799.0
H20010001	关于“生物医用陶瓷材料”合作协议书	核研院	张宝清	黑龙江中超纳米股份有限公司	500.0
H20010014	电子束半干法烟气净化关键技术研究及应用	核研院	徐　光	北京市科学技术委员会	1 060.0
H20030023	气体电离型探测器和采集系统	核研院	向新程	北京华力兴科技发展有限责任公司	500.0
H20030024	气体电离型探测器和采集系统	核研院	向新程	北京华力兴科技发展有限责任公司	500.0

续表

合同编号	项 目 名 称	院 系	项目负责人	合 作 方	合同金额（万元）
H20030025	气体电离型探测器和采集系统	核研院	向新程	北京华力兴科技发展有限责任公司	500.0
H20040025	关于合作推进10兆瓦高温气冷堆技术成果转化	核研院	张作义	中核能源科技有限公司	3 000.0
H20050028	TC. SCAN 集装箱检查系统研制	核研院	向新程	北京华力兴科技发展有限责任公司	740.0
H20050038	TC. SCAN 滚装运输车辆安全检查系统	核研院	向新程	北京华力兴科技发展有限责任公司	1 850.0
H20050064	TC. SCAN 滚装运输车辆安全检查系统	核研院	向新程	北京华力兴科技发展有限公司	740.0
H20060017	合作协议	核研院	向新程	北京华力兴科技发展有限公司	740.0
H20060029	集装箱检查系统补充协议	核研院	向新程	北京华力兴科技发展有限责任公司	1800.0
H20070036	甜高粱秸秆燃料乙醇生产示范装置开发研究	核研院	李十中	现代新农业股份有限公司	500.0
H20070076	华能山东石岛湾核电厂高温堆核电站示范工程技术服务协议	核研院	于溯源	华能石岛湾核电有限责任公司	1 000.0
M20070043	南昌八一起义纪念馆陈列及布置装修工程	美术学院	洪麦恩	南昌市文化局	3 596.9
M20070085	《复兴之路》大型主题展览	美术学院	洪麦恩	中宣部/中央文献研究室/中共党史研究室/发改委/财政部/文化部/总政/北京市委	2 500.0
A20080038	万吨压机设计	机械系	曾 攀	新兴铸管股份有限公司	920.0
A20080121	中石油华北石化全厂加热炉先进控制与优化项目	自动化系	黄德先	中国石油天然气股份有限公司华北石化分公司	770.0
A20080239	PB6000 双能集装箱/车辆检查系统软件开发	工物系	陈志强	同方威视技术股份有限公司	1 190.0
A20080240	车载式辅助协查系统研制	工物系	张 丽	同方威视技术股份有限公司	1 170.0
A20080243	关于2007年工业CT/PB系列货物检查系统技术成果使用实施许可合同	工物系	唐传祥	同方威视技术股份有限公司	780.0
A20080261	铜铟镓硒薄膜太阳能电池工业化生产技术开发	机械系	张 弓	张家港保税区华冠光电技术有限公司	1 000.0
A20080367	关于2008年PB/FS系列集装箱检查系统技术成果使用实施许可合同	工物系	唐传祥	同方威视技术股份有限公司	548.1

续表

合同编号	项目名称	院系	项目负责人	合作方	合同金额（万元）
A20080369	关于2008年车载式项目集装箱检查系统技术成果使用实施许可合同	工物系	唐传祥	同方威视技术股份有限公司	2 338.56
A20080370	关于2008年组合移动式集装箱检查系统技术成果使用实施许可合同	工物系	唐传祥	同方威视技术股份有限公司	913.5
A20080377	新疆吐鲁番博物馆浮雕工程	美术学院	李　鹤	新疆吐鲁番地区文物管理局	600.0
A20080449	流化床甲醇制芳烃工业化技术开发	化工系	魏　飞 骞伟中	北京同方生态能源科技有限公司	510.0
A20080528	M系列矿区用重型汽车新产品设计开发	汽车系	李克强	太原南方重型汽车有限公司	1 700.0
A20080700	关于电喷技术知识产权处置协议书	汽车系	欧阳明高	成都飞机工业（集团）有限责任公司	584.1
A20080874	年产3000吨纳米氧化锌和年产1000吨晶须氧化锌的工业技术开发	化工系	向　兰	云南驰宏锌锗股份有限公司	1 000.0
A20080902	低剂量双能检测技术及样机研究	工物系	程建平	同方威视技术股份有限公司	550.0
A20080973	哈尔滨市防洪抗旱预警和决策支持系统二期开发	水利系	李丹勋	哈尔滨市水务局	545.0
A20080999	青海省海北州原子城纪念馆展陈项目设计与制作	美术学院	洪麦恩 张　烈	青海省海北州原子城国家级爱国主义教育示范基地纪念馆筹建领导小组办公室	834.9
A20081067	FS6000集装箱/车辆快速检查系统研制	工物系	康克军	同方威视技术股份有限公司	2 600.0
A20081068	返波形高能大功率辐照加速器研制	工物系	唐传祥	同方威视技术股份有限公司	2 400.0
A20081151	昆明市人民政府应急平台综合应用系统及数据库系统的建设	工物系	袁宏永	昆明市人民政府信息产业办公室	660.0
A20081250	百万级核电低压焊接转子焊接工艺优化研究与接头性能分析	机械系	潘际銮	上海电气电站设备有限公司	600.0
A20081339	新型移动式探测器系统研制	工物系	李玉兰	同方威视技术股份有限公司	1 170.0
A20081340	组合式数据采集分系统研制	工物系	刘以农	同方威视技术股份有限公司	600.0
A20081341	快检系统驻波加速器部件研制	工物系	李君利	同方威视技术股份有限公司	660.0
M20080053	纪念改革开放30周年设计及布展	美术学院	洪麦恩	中共秦皇岛市委宣传部	500.0

续表

合同编号	项 目 名 称	院　系	项目负责人	合 作 方	合同金额（万元）
M20080057	《复兴之路》大型主题展第二期工程	美术学院	洪麦恩	中共中央宣传部	720.0
20092000230	200MN模锻液压及系统设计及模锻工艺开发	机械系	张人佶	苏州昆仑先进制造技术装备有限公司	600
20092000243	承德市人民政府应急平台综合应用系统及数据库系统建设	工物系	袁宏永	承德市人民政府	690
20092000301	并联混合动力客车动力系统关键技术研究	汽车系	卢青春	北汽福田汽车股份有限公司北京客车分公司	500
20092000349	发动机电控高压共轨燃油喷射系统研发	航院	周　明	江西直方数控动力有限公司	500
20092000412	先进节能环保发动机研究开发	航院	周　明	福州华昆赛车配件技研有限公司	3 000
20092000466	M系列重型汽车新产品设计开发	汽车系	李克强	太原南方重型汽车有限公司	2 450
20092000541	基于非晶硅的25微米像元、384×288阵列非制冷红外探测器小批量研制	微电子所	方华军	武汉高德红外股份有限公司	810
20092000715	茂名石化炼油化工装置仿真培训系统（一期）	工业工程系	吴　甦	中国石化股份有限公司茂名分公司	800
20092000743	一种三维光学透镜的设计方法及透镜	电子系	罗　毅	东莞勤上光电股份有限公司	529
20092000816	钠硫电池技术及制造工艺的研发与样品中试	机械系	赵大庆	芜湖海力轻型建材有限公司	600
20092000825	气相法二甲醚技术总包技术转让	化工系	王金福	北京新凯格瑞能源化工有限公司	2 500
20092000832	年产30吨对位芳纶聚合工业化技术开发	化工系	魏　飞	北京国能新兴化工科技发展有限公司	500
20092000876	一种聚偏氟乙烯多孔膜及其制备方法等四项专利及申请技术实施许可	化工系	王晓琳	北京赛诺水务科技有限公司	1 000
20092000888	关于PHBHHx微生物生产技术合作	生命学院	陈国强	山东鲁抗医药股份有限公司	700
20092001145	S波段驻波3/6MeV双能加速管研制	工物系	陈怀璧	同方威视技术股份有限公司	1 000
20092001395	神经刺激系列产品研制	航院	李路明	北京品驰医疗设备有限公司	960
20092001481	轻型柴油机电控高压共轨燃油喷射系统研发	航院	周　明	山东鑫亚工业股份有限公司	550
20092001497	茂名石化炼油化工装置仿真培训系统（二期）	工业工程系	吴　甦	中国石油化工股份有限公司茂名分公司	600

续表

合同编号	项目名称	院系	项目负责人	合作方	合同金额（万元）
20092008020	中华人民共和国成立60周年成就展	美术学院	洪麦恩	国家发改委	2 744.2
20092008025	国庆60周年浙江省进京彩车设计制作	美术学院	洪麦恩	浙江省委宣传部	500.158
20092009038	高温堆项目设计预付款	核研院	苏庆善	中核能源科技有限公司	1 000
20092009067	ASSF法甜高粱燃料乙醇工业示范装置开发研究	核研院	李十中	内蒙古特弘生物有限责任公司	500
20102000048	油气管道缺陷漏磁检测器关键技术研究及样机研制	电机系	黄松岭	中国石化集团胜利石油管理局钻井工艺研究院	980
20102000073	陕西省渭南卤阳湖开发区天卤湖（航空航天主题公园）修建性详细规划	美术学院	陆志成	渭南卤阳湖现代产业综合开发区管理委员会	528
20102000133	青岛市体育中心雕塑设计制作安装项目	美术学院	王旭东	青岛国信体育产业发展有限公司	700
20102000162	新型航空发动机研究开发	航院	周　明	中山市广合实业有限公司	4 000
20102000431	高动态飞行模拟器机械及运动控制系统开发	机械系	王立平	中国航空工业六一一研究所	3 250
20102000479	环渤海地区沿海重点产业发展战略环境评价辽宁子项目	环境学院	陈吉宁	辽宁省环境保护厅	650
20102000489	嵌入式软件系统建模与验证工具	软件学院	孙家广	北京清软英泰信息技术有限公司	900
20102000490	企业信息资源管理平台开发	软件学院	孙家广	北京清软英泰信息技术有限公司	950
20102000491	三维几何造型核心系统研发	软件学院	孙家广	北京清软英泰信息技术有限公司	950
20102000492	支持多传感网应用的中间件平台研发	软件学院	孙家广	北京清软英泰信息技术有限公司	800
20102000566	定向凝固多孔金属材料制备及应用技术	材料系	李言祥	北京天海元科技有限公司	500
20102000947	高亮度氮化镓基发光二极管外延片的衬底处理方法等两项专利权转让	电子系	罗　毅	江苏北极皓天科技有限公司	1 060
20102001241	低碳能源与节能新技术咨询服务	低碳能源实验室	王赞基	同方股份有限公司	1 000

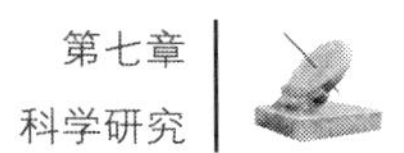

续表

合同编号	项目名称	院系	项目负责人	合作方	合同金额（万元）
20102001346	天津市生态市建设“十二五”规划	环境学院	杜鹏飞	天津市环境保护局	580
20102001362	MIBK 萃取净化磷酸用微反应器的设计开发	化工系	吕阳成	瓮福（集团）有限责任公司	580
20102001540	糯扎渡水电站数字大坝——工程安全评价与预警信息管理系统开发	水利系	于玉贞	中国水电顾问集团昆明勘测设计研究院	502
20102001587	基于超声导波技术的管线检测与评价技术研究	电机系	黄松岭	中国石油化工股份有限公司胜利油田分公司技术检测中心	530
20102001594	关于2010年组合移动式集装箱检查系统技术成果使用实施许可合同	工物系	唐传祥	同方威视技术股份有限公司	1 101.43
20102001596	关于2010年PB/FS/RF系列集装箱检查系统技术成果使用实施许可合同	工物系	唐传祥	同方威视技术股份有限公司	942.33
20102001652	定向凝固多孔金属材料制备及应用技术	材料系	李言祥	辽宁融达新材料科技有限公司	700
20102001688	山东省淄博市体育中心东南、西南地块项目	建筑系	单军	清华大学建筑设计研究院	1 280
20102009022	适合高温气冷堆特征的过程验证模拟仿真手段建立与开发	核研院	苏庆善	中核能源科技有限公司	1 086
20102009024	控制棒驱动机构设计与工程验证	核研院	苏庆善	中核能源科技有限公司	817
20102009025	主氦风机工程验证	核研院	苏庆善	中核能源科技有限公司	1 448
20102009060	径迹微孔膜及其技术合作协议	核研院	徐世平	嘉信科技有限公司	500
20102101003	营口民兴河广场景观浮雕泥塑稿塑制	美术学院	王铁牛	营口市民兴河广场绿化办公室	600
20102101368	南昌西湖市民文化广场陈列设计制作及布展	美术学院	吴诗中	南昌市文化新闻出版局	1 982.872 98
20102101802	内蒙古自治区人民政府应急平台建设项目系统软件采购与研发合同	工物系	陈建国	内蒙古自治区人民政府办公厅	1 064
20102661695	《复兴之路》临展	美术学院	洪麦恩	中国人民革命军事博物馆展览办公室	550
20102661845	新泰市政府应急平台软件系统采购与研发	工物系	陈建国	新泰市公安局	610

（三）科技开发效益情况

为促进学校的科研成果向生产力转化，鼓励科研人员做好科研成果的推广工作，1983 年 6 月 2 日，学校 1982—1983 学年度第 19 次校长工作会议讨论通过了《关于设立科研成果“推广应用效益显著专项奖”的暂行规定》（简称《效益显著奖暂行规定》）。规定指出，申报“推广应用效益显著专项奖”应是 1978 年全国科学大会以后完成的科研成果，以鉴定日期为准。获奖的条件是：“①直接经济效益纯收入（即新增利税或增收节支）达到 100 万元/年以上，或年产值达到 1 000万元以上，或研制的产品荣获国家金质奖、银质奖；②学校为主要完成单位，包括和兄弟单位共同完成（不包括学校为协作单位，以鉴定证书署名为准）；③获奖后，继续取得经济效益，满足获奖条件的项目，实行连选连评。学校对获奖项目颁发‘荣誉证书’和奖金。”1983 年至 2002 年，清华大学科研成果“推广应用效益显著专项奖”共评选 20 届（2003 年、2004 年没有评奖），共有 289 项科研成果获奖（见表 7-3-23），其中经济效益在 100 万～500（含）万元的为 169 项，500 万～1 000（含）万元的 56 项，1 000 万元以上的 64 项。根据当年申报奖励年经济效益数据统计，289 项科研成果产生经济效益总计为 49 亿元（经应用单位开具财务证明），见表 7-3-23。清华大学科研成果“推广应用效益显著专项奖”的设立，其针对性、实效性、激励性及可操作性强，产生了积极影响，取得显著的效果，获奖项目分布于全校 21 个院、系、所单位，对高等院校科研成果的推广转化工作发挥了示范作用，开创了“产学研”相结合的科研成果推广应用新途径，其获奖项目情况见表 7-3-24。

在科研成果“推广应用效益显著专项奖”中，材料系方鸿生等完成的新型空冷贝氏体钢及其应用技术的研究，解决了国际上半个多世纪以来没有解决的难题。为此，学校与中国五金矿产进出口公司联合组成“北京贝钢公司”，实行技、工、贸一体化，开发、推广新型贝钢产品。自 1992 年公司成立以来，在北京、唐山、江西、云南等地，建立了 3 个贝氏体钢厂、2 个贝氏体铸钢厂、3 个贝氏体钢磨球厂和贝钢研究所等。已有 10 多项产品获国际博览会金奖，远销美国、加拿大、新西兰、澳大利亚及东南亚等国家和地区。热能系吕崇德主持完成了获国家科技进步一等奖的火电仿真技术，与中国华能集团联合创办了“北京华电仿真与控制技术联营公司”，研发的“200 兆瓦火电仿真培训系统”具备世界先进仿真系统的全部功能，仿真精度为世界之冠，价格只有国际同类产品的 1/8～1/10，被国家科委和人民日报等单位、媒体评为“1992 年全国十大科技成就”之一。此外，化学系研制的液晶材料、热能系等单位开发的高效低污染煤燃烧技术、环境系完成的啤酒工业废水的厌氧生物处理技术等都是水平高、经济效益好的项目。

随着学校科研成果的不断涌现，越来越多的科研成果取得了较大的经济效益，为国家经济建设作出了重要贡献。获奖成果中经济效益超过 5 000 万元的项目有：1995 年核研院马远乐等完成的“稠油热采数值模拟的推广与应用”项目；1999 年电机系闵勇等完成的“黑龙江省东部电网区域稳定控制装置研制”项目，计算机系刘斌等完成的“面向 ISDN 的并行多功能单板智能交换器”项目；2000 年电机系张伯明等完成的“TH-2100 能量管理/调度员培训仿真一体化系统（EMS/DTS）”项目；2001 年水电系雷志栋等完成的“叶尔羌河平原绿洲四水转化关系研究”项目，工物系康克军等完成的“以加速器为辐射源的大型集装箱检查系统产业化”项目和化工系魏飞等完成的“烃类氨氧化流化床反应器新型布气系统”项目；2002 年电子系丁晓青等完成的“高性能中日韩文档识别理解重构系统”项目，曹志刚等完成的“基于 DVB 标准的卫星和有线电视远程教育资源传输与应用系统”项目，核研院何建坤等完成的“塔里木盆地水资源管理与荒漠化防治的研究”项目和精仪系冯冠平等完成的“石英谐振式称重传感器及系列石英电子衡器产业化”项目。

表 7-3-23　1983 年—2002 年科研成果"推广应用效益显著专项奖"获奖项目数及经济效益统计

年份	项目数 100 万～500（含）万元	项目数 500 万～1 000（含）万元	项目数 1 000 万元以上	项目数 小计	效益总计 （亿元）
1983	2	3	3	8	1.60
1984	5	1	3	9	1.67
1985	5	1		6	0.17
1986	6	1		7	0.13
1987	6	4	1	11	1.06
1988	9	4	3	16	1.40
1989	16	2	3	21	0.97
1990	13			13	0.25
1991	13	3	4	20	1.60
1992	11	1	2	14	0.50
1993	17	4	2	23	1.55
1994	9	1		10	0.27
1995	12	6	6	24	8.50
1996	4	5	4	13	1.51
1997	5	3	5	13	1.28
1998	9	5	2	16	1.01
1999	8	3	3	14	12.91
2000	9	1	9	19	2.90
2001	6	3	7	16	6.00
2002	4	5	7	16	3.73
总计	169	56	64	289	49.00

表 7-3-24　1983 年—2002 年科研成果"推广应用效益显著专项奖"获奖项目情况

序号	获奖年份	项 目 名 称	年经济效益（万元）	第一完成人	完成单位	年项数（小计）
1	1983	新型"合金"纬纱管	10 000	张增民	化工系	8
2		LWJ-77 型 γ 射线料位计	1 600	王汝赡	工物系	
3		换热网络的优化综合	500	陈丙珍	化工系	
4		加盐萃取精馏制取无水乙醇新工艺	650	段占庭	化工系	
5		10—19 系列小化肥造气鼓风机	1 000	沈天耀	力学系	
6		斜孔塔板	1 000	段占庭	化工系	
7		腹拱坝研究	1 100	刘光廷	水电系	
8		双床沸腾燃烧锅炉	100	张绪祎	热能系	

续表

序号	获奖年份	项目名称	年经济效益（万元）	第一完成人	完成单位	年项数（小计）
9	1984	深圳市城市污水排往珠江口的可行性研究	2 800	黄铭荣	环境系	9
10		20MnTiB 钢冷墩高强螺栓	7 200	王天宰	机械系	
11		煤粉预燃室燃烧器	1 000	徐旭常	热能系	
12		ϕ2260 造气炉螺旋锥型炉箅	5 000	曾宪舜	化工系	
13		枫树坝水电站水库优化调度	100	施熙灿	水电系	
14		流化床反应器塔形立构件开发（在 ϕ2m 苯酐流化床中应用）	163	金　涌	化工系	
15		电机节能风扇风罩	200	俞鑫昌	电机系	
16		透明氧化铝陶瓷高压钠灯	120	苗赫濯	化工系	
17		相纸干燥道的微处理机控制系统	118	郑学坚	自动化系	
18	1985	盒式录音机机芯理论分析与计算	110	周宏朴	电子系等	6
19		微计算机 γ-心功能仪的研制	110	赵希德	工物系	
20		大型火电机组模拟培训系统	1 000	吕崇德	热能系	
21		新式差动调压室水击穿室的理论分析与实验研究	150	王树人	水电系	
22		稀土灰口铸铁高压暖气片	134.5	黄惠松	机械系	
23		电厂制粉系统球磨机衬板用马氏体耐磨钢及其衬板研究	148.46	邓海金	机械系	
24	1986	NF 高效减水剂	165	卢　璋	土木系	7
25		天然沸石岩建材资源化的研究及其推广应用	537	冯乃谦	土木系	
26		新型空冷贝氏体钢精密模具的研究	102	方鸿生	机械系	
27		用于 BS-II 系列楔齿滚刀耐磨材料的研究	131	杨瑞林	机械系	
28		YR27－1 000 型缠绕式板材成型液压机	100.96	颜永年	机械系	
29		伞形泡帽塔盘的开发及应用	166.5	张宝镇	化工系	
30		酚精制萃取塔技术改造	100	费维扬	化工系	
31	1987	邮票厂七色机打孔器表面激光强化研究	614.3	周昌炽	工物系	11
32		同位素数字直读式测试仪	540.12	王泽民	核研院	
33		8 000T 模锻水压机主缸的优化设计	141.21	俞新陆	机械系	
34		氩气区熔中子嬗变掺杂单晶硅的研究及推广应用	450	张达芳	核研院等	
35		半间歇式聚合釜生产过程分级分布微机控制系统	108.03	张曾科	自动化系	
36		内蒙古河套灌区夏灌用水优化分配研究	200	林翔岳	水电系	
37		北京市商业储运公司马连道铁路发运管理系统	110	赵奎元	化工系	

续表

序号	获奖年份	项目名称	年经济效益（万元）	第一完成人	完成单位	年项数（小计）
38	1987	新型空冷贝氏体钢煤矿用耐磨件的研究	122.38	方鸿生	机械系	11
39		炼油厂生产计划微机实施优化系统	1 000	沈静珠	化工系	
40		新型多功能直流煤粉燃烧器的试验研究	900	徐旭常	热能系	
41		我国实行夏时制问题的研究	6 400	谢行健	热能系	
42	1988	土石坝与混凝土防渗联合作用研究与应用	5 483.95	高莲士	水电系等	16
43		双曲拱坝分析实验技术	1 400	周维垣	水电系	
44		地下工程新奥法设计的非线性方法及软件的推广应用	200	裴觉民	水电系	
45		华北地区城市污水回用于农田灌溉的研究	533	刘兆昌	环境系	
46		空气冲击造型机	901	吴浚郊	机械系等	
47		耐热耐磨合金降镍降铬研究在导卫板上的应用	685.63	柳葆铠	机械系	
48		35kV 变电站微机保护，监控综合系统	174.79	黄益庄	电机系	
49		电力系统可靠性分析的概率流方法研究及软件 PFDM 的应用	2 810	李凤玲	电机系	
50		FLP 微机快速优化炼油厂生产计划系统	600	许道荣	自动化系	
51		相纸车间计算机分级分布控制系统	459	朱善君	自动化系等	
52		集成电路 CAD 二级系统	150	洪先龙	计算机系等	
53		久效磷生产中一氯化物多级逆流萃取新工艺	156	李　洲	化工系	
54		重质润滑油精制填料萃取塔改造	104.28	费维扬	化工系	
55		FT818 防水涂料	120	胡鑫尧	化学系等	
56		快速晶闸管（KK 型）	105	陈永琪	核研院	
57		ϕ600 提温型轴—径向氨合成塔	117.73	房德中	化工系	
58	1989	宁波经济技术开发区污水排海工程环境影响评价及可行性研究	1 565.32	黄铭荣	环境系等	21
59		红山水库防洪预报调度	1 030	王燕生	水电系等	
60		多变量优化励磁控制系统	500	王仲鸿	电机系等	
61		半导体器件外引线断裂质量控制与断裂机理的研究及推广应用	453	马莒生	材料系	
62		功率半导体器件芯片背面多层金属层和高可靠烧接技术	400	贾松良	微电子所	
63		核子秤及核子秤电离室	199	李书明	核研院	
64		ϕ2260 煤气发生炉 LZ-2 型低高度螺旋锥炉箅	500	曾宪舜	化工系等	
65		催化裂化进料喷嘴	571.5	蒋大洲	化工系等	
66		兰炼 NMP 装置萃取塔技术改造	101.8	朱慎林	化工系	

续表

序号	获奖年份	项目名称	年经济效益（万元）	第一完成人	完成单位	年项数（小计）
67	1989	新型 10 吨/时洗矸流化床锅炉	497.7	曹柏林	热能系等	21
68		DAC 高效冷凝传热管及 DAE 高效蒸发传热管	202	王维城	热能系	
69		低噪声离心式锅炉风机的应用研究和开发	184.9	朱之墀	力学系	
70		中华学习机 CEC-Ⅰ型	400	朱家维	计算机系等	
71		郑州铝厂微机网络生产管理信息系统	110	方扬珠	计算机系	
72		微波电路计算机辅助设计软件	149	高葆新	电子系	
73		食用天然植物色素栀子黄色素的研制及推广应用	103.1	张　振	化学系	
74		自适应和专家系统相结合的高炉铁水含硅量预报计算机系统	120	韩曾晋	自动化系等	
75		热模法离心球铁管国产涂料研制	117.96	姜不居	机械系等	
76		大型发电机励磁系统参数在线测试技术	1 680	沈善德	电机系等	
77		许昌市水污染控制系统规划研究	720	祝万鹏	环境系	
78		赤峰市城市供热网微机监控系统	101.6	陆致成	热能系等	
79	1990	啤酒工业废水的厌氧生物处理技术	305	陆正禹	环境系	13
80		养殖蚯蚓处理生活垃圾的研究	360.89	胡秀仁	环境系	
81		HCS-1 型多功能微机核子秤的研制和推广应用	221.37	邸生才	工物系	
82		热能动力系统的优化综合	283	李有润	化工系等	
83		新型构件在醋酸乙烯合成流化床反应器的工业应用	194.4	汪展文	化工系	
84		福建低挥发份无烟煤燃烧新技术试验研究	137	贾　臻	力学系等	
85		水泥回转窑带火焰稳定器的单（双）通道喷煤管	129	吴学曾	力学系	
86		华丰高效采暖炉	130.5	蔡敏学	力学系等	
87		特种印油及其在海关的应用	100	孙扬名	化学系等	
88		147Pm 永久发光粉的研制及应用	250	裴必昌	核研院	
89		检测高效滤料效率的钠焰法及其装置	110	叶遂生	核研院	
90		JCKY-100 型程控用户交换机	133.67	刘重隆	电子系	
91		本体法聚丙烯树脂增韧改性研究	118	张增民	化工系	
92	1991	上海市苏州河挡潮闸底板沉放模拟试验研究	420	陈长植	水电系	20
93		结合关门山试验坝开展混凝土面板堆石坝研究	1 000	高莲士	水电系	
94		华北地区城市污水回用可行性研究	5 374	王占生	环境系	
95		高速线材导卫装置	3 113.1	柳葆铠	机械系等	
96		高效低污染流化床锅炉研究	667.48	张振杰	热能系	
97		旋涡内分离循环流化床锅炉	365.03	曹柏林	热能系等	
98		东北电网实时状态估计	170	王世缨	电机系等	

续表

序号	获奖年份	项 目 名 称	年经济效益（万元）	第一完成人	完成单位	年项数（小计）
99	1991	变压器线圈冲击电压分布及电场分布计算软件包	113	王赞基	电机系	20
100		东北电网仿真系统	1 380	顾永昌	电机系等	
101		输电网优化规划及软件包	1 000	韩英铎	电机系	
102		青霉素发酵多模型智能集散系统	125.8	朱善君	自动化系等	
103		芳烃联合装置计算机监控系统	170	王桂增	自动化系	
104		加热炉自动控制系统	102.64	徐用懋	自动化系等	
105		高能等离子喷涂厚陶瓷涂层技术	134	赵文华	力学系	
106		蜂窝（FG）型格栅填料萃取塔的研究和应用	1 027.5	朱慎林	化工系	
107		乳化型印刷油墨的研究	191	戴猷元	化工系	
108		络合萃取法处理工业含酚废水技术	109	戴猷元	化工系	
109		维生素 B6 工业生产工艺技术工程改造	200	陈邦和	化学系	
110		用于颚式破碎机齿板的 Cr-Mn-Si-Mo 系耐磨铸钢	130	刘英杰	材料系等	
111		ϕ2 400 煤气发生炉 LZ-24 型炉箅	225	李良果	化工系	
112	1992	YDDL 系列低噪声双速、YLT 系列低噪声十二极三相异步电动机	1 055.74	金启玫	电机系等	14
113		用于彩电 CAD 的声电子器件模型及参数测定	329.7	王华俭	电子系	
114		回扫变压器（行输出变压器）CAD 电路模型	327.1	王华俭	电子系等	
115		双通道通用煤粉燃烧器	1 000	傅维标	力学系	
116		光谱法连续测量瞬态温度的装置	355.63	赵文华	力学系	
117		二甲亚砜重芳烃抽提装置萃取设备的研究和应用	156	朱慎林	化工系	
118		WOOLLEN-QH1 和毛油剂的研究	102	杨少华	化工系	
119		特种印油及其在海关的应用	1 020	王军民	化学系等	
120		广东轻工业机械厂计算机辅助企业管理信息系统	105	潘家韶	经管学院等	
121		高频臭氧发生器的研制与推广应用	115	李汉忠	设备仪器厂	
122		岩石试验多功能检测系统	150	霍秀英	水电系等	
123		QHCAM-APT 模具自动编程系统	125	王则豪	精仪系	
124		阳极帽生产及封接质量改善的研究	103	唐祥云	材料系	
125		不上釉阳极帽工艺研究	104.72	马莒生	材料系	

续表

序号	获奖年份	项 目 名 称	年经济效益（万元）	第一完成人	完成单位	年项数（小计）
126	1993	地方环境管理信息系统系列研究	150	程声通	环境系	23
127		国家水环境质量管理信息系统（NWQMIS）	371.56	傅国伟	环境系	
128		新型贝氏体球墨铸铁磨球	1 000	梁　吉	机械系	
129		单端正激式逆变焊接电源	161.3	张人豪	机械系	
130		铸造造型线计算机辅助设计（CAD）	120	黄将胜	机械系	
131		90-K3-075-05QH-DY 自动测试系统	200	高钟毓	精仪系	
132		GMT-CNC 数控系统	167	李春江	精仪系	
133		SIMS 声强测量系统	323	连小珉	汽车系等	
134		水火联合电力系统年、月、日优化运行计划的研究	4 000	陈雪青	电机系	
135		东北电网实时静态安全分析和最优潮流	4 878	张伯明	电机系等	
136		MVR-ⅡE 微机电压无功综合控制装置	274.4	黄益庄	电机系	
137		ZKL-1 开关型多功能励磁调节装置	172.8	崔文进	电机系等	
138		大型汽轮机及调速系统在线参数辨识技术	830.96	沈善德	电机系等	
139		全玻璃真空集热管	202	殷志强	电子系等	
140		单板化 PCM 二、三次群复接器	340	冯重熙	电子系等	
141		ZZ-89 型 γ 射线煤灰分在线测量装置	225.6	张志康	工物系	
142		煤粉浓缩燃烧技术的研究	650	贾　臻	力学系等	
143		异丙醇精制新工艺及设备的研究和应用	200	徐永福	化工系	
144		混合溶剂抽提棉油、去除棉酚的研究与工业应用	221.5	高春满	化工系	
145		生物活性磷钾复合肥的研制及其应用	201.68	刘进元	生物系	
146		KGPS-160-250/8 kHz 系列可控硅中频电源	120	陈永琪	核研院	
147		KK500、KK800 快速晶闸管	515	陈永琪	核研院	
148		地下厂房岩壁吊车梁的应力分析和工程实践	176	彭守拙	水电系	
149	1994	高效多用途磁化除垢器（GCQ）	173.02	张玉春	环境系	10
150		常温 UASB 反应器处理啤酒废水生产性试验研究	255.53	陆正禹	环境系等	
151		提高钢锭模寿命降低模耗	132.12	陈达生	机械系等	
152		绝缘子防污闪憎水长效涂料	229	关志成	电机系等	
153		年产两千吨杀虫单原粉（万吨杀虫双）生产工艺计算机控制工程	250	何克忠	计算机系等	
154		印刷电路板计算机辅助故障诊断系统	110.6	杨士元	自动化系	
155		润滑油酚精制高效填料抽提塔的研究开发	350	费维扬	化工系等	

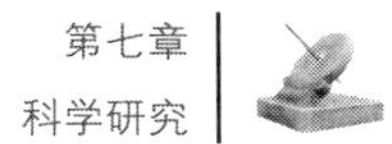

续表

序号	获奖年份	项 目 名 称	年经济效益（万元）	第一完成人	完成单位	年项数（小计）
156	1994	不锈钢及图案着色技术	464.5	白新德	材料系	10
157		三维油藏物理模拟装置	240	周惠忠	核研院	
158		高水头不衬钢板的压力水道	534	谷兆祺	水电系等	
159	1995	YHG 系列水平轴转刷曝气机	103	钱　易	环境系	24
160		生物预处理去除微污染技术——颗粒填料生物接触氧化法	1 000	王占生	环境系等	
161		DWZ-1 棉卷密度自动控制仪及其应用	365.96	丁天怀	精仪系	
162		DBY4-99 型电子黑板	359	冯冠平	精仪系等	
163		集中供热网的热力学和动力学特性的在线识别及最优控制	250	江　亿	热能系	
164		潜油电泵变频调速装置	122	瞿文龙	电机系等	
165		供电系统谐波检测与治理	773.5	唐统一	电机系	
166		BLD6432 型 ADPCM 电路倍增设备	319	冯重熙	电子系等	
167		真空管太阳热水器	226	吴家庆	电子系	
168		微波砷化镓集成电路计算机辅助设计	641.87	高葆新	电子系	
169		2－5Gb/s 比特误码测试系统	145	杨知行	电子系	
170		集成化 CAD/CAM 支撑软件系统	1 736	孙家广	计算机系等	
171		TDS 基于图像信息的产品造型系统	737.6	赵修伟	计算机系	
172		建筑 CAD 图形支撑软件系统	550	秦开怀	计算机系	
173		带缺陷压力容器安全性评定研究	3 600	徐秉业	力学系等	
174		大型电子玻璃熔窑模拟技术	1 473.24	胡桅林	力学系等	
175		特种防伪印油及其印迹机器识别系统的研究	3 000	卢为琴	化学系等	
176		N9310 型免洗助焊剂	118	刘密新	化学系	
177		高性能低烧 MLC 弛豫铁电陶瓷资料组成性能及应用	1 800	桂治轮	材料系	
178		糠醛精制新型萃取塔的研究和应用	262	朱慎林	化工系	
179		冷喂料胶管挤出自动生产线	712	徐　光	核研院	
180		氯仿萃取咖啡因过程技术改造	107.1	胡熙恩	核研院等	
181		核子秤及工业系统的推广应用	317.5	周立业	核研院	
182		稠油热采数值模拟的推广与应用	66 300	马远乐	核研院	
183	1996	岩质高边坡开挖爆破地震波模型与稳定分析研究	248	张楚汉	水电系	13
184		染料工业废水综合治理技术与工艺	643.3	蒋展鹏	环境系	
185		淄博市地下水源地石油污染防治技术研究	5 166	刘兆昌	环境系	

续表

序号	获奖年份	项目名称	年经济效益（万元）	第一完成人	完成单位	年项数（小计）
186	1996	大功率IGBT逆变式弧焊电源及ZX7/WSM系列焊机技术	486.85	都　东	机械系	13
187		新型贝氏体球墨铸铁磨球	1 110.04	梁　吉	机械系	
188		大型发电机安全监视与无刷励磁检测系统	2 000	沈善德	电机系	
189		普及型CAD/CAM系统研制及商品化开发	937	孙家广	计算机系等	
190		图纸自动输入及管理系统	150	唐泽圣	计算机系	
191		多媒体群件的研制与应用	290	史元春	计算机系	
192		溶剂脱沥青高效抽提塔的研究和应用	729	朱慎林	化工系	
193		新型环丁砜芳烃抽提塔工业试验研究	557.3	费维扬	化工系	
194		海南省五指山区大边河水库选址遥感查勘规划研究	611	张　超	水电系	
195		预应力缠绕式板式换热器系列成形液压机技术开发	2 203.22	颜永年	机械系	
196	1997	钢—混凝土组合梁的受力性能与设计方法	1 131.7	聂建国	土木系	13
197		天然沸石粉在混凝土中应用技术的研究	256.78	冯乃谦	土木系	
198		100XG-D固液离心泵	507.52	许洪元	水电系	
199		混流式水轮机转轮设计与特性预测研究	1 000	曹树良	水电系	
200		柳州地区酸沉降综合防治示范研究	1 185	郝吉明	环境系	
201		大面积屋面雨水排除的研究	199.97	王继明	环境系	
202		计算机在熔模铸造生产管理及质量管理中的应用	110.94	张先波	机械系等	
203		常压蒸馏系统的建模与炼油过程仿真的优化	799.01	徐用懋	自动化系	
204		WSC型高硬金属/陶瓷复合材料石材锯刀头（锯齿）	154	黄　勇	材料系	
205		光纤护套管用PBT树脂研制	190	郭宝华	化工系	
206		FG型填料萃取塔的研究和应用	1 424	朱慎林	化工系	
207		YHG系列水平轴转刷曝气机	1 300	钱　易	环境系	
208		催化裂化提升管式高效再生器的研究	4 544	金　涌	化工系等	
209	1998	离心式渣浆泵的固液速度比设计研究	100	许洪元	水电系	16
210		湖南娄水江垭水利枢纽工程地下厂房洞群优化分析	300	李仲奎	水电系	
211		二滩水电站地下厂房洞群施工监测时空双系列反馈分析	. 500	李仲奎	水电系	
212		生物陶粒工艺处理沥青炼制废水并回用于循环冷却水的研究	172	卜　城	环境系	

续表

序号	获奖年份	项目名称	年经济效益（万元）	第一完成人	完成单位	年项数（小计）
213	1998	填埋场：防水防渗材料的筛选与研制	225	俞　珂	环境系	16
214		新型高效高浓度臭氧发生器	300	杨学昌	电机系	
215		高速时分多址技术及在无线通信中的应用	750	梅顺良	电子系	
216		THOCR-97 综合集成汉字识别系统	1 870.9	丁晓青	电子系	
217		图纸智能化处理实用系统的开发	100	李新友	计算机系	
218		24 小时动态心电图记录与分析系统（HOLTER-STAR）	464.5	屈建石	工物系	
219		原油常减压塔采用复合斜孔塔板	1 825	周荣琪	化工系	
220		奇士增韧剂及电工“海岛结构”环氧树脂绝缘浇铸料研制	960	赵士琦	化工系	
221		催化裂化装置分离系统模拟优化	981	何小荣	化工系	
222		药用多稀脂肪酸乙酯生产新工艺研究	876	李　润	化学系	
223		ϕ10mm 微型离心萃取器	132.57	于文东	核研院	
224		北京市平原地区降雨产流规律及排涝回补措施研究	518	谢森传	水电系	
225	1999	多级浓缩直流煤粉燃烧器的研究与推广应用	190	王云山	热能系	14
226		75t/h 异型水冷分离循环流化床锅炉	180	岳光溪	热能系	
227		清华系列绿色制冷剂	780	朱明善	热能系	
228		计算机温控大功率 IGBT 谐振式中频逆变电源	337.5	施克仁	机械系等	
229		汽油机排气净化催化剂性能评价试验	230	王建昕	汽车系	
230		黑龙江省东部电网区域稳定控制装置研制	12 000	闵　勇	电机系等	
231		大庆教育信息网——多功能综合校园网系统与技术	388	任　勇	电子系	
232		面向 ISDN 的并行多功能单板智能交换器	109 380	刘　斌	计算机系等	
233		可扩展并行机群及应用系统	3 550	郑纬民	计算机系	
234		聚丙烯用单硬脂酸甘油酯	110	陈福明	化工系等	
235		热敏陶瓷低温进气预热起动器	505	王可夫	工物系	
236		萃取法回收母液中的茶碱	894.8	胡熙恩	核研院	
237		活塞立体靠模数控车削系统	350	潘尚峰	精仪系	
238		纳米级润滑膜厚度测量技术研究	252.9	雒建斌	精仪系	
239	2000	低佛氏数折坡水跃消能及侧向环流的影响试验研究	1 000	聂梦喜	水电系等	19
240		JWK-27/28/29 型 CNC 系统开发及商品化研究	334	叶佩青	精仪系	

续表

序号	获奖年份	项目名称	年经济效益（万元）	第一完成人	完成单位	年项数（小计）
241	2000	排放转鼓试验台主计算机控制系统及司机行驶监视仪的研制	402.2	卢青春	汽车系	19
242		TH-2100 能量管理/调度员培训仿真一体化系统（EMS/DTS）	9 626	张伯明	电机系	
243		新型 CCD 摄像终点计时判读系统	385.8	洪玉明	电机系等	
244		SDH 功能模块专用集成电路	1 580	曾烈光	电子系等	
245		基于识别的原文重现自动电子出版物制作系统	2 945	丁晓青	电子系	
246		敏捷供需链技术与系统	3 076	柴跃廷	自动化系	
247		高效填料萃取塔在润滑油精制中的应用研究	417.2	朱慎林	化工系	
248		超高分子量聚乙烯改性与应用	1 200	胡　平	化工系	
249		新型醋酸乙烯合成反应器工业试验	2 564.8	汪展文	化工系	
250		钴-60 数字辐射照相集装箱检测系统	1 029	安继刚	核研院	
251		DTT4C01A 公用电话 IC 卡专用芯片	1 500	葛元庆	微电子所等	
252		同步整流式脉宽调制芯片 TH2064	207.5	石秉学	微电子所	
253		石英谐振式力传感器及系列石英电子衡器	395	冯冠平	精仪系	
254		军用数据网信息检索分系统	150	史美林	计算机系	
255		高性能安全路由器	200	吴建平	计算机系等	
256		新型低碳空冷贝氏体钢	1 520	方鸿生	材料系	
257		覆钴球形氢氧化镍的制备	418	姜长印	核研院	
258	2001	钢-混凝土组合梁的受力性能与设计方法	1 815.7	聂建国	土木系	16
259		叶尔羌河平原绿洲四水转化关系研究	28 000	雷志栋	水电系等	
260		砂型铸造过程数值模拟研究开发与工程应用	200	柳百成	机械系	
261		多功能、复合电弧喷涂技术在轴类等零件修复工艺中的应用	250	王昆林	机械系	
262		黏土型砂在线检测装置	355.22	吴浚郊	机械系等	
263		中频反应双靶磁控溅射制备二氧化硅膜并与氧化铟锡膜的在线联镀	3 620	查良镇	电子系等	
264		全国普通高校招生网上录取系统	330	刘卫东	计算机系	
265		电子表单自动生成系统及其可视化开发工具	204.86	王克宏	计算机系	
266		以加速器为辐射源的大型集装箱检查系统产业化	11 077.14	康克军	工物系等	
267		含体积型缺陷压力管道极限与安定分析及安全评定方法研究	4 680	徐秉业	力学系等	
268		QH-1 型填料用于己内酰胺反应萃取装置、润滑油糠醛精制塔强化的研究	1 800	费维扬	化工系	

续表

序号	获奖年份	项 目 名 称	年经济效益（万元）	第一完成人	完成单位	年项数（小计）
269	2001	烃类氨氧化流化床反应器新型布气系统	5 085.39	魏　飞	化工系	16
270		组合式节能漩流干燥技术	652.6	汪展文	化工系	
271		炼油厂分馏塔侧线质量参数动态实时监测系统	650	李有润	化工系等	
272		炼油生产过程模拟与在线优化	405	李有润	化工系	
273		生物塑料 PHBHHx 的产业化及应用研究	730	陈国强	生物系	
274	2002	难降解有机工业废水高新生物处理技术与关键设备	1 307.9	钱　易	环境系等	16
275		内循环三相生物流化床及其设备化技术	330.4	施汉昌	环境系	
276		XWY-1 型动物纤维细度自动测量仪	400	李庆祥	精仪系	
277		石英谐振式称重传感器及系列石英电子衡器产业化	8 066	冯冠平	精仪系等	
278		内燃机关键零部件激光强化技术	317.93	刘文今	机械系	
279		高硅铸钢及其应用	3 731.81	李言祥	机械系	
280		移动床径向反应器设计方法及工程应用	997.5	王金福	化工系	
281		中长期电力需求分析与预测系统	1 500	夏　清	电机系	
282		电力系统四大参数建模和参数数据库建立	835.38	朱守真	电机系	
283		高性能中日韩文档识别理解重构系统	6 301.54	丁晓青	电子系	
284		基于 DVB 标准的卫星和有线电视远程教育资源传输与应用系统	5 177.1	曹志刚	电子系等	
285		NT 系列脱硫除尘一体设备	656.4	王连泽	力学系	
286		塔里木盆地水资源管理与荒漠化防治的研究	6 100	何建坤	核研院	
287		钴-60 货运列车检查系统	764.35	吴志芳	核研院	
288		核反应堆用高纯氢氧化锂-7 研制、开发及生产	512.6	王秋萍	核研院	
289		JWK-27/28/29 型 CNC 系统开发及商品化研究	320	叶佩青	精仪系等	

为进一步促进科研成果转化，鼓励科技人员推广应用科研成果的积极性，表彰在科研成果推广应用中做出突出贡献的科技人员和单位，2004 年 5 月 20 日，学校在对原《效益显著奖暂行规定》进行补充修改的基础上，于 2003—2004 学年度第 17 次校务会议审议通过《清华大学科研成果推广应用效益奖评定办法》，将原“推广应用效益显著专项奖”更名为“推广应用效益奖”（简称“效益奖”），并于 2004 年 7 月 10 日发布公告并实施。

新颁布的“效益奖”评定办法中增加了以下评奖条件和修订内容：累计进校技术转让费达 50 万元（含）以上；并且增设特等奖、一等奖和二等奖，一等奖须取得年经济效益 1 000 万元（含），累计到校技术转让费为 100 万元（含）以上；二等奖须取得年经济效益 100 万元（含）以上，累计到校技术转让费为 50 万元（含）以上；对于取得特别重大经济效益且对学校有突出贡献的优秀科研成果，可授予特等奖。对获奖项目由学校颁发

“荣誉证书”和奖金，获奖人员的贡献记入个人档案，并作为考核、晋升、评定职称和聘任的重要依据。

“效益奖”新条例公布实施后，2005年至2010年共有13项科研成果获奖，其中一等奖8项，二等奖5项，累计年经济效益总计约为17.35亿元，见表7-3-25。

表7-3-25　2005年—2010年科研成果“推广应用效益奖”获奖项目情况

序号	年份	项目名称	年经济效益（万元）	第一完成人	完成单位	获奖等级	年项数（小计）
1	2005	RTV防污闪涂料应用技术	6 077.3	关志成	电机系	一等	1
2	2006	渗透汽化透水膜及其过程关键技术开发	5 775.0	陈翠仙	化工系	一等	3
3		一种本地无操作系统的透明计算机技术及系统	1 039.0	张尧学	计算机系	一等	
4		人脸识别综合系统	137.0	苏光大	电子系	二等	
5	2007	TH-ID多模生物特征（人脸笔迹签字虹膜）身份识别认证系统	697.1	丁晓青	电子系	二等	2
6		适用于西部干燥地区的间接蒸发冷水机研发与应用	350.4	江　亿	建筑学院	二等	
7	2008	低能耗膜-生物反应器污水资源化新技术与工程应用	14 158.8	黄　霞	环境系等	一等	1
8	2009	基于非成像光学的发光二极管照明光源二次光学系统研究及其应用	6 590	罗　毅	电子系	一等	2
9		热法磷酸生产余热利用	55 000	宋耀祖	航院	一等	
10	2010	省地一体化的智能短期电力负荷预测系统及工程应用	76 667	夏　清	电机系	一等	4
11		膜分散微结构反应器制备纳米碳酸钙技术	2 540	王玉军	化工系	一等	
12		自动口语评测技术、芯片与应用系统	4 336	梁维谦	电子系	二等	
13		虚拟多介质边界元电容提取程序QBEM	123.7	王泽毅	计算机系	二等	
总计			173 491.3				13

（四）科技合作情况

多年来，学校一直积极促进科技成果转化为现实生产力，推动与地方政府的产学研合作，与多个省市、地区、企业、院所开展合作开发研究与成果转化，多层次、多形式、多渠道地为国家和地区的经济、社会发展服务。

1. 签订合作协议

1983年至2010年，学校与各省市、地区、企业、院所共签订横向技术合作协议228个，其中与22个省、自治区、直辖市签订协议34个，与81个地级市签订协议105个，县级33个，企业 48 个，院所 11 个，见表 7-3-26。

表 7-3-26　1983 年—2010 年学校与省市地区、企业等签订合作协议情况

合作单位		协议类别	合作单位代表	学校代表	签订协议时间
北京市（7）	顺义县人民政府	全面	吴桂云	贺美英	1991-04-02
	平谷县人民政府	全面	张德江	周远清	1991-06-25
	大兴县人民政府	科技	周树惠	柳宪斌	1993-06-28
	北京市房山区人民政府	全面	王凤江	何建坤	1999-11-30
	北京市顺义区人民政府	对口支援	李　平	庄丽君	2005-07-14
	昌平区人民政府	全面	金树东	康克军	2009-04-25
	北京市顺义区人民政府	全面	李友生	康克军	2010-1-23
天津市（4）	天津市人民政府	全面	戴相龙	顾秉林	2006-08-12
	天津市宁河县人民政府	科技	窦俊华	何建坤	1996-10-23
	天津市人事局	人才	于瀛沪	康克军	2006-08-12
	天津市塘沽区人民政府	科技	刘明森	嵇世山	2007-12-24
河北省（14）	河北省人民政府	全面	岳岐峰	张孝文	1988-09-29
	秦皇岛市人民政府	全面	顾二熊	李传信	1988
	保定市人民政府	全面	田福庭	李传信	1989-04-20
	邯郸市人民政府	全面	曹怀利	王晶宇	1990-07-14
	唐山市人民政府	全面	刘景晶	梁尤能	1992-03-14
	石家庄市人民政府	全面	安　乙	王晶宇	1992-07-18
	石家庄市人民政府	全面	沈志峰	梁尤能	1995-03-04
	廊坊市人民政府	全面	刘海珠	宋　军	1998-06-26
	承德市人民政府	全面	赵文鹤	何建坤	2000-12-22
	石家庄市人民政府	经济技术	王海洋	关志成	2002-01-27
	廊坊市人民政府	全面	吴显国	杨振斌	2002-04-08
	保定市人民政府	经济技术	周立柱	杨振斌	2002-08-03
	保定市人民政府	人才科技	李　谦	陈　旭	2008-03-14
	唐山市人民政府	全面	周伸明	郑燕康	2009-8-15
山西省（3）	阳泉市人民政府	全面	薄应贤	关志成	1995-12-26
	阳泉市人民政府	科技人才	魏德卿	何建坤	1997-01-06
	太原市人民政府	全面	曹中厚	杨家庆	1998-06-11
内蒙古（7）	内蒙古自治区人民政府	科技	周德海	李传信	1992-09-11
	内蒙古自治区人民政府	全面	牛玉儒	何建坤	2001-05-26
	内蒙古自治区人民政府	全面	连　辑	康克军	2005-03-12
	赤峰市人民政府	全面	乔岐山	倪维斗	1990-05-21
	赤峰市人民政府	科技	于永泉	何建坤	1998-08-06
	包头市人民政府	全面	邢　云	何建坤	2004-08-12
	鄂尔多斯市人民政府	全面	杜　梓	康克军	2008-08-18

续表

合作单位		协议类别	合作单位代表	学校代表	签订协议时间
黑龙江省（7）	黑龙江省人民政府	经济技术	张成义	胡东成	2000-03-13
	黑龙江省人民政府	全面	刘海生	汪劲松	2004-03-11
	齐齐哈尔市人民政府	全面	丛福奎	解沛基	1986-11-07
	哈尔滨市人民政府	科技	洪企鹏	张孝文	1987-01-26
	大庆市人民政府	全面	王　强	倪维斗	1989-03-03
	伊春市人民政府	科技	张书杰	关志成	1998-07
	哈尔滨市人民政府	全面	王世华	胡东成	2002-06-25
辽宁省（13）	辽宁省人民政府	科技	陈政高	何建坤	1998-09-08
	辽宁省人民政府	全面	滕卫平	龚　克	2005-09-21
	营口市人民政府	科技	赵新良	张思敬	1987-09
	丹东市人民政府	全面	张　里	解沛基	1988-07-15
	沈阳市人民政府	全面	孙富卿	王晶宇	1992-06-25
	鞍山市人民政府	全面	马延利	张孝文	1992-07-25
	本溪市人民政府	全面	于国磐	王晶宇	1992-12-29
	丹东市人民政府	全面	王唯重	倪维斗	1994-01-22
	辽阳市人民政府	全面	龚尚武	关志成	1998-05-15
	大连市人民政府	科技	夏德仁	何建坤	1999-01-12
	铁岭市人民政府	科技	左大光	张凤桐	2000-05-14
	鞍山市人民政府	全面	谷春立	龚　克	2006-03-10
	辽宁省人民政府	战略	陈政高	顾秉林	2010-11-15
吉林省（6）	吉林省人民政府	全面	李介车	龚　克	2000-03
	吉林省人民政府	全面（备忘录）			2004-03-12
	吉林省人民政府	全面	韩长赋	顾秉林	2008-10-07
	辽源市人民政府	全面	吕坚东	倪维斗	1991-07-23
	白山市人民政府	全面	张恩祥	孙继铭	1994-09-02
	吉林市人民政府	科技	刘　萍	顾秉林	2002-07-26
上海市（2）	上海市黄浦区人民政府	全面	徐建国	何建坤	2000-10-20
	上海市杨浦区人民政府	科技	曹树民	荣泳霖	2001-05-29
江苏省（16）	江苏省人民政府	全面	梁保华	王大中	2003-03-14
	镇江市人民政府	科技	应国根	李传信	1992-10-08
	常州市人民政府	科技		周远清	1992
	丹阳市人民政府	科技	胡志贤	倪维斗	1993-04-09
	无锡市人民政府	全面	吴新雄	杨家庆	1995-06-01
	南通市人民政府	全面	程亚民	郑燕康	1999-12-11
	泰州市人民政府	全面	丁解民	龚　克	2000-11-05
	常州市人民政府	全面	周亚瑜	胡东成	2003-10-30

续表

合 作 单 位		协 议 类 别	合作单位代表	学校代表	签订协议时间
江苏省（16）	徐州市人民政府	全面	李福全	康克军	2004-06-02
	无锡市人民政府	全面	谈学明	荣泳霖	2004-09-13
	苏州市人民政府	全面	赵俊生	龚　克	2005-06-16
	盐城市人民政府	全面	赵　鹏	康克军	2006-03-12
	南京市人民政府	全面	勒道强	康克军	2008-05-13
	淮安市人民政府	全面	高雪坤	史宗恺	2009-05-20
	南通市人民政府	全面	蓝绍敏	康克军	2009-11-8
	常州市人民政府、润物控股有限公司	科技	王伟成 陈　远	康克军	2010-07-26
浙江省（7）	浙江省人民政府	全面	习近平	龚　克	2002-10-16
	湖州市人民政府	科技	黄　萌	关志成	1997-09
	宁波市人民政府	全面	张蔚文	倪维斗	1995-03-20
	台州市人民政府	全面	杨仁争	杨家庆	1999-06-23
	宁波市人民政府	全面	邹占维	胡东成	1999-09-19
	宁波市人民政府	全面	盛昌黎	胡东成	2001-03-13
	台州市人民政府	人才、科技(意向书)	之茂荣	岑章志	2008-10-29
安徽省（4）	芜湖市人民政府	科技	丁光涛	李传信	1992-05-25
	合肥市人民政府	全面	盛志刚	陈　希	2001-01-04
	马鞍山市人民政府	全面	单文钧	康克军	2004-04-29
	铜陵市人民政府	全面	张庆军	康克军	2006-05-10
福建省（3）	三明市人民政府	全面	丁　瑜	岑章志	1998-09-13
	厦门市人民政府	全面	洪远世	陈　希	2001-10-19
	三明市人民政府	全面	刘　鑫	康克军	2004-08-04
江西省（4）	江西省人民政府	全面	陈葵尊	解沛基	1985-12-18
	江西省人民政府	全面	朱英培	梁尤能	1997-11-14
	赣州地区行署	科技人才	韩景昌	何建坤	1997-05-19
	九江市人民政府	科技	陈　晖	何建坤	1997-09
山东省（11）	山东省人民政府	全面	陈建国	杨家庆	1994-05-13
	枣庄市人民政府	全面	王绍林	柳宪斌	1991-07-07
	惠民地区人民政府	全面	王道玉	梁尤能	1991-09-29
	菏泽地区人民政府	全面	李明先	梁尤能	1993-11-05
	莱芜市人民政府	全面	王传泉	关志成	1994-10-28
	济南市人民政府	全面	徐华东	杨家庆	1998-07-09
	青岛市人民政府	合作	王家瑞	杨家庆	1998-08-17
	枣庄市人民政府	全面	马金忠	杨家庆	1999-06-25
	安丘市人民政府	经济技术	刘锦山	张华堂	1999-12-14

续表

合作单位		协议类别	合作单位代表	学校代表	签订协议时间
山东省（11）	临沂市人民政府	全面	徐景颜	胡东成	2005-11-06
	济宁市人民政府	全面	陈　颖	康克军	2010-04-28
河南省（6）	河南省人民政府	经济技术	张以祥	龚　克	1999-12-13
	郑州市人民政府	全面	胡林俭	吕　森	1988-11-10
	新乡市人民政府	科技	田纪震	倪维斗	1990-02-03
	洛阳市人民政府	科技	范金隆	倪维斗	1992-04-27
	商丘市人民政府	经济技术	刘满仓	龚　克	2002-08-17
	洛阳市人民政府	科技	吴中阳	嵇世山	2006-08-26
湖北省（1）	襄樊市委、市政府	全面	胡水华	岑章志	2005-03-08
湖南省（2）	湖南省人民政府	科技	郭开朗	陈　旭	2008-12-04
	衡阳市人民政府	人才科技	徐明华	何建坤	2000-04-10
	湘潭市人民政府	科技	彭宪法	岑章志	2004-08-25
广东省（5）	珠海市人民政府	科技园	黄龙云	贺美英	2000-08-18
	江门市人民政府	全面	李　威	龚　克	2000-11-29
	佛山市人民政府	全面	梁绍棠	龚　克	2001-07-21
	佛山市人民政府	全面（补充协议）	王　玲	康克军	2009-03-13
	广东省人民政府	产学研	宋　海	康克军	2009-06-22
广西壮族自治区（3）	广西壮族自治区人民政府	全面	李振潜	梁尤能	1995-06-08
	广西壮族自治区人民政府	全面	吴　恒	岑章志	2003-09-14
	百色市人民政府	全面	高云龙	韩景阳	2006-10-31
海南省（3）	海南省人民政府	科技	王厚宏	岑章志	2001-12-03
	海南省人民政府	科技	王厚宏	杨家庆	2002-12-07
	海南省人民政府	科技	姜斯宪	岑章志	2007-07-05
重庆市（3）	重庆市人民政府	科技	蒲海清	王大中	1997-07-19
	重庆市江津区科学技术委员会	科技	何锡水	曹建国	2008-06-09
	中国共产党两江新区工作委员会	人才	曾菁华	史宗恺	2010-09-30
四川省（3）	四川省人民政府	经济技术	李　谦	龚　克	2000-07-10
	自贡市人民政府	科技	茅永康	梁尤能	1988-03-01
	成都市人民政府	全面	李春城	贺美英	2001-08-26
贵州省（3）	贵州省科委	能源环境	李恕和	倪维斗	1992-05-03
	贵阳市人民政府	科技		倪维斗	1993-12
	贵阳市人民政府	全面	孙国强	何建坤	2002-04-12

续表

合作单位		协议类别	合作单位代表	学校代表	签订协议时间
青海省（1）	西宁市人民政府	科技	罗昆安	解沛基	1986-08-23
云南省（1）	个旧市人民政府	科技	邹　瑛	倪维斗	1991-03-06
西藏自治区（1）	西藏自治区人民政府	全面	徐明阳	王明旨	2000-07-10
陕西省（2）	陕西省人民政府	科技	陈宗兴	何建坤	2001-06-15
	铜川市人民政府	全面	陈修正	何建坤	1998-07-30
甘肃省（5）	甘肃省人民政府	全面	韩修国	胡东成	2001-04-07
	兰州市人民政府	全面	郝　鸣	胡东成	2002-08-27
	甘肃省人民政府	战略合作框架	郝　远	康克军	2009-12-29
	武威市人民政府	全面	郭承录	陈　旭	2010-09-25
	武威市工业和信息化委员会	产学研	魏威生	冯叶成	2010-09-25
宁夏回族自治区（1）	宁夏回族自治区人民政府	全面	马锡广	龚　克	2000-09-18
新疆维吾尔自治区（3）	新疆维吾尔自治区人民政府	全面	张文岳	龚　克	2000-02-14
	巴音郭楞蒙古自治州人民政府	全面	巴　代	龚　克	2002-06-24
	新疆维吾尔自治区科技厅	科技	张小雷	嵇世山	2009-03-14
县级（37）	洛阳郊区政府	科技	席家山	朱志武	1988-01-12
	盐城郊区政府	科技	刘春江	柳宪斌	1990-10-16
	江苏大丰县政府	全面	郭健生	吴荫芳	1991-06-20
	鄞县横街镇政府	科技	李国良	吴荫芳	1991-09-20
	石家庄郊区政府	全面	杨新世	倪维斗	1991-09-21
	河北灵寿县政府	科技	县政府	校团委	1992-04-23
	招远市蚕桑镇政府	经技	于海华	王晶宇	1992-05-09
	江苏邳县政府	科技	那党婴	柳宪斌	1992-06-12
	安徽岳西县政府	科技	吴南方	贺美英	1992-07-08
	宜兴市人民政府	科技	庞冰心	吴荫芳	1992-07-15
	广饶县人民政府	全面	陈金贤	王晶宇	1992-12-10
	浙江上虞百官镇政府	科技	夏之传	吴荫芳	1993-10-24
	浙江玉环县政府	科技	金　波	吴荫芳	1993-11-07
	冀州市人民政府	全面	周　明	关志成	1994-10-18
	灌云县人民政府	全面	周同余	关志成	1995-04-19

续表

合作单位		协议类别	合作单位代表	学校代表	签订协议时间
县级（37）	常州市郊区政府	科技	骆兴大	荣泳霖	1995-06-05
	海宁市人民政府	经济技术	钱满程	黄圣伦	1995-09-09
	香河县人民政府	全面	杨　讷	荣泳霖	1996-01-18
	昌黎县人民政府	全面	赵善奎	何建坤	1996-06-28
	无锡市彝园乡人民政府	科技	陆炳仁	荣泳霖	1996-10-20
县级（37）	浙江省鄞县集土港镇人民政府	科技	褚爱国	吴荫芳	1997-05-08
	张家港市人民政府	全面	蒋宏坤	冯冠平	1997-06-18
	河北邯郸峰峰矿区人民政府	科技	戴占银	杨振斌	1999-01-15
	绍兴县人民政府	全面	郭吉丰	杨振斌	1999-06-19
	温岭市人民政府	科技	孙成明	杨振斌	1999-12-13
	仪征市人民政府	全面	费高云	张继红	2002-11-28
	安新县人民政府	科技	杨宝东	申艳菊	2003-07-20
	上虞市人民政府	科技	陈　坚	嵇世山	2003-12-20
	邯山区人民政府	科技	张海忠	万　荣	2004-01-06
	佛山市禅城区人民政府	科技	吴　毅	嵇世山	2004-08-18
	山东淄博周村区人民政府	科技	胡加柱	申艳菊	2004-09-07
	无锡市锡山区人民政府	科技	徐　劼	康克军	2006-03-08
	宜兴市人民政府	全面	王中苏	嵇世山	2006-06-10
	大丰市人民政府	全面	肖乐农	嵇世山	2009-04-24
	金坛市人民政府	科技	赵纲超	嵇世山	2009-12-25
	西宁经济技术开发区管理委员会	科技	郑浩峻	曹建国	2010-05-05
	扬中市人民政府	科技	唐崇林	曹建国	2010-06-30
院校所（11）	北京建筑设计院	人才	吴发张	李传信	1983-04-25
	哈尔滨电站研究所	全面	庞义杰	杨家庆	1988-03-15
	航空航天部四院	全面	叶定友	倪维斗	1990-03-10
	烟台大学	全面	吕可英	张孝文	1990-05-28
	航空航天部二院	人才	杨双培	王晶宇	1990-08-11
	西北核技术研究所	科技人才	董福禄	何建坤	1994-10-15
	福州大学	全面	房贞政	何建坤	1996-09-11
	云南工业大学	全面	杨思忠	何建坤	1996-11-14
	中航总公司第703研究所	科技	马云翔	张凤桐	2002-06-25
	广州工业技术研究院	全面	陆履平	谭鸿鑫	2003-11-06
	中国电力科学研究院	科技	张文亮	康克军	2007-09-26

续表

合作单位		协议类别	合作单位代表	学校代表	签订协议时间
企业(60)	第二汽车制造厂	全面	陈清泰	高景德	1988-02-29
	长江动力公司	全面	高志安	惠宪钧	1988-03-15
	第一汽车制造厂	全面	林敢为	梁尤能	1988-06-13
	华北制药厂	全面	王汝霖	张孝文	1988-07-09
	大庆石油管理局	全面	王德民	倪维斗	1989-03-04
	吉林化学公司	人才	吴存宁	梁尤能	1989-07-29
	东方汽轮机厂	全面	宗福新	倪维斗	1989-11-24
	东方电机厂	全面	饶芳权	倪维斗	1989-11-25
	东方锅炉厂	全面	周元仁	倪维斗	1989-11-26
	东方电站设备公司	全面	石万俭	倪维斗	1989-11-28
	成都飞机公司	全面	杨发树	方惠坚	1990-03-30
	陕西彩管总厂	全面	张文茂	张孝文	1990-08
	西安仪表厂	（备忘录）	江红生	杨家庆	1991-06-29
	长风机器厂	协议	郭士山	董在望	1991-07-05
	东北制药总厂	全面	王允竹	杨家庆	1991-07-06
	北京第二汽车制造厂	人才		王晶宇	1991-07
	盐城无线电厂	全面	刘鸿生	倪维斗	1991-11
	扬子电气公司	全面	钱　波	王晶宇	1991-12-02
	天达航空工业总公司	全面	由立纲	张孝文	1991
	郑州搪瓷厂	科技	赵超俊	吴荫芳	1992-06-28
	教育服务中心	科技	傅建民	吴荫芳	1992-08-24
	黎明股份公司	经济	刘乃武	吴荫芳	1992-09-06
	北京燕山石油化工公司	人才	陈生华	吴敏生	1995-12-05
	北京燕山石油化工公司	科技	刘海燕	王大中	1995-12-05
	粤海企业(集团)有限公司	科技	邓北生	王大中	1997-04-04
	双鸭山矿务局	全面	王永和	关志成	1997-12-25
	山东现代达驰集团	科技	楚留德	杨振斌	1998-11-20
	昌河飞机工业公司	人才科技	董屿平	杨家庆	1999-01-18
	贵州省宏福实业开发有限公司	科技人才	王国文	杨振斌	1999-09-24
	东风汽车股份有限公司	全面	李绍烛	郑燕康	1999-11-30
	新疆特变电工股份有限公司	科技	张宇友	周　立	2000-03-10
	中纺实业开发有限责任公司	基金	李光明	周　立	2000-12-26
	山东现代达驰电工电气股份有限公司	科技	陈玉国	嵇世山	2001-01-08

续表

合作单位		协议类别	合作单位代表	学校代表	签订协议时间
企业（60）	内蒙古惠丰医药集团	基金	旗占荣	周　立	2001-11-23
	哈尔滨美华生物技术有限公司	科技	肖雯娟	张继红	2002-06-25
	哈尔滨金光大道科技开发有限公司	科技	崔建国	张继红	2002-06-25
	哈尔滨新中新电子股份有限公司	科技	郝秀英	张凤桐	2002-06-25
	哈尔滨汽轮机厂有限责任公司	科技	王韩威	张凤桐	2002-06-25
	哈尔滨红光锅炉集团公司	科技	韩　伟	张继红	2002-06-25
	中电网有限公司	全面	肖创英	龚　克	2003-12-30
	大庆石油管理局	科技	曾玉康	顾秉林	2004-04-06
	国务院南水北调工程建设委员会办公室	全面	宁　远	康克军	2004-07-19
	中石油集团公司	全面	蒋洁敏	康克军	2004-12-23
	先声药业	全面	任晋生	康克军	2006-01-04
	四川长虹电器股份有限公司	全面	巫英坚	荣泳霖	2007-06-08
	中国移动通信集团公司	科技	沙跃家	康克军	2007-06-11
	国家电网公司	科技	陈进行	康克军	2008-05-08
	大唐电信科技产业控股有限公司	科技	真才基	康克军	2008-07-02
	二滩水电开发有限责任公司	战略	陈云华	胡和平	2009-05-08
	神华集团	战略合作框架	张玉卓	何建坤	2009-09-10
	中国电信集团公司	战略	孙康敏	康克军	2009-06-28
	深圳市创新总裁俱乐部	产学研	杨向阳	曹建国	2009-11-08
	普天海油新能源动力有限公司	技术	曹宏斌	史宗恺	2009-12-10
	二滩水电开发有限责任公司	暗物质实验室	陈云华	康克军	2009-12-09
	镇江市交通投资建设发展公司	科技	李　坚	曹建国	2010-04
	四川长虹电器股份有限公司	战略合作框架	李　进	康克军	2010-04-25
	中国水电工程顾问集团公司	战略	王石浩	康克军	2010-04-29

续表

合作单位		协议类别	合作单位代表	学校代表	签订协议时间
企业(60)	中国商用飞机有限责任公司	战略	金壮龙	胡和平	2010-05-20
	昆山荣星动力传动有限公司	产学研	金铭新	曹建国	2010-06-01
	江铃汽车集团公司	全面	王锡高	程建平	2010-12-04

说明：括号内为合作单位个数。

2. 共建产学研办公室

为了加强清华大学与我国经济发达城市的合作，科技开发部于2003年开展了与一些城市共同设立产学研合作办公室的合作模式。产学研合作办公室设在清华大学科技开发部，有专门的办公地点和良好的工作条件，科技开发部派专人负责办公室日常工作。办公室工作人员主要职责就是针对该城市的科技及其他需求，整合和调动学校的科技资源及其他资源，为该城市提供全面的服务，促进城市与学校的产学研合作。

2003年10月至2010年底，科技开发部与常州市、上虞市、马鞍山市、徐州市、包头市、无锡市、苏州市、张家港市、盐城市、天津市塘沽区、东莞松山湖区、鄂尔多斯市、长沙市、大丰市、淮安市、肇庆市、宁波市鄞州区、济宁市、重庆市19城市（区）设立了产学研合作办公室。

产学研合作办公室各项工作顺利开展，成效显著，至2010年底，共组织市校双方活动500余次，促进一批我校科技成果落户产学研合作办公室所在地区，如：机械系颜永年与北方重工合作的“3万～6万吨厚壁钢管垂直挤压机”项目、热能系“燃煤烟气脱硫废弃物改良盐碱地”项目落户包头，汽车系欧阳明高的电动微车研发及产业化基地落户常州，化学系邱勇与维信诺合作的国内第一条OLED生产线落户苏州等。

3. 共设合作基金

为推进产学研合作，清华大学作为政府与企业的合作单位，更多地参与到与地方科技合作基金工作中。依据校地合作基金的组织形式及直接接收资金的主体和参与形式，主要有两种参与模式，即“地方政府主导、企业直接受益”和“校地联合主导、校企共同受益”。

“地方政府主导、企业直接受益”的合作基金主要有：江苏省科技成果转化专项资金、广东省教育部部产学研结合专项资金、河北省省级省校科技合作开发资金、云南省省院省校科技合作基金等。这些合作基金所得到的资助资金一般都是由当地政府直接划拨给企业，降低其与科研机构的产学研合作成本，从而引导和促进企业与科研机构开展科技合作。在分配资金时地方政府一般会征求相关科研机构的意见，然后再确定资助企业的资金分配方案。在该模式中，直接接收资金的主体是企业。

“校地联合主导、校企共同受益”的合作基金中，清华大学科技开发部和辽宁省鞍山市于2002年成立了“鞍山清华研发种子基金”，首批基金已经全部用于资助双方合作的科技项目，支持的项目多达50多项，大大促进了鞍山市和清华大学的产学研合作。根据项目的实际需要，该基金还可以随时增加。此外，安徽省铜陵市也按照上述基金新模式与科技开发部设立了产学研合作基金，专门用于支持铜陵与清华大学的产学研合作项目。

在总结以往基金模式的基础上，学校设立了与政府企业的其他基金合作模式。2006 年与无锡市锡山区合作，设立了“无锡清华大学科技成果转化基金”，该基金更加注重成果的转化。基金由地方政府提供，划入清华大学科技开发部进行专门的财务管理；基金的资助对象一般是在当地合法注册的企业与学校进行的科技合作项目，资助经费由基金管理委员会直接从学校科技开发部拨给与当地企业签署了技术合作合同的教师，支持该项目在当地产业化前的中试等前期工作，资助方式为无偿资助。基金的资助额度根据具体情况确定，一般资助比例不超过企业与学校签订的技术合同额的 50%。截至 2010 年底，清华大学教师共申请无锡基金项目 9 项，经费共 771.5 万元。

（五）清华大学与企业合作委员会

1995 年 7 月 11 日，清华大学与企业合作委员会（简称“企合委”）成立大会举行。这是学校为贯彻全国科技大会精神，实施科教兴国战略，进一步促进科技成果转化为生产力，使教育更好地面向国民经济建设的新举措。副校长关志成主持会议，校长王大中介绍学校情况。中共中央政治局委员、国务院副总理李岚清，国家科委副主任朱丽兰，国务院经委副主任陈清泰，北京市副市长李润五到会祝贺，企合委第一批成员单位的 38 位企业代表等 150 余人参加会议。

企合委是清华大学与企业合作并为企业提供服务的非营利性组织，其主要宗旨是深入贯彻落实科学发展观，实施科教兴国战略、人才强国战略和可持续发展战略，促进学校与企业界的深入合作，建立产学研合作创新平台，加速技术转移、推动科技成果产业化，提高自主创新能力，为建设创新型国家服务。

企合委成立 15 年来，促进了学校与企业科技合作，为企业提供信息服务、开展人才培训、进行技术咨询诊断、解决技术难题等，为企业发展提供了有效的技术支撑和智力支持，同时也促进了学校的横向科研发展，达到了互惠共赢的局面，发挥了“桥梁、纽带、窗口”的良好作用。

近年来，企合委以推进校企间实质性合作为重点，整合校内外科技与人才资源，创新合作模式，拓展合作领域，不断提高服务能力和水平，促进校企合作的持续深入发展。

2010 年学校进入“以跻身世界一流大学为目标、以奉献国家服务社会为己任”为主题的百年校庆活动筹备年。在学校的统一部署下，企合委结合学校百年校庆筹备任务，围绕推进校企实质性合作这一工作重点，整合校内学科资源，坚持以重大项目为龙头，服务重大合作；搭建科研平台，深化与大企业的合作；加强顶层设计，强化战略合作；组织召开年会等大型活动，不断提高服务能力和水平，促进校企合作的持续发展。

1. 发展大中型企业入会

1995 年至 2010 年，企合委发展国内成员单位 150 家，涵盖电力、石油、冶金、化工、信息、机械等国家重点发展领域，其中大部分为具有较强经济实力和科技能力的行业排头兵企业，如中国电信、中国华能集团公司、神华集团、中国中冶、二滩水电等，见表 7-3-27。企合委还与一批有代表性的政府经济科技管理机构、高新产业区等事业单位开展合作，如安徽省铜陵市科学技术局、江苏常熟市科技局等。企合委成员单位的行业规模和多样性，为校企间开展重大项目合作以及成员单位之间的交流合作奠定了良好基础。

表 7-3-27 1995 年—2010 年企合委国内成员单位名单（按地区分类）

地 区	成 员 单 位
北京市	中国电信集团公司、中国水利水电建设集团公司、华北电网有限公司、中国华能集团公司、中国节能投资公司、中国纺织品进出口总公司、北京燕山石油化工有限公司、首钢总公司、北京四方同创保护与控制设备有限公司、北京永华同方智能仪器科技有限公司、北京清大华创科技发展有限公司、中海油田服务股份有限公司、北京世纪卓克能源技术有限公司、北京天竺空港工业区管理委员会
天津市	大港油田集团公司
上海市	华东电网有限公司、上海宝钢集团公司、上海汽车工业（集团）总公司、上海金南投资发展有限公司、上海电气电站集团
重庆市	中国嘉陵集团、长安汽车有限责任公司
河北省	中国石油天然气管道工程有限公司、华北石油管理局、中国石油天然气股份有限公司华北石化分公司、邢台矿业（集团）有限公司金牛镓碱分公司、中国二十二冶集团有限公司、河北邯郸经济开发区管委会
山西省	经纬纺织机械股份有限公司榆次分公司、天脊煤化工集团有限公司、南风化工集团股份有限公司、山西省煤炭运销总公司晋中分公司、山西省襄垣县故县联营煤矿
内蒙古自治区	内蒙古惠丰医药集团
辽宁省	东北电网有限公司、中国石油辽阳石油化纤工程有限公司、辽河石油勘探局、辽宁成大股份有限公司、华晨中国汽车控股有限公司、沈阳黎明航空发动机（集团）有限责任公司、大连环保产业园区开发有限公司、辽宁省辽阳市科学技术局、辽宁省盘锦市人民政府
吉林省	中国第一汽车集团公司、吉化集团公司
黑龙江省	双鸭山矿业集团有限公司、黑龙江大龙生态肥股份有限公司
山东省	海尔集团、中国重型汽车集团有限公司、中国轻骑集团商河轻型车有限公司、中国石化集团齐鲁石油化工公司、山东英克莱集团有限公司、济南钢铁集团总公司、新汶矿业集团有限责任公司、兖州矿业（集团）有限责任公司、潍坊新立克（集团）公司、山东鲁银投资集团、菱花集团公司、山东黑豹集团公司、山东中鲁远洋渔业股份有限公司、山东现代达驰电工电气股份有限公司、山东贝斯特机械设备有限公司、山东省泰安市科学技术局、山东玉皇化工有限公司、山东皑特管业有限公司、山东省招远市科学技术局、淄博高新技术产业开发区管理委员会
安徽省	安徽华光玻璃集团有限公司、安徽皖北煤电集团有限责任公司、中国第十七冶金建设有限公司、安徽省铜陵市科学技术局
江西省	昌河飞机工业公司、新余钢铁有限责任公司、江西省抚州市科学技术局
江苏省	常州长江客车集团有限公司、江苏南通供电实业总公司、无锡双峰电工集团、国电南京自动化股份有限公司、常州爱思特净化设备有限公司、江苏省泰州市科学技术委员会、江苏省南通市科学技术局、江苏省常熟市科学技术局、苏州国家高新技术产业开发区管理委员会、江阴市民营科技企业协会
浙江省	东方通信股份有限公司、浙江卧龙科技股份有限公司、浙江华夏建设集团有限公司、浙江天屹集团有限公司、巨化集团公司、浙江省台州市科学技术局、浙江省湖州市经济贸易委员会、浙江省宁波市鄞州区科学技术局
福建省	福州广播电视集团、利郎（中国）有限公司、特步（中国）有限公司
湖北省	中国长江三峡工程开发总公司、中国长江动力（集团）武汉汽轮发电机厂、华中电网有限公司、武汉钢铁（集团）公司、武汉凌云科技集团有限责任公司、东风汽车股份有限公司、神龙汽车有限公司、长江交通科技股份有限公司、湖北京山轻工机械股份有限公司、湖北省荆州市科学技术局

续表

地　区	成员单位
河南省	河南安阳彩色显像管玻壳有限公司、河南神火煤电股份有限公司、平顶山天鹰集团有限责任公司、鹤壁煤业（集团）有限责任公司
湖南省	湖南华银电力股份有限公司、湖南五强产业集团股份有限公司、湖南正虹科技发展股份有限公司、湖南金天生康科技有限公司、中国南车集团株洲电力机车有限公司、湖南省岳阳市科学技术局
广东省	中国广东核电集团有限公司、金羚集团有限公司、广东梅雁企业（集团）股份有限公司、新明珠陶瓷有限公司、广州广船国际股份有限公司、广州贤成集团有限公司、三九企业集团、深圳华为电子技术有限公司、深圳市中兴通讯股份有限公司、深圳市鑫王科技发展有限公司、深圳市美精微光电有限公司、珠海格力电器股份有限公司、光大环保工程技术（深圳）有限公司、珠海国家高新技术产业开发区管理委员会
广西壮族自治区	玉柴机器股份有限公司、广西南宁市科学技术局
海南省	海南省发展控股有限公司
四川省	攀枝花钢铁（集团）公司、第二重型机械集团公司、二滩水电开发有限责任公司、中国东方电气集团公司、四川长虹电器股份有限公司、中国茅台酒厂有限公司、绵阳高新技术产业开发区管理委员会
贵州省	贵阳煤气气源厂、贵州西洋肥业有限公司、贵州水晶有机化工（集团）有限公司
云南省	云南红塔集团、中国水电顾问集团昆明勘测设计研究院
陕西省	陕西宝光集团有限公司、西安蓝港数网科技股份有限公司、中国神华能源股份公司神东煤炭分公司
甘肃省	兰州铝业股份有限公司、中国石油天然气股份有限公司兰州石化分公司
宁夏回族自治区	宁夏宝塔石化集团公司
新疆维吾尔自治区	新疆特变电工股份有限公司、吐鲁番哈密石油勘探开采指挥部 中国石油天然气股份有限公司塔里木油田分公司、新疆石河子经济技术开发区管理委员会

2. 为成员单位提供全面服务

整合各类科技创新资源，集成科技创新要素，发挥政产学研资各方优势，搭建科技创新系统平台，已经成为科技创新与技术转移的重要模式之一。企合委自成立以来，非常重视发掘校内外科技、人才资源，结合各成员单位的行业特点和技术需求，为会员企业提供多元化的服务。

为整合校内资源，企合委与校内多个部门建立了密切的工作联系，将其工作职能延伸到与成员单位的合作中。通过整合资源作为企合委工作职能的拓展和补充，大大提高了为成员单位服务的质量和水平，取得了显著的效果。

通过紧密的交流合作，企合委帮助成员单位解决了一大批技术难题，为企业的发展提供了有效的技术支撑和智力支持，同时也促进了学校的学科发展和人才培养，实现了互惠共赢的局面。据不完全统计，企合委成立以来，学校与国内成员单位签订横向科研合同 700 余项，合同额超过 4 亿元，其中百万元以上重点项目 70 余项；与海外成员单位签订科研合作项目 905 项，合同总额为 4.56 亿元，其中，100 万元以上的项目为 67 项，占总合同额的 67.53%。人才培养培训方面，2005 年至 2009 年 4 年间，学校继续教育学院共计为国内成员单位开设各类培训班 79 个，培养学员共计 5 623 人次；2008 年至今，教育培训管理处共计为国内 6 家成员单位开设内训班 25 个，培养学员共计 1 422 人，为企业培养了一批骨干人才。近 5 年来，学校为 19 家企合委国内成员单位举办专场招聘会 43 场，共有 480 名毕业生前往 40 家企合委成员单位就业。如 2009 年有 26 名毕业生签约中国商飞公司；2010 届毕业生中有 26 人签约中国电信，创近年来新高；5 年来共向东方电气集团输送毕业生 53 名；开始有优秀毕业生赴中国二重、四川长虹等西部地区的国家重点企业就业。

在人才培养基地建设方面，学校与部分国内成员单位合作建立“清华大学研究生社会实践基地”，近几年来先后选派了 300 余名博士生赴基地开展社会实践活动，累计完成科研课题 188 项。此外，学校还分别与燕山石化、首钢总公司、上海电气电站集团、东方电气、四川长虹、神华集团神东分公司、铜陵市科技局和珠海高新开发区管理委员会等 8 家企合委国内成员单位建立了研究生社会实践基地。

学校与企合委海外成员单位在创新人才培养与交流方面进行多种形式的深入合作，取得了一系列显著成果。企合委注重发挥“窗口”的作用，联合大学其他相关部门，借助企业资源联合解决大学人才培养的需求以及企业对优秀人才招聘方面的需求，并通过多种合作形式的尝试，共同推动大学与企业间双向的人才交流。企合委海外成员单位多次资助在清华大学举办学生创新科技大赛，培养学生的创造性，如 2009 年 3 月，宝洁公司与清华大学艺术与科学研究中心合办的创新设计大赛；资助优秀学生和青年学者参与国外顶尖学术交流活动，开拓学生的视野，如西门子公司每年资助学生参加在德国林岛举行的诺贝尔奖得主周年研讨大会；英特尔、西门子等与学校共建国家人事部认定的博士后科研工作站，共同培养高技术创新人才。此外学校还邀请企合委海外成员单位的高管担任客座教授和顾问教授，将其自身在科学研究、技术创新和管理等领域的知识、技能与经验传授给清华学子，从培养杰出技术人才的角度多方位支持学校的建设和发展。

3. 深化校企实质性合作

学校提出“以项目为龙头”“向外发力”的工作思路，不断深化与重点企业的实质性科研合作，取得了一系列突破性进展。如在基础研究领域，学校与二滩水电开发有限责任公司共同建设中国锦屏极深地下暗物质实验室，双方开创了大型国有企业支持并与高等学校共同开展国家基础科学研究的典范，对我国暗物质探测前沿领域研究水平的发展起到重要的推动作用。在应用研究领域，学校与中国电信联合建立下一代互联网技术与应用联合实验室，此举加快了我国在下一代互联网的建设速度，标志着我国下一代互联网向着商业化应用迈进了一大步。在科技开发方面，学校与神华集团建立了密切合作关系，双方紧紧围绕国家能源发展战略，在二氧化碳捕获、封存及利用、煤低碳清洁转化、氢能、可再生能源等前沿领域开展长期合作。在成果转化方面，学校与中国二十二冶集团成立联合研究所，共同研制大型压机装备，许多研究成果填补了国内空白，为提升我国装备制造水平发挥了重要作用。在科研平台建设方面，企合委积极推动学校与海内外知名企业共建联合研究中心，开展重大项目研究，并确立校企长期稳定的战略合作伙伴关系。至 2010 年，学校已经与近 20 家国内外企合委成员建立联合研究机构，如清华大学与日本丰田汽车公司成立校级联合研究中心等。

4. 创新合作模式

企合委十分重视校企合作模式的创新，根据企业的具体需求和情况，采用灵活的模式推动大学与企业之间的科研合作。如：美国宝洁公司在学校设立“宝洁研究基金”，支持的科研合作涉及学校多个院系；学校与西门子公司共建产学研合作办公室——“西门子知识交流中心”，已经连续共同举办三届科研合作日的活动。

2009 年以来，企合委加强战略研究，借鉴国内外校企产学研合作的宝贵经验，实行一系列有利于校企合作的新举措，如修订企合委章程，设计新的服务内容和创新工作模式，复刊《科技桥》，出版 *Newsletter* 等，为企业提供校企科研信息交流平台等，更加适应产学研合作的新形势，更好地满足校企合作的新需求。企合委还突破原来以企业和主管经济或科技工作的政府部门为成员单位的思维定式，探索与国外著名大学同行加强交流，尝试与行业俱乐部开展战略合作，实现信息交流和资源共享，协调双方成员单位间的合作交流，为校企合作创造更多机遇。

5. 不断提高服务质量和水平

企合委重视与海内外知名企业建立良好的战略合作伙伴关系，多年来积极发展与海内外企业间的高层次战略合作。仅 2009 年，就分别与神华集团、中国电信、中国商飞公司、四川长虹、二滩水电、中国水电顾问集团等大型国有企业签署校企战略合作协议。企合委也十分重视对成员单位的日常服务工作，如定期开展交流互访，提供科技信息服务，协调科研项目开发、科研平台建设，人才培养与培训，奖助学金及各类基金的设立，毕业生招聘与就业服务等。

6. 举办大型会议和论坛

企合委成立后，多次举办不同类型的国际国内会议、活动等，邀请国家领导人、国内相关部委、地方政府等领导、国内外知名专家、企业家就企业关心的问题、社会热点问题等进行不同主题的研讨和交流，加强了学校与各成员单位之间以及社会各界的联络和沟通，扩大了学校的影响。主要会议及活动情况见表 7-3-28。

表 7-3-28　企合委召开会议（活动）情况一览表

会议时间	会议名称	报告人	参会情况
1995-07-11	清华大学与企业合作委员会成立大会	李岚清　朱丽兰　陈清泰　王大中　黄建华　关壮民　刘锡才	150 多人参会
1996-03-26—28	科技成果转化问题国际研讨会		150 多人参会
1996-05-06—08	发展中国家产、学、研结合问题国际研讨会	李荣融　石定寰　王大中	140 多人参会
1996-05-09	清华大学与企业合作委员会海外部成立大会		海外 20 家知名公司参会
1996-07	企合委成立一周年系列庆祝活动		海内外百家企业共贺
1997-11-24—26	国有经济发展战略研讨会暨清华大学与企业合作委员会年会	张皓若　陈清泰　吴敬琏	100 多人参会
1998-06-24—26	国家新政策和金融风暴带给企业的机会国际研讨会	李伯溪　王家柱　武志松　邓北生　王子渐	

续表

会议时间	会议名称	报告人	参会情况
1998-11-25—26	北京1998大学-企业国际交流会	王大中　Pierre Morel	
1999-04-08—09	第二届技术-应用-市场国际（TAM）研讨会	吕福源　张存浩　杨雪兰　野间口有 Andrew Brown Jr　梁尤能　胡东成　关志成　吴敏生　薛　澜	100多人参会
1999-12-18	清华大学与企业合作委员会首届工作会议	龚　克	
2000-06-14	中国加入WTO后的网上商机及风险高层研讨会	张尧学　胡东成　杨健明　梁定邦　谭崇仁　许文森　吴绪模	200余人参会
2001-01-08—09	知本与资本的对话——新世纪企业清华大学高峰会	王大中　陈锦华　李子彬	100多人参会
2001-04-28	清华论坛——现代企业之有效管理	贺美英，MIT商学院和哈佛商学院院长，美国高盛公司、麦肯锡公司、可口可乐公司、日本软银公司的总裁，以及中国联想集团负责人等	
2001-07-20—22	中国环保产业与环保技术发展论坛	曲格平　杨纪珂　胥树凡　席德立	80余人参会
2002-09-10—11	现代企业前沿问题高层研讨会	龚　克　胡鞍钢　魏　杰　Nabil　李润雨　周建平	300多人参会
2002-10-15—16	中国企业管理前沿论坛总裁班联谊会	龚　克　周　立　刘　伟　樊　纲　刘冀生　吴贵生	200余人参会
2003-08-20—22	中韩高技术展示会2003	刘辰彦　刘　进　李勇勋	
2004-07-12—14	2004中韩高技术展示会	王大中　康克军　洪昌善　刘　进	
2006-06-14	2006中国高校-大型企业合作论坛	赵沁平　康克军等	100多人参会
2007-10-12	清华大学开放创新高峰论坛暨企合委2007年年会	谢维和　吕国良　段瑞春　蒋志培　王　兵　John Kelly	200余人参会
2008-12-19	2008年清华大学与企业合作委员会年会暨中国资源战略论坛	康克军　朱丽兰　李君如　王晓齐　杨旭东　吴世勇　陈全生　李　肃　童媛春	170余人参会
2010-10-15	能源、经济和环境论坛暨2010年清华大学与企业合作委员会年会	顾秉林　康克军　王晓齐　陈云华　王金力　马瑞友　须藤亮　Sean Milloy　Todd Glgckman　何建坤　魏　杰	200余人参会

（六）国家部委科技成果推广计划

国家有关部委为促进科技成果转化为直接生产力，先后设立以推广、转化为重点的“国家科技成果重点推广计划”“火炬计划”和“产学研联合开发工程”等。初期以高校为主申报或校企联合申报，以后逐步发展为企业为主申报。学校有部分项目列入国家相关的推广、转化的科技计划。

1. 国家科技成果重点推广计划

国家科技成果重点推广计划于1990年出台，组织部门为原国家科委。主要任务是将重大科技成果向行业或全国推广。该计划是国家指导性计划，以国家信贷资金支持为主；主要支持内容为科研院所和企业比较先进成熟的科技成果在较大面积和范围的推广应用，同时支持军用技术向民用技术的转移，按国家、省、地区三个层次组织实施；1993年之后并入火炬计划，主要通过企业申报。

1990年—1992年，清华大学科技成果列入“国家科技成果重点推广计划”项目达12项，其中材料系2项、化工系2项、机械系2项，环境工程系、热能系、电子系、化学系、核研院、微电子所各1项。项目名单见表7-3-29。

表7-3-29　列入国家科委科技成果重点推广计划项目

序号	项目名称	承担单位	项目负责人	年份
1	啤酒工业废水厌氧生物处理技术	环境工程系	陆正禹	1990
2	新型空冷贝氏体钢系列及应用	材料系	方鸿生	1990
3	煤气发生炉低高度螺旋锥炉箅	化学工程系	曾宪舜	1990
4	先进铸造工艺设计方法	机械工程系	白天申	1990
5	KG200A，10kHz高频晶闸管制造技术及应用	核研院	陈永麒	1990
6	汽车低温启动节油降污PTC恒温器	材料系	张中太	1992
7	络合萃取法处理工业含酚废水	化学工程系	戴猷元	1992
8	用于供热和空调QHRH分布式计算机控制管	热能工程系（人环公司）	陆致成	1992
9	RHT自动快速热处理系统	微电子所	钱佩信	1990
10	连铸连轧新型贝氏体球墨铸铁磨球	机械工程系	高志栋	1992
11	电子元器件引线热涂易焊合金	电子工程系	龚　信	1992
12	UV90-1光敏阻焊剂新技术	化学系	刘密新	1992

2. 火炬计划

火炬计划于1988年出台，组织部门为原国家科委。火炬计划主要任务是重点引导、推动科研院所、高校、企业和广大科技人员以各种形式建立一大批具有国际竞争能力的新型科技企业。火炬计划是国家指导性计划，目的是实施一大批具有先进技术水平和国内外市场及经济效益好的高技术产品开发项目，促使高技术成果商品化，高技术产品产业化和高技术产业国际化。计划按年度实施，资金以国家信贷和单位自筹为主。旨在通过改革，制定配套政策，改善投资环境。1993年以后，主要通过企业申报。

在通过高校申报之时，清华大学列入国家火炬计划的项目共24项，其中清华紫光（集团）总公司10项，热能工程系3项，机械系、核研院各2项，化学系、电机系、精仪系、工程力学系、工程物理系、材料系、软件中心各1项。列入火炬计划项目情况见表7-3-30。

表7-3-30　列入国家火炬计划的项目

序号	项目名称	承担单位	项目负责人
1	不间断接续电源	紫光公司	郭有恒
2	卫星电视节目接收系统	紫光公司	郭有恒
3	激光精密测量系统	紫光公司	郭有恒
4	水泥生料成分配比自动控制系统	紫光公司	郭有恒
5	独石压电陶瓷变压器及微型高压电源	紫光公司	郭有恒
6	精细陶瓷粉及耐磨部件的开发	核能所	
7	造纸用超高分子聚乙烯磨盘	紫光公司	郭有恒
8	高效高纯精分稀土永磁材料	核能所	
9	宽温度、低黏度TEB液晶材料	化学系	
10	医用微循环图像处理及参数测试系统	电机系	刁颐民
11	E超声波探伤信息记录仪	机械工程系	学　刚
12	稀土低合金铸钢铝带	洛阳拖拉机厂、机械系	
13	卫星图形实时数据转换系统	软件中心	李一陶
14	大型火电机组仿真系统	热能工程系	
15	过程监控、电站设备、医用传感器故障诊断仪	精仪系	
16	RH智能控制器	热能工程系人环公司	
17	射流式气流扬声器	工程力学系(希必实公司)	席葆树
18	多色金属膜复合布	工程物理系	桂立明
19	10TH漩涡内分离循环流化床锅炉	热能工程系	曹柏林
20	阳极氧化法制造可膨胀石墨	材料系	沈万慈
21	智能式变电站微机监控系统	紫光公司	郭有恒
22	图文资料自动录入系统	紫光公司	郭有恒
23	超高压合成绝缘子	紫光公司	郭有恒
24	3I彩色拼版	紫光公司	郭有恒

3. 产学研联合开发工程

产学研联合开发工程于1986年由原国家经贸委、国家教委、中国科学院共同倡导，主要任务是采用多种形式推进产学研联合，促进经济、科技、教育体制改革。

清华大学共有5项科研成果列入产学研联合开发工程项目计划，见表7-3-31。

表 7-3-31　列入国家产学研项目计划的项目

序号	项目名称	承担单位	负责人	序号	项目名称	承担单位	负责人
1	氮化硅陶瓷刀具	材料系	苗赫濯	4	点对多点无线通信系统	电子系	姚　彦
2	精细陶瓷	核研院	田杰谟	5	电子黑板	精仪系	丁天怀
3	太阳能集热管	电子工程系	薛祖庆				

4. 星火计划

星火计划于 1986 年出台，组织部门为原国家科委。星火计划主要任务是依靠科技振兴农村经济，把先进适用的科技成果向农村推广，引导乡镇企业健康发展。星火计划属国家指导性计划，主要支持农村地区和中小企业的技术开发与应用。除按年度实施星火计划项目外，还支持若干星火密集区及区域性支柱产业的建设；按国家、省、地方三个层次组织实施；之后，并入火炬计划，由企业申报。

清华大学列入国家星火计划的项目共 3 项，见表 7-3-32。

表 7-3-32　列入国家星火计划的项目

序号	项目名称	承担单位项目
1	循环床沸腾锅炉系列产品	热能工程系
2	DFM－1 节能减磨剂	化学系
3	风-光互补发电电源系统	热能工程系

5. 国家重点新产品试制计划

国家重点新产品试制计划于 1988 年出台，组织部门为原国家科委，主要任务是引导新产品开发。该计划是国家利用财税政策支持研究院所、高校、高技术开发区以及企业进行新产品开发的一项计划，主要支持技术含量高，具有较好市场前景的新产品。国家（包括地方）支持政策主要包括税收优惠和财政补贴。

清华大学列入国家新产品试制计划的项目共 2 项，见表 7-3-33。

表 7-3-33　列入国家新产品试制计划的项目

序号	项目名称	承担单位
1	显示用液晶材料	化学系等
2	超声波信息记录仪	机械工程系等

6. 低碳能源北京市技术转移中心

低碳能源北京市技术转移中心是以清华大学为主要依托单位，联合华北电力大学、北京工业大学、北京世纪卓克能源技术有限公司、北京嘉乐斯乐科技开发有限公司、北京科泰兴达高新技术有限公司和北京清华阳光能源开发有限责任公司等单位共同组成。中心于 2010 年 11 月被北京市教育委员会、北京市经济和信息化委员会认定为第三批北京市技术转移中心。

中心围绕北京建设“科技北京”“绿色北京”和首都经济发展的需要，构建北京低碳能源产业发展的智力支撑平台。中心充分发挥清华大学及合作单位在清洁煤发电技术、先进核能技术、建筑节能、生物质能源、车用替代能源、清洁发展机制、智能电网和能源发展战略等方向的科技、人才资源优势，解决低碳能源产业领域所面临的重大课题，提高企业自主创新能力，促进低碳能源领域官、产、学、研合作，促进学校技术成果在京的转化，积极引进国外优秀项目，促进技术与资本的对接，推动北京低碳能源相关产业的发展。中心希望在北京低碳能源领域官、产、学、研紧密结合中发挥桥梁、纽带作用，并成为推动北京乃至全国低碳能源产业发展的加速器。

（七）科技扶贫

1987年国家教育委员会确定河北省阳原县为清华大学重点扶贫县和农村教育改革实验县。经学校批准，科技扶贫（包括发展规划和教育扶贫）由科技开发部具体负责，并选派工作责任心强、熟悉科技开发工作的教师担任阳原县科技副县长。先后有李荣先、郭有恒、柳宪斌等3位挂职阳原县科技副县长。至1998年最后一位挂职副县长任职期满后，未再继续派任。

学校在科技扶贫工作中，通过以科技为导向推动企业技术改造，发展工业带领人民脱贫致富；如在清华大学设立阳原县科技联络处，便于科技成果的转让，从1990年至1993年，学校参与阳原县重要技术改造项目共19项，取得了较好的经济效益。1988年建成的阳原县长城水泥厂，投产一年后曾亏损107万元。1989年，学校派去的科技副县长协助县经委抓该厂的科学管理和层层承包责任制，同时抓技术改造，聘请专家咨询，解决工艺中的问题，并派清华师生帮助恢复生料配比自动控制系统，解决了水泥生产的质量稳定问题，当年就扭亏为盈；机械系将先进技术成果“稀土铸铁生产高压暖气片”引入阳原县高压暖气片厂，改善了该厂因生产工艺落后，产品合格率低下而使经济效益不高的状况。为帮助县乡企业建立对口的技术依托单位，学校为阳原县在校内聘请了10名专家、教授担任县科技顾问，为企业解决技术难题。

清华大学对阳原县部分科技扶贫项目见表7-3-34。

表7-3-34 清华大学对阳原县科技扶贫项目

年份	扶贫项目
1990	①提供有关节水防渗技术及人员培训，技术指导；②地下水资源资料的积累、咨询；③地毯厂漂洗工艺
1991	①无偿提供阳原县大田畦乡采暖、做饭两用炉的技术转让；②活性炭厂的排污、节能及工艺方案；③利用当地膨润土做原料，为阳原化工厂、碱厂开发新产品；④为高墙乡暖气片厂解决铸造中的问题
1992	①转让自动磁带盒的生产技术；②为化工厂开发两项新产品：洗涤膏、新型内墙涂料；③采用清华大学稀土技术为暖气片厂扩建；④协助东城铸造厂解决铸钢内在缺陷
1993	①支持阳原县建成彩色仿瓷涂料厂；②为阳原县第一中学设计教学大楼；③为燎原暖气片厂解决铸铁砂眼问题；④为阳原县建成生物复合肥厂；⑤转让生物活化剂的生产技术；⑥开发沸石建材项目；⑦开发硅钙复合建材项目；⑧为洗涤剂厂开发浴液和洗发液等新产品

说明：1994年后无统计数据资料。

四、海外合作

长期以来，学校坚持与世界一流大学、研究机构和国际著名的跨国企业开展交流与合作，取得了显著成果。20世纪80年代初期开始在涉外科研方面有较频繁的人员和信息交流，90年代开始有实质性的研究合作项目，全面和成规模的研发合作始于2000年，合作模式也呈现多元化趋势，有委托研发、合作研发、联合实验室、技术许可、技术咨询、技术服务等，学校涉外研究交流与合作有了长足的发展：涉外研究合作不仅开阔了研究人员的国际视野，同时也培养了大批的国际化优秀人才，成为清华大学科技发展新的增长点。

（一）涉外研究合作项目

学校有资料记载的涉外研究合作始于 1991 年。1993 年涉外研究合作首次达到 1 000 万元人民币；1996 年涉外研究合作项目达百余项，合同额突破 6 000 万元人民币；1999 年学校涉外研究合作的大项目开始凸显，130 个项目总合同额超过 1 亿元人民币；2005 年突破 2 亿元人民币；2007 年突破 3 亿元人民币。2008 年涉外研究合作合同经费达到 3.5 亿元人民币，2009 年涉外研究合作合同经费因受全球范围经济危机的影响有所下降，到 2010 年涉外研究合作项目合同经费回升到 3.1 亿元人民币。

1. 涉外研究合作项目统计

1993 年至 2010 年学校涉外研究合作的总体情况详见表 7-3-35。

表 7-3-35　1993 年—2010 年涉外研究合作情况

年份	项目数	合同额（万元）	年份	项目数	合同额（万元）
1993	14	1 073	2002	134	11 810
1994	38	946	2003	177	14 820
1995	52	1 427	2004	277	15 623
1996	155	6 586	2005	323	23 564
1997	138	7 122	2006	472	23 679
1998	130	6 740	2007	580	33 207
1999	130	12 003	2008	529	35 779
2000	124	10 432	2009	485	23 951
2001	121	14 217	2010	537	31 424

2. 涉外研究合作重点项目

1991 年，学校的涉外研究合作项目有 4 项，包括 1 项联合研发项目（建筑学院吴良镛与加拿大大不列颠哥伦比亚大学合作的亚洲城市研究网项目）和 3 项学术交流项目（计算机科学与技术系张钹与比利时布鲁塞尔大学、环境科学与工程系傅国伟与联邦德国亚琛工业大学、电机工程与应用电子技术系杨津基等与苏联科学院列别捷夫物理研究所）。

第一个过百万的项目是 1991 年建筑学院吴良镛与加拿大大不列颠哥伦比亚大学合作的亚洲城市研究网项目，合同金额达到 208 万元人民币。1996 年环境科学与工程系郝吉明与英国海外发展署 ODA 就环境污染控制技术研究与能力建设项目达成合作，该项目是学校第一个超过 500 万元人民币的项目，合同金额达到 894 万元人民币。2000 年之后是学校涉外研究合作蓬勃发展的时期，首次与外方达成了过千万元的合作项目和联合机构，同时通过与海外企业间合作模式的创新，进一步推动大学与企业之间的研究合作。

涉外研究合作大项目情况见表 7-3-36。

表 7-3-36　1991 年—2010 年涉外研究合作大项目

年份	院　系	负责人	项 目 名 称	合作金额（万元）	国（境）外合作方
1991	建筑学院	吴良镛	亚洲城市研究网	208	加拿大大不列颠哥伦比亚大学人居中心
1992	电机工程与应用电子技术系	高上凯	清华大学-松下电工联合电工实验室	100	日本松下电工株式会社
1993	核能技术设计研究院	—	用 TRPO 萃取剂分离长寿命放射性核素	207	欧共体超铀元素研究所（德国卡尔斯鲁厄）
1993	自动化系	陈禹六	中欧合作 CIM 项目课题 2——CIM 方法论	330	欧共体（法国波尔多第一大学、爱尔兰戈尔韦大学）
1993	自动化系	熊光楞	CIM 实验工程单元控制及三维动画仿真	330	欧共体（意大利工业自动化研究院 IMU）
1993	热能系	冯俊凯	煤的流化床燃烧技术	124	欧共体
1994	水利水电工程系	刘光廷	水电研究所混凝土研究设施改善及技术合作计划	277	日本名古屋大学地球环境工学教室
1994	机械工程系	鹿安理	冷芯盒技术研究	176	Laempe GmbH
1995	信息科学技术学院	杨之廉	集成电路辅助设计工具开发与集成电路设计服务	207	美国 Stanza Systems，Inc.
1995	电子工程系	王　京	DECT 基台系统开发	150	NSM International Ltd.，Hong Kong
1995	热能工程系	江　亿	空调系统的模拟、控制和管理	150	比利时利日大学
1995	电子工程系	杨知行	设备研究协议	136	Stratacom Inc. U. S. A
1995	计算机科学与技术系	洪先龙	集成电路辅助设计工具开发及算法研究	124	美国 EPIC Design Technology，Inc.
1995	计算机科学与技术系	朱小燕	基于便携式电脑的 LR RISC 处理器的应用技术	112	日立公司中央研究所
1995	工程力学系	过增元	激光散斑照相在热流中的应用	100	德国斯图加特大学能源转换系
1996	环境科学与工程系	郝吉明	环境污染控制技术研究与能力建设	894	英国海外发展署 ODA
1996	生物科学与技术系	陈国强	生物工程与遗传工程研究所	826	美国俄亥俄州州立大学
1996	计算机科学与技术系	张素琴	技术合作局信息管理系统的开发	342	国际原子能机构技术合作局

续表

年份	院　系	负责人	项 目 名 称	合作金额（万元）	国（境）外合作方
1996	自动化系	金以慧	基于小波理论与神经元网络的一般建模方法	328	英国纽卡索大学
1996	核能技术设计研究院	云桂春	城市污水回用于地下回灌处理工艺的开发	269	德国柏林工业大学
1996	化学系	朱起鸣	单由乙醇合成乙酸乙酯催化剂及生产技术专利实施许可及专有技术转让合同	182	台湾胜一化工股份有限公司
1996	电机工程与应用电子技术	张菊鹏	清华大学-日立单片机应用联合实验室	180	日立亚洲（香港）有限公司、日立亚洲科技有限公司（日）
1996	图书馆	安树兰	清华大学与 OCLC 联机计算机图书馆中心的合作协议	180	美国 OCLC（Online Computer Library Center, Inc.）
1996	核能技术设计研究院	何建坤	塔里木盆地水资源管理与沙漠化防治	161	加拿大国际发展研究中心（IDRC）
1996	化学系	洪啸吟	导电聚合物的微细光刻研究	161	澳大利亚联邦科学院聚合物与精细化工研究所
1996	信息科学技术学院	汪　蕙	软件研究与开发中心	124	美国 ANALOGY 公司
1996	环境科学与工程系	陆正禹	UASB 技术转让	116	Kankyo Engineering Co. Ltd.
1996	电机工程与应用电子技术	王仲鸿	大规模工业控制问题的模糊模型和控制的开发	110	新加坡国立大学
1996	电机工程与应用电子技术	黄立培	清华大学-日立工业控制器培训中心	100	日本国日立制作所、日立中国有限公司、日立亚洲（香港）有限公司
1997	生物科学与技术系	赵南明	生物技术研究与开发及商业化	770	香港万友贸易公司、美国俄亥俄大学
1997	分析中心	郁鑑源	清华大学-P&G 共建 CE-MS 实验室	248	美国 P&G
1997	精密仪器与机械学系	徐端颐	清华大学-斯高柏光盘技术联合实验室	200	美国 C-CUBE 公司
1997	电机工程与应用电子技术	张菊鹏	清华大学-日立单片机应用联合实验室	184	日本日立亚洲（香港）有限公司
1997	电机工程与应用电子技术	高上凯	清华大学-HP 联合电子学实验室	165	美国 HP（Hewlett-Packard）

续表

年份	院　系	负责人	项 目 名 称	合作金额（万元）	国（境）外合作方
1997	生物科学与技术系	戴尧仁	通过构建超表达 PARP 的转基因水稻植株以建立整体获得性抗性以及水稻 PARP 的特性研究	150	比利时 GENT 大学、意大利 Siena 大学
1997	化学系	朱起鸣	混合 C8 烯烷氢甲酰化反应新催化体系的研究开发	125	韩国现代石油化工公司
1998	核能技术设计研究院	田杰谟	清华大学-红典生物波功能材料研究中心	300	红典国际股份有限公司
1998	电子工程系	丁晓青	联机手写汉字识别程序	166	美国 IBM China
1998	电机工程与应用电子技术	何金良	清华大学- SES 联合实验室	140	Safe Engineering Service & Technologies Ltd.
1998	计算机科学与技术系	王克宏	Java 教育计划	137	Sanga（Canada）Inc.
1998	核能技术设计研究院	云桂春	利用弱碱性阴离子交换树脂去除中国饮用水中的重金属	104	德国卡尔斯鲁厄研究中心
1999	经济管理学院	赵纯均	企业资源计划	376	德国 SAP，西门子公司
1999	经济管理学院	薛　镭	关于路透集团免费提供“市场 2000 金融信息服务系统”	368	英国路透集团
1999	生物科学与技术系	赵南明	清华大学、香港浸会大学中药现代化研究联合实验室	328	香港浸会大学
1999	热能工程系	徐旭常	锅炉烟气脱硫试验厂的合作研究	293	日本科技事业振兴会（JST）
1999	电子工程系	王作英	清华大学和飞利浦语音技术公司的技术开发与合作合同	200	飞利浦语音技术公司（Philips Speech Processing）
1999	电子工程系	王志华	集成电路与系统设计实验室	192	西门子微电子有限公司
1999	计算机科学与技术系	王克宏	清华大学-AST 株式会社知识工程联合实验室	152	日本 Advanced Systems Technology 株式会社
1999	土木工程系	方东平	清华大学-金门建筑安全与风险研究中心	150	香港、金门建筑有限公司
1999	化学系	汪展文	Φ426 毫米下行式反应器中进出口装置的研究	123	巴西石油公司
1999	计算机科学与技术系	洪先龙	标准单元布局和布线算法研究及开发（软件许可协议）	116	美国 Ultima Interconnect Inc.
1999	计算机科学与技术系	洪先龙	应用边界元法的三维场求解器	114	美国 Synopsys

续表

年份	院　系	负责人	项 目 名 称	合作金额（万元）	国（境）外合作方
1999	土木工程系	李少甫	联合成立“建筑玻璃与金属结构研究所”	100	香港晶艺特种玻璃工程集团
1999	自动化系	王桂增	清华-倍加福传感器和 AS 接口技术实验室	100	德国 Pepperl＋Fuchs 公司
2000	微电子学研究所	孙义和	捐赠超深亚微米集成电路设计软件	4 000	先驱微电子有限公司
2000	物理系	范守善	设立清华富士康纳米科技实验室	3 000	台湾富士康企业集团
2000	核能技术设计研究院	王秋萍	高纯 7LiOH 的制备	2 500	通过中国电子能公司，出售至德国 RWE-NuKem 公司
2000	自动化系	柴跃廷	清华现代物流研究院	1 591	香港亚洲物流科技有限公司
2000	电子工程系	李冬梅	威盛-清华通信技术开发中心	620	台湾威盛电子股份有限公司
2000	生物科学与技术系	程　京	清华大学-腾隆合作实验室	301	美国腾隆科技公司
2000	电子工程系	张汉一	清华大学-贝尔实验室光通信网络系统联合实验室	248	朗讯科技（中国）公司贝尔实验室
2000	计算机科学与技术系	吴建平	清华大学-贝尔计算机网络通信联合实验室	248	朗讯科技（中国）公司贝尔实验室
2000	电子工程系	杨知行	清华大学-贝尔实验室通信联合实验室	248	朗讯科技（中国）公司贝尔实验室
2000	化学系	朱起鸣	清华大学-ABB 温室气体控制联合化学实验室	225	瑞士 ABB 研究有限公司
2000	核能技术设计研究院	王彦佳	中美能源环境技术中心	184	美国 Tulane 大学
2000	经济管理学院	陈国青	Intel 公司支持经管学院建立电子商务实验室	165	英特尔中国有限公司
2000	环境科学与工程系		中国机动车排放控制规划	116	美国通用汽车公司
2000	电机工程与应用电子技术	黄立培	清华大学-日立工业控制器培训中心延期协议	100	日本国日立制作所、日立中国有限公司，日立亚洲（香港）有限公司
2001	电子工程系	丁晓青	许可协议	826	Scansoft 公司

续表

年份	院　系	负责人	项 目 名 称	合作金额（万元）	国（境）外合作方
2001	热能系	蔡瑞忠	清华大学-TRAX仿真与控制研究中心	631	美国TRAX公司
2001	电子系	陈向飞	发展新型DWDM/Interleaver光纤器件项目的技术开发	560	香港元成基业有限公司 Nuovo Assets（Hong Kong）Ltd.
2001	电子系	牛志升	清华大学-日立未来先驱IT联合实验室	500	株式会社日立（日本）
2001	环境科学与工程系	陈吉宁	清华大学（环境科学与工程系）-国中环保有限公司环境技术研究所	500	Interchina Environmental Company Ltd.、国中控制有限公司
2002	微电子学研究所	刘泽文	ASML光刻机适用性技术研究	4 378	荷兰ASML SA公司
2002	热能工程系	岳光溪	NEDO CFB示范锅炉岛	1995	日本IHI公司
2002	热能工程系	倪维斗	清华BP清洁能源研究与教育中心	1 239	英国BP公司
2002	精密仪器与机械学系	巩马理	捐赠存储软件设备	800	美国飞康公司
2003	微电子学研究所	许　军	向清华大学捐赠半导体材料外延设备	1 180	应用材料公司
2003	工程力学系	符　松	清华大学-通用电气推进与动力技术研究中心第一年的四个项目	960	美国通用电气航空发动机公司
2003	计算机科学与技术系	郑纬民	清华大学、惠普、英特尔高性能计算联合实验室	850	HP、Intel
2003	工程力学系	过增元	清华大学-大金R&D中心	826	日本大金工业株式会社
2003	清华汽车工程开发研究院	宋　健	清华大学-日绵汽车技术研究所	826	日绵株式会社
2003	基础工业培训中心	李鸿儒	清华大学-伟创力SMT实验室	800	美国伟创力公司
2003	热能工程系	袁　新	清华大学-三菱重工业研发中心	770	日本三菱重工
2003	电机工程与应用电子技术	董新洲	清华大学-阿尔斯通继电保护与控制研究中心	644	英国阿尔斯通公司
2003	水利水电工程系	金　峰	清华大学-前田（岗村）先进建设技术研究中心	500	前田建设工业株式会社
2003	物理系	曹必松	高温超导滤波器系统现场中试计划	500	伟清创新科技有限公司

续表

年份	院　系	负责人	项 目 名 称	合作金额（万元）	国（境）外合作方
2004	微电子学研究所	王志华	集成电路设计技术研究	1 033	Fairchild Semiconductor 飞兆半导体
2004	核能技术设计研究院	于溯源	中韩核能制氢联合研究中心	1 000	韩国原子能研究院 KAERI
2004	环境科学与工程系	李振瑜	清华大学-富士电机环境教育与科技合作	1 000	富士电机系统
2004	计算机科学与技术系	郑纬民	清华大学- Intel 联合研究中心	826	Intel Semiconductor (US) Ltd.
2004	微电子学研究所	王志华	清华信息学院芯片设计实验室	600	和舰科技（苏州）有限公司
2004	电子工程系	牛志升	清华大学-日立未来先驱 IT 联合实验室（续）	500	株式会社日立制作所
2005	环境科学与工程系	郝吉明	清华大学-丰田研究中心	4 000	丰田汽车公司 Toyota Motor Corporation
2005	热能工程系	岳光溪	泰国味之素公司循环流化床锅炉及其附机设备	2 659	日本 IHI 公司
2005	信息技术研究院	汪东升	STENSA 可配置处理器核心	1 200	Tensilica Inc.
2005	精密仪器与机械学系	巩马理	清华大学-日立 VIA 激光实验室	909	日立 VIA 机械公司
2005	热能工程系	李　政	BP 支持的清华可持续城市交通项目	826	BP International Limited
2005	化学工程系	王晓工	清华大学（化学工程系）-LG 化学联合实验室	810	LG Chem，Ltd.
2005	信息技术研究院	王兴军	清华大学-瑞萨集成电路研究所	800	Renesas Technology Corp.
2005	环境科学与工程系	王洪涛	中国农村地区的可持续发展研究	625	Institute of International Education (IIE)
2005	信息技术研究院	杨知行	数字电视联合开发协议	500	Tianjin Tong Guang Samsung Electronics Co. Ltd.
2005	信息科学技术学院	王　京	清华（信息科学技术学院）-飞利浦 HLT 研发中心	500	飞利浦（中国）投资有限公司
2006	公共管理学院	薛　澜	清华大学公共管理学院产业发展与环境治理研究中心	3 000	日本丰田汽车公司
2006	热能工程系	顾春伟	清华大学-三菱重工业研发中心（第二期）	1 050	日本三菱重工

续表

年份	院　系	负责人	项 目 名 称	合作金额（万元）	国（境）外合作方
2006	环境科学与工程系	余　刚	清华大学环境科学与工程系-美国哈希水质监测联合研究	1 000	美国哈希公司
2006	环境科学与工程系	刘文君	清华大学（环境科学与工程系）-三洋电机（研究开发本部）环境技术联合研究中心	900	Sanyo Electric Co.，Ltd.
2006	信息技术研究院	宋　健	清华大学（信息技术研究院）-JMC u-Korea（株）宽带多媒体传输联合研究中心	900	JMC u-Korea Co. Ltd.
2006	水利水电工程系	安雪晖	清华大学（土木水利学院）-若松混凝土（入江）先进建材开发研究中心	800	Wakamatsu Concrete Co. Ltd.
2006	微电子学研究所	许　军	Novellus 向清华大学赠送200mmCMP（化学机械抛光设备）	720	Novellus System Inc.
2006	清华汽车工程开发研究院	宋　健	清华双日汽车技术研究所机构清算	570	双日株式会社
2006	环境科学与工程系	陈吉宁	清华大学（环境系）-国中环保有限公司环境技术研究所	500	国中环保有限公司
2006	水利水电工程系	金　峰	清华-前田（岗村）先进建设技术研究中心（续）	500	Maeda 前田建设工业株式会社
2007	建筑学院	江　亿	清华大学-联合技术公司建筑节能、安全、联合研究中心	3 750	UTC 联合技术研究中心（中国）有限公司
2007	电子工程系	杨知行	地面数字电视广播接收技术开发	1 600	北京北阳电子技术有限公司
2007	化学工程系	魏　飞	独家专利许可、设备使用及技术转让协议	1 600	Cnano Technology Limited
2007	人文社会科学学院	李　强	清华大学（人文社会科学学院）-野村综合研究所中国研究中心	1 300	日本株式会社野村综合研究所
2007	信息技术研究院	宋　健	清华大学（信息技术研究院）-香港应用科技技术研究院多媒体广播与通信联合实验室	900	香港应用科技技术研究院
2007	信息技术研究院	赵　黎	清华大学（信研院）-Intertrust数字版权管理联合研究实验室	900	Intertrust Technology Corporation

续表

年份	院　系	负责人	项 目 名 称	合作金额（万元）	国（境）外合作方
2007	信息技术研究院	杨知行	地面数字电视广播接收技术开发	720	Spreadtrum 展讯通信（上海）有限公司
2007	航天学院	过增元	清华-大金研究中心	650	日本大金工业株式会社
2007	信息技术研究院	宋　健	符合数字电视地面位输标准的芯片研究	640	株式会社东芝
2007	环境科学与工程系	郝吉明	中国汞污染控制能力建设-贵州省为例	630	挪威水研究所
2007	计算机科学与技术系	朱小燕	清华大学（信息科学与技术学院）- HP 多媒体联合实验室	508	美国惠普公司
2007	信息技术研究院	宋　健	清华大学（信息技术学院）-安捷伦信息与通信测量联合实验室	500	Agilent 安捷伦科技有限公司
2008	电子工程系	牛志升	清华大学-日立未来先驱 IT 联合实验室项目	500	日本 Hitachi Ltd.
2008	生命科学与医学研究院	施一公	技术研究合同	504	瑞士 Roche R&D Center (China) Ltd.
2008	公共管理学院	于永达	国际资源、环境、材料合作战略与发展研究	560	日本 Dowa Group
2008	热能工程系	蔡宁生	清华大学-东芝能源环境研发中心项目	900	株式会社东芝
2008	电子工程系	张　林	清华大学（电子工程系）-思科绿色科技联合研究中心项目	900	美国思科系统（中国）研发有限公司
2008	热能工程系	李　政	BP 主任基金	1 050	英国石油公司（BP）
2008	生物科学与技术系	施一公	药物靶点结构生物学的试点研究	1 197	美国（诺华）Forma Therapeutics Inc.
2008	电子工程系	杨知行	地面数字广播接收技术开发	1 400	新加坡 Media Tek Singapore Pte. Ltd.
2008	医研院	施一公	基础研究基金协议	1 400	瑞士 Roche R&D Center (China) Ltd.
2008	微电子学研究所	魏少军	清华（微电子所）-英特尔先进移动计算技术研究中心项目	1 750	美国 Intel
2008	校级框架协议	马　军	清华大学-西门子 CKI 协议	2 000	德国西门子
2008	电机工程与应用电子技术系	王赞基	清华大学中国车用能源研究中心项目	4 390	GM（美国）和上海汽车

续表

年份	院　系	负责人	项 目 名 称	合作金额（万元）	国（境）外合作方
2008	热能工程系	顾春伟	清华大学-三菱重工业研究开发中心项目	5 600	日本三菱重工
2009	计算机科学与技术系	朱小燕	清华大学（信息科学与技术学院）- HP 多媒体联合实验室项目	500	美国惠普公司
2009	电子工程系	王　京	高通-清华联合研究	525	高通无线电通信中国有限公司（美国）
2009	化学工程系	魏　飞	丙烷和混合 C4 转化制低碳烯烃流化床反应-再生系统研发	700	香港兆威兴业有限公司
2009	生命医研院	施一公	清华大学（医研院）- FEI 电子显微学生物应用联合研究中心项目	700	荷兰 FEI Company
2009	生命医研院	施一公	清华大学（医学院）-拜耳合作协议	2 100	德国 Bayer HealthCare Company Ltd.
2009	环境科学与工程系	余　刚	清华大学-威立雅环境先进环境技术联合研究中心项目	3 000	法国威立雅环境集团
2010	工程物理系	范维澄	清华大学-波音联合研究中心项目	3 500	美国波音公司
2010	生命医研院	施一公	清华大学-杨森传染病研究合作项目	2 800	比利时杨森
2010	热能工程系	姚　强	面向中美先进煤炭技术合作的新一代煤转化与发电技术	2 916	美国（中国科技部国际科技合作项目）
2010	汽车工程系	欧阳明高	面向中美清洁能源合作的电动汽车前沿技术研究	2 430	美国（中国科技部国际科技合作项目）
2010	公共管理学院	薛　澜	清华大学公共管理学院产业发展与环境治理研究中心（二期）	1 200	日本丰田汽车公司
2010	建筑学院	江　亿	清华大学（建筑节能研究中心）与香港太古地产建立联合研究项目	600	香港太古地产
2010	公共管理学院	齐　晔	清华大学气候政策与低碳发展研究	595	美国 Climate Policy Initiative
2010	化学工程系	刘德华	车用液体生物燃料的关键技术开发及产业化示范	554	意大利（中国科技部国际科技合作项目）
2010	电子工程系	牛志升	清华大学电子系-日立联合实验室项目	500	日本 Hitachi Ltd.

说明：本表项目统计标准：1993 年至 2000 年为 100 万元人民币以上项目；2001 年至 2010 年为 500 万元人民币以上项目。

3. 政府间国际科技合作项目

政府间国际科技合作项目是指在各国政府间双边和多边协议下执行的科技合作项目。这些项目的科研合作水平较高，对我国科技事业和经济建设有较大影响。

（1）国际科技合作重点项目计划

学校承担的金额超过100万元人民币的政府间国际科技合作项目见表7-3-37。

表7-3-37　2002年—2010年承担政府间国际科技合作项目

年份	承担单位	项目负责人	项目名称	金额（万元）	国别
2002	机械工程系	李培杰	变形镁合金的研发	100	俄罗斯
2004	核能技术设计研究院	赵　璇	2008年奥运会水资源可持续性利用技术示范研究	150	德国
2004	水利水电工程系	周建军	黄河下游泥沙和地貌预报模拟	120	荷兰
2004	科研院	曹建国	低产油井低频声波振动增油技术和设备	100	俄罗斯
2007	环境科学与工程系	黄　霞	基于微生物燃料电池的创新性污水产电与净化技术研究	170	比利时
2007	电子工程系	谢世钟	光纤毫米波无线通信技术：关键器件与系统设计	200	加拿大
2007	精密仪器与机械学系	雒建斌	面向45nm以下线宽集成电路的平坦化新技术研究	387	日本
2007	工程物理系	唐劲天	同轴电纺丝法纳米中药载药系统的研究	190	韩国
2007	生物科学与技术系	吴庆余	利用藻类制备生物质燃料并改善环境	200	美国
2007	核能与新能源技术研究院	赵　璇	2008年奥运会水资源可持续利用技术示范研究Ⅱ期	213	德国
2007	机械工程系	李培杰	新型高精度镁合金薄板及高性能铝镁合金研究开发	461	俄罗斯
2007	环境科学与工程系	余　刚	环境污染控制与质量改善的关键技术研究	405	意大利
2008	精密仪器与机械学系	郭　丹	高水基润滑新材料及润滑机理研究	100	日本
2009	机械工程系	李培杰	面向航空制造的轻合金精确成型关键技术与装备	253	俄罗斯
2009	物理系	薛其坤	低维位控纳米结构的载流子运输研究	120	瑞士
2009	核能与新能源技术研究院	张佑杰	核辐照技术处理有害垃圾焚烧产生的二噁英等高毒性挥发性有机污染物	223	日本
2010	环境科学与工程系	郝吉明	东亚黑炭气溶胶的来源、气候影响及其控制对策研究	120	日本
2010	电子工程系	任　勇	小型城镇气象预报与自助信息服务系统联合研发	100	芬兰

续表

年份	承担单位	项目负责人	项目名称	金额（万元）	国别
2010	核能与新能源技术研究院	李天成	甜高粱秆固体发酵利用纤维素产燃料乙醇技术研究	130	美国
2010	环境科学与工程系	张晓健	内外源污染引起供水管网水质变化的机理和处理技术	100	美国
2010	水利水电工程系	王忠静	多尺度水资源管理模型融合技术及在中国北方的应用研究	100	荷兰
2010	化学工程系	刘德华	车用液体生物燃料的关键技术开发及产业化示范	554	意大利
2010	材料科学与工程系	林　红	高效稳定燃料敏化太阳能电池产业化关键技术的联合研究	100	瑞士
2010	精密仪器与机械学系	刘　伟	超低剂量数字化X线医疗影像设备的关键技术引进与研发	426	俄罗斯
2010	热能工程系	姚　强	面向中美先进煤炭技术合作的新一代煤转化与发电技术	2 916	美国
2010	汽车工程系	欧阳明高	面向中美清洁能源合作的电动汽车前沿技术研究	2 430	美国
2010	核能与新能源技术研究院	王建龙	常温固体发酵生产生物燃气和甲烷净化技术研究	282	瑞士
2010	核能与新能源技术研究院	李　富	第四代核能系统国际论坛超高温气冷堆技术合作研究	273	德国

（2）欧盟项目

学校从20世纪90年代开始与当时的欧共体国家的有关机构开展了研究合作，并于2000年后逐步参与了欧盟科研框架计划项目。欧盟科研框架计划（Framework Program，FP）是当今世界上最大的官方科技计划之一。从1984年开始至今，欧盟已经执行到第七个框架计划。该计划具有研究水准高、涉及领域广、投资力度大、参与国家多等特点，特别是充裕的研究经费，使其备受关注。参与欧盟框架计划充实了我国科研机构的科研经费，为科研人员提供了与欧洲同行交流与学习先进科研技术和管理方法的机遇。学校自1993年起承担的合作金额超过100万元人民币的欧盟项目见表7-3-38。

表7-3-38　1993年—2010年承担欧盟项目

年份	承担单位	项目负责人	项目名称	金额（万元）	国外合作方	国别
1993	核能技术设计研究院	核研院	用TRPO萃取剂分离长寿命放射性核素（在热室中）	207	欧共体超铀元素研究所（德国卡尔斯鲁厄）	德国
1993	自动化系	陈禹六	中欧合作CIM项目课题2——CIM方法论	330	欧共体（法国波尔多第一大学、爱尔兰戈尔韦大学）	法国

续表

年份	承担单位	项目负责人	项 目 名 称	金额（万元）	国外合作方	国别
1993	自动化系	熊光楞	CIM 实验工程单元控制及三维动画仿真	330	欧共体（意大利工业自动化研究院 IMU）	意大利
1993	热能工程系	冯俊凯	煤的流化床燃烧技术	124	欧共体	欧共体
2001	自动化系	张和明	中欧合作 CENNET 项目合同书	112	Sarl Graisoft 公司	法国
2004	水利水电工程系	胡黎明	欧盟 Asia-Link 项目——中国环境岩土工程培训计划	300	欧盟欧洲委员会	欧盟
2004	信息网络工程研究中心	吴建平	关于中欧学术网络和宽带网络的研讨会和相关展览	153	欧盟	欧盟
2005	核能与新能源技术研究院	陈文颖	欧洲二氧化碳地质埋存潜力评价	125	欧盟框架计划 FP6	丹麦
2005	信息网络工程研究中心	吴建平	欧亚信息网格二期工程	300	Delivery of Advanced Network Technology toEurope	英国
2005	医学院	饶子和	SARS 诊断及治疗的中-欧合作计划项目	242	德国吕贝克大学、欧盟 FP6 项目	德国
2006	核能与新能源技术研究院	陈文颖	在印度与中国开展技术导向的合作与战略：加强欧盟与发展中国家减缓气候变化的对话	100	瑞士 Swiss Federal Institute of Technology（Lausa）	瑞士
2006	核能与新能源技术研究院	陈文颖	中国欧盟 CCS（碳收集埋存）合作行动	223	法国 Institut Francais du Petrole（IFP）	法国
2006	信息技术研究院	宋 健	涉及多标准的全球性移动通信和广播网络融合的研究	270	德国汉堡大学（欧盟 FP6）	德国
2006	自动化系	范玉顺	支持语音环境互操作的软件研究	129	西班牙 Asociacion De Investigacion Y Desarrollo En	西班牙
2009	核能与新能源技术研究院	陈文颖	亚洲新兴经济体参加后京都机制的政策设计	106	查尔摩斯技术大学	瑞典
2009	计算机科学与技术系	陶霖密	以病人为中心的心脏病远程自适应和环境感知的诊断与管理	165	LABOR S. R. L.	意大利
2009	热能工程系	王淑娟	新型二氧化碳捕获技术研究	100	NTNU-NORGES TEKNISK-NATURVITENSKAPELIGE UNIVERSITET	挪威

续表

年份	承担单位	项目负责人	项 目 名 称	金额（万元）	国外合作方	国别
2009	网络中心	王继龙	第三代跨欧亚信息网络TEIN3运行中心	470	Delivery of Advanced Network Technology	英国

（二）企合委海外工作情况

企合委海外部是清华大学与企业合作委员会的重要组成部分，成立于1996年，主要负责学校与海外企业的科技合作与交流，推动学校科技成果转化。

1. 海外成员单位

企合委海外工作主要针对知名跨国公司，通过为合作双方提供多元化服务，推动学校与海外企业界的深入合作，促进双方共同开展前沿技术研究和应用技术研究。在1995年企合委成立之初，有28家海外知名企业成为企合委海外成员单位；经过多年的发展，截至2010年共有海外会员39家，见表7-3-39。

表 7-3-39　企合委海外企业会员（39家）

单 位 名 称	单 位 名 称	单 位 名 称
株式会社东芝	Mentor Graphics 公司	AT&T 公司
P&G 亚洲研究发展部	Viewlogic Systems 公司	美国德州仪器香港有限公司
索尼公司	Nippon Shooter 公司	三菱电机株式会社
美国通用汽车海外公司北京办事处	芬兰国家技术创新局	壳牌公司
法国电力	SK 集团 技术革新中心	日本 SMC 株式会社
IBM（中国）有限公司	西门子（中国）有限公司	朝阳贸易株式会社
摩托罗拉中国电子有限公司	日立（中国）有限责任公司	新时代株式会社
美国德勤会计师行	英特尔中国研发中心	Synopsys 公司
Sun Microsystems 中国有限公司	中国惠普有限公司	Emco Maier GesmhH
NEC 公司	松下电器（中国）有限公司	康明斯中国投资有限公司
罗克韦尔公司	三星综合技术院	芬欧汇川
日本昭和高分子株式会社	法国电信	通力电梯有限公司
旭化成工业株式会社	丰田汽车公司	冠捷科技有限公司

2. 召开企合委海外年会

企合委年会是学校和企业成员单位之间通过年度会议进行交流的一个方式，1995年企合委成立后，每年举办年会，召集国内外企业共同参与。2004年起企合委海外工作由海外部负责后，根据需要海外部同时开展面向国（境）外企业特点和关心的热点量身定制单独举办企合委海外年会（见表7-3-40）。企合委海外年会通过选择学校和跨国公司共同关心的热点问题，邀请来自学术界的专家和企业界的高管就不同主题进行交流和研讨，以加强学校与会员单位的联络与沟通，解决合作中的问题，并吸引其他未入会企业的参加，扩大了学校影响，为开展进一步合作奠定基础。

表 7-3-40　企合委海外年会召开情况

会议时间	会议主题	参会企业	报告人
2005-06-16	2005 年度企合委海外年会——探索今日之中国高校校企合作模式	Intel、Microsoft、GM、HP、P&G、Sony、Hitachi、Toshiba 等	康克军等
2006-05-18	清华大学与企业合作委员会海外顾问与联络教授会议暨聘任仪式	GE、Intel、P&G、Toshiba、Hitachi、Sony、Toyota、HP 等	
2007-09-27—28	2007 年度海外年会——跨国产学合作的机遇与挑战：实务问题与对策	英特尔公司、北京宝洁技术有限公司、东芝、日本日立公司、索尼公司、芬欧汇川（UPM-Kymmene）、芬兰国家科技局（Tekes）、美国康明斯公司（Cummins）等	康克军、朱文武、Mr. James Kaw、雷海涛、松冈雄司、牛志升
2008-10-16—17	2008 年度海外年会——新形势下的校企合作：探索全面合作中的新理念	英特尔、康明斯、IBM、惠普、索尼、日立、东芝、欧姆龙、西门子等	康克军、Mikko Alkio、Stephen Wittrig、陈实、宋罗兰、马建、曹建国、祁金利
2010-10-15—16	能源、经济和环境论坛暨 2010 年清华大学与企业合作委员会年会	P&G、Intel、GM、UTC、Boeing、Siemens、Toyota、Sony、Hitachi、Bayer、Tekes、SK、KONE、TPV、Samsung 等	顾秉林、康克军、王金力、Maurizio Marchesini、陈云华、Akira Sudo、Sean Milloy、Todd Glickman、何建坤、魏杰

五、国防科研

1988 年，原国防科工委、航天部等国家有关部门开始设立各种国防跨行业基金项目，并面向部分教育部直属高等院校定向发布项目指南，学校承担的国防科研项目开始逐渐增加。每年有几十项，大都属于基金类的基础研究项目。

为了做好国防科研管理工作，原国家教委于 1995 年 12 月 25 日下发了《关于高等院校应加强对军工项目的管理工作的通知》，要求各直属高等院校要加强对军工项目的领导，确定专人管理，并设立学校军工管理办公室，同时严格保密制度。为此，学校于 1996 年 3 月 14 日经 1995—1996 学年度第 10 次校务会议通过，成立清华大学军工办公室，负责学校国防科研及项目管理工作。1999 年 1 月因学校机关机构调整，撤销军工办公室，其工作职能由学校科学技术处相关科室设专人承担。

1998 年 5 月，随着国防科技工业体制改革的不断深入，国家成立了解放军总装备部，调整了国家国防科技工业体系中的供求关系，也使学校有了更多争取承担国防科研的机会。2000 年 7 月 8 日学校召开清华大学专用人才与尖端科技工作会议，这是学校举办的第一次校内国防工作会议，解放军总装备部、教育部、国防科工委等相关领导莅临会议指导。校长王大中作了题为《建设一流大学，为国防建设服务》的重要报告，指出学校要以党中央关于“科教兴国”和“科技强军”的战略思想为指导，重点研究教学、科研如何更好地为国防现代化建设服务的问题。校党委书记贺美英宣布《关于加强清华大学国防工作的决定》，以及成立“清华大学国防工作领导小组”名单。

这次会议制定了一系列加强国防科研工作的政策，推动了学校国防科研与人才培养工作的发展。如在科学技术处下设立国防工作办公室，建立学校国防人才培养和科研工作管理新体制等。随着学校科技体制改革的不断深入，2003 年 12 月科研院成立后，原管理办公室更名为军工部，隶属学校科研院。

2006 年 7 月 8 日，学校召开了第二次国防工作会议，中央军委、解放军总政治部、教育部、国防科工委，以及各军兵种主要领导等莅临会议指导。校长顾秉林在讲话中总结了自上次国防工作会议以来学校在国防科研与国防人才培养工作方面的成绩，对“十一五”期间学校的国防工作提出了新的规划和要求。教育部部长周济在讲话中指出应重点进行两个方面的工作：一是进一步加大国防人才培养力度，为军队、为国防培养更多高层次创新型人才；二是大力提高国防科技工作的水平，根据国防科技和武器装备发展需求以及新技术领域的发展，重点培育一批国防重点学科，建设一批国防科技重点创新平台，建立健全高校国防科技管理体制，积极推进政策环境和高校各项资质审核论证与建设。

2007 年 9 月，学校通过了《清华大学“十一五”国防发展纲要》，确定了学校国防工作“十一五”的指导思想和总体目标。其中指导思想是：坚持以邓小平理论和“三个代表”重要思想为指导，全面贯彻落实科学发展观，紧密结合国家推进中国特色新军事变革的战略需求，按照《清华大学事业发展“十一五”规划纲要》的部署和学校第二次国防工作会议精神，以承担国防重大科研任务为牵引，以国防工作理念和体制机制改革创新为突破，以国防人才队伍建设为关键，推进人才培养与科研的结合，不断提高国防人才培养水平，努力实现国防科研质量和规模的跨越发展。

2007 年 12 月，学校为了加强国防科研管理，制定并通过了《清华大学国防科研管理办法》，更加规范了学校国防科研管理，保证了学校承担的各类国防科研任务的顺利完成。

国防科研政策的制定与实施，调动了广大师生承担国防科研的积极性，促进了学校国防科研的迅速发展。从 1998 年到 2010 年，学校所承担国防科研项目的种类和数量大幅增加，国防科研经费从 1998 年的 1 109 万元到 2010 年的近 2.5 亿元，增长了 22 倍，年平均增长率为 28.5%。

2005 年起，连续 3 年，学校每年都获得 1 项牵头的国家重大安全基础研究项目立项。2007 年，学校通过承担“高放废液分离处理技术”等项目研究，进入国防科工局“军工核设施退役与放射性治理专项”中，进而使学校成为三个牵头单位之一，也使学校在 20 世纪 60 年代建设的核设施开始进入安全退役状态。2008 年，国家开始实施“国家中长期科技发展规划”中的重大专项工作，作为高温气冷堆国家科技重大专项技术研发责任单位，核研院开始承担“高温气冷堆”重大专项，2009 年、2010 年共计承担研究项目 18 项。此外，学校还加强国防科研平台建设，建成 1 个国防重点学科实验室和 2 个教育部重点实验室（B 类），设立了一批国防科研基地，并与军工单位共同建立了多个联合研究机构，逐步形成了一批稳定的、长期从事国防科研的研究团队。

这期间承担的重大项目数量也有迅速增长，产生了一批具有影响的原创性的重大科研成果，如 2～15MeV 高能射线工业 CT 无损检测系统、微（纳）卫星及地面站系统、空间机器人、临近空间信息网络系统、小型气象无人机、固体激光器系统、微硅机械陀螺研制、微机械惯性组件、静电惯性仪表研制以及物体表面减阻性能研究、神舟飞船返回舱着陆安全试验研究、舱外宇航服OLED显示器研制等。“工业CT无损检测系统”成果获2010年国家技术发明一等奖。

在国防人才培养方面，学校创立了国防定向生的“双下标”管理模式，积极开展为军队培养人才的“强军计划”研究生培养，推动了学校为军队和国防科技工业体系培养人才的“双十计划”（即在每年招收的本科生和博士生中有10%的学生为国防定向生），通过多种形式为国防和军队培养和输送了一批高层次人才。同时也促进了学校国防科研领域拓宽，规模快速发展。

学校依托优势学科，开展航天航空技术研究。1998年9月15日，经1998—1999学年度第1次校务会议通过，成立“清华大学宇航技术研究中心”。中心的任务是开展航天技术、空间技术（包括小卫星、深空探测器、航天器）的研究开发，逐步成为学校宇航技术研究开发的重要基地。1998年学校与英国萨瑞（SURREY）大学签订合作协议，联合研制开发小卫星项目，并于2000年6月28日成功发射了“清华一号”微小卫星。2004年4月18日，由清华大学研制的、委托航天清华卫星技术有限公司制造的我国第一颗纳卫星——NS-1卫星，在中国西昌卫星发射中心由“长征二号丙”（LM-2C）成功搭载发射。该卫星是在学校承担的国家“863计划”项目基础上，进一步投资自主研制的，旨在探索空间高技术试验。

为推动高校国防科技管理体制建设，加强与军工企事业单位合作，学校推进国防科研生产资质建设工作。经过三年的国防武器装备科研生产保密体系建设，学校于2006年3月通过了北京市军工保密资格认证委员会现场审查，2007年1月获得国防武器装备科研生产单位保密资格审查认证委员会颁发的“二级保密资格单位证书”。2007年6月，学校通过国军标质量管理体系现场审查认证，2010年1月获得武器装备质量体系认证委员会颁发的“武器装备质量体系认证证书”。2007年12月，学校通过了国防科工委的武器装备科研生产许可现场审查，2008年3月获得国防科工局颁发的“科研生产许可证”。

2007年12月13日，经2007—2008学年度第7次校务会议讨论通过，成立清华大学国防资质建设与管理办公室，挂靠在科研院军工部，负责国防科研生产“三证”资质的建立、运行与管理工作。2009年9月，学校通过了装备承制单位资格审查，2010年2月获得解放军总装备部颁发的“装备承制单位注册证书”。2010年底，全面完成武器装备质量管理体系文件换版修订工作。

六、文科项目与经费

（一）概况

2000年—2010年，清华大学承担的人文社会科学类科研项目和经费均实现大幅增长，各级各类项目共计4 243项，科研经费累计达10.18亿元，在全国高校中名列前茅。见表7-3-41。

表7-3-41　2000年—2010年文科科研项目与经费统计

年份	项目数	经费数（万元）	年份	项目数	经费数（万元）
2000	128	1 827	2002	224	5 248
2001	173	2 764	2003	217	4 711

续表

年份	项目数	经费数（万元）	年份	项目数	经费数（万元）
2004	238	5 123	2008	545	12 887
2005	383	8 783	2009	628	18 117
2006	432	10 487	2010	777	18 036
2007	498	13 826	合计	4 243	101 800

（二）国家社会科学基金项目

2000 年—2010 年，清华大学共有 169 个科研项目获得国家社会科学基金年度项目立项，19 个科研项目获得国家社会科学基金重大招标项目立项，其中 4 项为马克思主义理论研究和建设工程项目，分别见表 7-3-42 和表 7-3-43。

表 7-3-42　2000 年—2010 年获国家社会科学基金项目立项数

年份	2000	2001	2002	2003	2004	2005	2006	2007	2008	2009	2010
立项数	6	11	14	17	17	17	14	17	16	15	25

表 7-3-43　2000 年—2010 年获国家社会科学基金重大招标项目

年份	项目编号	课 题 名 称	项 目 类 别	负责人	单　位
2004		《史学概论》教材编写	马克思主义理论研究和建设工程项目	张岂之	人文社科学院
2005	05&ZD046	非政府组织在构建和谐社会中的作用研究：健全监管法规、建设协调机制、促进良性互动	重大招标项目	王　名	公共管理学院
2005	05&ZD051	新时期我国社会利益关系的发展变化研究	重大招标项目	孙立平	人文社科学院
2006	06&ZD012	有效惩治和预防腐败的体制和机制问题研究	重大招标项目	孙道祥 任建明	公共管理学院
2006	06&ZD013	建立健全社会预警机制和应急管理体系——转型期中国风险治理框架建构与实证分析	重大招标项目	薛　澜	公共管理学院
2008	08&ZD045	推进我国多元城镇化战略模式研究	重大招标项目	李　强	人文社科学院
2008	08&ZD050	妥善应对国际金融风险对策研究	重大招标项目	俞　樵	公共管理学院
2008	08&ZD059	舆论引导力与社会舆情预警系统研究	重大招标项目	李希光	新闻传播学院
2008	08MZD001	《中国政治思想史》教材编写	马克思主义理论研究和建设工程项目	曹德本	马克思主义学院
2008	08MZD005	《伦理学》教材编写	马克思主义理论研究和建设工程项目	万俊人	人文社科学院

续表

年份	项目编号	课题名称	项目类别	负责人	单位
2009	09MZD001	《马克思主义发展史》教材编写	马克思主义理论研究和建设工程项目	邢賁思 艾四林	马克思主义学院
2009	09&ZD015	我国文化产业政策研究	重大招标项目	熊澄宇	新闻传播学院
2009	09&ZD042	加快保障性安居工程建设研究	重大招标项目	刘洪玉	土木系
2009	09&ZD029	中国应对气候变化国家方案政策措施中的关键问题研究	重大招标项目	张希良	核研院
2010	10&ZD007	中国国民收入分配模式和改革方案研究	重大招标项目	白重恩	经济管理学院
2010	10&ZD091	清华简《系年》与古史新探	重大招标项目	李守奎	人文社科学院
2010	10&ZD123	中国西南地区濒危文字抢救、整理与研究	重大招标项目	赵丽明	人文社科学院
2010	10&ZD078	中国土地制度变革史	重大招标项目	龙登高	人文社科学院
2010	10&ZD065	中国文化产业学学科体系建设研究	重大招标项目	尹　鸿	新闻传播学院

说明：国家社会科学基金重大招标项目于2005年设立，马克思主义理论研究和建设工程于2004年启动，从2008年开始，其项目参照国家社科基金重大招标项目进行管理。

（三）教育部人文社会科学项目

教育部哲学社会科学重大课题攻关项目于2003年开始设立，截至2010年，清华大学累计立项12项，见表7-3-44。其中，以人文社科学院李学勤为首席专家的“出土简帛与古史再建”项目资助经费高达380万元。

表7-3-44　2003年—2010年获教育部哲学社会科学重大课题攻关项目

年份	项目批准号	项目名称	负责人	单位
2003	03JZD0037	网络思想教育研究	张再兴	马克思主义研究中心
2003	03JZD0030	城市化过程中的重大社会问题及其对策研究	李　强	人文社科学院
2005	05JZD00014	自主创新战略和国际竞争力研究	吴贵生	经济管理学院
2005	05JZD00025	全球化背景下中国影视文化问题发展战略研究	尹　鸿	新闻与传播学院
2006	06JZD0035	促进科技创新的政策体系研究	苏　竣	公共管理学院
2007	07JZD0030	中国高教资源的区域分布特点和协调发展对策研究	谢维和	教育研究所
2007	07JZD0005	当代认知科学重大理论及应用研究	蔡曙山	人文社科学院
2009	09JZD0042	出土简帛与古史再建	李学勤	人文社科学院
2009	09JZD0040-2	中国国际战略环境预测与国家应对战略研究	刘江永	人文社科学院
2010	10JZD0039	我国研究生教育结构调整问题研究	袁本涛	教育研究院
2010	10JZD0003	《马克思恩格斯全集》历史考证版(新MEGA)研究	韩立新	人文社科学院
2010	10JZD0014	全球化背景下国际新闻传播人才培养模式创新研究	史安斌	新闻传播学院

（四）校内项目

2006 年 1 月 9 日，校文科工作领导小组会议讨论通过《“985 工程”（二期）哲学社会科学专项建设项目管理办法》。2005 年至 2007 年，学校分三批设立“985 工程”（二期）哲学社会科学专项建设项目共 21 项，批准经费 720 万元。见表 7-3-45。

表 7-3-45　文科专项建设项目

年份	批次	专项名称	单　位	专项负责人
2005	1	国情研究报告专项	公共管理学院	胡鞍钢
2005	1	中国艾滋病疫情趋势分析与预测专项	人文社科学院	景　军
2005	1	城市化理论重构与城市综合发展战略研究专项	公共管理学院	沈　原
2005	1	科学发展观的理论与实践研究专项	马克思主义研究中心	张再兴 赵甲明
2005	1	《清华大学史》及“清华大学专题史”研究专项	校史研究室	田　芊
2006	2	中国和平发展的国际法环境	法学院	李兆杰 傅廷中 车丕照
2006	2	中国艺术设计教育发展策略研究	美术学院	郑曙旸
2006	2	数字化背景下的媒介变革	新闻与传播学院	金兼斌
2006	2	学科发展战略与世界一流大学建设	教育研究所	史静寰
2006	2	中国银行业改革和资本市场发展战略研究	经济管理学院	宋逢明
2007	3	基于农户数据的新型农村合作医疗评估	经济管理学院	白重恩
2007	3	和谐社会视野中的“刑事一体化”进程研究	法学院	周光权
2007	3	中国高速铁路旅客服务信息导视系统研究	美术学院	鲁晓波
2007	3	马克思主义新闻观研究	新闻与传播学院	范敬宜
2007	3	城市发展与治理中的重大现实问题研究	人文社科学院	孙立平
2007	3	先秦国际政治思想及“和谐世界”外交理论	人文社科学院	阎学通
2007	3	清华历史学科学术振兴行动计划	人文社科学院	张国刚
2007	3	政治哲学、伦理学、文化哲学三大社会应用型哲学之综合创新研究	人文社科学院	万俊人
2007	3	现代性与二十世纪中国文学与文化研究	人文社科学院	刘　勇
2007	3	《清华社会学讲义》系列教材	人文社科学院	沈　原
2007	3	大学体育的理论与实践	体育部	仇　军

2005 年 7 月 14 日，校文科工作领导小组审议通过《清华大学人文社科振兴基金研究项目管理实施办法》。该基金重点支持学校文科的基础性、理论性研究项目，设重点项目、一般项目、后期资助项目和委托项目四类。2005 年至 2010 年，清华大学人文社科振兴基金共资助立项 168 项，其中重点项目 19 项，一般项目 104 项；后期资助项目 29 项，委托项目 12 项，交叉项目 4 项。在项目管理过程中，该基金突出服务意识，简化管理程序，重视学术信誉，强调成果质量。

第四节　成果专利与知识产权

一、科技成果与奖励

建校初期，随着科学研究的开展，学校取得一批有影响的科研成果；新中国成立后特别是1978年以来，学校的科学研究工作取得了不少在国内外有较大影响的科研成果。

（一）1925年—1948年科研成果与奖励

1925年清华大学成立国学研究院，标志着学校学术研究的开始。到20世纪三四十年代，科学研究有一定开展，并取得不少影响较大的科研成果。

1. 国学研究院科研成果（1925—1929）

研究院国学门是一所独立的研究机构，延聘4名教授均有突出的研究成果。

王国维是著名的史学家，在清华任教期间主要从事上古史、经学等研究，曾编著出版《古史新证》《蒙古史料校注四种》等专著，在《清华学报》上发表《水经注跋尾》等论文3篇。梁启超在清华任教期间著有《历史研究法补编》《古书真伪及其年代》《儒家哲学》《要籍解题及其读法》等书。陈寅恪的研究范围是“古代碑志与外族有关系者之比较研究”“摩尼教经典与回纥文译本之比较研究”“蒙古满洲之书籍及碑志与历史有关系者之研究”等，国学研究院结束后，留在历史系任教，后成为国内外唐代史研究极有影响的著作家。

2. 清华大学初期科研成果（1928—1937）

初期的清华大学由于经费充裕，设备优良，图书资料齐全，各学院均取得了许多有重要影响的科研成果，尤以文学院的中国文学系及理学院的算学系、物理学系更为突出。

（1）文学院、法学院科研成果

这一时期，文学院在整理古籍古史料方面取得有价值的成果。如中国文学系闻一多早期研究唐诗，后研究《诗经》《楚辞》《乐府》等，发表的论文有《岑嘉州系年考证》等8篇及一些古文字的考证论文，提出了不少有价值的创见。朱自清来清华任教后专攻散文，著名散文集《背影》于1928年10月出版，其中《背影》《荷塘月色》《给亡妇》等篇尤为著名，他还出版了散文集《欧游杂记》《你我》。他的学术论文有《诗言志说》《陶渊明年谱中的问题》《李贺年谱》等。哲学系进行创立“中国化”的“新哲学”与“新史学”工作，金岳霖的《逻辑》与冯友兰的《中国哲学史》是系统的著作。历史系的学术研究主要集中在中国史方面，如张荫麟整理出版了《中国史纲（上古史篇）》，陈寅恪发表了20篇关于隋唐史的论文，吴晗发表了20多篇明史的论文等。社会学系主要研究劳工与人口问题，如陈达出版了《中国劳工问题》《人口问题》《南洋华侨与闽粤社会》三本著作。

（2）理学院科研成果

理学院的科学研究，除算学系外，大都以实验科学为主要发展方向，这在当时国内实验科学尚不发达的状况下，是比较突出的。

算学系教师的学术研究，主要是在分析函数论、微分几何、数论等领域内进行。

在分析函数论方面，熊庆来是我国最早研究者之一。他主要研究亚纯函数论，并取得了较大的成就。1933年至1934年间，他刊登在法国《科学院报告》上的论文就有：《关于无穷级数的亚纯函数》《关于单位圆内的亚纯函数》《关于由泰氏级数确定的无穷整函数的增长性》等。他在亚纯函数的研究上所建立的无穷级亚纯函数论，较之德国数学家布鲁莽达耳的无穷级整函数论精确。他的成果在国外受到重视，巴黎大学和日本九州大学的几位教授在其研究中，曾引用了熊氏的研究成果，指出了熊氏在导入无穷级概念方面所起的作用。

在微分几何方面，孙光远为国内最早开始影射几何研究的学者。来清华后，在他的指导下，研究生陈省身、吴大任也开始了这方面的研究。陈省身第一个把拓扑学引进微分几何。

在数论方面，杨武之是我国代数方面的最早研究者之一，发表过一些有影响的论文。在他的影响下，华罗庚在数论上开始了创造性的工作，较早地对华林（Waring）问题作了研究，并在日本和德国的杂志上有论文发表。1935年他在解析数论上开始研究彼得堡学派中的一些主要问题，特别是借鉴了苏联科学院院士维诺格拉托夫的研究成果，将他的方法扩大地应用于数论的各个方面，1940年初步完成具有重大学术价值的创造性研究成果。

1937年，清华大学与北京大学、浙江大学等校数学系合作，以中国数学学会名义，刊印了一种国际性的数学期刊《中国数学学会学报》，熊庆来是编辑之一。该学报以外文刊载国内有创见的数学论文，受到国际数学界的注意。

物理学系的科学研究工作集中在X射线、原子核物理、电路与无线电学、相对论等方面。

在X射线的研究方面，进行了两方面的工作：一是根据康普顿、拉曼等人的理论，进行气体对射线散射的计算；二是把X射线在单原子气体中散射的公式推广运用到多原子气体，并计算了某些双原子气体对X射线散射的强度。这些工作是由国外回来的吴有训和他的助手完成的。

在原子核物理方面进行了γ射线的散射和中子共振吸收的研究。在γ射线的散射方面测定了反常散射与入射光子能量的关系和不同元素上反常散射的规律。在中子共振吸收方面提出了一定的实验事实，在国内开创了原子核物理方面的研究。这项工作是由美国回来的赵忠尧和他的助手完成的。

杨振宁在谈到中国科学家20世纪三四十年代的科学成就时，曾高度评价王淦昌、赵忠尧的研究成果，认为达到了诺贝尔奖水平。他说："王淦昌对验证中微子存在的构想，极富创造性。""在现代物理学史上，有重要地位的正负电子偶产生和湮没的实验，更是直接源于中国科学家赵忠尧的两个成功实验。"（发表于1991年6月16日《人民日报》第8版）。杨振宁的这些评论，反映了物理学系的学术研究在三四十年代已有了较高的水平。

化学系是全国化学研究的三个中心之一，在有机化学、无机化学、物理化学、工业化学、生物化学和营养化学方面进行研究。其中高崇熙等研究铼之定性分析中，找到其在诺埃氏（Noyes-Bray）系统中之位置，是重要研究成果。化学系在国内外共发表论文100余篇，其中：在清华理学院《清华理科报告》（一种）发表55篇，占其总数的44%；在《中国化学会志》上发表57篇，占其总数的29.2%。

生物学系主要进行本国动植物之采集与研究及以试验方法研究动植物之生理、遗传与进化。在《清华理科报告》（二种）及《遗传学杂志》等国内外刊物发表论文及书评介绍70余篇。

地学系袁复礼在参加西北科学考察团工作时曾发现恐龙化石，对国内外古生物研究有所贡献。气象学组自1932年1月1日起逐日对校内外发布北平市附近的气象报告和外埠各地天气状况报告。

（3）工学院科研成果

工学院成立于1932年夏，因忙于延聘教师，开设课程，筹建工场、系馆和实验室等建系工作，科研工作未能大力开展。

主要科研成果有：机械系建成中国第一个航空风洞，由王士倬于1934年至1935年主持设计，风洞直径最小处5英尺，最大处10英尺，全长50英尺。他撰写的论文《清华大学机械系航空风洞》获中国机械工程学会1936年杭州年会第一名得奖论文。机械系和土木系的教师在刘仙洲的指导下进行编著中文教科书的工作，共编写了《机械原理》《热机学》《内燃机》等7种教材80余万字，土木系教师陶葆楷等也编著了《给水工程学》《工程材料试验》《养路工程学》等教科书，对我国工程教育事业做出了重要贡献。刘仙洲还开展了整理中国机械发明史的工作，并与机械系教师编订了2万个英汉对照工程名词，对一些重要的技术名词的确定（如“熵”等）做出了重要贡献。

土木系蔡方荫在结构学方面发表了一些纯理论性论文，有一定学术价值，其论文《打桩公式及桩基之承量》获中国工程师学会第五届年会第二名。

电机系的研究工作处于萌芽状态，这期间共发表论文50余篇。章名涛在电机分析与运算方面发表论文10篇，其中1937年发表的《单相感应电动机之理论与张量分析》具有较高水平。顾毓琇发表论文14篇，其中《感应电动机之串联运用》获1935年中国工程师学会年会论文一等奖。

3. 西南联大时期的科研成果

这一时期，教师的学术研究工作受设备条件与政治、经济等因素的影响，陷于停滞状态。文学院只有中文系教师在联大初期借文科研究所的便利条件做了一些学术工作，取得不少成果。其他系皆因图书资料缺乏，成绩很少。理学院因实验条件太差，属于实验性的研究工作陷于停顿状态，只在理论研究方面做了一些工作，如周培源关于湍流的研究。其中算学系因不依赖于实验，加上系内有学术研究的传统和较高水平的科研力量，因而科研取得了较大的成果，如华罗庚的堆垒素数论等。在工学院，科研工作有所进展的是那些适应国家的需要，与有关部门实行合作的工程技术研究，如土木系的公路研究、水利调查勘测等。

1941年至1946年间，教育部共进行六届学术奖励，其中1941年至1945年西南联合大学教师获奖情况见表7-4-1（1946年未获奖）。

在抗战时期，清华大学成立的5个特种研究所，其主要从事的研究工作有：

航空研究所的前身为机械系航空工程组，曾建造中国第一个航空风洞。西南联大时期，在昆明又重建一个风洞，开展了一些实验研究工作，其有关论文多次在美英等国的一流杂志上发表。

金属研究所主要从事物理冶金学研究，余瑞璜等的学术论文曾发表在中央研究院《科学记录》和英国《自然》周刊上，受到国内外物理学家和化学家的注意。

无线电研究所主要研究有关无线电的应用技术问题，如短波无线电、真空管等。抗日战争时期中国第一只电子管就是在这里研制成功的。任之恭、孟昭英等人的研究成果，发表在《清华大学科学报告》《中国物理学报》《工程》等杂志上。

表 7-4-1　1941 年—1945 年西南联合大学教师获教育部学术奖励情况

年份	届　次	类　别	获奖等级	姓　名	项 目 名 称
1941	第一届	文学类	三等	陈　铨	野玫瑰
	第一届	哲学类	一等	冯友兰	新理学
	第一届	哲学类	二等	金岳霖	论道
	第一届	自然科学类	一等	华罗庚	堆垒素数论
	第一届	自然科学类	二等	许宝騄	数理统计论文
1942	第二届	文学类	三等	王　力	中国语法理论
	第二届	社会科学类	三等	张印堂	滇缅铁路沿线经济地理
	第二届	社会科学类	三等	费孝通	绿村农田
	第二届	自然科学类	一等	周培源	激（湍）流论
	第二届	自然科学类	一等	吴大猷	多元分子振动光谱与结构
	第二届	自然科学类	二等	钟开莱	对于机率论与数论之贡献
	第二届	自然科学类	二等	马士俊	原子核及宇宙射线之向学理论
	第二届	自然科学类	二等	孙云铸	中国古生代地层之划分
	第二届	自然科学类	三等	朱汝华	关于分子重排及有机综合论
	第二届	自然科学类	三等	冯景兰	川康滇铜矿纪要
	第二届	应用科学类	二等	李谟炽	公路研究
1943	第三届	文学类	二等	朱光潜	诗论
	第三届	文学类	三等	高华年	昆明核桃等村土语研究
	第三届	哲学类	一等	汤用彤	汉魏两晋南北朝佛教史
	第三届	古代经籍研究类	二等	闻一多	楚辞校补
	第三届	社会科学类	一等	陈寅恪	唐代政治史述论稿
	第三届	社会科学类	三等	郑天挺	发羌之地与对音等论文三等
	第三届	社会科学类	三等	罗廷光	教育行政
	第三届	自然科学类	一等	杨钟健	许氏禄丰龙
	第三届	自然科学类	二等	王竹溪	热学问题之研究
	第三届	自然科学类	二等	张青莲	重水研究
	第三届	自然科学类	二等	赵九章	大气之涡旋运动
	第三届	美术类	三等	张清常	中国上古音乐史论丛
	第三届	美术类	三等	阴法鲁	先汉乐律初探
1944	第四届	文学类	二等	李嘉言	贾岛年谱
1945	第五届	社会科学类	二等	樊　弘	资本蓄积论
	第五届	自然科学类	二等	吴大猷	建筑中声音之涨落现象
	第五届	音乐类	三等	阴法鲁	唐宋大曲之来源及其组织

农业研究所主要从事农业病虫害的调查和防治研究、优良品种的培育，1938 年又增加了植物生理方面的研究，曾完成大量调查和研究报告、学术论文等。

国情普查研究所主要从事我国人口普查及相关问题的分析研究，以期对我国社会科学有所贡献。

4. 复员后清华大学的科研状况

由于经费的困窘，在学术研究方面几乎陷于停顿。抗战前清华大学的一些学术性刊物，如《清华学报》《科学报告》《社会科学》《工程学报》以及新创办的《农学记录》等，先后勉强出了一期，因难以为继而停刊。影响科学研究工作的更主要原因是社会黑暗、物价狂涨、人心惶惶不可终日。

（二）1949 年—1977 年科研成果与奖励

1. 科研成果与奖励

1948 年 12 月，清华园解放，清华大学获得新生。新中国成立后，经过 1952 年全国高校院系调整，清华大学成为一所多科性工业大学，各项工作步入正轨，实验条件逐渐完备，科学研究工作开始有计划地组织实施。至 1958 年，学校的科学研究工作得到迅速发展，并取得了一批重大科研成果。如研制成电子计算机控制的程序控制铣床、200 周波交流计算台、500 万电子伏特电子感应加速器、球墨铸铁铁轨、燃料综合利用试验电厂、钣极电渣焊等。1958 年至 1965 年，取得有较大影响的科技成果 18 项，见表 7-4-2。1964 年和 1965 年，各有 11 项科研成果上报国家科学技术委员会，见表 7-4-3，其中氨合成塔技术改造、提高精馏塔效率的研究两项成果列入全国化工系统 1965 年（16 项）重大科学技术成果。

1949 年至 1965 年我国初步建立起以自然科学奖和技术发明奖为主的科技奖励框架，还没有形成科技成果评奖制度，所以学校科研成果获奖较少。主要有：1957 年第一次中国科学院科学奖金评定中，动力机械系吴仲华的《燃气轮的研究》和工程力学数学系钱伟长的《关于弹性圆薄板大挠度问题》（与中国科学院合作上报）获二等奖；1964 年由无线电系查良镇等和沈阳教学仪器厂联合研制的 6104 型质谱探漏仪等三项科研成果被列入国家科学技术委员会发明记录并分获一、二等奖；1964 年国家计划委员会、国家经委、国家科委对 1 400 多种新产品发奖，清华大学共有五种新产品获奖，其中 6104 型质谱探漏仪获一等奖，其余 4 项分获二、三等奖。1954 年至 1965 年科研项目获奖情况统计见表 7-4-4。

表 7-4-2　1958 年—1965 年主要科研成果统计

序号	完成年份	项目名称	完成单位
1	1958	电子模拟计算机	自动控制系
2	1958	500 万电子伏特电子感应加速器	工程物理系
3	1958	200 周波交流计算台	电机工程系
4	1958	微型汽车	动力机械系
5	1958	密云水库设计工程	水利工程系等
6	1959	程序控制铣床	机械制造系、自动控制系、电机工程系

续表

序号	完成年份	项 目 名 称	完 成 单 位
7	1959	非线性电阻（试制）	无线电电子学系
8	1959	半导体硅（试制）	无线电电子学系
9	1959	球墨铸铁的新应用（3 米长连续铸管）	机械制造系
10	1959	钣极电渣焊	机械制造系
11	1959	堆焊	机械制造系
12	1959	2 500 吨水压机蓄势器	机械制造系
13	1964	中型电子管通用数字电子计算机(每秒一万次)	自动控制系
14	1964	屏蔽试验反应堆	试验化工厂
15	1965	小型晶体管通用数字电子计算机（112 机）	自动控制系
16	1965	氨合成塔技术改造*	动力机械系
17	1965	提高精馏塔效率的研究*	工程化学系
18	1965	超高真空钛泵	无线电电子学系

注：* 为列入全国化工系统 1965 年 16 项重大科学技术成果。

表 7-4-3　1964 年—1965 年上报国家科学技术委员会重要科技成果

年份	序号	项 目 名 称	完 成 单 位
1964	1	新丰江大坝抗震加固实验研究报告	水利工程系
	2	三门峡水利枢纽增建泄流排沙底孔方案的试验	水利工程系
	3	腹拱式重力坝坝型研究	水利工程系
	4	城市雨水道设计雨量公式的研究	土木建筑系
	5	白金丝玻璃型标准漏孔及其校准	
	6	晶体管化通用计数器及标准时间刻度发生器	无线电电子学系
	7	小型光速测距仪的研究	土木建筑系
	8	晶体管化便携式电视系统（采访电视）	无线电电子学系
	9	低纹波的直流稳压电源	无线电电子学系
	10	不描图直接晒图法	精密仪器及机械制造系
	11	6104 型质谱探漏仪	无线电电子学系
1965	1	新型高效能塔板——浮动喷射塔板	工程化学系
	2	铝及铝美合金氩弧焊气孔的研究	冶金系
	3	液氨精馏法浓集氘小型试研	工程化学系
	4	应用放射性同位素控制钢水液位	物理教研组
	5	超声切割机的研制及其在切割硅单晶中的应用	物理教研组
	6	高温拉伸试验机	
	7	小型晶体管通用数字计算机（112 机）	自动控制系
	8	数据传输设备及其专用测试仪器	无线电电子学系
	9	三坐标数字程序控制铣床	机械、自控、电机系
	10	PJ-清华-I 型陀螺马达转子动平衡机	精密仪器及机械制造系
	11	装配式快速施工的住宅建筑	土木建筑系

表 7-4-4　1954 年—1965 年科研项目获奖情况统计

年份	获奖名称	授奖单位	获奖项目	等级	完成者
1957	第一次中国科学院科学奖金	中国科学院	燃气轮的研究	二等	清华大学动力机械系吴仲华
			关于弹性圆薄板大挠度问题	二等	清华大学钱伟长，中国科学院胡海昌、叶开沅
1964	国家科学技术委员会发明记录	国家科学技术委员会	ZD-30 型真空电子束焊接设备（196008 完成）		上海电焊机厂陈良骅等，清华大学包芳函、俞尚知、郭奕理等
			铸钢堆焊双金属锤锻模模块的制造方法	二等	长春第一汽车制造厂，清华大学焊接教研组，洛阳第一拖拉机制造厂，中国人民解放军总字 927 部队
			6104 型质谱探漏仪	一等	清华大学无线电系查良镇、薛祖庆、申功运等，沈阳教学仪器厂王金城等
1964	新产品奖	国家计委 国家经委 国家科委	6104 型质谱探漏仪	一等	清华大学无线电系，沈阳教学仪器厂
			真空电子束焊机	二等	清华大学冶金系，上海电焊机厂
			555 型电子模拟计算机	二等	清华大学自动控制系
			三坐标数字程序控制铣床	三等	清华大学精仪系、电机系，北京市第一机床厂
			视频扫频仪	三等	清华大学无线电系

1966 年至 1977 年由于“文化大革命”的影响，学校的教学和科研工作不能正常开展，只取得少量科研成果，没有获奖项目。

2. 部分重大科研技成果简介

（1）《燃气轮的研究》。由动力机械系吴仲华主持完成，1957 年获第一次中国科学院科学奖金二等奖。该论著包括 6 篇论文，其内容涉及燃气性质、燃气轮机内部流体力学，这是燃气轮机设计中十分复杂而又非常重要的题目，作者提出了燃气轮机内三元高速流动的理论和解法，并第一次提出了简化的设计计算方法，是作者独特的贡献。

（2）微型汽车。1958 年 11 月由清华大学动力机械系和首都汽车公司修理厂联合研制的微型汽车，参加了国家技术委员会、第一机械工业部召开的全国微型汽车现场会议，进行微型汽车的定型工作。1958 年 10 月，周恩来总理曾亲自驾驶微型汽车，并对微型汽车提出了改进意见。这次参加现场会议的是经改进后的微型汽车，另一辆为重新设计、制造的双缸微型汽车。

（3）密云水库设计工程。由北京市委委托、清华大学水利系张光斗、张任等带领水利系 1958 届毕业生进行“真刀真枪”毕业设计，经过 4 个多月的工作，完成了华北最大的水库——密云水库的初步设计工作。密云水库工程包括潮河、白河两个水力枢纽，库容量为 40 亿立方米。水 8 班密云水库设计组完成了潮河、白河水力枢纽的初步设计和技术设计，做了 80 个方案比较，完成了 160 多张蓝图，并参加了部分施工工作。密云水库于 1959 年拦洪，1960 年建成、蓄水、发电，40 多年来是北京的生活用水、工业用水的主要来源。

(4) 数字程序控制机床。1958 年清华大学机械、电机等系的师生开始了程序控制机床的研究工作，与北京第一机床厂合作，经 3 个月制成了 2 台不同传动方式的程序控制铣床，1959 年又与另一工厂合作，研制成程序控制钻床。经过 7 年锲而不舍的努力，与北京第三机床厂、北京机电局设计公司合作，试制成功晶体管计算机，实现了程控机床的半导体化。1965 年 7 月对程控机床进行鉴定，加工精度达到设计要求，开始进入生产阶段。

(5) 中型电子管通用数字电子计算机。清华大学自动控制系于 1959 年开始设计制造快速通用数字电子计算机，经过 5 年的努力，于 1964 年 10 月调整完毕投入运行。该机每秒钟内可以进行 4 万次加法、4 000 次乘法，运算速度为每秒 1 万次以上，可以解决各种复杂的数学题解。该机机器性能良好，为全校各系所承担的研究工作和工程设计提供了一个现代化的计算工具。这是我国高校中第一台自制成功的通用数字电子计算机。1965 年 2 月开始研制小型晶体管通用数字电子计算机（112 机），仅用一年时间研制成功，在协作厂家投产。这是我国高校中第一台第二代通用计算机，当年送往日本展出，是我国第一台在国外展出的计算机。

(6) 屏蔽试验反应堆。由清华大学试验化工厂和工程物理系设计建造的屏蔽试验反应堆，是我国第一个自行设计、自行建造的原子反应堆，从 1958 年开始研制到 1964 年 10 月建成。该堆为游泳池式轻水堆，1964 年建成的 1 号堆芯热功率为 2 000 千瓦，参加建堆的师生平均年龄仅 23.5 岁，他们克服困难，艰苦奋斗，取得了 37 项科研成果，试制了 67 种仪器设备，建立了 21 个实验室，开出了 51 门新课，培养了一大批核技术人才，为我国原子能事业的发展做出了重要贡献。

(7) 6104 型质谱探漏仪。由清华大学无线电系查良镇等和沈阳教学仪器厂于 1963 年 11 月研制成功，获 1964 年国家科学技术委员会发明一等奖和 1964 年国家计委、国家经委、国家科委授予新产品一等奖。该仪器是探索真空元件或系统中微小漏隙的最灵敏的仪器。1964 年教育部组织鉴定，认为其主要的性能指标——灵敏度为 7.7×10^{-11} 毛·升/秒，已达到国际上同类产品的先进水平。

(8) 氨合成塔技术改造。1964 年 5 月至 1965 年 10 月，由清华大学动力机械系热工学教研组和四川化工厂合作，对该厂原有的氨合成塔进行了三次技术改造，使合成氨塔的日产量从 100 吨提高到 196 吨，超过世界上同类型塔的先进水平。这项改造技术简单易行，便于推广。1966 年初，国家经委、国家科委、化工部、高教部和中国科学院联合召开的会议上，介绍了该成果的经验，并被列入 1965 年全国化工系统重大科学技术成果之一。

(9) 提高精馏塔效率的研究。1965 年 6 月至 8 月，清华大学工程化学系化工原理教研组师生，在持续两年的实验研究基础上，与西北一化工厂合作改建成功一种新型化工设备——高效精馏塔，使生产效率达到原塔的 2～3 倍。他们在进行新型板塔的研究中，研究了国外十余种板塔的结构，创制成功新型浮动喷射板塔，超过了世界先进水平。该成果被列入 1965 年全国化工系统重大科学技术成果之一。

(三) 1978 年—2010 年科研成果与奖励

1. 科研成果与奖励

1978 年 3 月 18 日至 31 日，中共中央在北京召开具有重大历史意义的全国科学大会，动员全国人民向科学技术现代化进军。会议表彰了 7 657 项优秀科技成果的完成单位和个人，学校共有 77 项科学研究成果获奖，其中学校独立完成的项目有 12 项，与兄弟单位合作完成的项目有 65 项，获奖项目见表 7-4-5。

表 7-4-5　1978 年清华大学在全国科学大会获奖项目

获　奖　者	独立完成的成果	与外单位合作完成的成果
清华大学		①屏蔽试验用原子反应堆（工物系、建工系、机械系、自控系、设备工厂、试验化工厂） ②液晶大屏幕电视 ③核燃料一循环、二循环氨萃取流程的研究 ④12.5 万千瓦汽轮发电机组的研制 ⑤11 000 千瓦斜流可逆式抽水蓄能发电机组 ⑥程序控制码坯机
清华大学 基础课	①高功率氦-氖激光器（物理教研组） ②激光光弹实验研究（材料力学实验室）	①空阴极氦镉激光器（白激光器）（物理教研组） ②双频激光干涉仪（物理教研组） ③ZFJ－1－2 型及 ZFJ－1－3 型自动分步重复照相机（物理教研组）
清华大学 工程物理系	超临界离心机	①电子感应加速器——单脉冲强流电子感应加速器 ②EJ－10 型医用电子直线加速器 ③核测量多道幅度分析器 ④活性炭滤纸快速测氡气和气球法快速测氡方法的研究
清华大学 机械工程系		①铝合金氩弧焊气孔形成机理的研究（焊接专业） ②车用高速 490Q 柴油机（汽车专业） ③汽车操纵稳定性的研究 ④大直径厚壁管全位置自动焊机 ⑤新型等静压机的研制——钢丝缠绕热等静压机
清华大学 水利工程系		①新丰江大头坝抗震研究（水工专业） ②三门峡水利枢纽改建及泥沙处理 ③水坠法筑坝及水力冲填技术 ④水库地震及水工建筑物抗震设计规定 ⑤混凝土防渗墙技术
清华大学 建筑工程系	厂房间空作用 （房建专业）	①抗爆结构的研究（地下建筑专业） ②水封油库的研究（地下建筑专业） ③大气污染监测车 ④400 吨材料动载试验机 ⑤大模板住宅建筑 ⑥高层建筑剪力墙设计计算理论及工程应用 ⑦粉煤灰硅酸盐建筑制品（粉煤灰民用墙板） ⑧钢筋混凝土结构构件设计方法 ⑨空气净化技术和成套设备
清华大学 电力系		①沸腾燃烧锅炉的研究（锅炉教研组） ②新型氨合成塔内件——三重冷管内件合成塔 ③提高电力系统稳定的技术措施 ④光电电流互感器 ⑤开关增容改造 ⑥高压少油开关切合空载长线路性能的改进提高 ⑦利用谐振、三次谐波和操作波电压进行大型电机、变压器耐压试验 ⑧电网接受冲击负载的调频调压技术 ⑨4 000 马力燃气轮机组

续表

获 奖 者	独立完成的成果	与外单位合作完成的成果
清华大学 精仪系	四足步行进给装置 (机床专业)	①ZFJ-1-2 型及 ZFJ-1-3 型自动分步重复照相机(光学专业,精密仪器厂) ②XPK-01 型数控铣床和 102 型测量机(机床专业,精密仪器厂) ③双频激光干涉仪(光学专业,精密仪器厂) ④计算机辅助设计技术(制版)系统 ⑤数控五轴刻字机 ⑥自动连续拍照机 ⑦静电陀螺及静电陀螺平台的研制
清华大学 化学工程系		①新型塔板(化学工程专业) ②新型氨合成塔内件——三重冷管内件合成塔 ③高压钠灯 ④核燃料后处理工厂工程研究和设计
清华大学 无线电系	激光通讯系统可视电话数字编码终端机(通讯专业)	①数据传输终端设备系列(通讯专业) ②脉码调制 120 路数字电话终端机(通讯专业) ③增量调制数字电话终端机系列(通讯专业)
清华大学 电子系	①MOS 大规模集成电路(半导体车间) ②DJS - 100 系列数字计算机(130 机) ③微处理机集成电路	①计算机辅助设计技术(制版)系统 ②ZFJ-1-2 型及 ZFJ-1-3 型自动分步重复照相机(控制专业、电子仪器车间) ③石油地震勘探数字处理方法和程序的研究 ④XPK-01 型数控铣床及 102 型测量机 ⑤DJS-050 微型计算机 ⑥TTL 中规模集成电路
清华大学 自动化系	①20KC/100A 高频可控硅(高频可控硅元件研究组) ②顺序控制器(工业自动化专业)	①双频激光干涉仪 ②XPK - 01 型数控铣床及 102 型测量机(工业自动化专业) ③数控五轴刻字机 ④煤气管道运行调度自动化
清华大学 工程力学系	激光全息测振(机械强度与振动专业)	①管板式热交换器管板强度分析(机械强度与振动专业) ②“固定式换热器强度设计”计算程序 ③激光流速计 ④200 吨船台门式吊车 ⑤冲击波动压测量系统
清华大学机械厂		车用高速 490Q 柴油机
清华大学 试验化工厂		①核测量多道幅度分析器 ②核燃料后处理工厂工程研究和设计 ③活性炭滤纸快速测氡气和气球法快速测氡方法的研究
清华大学分校		激光测高仪、高差仪和雷达在航测中的应用
共计	12	65(10 项重复未计在内)

全国科学大会以后，国家开始逐步建立和完善奖励制度，促进了我国科学事业的发展和繁荣。学校的科学研究工作重新焕发了生机和活力，得到迅速的恢复和发展，许多高水平的科学研究工作得到了国家的关注和表彰。

1982年10月全国科技奖励大会召开，学校钱伟长等11个获奖项目的代表应邀参加会议。获奖项目及获奖代表情况见表7-4-6。

表7-4-6　1982年全国科技奖励大会清华大学获奖项目及代表名单

序号	获奖项目名称	获奖代表	获奖类别
1	湍流的基本理论研究	周培源*	自然科学奖
2	黄河中游粗泥沙来源区及其对黄河下游淤积的影响	钱　宁	
3	广义变分原理的研究	钱伟长	
4	FG密栅云纹版及制造工艺	马喜腾	发明奖
5	三维应力分析的全息光弹性材料和实验技术	戴福隆	
6	双频激光自动补偿装置	殷纯永	
7	层叠式气源发生器	蔡敏学	
8	QH－5型非接触式电涡流调频式位移振动测量仪	卢道江	发明奖
9	斜孔塔板	段占庭	
10	腔外调谐双频（塞曼）激光器	张培林	
11	交流偏置式气桥双张检测器	蔡敏学	

注＊获奖者曾在清华大学工作，该项目由北京大学、清华大学、中国科学院完成。

1985年是国家科技进步奖实施的第一年，全国各部委、省市推荐近一万项科技成果参加评审，共评出1761项获奖项目。学校有29项获奖，其中一等奖1项，二等奖12项，三等奖16项。1984年机械系潘际銮主持的“新型MIG焊接电弧控制法（QH-ARC法）”项目，以及电子系茅于海主持的“自适应和数字电可控非相参频率捷变雷达系统”项目获得国家技术发明奖一等奖；1985年热能系吕崇德主持的“大型火电机组模拟培训系统”项目获国家科技进步奖一等奖；1987年建筑系梁思成主持的“中国古代建筑理论及文物建筑保护的研究”项目获得国家自然科学奖一等奖；实现了学校获得国家自然科学奖、国家技术发明奖和国家科技进步奖一等奖的历史性突破。

在此期间，学校取得一批达到国际领先的重大科技成果。

核研院王大中领导的团队，在我国开拓了核能供热新领域，于1989年成功设计、建造了世界上首座5兆瓦一体化壳式核供热堆，获1992年国家科学技术进步奖一等奖。在王大中的主持领导下，核研院从1987年开始研究模块式高温气冷堆攻关，历经17年的拼搏努力，于2003年1月成功建成世界上首座具有固有安全特性的模块式球床10兆瓦高温气冷堆，并实现并网发电。该反应堆的建造成功，列入我国第十届全国人民代表大会《政府工作报告》中五年来科技方面的四项重要进展之一，使我国在该领域跨入国际先进行列，为建造具有我国自主知识产权的高温堆核电站示范工程提供了技术基础，并列入国家中长期科技重大专项，获2006年国家科学技术进步奖一等奖。

工程物理系康克军主持完成了“加速器辐射源移动式集装箱检查系统系列的研制及产业化”项目。该项目是在核技术领域应用辐射成像原理开发出的新产品，在世界上率先研制出了以加速器为辐射源的车载移动式和组合移动式集装箱检查系统，并实现产业化，出口世界五大洲十几个国家地区，经济及社会效益巨大，获2003年国家科学技术进步奖一等奖。

此外，学校的重要创新成果也不断涌现。在基础研究和应用研究方面，自主研发的大型高能工业CT系统已经实现产业化，得到了广泛应用；研制的“纳星1号”卫星在西昌卫星发射中心成功搭载发射，并顺利通过在轨测试，成功完成了所有预定的实验任务；研制成功世界上首例利用血管内皮抑制素开发的抗癌药物——重组人血管内皮抑制素注射液，被国家批准为生物制品一类新药；研制成功的“纳米人工骨”获试生产注册证，成为我国可在市场上公开销售和应用的首个纳米医药产品；我国首座超低能耗示范楼在校内建成使用，集中展示了近百项当今最先进的建筑节能技术产品，是我国首个以真实建筑物搭建的建筑节能技术试验平台；由学校牵头承担建设的中国下一代互联网示范工程（CNGI）的核心网——第二代中国教育和科研计算机网（CERNET2）开通，是目前世界上规模最大的纯IPv6互联网，标志着我国在下一代互联网发展上走在世界前列；研制成功的我国第一台通信用高温超导滤波器系统，在商业运行中的CDMA移动通信基站上试验成功并投入长期使用；经过三个五年计划的连续攻关，建立了中国自己的循环床理论体系和设计体系，形成独立研发大型循环床技术能力，建立了世界第一个循环床流态选型图谱，开发出世界第一个循环床仿真机，实现产业化并设计制造了200余台循环床锅炉，通过技术许可证出口，取得重大经济效益；主持发明的时域同步正交频分复用数字传输技术，成为国家地面数字电视标准的重要组成部分；主持研制成功两代三种燃料电池城市客车，已成功交付奥运会使用；研究的“脑-机接口”系列成果，被国际同行认为达到全球领先水平；在世界上首次发现调控转化生长因子（TGF）信号的中胚层诱导活性的一种新机制，论文在《科学》杂志上发表；在世界上率先解析出四种不同蛋白质组成的线粒体膜蛋白复合体Ⅱ的三维精细结构，填补了线粒体结构生物学研究领域和细胞生物学、生物化学教科书的空白。截至2010年，由学校牵头完成的“大型集装箱检测系统进入产品化”等13项成果入选教育部的“中国高等学校十大科技进展”项目（1998年设立）；完成的“我国在国际上首次把氮化镓制备成一维纳米晶体”等3项成果入选“中国十大科技进展”，等等。

学校在完成国家科研攻关课题过程中，锻炼了队伍，涌现出一批优秀科技人才、学术带头人，开拓创新，实现跨越式发展。截至2010年，王大中（核研院）等33名教授获得“何梁何利基金科学与技术奖”（设立于1994年）；杨卫（力学系）等36名教授获“中国青年科技奖”（设立于1988年）。受到各类表彰的优秀科技人员累计达数百人次。

1987年学校召开首届“清华大学科技成果奖励大会”，其后每年都召开会议对获得重要科技成果的人员进行表彰。在科技成果奖励大会上，学校领导发表重要讲话，并为优秀科技工作者颁奖。一大批获国家科技奖励的成果，如“五兆瓦低温供热试验堆”“CIMS实验系统的软件开发及信息集成”“加速器辐射源移动式集装箱检查系统系列的研制及产业化”“10兆瓦高温气冷实验反应堆”“时域同步正交频分复用数字传输技术（TDS-OFDM）”“系统化生物芯片和相关仪器设备的研制及应用”“碳纳米管宏观体的研究”“有毒有害有机废水高新生物处理技术”“中国下一代互联网示范工程CNGI示范网络核心CNGI-CERNET2/6IX”“空间微系统及纳型卫星”等成为学校的标志性成果。

1978 年—2010 年，学校上报国家科技成果 3 291 项；通过科技成果鉴定 2 305 项；获得国家级、部委省（市）级及各类专项奖励 5 348 项。获国家自然科学奖、国家技术发明奖、国家科学技术进步奖总数 419 项。详见表 7-4-7。

表 7-4-7　1978 年—2010 年科学研究成果与奖励统计

年份	上报成果项数	成果鉴定项数	科技奖励合计	获奖分类							
				国家级奖				部委、省市级奖			专项奖
				小计	自然科学	技术发明	科技进步	小计	部委	省市	
1978	76		74								74
1979	76		74								74
1980	42		70	1		1		69	15	54	
1981	49		41	5		5		36	15	21	
1982	87		65	5	3	2		60	33	27	
1983	122		58	1		1		48	19	29	9
1984	117		111	10		10		61	19	42	40
1985	105		103	32		3	29	41	15	26	30
1986	167		168	1		1		66	47	19	101
1987	172		135	32	6	13	13	76	52	24	27
1988	164		135	13		5	8	72	52	20	50
1989	138	105	149	10	1	2	7	48	39	9	91
1990	152	290	126	17		8	9	57	42	15	52
1991	264	200	291	7	2	1	4	91	78	13	193
1992	175	198	189	31		9	22*	88	68	20	70
1993	174	180	182	21	4	3	14	105	93	12	56
1994	166	203	137					77	69	8	60
1995	81	146	181	18	3	4	11	111	101	10	52
1996	112	91	191	11		6	5	64	55	9	116
1997	33	68	218	19	2	3	14	119	109	10	80
1998	48	80	175	18		3	15	100	75	25	57
1999	45	78	173	20	5	3	12	103	75	28	50
2000	25	88	191	7	1	3	3	83	53	30	101
2001	101	86	348	4	1		3	104	67	37	240
2002	72	50	204	14	1	2	11	52	21	31	138

续表

年份	上报成果项数	成果鉴定项数	科技奖励合计	获奖分类							
				国家级奖				部委、省市级奖			专项奖
				小计	自然科学	技术发明	科技进步	小计	部委	省市	
2003	78	58	193	11	1	2	8	48	20	28	134
2004	81	81	260	11	1	3	7	46	20	26	203
2005	90	68	180	10	3	3	4	52	20	32	118
2006	85	64	203	7	1		6	28	25	3	168
2007	73	47	151	18	1	9	8	28	20	8	105
2008	63	32	245	25	5	6	14	67	27	40	153
2009	67	41	215	21	2	3	16	50	24	26	144
2010	67	51	186	19	1	6	12	42	24	18	125
合计	3 291	2 305	5 348	419	44	120	255	2 092	1 392	700	2 837

说明："国家星火奖"于1987年设立，1988年至1993年评审五届，以后该奖励并入国家科学技术进步奖中。清华大学1992年获得2项国家星火奖，统计到1992年国家科学技术进步奖获奖数中，见＊标注。

（1）获国家级奖励情况

截至2010年，学校获国家科学技术奖励共419项（含国家星火奖2项），见表7-4-7，其中：国家自然科学奖44项，国家技术发明奖120项，国家科技进步奖253项，获奖项数和等级分布见表7-4-8；各获奖项目情况分别见表7-4-9、表7-4-10、表7-4-11和表7-4-12。

表7-4-8　1980年—2010年获国家科技三大奖等级分布

年份	国家自然科学奖						国家技术发明奖						国家科学技术进步奖				
	特等	一等	二等	三等	四等	小计	特等	一等	二等	三等	四等	小计	特等	一等	二等	三等	小计
1980											1	1					
1981										3	2	5					
1982			3			3				2		2					
1983										1		1					
1984								2	1	3	4	10					
1985										2	1	3		1	12	16	29
1986										1		1					
1987		1	1	2	2	6			3	6	4	13			7	6	13
1988									1	3	1	5			4	4	8
1989				1		1			1		1	2	1		3	3	7
1990									4	1	3	8			2	7	9
1991				1	1	2					1	1		1	2	1	4
1992										5	4	9		2	7	11	20
1993			1	2	1	4				1	2	3		2	4	8	14

续表

年份	国家自然科学奖						国家技术发明奖						国家科学技术进步奖				
	特等	一等	二等	三等	四等	小计	特等	一等	二等	三等	四等	小计	特等	一等	二等	三等	小计
1994	停评一届						停评一届						停评一届				
1995				3		3			1	2	1	4			6	5	11
1996									1	3	2	6				5	5
1997				1	1	2				3		3			8	6	14
1998									1	2		3		2	6	7	15
1999			2	2	1	5				2	1	3		1	4	7	12
2000			1			1			3			3			3		3
2001			1			1									3		3
2002			1			1			2			2		1	10		11
2003			1			1			2			2		1	7		8
2004			1			1			3			3			7		7
2005			3			3			3			3		1	3		4
2006			1			1								1	5		6
2007			1			1			9			9			8		8
2008			5			5			6			6		3	11		14
2009			2			2			3			3		1	15		16
2010			1			1		1	5			6	1	1	10		12
合计		1	25	12	6	44		3	49	40	28	120	2	18	147	86	253

说明：① 国家自然科学奖于1999年以前为每两年（单年度）评奖，自2000年以后改为每年评奖；
② 2000年以后，国家科学技术奖励只设特等、一等、二等奖。

表 7-4-9　1982 年—2010 年获国家自然科学奖项目

序号	项 目 名 称	年份	奖励等级	主要完成人	主要完成单位
1	湍流的基本理论研究	1982	二等	周培源	清华大学为完成人所属单位之一
2	广义变分原理的研究	1982	二等	钱伟长（2）	力学系（2）
3	黄河中游粗泥沙来源区及其对黄河下游淤积的影响	1982	二等	钱　宁	水电系（1）
4	中国古代建筑理论及文物建筑保护的研究	1987	一等	梁思成　林徽因　莫宗江　徐伯安　楼庆西　郭黛姮	建筑系
5	电机及电力系统过渡过程分析和控制	1987	二等	高景德　卢　强　刘　取　张麟征　郑逢时　郭永基　顾永昌　王仲鸿　倪以信　王祥珩　费仁言	电机系
6	裂纹扩展过程与断裂准则	1987	三等	黄克智（1）　余寿文（3）　罗学富（6）	力学系（1）

续表

序号	项目名称	年份	奖励等级	主要完成人	主要完成单位
7	土的本构关系研究	1987	三等	黄文熙　濮家骝　李广信	水电系
8	金属溶剂萃取热力学研究	1987	四等	滕　藤　李以圭　陆九芳 李总成　包铁竹	化学系
9	溶盐与合金的化学键理论研究	1987	四等	吴国是（8）	化学系（*）
10	固体表面上流动膜沸腾与液滴蒸发的机理研究	1989	三等	王补宣（1）　张能力（2） 石德惠（3）　彭晓峰（5）	热能系（1）
11	热等离子体条件下颗粒的传热与阻力	1991	三等	陈　熙	力学系
12	低频电磁场三维边值问题的分析和计算方法的研究	1991	四等	王先冲　陈丕璋　马信山 宫　莲　罗飞路	电机系
13	载能离子束与金属作用下合金相形成及生长现象的研究	1993	二等	柳百新　黄立基　丁菊仁 尚昌和	材料系
14	三烷基（混合）氧膦（TRPO）的萃取性能及从高放废液中萃取分离锕系元素的研究	1993	三等	朱永赌（1）　宋崇立（2） 焦荣洲（3）　杨大助（5）	核研院（1）
15	沿染污介质表面放电的研究	1993	三等	张仁豫　关志成　薛家麒 朱德恒　谈克雄	电机系
16	地震勘探信号处理与识别方法及其应用	1993	四等	常　迵　李衍达　阎平凡 边肇祺　徐　雷	自动化系
17	固体材料的宏细观本构理论与断裂	1995	三等	杨　卫　孙庆平　黄克智 余寿文　罗学富	力学系
18	热流体工程中的热阻力、热绕流、热驱动和热稳定性	1995	三等	过增元　李志信　胡桅林 宋耀祖　桂业伟	力学系
19	人工智能问题分层求解理论及应用	1995	三等	张　钹（1）	计算机系（1）
20	李代数李超代数表示及在原子核结构中的应用	1997	三等	孙洪洲（1）　龙桂鲁（5）	物理系（2）
21	关于ARMA模型辨识与谐波恢复的研究	1997	四等	张贤达（1）　李衍达（2）	自动化系（1）
22	酶活性部委柔性	1999	二等	周海梦（3）	生物系（2）
23	生物膜形状的液晶模型理论研究	1999	二等	谢毓章（2）	物理系（*）

续表

序号	项 目 名 称	年份	奖励等级	主要完成人	主要完成单位
24	高坝-地基-库水系统动、静力仿真模型研究	1999	三等	张楚汉　王光纶　金　峰 赵崇斌　冯令民	水电系
25	离子束材料改性中若干问题的研究	1999	三等	柳百新（1）　陈益钢（3） 潘　峰（5）	材料系（1）
26	煤燃烧特性的宏观通用规律研究	1999	四等	傅维标　葛　阳　张百立 曾桃芳　韩洪樵	力学系
27	低维结构的量子特性及计算设计研究	2000	二等	朱嘉麟　顾秉林　段文晖 倪　军　熊家炯	物理系
28	纳米润滑的研究和实验	2001	二等	温诗铸　雒建斌　黄　平 沈明武　史　兵	精仪系
29	持久性污染物的环境界面化学与控制技术原理	2002	二等	钱　易（4）	环境系（2）
30	复杂非线性系统的动力学理论与应用	2003	二等	褚福磊（3）	精仪系（3）
31	张量函数表示理论与材料本构方程不变性研究	2004	二等	郑泉水　黄克智	航院
32	铁电陶瓷的力电耦合失效与本构关系	2005	二等	杨　卫　方岱宁　方　菲 朱　廷　黄克智	航院
33	膜脂/蛋白相互作用：蛋白质在膜脂作用下结构与功能变化	2005	二等	隋森芳　王宏伟　武　一 马占芳　吉尚戎	生物系
34	非均质材料显微结构与性能关联：理论及实践	2005	二等	南策文	材料系
35	碳纳米管宏观体的研究	2006	二等	吴德海　朱宏伟　韦进全 曹安源　张先锋	机械系
36	多相湍流和湍流燃烧的基础研究和数值模拟	2007	二等	周力行	航院
37	功能纳米材料的合成、结构、性能及其应用探索研究	2008	二等	李亚栋　王　训　彭　卿 孙晓明　李晓林	化学系
38	非经典计算的形式化模型与逻辑基础	2008	二等	应明生	计算机系
39	电力大系统非线性控制学	2008	二等	卢　强　梅生伟　孙元章 刘　锋	电机系
40	国际通用Hash函数的破解	2008	二等	于红波（2）	高研中心

续表

序号	项 目 名 称	年份	奖励等级	主要完成人	主要完成单位
41	人工边界方法与偏微分方程数值解	2008	二等	韩厚德（2）	数学系
42	大气颗粒物及其前体物排放与复合污染特征	2009	二等	贺克斌（1） 郝吉明（2） 段凤魁（3） 杨复沫（5）	环境系
43	离散事件动态系统的优化理论与方法	2009	二等	赵千川（2） 陈 曦（3） 贾庆山（4）	自动化系
44	电磁固体的变形与断裂	2010	二等	方岱宁（1） 刘 彬（3） 李法新（4） 黄克智（5）	航院

说明：①“主要完成人”一栏中只列清华大学人员，括号内数字表示完成人排序号，无括号者按名单依次排序，（*）表示无清华大学人员署名。

②“主要完成单位”一栏中只列清华大学人员校内所在单位，括号内数字表示单位排序，无括号者表示清华大学为独立完成单位，（*）表示无清华大学单位署名。

③ 自 2000 年起，国家自然科学奖只授予中国公民，只颁发个人证书。

表 7-4-10 1980 年—2010 年获国家技术发明奖项目

序号	项 目 名 称	年份	奖励等级	主要完成人	主要完成单位
1	交流偏置式气桥双张检测器	1980	四等	蔡敏学	力学系
2	双频激光自动补偿装置	1981	三等	殷纯永 丁慎训 张国贞 朱鹤年 郭继华 许崇桂	精仪系 物理系 自动化系
3	FG 密栅云纹版及制造工艺	1981	三等	马喜腾 叶绍英 曹起骧	机械系
4	三维应力分析的全息光弹性材料和实验技术	1981	三等	戴福隆 钟国成	力学系
5	斜孔塔板	1981	四等	段占庭 蒋维钧	化工系
6	腔外调谐双频（塞曼）激光器	1981	四等	张培林	物理系
7	QH－5 非接触式电涡流调频式位移、振动测量仪	1982	三等	卢道江（1） 陈立基（2） 冯冠平（3） 付尚新（4）	精仪系（1）
8	层叠式气源发生器	1982	三等	蔡敏学（1） 王学芳（2）	力学系（1）
9	一种新型的四极滤质器	1983	三等	薛祖庆（1） 申功运（2） 陆家和（3）	电子系（1）
10	新型 MIG 焊接电弧控制法(QH-ARC 法)	1984	一等	潘际銮 张人豪 区智明 吴志强 何方殿 沈永德 潘妙良 陈武柱	机械系
11	自适应和数字电可控非相参频率捷变雷达系统	1984	一等	茅于海 周广元 乔学礼 吕 柏 王德生 周 平 唐仁娣	电子系
12	反光型密栅云纹栅版（F-FG 版）	1984	二等	叶绍英 马喜腾 曹起骧 谢 冰	机械系
13	煤粉预燃室燃烧器	1984	三等	徐旭常（1） 曾瑞良（2） 王云山（3）	热能系（1）

续表

序号	项 目 名 称	年份	奖励等级	主要完成人	主要完成单位
14	细晶封接合金	1984	三等	马莒生（1） 唐祥云（2） 陈南平（3）	机械系（1）
15	同位素低含沙测量仪	1984	三等	张训时（1） 黄泽民（2）	水利系（1）
16	偏振差动式高分辨率激光测速仪	1984	四等	孙厚钧 宋传琳 陶晓峰	水利系（1）
17	共振搅拌反应器	1984	四等	亓平言 戴诗亮	化工系 力学系
18	连续变刚度支撑装置	1984	四等	冯冠平 唐锡宽 项海筹 金德闻	精仪系
19	钨弦式土压力盒	1984	四等	孙厚钧（5） 刘崇杰（6）	水利系（2）
20	加盐萃取精馏制取无水乙醇	1985	三等	段占庭 周荣琪 雷良恒 徐永福	化工系
21	新型热水热量指示积算仪	1985	三等	刘震涛（1） 王俊杰（2） 肖德云（3） 顾利忠（4）	自动化系（1）
22	固体推进剂燃速测定系统	1985	四等	孙培懋（2） 康利民（5）	精仪系（2）
23	煤气发生炉螺旋锥型炉箅	1986	三等	曾宪舜	化工系
24	新型中碳和中高碳空冷贝氏体钢	1987	二等	方鸿生（1） 郑燕康（2） 陈秀云（3） 赵如发（4）	机械系（1）
25	塔型立构件在萘氧化制苯酐流化床反应器中的应用	1987	二等	金　涌（1） 俞芷青（2） 张　礼（3）	化工系（1）
26	模型砝码速调整数字复接技术及其复接器	1987	二等	曾烈光 冯重熙	电子系
27	双床沸腾炉	1987	三等	张绪祎（1） 胡震岗（5）	热能系（2）
28	造型材料发气性测试方法及仪器	1987	三等	余笃武 于震宗	机械系
29	低温烧结 PZT 陶瓷及独石压电陶瓷变压器	1987	三等	李龙土 邓维体 张孝文 刘玉顺 孙红飞	化工系
30	两自由度肌肉电控制前臂假肢	1987	三等	张济川（1） 黄靖远（2） 林喜荣（3） 严普强（4） 付春林（6）	精仪系（1）
31	自存储液晶大表格汉字、字符显示装置	1987	三等	赵静安（1） 阮　亮（3）	物理系（1）
32	引射式平焰烧嘴	1987	三等	吴学曾（2）	力学系（2）
33	硫化床燃烧脱硫剂	1987	四等	张绪祎 胡震岗	热能系
34	旋启式水阻可控缓闭止回阀	1987	四等	王学芳（1） 叶宏开（3） 汤荣铭（4）	力学系（1）

续表

序号	项 目 名 称	年份	奖励等级	主要完成人	主要完成单位
35	三自由度支撑系统扇叶动平衡机	1987	四等	冯冠平　徐　峰　徐玉铮 卢道江　陈　德　陈俊春	精仪系
36	铁红金圈结晶釉	1987	四等	杨　根（4）　周和平（5）	化工系、化学系（2）
37	高耐磨性、高韧性复合 Si_3N_4 陶瓷刀具	1988	二等	苗赫濯　马德金　罗振壁 衷待群　江作昭　刘兆男	材料系、精仪系
38	一种微机化现场动平衡仪	1988	三等	韦文林（1）　严普强（2）	精仪系（1）
39	具有新型选择性吸收涂层与连集管的玻璃真空管太阳能集热管	1988	三等	殷志强　吴家庆　史月艳 王凤春	电子系
40	同位素数字直读式厚度计	1988	三等	王泽民	核能所
41	超声多普勒牲畜妊娠检诊仪	1988	四等	沈以鸿（2）	电机系（2）
42	火焰稳定船式直流煤粉燃烧器	1989	二等	徐旭常　王云山　金茂庐	热能系
43	用于云纹干涉法的闪耀衍射光栅及其试件栅的制备工艺	1989	四等	傅承诵（1）　戴福隆（3）	力学系（1）
44	大速差同向或旋转射流火焰稳定方法及通用煤粉燃烧器	1990	二等	傅维镳（1）　韩洪樵（3）	力学系（1）
45	减小抖动正码速调整技术及其新型复接设备	1990	二等	曾烈光　冯重熙	电子工程系
46	超大规模集成电路高温快速热处理技术与设备	1990	二等	钱佩信　侯东彦　陈必贤 林惠旺　马滕阁　李志坚	微电子所
47	反应堆控制棒步进式水力驱动系统	1990	二等	吴元强　王大中　胡月东 董　铎	核能所
48	语音输入电话自动查号系统	1990	三等	胡起秀（1）　方棣棠（2） 蔡莲红（3）　吴文虎（4）	计算机系（1）
49	二异辛基硫醚萃取金、银的工艺	1990	四等	席德立　华亭亭　廖史书 唐　晋　赵义云　丛进阳	化工系
50	切削过程声发射刀具监视（控）装置与方法	1990	四等	张伯鹏　罗振壁　徐家球 郑　力　汤晓薇	精仪系
51	测量高温下材料力学性能的光学装置	1990	四等	金观昌（1）　章伟宝（2）	力学系（1）
52	计算机磁盘精密带式振动研抛机	1991	四等	王先逵　段广洪　雷源忠 郑维智　罗以松　朱企业	精仪系

续表

序号	项 目 名 称	年份	奖励等级	主要完成人	主要完成单位
53	运动姿态测量方法及装置	1992	三等	殷纯永　宋云峰　梁晋文 郭继华　沙淑华	精仪系
54	旋涡内分离循环流化床锅炉	1992	三等	曹柏林（1）　吴学安（5）	热能系（1）
55	新型反射式声显微镜	1992	三等	陈戈林　胡思正　罗淑云 李德杰　申忠明　张克潜	电子系
56	高双折射光纤拍长测试装置	1992	三等	廖延彪　陈国霖　吴庚生	电子系
57	高能等离子喷涂厚陶瓷涂层技术	1992	三等	张冠忠（1）　赵文华（2） 贺　勇（3）　王　杰（5）	力学系（1）
58	具有交互和自学功能的脱机手写汉字识别系统和方法	1992	四等	夏　莹（1）　吴志彪（2） 王世琴（6）	计算机系（1）
59	磁盘盘片平面度测量仪	1992	四等	曹　芒　李达成　王　佳 赵　洋　张恩耀	精仪系
60	并联柴油发电机组的电压、转速和均分功率的最优控制系统	1992	四等	王仲鸿　吴壬华　韩英铎 王　敏　刘文华	电机系
61	SCD-2双差动声光频移二维激光多普勒测速仪	1992	四等	沈　熊　于和生　王宗森	力学系
62	阳极氧化法制造可膨胀石墨技术	1993	三等	刘秀瀛（1）　沈万慈（2） 康飞宇（3）　刘英杰（5） 李友国（6）	材料系（1）
63	镜板平面度测量仪	1993	四等	刘兴占　梁晋文　何　真	精仪系
64	温度补偿型光频分复用鉴频器	1993	三等	张汉一　柴燕杰　谢世钟 孙　波　周炳琨	电子系
65	光/热效应型光盘读、写、擦除技术及系统	1995	二等	徐端颐　潘龙法　周兆英 陆　达　裴　京	精仪系（1）
66	制造陶瓷核燃料 UO_2 微球的全胶凝工艺	1995	三等	徐志昌　张　萍　唐亚平 张富宏	核研院
67	激光扇面法直接实时测量侧滑角的方法和系统	1995	三等	李达成（1）　孙培懋（2）	精仪系（2）
68	双一次风通道通用煤粉主燃烧器	1995	四等	傅维镳（1）　韩洪樵（2） 何裕昆（4）　周明德（5） 唐　林（6）	力学系（1）
69	高性能铁电压电陶瓷材料组成及低烧技术	1996	二等	桂治轮　李龙土　张孝文 王　雨　孙红飞　高素华	材料系

续表

序号	项 目 名 称	年份	奖励等级	主要完成人	主要完成单位
70	非接触式激光调频光纤位移测量仪	1996	三等	田 芊 章恩耀 徐 左 郑 刚 李达成 梁晋文	精仪系
71	电脑控制无位置传感器无刷直流电动机	1996	三等	李树青（1） 吴伯新（2） 陈永康（3） 方棣棠（4）	计算机系
72	NGY-2 型纳米级润滑膜厚度测量仪	1996	三等	温诗铸 黄 平 雒建斌 邹 茜 孟永钢	精仪系
73	单片机智能模块式变电站监控系统	1996	四等	黄慎仪 胡家为 齐 联 徐祖能 马建成 张文奎	清华紫光集团
74	内弯弧形筋片扁环填料	1996	四等	费维扬 温晓明 房诗宏 张宝清	化工系
75	高灵敏度、高温全息云纹光栅	1997	三等	戴福隆 谢惠民 石 玲 卿新林 邹大庆 王国韬	力学系
76	多重优化分配泵浦掺饵光纤放大器系列	1997	三等	彭江得 刘小明 唐平生 姜 新 范崇澄 周炳琨	电子系
77	2-5Gb/S 比特误码测试系统	1997	三等	杨知行 阳 辉 柴燕杰 姚 彦	电子系
78	从高放废液中去除锕系元素的中国 TRPO 流程	1998	二等	朱永赌 宋崇立 焦荣洲 王建晨 梁俊福 刘秉仁	核研院
79	程控/手动单模可调谐外腔半导体激光器	1998	三等	张汉一 潘仲琦 周炳琨 杨今强 毕可奎	电子系
80	YHG 系列水平轴转刷曝气机	1998	三等	钱 易 陈吕军 沈英鹏 胡纪萃 汪诚文	环境系
81	复合斜孔塔板	1999	三等	段占庭 彭建军 周荣琪 刘瑞禧	化工系
82	面向 ISDN 的并行多功能单板智能交换器	1999	三等	刘 斌（1） 李海萍（3） 马瑛珺（4） 叶航军（5） 崔 勃（6）	计算机系（1）
83	微小型泵及其制造测试技术研究	1999	四等	周兆英 杨 岳 叶雄英 李 勇 熊沈蜀 王晓浩	精仪系
84	钴-60 数字辐射照相集装箱检测系统	2000	二等	安继刚 周立业 邬海峰 吴志芳 向新程 王立强	核研院
85	清华系列绿色制冷剂	2000	二等	朱明善 史 琳 韩礼钟 赵晓宇 叶 茂 段远源	热能系
86	遥感卫星中频通用接收解调系统	2000	二等	杨知行 郭兴波 潘长勇 党小川 阳 辉 吴佑寿	电子系

续表

序号	项目名称	年份	奖励等级	主要完成人	主要完成单位
87	生物塑料 PHBHHx 的研制与开发	2002	二等	陈国强　陈金春　吴　琼 曹竹安　胡　平　张增民	生物系 化工系
88	统计预测时钟恢复技术及其系列 SDH 专用芯片与系统	2002	二等	曾烈光　王瀚晟　金德鹏 秦晓懿	电子系
89	高放废液全分离流程萃取设备（核用离心萃取器）研究	2003	二等	于文东　周嘉贞　刘秉仁 吴秋林　段五华　宋崇立	核研院
90	石英数字式力传感器及系列全数字电子衡器的研究与产业化	2003	二等	冯冠平（1）　朱惠忠（2） 董永贵（4）　王晓红（6）	精仪系
91	陶瓷胶态成型新工艺	2004	二等	黄　勇　杨金龙　谢志鹏 马利国　马　天　周龙捷	材料系
92	基于索普卡（SOPCA）网络结构的索普卡电脑	2004	二等	张尧学（1）　周悦芝（2） 彭玉坤（5）　王　勇（6）	计算机系（1）
93	先进制造中空间几何尺寸测量的现场校准方法和装置	2004	二等	殷纯永（2）　（精仪系） 郭继华（5）　（物理系）	精仪系 物理系（2）
94	时域同步正交频分复用数字传输技术（TDS-OFDM）	2005	二等	杨知行　杨　林　龚　克 潘长勇　董　弘　吴佑寿	电子系
95	高性能低温烧结软磁铁氧体材料	2005	二等	周　济　王晓慧　岳振星 李龙土　马振伟　桂治轮	材料系
96	基于 MEMS 的载体测控系统及其关键技术研究	2005	二等	周兆英　朱　荣　熊沈蜀 王晓浩　宋宇宁　魏　强	精仪系
97	中高频声表面波关键材料及应用研究	2007	二等	潘　峰（1）　曾　飞（3） 李冬梅（5）	材料系
98	正交偏振激光器及基于其振荡特性的精密测量仪器	2007	二等	张书练　李　岩　金国藩 韩艳梅　郭继华	精仪系
99	溶液式带有全热回收的模块化空气处理装置及其系统	2007	二等	江　亿　李　震　陈晓阳 刘晓华　刘拴强　谢晓云	建筑学院
100	车用柴油发动机新型电控系统及其应用	2007	二等	欧阳明高（1）　李建秋（2） 周　明（3）　杨福源（4）	汽车系
101	系统化生物芯片和相关仪器设备的研制及应用	2007	二等	程　京（1）　邢婉丽（2） 黄国亮（3）	医学院
102	激光合成波长纳米位移测量方法及应用	2007	二等	李达成（2）	精仪系

续表

序号	项 目 名 称	年份	奖励等级	主要完成人	主要完成单位
103	基于行波原理的电力线路在线故障测距技术	2007	二等	董新洲（2）	电机系
104	虫类药超微粉碎（微米）技术及应用	2007	二等	盖国胜（3）	材料系
105	专用项目	2007	二等	彭应宁（2）	电子系
106	三维协调的新一代电网能量管理系统关键技术及应用	2008	二等	张伯明 孙宏斌 吴文传 郭庆来 汤 磊 王 鹏	电机系
107	纳米晶磷酸钙胶原基骨修复材料	2008	二等	崔福斋（1） 冯庆玲（2） 李恒德（3） 俞 兴（5） 蔡 强（6）	材料系
108	基于网络融合的流媒体服务新技术	2008	二等	戴琼海 陈 峰 刘烨斌 杨敬钰 徐文立 尔桂花	自动化系
109	高效利用反应热副产工业蒸汽的热法磷酸生产技术	2008	二等	宋耀祖（2） 张冠忠（6）	航院
110	血管抑制剂抗肿瘤新药的药物设计、千克级制备技术及临床应用	2008	二等	付 彦（5）	生物系
111	防止配电网雷击断线用穿刺型防弧金具、箝位绝缘子和带间隙避雷器	2008	二等	何金良（5）	电机系
112	渗透汽化透水膜、膜组件及其应用技术	2009	二等	陈翠仙 李继定 蒋维钧 张立平 秦培勇	化工系
113	微波通信用高温超导接收前端	2009	二等	曹必松 张晓平 魏 斌 郭旭波 郜龙马 朱美红	物理系
114	适用于西部干燥地区的间接蒸发冷水机	2009	二等	江 亿 于向阳 谢晓云	建筑学院
115	大型装备缺陷辐射检测技术（专用项目公布名）	2010	一等	康克军 林郁正 刘以农 胡海峰 李元景 程建平	工物系
116	城市客车多能源一体化混合动力系统及其系列化车型应用	2010	二等	欧阳明高 陈全世 卢青春 张俊智 李建秋 高大威	汽车系
117	光学元件内应力、双折射和光学波片相位延迟测量的新原理和仪器	2010	二等	张书练 刘维新 宗晓斌 张 毅 金国藩	精仪系
118	运动汽车噪声综合识别及控制技术	2010	二等	连小珉 郑四发 杨殿阁 罗禹贡 李克强 王建强	汽车系

续表

序号	项目名称	年份	奖励等级	主要完成人	主要完成单位
119	耐高温相变材料微胶囊、高储热量储热调温纤维及其制备技术	2010	二等	唐国翌（2）	深圳研究生院
120	小动物多模态光学分子影像成像方法与系统	2010	二等	白　净（2）　张永红（4）	医学院

说明：①“主要完成人”一栏中只列清华大学人员，括号内数字表示完成人排序，无括号者按名单依次排序，（*）表示无清华大学人员署名。

②“主要完成单位”一栏中只列清华大学人员校内所在单位，括号内数字表示单位排序，无括号者表示清华为独立完成单位，（*）表示无清华大学单位署名。

③自2000年起，国家技术发明奖只授予中国公民，只颁发个人证书。

表7-4-11　1985年—2010年获国家科学技术进步奖项目

序号	项目名称	年份	奖励等级	主要完成人	主要完成单位
1	大型火电机组模拟培训系统	1985	一等	吕崇德　李天铎　徐忠净　秦瑞平　李兰馨	热能系
2	电机节能风扇、风罩	1985	二等	俞鑫昌（1）　陈丕璋（2）	电机系（1）
3	微型计算机化γ-心脏功能仪的研制	1985	二等	赵希德（1）　王晶宇（3）	工物系（1）
4	混凝土复拱坝	1985	二等	刘光廷（1）	水利系（1）
5	γ射线料位计系列的研制和推广应用	1985	二等	王汝赡	工物系
6	四频环形激光角度传感器及环形激光测角仪	1985	二等	冯铁荪（3）	精仪系（3）
7	地质力学模型试验技术及其在坝工建设中的应用	1985	二等	张光斗（2）	水利系（3）
8	预燃室节油技术在火电厂燃烧锅炉上的推广应用	1985	二等	徐旭常（2）	热能系（2）
9	75千伏安稀土钴永磁发电机	1985	二等	（*）	电机系（4）
10	20MnTiB钢冷锻高强度螺栓	1985	二等	（*）	机械系（5）
11	二次群数字微波通讯系统	1985	二等	姚　彦（2）　冯重熙（3）	电子系（2）
12	5.25英寸、8英寸软磁盘机及软磁盘片系列	1985	二等	徐光佑（5）	计算机系（3）
13	C3型离心机稳定性和单机分离性能研究	1985	二等	梁尤能（2）　赵鸿宾（3）	工物系（2）
14	DJS-142小型电子计算机系统	1985	三等	吕文超（1）　刘凤云（2）	计算机系（1）
15	紫外曝光分步重复照相机	1985	三等	徐端颐　齐国生　冯志清　陶振元　赵　戈	精仪系

续表

序号	项目名称	年份	奖励等级	主要完成人	主要完成单位
16	微型机局部网络	1985	三等	张公忠　唐永连　刘　兵　戴梅萼	计算机系
17	换热器网络的优化综合技术	1985	三等	陈丙珍　李有润　何小荣　沈忠耀　张能力	化工系
18	深圳城市污水排往珠江口规划设计研究	1985	三等	黄铭荣（1）　何　强（2）　井文涌（3）	环境系（1）
19	丹东大沙河水质评价及污染控制系统规划研究	1985	三等	傅国伟（1）　刘玉机（2）　张兰生（3）	环境系（1）
20	稀土灰口铸铁高压暖气片	1985	三等	黄惠松（1）　盛　达（2）　刘吉香（3）	机械系（1）
21	解放牌汽车前轮摆振研究	1985	三等	管迪华（1）	汽车系（1）
22	信号处理在工程中的应用	1985	三等	黄世霖　许绿漪　王振明　张金换　李一兵	汽车系
23	聚碳酸酯-聚乙烯合金纬纱管	1985	三等	张增民（1）　童筱芳（2）　张家桢（3）	化工系（1）
24	彩色微型机控制的舰船操纵仿真系统	1985	三等	熊光楞　肖田元　王　扬	自动化系
25	大规模集成电路计算机辅助制版系统	1985	三等	洪先龙（4）　吴启明（5）	计算机系（2）
26	GCr15圆锥轴承套圈冷挤压组合模具的研究	1985	三等	王祖唐（2）	机械系（2）
27	10-19小氮肥造气鼓风机专用系列研制推广	1985	三等	沈天耀（1）	力学系（2）
28	FH451型1024道幅度分析器	1985	三等	兰克坚（2）	工物系等
29	浅层地下水资源评价攻关研究及其推广应用	1985	三等	萧树铁（2）	数学系（*）
30	TJ-82图像计算机	1987	二等	吴佑寿　葛成辉　王汉生　李淑梁　李凤亭　邹林端　吴国威　柳絮飞　容观澳	电子系
31	大规模、超大规模集成电路研制及3微米工艺技术开发	1987	二等	李志坚（1）　徐葭生（3）　南德恒（5）　岳震武（7）　杨之廉（9）	微电子所（1）
32	氩气区熔中子嬗变掺杂单晶硅（NTD硅）的研制及推广应用	1987	二等	杜光庭（1）　刘开敏（2）　张达芳（3）　徐小琳（4）	核研院（1）

续表

序号	项目名称	年份	奖励等级	主要完成人	主要完成单位
33	人工心脏瓣膜性能体外检测技术与装置	1987	二等	席葆树　祖佩贞　裴兆宏 丁启明　杨岱强　郑永泽 查明华　李守彦　陈福贵	力学系
34	YAG-染料-喇曼移频宽带调谐激光系统	1987	二等	娄采芸（3）　姚敏言（6） 郭奕理（9）	电子系（3）
35	钢的水平连铸	1987	二等	黄维琼（3）	化工系（3）
36	主要污染物水环境容量研究	1987	二等	（*）	环境系（6）
37	铸型涂料研究	1987	三等	于震宗（1）　童本行（2）	机械系（1）
38	邮票厂七色机打孔器表面激光强化研究	1987	三等	周昌炽（1）	工物系（1）
39	离心萃取器的研究与开发应用	1987	三等	李慎文（1）　周嘉贞（2）	核研院（1）
40	中长期国家能源模型系统	1987	三等	吕应中（1）　吴宗鑫（4）	核研院（1）
41	石油机械难加工关键件的切削加工技术	1987	三等	金之垣（2）　周家宝（3）	精仪系（2）
42	北京生态系统特点与环境规划研究	1987	三等	刘德顺（5）	核研院（2）
43	电机电磁场数值计算	1988	二等	陈丕璋　胡显承　严烈通 姚若萍　张济世	电机系 数学系
44	微波电路CAD及微波集成放大器的技术研究	1988	二等	高葆新　洪兴楠　陈兆武 吕洪国　赵十华　耿　辉 冀复生　陈兆清　姚宝伦	电子系
45	连续等静压成型工艺与设备及透明氧化铝陶瓷粉喷雾干燥工艺及设备	1988	二等	陈振刚（1）	化工系（1）
46	底层大空间、上层大开间大模板高层建筑技术	1988	二等	方鄂华（5）	土木系（3）
47	KG200A，10kHz 高频晶闸管	1988	三等	王培清　张　斌　陈永琪 王均平　王东光	核研院
48	核电站安全分析软件	1988	三等	奚树人　彭木彰　郑文祥 赵翊民　张育曼	核研院　工物系
49	机械电子工业投入产出表的编制与研究	1988	三等	黎诣远（2）	经管学院（2）
50	DHJ-25电子回旋加速器	1988	三等	胡玉民（3）	物理系（3）
51	金川资源综合利用	1989	特等	公锡泰（20）	核研院（13）

续表

序号	项 目 名 称	年份	奖励等级	主要完成人	主要完成单位
52	集成电路 CAD 二级系统(内含 LSIS-Ⅱ自动布图子系统)	1989	二等	洪先龙(1)	计算机系(1)
53	城市污水处理和再利用	1989	二等	王占生 刘兆昌 张兰生 钱 易 陈志义 卜 城 杨志华 吕贤弼 聂永丰	环境系
54	可编程雷达信号处理机与低速目标检测技术	1989	二等	彭应宁(2) 马樟萼(3) 丁秀冬(5) 王秀坛(6)	电子系(2)
55	微机远程通信系统	1989	三等	蒋跃峰(4)	计算机系(2)
56	雷击发射塔架分流模拟实验	1989	三等	宫 莲(5)	电机系(3)
57	35 千伏小型化变电站微处理机和集成电路 WJBX 型四合一集控台及推广	1989	三等	董登武(4)	自动化系(3)
58	自适应和专家系统相结合的高炉铁水含硅量预报计算机系统	1990	二等	韩曾晋(1) 张乃尧(2)	自动化系(1)
59	北京市水资源系统分析及其数学模型的研究	1990	二等	姚汝祥(4)	水利系(4)
60	三维体素造型系统	1990	三等	孙家广 唐泽圣 卢声凯 黄智能 辜凯宁	计算机系
61	卫星通信数字群路制应用试点工程	1990	三等	梅顺良(1) 姚 彦(2)	电子系(1)
62	F-矿粉混凝土	1990	三等	冯乃谦(1) 张淑清(5)	土木系(1)
63	多变量优化励磁控制系统	1990	三等	王仲鸿(1) 卢 强(3)	电机系(1)
64	半导体器件外引线断裂质量控制与断裂机理的研究及推广应用	1990	三等	马莒生(1) 唐祥云(3)	材料系(3)
65	舒城 12 个试点县农村能源综合建设规划方法及其研究	1990	三等	顾树华(1)	核研院(1)
66	印刷体汉字文本识别系统	1990	三等	赵燕南(4) 杨德顺(5)	计算机系(2)
67	离心通风机内流理论及设计计算系统的应用与研究	1991	一等	沈天耀(1)	力学系(3)
68	混凝土结构设计规范 GBJ10—89	1991	二等	滕智明(4)	土木系(2)
69	网频时间码同步电影后期录音工艺	1991	二等	于晓林(4)	自动化系(2)
70	功率半导体器件芯片背面多层金属层制造技术	1991	二等	贾松良 宋文忠	微电子所

续表

序号	项 目 名 称	年份	奖励等级	主要完成人	主要完成单位
71	五兆瓦低温供热试验堆	1992	一等	王大中（1） 董 铎（2） 马昌文（3） 林家桂（4） 郑文祥（5） 吴元强（6） 高祖瑛（7） 罗经宇（8） 吴鸿麟（9） 张达芳（10） 郭人俊（11） 施永长（12） 李仲三（14） 王永庆（14）	核研院（1）
72	高坝坝基岩体稳定性评价及可利用岩体质量的研究	1992	一等	周维垣（2）	水利系（2）
73	东北电网实时状态估计	1992	二等	张伯明（1） 王世缨（3） 相年德（5） 朱明哲（6） 邓佑满（7） 赵海天（8）	电机系（1）
74	东北电网仿真系统	1992	二等	顾永昌（1） 王心丰（3） 李文平（5） 孙国柱（7） 马维新（9）	电机系（1）
75	多大区互联系统频率动态过程的分析及低频减载装置的整定	1992	二等	韩英铎（1） 闵 勇（3） 童陆园（6） 洪绍斌（7） 何学农（8）	电机系（2）
76	高混凝土拱坝仿裂技术及其在东风工程中的应用	1992	二等	刘光廷（8）	水利系（5）
77	稀土镁球墨铸铁型材水平连续铸造装备、工艺及组织性能的研究	1992	二等	吴德海（4）	机械系（3）
78	叶轮机叶片颤振研究	1992	二等	沈孟育（8） 刘秋生（9）	力学系（*）
79	北京市城市交通综合体系规划研究	1992	二等	郑乐宁（2）	数学系（2）
80	多功能离子束增强沉积实验装置	1992	三等	李文治（1） 吕鸿才（3） 李恒德（4）	材料系（1）
81	多字体多字号印刷汉字识别系统	1992	三等	吴佑寿 丁晓青 杨淑兰 郭繁夏 黄晓非	电子系
82	几种新型填料在低界面张力体系萃取塔中的研究与应用	1992	三等	费维扬 温晓明 张宝清 朱慎林	化工系
83	供热网微机控制系统	1992	三等	陆致成（1） 汪仕文（2）	热能系（1）
84	设备更新改造方针政策和经济决策分析理论与方法的研究	1992	三等	傅家骥（1） 吴贵生（2） 卿文光（5）	经济管理学院（1）
85	彩电 CAD 系统与 Mμ 两片机电路优化设计技术	1992	三等	刘润生 王贻良 汪 蕙 高文焕 王和民	电子系

续表

序号	项 目 名 称	年份	奖励等级	主要完成人	主要完成单位
86	HF－II红外光点运动分析系统	1992	三等	丁海曙　王广志　容观澳 丁　辉　过静君	电机系
87	舰载雷达自适应多功能可编程信号处理机	1992	三等	王秀坛　彭应宁　丁秀冬 马樟萼　付锦云	电子系
88	高海拔外绝缘及电晕特性研究	1992	三等	张仁豫（2）	电机系（2）
89	YLT低噪声12级系列YD-DL系列低噪声双速三相异步电动机	1992	三等	胡元德（1）　金启玫（2）	电机系（1）
90	优化设计方法（QDS）的应用	1992	三等	（＊）	精仪系（4）
91	熊猫集成电路CAD系统	1993	一等	洪先龙（7）　柳西玲（11）	计算机系（2）
92	土质防渗体高土石坝研究	1993	一等	李广信（6）　濮家骝（8）	水利系（5）
93	指纹自动识别系统	1993	二等	边肇祺（2）　荣　钢（7） 李小平（9）	自动化系（2）
94	络合萃取法处理工业含酚废水技术	1993	二等	戴猷元　杨义燕　汪家鼎 杨天雪	化工系
95	高层建筑钢结构成套技术	1993	二等	方鄂华（3）	土木系（3）
96	氟塑料加工及应用技术开发	1993	二等	赵安赤（6）	化工系（5）
97	单模窄线宽可调谐外腔半导体激光器	1993	三等	张汉一　谢世钟　周炳琨 柴燕杰　孙　波	电子系
98	青霉素发酵多模型智能控制	1993	三等	朱善君（1）　张曾科（2） 曹竹安（5）	自动化系（1）
99	微波电子回旋共振等离子体化学气相淀积技术与设备	1993	三等	甄汉生　吴锦发　周邦伟 彭吉虎	电子系
100	磁盘测试设备	1993	三等	梁晋文（1）　李达成（2） 殷纯永（3）	精仪系（1）
101	高浓度有机废水的厌氧生物处理技术	1993	三等	钱　易（1）　胡纪萃（2）	环境系（1）
102	关于我国科技投入统一口径和投资体系的研究	1993	三等	丁厚德（4）	社会科学系（3）
103	DD－8000谱数据获取与处理系统	1993	三等	屈建石（1）　陈　英（2） 魏义祥（3）	工物系（1）
104	自动防闪光飞行头盔（TK－6B）	1993	三等	邓维体　李龙土（署名顺序不详）	材料系（4）

续表

序号	项 目 名 称	年份	奖励等级	主要完成人	主要完成单位
105	1～1.5微米成套工艺开发及1兆位汉字库只读存储器	1995	二等	李志坚　杨之廉　徐葭生 李瑞伟　蒋　志　吴正立 周育诚　张树红　王水弟	微电子所
106	CIMS实验系统的软件开发及信息集成	1995	二等	吴　澄（1）　熊光楞（2） 蔡复之（3）　胡道元（8） 马力忠（9）	自动化系（1）
107	气固湍动流态化用于丙烯腈和醋酸乙烯构件流化床反应器的工业试验	1995	二等	金　涌（1）　汪展文（2） 姚文虎（5）　俞芷青（8）	化工系（1）
108	军用数字保密自动电话网（“七五”一期工程）	1995	二等	朱雪龙（8）	电子系（2）
109	2500kW轧机传动同步电机交交变频调速系统	1995	二等	李崇坚（1）　朱春毅（7）	电机系（*）
110	高坝安全监测技术及反馈	1995	二等	陈兴华（4）	水电系（3）
111	微型计算机辅助绘图及设计	1995	三等	孙家广（1）　陈玉健（2） 王建民（4）　屈　敏（5）	计算机系（1）
112	光谱法连续测量瞬态温度的装置	1995	三等	赵文华（1）　张冠忠（3） 贺　勇（4）　过增元（5）	力学系（1）
113	大型汽轮机及调速系统在线参数辨识技术	1995	三等	沈善德（1）　朱守真（5）	电机系（1）
114	高强混凝土结构——材料及结构性能、设计方法和施工技术	1995	三等	朱金铨（2）　冯乃谦（4）	土木系（2）
115	《钢结构设计规范》国家标准（GBJ17—1988）	1995	三等	王国周（4）	土木系（4）
116	高衍射效率二元光学器件的设计与制备技术	1996	三等	邬敏贤（1）　严瑛白（2） 金国藩（3）　姚长坤（4）	精仪系（1）
117	供电系统谐波检测与治理	1996	三等	唐统一　孙树勤　潘隐萱 戴先中　陆祖良	电机系
118	结构在地震动下性能的振动台试验研究	1996	三等	沈聚敏　方鄂华　钱稼茹 张良铎　王娴明	土木系
119	技术出口对中国经济的影响及其信贷政策研究——成套设备出口的影响	1996	三等	杨　炘（2）　王春兰（3） 焦丽霞（4）　刘永军（5）	经管学院（2）
120	《数据结构》《数据结构题集》	1996	三等	严蔚敏（1）	教材委员会 出版社

续表

序号	项 目 名 称	年份	奖励等级	主要完成人	主要完成单位
121	中国教育和科研计算机网CERNET示范工程	1997	二等	吴建平（1） 李 星（4）	网络中心（1）
122	超高压合成绝缘子	1997	二等	张仁豫（1） 薛家麒（2） 梁曦东（3） 李 京（4） 关志成（5） 王黎明（6） 邢广军（9）	电机系（1）
123	集中供热网热力学和动力学特征的在线识别与控制	1997	二等	江 亿（1） 陈兆祥（2） 杨成汉（3） 狄洪发（4） 李吉生（5） 王良海（6） 刘 望（7）	热能系（1）
124	染料工业废水综合治理技术与工艺	1997	二等	蒋展鹏（1） 杨志华（2） 祝万鹏（3） 余 刚（6） 李中和（7）	环境系（1）
125	汽车碰撞试验与测试分析处理系统的研究	1997	二等	黄世霖 张金换 李一兵 王振明 丁振松 朱西产 王晓阳 于树平 黄存军	汽车系
126	煤的催化燃烧的研究及其清洁燃烧产品的开发	1997	二等	武增华（1） 李小平（3） 张连庆（5） 朱文涛（7） 曹伟红（9）	化学系（2）
127	华北地区宏观经济水源规划管理的研究	1997	二等	翁文斌（3）	水电系（2）
128	19863/成都飞机工业公司CIMS工程	1997	二等	俞盘祥（5）	计算中心（2）
129	大型发电机安全监测与无刷励磁检测系统	1997	三等	沈善德（1） 朱守真（4） 杨常府（5）	电机系（1）
130	北京商品交易所计算机交易系统	1997	三等	吴建平（1） 周立柱（3） 邱 健（4）	计算机系（1）
131	全封闭组合电器绝缘配合的研究及其应用	1997	三等	张纬钹（1） 吴维韩（3）	电机系（1）
132	大型旋转机械状态监测、分析及故障诊断技术研究	1997	三等	付尚新（3）	精仪系（2）
133	温泉堡水库碾压混凝土拱坝试验研究	1997	三等	（*）	水电系（3）
134	多体充液柔性复杂系统稳定性与大幅晃动非线性动力学研究	1997	三等	王照林 李俊峰 吴翘哲 楚天广 曾江红	力学系
135	普定碾压混凝土拱坝筑坝新技术研究	1998	一等	曾昭扬（9）	水电系（5）

续表

序号	项 目 名 称	年份	奖励等级	主要完成人	主要完成单位
136	中国酸沉降及其生态环境影响研究	1998	一等	郝吉明（6）	环境系（4）
137	高华CAD二维绘图及设计系统	1998	二等	孙家广　杨长贵　陈玉健 王建民　刘　强　范　刚 肖　可　叶晓俊　郑国勤	计算机系（1）
138	我国二氧化碳排放预测及减排技术选择研究	1998	二等	何建坤　吴宗鑫　吕应运 张阿玲　顾树华　韦志洪 马玉清　郭　元　刘　滨	核研院
139	中国正常人体惯性参数测定和统计	1998	二等	郑秀瑗（1）　余　桂（4） 胡德贵（7）　孙国光（9）	力学系（1）
140	大型火电机组性能与振动远程在线监测及诊断系统	1998	二等	倪维斗（2）　蒋东翔（4）	热能系（2）
141	广东华宝空调器厂CIMS应用工程	1998	二等	刘文煌（2）　颜永年（3）	自动化系、机械系(2)
142	计算机网络产品SED-08路由器	1998	二等	张尧学（1）　盖　峰（2） 赵艳标（3）	计算机系（2）
143	预应力缠绕式板式换热器系列成形液压机技术开发	1998	三等	颜永年（1）　俞新陆（2） 卢清萍（4）	机械系（1）
144	微波与光电子学中的电磁理论	1998	三等	张克潜（1）　李德杰（2）	电子系（1）
145	GPS导航技术在农业飞防中的应用研究	1998	三等	过静君（4）	土木系（3）
146	北京市平原节水型农业示范研究	1998	三等	惠士博（3）	水电系（2）
147	机电一体化棉花加工成套设备	1998	三等	丁天怀（2）	精仪系（3）
148	高强度大体积混凝土材料特性研究	1998	三等	周维垣（3）	水电系（3）
149	新型CCD摄像终点计时及判读系统	1998	三等	容观澳（2）　丁海曙（5）	电机系（2）
150	长江三峡工程大江截流设计及施工技术研究与工程实践	1999	一等	王光谦（10）	水电系（7）
151	THOCR-97综合集成汉字识别系统	1999	二等	丁晓青　吴佑寿　郭繁夏 刘长松　陈　明　征　荆 林晓帆　郭　宏　彭良瑞	电子系

续表

序号	项 目 名 称	年份	奖励等级	主要完成人	主要完成单位
152	《结构力学》（第二版）	1999	二等	龙驭球（1） 包世华（2） 支秉琛（3） 匡文起（4） 余美茵（5）	土木系（1）
153	混流式水轮机转轮设计与特性预测研究	1999	二等	曹树良 钱涵欣 林汝长 瞿仑富 陈乃祥 吴伟章 郭春林	水电系
154	地面军用智能机器人	1999	二等	张 钹（5） 何克忠（8）	计算机系（5）
155	农村能源系统分析与规划方法	1999	三等	邱大雄 何建坤 顾树华 马玉清 苏明山	核研院
156	溶剂萃取处理氰化浸金贫液新工艺研究与应用	1999	三等	公锡泰（2） 杨明德（3）	核研院（2）
157	散粒体地基上土石坝混凝土防渗墙研究	1999	三等	濮家骝（4）	水电系（2）
158	多束激光热轧带钢板形测量技术研究及装置的开发	1999	三等	方仲彦（4）	精仪系（3）
159	THUSI-500、600 型超声手术仪的研制	1999	三等	周兆英 史文勇 张毓笠 张鸿澄 刘中伟	精仪系
160	《IBMPC 汇编语言程序设计》	1999	三等	沈美明 温冬婵 贾仲良	计算机系、出版社
161	氨浸法从电镀污泥和不锈钢酸洗废液中回收重金属	1999	三等	杨志华（5）	环境系（3）
162	全玻璃真空太阳集热管、集热器及热水系统	2000	二等	薛祖庆（1） 殷志强（2） 张 剑（3）	电子系（3）
163	超扭曲液晶显示器（STN-LCD）中试工艺研究	2000	二等	高鸿锦 张百哲 万博泉 董友梅 雷有华 李余增 解志良 张 伟 石 琳 肖 飞	化学系
164	加速纺机产品结构优化升级的信息集成与虚拟产品开发技术	2000	二等	肖田元（1） 韩向利（4） 孟明辰（6） 段广洪（8） 张燕云（10）	自动化系（1）
165	高速网络路由器 SED-08B	2001	二等	张尧学（1） 王晓春（2） 宋建平（4） 邵 巍（6） 赵艳标（7） 马洪军（8） 楼 颖（9）	计算机系（1）

续表

序号	项 目 名 称	年份	奖励等级	主要完成人	主要完成单位
166	压力容器极限与安定性分析及体积型缺陷安全评估工程方法研究	2001	二等	徐秉业（2） 岑章志（5） 刘应华（7）	力学系（2）
167	500kV 紧凑型输电线路关键技术及试验工程	2001	二等	黄炜纲（5） 范钦珊（6）	电机系、力学系（3）
168	多功能快速成形制造系统（M-RPMS）技术	2002	二等	颜永年 卢清萍 张人佶 吴任东 林 峰 冯 伟 张 伟 郭永红 郭 戈 郭海滨	机械系
169	DTT4C01A 公用电话 IC 卡专用芯片	2002	二等	葛元庆（1） 魏少军（3） 羊性滋（4） 高志强（6） 周润德（7） 陈弘毅（8）	微电子所（1）
170	塔里木河流域整治及生态环境保护研究	2002	二等	雷志栋（2） 胡和平（5） 杨诗秀（8）	水电系（2）
171	叶尔羌河平原绿洲四水转化关系研究	2002	二等	雷志栋（1） 尚松浩（3） 杨诗秀（5） 沈言琍（9） 毛晓敏（10）	水电系（1）
172	中国高速信息示范网	2002	二等	徐明伟（6） 李 星（9）	计算机系、网络中心（2）
173	电影数字制作系统及应用研究开发	2002	二等	陆 达（2） 潘龙法（5） 徐学雷（9）	精仪系（2）
174	电力系统新型静止无功发生器（ASVG）的研制	2002	二等	王仲鸿（1） 刘文华（3） 姜齐荣（5） 韩英铎（7） 梁 旭（9）	电机系（2）
175	海上中深层高分辨率地震勘探技术	2002	二等	张学工（5）	自动化系（3）
176	丙烯腈成套工业技术开发	2002	二等	魏 飞（6）	化工系（4）
177	城市生活垃圾卫生填埋示范工程	2002	二等	（*）	环境系（4）
178	专用项目	2002	一等	郑纬民（7）	计算机系（3）
179	加速器辐射源移动式集装箱检查系统系列的研制及产业化	2003	一等	康克军（1） 高文焕（2） 林郁正（3） 王经瑾（4） 陈志强（5） 李荐民（6） 刘以农（8） 唐传祥（9） 李元景（10） 李君利（11） 童德春（13） 陈怀璧（15）	工物系（1）

续表

序号	项目名称	年份	奖励等级	主要完成人	主要完成单位
180	高性能东方文字文档智能全信息数字化系统	2003	二等	丁晓青　刘长松　吴佑寿 陈　明　彭良瑞　方　驰 张嘉勇　文　迪　郭繁夏 郑冶枫	电子系
181	有毒有害有机废水高新生物处理技术	2003	二等	钱　易（1）　黄　霞（3） 文湘华（4）　王建龙（6） 陆正禹（7）	环境系（1）
182	难降解有机工业废水新型预处理技术及关键设备	2003	二等	余　刚（2）　蒋展鹏（4） 张彭义（9）	环境系（2）
183	中国第三代移动通信系统研究开发项目	2003	二等	王　京（3）	电子系（4）
184	基于 CC-2000 支撑平台的 EMS 高级应用软件	2003	二等	王心丰（4）　邓佑满（8）	电机系（4）
185	海洋平台结构检测维修、安全评定与实时监测系统	2003	二等	程保荣（5）	力学系（4）
186	专用项目	2003	二等	应纯同（10）	工物系（5）
187	专用项目	2004	二等	尤　政（7）	精仪系（*）
188	基于场协同理论的传热强化技术及其应用	2004	二等	过增元（1）　李志信（3） 孟继安（5）　陈泽敬（7） 胡桅林（9）	航院（1）
189	超大容量光盘数据库应用信息系统	2004	二等	裴　京（1）　徐端颐（2） 徐海峥（3）　潘龙法（4） 熊剑平（5）　高　昆（10）	精仪系（1）
190	钢-混凝土组合结构关键技术的研究及应用	2004	二等	聂建国（1）　樊建生（8）	土木系（2）
191	复杂空间钢结构曲线滑移、非对称整体提升等施工技术的研究与应用	2004	二等	郭彦林（7）	土木系（3）
192	复方丹参方药效物质及作用机理研究	2004	二等	王义明（5 化学系） 李　梢（6 自动化系）	化学系、自动化系(3)
193	TEMPEST 技术研究和相关设备研制	2004	二等	石长生（4）	电子系（7）
194	IPV6 核心路由器	2005	二等	吴建平（1）　徐明伟（2） 赵有健（3）　徐　恪（4） 尹　霞（6）　张小平（7） 毕　军（8）　崔　勇（9）	计算机系（1）
195	压力管道安全检测与评价技术研究	2005	二等	刘应华（7）　徐秉业（9）	航院（4）

续表

序号	项 目 名 称	年份	奖励等级	主要完成人	主要完成单位
196	碾压混凝土拱坝筑坝配套技术研究	2005	二等	曾昭扬（5）	水利系（2）
197	专用项目	2005	一等	郑　力（8）　李志忠（9）	工业工程系（*）
198	10兆瓦高温气冷实验反应堆	2006	一等	王大中　吴宗鑫　徐元辉 孙玉良　苏庆善　唐春和 刘继国　何树延　薛大知 钟大辛　高祖瑛　张作义 经荥清　王瑞偏　周惠忠	核研院（1）
199	高性能铋系高温超导长带材的研制与开发	2006	二等	韩征和（1）　刘　庆（2） 刘　伟（4）　刘梦林（6） 陈兴品（9）　李明亚（10）	物理系（1）
200	循环流化床锅炉本体和动态仿真关键技术的研究及产业化	2006	二等	岳光溪（1）　李　政（2） 倪维斗（3）　吕俊复（4） 杨海瑞（6）　张建胜（7） 高琪瑞（8）　刘　青（9）	热能系（1）
201	流域水量调控模型及在黄河水量调度中的应用	2006	二等	王光谦（1）　魏加华（2） 赵建世（5）　夏军强（6） 王忠静（7）　胡和平（8） 蔡治国（9）　傅旭东（10）	水利系（1）
202	大规模复杂生产过程智能调度与优化技术研究及应用	2006	二等	刘　民（1）　吴　澄（3） 董明宇（8）　郝井华（9） 尹文君（10）	自动化系（2）
203	方剂组分活性跟踪与配伍方法的建立与实践	2006	二等	罗国安（2）　王义明（5） 梁琼麟（7）　严诗楷（10）	化学系（2）
204	空间微系统及纳型卫星	2007	二等	尤　政　任大海　张　兵 于世洁　陈金树　张高飞 贺启林　吴知非　魏　青	精仪系
205	中国下一代互联网示范工程CNGI示范网络核心CNGI-CERNET2/6IX	2007	二等	吴建平（1）　李　星（2）	网络中心（1）
206	高性能集群计算机与海量存储系统	2007	二等	郑纬民　舒继武　王鼎兴 汪东升　陈文光　杨广文 温冬婵　鞠大鹏　张悠慧 余宏亮	计算机系
207	紊流模拟技术及其在水利水电工程中的应用	2007	二等	吴玉林（3）	热能系（4）
208	WDM超长距离光传输设备（ZXWM-M900）	2007	二等	彭江得（4）　陈明华（8）	电子系（2）
209	中国国家网格	2007	二等	杨广文（5）	计算机系（5）

续表

序号	项 目 名 称	年份	奖励等级	主要完成人	主要完成单位
210	大型深凹露天矿安全高效开采关键技术研究	2007	二等	徐文立（5）	自动化系（3）
211	黄河水沙过程变异及河道的复杂响应	2007	二等	王兆印（7）	水利系（*）
212	专用项目	2008	一等	陈弘毅（2）	微电子所（8）
213	专用项目	2008	一等	陆建华（7）	电子系（5）
214	专用项目	2008	二等	邢文训（5）	数学系（*）
215	输电系统中灵活交流输电（可控串补）关键技术和推广应用	2008	一等	（*）	电机系（4）
216	TH-ID人脸和笔迹生物特征身份识别认证系统	2008	二等	丁晓青　方　驰　王争儿 刘长松　彭良瑞　马　勇 王贤良　杨　琼　吴佑寿 王生进	电子系
217	建筑节能模拟分析平台DeST及其应用	2008	二等	江　亿　燕　达　吴如宏 张晓亮　宋芳婷　刘　烨 夏建军　魏庆芃　张　野 简毅文	建筑学院
218	超精表面抛光、改性和测试技术及其应用研究	2008	二等	雒建斌　路新春　潘国顺 温诗铸　雷　红　高　峰 胡志孟　张晨辉　孟永钢 杨明楚	精仪系
219	游荡性河流的演变规律及在黄河与塔里木河整治工程中的应用	2008	二等	王光谦（1）　张红武（3） 吴保生（4）　夏军强（5） 傅旭东（7）　钟德钰（10）	水利系（1）
220	中国教育科研网格	2008	二等	郑纬民（2）　武永卫（6）	计算机系（2）
221	100kt/a苯胺成套技术研究开发和应用	2008	二等	魏　飞（2）　骞伟中（8）	化工系（2）
222	高坝抗震分析时域显式整体分析法与场址地震动输入确定及工程应用	2008	二等	王进廷（2）　刘晶波（3） 张楚汉（5）	水利系（3）
223	90～65纳米极大规模集成电路大生产关键技术研究	2008	二等	田立林（9）	微电子所（6）
224	高性能宽带信息网（3TNet）	2008	二等	徐明伟（6）	计算机系（7）
225	彩图科技百科全书	2008	二等	潘际銮（9）	机械系（科普类无单位证书）
226	专用项目	2009	一等	李志恒（7）	自动化系（2）
227	专用项目	2009	二等	张小章（7）	工物系（3）
228	高含水期油田整体优化工艺、关键技术与工业应用	2009	二等	刘宝碇（4）	数学系（3）

续表

序号	项目名称	年份	奖励等级	主要完成人	主要完成单位
229	稀土催化材料及在机动车尾气净化中应用	2009	二等	翁　端（1）　吴晓东（5） 冉　锐（9）	材料系（1）
230	移动通讯用滤波器关键技术及产业化	2009	二等	潘　峰（2）	材料系（2）
231	新型组合剪力墙及筒体结构抗震理论与技术	2009	二等	钱稼茹（3）　叶列平（6）	土木系（3）
232	大型多用途智能控制试验机研制及系列化与产业化	2009	二等	张建民（1）　刘天云（4） 李庆斌（9）	水利系（2）
233	高层混合结构体系的关键技术及应用	2009	二等	王元清（4）　石永久（10）	土木系（2）
234	现代钢结构稳定性关键技术研究与应用	2009	二等	郭彦林（1）　林　冰（5） 董全利（6）　窦　超（7） 王永海（8）　刘禄宇（9） 陈国栋（10）	土木系（1）
235	海河流域洪水资源安全利用关键技术及应用	2009	二等	王忠静（2）	水利系（3）
236	碾压混凝土拱坝的新设计理论与实践	2009	二等	刘光廷（1）　谢树南（2） 王恩志（3）　李鹏辉（4） 胡　昱（5）　陈凤岐（6） 金　峰（10）	水利系（1）
237	黄河水资源统一管理与调度	2009	二等	王道席（6）	水利系（6）
238	低能耗膜-生物反应器污水资源化新技术与工程应用	2009	二等	黄　霞（1）　文湘华（3） 汪诚文（5）　俞开昌（6） 陈福泰（7）　王　勇（10）	环境系（1）
239	无线多媒体通信传输与终端系统关键技术的创新及应用	2009	二等	曹志刚（2）	电子系（2）
240	100nm高密度等离子刻蚀机研发与产业化	2009	二等	（*）	计算机系、精仪系(3)
241	混合动力城市客车节能减排关键技术	2009	二等	张俊智（3）	汽车系（3）
242	大庆油田高含水后期4000万吨以上持续稳产高效勘探开发技术	2010	特等	（*）	核研院（6）
243	应急平台体系关键技术与装备研究（专用项目公布名）	2010	一等	范维澄（1）　袁宏永（2） 黄全义（3）　申世飞（4） 苏国锋（5）　陈　涛（7） 陈　涛（8）　孙占辉（9） 疏学明（11）	工物系（1）

续表

序号	项 目 名 称	年份	奖励等级	主要完成人	主要完成单位
244	特大城市空气质量改善理论与技术及其应用	2010	二等	郝吉明 贺克斌 王书肖 傅立新 吴 烨 许嘉钰 李俊华 马永亮 王聿绚 段 雷	环境系
245	小型质谱仪关键技术创新及整机研制	2010	二等	张新荣（2）	化学系（2）
246	网络教育关键技术及示范工程	2010	二等	史元春（5）	计算机系（3）
247	面向大规模城域监控的流媒体关键技术及装备	2010	二等	季向阳（2） 丁贵广（5）	自动化系（2）
248	复杂地形长距离铁精矿固液两相浆体输送关键技术及应用	2010	二等	傅旭东（3） 韩文亮（5）	水利系（2）
249	高混凝土坝整体稳定安全控制新理论及工程应用	2010	二等	杨 强（2） 刘耀儒（5）	水利系（2）
250	水布垭超高面板堆石坝工程筑坝关键技术及应用	2010	二等	（*）	水利系（5）
251	200m级高碾压混凝土重力坝关键技术	2010	二等	金 峰（10）	水利系（*）
252	金属压力容器和常压储罐声发射检测及安全评价技术与应用	2010	二等	刘时风（4）	机械系（3）
253	特大异型工程精密测量与重构技术研究及应用	2010	二等	过静珺（6）	土木系（4）

说明：①“主要完成人”一栏中只列清华大学人员，括号内数字表示完成人排序，无括号者按名单依次排序，（*）表示无清华大学人员署名；
②“主要完成单位”一栏中只列清华大学人员校内单位，括号内数字表示清华大学的单位排序，无括号者表示清华大学为独立完成单位，（*）表示无清华大学单位署名。

表 7-4-12 获国家星火奖项目

序号	项 目 名 称	年度	奖励等级	主要完成者	完成单位
1	华丰系列高效采暖炉的研制开发与推广应用	1992	二等	蔡敏学（1） 李英敏（2）	力学系（2）
2	水泥回转窑带火焰稳定器的喷煤管	1992	四等	吴学增 李荣先	力学系

说明：① 括号内数字表示排序。
② 单位名称后无标注者，表示清华大学为独立完成单位。

（2）获部委、省市级科技奖励情况

1978 年至 2010 年，学校获部委、省市级奖励共计 2 092 项（见表 7-4-7），其中部委奖1 392 项，省市奖 700 项。北京市科技进步奖在其中占 369 项（一等奖 43 项，二等奖 152 项，三等奖 170 项，学术奖 4 项），等级分布见表 7-4-13；教育部科技奖项目共获 800 项（特等奖 1 项，一等奖 204 项，二等奖 409 项，三等奖 186 项），等级分布见表 7-4-14。

表 7-4-13　1986 年—2010 年获北京市科技进步奖等级分布

年份	获奖数				小计	年份	获奖数				小计
	一等	二等	三等	学术奖			一等	二等	三等	学术奖	
1986	1	8	10	3	22	1999	2	15	9		26
1987	1	6	10	1	18	2000					
1988		4	6		10	2001	3	11	10		24
1989		5	8		13	2002	2	14	8		24
1990	1	3	7		11	2003		13	6		19
1991	4	1	9		14	2004	3	10	5		18
1992	2	3	2		7	2005	4	10	9		23
1993	1	1	3		5	2006	4	7	7		18
1994	1	3	2		6	2007	2	5	7		14
1995		2	3		5	2008	1	2	7		10
1996	1	6	2		9	2009	3	4	9		16
1997	1	7	12		20	2010	3	4	4		11
1998	3	8	15		26	合计	43	152	170	4	369

说明：学术奖于 1982 年—1990 年设立。

表 7-4-14　1985 年—2010 年获教育部科技奖等级分布

年份	获奖数				小计	年份	获奖数				小计
	特等	一等	二等	三等			特等	一等	二等	三等	
1985		8	14		22	1999		4	15	11	30
1986		8	26		34	2000		12	12	——	24
1987		4	23		27	2001		5	6	——	11
1988		6	19		25	2002		7	9	——	16
1989		3	11		14	2003		9	6	——	15
1990	1	10	22	15	48	2004		9	10	——	19
1991		5	14	16	35	2005		8	9	——	17
1992		18	27	24	69	2006		10	14	——	24
1993		4	17	20	41	2007		9	9	——	18
1994		12	29	30	71	2008		9	10	——	19
1995		3	13	13	29	2009		9	13	——	22
1996		8	30	20	58	2010		12	8	——	20
1997		5	17	14	36	合计	1	204	409	186	800
1998		7	26	23	56						

说明：1985 年国家教育委员会设立科技进步奖，每年评审一次。该奖励名称曾多次更名：1985 年至 1997 年为“国家教委科技进步奖”；1998 年至 1999 年为“教育部科技进步奖”；2000 年至 2001 年为“中国高校科学技术奖”；2002 年至 2005 年为“教育部提名国家科学技术奖”；2006 年至 2007 年为“高等学校科学技术奖”，以上各奖励均统计在该表中，统称为“教育部科技奖”。2000 年以后教育部科技奖只设立特等、一等、二等奖。

(3) 获各类专项奖励情况

1978 年至 2010 年学校共获其他各类专项奖励，据不完全统计共 2 837 项，见表 7-4-7。

学校在国际上获得国际科技奖的个人、项目、集体奖励情况见表 7-4-15；在国内获表彰的科技奖项目情况见表 7-4-16-1，在国内获表彰的规划设计项目见表 7-4-16-2，获表彰的集体奖奖项情况见表 7-4-17，获表彰的科技奖工作者情况见表 7-4-18，其中对连续多届评选并获表彰的科技工作者奖项情况进行了单独列示，见表 7-4-18-1～表 7-4-18-9。

表 7-4-15　1986 年—2010 年获得的国际（个人/项目/集体）科技奖项

年份	奖励名称	获奖（个人/项目/集体）	等级	获奖单位
1986	国际能源协会人类利用能源国际大奖	王补宣	奖牌	热能系
	第 87 届美国陶瓷年会显微结构摄像	铁电陶瓷畴结构的电镜研究	二等奖	化工系
	第 14 届日内瓦国际发明展览	KC-1 变刚度支撑柔性转子振动控制系统	银牌奖	精仪系
		加盐萃取精馏制备无水乙醇	铜牌奖	化工系
1987	尤里卡第 36 届博览会	钛板及钛镀层光线画工	银牌奖	工物系
	第 15 届日内瓦国际发明展览会	溅射太阳选择性涂层	镀金奖	电子系
1988	第 16 届日内瓦国际发明展览会	高耐磨高韧性复合氮化硅陶瓷刀具	镀金奖	化工系
1989	巴黎国际发明展览法国政府科技研究部奖	微机化动平衡机	特等奖	精仪系
	国际建协举办的国际建筑设计竞赛	埃及亚历山大图书馆	特别奖	建筑学院
1992	’92 北京国际发明展览会	动力轮毂式轻便车辆	金奖	精仪系等
		电驱动自动增力通用机械手	金奖	精仪系
		动力轮毂式轻便车辆	耕耘奖	精仪系等
1993	亚洲建筑师协会优秀建筑奖	北京市菊儿胡同新四合院住宅一期工程	金奖	建筑学院
	联合国世界人居奖	北京市菊儿胡同新四合院工程	世界人居奖	建筑学院
1994	美国工程师学会“大学领先”奖	国家计算机集成与制造系统（CIMS）工程研究中心		自动化系等
	美国国家半导体公司音响器件应用大奖赛	吴　刚	第一名	精仪系
1995	’95 第 44 届布鲁塞尔尤里卡发明博览会比利时政府经济部	超级扁环（内弯弧形筋片扁环填料）	特别奖杯	化工系
	’95 第 44 届布鲁塞尔尤里卡发明博览会	超级扁环（内弯弧形筋片扁环填料）	特别金奖	化工系
	’95 第 44 届布鲁塞尔尤里卡发明博览会	用于润滑精制的新型填料抽提塔	银奖	化工系
	’95 第 44 届布鲁塞尔尤里卡发明博览会比利时政府军官奖章	费维扬	军官奖章	化工系
	联合国环境规划署“UNEP”奖	朱明善	“UNEP”奖	热能系
	新西兰羊毛局室内设计大奖赛	北京日坛宾馆改建工程	优秀奖	建筑设计院[1]
		人民大会堂澳门厅室内设计	大奖	建筑学院 安地公司[2]

续表

年份	奖励名称	获奖（个人/项目/集体）	等级	获奖单位
1996	北京国际发明展览会优秀发明奖	水下岩塞爆破新技术	银奖	水利系等*
	联合国技术信息促进系统发明创新技术之星奖	THOCR-94 高性能汉英混排印刷文本识别系统	发明创新技术之星奖	电子系
	国际计算机仿真学会突出贡献奖	吕崇德	突出贡献奖	热能系
	国际建筑师协会（UIA）建设评论和建筑教育奖	吴良镛	建设评论和建筑教育奖	建筑学院
1997	亚洲 CT 科技十大进展成果	在二维和三维 CT 图象重建理论与方法方面的研究工作及新进展		工物系
	联合国技术信息促进系统发明创新技术之星奖	元素在探针表面上的原子化机理研究	发明创新技术之星奖	化学系
	北京国际发明展览会奖	生物波功能型纺织品	铜奖	核研院
	新西兰羊毛局室内设计大奖赛	人民大会堂香港厅室内设计	大奖	建筑学院 安地公司[2]
1998	欧文斯科宁 1998 年全球设计挑战大赛“低造价住宅系统”	河北省安平县城乡接合部的丝网大世界新建商住区的建筑设计研究	第一名	建筑学院
		北京市“浙江村”住宅设计	第三名	建筑学院
	第七届莫必斯多媒体光盘国际大奖赛	《颐和园》	文化奖	力学系等*
		《长城的故事》	提名奖	精仪系
	联合国技术促进系统中国分部	用于地震储层分析的 SOMA 方法	发明创新科技之星奖	自动化系
1999	’99 第二届欧共体尤里卡世界发明博览会	新型超高分子量聚乙烯耐磨合金	国际金奖	化工系
	GM 中国科技成就奖	李一兵	一等奖	汽车系
	比利时骑士勋章	薛祖庆	骑士勋章	电子系
	尤里卡奖	薛祖庆	金奖	电子系
2000	2000 年香港国际发明展览会	钴-60 数字辐射照相集装箱检测系统	大奖	核研院
		钴-60 数字辐射照相集装箱检测系统	金奖	核研院
		同方威视大型集装箱检查系统	金奖	工物系
		新型超声外科手术设备	金奖	精仪系
		新型斜孔塔板	金奖	化工系
		地面数字电视广播系统	银奖	电子系
		清华全汉字识别系统及系列产品	银奖	电子系
		石英谐振式力/称重传感器	银奖	精仪系
		双偏振竞争位移传感器激光器系统	银奖	精仪系
		加盐萃取精馏制取无水乙醇	银奖	化工系

续表

年份	奖 励 名 称	获奖（个人/项目/集体）	等级	获 奖 单 位
2000	日本造园学会研究奖励奖	（中国）绿地空间构成的基础研究	奖励奖	建筑学院
	法国文化艺术骑士勋章	吴良镛	骑士勋章	建筑学院
	GM 中国科技成就奖	汪劲松	二等奖	精仪系
	英国电气工程师协会科学、教育和技术奖	王黎明、黄超峰等 5 人	科学、教育和技术奖	电机系
	ACPA Myoung Sam KO 控制教育奖（第三届亚洲控制会议）	郑大钟	控制教育奖	自动化系
2001	麻省理工学院流体力学与固体力学国际会议青年学者奖	岑　松	青年学者奖	力学系
2002	2002 年度荷兰克劳斯亲王奖	吴良镛	亲王奖	建筑学院
	亚洲建筑师协会亚洲建协建筑奖	清华大学建筑设计研究院办公楼（设计中心楼）	荣誉提名奖	建筑设计院[1]
	2002 年首次国际信息学奥林匹克	吴文虎	特别贡献奖	计算机系
2003	2003 年德国纽伦堡新思维、新发明、新产品展览会	石英数字式力传感器及系列全数字衡器的研究与产业化	金奖	精仪系
		生物塑料	银奖	生物系
	第十一届“莫必斯”国际多媒体光盘大奖赛	《中华太极》	大奖	出版社
	2003 年能源领域世界技术奖	殷志强	世界技术奖	电子系
2004	2004 年第五届中国国际发明展览会	填埋场渗滤液的蒸发处理技术	金奖	环境系
		集装箱（大型客体）CT 检测系统	金奖	核研院
		锂离子电池高密度球形系列正极材料	银奖	核研院
		填埋场渗滤液的蒸发处理技术	发明创造奖	环境系
	2004 年第一届日中韩三国联合离子色谱学术研究会	丁明玉	成就奖	化学系
	法国文学艺术骑士勋章	栗德祥		建筑学院
	联合国教科文组织亚太地区文化遗产奖	清华大学工字厅改造工程	亚太地区文化遗产奖	建筑学院 建筑设计院[1]
2005	GM 中国科技成就奖	张金换	二等奖	汽车系
	国际太阳能学会“维克斯实业成就奖”	殷志强	成就奖	电子系
	联合国教科文组织亚太地区文化遗产奖评委会	李晓东　云南丽江玉湖完小	创新大奖	建筑学院
	亚洲建协建筑奖	李晓东　云南丽江玉湖完小	金奖	建筑学院
	意大利国际石材建筑奖	天台博物馆	佳作奖	建筑学院
	联合国教科文组织亚太地区文化遗产评委会创新奖	故宫博物院午门展厅	大奖	安地公司[2]

续表

年份	奖励名称	获奖（个人/项目/集体）	等级	获奖单位
2005	美国风景园林师协会—罗德岛分会优秀设计奖	通州西海子公园规划设计	优秀设计奖	建筑设计院[1]
	全球 GIS 大赛优秀奖	模范建筑师挑战赛	优秀奖	城市规划设计院[3]
2006	美国化学工程师学会奖流态化技术奖	金　涌	流态化技术奖	化工系
	2006 年第里雅斯特（TRIESTE）科学奖医学奖	饶子和	医学奖	医学院
	2006 年第三届中国威海国际建筑设计大奖赛	适应性住宅	优秀奖	建筑学院
	2006 年中国世界建筑博览园国际建筑设计大奖赛	映像同里	优秀奖	建筑学院
	美国风景园林师协会—罗德岛分会优秀设计奖	福州大学新校区园林规划设计	2005 年度优秀设计奖	城市规划设计院[3]
	威尼斯双年展集体金奖	北京垡头地区规划研究	金奖	城市规划设计院[3]
2007	ASME “Best Paper Award”	Microscale Vapor Bubble Interactions DuringSubcooled Nucleate Boiling on a Heated Wire		热能系
	托萨罗伦佐国际风景园林奖城市绿色空间类奖	奥林匹克森林公园规划景观方案设计	一等奖	城市规划设计院[3]
2008	2008 年国际发明展览会金奖	有机发光显示与照明技术	金奖	化学系
		表面流场检测系统及智能飞行载体测控应用研究	金奖	精仪系
	日本显微镜学会科学论文奖	Three Dimensional Structural Changes in Living Hippocampal		物理系
	中银世界经济学优秀论文奖	政府规模、法治水平与服务业发展	最高奖	经管学院
	第八届海内外青年设计与制造科学会议优秀进展项目	机器人机构优化设计新方法理论体系及关键技术研究	优秀奖	精仪系
	The Pieter Hemker Prize	求解 Hemker 问题的量身定做有限点方法		数学系
	2008 ASHRAE 美国暖通空调工程师学会杰出贡献奖	杨旭东		建筑学院
	The Nishino Prize	安雪晖		水利系
	1st Arthur Kornberg Memorial Lecture Award	李　蓬		生物系
	国际风景园林师联合会亚太地区风景园林规划类奖	奥林匹克森林公园规划设计	主席奖（一等奖）	城市规划设计院[3] 建筑学院

续表

年份	奖励名称	获奖（个人/项目/集体）	等级	获奖单位
2008	美国风景师联合会（ASLA）职业设计奖	北京香山81号院	住区类景观设计荣誉奖	建筑学院 城市规划设计院[3]
2009	第七届意大利托萨罗伦佐国际风景园林奖地域改造景观设计类	铁岭莲花湖湿地公园景观设计	二等奖	城市规划设计院[3]
	英国景观行业协会（BALI）国家景观奖	北京CBD现代艺术公园景观设计	国际类设计金奖	建筑学院 城市规划设计院[3]
	英国　建筑回顾　世界新锐建筑奖	李晓东　福建平和县下石村桥上书屋	一等奖 第一名	建筑学院
	Holcim全球可持续建筑奖	张悦　北京顺义区可持续乡村规划设计	亚太区金奖 全球铜奖	建筑学院
	2009年度美国景观设计师协会综合设计类奖	北京奥林匹克森林公园项目	荣誉奖	城市规划设计院[3]
	国际风景园林师联合会亚太地区风景园林设计类奖	北京奥林匹克森林公园规划设计	主席奖（一等奖）	城市规划设计院[3]
	日本水环境学会优秀海外会员奖	王　慧		环境系
2010	2010年度发展中国家科学院物理奖	薛其坤		物理系
	2010亚洲未来加速器委员会/国际粒子加速器大会加速器奖	韦　杰		工物系
	英国景观行会（BALI）国家景观奖	青海原子城爱国主义基地纪念园景观	国际类设计奖	建筑学院 城市规划设计院[3]
	绿色设计优秀奖（Green Good Design）	北京奥林匹克森林公园	景观设计和城市规划奖	城市规划设计院[3]
	阿卡汗建筑奖	李晓东　福建平和县下石村桥上书屋		建筑学院
	国际风景园林师联合会亚太地区风景园林设计类奖	宁夏贺兰塞上风情园景观规划设计	荣誉奖	城市规划设计院[3]

注：1. 建筑设计院全称为“清华大学建筑设计研究院”。
2. 安地公司的全称为“清华安地建筑设计顾问有限公司”，2010年11月划转到建筑设计研究院，更名为“北京华清安地建筑设计事务所有限公司”。
3. 城市规划设计院全称为“北京清华城市规划设计研究院”。
单位名称后标注“*”，表示清华大学为非第一完成单位。

表7-4-16-1　1981年—2010年获国内表彰的科技项目

年份	奖励名称	项目名称	完成单位
1985	国家“六五”科技攻关表彰奖（奖状）	微型计算机系统开发	计算机系
		智能化集成单片PCM终端	无线电系
		大规模集成电路技术开发	微电子所等
		特种陶瓷（陶瓷劈刀、压电陶瓷变压器）	化学系、化工系等

续表

年份	奖励名称	项目名称	完成单位
1986	国家“六五”科技攻关奖（先进项目奖）	火电厂煤粉燃烧技术	热能系等
		通信专用大规模集成电路编译码器信道滤波器	无线电系、微电子所
		16K MOS-S RAM 研制	微电子所
		钢的水平连铸	化工系等
		稠油热采技术研究	核能所
	国家“六五”科技攻关奖（表彰奖）	研究提高热力网技术	热能系等
		耐高温等特种工程塑料研究	化工系等
		新型节能材料及节能新工艺新技术研究	机械系等
		高温结构陶瓷	化工系等
		微型机局部网络	计算机系
		S16 系列汉字系统	计算机系等
		图像计算机	无线电系
		YAG-染料-喇曼宽带调谐激光系统	无线电系等
		晋东南、准格尔、雁北三个地区煤浆物化特性及管道输送参数试验研究	水利系等
		南方海相碳酸盐岩地区油气普查勘探技术方法研究	物理系
		铸造用涂料	机械系
	国家“六五”科技攻关奖　金川资源综合利用攻关成果（二等奖）	金川二期金属化高冰镍与钴合金并浸出溶剂萃取镍钴全流程试验	核能所
	国家“六五”科技攻关奖　冶金科技攻关（一等奖）	低合金钢、合金钢	机械系等
1988	全国优秀图书奖	中国园林建筑	建筑学院
	建设部科学技术进步奖（二等奖）		
1989	“七五”国家重点科技攻关过程中做出优异成绩集体荣誉奖	0520 基本系统的改进和大批量生产	计算机系
		电液伺服喷漆机器人	精仪系
		CAD 三级低潮总体设计、软件开发和实用化	计算机系、微电子所
		1～5 微米成套工艺开发及相应水平 LSI 的研制	微电子所
		16 位微机配套电路	微电子所
		重型机械基础件 CAD	精仪系
		三维体素造型系统 GEMS20	计算机系
		核电厂模拟培训中心的建立	核能所、工物系
		5 兆瓦低温供热试验堆研究与建造	核能所
		20 万千瓦低温供热堆设计及软件开发	核能所
		碳纤维增强金属基复合材料及其制品	核能所
		人工心脏瓣膜性能改进的研究	力学系
		氧化塘水特性优化组合及综合研究	环境系

续表

年份	奖 励 名 称	项 目 名 称	完 成 单 位
1989	全军科技进步二等奖	空军航空发动机试车台噪声治理	建筑学院
1990	国家教委科技进步二等奖	北京体育学院体育馆设计研究	建筑学院
1991	国家“七五”科技攻关重大成果集体荣誉奖	5 兆瓦低温核供热试验堆	核研院等
		集成电路 1～1.5 微米工艺及 1 兆位汉字只读存储器	微电子所
		高效低污染流化床锅炉	热能系
		NC-10 离心机动平衡及物理分离技术	工物系等
		激光单原子探测技术在地质找矿中的应用	物理系
		ZHX-10 型 200 兆瓦汽轮发电机组监测、故障诊断系统	精仪系等
		16 位微机主要配套集成电路	微电子所等
		集成电路退火设备	微电子所
		核电站仿真技术	核研院
		大型几何尺寸检测技术与设备	精仪系
		三峡水库回水变动区泥沙冲淤河床演变及对防洪和航运的影响及其对策	水电系等
		离心机模态阻尼的动态测量技术	工物系
		反应堆结构安全审批软件	力学系等
		核电站液体冷却循环系统水锤计算模拟评价	力学系
		供热堆自然循环热工水力学稳定性实验	核研院
		大型控制棒水力驱动机械实验	核研院
		32 位超级微机及微机 CAD 技术开发	计算机系等
		工业型煤成套技术	热能系等
		氧化塘综合技术	环境系等
		城市污水净化技术及水质指标评价	环境系等
		集成电路三级 CAD 系统开发与实用化	计算机系、微电子所等
		集成电路测试程序库	微电子所等
		集成电路计算机辅助制造技术管理系统	微电子所等
		磁盘测试设备	精仪系等
		THOCR-90 实用多字体多字号混合版面印刷汉字识别系统	电子系
		盘套类零件柔性制造单元及刀具监控	精仪系等
		改进型人工心脏瓣膜性能的研究	力学系等
1993	国家教委科技进步奖（二等奖）	人与居住环境——中国传统民居集落	建筑学院

续表

年份	奖励名称	项目名称	完成单位
1994	北京市技术开发优秀项目奖（二等奖）	从废铂铼催化剂中提取贵金属	化工系
	首届全国环保技术交易会奖（金奖）	宁波经济技术开发区污水排海工程可行性研究与环境影响评价；YHG 系列水平转轴曝气机；常温 UASB 反应器处理啤酒废水生产试验研究	环境系
	广西壮族自治区新产品成果奖（二等奖）	WZ-65/3-82-M 型循环流化床锅炉	热能系等
1995	中国电子十大科技成果（1994 年度）	THOCR-94 高性能汉英混排印刷文本识别系统	电子系
		北京商品交易所计算机交易系统	计算机系等
	首届中国金榜技术与产品博览会金奖	铅系低温烧结驰豫铁电陶瓷材料组成与制备	材料系
	中国石化总公司科技成果推广应用荣誉奖	MTBE 制备系列成套技术	化工系
	电力工业部首届新技术、新产品暨科技攻关成果展示会（金奖）	大速差射流型双通道煤粉主燃烧器	力学系
	中国华北电力集团公司合理化建议和技术改进奖（特奖）	220kV 紧凑型输电线路的研究	力学系
	北京市技术开发优秀项目奖（二等奖）	DH-DAIMS1-0 图纸自动输入及管理系统	计算机系
1996	国家“八五”科技攻关重大科技成果奖	染料工业废水综合治理技术与工艺	环境系等
		电镀污泥资源化示范技术研究	环境系等*
		我国酸沉降及其生态环境影响研究	环境系等*
		城市污水回用成套技术	环境系等*
		压力容器极限与安定性分析及体积型缺陷安全评估工程方法	力学系等*
		华北地区宏观经济水资源规划管理的研究	水利系等*
		三峡工程永久船闸水力学关键技术研究	水利系等*
		三峡工程坝区泥沙淤积对通航和发电的影响及防治措施优选研究	水利系等*
		上端取精料 NC-10 离心机物理性能研究	工物系等
		15 吨 6×6 沙漠物探专用车	汽车系等*
		600MW 火电机组模拟培训装置	热能系等*
		核动力厂计算机保护系统关键技术	核研院等
		航空遥感实时传输系统	紫光集团等*
		压力容器主螺栓液压张拉机的研制	核研院等
		5MW 低温核供热堆热电联供试验研究	核研院等
		激光书写标刻设备——JS-A 型激光书写刻字机	电子系等*
		普及型 CAD/CAM 系统	计算机系等

续表

年份	奖励名称	项目名称	完成单位
1996	国家“八五”科技攻关重大科技成果奖	复合氮化硅陶瓷刀具中试生产工艺及关键设备	材料系等
		大型集装箱检测系统	清华大学
		数字蜂窝移动通信系统设备	电子系等*
		GSM 移动台基本技术研究与设备研制	电子系等
		单模光纤模场直径测试仪	电子系
		数控系统平台的开发与研究	精仪系等*
		大型旋转机械状态监测分析及故障诊断技术研究	精仪系等*
		大型过程工业自动化系统总体技术开发研究	自动化系等*
		9MeV 驻波电子直线加速器	工物系等*
		14MeV 驻波加速管	工物系等
		汽车电子控制技术	汽车系等
		冲绳海槽中部和钓鱼岛附近海域勘查	物理系等*
		1 微米级 VLSI 设计与工艺技术及 ASIC 研究	微电子所
		集成电路测试程序库的开发	微电子所等*
		集成电路 CAD 技术研究	计算机系等*
		砷化镓集成电路（CaAs IC）CAD	电子系等*
		集成电路 CAD/CAM 支撑软件系统	计算机系等*
		COSA 国产系统软件平台	计算机系等*
1996	国家环境保护局“八五”科技攻关优秀成果奖	染料工业废水综合治理技术与工艺	环境系等
		氨浸法从电镀污泥-不锈钢酸洗废渣中回收重金属	环境系等*
		填埋场防水防渗材料的筛选与研制	环境系等
		我国酸沉降及其生态环境影响研究	化工系等*
		柳州地区酸沉降综合防治示范研究	环境系等
1996	国家环境保护局“八五”科技攻关优秀示范工程奖	山东招远 761 厂吐氏酸生产车间废水处理工程	环境系等
	建设部优秀示范工程奖	蚌埠市饮用水预处理工程	环境系等
	北京发明展览会优秀发明奖（金奖）	隧洞水下岩塞爆破新技术	水利系等*
	第九届全国发明展览会优秀发明奖（银奖）	隧洞水下岩塞爆破新技术	水利系等*
	广东省优秀新产品奖	高性能低烧结 Y5V203（2F4）片式多层瓷介电容器瓷料	材料系等
	中国轻工业优秀新产品奖	采用氟氯烃替代物的新型电冰箱的研究	热能系等*
	中国软件行业协会 1995 年度优秀软件产品奖	TH-OCR 清华文通 863 印刷体中英文混排识别系统 V5-0 版	电子系

续表

年份	奖励名称	项目名称	完成单位
1997	电子部电子行业“八五”国家科技攻关重大成果奖	1 微米级 VLSI 设计与工艺技术及 ASIC 研究	微电子所
		集成电路 CAD 技术研究	计算机系等*
		集成电路测试程序库的开发	微电子所等*
		台阶测量仪	精仪系
		砷化镓集成电路（CaAs IC）CAD	电子系等*
		高档微机系列产品	计算机系等
		集成化 CAD/CAM 支撑软件系统	计算机系等*
		编译系统开发	计算机系等*
		网络系统软件开发	计算机系等*
		中文信息处理技术的通用开发工具	电子系等*
		聚酰亚胺涂层材料的研究	化学系
1997	北京工业第十二届优秀管理成果奖（二等奖）	价值工程在 BJ1040、1041 系列货厢型钢减重中的应用	力学系
1998	中国十大科技进展新闻	我国在国际上首次把氮化镓制备成一维纳米晶体	物理系
	高校十大科技进展	清华大学在国际上首次利用碳纳米管制备出氮化镓一维纳米晶体技术	物理系
		大型集装箱检测系统进入产品化	工物系、核研院
	国家经济贸易委员会“八五”国家技术创新优秀项目奖	WDT-1000 型点对多点无线通信系统	电子系
	建设部科技进步二等奖	中国近代建筑总览	建筑学院
2000	2000 年十大科技新闻	“航天清华一号”微小卫星发射成功运行良好	宇航中心
	2000 年中国十大科技进展	我国在世界上首创电磁式生物芯片	生物系
	2000 年“中国高校十大科技进展”	±20Mvar 新型静止无功发生装置（ASVG）的研制	电机系
	中国首届智能交通系统设计大赛（优秀奖）	适合中国较发达中等城市的先进交通控制系统框架	土木系
2001	2001 年杜邦科技创新奖	新型锰硼系空冷贝氏体钢系列	材料系
	“九五”国家重点科技攻关计划重大科技成果	计算机信息网络关键技术	网络中心、计算机系等
		CAD 应用工程	计算机系等
		钴 60 数字辐射集装箱检测系统	核研院
		全国铁路客票发售系统	精仪系等*

续表

年份	奖励名称	项目名称	完成单位
2001	“九五”国家重点科技攻关计划优秀科技成果	电影数字制作	精仪系
		IC 卡芯片设计与产品开发	微电子所
		通信专用集成电路设计与产品开发	微电子所
		微米/纳米新器件及新型微电子机械器件(MEMS)开发	微电子所
		200 兆瓦核供热堆热工水力学验证	核研院
		离心机小级联高效率分离多种稳定同位素技术	工物系
		循环流化床动态仿真技术	热能系
		汽车安全气袋匹配技术及 HCQ-2 智能型 ECU 的研制	汽车系
		IGCC 热力系统特性及优化设计技术	热能系等*
		渗透汽化透水膜、膜设备及其工程应用技术	化工系
		进口多晶 X 射线衍射仪改造升级技术	材料系
		超声外科手术设备关键技术的研究开发	精仪系
		长链二元酸的工业化生产研究	化工系等*
		氯化精炼新工艺研究	核研院等*
		摩托车排气催化净化技术的研究与应用	材料系
		典型城市汽车排放污染控制示范研究	环境系
		在役含缺陷压力管道安全评估关键技术研究	力学系等*
		酸雨控制国家方案研究	环境系
		小康居住标准与居住区规划设计导则及示范小区建设质量控制	建筑学院等*
2001	九五”国家技术创新优秀项目奖	出口专用太阳能集热管用玻璃生产线改造、工业家用 SAG 系列装置	电子系等
		大型集装箱检测系统	工物系等
		丙烯腈厂应用新技术扩能改造	化工系等*
	国防科技预研基金	二等奖：多工况耦合下结构力学特性三维数值计算方法实验研究	力学系
		高分辨率超声换能器技术研究	物理系
	第五届 CIETE 全国多媒体教育软件大奖赛	一等奖：清华教育在线	力学系
		工程力学虚拟实验室	力学系
2002	2002 年信息产业重大技术发明	组合移动式集装箱检查系统的检测技术	工物系等
	2001 年度中国高等学校十大科技进展	中国高速互联研究试验网络	网络中心等
	2002 年度中国高等学校十大科技进展	连续碳纳米管长线及其应用	物理系

续表

年份	奖励名称	项目名称	完成单位
2003	第八届国家图书奖荣誉奖（最高奖）	梁思成全集	建筑学院*
	首届中国技术市场金桥奖（优秀项目奖）	太阳能集热管	电子系
	2003年公众最关注的中国十件科技大事	清华大学研制成功智能汽车	清华大学
	2003年度中国高等学校十大科技进展	10兆瓦高温气冷实验反应堆	核研院等
2004	2004年中国高等学校十大科技进展	调控动物胚胎中胚层形成的一种新机理	生物系
		中国下一代互联网示范工程CNGI核心网CERNET2主干网	网络中心等
		马里诺-瓦发猜想的证明	数学系等*
	全国十大教育新闻	我国开通全球规模最大下一代互联网	网络中心等
	2004年中国十大科技进展	中国第一个下一代互联网主干网开通	网络中心等
	第八届北京技术市场金桥奖	一等奖：有机发光显示（OLED）技术成果产业化	化学系
		二等奖：用于NSFCNet的长距离试验光纤传输实验系统的研制	电子系
	2003年全国十大建设科技成就	城市污水再生利用研究示范课题	环境系
	2003年北京市规划委员会北京市第十一届优秀工程设计	一等奖：北京市区污水处理厂合理规模研究	环境系等*
	联想杯2004年国内十大国内科技新闻	CERNET2正式开通，中国有了下一代互联网	网络中心等
2005	2005年度中国基础研究十大新闻	提出了一种通用的纳米晶体合成策略——液体—固体—溶液界面相转移和相分离	化学系
	2005年度中国高等学校十大科技进展	线粒体膜蛋白复合物Ⅱ的三维精细结构研究	医学院
	第二届中国技术市场金桥奖（优秀项目奖）	加速器辐射源移动式集装箱检查系统系列的研制及产业化	工物系等
	2004年信息产业重大技术发明	IPv6核心路由器关键技术	计算机系等
	2004年度国家海洋局海洋创新成果奖（二等奖）	工厂化养鱼关键技术及设施的研究与开发	环境系等*
	第九届北京技术市场金桥奖（一等奖）	加速器辐射源移动式集装箱检查系统系列的研制及产业化	工物系等
2006	2006年中国十大科技进展新闻	下一代互联网技术获重大成果	网络中心等
	2006年中国计算机学会王选奖（一等奖）	IPv6核心路由器	计算机系
	2006年首届中国信息界学术大会“中国信息化大奖”（优秀奖）	大学资源计划的理论与发展	计算中心

续表

年份	奖励名称	项目名称	完成单位
2007	2007年中国标准创新贡献奖（一等奖）	GB/T20090-2-2006信息技术先进音视频编码第2部分：视频	电子系等*
		GB19211-2003辐射型集装箱检查系统	工物系等*
	2007年第三届王选新闻科学技术奖（二等奖）	基于网格的大规模视频直播系统	信研院等*
	2007年度中国高等学校“十大科技进展”	三维协调的新一代电网能量管理系统、关键技术及应用	电机系等
	2007年中国少数民族十大新闻	统一平台的少数民族文字文档识别系统研制成功	电子系
	2007年信息产业重大技术发明	高温超导滤波器系统技术	物理系
	2007年度中国信息化建设项目成就奖	中国下一代互联网示范工程核心网CNGI-CERNET2	网络中心
	首届全国信息化研究成果奖	三等奖：中国农业信息服务体系发展研究	公共管理
		提名奖：施工企业信息化成功秘密	土木系
		提名奖：企业信息化总体设计	自动化系
	第三届中国技术市场金桥奖（优秀项目奖）	有机发光显示（OLED）技术成果产业化	化学系
		生物柴油和1,3-丙二醇耦合生产关键技术及产业化示范	化工系
	第十届北京技术市场金桥奖（三等奖）	1.5万吨/年天然气氧化乙炔炉工程	化工系
		350MN模锻压机设计及模锻工艺	机械系
2008	2008年度中国高等学校“十大科技进展”	下一代互联网核心技术国际标准RFC5210（IPv6真实源地址体系结构及测试床）	网络中心
	2008年度信息产业重大技术发明项目	液体安全检查系统	工物系
	第十一届北京技术市场金桥奖（一等奖）	昆山市应急平台系统软件开发	工物系
	华夏建设科技二等奖	建筑设计防火规范	设计院
		国家体育场室内获奖关键技术	
		北京中心城地区湿地系统规划	建筑学院
	2007年度海洋创新成果奖	数字海底技术渤海油田示范区的建设	建筑学院*
	2007年第二届全国杰出专利工程技术评审项目	黄磷燃烧热能回收与利用装置及其热法磷酸生产系统	航院
	第二届中华优秀出版物奖	《核材料科学与工程》	材料系
	第一届中国建筑图书奖	《梅县三村》	建筑学院

续表

年份	奖励名称	项目名称	完成单位
2009	2009年度中国高等学校“十大科技进展”	微波通信用高温超导接收前端	物理系
	2009年度信息产业重大技术发明项目	有机发光显示材料、器件及产业化	化学系
	2009年度第一届中国服务业科技创新奖	服务创新与高技术服务业研究	经管学院、出版社
	第四届中国技术市场金桥奖（优秀项目奖）	突发公共事件应急平台	工物系
		超低剂量X线人体安检系统	
	上海市科学技术奖	绿色建筑标准体系建立与应用	建筑学院
	教育部自然科学二等奖	中国乡土建筑研究	建筑学院
	2009年度中国GIS优秀工程	全国省级国土资源遥感调查成果数据集成与信息系统建设	土木系
	第十二届北京技术市场金桥奖（二等奖）	长春市生活垃圾综合处理电站	热能系
	2008年中国高校产学研合作十大优秀案例	超低剂量X线人体安检系统	工物系
	2008年中国创新设计红星奖	光的造型1——翔	美术学院
		2008北京奥林匹克运动会颁奖台	
		首都国庆60周年群众游行彩车设计	
	第二届全国壁画大展	壁画《淮海战役》	美术学院
		《红军长征胜利会师》浮雕	
		壁画《井冈山斗争》	
	中国美术奖·理论评论奖	神话的制造者——美国抽象表现主义与文化冷战	美术学院
		隋唐五代工艺美术史	
2010	2010年度中国高等学校“十大科技进展”	拓扑量子态的研究	物理系
		膜蛋白的结构与功能	生命学院
	北京市第14届优秀工程设计奖	南沙河综合整治规划（2008—2020）	环境学院
	教育部自然科学一等奖	建筑环境VOC及湿度控制中的传质机理及过程特性研究	建筑学院
	华夏建设科技二等奖	奥运村绿色建筑技术研究与应用	建筑学院
	第十六届“中国复材展—JEC”创新产品奖	大跨FRP编织网屋盖结构	土木系
	住房和城乡建设部市政公用和建筑工程科技示范工程	深圳市布吉（地下式）污水处理厂示范工程	环境学院

说明：单位名称后标“*”，表示清华大学为非第一完成单位。

表 7-4-16-2 1981 年—2010 年获国内表彰的规划设计项目

奖励名称	年份	奖励等级	项目名称	完成单位
国家优质工程	2009	银奖	北京科技大学体育馆工程	建筑设计院*
	2010	银奖	北京国际花卉物流港	建筑学院、安地公司*
全国优秀工程勘察设计奖	1991	银奖	北京体育学院体育馆	建筑学院等
	1991	铜奖	结构设计程序 TDDI	建筑设计院
	1991	银奖	北京菊儿胡同“类四合院”住宅设计规划	建筑学院、建筑设计院
	1993	金奖	清华大学图书馆新馆	建筑学院、建筑设计院
	1993	铜奖	北京师范大学英东教育楼	建筑设计院
	1993	铜奖	山东财经学院校园规划	建筑设计院
	1993	银奖	五兆瓦低温供热实验堆	核研院、建筑设计院
	1993	铜奖	清华大学东 16 楼住宅	建筑设计院
	1999	银奖	TUS/ADBW 多层及高层空间结构通用设计系统	建筑设计院
	1999	银奖	清华大学经管学院伟伦楼	建筑设计院
	2000	铜奖	清华大学理科楼	建筑学院、建筑设计院
	2002	金奖	清华大学设计中心楼（伍舜德楼）	建筑学院、建筑设计院等
	2002	铜奖	中国戏曲学院迁建工程综合排演场	建筑设计院
	2004	金奖	清华大学附小新校舍	建筑学院、安地公司等
	2004	银奖	杭州雷峰塔新塔	建筑学院、建筑设计院
	2004	铜奖	上海锦绣江南家园（一期）	建筑设计院
	2006	金奖	中国美术馆改造装修工程	建筑设计院、清华工美建筑装饰工程有限公司
	2006	银奖	北京海淀社区中心	建筑设计院
	2006	金奖	北京城市总体规划（2004—2020 年）	建筑学院*
	2008	金奖	清华大学医学院	建筑学院、建筑设计院
	2008	银奖	清华科技园科技大厦	建筑设计院
	2008	银奖	乔波冰雪世界滑雪馆及配套会议中心	建筑设计院
	2009	银奖	2008 奥运会北京射击馆	建筑设计院
	2009	铜奖	清华大学专家公寓二期	建筑设计院
	2010	银奖	成都金沙遗址博物馆文物陈列馆	建筑设计院等
	2010	银奖	中国工程院综合办公楼	建筑学院、建筑设计院
	2010	银奖	北京奥林匹克公园中心区下沉花园	建筑设计院等

续表

奖励名称	年份	奖励等级	项目名称	完成单位
全国工程勘察设计行业优秀工程奖				
全国优秀工程勘察设计行业奖	2008	一等奖	清华大学医学院	建筑学院、建筑设计院
	2008	一等奖	清华科技园科技大厦	建筑设计院
	2008	一等奖	乔波冰雪世界滑雪馆及配套会议中心	建筑设计院
	2008	二等奖	清华大学专家公寓	建筑设计院
	2008	二等奖	广州大学城组团三——广州美术学院与广州工业大学	建筑学院、建筑设计院
	2008	三等奖	徐州水下兵马俑博物馆/汉文化艺术馆	建筑设计院等
	2008	三等奖	北京市北外附属外国语学校	建筑设计院
	2008	三等奖	大连理工大学创新园大厦	建筑设计院
	2009	一等奖	成都金沙遗址博物馆文物陈列馆	建筑设计院等
	2009	一等奖	奥林匹克公园下沉花园	建筑设计院等
	2009	二等奖	中国工程院综合办公楼	建筑学院、建筑设计院
	2009	二等奖	百旺·茉莉园	建筑设计院
	2009	二等奖	北京科技大学体育馆（2008年奥运会柔道、跆拳道比赛馆）	建筑设计院
	2009	二等奖	丹东市第一医院	建筑设计院
	2009	三等奖	青岛天人集团生态办公楼	建筑设计院
	2009	二等奖	多层及高层空间结构一体化设计系统TUS	建筑设计院
	2009	三等奖	2008奥运会北京飞碟靶场	建筑设计院
全国优秀工程勘察设计行业奖建筑工程	2008	三等奖	长春税务学院净月校区综合教学楼与研究生楼	安地公司
	2010	一等奖	甘肃省金昌市文化中心	建筑学院、安地公司
全国优秀工程勘察设计行业奖市政公用工程	2009	三等奖	香山81号院住宅区景观设计	建筑学院、城市规划设计院
	2010	三等奖	北京CBD现代艺术中心公园	城市规划设计院
全国优秀城乡规划设计奖	2007	一等奖	北京奥林匹克森林公园规划设计	城市规划设计院
	2009	一等奖	北川羌族自治县羌族特色商业街详细规划方案	建筑学院、城市规划设计院
	2009	一等奖	汶川县城修建性详细规划	城市规划设计院
	2009	一等奖	四川省茂县城市总体规划及城区控制性详细规划（2008—2020）	城市规划设计院

续表

奖励名称	年份	奖励等级	项目名称	完成单位
全国优秀城乡规划设计奖	2009	二等奖	甘肃省拉卜楞寺文物保护总体规划	建筑学院、城市规划设计院
	2009	三等奖	福建南靖土楼文物保护规划	建筑学院、城市规划设计院
	2009	三等奖	辽宁省中部城市群发展规划	城市规划设计院
	2009	三等奖	长春整体城市设计	城市规划设计院
全国优秀村镇规划设计奖	2009	二等奖	北京市房山区青龙湖镇总体规划（2005—2020）	城市规划设计院
	2009	三等奖	北京市顺义区北务镇道口村村庄规划	城市规划设计院
	2009	三等奖	北京市房山区窦店镇总体规划（2005—2020）	城市规划设计院
	2009	三等奖	北京市顺义区大孙各庄镇吴雄寺村村庄规划	建筑学院、城市规划设计院
全国优秀城乡规划设计奖（灾后重建规划）	2009	三等奖	汶川县城整体风貌控制研究	城市规划设计院
省部级优秀工程勘察设计奖				
建设部全国优秀设计奖	1984	一等奖	扬州鉴真纪念堂	建筑学院
	1986	二等奖	框架轻板剪力墙体系多层住宅建筑	建筑设计院
建设部全国优秀规划奖	1986	二等奖	北京东方歌舞团业务用房	建筑设计院
建设部全国优秀城乡规划奖	1986	二等奖	徽州屯溪老街历史地段保护与更新	建筑学院
	1989	三等奖	桂林市中心区详细规划	建筑学院
	1990	三等奖	天津川富里阶梯型住宅规划设计	建筑学院、建筑设计院
	1993	二等奖	山东财经学院总体规划与设计	建筑学院、建筑设计院
	2003	二等奖	郑州市中心城区总体概念性城市设计	城市规划设计院、郑州市规划勘测设计研究院
	2006	一等奖	北京城市总体规划（2004—2020年）	建筑学院*
	2006	二等奖	天津城市空间发展战略研究	建筑学院*
	2006	三等奖	泉城特色风貌带规划	建筑学院、城市规划设计院
	2006	三等奖	南宁市相思湖新区分区规划	城市规划设计院
	2009	三等奖	铁岭市凡河新区莲花湖国家湿地公园核心区景观设计	城市规划设计院

续表

奖励名称	年份	奖励等级	项目名称	完成单位
建设部优秀建筑设计奖	1993	二等奖	北京师范大学英东教育楼	建筑设计院
	1993	三等奖	清华大学东16楼住宅	建筑设计院
	1996	三等奖	北京语言学院邵逸夫教学楼	建筑设计院
	1998	二等奖	清华大学经管学院伟伦楼	建筑设计院
	2000	三等奖	清华大学技术科学楼	建筑设计院
	2002	二等奖	中国戏剧学院迁建工程综合排演场	建筑设计院
	2002	一等奖	清华大学设计中心楼（伍舜德楼）	建筑设计院
	2002	三等奖	清华大学游泳跳水馆	建筑设计院
	2005	三等奖	杭州金都富春山居住宅小区	建筑设计院
	2006	一等奖	中国美术馆改造装修工程	建筑设计院
	2006	二等奖	清华大学信息技术研究院	建筑设计院
	2006	二等奖	常熟图书馆	建筑学院、安地公司
	2006	三等奖	中华人民共和国教育部综合办公楼	建筑设计院
	2006	三等奖	东北大学国际学术交流中心（汉卿会堂）	安地公司
	2006	三等奖	清华大学大石桥学生公寓区A07楼	建筑设计院
建设部优秀设计奖	1986	二等奖	北京什刹海历史文化风景区保护开发研究	建筑学院
	1989	三等奖	清华大学社会科学楼	建筑设计院
	1993	一等奖	清华大学图书馆新馆	建筑学院、建筑设计院
	1993	三等奖	颐和园后湖“苏州街”	建筑学院、建筑设计院
	1993	三等奖	北京中国儿童剧场	建筑学院、建筑设计院
	2003	一等奖	清华大学附小新校舍	建筑学院、安地公司等
	2004	二等奖	上海锦绣江南家园（一期）	建筑设计院
	2004	二等奖	杭州雷峰塔新塔	建筑学院、建筑设计院
	2004	三等奖	天桥剧场翻建工程	建筑学院、建筑设计院
	2004	三等奖	清华大学综合体育中心	建筑设计院
	2004	三等奖	北京电影学院逸夫影视艺术中心及留学生公寓	建筑学院、建筑设计院
	2004	三等奖	中央美术学院迁建工程	建筑学院、建筑设计院
全国绿色建筑创新奖	2007	一等奖	山东交通学院图书馆	建筑学院、安地公司

续表

奖励名称	年份	奖励等级	项目名称	完成单位
国家教委邵逸夫赠款项目优秀工程奖	1992	一等奖	清华大学图书馆新馆	建筑学院、建筑设计院
教育部、国家教委优秀设计奖	1989	二等奖	北京燕翔饭店	建筑学院、建筑设计院
	1989	三等奖	清华大学经管楼	建筑设计院
	1989	二等奖	清华大学社会科学楼	建筑设计院
	1989	三等奖	清华大学15号楼学生宿舍	建筑设计院
	1989	二等奖	清华大学专家招待所	建筑设计院
	1991	二等奖	北京体育学院体育馆	建筑学院、建筑设计院等
	1993	三等奖	颐和园后湖“苏州街”	建筑学院、建筑设计院
	1993	三等奖	北京中国儿童剧场	建筑学院、建筑设计院
	1993	三等奖	山东财经学院总体规划与设计	建筑学院、建筑设计院
	1994	一等奖	山东大学邵逸夫科学馆赠款工程	建筑设计院
	1995	一等奖	航空发动机试车台	建筑学院、建筑设计院
	1995	三等奖	北京幸福大厦	建筑设计院
	1995	二等奖	北京语言学院邵逸夫教学楼	建筑设计院
	1995	三等奖	本溪金融大厦综合楼	建筑设计院
	1995	二等奖	山东大学邵逸夫科学馆	建筑设计院
	1998	三等奖	清华大学建筑馆	建筑学院、建筑设计院
	1998	三等奖	清华大学学生文化活动中心	建筑设计院
	1998	二等奖	40平方米的别墅式公寓（节能型）	建筑设计院
	1998	一等奖	清华大学经管学院伟伦楼	建筑设计院
	2000	一等奖	TUS/ADBW多层及高层空间结构通用设计系统	建筑设计院
	2000	三等奖	北京大学图书馆新馆	建筑学院、建筑设计院
	2000	二等奖	京奉铁路正阳门东车站改建	建筑学院、建筑设计院
	2002	一等奖	清华大学设计中心楼（伍舜德楼）	建筑设计院
	2002	三等奖	清华大学游泳跳水馆	建筑设计院
	2002	三等奖	深圳清华大学研究院大楼	建筑设计院
	2002	二等奖	中国戏剧学院迁建工程综合排演场	建筑设计院
	2001	规划二等奖	中国民航学院新区一期工程——图书馆、主教学楼	建筑学院、安地公司
	2003	二等奖	北京电影学院逸夫影视艺术中心及留学生公寓	建筑学院、建筑设计院

续表

奖励名称	年份	奖励等级	项目名称	完成单位
教育部、国家教委优秀设计奖	2003	二等奖	北京市天主教神哲学院	建筑学院、建筑设计院
	2003	一等奖	杭州雷峰塔新塔	建筑学院、建筑设计院
	2003	二等奖	天桥剧场翻建工程	建筑学院、建筑设计院
	2003	三等奖	扬州中学科技信息图书资料中心	建筑设计院
	2003	一等奖	中央美术学院迁建工程	建筑学院、建筑设计院
	2003	装饰设计一等奖	清华大学主楼维修室内装修设计	建筑学院、安地公司
	2003	规划三等奖	烟台山景区规划设计	建筑设计院
	2003	规划三等奖	福州软件园	建筑设计院
	2003	二等奖	清华大学附小新校舍	建筑学院、安地公司等
	2005	一等奖	中国美术馆改造装修工程	建筑设计院、清华工美建筑装饰工程有限公司
	2005	二等奖	清华大学信息技术研究院	建筑设计院
	2005	三等奖	清华大学胜因院专家公寓	建筑设计院
	2005	一等奖	宁波市中山路总体规划与城市设计	建筑设计院
	2005	三等奖	清华大学第六教学楼	建筑设计院
	2005	一等奖	北京海淀社区中心	建筑设计院
	2005	二等奖	教育部综合办公楼	建筑设计院
	2005	一等奖	常熟图书馆	建筑学院、安地公司
	2005	三等奖	清华科技园创业大厦	建筑学院、安地公司
	2005	三等奖	西北师范大学综合实验楼	建筑学院、安地公司
	2005	二等奖	东北大学国际学术交流中心——汉卿会堂	建筑学院、安地公司
	2005	一等奖	山东交通学院图书馆	建筑学院、安地公司
	2005	规划二等奖	徐州汉文化景区规划设计	建筑设计院
	2007	二等奖	长春税务学院净月校区综合教学楼与研究生楼	安地公司
	2007	二等奖	广州美术学院和广东工业大学新校园规划与建筑设计	建筑学院、建筑设计院
	2009	一等奖	成都金沙遗址博物馆文物陈列馆	建筑设计院
	2009	二等奖	青岛天人集团生态办公楼	建筑设计院
	2009	二等奖	丹东市第一医院	建筑设计院
	2009	二等奖	德阳东汽表面工程公司园区规划及研发楼设计	安地公司

续表

奖励名称	年份	奖励等级	项目名称	完成单位
教育部、国家教委优秀设计奖	2009	二等奖	甘肃省金昌市三馆工程（文化中心）	建筑学院、安地公司
	2009	三等奖	浙江清华长三角研究院创业大厦A段	建筑设计院
	2009	园林一等奖	奥林匹克中心区下沉花园2#院	建筑设计院、城市规划设计院
	2009	优秀奖	多层及高层空间结构一体化设计系统TUS	建筑设计院
	2009	规划二等奖	北京焦化厂工业遗址保护与开发利用规划设计	安地公司
	2009	规划一等奖	成都宽窄巷子历史文化保护区修建详细规划	安地公司
	2009	规划二等奖	山西省五台县佛光寺保护规划	建筑学院、建筑设计院
	2009	规划二等奖	成都武侯祠文物保护规划	建筑学院、建筑设计院
	2009	规划三等奖	云南省江川李家山古墓群保护规划	建筑学院、建筑设计院
国家文物局优秀文物保护工程奖	2010	特别奖	都江堰二王庙古建筑群灾后文物抢救保护工程	建筑学院、城市规划设计院
建筑学会等行业学会协会奖				
中国建筑学会首次建筑作品大赛	1991	一等奖（青年组）	天津华人艺术馆	建筑学院
中国建筑学会建筑创作奖	1993		菊儿胡同四合院住宅工程	建筑学院、建筑设计院
	1993		清华大学图书馆新馆	建筑学院、建筑设计院
	2006	佳作奖	中央美术学院迁建工程	建筑学院、建筑设计院
	2006	优秀奖	山东曲阜孔子研究院工程	建筑学院、建筑设计院
	2008	优秀奖	清华大学医学院	建筑学院、建筑设计院
	2008	优秀奖	成都金沙遗址博物馆	建筑设计院
	2008	优秀奖	徐州水下兵马俑博物馆/汉文化艺术馆	建筑设计院
	2008	佳作奖	清华科技园科技大厦	建筑设计院
	2008	佳作奖	清华大学专家公寓	建筑设计院
	2008	佳作奖	2008奥运会北京射击馆	建筑设计院
	2008	佳作奖	北京科技大学体育馆（2008年奥运会柔道、跆拳道比赛馆）	建筑设计院

续表

奖励名称	年份	奖励等级	项目名称	完成单位
中国建筑学会室内设计分会室内设计大奖赛	2007	优秀奖	2008 奥运会北京射击馆	建筑设计院
中国建筑学会“建筑师杯”中青年建筑师优秀设计奖	1994	优秀奖	上海不夜城天目广场	建筑学院、建筑设计院
中国建筑学会“BIM 建筑设计大赛”	2009	最佳建筑设计优秀奖	清华大学专家公寓	建筑设计院
	2009	最佳建筑设计优秀奖	丹麦住宅	建筑设计院
中国建筑学会新中国成立 60 周年建筑创作大奖（共 300 项）	2009		中国革命博物馆和中国历史博物馆	建筑学院*
			人民英雄纪念碑	建筑学院
			清华大学 1~4 号宿舍楼	建筑学院
			清华大学第二教学楼	建筑学院
			扬州鉴真大和尚纪念堂	建筑学院
			中国美术馆	建筑设计院
			清华大学主教学楼	建筑学院
			清华大学新图书馆	建筑学院、建筑设计院
			黄山云谷山庄	建筑学院、建筑设计院
			清华大学理科楼	建筑学院、建筑设计院
			北京大学图书馆	建筑学院、建筑设计院
			菊儿胡同新四合院住宅	建筑学院、建筑设计院
			台阶式花园住宅	建筑学院、建筑设计院
			清华大学经管学院	建筑设计院
			清华大学设计中心楼	建筑设计院
			九寨沟国际大饭店	建筑学院
			北京市天主教神哲学院	建筑学院、建筑设计院
			成都宽窄巷子历史保护区	安地公司
			杭州雷峰塔新塔	建筑学院、建筑设计院
			丽江玉湖完小	建筑学院
			清华大学附小新校舍	建筑学院、安地公司等
			山东曲阜孔子研究院	建筑学院、建筑设计院
			徐州水下兵马俑博物馆	建筑设计院
			南通博物苑	建筑学院
			甘肃省金昌市文化中心	建筑设计院
			天桥剧场翻建工程	建筑学院、建筑设计院
			中央美术学院迁建工程	建筑学院、建筑设计院

续表

奖励名称	年份	奖励等级	项目名称	完成单位
全国建筑装饰协会优秀工程设计奖	1999	二十年来优秀工程设计奖	人民大会堂澳门厅室内设计	建筑学院、建筑设计院
	1999	二十年来优秀工程设计奖	人民大会堂香港厅室内设计	建筑学院、安地公司
	2001	建筑装饰大奖赛大奖	福建省大会堂室内设计	建筑学院、安地公司
	2002	一等奖	人民大会堂河北厅室内设计	建筑学院、安地公司
中国室内设计大奖赛	2010	公共建筑装饰奖	人民大会堂金色大厅改造装修工程	建筑学院、安地公司
	2002	特别荣誉奖	中央军委大楼阅兵厅南门厅室内设计	建筑学院、安地公司
	2010	特别荣誉奖	人民大会堂金色大厅改造装修工程	建筑学院、安地公司
照明工程设计奖	2008	二等奖	常州市红梅公园夜景照明工程	城市规划设计院
	2009	三等奖	天津友谊路夜景照明工程	城市规划设计院
	2009	一等奖	金山湖金山广场景观照明设计	城市规划设计院
	2009	三等奖	奥体中心区下沉花园 2 号院夜景照明工程	城市规划设计院
	2010	三等奖	石家庄市重点地区夜景照明详细规划	城市规划设计院
	2010	二等奖	新建武汉天兴洲公铁两用大桥及相关工程武汉站照明	城市规划设计院
	2010	三等奖	宁波三江六岸照明规划与设计	城市规划设计院
	2010	三等奖	北京花博会主场馆夜景照明	城市规划设计院
第四届全国优秀建筑结构设计奖	2005	三等奖	长春经济技术开发区体育场	安地建公司
第七届中国土木工程詹天佑奖	2007		广州大学城组团三——广州美术学院与广州工业大学	建筑学院、建筑设计院*
	2008		北京奥林匹克射击馆	建筑设计院*
鲁班奖	2000		中国戏曲学院迁建工程综合教学楼	建筑设计院*
	2003		华北电力大学图书馆	建筑设计院*
	2007		郑州大学新校区医学组团 1 段	建筑设计院*
	2008		北京射击馆工程	建筑设计院*
北京市奖励				
第十二届首都城市规划建筑设计方案汇报展公共建筑设计方案	2006	优秀奖	故宫博物院午门展厅	安地公司

续表

奖励名称	年份	奖励等级	项目名称	完成单位
北京市优秀工程设计奖	2003	一等奖	中关村西区修建性详细规划	城市规划设计院
	2005	一等奖	北京城市总体规划（2004—2020年）	建筑学院*
	2007	一等奖	北京奥林匹克森林公园规划设计	城市规划设计院
	2007	二等奖	北京市房山区周口店镇总体规划（2005年—2020年）	城市规划设计院
	2007	二等奖	香山81号院住宅区景观设计	建筑学院、城市规划设计院
	2007	三等奖	北京市房山区四马台村村庄规划	城市规划设计院
	2007	三等奖	清华大学核能与新能源技术研究景观设计	城市规划设计院
	2009	三等奖	徐州新区起步区城市设计与控制性详细规划	城市规划设计院
	2009	三等奖	新疆维吾尔自治区喀什市艾提尕尔清真寺文物保护规划	城市规划设计院
	2009	一等奖	长春整体城市设计	城市规划设计院
	2009	一等奖	夏各庄镇总体规划及镇区控制性详细规划	城市规划设计院
	2009	一等奖	四川省茂县城市总体规划及城区控制性详细规划	城市规划设计院
	2009	二等奖	苏州工业园区南部科教创新区控制性详细规划	城市规划设计院
	2009	二等奖	嵩山少室阙保护规划	建筑学院、城市规划设计院
	2009	二等奖	甘肃省拉卜楞寺文物保护总体规划	建筑学院、城市规划设计院
	2009	一等奖	福建南靖土楼文物保护规划	建筑学院、城市规划设计院
北京市优秀村镇规划设计评选	2008	三等奖	北京市大兴区采育镇城镇中心区城市设计及控制性详细规划	城市规划设计院
	2008	三等奖	海淀区西北旺镇东玉河村村庄规划	城市规划设计院
	2008	一等奖	窦店镇总体规划（2005—2020）	城市规划设计院
	2008	一等奖	顺义区北务镇道口村村庄规划	城市规划设计院
	2008	一等奖	北京市顺义区大孙各庄镇吴雄寺村村庄规划	建筑学院、城市规划设计院
	2008	一等奖	北京市历史文化资源整合调研	建筑学院、城市规划设计院
	2008	二等奖	阎村镇二合庄村村庄规划	城市规划设计院
	2008	二等奖	青龙湖镇总体规划（2005—2020）	城市规划设计院

续表

奖励名称	年份	奖励等级	项目名称	完成单位
北京市优秀设计奖	2009	一等奖	北京奥林匹克公园中心区下沉花园中国传统元素	建筑设计院
	2009	一等奖	中国工程院综合办公楼	建筑设计院
	2009	一等奖	2008 奥运会北京射击馆	建筑设计院
	2009	住宅二等奖	百旺·茉莉园	建筑设计院
	2009	二等奖	北京科技大学体育馆（2008 年奥运会柔道、跆拳道比赛馆）	建筑设计院
	2009	二等奖	2008 奥运会北京飞碟靶场	建筑设计院
	2009	三等奖	李可染艺术馆	建筑设计院等
	2009	三等奖	体育总局射击中心奥运配套设施	建筑设计院
	2009	规划一等奖	福建南靖土楼文物保护规划（和贵楼、怀远楼分册，田螺坑土楼群分册）	建筑学院、建筑设计院、城市规划设计院
	2009	二等奖	北京 CBD 现代艺术中心公园	城市规划设计院
	2009	规划三等奖	甘肃炳灵寺石窟文物保护规划	建筑学院、建筑设计院、城市规划设计院
北京市支援灾区优秀灾后重建规划设计奖	2010	一等奖	北川羌族自治县特色商业街详细规划研究	建筑学院、城市规划设计院
	2010	一等奖	汶川县城修建性详细规划	城市规划设计院
首都规划委员会城市广场规划设计奖	1997	一等奖	玉渊潭南门广场规划设计	建筑学院
首都建筑艺术委员会建筑艺术创作优秀设计奖	1998	三等奖	京奉铁路正阳门东车站改建	建筑学院
	1997	三等奖	清华大学理学院	建筑学院、建筑设计院
首都建筑艺术委员会城市设计奖	1998	一等奖	北京三环路城市节点设计	建筑学院
首都艺术委员会规划设计奖	1997	一等奖	北京市北中轴规划方案	建筑学院
北京市奥运工程绿荫奖	2009	一等奖	北京奥林匹克森林公园景观绿化工程	城市规划设计院
省级奖励				
广西壮族自治区优秀城市规划设计	2003	一等奖	桂林市城市总体规划（2000—2010）	城市规划设计院
	2005	二等奖	南宁相思湖分区规划	城市规划设计院
河北省建设工程勘察设计奖	2004	一等奖	华北电力大学图书馆	建筑设计院

续表

奖励名称	年份	奖励等级	项目名称	完成单位
河北省优秀城乡规划编制成果	2008	三等奖	唐山南湖生态城核心区综合总体规划设计	城市规划设计院
辽宁省优秀工程勘察设计奖	2008	一等奖	铁岭市凡河新区景观设计	城市规划设计院
	2008	二等奖	铁岭市凡河新区莲花湖国家湿地公园核心区风景园林设计	城市规划设计院
江苏省优秀工程设计奖	2008	二等奖	徐州水下兵马俑博物馆/汉文化艺术馆	城市规划设计院
内蒙古自治区优秀城市规划编制	2010	二等奖	锡林浩特市植物园景观修建性详细规划	城市规划设计院
新疆维吾尔自治区优秀规划设计奖	2010	三等奖	库车城乡发展战略研究	城市规划设计院
	2010	三等奖	库车城北新区中心区控制性详细规划	城市规划设计院
重大竞赛				
重庆文化艺术中心方案竞赛	1987	文化部一等奖	重庆文化艺术中心方案	建筑学院
上海住宅设计国际竞赛	1996	金奖	朱文一	建筑学院
奥运会主场国家体育场设计国际竞赛	2003	优秀奖（三个入围方案之一）	天空体育场	建筑设计院、日本佐藤综合计画
上海世博会中国馆国际设计竞赛	2007	一等奖（并列成为联合设计单位）	2010年上海世博会中国馆	建筑学院、安地公司

说明：1. 本表内容为建筑学院、清华大学建筑设计研究院（表中简称：建筑设计院）、北京清华城市规划设计研究院（表中简称：城市规划设计院）、清华安地建筑设计顾问有限公司（表中简称：安地公司）1984年到2010年获得的国内主要规划设计奖项［三等奖（含）以上］；
2. * 代表清华大学非第一获奖单位。

表 7-4-17　1986年—2010年获国内各类集体表彰情况

年份	奖励名称	获奖集体名称	完成单位
1986	国家“六五”环保科技攻关	清华大学环境工程研究所	环境系
1988	国家技术政策研究重要贡献表彰奖	技术经济与能源系统研究所	核能所
1989	中国物理学会第一届吴有训物理奖科技先进集体	物理系（重夸克偶素的强子跃迁理论研究组）	物理系
1990	全国高等学校科技工作先进集体	核能技术设计研究院	核研院
		微电子学研究所	微电子所
		同位素分离研究室	工物系

续表

年份	奖 励 名 称	获奖集体名称	完成单位
1991	国家高技术发展计划工作中成绩显著集体荣誉奖	并行图归约智能工作站课题组	计算机系
		国家光电子工艺中心	电子系等
		CIMS 实验工程研究中心	自动化系等
		自动任务规划、路径规划系统课题组	计算机系
		高温气冷堆设计研究课题组	核研院
		能源领域专家委员会办公室	核研院
1992	周培源基金会第一届周培源（CHP）奖	热能工程实验室	热能系
1993	中国物理学会第三届叶企孙物理奖科技先进集体	材料系（固体薄膜中离子束诱导非晶化及分形生长课题组）	材料系
1993	国家“863 计划”优秀集体	国家光电子工艺中心	电子系
		CIMS 实验工程研究中心	自动化系
		高温堆厂址及环境影响课题组	核研院
1993	第一届周培源（TSI）奖用金全能奖	工程力学系流体力学实验室（一等奖）	力学系
1995	国家教委专利工作先进企业	清华紫光集团	总公司
1996	国家高技术研究“八五”期间重大贡献先进集体	高性能低烧结 MLC 课题组	材料系
1996	北京市“八五”期间环境保护先进集体	清华大学环境工程系	环境系
1997	国家环保局环境科学技术研究突出贡献荣誉奖	清华大学环境工程设计研究院	
1997	北京市环境保护先进集体	清华大学环境科学与工程系	
1998	CIMS 应用领先企业做出突出贡献奖	清华大学自动化系	自动化系
2000	全国学校艺术教育工作先进单位	清华大学	艺教中心
2000	Cadence2000 年中国地区成功用户	清华大学微电子所	微电子所
2001	国家高技术研究发展计划 15 周年先进集体	清华国家 CIMS 工程研究中心	自动化系
		高温气冷实验堆（清华大学核能技术设计研究院）	核研院
2001	首届中华环境奖提名奖	清华大学环境科学与工程系	环境系
2003	2003 年第六届青年科技创新先进集体	清华大学团委	校团委
2004	2004 年国家重点实验室计划先进集体	电力系统及发电设备控制和仿真国家重点实验室	电机系等
		集成光电子学国家联合重点实验室	电子系等
		智能技术与系统国家重点实验室	计算机系等
2005	2005 年中国石油和化学工业协会科技奖励组织工作先进集体	清华大学化工系科研办公室	化工系

续表

年份	奖 励 名 称	获奖集体名称	完成单位
2006	“十五”全国建设科技进步先进集体	清华大学环境科学与工程系	环境系
2009	城镇供排水行业突出贡献单位	清华大学环境科学与工程系	环境系

表 7-4-18　1981 年—2010 年获得国内表彰的科技工作者

年份	奖 励 名 称	获 奖 名 单
1981—1982	中共中央国务院嘉奖项目（国家优质工程金质奖技术顾问）	张光斗（水利系）
1986	国家“六五”科技攻关奖：（金川资源结合利用）科技攻关先进个人	公锡泰（核能所）　何培炯（化工系）
1986	国家“六五”科技攻关先进个人	包福毅（核能所）
1986	国家“六五”环保科技攻关先进个人	崔秉懿（环境系）　井文涌（环境系） 黄铭荣（环境系）　何　强（环境系）
1988	国防科工委献身国防科技事业奖（荣誉证章）	李传信（学校）　梁尤能（学校） 汪家鼎（化工系）　吕应中（核能所） 吴佑寿（无线电系）　茅于海（无线电系） 周广元（无线电系）　朱雪龙（无线电系） 朱永赡（核能所）　章燕申（精仪系） 陈肇元（土木系）　沈聚敏（土木系）
1988	国家技术政策研究重要贡献表彰奖	突出贡献奖：吕应中（核能所） 重要贡献奖：邱大雄（核能所）　徐旭常（热能系） 井文涌（环境系）
1988	霍英东教育基金会青年教师基金	倪以信（电机系）
1992		三等奖：张晓健（环境系）　李铁成（数学系）
		江　亿（热能系）　李春文（自动化系） 李永东（电机系）　王志刚（力学系）
1993		吴志军（精仪系）
		罗　毅（电子系）　彭晓峰（热能系） 王光谦（水电系）　刘进元（生物系） 张尧学（计算机系）
1990	全国高校科技工作先进工作者	徐伯安（建筑学院）　张光斗（水电系） 冯冠平（精仪系）　张绪祎（热能系） 吕崇德（热能系）　高景德（电机系） 吴佑寿（电子系）　孙家广（计算机系） 金兆熊（工物系）　席葆树（力学系） 段占庭（化工系）　曾宪舜（化工系） 方鸿生（材料系）　林家桂（核能所） 陈永麒（核能所）　李志坚（微电子所） 凌瑞骥（软件中心）
1991	国家“七五”科技攻关中有突出贡献的科技工作者奖	徐葭生（微电子所）　董　铎（核研院） 王永庆（核研院）　张绪祎（热能系） 陈熙延（物理系）

续表

年份	奖励名称	获奖名单
1991	国家高技术研究计划工作中作出重要贡献的科技工作者奖	周炳琨（电子系） 钟玉琢（计算机系） 林行刚（电子系） 张汉一（电子系） 吴　澄（自动化系） 隋迎秋（自动化系） 段广洪（精仪系） 万　享（计算机系） 李芳芸（自动化系） 李永城（自动化系） 崔德光（自动化系） 王　洲（热能系） 王大中（核研院） 杨献勇（热能系） 朱永赡（核研院） 邱学良（核研院） 何树延（核研院） 姚梅生（核研院） 杨有清（核研院） 吴宗鑫（核研院） 吕应运（核研院） 吴绪模（核研院） 黄　勇（材料系） 朱嘉麟（物理系）
1993	国家“863 计划”优秀工作者	一等奖：吴 澄（自动化系） 二等奖：丁晓青（电子系） 王鼎兴（计算机系） 周炳琨（电子系） 熊光楞（自动化系） 刘继国（核研院） 三等奖：沈美明（计算机系） 谢世钟（电子系） 霍玉晶（电子系） 罗绍武（自动化系） 蔡复之（精仪系） 何克忠（自动化系） 经荥清（核研院） 李芳芸（自动化系） 杨献勇（热能系） 何树延（核研院） 唐亚平（核研院） 左开芬（核研院） 秦振亚（核研院） 吴绪模（核研院） 王大中（核研院） 李建保（材料系）
1993	国家“863 计划”荣誉奖	张孝文（清华大学） 王　洲（热能系）
1993	王丹萍科学奖	钱佩信（微电子所）
1993	国防科工委光华科技基金奖（1993—1994 年度）	一等奖：龙驭球（土木系） 二等奖：张　钹（计算机系） 熊光楞（自动化系） 三等奖：杨为理（电子系） 陈　熙（力学系） 聂玉光（工物系） 蔡复之（精仪系）
1994		一等奖：吴　澄（自动化系） 柳百新（材料系） 二等奖：张汉一（电子系） 洪先龙（计算机系） 傅维镳（力学系） 三等奖：赵文华（力学系）
1994	中国电机工程学会先进工作者	肖达川（电机系）
1995	国防科工委光华科技基金奖	一等奖：张伯明（电机系） 朱明善（热能系） 周力行（力学系） 二等奖：徐端颐（精仪系） 柳百成（机械系） 金　涌（化工系） 三等奖：郑纬民（计算机系） 吕崇德（热能系）
1995	香港柏宁顿（中国）教育基金会首届“孺子牛金球奖”	黄克智（力学系）
1995	国防军工协作配套先进工作者	高钟毓（精仪系）
1995	全国专利系统先进工作者	廖元秋（科技处）

续表

年份	奖 励 名 称	获 奖 名 单
1995	“国氏”博士后基金奖	李　伟（计算机系）
1996		魏　飞（化工系）
1996	香港柏宁顿（中国）教育基金会第二届“孺子牛金球奖”	高景德（电机系）
1996	国家“八五”科技攻关先进个人	边肇琪（自动化系）　徐忠净（热能系） 王　岩（科技处）　王永庆（核研院） 陈玉健（计算机系）　安继刚（核研院） 林郁正（工物系）　袁大宏（汽车系） 骆晓冬（微电子所）　孙家广（计算机系）
1996	国家高技术研究“八五”期间作出贡献先进工作者	一等奖：李龙土（材料系） 二等奖：张　钹（计算机系） 三等奖：钟玉琢（计算机系）　黄　勇（材料系）
1996	国家环保局“八五”科技攻关先进个人	刘　翔（环境系）　杨志华（环境系） 郝吉明（环境系）　余　刚（环境系）
1996	建设部“八五”科技攻关先进个人	卜　城（环境系）　王占生（环境系）
1996	国防科工委光华科技基金奖	二等奖：何克忠（计算机系）　过增元（力学系） 宋崇立（核研院）　周兆英（精仪系） 三等奖：李达成（精仪系）　沈聚敏（土木系）
1996	霍英东教育基金会青年教师基金奖	郑泉水（力学系）　尤　政（精仪系） 步尚全（数学系）
1996	霍英东教育基金会青年教师奖	一等奖：郑泉水（力学系） 三等奖：张作义（核研院） 吴兴科（人文社科学院）
1996	第二届“周培源TSI奖用金”培养人才奖	一等奖：许宏庆（力学系）　吴　嘉（力学系）
1996	国防科技预先研究工作管理先进工作者	曾　兰（电子系）
1997	第六届王丹萍科学奖	徐端颐（精仪系）
1997	全国优秀科技工作者	傅家骥（经管学院）　殷志强（电子系）
1997	国防科工委光华科技基金奖	二等奖：徐光祐（计算机系） 三等奖：张贤达（自动化系）　关志成（电机系）
1997	电子部电子行业“八五”国家科技攻关先进个人	葛元庆（微电子所）　钱佩信（微电子所） 王　勇（微电子所）　张树红（微电子所） 陆自强（微电子所）　王月明（微电子所） 骆晓东（微电子所）　林孝康（电子系） 洪先龙（计算机系）　李庆祥（精仪系） 薛实福（精仪系）　高葆新（电子系） 孙家广（计算机系）　徐光祐（计算机系） 王爱英（计算机系）　杨长贵（计算机系） 王建民（计算机系）　范　刚（计算机系） 熊志刚（计算机系）　赵志格（计算机系） 张素琴（计算机系）　张百哲（化学系） 徐寿颐（化学系）
1997	北京科技明星称号	杨　卫（力学系）

续表

年份	奖 励 名 称	获 奖 名 单
1997	全国科技成果推广先进个人	陆致成（热能系）
1997	第三届“周培源 HP 奖用金”应用成果集体奖	三等奖：吴少融（核研院） 张佑杰（核研院） 姜胜耀（核研院）
1997	国家高技术研究“八五”期间重大贡献先进工作者	孙玉良（核研院）
1997	中国力学学会青年科技奖	符 松（力学系）
1998	亿利达科技奖	李龙土（材料系） 桂治轮（材料系）
1998	第八届中国“十大杰出青年”	李建保（材料系）
1998	首届中国环境科学学会青年科技奖	黄 霞（环境系） 傅立新（环境系）
1998	国家高技术研究“八五”期间做出贡献先进工作者	二等奖：刘继国（核研院）
1999	聂荣臻发明创新奖	殷志强（电子系）
1999	首届“长江学者成就奖”	二等奖：范守善（物理系）
1999	澳门地区专业功绩勋章	周礼杲（电机系） 王志石（环境系）
1999	中国科协求是杰出青年奖成果转化奖	康克军（工物系）
1999	首届“青年颗粒学奖”	魏 飞（化工系）
1999	中国环境科学学会第三届优秀环境科技工作者奖	施汉昌（环境系） 李广贺（环境系） 周 律（环境系） 王 伟（环境系） 白庆中（环境系） 胡纪萃（环境系） 王洪涛（环境系）
1999	中国环境科学学会第三届优秀学会工作者奖	胡秀仁（环境系）
1999	中国环境科学学会第三届优秀青年环境科技奖	余 刚（环境系） 汪诚文（环境系） 陆永琪（环境系） 王 慧（环境系） 李金惠（环境系）
2000	首届梁思成建筑奖	吴良镛（建筑学院） 关肇邺（建筑学院）
2000	全国工程勘察设计大师	关肇邺（建筑学院） 胡绍学（建筑学院）
2000	中国工程设计大师称号	关肇邺（建筑学院）
2000	全国水利经济研究学术成就奖	施熙灿（水利系）
2000	史绍熙科技教育基金成就奖	一等奖：王建昕（汽车系）
2000	2000 年“紫荆花杯”杰出企业家成就奖	张本正（紫光集团）
2001	中国水利学会功勋奖	张光斗（水利系）
2001	全国优秀科技工作者	白 净（电机系）
2001	“九五”国家重点科技攻关计划先进个人	王永庆（核研院） 史元春（计算机系） 安继刚（核研院） 吴建平（计算机系） 陆 达（精仪系） 陈翠仙（化工系） 周兆英（精仪系） 聂玉光（工物系） 黄世霖（汽车系） 葛元庆（微电子所）
2001	“九五”国家技术创新先进管理工作者	张尧学（计算机系）

续表

年份	奖励名称	获奖名单
2001	国家高技术研究发展计划做出突出贡献先进个人	过增元（力学系） 谢世钟（电子系） 吴　澄（自动化系） 贾培发（计算机系） 吴宗鑫（核研院） 徐元辉（核研院） 刘继国（核研院）
2001	国家高技术研究发展计划做出重要贡献先进个人	程　京（生物系） 孙增圻（计算机系） 王鼎兴（计算机系） 霍玉晶（电子系） 任守榘（计算机系） 孙家广（计算机系） 肖田元（自动化系） 何树延（核研院） 唐春和（核研院） 孙玉良（核研院） 陈难先（物理系） 李龙土（材料系） 黄　勇（材料系） 朱家麟（物理系）
2001	国家高技术研究发展计划做出贡献先进个人	李家明（物理系） 任建勋（力学系） 孙富春（计算机系） 尤　政（精仪系） 丁晓青（电子系） 董　毅（电子系） 赵　明（电子系） 李崇荣（网络中心） 徐明伟（计算机系） 熊光楞（自动化系） 范玉顺（自动化系） 谢莉萍（生物系） 李芳芸（自动化系） 张　霖（自动化系） 杨永华（自动化系） 张　钹（计算机系） 左开芬（核研院） 胡守印（核研院） 林登彩（核研院） 冷玉庭（核研院） 苏庆善（核研院） 张振声（核研院） 李　富（核研院） 仲朔平（核研院） 陈浩明（物理系）
2001	茅以升科学技术奖土力学及基础工程青年奖	张建民（水利系）
2002	全国“五一”劳动奖状　奖章	杨　卫（力学系）
2002	“首都”劳动奖章	杨　卫（力学系）
2002	第六届“地球奖”	井文涌（环境系）
2002	全国科普工作先进工作者	马栩泉（核研院）
2002	北京地区产学研工作中成绩突出先进个人	韩征和（物理系）
2002	第三届山西省青年科学家奖提名奖	王君英（精仪系） 王蒲生（文科建设处）
2002	中国化学学会2002年度青年化学奖	寇会忠（化学系）
2002	云南省省院省校合作先进个人	石高全（化学系）
2003	2003年中华环境奖提名奖	钱　易（环境系）
2003	2003年能源领域世界技术奖	殷志强（电子系）
2003	第六届中国青年科技创新奖优秀奖	邱　勇（化学系）
2003	中国化学会高分子基础研究王葆仁奖	洪啸吟（化学系）
2003	中国环境科学学会第四届、第五届优秀环境科技工作者奖	张天柱（环境系） 张　旭（环境系） 蒋展鹏（环境系） 胡洪营（环境系）
2003	中国环境科学学会第三届、第四届青年科技奖	李金惠（环境系） 陈吕军（环境系） 蒋建国（环境系） 杜鹏飞（环境系） 管运涛（环境系） 段　雷（环境系） 徐盛明（环境系）

续表

年份	奖励名称	获奖名单
2004	2004年国家重点实验室计划先进个人	龚　克（信息学院）　陈大融（精仪系） 贾培发（计算机系）　卢　强（电机系） 罗　毅（电子系）
2004	2004年国家重点基础研究发展计划（“973计划”）先进个人	陈难先（物理系）　卢　强（电机系） 裴　京（精仪系）　祁海鹰（热能系） 饶子和（医学院）　杨华中（电子系） 应明生（计算机系）　张　希（化学系）
2004	2004年中国真空学会真空科技成就奖	查良镇（电子系）　潘　峰（材料系）
2004	2004年中国真空学会优秀工作者	查良镇（电子系）
2005	赵九章优秀中青年科学奖	杨顶辉（数学系）
2005	中国化学会-巴斯夫公司青年知识创新奖	2005—2006年度：张　希（化学系） 2003—2004年度：石高全（化学系）
2005	2004年中国十大科技新闻人物	吴建平（计算机系）
2006	首届“管理学杰出贡献奖”	陈　剑（经管学院）
2006	第一届中国催化青年奖	徐伯庆（化学系）
2006	2006—2007年度“李氏基金会杰出成就奖”	吴洪开（化学系）
2006	第十一届中创软件人才奖	杨广文（计算机系）
2006	第六届中国建筑学会青年建筑师奖	宋晔皓（建筑学院）
2006	2006年首届“春晖杯”中国留学生人员创新创业大赛	二等奖：李和平（工物系）
2006	中国老教授协会第三届“老教授”科技工作优秀奖	蒋展鹏（环境系）
2006	“十五”全国建设科技进步先进个人	张晓健（环境系）
2006	中国环境科学学会第六届优秀环境科技工作者奖	蒋建国（环境系）　管运涛（环境系） 吴晓磊（环境系）　贾海峰（环境系） 王连泽（航院）
2006	中国环境科学学会第五届青年科技奖	王　灿（环境系）　李俊华（环境系） 曾思育（环境系）　张祖麟（环境系）
2006	中国环境科学学会第六届优秀学会工作者奖	王海燕（环境系）
2006	中国环境科学学会“特别推荐奖”	贾海峰（环境系）
2006	2006年高校科技期刊优秀编辑工作者	李　丽（学报部）
2007	“2007绿色中国年度人物”称号	张晓健（环境系）
2007	2006年霍英东教育基金会第十届高等院校青年教师奖（研究类）	一等奖：吴　健（高研中心） 二等奖：岑　松（航院）　周世东（电子系） 谢德仁（经管学院）
2007	2007年首届“中国电化学青年奖”	李景虹（化学系）
2007	第二届徐芝纶力学奖	二等奖：岑　松（航院）
2007	2007年IPv6互联网先锋奖	吴建平（网络中心）
2008	全国工程勘察设计大师	庄惟敏（建筑设计院）

续表

年份	奖 励 名 称	获 奖 名 单
2008	2008 年度谈家桢生命科学创新奖	程　京（医学院）
2008	2008 年度第四届当代发明家	褚祥诚（材料系）
2008	科技奥运先进个人	刘　加（电子系）　江　亿（建筑学院） 胡　洁（建筑学院）
2008	2008 年全国化工优秀科技工作者	骆广生（化工系）　张立平（化工系）
2008	2007 年度通用汽车中国高校汽车领域创新人才奖	一等奖：欧阳明高（汽车系）
2008	2008 年度通用汽车中国高校汽车领域创新人才奖	一等奖：宋　健（汽车系） 二等奖：裴普成（汽车系）
2008	2008 年度中国石油和化工协会青年科技突出贡献奖	程　易（化工系）
2008	2008 年度优秀环境科技工作者	于文轩（人文学院）
2008	霍英东基金奖	林元华（材料系）
2008	2008 年高校十大 GIS 创新人物	党安荣（建筑学院）
2009	2009 年度通用汽车中国高校汽车领域创新人才奖	周　青（汽车系）　李建秋（汽车系）
2009	2009 年度中国石油和化学工业协会青年科技突出贡献奖	向　兰（化工系）
2009	王大珩光学奖——高校学生光学奖	辛　明（精仪系）
2009	产学研合作创新奖	郑　方（信研院）
2009	中国室内设计杰出成就奖	郑曙旸（美术学院）
2009	中国设计业十大杰出青年	陈　楠（美术学院）
2009	改革开放 30 年建筑装饰行业发展突出贡献人士	郑曙旸（美术学院）
2009	2009 年北京市德艺双馨奖	魏小明（美术学院）
2009	北京市宣传文化系统“四个一批”人才	邹　文（美术学院）
2009	中国创新设计红星奖奥运设计特别奖	陈　楠（美术学院）
2009	北京奥运会残奥会环境质量保障工作先进个人	贺克斌（环境系）　郝吉明（环境系）
2009	科技奥运先进个人	胡洪营（环境系）　蒋展鹏（环境系） 郝吉明（环境系）
2009	中国环境科学学会第六届青年科技奖	刘　毅（环境系）　金宜英（环境系） 温宗国（环境系）　邓述波（环境系） 岳东北（环境系）　梁　鹏（环境系）
2009	中国环境科学学会第七届优秀环境科技工作者奖	王书肖（环境系）　王　灿（环境系） 李金惠（环境系）　黄　俊（环境系）
2009	1999—2009 中国室内设计杰出设计师	尹思谨（建筑学院）

续表

年份	奖励名称	获奖名单
2009	2008—2009 年度全国人物环保成就奖	井文涌（环境系）
2010	第三届谈家桢生命科学成就奖	施一公（生命学院）
2010	2010 年度中国石油和化学工业协会青年科技突出贡献奖	于慧敏（化工系）
2010	全国优秀科技工作者	夏　清（电机系）　欧阳明高（汽车系） 江　亿（建筑学院）　汪诚文（环境学院） 毛其智（建筑学院）　尤　政（精仪系）
2010	全国化工优秀科技工作者	程　易（化工系）　刘德华（化工系）
2010	第一届杨嘉墀科技奖	张学工（自动化系）
2010	中国颗粒学会宝洁青年颗粒学奖	程　易（化工系）
2010	中国环境宏观战略研究工作先进个人	贺克斌（环境学院）
2010	第六届北京核学会优秀青年科技论文奖	范凤英（工物系）
2010	第七届中国环境科学学会优秀青年科技奖	陈　超（环境学院）　刘书明（环境学院） 陆文静（环境学院）　陆　韻（环境学院） 孙　傅（环境学院）　席劲瑛（环境学院） 周小红（环境学院）
2010	中国环境宏观战略研究工作先进个人	陈吉宁（环境学院）　郝吉明（环境学院） 王书肖（环境学院）
2010	第八届中国环境科学学会优秀环境科技工作者奖	汪诚文（环境学院）　温宗国（环境学院） 吴　烨（环境学院）　张　旭（环境学院）
2010	第七届山西省青年科学家奖	张俊智（汽车系）　杨广文（计算机系） 杨金龙（材料系）　张建安（核研院）

表 7-4-18-1　获得国内表彰的科技工作者——何梁何利基金奖

年份	奖励名称	获奖名单
1994	第一届科学与技术进步奖	王大中（核研院）　吴　澄（自动化系）
1995	第二届科学与技术进步奖	吴良镛（建筑学院）
1996	第三届科学与技术进步奖	张光斗（水利系）　徐旭常（热能系）
1997	第四届科学与技术进步奖	汪家鼎（化工系）
1998	第五届科学与技术进步奖	李恒德（材料系）　王补宣（热能系）
1999	第六届科学与技术进步奖	朱永賭（核研院）　张仁豫（电机系）
2000	第七届科学与技术进步奖	潘际銮（机械系）　李志坚（微电子所）
2001	第八届科学与技术进步奖	黄克智（力学系）
2002	第九届科学与技术进步奖	顾秉林（物理系）　李家明（物理系） 温诗铸（精仪系）
2003	第十届科学与技术进步奖	周炳琨（电子系）　饶子和（生物系）
2004	第十一届科学与技术进步奖	杜庆华（航院）　朱　静（材料系）
2005	第十二届科学与技术进步奖	张尧学（计算机系　兼聘）
2006	第十三届科学与技术进步奖	李惕碚（物理系）　薛其坤（物理系）

续表

年份	奖励名称	获奖名单
2007	第十四届科学与技术进步奖	陈难先（物理系） 孟安明（生物系） 吴佑寿（电子系）
2008	第十五届科学与技术创新奖	欧阳明高（汽车系） 程 京（医学院）
2008	第十五届科学与技术进步奖	陈晔光（生物系） 吴建平（计算机系）
2009	第十六届科学与技术进步奖	张孝文（材料系）
2009	第十六届科学与技术创新奖	罗永章（生命学院）
2010	第十七届科学与技术进步奖	张伯明（电机系）

说明：何梁何利基金奖是由何善衡慈善基金会有限公司、梁銶琚博士、何添博士、利国伟博士之伟伦基金有限公司捐资设立。

表 7-4-18-2 获得国内表彰的科技工作者——光华工程科技奖（中国工程院）

年份	奖励名称	获奖名单
1996	第一届光华工程科技奖工程奖	张光斗（水利系） 张 维（力学系）
2000	第三届光华工程科技奖工程奖	金国藩（精仪系） 龙驭球（土木系） 钱 易（环境系）
2002	第四届光华工程科技奖成就奖	张光斗（水利系）
2002	第四届光华工程科技奖工程奖	柳百成（机械系）
2008	第七届光华工程科技奖工程奖	岳光溪（热能系）

表 7-4-18-3 获得国内表彰的科技工作者—— 陈嘉庚科学奖（中国科学院）

年份	奖励名称	获奖名单
1997	陈嘉庚信息科学奖	李志坚（微电子所）
2006	陈嘉庚生命科学奖	饶子和（医学院）
2006	陈嘉庚信息技术科学奖	王小云（高研中心）
2010	陈嘉庚技术科学奖	吴良镛（建筑学院）

表 7-4-18-4 获得国内表彰的科技工作者——中国青年科学家奖（中华全国青年联合会）

年份	奖励名称	获奖名单
1993	第一届中国青年科学家奖	赵玉芬（化学系）
1994	第二届中国青年科学家奖	杨 卫（力学系）
1996	第三届中国青年科学家奖	郑泉水（力学系）
1998	第四届中国青年科学家奖提名奖	符 松（力学系）

表 7-4-18-5 获得国内表彰的科技工作者——中国青年科技奖（中央组织部、人事部、中国科协）

年份	奖励名称	获奖名单
1988	第一届中国青年科技奖	杨 卫（力学系） 江 亿（热能系） 马维甸（机械系，博士后）
1990	第二届中国青年科技奖	徐向星（机械系） 林 炜（机械系） 白 净（电机系） 何敬民（计算机系） 李春文（自动化系）
1992	第三届中国青年科技奖	陈 剑（经管学院） 李建保（材料系）
1994	第四届中国青年科技奖	王光谦（水利系） 罗发龙（自动化系）

续表

年份	奖励名称	获奖名单
1996	第五届中国青年科技奖	彭晓峰（热能系） 步尚全（数学系） 符　松（力学系）
1998	第六届中国青年科技奖	李新友（计算机系） 周东华（自动化系） 魏　飞（化工系）
2000	第七届中国青年科技奖	刘　斌（计算机系） 杨　强（水利系） 汪劲松（精仪系） 陈　靖（核研院）
2004	第八届中国青年科技奖	吴子牛（航院） 陈国强（生物系） 史　琳（热能系） 程　京（医学院）
2006	第九届中国青年科技奖	刘宝碇（数学系） 何红建（工物系） 张　希（化学系） 陈晔光（生物系）
2007	第十届中国青年科技奖	冯西桥（航院） 吴志芳（核研院） 魏加华（水利系）
2009	第十一届中国青年科技奖	赵有健（计算机系） 王　训（化学系） 陈常青（航院）

表 7-4-18-6　获得国内表彰的科技工作者——茅以升北京青年科技奖（北京市科学技术协会）

年份	奖励名称	获奖名单
1996	茅以升北京青年科技奖	张学工（自动化系）
1996	茅以升北京青年科技奖提名奖	李艳梅（化学系）
1999	茅以升北京青年科技奖	金　锋（水利系） 邓佑满（电机系）
1999	茅以升北京青年科技奖提名奖	龙桂鲁（物理系） 曾　攀（机械系）
2001	茅以升北京青年科技奖	刘　斌（计算机系） 李俊峰（力学系） 张建民（水利系）
2003	茅以升北京青年科技奖	章梅荣（数学系） 闵　勇（电机系） 陈国强（生物系） 李亚栋（化学系）
2003	茅以升北京青年科技奖提名奖	黄　霞（环境系） 刘应华（力学系） 陆建华（电子系）
2005	茅以升北京青年科技奖	张　希（化学系） 姜培学（热能系）
2006	茅以升北京青年科技奖	李景虹（化学系）
2007	茅以升北京青年科技奖	段文晖（物理系） 陈志强（工物系） 翰林海（土木系） 徐明伟（计算机系）
2009	茅以升北京青年科技奖	李　梢（自动化系） 孙宏斌（电机系） 张俊智（汽车系） 周悦芝（计算机系）
2010	茅以升北京青年科技奖	颜　宁（医学院） 傅旭东（水利系） 杨殿阁（汽车系）

表 7-4-18-7　获得国内表彰的科技工作者——发明创业奖（中国发明协会）

年份	奖励名称	获奖名单
2005	第一届“发明创业奖特等奖”暨“当代发明家”称号	殷志强（电子系）
2006	第二届“发明创业奖特等奖”暨“当代发明家”称号	安继刚（核研院）
2006	第二届发明创业奖	程　京（生物系）
2007	第三届“发明创业奖特等奖”暨“当代发明家”称号	杨知行（电子系）
2007	第三届发明创业奖	苏光大（电子系） 盖国胜（材料系）
2008	第四届发明创业奖	宋耀祖（航院） 张衍国（热能系）
2010	第六届“发明创业奖特等奖”暨“当代发明家”称号	周兆英（精仪系）

表 7-4-18-8　获得国内表彰的科技工作者——中国汽车工业优秀（青年）科技人才奖

年份	奖励名称	获奖名单
1997	中国汽车工业优秀科技人才奖	蒋孝煜（汽车系）
1998	中国汽车工业优秀科技人才奖	管迪华（汽车系）
1999	中国汽车工业优秀青年科技人才奖	宋 健（汽车系）
2000	中国汽车工业优秀青年科技人才奖	连小珉（汽车系）
2001	中国汽车工业优秀科技人才奖	刘惟信（汽车系）
2002	中国汽车工业优秀科技人才奖	黄世霖（汽车系）
2003	中国汽车工业优秀青年科技人才奖	李一兵（汽车系）
2008	中国汽车工业优秀科技人才奖	欧阳明高（汽车系）
2009	中国汽车工业优秀科技人才奖	李克强（汽车系）
2009	中国汽车工业优秀青年科技人才奖	于良耀（汽车系）张俊智（汽车系）
2010	中国汽车工业优秀青年科技人才奖	郑四发（汽车系）

表 7-4-18-9　获得国内表彰的科技工作者——青年建筑师奖

年度	奖项名称	获奖名单
1993	中国建筑学会青年建筑师奖	庄惟敏（建筑设计院）
2004	中国建筑学会青年建筑师奖	祁　斌（建筑设计院）
2004	中国建筑学会青年建筑师奖	宋海林（建筑设计院）
2006	中国建筑学会青年建筑师奖	叶　彪（建筑设计院）
2006	中国建筑学会青年建筑师奖	宋晔皓（建筑学院）
2008	中国建筑学会青年建筑师奖	张　利（建筑学院）
2008	中国建筑学会青年建筑师奖	刘玉龙（建筑设计院）
2010	中国建筑学会青年建筑师奖	栗　铁（建筑设计院）
2010	中国建筑学会青年建筑师奖	陈若光（建筑设计院）

（4）专利获奖情况

我国《专利法》实施的第一天（1985 年 4 月 1 日），学校申请专利 147 项，申请量居全国第一，1985 年至 1993 年的专利申请量始终保持全国高校首位。学校申请的专利不仅数量多、授权率高，而且水平高，多次在专利展览会上获奖。

1988 年中国首届国际专利展览会上，材料系有 3 项专利获奖，分别是“低温烧结压电陶瓷材料及应用”获银奖，“微型电击器”和“不间断电源”获优秀奖。

1989 年，国家专利局和世界知识产权组织（WIPO）首次颁发的 10 项“中国专利发明创造金奖”中，学校有 2 项获金奖，即热能系的“带火焰稳定器的煤粉燃烧器”和材料系的“中高碳空冷贝氏体钢”。

1991 年，在国家专利局颁发的“中国专利发明创造奖”中，学校共有 3 项获奖。微电子所的“离子注入半导体瞬时退火设备”和核研院的“反应堆控制棒用对孔式水力步进缸”获金奖；力学系的“一种强化同向射流火焰稳定方法及其燃烧器”获优秀奖。

国家知识产权局于 1989 年设立了中国专利奖，每两年评选一次。至 2010 年，共评选了 12 届。清华大学 1989 年至 2010 年获奖情况见表 7-4-19。

表 7-4-19　清华大学获中国专利奖情况统计

年　份	专利金奖	专利优秀奖	年　份	专利金奖	专利优秀奖
1989（第一届）	2		2001（第七届）		3
1991（第二届）	2	1	2003（第八届）	2	4
1993（第三届）		1	2005（第九届）	1	6
1995（第四届）	3	1	2007（第十届）		
1997（第五届）		2	2009（第十一届）	1	2
1999（第六届）			2010（第十二届）	1	2

（5）文科研究成果与获奖

① 文科获奖的统计

2000 年校级文科科研管理部门“文科建设处”成立后，截至 2010 年底，清华大学文科类研究成果共获得教育部、北京市及中央其他部委各类奖励 136 项。

截至 2010 年，教育部中国高校人文社会科学研究优秀成果奖共评选 5 届，清华大学累计获得 48 项奖励，其中一等奖 4 项，二等奖 17 项，三等奖 26 项，普及成果奖 1 项，见表 7-4-20。

表 7-4-20　获得教育部中国高校人文社会科学研究优秀成果奖情况

届次（年份）	成果名称	成果形式	获奖等级	学科门类	获奖者	出版单位
第一届（1995）	谁代表社会主义运动的主流和方向	论文	二等	马克思主义/综合	李润海	《光明日报》
	技术创新——中国企业发展之路	著作	二等	管理学	傅家骥 姜彦福 雷家骕	企业管理出版社
第二届（1998）	工艺美术概论	著作	二等	艺术学	李砚祖	吉林美术出版社
	清华大学 ZW 大型通用汉语语料库系统	计算机软件	二等	语言学	罗振声	中国科学院计算机技术研究所机器翻译中心等单位采用
	论民事、经济审判方式的改革	论文	二等	法学	王亚新	《中国社会科学》
	行政刑法辨析	论文	三等	法学	张明楷	《中国社会科学》
第三届（2003）	夏商周年代学札记	著作	一等	历史学	李学勤	辽宁大学出版社
	社会分层与贫富差别	著作	一等	社会学	李　强	鹭江出版社
	美的偏至——中国现代唯美——颓废主义文学思潮研究	著作	二等	中国文学	解志熙	上海文艺出版社
	中国传统市场发展史	著作	二等	经济学	龙登高	人民出版社
	中国外债适度规模定量分析模型和外债风险管理方法研究	研究报告	二等	经济学	杨　炘	国家财政部采用
	八思巴生平与《彰所敌方知论》对勘研究	著作	三等	宗教学	王启龙	中国社会科学出版社
	白居易集综论	著作	三等	中国文学	谢思炜	中国社会科学出版社
	元代工艺美术史	著作	三等	艺术学	尚　刚	辽宁教育出版社
	俄罗斯美术史话	著作	三等	艺术学	奚静之	人民美术出版社
	土地上的权利群论纲	论文	三等	法学	崔建远	《中国法学》

续表

届次（年份）	成果名称	成果形式	获奖等级	学科门类	获奖者	出版单位
第三届（2003）	公司法人格否认法理研究	著作	三等	法学	朱慈蕴	法律出版社
	传播研究典范及其对我国当前传播研究的启示	论文	三等	新闻学与传播学	金兼斌	《新闻与传播研究》
第四届（2006）	农民工与中国社会分层	著作	一等	社会学	李　强	中国社会科学文献出版社
	企业剩余索取权：分享安排与剩余计量	著作	二等	经济学	谢德仁	上海三联书店、上海人民出版社
	危机管理：转型期中国面临的挑战	著作	二等	管理学	薛　澜等	清华大学出版社
	理论、方法与发展趋势：中国经济史研究新探	著作	二等	历史学	李伯重	清华大学出版社
	从中西初识到礼仪之争——明清传教士与中西文化交流	著作	二等	历史学	张国刚	人民出版社
	虚拟企业构建与管理	著作	三等	管理学	陈剑等	清华大学出版社
	地区与发展：西部开发新战略	著作	三等	交叉学科	胡鞍钢	中国计划出版社
	听证制度：透明决策与公共治理	著作	三等	政治学	彭宗超等	清华大学出版社
	思想史的写法——中国思想史导论	著作	三等	历史学	葛兆光	复旦大学出版社
	刑法的基本立场	著作	三等	法　学	张明楷	中国法制出版社
	传播学引论（增补版）	著作	三等	新闻学与传播学	李　彬	新华出版社
	心灵的集体化——陕北骥村农业合作化的女性记忆	论文	三等	社会学	郭于华	《中国社会科学》
第五届（2009）	中国家庭史	著作	一等	历史学	张国刚	广东人民出版社
	中国高等教育大众化进程中的结构分析——1998—2004 年的实证研究	著作	二等	教育学	谢维和	教育科学出版社
	中国服务业发展的问题和对策	研究报告	二等	经济学	白重恩	国家发改委采用
	面向新世纪的我国科技发展若干重大战略问题研究	研究报告	二等	管理学	苏　竣	科技部采用
	中国跨行政区水污染管理体制诊断与对策建议	研究报告	二等	管理学	王亚华	国家发改委采用
	全球生产网络中的中国轿车工业	论文	二等	管理学	谢　伟	《管理世界》
	出卖人的物的瑕疵担保责任与我国合同法	论文	三等	法学	韩世远	《中国法学》
	《行政契约论》（第二版）	著作	三等	法学	余凌云	中国人民大学出版社
	诈骗罪与金融诈骗罪研究	著作	三等	法学	张明楷	清华大学出版社

续表

届次（年份）	成果名称	成果形式	获奖等级	学科门类	获奖者	出版单位
第五届（2009）	筚路蓝缕：王永庆开创石化产业王国之路	著作	三等	港澳台问题研究	黄德海	清华大学出版社
	A Political Explanation of Economic Growth: State Survival, Bureaucratic Politics, and Private Enterprises in the Making of Taiwan's Economy, 1950-1985	著作	三等	港澳台问题研究	巫永平	清华大学出版社
	中国信息系统管理关键问题研究	论文	三等	管理学	陈国青	Journal of Enterprise Information Management
	接近零不合格过程的有效控制	著作	三等	管理学	孙　静	清华大学出版社
	社会研究中的因果分析	论文	三等	社会学	王天夫	《社会学研究》
	隋唐五代工艺美术史	著作	三等	艺术学	尚　刚	人民美术出版社
	中国女书合集	著作	三等	语言学	赵丽明	中华书局
	科学知识生产方式及其演变	著作	三等	哲学	李正风	清华大学出版社
	中国传统工艺	著作	普及成果奖	艺术学	杭　间	五洲传播出版社

截至2010年，北京市哲学社会科学优秀成果奖共评选11届，清华累计获得90项奖励，其中一等奖20项，二等奖70项，见表7-4-21。

表7-4-21　获得北京市哲学社会科学优秀成果奖情况

届次（年份）	成果名称	成果形式	获奖等级	获奖者
第一届（1987）	清华大学校史稿	专著	一等	校史编写组
	系统科学方法论导论	专著	二等	魏宏森
	评波普的认识论公式P1-TT-EE-P2	论文	二等	刘元亮　姚惠华
	关于ISBN系统	论文	二等	万锦坤
	赴法勤工俭学运动史料	资料、论文	二等	中共党史教研组
第二届（1991）	关于建设工程研究中心的若干意见及调研报告	调研报告	一等	郭传杰　侯世昌
	科学认识论与方法论	专著	二等	刘元亮　等
	对现阶段社会主义民主建设的思考——兼谈两种民主制度的比较	论文	二等	林泰
	也谈《河殇》——对一种历史论的讨论	论文	二等	冯虞章
	谁代表社会主义运动的主流和方向？——“民主社会主义”评析	专著	二等	闻　海（李润海）
	多元化与自由化	论文	二等	李　征
	美国高等工程教育研究	论文	二等	曾晓萱
第三届（1994）	先秦儒学	专著	二等	钱　逊
	开创复杂性研究的新学科——系统科学纵览	专著	二等	魏宏森

续表

届次（年份）	成果名称	成果形式	获奖等级	获奖者
第三届（1994）	技术创新——中国企业发展之路	专著	二等	傅家骥
	马克思主义理论课教育大有作为	论文	二等	李润海
	毛泽东人生价值理论及其现实意义	论文	二等	冯虞章
	英汉双解理工词典	工具书	二等	孙复初
	中国近代建筑总览（北京篇）	编著	二等	张复合（第二主编）等(北京古建所合著)
第四届（1996）	金岳霖哲学思想	专著	二等	胡伟希
	系统论——系统科学哲学	专著	二等	魏宏森
	社会主义市场经济与集体主义价值观	论文	二等	林　泰
	大曲折没有改变大趋势	论文	二等	李润海
	荀子新探	专著	二等	廖名春
第五届（1998）	自组织的自然观	专著	一等	曾国屏
	现阶段建设有中国特色社会主义教育的几点思考	论文	二等	林　泰
	坚持与超越——理工科大学培养人才的基本特征及其途径的研究与试验	专著	二等	李卓宝　等
第六届（2000）	金融工程原理——无套利均衡分析	专著（教材）	一等	宋逢明
	Agricultural Development in Jiangnan，1620—1850	专著	一等	李伯重
	唐代工艺美术史	专著	一等	尚　刚
	技术创新学	专著	一等	傅家骥
	女性主义关怀伦理学	专著	二等	肖　巍
	生命的历程：重大社会事件与中国人的生命轨迹	专著	二等	李　强
	青年思想政治教育学原理	教材	二等	刘书林
	科学技术概论	教材	二等	胡显章
	公司法人格否认法理研究	专著	二等	朱慈蕴
	戊戌变法文献资料系日	古籍整理、史料汇编	二等	朱育和　等
	结果可能表现的研究——日本语、中国语对照研究的立场	专著	二等	张　威
	外国工艺美术史	专著	二等	张夫也
	中国创新系统研究：技术、制度与知识	专著	二等	李正风
	电子商务教程	教材	二等	黄京华
第七届（2002）	税费改革，村民自治与强干弱支	研究报告	一等	秦　晖
	寻求普世伦理	专著	二等	万俊人
	失业下岗问题对比研究	专著	二等	李　强　等
	企业剩余索取权：分享安排与剩余计量	专著	二等	谢德仁
	唯物史观通论	教材	二等	林　泰

续表

届次（年份）	成 果 名 称	成果形式	获奖等级	获　奖　者
第七届（2002）	马克思主义政治经济学原理	教材	二等	刘美珣
	跳出政权兴亡周期率：我党三代领导集体的不懈奋斗和追求	论文	二等	李润海
	中国传统文化学	专著	二等	曹德本
	抽象性问题及其意义——对刑法领域法治立场的初步考察	论文	二等	周光权
	近代汉语语言研究	专著	二等	张美兰
	话语分析的英汉语比较研究	专著	二等	罗选民
	手艺的思想	专著	二等	杭　间
	接近零不合格过程的质量控制	专著	二等	孙　静
第八届（2004）	中国体育人口的理论探索与实证研究	专著	一等	仇　军
	法治：理念与制度	专著	一等	高鸿钧
	“小虎”和“大龙”的学习过程差异	论文	一等	谢　伟
	“是”与“真”——形而上学的基石	专著	二等	王　路
	罗马帝国文化转型论	专著	二等	王晓朝
	中国本土文化视野下的西方哲学	专著	二等	胡伟希
	异文化圈社会规范层次结构模型的比较研究	专著	二等	郑晓明
	中国政治思想史	教材	二等	曹德本
	求索——新形势下高校德育中若干新课题的实践与思考	专著	二等	张再兴
	中国研究型大学建设与发展	专著	二等	王战军
	清华大学图书馆藏善本书目	工具书 古籍整理	二等	集　体
	信息社会 4－0	专著	二等	熊澄宇
第九届（2006）	从日本宗教文化角度看靖国神社问题	论文	一等	刘江永
	发展教育论	专著	一等	袁本涛
	传统道德向现代道德的转型	专著	二等	王晓朝
	生命周期与社会保障：一项对下岗失业工人生命历程的社会学探索	论文	二等	郭于华
	中国城市收入分配中的集团因素：1986—1995	论文	二等	王天夫
	走进教材与教学的性别世界	专著	二等	史静寰
	功利主义研究	专著	二等	韩冬雪
	汉字中的古代科技	专著	二等	戴吾三
第十届（2008）	全球创业观察中国报告	调研报告	一等	高　建
	启蒙时代欧洲的中国观	专著	一等	张国刚
	中国工艺美学史	专著	一等	杭　间
	郭象评传	专著	一等	王晓毅

续表

届次（年份）	成 果 名 称	成果形式	获奖等级	获奖者
第十届（2008）	中国与日本：变化中的“政冷经热”关系	专著	一等	刘江永
	认真对待刑事推定	论文	二等	劳东燕
	期待权基本理论研究	专著	二等	申卫星
	区域科技论	专著	二等	吴贵生
	中国水问题	专著	二等	李 强 等
	逻辑与哲学	专著	二等	王 路
第十一届（2010）	举办2008年奥运会与我国社会经济发展关系研究	专著	一等	陈 希
	科学发展观对社会主义市场经济发展的意义	论文	一等	赵甲明
	复杂性的科学哲学探究	专著	二等	吴 彤
	文物中的古文明	专著	二等	李学勤
	设计道——中国设计的基本问题	专著	二等	杭 间
	中国工程教育发展史研究的理论进路与解释框架	论文	二等	王孙禺
	侵权责任法应当与物权法相衔接	论文	二等	崔建远

在艺术设计领域，原中央工艺美术学院于1999年并入清华大学，成为清华大学美术学院。截至2010年，清华美术学院完成的作品共获得全国美术作品展览的金奖4项、银奖7项、铜奖6项，建军80周年全国美展（由文化部、解放军总政治部、中国文联组织）一等奖1项，各类国际专项奖金奖11项，见表7-4-22、表7-4-23和表7-4-24。

表7-4-22　1999年—2010年获全国美术作品展览奖项

届次（年份）	成 果 名 称	成果形式	获奖等级	获 奖 者
第九届（1999）	国务院接待楼室内环境艺术设计	艺术设计	金奖	郑曙旸 李凤崧 刘铁军 杨冬江 张 伟 林 龙
	移动电话概念设计	艺术设计	银奖	柳冠中 杨 霖 严 扬 蒋红斌 刘志国
	北京市政府外事接待厅室内环艺设计	艺术设计	铜奖	潘吾华 黄 艳
第十届（2004）	《涌波》跳刀纹色灰釉瓷钵	艺术设计	金奖	高 峰
	《夜与昼》服装系列	艺术设计	金奖	李 薇
	《午门瑞雪》	漆画	银奖	白小华
	《轮》	油画	银奖	叶 健
	《传承与超越》装帧设计	艺术设计	银奖	王红卫 吕 淳
	《咖啡具》	艺术设计	银奖	唐绪祥
	《明@style》工业设计	艺术设计	银奖	蔡 军 王小龙
	《大成若缺》2件	艺术设计	铜奖	白 明
	《鱼·波·月》	漆画	铜奖	祝重华
	《孟良崮》	油画	铜奖	王宏剑
	《生存、角落、NO-2韵》	艺术设计	铜奖	刘立宇

续表

届次（年份）	成果名称	成果形式	获奖等级	获奖者
第十一届（2009）	《淮海战役》	壁画	金奖	刘希倬
	《电线集束卡子》	艺术设计	银奖	马　赛
	《前门大街景观设计》	艺术设计	铜奖	苏　丹　于历战

表 7-4-23　获得建军 80 周年全国美展奖项

年份	成果名称	成果形式	获奖等级	获奖者
2008	《来自老百姓》	油画	一等奖	代大权

表 7-4-24　获得各类国际设计专项奖金奖奖项

年份	奖项名称	成果名称	成果形式	获奖者
2001	国际青年服装服饰博览会服装设计大赛	《绿林英雄》	时装设计	李迎军
2001	国际青年服装大赛	《交融》	时装设计	王　悦
2003	韩国国际工艺设计大赛	《局部》	工艺设计	洪兴宇
2004	法国第十届亚洲文化电影节	《鸟》	动画短片	张　弓
2004	韩国釜山工艺美术节作品展	《生命之环》	工艺设计	王培波
2004	国际奥林匹克体育与艺术大赛	《求》	中国画	孙玉敏
2005	世界包装组织“世界之星”优秀包装设计奖	“凤凰奇境”酒	包装设计	何　洁
2006	“世界最美的书”设计奖	《曹雪芹风筝艺术》	书籍设计	赵　健
2009	第 24 届制图大会国际制图展览大赛	《北京奥运场馆交通旅游地图》	平面设计	吕敬人
2010	第 6 届国际纤维艺术作品展	《清、远、静》	时装设计	李　薇
2010	第八届中国国际室内设计双年展	《2009 广州车展 NISSAN 品牌展示空间系统设计》	室内设计	杨冬江（第一作者）

② 具有重大影响的应用对策研究成果

学校文科教师积极向党和国家有关部门提供有效的应用对策研究建议，切实发挥高校哲学社会科学作为“思想库和智囊团”的作用，完成了一批面向国家重大需求的具有重大影响的应用对策研究成果。其中，有 10 多项成果被胡锦涛、温家宝等中央政治局常委亲笔批示，内容涉及水资源利用与治理、林业建设、沙尘暴治理、海洋战略、电信、就业、廉政建设、台湾问题、外交等多个领域，这些成果分别是：《水危机的治理》《黄河断流与流域水治理的调研报告》《让天然林休养生息 50 年：从森林赤字到森林盈余的重大林业战略转变》《关于利用“扩大内需”加快林业建设的建议》《关于有效治理沙尘暴的几点建议》《以海养海，实现我国的海上强国战略》《我国转型期城镇非正规就业与非正规经济（1990—2004）》《尽快建立电信普遍基金，为八亿农民“雪中送炭”》《加快农村电信普遍服务　缩小城乡信息差距》《树立新的廉政观，建立国家廉政体系》《关于启动“创建中国式企业管理科学”研究的建议》《关于进一步做好台湾中南部人民工作的建议》《我国战略信誉面临的挑战及维护建议》等。

此外，有 3 位教师应邀为中共中央政治局集体学习进行讲解，介绍科技发展、文化产业、气候变化等领域的历史、现状、问题和对策建议等，对中央相关决策的制定、宣传和推行等发挥了作用。2003 年 4 月 28 日，中共中央第十六届政治局第四次集体学习，主题为“当代科技发展趋势和我国的科技发展，以及运用科学技术加强非典型肺炎防治工作”，公共管理学院薛澜是两位讲解人之一；2003 年 8 月 12 日，中共中央第十六届政治局第七次集体学习，主题为“世界文化产业发展状况和我国文化产业发展战略”，新闻与传播学院熊澄宇是两位讲解人之一；2008 年 6 月 27 日，中共中央第十七届政治局第六次集体学习，主题为“全球气候变化和我国加强应对气候变化能力建设”，低碳能源实验室何建坤是两位讲解人之一。

（6）科研管理获奖情况

在科研管理工作中，由于各级科研管理人员的努力工作，学校的科研管理工作也获得有关国家部委及相关主管部门的表彰与奖励，主要有：

① 科学技术与科研成果推广管理工作获奖

“中国技术市场协会金桥奖”是经国家科学技术奖励工作办公室审核批准，奖励在全国技术市场中做出突出贡献的先进集体、个人和项目。自 2003 年第一届至 2009 年第四届表彰中，学校（含科技开发部）共获 4 次先进集体奖，5 人获得先进个人奖。项目获奖情况见表 7-4-16。

“北京技术市场金桥奖”由北京市技术市场管理办公室负责组织，主要奖励自 1995 年以来北京地区在从事技术贸易、促进企业技术进步、加强技术市场管理等方面取得显著成绩的单位、集体和个人。截至 2010 年，在 12 届评选中，学校（含科技开发部）共获得 9 次集体一等奖，1 次集体二等奖，19 人次获个人奖。项目获奖情况见表 7-4-16。

学校于 1997 年荣获国家科委全国高校科技成果推广先进集体称号；2008 年荣获国家电网公司特高压交流试验示范工程“特殊贡献单位”荣誉称号；另外，还曾获得河北省、天津市科技合作表彰奖等。

② 专利管理获奖

自 1986 年起，学校多次被国家、北京市评为专利和知识产权管理先进单位。1995 年—2010 年获奖情况见表 7-4-25。

表 7-4-25　获专利管理集体奖情况

年份	奖 励 名 称	获奖集体名称	完成单位
1995	国家教委专利工作先进高校	清华大学	科学技术处
1995	国家教委先进专利代理机构	清华大学	科学技术处
1997	贯彻实施《中华人民共和国技术合同法》先进集体	清华大学	科学技术处
1997	国家专利局全国专利系统先进集体	清华大学	科学技术处
1998	获国家知识产权局全国知识产权工作先进单位	清华大学	科学技术处
2000	全国专利系统先进集体	清华大学科学技术处	科学技术处
2001	国家知识产权局全国专利工作先进单位	清华大学	科学技术处
2001	国家教育部全国专利工作试点示范高校	清华大学	科学技术处
2003	北京市政府“北京市知识产权工作先进集体”	清华大学	科学技术处
2004	国家知识产权局全国专利工作先进单位	清华大学	科学技术处
2004	2003 年度北京市知识产权工作先进单位	清华大学成果与知识产权办公室	科研院

续表

年份	奖 励 名 称	获奖集体名称	完成单位
2004	国家知识产权局第一批全国企事业专利试点工作先进单位	清华大学	科研院
2006	国家知识产权局第二批全国企事业专利试点工作先进单位	清华大学	科研院
2007	国家知识产权局第一批全国企事业知识产权示范创建单位	清华大学	科研院
2009	国家知识产权局全国企事业知识产权示范单位	清华大学	科研院

③ 其他科研管理获奖

部分其他科研管理获奖情况见表 7-4-26。

表 7-4-26 获科研管理集体奖情况

年份	奖 励 名 称	获奖集体名称	完成单位
1996	全国高等学校科技管理先进集体	清华大学科学技术处	科学技术处
1997	北京市高等学校科技管理先进单位	清华大学科学技术处	科学技术处
2001	全国普通高等学校科研管理（自然科学类）先进集体	清华大学科学技术处	科学技术处
2001	北京市哲学社科规划办科研管理先进单位	清华大学文科建设处	文科建设处
2005	北京市哲学社科规划办“十五”规划先进管理集体奖	清华大学文科建设处	文科建设处
2006	2001—2005 年度国家自然科学基金管理工作先进单位	清华大学	科研院
2006	2001—2005 年度国家自然科学基金管理工作先进地区联络网	清华大学	科研院
2007	社科研究管理先进集体（教育部社会科学司）	清华大学文科建设处	文科建设处
2008	北京市教育科研管理先进单位	清华大学文科建设处	文科建设处

2. 部分科研成果简介

1978 年以来，学校科学研究工作取得了不少在国内外有重要影响的科研成果，主要项目如下：

(1) 新型 MIG 焊接电弧控制法（QHARC 法）。由机械工程系潘际銮主持研究，1984 年 6 月获国家级发明奖一等奖。该发明是一种精确控制焊接电弧的方法，利用晶体管焊接电源的快速响应特性及独特形式的外特性控制脉冲 MIG 焊电弧工作点位置，使电弧燃烧非常稳定，精确地控制电弧能量。

(2) 自适应和数字电可控非相参频率捷变雷达系统。由无线电电子学系茅于海主持研究，1984 年 11 月获国家级发明奖一等奖。该发明在非相参雷达上实现了快速的（脉间）频率控制和自适应控制，具有良好的对抗有源干扰和抗海浪杂波干扰的能力。

(3) 大型火电机组模拟培训系统，由热能工程系吕崇德主持研究，1985 年获国家级科学技术进步奖一等奖，“电站机组仿真培训系统”被评为 1992 年度国内十大科技成就。该系统以 DJ 系-140 型数字计算机为核心，配以必要的外部系统，编制实时操作软件，模拟 20 万千瓦发电机组的各项操作，整个系统具有各种工况仿真的效果，把我国电力工业的计算仿真研究水平提高到新的高度。

(4) 中国古代建筑理论及文物建筑保护的研究。由建筑工程系梁思成主持研究，1987 年获国家级自然科学奖一等奖。梁思成在国内首次采用科学方法系统研究中国古代建筑，带领研究集体完成专著《中国建筑史》，还专为外国读者用英文写了《图像中国建筑史》。他根据国外城市建设的经验教训提出了关于历史名城和文物建筑保护理论，并提出修整古建筑应“整旧如旧”的方针，使历史名城和古建筑的整修和保护得以实现并取得成功经验。

（5）5兆瓦低温供热试验堆。由核能技术设计研究院王大中主持研究，被评为1990年国内十大科技成果之一，1992年获国家级科技进步奖一等奖。该堆在我国首次采用一体化、自稳压、全功率自然循环、新型的控制水力传动系统、非能动的余热排出系统、双重承压壳等先进技术，具有新颖性和创造性，具有良好的固有安全性和被动安全性，能满足民用供热的基本要求。该堆是世界上第一座投入运行的自然循环一体化壳式供热堆，不仅填补了我国在核供热领域内的空白，开辟了核能利用的新途径，而且使我国在这一领域进入世界先进行列。

（6）加速器辐射源移动式集装箱检查系统系列的研制及产业化。由工程物理系康克军等完成，获2003年国家科学技术进步奖一等奖。该项目是在核技术领域应用辐射成像原理开发出的新产品，在世界上率先研制出了以加速器为辐射源的车载移动式和组合移动式集装箱检查系统，并实现产业化；建立了完整、有效的质量保证体系，并编制了国家标准；有22套系统在我国主要海关投入使用，并与澳大利亚等国家签订了11套组合移动式和13套车载移动式系统的出口合同，其中有9套已交付用户。取得了近30项具有自主知识产权的创新技术。该发明项目的应用对提高海关的高科技装备水平、加快通关速度、对打击走私犯罪、遏制国际恐怖活动、促进进出口贸易的发展具有重要作用。

（7）10兆瓦高温气冷实验反应堆。由核能与新能源技术研究院王大中等完成，获2006年国家科学技术进步奖一等奖。该项目属核反应堆科学与工程领域，是国家“863计划”的重点项目，1992年经国务院批准立项，1995年6月开工建造，2000年12月1日实现首次临界，2003年1月29日一次成功地完成72小时满功率并网发电，运行参数达到设计要求，热功率为10兆瓦，电功率2兆瓦。这是世界上首座具有固有安全特性的模块式球床高温气冷堆，其主要技术特点是：采用包覆颗粒燃料，球形燃料元件；氦气作冷却剂，石墨作慢化剂和堆芯结构材料，其堆芯出口氦气温度可达到950摄氏度或更高；球床堆芯，不停堆在线连续装卸燃料；采用非能动安全系统及余热排出，具有固有安全特性。该反应堆的建造成功，列入第十届全国人民代表大会政府工作报告中五年来科技方面的四项重要进展之一，使我国在该领域跨入国际先进行列，为建造具有我国自主知识产权的高温堆核电站示范工程提供了技术基础。

（8）大型装备缺陷辐射检测技术。由清华大学工程物理系康克军等完成，获2010年度国家技术发明奖一等奖。该项目利用高能辐射方法，发明了新型检测技术，解决了“在大型物体中检测微小缺陷”的核心问题，是当前我国大型装备生产、研制中最有效的缺陷检测手段，在一批重点型号装备的研制生产、重要试验和延寿中发挥了不可替代的作用。该项目获授权发明专利15项，软件著作权1项，技术成果已实现批量化生产，相关技术还扩展到不同能量段的多个产品系列，广泛应用到航天、航空、兵器、铁路等单位。该项目的成功，满足了我国国防建设的急需，对提高大型装备的可靠性、保障国家安全具有重要意义。

（9）应急平台体系关键技术与装备研究。由清华大学工程物理系范维澄等完成，获2010年度国家科技进步奖一等奖。我国应急平台体系的研发和建设是一项全新的国家工程。清华大学联合其他单位，在政府部门和地方现有专业系统的基础上，研究应急平台体系的方法理论、总体架构、方案设计、技术标准、模型算法、系统软件、技术装备及其综合集成，提出了公共安全“三角形”理论模型，设计了应急平台体系总体方案；研发了事件链、预案链综合预测预警和决策技术；构建了应急平台体系软件系统和数据库；建立了跨领域、跨层级、跨地域的“应急一张图”多方协同会商模式；研制出成套化现场应急装备，实现了现场与后方的协调应急。该项研究在技术、装备、标准、人才、学科和国际化等方面显著提升了我国在公共安全应急领域的技术实力和国际影响力，成果实际应用于政府、部门和企业等应急日常管理与突发事件处置，在一系列重大突发事件应对中效果突出。

3. 科技奖励政策的制定与实施

（1）制定获国家级科技奖成果的配套奖励办法

2002 年 12 月 24 日，经 2002—2003 学年度第 4 次校务会议讨论通过《清华大学获国家级科技奖成果奖励办法（试行）》。该项奖励办法及由主管科研的校长批准的《实施细则》经过几年的试行，在广泛征求意见的基础上进行了修订，于 2006 年 12 月 14 日，经 2006—2007 学年度第 9 次校务会议审议通过《清华大学获国家级科技奖成果奖励办法》（下文简称《办法》）并开始实施，原《清华大学获国家级科技奖成果奖励办法（试行）》同时废止。

修订后的《办法》规定：获国家最高科学技术奖者，以及获国家自然科学奖、国家技术发明奖、国家科技进步奖的成果，特等奖奖励 50 万元，一等奖奖励 20 万元，二等奖奖励 10 万元；清华大学为完成单位或正式工作人员，第一署名的奖励 50 万元，第二署名的按 20 万元的 70%给予奖励，第三及以后署名的按 10 万的 50%给予奖励；其中，清华大学与其他单位共同完成的成果，按照上述奖励金再乘以校内正式工作人员在署名完成人中所占的比例给予奖励；对于获奖成果署名的特殊情况等也作了明确规定。

（2）设立“清华大学基础性研究成果奖”

为了加强基础研究工作，提高学术研究水平，学校采取了一系列措施，加强基础研究。1989 年在制定加强基础研究规划的基础上，设立了“清华大学基础性研究成果奖”。从 1989 年至 1996 年，共有 145 项成果获奖。1997 年停止评奖。获奖项目见表 7-4-27。

表 7-4-27　1989 年—1996 年“清华大学基础性研究成果奖”获奖项目

年份	项 目 名 称	完 成 单 位
1989	1. 离子束-材料相互作用、非晶化、准晶、分形及氮化物的形成	材料系
	2. 细胞膜蛋白（或受体）的 DMT 理论及原位电泳理论	生物系
	3. 光谱增感染料及其组合研究	化学系
	4. 半导体合金、无序系统和超晶格的电子结构	物理系
	5. 原子的多波混频和多光子感生荧光检测	物理系
	6. 弹性薄板	工程力学系
	7. 振荡流体力学及其工程应用	热能工程系
	8. 水工建筑物明流边界层特性研究	水利水电工程系
	9. 圆环壳理论研究及其在波纹管设计中的应用	工程物理系
	10. 大规模电力系统分散控制	自动化系
	11. 煤粒热解通用模型	工程力学系
	12. 分层媒质中电磁波散射及其在雷达目标识别中的应用	电子工程系
	13. 流体热力性质统一的通用计算图与普通化解析关联式	热能工程系

续表

年份	项 目 名 称	完 成 单 位
1989	14. 橡胶增韧热固树脂机理研究	化学工程系
	15. 硅中氢杂质的行为及其与中子辐照缺陷的相互作用	核研院、材料系
	16. 对策论	数学系
	17. TTP-半自动的交互式的定理证明系统	数学系
	18. 高分子材料一次加载断裂断口形态图谱	化学工程系
1990	1. 常微分方程规范形理论	数学系
	2. 边界积分方程——边界元法的基本理论及若干工程研究	工程力学系
	3. 空间（运动）规划理论及应用——基于拓扑的运动规划算法	计算机系
	4. 地球物理信号处理与识别方法及其应用	自动化系
	5. 肌酸激酶的结构与功能的研究	生物系
	6. 无质量非阿贝尔规范理论中多重韧致辐射的螺旋度振幅方法和旋量技术	物理系
	7. 气-固湍动流态化的基础研究及其应用	化学工程系
	8. 蒸发管内流动不稳定性的预测和模拟	热能工程系
	9. 低频电磁场三维边值问题的理论及分析方法研究	电机工程系
	10. 多轴应力下混凝土的破坏准则	土木工程系
	11. 广义建筑学	建筑学院
	12. 自然循环微沸腾热工水力学稳定性实验研究	核研院
	13. 计算机制全息图的研究	精仪系
	14. 材料滑动磨损及固体润滑减摩的基础研究	机械工程系
	15. 劣质燃料（渣油和低热值煤气）燃烧稳定性的研究	热能工程系
	16. 系统辨识及预测	数学系
	17. 中国产业结构转换的目标模式及产业政策研究	经管学院
	18. 溶液理论及其在溶液萃取中的应用	化学工程系
1991	1. 钢筋混凝土连续梁变矩调幅限值和超静定框架弹性设计方法的研究	土木工程系
	2. 泥沙运动机理的水槽试验研究	水利水电工程系
	3. 浆体水击的实验研究	水利水电工程系
	4. 城乡有机废水厌氧生物处理机理及高效反应器的研究	环境工程系
	5. 电除尘器常用电极系统模拟方法的研究	环境工程系
	6. 焊接区粒状贝氏体脆断机制研究	机械工程系
	7. 多孔介质热湿迁移特性与自然对流的研究	热能工程系
	8. 新型毫米波天线的理论研究	电子工程系
	9. 激光散斑照相技术在热物理实验研究中的应用	工程力学系
	10. 复杂载荷作用下机械结构非弹性分析方法的研究及其应用	工程力学系
	11. 气固快速流态化——提升罐催化裂化反应器中气固两相流体力学及传递特性的研究	化学工程系
	12. 热固性树脂的增韧机理	化学工程系

续表

年份	项目名称	完成单位
1991	13. 大规模线性系统科学计算	数学系
	14. 电子动量谱学以及多光子跃迁的新理论方法	物理系
	15. 生物核糖体小分子 RNA 的序列分析与比较研究	生物系
	16. 技术改造项目经济评价方法	经管学院
	17. 培育水稻良种遗传过程的系统分析与控制	经管学院
	18. 低压低干度两相流密度波不稳定性的理论分析	核研院
1992	1. 居住建筑节能设计理论与方法	建筑学院
	2. 非恒定流中污染混合区计算方法研究	水利水电工程系
	3. 水力机械转轮内三维势流边界元计算	水利水电工程系
	4. 陶瓷与金属连接理论的研究	机械工程系
	5. 用腔内插入元件的双折射、电光、磁光效应造成激光纵模分裂的原理、现象和应用基础研究	精仪系
	6. 燃烧检测与控制中的数字图像处理技术	热能工程系
	7. 粒子图像测速技术及诊断系统	电子工程系等
	8. 模拟系统故障诊断与可测性研究	自动化系
	9. 生产过程故障诊断方法的研究	自动化系
	10. 复杂结构充液航天器晃动动力学与晃动抑制的研究	工程力学系
	11. 相变多晶体细观本构理论与增韧研究	工程力学系
	12. 薄膜研究中的分形表征	材料系
	13. 高性能压电陶瓷结构与性能及低烧机理研究	材料系
	14. 几何和物理中的非线性方程	数学系
	15. 亚纯函数值分布、分解论及其相关的函数方程之研究	数学系
	16. 超声波诱导基因转移方法	生物系等
	17. 发展高新技术产业的投资方式和优惠政策研究	经管学院
	18. 金属溶剂萃取过程的动力学研究	化学工程系
	19. 快中子小角散射研究	物理系
1993	1. 马氏决策过程优化模型及马氏链特性研究	数学系
	2. 高压输变电系统雷电暂态数值分析和绝缘配合的研究	电机工程系
	3. 氨基酰化酶的结构与功能的研究	生物系
	4. 用控制论方法建立经济理论新体系研究	经管学院
	5. 圆环壳、弯管的强度与屈曲	工程力学系
	6. 特殊条件下铸铁结晶凝固过程的研究	机械工程系
	7. 边界元素法中处理法向导数间断的方法	计算机系
	8. 陶瓷涂层及与金属配对的高温摩擦磨损与润滑的研究	精仪系
	9. 电力系统非线性分布协调控制理论及其应用	电机工程系
	10. 空间交叉 CARS 荧光法测氮氧化物温度及浓度研究	物理系

续表

年份	项目名称	完成单位
1993	11. 无穷地基的数值模拟及拱坝的地震输入方式	水利水电工程系
	12. 建筑热过程随机分析	热能工程系
	13. 液-液分散体系膜分相研究	核研院
	14. 高温气冷堆燃料元件研制	核研院
	15. 裂纹尖端奇异场的实验研究	工程力学系
	16. 考虑热组合的分离系统及换热网络的结构柔性研究	化学工程系
	17. 基于知识的形式描述语言 Estelle 生成器	计算机系
1994	1. 高压瞬态量的光电测量方法	电机系
	2. 煤燃烧特性的宏观通用规律研究	力学系
	3. 应变强化结构的安定性	力学系
	4. 钢及有色合金贝氏体相变机制	材料系
	5. 稳定 Banach 空间和解析 RNP	数学系
	6. 边界积分-微分方程及其在变分不等式问题中的应用	数学系
	7. 中国农业蛛网模型研究	经管学院
	8. 磷酰化氨基酸、小肽的合成及机理的研究与波谱的应用	化学系
	9. 生物膜的模拟与组装研究	生物系
	10. 结构陶瓷材料摩擦学性能及其影响因素的研究	机械系
	11. 厌氧污泥的附着及颗粒化机理研究	环境系
	12. 新型气固超短接触反应系统流体力学与传递行为的基础研究	化工系
	13. 电解质溶液理论研究	化工系
	14. 流动噪声分析与测量应用	核研院
	15. 10MW 高温气冷实验堆物理设计研究	核研院
	16. 棱镜调整理论	精仪系
	17. 重夸克偶素及其强衰变的理论研究	物理系
	18. 电子结构与材料微观结构设计	物理系
1995	1. 钢筋混凝土结构在施工过程中的安全分析	土木系等
	2. 球墨铸铁件模拟技术及质量控制的研究	机械系
	3. 高空膜盒失效机理及其材料表面改性延寿基础研究	机械系
	4. 锅炉水自然循环原理、计算及实验方法的研究	热能系
	5. 有限和无限空间中流体自然对流换热研究	热能系等
	6. 内压作用下圆柱壳大开孔接管的薄壳理论解及其分析设计方法	力学系
	7. 多体充液柔性复杂系统动力学与稳定性研究	力学系
	8. 考虑横向剪切效应的板壳静动力分析	力学系
	9. 钛合金变形规律的研究	材料系
	10. 感潮河段混合输移特性研究与应用	水利系

续表

年份	项目名称	完成单位
1995	11. 蛋白质超二级结构 Motif 构象与分类模式研究	生物系等
	12. 辉光放电低温等离子体理论和实验研究	电机系
	13. 计算机辅助分子结构解析和分析化学多目标优化决策	化学系、数学系等
	14. 有关谐波恢复理论和方法的研究	自动化系
	15. 多变量非线性控制的逆系统方法	自动化系
	16. 高压流体相平衡的研究	化工系
	17. 环形脉冲筛板萃取柱性能的研究	化工系
	18. 辛几何与 J-全纯曲线及应用	数学系
	19. 图的分解与匹配设计	数学系
	20. 稀土元素等原子里德堡态、自电离态和双电子高激发态研究	物理系
1996	1. 中子辐照单晶硅中缺陷的正电子湮没研究	核研院等
	2. 结构模糊随机动力系统理论及其应用研究	土木系等
	3. 镍基/MoS_2 自润滑复合材料与涂层的摩擦学特性及其自润滑机理研究	机械系
	4. 大型焊接结构用钢的动态断裂机理研究	机械系
	5. 电力系统及设备的可靠性理论的研究	电机系
	6. 模糊神经网络算法研究及其在通信系统中的应用	电子系
	7. 系统辨识理论及方法的研究	自动化系
	8. 复相陶瓷增韧力学模型和高温疲劳延迟断裂规律及机理研究	力学系、材料系
	9. 纳米多层膜的物性及微结构的研究	材料系
	10. 扫描探针显微镜在相变研究中的应用	材料系
	11. 生灭与跳跃过程积分型泛函及其应用	数学系
	12. 分子的里德堡态和双电子激发态研究	物理系等
	13. 原子核高自旋态研究	物理系等
	14. 薄膜表面和界面化学状态研究	化学系
	15. 光致发光（荧光、室温磷光）机理及应用研究	化学系
	16. 穆斯堡尔效应在生物物理与医学物理中的应用研究	生物系等
	17. 可积系统的约化和分解	数学系等

（3）制定科技成果转化奖励政策

1999 年 12 月 29 日《清华大学关于促进科技成果转化的若干规定》经 1999—2000 学年度第 10 次校务会议讨论通过，并公布执行。该文件规定学校依法对为学校科技成果转化作出贡献的人员给予奖励，奖励在成果转化过程完成后实行，奖励定为成果转化所得净收入的 20%～50%，其中，对在研究开发和成果转化中做出主要贡献的人员，所得奖励份额不低于奖励总额的 50%。

2000 年 1 月 25 日学校首次落实以股权形式对职务成果完成人和为成果转化做出主要贡献的人员给予奖励，并签署清华大学职务科技成果转化奖励协议书。

2004 年 6 月学校第三届知识产权管理领导小组全体会议讨论通过《清华大学关于促进科技成果转化奖励的管理细则》。截至 2010 年年底，已有 19 个科技成果转化项目及人员获得奖励。

二、学术论文与著作

（一）学术论文

学术论文是基础研究成果的表现形式之一，是反映基础理论研究水平的重要标志，学术论文的数量和质量也是评价学校学术水平的重要标准。

学校历来重视学术论文的工作。由于资料不全，解放前没有详细统计。1956 年至 1965 年全校发表学术论文情况见表 7-4-28。

表 7-4-28　1956 年—1965 年发表学术论文情况

年　份	论文数（篇）	年份	论文数（篇）
1956—1957	232	1962	236
1958	130	1963—1964	420
1959	140	1965	283
1960—1961	210		

改革开放后，学校的科学研究工作取得了较快发展，学术论文的数量也有显著增加，1978 年至 2010 年全校发表论文的情况见表 7-4-29。

表 7-4-29　1978 年—2010 年发表学术论文情况

年　份	国际会议	全国会议	国外刊物	国内刊物	合计（篇）
1978—1979					517
1980					760
1981	53	573	14	342	982
1982	85	595	28	547	1 255
1983	110	610	36	492	1 248
1984	135	861	64	605	1 665
1985	285	802	111	683	1 881
1986	299	811	86	802	1 998
1987	447	671	79	757	1 954
1988	569	755	141	1 152	2 617
1989	494	912	175	1 016	2 597
1990	513	1 173	145	1 219	3 050
1991	723	1 233	210	1 216	3 382
1992	721	1 164	184	1 505	3 574
1993	429	1 054	623	1 540	3 646
1994	951	1 385	432	2 193	4 961
1995	392	1 319	1 048	2 614	5 373
1996	404	1 314	1 233	3 110	6 061

续表

年　份	国际会议	全国会议	国外刊物	国内刊物	合计（篇）
1997	487	1 035	1 053	3 131	5 706
1998	457	1 007	1 208	3 170	5 842
1999	578	1 082	1 435	3 913	7 008
2000	610	1 086	2 011	3 610	7 317
2001	638	1 017	2 107	3 446	7 208
2002	772	974	2 708	4 254	8 708
2003	522	1 003	2 791	3 703	8 019
2004	726	945	3 244	4 327	9 242
2005	2 375	879	2 082	4 246	9 582
2006	2 201	855	2 680	4 317	10 053
2007	2 157	921	2 694	3 845	9 617
2008	2 142	639	2 598	4 041	9 420
2009	2 451	808	3 015	4 838	11 112
2010	2 514	747	3 145	4 490	10 896
合计	25 240	28 230	37 380	75 124	167 251

（二）学术著作

改革开放以来，在完成教学、科学研究工作的同时，广大教师撰写了大量学术专著，1978 年至 2010 年出版的学术专著情况见表 7-4-30。

表 7-4-30　1978 年—2010 年出版学术著作统计

年份	出版专著种数	年份	出版专著种数	年份	出版专著种数
1978		1989	127	2000	151
1979		1990	180	2001	151
1980	28	1991	148	2002	145
1981	55	1992	120	2003	183
1982	87	1993	70	2004	208
1983	52	1994	122	2005	137
1984	79	1995	120	2006	192
1985	96	1996	117	2007	184
1986	109	1997	274	2008	165
1987	110	1998	274	2009	165
1988	142	1999	355	2010	141

说明：文科学术著作另列，此表不含。

（三）文科论文、著作统计

2000 年，随着文科建设处的成立，学校加强了对文科科研工作的规划与管理。文科教师发表和出版了大量论文、著作，2000 年至 2010 年的统计情况见表 7-4-31。

表 7-4-31 2000 年—2010 年文科论文、著作统计

年 份	论文数（篇）	著作数（种）	年 份	论文数（篇）	著作数（种）
2000	1 149	192	2006	1 609	227
2001	1 378	269	2007	1 899	288
2002	1 362	249	2008	1 834	284
2003	1 386	225	2009	1 868	268
2004	1 455	227	2010	1 959	261
2005	1 424	246			

2005 年 8 月 15 日，《清华大学关于提高 SSCI 与 A&HCI 收录论文数量与质量的意见》颁布实施，大力提高奖励力度，对于以清华大学为第一发表单位的 SSCI（社会科学引文索引）与 A&HCI（艺术与人文科学引文索引）收录论文，每篇奖励作者 6 000 元科研经费。2003 年至 2010 年，SSCI 与 A&HCI 收录论文总数呈明显上升趋势。

表 7-4-32 2003 年—2009 年 SSCI 收录论文数统计

年 度	2003	2004	2005	2006	2007	2008	2009	小计（篇）
第一发表单位	13	22	27	32	46	56	83	279

表 7-4-33 2003 年—2009 年 A&HCI 收录论文数统计

年 度	2003	2004	2005	2006	2007	2008	2009	小计（篇）
第一发表单位	10	6	6	9	13	21	25	90

（四）建立和完善加强基础研究，提高学术水平的制度与措施

1. 评选“清华大学优秀学术论文”

为了促进学术水平的提高，1984 年 5 月 31 日，经 1983—1984 学年度第 14 次校长工作会议讨论通过《评选“清华大学优秀学术论文”的实施办法》，规定：“清华大学优秀学术论文”分校、系两级；每年校庆前评选出前一二年内发表的校级优秀学术论文 10 篇；校学术委员会负责论文的评选工作，经校长工作会议通过后，由学校给予奖励。

1988 年以来学校发表的论文被 SCI（科学引文索引）、CIT（被引用论文目录索引）、EI（工程索引）和 ISTP（科学技术会议目录索引）收录情况见表 7-4-34。

表 7-4-34 1988 年—2010 年被 SCI、CIT、EI、ISTP 收录论文情况

年份	SCI		CIT		EI		ISTP		国内核心刊物	
	收录篇数	排名	收录篇数	排名	收录篇数	排名	收录篇数	排名	收录篇数	排名
1988	102	5			121	1	94	1		
1989	99	5			157	1	96	1		
1990	131	5	81	5	106	1	103	1		
1991	125	4	65	5	72	3	103	1	751	1

续表

年份	SCI		CIT		EI		ISTP		国内核心刊物	
	收录篇数	排名	收录篇数	排名	收录篇数	排名	收录篇数	排名	收录篇数	排名
1992	138	6	130	5	117	2	241	1	861	1
1993	151	5	147	5	156	1	163	1	956	2
1994	169	5	140	6	363	1	235	1	1 278	
1995	231	4	190	5	343	1	238	1	1 401	2
1996	273	3	253	3	511	1	238	1	1 783	1
1997	407	3	286	4	829	1	393	1	2 062	1
1998	424	4	382	4	576	1	263	1	2 198	1
1999	598	2	492	4	1 330	1	372	1	2 556	2
2000	1 054	2	661	3	1 418	1	410	1	2 967	3
2001	1 427	1	644	5	1 449	1	765	1	3 537	2
2002	1 899	1	1 196	3	2 094	1	1 144	1	4 290	3
2003	2 212	1	1 691	1	2 584	1	1 303	1	4 197	3
2004	2 321	1	1 747	1	2 299	1	1 288	1	4 110	4
2005	2 915	1	2 844	1	3 242	1	1 768	1	4 001	7
2006	2 866	2	3 129	1	3 317	1	1 579	1	4 446	5
2007	2 613	2	3 451	2	3 393	1	1 752	1	3 976	11
2008	2 589	3	3 895	2	3 381	1	1 905	1	3 488	13
2009	2 758	3	3 766	3	3 431	1	1 377	1	3 433	14
2010	2 897	3	4 255	2	3 795	1	1 784	1	3 282	15
合计	28 399		29 445		35 084		17 614		55 573	

说明：表中“排名”是指在中国高校中的排名。

2. 设立“纪念梅贻琦学术论文奖”

梅贻琦先生是我国现代知名教育家，曾长期在清华大学执教和担任校长职务，对学校的建设作出了重要的贡献。他倡导教师在教育中的主导地位与主导作用，强调大学应有两种目的，一是研究学术，二是造就人才。为了纪念梅贻琦先生，发扬清华优良传统，1995 年，由海外校友捐赠设立“纪念梅贻琦学术论文奖”，用以奖励在被 SCI 收录期刊上发表论文以及 SCI 论文被引用突出的教师。奖励情况见表 7-4-35。

表 7-4-35　1995 年—2010 年“纪念梅贻琦学术论文奖”获奖情况

年份	奖项	获 奖 人 员
1995		柳百新　娄维生　赵玉芬　潘　峰　李志强　徐　湛　黄立基　吴唯民　顾秉林　何红健　王应龙
1996	一等奖	柳百新　娄维生
	二等奖	杨　卫　李如生　崔福斋　张政军
	三等奖	张书练　罗发龙　何红健　贺小明　张　勤　梁开明　杨　杰　朱明善

续表

年份	奖项	获奖人员
1996	1994 年 SCI 论文全国前 10 名奖：孟祥提　朱嘉麟	
	入榜论文单项奖：高云龙　霍玉晶　梁 循　袁　斌	
1997	一等奖	柳百新　李恒德　孟祥提　周海梦
	二等奖	崔福斋　冯嘉猷　贺小明　潘　峰　邱　勇　赵玉芬　宋心琦　龙桂鲁　顾秉林　张书练　金国藩　梁五更　陆九芳　朱永赌　娄维生　朱明善
1998	一等奖	周海梦　柳百新　杨　卫　袁石夫
	二等奖	潘金生　潘　峰　桂　红　崔福斋　隋森芳　陶　琨　洪萧吟　吴国桢　梁五更　孙庆平
1999	一等奖	柳百新
	二等奖	崔福斋　周海梦　刘家浚　赵玉芬　宋心琦　朱嘉麟
	三等奖	萧小月　潘金生　周和平　刘　伟　彭正顺　吴国祯　韩伟强　黄志峰　龙桂鲁　陈增涛　陈　熙
2000	一等奖	周海梦　柳百新
	二等奖	朱嘉麟　龙桂鲁　顾秉林　郭　永　方鸿生　李文治　李龙土　杨　卫　隋森芳　陈应华　罗国安
2001	一等奖	柳百新　朱　静
	二等奖	周海梦　吴德海　隋森芳　崔福斋　杨　卫　李恒德　陈应华　方岱宁　陈　熙　罗国安
2002	一等奖	范守善　柳百新
	二等奖	罗国安　崔福斋　陈应华　周海梦　朱　静　龙桂鲁　隋森芳　赵玉芬　潘　峰　吴德海
2003	一等奖	范守善　周海梦
	二等奖	柳百新　罗国安　陈应华　李龙土　朱　静　隋森芳　崔福斋　龙桂鲁　杨　卫　余寿文
2004	一等奖	范守善　吴德海
	二等奖	柳百新　李龙土　李亚栋　朱　静　罗国安　余寿文　龙桂鲁　周海梦　郭　永　黄　勇　崔福斋
2005	一等奖	李亚栋　吴德海　罗国安
	二等奖	柳百新　朱　静　李龙土　南策文　崔福斋　周海梦　范守善　潘　伟　朱永法　龚江宏　隋森芳　石高全　龙桂鲁　黄　勇　白新德
2006	一等奖	李亚栋　罗国安　吴德海　朱　静
	二等奖	柳百新　李龙土　南策文　白新德　黄　勇　王　训　石高全　张新荣　赵玉芬　龙桂鲁　范守善　孙之荣　隋森芳
2007	一等奖	李亚栋　南策文
	二等奖	朱　静　柳百新　崔福斋　周　济　章晓中　唐子龙　王　训　石高全　罗国安　徐柏庆　邱　勇　赵玉芬　张新荣　龙桂鲁　陈匡强　孙之荣　郑泉水
2008	一等奖	李亚栋　龙桂鲁
	二等奖	南策文　石高全　罗国安　张　希　陈国强　吴德海　朱　静　寇会忠　朱永法　邱　勇　崔福斋　张新荣　徐柏庆　孙之荣　王晓慧　邱新平　周　济
2009	一等奖	李亚栋
	二等奖	南策文　龙桂鲁　吴德海　张　希　陈国强　石高全　朱永法　张新荣　邱新平　徐柏庆　王　训　崔福斋　邱　勇　罗国安

续表

年份	奖项	获 奖 人 员
2010	一等奖	李亚栋　南策文
	二等奖	龙桂鲁　张　希　李景虹　徐柏庆　石高全　朱永法　陈国强　王　训　张新荣　付　华　李敬锋　潘　峰　邱新平　邱　勇　饶子和　崔福斋　庄鹏飞

3. 实施《清华大学科学研究基金条例》

1989年9月29日，经1989—1990学年度第二次校务会议讨论通过《清华大学科学研究基金条例》。《条例》制定了设立科学研究基金的目的和原则、基金的来源、申请和评审和管理办法。根据学校制定的中长期基础性研究发展规划，科学研究基金主要用以支持目前得不到校外资助而确有重要意义的基础研究和应用研究中的基础性工作，并鼓励跨学科合作申请。1993年10月22日，经1993—1994学年度第3次校务会议讨论通过《稳定发展基础性研究的几点意见》。《意见》提出了指导思想、奋斗目标、措施。措施有：适当增加学校对基础性研究的投入，扩大基础性研究基金；对有前景的重要基础性研究领域，在研究人员中选出20人左右，学校给予持续的支持；对在SCI、ISR、EI和ISTP收录的论文较多的作者，给予重点奖励；清华大学基础性研究成果奖着重奖励具有系统性、创造性和综合性的基础性研究成果，申报者应至少提供5篇以上被SCI、ISR、EI和ISTP所收录的论文；教师的晋升、提职与学术论文的发表情况挂钩等，这些措施促进了学术水平和科研水平的提高。如据国家科委公布1991年中国科技论文统计结果，中国科技人员在国际上发表论文最多的作者是清华大学材料系柳百新，SCI收录他的论文共14篇。1992年力学系郑泉水被SCI收录论文10篇，被评为全国被收录论文最多的第4名。

4. 颁发《清华大学关于提高SCI收录论文数量和质量的十条意见》

进入20世纪90年代后期，在学校创建一流大学工作中，基础研究得到不断的加强和发展，但作为基础研究水平重要标志之一的SCI收录论文总数却依然偏低，增长较慢。1996年学校SCI收录论文数为273篇。

基础研究是学校学术水平的重要标志，是学校创建一流大学不可缺少的条件。1998年6月25日，学校经1997—1998学年度第13次校务会议讨论通过，颁发了《清华大学关于提高SCI收录论文数量和质量的十条意见》。《意见》指出必须采取措施争取在SCI收录论文的数量和质量上有较大突破；提出了2001年达到当年SCI收录论文1 000篇的目标；并就明确论文产出重点院系、教师队伍职务评聘和跟踪考核、研究生培养、博士后考评、基础研究的投入力度和队伍建设、制定相关规章制度、《清华大学学报》建设、设立图书馆SCI咨询和检索中心等方面制定了指导性政策。

在学校加强SCI收录论文数量和质量的意见指导下，SCI论文的数量有了快速的增长，1999年为756篇，至2000年达到1 054篇，提前一年实现了校务会议提出的到2001年SCI收录的论文达到1 000篇的目标。此后几年学校SCI论文的数量仍保持快速增长势头，截至2009年SCI论文的数量已达2 758篇。

在收录论文数量不断增长的同时，论文的质量也有了较大的突破，有多篇论文在国际著名学术刊物发表。机械系博士生朱宏伟等的论文《直接合成超长单壁碳纳米管》，社会学系景军的论文《中国的艾滋病：即刻行动起来》，物理系张留碗的论文《锰氧化合物薄膜渗流效益的直接观测》，生命学院孟安明、陈晔光等关于斑马鱼Dpr2通过促进Nodal受体的降解抑制中胚层诱导作用的研究，生命学院施一公等关于在毒性大肠杆菌肠胃耐酸性保护机制中起重要作用的 AdiC 转运蛋白晶体结构的研究等，在 *Science* 上发表；物理系博士生姜开利的论文《纺连续碳纳米管线》，化学系李亚栋等人提出的一种“液体—固体—溶液”相转移、相分离机制的研究，生命学院吴嘉炜等关于 AMPK 片段结构的研究，生命学院施一公、颜宁等关于甲酸离子通道晶体结构的研究，生命学院颜宁等关于大肠杆菌岩藻糖转运蛋白结构的研究，生命学院施一公等关于膜蛋白 AdiC 在 arginine 结合状态下的 3-0 埃晶体结构的研究等，在 *Nature* 上发表。

据中国科学技术信息研究所公布的《中国科技论文统计结果》表明，学校 SCI 收录论文数及被引用篇数自 1999 年以来持续在全国高校名列前茅。

三、专利

清华大学非常重视专利工作。1985 年 4 月 1 日我国开始实施《中华人民共和国专利法》，学校于 1984 年设立成果管理科和专利事务所，负责专利申报和专利管理等工作。此后，随着社会对知识产权保护的日益重视及专利量的大幅增长，学校加强对专利工作的管理和领导，如采取成果管理和专利管理相结合，专职与兼职专利代理相结合的管理机制，在处理职务发明和非职务发明方面，对在职教工及在读研究生、访问学者及聘用研究人员，专利申请采取研究所（实验室）、院（系、所）和学校三级审批的管理制度；在签署合作项目协议时，规定学校与其他法人单位共同申请专利时，在正式提出申请前，必须签署有关专利申请权属、费用来源、实施转让及产生效益的归属等合同或协议，以避免因权属、权益及利益分配不当引起纠纷。

为鼓励学校师生员工发明创造，积极申请专利，保护学校的知识产权，促进专利管理工作规范化，校务会议分别于 1997 年通过了《清华大学保护知识产权的规定（试行）》，2001 年通过了《清华大学关于加强专利工作的若干意见》。根据该两项规定，又出台了《清华大学申请专利及专利基金使用的若干规定》《清华大学关于教师校外兼职活动的若干规定》《清华大学离职、退休人员知识产权管理条例》《清华大学申请国内专利规定及审批流程》《清华大学申请国外专利规定及审批流程》《清华大学申请国防专利规定及审批流程》《清华大学申请专利撰写指南》。

2000 年以来，学校专利申请量增幅较大，约占 1985 年以来总申请量的 78%，主要有两方面原因：一是国家、企业及学校专利保护意识的增强；二是学校专利基金的设立和奖励机制。

1998 年学校开始设立专利基金，对经审批同意的申请项目资助其申请费、代理费。2001 年开始，为进一步激发教师申请专利的积极性，学校逐年加大专利基金的投入，对以学校名义申请的专利的申请费给予全额资助，即资助其申请费、代理费、实审费、申请维持费、登记费及授权后前三年的年费。并按照国家《专利法及其实施细则》的规定，对于获得授权的专利按照国家的要求给予奖励（2001 年以前，发明专利 200 元/项，实用新型和外观设计 50 元/项；2001 年至 2009 年，发明专利 2 000 元/项，实用新型和外观设计 500 元/项；2010 年，发明专利 3 000 元/项，实用新型和外观设计 1 000 元/项）。为提高专利的申请质量，从 2007 年开始，在修改后的《清华大学申请专利及专利基金使用的若干规定》中规定，“学校每年拨专款并从政府、企业和个人等方面多渠道筹集资金设立专利基金，用于支持发明专利申请中所涉及的代理费、申请费、维持费、登记费等总费用的 70%，其余 30%由发明人用课题费支付（2 000 元）。授权后的年费由专利发明人承担（课题费），或由专利发明人所在院系承担”。另外，学校也得到政府的资助和校外企业的捐助。自 2000 年以来，学校加强了国外及地区专利申请的支持力度，利用来自政府、企业、境内外捐赠等资金支持涉外专利申请（其中，香港著名实业家曹光彪先生捐资设立了“曹光彪高科技发展基金”）。截至 2010 年，共资助国外及地区专利申请 70 项，平均每项资助近 10 万元。专利基金申请数额情况见表 7-4-36。

表 7-4-36 清华大学申请国内、国外及地区专利基金总数 万元

年份	1998	1999	2000	2001	2002	2003	2004	2005	2006	2007	2008	2009	2010
国内	20	30	50	130	170	170	170	170	170	220	170	320	470
国外及地区				20	50	100	100	100	100	60	60	70	70

说明：① 境外基金仅仅是指曹光彪基金，教师用科研经费支付的费用未计入。
② 清华控股公司及境外合作项目由合作方支付的费用未计入。

自 1985 年《中华人民共和国专利法》实施以来，至 2010 年 12 月 31 日，清华大学申请国内专利累计 11 638 项，其中发明专利 9 968 项，占申请专利总数的约 85%；累计授权专利 6 744 项，其中发明专利 5 247 项，占申请专利总数的约 78%。总授权率（授权专利总数 6 744/申请专利总数 11 638）为 58%。累计申请国外及地区专利 1 915 项，获得国外及地区授权专利 536 项。见表 7-4-37。

表 7-4-37 历年（1985—2010）申请及授权国内、国外及地区专利统计

年份	国内申请总数（项）	其中					国外及地区申请总数（项）	国内授权总数（项）	其中					国外及地区授权总数（项）
		申请类别			申请				授权类别			授权		
		发明	实用新型	外观设计	职务	非职务			发明	实用新型	外观设计	职务	非职务	
1985	181	127	54		181			13	8	5		13		
1986	51	8	43		51	2		51	8	43		51	2	
1987	63	27	36		63	2	2	48	23	25		48	2	
1988	73	40	32	1	73	8	1	66	26	40		66	8	
1989	74	47	24	3	74	12	2	55	21	34		55	12	
1990	61	36	24	1	61	7		50	20	26	4	50	6	
1991	87	43	44		87	10	1	48	24	23	1	48	10	
1992	108	56	52		108	13	3	105	63	42		105	13	
1993	137	57	80		137	16		115	33	82		115	16	2
1994	110	50	60		110	7	2	92	30	62		92	7	
1995	93	45	48		93		3	48	19	29		48		
1996	92	53	39		92	3	3	58	13	45		58	2	
1997	117	70	46	1	117		2	47	15	32		47	1	
1998	149	91	58		149		7	64	24	39	1	64	3	
1999	189	123	64	2	189		4	121	40	79	2	121		2
2000	344	278	64	2	344		5	135	75	60		135		3
2001	441	341	86	14	441		6	187	100	75	12	187		3
2002	583	488	95		583		12	164	108	56		164		5

续表

年份	国内申请总数（项）	其中					国外及地区申请总数（项）	国内授权总数（项）	其中					国外及地区授权总数（项）
		申请类别			申请				授权类别			授权		
		发明	实用新型	外观设计	职务	非职务			发明	实用新型	外观设计	职务	非职务	
2003	758	666	91	1	758		37	501	401	99	1	501		8
2004	824	727	97		824		44	537	441	96		537		7
2005	872	787	83	2	872	2	159	521	439	82		521		26
2006	875	802	71	2	875		200	568	487	81		568		30
2007	985	957	28		985	2	230	601	546	55		601	1	52
2008	1 310	1 236	74		1 310		320	670	583	87		670		66
2009	1 450	1 339	107	4	1 450		515	856	764	90	2	856		132
2010	1 611	1 484	124	3	1 611		357	1 023	938	83	2	1 023		200
总计	11 638	9 968	1 634	36	11 638	84	1 915	6 744	5 247	1 472	25	6 744	83	536

截至2010年，学校国内专利申请量排名位居前10的院系是：精仪系、电子系、化工系、物理系、核研院、材料系、热能系、化学系、工物系、电机系，其申请量约占学校申请总量的66%。2007年始，学校进行了80多项专利独占、排他实施许可、专利权或申请权转让等，总金额约6 000多万元。2009年清华大学被确定为首批“全国企事业知识产权示范单位”。

四、知识产权

1996年10月，国务院知识产权办公室发出《在全国企事业单位开展保护知识产权工作的通知》，清华大学被确定为全国开展保护知识产权工作试点单位。学校成立知识产权管理领导小组，开始对学校知识产权工作进行规范化管理，以提高全校师生员工的知识产权保护意识，加强学校专利、著作权、商标权以及校名校誉等知识产权保护工作。

（一）制度建设

1997年6月26日，经1996—1997学年度第16次校务会议通过了《清华大学保护知识产权的规定（试行）》（以下简称《规定》）。这是学校第一部全面系统反映知识产权保护的规定，其目的和意义在于：保护清华大学及所属单位的知识产权；鼓励创新开拓，促进交流与合作；调整学校师生员工与学校及所属单位的利益关系；规范学校所属单位和学校师生员工的对外行为。该文件分别就专利、著作权、校名、商标、保密、知识产权管理及奖惩等方面做了规定，要求全校师生员工遵照执行，《规定》的试行使学校的知识产权工作有章可循。

为加强学校知识产权工作的法制化、规范化的管理，提高全校师生员工的知识产权保护意识，自觉遵守和维护《规定》要求，承担保护学校知识产权的责任和义务，自1998年1月起，学校将《规定》首次印入研究生、本科生手册；在进站的博士后研究人员签署的协议中增加了执行《规定》的条款内容；对新分配到校及其所属单位的教职员工在办理入校手续时增加了签署保证书的要求。

为规范学校教师校外兼职活动，2003年6月18日经2002—2003学年度第16次校务会议讨论，通过了《清华大学关于教师校外兼职活动的若干规定（试行）》。

自 2005 年 11 月至 2007 年 4 月，学校知识产权管理领导小组多次召开会议，研究讨论学校名称、商标、标识的规范使用和管理问题，并于 2007 年 12 月 13 日，经学校 2007—2008 学年度第 5 次校务会议讨论通过，《清华大学校名及商标使用暂行规定》公布执行。

2008 年，为进一步调动学校科研人员的积极性，鼓励和支持对知识产权的积极合理运用，切实推动学校科技成果转化以实践学校服务社会的职能，由知识产权管理办公室组织修订了 1999 年制定的《清华大学关于促进科技成果转化的若干规定》。12 月 3 日召开的第三届第 11 次知识产权管理领导小组会议上对其草案进行讨论，要求该规定既要合理合法，符合国家相关法律法规，又要在程序和流程上简化，提高效率。次年该修订获得校务会议批准实施。

统一规范的视觉形象建设对于学校的发展、特别是清华品牌的保护与推广至关重要。知识产权管理办公室在对国内外高校充分调研的基础上，向学校提出建议，抓住百年校庆契机，在全校范围内加强视觉形象建设。经过充分讨论研究，学校决定成立清华大学形象建设委员会，由校长顾秉林担任委员会主任。2009 年 8 月制定了学校视觉形象识别系统管理办法，并逐步予以贯彻实施。

（二）商标

1. 商标注册

（1）国内商标注册

1997 年 9 月 15 日学校将“清华”（毛体，即毛泽东为清华大学的手书）及“清华大学钟型图案”申请注册教育服务（41 类）及科研服务（42 类）商标，知产办代表学校向国家教委、国家商标局提交申请材料，并与其相关部门共同研究、尝试进行学校注册服务商标的程序等工作。这是学校首次申请注册商标。

1998 年 10 月至 12 月经国家商标局审查核准，“清华”（毛体）及“清华大学钟型图案”商标在教育服务（41 类）、科研服务（42 类）注册成功；2002 年 4 月至 5 月学校“清华大学二校门图案”商标在教育服务（41 类）、科研服务（42 类）注册成功；2006 年 4 月学校含“自强不息，厚德载物”校训的“校徽图案商标”在教育服务（41 类）和科研服务（42 类）注册成功。2007 年至 2010 年学校还先后注册了“清华大学”“清华大学出版社”“TSINGHUA”“Tsinghua University”“清华大学百年校庆标志”等商标。中央工艺美术学院转入清华后，学院所有的 3 个商标的持有人将商标转让给清华大学。截至 2010 年 12 月，全校累计注册及受让商标 14 种，见表 7-4-38。

表 7-4-38　清华大学在国内商标注册情况

商标名称	商标图案	注册类别（类）
清华	清華	2、3、5、6、9、10、11、14、18、20、21、22、23、24、25、26、27、28、39、41、42、43、44、45
清华百年校庆标志	1911-2011	6、9、14、16、18、20、21、24、25、28、41、42、44
清华大学	清華大學	16、41、42

续表

商标名称	商标图案	注册类别（类）
TSINGHUA	TSINGHUA	16、41、42
Tsinghua University	Tsinghua University	16、41、42
清华大学校徽		41、42
清华大学钟型图案		41、42
清华大学二校门图案		41、42
清华大学出版社	清華大學出版社	9、35、41
清华大学出版社钟型图案		9、35、41
衣服齿轮图案（美院）		41
装饰（美院）	裝飾	16
小人像图案（美院）		41
cernet（cernet）	CERNET	38
合计	14种商标	

（2）国际及港、澳地区商标注册

为加强学校商标的国际保护，2005年10月学校将“清华”等商标申请国际注册。“清华”商标在教育服务类向俄罗斯、美国、日本、欧共体等44个国家提出注册申请，在科研服务类向39个国家提出申请；将“清华大学”“TSINGHUA”“Tsinghua University”3个商标在印刷出版物类、教育服务类及科研服务类向美国、日本及欧共体等30个国家提出注册申请。

2006年9月5日学校“清华”“清华大学”及“Tsinghua University”等共8件商标在香港的第一批的教育服务类（41类）、科研服务类（42类）和印刷出版物类（16类）注册成功。2010年，学校第二批在香港商标申请被核准，其中“清华”商标23件，“清大”商标26件，“TSINGHUA”商标26件。

2007年11月学校分别向香港特别行政区政府知识产权署、澳门特别行政区政府经济局提交了“清华”等中英文商标在香港、澳门地区相关类别的注册申请。

2008年以来，国际商标注册陆续被核准。截至2010年12月，除印尼、印度外，在45个国家和地区的商标申请均获得核准，累计注册成功商标5种。学校商标的国际战略布局基本完成，见表7-4-39。

表 7-4-39 清华大学在国际及港、澳地区商标注册情况

国家/地区	商标名称	注册类别（类）
新加坡	清华大学	16、41、42
澳大利亚	清华大学	16、41、42
	清华	16、41、42
	Tsinghua University	16、41、42
	TSINGHUA	16、41、42
新西兰	清华	41
日本	清华大学	16、41、42
	清华	41、42
	Tsinghua University	16、41、42
	TSINGHUA	16、41、42
巴西	清华	41
中国澳门	清华	16、41、42
	TSINGHUA	16、41、42
	TSINGHUA	16、41、42
	Tsinghua University	16、41、42
加拿大	清华	41、42
马来西亚	清华	41
欧盟 25 国	TSINGHUA	16、41、42
	Tsinghua University	16、41、42
	清华大学	16、41、42
协定书 8 国	清华	41、42
泰国	清华	41
韩国	清华大学	16、41、42
	清华	41、42
	Tsinghua University	16、41、42
	TSINGHUA	16、41、42
美国	清华	41、42
	清华大学	16、41、42
	TSINGHUA	16、41、42
	Tsinghua University	16、41、42
中国香港	清华大学	41、42
	Tsinghua University	16、41、42
	清华	2、8、9、12、14、16、18、20、21、22、24、25、26、28、29、30、31、32、35、37、38、41、42、43、44、45
	TSINGHUA	2、8、9、12、14、16、18、20、21、22、24、25、26、28、29、30、31、32、35、37、38、41、42、43、44、45

续表

国家/地区	商标名称	注册类别（类）
中国香港	清大	2、8、9、12、14、16、18、20、21、22、24、25、26、28、29、30、31、32、35、37、38、41、42、43、44、45

说明：① 协定书 8 个成员国：俄罗斯、乌克兰、白俄罗斯、伊朗、瑞士、越南、蒙古和哈萨克斯坦。
② 表中“清华”“清华大学”“TSINGHUA”“Tsinghua University”4 个商标图案如表 7-4-38 所示，“清大”商标图案即为文字“清大”。

2. 驰名商标的认定

由于驰名商标在行政和司法上的特殊性，在保护无形资产方面具有重要的意义，因此，学校将争取认定驰名商标作为一项重要的工作不断推进。

2001 年 3 月 8 日，学校召开了知识产权管理领导小组第二届第 2 次扩大会议。会议决定由知产办负责，正式启动将“清华”商标确认为驰名商标的申请工作。2001 年 11 月，学校向国家商标局提交了将“清华”商标确认为驰名商标的申请，提交申请报告及附件共 500 余页的资料，以及国家教育部、北京市工商局对清华大学“清华”商标认定为驰名商标的推荐函等。同年，国家商标局因驰名商标认定政策的修改，停止了相关审核工作。

2003 年 6 月国家商标局将驰名商标的主动认定改为个案的被动认定政策；2003 年 9 月学校就山东某人申请注册“清华智慧”不当商标，再次向国家商标局提交了将“清华”商标认定为驰名商标的申请。由于国内高校尚无认定教育服务类驰名商标的先例，对此学校针对教育服务与一般商品的不同特点，做了大量的材料准备工作，先后整理出 5 000 余页的证明材料提交商标局，并与相关管理部门进行了充分沟通，从法律要求的各个方面证明“清华”商标的驰名性。

2006 年 10 月 13 日，国家工商行政管理总局商标局在其网站上公布了 2006 年下半年认定的 87 件驰名商标名单，“清华”商标位列其中。“清华”驰名商标的认定，将对学校无形资产的保护起到重要的保障作用。

除行政途径外，学校还积极从司法途径争取认定驰名商标。2005 年，就北京两个出版社冒用清华名义推出“清华早读”系列丛书，严重侵害清华大学及清华大学出版社合法权益的侵权行为向北京市一中院提起诉讼，同时要求法院认定“清华”为驰名商标。经过北京市中高两级法院将近一年的审理，2006 年 12 月，法院最终判定被告侵权，赔偿清华大学损失 30 万元，同时认定“清华”商标为驰名商标。这是继 2006 年 10 月国家商标局认定“清华”商标为驰名商标之后，司法机关再一次对“清华”商标驰名性的确认。至此，“清华”商标被行政、司法双重认定为驰名商标，成为全国高校中首个被认定的驰名商标。这是学校商标保护工作取得的重大进展，为今后进一步提高知识产权保护水平，充分维护学校声誉和合法权益提供了更有力的法律武器。为在境内外依法打击恶意抢注“清华”商标以及获得跨类别保护方面将得到更强有力的保障。

3. 商标异议

2001 年学校知识产权管理领导小组第二届第 2 次扩大会议要求加强对侵权商标的异议工作。自 2001 年起学校已对“清华智慧”“清华之星”等 90 件他人不当申请注册的商标向国家相关部门提出异议申请，截至 2010 年底已有 49 件异议结案，均获得支持。

（三）著作权

为适应我国加入世界贸易组织的新形势，深入贯彻北京市《关于进一步提高知识产权意识、规范知识产权行为的意见》精神，根据建设世界一流大学的需要，2004 年底，学校知识产权管理领导小组第三届第 2 次会议讨论通过了《清华大学关于加强软件正版化工作的意见》，明确学校将推进软件正版化工作。

首先，学校要求全校师生员工应严格遵守《中华人民共和国著作权法》和《计算机软件保护条例》等有关法律法规，购买和使用正版软件；对购买、使用、传播盗版软件等违反法律法规的行为，实施者本人应承担全部责任；学校将积极与有关软件商谈判，并尽可能以最优惠的价格达到降低费用的目的。

同时，学校也加强了校内著作权的知识产权保护工作。自 2002 年国家重新颁发《计算机软件著作权保护条例》和《集成电路布图设计保护条例》以来，以清华大学作为法人单位登记的计算机软件著作权和集成电路布图设计登记统计情况见表 7-4-40。

表 7-4-40　清华大学计算机软件著作权及集成电路布图设计登记情况

年份	计算机著作权登记（件）	集成电路布图设计登记（件）	年份	计算机著作权登记（件）	集成电路布图设计登记（件）
2004	83		2008	149	2
2005	75		2009	160	3
2006	85	1	2010	210	1
2007	65		总计	827	7

（四）遏制侵权行为，加强知识产权保护

学校在做好清华大学商标申请注册、驰名商标认定及著作权登记等知识产权保护工作的同时，对涉嫌使用“清华”注册商标等一些企业的侵权行为加大打击力度，进行依法查处，有效地维护了学校的声誉和合法权益。自 2000 年以来，学校通过司法手段，先后查处“青华考试通”电子学习机侵权案、“清华清茶”“清华二号”“芪龙溶栓胶囊”等保健品、药品虚假宣传案，以及重庆两单位侵犯学校期刊著作权案等多起知识产权侵权案件。2009 年胜诉的“济南清华医院案”和 2010 年胜诉结案的“清华眼宝案”是清华大学通过司法维权的成功案例，对学校知识产权保护工作具有重要意义，不仅有效维护了学校声誉，同时也为将来进一步打击类似侵权事件提供了判例。“清华小博士商标行政诉讼案”则是学校对“清华高科”商标的异议复审请求得到法律判决生效的典型案例，对“清华”品牌的保护具有重要意义。

第五节　学术活动与科学讨论会

清华大学历来重视学术活动，早在国立清华大学时期，梅贻琦校长倡导教育自主、学术独立

与学术民主，重视教授在办学中的作用，广聘名师，严谨治学，民主治校，注重基础理论教学与科学研究，及时吸收外国先进科学技术，使清华大学迅速成为全国一流的高等学府。

解放后，经过院系调整和学习苏联的教育经验，蒋南翔校长努力探索适合我国国情的高等教育办学道路，坚持德智体全面发展、又红又专的培养目标，努力贯彻“教育必须与生产劳动相结合”的教育方针，实行教学、科研、生产三结合，积极开展科学研究，通过召开科学讨论会，总结科学研究的经验，促进学术交流，使清华大学取得了令人瞩目的成绩。

改革开放以后，为了进一步促进学术交流活动，提高学术水平和师资水平，学校于1978年成立学术委员会，并继续召开科学讨论会，使学校的教学质量、科研成果、学术水平均有飞速的发展。

一、学术委员会

（一）概况

为了加强对学术工作的领导，1978年7月1C日清华大学第一届学术委员会成立，副校长张维任学术委员会主任。会议还通过了《清华大学学术委员会暂行组织章程》。《章程》规定：“校学术委员会是在校党委领导下，校长在教学、科研、生产工作中的咨询和评议性的学术组织。各系相应成立系学术委员会。”“校、系学术委员会分别在校系的学术范围内进行活动，校学术委员会可对学校的事业计划、专业设置、教学计划、科研规划和年度计划提出意见和建议；评议审定校学术活动计划；组织召开全校性的学术会议；组织全校性学术报告，交流活动；审议学报编辑出版的方针；对副教授以上职称的提升提出业务上审议的意见；并对教师进修，组织国内外的学术交流、学术考查，聘请国内外专家来校讲学提出建议。”“学术委员会主任、副主任、秘书长、副秘书长和委员由校长聘任，任期三年。”截至2010年，学校共有九届学术委员会，历届校学术委员会主任、副主任名单见表1-4-2。

随着学校工作的发展，校学术委员会的章程几经修改，1989年9月29日，经1989—1990学年度第2次校务会议通过的《清华大学学术委员会章程》，对学术委员会的性质、任务、组织，系（院、所）学术委员会的任务、组织，校系（院、所）学术委员的职责都作了明确规定。《章程》指出：“清华大学学术委员会是校长领导下的、有关学术性问题评议、评审、咨询和工作的机构。”校学术委员会的任务是：“①推动学术交流，活跃学术空气，组织全校性学术报告会及多种形式的跨系的学术交流活动，促进国内外学术交流。②对报请国家奖励的科研成果进行评议。③评审‘清华大学基础性研究成果奖’。④为推动学校基础性研究，对学校设立的科研基金项目进行评审。⑤根据校长委托，对学校的科研规划、学科方向、专业设置、本科生及研究生培养、师资队伍建设等重大事项，提出咨询或评议性意见。⑥定期向校务会议报告工作。”关于教师职务晋升的业务评议工作改由教师职务评审委员会进行。

为了促进跨系的学术交流，有利于学科的发展和相互渗透，有利于理工结合和科研协作，经1979年4月18日校学术委员会扩大会议和1979年5月23日1978—1979学年度第16次校长工作会议讨论，通过了《清华大学学术委员会设立学科委员会试行办法》，学科委员会的职责是：“根据学校及学术委员会的委托，对学校有关学科的教学、科研的发展方向和规划，实验室的设置和建设的重要问题等提出审议意见；对有关研究课题的协调和配合，聘请国内、外专家讲学等问题进行审查，向系和学校提出建议；组织跨系的学术交流活动，并负责汇总及审阅参加全国性和国际学术会议的论文；完成校学术委员会交给的其他任务。”第一批成立的学科委员会有：力学学科委员会，主任张维；热能学科委员会，主任王补宣；系统工程学科委员会，主任郑维敏。

第七届学术委员会成立后，1999 年 7 月 7 日，经 1998—1999 学年度第 18 次校务会议通过的《清华大学学术委员会章程》，对学术委员会的产生、职权等作了明确规定。《章程》指出："学术委员会的成员由各院、系（所）按教授比例推选，由校长聘任。原则上每 30 名教授中推选 1 人，校长可直接聘任学术委员会成员，但不得超过总数的十分之一。校学术委员会成员应为所在院、系（所）学术委员会的成员。学术委员会设主任 1 人，副主任若干人，秘书长 1 人，副秘书长若干人，其人选由校务会议通过，校长聘任。"校学术委员会的职权是："①审议学科发展规划、科技工作规划，评议学校科技工作特别是基础性研究工作的重要决策，受校长委托对涉及重要学术问题的其他事项进行论证和咨询。②评议学校师资队伍建设计划，评议拟引进的优秀人才，推荐国内外重要的学术组织任职人选。③学术委员会指导学校基础研究基金工作，制定学校基础研究基金的政策性文件，决定资助的领域、方向及重点项目的设置，组织对项目的评审，监督项目的实施。④评审申报各类奖励的科研成果。⑤指导、组织全校性学术交流活动。⑥修改本章程，须经校学术委员会主任会议同意并经学术委员会三分之二委员通过，报校务会议批准。"

第八届学术委员会是第一次由各院系教授推选候选人并经过校务会议批准产生的学术委员会。为更好地提高学校整体学术水平，充分发挥广大教师在人才培养、学科建设与科技创新中的主导与骨干作用，发扬学术民主，推动学术交流，根据《中华人民共和国高等教育法》相关规定和学校建设世界一流大学工作的需要，2004 年 5 月 20 日，2003—2004 学年度第 17 次校务会议讨论通过了《清华大学关于加强学术委员会工作的若干意见》。《若干意见》指出："①校、院（系）学术委员会分别为校长、院长（系主任）领导下的学术审议与咨询机构。②充分发挥学术委员会在人才培养、学科建设和科技创新中的作用。③学校和各院（系）不再设立单独的教学委员会。原校、院（系）两级教学委员会的工作内容和职责并入相应的学术委员会之中。④充分发挥学术委员会在组织基础研究和交叉学科研究方面的作用。校基础性研究基金在校学术委员会主持下实施。⑤充分发挥学术委员会在建设良好校园学术环境方面的积极作用。⑥校、院（系）的重要学术决策和发展规划应主动咨询学术委员会的意见。"按照《若干意见》的规定，第八届委员会将原教学委员会的工作内容纳入了学术委员会的工作内容，在教学方面为学校决策提供重要的咨询意见。

2005 年 4 月 7 日，《清华大学学术委员会章程》修改后经 2004—2005 学年度第 13 次校务会议讨论通过。《章程》对学术委员会的产生、职责作了修改。《章程》指出："学术委员会的组成应具有代表性，其成员由各院、系（所）按教授比例推荐选举，校长亦可推荐学术委员会委员候选人和直接聘任委员。院、系（所）推荐的学术委员会成员原则上每 30 名教授中推选 1 人，在该院、系（所）学术委员会成员中推荐；校长可以直接聘任不超过总数十分之一的委员，同时可以推荐不超过总数十分之一的委员候选人到院系参加推选。学术委员会委员由校务会议通过，校长聘任。"学术委员会的职责是："①审议学科与专业的设置、教学与科学研究计划等。②评议学科建设重大项目的立项申请、中期检查和验收的报告；评定重大教学和学术成果、对外推荐优秀学术人才的学术水平；评议和监督教学质量；推荐国内外重要学术组织的任职人选等。③接受学校委托对有关学科建设、人才培养、学术研究和队伍建设等重大事宜提供咨询意见。④主持学校基础研究基金工作，制定学校基础研究基金的政策性文件，决定资助的领域、方向及重点项目的设置，组织对项目的评审，监督项目的实施。⑤指导、组织全校性学术交流活动。⑥指导、组织各种形式的学术道德和学风的教育，调查和评议学术纠纷和学术失范行为，对涉及违纪、违法问题，交由学校有关部门处理。⑦对院、系（所）学术委员会进行指导。校学术委员会主任根据需要可以召集院、系（所）的学术委员会主任联席会议。⑧委员可以要求参加学术委员会组织的各种审议、评议、咨询、学术交流、学风和学术道德教育等活动，发表意见和建议。委员应参加三分之二以上的学术委员会全体会议和必须参加的分组会议。”

第九届学术委员会于2008年7月1日经2007—2008学年度第26次校务会议批准成立，并按照《章程》开展工作，为学校教育事业的发展作出了应有的贡献。

（二）主要工作

1. 学科建设项目评议

受学校委托，1998年8月—10月，校学术委员会参与了清华大学建设世界一流大学的学科规划工作，重点对新兴学科、交叉学科和探索性学科的发展方向、队伍和体制建设提出了具体的意见和建议。校学术委员会在2005年参与了学校二期“985工程”7个重大和8个重点科技创新平台以及8个哲学社会科学创新基地的立项评审；2006年参与了院系“十一五”学科与科研规划的评审工作，为校、院（系）两级学科建设和科研规划提出了许多宝贵意见和建议，有些院系的“985工程”科技创新平台或哲学社会科学创新基地的建设计划经过多次评审才得以通过。

2. 学校基础研究基金的管理与评审

1999年，由“985工程”经费资助的清华大学基础研究基金设立。经1999—2000学年度第3次校务会议讨论通过的《清华大学基础研究基金管理办法》指出：“清华大学基础研究基金是用以支持校内基础性研究工作，特别是交叉、新兴学科的创新性与高水平基础研究工作的专项基金。”“基金在校学术委员会组织下由校科学技术处实施。”从2005年开始，校基础研究基金的资助范围和对象有所改变。由设立初期的重点资助交叉、新兴学科的创新性与高水平基础研究变为主要资助基础研究和部分应用基础研究，鼓励在国际科技前沿和国家需求的结合点上自由探索，追求原始创新。校内基金大致分为培育国家基础研究项目（简称“培育”）、扶植青年骨干教师（简称“青年”）、促进学科交叉（简称“交叉”）、支持新兴学科方向（简称“新兴”）等几种类型。1999年到2007年校基础研究基金的资助情况见表7-5-1。

表7-5-1　1999年—2007年资助校基础研究基金情况

年　　份	1999	2000	2001	2002	2003	2005	2006
资助项目个数	59	88	71	81	99	72	57
资助金额（万元）	755	942	635	845	719	532	360

说明：2004年、2007年及之后没有资助校基础研究基金。

3. 加强学术道德规范和建设

为弘扬科学精神，坚持实事求是的优良学风，促进和保障学校科研活动的健康发展，2003年12月17日，《清华大学关于加强学术道德建设的若干意见》《清华大学教师学术道德守则（试行）》《清华大学关于处理学术不端行为的暂行办法（试行）》等三个有关学术道德方面的文件经2003—2004学年度第7次校务会议讨论通过。《若干意见》提出：“①我校从事学术研究的人员应遵守国家法律、社会公德和《清华大学教师学术道德守则（试行）》《清华大学保护知识产权的规定（试行）》及《清华大学关于教师校外兼职活动的若干规定（试行）》等相关规章制度。②我校研究人员在进行科研活动时，要坚持一丝不苟、严谨为学，反对投机取巧、粗制滥造、急功近利，坚持科学的理性批判精神，维护科学研究的客观性，坚持实事求是，遵守诚实求真的原则。③我校研究人员在进行科研活动时，要树立献身科学事业的崇高理想，正确对待科学研究的名誉和回报。④我校研究人员在进行科研活动中使用清华大学的名称和标识应遵守《清华大学保护知识产权的规定（试行）》，并经过学校批准。⑤要广泛深入地开展全校性学术道德建设教育活动，组织全校师生学习国家有关科研活动的法律、法规，以及学校的相关规定。⑥要充分发挥各级学术委员会、学位评定委员会在加强学术道德建设中的作用。⑦要形成有利于加强学术道德建设的制度环境和良好氛围。⑧要建立并完善对学术不端行为的处罚制度。”等 8 条意见。《清华大学教师学术道德守则（试行）》共 10 章 45 条，从“诚实客观，严谨认真，公开、保密与知识产权，引文规范，署名权与鸣谢，同行评议，客观公正，严格管理以人类为对象的试验，维护学校声誉”方面对教师学术研究应遵守的行为准则作了详细规定。《清华大学关于处理学术不端行为的暂行办法（试行）》对学术不端行为的范围、学术不端行为处理原则、学术不端行为的受理和处理程序等作了明确规定。学术不端行为的处理原则是：“尊重事实、依法按章、公正透明、教育和惩处相结合。”以上三个文件的实施对建设良好的学风起到积极的作用。同时，学术委员会参与了多起学术投诉的调查、取证和处理的讨论，对每一项受理的投诉都分别给出了处理建议，提交有关院系和学校有关部门参考，为改善学术道德风气作出了贡献。

4. 审议教学学术事项以及院（系）的增设和更名

2003—2004 学年度第 17 次校务会议通过《清华大学关于加强学术委员会工作的若干意见》后，学校和各院（系）不再设立单独的教学委员会，而在学术委员会中设立了教学组，负责审议教学方面的有关学术事项。“985 工程”二期教学规划方案、研究生教育中长期发展规划、《清华大学本科专业设置暂行规定》的修订以及每年的本科专业调整等都经过了学术委员会的审议。

院（系）的增设和更名在提交学校决策之前，也必须经过学术委员会的审议。2005 年至 2010 年，学术委员会对美术学院成立“信息艺术与设计系”、人文社科学院成立“国际关系学系”、航天航空学院航天航空系更名为“航空宇航工程系”、人文社科学院成立“心理学系”、马克思主义学院的成立、生物系关于“撤销生物系、成立生命科学学院”的申请、环境系“关于撤销环境系并成立环境学院的请示”等进行了审议。

二、学术活动

经常持久地开展学术交流活动是提高学校学术水平和师资水平、提高培养研究生和大学生质量的一项具有战略意义的措施。为此，1983 年 12 月 25 日，1983—1984 学年度第 6 次校长工作会议讨论，通过了《清华大学关于加强学术交流活动的几项规定》。《规定》要求：①多方面开展学术活动；②在科学研究中，学术活动应该贯彻始终，而不只是成果的交流；③各教研组均应指定一位主任负责组织学术活动，一般每月应举行一至二次；④现职正副教授，每年应在校内或校外作两次学术报告；⑤每学期初制订学术活动计划；⑥每星期三下午除学术活动外，学校一般不安排其他大型会议；⑦增加“清华大学科学报告”在《清华大学学报》的出版篇数。

（一）各级学术活动

在校系学术委员会的积极组织下，学校的学术活动不断增加，学术水平不断提高。1979 年至 1992 年学术活动统计见表 7-5-2。1979 年至 1987 年全校性学术报告明细见表 7-5-3。另有部分重要学术活动由各院系组织，未统计在内。

表 7-5-2　1979 年—1992 年全校学术活动统计

年份	校级	系级	教研组级	总计（次）	其　他
1979	6				重要科研成果观摩交流
1980	4				
1981	3				
1982	4				
1983	4				
1984	9	993			
1985	8	415			
1986	10	714			
1987	10	464			
1988	8	309	721	1 038	
1989				1 027	
1990	7				
1991	47（校庆）				
1992	35	23	239（校庆）		清华大学首届青年学术年会

表 7-5-3　1979 年—1987 年全校性学术报告明细

时　间	内　　容	报　告　人
1979-03-13	访联邦德国考察报告	汪家鼎　潘际銮　冯俊凯
1979-04-03	访联邦德国考察报告	杨津基　史斌星　金国藩
1979-05	系统工程	郑维敏
1979-06-05	访美考察报告	张　礼　唐泽圣　吴佑寿
1979-11-09	访美考察报告	张光斗
1979-12-18	访美考察报告	汪家鼎　杜庆华　吴增菲
1980-03-08	无序系统的物理	Anderson
1980-10-23	我国电力工业的概况和展望	毛鹤年
1980-10-31	访法考察报告	张光斗
1980-12-05	我国机械工业中的技术问题	陶亨咸
1981-03-11	美国材料中心	李恒德　徐亦庄
1981-04-09	我国目前存在的环境保护问题	曲格平
1981-09-14	可靠性工程	黄祥瑞
1982-03-30	联邦德国、英国生物医学工程情况介绍	周礼杲
1982-04-28	参观“教育部直属高校科研成果展览会”	
1982-09-23	我国电工科学的生产背景现状及展望	王先冲
1982-11-26	Error Estimates of FEM Analysis and Adaptive Refinement	O. C. EienkKewicz
1983-03-29	建设快中子增殖堆电站的问题（一）	王　洲
1983-04-12	建设快中子增殖堆电站的问题（二）	王　洲

续表

时　间	内　　容	报　告　人
1983-11-01	论空间资源（涉及广泛的空间技术、机械、电子、材料、仪表等）	王希季
1983-11-30	我国工业的发展和问题	雷天觉
1984-03-21	土木、建筑、环境工程与我国四化建设的关系	李锡铭
1984-03-21	信息、控制与系统	常迵
1984-05-29	曲梁振动问题	潘和西
1984-06-06	热等离子体在工业中的应用及发展前景	吴承康
1984-06-13	我国能源开发利用状况及发展方针	黄毅诚
1984-06-13	美国对“科学技术史、科学与学会”的研究情况	李佩珊
1984-06-14	空间和社会——关于我国试验通讯卫星及其应用	宋　健
1984-09-11	生物科学技术发展趋势与展望	蒲慕明
1984-12-02	五代机及其展望、东京国际会议情况介绍	林尧瑞　石纯一
1985-03-27	光盘数据存储系统与读写技术	徐端颐
1985-05-15	科研项目观摩“新型 MIG 焊接电弧控制法”（一）	
1985-05-29	科研项目观摩“机器人”（二）	
1985-07-15	科技录像放映会：①大战火星人；②运用计算机的现代化生活方式（小型机）	
1985-07-17	科技录像放映会：①未来世界生活一瞥；②在月球基地	
1985-09-18	学校科研项目录像观摩	
1985-10-08	我国工程教育的发展和问题	张　维
1986-03-12	海洋工程	陈　聃
1986-04-02	系级开展学术活动经验交流	常　迵　黄克智 陆大绘
1986-04-15	参观核能所	（约 60 人参加）
1986-04-22	校庆 75 周年学术报告会	常　迵　李恒德 赵南明　邱大雄
1986-05-13	参观“六五”国家科技攻关成果展览	（约 100 人参加）
1986-05-14	微机局部网络	张公忠
1986-05-16	台湾经济发展情况及其问题	李家泉
1986-05-28	文学广播系统与家用电视机视频信息检索系统的性能分析	J. W. Wong（黄惠能）
1986-06-04	汉字识别	张炘中
1986-06-11	介绍学校科研工作情况	张孝文
1987-05-09	柔性加工	韩至骏
1987-05-12	放映大型纪录片《引进技术三千项见闻》	
1987-05-21	结构工程的展望和问题	林同炎
1987-05-21	中国核能发展战略	吕应中

续表

时　间	内　　容	报　告　人
1987-06-30	观摩 CDA 表演	
1987-11-18	国外光计算机的进展	金国藩
1987-11-24	人体特异功能初探	陈守良
1987-11-26	参观航天工业部一院科技成果展	
1987-11-25	计算机专家系统座谈会	
1987-12-02	参观物理系“激光单原子探测”实验室	

1988 年是学术交流活动比较活跃的一年，学校举办了 4 次无损检测技术系列报告，系统地介绍了无损检测技术的最新发展；核能所吕应中的“我国软科学的地位与作用”的报告，引起了大家的很大兴趣。1991 年除组织日常各种形式的学术报告外，还在建校 80 周年之际开展了学术活动周活动，从 4 月 20 日至 5 月 11 日，校、系（所）共组织了 47 次学术报告会，近 190 人在报告会上作了学术报告。4 月 20 日，校级学术报告会上，国家科委副主任朱丽兰作了“我国高技术研究现状与展望”的报告；副校长倪维斗作了“我国能源利用进展”的报告；国家教委科技委副主任吴佑寿作了“迅速发展中的综合业务数字网（ISDN）”的书面发言。他们的报告和发言受到与会者的热烈欢迎。

2000 年以后，清华大学的学术活动蓬勃发展，水平不断提高，范围不断扩大，交流不断深入，形式多种多样，师生广泛参与。每年全校举办的各级各类学术讲座让人应接不暇。2004 年仅由清华大学主办的国际或地区性学术会议就达 81 次，近万人参加，其中 1/3 为境外代表。在清华大学 2004 年各种讲座的演讲人中包括 7 位诺贝尔奖得主和一大批知名学者，以及外国或国际组织政要 9 位。这些活动为推动学科建设、培养创新人才起到了积极的作用，成为清华园内一道亮丽的学术风景线。

（二）创建“清华论坛”

为了进一步提高学术水平、营造学术氛围、启迪创新思维，很多学者们强烈呼吁学校举办一个更具战略性、前沿性和创新性的高水平成系列的学术论坛。为此，2005 年，经学术委员会多次讨论决定，建立了高水平的学术论坛——“清华论坛”。

“清华论坛”的宗旨是立足发展前沿、荟萃科技人文、围绕战略问题、邀请杰出学者、活跃学术思维、培育创新人才、促进和平进步，具有高起点、系列化、前沿性、综合性等特点。它以个人演讲为主，根据需要也可以采取对话或其他形式。论坛主题覆盖广泛的学术领域，科技和人文并重，包括科技、经济、文化、生态等方面关乎中国与世界发展的重大问题。

“清华论坛”自建立后至 2010 年的活动统计见表 7-5-4。

表 7-5-4　“清华论坛”举办情况

演讲时间	演　讲　人	报告题目
2005-10-10	美国前副总统戈尔先生	全球气候变化
2006-03-23	诺奖评委代表团（Mr. Anders Flodström、Mr. Börje Johansson、Mr. Sven Lidin、Mr. Bertil Fredholm）	诺贝尔奖与科学发现
2006-04-29	周光召院士，中国科学技术协会主席	学习、创造与创新

续表

演讲时间	演　讲　人	报告题目
2006-05-29	Mr. Lester Brown（莱斯特·布朗先生）	拯救地球，延续文明——与世界共同思考全球经济的前途
2006-11-03	Kamel Ayadi 先生，世界工程组织联合会主席	工程师和世界工程组织联合会在实现千年目标中的作用
2006-12-05	国际原子能机构总干事巴拉迪博士	核能——面向未来
2007-01-16	Lawrence H. Summers 教授，哈佛大学第 27 任校长	亚洲经济发展：挑战与预期
2007-03-12	Dr. Heinrich Rohrer，1986 年诺贝尔物理奖得主，IBM 公司苏黎世实验室高级研究员	科学——为了人类的福祉
2007-08-15	Prof. John R. Searle，加州大学伯克利分校心智与语言哲学教授，美国艺术与科学院院士，2004 年美国国家人文科学总统奖章获得者	关于认知科学与塞尔教授的对话
2008-04-19	Richard Wagoner 先生，通用汽车公司董事长兼首席执行官	未来在你掌握之中
2008-04-24	Adi Shamir 教授，图灵奖获得者	怎样破解密码系统
2008-05-26	John P. Holdren 教授，哈佛大学肯尼迪政府学院科学、技术与公共政策中心主任	面对气候变化挑战：我们知道什么？应该如何应对？
2008-05-28	樊锦诗，敦煌研究院院长	丝绸之路与敦煌莫高窟艺术
2008-07-07	姚期智院士，图灵奖获得者，清华大学教授	中国图灵之路
2008-09-23	Dr. Bruce Alberts，美国科学院院士，英国皇家学会院士，美国科学院两任院长，《科学》周刊主编	科学与世界的未来
2008-10-27	Dr. James D. Watson，DNA 双螺旋结构发现者、诺贝尔奖得主，美国著名科学家	学涯六十载，求知重重路
2008-12-02	徐冠华院士，原科技部部长，第十一届全国政协教科文卫体委员会主任	中国全球变化研究展望
2008-12-08	成思危教授，著名经济学家，第九届、第十届全国人大副委员长，原民建中央委员会主席	当前经济形势与中国房地产业的发展
2009-03-12	Tim Garson 教授，美国弗吉尼亚大学教务长，1999 年至 2000 年美国心脏病学会主席	谁为全民提供医疗保健：一种患者、长者、护士和医生共同参与的新模式
2009-04-14	Prof. Michael B. McElroy，美国哈佛大学 Gilbert Butler 环境学教授、环境中心首任主任，美国前副总统戈尔先生的环境学顾问	未来全球低碳能源经济面临的挑战：基于空气质量和公共健康的思考
2009-04-21	Jonathan Lash 先生，世界资源研究所所长	美国对气候变化对策的展望及其对中美关系的可能影响
2009-07-03	郑崇华先生，台达电子集团董事长	永续发展　绿能未来
2009-07-15	Dr. Steven Chu（朱棣文博士），美国能源部部长，诺贝尔物理学奖得主	应对能源与气候变化的挑战
2009-10-14	Dr. Mark S. Wrighton，美国华盛顿大学校长，NRC Committee on America's Energy Future 副主席	美国能源的未来：挑战与机遇

续表

演讲时间	演讲人	报告题目
2009-11-19	Prof. Irving Weissman，美国国家科学院、国家医科院两院院士，美国文理科学院院士，国际干细胞学会主席，斯坦福大学干细胞与再生医学研究所所长、癌症中心主任	正常与肿瘤干细胞的研究和应用：机遇、挑战及社会公众问题
2009-12-04	华建敏，第十一届全国人大常委会副委员长，中国红十字会会长	关于我国应急管理工作的几个问题
2009-12-17	丘成桐教授，美国哈佛大学数学系系主任，美国科学院院士，菲尔兹奖获得者	从清末与日本明治维新到第二次世界大战前后数学人才培养之比较
2010-04-09	Bruce W. Stillman 博士，美国科学院院士，英国皇家学会会员，美国冷泉港实验室主席	21 世纪的生命科学
2010-04-25	钱易院士，清华大学学术委员会主任	百年清华　继往开来——清华大学学术研究回顾与展望
2010-05-10	汉斯·布利克斯（Hans Blix）先生，国际原子能机构（IAEA）原总干事，大规模杀伤性武器委员会前主席	发展核电　摒弃核武
2010-06-01	Jan Achenbach 教授，两项美国最高科学荣誉（美国国家科学奖章、美国国家技术与创新奖章）获得者，美国科学院、工程院、艺术与科学院院士	理论与应用力学：工程分析的皇冠瑰宝
2010-06-21	Susan Hockfield 博士，美国麻省理工学院校长	中国与麻省理工学院——推动创新，实践合作
2010-06-21	沈祖尧教授，香港中文大学候任校长	超越视觉的医学影像技术

（三）百年校庆百场学术活动

清华大学百年校庆百场学术活动作为学校迎接百年校庆规划的重要活动之一，旨在弘扬清华大学近百年来崇尚科学、追求真理的文化精神和爱国奉献的优良传统，激励科研工作者以“顶天立地树人，求真务实创新”的精神，用知识为国家和民族服务，为社会和人民造福，以更丰硕的成果和更优秀的成绩迎接清华的百年华诞。百场学术活动主要由清华论坛、海外名师讲堂、国际会议以及其他演讲、论坛和会议组成。

截至 2010 年底，百场学术活动共举办 111 次，见表 7-5-5。

表 7-5-5　百年校庆百场学术活动举办情况

时间	活动名称	活动内容	举办单位
2010-04-25	清华论坛	校学术委员会主任钱易院士：百年清华，继往开来	校学术委员会
2010-04-25	论坛	清华大学新百年人才培养校友论坛	校友会
2010-04-26—27	国际会议	科恩学术研讨会：当代科学技术的历史与哲学思考	人文社科学院
2010-04-30	海外名师讲堂	欧盟委员会主席巴罗佐：中欧能源合作	国际处
2010-05-10	清华论坛	国际原子能机构原总干事汉斯·布利克斯先生：发展核电，摒弃核武	校学术委员会
2010-05-11	海外名师讲堂	以色列财政部部长尤法儿·斯坦尼茨：以色列与中国的经济合作与双赢政策；2005 年诺贝尔经济学奖获得者罗伯特·约翰·奥曼：博弈论和全球经济危机	国际处

续表

时　　间	活动名称	活动内容	举办单位
2010-05-12—14	国际会议	高温气冷堆的发展国际研讨会	核研院
2010-05-13	海外名师讲堂	1973年诺贝尔物理奖得主布莱恩·约瑟夫森：生命，广义的意识以及物质世界	国际处
2010-05-14	海外名师讲堂	桑坦德银行拉丁美洲业务执行副总裁弗朗西斯科·卢颂·洛佩斯：2010年的拉丁美洲：振翅欲飞的大陆	国际处
2010-05-18	演讲	哲学家齐泽克先生（斯洛文尼亚大学、伦敦大学教授）：神学——政治的回归	人文社科学院
2010-05-20	演讲	商飞公司金壮龙总经理：坚持科学发展，创新体制机制，让中国的大飞机早日翱翔蓝天	科研院
2010-05-21	海外名师讲堂	美国商务部部长骆家辉：能源的未来	国际处
2010-05-22	论坛	2010年低碳经济博士生论坛	研究生院
2010-05-23	演讲	航天三院刘尔琦院长学术报告	科研院
2010-05-24—06-05	展览	迷失在自然——Jarmund/Vigsnaes建筑作品展	建筑学院
2010-05-26	海外名师讲堂	美国麻省理工学院教授Frans Kaashoek：一种防攻击的分布式哈希表	国际处
2010-05-27-29	国际会议	运营管理前沿问题国际研讨会	经管学院
2010-06-01	清华论坛	美国西北大学Jan Achenbach教授：理论与应用力学——工程分析的王冠瑰宝	校学术委员会
2010-06-01—03	国际会议	2010年国际半挥发性有机物专题研讨会	建筑学院
2010-06-05—06	国际会议	世界文化遗产保护和遗产地经济发展研究国际会议	建筑学院
2010-06-09	海外名师讲堂	沃尔夫奖得主理查德·扎雷：如何在研究中取得成功	国际处
2010-06-14—15	国际会议	欧盟国际合作成员国纳米科技年会	精仪系
2010-06-16—18	国际会议	国际服务质量大会	计算机系
2010-06-21	清华论坛	美国麻省理工学院校长：中国与麻省理工学院——推动创新，实践合作	校学术委员会
2010-06-21	清华论坛	香港中文大学校长：超越视觉的医学影像技术	校学术委员会
2010-06-26—29	国际会议	2010非线性波理论及其应用国际会议	周培源应用数学研究中心
2010-06-28—07-01	国际会议	清华大学宏观经济研讨会2010	经管学院
2010-06-29—30	国际会议	2010国际工程研讨会	土木水利学院
2010-06-29	海外名师讲堂	长谷川　闲史，（日本）武田药品工业株式会社董事长：展望中日产业经济交流的新方向——日本医药产业界对中日医药领域交流的思考与期待	国际处
2010-06-29	海外名师讲堂	2009年诺贝尔经济学奖获得者奥利弗·威廉姆森教授：交易成本经济学的历史回顾	国际处

续表

时　间	活动名称	活动内容	举办单位
2010-06 月底	演讲	美国普林斯顿大学 Herschel Rabitz 教授：Hiking in Quantum Control Landscapes	自动化系
2010-07 月初	演讲	意大利 Trento 大学 Sandro，Stringari 教授：Degenerate Fermi Gas	高研中心
2010-07-01—02	国际会议	合作·激励·创新——创新人才培养国际研讨会	校团委
2010-07-02—05	国际会议	发展经济学研讨会 2010	经管学院
2010-07-04—07	国际会议	2010 中国金融国际年会	经管学院
2010-07-05	海外名师讲堂	加拿大自由党领袖迈克尔·格兰特·伊格纳蒂夫：中加关系的未来	国际处
2010-07-07—09	国际会议	新兴市场金融会议	经管学院
2010-07-07—11	国际会议	中欧艺术与艺术市场研讨会	美术学院
2010-07-08—09	国际会议	高速铁路票务系统的通用服务模型国际技术研讨会	信研院
2010-07-09—11	国际会议	2010“创新与创业”国际学术年会	经管学院
2010-07-12—14	国际会议	信息发展高峰论坛：2020 清华信息科学与技术国家实验室学术峰会——信息科学技术 2020 展望	信息学院
2010-07-15	论坛	2010 年清华大学博士后创新论坛	计算机系
2010-07-14—16	国际会议	2010 年中国近代建筑史国际研讨会	建筑学院
2010-07-16—18	国际会议	2010 数字化仿真与教育科技国际研讨会	工业工程系
2010-07-23—25	国际会议	2010 国际生物工程研讨会	化工系
2010-07-28—31	国际会议	中国强子物理与杰弗逊实验室能量升级的机遇	物理系
2010-07-29—30	国际会议	中美法治对话研讨会	法学院
2010-07-31	国际会议	21 世纪能源燃烧研究研讨会	热能系
2010-08-01—6	国际会议	第 33 届国际燃烧会议	热能系
2010-08-01—15	国际会议	国际纳光电子学研讨会	集成光电子学国家重点实验室
2010-08-07—09	国际会议	《德意志意识形态》电子版“第一编辑稿”研讨会	哲学系
2010-08-12—14	国际会议	IEEE 认知信息学国际会议	计算机系
2010-08-14—15	国际会议	中国国际积极心理学大会暨中国幸福学学会筹备大会	心理学
2010-08-15—17	国际会议	无线算法、系统与应用国际会议 2010	软件学院
2010-08-15—18	国际会议	2010 国际加速器驱动微型中子源联盟会议	工程物理系
2010-08-16—25	国际会议	大型强子对撞机物理国际会议	物理系
2010-08-24	海外名师讲堂	瑞士联邦工学院格雷切尔·密歇尔教授：分子光伏与介观太阳能电池	国际处
2010-09-03—05	国际会议	脂类生物学国际学术会议：细胞生物学与代谢	生命科学学院
2010-09-06	海外名师讲堂	美国前总统吉米·卡特：Advancing Open Government Information around the World	国际处

续表

时　间	活动名称	活动内容	举办单位
2010-09-09	海外名师讲堂	美国哈佛大学东亚语言与文明系中国历史学包弼德教授：历史视野中的新儒学	国际处
2010-09-12—17	国际会议	2010 理论计算机科学明日之星交流会	理论计算机科学研究中心
2010-09-14—18	国际会议	2010 中美能源环境材料研讨会	材料系
2010-09-15—17	国际会议	2010 国际生物能源会议	化工系
2010-09 月中旬	演讲	美国斯坦福大学物理系 Alexander Lees Fetter 教授：Correlations and Bose. Einstein condensates	高研中心
2010-09-16	演讲	Member of the European Parliament，Lena Ek：Biofuel development policy in EU	化工系
2010-09-19—21	国际会议	中国表面织构国际研讨会	摩擦学国家重点实验室
2010-09-20	国际会议	近现代史中国与欧洲关系史研讨会	人文学院
2010-09-21	演讲	美国宾夕法尼亚大学沃顿商学院房地产系主任 Joseph Gyourko 教授：Toward a Better Understanding of House Prices：What We Know and What We Need to Know	清华大学恒隆房地产研究中心
2010-09-24—25	国际会议	东亚共同体的可行性与东亚的国际关系	人文社科学院
2010-09-27—29	国际会议	2010 年国际土木工程复合材料应用学术大会	土木系
2010-09-28—29	国际会议	氢气天然气混合燃料内燃机汽车研讨会	核研究院
2010-10-11	海外名师讲堂	2007 年诺贝尔和平奖获得者伍德罗·克拉克博士：在不影响经济发展的同时减缓气候变化	国际处
2010-10-12	海外名师讲堂	罗马市长乔瓦尼·阿莱马诺议员：罗马未来面临的挑战：将发展和创新与文化遗产保护有机结合	国际处
2010-10-14	演讲	美国密西根州立大学 Eduard Posdeyev：FRIB Project at MSU and Its Front End	工物系
2010-10-14—16	会议	能源、经济和环境国际研讨会暨清华大学与企业合作委员会 2010 年会	校企业合作委员会
2010-10-14—17	国际会议	2010 年中日细胞自噬年会	生命科学院
2010-10-15—17	国际会议	2010 年北京动画艺术教育国际会议	美术学院
2010-10-15—19	国际会议	国际光纤传感学术会议 2012 年会	电子系
2010-10-15—20	国际会议	2010 年国际固体薄膜及表面会议	物理系
2010-10-16—17	论坛	全国高校化学院（系）院长（系主任）论坛	化学系
2010-10-16—17	国际会议	2010 教育技术国际研讨会	教育研究院
2010-10-18—21	国际会议	人文与价值：朱子学国际学术研讨会	国学研究院
2010-10-20—21	国际会议	清华大学经济管理学院顾问委员会第十一次会议	经管学院
2010-10-21—22	国际会议	2010 年绿色大学建设国际研讨会	绿色大学办公室
2010-10-21	海外名师讲堂	2008 年诺贝尔物理学奖获得者小林诚教授：物质—反物质对称性破缺	国际处

续表

时　　间	活动名称	活动内容	举办单位
2010-10-23—25	国际会议	第10届京都-首尔国立-清华大学热能工程会议	航院
2010-10-24—28	国际会议	亚太数字图书馆国际会议	信研院
2010-10-29	国际会议	2010年“金砖四国”经济学术研讨会	经管学院
2010-11-04—07	会议	2010年北京动力锂离子电池技术及产业发展国际会议	化学系
2010-11-07—12	国际会议	国际互联网工程组织第79次学术会议	网络中心
2010-11-08—09	国际会议	2010亚洲创新大会	理论计算机科学研究中心
2010-11-08—09	国际会议	走向低碳社会——节能减排技术与政策国际研讨会	日本研究中心
2010-11-08—10	国际会议	2010年IEEE亚洲固态电路会议	微电子所
2010-11-12	海外名师讲堂	美国哈佛大学历史系原主任入江昭：“美国世纪”的意义	国际处
2010-11-12	海外名师讲堂	英国皇家工程院院士David F. Williams：生物材料对人类健康和医药产业的影响	国际处
2010-11-18	海外名师讲堂	英国埃克斯特大学校长史蒂夫·史密斯教授：21世纪的全球性大学：为全球化竞争预备人才	国际处
2010-11-22	海外名师讲堂	巴西战略发展秘书处常务秘书Luiz Alfredo Salomão先生：2020—2030年间中国巴西关系展望	国际处
2010-11-29—30	论坛	首届“清华-哈佛建筑论坛”：城市主义再思考	建筑学院
2010-12-02	演讲	株式会社东芝副社长田井一郎（博士）：未来低碳社会的发展蓝图	学术委员会
2010-12-02	海外名师讲堂	硅谷银行金融集团首席执行官Ken Wilcox先生与财务总监Ken Wilcox先生：美国次贷危机的影响；职业发展：成功与创新	国际处
2010-12-06	演讲	军事医学科学院原院长秦伯益院士：文理交融　多元并举	化学系、校学术委员会
2010-12-08-10	国际会议	2010年可编程逻辑阵列技术国际学术会议	计算机系
2010-12-09	海外名师讲堂	斯坦福大学讲席教授Mark Kay：基于基因及RNA干扰的治疗药物和方法	国际处
2010-12-10	海外名师讲堂	英国资深外交官Philip Priestley，译联国际学术总监蔡勇刚：口译技巧≠译员技能——浅谈译员职业素质的塑造和培养	国际处
2010-12-11—12	国际会议	2010年度公益主题研讨会：社会企业与公益创新	公管学院
2010-12-15-17	国际会议	第五届固体废物管理与技术国际会议	环境系
2010-12-16—17	国际会议	立体视音频前沿科学问题研讨会：3D Video-Audio Workshop	自动化系
2010-12-18—19	国际会议	行为运筹学与行为运作管理国际研讨会	工业工程系

续表

时　间	活动名称	活动内容	举办单位
2010-12-27	演讲	台湾清华大学人类学研究所所长陈祥水教授：台湾的人类学发展	人文社科学院
2010-12-28	演讲	清华大学社会学系张小军教授：清华大学的人类学传统（介绍费孝通等老一代人类学家）	人文社科学院
2010-12-17-22	国际会议	世界华人数学家大会	数学中心

三、科学讨论会

（一）科学讨论会

学校于 1956 年 4 月 22 日至 4 月 28 日召开清华大学第 1 次科学讨论会，截至 2010 年，共召开了 16 次科学讨论会。历次会议简况如下。

1. 第 1 次科学讨论会

学校于 1956 年 4 月 22 日至 28 日召开第 1 次科学讨论会。会上共提出科学报告和论文 132 篇（其中本校教师 117 篇）。报告中属专题研究性质的 65 篇，其他 67 篇。

4 月 22 日的开幕式上，校长蒋南翔致开幕词，苏联专家米哈辽夫讲话，教务长钱伟长作《最近几年来科学技术发展的几个方面》的报告。开幕式后，全校分为十个分组进行讨论，同时举办科学工作展览会。高教部副部长黄松龄、曾昭抡到会指导，并参观展览会。

4 月 28 日闭幕式上，苏联专家萨洛夫作《苏联高等学校如何进行科学研究工作》的报告，科学研究工作委员会主任委员刘仙洲第一副校长致闭幕词。大会通过了《清华大学第一次科学讨论会决议》。《决议》号召：“全体教师和工作人员，有计划地展开更大规模与进行更高水平的科学研究工作，进一步提高教学质量，培养出更多的科学后备军，为完成祖国的社会主义建设而贡献更大的力量。”

2. 第 2 次科学讨论会

学校于 1957 年 11 月 23 日至 12 月 21 日召开第 2 次科学讨论会。会上共提出科学报告和论文 104 篇（校内 94 篇）。会议围绕科学研究工作如何坚持社会主义方向问题进行了讨论。

11 月 23 日开幕式上，校长蒋南翔作题为“树立清华大学科学研究工作的社会主义方向”的开幕词，高教部部长杨秀峰到会讲话，苏联专家齐斯佳阔夫作题为《苏联高等学校的科学工作》的报告，第一副校长刘仙洲作《坚决地沿着社会主义的道路，积极开展我校的科学研究工作》的报告。11 月 23 日—27 日，全校分为 9 个分组举行了 37 次讨论会。12 月 7 日、14 日、21 日分别举行了大会发言，水利系张思敬和张任、理论物理教研组徐亦庄、无线电系陆大绘、建筑系吴良镛、电机系杨津基、机械系王遵明、普通物理教研组刘绍唐、土木系杨式德、动力系庄前鼎、理论力学教研组官飞、马列主义基础教研组艾知生在大会上发言。12 月 21 日下午举行闭幕式，苏联专家翟柯夫作题为《关于苏联共产党在发展科学中的领导作用的几个问题》的报告，校长蒋南翔致闭幕词。

3. 第 3 次科学讨论会

学校于 1958 年 12 月 29 日至 1959 年 1 月 5 日召开第 3 次科学讨论会。会上提出科学报告和论文 207 篇。会议总结了学校贯彻教育方针、推动科学研究工作的经验。

12 月 29 日举行开幕式，教育部部长杨秀峰到会并作了重要指示，校长蒋南翔致开幕词，第一副校长刘仙洲作了《清华大学 1958 年科学研究工作的总结》报告。

1959 年 1 月 3 日和 5 日召开大会，进行大会发言，土木系杨式德、机械系王遵明、动力系董树屏、土木系王鲁生、建筑材料教研组吴建铣、水利系张光斗、水 8 班代表徐培忠、水 9 班代表孔玉瑛、焊接教研组潘际銮、电机系王遵华、高电压工程教研组杨津基、建筑系车世光、动力机械系李志忠和寇世琪、半导体教研组李志坚、机械系党总支王震寰在大会上发言。本次科学讨论会于 1959 年 1 月 5 日闭幕。

4. 第 4 次科学讨论会

学校于 1959 年 12 月 10 日至 1960 年 1 月 9 日召开第 13 次教学研究会、第 4 次科学讨论会联合大会，本次会议共提交学术论文 600 篇。

12 月 10 日举行开幕式，教育部部长杨秀峰、校苏联专家组组长郭洛瓦涅夫斯基和水利系苏联专家古宾教授参加了大会。这次大会的任务是根据党的总路线和八届八中全会精神，总结学校一年来贯彻党的教育方针的经验，肯定成绩，检查工作中存在的缺点，确定今后的工作方向和任务。开幕式上，校长蒋南翔致开幕词，第一副校长刘仙洲代表校务委员会作了《‘反右倾’，鼓干劲，为继续深入地贯彻执行党的教育方针而奋斗》的报告。12 月 11 日，校长助理李寿慈作了“清华大学 1959 年教学工作的总结”报告，科学生产处处长高景德作了“清华大学 1959 年科学研究及生产工作的总结”报告。

12 月 18 日、12 月 25 日、12 月 30 日共举行 4 次大会发言，李卓宝、薛华、何东昌、李酉山、张慕葏、张光斗、解沛基、张维、杜庆华、钱雪英、金希武、张礼、黄克智、邝守仁、凌瑞骥、夏镇英、蒋企英、邵斌、方惠坚等在会上发言。12 月 30 日，党委副书记陈舜瑶在会上作了《政治挂帅是学校大跃进的灵魂》的发言。

1960 年 1 月 8 日，举行第 6 次大会，总结毕业设计工作的经验。教育部部长杨秀峰出席会议，出席会议的还有在教育部主持下来清华大学参观的 53 所高等工业院校和河南、四川、湖北、上海等省市教育厅局的负责人。动力系宋镜瀛、电机系张芳榴、建筑系汪坦、无线电系张克潜、校团委陈圣信介绍了毕业设计工作取得的成绩和经验，水利系张思敬就毕业设计工作作了发言。

1 月 9 日大会闭幕。校长蒋南翔在闭幕式上致辞，学校苏联专家组组长郭洛瓦涅夫斯基也在会上讲话。

5. 第 5 次科学讨论会

第 5 次科学讨论会从 1962 年 4 月开始，6 月底基本结束。本次科学讨论会按学科分组，在各系和基础课委员会统一领导下，由各教研组负责准备，北京市有关兄弟学校、科学研究机关和企业部门的人员参加了分组讨论。全校共提交学术论文 236 篇，很多论文是结合生产实践的研究成果。

7 月 4 日召开全校大会，第一副校长刘仙洲代表校务委员会作了几年来学校科学研究工作的总结。无线电系陆大绘、土建系储钟瑞、电机系艾维超作了大会发言。

6. 第 6 次科学讨论会

学校于 1965 年 2 月 28 日至 3 月 20 日举行第 6 次科学讨论会。会议强调高举毛泽东思想红旗和人的因素的重要性，进一步明确了今后科学研究的方向。会上提交学术论文和报告 283 篇。

2 月 28 日举行开幕式，科学生产处处长高景德作了《高举毛泽东思想的红旗，树立雄心壮志，攀登科学高峰，更好地为我国社会主义建设服务》的报告。

会议期间，物理教研组、自动控制系 520 教研组、动力机械系热工教研组介绍了他们开展科学研究工作的经验，各系展出了近几年的部分研究成果，并相互进行了参观。

3 月 20 日召开总结大会，刘仙洲、刘冰、张维、何东昌作了重要讲话。

7. 第 7 次科学讨论会

学校于 1966 年 2 月 28 日至 3 月 5 日召开第 7 次科学讨论会暨 1966 年毕业设计动员大会。会议总结交流工作经验，动员全校更加高举毛泽东思想伟大红旗，以高标准完成科学研究和毕业设计任务。

2 月 28 日举行第一次会议，党委副书记胡健致开幕词，校长蒋南翔作了《在毛泽东思想的指导下，夺取科学研究和毕业设计的更大丰收》的报告，试验化工厂吕应中作了“六年的奋斗，四个方面的丰收——清华大学建造原子反应堆的初步经验总结”的发言。

3 月 5 日举行第二次会议，工程化学系蒋维钧介绍了与化工厂合作改造成功高效率精馏塔的经验，动力机械系彭秉璞介绍了与化工厂合作改造氨合成塔的经验。

8. 第 8 次科学讨论会

学校于 1978 年 12 月 25 日至 1979 年 1 月召开第 8 次科学讨论会。会上共提出科学报告和论文 320 篇。本次会议的目的是：通过学术交流活动，活跃学校的学术空气，推动科学研究工作；在“文化大革命”后进行拨乱反正，认真总结新中国成立以来学校科研工作的经验和教训，以便制订好校系教研组的科学研究规划和年度计划，把学校早日建成教育中心和科学研究中心，多出人才，多出成果，为实现四个现代化多作贡献。

12 月 25 日举行开幕式，副校长张维作了《努力把我校建成既是教育中心，又是科学研究中心，为早日实现四个现代化多作贡献》的主题报告。会上工化系鲍世铨和电子系大规模集成电路科研组、建工系地下建筑教研组的代表作了大会发言。会后各系进行了学术报告会。本次会议是粉碎“四人帮”和全国科学大会以后召开的第一次科学讨论会，对学校的科学研究工作有积极的推动作用。

9. 第 9 次科学讨论会

1980 年 4 月 25 日至 5 月 10 日，学校召开第 9 次科学讨论会（计算机技术与应用专题）。会上共提出学术报告和论文 109 篇。本次会议的目的是：对计算机技术的研究及推广应用所取得的成果进行总结和交流，进一步把计算机技术更广泛、更深入地引进教学、科研、生产和管理等各个方面。

4 月 25 日举行开幕式，副校长张维作了《努力提高我校计算机技术与应用的水平》的主题报告。计算中心王耆、计算热物理小组蒋滋康、力学系陈德问、电机系江辑光、图书馆万锦堃分别就本单位在计算机应用方面取得的经验在会上发言。会后召开了6次分组讨论会，于5月10日闭幕。本次科学讨论会对计算机技术的推广和应用有积极的推动作用。

10. 第10次科学讨论会

1981年4月27日至29日，学校召开第10次科学讨论会。本次会议的目的是：为了加强科技成果的交流，活跃学术空气，总结科研经验，促进学校教学和科研工作，为我国社会主义建设多作贡献。

科学讨论会采取分系进行学术报告，共有18个系、所举行了96次报告会，为了推广计算机的应用，还组织了3次“DJS－100系列计算机应用专题报告”。本次会议共提交论文733篇，实际报告509篇，参加学术报告会共4 500人次，其中校内1 800人次，校外2 700人次。

11. 第11次科学讨论会

1984年4月至6月，学校召开第11次科学讨论会。本次会议的目的是：总结经验，认清形势；发挥优势，明确重点；组织队伍，落实规划，开创学校科研工作的新局面。

4月20日，举行讨论会动员大会，会上校长高景德作了《认清形势，明确目标，积极改革，加快步伐》的主题报告。本次会议讨论的重点问题是：如何发挥学校优势，站在科学技术进步的前沿，迎接新的技术革命的挑战。

科学讨论会期间，除分系举行学术报告会外，学校还组织专题报告会和讨论会。4月19日，国家计委副主任庄传泰来校参加“新的技术革命”座谈会；5月15日，召开“关于新的技术革命和我们的对策”讨论会；4月末至5月初，召开了4次“优化理论及其应用学术交流会”，校内外专家发表了18个报告，中国运筹学会桂湘云来校作了《运筹学在国内外应用的研究动态》的学术报告；6月21日，召开“传统专业如何适应新技术革命形势的要求进行翻新改造”座谈会。本次会议共提交学术报告和论文233篇。

12. 第12次科学讨论会

1987年3月26日至6月12日，学校召开第12次科学讨论会。本次会议的目的是：认真总结在执行面向经济建设方针，贯彻科技体制改革方面的经验，提高认识水平及自觉性，明确目标，落实措施，动员全校力量，为完成“七五”期间的科研任务及提高学校的学术水平而奋斗。

3月26日举行开幕式。会上，校长高景德作了“要在提高方面下功夫”的重要讲话，副校长张孝文作了《明确目标，落实措施，为提高清华大学科研工作水平而奋斗》的主题报告。会议期间举行了“加强学校与企业横向联合”“科技开发工作”专题讨论会；召开了关于校内联合的座谈会；讨论了《跨系研究所暂行管理条例》；召开了科研项目负责人座谈会，高景德校长向项目负责人和项目组长发了聘书；进行了专职科研编制的调整工作。

6月12日举行闭幕式。核能技术研究所、水利系、摩擦学国家重点实验室的代表在会上发言，副校长方惠坚作了总结报告，党委书记李传信作了“发挥科学研究工作在提高学生全面素质中的作用”的讲话。

本次会议对清华大学在科学研究工作中积极贯彻“经济建设必须依靠科学技术，科学技术必须面向经济建设”的战略方针具有重要的促进作用。

13. 第 13 次科学讨论会

1991 年 6 月 14 日至 7 月 12 日，学校召开第 13 次科学讨论会。本次会议的内容包括面向经济建设主战场、为培养人服务、基础研究、应用研究、开发研究、成果推广、科技产业、基地建设和科技管理等方面，是一次坚持方向、总结经验、规划“八五”、落实措施、发展优势、多作贡献的重要会议。

6 月 14 日的开幕式上，副校长倪维斗作了《开拓进取，迎接挑战，为经济建设和人才培养做出新贡献》的主题报告，热能系叶大钧、CIMS 实验工程吴澄、力学系余寿文在会上发言。

会议期间召开了“基础研究与基地建设”“面向国民经济主战场”“科研开发与校办企业”3 个专题座谈会，有 23 位在会上发言及 15 篇书面发言。

7 月 12 日举行闭幕式，物理系陈飏延、科技开发总公司诸学农、计算机系张钹在会上发言，张孝文校长作了总结报告，指出：“坚持方向，深化改革，改善条件，提高质量，发展优势，多作贡献”是学校“八五”期间科技工作的指导思想。

本次会次对总结“七五”期间科研工作经验、推动“八五”期间科技工作的发展具有重要作用。

14. 第 14 次科学讨论会

1997 年 5 月 9 日至 6 月 16 日，学校召开第 14 次科学讨论会。本次会议系统地总结了“八五”科技工作的成绩和经验，分析了存在的矛盾和问题，提出了解决问题的措施和方法，部署了“九五”科技工作的任务与思路。

常务副校长梁尤能在 5 月 9 日开幕式上代表学校作了《改革创新，在保持规模优势的基础上着重提高质量和水平》的主题报告。校长王大中在闭幕式上作总结发言，就进一步提高科技工作的质量和水平、科技工作中的一些认识和科技管理体制及队伍发表了重要意见。

此次科学讨论会组织了 3 次全校大会和 6 次专题讨论会，17 个系（所）结合本单位的具体情况共计召开了 38 次专门讨论会。

15. 第 15 次科学讨论会

2002 年 12 月 3 日至 2003 年 12 月 25 日，学校召开第 15 次科学讨论会。本次讨论会是在党的十六大刚刚结束的时候召开的。讨论会的主题是认真学习贯彻党的十六大精神，结合学校建设世界一流大学的工作实际，落实“十五”“211 工程”和“985 工程”二期规划，以科技创新为主题，推动科研管理体制改革，弘扬科学道德和优良学风，营造创新氛围和环境，努力开创学校科技工作的新局面。

在讨论会开幕式上，校长王大中作了《全面贯彻“三个代表”重要思想，推进科学技术创新，努力开创我校科技工作的新局面》的动员报告，总结了学校“九五”期间形成的科研新态势，阐述了科技创新在学校贯彻十六大精神、建设世界一流大学中的重要地位，提出本次科技工作讨论会要围绕做好“211 工程”和“985 工程”二期规划、大力推进科研体制与机制的创新、加强师资队伍建设、加强学术道德建设等四个方面重点问题开展讨论。

在讨论会闭幕式上，顾秉林校长作了《审时度势、开拓创新，重点突破、跨越发展》的总结报告，分析了当前国际科技发展态势，并从凝练方向和突出重点、体制和机制创新、培育创新人才和创新团队等三个方面对本次讨论会的成果进行了总结。

此次讨论会共组织了5次全校大会和“863”专家座谈、重大项目组织与管理、基础研究软环境建设、文科科研表彰暨发展等十多次专题讨论会，各个院系也召开了多种形式的研讨和讨论会，内容丰富多样，特别是突出了改革的问题，强调了学术道德和规范问题，在科技创新的一些重大问题上取得了共识，体现出学校科研体制改革和运行管理机制改革已经迈出重要一步。本次讨论会为实施“十五”“211工程”和“985工程”二期起到了动员的作用，为学校制定建设世界一流大学第二个九年的奋斗目标奠定了思想基础，取得了预期的效果。

16. 第16次科学讨论会

2008年4月10日学校召开第16次科学讨论会，校长顾秉林在开幕式上作了《继续解放思想，坚持改革创新，努力把我校科研质量提高到新的水平》的报告，副校长康克军进行了工作动员和布置。讨论会历时8个多月，2009年1月14日举行闭幕式，校长顾秉林作了《落实科学发展观，提高质量和水平，促进我校科研事业跨越发展》的报告。

本次讨论会是在学校科研工作快速发展，同时又面临新的机遇和挑战的形势下召开的。会议以在党的十七大精神指引下，继续解放思想、勇于创新、深化科研管理体制和评价激励机制的改革、优化科技资源配置、努力实现科研质量和水平的跨越发展为主题，先后组织召开了基础研究、重大项目、学科交叉、国家级科研机构、公共实验平台、人才培养、科技成果转化、军工科研、文科建设等9次专题讨论会，各院系等举办了100多次不同范围、不同规模的座谈会、研讨会，对学校科研工作面临的形势与任务、制约科研进一步发展的因素、提高科研工作质量与水平的思路与措施等进行了深入研讨，形成了《清华大学关于进一步提高科研工作质量和水平的若干意见》的纲领性文件，并经校务会议审议通过，是本次科研工作讨论会的主要成果之一。

（二）文科讨论会

2000年7月1日至2日，学校召开文科建设与发展战略研讨会，校党委书记贺美英作主题发言，探讨如何按照文科自身的规律来发展和管理文科，如何建立和完善适合文科特点的管理体制。

2002年12月18日，在学校第15次科技工作讨论会召开期间，召开了全校文科科研表彰暨发展研讨会议，校文科工作委员会主任贺美英作了《坚持先进文化前进方向，努力开创我校文科发展新局面》的报告，提出抓住机遇，加快发展，提高水平，突出特色，有所为有所不为，争取在某些学科领域实现跨越式发展，跻身一流行列的发展目标。

2003年12月26日至27日，学校召开大学文科发展研讨会，会议主题是“新形势下大学特别是理工科大学如何办好文科”。

2005年4月20日，学校举办人文社会科学发展战略座谈会，讨论学校人文社会科学的优先发展领域、战略重点、政策措施、制度创新等议题。

2008年12月1日，作为第16次科学讨论会的系列专题研讨会之一，文科规划工作专题研讨会召开，校领导顾秉林、康克军、谢维和、陈旭、韩景阳、袁驷、王明旨等出席。文科建设处、各文科类学院汇报研讨文科规划工作，校领导勉励大家面对挑战抓住机遇，重塑清华文科的辉煌。会议指出，学校必须把文科放在十分重要的地位，要制定强有力的措施，为文科建设创造更加良好的学术氛围、更加宽松的发展环境、更加灵活的机制政策。

第八章

对外交流与合作

第一节　概　述

清华大学对外交流与合作，有着源远流长的历史。从建校伊始，清华就与国外教育界、学术界、科技界建立了联系。清华学校时期，清华是一所留美预备学校，培养留美预备生。办大学后，仍有组织地向美国派遣留学生。清华留美生学成归国后，大多数成为我国各行各业的高级人才和文化教育与科学技术骨干。

当年，清华倡导“中西并重”，聘请外籍教师讲授西学，国内一批学识渊博的大师，兼容并蓄，融合中西文化，推动了中外学术交流。大批学成归国的清华留美生回母校任教，及时将世界先进的科学技术引入清华；清华教授经常出国进修考察，同时又邀请冯·卡门、维纳、华敦德、阿尔玛、泰戈尔等世界著名学者来校讲学，在清华形成了“东西文化，荟萃一堂”的良好风气与传统，极大地促进了清华大学的教学与科研的发展。

新中国成立初期，学校积极与苏联及东欧社会主义国家开展文化交流与科技合作。1950 年、1951 年，捷克、波兰、匈牙利、保加利亚、罗马尼亚五个东欧国家的 33 名留学生入学，这是新中国成立后清华大学接收的第一批外国留学生，也是清华大学接收的第一批外国留学生。1952 年至 1961 年间，先后有 68 名苏联、民主德国、捷克专家来校工作，学校与莫斯科动力学院等院校建立了合作关系，还大批派遣留学生、进修教师去苏联和东欧学习。学校在此期间也接受了亚非拉许多国家的留学生。

“文化大革命”期间，学校的对外交流几乎完全中断。

1978 年 6 月 23 日，邓小平接见了中央主管教育的同志和清华大学的主要校领导。在听取清华大学的工作汇报后，他对扩大派遣留学生工作做出了重要指示：“我赞成留学生的数量要增大”，“这是五年内快见成效，提高我国水平的重要方法之一。要成千成万地派，不是只派十个八个”。“要千方百计加快步伐，路子要越走越宽。”遵照邓小平同志的指示，经过严格考核，精心选拔，1978 年 12 月 26 日我国向美国派遣了新时期第一批留学人员 52 名，其中有清华大学教师 9 名。这 9 名教师学成后全部返校工作，并在各自的岗位上作出了突出贡献。

1978 年后，清华大学遵照邓小平提出的教育要“面向现代化、面向世界、面向未来”的指导方针，坚持开放办学的原则，对外学术交流与科技合作得到发展。

1978 年至 1993 年，清华大学积极派遣教师及各类学生出国留学、考察访问、合作研究、参加国际学术会议等。截至 1993 年 12 月底，清华大学出国（境）人员总计 7 707 人次。其中，办理因公半年以上长期出国留学 1 104 人次，出国考察访问 2 100 人次，参加国际学术会议 1 849 人次，出国参加科研合作 305 人次，短期进修 885 人次，技术培训 493 人次，讲学 122 人次，援外 22 人次，自费出国留学 827 人。学校还先后与 19 个国家或地区的 62 所大学建立了双向国际交往，进行广泛的学术交流与科研合作。

在此期间，清华大学邀请国（境）外专家、学者来校讲学，其中主请专家 1 360 人次，顺访专家 1 650 人次。学校先后授予或聘任了一批世界著名学者为名誉博士（1 人）、名誉教授（13 人）和客座教授（45 人）。1984 年，清华大学重建生物系，聘请当时美国加州大学的国际著名神经生物学家蒲慕明博士担任复建后的第一任系主任，为学校生物科学与技术学科的发展打下了坚实基础。

在此期间，学校还成功主办或承办国际学术会议 64 次，提高了清华大学的学术水平与国际声誉。

随着我国经济的发展、国际地位的提高以及清华大学在国内外的良好声誉，来清华学习的外国留学生逐年增加。1978 年至 1993 年，在清华学习的外国留学生来自 79 个国家和地区，累计达 865 人。1953 年至 1993 年，清华大学共计培养外国留学生1 189名，其中获得硕士学位 12 人，获得博士学位 2 人。

1993 年，清华大学明确提出创建世界一流的奋斗目标，并确定了创办综合性、研究型、开放式的世界一流大学的办学模式。学校统筹规划，制定国际合作与交流的发展规划。2000 年制定了清华大学《关于当前加强国际合作与交流工作的若干意见》；2005 年学校加大资金投入，设立了“985 二期”国际合作建设计划，制订实施了包括“国际化师资队伍建设计划”“清华大学学生国际化培养计划”“国际拓展与形象建设计划”三大计划七个子项目，极大地促进了学校国际化建设的快速发展。

自 1994 年至 2010 年，利用国家资助、政府间交换、校际交流、学校资助等多种渠道，学校选派师生出国（境）留学、考察访问、合作研究、出席国际会议的人员达 60 109 人次，其中公派出国（境）半年以上留学人员 5 155 人次，出国（境）参加国际学术会议 24 934 人次，出国（境）考察访问、合作研究、短期进修等 30 020 人次。他们回国后，成为学校各个领域的领军人物和学术带头人，在学校的教学、科研、管理和国家的建设中作出了突出贡献。

1994 年至 2010 年期间，学校依照重点学科、新兴学科、重大科研项目、重点实验室和高水平专家优先的原则，聘请外国著名专家 8 780 人次，邀请诺贝尔奖、图灵奖、菲尔兹奖获得者等知名学者 112 人次来校讲学、学术交流和合作研究，并对学校发展和建设作出重大贡献的海外著名学者和知名人士授予名誉博士 15 人，聘请名誉教授、客座教授、顾问教授、客座副教授等 329 人，举办国际学术会议 836 次。

学校不仅聘请国外优秀科学家开展讲学及合作研究，而且聘请他们担任系、所、中心的主任职务。1997 年 6 月，聘请诺贝尔奖获得者杨振宁教授为清华大学高等研究中心名誉主任，聘请美籍物理学家聂华桐教授为主任；2001 年 6 月，聘请诺贝尔奖获得者李政道教授为清华大学艺术与科学研究中心名誉主任；2001 年 10 月聘请国际工业工程领域的著名学者、美国工程院院士、普渡大学工业工程系萨文迪教授为清华大学讲席教授并担任工业工程系首任系主任；2002 年 8 月聘任国际著名应用数学家林家翘教授为清华大学周培源应用数学研究中心名誉主任，聘请世界知名数学家、美国布朗大学教授谢定裕博士为主任；2003 年聘请美国艺术与科学院院士、哈佛大学原系主任、著名景观建筑师劳瑞 • 欧林担任清华大学景观学系系主任和讲席教授，促进我校重点学科的建设和新兴学科的发展。

为表彰外国专家对我国和学校发展和建设作出的重大贡献，国家外国专家局和北京市向杨振宁、萨文迪、姚期智、维尔纳 • 艾姆斯伯格等 13 位著名专家学者颁发了国家“友谊奖”和北京市“长城友谊奖”。

广泛的对外交流与合作提升了清华大学的国际声誉，来访外宾快速增加，由改革开放初期的每年数百人次，发展到近年来的每年 26 000 多人次。1993 年 6 月至 2010 年 12 月，学校接待外宾突破 168 658 人次，其中有 77 位外国元首、政要、国际组织高级官员、知名人士来访并发表演讲。

清华大学根据学校发展与国家战略需要，不仅加强与经济、教育发达国家的教育交流与合作，而且广泛开展与世界五大洲高等院校的交流与合作。2008 年与印度高校签订了第一个校际协议，2009 年与非洲和阿拉伯国家大学首次签署合作协议。截至 2010 年 12 月，清华已与美国、英国、日本、德国、俄罗斯及我国周边等 40 多个国家和地区的 200 多所著名大学签订了合作协议；与美国麻省理工学院、哈佛大学、英国剑桥大学、牛津大学、德国亚琛工业大学、日本东京大学等著名大学建立了高层互访与交流平台，开展科研合作与人才培养方面的实质性合作。

围绕国家重大战略需求和清华大学重点学科建设，学校积极推进与世界名校和科研单位建立研究中心，开展合作研究，促进学科建设与发展，先后开拓性地与世界一流大学建立联合研究机构 10 个，其中包括约翰·霍普金斯大学、麻省理工学院、伯克利加州大学、哥伦比亚大学等。例如，2009 年 11 月，围绕发展低碳能源、应对气候变化，清华大学-剑桥大学-麻省理工学院低碳能源大学联盟成立，旨在为发展低碳经济和低碳社会、应对全球气候变化提供先进能源技术和策略选择。同时，学校进一步推动与国际组织或高校的多边合作，包括参与 APRU（环太平洋大学联盟）、AEARU（东亚研究型大学协会）、UNESCO（联合国教科文组织）、CLUSTER（欧洲理工大学教学科研联盟）等国际学术组织，在区域性大学联盟组织中发挥着越来越重要的作用。

学校十分重视学习借鉴国外大型企业知识创新和技术创新的成功经验，与国内外大型企业建立有长期稳定和紧密的合作关系，以促进科技水平的提高和科技成果的转化。学校现已与世界前 50 强企业中的 22 家、前 100 强中的 34 家建立了合作关系。1995 年清华大学与企业合作委员会成立，至 2010 年 9 月，海外部成员已达 40 家。2000 年清华大学经济管理学院顾问委员会成立，该委员会由 20 位全球著名跨国公司的董事长、总裁以及国际著名学者组成。学校与海外企业建立联合研发和培训机构 32 个。海外著名企业在清华设立的奖学金、助学金、奖教金达数十项。在双边合作的基础上，开展“大学＋企业＋大学”多边合作模式，合作进行学生培养及科学研究。

1994 年至 2010 年，学校致力于培养“高素质、高层次、多样化、创造性”的拔尖创新人才，实施“清华大学学生国际化培养计划”，逐步建立学生国际化的培养体系，实施与世界名校联合培养项目、交换生项目和“国家建设高水平大学公派研究生项目”，拓展海外实习项目，派遣学生出席国际学术会议，积极推动全英文课程建设，举办高水平的“清华论坛”和“清华海外名师讲堂”，举办大学交流周、海外文化节，拓展学生的国际视野，提升跨文化交流的能力。这期间，学校共派遣学生出国留学、合作研究、联合培养、培训实习、出席国际会议及参加国际比赛等 16 307 人次，在校学生中约有 43%以上的博士生及相当数量硕士生具有海外教育经历。

1994 年以来，学校的外国留学生工作坚持“深化改革、完善管理、保证质量、积极稳妥发展”的方针，改革留学生招生办法，积极开展对外招生宣传，加强与国外大学和教育机构的合作，开拓新的优秀生源；简化优秀学生入学手续，完善培养方案和教学计划，开设英文课程，逐步实现在教学上与中国学生趋同管理；新建留学生宿舍和对外汉语教学教室，为外国留学生数量的发展创造条件。2006 年伴随“十一五”规划的制定与实施，进一步完善了留学生教育体系，确定和建设接受学历学位教育留学生的重点学科，扩大英文授课课程，加大高水平特色项目建设，尤其是博士生项目和全英文硕士项目建设，陆续建设了 12 个面向留学生的全英文硕士学位项目。这 12 个项目 2010 年录取了 407 名留学生，占全部外国研究生新生的 66%，其中大量学生具有国外名校和所在国顶尖大学的学历。截至 2010 年 10 月底，清华在校留学生总数达 3 219 人（学时一学期及以上），来自 122 个国家。攻读学位的留学生占总数的 70%，其中攻读研究生学位的留学生首次超过千人，居国内高校首位。来自美国、日本、德国、法国、加拿大等发达国家的留学生人数显著提高。1994 年至 2010 年，清华共培养来自 130 多个国家的留学生 13 515 名，其中学士 900 名，硕士 939 名，博士 108 名。从清华毕业的留学生校友遍布世界各地，他们不仅在本国的科技、教育、文化、经济和社会发展中发挥了重要作用，同时作为跨文化交流的使者，为中国与世界各国人民的友好合作与交流也作出了积极贡献。

清华大学的对外交流与合作，在不同时期由不同的机构管理。新中国成立初期至 1977 年，清华大学的外事工作，由校长办公室、人事处、教务处等职能部门负责。1979 年，学校成立外事办公室，负责全校外事接待和外国留学生工作。外事办公室下设外宾接待科和外国留学生科，1980 年又增设出国人员管理科。1985 年后，外事办公室调整科室设置，下设国际联络科、出国人员管理科以及外国留学生办公室。1990 年 10 月，学校成立港澳台办公室。1993 年 3 月，学校撤销外事办公室，同时，成立清华大学对外学术文化交流中心，原外事办公室相关业务中的有关本校师生因公、因私出国（境）人员审批管理工作调整到人事处负责，国际联络、外宾接待及外籍专家管理工作改由校长办公室负责，其他业务归属对外学术文化交流中心负责。为了进一步理顺关系，实现外事工作统一归口和协调，1994 年 11 月 19 日，学校决定重新设置外事办公室，原由校长办公室负责的国际联络、外宾接待和外籍专家管理以及人事处负责的师生因公出国（境）审批、管理工作，调整回外事办公室负责，师生因私出境的相关管理工作仍保留在人事处。

为了适应工作职能的转变，1999 年 5 月 20 日，学校决定将“外事办公室”更名为“国际合作与交流处”。2002 年，根据工作发展需要，国际合作与交流处下设综合与信息管理办公室、派出工作办公室、交流工作办公室、专家工作办公室、外国留学生工作办公室。

为了加强对外宣传，2005 年 6 月，学校决定成立海外宣传办公室，该办公室挂靠在国际合作与交流处。

另有部分涉外职责，分别由相关职能部门负责。港澳台招生工作分别由教务处（本科生）、研究生院（研究生）负责；港澳台学历生管理由统战部（港澳台学生事务部）负责；涉外科研合作项目及涉外联合机构分别由科研院海外项目部、科研机构管理办公室负责。

第二节　出国（境）留学人员

一、1909 年—1948 年出国（境）留学人员

这一时期，清华出国留学人员绝大多数是留美学生，少数赴英、法、德、意、波兰、日本等

国留学。清华留美生形式多样，既有游美学务处选派的直接留美生，又有清华学校毕业派送的大批留美（预备）生，也有国立清华大学（包括西南联大时期）在全国招考选送的留美公费生，还有留美幼年生、直接留美女生、直接留美专科生、自费留美清华津贴生等。

（一）直接留美生（甄别生）

清华派遣留学生最早可追溯到宣统元年，即1909年。

1909年1月，在美国政府开始“退还”庚子赔款“余额”的同时，清政府外务部根据与美国公使商定的《派遣学生规程（草案）》，立即着手筹办派遣留学生事宜。同年7月，清政府在北京设立游美学务处，并筹设游美肄业馆，按照“自退款第一年起，前四年每年要派100名学生留美”的规定，着手招考选送学生赴美留学。游美学务处拟分两格录取学生：第一格，年在20岁以下，国文通达，英文及科学程度可入美国大学或专业学校；第二格，年在15岁以下，国文通达，姿禀特异。计划每年拟取第一格学生100名，第二格学生200名，入肄业馆学习，再行甄别，于两格学生内各选50名，派赴美国留学。实际上，游美学务处于1909年8月招考第一批学生，录取47人直接送美留学。因为这批学生程度不齐，一部分直接升入美国大学，另一部分则先入美国高级中学补习。1910年7月，游美学务处招考了第二批留美学生，录取70人，于同年8月赴美留学。1911年6月，游美学务处又考选了第三批留美学生63人，于同年7月赴美留学。这三批共计180人，录取后直接派送美国留学，称直接留美生。他们都是20岁以下的青少年男生，大都来自国内省立高等学堂和教会学校。因为是经过游美学务处进行“品学甄别考试”后选送美国留学的，所以又称为“甄别生”。

这三批直接留美生学成归国后，许多人成为我国科学、文化、教育、政治、经济等各界的著名人士，其中有梅贻琦、胡刚复、王士杰、秉志、张准（张子高）、赵元任、钱崇澍、竺可桢、胡适、庄俊、杨光弼等。三批直接留美生名单如下：

第一批直接留美生共47名

程义法　邝煦堃　金　涛　朱　复　唐悦良　梅贻琦　罗惠侨　吴玉麟　范永增　魏文彬
贺懋庆　张福良　胡刚复　邢契莘　王士杰　程义藻　谢兆基　裘昌运　李鸣和　陆宝淦
朱维杰　杨永言　何　杰　吴清度　徐佩璜　王仁输　金邦正　戴　济　严家驺　秉　志
陈　熀　张廷金　陈庆尧　卢景泰　陈兆贞　袁钟铨　徐承宗　方仁裕　邱培涵　王　健
高仑瑾　张　准　王长平　曾昭权　王　琎　李进隆　戴修驹

第二批直接留美生共70名

杨锡仁　赵元任　王绍礽　张谟实　徐志芗　谭颂瀛　朱　箓　王鸿卓　胡继贤　张彭春
周厚坤　邓鸿宜　沈祖伟　程闿运　钱崇澍　陈天骥　区其伟　路敏行　周象贤　沈　艾
吴家高　傅　骕　李松涛　刘寰伟　陈延寿　高崇德　竺可桢　程延庆　徐志诚　郑达宸
席德炯　徐　墀　沈溯明　王松海　王　预　谌　立　成功一　陈茂康　朱　进　施赞元
杨维桢　胡宪生　郭守纯　毛文钟　胡宣明　陈福习　殷源之　符宗朝　霍炎昌　孙　恒
柯成楙　过探先　王裕震　许先甲　胡　达　邝翼堃　胡　适　计大雄　周开基　施　莹
李　平　庄　俊　马仙峤　陆元昌　周　铭　何　斌　李锡之　易鼎新　周　仁　张宝华

第三批直接留美生共63名

黄国栋　周明玉　张福运　司徒尧　吴　宪　顾宗林　江山寿　高大纲　朱启蛰　陈德芬
张贻志　卫挺生　周伦元　史　宣　姜蒋佐　张傅薪　吴　康　谭其蓁　黄明道　陈长蘅

刘崇勤　陈承栻　徐　书　鲍锡藩　崔有濂　郑辅华　史译宣　龙　夷　梅光迪　杨光弼
孙继丁　陈明寿　胡博渊　宋建勋　罗邦杰　顾荣精　杨孝述　裘维莹　何庆曾　陆鸿棠
黄宗发　柴春林　徐仁錆　钟心煊　严　昉　王　谟　邱崇彦　赵文锐　王　赓　孙学悟
蔡　翔　陆懋德　梁基泰　虞振镛　费宗藩　陈嘉勋　梁杜蘅　许彦藩　邓宗瀛　章元善
陆守经　甘启纯　张景芬

（二）留美幼年生

1911 年游美学务处还曾挑选了一批十一二岁的幼年生共 12 人，他们是李郭舟、李达、余楠秋、胡光麃、范瀚增、夏道康、陈宏振、陈苏孙、黄季岩、蔡雄、卢寿澂、薛学海。他们于 1914 年 8 月赴美读中学，后入大学学习。当局认为这样自小培养，才能收“蒙以养正”之效。

（三）清华学校留美（预备）生

1909 年 9 月，游美学务处和筹建中的游美肄业馆迁入清华园，1911 年 4 月游美肄业馆改名为清华学堂，辛亥革命后又改名清华学校，培养留美预备生。从 1912 年起，清华学校每年高等科毕业生都全部资送留美。截至 1929 年留美预备部结束，清华学校高等科毕业生（含留美预备部毕业生）被派送美国留美的有 968 人。

在清华留美学生中，学理工的占 41.2%（其中学工程的占 31.3%，学理科的占 9.9%），学商科的占 11%，学农医的占 10.5%，学文史哲的占 7.2%，学政法的占 24.5%（包括政治、经济、法律、教育、新闻等，尤以学经济的比例较大，占 9.6%），学军事的占 2.2%。可见，清华留美生所习科目，以理工农医商居多，这与清政府和美国公使共同商定的遣派游美学生的意图大体相符。

清华学校留美（预备）生学习勤奋，在美国大学里一般学习成绩都居上乘。他们学成归国后，热忱为祖国服务，许多人成为著名学者和我国近代学科诸多领域的开拓者与奠基人。如：侯德榜、戴芳澜、金岳霖、孟宪民、汤用彤、叶企孙、杨石先、胡经甫、张锡钧、张景钺、刘崇乐、曾昭抡、李继侗、杨廷宝、闻一多、黄子卿、梁思成、张钰哲、邓叔群、周培源、涂治、汤佩松、蔡方荫、高士其等。

也有一些留美生，在中国共产党的影响和教育下，解放前就已走上了革命的道路，如施滉、冀朝鼎、徐永煐、谢启泰（章汉夫）等。

（四）留美女生

1914 年起，清华学校招收女生赴美留学。每隔一年招收若干名女生直接资送留美，要求报考者“体质健全，品行端淑，天足且未订婚，年在二十三岁以内，国学至少有中学毕业程度，英文科及科学能直入美国大学肄业者为合格”，所学学科为教育、幼稚园专科、体育、家政、医科、博物、物理、化学；留学年限定为四年。截至 1927 年，共招收选送七批直接留美女生总计 53 人。1914 年第一批（10 名）：张端珍、周淑安、薛林荀、汤蔼林、王瑞娴、李凤麟、韩美英、陈衡哲、杨毓英、唐玉瑞。1916 年第二批（10 名）：陈翠贞、方连珍、黄桂葆、邝翠娥、李清廉、梁逸群、刘华采、蔡秀珠、严惠卿、袁世庄。1918 年第三批（8 名）：王淑贞、丁素筠、顾岱毓、杨保康、胡卓、章金宝、杨佩金、朱兰贞。1921 年第四批（10 名）：倪逢吉、王国秀、陆慎仪、倪征琮、桂质良、张继英、黄孝真、林同曜、黄倩仪、颜雅清。1923 年第五批（5 名）：王志宜、朱其廉、胡永馥、胡汉纳、顾静徽。1925 年第六批（5 名）：唐绿蓁、张玉珍、张纬文、凌淑浩、黄桂芳。1927 年第七批（5 名）：张锦、曹简禹、曹静渊、应谊、龚兰珍。

她们中的不少人学成回国后做出了骄人的成绩，有的对社会作出了突出贡献。如著名的声乐家周淑安，蜚声中外的女作家、北大第一任女教授陈衡哲等。

（五）留美专科生

1916 年起，清华招收国内专门学校毕业的专科生赴美留学。招考对象是曾在国内采矿、电机、机械等各专门学校毕业，能直入美国大学院（Post. Graduate Course）各专科研修高深学问者。拟定每年考送 10 名，留学年限为三年。实际上，到 1929 年止，一共招考 9 次，共录取 67 人，直接资送留美。

在考选留美专科生时即已规定了科目范围，只限于采矿、电机、土木、化工及农林等科。留美专科生中著名的有茅以升、朱物华、江泽涵、陈桢等。

1909 年至 1929 年清华选送的留美学生分类统计见表 8-2-1。

表 8-2-1 1909 年—1929 年留美生人数分类统计

年份	直接留美生	留美（预备）生	留美幼年生	留美女生	留美专科生	共计
1909	47					47
1910	70					70
1911	63					63
1912		16				16
1913		43				43
1914		34	12	10		56
1915		42				42
1916		31		10	10	51
1917		44			7	51
1918		58		8	7	73
1919		63			8	71
1920		79				79
1921		77		10	10	97
1922		61				61
1923		81		5	5	91
1924		67				67
1925		69		5	5	79
1926		68				68
1927		51		5	5	61
1928		47				47
1929		37			10	47
总计	180	968	12	53	67	1 280

（六）清华津贴生

清华除直接考送上述各类留美生外，还每年资助部分在美留学自费生和官费生。1909年《游美学务处津贴在美自费生章程》规定："津贴之设，所以体恤寒酸，奖励游学，期使在美自费诸生之有志向上而无力卒学者得成所学，归国效用。""津贴在美自费生，以在大学正班肄业，实业已入第二年班以上者为限。""自费生津贴数目至多者每年五百美金，至少者一百美金。"

这类享受清华津贴的留美学生，统称为清华津贴生。其中著名的有马寅初（官费生）、庄长恭、陈焕镛、周志宏、陈翰笙等。

1940年，清华津贴改为奖学金。当年，国立清华大学通过一项关于自费留美学生奖学金给予办法的决定，凡中国自费留美学生已在美国大学研究院肄业、成绩优良、经济确属困难者，可申请本项奖学金。此项决定暂定执行三年，一共有30多人获得奖学金。1942年12月，清华决定暂停自费留美奖学金办法。

这一时期，所有清华留美生在美国都由游美学生监督处管理。它原为游美学务处的派出机构，1912年以后，改归清华学校直接管辖，改称"清华学校驻美学生监督处"，设监督一人，受校长领导。驻美学生监督处设在华盛顿，第一任监督是清政府驻美公使馆参赞容揆；清华学校时期，赵国材、梅贻琦等人也都先后做过驻美学生监督。

（七）留美公费生

1929年留美预备部结束后，国立清华大学改变留美学生派遣办法，转向全国招考留美公费生。招收对象为国立、省立及经教育部立案的私立专科以上学校毕业生、服务两年以上并且成绩突出者；或国立、省立及经教育部立案的私立大学或独立学院毕业生且成绩突出者。1933年，招收了第一届留美公费生，以后每年按例考送，连续招考四届，共录取92人，其中清华毕业生有39人，约占42%。1937年因抗日战争爆发而暂停。1940年，在西南联大恢复招考，翌年录取第五届留美公费生17人，1944年，又招收了第六届留美公费生22人。五、六两届，清华毕业生有19人，占48.7%。

留美公费生的费用，由清华留美经费拨付。留美期限为两年，必要时可申请延长半年或一年。1935年起，录取的留美公费生出国前，还须在国内各相当机关考察或学习半年至一年，目的是为了了解国情及需要。

从1933年至1944年，国立清华大学考送留美公费生六届总计131人。其中著名的有钱学森、王竹溪、夏鼐、赵九章、张光斗、龚祖同、马大猷、吴仲华、杨振宁等。

清华留美公费生名单如下：

第一届留美公费生25人（1933年）

龚祖同　顾功叙　蔡金涛　蒋葆增　夏勤铎　孙增爵　寿　乐　吴学蔺　顾光复　刘史瓒
林同骅　朱颂伟　熊鸾翥　杨尚灼　黄文熙　覃修典　张昌龄　戴松恩　夏之骅　魏景超
寿　标　罗志儒　王元照　徐义生　苏国桢

第二届留美公费生20人（1934年）

杨绍震　夏　鼐　孙令衔　时　钧　温步颐　王竹溪　赵九章　萧之的　殷宏章　汤湘雨
杨　蔚　赵　镈　戴世光　黄开禄　宋作楠　费　青　曾炳钧　张光斗　徐芝纶　钱学森

第三届留美公费生 30 人（1935 年）

王锡蕃　张骏祥　王宪钧　李树青　谢　强　陈振汉　李士彤　龚祥瑞　张宗燧　李庆远
方声恒　王遵明　张全元　潘尚贞　杨遵仪　张宗炳　张信诚　沈　同　薛　芬　李庆海
郭本坚　徐民寿　刘光文　王宗淦　张　煦　钱学榘　钟朗璇　贝季瑶　俞秀文　胡先晋

第四届留美公费生 18 人（1936 年）

孙晋三　王岷源　朱庆永　林良桐　王铁崖　马大猷　张明哲　武　迟　孙观汉　章锡昌
沈　隽　郑　重　程嘉垕　王兆振　徐人寿　钱惠华　曹松年　张纪正

第五届留美公费生 17 人（1941 年）

汪德熙　陈耕陶　胡　宁　励润生　黄培云　陈樂生　朱宝复　叶　玄　屠守锷　吕保维
梁治明　孟庆基　黄家驷　蒋明谦　张培刚　吴保安　陈新民

第六届留美公费生 22 人（1944 年）

何炳棣　李志伟　黎禄生　樊星南　黄　杲　王积涛　吴中伦　吴仲华　钟开莱　杨振宁
凌　宁　方中达　张炳熺　郭晓岚　钱钟毅　张　燮　白家祉　黄茂光　曹建猷　洪朝生
沈申甫　张建侯

（八）留学研究生

1933 年，国立清华大学规定了派遣研究生出国留学办法：凡本大学研究院毕业生，其学分成绩、毕业初试成绩及论文成绩均在 80 分以上，获有所在学部之推荐者，经评议会审定通过，择优派遣出国留学，留学时间不得超过 2 年。1933 年至 1936 年，共派出此类留学研究生 14 人。

1935 年，国立清华大学与德国远东协会及外国学术交换处约定交换研究生，规定每年选派研究生 5 名，赴德国进行研究工作，以 2 年为限。当年，清华派出季羡林、敦福堂、乔冠华等赴德。1936 年又派出吕凤章、安尔康、戴鸣钟（以上 3 人为交换研究生）、伍正诚、陈耀庭 5 人去德国留学，做研究工作。

此外，1936 年教育部招收留学波兰津贴公费生，清华土木系助教方福森被录取。1938 年中法教育基金委员会选送留法公费生，算学系助教樊196被录取。

（九）其他留学生

在 20 世纪 30—40 年代，国立清华大学除向美国派遣留学生外，还向英、法、德 意、波、日等国派遣留学生。其中，一部分是清华留美生从美国转赴欧洲国家留学或实习；另一部分是清华学生和青年教师通过中英庚款公费生考试和中法教育基金津贴生考试而被录取。

在赴欧留学生中著名的有柯召、陆学善、余瑞璜、夏坚白、王大珩、彭桓武、许宝騄、程裕淇（以上为赴英留学生）、钱三强（赴法留学生）、王淦昌、张大煜、张青莲（以上为赴德留学生）等。

二、1949 年—1977 年出国（境）留学人员

1950 年至 1966 年间，出国留学人员由国家统一选拔派遣。清华大学按照国家分配名额派遣教师出国留学，年长教师以进修 1～2 年为主，年轻教师则攻读副博士、博士学位。派往的国家以苏联为主，兼有捷克、民主德国、意大利、瑞典、英国、丹麦、朝鲜等国，共计派出留学人员 149 人（见表 8-2-2）。

表 8-2-2　1951 年—1964 年出国（境）留学人数统计

年　份	1951	1952	1953	1954	1955	1956	1957
留学人数	4	8	6	16	31	26	16
年　份	1958	1959	1960	1961	1962	1964	合计
留学人数	2	10	15	7	4	4	149

清华派往苏联或捷克进修的教授有 5 人：水利系施嘉炀、夏震寰，土建系杨曾艺，机械系邹致圻，动力系宋镜瀛。还有曹起骧、邢家鲤、滕藤、应纯同、刘广均、李惟信、黄克智、王和祥、王先冲、杨秉寿、周炳琨、江剑平、高葆新、南德恒、汪国瑜、周昕、于震宗、徐世璞、李民强、马善定等也去苏联或捷克留学进修。

高景德在苏联攻读学位，由于论文成绩优异，获列宁格勒加里宁工学院博士学位。

获苏联副博士学位的有 36 人：

机 械 系　刘　庄　刘家浚　傅家骥　周家宝　任家烈

精 仪 系　邬敏贤　严普强　冯铁荪

工 化 系　李成林　傅依备　周其庠

自 控 系　吴　麒　章燕申　李三立　金　兰　林行良

动 力 系　蒋孝煜　钱振为　沈幼庭　黄世霖　倪维斗

力 学 系　贾书惠　周力行　徐秉业

电 机 系　王选民　吴维韩

水 利 系　张宪宏　叶焕庭　惠士博　费祥俊

土 建 系　沈聚敏　陆赐麟　朱畅中　童林旭　王占生

无线电系　王作英

这一时期出国留学进修的清华教师，回国后绝大多数成为各系教学、科研和党政骨干。

1966 年至 1977 年，由于受到“文化大革命”的冲击，清华大学派遣出国留学人员几近空白。

三、1978 年—1993 年出国（境）留学人员

1978 年，遵照邓小平同志关于扩大派遣出国留学生的重要指示，学校派出赴美国留学教师 9 位（见表 8-2-3）。他们学成后全部返校工作，并在各自的岗位上作出了突出贡献。

表 8-2-3　1978 年第一批赴美留学人员

系　别	姓　名	派 往 学 校	所 学 专 业	回 国 时 间
化工系	曹小平	加州大学伯克利分校	理论固体物理	1981-04-11
无线电系	彭吉虎	加州大学圣迭戈分校	波导光学	1981-01-03
工程物理系	张育曼	加州大学伯克利分校	反应堆物理计算	1981-10-19
工程物理系	赵南明	加州大学伯克利分校、加州大学欧文分校	生物物理	1981-04-14
计算机系	郑衍衡	普渡大学	平行处理及多机系统	1981-03-06
自动化系	李衍达	麻省理工学院	地震波的信息处理	1981-04-11
水利系	张楚汉	加州大学伯克利分校	坝工抗震	1981-06-01
机械系	柳百成	威斯康星大学	铸工冶金学	1981-01-01
化工系	崔国文	麻省理工学院	高温陶瓷	1981-01-01

这一时期，清华大学坚持“按需派遣，保证质量，学用一致”的方针，坚持根据学科建设，人才培养、重点科研项目和重点实验室建设的需要制订派遣计划。对于学术骨干，提前做好他们的外语培训和工作安排，优先派出。在派往国别方面，考虑到理工科的特点，根据学习先进和博采众长的原则，大多派往美、日、德、英、法、加拿大以及苏联等国。在20世纪70年代末80年代初，根据能源、微电子、计算机、信息、材料等高新技术发展的需要和生物、环境、经济管理等学科发展的需要，有针对性地派出一批中青年骨干教师到国外一流水平的大学和科研院所学习深造，取得了很好的效果，使得这些学科迅速发展。出国留学人员怀着高度的爱国热忱和强烈的责任感，目的明确，学习刻苦，运用在国内已经具备的坚实的理论基础和丰富的科研实践经验，在不长的时间内，了解世界科技前沿，学习国外先进的科技知识，把许多新思想、新理论、新方法、新技术带回国内，再经过自身开创性的工作，在许多领域取得了高水平的成果。

截至1993年，在派出留学人员和访问学者中，有9人相继出任清华大学正副校长和校党委副书记，卢强、李衍达、周炳琨、黄克智、李志坚、王大中等被遴选为中国科学院学部委员。在全校院、系、所、研究中心、国家重点实验室和校机关部处的主要负责人中，有留学回国人员100多人，占70%以上。荣获“中国青年科学家奖”和“国家杰出青年科学基金”的年轻教师全部是留学回国人员。他们不仅是清华大学学科建设、教学科研基地建设和教育管理队伍中的中坚力量，而且完成了许多重大科研项目，为提高我国的科学技术水平作出了重要贡献。

从1978年至1993年6月，清华大学公派出国（境）留学人员总计1 058人次（见表8-2-4），分布在29个国家或地区（见表8-2-5）。

表 8-2-4　1978 年—1993 年 6 月公派出国（境）留学人次统计

年　份	1978	1979	1980	1981	1982	1983	1984	1985	1986
留学人次	10	51	42	59	46	69	76	158	86
年　份	1987	1988	1989	1990	1991	1992	1993	合计	
留学人次	90	79	75	60	54	58	45	1 058	

表 8-2-5　1978 年—1993 年 6 月公派出国（境）留学人次分布

国家或地区	人次	国家或地区	人次	国家或地区	人次
美国	435	新西兰	1	新加坡	4
法国	22	荷兰	15	芬兰	3
英国	94	南斯拉夫	3	波兰	1
德国	123	澳大利亚	12	泰国	2
日本	119	奥地利	6	捷克	1
加拿大	102	挪威	5	澳门	5
瑞士	16	比利时	5	以色列	1
瑞典	8	爱尔兰	6	伊朗	1
丹麦	9	苏联	25	北也门	1
意大利	11	中国香港	22		
合计	29 个国家或地区			1 058 人次	

据不完全统计，公派出国留学进修，在国外获得博士学位的教师约有 36 人。

此外，从 1979 年至 1993 年 6 月，清华大学还办理自费留学师生共计 827 人。

四、1994 年—2010 年出国（境）留学人员

（一）公派出国（境）留学

自 1993 年 7 月以来，学校根据创建世界一流大学的总体规划和学科构建布局，在信息、材料、核能与核技术、能源、先进制造、生命、环境、航天航空等高新技术类学科，瞄准国际前沿，加大选派青年教师赴国外高水平大学或科研机构研修的力度，实施“百名教师出国进修计划”“骨干人才派出计划”“重点实验室人才梯队建设派出计划”“管理骨干人员派出计划”，建立派出项目 150 余个，派出人员中有 95%以上被派往世界名校或本专业一流院校学习合作研究，为学校学科建设、人才培养、科研基地建设提供高层次人才支持。自 2000 年后，学校加强与世界名校合作，建立实施联合培养项目。2007 年以来，学校实施“国家建设高水平大学公派研究生项目”，选拔一流的学生，派到海外一流的大学和学科专业，师从一流的导师，实现中外联合培养。自 1993 年 7 月至 2010 年，学校利用多种渠道选派师生出国（境）留学人员达 4 097 人次。据不完全统计 1994 年至 2010 年留学取得博士学位的教师共计 58 人。

1993 年 7 月至 2010 年公派出国（境）留学人员统计见表 8-2-6，分布情况见表 8-2-7。

表 8-2-6　1993 年 7 月—2010 年公派出国（境）留学人次统计

年　份	1993 年 7 月—12 月	1994	1995	1996	1997	1998	1999	2000	2001
留学人次	46	83	97	109	132	105	110	145	220
年　份	2002	2003	2004	2005	2006	2007	2008	2009	2010
留学人次	219	253	175	176	291	481	522	452	481
合　计	4 097								

表 8-2-7　1993 年 7 月—2010 年公派出国（境）留学人次分布

国家或地区	人次	国家或地区	人次	国家或地区	人次	国家或地区	人次
美国	1 329	爱尔兰	6	德国	469	马来西亚	5
日本	552	中国台湾	6	法国	235	印度	3
英国	338	西班牙	16	加拿大	91	希腊	2
韩国	94	波兰	2	澳大利亚	104	巴基斯坦	1
新加坡	59	斯里兰卡	2	荷兰	53	葡萄牙	1
澳门	40	以色列	2	意大利	42	乌克兰	1
瑞士	42	哈萨克斯坦	1	丹麦	29	坦桑尼亚	1
俄罗斯	23	智利	2	比利时	37	埃及	1
瑞典	26	新西兰	1	挪威	10	合计	4 097
奥地利	9	中国香港	451	芬兰	11		

（二）自费出国（境）留学人员

1993 年 7 月至 2003 年 9 月，学校根据国家教委 1993 年有关自费出国留学政策，审核办理师生自费出国（境）留学 6 659 人。此后根据《教育部关于简化大专以上学历人员自费出国留学审批手续的通知》要求，学校停止办理自费出国留学的审核工作。

第三节　对外学术交流

一、出国（境）考察访问、合作研究及讲学

解放前，清华大学实行教授休假制度，凡在清华连续工作满五年的教授可以享受休假一年的待遇；教授在休假期内可以出国进修、考察访问。因此，清华教授同国外学术界、教育界有着广泛的联系，经常进行学术交流。

新中国成立初期，清华大学许多教授仍保持着与国外的学术交往。1950 年华罗庚教授应邀参加了民主德国科学院 250 周年纪念大会（柏林）、国际教育工作者协会（维也纳）和世界和平大会常设委员会会议（布拉格），并作为中国唯一代表参加了在匈牙利召开的国际数学会议。周培源教授作为中国人民代表团成员之一，赴伦敦、华沙和布达佩斯分别参加中英友协成立大会、世界和平大会和匈牙利科学院 125 周年大会，并访问了苏联莫斯科大学。

1954 年至 1966 年受国内外形势和政策的影响，清华大学对外学术交流主要集中在苏联等国家。这期间，全校出国考察访问共有 25 人次。出访了苏联、捷克、英国、瑞士、意大利、匈牙利、索马里、日本、法国、尼泊尔、柬埔寨等国。另有出国讲学 1 人，援外 9 人。

1954 年至 1966 年，清华大学出国考察访问人次统计见表 8-3-1。

表 8-3-1　1954 年—1966 年出访人次统计

年　份	1954	1955	1957	1958	1959	1960	1962	1963	1964	1965	1966	合计
考察访问	1	1	2	1	1	2	1	3	6	1	6	25
讲学				1								1
援外									2	2	5	9
合计	1	1	2	2	1	2	1	3	8	3	11	35

1966 年至 1976 年，受“文化大革命”的影响，这期间仅有一个清华大学代表团赴瑞典皇家工程科学院参观访问。

1978 年改革开放以后，清华大学出国考察访问、讲学、短期进修和接受技术培训人数较快增加。1978 年至 1993 年 6 月清华大学出国考察、进修等各类人员共 3 659 人次，历年统计见表 8-3-2。

表 8-3-2　1978 年—1993 年 6 月出访人次统计

年　份	考察访问	科研合作	短期进修	技术培训	讲学	援外
1978	27					
1979	14					
1980	33		1	2	1	1
1981	39		8	16	3	2
1982	38		1	4	1	5
1983	38		12	26	1	
1984	63		8	54	3	
1985	133	13	19	63	3	
1986	136	26	52	39	10	12
1987	131	42	71	37	6	
1988	196	32	135	71	12	2
1989	205	48	65	71	12	
1990	187	54	116	61	18	
1991	251	50	113	9	12	
1992	242	40	183	2	13	
1993 年 1 月—6 月	183		50	19	13	
合计	1 916	305	834	474	108	22

1993 年 7 月至 2010 年学校的国际合作与交流快速发展，出国（境）考察访问、学术交流、进修培训等各类人员迅速增加，清华总计达 28 224 人次。历年统计见表 8-3-3。

表 8-3-3　1993 年 7 月—2010 年出访人次统计

年　份	考察访问 学术交流	科研合作	进修培训	讲学	援外
1993-07-12	184		70	14	
1994	386		199	12	1
1995	464	250	28	33	
1996	535	281	28	52	
1997	566	182	45	68	
1998	733	221	54	47	
1999	720	294	25	39	
2000	1 046	310	160		
2001	1 108	422	91	82	
2002	1 649	278	167	76	12
2003	1 302	216	133	66	
2004	1 664	279	171	48	
2005	1 309	484	87	62	

续表

年 份	考察访问 学术交流	科研合作	进修培训	讲学	援外
2006	1 435	490	126	76	
2007	1 570	550	108	87	
2008	1 372	528	101	56	
2009	1 470	450	316	55	
2010	1 246	517	869	49	
合计	18 759	5 752	2 778	922	13

二、对外校际交流与合作

解放后，清华大学与国外某些大学建立了校际交流与合作。

1956 年经教育部批准，学校通过《清华大学学报》与苏联、匈牙利、波兰、民主德国等国的 11 所高等学校进行学术交流。同年，又与英国剑桥大学、牛津大学、伦敦大学、曼彻斯特大学、爱丁堡大学以及美国麻省理工学院、加州理工学院、伊利诺伊大学、哈佛大学、布朗大学等 12 所院校建立了联系并交换学报。1957 年至 1958 年，学校与朝鲜金策工业大学、保加利亚国立学院、罗马尼亚亿翁民库建筑艺术学院建立了联系，进行学术交流。

1978 年以来，清华大学对外校际交流与合作日趋活跃，截至 1993 年 6 月，先后与 19 个国家或地区的 62 所大学建立了双边交往，签订了校际交流协议。协议内容主要是互派教师讲学、进修、访问，开展科研合作，联合培养研究生等。

同时，国际间科技合作的渠道越来越多，规模不断扩大，层次和水平也不断提高。例如：清华大学自动化系与上海环保局和美国密歇根大学进行科研合作，共同就黄浦江污染问题开展研究；微电子所与联邦德国法朗霍夫固体技术研究所进行激光处理的合作研究，核能技术研究院与瑞士反应堆研究所进行水汽两相流动热工实验研究等。

1993 年 7 月至 2010 年，学校进一步加大了与国外大学的交流与合作。截至 2010 年底，先后与 40 余个国家和地区的 200 多所大学及其组织签订了双边或多边合作交流协议。从 1996 年开始至 2010 年，清华大学经管学院与美国 MIT 斯隆学院合作，利用国内外丰富资源，培养具有国际视野的金融人才 1160 人。根据国际科技发展及我国发展需要，学校将研制微小卫星列入建设世界一流大学的重点科研项目，于 1998 年 10 月派出由 10 位青年教师组成的精干队伍赴英国萨瑞大学合作进行“清华一号”微小卫星的研制工作，2000 年 6 月 28 日发射成功。在此基础上，2004 年 4 月 18 日，由清华大学自主研制的“纳星一号”在西昌卫星发射中心成功搭载发射，并完成了各项实验任务。

2000 年以来，学校加大了学生国际化培养的力度，逐步与国际知名大学开展了联合学位项目、学生交换项目、短期交流项目等一系列满足不同培养需求的教育交流项目。其中包括与德国亚琛工业大学、法国四所理工大学以及日本东京工业大学、日本东北大学、日本千叶大学、比利时鲁汶大学、美国伊利诺伊大学香槟分校等开展的联合学位项目；与澳大利亚墨尔本大学、德国海德堡大学、芬兰赫尔辛基工业大学、瑞典皇家工学院、英国曼彻斯特大学、美国普渡大学、加拿大多伦多大学、日本京都大学、新加坡国立大学等建立的学生交换项目。截至 2010 年年底，清华已与世界各地 89 所院校签署了学生交换协议。

1979 年至 2010 年清华大学与国外或境外地区的大学签订、续订校际交流协议的情况见表 8-3-4。

如表所示，学校先后与 45 个国家或境外地区的 240 余所大学签订双边、多边合作交流协议。其中签订校际协议的有 224 所，签订项目协议的有 89 所。

表 8-3-4　1979 年—2010 年校际交流协议签署情况

序号	国家/地区	学校名称	校际协议签署日期	项目协议签署日期
1	美国	加州大学伯克利分校	1979-04-04　1989-03-14　1991-10-25	2008-05-26/2 份　2009-03-13
2		东北大学	1980-06-11　2005-05-17	2009-06
3		明尼苏达大学	1980-09-20	
4		哥伦比亚大学工程与应用科学学院	1981-06-13	
5		得克萨斯工业大学	1984-07-26	
6		得克萨斯大学奥斯汀分校		2010-11-16
7		依阿华大学	1985-10-03　2007-01	
8		康奈尔大学	1985-10-21　1998-01-07　2004-11-08	
9		麦迪逊威斯康星大学	1985-10-21　2007-05-24	2008-10-09
10		斯坦福大学	1988-08-23	
11		夏威夷大学	1988-12-02　2003-02-05	
12		伊利诺大学芝加哥分校工学院	1988-12-15	
13		怀俄明大学	1992-12-10	
14		新墨西哥大学	1994-07-11	
15		美国中西部大学国际合作组织共 10 所大学	1995-08-26　1998-07-29	
16		匹茨堡大学	1995-09-29	
17		中密歇根大学	1996-10-23	
18		俄亥俄大学	1996-11-19	
19		贝勒大学	1997-12-16　2000-12-16	
20		康州哈特佛德三一学院	1998-12-27	
21		佛罗里达大学	1999-07-26　2007-05-09	
22		密苏里大学罗拉分校	2000-08-25	
23		马里兰大学	2000-09-19	
24		华盛顿大学（西雅图）	2000-10-06　2009-11-12	2009-11-12
25		世界银行学院	2003-03-25	
26		田纳西大学	2005-04-11	
27		密西根大学	2005-06-20	
28		圣路易斯华盛顿大学	2005-10-19	2009-03-02
29		伊利诺伊大学香槟分校	2005-11-18　2006-10-25	

续表

序号	国家/地区	学 校 名 称	校际协议签署日期	项目协议签署日期
30	美国	佛蒙特大学	2006-01-19	
31		马萨诸塞州立大学	2006-05-02	2010-10-15
32		印第安纳大学	2006-07-10	
33		俄勒冈州立大学	2006-08-24	
34		纽约州立大学石溪分校	2006-09-18	2006-09-18
35		北卡罗来纳州立大学	2006-10-24	
36		普渡大学	2010-05-09	2006-10-24 2010-11-01
37		犹他大学		2007-03-26
38		杜克大学	2007-05-08	
39		俄勒冈大学		2007-05-24
40		加州大学圣迭戈分校		2007-06-07
41		西北大学	2008-01-16	2008-01-16
42		弗吉尼亚大学		2008-02-26
43		佐治亚大学	2008-04-03	2008-04-03
44		佐治亚理工大学		2008-11-05
45		特拉华大学	2008-09-16	
46		普林斯顿高等研究院	2008-10-31	
47		宾夕法尼亚大学	2009-01-08	2009-04-03
48		莱斯大学	2009-03-14	2009-11-12
49		印第安纳大学	2009-07-31	
50		乔治梅森大学		2010-01-20
51		清华大学（北京）、麻省理工学院、香港中文大学理论计算机科学联合研究中心		2010-06-21
52		希拉丘斯大学	2010-12-01	
53		威廉玛丽学院		2010-12-08
54	加拿大	加拿大麦吉尔大学、多伦多大学、不列颠哥伦比亚大学 3 所大学，中国清华大学、北京大学、南开大学	1994-05-07	
55		麦吉尔大学	1994-05-07	
56		阿尔伯塔大学	1995-10-25　2004-10-19 2008-11-11	
57		卡加利大学	2000-11-22　2007-05-14	
58		多伦多大学	2004-12-20　2005-04-21	
59		滑铁卢大学	2005-03-17	
60		西蒙弗雷泽大学	2006-11-22	

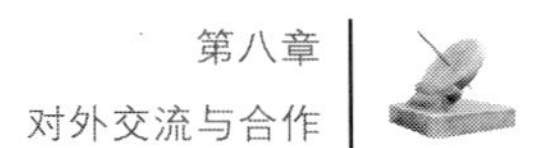

续表

序号	国家/地区	学 校 名 称	校际协议签署日期	项目协议签署日期
61	加拿大	维多利亚大学	2008-04-25	
62		麦克马斯特大学		2010
63	墨西哥	蒙特雷科技大学	2005-06-14　2008-07-15	2008-07-15
64	巴西	里约热内卢联邦大学工程研究生院	2008-07-25	2008-07-25
65	爱沙尼亚	塔尔图大学		2009-03
66	比利时	布鲁塞尔自由大学	1989-03-27　1994-06-30	
67		鲁汶大学	2005-05-14 2007-11-21	2005-06-06 2007-11-21 2010-04-05
68	波兰	华沙工业大学	1985-09-16	
69	丹麦	丹麦技术大学	2003-04-30	2006-03-10
70		奥胡斯大学	2005-05-10	
71		哥本哈根大学	2008-12	2009-04-28
72	德国	亚琛工业大学	1981-06-01 1986-05-17	2006-09-20 2006-12 2007-02-18
73		慕尼黑工业大学	1986-05-21　1994-11-22 2003-04-02	2008-06-20
74		斯图加特大学	1986-05-22　1989-04-07 1999-08-19	
75		波鸿大学	1986-11-05	
76		柏林工业大学	1988-06-27　1995-03-17 2004-12-13	
77		民主德国德累斯顿大学	1988-12-02	
78		卡尔斯鲁厄大学	2002-09-10	2007-06-21
79		柏林高等研究院	2003-02-25	
80		海德堡大学	2005-11-05	2005-02-21
81		达姆施塔特工业大学	2006-06-29	2008-05-29
82	苏联	苏联列宁格勒加里宁工学院	1987-05-21　1990-04-24	
83	俄罗斯	圣彼得堡财经大学	1997-03-02　1999-11-08 2002-05-31（协议附件 2002-12-04）	
84		国立罗蒙诺索夫莫斯科大学	2001-07-13　2007-02-26	
85		莫斯科动力学院	2002-05-28	
86		圣彼得堡国立大学	2002-05-31	
87		莫斯科航空科技大学	2005-04-26	
88		莫斯科国立大学		2008-05-28

续表

序号	国家/地区	学校名称	校际协议签署日期	项目协议签署日期
89	法国	巴黎国立高等矿业学院	1981-01-20	
90		巴黎国立桥梁和道路学院	1981-01-20	
91		里昂国立应用科学学院	1981-11-05	
92		法国格雷诺布尔工学院	1986-07-04	
93		里昂、里尔、南特、巴黎中央理工大学，与清华大学（北京）、上海交通大学、西南交通大学、西安交通大学四校协议	1995-09-29　1996-10-24 2002-05-17 2007-11-23	
94		布莱斯帕斯卡大学	1998-04-06	
95		艾克斯-马赛法律、经济与科技大学	1998-07-21　2004-02	
96		巴黎高等师范大学	2002-11-14	
97		巴黎第十一大学	2003-11-21	
98		巴黎高科（11所）（国立桥梁和道路学院，巴黎国立高等矿业学院，国立林业、水和环境学校，国立高等工程技术学校，国立高等化学学校，国立高等电信学校，国立高等先进技术学校，巴黎高等理工化工学校，综合理工学校，国立农艺学校，国立行政管理和统计学校）	2003-11-21	
99		法国高等电子学校	2004-06-22　2005-06-02	
100		巴黎综合理工大学	2005-12-06	
101		巴黎高科国立高等工程技术学校	2010-10-27	2010-08
102	芬兰	赫尔辛基工业大学	1995-01-06　2004-11-05	
103	荷兰	德尔福特工业大学	1982-10-15　1986-04-21 1993-06-07　1999-05-28 2005-01-31　2007-01-22 2008-10-27	2008-10-27
104		格罗宁根大学	1990-04-21	
105	捷克	捷克科技大学	1988-12-12	
106	挪威	挪威科技大学	2006-02	
107	葡萄牙	阿威罗大学，科英布拉大学，里斯本大学，波尔图大学，里斯本技术大学，里斯本新大学（6所）	1991-03-27	
108		里斯本理工大学工学院	1998-01-20	
109	瑞典	皇家工学院	1988-10-24　2008-12	2008-04-21

续表

序号	国家/地区	学校名称	校际协议签署日期	项目协议签署日期
110	瑞典	隆德大学	1997-09-17　2005-04-26	2010-05-19
111		乌普萨拉大学	2003-10-17　2009-04-23	
112	瑞士	瑞士苏黎世联邦技术学院	2005-11-23	
113		瑞士洛桑联邦高等工业学院	2006-12-04	
114		瑞士联邦理工大学		2009-05-13
115	斯洛伐克	斯洛伐克技术大学	1988-12-11　2003-04-07	
116	西班牙	瓦伦西亚理工大学	2006-05-10	2008-11-17
117		马德里理工大学	2007-01-10　2010-04-06	2010-04-06
118		加泰罗尼亚理工大学	2009-06-11	2009-06-16
119	意大利	罗马大学	1981-05-22　1994-05-12	
120		威尼斯国际大学	2004-07-02	
121		威尼斯东方大学	2005-06-11	
122		都灵理工大学	2006-11-20	
123		比萨圣安娜大学	2007-07-01	
124		米兰理工大学	2010-02-22	2010-06-18
125	英国	利物浦大学	1986-05-13	
126		玛丽皇后学院	1987-09-16	
127		斯特拉斯克莱德大学	1989-04-17	
128		曼彻斯特大学	1996-11-29　1999-10-26	2008-06-25
129		剑桥大学	1998-05-18　2003-04-16 2003-11-25	2010-05-14
130		南安普敦大学	1999-11-02	
131		克兰菲尔德大学	1999-10-25	
132		曼彻斯特科技大学	2002-06-05	
133		诺丁汉大学	2003-01-08	
134		诺森比亚大学	2000-04-13	
135		卡迪夫大学	2000-04-27	
136		布鲁内尔大学	2004-05-31	
137		赫尔大学	2004-10-07	
138		帝国理工大学	2007-05-27	
139		安格利亚鲁斯金大学	2010-03-24	
140		埃克斯特大学		2010-06-30
141	澳大利亚	昆士兰大学	1989-08-25	
142		迪肯大学，拉筹伯大学，麦考瑞大学，莫纳什大学，新南威尔士大学，塔斯马尼亚大学，维多利亚科技大学	1993-01-05	

续表

序号	国家/地区	学校名称	校际协议签署日期	项目协议签署日期
143	澳大利亚	麦考瑞大学		2010-05-27
144		墨尔本大学	1995-09-20 2000-10-12 2004-04-15 2009-10-15	2009-10-15
145		悉尼大学	1995-02-28 1998-05-07 2004-01-23 2005-09-03	2007-11-09
146		新南威尔士大学	2000-10-05	2003-11-28 2009-10-15
147		麦奎里大学	1993-01-05 2000-05-22	
148		莫纳什大学	2003-02-17	
149		澳大利亚国立大学	2004-06-17	2007-12 2008-06-16
150		阿德雷德大学	2005-07-01	
151		昆士兰科技大学		2008-06-17
152		西澳大利亚大学	2010-08-25	2010-08-25
153	新西兰	奥克兰大学	1997-11-28 2004-06-11	
154		奥克兰大学、清华大学（北京）、青海大学三兄弟合作协议	2007-05-30	
155		奥塔哥大学	2010-07-05	2010-07-05
156	阿联酋	阿联酋大学	2009-12-16	
157	巴基斯坦	巴基斯坦国家工程科学委员会	2010-03-30	
158	朝鲜	金策工业大学	1982-12-17	
159	菲律宾	雅典耀大学，亚洲太平洋大学，中央大学，东方大学，拉萨大学，菲律宾国立大学，菲律宾师范大学，圣都多嘛斯大学	2003-02	
160		菲律宾大学	2008-03-25	
161	韩国	釜山大学	1993-06-24	
162		东国大学	1993-08-01 1993-12-16 1994-07-06 2000-10-23	
163		汉城国立大学（工学院）	1994-07-12	
164		首尔国立大学	2006-09-22	2006-12-22
165		汉城京畿大学	1994-11-20	
166		汉阳大学	1996-08-26 2010-11-24	2010-11-24
167		仁荷大学	1997-01-30	
168		梨花女子大学	1997-10-09 2008-08-06	2009-03-06
169		韩国中央大学	1997-11-21 2008-12-23	2008-12-23

续表

序号	国家/地区	学校名称	校际协议签署日期	项目协议签署日期
170	韩国	韩国高等科学技术学院	2001-03-27　2002-11-09 2006-09-26	
171		浦项工业大学	2001-04-30	2006-09-27 2009-04-28
172		韩国电子技术学院	2002-10-14	
173		庆熙大学	2002-09-09	
174		高丽大学	1994-05-30　2004-06-30 2009-04-15	2007-10-26
175		汉城女子大学	2000-02-18	
176		延世大学	2010-01-07	2010-01-10
177		岭南大学	2010-10-28	
178	柬埔寨	金边王家大学	2006-10-25	
179	马来西亚	马来西亚英迪学院	1993-12-08　1997-06-19	
180		马来西亚新纪元学院（两校合作培养研究生协议）	1997-09-16	1998-11-12
181		马来西亚理工大学	2000-10-25	
182		马来西亚马来亚大学	2006-10-20	2010-07-28
183	蒙古	蒙古国立大学	2010-06-11	
184	日本	上智大学	1982-07-13　2009-11-10	2009-11-10/2 份
185		东京大学	1985-02-08　1999-02-26 2004-08-02　2009-07-03	2008-05-19 2009-07-03
186		东京工业大学	1985-04-19　1990-09-20 1996-11-12　2004-02-24 2009-06-01	2007-10-12 2009-06-01
187		日本共立女子学院	1992-04-17　1992-08-10 1995-09-28　1996-09-17	
188		名古屋大学	1989-03-24　2008-03-28	2008-03-28
189		九州大学	1989-11-27　1995-09-29 2009-05-05	2009-04-28
190		名古屋工业大学	1994-10-10　2008-11-05	2008-11-05
191		大阪工大摄南大学	1993-12-22　1999-01-25	
192		早稻田大学	1996-10-31 2004-02-25	2004-02-25 2008-05-05 2009-08-24/2 份

续表

序号	国家/地区	学校名称	校际协议签署日期	项目协议签署日期
193	日本	立命馆大学	1996-12-17	
194		丰桥科技大学	1996-12-23　2001-12-20	
195		京都大学	1998-05-05	2007-12-16
196		东北大学	1998-08-31　2003-08-25 2008-08-31	2005-09-30 2006-03-24 2010-10-26
197		明治大学	1999-02-24　2007-12-11	
198		庆应义塾大学	1999-09-01　2004-02-26 2009-04-02	2009-04-16
199		北陆先端科技大学院大学	2000-03-01	
200		新潟大学	2000-03-20	
201		日本中央大学	2003-03-27	
202		大阪大学	2004-08-02　2009-03-27	2009-03-27
203		千叶大学	2007-12-25	2007-12-25 2009-06-11
204		北海道大学	2008-06-30	2008-06-30
205		东京农工大学	2008-07-07	2008-10-13
206		横滨国立大学	2008-03-28	
207		神户大学	2009-04-23	2009-04-24
208		广岛大学	2010-10-14	
209	沙特	沙特国王大学	2009-12-15	
210		阿卜杜拉国王科技大学	2010-03-25	
211	泰国	泰国法政大学	2002-10-08	
212		泰国朱拉隆功大学	2003-04-03　2009-01-15	
213	新加坡	新加坡国立大学	1991-10-05　1994-10-12 1999-07-06　2004-08-05 2009-04-16	2009-04-16/2 份
214		南洋理工大学	1992-08-21　2009-03-10	2009-03-02
215	以色列	以色列技术学院	2003-03-06	
216		耶路撒冷希伯来大学	2008-10-28	
217	越南	河内百科大学	1995-10-26	
218		越南胡志明市国家大学	2000-11-16　2003-04-03 2007-12-21	
219		越南河内国家大学	2006-10-23	2010-07-29
220		黎贵敦技术大学	2007-08-20 2008-05-14 2010-07-29	2008-08-18 2009-08-12 2010-08-20

续表

序号	国家/地区	学校名称	校际协议签署日期	项目协议签署日期
221	印度尼西亚	印度尼西亚大学	2007-06-15	
222	印度	德里印度理工学院	2008-09-08	
223		印度孟买理工大学	2008-10-09	
224	中国香港	香港中文大学	1985-05-13 1992-01-22 1995-10-18 1998-12-11 2003-08-05 2010-02-08	2006-08-15
225		香港浸会大学（原名香港浸会学院），联合建立“学术交流中心”	1989-05-07 1998-09-02 2002-04-10	
226		香港城市大学（原香港城市理工学院）	1990-11-15 1992-10-25 2001-08-15	2006-03-08
227		香港理工大学（原香港理工学院）	1991-05-22 1999-09-01 2003-08-07	2003-08-07
228		香港大学	1993-06-23 1996-05-29 2003-08-04	2003-08-11
229		香港科技大学	1998-06-02 2002-11-12 2004-04-27	
230		香港岭南大学	2005-04-05	2010-12-07
231	中国澳门	澳门大学	1992-12-16 2000-10-28	
232		澳门科技大学	1999-12-22 2005-03-03	
233	中国台湾	元智工学院	1995-06-21	
234		新竹清华大学	1995-12-12 2001-04-29 2009-10-26	
235		台湾成功大学	2006-05-22	
236		台湾大学	2006-10-26	
237		台湾交通大学	2009-09-10	
238		台湾政治大学	2010-04-29	2010-04-29
239	多边	中国香港科技大学，韩国科学技术院，新加坡南洋理工大学，中国清华大学（北京），日本东京工业大学（亚洲世界一流理工大学联盟）	2009-07-21	2010-07-05
240	埃及	开罗大学	2009-12-13	

说明：① 表内按美洲、欧洲、大洋洲、亚洲、非洲排序，同一洲内按国名汉语拼音首字母排序，同一国内按签署时间排序。
② 项目协议主要指学生交换协议。

三、国际学术会议

（一）出国（境）参加国际学术会议

1950 年至 2010 年，清华大学派员参加国际学术会议共计 26 473 人次，历年统计见表 8-3-5。

表 8-3-5　1950 年—2010 年清华大学派出参加国际学术会议人数统计

年份	出席人数	年份	出席人数	年份	出席人数
1950	2	1981	36	1997	442
1955	2	1982	32	1998	564
1956	4	1983	43	1999	605
1957	2	1984	71	2000	1 003
1958	5	1985	92	2001	1 060
1960	2	1986	137	2002	1 306
1963	5	1987	154	2003	1 009
1964	6	1988	187	2004	1 376
1965	8	1989	173	2005	1 764
1966	12	1990	194	2006	2 210
1973	1	1991	214	2007	2 494
1974	2	1992	204	2008	2 698
1976	2	1993	243	2009	3 316
1978	16	1994	256	2010	4 130
1979	27	1995	327	合计	26 473（人次）
1980	37	1996	372		

（二）主办国际及双边学术会议

1. 1983 年—1993 年

1983 年至 1993 年，清华大学共举办国际及双边学术会议 64 次，接待境外专家、学者 2 259 人次；境内与会专家、学者 5 257 人，发表学术论文 5 499 篇，见表 8-3-6。

表 8-3-6　1983 年—1993 年清华大学举办的国际及双边会议

年份	会议名称	主办单位	会议类型	主　席	总人数	境外人数
1983	沸腾燃烧及应用技术国际会议	热能系	多边	冯俊凯	105	55
1985	国际传热学会议	热能系	多边	王补宣	135	58
	国际应用微分方程讨论会	数学系	多边	萧树铁	33	10
1986	中国边界元法学术会议	力学系	双边	杜庆华	118	17
	第三世界电子工业战略与政策会议	经管学院	多边	赵家和	23	11
1987	城市民用能源国际研讨会	核研院	多边	邱大雄	16	7
	中美拱坝抗震联合讨论会	水利系	双边	张光斗	36	17
	国际煤燃烧学术会议	热能系	多边	冯俊凯	181	80
	中国国际通信学术会议	电子系	多边	吴佑寿	500	102

续表

年份	会议名称	主办单位	会议类型	主　席	总人数	境外人数
1988	第四届国际氢与材料会议	材料系	多边	陈南平	102	48
	第二届北京国际传热学会议	热能系	多边	王补宣	133	72
	第二届电介质材料应用会议	电机系	多边	张仁豫	240	100
	第二届中日边界元法会议	力学系	多边	杜庆华	60	20
	第一届中波机械 CAD 会议	机械系	多边	俞新陆	20	8
	国际生产工程学术会议	精仪系	多边	于光远	191	18
	纪念华罗庚国际学术会议	数学系	多边	萧树铁	149	29
1989	第一代计算机系统国际学术会议	计算机系	多边	张　钹	114	16
	第一届国际惯性技术学术会议	精仪系	多边	章燕申	167	17
	第一届国际锻压设备设计研究会	机械系	多边	俞新陆	69	16
	科学计算软件国际学术交流会	计算机系	多边	蔡大用	68	12
	化学热力学及量热学国际会议	化学系	多边	胡日衡	129	29
	第四届国际结构稳定亚洲会议	土木系	多边	李少甫	90	15
	流体动态测量及应用国际会议	力学系	多边	倪维斗	94	29
	转变中的亚洲城市与建筑会议	建筑学院	多边	吴良镛	89	45
1990	第三届亚洲放电学术会议	电机系	多边	张仁豫	71	25
	国际光电子科学及工程学术会议	精仪系	多边	王大珩	355	75
1991	国际机械 CAD 会议	机械系	多边	俞新陆	128	48
	暖通空调国际会议	热能系	多边	赵荣义	66	13
	中日边界元法学术会议	力学系	双边	杜庆华	62	8
	第二届国际煤燃烧会议	热能系	国际组织	冯俊凯	141	61
	工程与科学非线性会议	数学系	多边	萧树铁	60	13
	水资源影响评价研讨会	环境系	多边	井文涌	63	7
	村镇建设国际讨论会	建筑学院	多边	吴良镛	95	15
	中日表面工程研讨会	机械系	多边	刘家浚	50	14
	北京 CAI 国际研讨会	教务处	双边	周远清	167	7
	亚太区材料强度研讨会	材料系	多边	陈南平	237	87
1992	泵及泵系统国际会议	水利系	多边	吴玉林	80	29
	欧共体能源合作网 12 届年会	核研院	多边	王大中	40	14
	国际 CIMS 学术会议	自动化系	多边	吴　澄	74	20
	中国国际通信学术会议	电子系	多边	童志鹏	330	136
	第三届国际传热学会议	热能系	多边	王补宣	180	90
	国际磁化等离子体工作组二次会议	电机系	多边	罗承沐	20	17
	国际智能信息处理与信息系统会议	自动化系	多边	李衍达	132	22
	城市旧居住区改造国际研讨班	建筑学院	多边	吴良镛	26	10

续表

年份	会议名称	主办单位	会议类型	主　席	总人数	境外人数
1992	旧城改造高级研讨班	建筑学院	多边	吴良镛	34	7
	工业水处理国际研讨会	核研院	多边	王大中	34	17
	国际抗震结构学术会议	土木系	多边	刘西拉	35	7
1993	中国能源发展战略国际圆桌会	核研院	多边	邱大雄	44	10
	国际现代设计、制造与测量会	精仪系	多边	周兆英	70	20
	土木工程中的知识系统国际会议	土木系	国际组织	刘西拉	100	51
	中加环境污染控制技术培训班	环境系	双边	井文涌	39	6
	计算机方法在岩石力学中应用会议	水利系	多边	周维垣	139	38
	第六届中、日、美催化会议	化学系	多边	朱起鸣	116	48
	第三届国际青年计算机学术会议	计算机系	多边	吴建平	300	150
	亚洲、大洋洲国际塑性力学会议	力学系	多边	徐秉业	61	26
	第三届计算机辅助设计与图形学会	计算机系	多边	唐泽圣	146	57
	第一届全球华人智能自动化大会	自动化系	多边	李衍达	440	54
	国际海洋污染会议	科技处	多边	周家义	66	53
	核研究与莫斯科工学院反应堆会议	核研院	双边	马昌文	33	3
	第三届世界工程与环境大会	环境系	国际组织	钱　易	202	95
	摩擦学国际研讨会	精仪系	多边	温诗铸	143	40
	进水进气事故后高温堆结构会议	核研院	多边	王大中	30	14
	社会主义市场经济和中国城市化会议	建筑学院	多边	赵炳时	48	11
	中日建筑结构技术交流会	土木系	双边	方鄂华	47	10

2. 1994 年—2000 年

1994 年后，随着清华大学对外合作与交流的规模日益扩大，国际学术会议的举办次数快速增加。1994 年至 2000 年，清华大学共举办国际及双边会议 215 次，接待境外专家、学者 11 055 人；境内与会专家、学者 18 607 人，发表论文 13 171 篇。其中参会人数在 150 人以上的重大国际学术会议 37 次，见表 8-3-7。

表 8-3-7　1994 年—2000 年清华大学举办的重大国际及双边会议（参会 150 人以上）

年份	会议名称	主办单位	主　席	会　期	总人数	境外人数
1994	第十届国际正电子湮没会议	物理系	何元金	1994-05	210	160
	第二届国际光电子科学及工程学术会议	精仪系	孙培懋	1994-08	305	120
	1994 年国际焊接学会 47 届年会	机械系	陈丙森	1994-09	790	540
	第二届中德环境保护研讨会	环境系	钱　易	1994-09	225	25
	计算机亚太地区网络组工作会议和研讨会	网络中心	胡道元	1994-11	286	46
1995	中韩环境保护产业研讨会	环境系	郝吉明	1995-04	150	30
	第三届海峡两岸环境保护科学技术研讨会	环境系	钱　易	1995-08	197	93

续表

年份	会议名称	主办单位	主席	会期	总人数	境外人数
1995	第六十一届世界铸造会议	机械系	孙国雄	1995-09	668	918
	第四届国际固态和集成电路技术学术会议	微电子所	王阳元	1995-10	241	140
1995	中西哲学文化的融同与创新——纪念冯友兰先生诞生100周年国际学术讨论会	文研所	朱伯昆	1995-12	159	9
	计算机时代的汉语与汉字研讨会	中文系	王大中	1995-12	165	5
1996	中国经济改革与发展学术报告会	经管学院	李子奈	1996-04	245	15
	大学与企业联合国际研讨会	企业委员	王大中 黄建华	1996-05	150	22
	1996年国际通信技术学术会议	电子系	孙俊人 曹志刚	1996-05	300	150
	管理科学与中国经济发展国际会议	经管学院	赵纯均	1996-07	178	94
	IEEE系统-控制学会年会	经管学院	郑维敏	1996-10	530	400
1997	第四届亚太地区生化工程会议	化工系	沈忠耀 曹竹安	1997-10	300	160
	IEEE第一届智能处理系统国际会议	计算机系	孙增圻 刘志强	1997-10	300	100
1998	第七届化学传感器国际会议	材料系	周志刚 冯冠平	1998-07	320	192
	第一届亚洲摩擦学国际会议	精仪系	温诗铸 王　慧	1998-10	175	80
	第五届海峡两岸无线电技术研讨会	电子系	龚　克	1998-10	166	26
	中国第一届先进陶瓷国际会议	材料系	关振铎	1998-10	200	69
	中法建筑研讨会	建筑学院	栗德祥	1998-11	162	12
	1998中文信息处理国际会议	计算机系	苏东庄 黄昌宁	1998-11	238	38
1999	国际工程师（UIA）第二十届世界大会	建筑系	吴良镛	1999-06	6 102	2 200
	第一届中加33数学科学学术会议	数学系	蔡大用	1999-08	150	70
2000	创业投资与中国高科技产业发展研讨会	企业集团	刘宇环	2000-04	900	200
	公共政策与管理国际会议	行政学院	赵纯均	2000-05	159	7
	中国加入WTO后的网上商机及风险	科技开发部	张英相	2000-06	296	16
	第五届亚洲房地产学会年会暨国际研讨会	土木系	刘洪玉	2000-07	454	179
	第三届国际电力电子和运动控制会议	电机系	韩英铎	2000-08	256	156
	亚太高速网络北京会议，东亚研究型大学协会研讨会	网络中心	吴建平	2000-08	207	101

续表

年份	会 议 名 称	主办单位	主　席	会　期	总人数	境外人数
2000	第三届中美化学工程双边会议	化工系	金　涌	2000-09	453	212
	2000 国际生物芯片技术会议	生物系	程　京	2000-10	279	144
	汉语口语语言处理国际研究会	计算机系 中科院	高　文	2000-10	169	69
	后基因组战略国际研讨会	生物系	傅新元	2000-10	308	26
	2000 中芬环境与森林研讨会	环境系	郝吉明	2000-10	171	48

3. 2001 年—2010 年

2001 年至 2010 年，清华大学共举办国际及双边会议 621 次，接待境外专家、学者 31 399 人次；境内与会专家、学者 46 553 人次。其中境外代表 100 人以上或者总规模 300 人以上的重大国际学术会议 93 次，见表 8-3-8。

表 8-3-8　2001 年—2010 年清华大学举办的重大国际学术会议
（境外代表 100 人以上或总规模 300 人以上）

年份	会 议 名 称	主 办 单 位	会　期	总人数	境外人数
2001	亚洲第八届辐射固化国际会议	化学系	2001-05	350	175
	第二届中国会计与财务问题研讨会	经管学院	2001-05	230	100
	清华 2001 国际工业设计论坛暨工业设计教学研讨会	美术学院	2001-06	300	22
	第十五届国际磷化学学术会后会	化学系	2001-08	200	100
	2001 年知识仓库建设国际研讨会	光盘中心	2001-08	300	50
	第二届 IEEE 环太平洋多媒体会议	电子系	2001-10	200	100
	2001 燃料酒精技术研讨及展示会	化学系	2001-10	600	140
2002	第二届公共政策与管理国际研讨会	公管学院	2002-05	300	80
	前沿科学国际研讨会——庆祝杨振宁教授八十华诞	高研中心	2002-06	450	120
	2002 年国际碳材料学术会议	材料系	2002-09	460	310
	2002 年国际生物芯片技术论坛	生命科学与工程研究院	2002-11	400	150
2003	大地之爱・母亲水窖	环境系	2003-02	300	20
	中韩高技术展示会	企业合作委员会	2003-08	500	200
	分布系统的软件开发技术国际会议	计算机系	2003-09	120	100
2004	清华国际生命科学交叉前沿——生物信息学研讨会	生物系	2004-06	300	15
	医学新进展国际研讨会	第一附属医院	2004-06	300	12
	清洁发展机制（CDM）在中国——采取积极的可持续的方式	核研院	2004-07	210	117

续表

年份	会议名称	主办单位	会期	总人数	境外人数
2004	2004 中国金融国际年会	经管学院	2004-07	200	100
	第八次生物聚酯国际论坛	生物系	2004-08	200	145
	第十届亚太平洋地区通讯会议和第五届多维移动通讯会议联合大会	电子系	2004-08	300	100
	第六届国际自动控制联合会技术过程的故障检测、监控与安全性国际会议	自动化系	2004-08	250	190
	国际工程教育研讨会	工程力学系	2004-09	450	150
	环太平洋大学联盟“远程教育与互联网 2004”国际会议	继教学院	2004-10	170	100
	国际生物芯片技术论坛	生物系	2004-10	300	100
	第六届国际水环境系统分析年会	环境系	2004-11	300	200
	第十二届亚洲放电国际会议（ACED）	生研院	2004-11	200	120
	第四届电子上午国际学术会议	经管学院	2004-12	200	100
	中欧高级网络技术研讨会暨展览会	网络中心	2004-12	450	100
2005	第十届室内空气品质与室内微气候国际学术会议	建筑学院	2005-06	630	380
	第十四届国际生命起源大会	化学系	2005-06	300	185
	第十一届国际模糊系统协会世界大会	经管学院	2005-07	200	105
	第十四届国际高电压工程会	电机系	2005-08	520	420
	第八届国际火灾科学大会	工物系	2005-09	310	240
	2005 年国际溶剂萃取会议	化学工程系	2005-09	435	250
	第七届资源再生、循环和再集成国际会议及工业展览会	土木水利学院	2005-09	520	280
2006	21 世纪数字化学习高峰论坛	计算机系	2006-03	300	100
	国际技术管理协会 IAMOT 第 15 次技术管理国际学术会议	经管学院	2006-05	350	200
	工业工程与系统管理国际学术会议	经管学院	2006-05	300	200
	第十届全球华人计算机教育应用大会	教育技术研究所	2006-06	260	100
	世界计量经济学会 2006 年远东会议	经管学院	2006-07	500	400
	第六届国际自动控制联合会技术过程的故障检测、监控与安全性国际会议	自动化系	2006-08	250	190
	系统应用中的计算工程国际会议	计算机系	2006-10	650	450
	2006 年国际生物-纳米-信息融合大会暨 2006 年国际生物芯片技术论坛	医学院	2006-10	200	100
	清华-荷兰代夫特大学“现代化与地域性——重塑城市识别性”国际会议	建筑学院	2006-10	200	100
	从洛桑到北京——第四届国际纤维艺术双年展暨学术研讨会	美术学院	2006-10	240	120
	全球化教育扶贫与中美大学生扶贫实践国际研讨会	继教学院	2006-11	200	100

续表

年份	会议名称	主办单位	会期	总人数	境外人数
2007	ACM SIGMOD 数据管理国际学术会议	计算机系	2007-04	500	380
	第五届中国先进陶瓷国际研讨会	材料系	2007-05	500	100
	亚洲心血管外科协会第十五届年会	第一附属医院	2007-05	400	200
	工业工程与系统管理国际学术会议	经济管理学院	2007-05	250	150
	水环境监测及传感器技术研讨会	环境系	2007-06	110	100
	2007 制造与服务运作管理国际学术会议	经济管理学院	2007-06	400	250
	2007 生命科学前沿讨论会	医学院	2007-07	200	140
	2007 中国金融国际年会	经济管理学院	2007-07	200	80
	第十二届人机交互大会	工业工程系	2007-07	2 400	1 800
	第十三届国际逻辑学、方法论与科学哲学大会	人文学院	2007-08	500	400
	国家创新体系和创新政策高层国际研讨会	公共管理学院	2007-08	200	100
	第三届亚太颗粒会议	化工系	2007-09	450	150
	第十届国际建筑模拟大会	建筑学院	2007-09	300	200
	第十五届电子电气工程师协会网络协议国际会议	计算机系	2007-10	200	120
	2007 年国际微生物日研讨会	生物系	2007-10	250	100
	国际电池材料协会（IBA）2007 年会议	深圳研究生院	2007-11	350	150
2008	第十二届保险、数学和经济学国际大会	经济管理学院	2008-07	250	130
	2008 年 IEEE 国际神经网络研讨会	计算机系	2008-09	500	250
	中国微米纳米技术学会第十届年会	中国微米纳米技术学会	2008-10	200	100
	国际奇异夸克物质大会	物理系	2008-10	150	100
	第十二届土木与建筑工程计算机技术国际学术会议	土木系	2008-10	400	200
	简并量子气体研究前沿国际会议	高等研究中心	2008-10	250	100
2009	2009 亚太生物信息学大会	自动化系	2009-01	250	150
	第十五届层间化合物国际会议	材料系	2009-05	300	200
	第十三届国际计算电子学会议	微电子所	2009-05	150	100
	第八届共轭高分子与有机纳米结构光探测国际会议	化学系	2009-06	150	150
	国际碳纳米管 2009 会议	化工系	2009-06	650	250
	2009 电子封装技术和高密度封装国际会议	材料系 微电子所	2009-08	400	320
	2009 国际水协膜技术国际会议	环境系	2009-09	300	150
	第十五届移动计算与网络国际会议	计算机系	2009-09	250	150
	第十届放射与核医学成像的全三维图像重建国际会议	工物系	2009-09	200	150
	2009 动力锂离子电池技术及产业发展国际研讨会	化学系	2009-10	350	100

续表

年份	会议名称	主办单位	会期	总人数	境外人数
2010	2010 计算机科学创新研讨会	理论计算机科学研究中心	2010-01	210	110
	2010 亚太电磁兼容会议	电机系	2010-04	320	120
	2010 非线性波理论及其应用国际会议	周培源应用数学研究中心	2010-06	180	140
	2010 中国金融国际年会	经管学院中国金融研究中心	2010-07	300	80
	21 世纪能源燃烧研究研讨会	热能系	2010-07	300	30
	第三十三届国际燃烧会议	热能系	2010-08	1 000	800
	国际纳光电子学研讨会	集成光电子学国家重点实验室	2010-08	200	100
	积极心理学国际会议	心理学系	2010-08	600	30
	2010 年国际土木工程复合材料应用学术大会	土木系	2010-09	200	150
	2010 年国际固体薄膜及表面会议	物理系	2010-10	350	100
	2010 年北京动力锂离子电池技术及产业发展国际会议	化学系	2010-11	450	150
	2010 年 IEEE 亚洲固态电路会议	微电子所	2010-11	300	250
	国际互联网工程组织第 79 次学术会议	网络中心	2010-11	800	450
	2010 年可编程逻辑阵列技术国际学术会议	计算机系	2010-12	170	100
	第五届世界华人数学家大会	数学中心	2010-12	1 500	300

（三）举办高端学术论坛

围绕学校人才培养目标，为了利用并整合学校的海外名师资源，拓宽学生的国际化视野，了解学术前沿动态，培养学生参与国际交流的能力，增强校园国际化氛围，学校于 2007 年开设了“清华海外名师讲堂”，将每年来校访问的包括国家元首和政府首脑、国际组织的知名人士、诺贝尔奖获得者、国际著名大学校长、跨国企业总裁等在内的名师资源纳入学生选修课体系之中，使之成为高层次、前沿性、成系列的教学实践活动，截至 2010 年 12 月，“清华海外名师讲堂”共举办了 94 场讲座，受益学生达 14 000 余人。同时，学校相继每年举办数场诺贝尔奖学者论坛。这些高端学术论坛活动，为我校师生与顶尖专家学者面对面交流、聆听专业领域的前沿信息和了解大师科研治学的体会提供了宝贵的机会。

四、清华大学教师在国际上获得荣誉及任职情况

对外交流的不断扩大，促进了清华大学与国际学术界之间的相互了解，提高了清华大学的国际声誉。学校一大批教师通过出国留学和开展合作研究，开拓创新，迅速成长为教学骨干和学术带头人，并纷纷走上国际舞台，崭露头角。1956 年至 2010 年，清华有百余位教授在国际上获奖、

在国际学术组织中任职、被授予名誉博士学位、荣膺外国和国际科学院院士等。

（一）清华大学教师荣膺外国科学院和工程科学院院士

据现有资料统计，清华大学教师荣膺外国科学院和工程科学院院士的名单见表 8-3-9。

表 8-3-9 清华大学教师荣膺外国科学院和工程科学院院士名单

序号	年份	姓　名	荣 膺 名 称
1	1956	钱伟长	波兰科学院院士
2	1980	张　维	瑞典皇家工程科学院院士
3	1981	张光斗	墨西哥工程科学院院士
4	1987	陈志华	俄罗斯古建筑科学院院士
5	1991	张孝文	国际陶瓷科学院院士
6	1991	倪维斗	国际高校科学院院士
7	1992	李家明	第三世界科学院院士
8	1994	吴佑寿	国际高校科学院院士
9	1994	张　钹	俄罗斯自然科学院外籍院士
10	1995	赵玉芬	俄罗斯国际科学院外籍院士
11	1996	苗赫濯	国际陶瓷科学院院士
12	1997	赵兆颐	国际能源科学院院士
13	1999	王志新	第三世界科学院院士
14	2000	陈大融	俄罗斯国家工程院外籍院士
15	2001	周炳琨	第三世界科学院院士
16	2001	金元生	白俄罗斯工程院院士
17	2001	金元生	俄罗斯自然科学院外籍院士
18	2001	吴良镛	俄罗斯建筑科学研究院外籍院士
19	2002	吴冠中	法兰西学士院艺术院通讯院士
20	2002	龚　克	俄罗斯宇航科学院外籍院士
21	2002	杨　卫	俄罗斯宇航科学院外籍院士
22	2004	黄克智	俄罗斯科学院外籍院士
23	2004	吴良镛	法兰西建筑科学院院士
24	2004	饶子和	第三世界科学院院士
25	2004	杨　卫	第三世界科学院院士
26	2005	顾秉林	第三世界科学院院士
27	2005	陈明哲	第三世界科学院院士
28	2006	卢　强	瑞典皇家工程科学院外籍院士
29	2006	陈明哲	国际欧亚科学院院士
30	2007	朱　静	第三世界科学院院士
31	2008	帅志刚	国际量子分子科学院院士
32	2008	赵南明	国际欧亚科学院院士
33	2008	孟安明	第三世界科学院院士
34	2008	彭培根	联合国国际生态安全科学院院士
35	2010	顾秉林	瑞典皇家工程科学院外籍院士

（二）清华大学教师在国（境）外获得荣誉学位情况

清华大学教师在国（境）外获得荣誉学位情况见表 8-3-10。

表 8-3-10　清华大学教师获得国（境）外荣誉学位一览

年份	姓　名	荣誉学位
1990	倪维斗	俄罗斯圣彼得堡国立技术大学荣誉博士学位
1995	王大中	中国香港浸会大学荣誉博士学位
1997	王大中	中国香港大学名誉法学博士学位
2000	王大中	中国澳门大学名誉博士学位
2002	王大中	日本早稻田大学名誉博士学位
2004	王大中	法国巴黎中央大学荣誉博士学位
2005	顾秉林	日本早稻田大学名誉博士学位
2007	顾秉林	法国里昂中央理工大学荣誉博士学位勋章
2009	顾秉林	英国拉夫堡大学名誉博士学位

（三）清华大学教师在国际上获奖情况

清华大学教师在国际上获奖情况见表 8-3-11。

表 8-3-11　清华大学教师国（境）外获奖一览

年份	姓　名	荣誉名称
1981	张光斗	美国加州大学哈斯国际奖
1987	张　维	联邦德国洪堡基金会洪堡奖章
1988	张　维	大十字级德意志联邦共和国勋章
1992	吴良镛	1992 年联合国“世界人居奖”
1994	吴　澄 清华大学国家 CIMS 工程研究中心	美国制造工程师学会设立的 CIMS 应用与开发“大学领先奖”
1995	吕崇德	国际计算机仿真学会设立的“突出贡献奖”
1996	吴良镛	国际建筑师学会设立的“1996 年建筑评论和建筑教育奖”
1999	吴良镛	法国文化部“法兰西共和国艺术与文学骑士勋章”
2001	张　维	世界工程师协会联合会“工程教育优秀奖章”
2001	金元生	俄罗斯自然科学院主席团授予的“科学发明家”银质奖章
2002	栗德祥	法国文化与交流部授予的“法兰西共和国艺术与文学骑士勋章”
2002	吴良镛	荷兰克劳斯亲王基金会授予的“2002 年度克劳斯亲王奖”
2006	何美欢	加拿大多伦多大学法学院授予的“杰出女性先驱奖”
2006	金　涌	美国化学工程师学会“流态化技术奖”
2009	邓　伟	希腊“索菲”奖
2009	钱　易	世界工程组织联合会“2009 年优秀工程教育奖”

续表

年份	姓　名	荣誉名称
2010	施一公	2010 年"赛克勒国际生物物理学奖"
2010	何金良	IEEE 电磁兼容学会技术成就奖
2010	刘国松	葛兰素史克神经科学卓越奖
2010	韦　杰	国际加速器领域独立的创造性的重大贡献奖
2010	吴建平	国际互联网界最高奖
2010	赵　超	红点设计国际奖
2010	邓　伟	PPA 国际摄影杰出贡献奖

第四节　外籍及港澳台专家

一、1911 年—1949 年清华大学聘请的外籍专家

从清华学堂成立时起，学校就聘请了大量外籍尤其是美籍教师来校任教，但这些外籍教师水平不一，学历不等。改建大学以后，聘请的外籍教师水平有所提高。1911 年至 1949 年清华大学聘请的外籍教授名单见表 8-4-1。

表 8-4-1　1911 年—1949 年清华大学聘请的外籍教授

姓　　名	国籍	学科	姓　　名	国籍	学科
毕莲（Miss A. M. Bille）（女）	美国	外文	噶邦福（J. J. Gapanovich）	俄国	历史学
翟孟生（R. d. Jameson）	美国	外文	华敦德（F. L. Wattendort）	美国	机械工程
吴可读（A. L. Polland Vrguhart）	英国	外文	古普克（R. Rupka）	德国	机械工程
温德（R. Winter）	美国	外文	史禄国（S. M. Chirokogorott）	美国	社会学
瑞恰慈（J. A. Richards）	英国	外文	莱特（Quiniy Wright）	美国	政治学
艾克（Gustar Ecke）	德国	外文	林美德	美国	音乐
裴鲁（Count von Plessen Cronstem）	德国	外文	施美士	美国	地理学
常浩德（H. De Tscharner）	瑞士	外文	麻　伦	美国	历史学
石坦安（Piether Vonden Steinen）	德国	外文	谭　唐（G. H. Dabton）	美国	西洋文学
华兰德（L. Holland）（女）	德国	外文			

此外，学校还聘请了一批国际知名学者、教授来校讲学。1924 年至 1937 年曾来清华大学讲

学的国际知名学者有：

泰戈尔（Rabindranath Tagore），印度著名诗人；

郎之万（Paul Langevin），法国物理学家和化学家；

兰茂尔（Inang Langmuir），美国物理化学家，1932 年诺贝尔化学奖获得者；

何尔康（Holcombe Arthur Norman），美国政治学家；

杰克逊（Robert Houghwout Jackson），美国法学家；

哈达玛（Tacques Horetamort），法国数学家；

维纳（Norberk Wiener），美国数学家、控制论创始人；

华敦德（Frnk L. Wattendort），美国航空工程学家；

冯·卡门（Theodor Von Karmbon），美国物理学家、航空工程学家；

狄拉克（P. A. M. Dirac），英国物理学家。

二、1949 年后清华大学聘请的外籍专家

（一）1950 年—1977 年

20 世纪 50—60 年代清华大学先后聘请苏联专家 63 名，德国专家 4 名和捷克专家 1 名（见表 8-4-2）。63 名苏联专家分别来自苏联莫斯科动力学院、列宁格勒工学院、列宁格勒电工学院等 23 所工科院校。这些专家指导帮助学校开设了 103 门工科课程，编写了有关讲义，指导建立了 37 个实验室，培养教师 504 人。

表 8-4-2 1952 年—1960 年清华大学聘请的外籍专家

序号	姓　　名	来 自 院 校	职称	所在系	主 要 工 作	在清华时间
1	阿谢甫柯夫	苏联新西伯利亚土建学院	教授	建筑系	系顾问，讲课	1952-10—1953-07
2	倪克勤	苏联莫斯科动力学院	副教授	水利系	建新专业，系顾问	1952-11—1954-07
3	高尔竞可	苏联莫斯科土建学院	副教授	水利系	建新专业，讲课	1952-12—1954-07
4	萨多维奇	苏联列宁格勒土建学院	副教授	土木系	校系顾问，建新专业，讲课	1952-12—1955-07
5	杰门节夫	苏联莫斯科机械制造夜大学	副教授	机械系	建新专业，建实验室，讲课	1952-12—1955-08
6	科 葸 夫 尼柯夫	苏联列宁格勒工学院	副教授	水利系	讲课，改建实验室	1953-11—1955-07
7	霍佳阔夫	苏联列宁格勒电讯学院	副教授	无线电系	讲课，建实验室，系顾问	1953-11—1955-07
8	斯卡昆	苏联莫斯科航空工艺学院	副教授	机械系	帮助建实验室，指导科研	1953-11—1956-06

续表

序号	姓　　名	来自院校	职称	所在系	主要工作	在清华时间
9	彼得鲁哈夫	苏联莫斯科航空学院	副教授	机械系	讲课，建实验室	1953-12—1955-12
10	伊里绰夫	苏联莫斯科土建学院	副教授	建筑系	讲课，建实验室，资料室，系顾问	1953-12—1954-06
11	巴然诺夫	苏联哈尔科夫工学院	副教授	电机系	系顾问，讲课，建实验室	1953-12—1955-08
12	捷列文斯科夫	苏联高尔基土建学院	副教授	土木系	讲课，建实验室，科研，系顾问	1953-12—1955-12
13	巴巴诺夫	苏联列宁格勒工学院	副教授	物理教研组	校顾问，讲课	1953-12—1955-12
14	米哈辽夫	苏联列宁格勒工学院	副教授	动力系	校顾问，讲课，建实验室	1954-10—1955-07
15	奥梅里谦柯	苏联哈尔科夫工学院	副教授	电机系	讲课，建实验室	1954-10—1956-07
16	日伏夫	苏联哈尔科夫工学院	副教授	机械系	讲课，建实验室	1954-10—1956-10
17	季瓦阔夫	苏联莫斯科自动机械工学院	副教授	动力系	讲课，建实验室	1954-10—1956-09
18	德拉兹道夫	苏联莫斯科建筑工程学院	副教授	土木系	讲课，建实验室	1955-01—1955-07
19	卓洛塔廖夫	苏联莫斯科动力学院	教授	水利系	讲课，编写讲义，建实验室	1954-11—1955-06
20	萨洛夫	苏联乌拉尔工学院	副教授	机械系	讲课，建实验室，指导科研	1955-08—1957-06
21	勃里斯库诺夫	苏联列宁格勒电工学院	讲师	无线电系	讲课，建实验室，指导科研	1955-08—1957-07
22	阿凡钦柯	苏联列宁格勒土建学院	副教授	建筑系	讲课，建资料室，校系顾问	1955-09—1957-09
23	斯捷范诺夫	苏联列宁格勒工学院	副教授	电机系	建新专业，讲课，建实验室，指导科研	1955-09—1957-09
24	萨普雷金	苏联列宁格勒航空仪器制造学院	副教授	无线电系	建新专业，建实验室，讲课	1955-09—1957-07
25	郭列诺夫	苏联莫斯科机床学院	副教授	机械系	讲课，开出试验，指导毕业设计	1956-08—1957-08

续表

序号	姓　名	来自院校	职称	所在系	主要工作	在清华时间
26	翟柯夫	苏联列宁格勒电工学院	副教授	电机系	讲课，建实验室	1956-08—1958-06
27	齐斯佳柯夫	苏联莫斯科动力学院	副教授	动力系	校顾问，讲课，建实验室	1956-10—1958-10
28	瓦采脱	苏联哈尔科夫工学院	副教授	工物系	讲课，建新专业，建实验室，系顾问	1956-10—1958-10
29	苏启林	苏联列宁格勒工学院	副教授	电机系	建新专业，讲课，建实验室	1956-10—1958-07
30	格林别克	苏联列宁格勒工学院	副教授	工物系	建新专业，讲课，建实验室	1956-10—1957-07
31	库兹明	苏联莫斯科土建学院	副教授	水利系	讲学，指导课程设计，科研	1957-03—1957-08
32	鲁吉扬诺夫	苏联莫斯科航空学院	副教授	机械系	短期讲学，指导实验工作	1957-04—1957-07
33	斯佩尔	民主德国魏玛建筑工程高等工学院	教授	土木系	讲课，指导毕业设计，建实验室	1957-05—1958-07
34	沙尔达特金娜	苏联莫斯科动力学院	副教授	电机系	讲课，指导科研	1957-08—1958-06
35	斯捷潘诺夫	苏联莫斯科印刷机械学院	讲师	机械系	示范讲课，专题报告	1957-08—1958-06
36	鲍里索夫	苏联莫斯科动力学院	副教授	无线电系	讲课，建实验室，指导科研	1957-09—1959-12
37	奥本劳斯	民主德国德累斯顿工业大学	教授	电机系	短期讲学	1957-09—1957-11
38	米尔德	民主德国德累斯顿工业大学	教授	无线电系	讲课，指导教学及科研	1957-09—1957-11
39	马尔金	苏联莫斯科动力学院	副教授	动力系	讲课，指导毕业设计，建实验室	1957-10—1959-05
40	克洛里	苏联列宁格勒光机学院	副教授	电机系	建新专业，讲课，指导毕业设计	1957-11—1958-11
41	萨宁	苏联莫斯科大学	教授	工程物理系 机械系	建新专业，讲课	1957-11—1958-07
42	季诺维也夫	苏联莫斯科全苏函授大学	教授	机械系	讲课，指导教学工作	1958-01—1958-07
43	苏达里柯夫	苏联莫斯科化工学院	副教授	工程物理系	讲课，指导毕业设计，建实验室	1958-02—1959-01
44	高尔布诺夫	苏联拖姆斯克工学院	总工程师	工程物理系	指导加速器设计，调整工作	1958-07—1959-06

续表

序号	姓　　名	来 自 院 校	职称	所在系	主 要 工 作	在清华时间
45	阿纳尼耶夫	苏联拖姆斯克工学院	副教授	工程物理系	讲课，指导教学工作	1958-07—1959-06
46	别尔金	苏联拖姆斯克工学院	副教授	工程物理系	讲课，写讲义	1958-09—1959-10
47	郭洛瓦涅夫斯基	苏联列宁格勒电工学院	副教授	无线电系	讲课，指导毕业设计，指导科研	1958-09—1960-07
48	奇尔金	苏联列宁格勒电工学院	副教授	无线电系	讲课，指导教学，科研，建实验室	1958-10—1959-07
49	梅杜纳	捷克利勃雷兹高等机械学院	教授	动力系	讲课，指导科研	1958-11—1959-08
50	日里辛	苏联列宁格勒电工学院	副教授	电机系	短期讲学，指导科研	1958-11—1959-02
51	潘宁伯	苏联莫斯科动力学院	副教授	无线电系	讲课，指导教学科研	1958-12—1959-10
52	雷比耶夫	苏联全苏建筑工程函授学院	副教授	水利系	指导建新专业，指导科研	1959-02—1959-06
53	伏洛比约夫	苏联拖姆斯克工学院	教授	工程物理系	短期讲学	1959-04—1959-06
54	鲁萨柯夫	苏联莫斯科工程物理学院	副教授	工程物理系	讲课，写讲义	1959-06—1959-12
55	伊万诺夫	苏联莫斯科工程物理学院	副教授	工程物理系	讲课，写讲义	1959-06—1959-09
56	格鲁全	苏联莫斯科工程物理学院	教授	工程物理系	讲课，写讲义，指导试验	1959-06—1959-10
57	马特维也夫	苏联莫斯科工程物理学院	教授	工程物理系	讲课，写讲义，指导教学	1959-10—1959-12
58	阿尔明斯基	苏联莫斯科工程物理学院	副教授	自动控制系	讲课，指导教学，建实验室	1959-10—1959-12
59	瓦斯克列申斯基	苏联莫斯科工程物理学院	副教授	工化系	短期讲学	1959-10—1960-01
60	古宾	苏联莫斯科建筑工程学院	教授	水利系	指导教学，建实验室	1959-11—1960-01
61	托尔斯佳柯夫	苏联列宁格勒电工学院	副教授	无线电系	讲课，指导毕业设计，建实验室	1959-12—1960-08
62	契斯佳柯夫	苏联莫斯科工程物理学院	讲师	无线电系	讲课，指导实验室工作	1959-12—1960-02

续表

序号	姓　　名	来 自 院 校	职称	所在系	主 要 工 作	在清华时间
63	尤洛娃	苏联莫斯科工程物理学院	副教授	工程物理系	讲课，指导教学和实验室工作	1960-02—1960-03
64	鲁缅采夫	苏联莫斯科工程物理学院	研究员	工程物理系	指导科研，毕业设计	1960-03—1960-05
65	希霍夫	苏联莫斯科工程物理学院	副教授	工程物理系	讲课	1960-03—1960-05
66	卡塔里尼柯夫	苏联莫斯科化工学院	助教	工程化学系	讲课	1960-04—1960-08
67	马切涅夫	苏联高尔基无线电物理研究所	工程师	无线电系	讲课，指导科研	1960-05—1960-08
68	朗格	民主德国罗斯拖克大学	教授	无线电系	短期讲学	1960-10—1961-10

（二）1978 年—1993 年

改革开放以后，学校聘请的外籍专家在数量上有了明显增长，尤其是 80 年代以来数量发展较快。截至 1993 年 6 月，学校主请的外籍专家 1 360 人，顺访的 1 650 人，共计 3 010 人（见表 8-4-3）。专家们讲授一些我国尚属空白的研究生课程，介绍最新科学研究成果，阐述新的学术思想、新的概念，开展了学术讨论，在科研合作、研究生培养、实验室建设方面发挥了积极作用。

表 8-4-3　1978 年—1993 年 6 月清华大学聘请的外籍专家人数

年份	主请专家	顺访专家	共计	累计
1978	5		5	5
1979	18	9	27	32
1980	19	22	41	73
1981	16	39	55	128
1982	9	36	45	173
1983	30	53	83	256
1984	63	40	103	359
1985	64（23）	65	129	488
1986	81（33）	90	171	659
1987	77（28）	120	197	856
1988	118（17）	250	368	1 224
1989	130（17）	165	295	1 519
1990	189（8）	196	385	1 904
1991	196（9）	133	329	2 233

续表

年份	主请专家	顺访专家	共计	累计
1992	222（7）	218	440	2 673
1993-01-06	123（2）	214	337	3 010
累计	1 360（144）	1 650	3 010	

说明：括号内为专门开设语言类课程的专家人数。

（三）1994 年—2010 年

自 1994 年至 2010 年，清华大学根据创办世界一流大学的总体规划要求，密切跟踪世界学术前沿，先后邀请了 8 902 人次（见表 8-4-4）的外籍著名专家学者和近百位诺贝尔奖、图灵奖、菲尔兹奖获得者等学术大师来校进行讲学、学术交流和合作研究，在建设世界一流大学决策咨询方面发挥了重要作用。

表 8-4-4　1993 年 7 月—2010 年清华大学聘请的外籍专家人数

年　份	主请专家	年份	主请专家
1993-07-12	122（3）	2003	451（19）
1994	181（4）	2004	646（34）
1995	257（12）	2005	748（40）
1996	231（11）	2006	802（45）
1997	233（—）	2007	907（48）
1998	187（6）	2008	927（23）
1999	228（5）	2009	810（45）
2000	197（6）	2010	829（38）
2001	493（9）	累计	8 902（372）
2002	653（27）		

说明：括号内为专门开设语言类课程的专家人数。

（四）外籍专家获奖情况

1992 年至 2010 年，清华大学共有 14 人次获得中国政府授予在华工作的外籍专家的最高奖项“国家友谊奖”（见表 8-4-5）和北京市人民政府向对首都经济建设和社会发展作出突出贡献的外籍专家颁发的“长城友谊奖”。获奖者涉及学校 9 个院系和科研机构，分别来自美国、德国和加拿大 3 个国家（见表 8-4-6）。

表 8-4-5　清华大学外籍专家获得国家外国专家局“国家友谊奖”的名单

年份	获　奖　者	获奖者原工作单位	获奖者在清华任职情况
1992	彭培根（Pei-Keng Alfred PENG）	加拿大滑铁卢大学	建筑学院，教授
1994	柯道友（David M. Christopher）	美国拉法耶特学院	热能系，教授
1994	聂华桐（Hwa-Tung Nieh）	美国纽约州立大学石溪分校	高等研究中心，教授、主任
1997	博德（Juergen Bode）	德国莱比锡大学	自动化系，副教授

续表

年份	获　奖　者	获奖者原工作单位	获奖者在清华任职情况
1999	杨振宁（Chenning Yang）	美国纽约州立大学石溪分校	高等研究中心，教授、名誉主任
2005	姚期智（Andrew Chi-Chih Yao）	美国普林斯顿大学	理论计算机研究中心，教授
2006	萨文迪（Gavriel Salvendy）	美国普渡大学	工业工程系系主任，教授
2008	桑顿（John Thornton）	美国高盛公司	经济管理学院客座教授
2009	罗奈特（Günter Lohnert）	德国斯图加特大学	核研院，讲席教授

表 8-4-6　清华大学外籍专家获得北京市“长城友谊奖”的名单

年份	获　奖　者	获奖者原工作单位	获奖者在清华任职情况
2002	维尔纳·艾姆斯伯格（Werner Emsperger）	德国西门子发电公司	热能系，高级工程师、客座教授
2003	萨文迪（Gavriel Salvendy）	美国普渡大学	工业工程系，教授、系主任
2005	罗奈特（Günter Lohnert）	德国斯图加特大学	核研院，讲席教授
2006	劳瑞·欧林（Laurie D. Olin）	美国宾夕法尼亚大学	建筑学院，讲席教授、景观系系主任
2007	胡洁（Hu Jie）	美国 Sasaki 设计公司	建筑学院，高级工程师、城市规划设计研究院风景园林规划设计研究所所长

三、清华大学授予境外人士名誉学衔

为了加强与国际学术界、企业界的交流与合作，进一步提高清华大学的学术水平和国际声望，争取国（境）外一流专家学者、知名人士对学校建设与发展的关心和支持，自 1978 年起清华大学先后设立了“名誉博士”“名誉教授”“客座教授”“顾问教授”“顾问副教授”等名誉学衔。截至 2010 年，清华大学共授予、聘任各类名誉学衔 403 人次，其中名誉博士 16 人，名誉教授 53 人，客座教授 297 人，客座副教授 2 人，顾问教授 35 人。

（一）1978 年—1993 年

1978 年至 1993 年，清华大学共授予名誉学位、聘任各类名誉学衔 59 人次，其中，授予名誉博士 1 名，聘任名誉教授 13 名、客座教授 45 名，包括诺贝尔奖获得者、美国科学院院士李政道，美国科学院院士林家翘、任之恭，美国工程科学院院士林同炎，还有世界著名科学家田长霖、葛守仁、丘成桐、厉鼎毅等。专家们多次来校讲学，有的为学校设立奖学金，捐资助学，提出建议，积极支持、参与清华大学的建设和发展。

（二）1994 年—2010 年

1994 年至 2010 年，清华大学共授予、聘任各类名誉学衔 344 名，其中，授予名誉博士 15 名，聘任名誉教授 40 名、客座教授 252 人次、顾问教授 35 名、客座副教授 2 名，包括外国政要菲律宾总统阿罗约、马来西亚前总理马哈蒂尔、国际原子能机构总干事巴拉迪；诺贝尔奖获得者

Robert Huber、杨振宁、穆拉德、崔琦、Hartmut Michel、埃德蒙·菲尔普斯、埃里克·马斯金、克雷格·梅洛；世界著名大学校长美国麻省理工学院校长 Susan Hockfield、美国杜克大学校长 Richard Brodhead；微软公司董事长比尔·盖茨、香港信兴集团董事长蒙民伟等。这些名誉学衔人士通过各种方式积极支持清华大学的建设和发展，促进清华大学同国际学术界的交流与合作，进一步提升学校的国际声誉和国际影响力。

1978 年至 2010 年，清华大学授予名誉博士学位、聘任各类名誉学衔的名单见表 8-4-7～表8-4-10。

表 8-4-7　1978 年—2010 年清华大学授予境外学者名誉博士名单

序号	姓　名	所 在 单 位	授予时间
1	林家翘	美国麻省理工学院	1987-04-26
2	梁銶琚	中国香港恒生银行	1994-09-13
3	利国伟	中国香港恒生银行	1995-06-19
4	伍舜德	中国香港陆海通有限公司	2000-10-25
5	格洛丽亚·马卡帕加尔·阿罗约（Gloria Macapagal Arloyo）	菲律宾总统	2001-10-30
6	Robert Huber	诺贝尔奖获得者，德国慕尼黑工大教授	2003-10-21
7	达图·马哈蒂尔·宾·穆罕默德（Mahathir Bin Mohamad）	马来西亚前总理	2004-04-21
8	Susan Hockfield	美国麻省理工学院校长	2006-01-15
9	Richard Brodhead	美国杜克大学校长	2006-06-29
10	何大一（David D. Ho）	美国纽约洛克菲勒大学教授	2006-09-19
11	穆罕默德·巴拉迪（Mohamed M. El Ba-radei）	国际原子能机构总干事	2006-12-05
12	Robert J. Birgeneau	美国加州大学伯克利分校	2007-04-18
13	比尔·盖茨（Bill Gates）	美国微软公司董事长	2007-04-19
14	蒙民伟	中国香港信兴集团董事长	2007-06-15
15	菲利普·安德森（Philip W. Anderson）	美国普林斯顿大学	2009-05-01
16	御手洗富士夫（Fujio Mitarai）	日本经济团体联合会会长，佳能株式会社代表取缔役会长（董事长兼总裁）	2009-04-10

表 8-4-8　1978 年—2010 年清华大学聘任境外学者为名誉教授名单

序号	姓　　名	单　　位	授予时间
1	任之恭	美国普林斯顿大学	1978-11-20
2	林家翘	美国麻省理工学院	1979-09-21
3	田长霖	美国加州大学伯克利分校	1982-12-17
4	李卓敏	美国加州大学伯克利分校	1983-02-08
5	傅京孙	美国普渡大学工学院	1983-10-26
6	李政道	美国哥伦比亚大学	1984-05-17
7	闵建蜀	中国香港中文大学	1984-12-11
8	葛守仁	美国加州大学伯克利分校	1985-06-13
9	萨　多（G. H. Sato）	美国 Alton 细胞科学中心	1985-08
10	王　浩	美国洛克菲勒大学	1986-09-13
11	林同炎（T. Y. Lin）	美国林同炎建筑事务所	1987-05-21
12	丘成桐（S. T. Yau）	美国加州大学圣迭戈分校	1987-06-25
13	厉鼎毅（Tingye Li）	美国电报电话贝尔实验室	1987-10-20
14	贝聿铭	美国贝聿铭建筑事务所	1994-03-30
15	安子介	中国香港南联实业有限公司	1994-09-23
16	T. Pfeifer	德国亚琛高等工业学校	1995-04-07
17	高　锟	中国香港中文大学	1995-07-04
18	张立纲	中国香港科技大学	1996-04-03
19	B. Chance	美国费城大学	1996-05-25
20	丹下健三	日本东京大学	1997-05-05
21	杨振宁	诺贝尔物理奖获得者，美国科学院院士，美国纽约州立大学石溪分校教授	1998-06-14
22	顾毓琇	美国宾夕法尼亚大学，荣休	2000-11-20
23	陈省身	中国南开大学	2000-12-18
24	邓文中	美国林同炎国际公司	2001-04-27
25	穆拉德	诺贝尔生理学和医学奖得主，美国国家科学院院士，美国得克萨斯大学休斯敦医学院教授	2002-01-12
26	平山郁夫（Hira yama Ikuo）	日本东京艺术大学校长	2002-10-18
27	查尔斯·利伯（CharlesM. Lieber）	美国哈佛大学教授	2002-11-08
28	奥岛孝康（Okushima Takayasu）	日本早稻田大学前任校长	2002-12-16
29	萨支唐（Chih-Tang Sah）	美国佛罗里达大学	2003-09-08

续表

序号	姓　　名	单　　位	授予时间
30	崔　琦（Daniel C. Tsui）	诺贝尔物理奖得主，美国普林斯顿大学教授	2003-11-17
31	刘遵义（Lawrence J. Lau）	美国斯坦福大学经济学教授	2004-04-17
32	Povl Ole Fanger	丹麦皇家科技大学教授	2004-07-19
33	L. I. Abaikin	俄罗斯科学院经济学研究所所长	2004-09-01
34	利兰·哈特韦尔（Leland H. Hartwell）	美国华盛顿大学教授	2004-08-30
35	黎若伊·胡德（Leroy E. Hood）	美国华盛顿大学教授，美国系统生物学研究所所长，美国科学院院士	2004-10-24
36	罗伯特·巴洛（Robert Barro）	美国哈佛大学，美国艺术与科学院院士	2005-06-01
37	Klaus Toepfer	联合国环境署署长	2006-03-17
38	Hartmut Michel	德国马普生物物理研究所所长，1988 年诺贝尔化学奖得主	2006-09-05
39	Daniel Ritchie	美国丹佛大学校董会主席	2006-11-11
40	文特·瑟夫（Virton Gray Cerf）	美国谷歌公司副总裁	2007-03-01
41	John W. Hutchinson	哈佛大学教授，美国科学院院士，美国工程院院士，美国艺术与科学院院士	2007-08-25
42	埃德蒙·菲尔普斯（Edmund S. Phelps）	2006 年诺贝尔经济学奖获得者，美国哥伦比亚大学教授	2007-09-12
43	理查德·杰尔（Richard N. Zare）	美国斯坦福大学化学系主任	2007-09-12
44	埃里克·马斯金（Eric S. Maskin）	美国普林斯顿大学教授，2007 年诺贝尔经济学奖得主	2007-11-08
45	克雷格·梅洛（Craig C. Mello）	2006 年诺贝尔生理学和医学奖获得者，美国马萨诸塞州立大学教授	2007-12-03
46	张信刚	中国香港城市大学前校长	2007-12-07
47	约瑟夫·斯蒂格利茨（Jaseph E. Stiglitz）	美国哥伦比亚大学教授，2001 年诺贝尔经济学奖得主	2008-03-21
48	金广平（Albert I. King）	美国韦恩州立大学杰出教授，美国工程院院士	2008-06-06
49	詹姆斯·沃森（Jarnes D. Watson）	美国冷泉港实验室名誉顾问	2008-10-27
50	戴维·格罗斯（David J. Gross）	美国加利福尼亚大学圣巴巴拉分校，2004 年诺贝尔物理学奖获得者	2008-11-12

续表

序号	姓　　名	单　　位	授予时间
51	饭岛澄南 (Sumio Iijima)	日本产业技术综合研究所高级碳材料研究中心（Research Center for Advanced Carbon Materials）主任	2009-06-21
52	池田大作 (Daisaku Ikeda)	日本创价学会	2010-05-13
53	奥利弗·威廉姆森 (Oliver Eaton Williamson)	美国加州大学伯克利分校，2009 年诺贝尔经济学获奖得者	2010-06-29

表 8-4-9　1978 年—2010 年清华大学聘任境外学者为客座教授名单

序号	姓　　名	单　　位	授予时间
1	蒲慕明（Mu-ming Poo）	美国耶鲁大学	1984-09-05
2	郭彦弘	中国香港大学	1985-04-19
3	黄立夫	美国田纳西州立大学	1985-08-15
4	黄焕常（H. C. Hwang）	美国休斯敦大学	1985-12-05
5	J. H. Hamilton	美国范德比尔特大学	1986-05-13
6	荒田吉明	日本大阪大学	1986-06-12
7	黄汝常	美国密苏里大学	1986-07-29
8	刘君若	美国明尼苏达大学	1986-08-29
9	R. L. Byer	美国斯坦福大学	1986-09-17
10	黑川纪章	日本黑川建筑事务所	1986-11-07
11	彼得·萨伦巴（P. Zaremba）	波兰什切青工业大学	1986-12-24
12	H. Frewer	德国电站联盟	1987-07-10
13	B. L. Vallee	美国哈佛医学院	1987-08-20
14	曹祖宁	美国普渡大学	1987-11-26
15	格尔德·柯尼希 (Gred Koenig)	德国租赁财务有限公司	1988-05-09
16	田增英 (Tseng-Ying Tien)	美国密歇根大学	1988-05-30
17	弗朗兹·麦英格 (F. Mayinger)	联邦德国慕尼黑工业大学	1988-08-10
18	杨文偕（Yang Wen-Jei）	美国密歇根大学	1988-08-12
19	陈惠发（W. F. Chen）	美国普渡大学	1989-05-19
20	J. D. Dow	美国圣母大学	1989-05-20
21	谈自忠	美国华盛顿大学	1989-09-29
22	P. J. Pahl	联邦德国柏林工业大学	1989-10-05
23	格·尼·阿历克山德洛夫	苏联列宁格勒工学院	1989-10-16

续表

序号	姓　　名	单　　位	授予时间
24	横山亮次	日本日立化成株式会社	1989-10-17
25	赵利国（David Chao）	美国洛杉矶私人建筑事务所	1989-12-21
26	陈漠星（Mo-Shing Chen）	美国阿灵顿德州大学	1990-01-05
27	张树庭（Shu-Ting Chang）	中国香港中文大学	1990-09-01
28	D. Jaron	美国德雷克塞尔大学	1990-12-04
29	末松安晴	日本东京工业大学	1991-04-17
30	王世全	加拿大曼尼托巴大学	1991-04-29
31	李天岩	美国密歇根大学	1991-06-03
32	小野义一郎	日本小野测器株式会社	1991-06-24
33	胡正明	美国加州大学伯克利分校	1991-10-25
34	野口正一	日本东北大学	1991-11-15
35	R. Shulten	德国于利希核研究中心	1992-04-09
36	D. E. Bently	美国本特利公司	1992-10-10
37	F. N. Fett	德国济根大学	1992-10-12
38	K. R. G. Hein	荷兰德尔夫特大学	1992-10-13
39	H. Nikel	德国于利希核研究中心	1992-10-19
40	R. Dutton	美国斯坦福大学	1992-10-27
41	章梓雄	中国香港大学	1993-07-02
42	何毓琦	美国哈佛大学	1993-08-24
43	郝思雄	美国公共服务电气公司	1993-10-19
44	Elmar Schrufer	德国慕尼黑工业大学	1993-10-19
45	沙曾鲁	美国阿贡国家实验室	1993-12-01
46	高木冬二	日本 MEKTRON 株式会社	1994-04-05
47	斯华龄	美国国际神经网络委员会	1994-10-20
48	J. Lloyd	美国密执安州立大学	1994-10-20
49	G. Kessler	美国卡斯鲁尔核研究所	1994-11-01
50	黎念之	美国联合信号公司	1994-11-20
51	李祥羲	韩国总统科技委员会主席	1995-03-06
52	薛昌明	美国里海大学	1995-04-08
53	W. Gruver	加拿大西蒙弗雷泽大学	1995-04-24
54	高田芳行	日本 SMC 公司	1995-06-05
55	土肥健纯	日本东京大学	1995-07-10

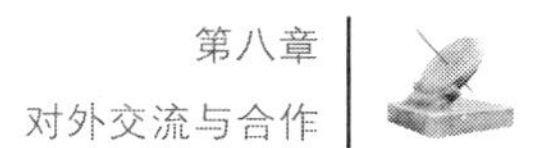

续表

序号	姓　名	单　位	授予时间
56	林清隆	美国贝尔通信研究所	1995-08
57	L. Gaukler	瑞士苏黎世高等工业大学	1995-08-23
58	F. Wittmann	瑞士联邦工程学院	1995-08-28
59	K. Hein	德国斯图加特大学	1995-09-20（续聘）
60	川琦清	日本京都大学	1995-10-05
61	石田洋一	日本东京大学	1995-10-08
62	R. Dutton	美国斯坦福大学	1995-10-23（续聘）
63	连永君	北京智能电子公司	1995-11-01
64	R. Field	美国麻省理工学院	1995-11-08
65	M. Groll	德国斯图加特大学	1996-01-02
66	F. Fett	德国济根大学	1996-03-01（续聘）
67	清水正夫	日本松山芭蕾舞团	1996-05-14
68	桑原守二	日本电话电信公司	1996-12-12
69	李国能	中国香港高等法院	1997-03-05
70	梁天培	中国香港理工大学	1997-03-06
71	Pilkey	美国弗吉尼亚大学	1997-03-13
72	D. Schumann	德国柏林工业大学	1997-04-07
73	方大庆	英国利物浦大学	1997-05-23
74	E. Hahne	德国斯图加特大学	1997-06-12
75	刘瑞文	美国圣母大学	1997-06-16
76	木村孟	日本东京工业大学	1997-06-28
77	梁定邦	中国香港大律师	1997-07-02
78	马佐平	美国耶鲁大学	1997-08-05
79	多田邦雄	日本东京大学	1997-08-10
80	李泽元	美国弗吉尼亚大学	1997-10-05
81	I. Vereshchagin	俄罗斯莫斯科动力学院	1997-10-05
82	章梓雄	中国香港大学	1997-10-20
83	杨雪兰	美国 GM 公司	1997-11-06
84	唐乃辉	美国 IBM 公司	1997-11-18
85	松濑贡规	日本明治大学	1998-03-20
86	国吉敏彦	日本 NEC 中国华虹集团	1998-02-11
87	铃木基之	日本东京大学	1998-11-25

续表

序号	姓　　名	单　　位	授予时间
88	陈仲轩	美国橡树岭国家实验室	1998-05-20
89	李天培	中国香港中文大学	1998-05-08
90	绀野大介	日本精工电子公司	1998-04-14
91	董开石	美国乔治·梅森大学	1998-12-03
92	倪　军	美国密执安大学	1998-06-17
93	陈景仁	美国佛罗里达州立大学	1998-09-28
94	M. Spector	美国哈佛大学	1998-11-12
95	钟宝璇	中国香港城市大学	1998-11-16
96	赵　阳	美国 AD 公司	1998-12-04
97	E. Siores	澳大利亚 Swinburne 大学	1998-12-04
98	徐杨生	美国卡内基梅隆大学	1999-03-19
99	McElroy	美国哈佛大学	1999-03-22
100	孙　雁	美国贝尔实验室	1999-02-12
101	米耀荣（Mai Yiu-Wing）	澳大利亚悉尼大学	1999-02-12
102	C. Correa	印度设计事务所	1999-04-14
103	张亚勤	美国微软中国研究院	1999-09-01
104	陈钦智	美国西蒙斯大学	1999-08-02
105	定方正毅	日本东京大学	1999-08-18
106	U. Renz	德国亚琛大学	1999-08-18
107	顾　钧	中国香港科技大学	1999-10-15
108	戈茨曼·克劳斯	1992 年—1994 年联合国国际原子机构核动力发展部高级顾问	1999-10-15
109	冯大淦	澳大利亚悉尼大学	1999-11-08
110	李开复	美国微软中国公司	1999-11-19
111	唐啸鸣	瑞士微技术研究所	1999-12-14
112	陈万华	加拿大麦克马斯特大学（McMaster University）	1999-12-14
113	Swamy N. Laxminarayan	美国下一代网络中心	2000-01-23
114	刘焕明	中国香港中文大学	2000-02
115	佐藤顺一	日本石川岛播磨公司	2000-03-09
116	Martin Sweeting	英国萨瑞大学空间中心	2000-04-28
117	山本良一	日本东京大学	2000-04-29
118	邹广荣	中国香港大学	2000-05-30

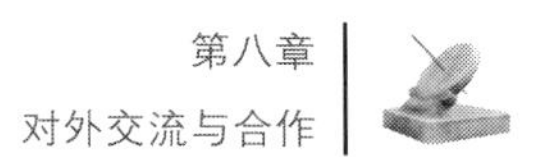

续表

序号	姓　　名	单　　位	授予时间
119	李大维	美国贝尔实验室中国基础科学研究院	2000-05-09
120	施　敏	中国台湾新竹交通大学	2000-06-06
121	稻垣道夫	日本爱知技术学院	2000-09-22
122	多田邦雄	日本横滨大学	2000-08-24
123	Robert Field	美国麻省理工学院	2000-08-24
124	Klaus Hein	德国斯图加特大学	2000-09-21
125	吴复立	中国香港大学	2000-10-12
126	徐清祥	中国台湾新竹清华大学	2000-10-12
127	Giulio Maier	意大利米兰工业大学	2000-11-29
128	陈弘毅	中国香港大学	2000-12-06
129	危　岩	美国德雷克塞尔（Drexel）大学	2000-12-18
130	林垂宙	中国香港科技大学	2001-01-10
131	张镇中	美国环球亚洲网	2001-04-03
132	罗忠敬	美国通用汽车研究实验室	2001-04-23
133	谈自忠	美国华盛顿大学	2001-04-25
134	何毓琦	美国哈佛大学	2001-04-25
135	六角鬼丈	日本东京艺术大学美术部	2001-04-27
136	Charles B. Meinhold	美国辐射防护与测量委员会	2001-05-18
137	Dieter Proch	德国电子同步辐射国家实验室	2001-05-23
138	Kristalian Georgieva	世界银行东亚与太平洋地区环境与社会发展部	2001-06-28
139	Aart de Geus	Synopsys 公司	2001-07-09
140	罗　迪	德国卡斯鲁尔大学土木系水动力研究所	2001-09-25
141	郑　平	中国香港科技大学	2001-10-10
142	方大庆	英国利物浦大学	2001（续聘）
143	国吉敏彦	中国华虹 NEC	2001-12-25（续聘）
144	哈特曼	德国慕尼黑工业大学体育运动训练所	2002-03-19
145	塔拉谢维奇（Leonid. S. Tarisevitch）	俄罗斯圣彼得堡财经大学	2002-04-09
146	高秉强（Ping K. Ko）	中国香港科技大学	2002-04-17
147	米耀荣（Mai Yiu-Wing）	中国香港城市大学制造工程管理系	2002-04-17(续聘)
148	Elias Siores	澳大利亚 Swinburne 大学工学院	2002-05-01
149	Hubertus Christ	德国工程师协会（VDI）	2002-05-08

续表

序号	姓　　名	单　　位	授予时间
150	宫　力	美国 SUN 公司中国工程院	2002-05-10
151	凌复云	美国高通（Qualcomm）公司	2002-05-31
152	柯瑞卿 (Kalonji Gretchen)	美国华盛顿大学	2002-07-03
153	顾　敏	澳大利亚 Swinburne 大学微光子学中心	2002-07-15
154	霍米巴巴（Homi Bhabha）	美国哈佛大学	2002-09-16
155	谭年熊	美国 GlobeSpan Virata，Inc.	2002-09-26
156	王康隆	中国香港科技大学工学院	2002-09-28
157	高桥堡（TamotsuTakashi）	日本北海道大学触媒化学研究中心	2002-10-09
158	阿特鲁里 (Satya N. Atluri)	美国加州大学洛杉矶分校航天研究与教育中心	2002-10-11
159	程中宽	美国加州大学圣迭戈分校	2002-10-12
160	佛莱明斯・默顿 (Merton C. Flemings)	美国麻省理工学院	2002-10-15
161	中西洋志 (Hiroshi Nakanishi)	日本工业技术研究院生物信息学研究中心	2002-10-26
162	杰克逊・戴瑞克 (J. D. Jackson)	英国曼彻斯特大学工程学院	2002-10-31
163	达维多夫 (Valentin G. Davydov)	俄罗斯轻金属研究院	2002-11-11
164	曾安培（Ampere A. Tseng）	美国亚利桑那州立大学	2003-02-12
165	Tim Tully	美国冷泉港实验室	2003-02-18
166	托马斯・赫尔佐格 (Thomas Herzog)	德国慕尼黑工大建筑系	2003-02-22
167	李国能	中国香港终审法院首席法官	2003-03-20（续聘）
168	李泽元	美国弗吉尼亚州立大学电气工程系	2003-03-20（续聘）
169	松濑贡规	日本明治大学理工学部	2003-03-20（续聘）
170	Tom Barton Leamon	美国 Liberty Mutual 集团	2003-03-22
171	佐藤顺一	日本石川岛播磨重工业公司	2003-03-27（续聘）
172	寺前纪夫	日本东北大学院理科研究科	2003-03-28
173	宋永华	英国布鲁内尔（Brunel）大学	2003-04-11
174	黄永坚	中国香港港安医院	2003-07-03
175	李伟联	中国香港玛丽医院	2003-07-03

续表

序号	姓　　名	单　　位	授予时间
176	杨紫芝	中国香港养和医院	2003-07-03
177	蒋　庆	美国加州大学河滨分校	2003-08-22
178	张宏江	美国微软中国研究院	2003-09-09
179	沈向洋	美国微软亚洲研究院	2003-09-09
180	David C. Wisler	国际燃气涡轮学会叶轮机械委员会	2003-09-24
181	张奇伟	美国冷泉港实验室 Watson 生物科学学院	2003-10-16
182	杜维明	美国哈佛大学	2003-10-23
183	Henning Wallentowitz	德国亚琛工业大学	2003-10-24
184	Wolfgang Holzapfel	德国卡塞尔大学测量与自动化所	2003-11-04
185	蔡明道	美国俄亥俄州立大学化学系	2003-11-07
186	Ramesh K. Shah	美国 Rochester Institute of Technology	2003-12-09
187	青木昌彦（Aoki Masahiko）	美国斯坦福大学经济产业研究所	2003-12-23
188	Kaoru Sakatani	日本大学医学部脑外科	2004-03-01
189	王赓武	新加坡国立大学东亚研究所	2004-03-15
190	Peter J. Quinn	英国伦敦大学	2004-03-31
191	Yoshio Nishi	美国斯坦福大学	2004-05-21
192	F. R. Jameson	美国杜克大学文学系	2004-06-01
193	Terry A. Ring	美国犹他大学化学与燃料工程系	2004-05-19
194	张立霞	美国加州大学洛杉矶分校	2004-07-12
195	吴镇远	美国 Georgia Institute of Technology	2004-09-06
196	平井敏雄	日本精细陶瓷研究中心	2004-09-27
197	牧野启二	日本 IHI 公司能源事业部	2004-10-14
198	R. G. Cooks	美国普渡大学化学系	2004-10-29
199	田中一彦	日本产业技术综合研究所	2004-11-22
200	陈振国	中国深圳富士康企业集团	2004-11-03
201	徐杨生	中国香港中文大学自动化与计算机辅助工程系	2004-11-15
202	张亚勤	美国微软亚洲研究院	2004-01（续聘）
203	Walfgang Rodi	德国卡斯鲁尔大学土木系	2004-07-07(续聘)
204	谈自忠	美国华盛顿大学系统科学与数学系	2004-07-07(续聘)
205	马佐平	美国耶鲁大学电机工程系	2005-01
206	苏铭祖	中国香港理工大学机械工程学系	2005-03-29

续表

序号	姓　　名	单　　位	授予时间
207	何毓琦	美国哈佛大学，美国工程院院士，中国科学院、中国工程院外籍院士	2005-03-03
208	周雪光	中国香港科技大学	2005-05-13
209	大仓一郎	日本东京工业大学生命理工学部	2005-07-08
210	刘　军	美国哈佛大学统计学系	2005-07-11
211	李　凯	美国普林斯顿大学	2005-07-07
212	王士元	美国加州大学伯克利分校	2005-09-15
213	赵　伟	美国得克萨斯农工大学	2005-09-14
214	Itamar Willner	以色列耶路撒冷希伯来大学，以色列科学院院士	2005-10-23
215	蔡维德	美国亚利桑那州立大学	2005-10-18
216	刘　钧	美国霍普金斯大学	2005-10-12
217	孙　雁	美国 Bookham 公司	2005-11-08
218	青木素直	日本三菱重工技术本部	2005-12-09
219	T. Venkatesan	美国马里兰大学	2005-12-12
220	黄正德	美国哈佛大学	2005-12-25
221	Valentin D. Borisevich	俄罗斯莫斯科工程物理学院	2006-01-16
222	程中宽	美国加州大学圣迭戈分校	2006-01-01（续聘）
223	佐藤顺一	日本 IHI 公司技术开发本部	2006-03-17（续聘）
224	王康隆	美国加州大学洛杉矶分校	2006-01-01（续聘）
225	C. I. M. Beenakker	荷兰德尔福特工业大学计算机与微电子系	2006-03-10
226	Gayatri C. Spivak	美国哥伦比亚大学比较文学研究中心	2006-03-07
227	西道弘	日本九州工业大学	2006-03-17
228	J. D. Jackson	英国曼彻斯特大学工程学院	2006-03-31（续聘）
229	陈关荣	中国香港城市大学	2006-06-08
230	Ian Noy	美国利宝互助集团利宝安全研究院	2006-09-19
231	Dieter Bohn	德国亚琛工业大学蒸汽与燃气轮机研究所	2006-09-21
232	李实恭	美国 IBM 中国研究院	2006-09-27
233	Corrado Clini	意大利环境与领土部国际司	2006-10-27
234	John L. Thornton	美国高盛集团	2006-10-31（续聘）
235	郑妙勤	美国 IBM 大中华开发实验室	2006-11-22
236	托马斯·赫尔佐格（Thomas Herzog）	德国慕尼黑工业大学	2007-03-08（续聘）
237	玛丽·雅各布斯	英国剑桥大学，人文社科研究中心	2007-04-02

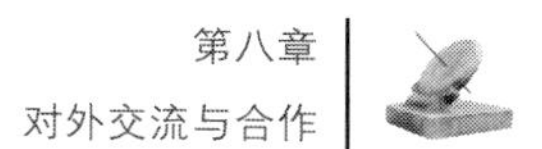

续表

序号	姓　名	单　位	授予时间
238	李德富	中国香港科技大学电气与计算机工程系	2007-04-06
239	高光荣	美国特拉华（Delaware）大学	2007-06-06
240	道格拉斯·泰莱克	英国诺丁汉大学	2007-06-14
241	詹姆士·沃奇	美国华盛顿大学	2007-07-16
242	约翰·塞尔	美国加州大学伯克利分校，美国艺术与科学院院士	2007-08-15
243	David C. Wisler	美国国际燃气涡轮学会叶轮机械委员会，美国工程院院士	2007-09-04（续聘）
244	亚历山大·楚尼斯	荷兰德尔福特技术大学	2007-09-10
245	Ralph R. Martin	英国卡迪夫大学	2007-09-21
246	毕新东	美国南加州大学 Keck 医学院	2007-09-24
247	恩斯特·奥伯麦耶尔	德国柏林工大	2007-09-25
248	大卫·威廉姆斯	英国利物浦大学临床工程系	2007-10-25
249	季卫东	日本神户大学	2007-11-06
250	青木昌彦	美国斯坦福大学	2007-11-06（续聘）
251	村井纯	日本庆应大学	2007-12-10
252	马克斯·多曼	德国亚琛工业大学	2007-11-16
253	尹衍樑	中国台湾润泰集团	2007-12-20
254	沃伦·麦克法兰	美国哈佛大学商学院	2008-03-24
255	温迪·霍尔	英国南安普敦大学，英国皇家工程院	2008-04-24
256	潘毅	美国佐治亚州立大学计算机系	2008-04-28
257	约翰·霍尔德伦	美国哈佛大学肯尼迪政府学院	2008-05-26
258	陈长汶	美国佛罗里达理工大学	2008-06-03
259	郭位	美国田纳西大学，美国工程院院士	2008-06-04
260	陈志武	美国耶鲁大学	2008-06-26
261	安德烈亚斯·屈尔曼	美国 Cadence 研究试验室	2008-07-16
262	陈启宗	中国香港恒隆集团董事局	2008-07-23
263	牧野启二	日本煤能源中心	2008-09-08（续聘）
264	高须秀视	日本罗姆公司	2008-09-25
265	李大维	美国俄亥俄州立大学计算机系	2008-09-11
266	克努特·乌尔班	德国亚琛工业大学	2008-10-15
267	吴建福	美国佐治亚理工大学，美国工程院院士	2008-10-29

续表

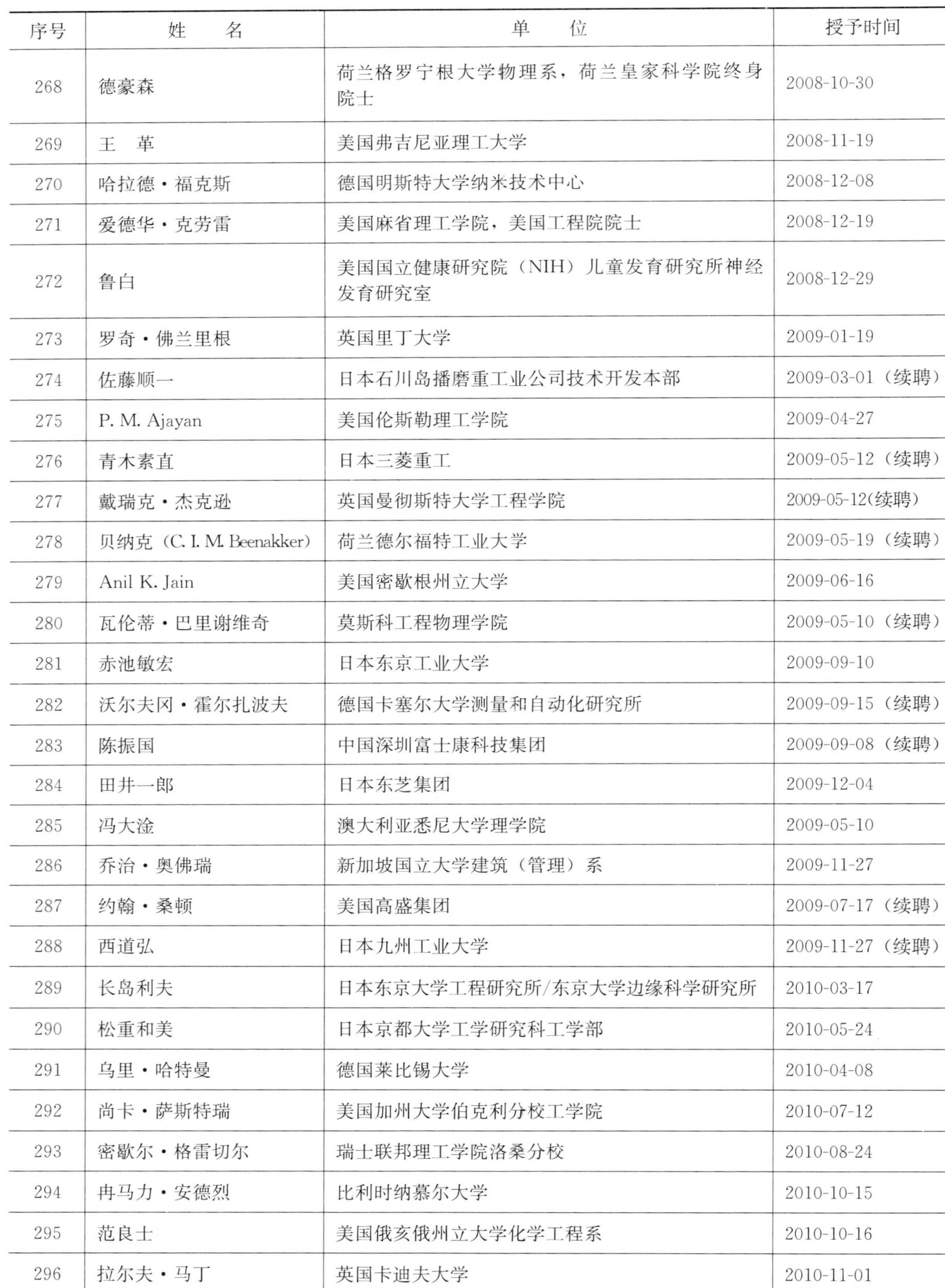

序号	姓　　名	单　　位	授予时间
268	德豪森	荷兰格罗宁根大学物理系，荷兰皇家科学院终身院士	2008-10-30
269	王　革	美国弗吉尼亚理工大学	2008-11-19
270	哈拉德·福克斯	德国明斯特大学纳米技术中心	2008-12-08
271	爱德华·克劳雷	美国麻省理工学院，美国工程院院士	2008-12-19
272	鲁白	美国国立健康研究院（NIH）儿童发育研究所神经发育研究室	2008-12-29
273	罗奇·佛兰里根	英国里丁大学	2009-01-19
274	佐藤顺一	日本石川岛播磨重工业公司技术开发本部	2009-03-01（续聘）
275	P. M. Ajayan	美国伦斯勒理工学院	2009-04-27
276	青木素直	日本三菱重工	2009-05-12（续聘）
277	戴瑞克·杰克逊	英国曼彻斯特大学工程学院	2009-05-12(续聘)
278	贝纳克（C. I. M. Beenakker）	荷兰德尔福特工业大学	2009-05-19（续聘）
279	Anil K. Jain	美国密歇根州立大学	2009-06-16
280	瓦伦蒂·巴里谢维奇	莫斯科工程物理学院	2009-05-10（续聘）
281	赤池敏宏	日本东京工业大学	2009-09-10
282	沃尔夫冈·霍尔扎波夫	德国卡塞尔大学测量和自动化研究所	2009-09-15（续聘）
283	陈振国	中国深圳富士康科技集团	2009-09-08（续聘）
284	田井一郎	日本东芝集团	2009-12-04
285	冯大淦	澳大利亚悉尼大学理学院	2009-05-10
286	乔治·奥佛瑞	新加坡国立大学建筑（管理）系	2009-11-27
287	约翰·桑顿	美国高盛集团	2009-07-17（续聘）
288	西道弘	日本九州工业大学	2009-11-27（续聘）
289	长岛利夫	日本东京大学工程研究所/东京大学边缘科学研究所	2010-03-17
290	松重和美	日本京都大学工学研究科工学部	2010-05-24
291	乌里·哈特曼	德国莱比锡大学	2010-04-08
292	尚卡·萨斯特瑞	美国加州大学伯克利分校工学院	2010-07-12
293	密歇尔·格雷切尔	瑞士联邦理工学院洛桑分校	2010-08-24
294	冉马力·安德烈	比利时纳慕尔大学	2010-10-15
295	范良士	美国俄亥俄州立大学化学工程系	2010-10-16
296	拉尔夫·马丁	英国卡迪夫大学	2010-11-01
297	斯图尔特·哈特	美国康奈尔大学	2010-12-07

表 8-4-10 1995 年—2010 年清华大学聘任境外人士为顾问教授名单

序号	姓 名	所 在 单 位	授予时间
1	蒙民伟	中国香港信兴集团	1995-09-28
2	郑梦九	韩国现代集团	1996-05-30
3	邵友保	日本东京银行香港总行	1996-06-28
4	曹光彪	中国香港永新企业有限公司	1996-07-04
5	W. Smith	美国 OCLC	1996-08-27
6	市川伊三夫	日本尼康公司	1996-10-14
7	石桥义夫	日本共立女子学院	1996-09-17
8	长岛要市	日本东京经营系统公司	1996-09-17
9	李森能	中国香港合荣实业有限公司	1996-11-29
10	谢志伟	中国香港浸会大学	1997-03-31
11	石礼谦	中国香港土地发展公司	1997-10-10
12	张宗植	日本森美公司	1997-10-31
13	梁洁华	中国香港恒生银行	1998-03-17
14	John Pepper	美国宝洁公司	1998-04-15
15	荣智健	中国香港中信泰富公司	1998-09-21
16	M. Gross	德国西门子公司	1999-03-15
17	伍舜德	中国香港陆海通有限公司	1999-06-08
18	赵贤明	中国台湾贤志文教基金会	1999-04-14
19	周泽荣	中国广州侨鑫集团	1999-07-02
20	深见东洲	日本世界艺术振兴协会	1999-09-29
21	黄淑慧	中国台湾永红集团	2000-05-07
22	松下正治	日本松下电器公司	2000-06-07
23	威利西	德国西门子公司董事会	2001-05-14
24	Nabil Y. Sakkab	美国宝洁公司	2002-09-10
25	熊知行	中国香港杏范教育基金会	2003-09-15
26	金炯珠	韩国三安建设技术有限公司	2004-09-06
27	AZUMA Makoto	日本株式会社	2005-12-13
28	李文达	中国香港李锦记有限公司	2006-07-07
29	金在烈	韩国高等教育财团	2006-12-05
30	福川伸次	日本电通株式会社	2007-09-26
31	藤沼彰久	日本野村综合研究所	2009-02-25
32	王度	中国台湾立时文化实业有限公司	2009-04-25
33	阿赫思	德国西门子股份公司	2010-09-07

第五节　友好往来

一、来宾访问

（一）1952 年—1993 年

1952 年至 1993 年 6 月，清华大学接待了大批来访的国（境）外友人、海外学者和专家，其中包括外国国家元首、政府首脑及党政领导人 25 批（见表 8-5-1），世界五大洲 60 多个国家和地区的来宾 9 460 批，59 986 人次（见表 8-5-2），为发展国际友好往来作出了积极的贡献。

在来宾中，有应邀前来的国（境）外教育界著名人士，也有高等院校代表团及部分国际著名企业代表团（见表 8-5-3）。这些重要来宾的访问，对促进清华大学的教学、科研、人才培养及学校管理工作，起了积极作用。

表 8-5-1　1952 年—1993 年 6 月来访的外国政要

日　期	来访外国政要	日　期	来访外国政要
1952-10-14	蒙古人民共和国总理泽登巴尔	1974-02-26	阿尔及利亚政府首脑胡阿里・布迈丁
1953-11-17	朝鲜民主主义人民共和国首相金日成	1974-03-18	澳大利亚共产党主席希尔，副主席拉克尔
1956-10-04	印度尼西亚总统苏加诺	1974-05-29	马来西亚总理拉扎克
1956-10-22	巴基斯坦总理苏拉瓦底	1976-02-25	美国前总统尼克松夫妇
1958-11-23	朝鲜民主主义人民共和国首相金日成	1976-03-18	老挝人民革命党总书记、老挝总理凯山・丰威汉
1959-01-22	墨西哥前总理、世界和平理事会副主席卡德纳斯	1976-04-29	新西兰总理罗伯特・马尔登
1959-02-13	印度共产党总书记高士	1976-05-27	巴基斯坦总理布托
1960-06-03	阿尔巴尼亚共和国人民议会主席团主席哈奇・列希	1976-06-15	马达加斯加总统拉齐拉卡
1961-09-29	古巴人民共和国总统多尔蒂科斯	1976-07-27	博茨瓦纳共和国总统塞雷茨・卡马
1961-10-13	缅甸联邦总理吴努	1978-06-21	利比里亚总统托尔伯特
1970-08-07	南也门总统委员会主席鲁巴依	1985-11-22	马来西亚总理马哈蒂尔
1970-08-09	苏丹国家主席尼迈里	1988-12-21	印度总理拉・甘地
1971-06-02	罗马尼亚共产党总书记齐奥塞斯库		

表 8-5-2 1953 年—1993 年 6 月来访的专家、学者、友人统计

年份	批数	人次	年份	批数	人次
1953	14	267	1976	299	4 189
1954	95	848	1977	20	246
1956	111	1 241	1978	521	5 244
1957	529	1 023	1979	458	4 432
1958	95	446	1980	443	1 626
1959	103	429	1981	456	1 722
1960	156	930	1982	374	1 417
1961	98	346	1983	344	1 418
1962	39	209	1984	398	1 819
1963	66	221	1985	506	2 357
1964	149	738	1986	510	2 363
1965	97	488	1987	376	2 395
1966	48	271	1988	368	1 993
1970	60	711	1989	228	1 142
1971	110	1 002	1990	359	1 492
1972	268	2 171	1991	281	1 483
1973	278	2 044	1992	327	2 513
1974	285	2 825	1993-01-06	193	1 039
1975	398	4 886	合计	9 460	59 986

表 8-5-3 1954 年—1993 年 6 月重要来宾

年份	重要来宾
1954	金策工业大学校长申健熙为团长的朝鲜教育代表团 8 人
1958	保加利亚教育代表团 5 人
	缅甸教育代表团 5 人
	苏联高等教育代表团 5 人
	苏联莫斯科动力学院院长启里金
1959	河内百科大学负责人为团长的越南河内教育代表团 12 人
	工业大学建筑系主任卡伦达什为团长的匈牙利教育代表团 5 人
	苏联团中央书记穆尔塔什耶夫为团长的苏联共青团代表团 10 人
1960	苏联高等教育部长叶留金为团长的中苏友协代表团 3 人
1961	教育部长阿曼·阿特·达瓦洛斯为团长的古巴教育代表团 6 人
1963	印度尼西亚巴查查兰大学校长苏曼里特
1964	阿尔巴尼亚文教部高教专业教育司司长谢胡、地拉那大学校长巴尔佐尔·科来米 2 人
	越南教育部副部长黎文讲、越南劳动党中央组织部司长邓友谦和百科大学校长黄春组成的越南教育代表团 3 人
1978	戈德伯格校长为团长的美国加州理工学院代表团 10 人
	加里·埃伦·希阿里为团长的美国俄亥俄州立大学代表团 5 人

续表

年份	重要来宾
1980	保罗·格雷校长为团长的美国麻省理工学院代表团 9 人
	巴黎高等矿业学院院长拉菲特为团长的法国工学院院长代表团 15 人
1981	严昌默副校长为团长的朝鲜金策工业大学代表团 5 人
	哈特博士为团长的荷兰代尔夫特技术大学代表团 8 人
	法国巴黎矿业学院工程师代表团 9 人
1983	物理系主任奥斯隆德为团长的瑞典皇家工程学院交流团 22 人
1984	朴英哲校长为团长的朝鲜金策工业大学代表团 5 人
	研究生院协会主席佩尔执尔为团长的美国研究生院院长代表团 15 人
1985	斯旺森副校长为团长的英国帝国理工学院代表团 8 人
	奥伦布什校长为团长的联邦德国亚琛高等工业大学代表团 5 人
	谢志伟校长为团长的中国香港浸会学院代表团 3 人
	克拉克院长为团长的中国香港理工学院代表团 10 人
	沃德副院长为团长的中国香港理工学院代表团 6 人
	黎锦超教授为团长的中国香港大学代表团 5 人
	约翰斯院长为团长的中国香港城市理工学院代表团 4 人
1986	金庆完校长为团长的朝鲜金策工业大学代表团 6 人
1987	法国专家代表团 6 人
	美国高校行政副校长协会代表团 5 人
	高锟校长为团长的中国香港中文大学代表团 3 人
1988	北威州科教部长勃伦为团长的联邦德国北威州高校代表团 6 人
1989	艾芬保格校长为团长的联邦德国斯图加特大学代表团 3 人
	雅可柏斯校长为团长的民主德国德累斯顿大学代表团 3 人
	希尔斯校长为团长的英国斯特拉斯克莱德大学代表团 3 人
	谢志伟校长为团长的中国香港浸会学院代表团 4 人
	金庆完校长为团长的朝鲜金策工业大学代表团 5 人
	诺思院长为团长的泰国亚洲理工学院代表团 3 人
	威尔逊院长为团长的加拿大滑铁卢大学工学院代表团 2 人
1990	瓦西里耶夫校长为团长的苏联列宁格勒工学院代表团 3 人
	早川丰彦副校长为团长的日本东京工业大学代表团 2 人
	工学院 P. M. Chung 院长为团长的美国芝加哥伊里诺依大学代表团 2 人
	阿帝巴斯院长为团长的加拿大不列颠哥伦比亚大学规划学院代表团 3 人
	中国香港恒生银行董事长利国伟爵士、香港浸会学院校长谢志伟率领的代表团 15 人
	张昭鼎教授为团长的中国台湾新竹清华大学教授代表团 22 人
	郑耀宗院长为团长的中国香港城市理工学院代表团 11 人

续表

年份	重要来宾
1991	潘宗光院长为团长的中国香港理工学院代表团 2 人
	增田博社长为团长的日本尼科西株式会社代表团 2 人
	袁志坤董事长为团长的美国 A. S. T 公司代表团 12 人
	中国香港震雄集团董事长蒋震为团长的蒋氏基金代表团 13 人
1992	J. K. Griesecke 校长为团长的联邦德国斯图加特大学代表团 3 人
	藤田进总长为团长的日本大阪工业大学、摄南大学代表团 6 人
	石桥义夫学园长为团长的日本共立女子学园代表团 11 人
	朴官伍总长为团长的朝鲜金日成综合大学代表团 6 人
	高锟校长为团长的中国香港中文大学代表团 7 人
	潘宗光校长为团长的中国香港理工学院代表团 9 人
	李嘉诚董事长为团长的中国香港长江实业有限公司代表团 6 人
	末松安晴校长为团长的日本东京工业大学代表团 4 人
	K. Habethe 校长为团长的联邦德国亚琛工业大学代表团 7 人
1993	李天庆校长为团长的中国澳门大学代表团 6 人
	Dava 校长为团长的加拿大不列颠哥伦比亚大学代表团 5 人
	王赓武校长为团长的中国香港大学代表团 6 人
	张信刚院长为团长的中国香港科技大学工学院代表团 7 人
	P. A. Schenck 校长为团长的荷兰代尔夫特大学代表团 8 人

（二）1993 年 7 月—2010 年

1993 年 7 月至 2010 年，清华大学接待国（境）外来宾 168 658 人次，其中有：联合国秘书长科菲·安南，美国总统乔治·沃克·布什，韩国总统卢武铉，英国首相布莱尔，德意志联邦共和国总统约翰内斯·劳，挪威首相延斯·斯托尔滕贝格，比利时王储菲利普、王妃马蒂尔德，法兰西共和国总统尼古拉·萨科齐，巴基斯坦总统穆沙拉夫，荷兰王国首相巴尔克嫩德先生等外国政要 77 人；诺贝尔奖、图灵奖、菲尔兹奖、普利兹克奖获得者等著名科学家 112 人；世界知名大学校长、副校长 1 723 人；国际著名企业总裁、副总裁 561 人；外国驻华大使、领事 176 人。来宾统计见表 8-5-4～表 8-5-8。

表 8-5-4　1993 年 7 月—2010 年来宾统计*

年份	人次	年份	人次	年份	人次
1993	1 039	1999	3 208	2005	23 000
1994	2 474	2000	7 783	2006	25 000
1995	3 034	2001	11 013	2007	26 000
1996	3 331	2002	11 700	2008*	5 336
1997	5 894	2003	9 800	2009	4 330
1998	5 696	2004	16 000	2010	4 020
合计　168 658					

注：* 表示 2008 年起为校级接待的来宾人次，此前为全校来访的人次。

表 8-5-5　1994 年—2010 年来访的外国政要（联合国秘书长、国家总统、总理、政党领袖）

日　期	来访政要
1994-04-26	加拿大总督雷蒙・约翰・纳蒂辛
1995-03-30	英国前首相撒切尔夫人
1995-04-07	科威特王储兼首相谢赫・萨阿德・阿朴杜拉・萨利姆・萨巴赫凯
1995-10-05	新加坡副总理李显龙
1996-07-24	圭亚那总理、圭亚那中国友好协会名誉会长海因兹
1997-03-26	美国副总统艾尔・戈尔
1998-11-20	加拿大总理让・克雷蒂安
1998-11-22	世界卫生组织总干事（挪威前首相）格罗・布伦特兰
1998-12-05	摩洛哥首相阿卜杜勒拉・赫曼・尤素福
1999-10-24	美国前国务卿基辛格博士
1999-11-06	蒙古国总理林钦尼亚木阿玛尔扎尔嘎勒
2000-04-10	新加坡总理吴作栋
2000-05-23	新西兰前总督 Sir. Paul Reeves 夫妇
2000-09-25	匈牙利工人党主席蒂尔迈尔博士（Gyula Thürmer）率领的匈牙利工人党代表团一行 5 人
2001-01-22	联合国秘书长科菲・安南
2001-06-21	墨西哥前总统埃切维利亚
2001-10-30	菲律宾总统阿罗约
2001-11-26	荷兰副首相兼经济大臣尤里兹玛女士
2001-12-11	南非总统塔博・姆武耶卢瓦・姆贝基（2001-12-10 参观清华大学核研院）
2002-02-22	美国总统乔治・沃克・布什
2002-05-14	韩国副总理兼财政经济部长官田允喆
2003-02-16	克罗地亚副总理 Goran Granic
2003-03-05	马来西亚民政党副主席郭洙镇
2003-07-09	韩国总统卢武铉
2003-07-22	英国首相布莱尔
2003-09-12	德意志联邦共和国总统约翰内斯・劳
2003-11-11	美国前总统比尔・克林顿（国际防治 AIDS 基金会共同主席之一）
2004-04-14	拉脱维亚共和国总统瓦伊拉・维凯・弗赖贝加
2004-04-21	马来西亚前总理马哈蒂尔（清华大学授予其名誉博士学位）
2004-07-02	韩国前总统金大中
2004-10-11	联合国秘书长科菲・安南
2004-12-07	意大利总统卡洛・阿泽利奥・钱皮
2004-12-16	巴基斯坦伊斯兰共和国总理肖卡特・阿齐兹
2005-01-18	爱尔兰总理伯蒂・埃亨
2005-04-05	法国前总统吉斯卡尔・德斯坦

续表

日　期	来访政要
2005-09-09	匈牙利总理久尔查尼·费兰茨
2005-03-18	联合国副秘书长戴尔布瑞
2005-05-10	韩国副总理兼教育人力资源部长金振杓
2005-09-02	马来西亚副总理纳吉布
2005-10-26	法国社会党总书记 Dominique Strauss. Kahn
2005-12-22	韩国前总理李寿成
2006-11-03	卢旺达总统保罗·卡加梅
2006-12-05	加拿大前总理马丁
2007-03-26	越南副总理兼外交部长范家谦
2007-03-27	挪威首相延斯·斯托尔滕贝格
2007-06-08	印度尼西亚副总统尤素夫·卡拉
2007-06-18	比利时王储菲利普、王妃马蒂尔德夫妇
2007-09-26	南非副总统普姆齐莱·姆兰博·努卡
2007-10-27	印度国大党主席索尼亚·甘地夫人
2007-11-27	法兰西共和国总统尼古拉·萨科齐
2008-01-17	芬兰副总理兼财政部部长 Jyrki Katainen
2008-04-01	阿联酋副总统兼总理谢赫·穆罕默德·本·拉希德·阿勒·迈克吐姆
2008-04-14	巴基斯坦总统穆沙拉夫
2008-06-13	美国共和党前主席 Frank Fahrenkopf，民主党前主席 Don Fowler
2008-08-11	瓦努阿图总理沃尔特·利尼
2008-10-27	荷兰王国首相巴尔克嫩德先生
2009-04-08	泰国公主诗琳通
2009-04-20	芬兰总理马蒂·万哈宁（Matti Vanhanen）
2009-05-14	社会党国际代表团（社会党国际主席、希腊范希社运主席 George Papandreou、社会党国际“可持续世界社会委员会”共同主席、瑞典前首相 Goran Persson、波兰前总统 Aleksandr Kwasniewski、社会党国际“可持续世界社会委员会”共同主席、智利前总统 Ricardo Lagos、社会党国际秘书长 Luis Ayala、俄罗斯联邦委员会主席、公正俄罗斯党主席 Sergei Mironov、比利时法语社会党主席 Elio Di Rupo、墨西哥革命制度党主席 Beartriz Paredes）
2009-10-21	哥斯达黎加民族解放党党主席、议长弗朗西斯科·帕切科
2009-10-27	朝鲜劳动党中央书记崔泰福
2009-11-22	匈牙利前总理久尔恰尼·费伦茨
2009-12-30	尼泊尔总理马达夫·尼帕尔
2009-12-30	尼泊尔副总理苏佳塔·科艾利埃拉
2010-03-26	韩国大国家党党首郑梦准
2010-04-30	欧盟委员会主席巴罗佐
2010-07-05	加拿大自由党领袖迈克尔·伊格纳蒂夫
2010-07-08	巴基斯坦总统扎尔达里

续表

日　期	来访政要
2010-08-18	日本前首相、民主党前党首鸠山由纪夫
2010-09-06	美国前总统卡特
2010-09-25	丹麦王子约阿希姆

表 8-5-6　1994 年—2010 年来访的著名科学家（诺贝尔奖、图灵奖、菲尔兹奖、普利兹克奖获得者等）

时　间	姓　名
1993-08-12	1991 年诺贝尔化学获得者、世界著名核磁共振专家、瑞士苏黎世高等工业大学教授理查德·恩斯特
1993-08-17	1986 年诺贝尔化学奖获得者、美国加州大学伯克利分校李远哲
1994-03-30	1983 年普利兹克获奖者、美国文学艺术研究院和国家文学艺术学院研究院院士贝聿铭
1996-06-14	1957 年诺贝尔物理学奖获得者杨振宁
1996-09-04	1978 年诺贝尔物理学奖获得者、美国朗讯公司副总裁兼贝尔实验室首席科学家阿尔诺·彭齐亚斯（Amo A. Penzias）
1997-01-29	1957 年诺贝尔物理学奖获得者杨振宁
1997-05-05	普利兹克奖获得者、日本著名建筑家丹下健三
1997-06-02	1957 年诺贝尔物理学奖获得者、美国国家科学院院士杨振宁 1976 年诺贝尔物理学奖获得者、美国国家科学院院士丁肇中 1973 年诺贝尔物理学奖获得者、日本筑波大学校长江崎玲於奈 1997 年诺贝尔物理学奖获得者、美国斯坦福大学朱棣文
1998-06-14	1957 年诺贝尔物理学奖获得者杨振宁
1998-11-17	诺贝尔经济学奖获得者、美国芝加哥大学著名经济学教授莫顿·米勒
1999-06-02	1957 年诺贝尔物理学奖获得者杨振宁
1999-06-24	1976 年诺贝尔物理学奖获得者、美国麻省理工学院教授丁肇中
2000-01-06	1996 年诺贝尔经济学奖获得者、剑桥大学 James Mirrlees
2000-08-06	1957 年诺贝尔物理学奖获得者、清华大学客座教授李政道
2000-09-27	1994 年诺贝尔文学奖获得者、日本作家大江健三郎
2000-10-19	菲尔兹（Fields）奖获得者、前英国皇家学会会长、国际著名数学家 Michael Atiyah 教授
2001-06-01	1957 年诺贝尔物理学奖获得者李政道
2001-06-01	2000 年诺贝尔物理学奖获得者 Jack S. Kilby
2001-06-13	1998 年诺贝尔物理学奖获得者 Robert B. Laughlin
2001-06-22	1985 年诺贝尔生理学或医学奖获得者 Michael Brown 1985 年诺贝尔生理学或医学奖获得者 Joseph Goldstein 1993 年诺贝尔生理学或医学奖 Phllipa Sharp
2001-06-27	1968 年诺贝尔物理学奖获得者、美国宾夕法尼亚大学教授 John Robert Schrieffer 博士
2001-10-17	1999 年诺贝尔经济学奖获得者罗伯特·蒙代尔
2001-10-19	1987 年诺贝尔化学获得者法国 Jean-Marie Lehn
2002-01	1998 年诺贝尔生理学或医学奖获得者、美国德州大学 Ferid Murad

续表

时　间	姓　名
2002-05-26	美国 2000 年诺贝尔经济学奖获得者麦克法登（Daniel McFadden）
2002-06-03	2000 年图灵奖获得者姚期智
2002-06-17	14 位诺贝尔奖获得者出席清华大学举办的前沿科学国际研讨会： 美籍 1957 年诺贝尔物理学奖获得者杨振宁 德国 1961 年诺贝尔物理学奖获得者 Rudolf L. Mossbauer 美国 1964 年诺贝尔物理学奖获得者 Gharles H. Townes 美国 1969 年诺贝尔物理学奖获得者 Murray Gell. Mann 美籍 1976 年诺贝尔物理学奖获得者丁肇中 美国 1980 年诺贝尔物理学奖获得者 Val L. Fitch 美籍 1986 年诺贝尔化学奖获得者李远哲 欧洲核子研究中心 1988 年诺贝尔物理学奖获得者 Jack Steinberger 美籍 1997 年诺贝尔物理学奖获得者朱棣文 法国 1997 年诺贝尔物理学奖获得者 Claude Cohen. Tannoudji 美国 1998 年诺贝尔物理学奖获得者 Robert B. Laughlin 荷兰 1999 年诺贝尔物理学奖获得者 Gerardus 't Hooft 美国 1999 年诺贝尔物理学奖获得者 Martinus J. G. Veltman 美国 2001 年诺贝尔物理学奖获得者 Eric A. Cornell
2002-06-17	1983 年数学菲尔兹奖获得者丘成桐（Shing. Tung Yau）
2002-07	日本 2000 年诺贝尔化学奖获得者白川英树
2002-07-23	德国 1988 年诺贝尔化学奖获得者、马普生物化学所胡贝（Robert Huber）
2002-07-19	瑞士 1991 年诺贝尔化学奖获得者理查・恩斯特（Richard R. Ernst）
2002-07-19	美国 1992 年诺贝尔化学奖获得者鲁道夫・亚瑟・马库斯（Rudolph A. Marcus ）
2002-08-27	美国 1994 年诺贝尔经济学奖获得者约翰・纳什（John Forbes Nash）
2002-10-19	1998 年图灵奖获得者 Jim Gray
2003-10-21	德国 1988 年诺贝尔化学奖获得者 Robert Huber
2003-10-29	2000 年图灵奖获得者姚期智
2003-11-01	英国 1996 年诺贝尔经济学奖获得者、香港中文大学 James A. Mirrlees
2003-11-14	意大利 1984 年诺贝尔物理学奖获得者 Carlo Rubbia
2003-11-17	1998 年诺贝尔物理学奖获得者崔琦
2003-12-06	2002 年诺贝尔经济学奖获得者 Vernon Smith
2004-02-08	1964 年诺贝尔物理学奖获得者 Charles Hard Townes
2004-04-15	2000 年诺贝尔化学奖获得者白川英树
2004-06-23	1999 年诺贝尔经济学奖获得者罗伯特・蒙代尔（Robert A. Mundell）
2004-07-17	1988 年诺贝尔化学奖获得者 Hartmut Michel
2004-08-30	2001 年诺贝尔生理学或医学奖获得者 Leland H. Hartwell
2004-09-13	1999 年诺贝尔经济学奖获得者罗伯特・蒙代尔（Robert A. Mundell）
2004-09-23	1995 年诺贝尔化学奖获得者 Mario J. Molina
2004-07-02	2000 年诺贝尔和平奖获得者金大中
2005-03-17	2001 年诺贝尔经济学奖获得者约瑟夫・斯蒂格利茨（Joseph Stiglitz）
2005-03-28	1983 年数学菲尔兹奖获得者丘成桐（Shing. Tung Yau）

续表

时　间	姓　名
2005-05-01	俄罗斯 1998 年诺贝尔化学奖获得者 Johann Deisenhofer 俄罗斯 2004 年诺贝尔化学奖获得者 Avram Hershko
2005-06-20	德国 1967 年诺贝尔化学奖获得者 Manfred Eigen
2005-08-12	瑞士 2002 年诺贝尔化学奖获得者 Kurt Wuthrich
2005-09-16	1991 年诺贝尔化学奖获得者、瑞士苏黎世高工教授 Richard Ernst
2005-09-29	1983 年数学菲尔兹奖获得者丘成桐（Shing. Tung Yau）
2005-09-27	1996 年诺贝尔经济学奖获得者 James Mirrlees
2005-10-19	美国 1978 年诺贝尔物理学奖获得者 Arno Penzias
2005-11-10	俄罗斯 2000 年诺贝尔物理学获奖得者若·阿尔费罗夫（Zhores I. Alferov）
2006-03-17	美国 2001 年诺贝尔经济学奖获得者约瑟夫·斯蒂格利茨（Joseph Stiglitz）
2006-05-22	日本 2001 年诺贝尔物理学奖获得者小柴昌俊
2006-05-27	瑞士 1986 年诺贝尔物理学奖获得者 Heinrich Rohrer
2006-09-05	德国 1988 年诺贝尔化学奖获得者 Hartmut Michel
2006-10-18	美国 1962 年诺贝尔生理学或医学奖获得者 James D. Waston
2006-10-23	美国著名计算机科学家、图灵奖获得者 Jim Gray
2006-11-11	1957 年诺贝尔物理学奖获得者李政道
2006-12-05	埃及 2005 年诺贝尔和平奖获得者穆罕默德·厄尔巴拉迪（Mohamed ElBaradei）
2007-03-12	瑞士 1986 年诺贝尔物理学奖获得者 Heinrich Rohrer
2007-03-26	美国 2006 年诺贝尔生理学或医学奖获得者 Craig Mello
2007-07-12	1993 年诺贝尔经济学奖获得者道格拉斯·诺斯（Douglass North）
2007-09-12	美国 2006 年诺贝尔经济学奖获得者埃德蒙德·菲尔普斯（Edmund Phelps）
2007-11-08	美国 2007 年诺贝尔经济学奖获得者埃里克·马斯金（Eric S. Maskin ）
2007-12-03	美国 2006 年诺贝尔生理学或医学奖获得者 Craig Mello
2008-03-21	美国 2001 年诺贝尔经济学奖获得者 Joseph Stiglitz
2008-10-27	美国 1962 年诺贝尔生理学或医学奖获得者 James D. Watson
2008-10-20	德国 2001 年诺贝尔物理学奖获得者 Wolfgang Ketterle
2008-10-20	美国 2001 年诺贝尔物理学奖获得者 Eric Cornell
2008-10-20	美国 1997 年诺贝尔物理学奖获得者 William Phillips
2008-11-12	美国 2004 年诺贝尔物理学奖获得者 David Gross
2009-03-20	美国 2001 年诺贝尔经济学奖获得者 Joseph E. Stiglitz
2009-03-30	英国 2002 年诺贝尔生理学或医学奖获得者 John E. Sulston
2009-03-23	德国 1987 年诺贝尔物理学奖获得者 J. Georg Bednorz
2009-04	日本 2002 年诺贝尔物理学奖获得者小柴昌俊
2009-07-15	美国 1997 年诺贝尔物理学奖获得者朱棣文
2009-10-25	美国 2007 年图灵奖获得者 Joseph Sifakis

续表

时　间	姓　名
2009-11-13	美国2000年诺贝尔经济学奖获得者 Daniel L. McFadden
2009-11-28	俄罗斯2000年诺贝尔物理学奖获得者 Zhores I. Alferov
2010-04-13	美国1962年诺贝尔生理学或医学奖获得者詹姆斯·沃森（James D. Watson）
2010-05-11	美国2005年诺贝尔经济学奖获得者罗伯特·约翰·奥曼（Robert John Aumann）
2010-05-13	美国1973年诺贝尔物理学奖获得者布莱恩·约瑟夫森教授（Brian D. Josephson）
2010-06-29	美国2009年诺贝尔经济学奖获得者威廉姆森·奥利弗（Williamson Oliver）
2010-08-17	美国2003年诺贝尔物理学奖获得者安东尼·莱格特（Anthony J. Leggett）
2010-10-21	日本2008年诺贝尔物理学奖获得者小林诚（Makoto Kobayashi）
2010-11-27	法国1987年诺贝尔化学奖获得者让·玛利·莱恩（J. M. Lehn）

表8-5-7　1993年7月—2010年重要来宾（部长、大使）

日　期	重要来宾
1993-09-01	越南驻华大使邓严衡及夫人
1994-03-07	巴西驻华大使 Joao Augusto Demedicis 一行3人
1994-04-06	克罗地亚科技部部长 Branko Jeren 为团长的克罗地亚访华团一行5人
1994-10-10	孟加拉文化国务部部长 Jahanara Begum 为团长的教育代表团一行6人
1994-10-10	孟加拉驻华大使
1994-12-12	叙利亚教育部部长格桑·哈勒先生一行60人
1995-01-17	美国总统科技顾问兼白宫科技政策办公室主任约翰·古本斯为团长的美国政府科技代表团一行17人。代表团的主要成员有美国商务部副部长玛丽·古德，美国国家宇航局局长丹·古尔丁，美国国家科学基金会主席尼尔·雷恩
1995-03-06	韩国总统科技委员会主席兼韩国科学基金会主席李祥羲
1995-04-18	法国驻华大使及夫人
1995-06-15	阿尔及利亚高教科研部部长本·布基得一行5人
1995-06-23	智利驻华大使爱德华多·阿里亚加达
1995-11-30	以色列驻华大使亚可夫一行2人
1995-12-26	乌克兰教育部长兹古罗夫斯基一行6人
1996-04-15	埃及教育部长侯赛因·卡迈尔·巴哈丁一行4人
1996-11-19	随德国总统访华的德国教科研技部国务秘书（副部长）Yzer 女士
1997-06-18	以色列驻华大使南月明（Era Namir）
1997-07-05	美国国家科委主任、美国总统科学顾问、斯坦福大学 Zare
1997-10-10	沙特阿拉伯高教大臣哈利德·本·穆罕默德·安卡里一行7人
1997-12-11	美国驻华大使尚慕杰，作了题为“美中关系新方向”的演讲
1998-03-11	荷兰司法大臣索贺德拉赫一行10人
1998-03-16	法国驻华大使毛磊（Pierre Morel）一行6人
1998-03-27	日本原子能委员会代理委员长藤家洋一

续表

日　期	重要来宾
1998-04-15	美国驻华大使尚慕杰
1998-04-22	葡萄牙科学与技术部部长 Jose Mariano Gago
1998-04-23	葡萄牙教育部部长格里洛（Marcal Grilo）一行 6 人
1998-04-27	罗马尼亚教育部部长安德列・马尔卡（Andrei Marga）率领的教育代表团一行 6 人
1998-09-16	英国政府贸工部航天部部长 Lord Sainsbury 等一行 8 人
1998-11-20	加拿大总理让・克雷蒂安来访，加拿大国际贸易部部长 S. Marchi，驻华大使 H. Balloch 一行 30 人陪同
1998-11-25	法国驻华大使毛磊（Pierre Morel）
1998-12-28	日本驻华大使谷野作太郎先生一行 5 人
1999-03-05	朝鲜对外文化委员会委员长文在哲率领的朝鲜政府文化代表团一行 5 人
1999-03-22	泰王国大学事务部部长巴蜀・猜亚讪一行 9 人
1999-04-28	德国驻华大使 Hans. Christian Ucberschaer 一行 6 人
1999-05-05	莫桑比克教育部部长尼亚沃托一行 3 人
1999-06-24	新加坡教育部部长张志贤一行 6 人
1999-07-05	肯尼亚共和国特命全权大使马修・姆托依毖瑞（Matthew K M' Ithiri）
1999-07-05	肯尼亚教育与人力资源开发部部长穆西约卡（S. K. Musyoka）
1999-09-08	坦桑尼亚科技高教部部长皮尤斯・恩瓦杜一行 2 人
1999-10-13	韩国科技部部长徐廷旭一行 8 人
1999-10-15	德国联邦教研部部长布尔曼一行 8 人
1999-10-15	德国驻华大使 Hans. Christian Ucberschaer
1999-01-25	美国财政部部长劳伦斯・萨默斯一行 23 人
1999-12-10	德国议会文化与媒体委员会主席、国会议员 Elke Leonhard
2000-01-08	美国美中关系全国委员会会长 John L. Holden 一行 3 人
2000-01-13	以色列驻华大使南月明（Era Namir）
2000-03-16	塞浦路斯驻华大使 Loria Markides 一行 3 人
2000-04-04	芬兰教育科学部部长玛娅・拉斯克一行 7 人
2000-04-11	新加坡贸易发展局主席李庆言一行 49 人
2000-04-25	沙特阿拉伯农业与水资源大臣阿卜杜拉・穆阿迈尔一行 7 人
2000-06-13	英国教育与就业大臣 David Blunkett 一行 9 人
2000-06-20	文莱驻华大使阿斯玛里
2000-09-19	新加坡交通与资讯科技部部长姚照东一行 18 人
2000-09-29	韩国汉城市市长高建
2000-10-12	南非国家艺术与文化、语言、科学与技术委员会主席、国会议员穆哈默德・威利一行 6 人
2000-10-25	马来西亚驻华大使 Datuk Majid
2000-10-26	芬兰交通与通讯部部长 Olli Pekka Heinonen，芬兰驻华大使 Rutanen 一行 5 人

续表

日　期	重 要 来 宾
2000-10-27	芬兰农林部部长 Kalevi Hemila
2000-11-06	巴基斯坦科技部部长 Atta. Ur. Rahman 一行 14 人
2000-12-07	非洲贝宁共和国三军参谋长阿穆苏上校（阿穆苏 1976 年入清华计算机科学与技术系学习，1979 年 7 月毕业）
2001-03-19	英国教育就业国务大臣蒂萨·布莱克斯通
2001-09-19	南非能源矿产部部长恩格库卡一行 10 人
2001-10-11	英国科学与创新部部长盛伯理勋爵一行 15 人
2000-11-07	印度人力资源开发部部长兼科学技术部部长乔西一行 8 人
2001-11-08	法国经济财政与工业部部长洛朗·法比尤斯
2001-11-19	塞浦路斯塞中友好协会会长迪诺斯
2001-12-05	美国夏威夷州州长 Benjamin J. Cayetano 一行 44 人
2001-12-17	法国教育部职业技术教育部部长梅朗松（Jean Luc Melenchon）一行 17 人
2002-01-09	国际原子能机构（IAEA）总干事厄尔·巴拉迪
2002-01-13	俄罗斯宇航科学院院长先科维奇
2002-02-25	斯洛文尼亚教育、科学和体育部部长露西娅·乔可一行 7 人
2002-04-15	哈萨克斯坦教育科学部第一副部长穆达波夫
2002-05-09	土耳其高等教育理事会主席古鲁兹教授一行 5 人
2002-05-22	联合国秘书长特别顾问、联合国和平大学校务委员会主席 Strong
2002-06-25	巴基斯坦国家科技与信息产业部部长 Atta. Ur. Rahman
2002-06-28	巴西国家科技发展委员会主任 Celso Pinto de Melo
2002-09-04	英国司法部部长（总检察长）戈德史密斯爵
2002-09-09	日本外务大臣川口顺子
2002-10-25	法国研究与新技术部部长 Claudie Haignere 女士一行 30 人
2002-11-08	马来西亚交通部部长林良实
2002-11-20	朝鲜教育部部长边永立一行 6 人
2002-12-03	俄罗斯总统能源顾问彼得洛夫
2002-12-10	美国众议院国际关系委员会主席 Henry J. Hyde 一行 30 人
2002-12-25	沙特阿拉伯高教大臣 ALanqari 一行 7 人
2003-01-31	斯洛伐克驻华大使彼得·保伦
2003-02-16	克罗地亚驻华大使 Zeljko Kirincic
2003-02-24	英国教育和技能部国务大臣玛格丽特·霍奇一行 13 人
2003-03-06	英国驻华大使 Christopher Hum
2003-04-02	德国巴伐利亚州州长 Edmund Stoiber 一行 55 人
2003-04-02	德国驻华大使 Joachim Broudré Gröger
2003-04-07	斯洛伐克驻华大使 Peter Paulen

续表

日　期	重 要 来 宾
2003-06-18	韩国驻华大使金夏中
2003-07-03	加拿大驻华大使柯杰（Joseph Caron）
2003-07-11	埃及驻华大使 Aly El. Hefny
2003-09-02	加拿大环境部部长 David Anderson
2003-09-12	韩国科技部部长朴虎君
2003-09-16	秘鲁检察长 Nelly Calderon Navarro
2003-10-13	瑞典驻华大使 Borje Ljunggren
2003-10-15	英国科技与创新部部长 Lord Sainsbury
2003-10-17	瑞典教科部部长 Thomas Ostros 一行 19 人
2003-11-06	新加坡教育部代部长尚达曼
2003-11-07	韩国汉城市市长李明博
2003-11-13	马来西亚科技与环境部部长 Datuk Seri Law Hieng Ding
2003-12-15	爱沙尼亚驻华大使 Mait Martinson
2003-12-19	印度驻华大使 Nalin Sarie
2004-01-13	智利教育部部长塞尔吉奥·比塔尔
2004-02-19	丹麦驻华大使 O. L. Poulsen
2004-02-26	泰国公主诗琳通，泰国驻华大使 Don Pramudvinai
2004-03-01	乌兹别克斯坦高等与中等专业教育部部长古利亚莫夫
2004-03-10	拉脱维亚驻华大使 Einars Semanis
2004-03-17	欧盟理事会秘书长索拉纳
2004-03-17	西班牙驻华大使 Jose Pedro Sebastian De Erice
2004-03-19	墨西哥驻华大使 Ismael Sergio Ley Lopez
2004-03-21	俄罗斯驻华大使 Igor A. Rogachev
2004-04-05	挪威驻华大使 Tor Christian Hildan
2004-04-05	冰岛驻华大使 Eidur Gudnason
2004-04-08	欧盟驻华大使 Klaus Ebermann
2004-04-21	马来西亚驻华大使 Dato' Abdul Majid Bin Ahmad Khan
2004-04-23	约旦教育部部长哈立德·图甘
2004-04-23	英国约克公爵安德鲁王子，英国驻华大使 Christopher Hum
2004-05-13	新西兰教育部部长 Trevor Mallard，新西兰驻华大使 John McKinnon
2004-05-29	世界银行行长 James D. Wolfensohn
2004-06-08	意大利驻华大使孟凯帝（Gabriele Menegatti）
2004-06-16	英国环境、食品与乡村事务大臣玛格丽特·贝克特
2004-07-02	韩国驻华大使金夏中
2004-08-17	澳大利亚外交部部长 Alexander Downer，澳大利亚驻华大使 Alan Thomas

续表

日　期	重要来宾
2004-09-24	古巴高教部部长费尔南多·贝西诺·阿莱格莱特
2004-10-22	秘鲁驻华大使 Luis Vicente Chang Reyes
2004-11-18	巴基斯坦驻华大使 Riaz Mohammad Khan
2004-11-30	芬兰议会议长利波宁，芬兰驻华大使 Benjamin Bassin
2004-12-04	印度驻华大使 Nalin Surie
2004-12-04	瑞典驻华大使 Carl Borje Ljunggren
2004-12-17	美国能源部部长 Spencer Abraham
2004-12-17	爱尔兰驻华大使 Declan Connolly
2005-01-17	英国贸工部科学与创新部盛伯理勋爵（Lord Sainsbury）
2005-02-24	法国驻华大使高毅
2005-03-07	德国驻华大使 Volker Stanzel
2005-03-08	越南驻华大使陈文律
2005-05-30	荷兰教科大臣 Van der Hoeven
2005-05-30	荷兰驻华大使 Philip de Heer
2005-06-02	美国商务部部长古铁雷斯（Carlos Gutierrez）
2005-06-02	美国驻华大使 Clark Randt
2005-07-05	澳大利亚教育、科学与培训部部长 Brendan Nelson
2005-08-16	马来西亚驻华大使赛义德·诺尔扎曼（Syed Norulzaman）
2005-09-13	芬兰文化部部长卡尔佩拉
2005-09-23	菲律宾预算与管理部部长奈利
2005-09-26	马来西亚教育部部长拿督沙菲尔
2005-10-13	瑞典驻华大使 Borje Ljunggren
2005-10-17	朝鲜教育省教育相金勇镇
2005-11-16	美国加州州长施瓦辛格（Arnold Schwarzenegger）
2005-11-28	卢旺达驻华大使 Ben Rugangazi
2005-11-30	南非教育部部长潘多
2005-12-02	马达加斯加教育与科学研究部部长 Haja Nirina Razafinjatovo，马达加斯加驻华大使 Victor Sikonina
2005-12-20	比利时驻华大使裴伯宁（Bernard Pierre）
2006-01-03	丹麦议会能源政策委员会主席 Eyvind Vesselbo，丹麦交通与能源部部长 Flemming Hansen
2006-03-28	波兰外交部部长 Stefan Meller
2006-03-28	波兰驻华大使 Krzysztof Szumski
2006-04-07	欧盟驻华大使赛日·安博（Serge Abou）
2006-04-11	美国环保局局长史蒂芬·约翰逊
2006-04-13	卢旺达驻华大使 Ben Rugangazi

续表

日 期	重要来宾
2006-05-15	荷兰阿姆斯特丹市长约伯·科恩
2006-06-13	巴基斯坦高教委员会主席 Atta. Ur. Rahman
2006-07-03	加拿大驻华大使柯杰（Joseph Caron）
2006-07-06	意大利驻华大使孟凯帝（Gabriele Menegatti）
2006-07-12	日本科技大臣松田岩夫
2006-08-23	爱尔兰议会通讯、海洋核自然资源委员会主席 Noel O' Flynn
2006-09-07	新加坡驻华大使陈燮荣
2006-09-18	爱尔兰驻华大使 Declan Connolly
2006-09-21	美国财政部部长 Henry Paulson
2006-09-27	挪威环境部部长 Helen Bjornoy
2006-10-09	莫桑比克科技部部长 Venancio Massingue
2006-10-19	哈萨克斯坦教育部部长 B. C. 艾绨莫娃
2006-11-21	智利驻华大使费尔南多·雷耶斯·马塔（Fernando Reyes Matta）
2006-11-23	斯洛文尼亚驻华大使 Marjan Cencen
2007-01-22	丹麦驻华大使米磊（Laurids Mikaelsen）
2007-01-25	芬兰贸工部部长 Mauri Pekkarinen
2007-01-30	法国驻华大使苏和
2007-03-06	挪威驻华大使 Hildan
2007-04-26	意大利经济和财政部部长托马索·帕多阿·斯乔巴
2007-06-01	比利时驻华大使 Bernard Pierre
2007-06-08	印度尼西亚驻华大使苏德加
2007-06-18	哥伦比亚驻华大使吉列尔莫·里卡多·贝莱斯
2007-06-18	厄瓜多尔驻华大使 Mario Rodrigo Yepez Enriquez
2007-06-18	玻利维亚驻华大使 Eulalio Medina Eguezy señora
2007-06-18	牙买加驻华大使 Wayne McCook
2007-06-20	斯里兰卡驻华大使 Karunati laka Ammunugama
2007-09-03	韩国行政自治部部长朴明在
2007-09-17	巴西科技部部长 Sérgio Machado Rezence
2007-10-27	印度驻华大使拉奥琦
2007-10-29	荷兰驻华大使闻岱博
2007-10-30	英国创新、大学及技能事务大臣 John Denham，英国驻华大使 William Ehrman
2007-11-12	古巴驻华大使卡洛斯·米·佩雷拉·埃尔南德斯
2007-11-13	捷克驻华大使维捷斯拉夫·格雷普尔
2007-11-23	津巴布韦驻华大使 Frederick M. M. Shava
2008-01-17	芬兰驻华大使 Antti Kuosmanen
2008-03-14	爱尔兰国务部部长勒尼汉

续表

日　期	重要来宾
2008-03-17	爱尔兰驻华大使 Declan Connolly
2008-03-20 2008-03-26 2008-04-14	巴基斯坦驻华大使萨尔曼・巴希尔
2008-04-03	美国佐治亚州州长 Sonny Perdue
2008-04-04	文莱教育部部长阿卜杜拉・拉赫曼
2008-04-04	文莱驻华大使张慈祥
2008-04-14	巴基斯坦国防部部长 Chaudhry Ahmed Mukhtar、外交部部长 Makhdoom Shah Mahmood Qureshi
2008-04-14	巴基斯坦外交部部长 Makhdoom Shah Mahmood Qureshi
2008-04-17	丹麦驻华大使米磊（Jeppe Tranholm Mikkelsen)
2008-05-14	沙特石油部部长（沙特阿卜拉国王科技大学理事会主席）Ali Ibrahim Al. Naihi
2008-05-16	乌拉圭驻华大使 Luis Almagro
2008-06-10	瑞典驻华大使林川
2008-07-25	巴西驻华大使 Castro Neves
2008-08-11	瓦努阿图驻华大使 Lo Chi Wai
2008-08-21	乌克兰驻华大使 Kamyshev Serhii
2008-09-04 2008-11-10 2008-12-04	智利驻华大使费尔南多・雷耶斯・马塔
2008-10-14	古巴信息通讯部副部长 Boris Alejandro Moreno Cordovés
2008-10-15	爱沙尼亚教育部部长托尼斯・卢卡斯
2008-10-27	荷兰王国驻华大使贝金克
2008-11-04	挪威研究与高等教育大臣杜拉・奥斯兰德
2008-11-18	美国劳工部部长赵小兰
2008-11-26	日本驻华大使宫本雄二
2008-12-02	马尔代夫驻华大使 Ahmed Latheef
2008-12-04	秘鲁大使 Jesús J. Wu Luy
2008-12-09	越南科技部副部长陈国胜
2009-02-24	新加坡教育部部长黄永宏
2009-03-31 2009-04-08	泰国驻华大使马纳塔
2009-04-17 2009-09-01 2009-12-25	阿联酋国务部部长 Reem Al-Hashimy
2009-04-21	泰国能源部部长 Wannarat Channukul
2009-04-27	瑞典卫生部部长 Maria Larsson

续表

日　期	重 要 来 宾
2009-05-4	日本内阁总务省大臣鸠山邦夫
2009-05-14	德国环境、自然保护与核安全部部长 Sigmar Gabriel
2009-05-14	印度外交国务部部长 Anand Sharma
2009-05-14	摩洛哥国务大臣、摩人民力量社会主义联盟前第一书记 Mohamed El Yazghi
2009-05-14	南非外长 Nkosazana Dlamini Zuma
2009-05-14	西班牙驻经合组织大使 Cristina Narbona
2009-05-14 2009-06-12	巴基斯坦驻华大使马苏德·汗
2009-05-31	美国众议院议长佩洛西
2009-06-04	韩国监查院院长（副总理级）金滉植
2009-06-07	瑞典驻华大使林川
2009-07-15	美国能源部部长朱棣文
2009-09-16	意大利环境、领土与海洋部部长 Stefania Prestigiacomo
2009-09-18	法国驻华大使苏和
2009-11-04	斯里兰卡大使 Karunatilaka Amunugama
2009-11-05	罗马尼亚驻华大使 Viorel Isticioaia
2009-11-11	芬兰教育与科学部部长汉娜·维拉库宁
2009-11-19	以色列科技部部长 Daniel Hershkovitz
2009-11-19	以色列驻华大使 Amos Nadai
2009-12-22	日本驻华大使宫本雄二
2009-12-30	尼泊尔财务部部长苏兰德拉·潘迪
2009-12-30	尼泊尔能源部部长普拉卡什·沙兰·马哈特
2009-12-30	尼泊尔驻华大使坦卡·普拉萨德·卡尔基
2010-03-18	新加坡总理公署部长、财政部兼交通部第二部长陈惠华女士
2010-03-30	巴西能源科技部副部长 Andre Amado
2010-04-07	美国前财政部长亨利·鲍尔森
2010-04-30	欧盟气候变化专员（部长级）Connie Hedegaard 女士
2010-04-30	欧盟能源专员（部长级）Guenther Oettinger
2010-04-30	意大利环境部部长 Stefania Prestigiacomo
2010-05-10	泰国财政部部长 Korn Chatikavanij
2010-05-11	以色列财政部部长 Yuval Steinitz
2010-05-21	美国商务部部长骆家辉
2010-07-08	巴基斯坦国防部部长 Chaudhry Ahmed Mukhtar
2010-07-08	巴基斯坦石油和自然资源部部长 Syed Naveed Qamar
2010-07-08	巴基斯坦经贸部部长 Hina Rabbani Khar

续表

日　期	重 要 来 宾
2010-07-08	巴基斯坦政务部部长 Asim Hussain
2010-07-08	巴基斯坦外交部部长 Masood Khalid
2010-08-23	南非教育部长布雷德·恩齐曼迪（Blade Nzimande）
2010-10-18	新西兰高等教育部部长 Steven Joyce
2010-11-03	美国能源部副部长 Steven Koonin
2010-01-20	韩国新任驻华大使柳佑益
2010-03-18	美国驻华大使洪博培
2010-03-26 2010-04-22	瑞士驻华大使顾博礼
2010-04-06	格鲁吉亚驻华大使卡罗·西哈鲁利泽
2010-06-06	瑞典驻华大使林川
2010-06-21 2010-07-08	巴基斯坦驻华大使马苏德·汗
2010-09-25 2010-11-19	丹麦大使裴德盛
2010-11-29	爱尔兰驻华大使 Declan Connlly

表 8-5-8　1994 年—2010 年来访的部分大学校长代表团

日　期	来访代表团
1994-01-12	马来西亚英迪学院院长陈友信一行 2 人
1994-03-30	美国工程科学院院士、美国伯克利加州大学校长田长霖
1994-04-06	中国台湾中原大学校长张光正
1994-04-20	德国斯图加特大学校长 Heide Ziegler 一行 9 人
1994-04-21	新加坡南洋理工大学校长詹道存一行 11 人
1994-05-04	加拿大大学校长代表团一行 13 人来访，包括 British Columbia 大学校长 David Strangway，McGill 大学校长 Bernard Shapiro，Toronto 大学校长 Robert Prichard 等
1994-05-05	中国香港城市理工学院院长严朴方一行 8 人
1994-05-07	美国佛罗里达 A&M 大学校长、白宫科学技术顾问委员会委员 Humphries，工学院院长陈景仁
1994-05-18	马来西亚英迪书院陈友信院长一行 4 人
1994-05-20	马来西亚百育灵学院院长马明月
1994-05-30	美国 Tulane 大学校长 Eamon M. Kelly 一行 3 人
1994-06-02	澳大利亚新南威尔士大学校长 John Niland 一行 10 人
1994-06-14	荷兰 Nijenrode 大学校长 Neelie Kroes 一行 3 人
1994-06-14	英国赫特福德郡大学校长 N. K. Buxton 一行 4 人
1994-06-19	美国 Beloit 学院校长 Victor E. Ferrall 一行 4 人
1994-09-07	美国哈佛大学环境委员会主席 Mcelory

续表

日　期	来访代表团
1994-09-08	日本大阪工业大学校长樱井良文一行 7 人
1994-09-08	法国 Compiegne 技术大学校长 Lavalou 一行 4 人
1994-09-08	埃及阿斯尤特大学校长穆罕迈德，坦塔大学校长沙维科，曼努非亚大学校长沙克尔
1994-10-05	英国 Bradford 大学校长 David Johns 一行 3 人
1994-10-07	德国 Siegen 大学校长 Sturm 一行 3 人
1994-10-10	日本名古屋工业大学吉田弥智一行 4 人
1994-10-12	新加坡国立大学校长林彬教授一行 3 人
1994-10-13	日本大阪大学总长金森顺次郎一行 3 人
1994-10-28	日本东京工业大学校长木村孟
1994-11-01	中国香港中文大学校长高锟（清华大学名誉教授）
1994-11-04	英国大学校长代表团一行 7 人
1994-11-14	俄罗斯 Ivanovo Power 大学校长 Vladimir N. Nuzhdin 一行 6 人
1994-11-17	德国慕尼黑工业大学校长 Meitinger 一行 2 人
1994-11-18	韩国京畿大学校总长孙钟国、副总长禹水涉一行 5 人
1994-11-21	慕尼黑工业大学校长 Meitinger
1994-11-29	加拿大麦克马斯特大学校长 Geraldine A. Kenney Wallace
1994-12-08	吉尔吉斯共和国工业大学校长 Ryspek Usubamatov 一行 2 人
1995-01-07	韩国延世大学总长宋梓一行 5 人
1995-01-16	美国麻省理工学院国际科技合作委员会主任 Suzanne Berger 一行 7 人
1995-05-23	英国曼彻斯特理工学院院长 H. A. Hankins
1995-05-23	马来西亚百育灵学院院长马明月
1995-05-25	中国香港大学校长王赓武
1995-06-12	朝鲜金策工业综合大学校长金庆完一行 2 人
1995-06-16	中国香港城市大学校长郑耀宗一行 4 人
1995-06-21	中国台湾元智工学院院长王国明一行 5 人
1995-06-22	美国麻省理工学院校长 Charles M. Vest 一行 4 人
1995-06-28	澳大利亚新南威尔士大学校长 Niland 一行 3 人
1995-07-04	中国香港中文大学校长高锟（清华大学名誉教授）
1995-08-21	美国中部地区 10 校联盟（MUCIA）代表团一行 7 人
1995-09-17	加拿大不列颠哥伦比亚大学校长 David Strangway 一行 4 人
1995-09-28	日本共立女子学园理事长石桥义夫
1995-10-17	美国 Minnesota 大学校长 Nils Hasselmo 一行 13 人
1995-10-18	中国香港中文大学校长高锟一行 4 人
1995-10-24	越南河内百科大学校长阮明显一行 6 人
1995-10-25	加拿大阿尔伯塔大学校长 Roderrick D. Fraser 一行 4 人

续表

日　期	来访代表团
1995-11-20	日本东京大学中日大学群交流项目日方交流委员会委员长吉本坚一一行 7 人
1995-11-27	新西兰奥克兰大学校长 W. G. Carson 一行 3 人
1995-12-04	比利时鲁汶高等技术学院院长 Jonan De Graeve 一行 5 人
1995-12-06	瑞士苏黎世高等工学院主席 Jakob Nuesch
1995-12-10	中国台湾新竹清华大学校长沈君山
1996-01-09	美国 Notre Dame 大学校长 E. A. Malloy 一行 4 人
1996-01-24	韩国浦项科技大学张水荣校长一行 3 人
1996-01-29	中国台湾元智工学院院长王国明一行 6 人
1996-04-11	日本共立女子学园理事长石桥义夫一行 11 人
1996-04-12	英国帝国理工大学校长 Ronald Oxburgh 爵士
1996-04-23	美国伯克利加州大学校长田长霖（清华大学名誉教授）
1996-05-27	美国伊利诺大学 Urbana Champaign 分校校长 Michael Aiken 一行 2 人
1996-06-17	美国俄亥俄大学校董邵公全一行 4 人
1996-07-12	荷兰 Delft 大学校长 K. F. Wakker
1996-07-17	日本共立女子学园理事长石桥义夫一行 19 人
1996-09-24	瑞士洛桑副主席 D. de Werra 一行 4 人
1996-10-07	美国伯克利加州大学校长田长霖（清华大学名誉教授）
1996-10-08	以色列特拉维夫大学校长约拉姆·丁斯坦一行 9 人
1996-10-16	法国里昂中央学校校长 Pascaud 等 4 所中央学校校长
1996-10-31	日本早稻田大学校长奥岛孝康、副校长山代一行 5 人
1996-11-11	澳大利亚墨尔本大学校长 Gilert 一行 4 人
1996-11-19	美国俄亥俄大学校长 Glidden 一行 10 人
1996-11-26	秘鲁克鲁斯（Cruz）教授为团长的五所国立大学校长代表团一行 6 人
1996-11-27	美国明尼苏达大学校长 Nils Hasselmo 一行 7 人
1996-11-29	英国曼彻斯特大学校长 Martin Harris、英国皇家化学会主席 Edward Abel 一行 4 人
1996-12-09	英国牛津大学名誉校长 LordJenkins、校长 Peter North 一行 3 人
1997-01-08	越南河内百科大学副校长利共和一行 5 人
1997-01-13	美国华盛顿大学（圣路易斯）校长 Mark S. Wrighton、清华大学客座教授谈自忠教授一行 3 人
1997-01-14	韩国高丽大学校长洪一植一行 4 人
1997-01-29	中国香港中文大学校长李国章一行 5 人
1997-01-30	韩国仁荷大学校长赵成钰一行 3 人
1997-02-17	美国 Arizona State University 一行 5 人
1997-02-26	日本精工电子株式会社副社长守友贞雄一行 7 人
1997-02-27	马来西亚英迪学院陈友信院长一行 4 人

续表

日　期	来访代表团
1997-04-07	德国柏林工业大学校长 Schumann
1997-04-28	英国伦敦大学学院院长 Derek Roberts 爵士
1997-06-18	中国台湾成功大学校长翁政义一行 15 人
1997-06-19	马来西亚英迪学院院长陈友信
1997-06-24	美国艾奥瓦州立大学校长 Jischke Martin Charles 一行 6 人
1997-06-24	美国夏威夷大学校长 Kenneth P. Mortimer
1997-06-28	日本东京工业大学校长木村孟
1997-08-20	韩国国立汉城大学校长鲜于仲皓
1997-09-03	英格兰高教拨款委员会主席 Brian Fender 率领的英国高等教育代表团。成员包括英国大学校长委员会主席、曼彻斯特大学校长 Martin Harris 等 4 人
1997-09-03	美国加州大学 Santa Barbara 分校校长杨祖佑
1997-09-04	英国大学校长代表团一行 7 人。成员有：Newcastle 大学校长 James Wright，Southhampton 大学校长 Howard Newby，Walse 大学校长 Brian Smith，Cadiff 大学校长 R. N. Ibbett，Edinburgh 大学副校长 Tony Champman，Leeds 大学副校长 Lan Gow，Sheffield 大学副校长、格拉斯哥大学委员会主席 Mr. R. R. Whiteread
1997-09-15	韩国中央大学校长李钟勋
1997-09-16	马来西亚华校董事联合会总会主席郭全强、华校教师总会主席王超群、马来西亚新纪元学院院长洪天赐等一行 5 人
1997-09-17	瑞典隆德大学校长 Boel Flodgren 一行 9 人
1997-10-06	美国马里维尔大学校长 Lovin 一行 2 人
1997-10-08	瑞士苏黎世高工校长 Konrad Osterwalder 一行 3 人
1997-10-14	加拿大阿尔伯塔大学校长 Roderick Fraser
1997-11-17	英国剑桥大学丘吉尔学院院长 John Boyd 爵士
1997-11-28	新西兰奥克兰大学校长 Kit Carson
1997-12-04	日本京都大学校长、日本国立大学校长联合会主席井村裕夫一行 3 人
1997-12-19	英国剑桥大学 Alec Broers 校长一行 10 人
1998-01-07	美国 Cornell 大学校长 Hunter R. Rawlings III 一行 3 人
1998-02-21	法国 Aix-Marseille 法律、经济和科技大学校长 Christian Louit 一行 5 人
1998-03-23	美国哈佛大学校长 Neil L. Rudenstein（陆登庭）一行 10 人
1998-04-07	美国 Houston 大学总校长 Arthur K. Smith 一行 3 人
1998-05-02	中国台湾新竹清华大学刘炯朗校长及其前任校长沈君山
1998-05-05	日本京都大学长尾真校长一行 3 人
1998-05-06	日本东京大学校长莲实一行 3 人
1998-05-07	澳大利亚悉尼大学校长盖文布朗一行 5 人
1998-06-02	中国香港科技大学校长吴家玮一行 10 人
1998-06-12	韩国延世大学校长金炳洙一行 5 人

续表

日　期	来访代表团
1998-06-24	日本名古屋工业大学校长冈岛达雄一行 3 人
1998-06-26	澳大利亚 New Castle 大学校长 Holmes 一行 8 人
1998-08-31	德国柏林工业大学校长 Hans Juergen Ewers 一行 7 人
1998-09-08	马来西亚华校董教总主席郭金强一行 6 人
1998-09-09	日本帝京大学总校长冲永庄一一行 4 人
1998-09-10	比利时 KULeuven 大学校长 Andr Oosterlinck
1998-10-07	英国萨里大学校长 P. Dowling
1998-11-03	韩国国民大学校长玄胜一一行 12 人
1998-11-05	美国 Pennsylvania 大学校长 Judith Rodin 一行 4 人
1998-11-06	荷兰埃因霍温大学 Rem 校长一行 3 人
1998-11-10	加拿大麦克马斯特大学 Peter George 校长一行 3 人
1999-03-25	葡萄牙大学校长委员会主席、Aveiro 大学校长 Julfo Pedrosa 一行 8 人
1999-03-26	中国香港城市大学校长张信刚一行 5 人
1999-04-13	加拿大 British Columbia 大学校长 Martha C. Piper 一行 3 人
1999-05-09	中国香港浸会大学校长谢志伟一行
1999-05-11	美国 Lousiville 大学校长一行 7 人
1999-05-28	荷兰德尔福特大学校长 K. F. Wakker 一行 6 人
1999-08-30	泰国 Rajamangala 大学校长 Winit Chotsawang 一行 12 人
1999-09-06	中国台湾逢甲大学校长一行 6 人
1999-09-09	中国香港大学郑耀宗校长一行 4 人
1999-10-25	英国 UMIST（曼彻斯特理工大学）校长 Robert Boucher，Newcastle 大学校长 James Wright，克兰菲尔德大学校长 Frank Hartley
1999-10-25	德国奥芬伯格大学校长 Winfried　Lieber 一行 4 人
1999-10-26	英国曼彻斯特大学校长 Martin Harris 一行 5 人
1999-11-02	英国南安普顿大学校长 Howard J. Newby
1999-11-04	俄罗斯圣彼得堡国立财经大学校长塔拉谢维奇一行 3 人
1999-11-05	法国巴黎工程院校集团主席 Daniele OLIVIER 女士一行 8 人
1999-11-12	马来西亚北方大学（Utara University）校长 Mohammad Noor Hj. Salleh
2000-01-26	美国哈佛大学环境委员会主席迈克尔·麦克罗伊一行
2000-02-29	中国澳门大学校长姚伟彬一行 8 人
2000-03-01	日本北陆先端科学技术大学校长示村悦二郎一行 3 人
2000-03-21	美国俄亥俄大学校长 Robert Glidden 一行 9 人
2000-04-04	芬兰赫尔辛基技术大学校长帕佛·乌洛宁
2000-04-21	法国贝尔福·蒙贝利亚技术大学校长 Jean Bulabois 一行 4 人
2000-04-24	英国谢菲尔德大学校长 Gareth Roberts

续表

日　期	来访代表团
2000-04-27	英国诺丁汉大学校长 Sir Colin Campbell
2000-06-06	美国 Maryland 大学校长 C. Daniel Mote 一行 5 人
2000-06-20	文莱大学校长 Dr. Mahmud A. Othman
2000-06-22	美国 Duke 大学校长 Nannerl O. Keohane
2000-06-29	美国 Minnesota 大学校长 Mark G. Yudof 一行 9 人
2000-07-24	越南胡志明市科技大学校长潘氏鲜一行 9 人
2000-07-24	德国德累斯顿大学校长 Achim Mehlhorn，斯图加特应用技术大学校长 Martin R. Stohrer
2000-08-18	德国苏西茨大学校长兼勃兰登堡州（Brandenburg）科技文化部部长 Klotz 一行 3 人
2000-09-21	马来西亚新纪元学院代院长柯嘉逊一行 5 人
2000-10-31	爱尔兰利莫里克大学校长 Roger GH Downer
2000-11-06	法国牟罗兹大学校长兼 CPU 第三副主席 Gernard BINDER，巴黎十一大校长兼 CPU 研究委员会主席 Xavier Chapuisat，巴黎四大校长兼 CPU 外事委员会主席 Georges Moulinie
2000-11-07	澳大利亚国立大学校长 Terrell
2000-11-08	匈牙利布达佩斯技术经济大学校长 Detrekoi
2000-12-06	日本新潟大学校长荒川正昭一行 4 人
2001-01-04	中国香港中文大学校长李国章一行 9 人
2001-02-20	荷兰德尔福特大学校长 Dr. N. de Voogd 一行 2 人
2001-02-26	德国埃斯林根应用技术大学校长 Jurgen van der List 一行 4 人
2001-03-27	韩国科学科技院院长 Duk In Choi 一行 4 人
2001-04-28	13 位境外大学校长出席清华大学 2001 年大学校长论坛： 英国牛津大学校长柯林斯·卢卡斯，德国亚琛工业大学校长伯克哈特·劳赫特， 荷兰德尔福特大学校长弗格特，美国圣路易斯华盛顿大学校长马克·莱顿， 加拿大不列颠哥伦比亚大学校长玛莎·帕波，澳大利亚悉尼大学校长加文·布朗， 日本早稻田大学校长奥岛孝康，日本京都大学校长长尾真， 韩国浦项工业大学校长 Sung. Kee Chung，中国台湾新竹清华大学校长刘炯朗， 中国香港大学校长戴义安，中国香港科技大学校长吴家玮，中国香港中文大学校长李国章
2001-05-09	美国耶鲁大学校长 Richard C. Levin 一行 11 人
2001-05-21	英国卡迪夫大学校长 Brian Smith 一行 2 人
2001-05-28	京都大学校长长尾真
2001-06-11	中国澳门大学校长姚伟彬，中国澳门理工学院院长李向玉， 中国澳门科技大学校长周礼杲，中国澳门旅游学院代院长黄竹君
2001-06-19	华盛顿大学校长 Richard L. McCormick 一行 3 人
2001-07-16	朝鲜金策工业大学校长 Hong So Hon 一行 5 人
2001-08-27	印度尼西亚苏加诺大学董事长、校长、时任总统梅加瓦蒂的妹妹拉玛瓦蒂一行 12 人
2001-08-28	韩国明知大学校长、汉城大学前任校长鲜于仲皓一行 4 人
2001-09-06	中国台湾东吴大学校长刘源俊一行 2 人
2001-09-11	德国斯图加特大学校长 Fritsch

续表

日　期	来访代表团
2001-09-12	英国拉夫堡大学校长 David Wallace
2001-09-25	日本岩手大学校长海妻矩彦
2001-10-19	韩国庆熙大学校长赵正源
2001-10-23	荷兰蒂尔博格大学校长 Schouten
2001-11-07	英国伦敦玛丽女王大学校长 A. 史密斯
2001-11-19	塞浦路斯弗里德里科理工学院校长娜塔莎·弗里德里科一行 5 人
2001-11-23	美国 Monterey Institute of International Studies 校长 Chester Haskell 一行 3 人
2001-11-24	澳大利亚斯威本大学校长戴尔·墨菲
2001-11-25	英国阿尔斯特大学校长 McKenna
2002-03-15	瑞典乌普萨拉大学校长 Bo Sundqvist 一行 4 人
2002-03-21	美国华盛顿大学校长 Mark S. Wrighton 一行 18 人
2002-03-29	英国诺丁汉大学校长 Colin Campbell 爵士
2002-03-29	墨西哥 Autonomous University of Nuevo Leon 校长 Luis Jesus Galan Wong 一行 6 人
2002-04-01	日本京都工艺纤维大学校长木村光佑一行 2 人
2002-04-04	芬兰赫尔辛基技术大学校长帕佛·乌洛宁
2002-04-11	菲律宾高校中国研究会会长魏丽珍女士率团，成员包括菲律宾国立大学、中央大学等 8 所大学的校长
2002-04-14	法国巴黎中央理工大学校长 Daniel Gourisse 一行 4 人
2002-04-17	澳大利亚国立大学校长 Ian Chubb 一行 6 人
2002-04-23	苏丹共和国 Alneelain 大学校长 Awad Hag Ali Ahmed
2002-05-06	韩国国立汉城大学即将上任的校长宋相现一行 3 人
2002-05-09	土耳其高等教育理事会主席古鲁兹一行 5 人，成员包括土耳其中东技术大学、伊斯坦布尔大学、比尔肯特大学、安纳托利亚大学 4 校校长
2002-05-10	日本岩手大学海妻矩彦校长一行 5 人
2002-05-12	美国哈佛大学校长劳伦斯·萨默斯
2002-05-21	德国汉堡州科技部长一行 7 人，成员包括汉堡大学校长、汉堡科技大学校长、德国学术交流中心北京负责人、德国驻华使馆官员等
2002-05-21	印度大学拨款委员会新任主席阿伦·尼佳沃卡尔率印度大学校长代表团一行 7 人
2002-07-05	日本庆应义塾大学塾长安西佑一郎一行 4 人
2002-07-11	印度理工学院校长 Ashok Misra
2002-07-11	韩国忠南大学校长 Byung Su Kang 一行 11 人
2002-07-25	日本早稻田大学候任总长白井克彦一行 2 人
2002-07-26	法国高等师范大学校长 Gabriel Ruget
2002-07-27	英国诺丁汉大学校长 Sir Colin Campbell
2002-07-29	美国卡内基梅隆大学校长 Jared L. Cohon

续表

日　期	来访代表团
2002-08-22	法国巴黎十一大学校长 Xavier Chapuisat
2002-09-03	日本武藏工业大学校长堀川清司
2002-09-05	印度尼西亚大学校务委员会主席李文正一行 8 人
2002-09-06	爱尔兰国立大学都柏林大学校长 Art Cosgrove
2002-09-09	韩国庆熙大学校长赵正源一行 7 人
2002-09-10	德国柏林洪堡大学校长 Jurgen Mlynek 一行 4 人
2002-09-23	澳大利亚悉尼科技大学校长 Ross Milbourne 一行 8 人
2002-10-08	泰国法政大学校长 Naris Chaiyasoot 一行 6 人
2002-10-14	荷兰乌特勒支大学校长 Jan G. F. Veldhuis 一行 9 人
2002-10-15	中国台湾实践大学校长谢孟雄一行 7 人
2002-10-28	英国赫尔大学校长 David Drewry 一行 4 人
2002-11-07	西班牙巴塞罗那大学校长 Joan Tugores 一行 5 人
2002-11-12	爱沙尼亚塔尔图大学校长 Jaak Aaviksoo 先生一行 2 人
2002-11-18	澳大利亚新南威尔士大学校董会主席 John Yu 一行 9 人
2002-12-09	美国 DePaul 大学校长 John P. Minogue 一行 4 人
2003-01-06	英国利物浦大学校长 Drummond Bone 一行 2 人
2003-02-24	英国牛津大学校长 Colin Lucas 爵士
2003-04-02	德国慕尼黑工大校长 Wolfgang A. Herrmann
2003-04-03	越南胡志明国家大学校长 Nguyen Tan Phat 一行 10 人
2003-04-15	德国卡斯鲁尔大学校长 Horst HIPPLER 一行 4 人
2003-08-05	澳大利亚悉尼科技大学校长 Ross Milbourne 一行 6 人
2003-09-26	新加坡南洋理工大学校长徐冠林一行 7 人
2003-10-17	瑞典乌普萨拉大学校长 Bo Sundgvist
2003-11-13	美国耶鲁大学校长莱温一行 4 人
2003-11-19	美国卡内基梅隆大学校长 Jared Cohon 一行 3 人
2003-11-26	日本创价大学校长若江正三一行 3 人
2003-11-28	澳大利亚新南威尔士大学校长 Wyatt R Hume 一行 7 人
2003-12-15	法国巴黎综合理工学校校长 Gabriel de Nomazy 一行 4 人
2003-12-15	英国伦敦大学学院校长 Malcolm Grant 一行 3 人
2004-01-12	美国亚利桑那州立大学校长 Michael M. Crow 一行 11 人
2004-02-25	新西兰奥克兰大学校长 John Hood 一行 6 人
2004-03-12	美国范德比尔特大学校长 Gordon Gee 一行 2 人
2004-03-24	英国牛津大学校长 Colin Lucas 一行 4 人
2004-03-24	加拿大西安大略大学校长 Paul Davenport 一行 3 人
2004-03-30	丹麦哥本哈根大学校长 Linda Nielsen 一行 3 人

续表

日　期	来访代表团
2004-04-13	德国亚琛工业大学校长 Burkhard Rauhut
2004-04-20	英国巴斯大学校长 Breakwell 一行 2 人
2004-04-20	法国巴黎高科学校集团主席 Danièle Olivier 一行 14 人
2004-05-24	意大利罗马大学校长 Giuspette D' Ascenzo 一行 7 人
2004-05-27	美国斯坦福大学校长 John Hennessy 一行 5 人
2004-06-15	新加坡南洋理工大学校长许冠林一行 8 人
2004-06-25	伊朗社拉子大学校长 Langrudi 一行 5 人
2004-06-30	韩国高丽大学校长鱼允大一行 5 人
2004-06-22	加拿大阿尔伯塔大学校长 Rod Fraser 一行 9 人
2004-07-01	美国康奈尔大学校长 Jeffrey Lehman 一行 7 人
2004-07-05	朝鲜金策工业大学校长洪舒宪一行 5 人
2004-07-05	荷兰埃因霍温大学校长 Amandus Lundqvist 一行 16 人
2004-08-01	英国剑桥大学校长 Alison Richard 一行 4 人
2004-08-02	日本京都大学校长尾池和夫一行 5 人
2004-08-02	日本大阪大学校长宫原秀夫一行 2 人
2004-08-06	德国柏林工业大学校长 Kurt Kutzler 一行 2 人
2004-09-18	澳大利亚新南威尔士大学校董会主席 John Yu、校长 Marc Wainwright 一行 4 人
2004-09-27	马来西亚马来亚大学校长 Hashim Yaacob 一行 3 人
2004-10-12	澳大利亚墨尔本大学校长 Kwong Lee Dow 一行 3 人
2004-10-18	加拿大卡加利大学校长 Harvey Weigarten 一行 6 人
2004-10-19	加拿大阿尔伯塔大学校长 Rod Fraser 一行 5 人
2004-10-29	美国普林斯顿大学校长 Shirley M. Tilghman 一行 3 人
2004-11-03	法国中央理工大学校长 Jean Dorey 一行 6 人
2004-11-08	美国康奈尔大学校长 Jeffrey Lehman 一行 9 人
2004-11-12	瑞士苏黎世高等工业学院校长 Olaf Kubler 一行 5 人
2004-11-20	法国巴黎高师校长 Gabriel Ruget 一行 3 人
2004-11-22	日本东京大学校长佐佐木毅一行 3 人
2004-12-25	日本早稻田大学校长白井克彦一行 17 人
2005-02-18	韩国庆熙大学校长金晒默一行 7 人
2005-04-11	德国海德堡大学校长 Hommelhoff 一行 3 人
2005-04-26	俄罗斯莫斯科航空学院校长扎佐洛夫一行 4 人
2005-04-28	日本东京大学校长小宫山宏一行 20 人
2005-05-15	泰国亚洲科学技术大学校长 Dr. Viphandh Roengpithya
2005-05-16	芬兰赫尔辛基技术大学校长 Matti Pursula 一行 4 人
2005-05-20	法国综合理工大学校长 De Nomazy 一行 3 人

续表

日　期	来访代表团
2005-06-06	瑞典皇家工学院校长 Anders Flodstrom 一行 3 人
2005-06-20	美国密执安大学校长 Mary Sue Coleman 一行 10 人
2005-06-21	意大利比萨圣安娜高等学校校长 Riccardo Varaldo 一行 3 人
2005-06-27	美国华盛顿大学校长 Mark S. Wrighton
2005-08-31	美国普渡大学校长 Martin C. Jischke 一行 3 人
2005-09-27	荷兰德尔福特大学校长 Van Luijk 先生一行 3 人
2005-09-14	以色列耶路撒冷希伯来大学校长 Menachem Magidor 一行 3 人
2005-09-20	英国牛津大学校长 John Hood 一行 4 人
2005-09-21	英国曼彻斯特大学校长 Alan Gilbert 一行 3 人
2005-09-21	美国耶鲁大学校长 Levin 一行 4 人
2005-09-27	泰国法政大学校长 Surapon Nitikraipot 一行 8 人
2005-10-11	美国加州大学总校校长 Robert C. Dynes，圣巴巴拉分校校长 Henry Yang，圣迭戈分校校长 Marye Anne Fox 一行 9 人
2005-11-17	美国康奈尔大学校长 Hunter Rawlings 一行 17 人
2005-11-18	美国伊利诺伊大学香槟分校校长 Richard Herman 一行 8 人
2006-01-16	美国麻省理工学院校长 Susan Hockfield 一行 11 人
2006-03-09	加拿大阿尔伯塔大学校长 Indira Samarasekera 一行 5 人
2006-03-10	荷兰德尔福特工业大学校长 Jacob Fokkema 一行 2 人
2006-03-14	美国宾夕法尼亚州立大学校长 Amy Gutmann 一行 4 人
2006-04-26	澳大利亚阿德雷德大学校长 James McWha 一行 7 人
2006-05-15	荷兰乌特列支大学校长 Willem Hendrik Gispen 一行 12 人
2006-05-22	美国南加州大学校长 Steven Sample，校董会主席 Stanley Gold 一行 7 人
2006-06-16	美国华盛顿大学（西雅图）校长 Mark Emmert 一行 6 人
2006-06-19	英国伦敦国王学院 Rick Trainor 一行 2 人
2006-06-29	美国杜克大学校长 Richard Brodhead 一行 5 人
2006-09-06	新西兰奥克兰大学校长 Stuart McCutcheon 一行 6 人
2006-09-27	意大利都灵理工大学校长 Frencesco Profumo 一行 3 人
2006-10-26	越南胡志明国家大学校长 Nguyen Tan Phat 一行 3 人
2006-10-27	美国布朗大学校长 Ruth J. Simmons 一行 3 人
2006-10-30	法国中央理工大学集团校长 Jacques Joseph 一行 6 人
2006-12-15	日本东北大学校长 Akihisa Inoue 一行 9 人
2007-03-12	苏丹科技大学校长艾哈迈德·塔伊布一行 5 人
2007-04-03	瑞典皇家工学院校长 Anders Flodstrom 一行 3 人
2007-04-10	比利时鲁汶大学校长 Marc Vervenne 一行 30 人
2007-04-18	美国加州大学伯克利分校校长柏敬诺一行 4 人

续表

日　期	来访代表团
2007-04-24	瑞士洛桑高工校长 Patrick Aebischer 一行 3 人
2007-05-18	美国耶鲁大学校长莱温博士一行 100 人
2007-05-22	日本名古屋大学校长平野真一一行 6 人
2007-06-01	澳大利亚墨尔本大学校长 Glyn Davis 一行 3 人
2007-09-17	意大利都灵理工大学校长 Profumo 一行 3 人
2007-10-30	英国曼彻斯特大学校长 Alan Gilbert 一行 3 人
2007-11-02	美国康奈尔大学校长 David Skorton 一行 9 人
2007-11-08	加拿大多伦多大学校长 David Naylor 一行 7 人
2007-12-24	美国芝加哥大学校长 Robert Zimmer 一行 6 人
2008-02-25	法国巴黎矿校校长 Legait Benoît 一行 47 人
2008-02-28	日本创价大学校长山本英夫一行 11 人
2008-03-18	美国哥伦比亚大学校长 Lee C. Bollinger 一行 9 人
2008-03-26	美国哈佛大学校长 Drew Faust 一行 20 人
2008-04-08	巴基斯坦科技大学校长 Muhammad Asghar（中将）一行 4 人
2008-04-16	新西兰奥克兰大学校长 Stuart McCutcheon 一行 20 人
2008-05-05 2008-10-17	俄罗斯莫斯科大学校长 Садовничий Виктор Антонович 院士一行 10 人
2008-05-05	日本早稻田大学校长白井克彦一行 7 人
2008-05-06	韩国首尔国立大学校长 Jang Moo LEE 一行 5 人
2008-05-09	瑞士苏黎世联邦理工大学校长 Ralph Eichler 教授一行 2 人
2008-05-14	沙特阿卜拉国王科技大学校长 Shih Choon Fong，校长 Nadhmi Al. Nasr
2008-05-19	日本东京大学校长小宫山宏一行 222 人
2008-05-22	英国牛津布鲁克斯大学校长 Jannet Beer 一行 2 人
2008-06-24	美国莱斯大学校长 David Leebron 一行 3 人
2008-08-18	日本明治大学校长纳谷广美一行 2 人
2008-08-20	印度理工学院校长 Ashok Misra 一行 2 人
2008-08-20	英国伦敦大学学院校长 Malcolm Grant
2008-09-23	德国海德堡大学校长 Bernhard Eitel 一行 8 人
2008-10-10	英国剑桥大学校长 Alison Richard
2008-10-13	澳大利亚墨尔本大学校长 Glyn Davis 一行 14 人
2008-10-13	澳大利亚悉尼大学荣誉校长 Marie Bashir、校长 Michael Spence 一行 5 人
2008-10-15	爱沙尼亚塔尔图大学校长阿拉尔·卡利斯，塔林大学校长雷恩·劳德，诺德大学校长爱涅·格劳伯格
2008-10-22	荷兰格罗宁根大学校长 Sibrand Poppema 一行 2 人
2008-10-27	荷兰德尔福特工业大学校长闻岱博

续表

日 期	来访代表团
2008-11-06	韩国高丽大学校长李基秀一行 3 人
2009-01-08	美国宾夕法尼亚大学校长 Amy Gutmann 一行 11 人
2009-02-25	伊朗德黑兰大学校长 Farhad Rahbar 一行 4 人
2009-02-26	荷兰德尔福特工业大学校长 Jacob Fokkema 一行 2 人
2009-03-08	日本名古屋大学校长平野真一
2009-03-20	丹麦技术大学校长 Lars Pallensen 一行 3 人
2009-03-26	英国剑桥大学校长 Alison Richard 一行 6 人
2009-04-15	韩国高丽大学校长李基秀一行 3 人
2009-04-24	美国芝加哥大学校长 Robert J. Zimmer 一行 4 人
2009-05-05 2009-11-05	俄罗斯圣彼得堡财经大学校长马克西姆采夫一行 8 人
2009-05-11	英国埃克斯特大学校长 Steven Smith 一行 4 人
2009-05-12	法国巴黎综合理工大学校长 CGA Xavier Michel 一行 5 人
2009-05-13	瑞士苏黎世高工校长 Ralph Eichler 一行 10 人
2009-05-22	英国女王大学校长 Peter Gregson 一行 12 人
2009-05-22	英国华威大学校长 Nigel Thrift 一行 9 人
2009-05-27 2009-10-29	英国苏塞克斯大学校长 Michael Farthing 一行 3 人
2009-06-01	新加坡国立大学校长陈祝全一行 6 人
2009-08-25	美国加州理工大学校长 Jean. Lou Chameau 一行 4 人
2009-08-25	美国加州大学圣巴巴拉分校校长 Henry Yang 同上
2009-09-04	美国耶鲁大学校长 Richard Levin 一行 3 人
2009-09-14	加拿大阿尔伯塔大学校长 Indira Samarasekera 一行 3 人
2009-09-18	美国威斯康星大学总校校长 Kevin Reilly 一行 3 人
2009-09-22	日本名古屋大学校长滨口道成一行 5 人
2009-10-14	美国圣路易斯华盛顿大学校长 Mark Wrighton 一行 2 人
2009-10-15	澳大利亚新南威尔士大学校长 Fred Hilmer 一行 14 人
2009-10-16	荷兰格罗宁根大学校长 Sibrand Poppema 一行 9 人
2009-10-26	日本创价大学校长山本英夫一行 7 人
2009-10-30	韩国浦项工大校长白圣基一行 9 人
2009-02-24 2009-06-13 2009-11-17	德国亚琛工业大学校长 Ernst M. Schmachtenberg 一行 24 人
2009-11-17	德国科隆大学校长 Axel Freimuth
2009-12-01	新加坡南洋理工大学校长徐冠林一行 4 人
2010-01-26	美国加州大学洛杉矶分校校长 Gene Block 一行 5 人

续表

日　期	来访代表团
2010-03-09	美国宾夕法尼亚大学校长 Amy Guttman
2010-03-10	德国柏林工业大学校长 Kurt Kutzler 一行 2 人
2010-03-26	美国威斯康星大学麦迪逊分校校长 Biddy Martin
2010-04-14	英国剑桥大学校长 Alison Richard
2010-04-15	英国牛津大学校长 Andrew Hamilton
2010-04-26	德国慕尼黑工业大学校长 Wolfgang A. Herrmann 一行 50 人
2010-04-27	美国芝加哥大学校长 Robert Zimmer 一行 2 人
2010-05-07	美国莱斯大学校长 David Leebron
2010-05-13	马来西亚马来亚大学校长 Ghauth Jasmon
2010-05-19	美国普渡大学校长 France Cōrdova 一行 7 人
2010-05-28	澳大利亚麦考瑞大学校长 Steven Schwartz 一行 2 人
2010-05-31	新加坡南洋理工大学校长徐冠林一行 7 人
2010-06-01	挪威科技大学校长 Torbjørn Digernes 一行 6 人
2010-06-17	新西兰奥克兰大学校长 Stuart McCutcheon 一行 5 人
2010-06-21	美国麻省理工学院校长 Susan Hockfield 一行 7 人
2010-08-29	日本早稻田大学校长白井克彦一行 6 人
2010-09-15	英国杜伦大学校长 Christopher Higgins 一行 7 人
2010-09-25	德国柏林工业大学校长 Joerg Steinbach 一行 3 人
2010-10-18	加拿大卡加利大学校长 Elizabeth Cannon 一行 6 人
2010-10-21	智利天主教大学校长 IGNACIO SANCHEZ
2010-10-25	日本东北大学校长井上明久一行 5 人
2010-10-28	韩国首尔国立大学校长 Yeon Cheon OH
2010-11-03	朝鲜金日成综合大学党委书记金来西
2010-11-16	蒙古国立大学校长 Tumur Ochir 教授一行 3 人
2010-11-18	英国埃克斯特大学校长 Steve Smith 一行 9 人

二、学校领导率团出访

（一）1955 年—1993 年 6 月

为了进一步发展清华大学与国际学术界、教育界、企业界的友好往来，1955 年至 1993 年 6 月，清华大学校领导有计划地率代表团出国（境）访问，共计率团出访 35 次，校内出访人员 131 人次（见表 8-5-9）。

学校领导率团出访，增进了清华大学与国（境）外高等学校、科研机构和企业之间的相互了解，既有利于学习他人的先进经验，也促进了有关组织机构与友好人士对清华大学的了解、支持和关心，从而加速了学校的建设与发展，改善了办学条件，促进了教学、科研水平的提高。

表 8-5-9　1955 年—1993 年 6 月清华大学校领导的出访

年份	姓　名	职　务	出访国家或地区
1955	蒋南翔	校长	赴苏联访问，了解原子能专业等的教育问题
1957	陈士骅	副校长	担任我国高等学校代表团副团长赴印度，参加加尔各答大学百年校庆活动
1976	陈栋豪	校革委会副主任	率领清华大学代表团 5 人赴瑞典参观访问
	张　维	校革委会副主任	任联合国教科文组织执行局委员，赴法国参加第一百届执行局会议，赴肯尼亚参加执行局第十九届大会
1978	张　维	校革委会副主任	率领清华大学代表团 5 人赴瑞典考察高等学校教育
1980	刘　达	校长	率领清华大学代表团 10 人应邀赴美，访问伯克利加州大学、加州理工学院、麻省理工学院、清华同学会
1981	张　维	副校长	率领代表团 6 人赴联邦德国，考察访问亚琛工业大学、西柏林工业大学、慕尼黑工业大学、纽伦堡大学、瑞士苏黎世高工
1982	刘　达	校长	率领代表团 4 人赴罗马尼亚，访问布加勒斯特大学、布加勒斯特工学院、布加勒斯特建筑学院
	刘　达	校长	率领代表团 5 人赴荷兰，访问代尔夫特技术大学、特温特技术大学
	艾知生	副校长、校党委副书记	赴日本，访问上智大学、东京大学、东京工业大学、京都大学、大阪大学
	张思敬	校党委副书记	率领代表团 5 人赴朝鲜，访问金策工业大学、金日成综合大学
1983	高景德	校长	率领代表团 6 人赴联邦德国，访问亚琛工业大学
1985	解沛基	副校长	率领代表团 6 人赴美国，考察访问伯克利加州大学、康奈尔大学、斯坦福大学、得州工业大学等校
	解沛基	副校长	率领代表团 4 人访问香港大学、香港中文大学、香港浸会学院、香港理工学院、香港城市理工学院、树仁学院
1986	方惠坚	副校长	率领代表团 5 人访问英国帝国理工学院、利物浦大学、联邦德国亚琛工业大学、慕尼黑工业大学、斯图加特大学等
	高景德	校长	担任中国大学校长代表团团长赴日本，参加中日大学校长会议第二次会议
	张孝文	副校长	赴比利时参加欧洲共同体大学校长联盟会
	张绪潭	校党委副书记	率领代表团 4 人赴朝鲜，访问金策工业大学、金日成综合大学、金亨师范大学、平壤工业学院等
1987	高景德	校长	率领代表团 3 人赴苏联，访问列宁格勒加里宁工学院、列宁格勒精密光机学院、列宁格勒造船学院、莫斯科动力学院、莫斯科大学等
	高景德	校长	率领代表团 4 人，访问香港中文大学、香港大学、香港浸会学院、香港理工学院等
1988	高景德	前任校长	率领代表团 5 人访问波兰华沙工业大学、民主德国德累斯顿工业大学、捷克斯洛伐克工业大学等
	方惠坚	校党委书记	率领代表团 4 人访问朝鲜金策工业大学、金日成综合大学等

续表

年份	姓　名	职　务	出访国家或地区
1989	张孝文	校长	担任中国大学校长代表团团长赴印度，访问新德里大学、印度农业研究所、尼赫鲁大学、孟买大学等8所重点大学
1990	张孝文	校长	赴美参加第四次中美大学校长会议，访问有关机构，看望清华校友和清华大学留学人员，并赴加拿大访问
1992	周远清	副校长	率领代表团4人赴日本，访问日本大学、东京工业大学、上智大学
	杨家庆	副校长	率领代表团5人，访问英国曼彻斯特理工学院、荷兰代尔夫特工业大学、联邦德国斯图加特大学
	张孝文	校长	率领代表团3人赴日本，应邀参加日本大阪工业大学创立70周年活动，并参观访问东京工业大学、共立女子大学等
	贺美英	副校长	担任中国教育代表团团长赴马来西亚，出席1992年教育展览会
	倪维斗	副校长	率领代表团3人赴俄罗斯，访问圣彼得堡工业大学
1992	倪维斗	副校长	参加国家教委组织的代表团赴美国考察访问，并看望在美留学生
	张孝文	校长	组团2人赴新加坡访问
	梁尤能	副校长	率领代表团5人访问香港中文大学、香港城市理工学院
	胡显章	校党委副书记	率领代表团4人赴韩国，访问釜山大学、高丽大学等
1993	梁尤能	副校长	率领代表团4人赴加拿大，访问加拿大滑铁卢大学、多伦多大学等校
	张孝文	校长	率领代表团6人赴日本，应邀访问共立女子学园

（二）1993年7月—2010年

1993年以来，清华大学进一步积极开展广泛的国际合作与交流，与世界一流大学和著名企业高层互访频繁。在继承学校优良传统的基础上，校领导积极考察、研究世界名校成功的发展模式及管理和人才培养的成功经验，学习借鉴国外大企业知识创新和技术创新的成功经验，博采众长，转变教育思想，调整培养模式，凝练学科方向，做出了跨越式发展的战略选择，加快了建设世界一流大学的步伐。

清华大学积极参与各种国际和区域性组织，在大学联盟中发挥了日益重要的作用，并通过高层次会议、论坛促进双边及多边合作，不仅提升了学校的国际知名度，也为宣传中国高等教育改革和发展成果做出了应有的贡献。这期间学校参与的大学联盟组织主要有环太平洋大学联盟（APRU）、东亚研究型大学协会（AEARU）、科技型大学教育研究联盟（CLUSTER）、亚洲科技前沿大学协会（ASPIRE）等世界一流大学合作组织；参加中美、中英、中法、中日、中德、中俄、中韩大学校长论坛、欧亚大学校长会议；校长多次应邀出席世界经济论坛和联合国秘书长大学校长会议。2001年，清华90年校庆之际，学校举办了世界著名大学校长论坛，来自11个国家和地区的20所著名大学的校长共同探讨了“21世纪研究型大学的目标和作用”。通过出席重要国际论坛及国际大学校长会议，使清华快速融入了世界高等教育的国际化的大潮之中，并在双边多边合作中发挥越来越大的影响和作用。

1993年7月至2010年，学校领导率团、参团出访615次，校内出访人员2 641人次。学校领导重要出访活动见表8-5-10。

表 8-5-10　1993 年 7 月—2010 年清华大学校领导的重要出访

年份	姓　名	职　务	出访国家或地区
1993	胡显章	党委副书记	率领代表团 3 人赴韩国，考察韩国大学教育环境，探讨开展校际交流与合作，了解韩中文化协会拟在清华大学建立韩中文化交流中心的意向
	倪维斗	副校长	访问德国 Gesamthochschule Siegen 大学和英国 Sheffield 大学，执行世行贷款科技发展任务
	方惠坚	党委书记	率领代表团 4 人赴美国，考察美国高校的人文、社会学科，以促进清华人文、社会学科的建设，加强国际联系及交流
	王大中	代校长	赴加拿大，出席中加大学校长会议，顺访有关院校
	杨家庆	副校长	率领代表团 4 人赴德，应德国 Freudenberg 公司邀请考察访问并商讨双边合作事宜
	杨家庆	副校长	率领代表团 2 人赴马来西亚、新加坡，访问考察马来西亚大学，并与马来西亚英迪学院签署学术交流协议；访问考察新加坡国立大学、南洋理工大学，并商议有关学术交流及科研合作事宜
1994	方惠坚	党委书记	率代表团 3 人赴马来西亚，访问 Prime College 和新加坡南洋理工大学
	王大中	校长	率代表团 4 人访问香港浸会学院、香港大学等院校，商谈科研合作及学术交流等事宜
	王大中	校长	率代表团 4 人赴美国访问麻省理工学院、伯克利加州大学和 IBM 公司，并看望当地清华校友
	孙继铭	副校长	率代表团 2 人赴马来西亚，参加新国王登基庆典活动
	余寿文	副校长	率代表团 4 人赴美国，考察麻省理工学院、哈佛大学等学分制的实施与教学计划等
1994	贺美英	副校长	率代表团 5 人赴日本，访问名古屋大学、名古屋工业大学、东京大学等，考察学分制等
	杨家庆	副校长	率代表团 3 人赴韩国，与东国大学商谈及落实两校间交流合作项目
	杨家庆	副校长	率代表团 3 人赴日本，对大阪工业大学等单位进行友好访问
1995	王大中	校长	作为全球技术发展中心董事会成员，赴奥地利参加该中心董事会会议，并顺访德国慕尼黑工业大学
	梁尤能	副校长	率代表团 4 人赴日本，与日本电气、NOK、富士通等公司商谈建立学术交流关系和技术合作事宜
	梁尤能	副校长	出席中加 3+3 大学校长会议
	杨家庆	副校长	率代表团 4 人赴韩国，访问延世大学
	杨家庆 关志成	副校长 副校长	率 5 人代表团赴香港，参加林思齐东西学术交流研究所成立庆祝典礼，并签署与香港浸会大学之间的合作协议
	胡显章	党委副书记	率代表团 4 人赴美国，访问考察加州大学
	陈　希	党委副书记	率代表团 4 人赴美国，访问考察麻省理工学院
	张再兴	党委副书记	率代表团 5 人赴朝鲜，访问考察金策工业大学、金日成综合大学

续表

年份	姓　名	职　务	出访国家或地区
1996	王大中	校长	赴日本，参加全球可持续发展研讨会，顺访SMC株式会社等
	王大中	校长	赴香港，参加东亚九所大学（研究所）校长（所长）会议，顺访香港浸会大学等
	王大中	校长	赴香港，参加高等教育领导人国际论坛
	梁尤能	副校长	率代表团3人赴韩国，与三星电子集团商谈合作事宜
	杨家庆	副校长	赴香港，参加香港中文大学李国章校长就职典礼
	孙继铭	副校长	率代表团2人赴香港，参加邵逸夫先生第九次赠款仪式
	关志成	副校长	率代表团3人赴澳大利亚，访问墨尔本大学
	关志成	副校长	率代表团3人赴美国，考察麻省理工学院远程教育
	何建坤	副校长	率代表团3人赴越南，访问河内百科大学
	胡显章	党委副书记	率代表团2人赴德国海德堡大学访问交流
1997	贺美英 杨家庆	党委书记 副校长	率代表团3人赴美国，访问IBM公司、Irvine加州大学，看望在美留学人员
	王大中	校长	率代表团4人赴英国，访问剑桥大学
	梁尤能	副校长	率代表团2人赴香港，出席香港城市大学的香港学术暨科研计算机网络（HARNET）与中国教育科研计算机网络（CERNET）开通仪式
	杨家庆	副校长	率代表团5人访问香港大学，落实两校合作项目
	孙继铭	副校长	率代表团3人赴韩国，访问中央大学，签署两校合作备忘录
1998	杨家庆	副校长	访问香港大学，商谈两校间合作事宜
	杨家庆	副校长	率代表团4人回访德国Freudenberg公司，访问英国伦敦大学学院、利物浦大学、法国雷恩大学
	余寿文	副校长	率代表团4人访问香港大学，落实研究生培养协作事宜
	孙继铭	副校长	率代表团2人赴美国，访问俄亥俄大学，商谈在生命科学领域的合作事宜
	何建坤	副校长	率代表团3人赴日本，与通产省、庆应大学商讨能源环境领域的合作事宜
1999	贺美英 陈　希	党委书记 党委副书记	率代表团4人，访问英国牛津大学、帝国理工大学，访问德国柏林工大，考察教学、科研和学生事务管理
	贺美英	党委书记	率代表团3人访问台湾新竹清华大学，出席两岸清华大学联合举办的“第二届中国古典文学研讨会——纪念闻一多先生百年诞辰”活动，回程途中顺访澳门大学
	王大中	校长	赴香港大学出席大学校长论坛
	王大中	校长	赴美国，访问哈佛大学，出席中美大学校长论坛，顺访麻省理工学院和通用电气核能公司
	杨家庆	副校长	率代表团4人赴俄罗斯，访问圣彼得堡国立财经大学
	杨家庆	副校长	率代表团2人赴澳大利亚，参加北部省大学中国园开幕式，洽谈谅解备忘录

续表

年份	姓　名	职　务	出访国家或地区
1999	关志成	副校长	率代表团4人赴新加坡，访问新加坡国立大学，商讨科研合作及交换学生事宜
	龚　克	副校长	赴新加坡，参加萨瑞空间联合会会议
	陈　希	党委副书记	率代表团2人访问香港大学
2000	贺美英	党委书记	率代表团4人赴澳大利亚，访问墨尔本大学，续签校际协议，顺访悉尼大学、澳大利亚国立大学
	王大中	校长	赴美国，访问伯克利加州大学，拜访在美校友
	王大中 陈　希	校长 党委副书记	率代表团4人赴以色列，访问Weizmann研究所
	何建坤 郑燕康	副校长 副校长	率代表团3人组团赴日本，参加我校与日本庆应大学、日中经济协会共同主办的3E项目研讨
	何建坤	副校长	率代表团4人赴日本，参加合作项目研讨会
	何建坤	副校长	率代表团3人赴法国，考察法国大学科技园建设及能源与环境领域发展状况
	杨家庆 龚　克	副校长 副校长	率代表团3人赴德国，与德国工程师协会、亚琛工业大学商谈中德联合培养硕士生项目的具体实施计划
	杨家庆	副校长	率代表团5人赴美国，访问、考察佛罗里达大学和南加州大学
	胡东成	副校长	赴日本，出席AEARU大学校长会议，与新潟大学签署两校合作协议，访问横滨国立大学
	胡东成	副校长	率代表团3人赴美国，与华盛顿大学讨论两校合作，考察信息网络技术发展与应用情况
	龚　克	副校长	率代表团9人赴俄罗斯，参加“清华一号”微型卫星发射活动
	陈　希	党委副书记	率代表团2人赴美国，访问哈佛大学、斯坦福大学
2001	贺美英	党委书记	率5人代表团赴俄罗斯，访问俄罗斯财经大学，落实邀请对方专家来访及应聘客座教授事宜
	王大中 胡东成 顾秉林	校长 副校长 副校长	率师生23人赴台湾新竹清华大学，参加清华大学成立90周年暨在台建校45周年校庆活动
	王大中	校长	赴美国，出席清华大学教育基金会（北美）年会和第一次顾问委员会会议，顺访麻省理工学院、耶鲁大学
	何建坤	副校长	率代表团5人考察香港大学人事管理体制
	何建坤	副校长	率代表团5人访问考察新加坡科技园及印度班加罗尔科技园
	何建坤	副校长	率代表团4人访问奥地利IIASA、荷兰Tilburg大学、挪威国际气候和环境研究中心
	杨家庆	副校长	率代表团7人赴美国伯克利加州大学、芝加哥大学调研，考察研究型大学教学管理体制、教学激励体制以及教学管理系统等

续表

年份	姓　名	职　务	出访国家或地区
2001	郑燕康	副校长	率代表团5人考察法国巴黎国立高等装饰艺术学院、英国东伦敦大学艺术设计学院
	龚　克	副校长	赴香港，参加京港两地高校科研成果产业化论坛
	龚　克	副校长	赴韩国，参加汉城国际商务顾问委员会会议
	龚　克	副校长	赴印度，参加亚洲技术未来向商业转化会议
	龚　克	副校长	赴英国，参加中英论坛
	胡东成	副校长	赴美国，访问哈佛大学，参加中国的教育改革会议
	王明旨	副校长	率代表团8人赴美国，访问麻省艺术学院
	顾秉林	副校长	赴香港，参加东亚经济峰会
	顾秉林	副校长	赴韩国，参加第十届亚太物理学会联合会理事会
	顾秉林	副校长	赴加拿大，参加国际研究生教育会议
	胡显章	党委副书记	率代表团3人赴美国伯克利加州大学，参加中文学习校际项目理事会年会
2002	王大中	校长	赴日本，出席早稻田大学授予王大中校长名誉博士学位的典礼，顺访日本京都大学、东芝株式会社
	王大中	校长	赴美国，参加在伯克利加州大学举办的环太平洋大学协会（APRU）第6次年会，顺访杜克大学、华盛顿大学、加州湾区清华同学会
	陈　希	党委书记	率代表团4人赴印度，访问理工学院和班加罗尔科技园
	陈　希 岑章志	党委书记 副校长	率代表团4人访问香港浸会大学、澳门大学
	龚　克	副校长	率代表团4人赴美国，访问耶鲁大学、哈佛大学，考察交叉学科建设
	何建坤	副校长	率代表团4人访问乌克兰工程热物理研究所和俄罗斯国际技术合作中心，签署合作协议
	何建坤	副校长	率代表团3人赴美国，访问斯坦福大学，进行人才引进与招聘
	顾秉林	副校长	率代表团3人赴俄罗斯，考察圣彼得堡财政大学本科、研究生教育改革情况
	顾秉林	副校长	率代表团5人赴德国，参加清华-亚琛工大联合硕士培养项目管理层会议
	顾秉林 岑章志	副校长 副校长	率代表团4人访问香港浸会大学、澳门大学，与校长和管理人员进行交流
	胡东成	副校长	率代表团13人赴日本，应日本京都大学之邀，参加“中日据点大学城市环境项目第二届学术研讨会”
	胡东成	副校长	率代表团2人赴韩国庆熙大学，参加中韩大学校长国际会议
	关志成	校务委员会副主任	率代表团2人赴法国，出席联合国教科文组织高等教育教席会议

续表

年份	姓　名	职　务	出访国家或地区
2003	陈　希	党委书记	率代表团 4 人访问越南胡志明市科技大学、河内国立大学、河内百科大学、胡志明国立大学以及泰国朱隆拉攻大学
	陈　希	党委书记	率代表团 5 人赴美国，考察调研麻省理工学院、128 公路科技园区、国家健康研究所、卡内基梅隆大学、斯坦福大学、伯克利加州大学、硅谷高科技企业和南加州大学教学、科研的组织管理、师资队伍的建设和科技园区的建设和发展
	王大中	校长	赴香港中文大学出席“2003 年全球大学校长论坛”
	顾秉林	校长	率代表团 5 人访问香港大学、香港中文大学、香港科技大学和香港城市大学等
	胡东成	副校长	率代表团 6 人赴英国，参加“清华-剑桥-MIT 三校教育网络合作讨论会”
	胡东成	副校长	率代表团 6 人赴德国，访问柏林高等研究中心、柏林工大、柏林大学
	郑燕康	副校长	率代表团 9 人赴英国、瑞士，考察大学校园规划建设与管理
	顾秉林 庄丽君	校长 党委副书记	率代表团 4 人赴德国慕尼黑工大、英国牛津大学、剑桥大学和法国巴黎工大访问
	贺美英	校务委员会副主任	率代表团 3 人赴澳门，参加庆祝清华大学 92 周年校庆暨澳门校友会新一届校友会理事就职仪式
2004	陈　希	党委书记	率代表团 4 人访问德国柏林大学、奥地利维也纳大学以及意大利罗马大学、博洛尼亚大学，考察工程类人才培养的机制、体系和具体措施
	顾秉林 庄丽君	校长 党委副书记	率代表团 6 人赴日本，访问早稻田大学，续签合作协议，访问东京工业大学，签署合作办学协议，访问庆应大学、东北大学和东芝、索尼公司
	顾秉林 杨振斌	校长 党委副书记	率代表团 4 人赴澳大利亚，访问澳中委员会、悉尼大学、墨尔本大学及新南威尔士大学；赴智利，参加“第八届 APRU 大学校长年会”
	顾秉林	校长	访问台湾新竹清华大学，参加“第十届东亚研究型大学协会（AEA-RU）总会暨第十五届理事会会议”
	岑章志	副校长	率代表团 3 人访问台湾新竹清华大学，讨论双方学生交换事宜
	岑章志	副校长	赴台湾成功大学出席两岸大学校长论坛
	汪劲松	副校长	率代表团 5 人赴澳大利亚，访问麦考瑞大学、澳大利亚语言中心、澳洲国立大学、蒙纳士大学，落实合作办学事宜
	龚　克	副校长	赴新加坡，参加新加坡-麻省理工联合体（SMA）第 4 次年会
	龚　克	副校长	率代表团 3 人访问法国巴黎综合理工大学、巴黎电子工程学院、欧盟总部以及瑞典皇家工学院，商谈合作项目，签署学生交换协议
	杨家庆	校务委员会副主任	率代表团 5 人赴日本，访问早稻田大学、东京大学、丰田公司和日立公司
	关志成	校务委员会副主任	赴美国，应美国国家科学院邀请参加“政-学-研圆桌会议”
	贺美英	校务委员会副主任	率代表团 6 人赴加拿大，参加校友会活动，访问校友
	胡显章	校务委员会副主任	率代表团 2 人赴日本，参加中央大学日中关系发展研究中心成立大会

续表

年份	姓　名	职　务	出访国家或地区
2005	顾秉林	校长	率代表团3人赴日本，访问早稻田大学，参加名誉博士学位授予仪式，顺访大阪大学和京都大学，商讨合作事宜
	顾秉林	校长	率代表团3人赴美国，参加清华大学北美教育基金会年度会议，主持基金会董事会议，看望在美校友，顺访南加州大学、斯坦福大学、伯克利加州大学
	顾秉林 汪劲松	校长 副校长	率代表团4人赴瑞士出席2005年世界经济论坛年会，顺访瑞士苏黎世高工、荷兰德尔夫特大学和丹麦技术大学，探讨校际交流和合作事宜
	顾秉林	校长	率代表团3人赴新加坡，出席APRU校长圆桌会议暨APRU第九届大学校长年会，顺访马来西亚马来大学
	顾秉林	校长	率代表团2人赴台湾，参加“中央”大学校庆及“二十一世纪大学之挑战”论坛，顺访台湾大学、新竹清华大学、交通大学和成功大学，为将在本校举办的“两岸大学校长论坛”做准备
	顾秉林 岑章志 张凤昌	校长 副校长 副校长	率代表团11人赴台湾，访问长庚大学，了解医院创建和管理经验及运作模式
	陈　希	党委书记	率代表团4人赴香港访问
	陈　希	党委书记	率代表团5人赴美国，考察哈佛大学医学院的教学、科研及发展机制，顺访麻省理工学院和杜克大学
	陈　希	党委书记	率代表团7人访问法国巴黎第十一大学、意大利威尼斯国际大学和瑞士苏黎世高工，以期进一步加深清华大学在环境、数学、化学等领域与上述大学的合作
	龚　克	副校长	率代表团9人赴香港招生，顺访澳门科技大学
	龚　克	副校长	赴美国伯克利加州大学，参加新校长就职典礼
	龚　克	副校长	赴德国参加全球工程教育会议
	龚　克	副校长	率代表团4人赴比利时参加欧盟理工大学联盟（CLUSTER）接受我校加入举行的仪式，顺访德国亚琛工大
	龚　克	副校长	率代表团3人赴俄罗斯，参加莫斯科大学250周年校庆
	汪劲松	副校长	率代表团5人赴德国，访问柏林工大，商谈合作办学事宜
	康克军	副校长	率代表团4人赴澳大利亚，访问悉尼大学，商谈合作事宜
	谢维和	副校长	率代表团2人赴法国，访问巴黎综合理工大学，签署两校合作备忘录
2006	顾秉林	校长	率代表团4人赴日本参加“独立行政法人产业技术综合研究所第4次运营咨询会议”；赴美国出席在普林斯顿举办的“第二届秘书长全球大学校长会议”，顺访芝加哥大学、伊利诺伊大学
	顾秉林	校长	率代表团2人赴澳大利亚，出席在悉尼大学举办的“第十届APRU大学校长年会”；顺访新西兰奥克兰大学
	顾秉林	校长	率代表团2人赴韩国，出席“东亚研究型大学协会年会”和“大学校长论坛”，顺访汉城国立大学、浦项工业大学

续表

年份	姓　名	职　务	出访国家或地区
2006	陈　希	党委书记	率代表团 2 人赴法国，参加“联合国教科文组织第 175 届执行局会议”，顺访法国巴黎十一大、德国亚琛工大，商谈合作
	陈　希 谢维和	党委书记 副校长	率代表团 10 人访问越南河内国家大学、马来西亚马来亚大学、柬埔寨金边王家大学，签订留学生培养与奖学金协议
	何建坤	副校长	率代表团 4 人赴美国，与麻省理工学院斯隆管理学院商谈 MIT-中国管理教育项目合作事宜
	康克军	副校长	率代表团3人赴美国，访问俄勒冈州立大学和麻省理工学院，商谈合作
	康克军	副校长	率代表团 3 人赴美国，参加康奈尔大学校长就职典礼，访问劳伦斯伯克利国家实验室
	龚　克	副校长	率 3 人代表团赴美国，访问麻省理工学院，参加“国际化进程中的工程教育会议”
	谢维和	副校长	赴新加坡，访问新加坡国立大学
	胡和平	副校长	赴美国，访问康奈尔大学
	胡东成	校务委员会副主任	率代表团 4 人访问西班牙瓦伦西亚理工大学、墨西哥蒙特雷科技大学、加拿大圣力嘉应用文理科学院，商谈合作
	胡东成	校务委员会副主任	率代表团 5 人赴英国，参加商务孔子学院揭幕典礼
2007	顾秉林 谢维和	校长 副校长	参加在瑞士达沃斯举办的世界大学校长论坛，并率代表团 15 人赴瑞典皇家工学院、乌普萨拉大学、荷兰德尔福特工业大学、瑞士洛桑高工和苏黎世高工访问，落实双方在航天航空、核能、信息、材料、经济和生物等领域的具体合作项目
	顾秉林	校长	率代表团 4 人赴日本，参加东北大学百年校庆活动和高峰论坛
	顾秉林	校长	率代表团 10 人赴美国，访问美国华盛顿大学（St. Louis）；参加 Mc-Donnell 国际学者学院能源与环境国际研讨会之校长论坛，顺访杜克大学、北卡大学、佛罗里达大学、亚利桑那州立大学，商谈成立联合物流中心、联合制造中心等事宜
	顾秉林	校长	率代表团 2 人赴美国，参加加州伯克利大学主题为“亚太地区对话：高等教育全球化”的大学校长论坛，参加哈佛大学第 28 任校长就职典礼
	顾秉林 谢维和 汪劲松	校长 副校长 副校长	率代表团 25 人分别赴德国参加亚琛工业大学“清华大学-亚琛工业大学联合培养研究生项目”德方学生清华学位授予仪式，赴比利时参加鲁汶大学“鲁汶-清华周”，赴法国参加里昂中央理工大学 150 周年校庆，接受该校授予的荣誉勋章并续签“中法 4+4 学生联合培养项目”协议
	陈　希 汪劲松	党委书记 副校长	率代表团 8 人赴菲律宾访问菲律宾国立大学、菲律宾东方大学；赴泰国访问泰国正大集团、朱拉隆宫大学、泰国法政大学
	陈　希 谢维和	党委书记 副校长	率代表团 9 人赴印度尼西亚访问印度尼西亚大学、Pelita Harapan 大学，赴文莱访问文莱大学，签订留学生培养及奖学金协议

续表

年份	姓　名	职　务	出访国家或地区
2007	胡和平	副校长	应欧洲理工大学联盟（CLUSTER）和瑞典皇家工学院之邀，率4人代表团访问瑞典皇家工学院和德国、芬兰、丹麦的CLUSTER成员学院，加强我校与欧洲顶尖理工大学间的深入合作与交流
	陈　希 陈吉宁	党委书记 副校长	率代表团4人赴香港，参加“蒙民伟大陆香港大学交换生奖学金”成立典礼，拜访香港知名人士
	谢维和	副校长	率代表团2人赴美国，参加“中国—美国加州大学10+10项目会议”
	谢维和	副校长	率代表团2人赴日本，应日本东京大学之邀参加第十三届AEARU（东亚研究型大学）年会
	王大中	校务委员会名誉主任	赴日本，参加“早稻田大学125周年庆典”活动
	王大中	校务委员会名誉主任	率代表团2人赴美国，访问纽约大学，参加联合国秘书长全球大学校长会
	王明旨	校务委员会副主任	率代表团3人赴澳大利亚，访问莫纳什大学
	胡东成	校务委员会副主任	率代表团2人赴德国，参加“第二届中德大学校长会议”
	胡东成	校务委员会副主任	率代表团3人赴美国，应美国王氏基金之邀，商谈可持续开展教育扶贫工作的合作项目
	胡东成	校务委员会副主任	率3人代表团赴日本，参加东京大学“第五届中日大学校长论坛”
2008	顾秉林	校长	率团赴俄罗斯，参加由国立圣彼得堡科技大学（原加里宁工学院）主办的国际教育合作论坛
	顾秉林	校长	赴新加坡，出席新加坡教育部国际学术顾问委员会（IAAP）第七次会议
	顾秉林	校长	赴德国，出席首届“欧亚大学校长会议”
	顾秉林	校长	赴日本，出席“科技大国中国的崛起”国际研讨会，访问日本东京大学、东京大学和东京工业大学
	顾秉林	校长	率团赴日本，与全日空、三井住友海上火灾保险株式会社、西科姆株式会社、佳能株式会社等支持清华“日本研究中心”的企业签署了合作协议；顺访早稻田大学
	顾秉林 谢维和	校长 副校长	顾秉林率团赴俄罗斯，参加国际教育合作论坛，访问国立莫斯科大学、鲍曼国立莫斯科科技大学、国立圣彼得堡财经大学、国立圣彼得堡科技大学、俄罗斯国立人文大学、俄罗斯科学院远东研究所等高校和科研院所；谢维和另率团访问了乌克兰国立技术大学
	顾秉林	校长	赴日本，出席在东京大学举行的“科技大国中国的崛起”国际研讨会，访问东京大学和东京工业大学
	顾秉林	校长	赴美国，参加“致力于全球发展的高等教育峰会”
	顾秉林 陈吉宁	校长 常务副校长	赴香港，参加清华剑桥学生交流项目会议
	陈吉宁	常务副校长	赴印尼，参加2008微软亚洲政府领导论坛

续表

年份	姓　名	职　务	出访国家或地区
2008	陈　希 王大中 何建坤	党委书记 校务委员会名誉主任 校务委员会副主任	陈希率团访问美国，讨论清华、MIT 和剑桥三校建立低碳能源大学联盟的可能性及具体实施事宜；之后，王大中和何建坤继续率团访问英国剑桥大学
	陈　希	党委书记	率团访问日本，并顺访东京大学、早稻田大学、神户大学
	陈　希	党委书记	率团赴印度，访问德里印度理工学院，在中印外长见证下清华与德里印度理工学院签署了合作协议
	陈　希	党委书记	率团赴德国，访问海德堡大学等，吸引高水平人才归国任教
	胡和平	党委常务副书记	赴日本，出席在东京召开的可持续发展国际会议
	韩景阳	党委副书记	赴香港城市大学参加两岸四地大学国际化校长论坛
	谢维和	副校长	赴日本，参加在北海道札幌举行的 G8 大学校长会议，并发表演讲
	谢维和	副校长	赴日本，出席日本中央大学 125 周年校庆上海研讨会的伙伴院校校长论坛
	史宗恺	党委副书记	赴美国，出席在弗吉尼亚大学召开的“温莎团队”会议
2009	顾秉林	校长	赴美国，出席美国工程教育协会（ASEE）会议，参加了在加州理工学院举办的环太平洋大学联盟第 13 次大学校长年会（APRU），顺访德州大学奥斯汀分校
	顾秉林 谢维和	校长 副校长	赴日本，聘请日方人士作为清华大学发展顾问，参加日本东北大学举办的东亚研究型大学协会（AEARU）年会
	顾秉林 陈　旭	校长 党委常务副书记 副校长	率团赴美国招聘海外高层次人才。期间，访问了伯克利加州大学、普林斯顿高等研究院，会见了美国国际数据集团 IDG 主席麦戈文先生
	顾秉林	校长	赴意大利，参加在都灵理工大学举行的 G8 大学校长峰会
	顾秉林 谢维和	校长 副校长	顾秉林率团访问埃及开罗大学和沙特国王大学，分别签署了合作协议；之后，谢维和率团访问了阿联酋大学，与该校签署了两校合作协议
	胡和平	党委书记	率团赴日本，访问全日空公司、日本财团、日本经济新闻社和 SMC 公司，会见了东京大学校长滨田纯一
	胡和平 陈　旭	党委书记 党委常务副书记 副校长	率代表团 7 人出访德国、法国和英国，招聘世界高水平人才，拜访友好院校和驻外使馆人员。期间，访问了德国慕尼黑工业大学、柏林工业大学，法国高等经济商业学院、巴黎综合理工大学，英国帝国理工大学、牛津大学和剑桥大学
	谢维和	副校长	赴日本京都出席“第二届中日大学学术论坛”
	谢维和	副校长	赴德国，出席“中德大学校长论坛”；赴意大利，访问米兰理工大学和都灵理工大学
	谢维和	副校长	赴美国，出席第二届哈佛-伯克利中国高等教育论坛，访问伯克利大学、斯坦福大学、康奈尔大学
	谢维和	副校长	赴美国，出席在美国举办的“正在改变着的景观”——中国当代纤维艺术展开幕式

续表

年份	姓　名	职　务	出访国家或地区
2009	张凤昌	副校长	率团访问芬兰赫尔辛基工业大学、瑞典皇家工学院和丹麦奥尔堡大学，顺访瑞典查尔姆斯工业大学和丹麦哥本哈根大学
	岑章志	校务委员会副主任	率团赴新西兰，访问奥克兰大学，出席在奥克兰大学举办的“清华大学-青海大学-奥克兰大学三校联合研讨会”
2010	胡和平	党委书记	率团访问马来西亚马来亚大学、越南河内国家大学和黎贵敦技术大学，与前两所大学签署了学生交换协议，会见了当地的留学生校友
	胡和平	党委书记	赴俄罗斯，出席中俄大学校长论坛
	顾秉林 袁　驷	校长 副校长	率领“2010清华大学访美交流团”130余名师生前往美国，与美国部分知名高校开展系列交流活动。先后访问了美国中、西、东部七所大学：美国伯克利加州大学、斯坦福大学、芝加哥大学、西北大学、哈佛大学、麻省理工学院和哥伦比亚大学，在伯克利加州大学举办“伯克利-清华周”活动，在芝加哥大学、麻省理工学院和哥伦比亚大学举办“清华日”活动
	顾秉林 谢维和	校长 副校长	率领清华大学代表团150余名师生前往日本，在东京大学举办“东大-清华周”系列活动，在早稻田大学举办“清华日”活动，访问东京工业大学，邀请部分院校校长参加清华大学百年校庆庆典活动，是宣传清华、迎接百年校庆的重大海外活动之一
	顾秉林	校长	赴瑞士，出席达沃斯世界经济论坛
	顾秉林	校长	赴新西兰，出席环太平洋大学联盟（APRU）第14届校长年会
	顾秉林	校长	赴香港，出席海峡两岸暨港澳地区大学校长联谊活动
	顾秉林	校长	赴美国，出席在耶鲁大学举行的联合国秘书长第四届大学校长全球论坛
	顾秉林 贺美英 陈吉宁	校长 教育基金会理事长 常务副校长	率团赴香港，出席清华大学百年校庆香港庆祝大会开幕式
	顾秉林	校长	参加新加坡国际学术顾问委员会第八次会议
	陈吉宁	常务副校长	赴美国，执行清华大学百年校庆筹备访问工作
	陈吉宁	常务副校长	赴美国，参加低碳能源联盟会议
	谢维和	副校长	赴朝鲜，参加中朝大学校长论坛
	袁　驷	副校长	赴日本，参加亚洲科技前沿大学协会论坛

第六节　外国留学人员培养

一、外国留学生培养

根据不同历史时期的发展特点，清华大学外国留学生教育可分为三个阶段。

（一）1950 年—1976 年

解放后，清华大学外国留学生工作的起步是在国家教育主管部门计划招生方案的指导下进行的。新中国成立初期，由教育部安排，1950 年 12 月，学校接收了匈牙利、保加利亚、罗马尼亚 3 个东欧国家的 14 名留学生；1951 年又接收了 19 名，增加了捷克斯洛伐克和波兰两个国别，在校留学生达到 33 名。这是清华大学接收的第一批外国留学生，也是新中国接收的第一批外国留学生。他们来校后的学习课程主要是中国语文，定名为“清华大学东欧交换生中国语文专修班”。教务长周培源教授兼任班主任，主持制定了《清华大学东欧交换生中国语文专修班暂行规程》和《清华大学东欧交换生语文专修班两年教学计划》，据此实施留学生的学习和生活管理工作。1952 年全国高等院校院系调整时，该专修班转入北京大学。

1953 年开始，根据教育部的招生方案，每年都有一定数量的外国留学生入学。1953 年至 1976 年，清华大学入学人数共 289 名。他们来自 30 个国家或地区，学习课程基本与中国学生一致，分布在全校 7 个系（建工系、土木系、电子系、自动化系、水利系、精仪系、电机系）的 10 个专业（建筑学、房建、暖通、电子计算机、计算机程序系统、工业自动化、水利工程、机床、电机、汽车）的 20 个班级之中。当时外国留学生教学及日常的行政管理工作由校长办公室、教务处分工负责，工作中认真贯彻执行中央颁发的《外国留学生工作试行条例》，并制定了《清华大学关于外国留学生学习管理工作的几点意见》。为了更好地帮助外国留学生学习，各系选择品学兼优的中国学生与他们同住。学校还制定了《清华大学留学生工作人员守则》。大多数外国留学生在校期间能够掌握所学的专业知识，在基础理论和实际技能方面达到教学大纲所规定的基本要求，他们回国后能够在实际工作中发挥作用。

根据工作发展需要，1963 年学校成立留学生工作办公室，统筹外国留学生的工作。1966 年“文革”开始，校内尚有近 100 名外国留学生，到 1966 年底和 1967 年初，绝大部分留学生回国，留下的 20 余名在 1967 年至 1970 年相继毕业离校。1970 年，恢复接受外国留学生入学。

1953 年至 1976 年，清华外国留学生入学人数统计见表 8-6-1；留学生国籍和人数分布见表 8-6-2；历年外国留学生在校人数统计见表 8-6-3。

表 8-6-1 1953 年—1976 年入学留学生人数统计

年份	本科	普通进修	研究生	合计	累计	年份	本科	普通进修	研究生	合计	累计
1953	5			5	5	1963	15	5		20	113
1954	4			4	9	1964	1	4		5	118
1955	15			15	24	1965	25	3		28	146
1956	14			14	38	1966	52		2	54	200
1957	2	2		4	42	1970	3			3	203
1958	6	1	1	8	50	1974	10			10	213
1959	5			5	55	1975	24	1		25	238
1960	20	3		23	78	1976	51			51	289
1961	9			9	87	合计	267	19	3	289	289
1962	6			6	93						

表 8-6-2 1953 年—1976 年入学留学生国籍和人数分布

国 籍	人数	国 籍	人数	国 籍	人数	国 籍	人数
越南	143	尼泊尔	14	阿联酋	1	马里	3
朝鲜	16	柬埔寨	5	塞内加尔	5	索马里	6
老挝	14	菲律宾	1	苏丹	3	苏联	4
印尼	11	塞浦路斯	2	几内亚	1	西班牙	2
锡兰	1	民主也门	11	多哥	4	保加利亚	1
伊朗	1	巴基斯坦	2	贝宁	1	阿尔巴尼亚	20
也门	5	斯里兰卡	3	坦桑尼亚	1	合计	289
叙利亚	3	巴勒斯坦	3	乌干达	2		

表 8-6-3 1950 年—1976 年留学生在校人数统计

年份	人数	年份	人数	年份	人数	年份	人数
1950	14	1957	40	1964	52	1971	3
1951	33	1958	45	1965	73	1972	3
1952	33	1959	47	1966	93	1973	3
1953	5	1960	61	1967	23	1974	10
1954	7	1961	41	1968	5	1975	32
1955	22	1962	39	1969	2	1976	78
1956	36	1963	53	1970	3		

（二）1977 年—1993 年

1. 留学生情况

1978 年以来，随着我国改革开放形势的深入发展，清华大学招收外国留学生的规模不断扩大，培养层次不断提高。1977 年至 1993 年，外国留学生入学总人数近 900 人，分别来自 79 个国家或地区。

1989 年后，在校的外国留学生中攻读硕士、博士学位的人数逐年增加。

从 1982 年起，清华大学开始自主接受自费外国留学生，但当时只有为期 4～6 周的短期汉语班和建筑班，课程的内容是学习汉语和中国古建筑，生源来自日本和美国。1987 年后，接受自费生的类别包括本科生、硕士生、博士生、进修生和汉语生，且逐年增加。特别是在恢复中文系和 1988 年成立对外汉语教学中心以后，以学习汉语为主的自费生有了大幅度的增加。1992 年中韩建交，此后韩国留学生大量增加。1993 年自费生达到当前外国留学生总人数的 60%。遵照教育部的规定，学校对外国留学生的教育进行学籍管理，有明确的培养目标，基本采用与中国学生相同的教学计划、大纲和教材组织教学，结合外国留学生的特点，对课程作适当的增减，对部分高层次（硕士生、博士生等）留学生实行英文授课，保证教育质量。

1990 年至 1991 年，精仪系和电机系分别招收了英语授课的硕士研究生班（中国政府奖学金生），共培养来自非洲国家的留学生 12 人。这也是全国第一个采用英文授课的外国研究生班。

为了使外国留学生更快更好地适应从中学到大学学习的过渡，适应从本国学习到中国学习的过渡，适应从本国生活环境到中国生活环境的过渡，教师经常对外国留学生进行心理咨询。

为了增进中外文化交流，我国为各国学生提供一定的奖学金名额。留学生要获得奖学金需要提供相应的学历证明，参加中国驻外使领馆组织的入学考试，或由教育部组织在北京的入学考试，成绩合格者才可取得奖学金留学生资格。学习期间，需进行学年度的奖学金资格评定，合格者才能取得下学年度的奖学金。

1988 年，学校建成 9 600 平方米留学生宿舍楼，改善了留学生的生活条件。

1977 年至 1993 年，清华外国留学生入学人数统计见表 8-6-4；留学生国籍和人数分布见表 8-6-5；历年外国留学生在校人数统计见表 8-6-6。

表 8-6-4　1977 年—1993 年入学留学生人数统计

年份	本科生	普通进修生	语言生	高级进修生	硕士生	博士生	其他	合计	累计
1977	35							35	35
1978	8							8	43
1979	8							8	51
1980	1	5						6	57
1981	9	4						13	70
1982	11	6						17	87
1983	17	5						22	109
1984	37	2					1	40	149
1985	22	8		3			3	36	185
1986	14	8		1			2	25	210
1987	22	1	8	2			2	35	245
1988	27	8	30	9			2	76	321
1989	30	4	37	5	2		1	79	400
1990	15	5	44	5	12		3	84	484
1991	14	8	47	3	10			82	566
1992	8	11	66	9	1	2	4	101	667
1993	12	12	187	4	8	3		226	893
合计	290	87	419	41	33	5	18	893	

表 8-6-5　1977 年—1993 年入学留学生国籍和人数分布

国　籍	人数	国　籍	人数	国　籍	人数	国　籍	人数
新加坡	3	摩洛哥	6	喀麦隆	3	苏联	15
泰国	1	肯尼亚	7	卢旺达	2	德国	12
塞浦路斯	1	赞比亚	3	布隆迪	5	英国	4
马来西亚	3	突尼斯	9	埃及	2	法国	6
巴基斯坦	15	中非	1	加纳	6	挪威	1
菲律宾	2	刚果	5	贝宁	4	芬兰	1
韩国	150	索马里	8	乍得	2	匈牙利	1
伊朗	1	塞拉利昂	5	马里	6	丹麦	2
叙利亚	3	毛里塔尼亚	3	扎伊尔	28	澳大利亚	3
孟加拉	15	加蓬	4	坦桑尼亚	5	牙买加	3
老挝	1	多哥	8	奥地利	1	苏里南	1
民主也门	9	苏丹	15	罗马尼亚	2	巴西	1
尼泊尔	21	塞内加尔	10	瑞士	1	墨西哥	1
也门	3	巴勒斯坦	4	瑞典	5	巴拉圭	1
日本	264	尼日利亚	1	意大利	1	委内瑞拉	1
斯里兰卡	32	几内亚	3	保加利亚	9	乌拉圭	1
朝鲜	60	马达加斯加	3	荷兰	3	秘鲁	3
印度	1	博茨瓦纳	1	格鲁吉亚	1	美国	27
乌干达	6	毛里求斯	7	乌克兰	3	加拿大	5
埃塞俄比亚	6	利比里亚	5	俄罗斯	10	合计	893

表 8-6-6　1977 年—1993 年留学生在校人数统计

年份	本科生	硕士生	博士生	普通进修生	高级进修生	语言生	总计
1977							109
1978							99
1979							68
1980	56			13			69
1981	26			7			33
1982	30			7			37
1983	37			6			43
1984	67			7			74
1985	83			11			94
1986	88			13	1		102
1987	96			10		8	114
1988	106			12	6	34	158
1989	107	4		7	8	38	164
1990	97	16		12	6	41	172

续表

年份	本科生	硕士生	博士生	普通进修生	高级进修生	语言生	总计
1991	96	24		8	4	50	182
1992	88	22	2	13	7	63	195
1993	70	17	5	6	13	157	268

2. 外国留学生培养计划

（1）外国留学生中本科生的教学计划，除免修体育课、外语课、政治课外，基本上与中国学生一致。考虑到低年级留学生语言等方面的困难，微积分、普通物理等部分公共基础课，采用对学生单独开课的教学办法，对学习困难大的学生由教师加强个别辅导。

（2）外国留学生中研究生的培养计划，基本上与中国学生相同，根据研究课程的需要及导师的意见决定选修课程。

（3）本科生学制为五年，修业期满成绩合格发给毕业证书；研究生攻读硕士学位者学制为二年半至三年，攻读博士学位者为三至四年，课程考试合格，论文通过答辩者发给毕业证书，并按照《中华人民共和国学位条例》授予学位。

3. 历年外国留学生硕士研究生人数及指导教师姓名

（1）1989年至1993年留学生硕士研究生人数及导师姓名（见表8-6-7）

表8-6-7 留学生硕士研究生人数及指导教师

入学年份	人数	指导教师
1989年	2	朱德恒（电机系） 李隆年（电机系）
1990年	12	郭黛恒（建筑系） 周双喜（电机系） 李发海（电机系） 林敬煌（精仪系） 童秉枢（精仪系） 周兆英（精仪系） 唐锡宽（精仪系） 金德闻（精仪系） 吴宗泽（精仪系）
1991年	10	高冀生（建筑系） 王燕生（水利系） 孙元章（电机系） 倪以信（电机系） 郭永基（电机系） 顾永昌（电机系） 王先逵（机械系）
1992年	1	朱自煊（电机系）
1993年	8	高冀生（建筑系） 蓝棣之（人文学院） 朱育和（人文学院） 钱逊（人文学院） 刘西拉（土木系）

（2）1992年至1993年留学生博士研究生名单及导师姓名（见表8-6-8）

表8-6-8 留学生博士研究生名单及指导教师

入学年份	博士研究生	国　籍	专　业	指导教师	获博士学位年份
1992	巴鲁奇·伊尔沙德·胡森 （Irshad Hussain Baluch）	巴基斯坦	机械制造	张伯鹏	1996
	谢尔·扎曼·汉 （Sher Zaman Khan）	巴基斯坦	高电压技术	朱德恒	1996
1993	阿尼射特·阿斯瑞斯 （Ainishet Asres）	埃塞俄比亚	精密仪器及机械	周兆英	1997
	约那斯·哈格斯 （Yonas Hagos）	埃塞俄比亚	机械学	童秉枢	1997
	艾丹（Daniel Benjamin Abramson）	美国	城市规划与设计	吕俊华	1998

（三）1994 年—2010 年

1993 年，清华大学提出了建设“综合性、研究型、开放式”世界一流大学的目标，并且把发展外国留学生教育、扩大来华留学生规模作为建设世界一流大学的一个重要方面，学校外国留学生工作进入了稳步发展阶段。

1994 年至 2002 年，学校积极改革留学生招生办法，积极开展对外招生宣传，加强与国外大学和其他教育机构的合作，开拓新的优秀生源。1998 年以后，学校相继赴日本、韩国、泰国、新加坡、澳大利亚、马来西亚、俄罗斯、欧洲等参加中国大学教育展和举办留学清华说明会。自 1998 年开始，学校采用审核申请材料加测试或面试的录取办法，对优秀的申请者可免试录取。这些对高层次留学生的发展起到重要作用，吸引了不少世界各国名校毕业、基础较好的留学生，例如有美国 UC Berkley、日本早稻田大学、加拿大 UBC、国立汉城大学等校的毕业生前来攻读博士、硕士学位，同时也吸引了国内兄弟院校毕业的优秀外国留学生来清华继续攻读高一级学位。

1999 年，中、德两国签署了中德高校联合项目的协议，清华大学与德国亚琛工业大学在工业工程和汽车工程两个领域开展了硕士联合培养工作。从 2001 年秋季起，双方每年互派硕士研究生到对方学习一年，所有培养环节完成后，由清华大学和亚琛工业大学分别授予硕士学位。对亚琛到清华的学生，国家留学基金委提供全额奖学金资助。1994 年至 2002 年，清华大学累计招收、培养来自 89 个国家的外国留学生 3 983 人。

2002 年 9 月起，外国留学生进入了全校注册中心选课系统，教学管理逐步实现与中国学生趋同，具体教学教务工作由教务处、研究生院和有关的院系负责。此外，留学生住宿、生活、安全保卫、经费管理等工作也逐步归口到学校相关部门负责。同年，北京市教育委员会对北京市高校外国留学生教育管理工作进行了教学评估，清华大学被授予“北京市高等学校外国留学生教育管理工作先进单位”。

2002 年以后，学校加强了与国际知名大学的合作与交流，通过实施中法 4＋4、清华-亚琛工大、清华-日本东京工大、清华-日本东北大学等联合学位培养项目以及中法环境能源高级管理硕士项目，与美国哥伦比亚、澳大利亚新南威尔士、新加坡国立大学、韩国汉阳大学等建立了在互认学分基础上的学生交流、进修等，逐步实现了留学生培养的两个转变：一是从过去的以非学历教育为主向以学历教育为主的转变；二是从过去以扩大规模、增加数量为主向保证质量、发展高层次的目标转变，使我校外国留学生教育进入了快速发展阶段。

在此期间，学校改善学生宿舍管理，规划新建留学生楼和对外汉语教学教室，为加速发展留学生规模、特别是高层次留学生规模做了许多切实有效的工作。2005 年 7 月，拥有 1 700 余个床位的紫荆留学生公寓（紫荆 20～23 号楼）竣工启用，留学生居住环境和条件进一步改善。

2005 年，清华大学实施“周边国留学生发展计划”，与周边国家和地区的 12 所大学签署了合作协议，向其推荐的优秀学生、青年教师在清华攻读研究生学位或进修培训提供奖学金，以及与当地的大学合作为其官员和公职人员开展培训项目。

2006 年至 2010 年，为满足高层次外国留学生招收和培养的要求，学校在优势学科中陆续建设推出了 12 套全英文硕士项目（国际工商管理硕士 IMBA、中国法律硕士 LL-M、管理科学与工程、机械工程、国际发展 MID、全球财经新闻、建筑学、环境工程与管理、国际关系、先进计算、发展中国家公共管理硕士 IMPA 项目、中法环境能源高级管理硕士项目），并在“985”二期和三期国际合作与交流经费中拨专款设立“清华大学外国留学生奖学金”，以支持全英文硕士项目建设和吸引更多的高层次优秀生源。2008 年，公共管理学院开始承办由教育部和商务部联合主办的“发展中国家公共管理硕士项目（IMPA）”，首届招生有来自 12 个非洲国家和 5 个亚洲国家的 36 名学员。这些学员都是各国政府部门或高校的高级行政管理人员。

从 2006 年开始，北京市政府设立“北京市外国留学生奖学金”，清华每年获得 255 万～300 万元奖学金项目经费支持。2007 年，国家留学基金委在清华设立 10 个中国政府奖学金自主招生名额，用于招收优秀外国留学研究生，以后又增加至每年 40 个自主招生名额。截至 2010 年，清华在学的中国政府奖学金生首次超过 300 人。另有 257 人获得了北京市外国留学生奖学金和清华大学外国留学生奖学金的学费资助，两项奖学金经费总额达 460 万元。此外，清华大学开始接收教育部对外汉语教学发展中心（国家汉办）“孔子学院奖学金生”。多项奖学金有力地支持了学校对高层次外国留学生的招收和培养。

为进一步提升留学生招生和奖学金工作的规范化和国际化水平，2008 年 5 月，成立了“清华大学外国留学生招生及奖学金工作委员会”，负责对院系评审推荐的留学生录取名单和奖学金生名单进行审核，最终确定录取名单和奖学金名单。

为维护外国留学生教育资源和教育机会，从 2008 年开始，学校对申请外国留学生本科专业学习的申请人资格做出了如下补充规定：对持外国国籍的原中国公民申请人，原则上要求该申请人加入所持外国国籍的时间和在国外学习的经历均应至少为 6 年。该措施收到了良好的效果，并得到教育部的充分肯定。

此外，学校还进一步加强留学生管理信息化建设，于 2008 年先后开通启用了来华留学生信息与签证管理系统、留学生住宿网上预订系统、留学生招生在线申请及留学生信息管理系统，更加便利了留学生招生相关工作。

2010 年，清华大学外国留学生规模、层次和国别数再创历史新高。在校长期留学生（一学期及以上）达 3 219 人，来自 122 个国家，学位生占 2/3；其中研究生规模超过 1 000 人，居国内高校首位。

1994 年至 2010 年，清华大学入学外国留学生 16 823 名（见表 8-6-9），来自 157 个国家（见表 8-6-10），居前十位的国家分别是韩国（6 846）、美国（2 314）、日本（1 529）、德国（554）、印度尼西亚（538）、法国（470）、加拿大（386）、澳大利亚（362）、马来西亚（308）、英国（288）。历年外国留学生在校人数统计见表 8-6-11。

1994 年至 2010 年，清华大学共计培养了各类外国留学生 13 515 名，其中获得学士学位 900 人，硕士学位 939 人，博士学位 108 人（见表 8-6-12）；获得博士学位的外国留学生名单见表 8-6-13。

表 8-6-9　1994 年—2010 年入学留学生人数统计

年份	本科生	硕士研究生	博士研究生	普通进修生	高级进修生	研究学者	语言生	合 计
1994	19	2	4	15	6	2	231	279
1995	28	4	2	10	11	3	222	280
1996	21	10	5	27	4	1	256	324
1997	30	6	1	55	7	0	170	269
1998	34	8	9	69	5	1	240	366
1999	34	11	3	152	5	1	260	466

续表

年份	本科生	硕士研究生	博士研究生	普通进修生	高级进修生	研究学者	语言生	合 计
2000	39	17	6	83	11	0	334	490
2001	73	20	8	105	15	3	384	608
2002	106	56	15	146	13	7	558	901
2003	200	52	29	149	10	1	523	964
2004	195	55	20	200	17	1	623	1 111
2005	237	110	26	264	29	0	827	1 493
2006	219	144	31	362	20	1	900	1 677
2007	219	187	36	441	39	0	840	1 762
2008	272	281	26	473	20	1	680	1 753
2009	369	318	30	524	43	0	653	1 937
2010	355	394	46	634	32	1	681	2 143
合 计	2 450	1 675	297	3 709	287	23	8 382	16 823

说明：硕士研究生数不包含非学历专业学位研究生数。

表 8-6-10　1994 年—2010 年入学留学生国籍和人数分布

国　籍	人数	国　籍	人数	国　籍	人数	国　籍	人数
阿尔巴尼亚	2	厄瓜多尔	4	莱索托	6	尼泊尔	17
阿尔及利亚	1	厄立特里亚	4	老挝	8	尼日利亚	14
阿根廷	10	法国	470	黎巴嫩	4	挪威	53
阿塞拜疆	4	泰国	236	立陶宛	2	葡萄牙	12
阿联酋	2	坦桑尼亚	12	利比里亚	3	日本	1 529
阿曼	1	汤加	2	利比亚	2	瑞典	136
埃及	5	突尼斯	5	卢森堡	1	瑞士	79
埃塞俄比亚	11	土耳其	24	卢旺达	7	萨摩亚	1
爱尔兰	11	土库曼斯坦	1	罗马尼亚	8	萨尔瓦多	1
爱沙尼亚	7	瓦努阿图	2	马达加斯加	10	塞尔维亚	6
安哥拉	3	委内瑞拉	6	马尔代夫	3	塞尔维亚和黑山	2
奥地利	36	乌干达	9	马耳他	1	塞内加尔	2
澳大利亚	362	科摩罗	1	马里	7	塞拉利昂	4
巴巴多斯	2	尼加拉瓜	1	马拉维	8	塞舌尔	4
巴布亚新几内亚	2	斐济	1	马来西亚	308	沙特阿拉伯	4

续表

国　籍	人数	国　籍	人数	国　籍	人数	国　籍	人数
巴哈马	4	芬兰	49	乌兹别克斯坦	8	斯里兰卡	6
巴基斯坦	45	刚果（布）	5	乌克兰	16	斯洛伐克	8
巴拉圭	1	刚果（金）	17	西班牙	94	斯洛文尼亚	4
巴勒斯坦	1	哥伦比亚	40	希腊	9	苏里南	1
巴林	1	哥斯达黎加	9	新加坡	251	索马里	4
巴拿马	2	古巴	3	新西兰	29	塔吉克斯坦	2
巴西	42	哈萨克斯坦	183	匈牙利	13	也门	4
白俄罗斯	3	海地	2	叙利亚	3	约旦	7
保加利亚	14	韩国	6 846	亚美尼亚	2	苏丹	8
贝宁	5	荷兰	105	摩尔多瓦	3	伊拉克	3
比利时	53	吉尔吉斯斯坦	14	加蓬	2	伊朗	24
冰岛	4	几内亚	4	毛里求斯	5	以色列	61
波兰	28	几内亚比绍	3	美国	2 314	意大利	123
波斯尼亚和黑塞哥维那	3	加拿大	386	蒙古	122	印度	27
		加纳	10	孟加拉	13	印度尼西亚	538
玻利维亚	1	柬埔寨	11	秘鲁	12	英国	288
博茨瓦纳	4	捷克	11	缅甸	40	越南	150
布隆迪	9	津巴布韦	8	摩洛哥	10	赞比亚	4
朝鲜	144	喀麦隆	8	莫桑比克	1	智利	11
赤道几内亚	1	科特迪瓦	3	墨西哥	53	乍得	2
丹麦	43	科威特	1	纳米比亚	4	中非	2
德国	554	克罗地亚	5	南非	14	安道尔	1
多米尼加	1	肯尼亚	15	南斯拉夫	1	多米尼克	7
俄罗斯	182	拉脱维亚	13	瑙鲁	1	合　计	16 823
菲律宾	137	乌拉圭	4	圣卢西亚	2		

表 8-6-11　1994 年—2010 年留学生在校人数统计

年份	本科生	硕士生	博士生	普通进修生	高级进修生	研究学者	语言生	合计
1994	57	11	9	12	8		223	320
1995	68	11	11	8	15		247	360
1996	75	18	14	21	8		230	366
1997	86	18	12	50	4		183	353
1998	92	23	17	57	3	1	208	401
1999	93	19	19	98	5	1	230	465
2000	128	32	24	71	11		280	546
2001	169	47	24	104	14	2	286	646

续表

年份	本科生	硕士生	博士生	普通进修生	高级进修生	研究学者	语言生	合计
2002	236	91	36	133	15	5	427	943
2003	386	121	52	112	13	1	340	1 025
2004	516	139	66	141	16		469	1 347
2005	685	191	84	178	22		601	1 761
2006	795	254	101	253	17	1	600	2 021
2007	809	320	117	283	27		648	2 204
2008	886	574*	125	290	21	1	507	2 404
2009	1 014	758*	137	340	32	0	459	2 740
2010	1 195	910*	158	424	20	1	511	3 219

注：* 表示含非学历专业学位研究生（2008 年 112 名，2009 年 127 名，2010 年 118 名）。

表 8-6-12　1994 年—2010 年培养的各类留学生人数统计

类别 / 年份	本科生			硕士研究生		博士研究生		进修生	合计（毕业、结业）
	毕业人数	获学位数	转大专毕业数	毕业人数	获学位数	毕业人数	获学位数	结业人数	
1994	18	18		7	7	0	0	193	218
1995	13	13		2	2	0	0	205	220
1996	7	7		0	0	2	2	315	324
1997	4	4		2	2	3	2	241	250
1998	17	17		3	3	2	3	284	306
1999	12	12		9	9	2	2	365	388
2000	14	14		8	7	3	2	400	425
2001	23	23		4	5	3	4	460	490
2002	21	21		9	9	3	3	560	593
2003	28	28		19	16	10	10	786	843
2004	32	32	1	32	32	4	3	686	755
2005	43	43	1	42	44	6	7	929	1 021
2006	74	74	3	57	52	11	10	1 209	1 354
2007	152	152	3	96	97	17	16	1 222	1 490
2008	137	137	4	111	150*	16	14	1 298	1 566
2009	178	178	4	188	248*	14	11	1 316	1 700
2010	126	127	3	229	256*	17	19	1 197	1 572
合计	899	900	19	818	939	113	108	11 666	13 515

注：* 表示含非学历专业学位研究生（2008 年 39 名，2009 年 44 名，2010 年 41 名）。

表 8-6-13　1996 年—2010 年获得博士学位的留学生名单

序号	授予时间	授予学位	姓　　名	国　　籍	专　　业	指导教师
1	1996-03	工学	巴鲁奇・伊尔沙德・胡森（Irshad Hussain Baluch）	巴基斯坦	机械制造	张伯鹏
2	1996-03	工学	谢尔・扎曼・汉（Sher Zaman Khan）	巴基斯坦	高电压技术	朱德恒
3	1997-03	工学	约那斯・哈格斯（Yonas Hagos）	埃塞俄比亚	机械学	童秉枢
4	1997-03	工学	阿尼射特・阿斯瑞斯（Ainishet Asres）	埃塞俄比亚	精密仪器及机械	周兆英
5	1997-06	工学	温子先（Andy T. Wen）	美国	建筑设计及其理论	关肇邺
6	1998-03	工学	韩东洙（Ham Dong Soo）	韩国	建筑历史与理论	吴焕加
7	1998-03	工学	艾丹（Daniel Benjamin Abramson）	美国	城市规划与设计	吕俊华
8	1999-04	管理学	林杞泽（Ki. Thaek Im）	韩国	技术经济及管理	傅家骥
9	1999-07	工学	张宪德（Chang Hun Duck）	韩国	建筑历史与理论	郭黛姮
10	2000-01	工学	梅育（Maiyo Bernard Saisi）	肯尼亚	机械制造及其自动化	王先奎
11	2000-06	理学	萨哈伊・曼哈莫德（Sakhaee Mahmoud）	伊朗	粒子物理与原子核物理	朱胜江
12	2001-01	工学	约瑟夫（Igba Joseph Aondoaver）	尼日利亚	结构工程	刘西拉
13	2001-01	工学	倪岳瀚（Johan Magnus Nilsson）	瑞典	城市规划与设计	吕俊华
14	2001-06	理学	朴龙斗（Park Yong Doo）	韩国	生物化学与分子生物学	周海梦
15	2001-06	文学	权纯燮	韩国	设计艺术学	王家树
16	2002-07	工学	姜泰昊（Kang Tai Ho）	韩国	城市规划与设计	吴良镛
17	2002-07	工学	海伯特・迪莫（Herbert Okinyi Dimo）	肯尼亚	精密仪器及机械	金德闻
18	2002-07	理学	卡玛尔（Kamal Hamid Yasir Al. Yasiry）	伊拉克	应用数学	唐　云
19	2003-01	管理学	阿哈迪（Hamid Reza Ahadi）	伊朗	企业管理	刘冀生
20	2003-07	工学	尼巴苏巴（Nibasumba Paul）	布隆迪	结构工程	刘西拉
21	2003-07	工学	维克特（Victor Sorie Kamara）	塞拉利昂	结构工程	刘西拉
22	2003-07	工学	苏里曼（Traore Souleymane）	马里	物理电子学	罗　毅

续表

序号	授予时间	所获学位	姓　　名	国　　籍	专　　业	指导教师
23	2003-07	工学	班达乌德·阿里（Bendaoud Ali）	摩洛哥	核能科学与工程	郑文祥
24	2003-07	工学	张民锡（Jang Min Sok）	韩国	材料学	王晓工
25	2003-07	管理学	金炳中（Kim Byung Jung）	韩国	企业管理	赵　平
26	2003-07	管理学	朴胜赞（Park Soong Chan）	韩国	企业管理	刘冀生
27	2003-07	理学	廖浩辉（Liew How Hui）	马来西亚	应用数学	唐　云
28	2003-09	工学	陈光英（Tran Quang Anh）	越南	信号与信息处理	李　星
29	2004-01	工学	法杜尔（Fadhil Harby T. Al. Dulaimy）	伊拉克	信息与通信工程	王作英
30	2004-07	工学	昂芜卡（Elizabeth Nonyelu Onwuka）	尼日利亚	信息与通信工程	牛志升
31	2004-07	工学	芒沙（Kante Mansa）	马里	动力工程及工程热物理	吴玉林
32	2005-01	理学	法列（Falih Hussain K. Al. Khudair）	伊拉克	物理学	龙桂鲁
33	2005-07	法学	禹美娘（Woo Mi Rang）	韩国	马克思主义理论与思想政治教育	李润海
34	2005-07	法学	丁珍燮（Chung Chin Sup）	韩国	民商法学	王保树
35	2005-07	工学	松村宗顺（Matsumura Sowjun）	日本	材料科学与工程	马莒生
36	2005-07	工学	索格罗（Soglo A. Bienvenu C.）	贝宁	控制科学与工程	阳宪惠
37	2005-07	管理学	殷钟鹤（Eun Jong Hak）	韩国	工商管理	吴贵生
38	2005-07	管理学	尹盛焕（Yoon Seong Hwan）	韩国	工商管理	赵　平
39	2006-01	工学	亚历山大（Gaisser Alexander）	德国	仪器科学与技术	高钟毓
40	2006-01	管理学	马里（Ma Li）	新加坡	工商管理	赵　平
41	2006-01	管理学	欧安德（Oberheitmann Andreas Gottfried）	德国	管理科学与工程	刘德顺
42	2006-01	经济学	梁桂川（Liang David Gui）	美国	数量经济学	杨　炘
43	2006-07	法学	禹嘉焕（Woo Ka Young）	韩国	马克思主义理论与思想政治教育	曹德本
44	2006-07	管理学	金钟大（Kim Jongdae）	韩国	工商管理	张　德
45	2006-07	经济学	卡西纳特（Kashinath Sahoo）	印度	数量经济学	李子奈

续表

序号	授予时间	所获学位	姓　　名	国　　籍	专　　业	指导教师
46	2006-07	经济学	连秀花（Liang Siew Huay）	新加坡	数量经济学	张金水
47	2006-07	理学	金圣慧（Kim Sung Hye）	韩国	生物学	周海梦
48	2006-07	文学	半田晴久（深见东州）（Handa Haruhisa）	日本	美术学	杜大恺
49	2007-01	工学	朴吉兴（Pak Kil Hung）	朝鲜	电气工程	徐国政
50	2007-01	哲学	杜祖基（To Cho Kei）	加拿大	科学技术哲学	曾国屏
51	2007-07	法学	权赫在（Kwon Hyuk Jae）	韩国	民商法学	马俊驹
52	2007-07	法学	姜宅九（Taek Goo Kang）	韩国	国际关系	阎学通
53	2007-07	工学	乌拉（Qazi Asad Ullah）	巴基斯坦	土木工程	叶列平
54	2007-07	工学	那桑（Muhammad Naseem Baig）	巴基斯坦	土木工程	聂建国
55	2007-07	工学	焦德瑞（Muhammad Choudhry Rafiq）	巴基斯坦	管理科学与工程	方东平
56	2007-07	工学	艾玛（Intikhab Ahmed Qureshi）	巴基斯坦	土木工程	陆化普
57	2007-07	工学	玛哈拉（Rasool Bux Mahar）	巴基斯坦	环境科学与工程	聂永丰
58	2007-07	工学	那卫特（Naveed Iqbal）	巴基斯坦	计算机科学与技术	徐光佑
59	2007-07	工学	阿芒（Aman. Ur. Rehman）	巴基斯坦	核科学与技术	蒲以康
60	2007-07	工学	小原孝之（Obara Takayuki）	日本	水利工程	安雪晖
61	2007-07	管理学	崔洛燮（Choi Nak Seop）	韩国	工商管理	张　德
62	2007-07	管理学	欧阳敬东（Ouyang Jing Dong）	美国	工商管理	张　德
63	2007-07	文学	赵慕媛（Chew Moh Yuen）	新加坡	传播学	尹　鸿
64	2007-07	文学	李伶美（Lee Young Mi）	韩国	设计艺术学	李砚祖
65	2008-01	工学	金康锡（Kim Kang Suk）	韩国	土木工程	任爱珠
66	2008-01	工学	辛坎（Khan Muhammad Junaid）	巴基斯坦	控制科学与工程	王书宁
67	2008-01	工学	汉拉（汗拉）（Khan Kamran Ullah）	巴基斯坦	通信与信息系统	杨　健
68	2008-01	工学	蚁龙（Navikapol Lung）	泰国	控制科学与工程	吴　澄
69	2008-01	工学	陈孟东（Chan Mount Tung Horace）	加拿大	建筑学	冯钟平
70	2008-01	管理学	波波夫（Popov Dejan）	塞尔维亚	工商管理	姜彦福

续表

序号	授予时间	所获学位	姓　名	国　籍	专　业	指导教师
71	2008-01	文学	申惠善（Shin Hye Sun）	韩国	传播学	尹　鸿
72	2008-07	法学	柳礼利（Ryu Ye Ri）	韩国	法学	车丕照
73	2008-07	工学	阿西米（Mohammad Asim）	巴基斯坦	水利工程	王兴奎
74	2008-07	工学	阿克若曼（Shaikh Muhammad Akram）	巴基斯坦	计算机科学与技术	王家钦
75	2008-07	工学	卡利穆（Kaleem Ahmad）	巴基斯坦	材料科学与工程	潘　伟
76	2008-07	理学	高乔 布尔根（Gochoo Bulgan）	蒙古	化学	朱永法
77	2008-07	理学	赛里默（Saleem Ahmed Shah Bokhari）	巴基斯坦	生物学	刘进元
78	2008-07	文学	足立香里（Adachi Kaori）	日本	艺术学	柳冠中
79	2009-01	文学	李德顺（Lee Duk Soon）	韩国	艺术学	柳冠中
80	2009-01	文学	鞠文俐（Chu Wen Li）	韩国	艺术学	杭　间
81	2009-01	工学	齐泽夫（Mwangoka Joseph Wynn）	坦桑尼亚	信息与通信工程	曹志刚
82	2009-01	法学	朴鸿硕（Pack Hong Seuk）	韩国	马克思主义理论	曹德本
83	2009-07	法学	陈美萍（Tan Bee Piang）	马来西亚	社会学	李　强
84	2009-07	法学	李国峰（Lee Kook Bong）	韩国	马克思主义理论	曹德本
85	2009-07	法学	孙焕琪（Son Young Gi）	韩国	法学	朱慈蕴
86	2009-07	文学	石惠敏（Shih Hui Min）	新加坡	新闻传播学	尹　鸿
87	2009-07	工学	孔戴（Conte Ibrahima）	几内亚	动力工程及工程热物理	彭晓峰
88	2009-07	工学	曼苏尔（Elmabruk H Ali Mansur）	利比亚	化学工程与技术	戴猷元
89	2009-09	管理学	郭宇立（Guo Yuli）	加拿大	公共管理	楚树龙
90	2010-01	经济学	白保中（Bai Baozhong）	加拿大	数量经济学	宋逢明
91	2010-01	工学	黎皇兴（Le Hoang Hung）	越南	建筑学	尹　稚
92	2010-01	管理学	金景泰（Kim Kyung Tae）	韩国	工商管理	江彦福
93	2010-01	法学	朴柄久（Park Byoung Ctv）	韩国	马克思主义理论	曹德本
94	2010-01	文学	金弘大（Kim Hong Dae）	韩国	艺术学	陈池瑜
95	2010-07	工学	徐琮垣（Seo Jong Won）	韩国	土木工程	陆化普
96	2010-07	理学	金丹信（Khin Than Sint）	缅甸	数学	苏　宁
97	2010-07	管理学	闵成基（Min Sung Ki）	韩国	工商管理	王以华
98	2010-07	工学	洪孙安（Ungsunan Peter David）	美国	计算机科学与技术	林　闯

续表

序号	授予时间	所获学位	姓　名	国　籍	专　业	指导教师
99	2010-07	管理学	乔立（Chiao Li）	美国	工商管理	金占明
100	2010-07	法学	李德珠（Lee Duk Joo）	韩国	社会学	郭于华
101	2010-07	工学	李孟颖（Lee Sandra Meng Ying）	美国	建筑学	吴良镛
102	2010-07	工学	玻梅（Kobenge Sekedi Bomeh）	喀麦隆	电子科学与技术	杨华中
103	2010-07	法学	司乐如（Saalman Lora Lannan）	美国	国际关系	李　彬
104	2010-07	工学	李德（Ali Daud）	巴基斯坦	计算机科学与技术	周立柱
105	2010-07	工学	山尼（Nawaz Zeeshan）	巴基斯坦	化学工程与技术	魏　飞
106	2010-07	工学	周伟德（Saggu Javed Iqbal）	巴基斯坦	材料科学与工程	于荣海
107	2010-07	经济学	郑道淑（Jung Do Sook）	韩国	理论经济学	魏　杰
108	2010-09	理学	瑞泽（Almasian MohammadReza）	伊朗	化学	张新荣

二、各类短期学习班

（一）1982 年—1993 年

清华大学与许多国际著名大学、学术研究机构建立了双边学术交流与合作关系。每年除接受来华留学生、访问学者之外，还举办多期专为外国学员、中国港澳地区学员开办的各类短期学习班，以加强文化交流，增进相互间的了解和友谊。

短期学习班每期的学制为 4 周或 4 周以上，每周学时为 20 个学时，每天上午授课 4 学时，下午为自习、辅导时间。

短期学习班从 1982 年开始举办。随着我国国际威望的提高，外国青年学习汉语、了解中国文化的热情不断升温，到清华大学参加各种短期班的学员随之增加。截至 1993 年，累计来校学习的人数达 3 500 多人（见表 8-6-14）。短期班始终以教学为中心，制订教学计划，选用适合于学员的

表 8-6-14　1982 年—1993 年各类短期学习班统计

学年度	办班数（期）	学员人数	学年度	办班数（期）	学员人数
1982—1983	3	46	1988—1989	12	200
1983—1984	5	115	1989—1990	13	317
1984—1985	6	159	1990—1991	20	502
1985—1986	12	399	1991—1992	20	658
1986—1987	10	251	1992—1993	24	594
1987—1988	14	300	合计	139	3 541

教材，建立严格的招生办法和管理制度，聘请具有对外教学经验的教师授课，同时安排好参观访问。短期班的课程内容丰富，如汉语学习班、中国建筑学习班等。短期班学习时间虽短，但重点突出，针对性强，收效大，受到广大学员的欢迎。

1993年始，应香港政府的要求，经主管部门批准，清华大学承办了“香港公务员中国研习课程（北京课程）”。“北京课程”是专门为香港公务员设立的综合培训课程，其目的是：通过以普通话授课的课程、其他活动和在北京的生活，使参加培训的香港公务员对内地政治、经济、社会、法律制度有第一手的认识；提高中文写作和普通话的实际运用能力；通过与中央政府机关及其工作人员的接触，了解内地政府及其运作；增进与内地同胞的互相了解。

学校对“北京课程”非常重视，成立专门的办事机构，精心设计课程和参观考察计划，聘请著名学者、专家及政府官员授课。学员对此课程满意，认为达到学习的目的要求，反映获益良多。

（二）1994年—2010年

随着我国经济的发展、国际地位的提高，凭借清华大学的良好声誉，不仅来校学习的各类外国留学生数量迅速增加，层次快速提高，而且来校参加各类短训班的人数也快速增加，学员职业背景涉及政界、工商金融界、司法界、文化教育界等。1994年至2010年，学校为境外人士举办各类培训班1 238期，学员达39 925人（见表8-6-15）。其中，举办中国香港高级公务员班72期，参加学习1 842人；海外工商金融界高级行政管理人员培训班156期，参加学习4 244人。还有为美国麻省理工学院建筑学院的研究生开设的中国建筑班，为中国香港浸会大学学生开办的中国研究学位课程和为香港大学学生开办的工业训练课程，与美国西北大学、华盛顿大学、威廉玛丽学院、锡拉丘斯大学、杰姆斯埃迪型大学、澳大利亚墨尔本大学、日本菲利斯女学院大学等合作开办汉语的课程。此外，学校还承担了面向中国港澳地区推广普通话的教学任务，与香港浸会大学、香港理工大学等合作开办暑期高级普通话研修课程。1997年9月开始，经教育部批准，学校与美国14所大学汉语教学委员会（IUP）合作举办了清华大学国际汉语培训项目，培养来自美国和加拿大一流大学从事汉语和中国文化研究的高层次专门人才。

由于学校细心组织，细心安排，每门课程根据特定对象的需求专门设计，具有较强的针对性，并聘请校内外有造诣的教授、专家、政府高级官员亲自授课，因此各类短训班均取得了很好的效果。

表8-6-15　1994年—2010年各类短期学习班统计

年份	办班期数	学员人数	年份	办班期数	学员人数
1994	39	1 040	2003	37	1 097
1995	52	1 334	2004	99	2 739
1996	68	1 621	2005	112	3 283
1997	64	1 508	2006	115	3 547
1998	60	1 880	2007	133	4 182
1999	57	1 637	2008	65	5 096
2000	56	1 542	2009	52	1 849
2001	61	1 740	2010	69	3 022
2002	99	2 808	合计	1 238	39 925